Lerke von Saalfeld
Dietrich Kreidt
Friedrich Rothe

Geschichte der Deutschen Literatur

Lerke von Saalfeld
Dietrich Kreidt
Friedrich Rothe

Geschichte der Deutschen Literatur

Von den Anfängen bis zur Gegenwart

Droemer Knaur

Satz: DTP im Verlag
Druck und Bindung: May & Co., Darmstadt
Printed in Germany
2 3 5 4 1

ISBN 3-426-26295-9

Inhalt

VORWORT

Tausend Jahre deutscher Literatur in einem Band zusammenzufassen ist ein gewagtes Unternehmen. Die Fülle des Stoffs fordert eine überlegte Auswahl, die aber auch die Gefahr in sich birgt, bei einem repräsentativen Überblick stehenzubleiben. Statt lexikalischer Aufzählung geht es uns darum, das Lebendige in den Zeugnissen der literarischen Produktion so plastisch wie möglich darzustellen. Dieses Buch soll anregen, Werke neu oder wieder zu lesen; es soll neugierig machen und Interesse wecken für die Umstände ihrer Entstehung und Wirkung. Dichterinnen und Dichter sind keine einsamen Helden auf dem Parnaß der Poesie, sie sind verstrickt in persönliche, philosophische, ästhetische und politische Auseinandersetzungen. Diesen Hintergrund einzubeziehen, ohne dabei die Literaturgeschichte als Ersatz für die reale Geschichte zu verstehen, ist unsere Intention.

Die Gliederung ist einfach; sie folgt der geläufigen Epocheneinteilung und orientiert sich an den literarischen Hauptwerken. Sozial- und lebensgeschichtliche Hinweise auf Dichter und Schriftsteller sind die Folie, vor der die Inhalte ihrer Werke mitgeteilt und interpretiert werden.

Die vorgenommenen Epocheneinteilungen sind nur grobe Wegweiser, sie deuten Zusammenhänge an, deren Gültigkeit nicht absolut gesetzt werden kann: Wo ist die Grenzlinie zwischen Spätmittelalter und früher Neuzeit zu ziehen? Gehört Hölderlin zur Aufklärung oder zur Klassik? Ist Heine ein Romantiker oder/und ein Vormärzler? Die fließenden Übergänge, das Unzeitgemäße einzelner Schriftsteller in ihrer Zeit verdienen besondere Beachtung, denn die Geschichte verläuft nicht gradlinig.

Auch der literarische Kanon hat seine Tücken, wenn er als Führer durch ein Museum geheiligter Werte benutzt wird. Aber selbst eine einbändige Literaturgeschichte erlaubt es, Entdeckungen zu machen: zum Beispiel die vergessenen deutsch schreibenden Autoren der Bukowina und aus Galizien, die eine ganz eigene Färbung und Strahlkraft in die deutsche Literatur bringen, oder Bestseller wie Gabriele Reuters Roman *Aus guter Familie*, dessen Erfolg selbst Thomas Mann irritierte, als er an den *Buddenbrooks* schrieb.

Unsere *Geschichte der deutschen Literatur* umfaßt den gesamten deutschsprachigen Raum, ohne sich an Staats- und Nationengrenzen zu halten. Dieses Vorgehen liegt in der Natur der wechselseitigen Einflüsse im literarischen Leben begründet. Die Schriftsteller im Zeitalter des Humanismus und des Barock fühlten sich sogar einer großen europäischen Geistesrepublik zugehörig; sie reisten über den ganzen Kontinent, um persönlich ausländische Dichter und Gelehrte kennenzulernen. Und welche Ungereimtheit ist es, im 19. Jahrhundert Gottfried

Keller bedenklich zur deutschen Literatur zu zählen, während Schriftsteller von der Statur eines Raimund, Nestroy, Gotthelf oder Anzengruber als österreichische und schweizerische Spezialitäten vernachlässigt werden.
Schon bei der Konzeption unseres Buches erschien es uns notwendig, mit einigen Tabus der neueren Literaturgeschichtsschreibung zu brechen. Die Literatur der zwanziger Jahre unseres Jahrhunderts wird gewöhnlich unter dem Stichwort »Weimarer Republik« abgehandelt, ohne die Besonderheit von Wien und Prag – Musil, Broch und Kafka – zu würdigen. Im Kapitel *1933–1945* werden »innere Emigration« und Exilliteratur zusammenhängend dargestellt. Vor allem aber ist das Schlußkapitel über die deutschsprachige Literatur nach 1945 von der Überzeugung getragen, daß eine synchrone Darstellung aufschlußreicher ist als die Betrachtung scheinbar völlig disparater Entwicklungen in beiden deutschen Staaten.
Mit welchem Recht wird in einer Literaturgeschichte der Bundesrepublik Deutschland wie selbstverständlich Uwe Johnson für den Westen reklamiert, obwohl seine Romane zum Teil in der DDR geschrieben wurden und sein Hauptwerk, *Jahrestage*, nur auf dem Hintergrund seiner Lebensjahre in der DDR zu verstehen ist? Dies gilt nicht nur für das deutsch-deutsche Verhältnis. Christa Wolf beruft sich auf Ingeborg Bachmann; die Schweizer Friedrich Dürrenmatt und Max Frisch setzen sich mit Bertolt Brecht auseinander. Thomas Bernhardt untersagt in seinem Testament die Publizierung seiner Werke und die Aufführung seiner Stücke in Österreich. Bundesdeutsch-bornierte Ein- und Ausgrenzungen zerschneiden willkürlich literarische Verflechtungen, die sich in einer größeren geistigen Republik entfalten, als sie durch politische Demarkationen gesetzt sind.

Juni 1989

Lerke von Saalfeld
Dietrich Kreidt
Friedrich Rothe

MITTELALTER

Die Literatur des Mittelalters, einsetzend mit der Herrschaft Karls des Großen (747–814), ist für den heutigen Leser eine verschlossene Welt. Obwohl im Mittelalter die Grundlagen der abendländischen Kultur durch die Verschmelzung der griechisch-römischen Antike, des Christentums und der Traditionen der germanisch-keltischen Ursprünge gelegt wurden, sind die Bedingungen der Entstehung von Kunst und Literatur nicht mit dem heutigen literarischen Leben zu vergleichen.

Keines der literarischen Zeugnisse aus dieser Zeit lebt von der Originalität seines Autors; jedes Werk muß sich durch Tradition, durch beglaubigte Vorlagen oder auch fiktive Quellen ausweisen. Man beruft sich auf ein »buoch«, das die eigenen Aussagen und Erzählungen legitimiert. Der Schreiber ist kein Erfinder von Geschichten, sondern findet seinen Stoff in antiken und christlichen Überlieferungen. Über Jahrhunderte bleiben die Verfasser bis auf wenige Ausnahmen anonym, denn die Autoren verstehen sich als Übersetzer, die alte Stoffe bearbeiten, nach- und umdichten. Erst um die Mitte des 12. Jahrhunderts – durch die Herausbildung eines literarischen Lebens an den weltlichen Fürstenhöfen – treten die Autoren aus dem Dunkel der Anonymität hervor.

Bis ins 12. Jahrhundert sind die Verfasser von Literatur ausschließlich Kleriker oder geistlich Gebildete. In Klöstern und Lateinschulen haben sie ihre Kenntnisse erworben, die sie literarisch im Dienste der Kirche und des Glaubens anwenden; ihre Schriften sind religiöse Gebrauchsliteratur. Da es keine literarische Öffentlichkeit und keinen Buchmarkt gibt, sind die Schreibenden auf die Gunst von Mäzenen angewiesen, d. h., mittelalterliche Literatur ist Auftragskunst, verfaßt auf Geheiß eines Abtes oder später im Auftrag eines weltlichen Herrn. Pergamente sind kostbar, nur hochgestellte kirchliche und weltliche Würdenträger können sich diesen Luxus leisten. In der Mehrzahl besteht das sehr kleine Publikum, ausgenommen die gebildeten Kleriker, aus Analphabeten. Erst im 12. Jahrhundert setzt langsam eine Alphabetisierung des weltlichen Adels ein. Literarische Produkte konnten nur in den seltensten Fällen gelesen werden; sie wurden über Predigten und Andachten oder durch Vorlesen an Höfen vermittelt.

Die Überlieferung der volkssprachlichen Literatur wirft zusätzliche Probleme auf. Während die vorherrschende lateinische Literatur systematisch dokumentiert ist, sind zahlreiche volkssprachliche Werke nur fragmentarisch erhalten geblieben. Das althochdeutsche *Hildebrandslied* aus dem 9. Jahrhundert, ein einzigartiges Dokument der germanischen Kriegergesellschaft, ist unvollständig mit 68 Versen auf den Randseiten eines theologischen Codex eingetragen. HARTMANN VON AUES *Erec* (um 1180), das Vorbild für den deutschen Artus-

roman, ist ebenso wie die Heldendichtung *Kudrun*, die auf die Zeit zwischen dem *Nibelungenlied* (um 1200) und der Mitte des 13. Jahrhunderts datiert wird, nur in der dreihundert Jahre später von Kaiser Maximilian in Auftrag gegebenen ›Ambraser Handschrift‹ belegt. Es muß reine Spekulation bleiben, wie viele Werke verlorengegangen sind. Schon die Tatsache, daß 180 mittelalterliche deutschsprachige Texte aus Buchdeckeln und -rücken des 15. und 16. Jahrhunderts herausgelöst wurden, läßt ahnen, auf welch zufälligen Funden die Überlieferung der mittelalterlichen Literatur beruht. Andererseits läßt die Häufigkeit einzelner Abschriften eines Werkes Rückschlüsse auf dessen Bedeutung zu.
Die Datierung von Texten, die Standesbestimmung ihrer Verfasser und die geographische Zuordnung sind in der Wissenschaft vielfach umstritten. Früher gewonnene Erkenntnisse sind inzwischen in Zweifel gezogen worden; je intensiver die Erforschung des Mittelalters betrieben wird, desto vorsichtiger werden die Wissenschaftler in der eindeutigen Formulierung ihrer Aussagen.
Glaubte man früher, aus der Literatur des Mittelalters ein Bild höfischen Lebens und auch der Alltagsrealität gewinnen zu können, so weiß man heute, daß die literarischen Dokumente des Mittelalters ein idealisiertes Bild ihrer Gesellschaft wiedergeben, das nichts oder nur wenig mit der Wirklichkeit des gesellschaftlichen Lebens gemein hat. Die politischen, wirtschaftlichen und sozialen Konflikte der mittelalterlichen höfischen Welt finden in die Literatur kaum Eingang. Hier lernt der Leser den idealen Artusritter kennen, der im Kampf und im Minnedienst nach Vorbildlichkeit strebt, während sich zur gleichen Zeit aus Chroniken ein ganz anderes Bild erschließt. Auf allen Ebenen der Gesellschaft herrscht eine ungezügelte Gewalttätigkeit. Raub, Mord und Plünderungen gehören wie selbstverständlich zum täglichen Leben. Bischof BURCHARD VON WORMS vermerkt in seinem *Hofrecht* von 1024/25, in seinem Herrschaftsbereich sei es fast täglich zu Überfällen gekommen,

> weil oft um nichts, oder in Trunkenheit oder aus hochfahrender Prahlerei zwei wie wahnsinnig so in Raserei gerieten, daß im Laufe eines Jahres 35 Hörige unschuldig von anderen Hörigen umgebracht wurden; und die Mörder haben sich dessen eher gerühmt und gebrüstet, als daß sie Reue gezeigt hätten.

Literarischen Dokumenten, die von einer Verfeinerung der Sitten und des rechten höfischen Umgangs erzählen, stehen Zeitdokumente entgegen, die von barbarischer Strafjustiz berichten. Otto von St. Blasien erzählt, wie es sizilianischen Adligen erging, die sich 1193 gegen Kaiser Heinrich VI. erhoben, zur Zeit der höchsten Blüte der höfischen Literatur:

> Einen, der der Majestätsbeleidigung schuldig befunden war, verprügelte er, nachdem ihm die Haut abgezogen war; einen, der nach der Herrschaft getrachtet hatte, ließ er krönen und ihm die Krone mit eisernen Nägeln an der Schläfe befestigen; einige wurden an Pfähle gebunden und mit Holzscheiten umgeben, die tötete er grausam, indem er sie anzünden ließ; einige heftete er, von Balken durchbohrt, mit dem Bauch an den Boden.

Eine weitere Schwierigkeit für den Zugang zur mittelalterlichen Literatur ist sprachlicher Natur. Nur Spezialisten vermögen Gotisch und Althochdeutsch zu

übersetzen. Gotisch ist die älteste in längeren Texten erhaltene germanische Sprache, die von den Ost- und Westgoten zur Zeit der Völkerwanderung gesprochen wurde. Überliefert ist die gotische Sprache durch Fragmente einer Bibelübersetzung des Bischofs WULFILA oder ULFILAS (311–382/383 n. Chr.).
Die Weiterentwicklung der deutschen Sprache zum Althochdeutschen setzt etwa mit dem 7. Jahrhundert ein und reicht bis zum Ausgang des 11. Jahrhunderts, umfaßt also die Zeit der Karolinger (750–900), der Ottonen (900–1050) und noch die Anfänge der salischen Herrschaft (1050–1150). Vorherrschend ist in dieser Zeit Latein als Sprache der Gebildeten und der Schriftkultur. Die Volkssprache nimmt nur einen kleinen Raum ein; sie gilt als barbarisch, während das Lateinische zu den drei heiligen Sprachen (Griechisch, Hebräisch, Lateinisch), den »Edelzungen«, gehörte. Althochdeutsch zu lesen bedarf der Übersetzung; nur ahnungsweise lassen sich Worte entschlüsseln.
Im Unterschied zum Althochdeutschen scheint sich die mittelhochdeutsche Sprache mit ihren verschiedenen Dialektausprägungen, gesprochen und geschrieben seit dem ausgehenden 11. Jahrhundert bis etwa zur Mitte des 14. Jahrhunderts, dem modernen Leser leichter zu erschließen – ein Trugschluß. Zentrale Begriffe des mittelalterlichen Wertesystems wie etwa »tugent«, »minne« (Liebe) oder »hövesch« (höfisch) geben in der wörtlichen Übersetzung nur sehr unvollkommen den mittelalterlichen Sinnzusammenhang wieder, in dem solche Begriffe verwendet wurden.
Der Begriff »tugent«, oft mit »Können« übersetzt, bedeutet auch Macht, Heldentat, männliche Tüchtigkeit, feine Sitten und vorzügliche Eigenschaften. Die Übersetzungsvarianten für mittelhochdeutsche Texte sind zahlreich in ihren Nuancierungen, immer getragen von dem Versuch, das mittelalterliche Wertesystem möglichst genau zu fassen, und immer in dem Bewußtsein, daß nur eine Annäherung erreichbar ist.

Atta unsar Du in himinam, weihnai
namo Dein.
Vater unser, der du bist im Himmel,
geheiligt werde dein Name

Wulfila-Bibel, Matthäus VI,9

Ik gehorta dat seggen,
dat sih urhettun ænon muetin,
Hiltibrant enti Hadubrant untar heriun
tuem.

(Ich hörte das sagen, / daß sich Herausforderer einzeln trafen, / Hildebrand und Hadubrand, zwischen zwei Heeren.)

Anfangsstrophen des *Hildebrandslied*, Beginn des 9. Jh.

Owê daz wîsheit unde jugent,
des mannes schœne noch sîn tugent
niht erben sol, sô ie der lîp erstirbet!

(O weh, daß Weisheit nicht noch Jugend, / des Menschen Schönheit noch sein Können / vererbbar sind, wenn je der Leib dahinstirbt!)

Walther von der Vogelweide

FRÜHES MITTELALTER

Der wichtigste Förderer für die Herausbildung einer althochdeutschen Literatur ist Karl der Große. Da um das Jahr 800, das Jahr der Kaiserkrönung Karls durch Papst Leo III., die Christianisierung weitgehend abgeschlossen ist, konzentriert sich Karl auf die Absicherung und Festigung des fränkischen Reiches (renovatio imperii), gestützt auf die Kirche, die er als Trägerin eines einheitlichen Reichsgedankens in sein Herrschaftssystem einbaut. Zur Erneuerung des Reiches entwickelt Karl der Große ein umfangreiches Reformprogramm, in das auch ein neues Bildungsprogramm (renovatio studii) einbezogen ist.

Der bedeutendste Anreger der karolingischen Reform ist der angelsächsische Gelehrte ALKUIN (um 732–804), den Karl der Große in sein Reich beruft und der die Hofakademie leitet. Unter ihm entsteht eine reichhaltige Literatur von Bibelkommentaren, die von dem Vergleich zwischen lateinischem und deut-

Bronzestatuette Karls des Großen

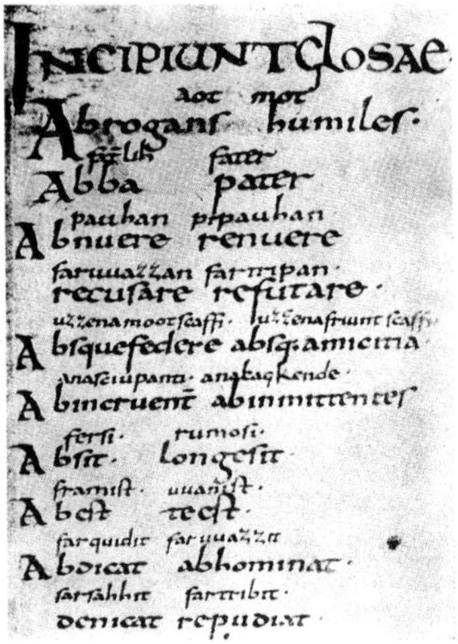

Abrogans (Handschrift des 19. Jh.)

schem Wortschatz, der systematischen Glossierung von Textstellen schließlich zu selbständigen Nachdichtungen in althochdeutscher Sprache führt. Karl der Große bemüht sich, die Lateinbildung auch auf den weltlichen Adel auszudehnen, aber er scheitert daran. Für die Klöster entwirft er die *admonitio generalis* (789), Grundzüge seiner Bildungspolitik für den Elementarunterricht an den Klosterschulen: Die Knaben sollten Lesen, Schreiben und Latein lernen. Auch die Abfassung einer deutschen Grammatik soll der Inhalt der Anweisung gewesen sein. Zu seinen weiteren Plänen zählen die Sammlung und Niederschrift germanischer Heldenlieder, ein Heldenliederbuch und die Aufzeichnung der deutschen Rechte. Die Geistlichen werden verpflichtet, die sonntägliche Predigt in der Volkssprache abzuhalten, damit sie vom ganzen Volk, omni populo, verstanden werden kann. Karls zielstrebige Förderung der deutschen Sprache – obwohl das Lateinische herrschende Bildungssprache bleibt – ist einem Ziel untergeordnet: der Vermittlung des Christentums als geistig einigender Grundlage des neuen Reiches.

In diesem Prozeß werden die großen Klöster durch ihre Übersetzertätigkeit zu Zentren der Herausbildung einer althochdeutschen Literatursprache, die jedoch keineswegs einheitlich ist, sondern regional sehr verschiedene Dialektausprägungen besitzt. Herausragend sind im fränkischen Raum das Kloster Fulda unter seinem Abt HRABANUS MAURUS (um 780–856), einem Schüler von Alkuin, und die Klöster Weißenburg und Lorsch, im alemannischen Gebiet das Kloster Reichenau unter dem Abt WALAHFRIED STRABA, einem Schüler von Hrabanus Maurus, sowie das Kloster St. Gallen, das unter dem Abt NOTKER LABEO, »Notker dem Großlippigen« (um 950–1022), zu einem Kristallisationspunkt für die deutsche Sprachentwicklung wird; im bairischen Sprachraum sind das Kloster St. Emmeran in Regensburg und die Klöster Freising und Salzburg zu nennen.

Die althochdeutschen Übersetzungen der karolingischen Zeit sind – mit wenigen Ausnahmen – religiösen Inhalts. Für die Übertragungen benutzen die Mönche Glossen und Interlinearübersetzungen, in denen systematisch oder beispielhaft der lateinische Text durch deutsche Wortentsprechungen paraphrasiert wird. Das »älteste deutsche Buch« ist ein solches Wörterverzeichnis, der *Abrogans* aus der Zeit um 750, heute so benannt nach dem ersten lateinischen Stichwort, »abrogans« = bescheiden.

Germanisch-heidnische Dichtung

Obwohl die karolingische Literatur religiöse Gebrauchsdichtung ist, gibt es einige wenige literarische Dokumente, die aus der germanisch-heidnischen Zeit überliefert sind. Von höchster Eigenart sind die beiden *Merseburger Zaubersprüche*, die erst im 10. Jahrhundert in ein Fuldaer Meßbuch eingetragen wurden, aber aus früheren Zeiten stammen. Daß germanischer Spruchzauber im christianisierten Frankenreich noch nachwirkte, belegt die Anweisung Karls des Großen in seiner *admonitio generalis*, das Singen von Zauberliedern zu verbieten.

Erzählt wird in den *Merseburger Zaubersprüchen* jeweils eine mythische Situation, die durch eine magische Beschwörung gelöst wird:

Eiris sazun idisi, sazun hero duoder.
suma hapt heptidun, suma heri lezidun,
suma clubodun umbi cuoniouuidi:
insprinc haptbandun, inuar uigandun!
(Erster Merseburg Zauberspruch)

(Einst ließen sich die Idisen [ehrwürdige Frauen] nieder, / setzten sich hierhin und dorthin. / Einige fesselten [die Feinde?], andere hemmten [das feindliche?] Heer, / wiederum andere lösten die Fesseln [des Freundes?]: Entspring den Fesseln, entflieh den Feinden!)

Die *Merseburger Zaubersprüche* leben noch ganz aus heidnischem Denken. Der *Bienensegen* aus dem Kloster Lorsch, aufgezeichnet im 10. Jahrhundert, nimmt hingegen bereits christliches Denken auf; er beginnt mit den Worten: »Kirst, imbi ist huze!« (Christus, das Bienenvolk ist ausgeschwärmt)
Die Zauber- und Orakelsprüche entstammen dem alltäglichen, bäuerlichen Leben der germanischen Zeit. Eine literarische Merkwürdigkeit ist das *Hildebrandslied* (810/820), das in 68 unvollständigen, stabreimenden Langzeilen erhalten ist, eingetragen auf der letzten und der ersten Seite eines theologischen Codex von zwei Schreibern des Klosters Fulda zu Beginn des 9. Jahrhunderts. Merkwürdig deshalb, weil hier ein letztes Zeugnis der heroisch-germanischen Zeit aus dem Umkreis der langobardischen Dietrichdichtung vorliegt. Schicksalhaft und unausweichlich begegnen sich Vater und Sohn, Hildebrand und Hadubrand, auf dem Schlachtfeld zwischen zwei feindlichen Heeren. Hildebrand, ein Gefolgsmann Dietrichs von Bern, mußte sein Land sowie Frau und Sohn verlassen. Mit Hilfe des Hunnenkönigs kann er in seine Heimat zurückkehren und trifft dort auf einen Helden der Gegenseite. Durch Frage und Antwort stellt sich heraus, daß sich nach dreißigjähriger Trennung Vater und Sohn gegenüberstehen. Ein Ausweichen gibt es nicht, jeder muß seine Mannes- und Kriegerehre unter Beweis stellen. Der Vater bricht in eine Klage aus:

welagu nu, waltant got, wewurt skihit . . .
nu scal mih suasat chind suerto hauwan,
breton mit sinu billiu, eddo ih imo ti banin werdam.

(Weh nun, waltender Gott, Wehgeschick [Unheil] passiert! . . . /
nun soll mich der eigne Sohn mit dem Schwerte schlagen, / niederstrecken mit der Schneide, oder ich ihm zum Mörder werden.)

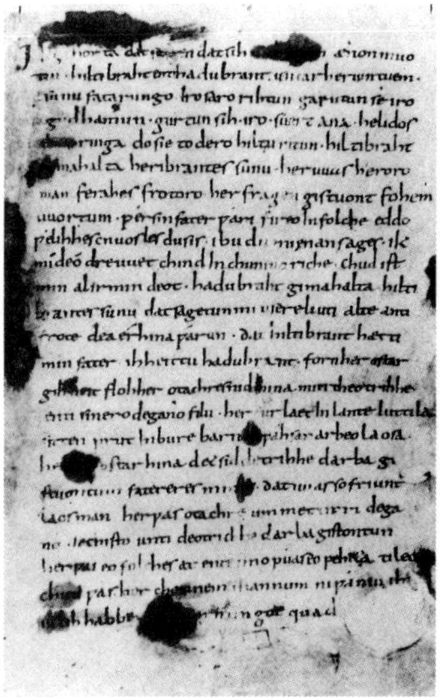
Hildebrandslied, Erstes Blatt

Der Kampf muß ausgetragen werden. Hier endet das Fragment; aus anderen Überlieferungen ist bekannt, daß der Vater den Sohn erschlägt. Die germanische Ethik läßt keine persönliche Entscheidung zu; jeder steht in einem Gefolgschaftsverhältnis, das höher bewertet wird als der familiäre Zusammenhang. Das Barbarische an diesem Ordnungsdenken ist, daß der Vater mit vollem Wissen seinen Sohn tötet und damit zugleich das eigene Geschlecht auslöscht. So fordert es das Schicksal.

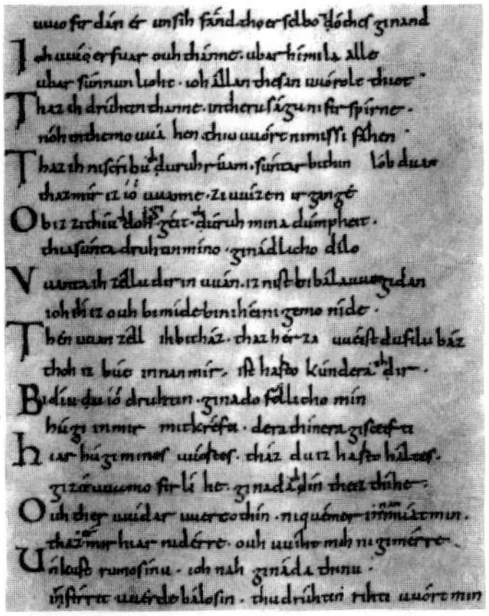

Wiener Otfrid-Handschrift (9. Jh.)

Einzug in Jerusalem, Otfrid-Handschrift (9. Jh.)

Charakteristisch für die germanische Dichtung ist der Stabreim. Durch Alliteration, gleichlautende Anlaute, werden bedeutungtragende Wörter aus dem Versfluß hervorgehoben; deshalb »staben« nur Nomen und Verben. Versform ist die germanische Langzeile: zwei kürzere Halbzeilen, die als An- und Abvers in einem inneren Spannungsverhältnis zueinander stehen und durch den Stabreim verbunden sind. In der karolingischen Literatur tritt ein tiefgreifender Wandel auf formalem Gebiet ein: Der Anlautreim des Stabes wird ersetzt durch den Endreimvers, der bis ins 20. Jahrhundert die europäische Poetik bestimmt. Die rhythmische Struktur des Verses ist durch den Wechsel betonter und unbetonter Silben gegeben, unabhängig vom natürlichen Wortakzent. Der Endsilbenreim ergibt sich durch den Gleichklang der Vokale in der letzten betonten Silbe. In der althochdeutschen Verskunst bringt OTFRID VON WEISSENBURG die Reimdichtung zu einer ersten Blüte.

Christliche Heilsdichtung

Unter den literarisch überlieferten Zeugnissen der christlichen Heilslehre – Bibelübersetzungen und -kommentare, Lobgesänge auf die Erschaffung der Welt, Leben und Lehre Jesu wie etwa im anonym überlieferten *Heliand* (um 830–850) – gilt OTFRID VON WEISSENBURGS *Evangelienbuch*, entstanden um die Mitte des 9. Jahrhunderts, als das eigentliche Gründerwerk der deutschen Literaturgeschichte. In 140 Kapiteln, gegliedert in fünf Bücher, wird eine gelehrte Zusammenfassung der vier Evangelien vorgestellt. Otfrid ist der erste namentlich bekannte deutsche Dichter; er war Schüler des Abts HRABANUS MAURUS in Fulda und ging dann als Gelehrter ins Kloster Weißenburg im Elsaß. Selten ist auch ein Werk handschriftlich so gut überliefert; es existieren drei vollständige Handschriften, von denen die Wiener Handschrift eine von Otfrid persönlich korrigierte Reinschrift ist.
In einer Mischung aus gelehrten Kommentaren, Paraphrasierungen und poetischen Eigenschöpfungen beschreibt der Verfasser das Leben Jesu zur Andacht und Erbauung für den Klerikerstand wie für die gebildeten Laien. Zugeeignet ist das Werk König Ludwig dem Deutschen und steht wohl bewußt im Zusammenhang mit der fränkischen Reichspolitik. Dazu gehört für Otfrid auch die Verwendung der Volkssprache, die er in seinen Eingangsversen ausführlich begründet:

Nu es fílu manno inthíhit, in sína zungun scríbit,
ioh ílit, er gigáhe, thaz sínaz íó gihóhe,
Uuánana sculun Fráncon éinon thaz biuuánkon,
ni sie in frénkiskon bigínnen, si gotes lób singen?
Níst si so gisúngan, mit régulu bithuúngan,
si hábet tho thia ríhti in scóneru slíhti.
Ili thu zi nóte, theiz scóno thoh gilute,
ioh gótes uuizod thánne thárane scono hélle,
Tház tharana sínge, iz scóno man ginenne,
in themo firstántnisse uuir giháltan sin giuuísse!

(Da nun viele angefangen haben, in ihrer Muttersprache zu schreiben, / und sich darum bemühen, sich [durch schriftliche Aufzeichnungen] herauszustellen, / warum sollen nur die Franken davon absehen, / Gottes Lob in fränkischer Sprache zu singen? / Ist diese Sprache bisher auch noch nicht zu solcher Dichtung gebraucht, noch von keiner metrischen Regel gemeistert worden, / so besitzt sie doch Geradheit in schöner Schlichtheit. / Bemühe dich nur, daß es dennoch schön erklinge / und Gottes Wort auf fränkisch herrlich erschalle, [bemühe dich] / daß man das, was in dieser Sprache besungen wird, schön ausspricht / [und daß] wir im Verständnis [des göttlichen Wortes] sicher bewahrt bleiben!)

Otfrid, der als erster konsequent in binnengereimten Langzeilen dichtet, begründet von der Bedeutung des göttlichen Wortes her das Recht, die Muttersprache zu benutzen, denn die Volkssprache sei dem Wort Gottes am nächsten. Diesen Begründungszusammenhang nehmen nicht nur die mittelalterlichen Mystiker auf, er findet sich auch im 17. Jahrhundert, beispielsweise bei dem schlesischen Mystiker JAKOB BÖHME.

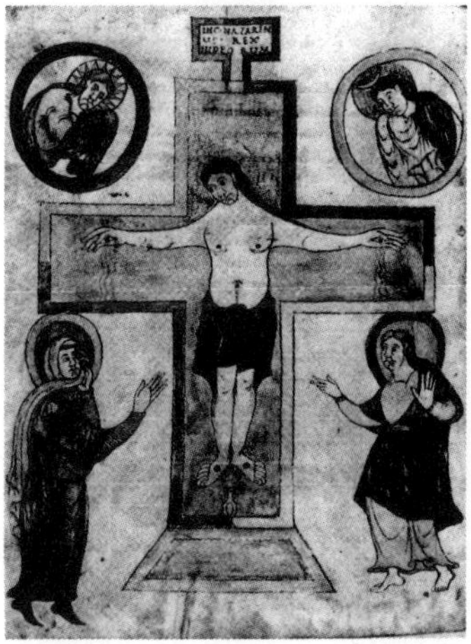

Kreuzigung, Otfrid-Handschrift (9. Jh.)

In der Zeit der Ottonik (900–1050) verschwindet die volkssprachige Literatur fast vollständig; sie gilt wieder als barbarische Sprache, die höchstens zum besseren Verständnis des Lateinischen dienen kann. Hervor tritt in dieser Zeit nur der Benediktiner und frühscholastische Theologe NOTKER LABEO oder TEUTONICUS, »Notker der Deutsche«, im Kloster St. Gallen, der im Jahre 1022 an der Pest starb. Auch Notker benutzt in der ausgehenden althochdeutschen Zeit die deutsche Sprache als Hilfsmittel für das lateinische Bibelwort; bahnbrechend sind jedoch seine systematischen Studien über den poetischen Charakter wie auch eine klare phonetische Rechtschreibung der deutschen Sprache, selbst wenn Notker in seinen Übertragungen oft latinisierende Satzkonstruktionen verwendet und teilweise eine lateinisch-deutsche Mischprosa schreibt.

In diese Zeit fällt auch das literarische Wirken der gelehrten Frau und Nonne HROTSVIT (geboren um 935, gestorben nach 973), die im Stift Gandersheim, einer Gründung der ottonischen Kaiserfamilie, lebt. Klöster sind zu dieser Zeit für Frauen der einzige Ort, an dem sie Möglichkeiten der Selbstentfaltung haben. HROTSVIT VON GANDERSHEIM ist im 10. Jahrhundert eine singuläre Erscheinung, denn sie tritt mit ihren Werken selbstbewußt vor die klerikale Öffentlichkeit: »ego, Clamor Validus Gandeshemensis« (ich, die kraftvolle Stimme aus Gandersheim). Sie dichtet in lateinischer Sprache acht Legenden und verfaßt eine *Gesta Ottonis* über die Taten Ottos I. (912–973); ihre Hauptleistung sind sechs um 960–970 entstandene Dramen. Ausgehend von dem römischen Komödiendichter Terenz, der zur Pflichtlektüre gehörte, unternimmt Hrotsvit den ersten literarischen Versuch, christliche Gegendramen zu verfassen, in denen durch Bekehrung oder Martyrium die Keuschheit über die Verführungen der Liebe siegt.

Erst nach dem Ende der ottonischen Herrschaft setzt Mitte des 11. Jahrhunderts eine kontinuierliche deutschsprachige Literatur ein; seitdem kann man auch von einer zusammenhängenden deutschen Literaturgeschichte sprechen. Ungeklärt ist, warum für gut anderthalb Jahrhunderte die deutsche Literatur verstummt, ob es nur ein Problem der Überlieferung ist oder ob dieses Phänomen mit dem Niedergang der karolingischen Kultur und deren Förderung der Volkssprache zusammenhängt.

Frühmittelhochdeutsche Literatur

Durch die Reform des Benediktinerklosters Cluny beginnt um 910 eine monastische Erneuerungsbewegung, die gegen den Verfall christlicher Traditionen gerichtet ist. Die Klosterregeln, vor allem das Gelübde des Gehorsams, werden im Sinne der Askese und einer radikalen Frömmigkeit verschärft; im Klosterleben wie in den Außenbeziehungen zu anderen reformierten Klöstern wird ein strenger hierarchischer Zentralismus eingeführt, der das Kloster Cluny zu einem bestimmenden politischen Faktor für Kirche und Staat werden läßt. In Deutschland werden die cluniazensischen Reformen um 1070 vor allem vom Kloster Hirsau aufgenommen. Nicht zufällig fällt die späte Wirkung des Geistes von Cluny in Deutschland mit dem Investiturstreit zusammen. Die Auseinandersetzung geht um die Frage, ob der Kaiser oder der Papst die Bischöfe einsetzen darf. Ziel der Papstpartei, deren feste Stütze die reformierten Klöster sind, ist die Herauslösung kirchlicher Würdenträger aus dem Staatsverband. Nicht nur der Klerus, auch die Laien nehmen leidenschaftlich Anteil an dieser Machtprobe zwischen Papst und Kaiser, die auch nicht durch den Kompromiß des Wormser Konkordats 1122 gelöst wird und noch in Walther von der Vogelweides politischer Spruchdichtung Gegenstand heftiger Polemiken ist.

Dürer, Hrotsvit von Gandersheim

In dieser Zeit, um 1060, setzt die frühmittelhochdeutsche Literatur ein, die gleichzeitig an mehreren Orten des Reiches entsteht und um 1170 ausklingt. Der Einschnitt ist nicht nur sprachgeschichtlich wichtig; die Literatur der folgenden 90 Jahre wird auch als cluniazensische Literatur bezeichnet, eine Literatur, die den Laien zum Ideal der Frömmigkeit erziehen möchte, vom Heilswirken Gottes predigt, den Sündenfall als elementares Ereignis bewußt macht und im erzieherischen Geist ein gottgefälliges Leben fordert. In Bibel- und Bußdichtungen, in christlichen Legenden und Mariendichtungen werden die neuen Ideale gepriesen.

Um 1060 verfaßt der Kanoniker EZZO im Auftrag des Bischofs Gunther von Bamberg das *Ezzolied.* Er dichtet einen Hymnus auf das Heilswerk Jesu Christi, der durch seine Leiden die Christenheit erlöst hat. Gegen Ende des Jahrhunderts schreckt ein Verfasser, der sich NOKER nennt und sehr fragwürdig auch als Abt von Zwiefalten identifiziert wird, die weltliche Gesellschaft mit einem *Memento mori.* Aus der Position eines radikalen Mönchstums kritisiert Noker das Besitz- und Machtstreben der weltlichen Herren; er ruft zur Umkehr und Besinnung auf, damit jeder reinen Gewissens vor den Stuhl des Herrn treten könne. In dieselbe Richtung einer neuen ritterlichen Ethik und Frömmigkeit zielen auch zwei Gedichte aus der zweiten Hälfte des 12. Jahrhunderts – *Erinnerung an den Tod* und *Priesterleben* –, die HEINRICH VON MELK zugeschrieben werden und in denen noch kühner die Verderbtheit der Welt angeklagt wird.

Neben der religiösen Heils- und Bußliteratur entsteht zu Beginn des 12. Jahrhunderts im Umkreis des bayerischen Welfenhofes in Regensburg eine weltliche

Literatur. Die Fürstenhöfe werden im 12. Jahrhundert zu wichtigen Förderern einer volkssprachlichen Dichtung. Eines der bedeutendsten Erzählwerke dieser Zeit ist die *Kaiserchronik*, eine Geschichtschronik, die bis zum alten Rom zurückgeht. Der Auftraggeber ist unbekannt; gesichert ist lediglich, daß der Verfasser ein Regensburger Geistlicher war. Grundgedanke der *Kaiserchronik* ist die Verwirklichung des christlichen Reiches auf Erden, in dem Kaiser und Papst zu einer großen Einheit gelangen. Von diesem Werk sind 17 283 Verse überliefert; kein anderes deutschsprachiges Werk ist so reichhaltig durch Handschriften aus dem 12. Jahrhundert dokumentiert, insgesamt in sechs bairischen Handschriften. Die Chronik ist im ganzen Reich bekannt, wird im 13. Jahrhundert zweimal überarbeitet und im 14. Jahrhundert in Prosaform übertragen. Diese historische Darstellung vom Entstehen des deutschen Reiches ist ein Grundlagenwerk volkstümlicher Geschichtsvorstellungen. Sie bricht mitten im Satz ab, an der Stelle, wo Abt Bernhard König Konrad und die Fürsten 1147 zum Kreuzzug auffordert.

Vorformen der großen höfischen Epik sind das *Alexanderlied* des PFAFFEN LAMPRECHT, entstanden um 1150 im mittelfränkischen Gebiet, und das *Rolandslied* des PFAFFEN KONRAD, verfaßt um 1170 in Regensburg, wohl im Auftrag des Welfenherzogs Heinrich der Löwe (um 1129–1195). Beide Werke gehen auf französische Vorlagen zurück; sie verherrlichen die Heldentaten Alexanders des Großen bzw. den Kampf Rolands, eines Paladins Karls des Großen, gegen die heidnischen Heere in Spanien. So unterschiedlich die Werke auch von der inhaltlichen Thematik her sind – Alexanders Kriegszug in den Orient hat seit der Antike eine reiche Erzähltradition, während der Pfaffe Konrad versucht, ein überlebtes Bild vom christlich-feudalen Kaisertum wiederzuerwecken –, so sind in diesen beiden Epen doch bereits Elemente des hochhöfischen Ritterromans angelegt. Die weltlichen Helden ziehen in die Ferne, haben Abenteuer zu bestehen und bewähren sich als tapfere Krieger. Zu den Wegbereitern des heroisch-politischen Romans zählen auch die beiden Epen *König Rother* (um 1160) und *Herzog Ernst* (um 1180).

Rolands Schwertleite (13. Jh.)

HOCHMITTELALTER

Die Jahrzehnte von 1170 bis 1250 sind die Blütezeit oder die »Klassik« der mittelalterlichen Literatur. Sie sind etwa identisch mit der Regierungszeit der Stauferkaiser Friedrich I. Barbarossa (um 1121–1190), seines Sohnes Heinrich VI. (1165–1197) und seines Enkels Friedrich II. (1194–1250). War die Literatur der vorhergehenden Jahrhunderte ausschließlich von Geistlichen verfaßt worden, so treten nun auch weltliche Dichter hervor. Wichtigste Voraussetzung für das Entstehen einer ritterlich-höfischen Standesliteratur, in der sich eine Elite festlich selbst darstellt, ist die Herausbildung von Territorialherrschaften und damit der Bau fester Residenzen als Zentren eines neuen kulturellen Lebens.

Die deutschen Kaiser wie die Fürsten hatten bisher eine »Reiseherrschaft« ausgeübt. Es gab kein Zentrum des Reiches, von dem aus Regierung und Verwaltung einheitlich ausgeübt worden wären. Man zog in beschwerlichen Reisen umher und schlug am jeweiligen Ort die Zelte auf; selbst der kaiserliche Hof war ambulant. Die Befestigung von Burgen, der Bau von Residenzen ermöglicht eigene Formen des gesellschaftlichen Lebens. Der große Festsaal wird zum Ort, an dem sich die Adelsgesellschaft zu feierlichen Anlässen versammelt; dies ist auch der Ort, an dem Dichter und Spielleute ihre Kunst vortragen können. Es bildet sich eine interne Öffentlichkeit heraus.

Gleichzeitig werden an den Höfen fürstliche Kanzleien eingerichtet, in denen ein eigenes Urkundenwesen – unabhängig vom kaiserlichen Hof – entsteht. Bezeugt sind solche Verwaltungsstellen bei den Welfenherzögen in Regensburg und Braunschweig, bei den Landgrafen von Thüringen, den Babenbergerherzögen in Österreich, den Markgrafen von Meißen und den Wittelsbachern in Bayern. Diese Kanzleien haben eine hohe Bedeutung für die mittelalterliche Literatur, weil hier ein systematisches Schrifttum ausgebildet wird, das, anfangs in lateinischer Sprache, später auch volkssprachliche Werke hervorbringt.

Markgraf Otto von Brandenburg, Manesse-Codex

Bestimmend in der mittelalterlichen Feudalgesellschaft sind zwei Stände, der geistliche und der weltliche Adel. Die Herausbildung von Territorialherrschaften führte dazu, daß eine Schicht von Adligen stark zunahm, nämlich der Dienstadel, also Ministeriale, die – durch Verleihung von Lehen (Land) – in einem militärischen oder wirtschaftlichen Abhängigkeitsverhältnis zu ihrem Herrn stehen. Diese Ministerialen galten lange Zeit als die Träger der höfischen Kultur. Inzwischen haben genauere Forschungen ergeben, daß der Begriff des Ritters, der diese Schicht charakterisieren soll, mehrdeutig ist, also nicht nur eine standeshierarchische Bestimmung ist, sondern auch ethisch im Sinne eines Bildungs- und Erziehungsgedankens aufgefaßt wurde. Die Dichter der höfischen Zeit auf einen gemeinsamen Nenner bringen zu wollen ist ein sehr unsicheres Unternehmen; die Liederdichter der Manessischen Handschrift sind wohl nur zu 10 bis 15 Prozent als Ministeriale zu bestimmen. Bei vielen Dichtern läßt sich ihr gesellschaftlicher Stand nicht belegen; das betrifft auch die Zuordnung, ob sie gebildete Kleriker oder weltliche Schreiber gewesen sind. Fest steht jedoch, daß Literatur nur in mäzenatischem Auftrag entstehen konnte, auch wenn in vielen Fällen die Auftraggeber nicht (sicher) zu bestimmen sind.

Die politischen Verhältnisse sind geprägt durch die staufisch-welfische Rivalität um die Vorherrschaft und vor allem durch den Machtkampf zwischen dem deutschen Kaisertum und dem Papsttum, durch die Herausforderung, das christliche Abendland – und damit auch die Vormachtstellung des Papstes – mit Hilfe der Kreuzzüge nach Palästina zu verteidigen. Während das Reich von Krisen erschüttert ist, wird in der Literatur eine idealisierte Welt höfischen Lebens auf der Suche nach ritterlicher Vervollkommnung entworfen.

Charakteristisch für diese neue Phase in der deutschsprachigen Literatur ist, daß sie nicht in lokaler Isolierung entsteht; die Dichter beziehen sich wechselseitig aufeinander, treten sogar miteinander in Literaturfehde und bemühen sich um eine literarische Hochsprache, die normgebend wirken soll. Später als in Frankreich bildet sich nun auch im Deutschen Reich eine organische volkssprachliche Literatur heraus, hinter der die lateinische Dichtung langsam zurücktritt.

Auch für die hochhöfische Zeit gilt, daß die Dichter nicht nach Originalität

streben; ihre Vorbilder sind meist französische Vorlagen oder antike Stoffe, die ihre eigenen, angereicherten Erzählungen beglaubigen. Höfische Epik und Minnesang sind die vollendeten Gattungen dieser Zeit, die ohne die französischen Anregungen nicht denkbar sind.
Herausragende Vermittlerin und Förderin der höfischen Literatur in Frankreich war Eleonore von Aquitanien (geboren um 1122, gestorben 1204); sie war in erster Ehe mit Ludwig VII. von Frankreich, dann mit Heinrich II., König von England, verheiratet. Ihr Hof in Poitiers erblüht zum Sammelplatz der Dichter und wird ein Zentrum höfischer Kultur; ihrem Einfluß ist die Verbreitung der Troubadours-Lyrik in Nordfrankreich und England zu verdanken. Noch heute hält sich die Legende, die kunstsinnige Königin habe ein Liebesverhältnis mit dem Lyriker *Bernart de Ventadorn* gehabt. Unbestritten ist jedoch die starke Ausstrahlung Eleonores. Ihre mäzenatischen Ambitionen gibt sie an ihre Töchter weiter: Marie de Champagne und Alice von Blois werden Gönnerinnen der berühmtesten Epiker der Zeit, CHRÉTIEN DE TROYES und GAUTIERS D'ARRAS. Ihre Tochter Mathilde wird 1168 mit dem Welfenherzog Heinrich dem Löwen verheiratet. Auf ihre Anregung hin wird die französische *Chanson de Roland* ins Deutsche übertragen; ihre intime Kenntnis der französischen Literatur läßt vermuten, daß sich Mathilde auch in anderen Fällen als wichtige Vermittlerin französischer Epik und Lyrik in Deutschland betätigte.

Höfische Epik

Epik als Sammelbegriff für jede Art fiktiver Erzählung in Versen oder Prosa formt sich im Mittelalter erst allmählich in verschiedenen Typen aus. Im französischen Mittelalter des 12. Jahrhunderts, unter anderen bei CHRÉTIEN DE

Krönung Heinrichs des Löwen

Troyes, taucht der Begriff »romanz« (Roman) auf und kennzeichnet die Erzählung in der Volkssprache, in der ›lingua romana‹. Der Romanbegriff, definiert als Großform der Erzählkunst in Prosa, wird in Frankreich bereits auf die gesprochene höfische Vers-Epik übertragen, die im Gegensatz zur gesungenen Heldenepik steht. Das deutsche Mittelalter kennt den Begriff des Romans nicht; er wird jedoch auf die höfische Großerzählung in Versform übertragen, denn inhaltlich entsprechen diese Werke der Romandefinition des 17. und 18. Jahrhunderts: »eine erdichtete Geschichte, heroicorum facinorum fabulosa narratio« (eine fabulöse Erzählung heldischer Taten). Entwicklungsgeschichtlich besteht deshalb ein enger Zusammenhang zwischen der höfischen Versepik und den seit dem 13. Jahrhundert einsetzenden Prosafassungen sowie späteren Prosaromanen.

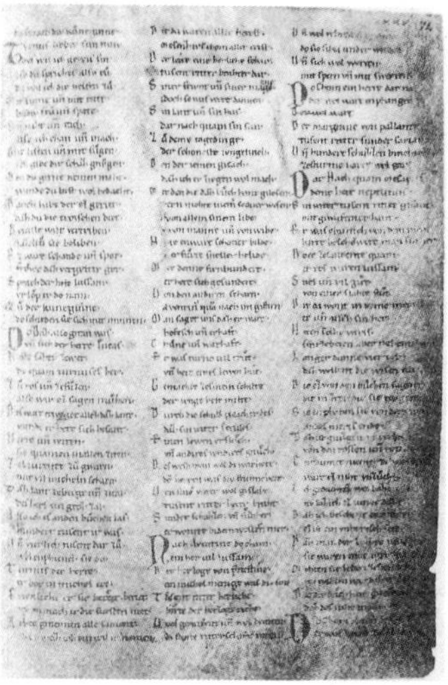

Eneit-Handschrift (13. Jh.), Bild- und Textseite

Heinrich von Veldeke

Heinrich von Veldeke bringt durch seine streng durchgebildete Verskunst und die neuartige Behandlung des höfischen Liebesthemas einen bis dahin nicht gehörten Ton in die deutschsprachige Literatur ein. »Er inpfete daz erste rîs / in tiutischer zungen« (er propfte den ersten Reis / in deutscher Sprache), urteilt voller Anerkennung Gottfried von Strassburg über ihn. Geboren wurde Heinrich von Veldeke in der Gegend von Maastricht zwischen 1140 und 1150; er diente dem Grafengeschlecht von Loon, war später bei einer Gräfin von Kleve in Diensten und lebte ab 1180 am Hofe der Landgrafen von Thüringen, der die deutsche Literatur als einer der anregendsten mäzenatischen Höfe förderte. Die Herkunft Heinrich von Veldekes, ob er gebildeter Laie oder Kleriker war, läßt sich nicht eindeutig nachweisen. Da er Latein und Französisch beherrschte, ein schreib- und lesekundiger Adliger aber damals zu den großen Ausnahmen gehörte, ist wohl eher anzunehmen, daß er dem Stand der Kleriker zuzuordnen ist.

Sein schon im Mittelalter berühmtestes Werk ist der Aeneas-Roman *Eneit*, den er um 1170 begonnen hat und in den Jahren 1184 bis 1190 am Thüringer Hof vollendet. Heinrich von Veldeke benutzt als Vorlage Vergils *Aeneis*, bezieht sich aber stärker noch auf eine anonyme französische Vorlage des antiken Stoffes, die um 1160 am anglo-normannischen Hof entstanden ist.

Stofflich hält sich Heinrich von Veldeke eng an seine Quellen: Aeneas flieht aus dem zerstörten Troja und landet nach verschiedenen Abenteuern in Nordafrika, in Karthago, wo die Königin Dido herrscht. Dido entbrennt in leidenschaftlicher Liebe zu Aeneas, aber dieser gehorcht dem Willen der Götter, die diese einseitige und maßlose Liebe mißbilligen. Aeneas verläßt Dido, die sich das Leben nimmt. Er gerät in die Unterwelt und landet schließlich an der Tibermündung. Ein Königssitz ist ihm prophezeit; Aeneas kämpft um Italien. Er verliebt sich in die Tochter des Königs Latinus, Lavinia. Nach vielen Prüfungen und Bewährungen erfüllt sich ihre Liebe. Prunkvoll wird Hochzeit gefeiert, die Heinrich von Veldeke in Beziehung setzt zu dem glanzvollen Mainzer Hoffest Barbarossas zu Pfingsten des Jahres 1184, an dem zur Verherrlichung der staufischen Herrschaft 40 000 bis 70 000 Ritter teilgenommen haben sollen.

ichn vernam von hôhzîte
in allen wîlen mâre,
diu alsô grôz wâre,
alsam dô het Énêas,
wan diu ze Meginze dâ was,
die wir selbe sâgen.
desn dorfen wir niet frâgen,
diu was betalle unmâzlîch,
dâ der keiser Friderîch gab zwein sînen sunen swert,
dâ manech tûsent marke wert
verzeret wart und vergeben.
ich wâne, alle di nû leben,
deheine grôzer haben gesehen.

(Ich habe nie von einem Fest / erzählen hören, / das so großartig gewesen sei / wie das, das Aeneas da feierte, / ausgenommen das, welches zu Mainz stattfand / und das wir selbst gesehen haben. / Deswegen brauchen wir uns nicht [eigens] erkundigen: / Das war ganz unermeßlich, / als da Kaiser Friedrich seinen zwei Söhnen das Schwert verlieh, / wobei im Wert von vielen tausend Mark / verzehrt und verschenkt wurde. Ich meine, kein jetzt Lebender / hat ein größeres [Fest] gesehen.)

Eneit-Handschrift, Lavinia mit Mutter

Mit dieser Aktualisierung des Romans durch das Fest der Schwertleite – d. h. Aufnahme in den Ritterstand durch Umgürten des Schwertes – der Söhne Friedrichs I. gibt Heinrich von Veldeke die erste repräsentative Selbstdarstellung der höfischen Gesellschaft. Der Roman endet mit einer Vision der künftigen weltbeherrschenden Rolle der Stadt Rom.

Gegenüber der französischen Vorlage verstärkt Heinrich von Veldeke die ritterlich-höfischen Züge durch die Darstellung kriegerischer Ereignisse, höfischer Umgangsformen und Gebräuche. Die glückliche Liebesgeschichte Aeneas-Lavinia hebt er wortreich von der zerstörerischen Liebe der Dido ab; Lavinia wird zur Verkörperung einer neuen Humanität, in deren Dienst sich der Ritter mit Hingabe stellt.

Markgraf Hermann von Meißen und Reglindis, Naumburger Dom (13. Jh.)

Bei kaum einem anderen mittelalterlichen Werk erhält der Leser so detaillierte Kenntnisse über die Entstehungsgeschichte. Im Epilog erfährt er, daß das Werk schon zu großen Teilen vollendet war, als der Dichter es der Gräfin von Kleve lieh. Während ihrer Hochzeit mit dem Landgrafen Ludwig III. von Thüringen – als nichtgesicherte Daten werden die Jahre 1172–74 angegeben – wurde das Manuskript von einem Grafen Heinrich gestohlen. Erst neun Jahre später erhielt es Heinrich von Veldeke durch den Pfalzgrafen Hermann, einen Bruder Ludwigs III., zurück, der ihn nach Thüringen rief und mit der Vollendung des Werkes beauftragte. Zwischen 1184 und 1190 dürfte der Roman abgeschlossen worden sein, der mit seinem sicheren Versrhythmus, der Reinheit der Reime und der Vermeidung von mundartlichen Einsprengseln im Reim stilbildend für seine Epoche wirkt.

Heinrich von Veldeke hat das Thema der Minne, der Liebe, zwar noch nicht im

Sinne der höfischen Liebe behandelt, aber sein *Eneit* ist Auftakt für eine Liebesdichtung in Epik und Lyrik, in der das Minnemotiv zum tragenden Element der Handlung wird.

Die höfische Liebe wird zum festen Bestandteil einer idealischen Adelskultur. Eine festumrissene Definition der Minne ist schwierig, denn in den verschiedenen Gattungen und bei den verschiedenen Dichtern hat die höfische Minne unterschiedliche Bedeutungen: Sie kann unerfüllte Liebessehnsucht ebenso wie sinnliche Vereinigung meinen; sie kann heimlich und ehebrecherisch oder als Dienst an der eigenen Ehefrau vollzogen werden; sie kann sich an Damen höheren Standes oder an Frauen niederer Herkunft richten. In der Epik ist höfische Minne fast immer mit Beischlaf verbunden, während in der Lyrik die platonische Liebe dominiert. Grundsätzlich gilt, daß höfische Minne ein kunstvolles Spiel gesellschaftlicher Regeln ist – ein Spiel, das weit entfernt von der Realität für eine gesellschaftliche Utopie steht.

Bildteppich zu Tristan, Kloster Wienhausen (Anfang 14. Jh..)

Gottfried von Straßburg

Der herausragende Liebesroman des Mittelalters ist Gottfried von Strassburgs *Tristan und Isolde*. Neben Wolfram von Eschenbach ist Gottfried der zweite große Ependichter, der durch die Kühnheit seiner Dichtkunst die Zeitgenossen in Erstaunen und Verwunderung versetzt. So strahlend und nachhaltig wirksam auch sein einzig überliefertes Werk ist, so dunkel sind doch alle persönlichen Daten. Selbst die Urheberschaft für *Tristan und Isolde* wird im Text nicht erwähnt; sie ist erschlossen aus zeitgenössischen Erwähnungen und wird bezeugt durch Ulrich von Türheim und Heinrich von Freiberg, die Gottfrieds unvollendeten Roman von 19 548 Versen um 1230 bzw. 1290 fortsetzten. Weder über Gottfrieds Leben noch über die Bedingungen der Entstehung seines Epos gibt es verläßliche Daten; alle Aussagen beruhen auf Vermutungen und Interpretationen.

Gottfried ist – das belegt sein Werk – der Dichter mit der höchsten Gelehrsamkeit, ein wahrer poeta doctus. Er beherrscht Latein und Französisch und besitzt umfassende Kenntnisse der antiken Geschichte und der theologischen Lehre. Die lateinisch-schulmäßige Bildung ist ihm ebenso vertraut wie das französisch-höfische Gesellschaftsleben. Gottfried wird »meister« genannt. Seine hohe Bildung läßt jedoch darauf schließen, daß er Kleriker war, was im Mittelalter nicht unbedingt bedeutet, daß er als Geistlicher im Kloster arbeitete; vielmehr kann er nach der geistlichen Ausbildung durchaus ins weltliche Leben zurückgekehrt sein.

Seit Gottfried ist das glück- und todbringende Minnemotiv zum festen Bestandteil der deutschen Literatur geworden: Im ersten Teil beschreibt er die Jugendgeschichte Tristans, der ein verwaistes Wunderkind aus einer leidenschaftlich-unglücklichen Liebe ist. Er kommt an den Hof seines Oheims König Marke, wo seine Gewandtheit in allen ritterlichen Fertigkeiten die höfische Gesellschaft in Erstaunen setzt. Tristan präsentiert sich als idealer, galanter Ritter. Im Kampf mit dem Riesen Morolt empfängt Tristan eine tödliche Wunde, die nur die irische Königin zu heilen vermag. Er verkleidet sich als Spielmann Tantris und unternimmt seine erste Irlandfahrt zur weisen Königin Isolde, die ihn kuriert. Tristan ist entzückt von der Schönheit ihrer Tochter, die auch den Namen Isolde trägt. Er wird ihr Lehrer; beide verlieben sich ineinander. Die Rückkehr Tristans an den Hof Markes unterbricht ihr Liebesglück. Tristan schwärmt seinem Oheim von der »neuen Helena« vor, die er kennengelernt hat. Marke begehrt sie zur Frau und schickt Tristan ein zweites Mal nach Irland, diesmal als seinen Brautwerber. Auf der Rückfahrt passiert das »Unglück«: Die Mutter hatte der Zofe Isoldes, Brangæne, einen Liebestrank mitgegeben; in einem unbemerkten Augenblick reicht Tristan ahnungslos Isolde diesen Zaubertrank. Beide trinken davon und verfallen in leidenschaftliche Liebe zueinander:

er kuste sî und sî kust in
lieplîchen unde suoze.
daz was der minnen buoze
ein sæleclîcher anevanc:
ietwederez schancte unde tranc
die süeze, diu von herzen gie,
sô sî die state gewunnen ie,
sô gie der wehsel under in
slîchende her unde hin
vil tougenlîchen unde alsô,
daz nieman in der werlde dô
ir willen unde ir muot bevant
wan sî, der er doch was bekant,
Brangæne diu wise.
. . .

Minne diu strickærinne
diu stricte zwei herze an in zwein
mit dem stricke ir süeze in ein
mit alsô grôzer meisterschaft,

mit alsô wunderlîcher craft
dazs unreloeset wâren
in allen ir jâren.

(Er küßte sie, sie küßte ihn / beglückend und heiß. / Es war ein seliger Beginn, / die Liebesnot zu stillen. / Jeder schenkte und trank / die Süße, die vom Herzen kam. / Wo immer sich Gelegenheit bot, / kamen sie zusammen, / leise und heimlich her und hin, / damit kein anderer ahnte, / was sie bewegte, außer der, / die noch davon wußte, / die weise Brangæne ... / Liebe, die bestrickende Macht, / verstrickte beide Herzen / durch das Band [den Strick] ihrer Süße / mit so großer Kunstfertigkeit / und so erstaunlicher Kraft, / daß nichts in ihrem Leben / sie wieder zu trennen vermochte.)

Am Hofe König Markes angelangt, beginnt ein kunstvolles Spiel von Intrigen und Listen. Brangæne wird in der Hochzeitsnacht Marke im Bett untergeschoben. Die Prüfungen reichen bis zu einem Gottesurteil, dem sich Isolde stellen muß, um sich vom Vorwurf ehebrecherischer Beziehungen zu Tristan zu reinigen. Ein Wunder geschieht; Gott stellt sich auf die Seite der Liebenden. Aber es nützt nichts – Marke vertreibt sie von seinem Hof. In der Verbannung finden die beiden eine paradiesische Minnegrotte, wo sie ohne Nahrung nur vom Spiel der Liebe leben, umgeben von einer allegorisch überhöhten Natur. Gottfried schmückt die Liebeshöhle zu einem utopischen Ort aus, an dem Gottesminne und weltliche Liebe miteinander verschmelzen. Wiederum durch eine List getäuscht, läßt Marke die Liebenden an seinen Hof zurückkehren. Als sie erneut überrascht werden, muß Tristan fliehen. Isolde schickt seinem entschwindenden Schiff einen Sehnsuchtsmonolog, eine ergreifende Abschiedsklage nach. Tristan gelangt in das Herzogtum Arundel, tut Kriegsdienste und wird belohnt mit der Hand der Königstochter ›Isolde Weißhand‹. In einer Sinnesverwirrung glaubt Tristan aufgrund der Namensidentität ein neues Liebesglück gefunden zu haben. An dieser Stelle bricht Gottfrieds Roman ab.

Der Fortgang der Handlung ist aus EILHART VON OBERGS frühhöfischem Epos *Tristrant und Isalde* (etwa 1170–1180) und anderen Quellen bekannt: Tristan kann sich von der wahren Isolde nicht lösen. Als er abermals tödlich verwundet wird, schickt er nach ihr, denn nur sie kann ihn retten. Als das Schiff in Sicht ist, täuscht ihn Isolde Weißhand und behauptet, die geliebte Isolde sei nicht an Bord. Tristan stirbt. Isolde findet ihn tot und stirbt an seiner Seite. König Marke kommt zu spät, um beiden vergeben zu können.

Gottfried dichtet seinen *Tristan* ungefähr in den Jahren 1205 bis 1210. Der *Tristan*-Stoff, vermutlich keltischen Ursprungs, ist im Mittelalter weit verbreitet. Gottfried benennt als seine Vorlage die höfisch-ritterliche Fassung des Stoffes von THOMAS D'ANGLETERRE, deren Entstehen am anglo-normannischen Hof zwischen 1150 und 1190 angesetzt wird.

Gottfrieds *Tristan*-Roman muß wie eine Herausforderung gewirkt haben. Die Liebe ist kein gesellschaftliches Spiel, keine idealisierte höfische Umgangsform; sie vollzieht sich sinnlich und körperlich, ohne jede umschweifende Rede. Sie ist unausweichlich: »ein man, ein wîp – ein wîp ein man, /Tristan Isolt – Isolt

Tristan«, heißt es bei Gottfried. Die Rolle des betrogenen Königs Marke bleibt bis zum Ende tragisch; selbst noch als er vergeben will, kommt er zu spät. Die typische Minnemotivik von Abschied und Wiederkehr ist für Tristan und Isolde unerträglich; es bedarf auch, wie sonst in der höfischen Minne üblich, keiner Bewährungsproben für die Liebe. Der Zaubertrank ist nur eine Bestätigung, nicht Ursache der Leidenschaft. Lehenstreue, Gattentreue – alles setzt diese Liebe

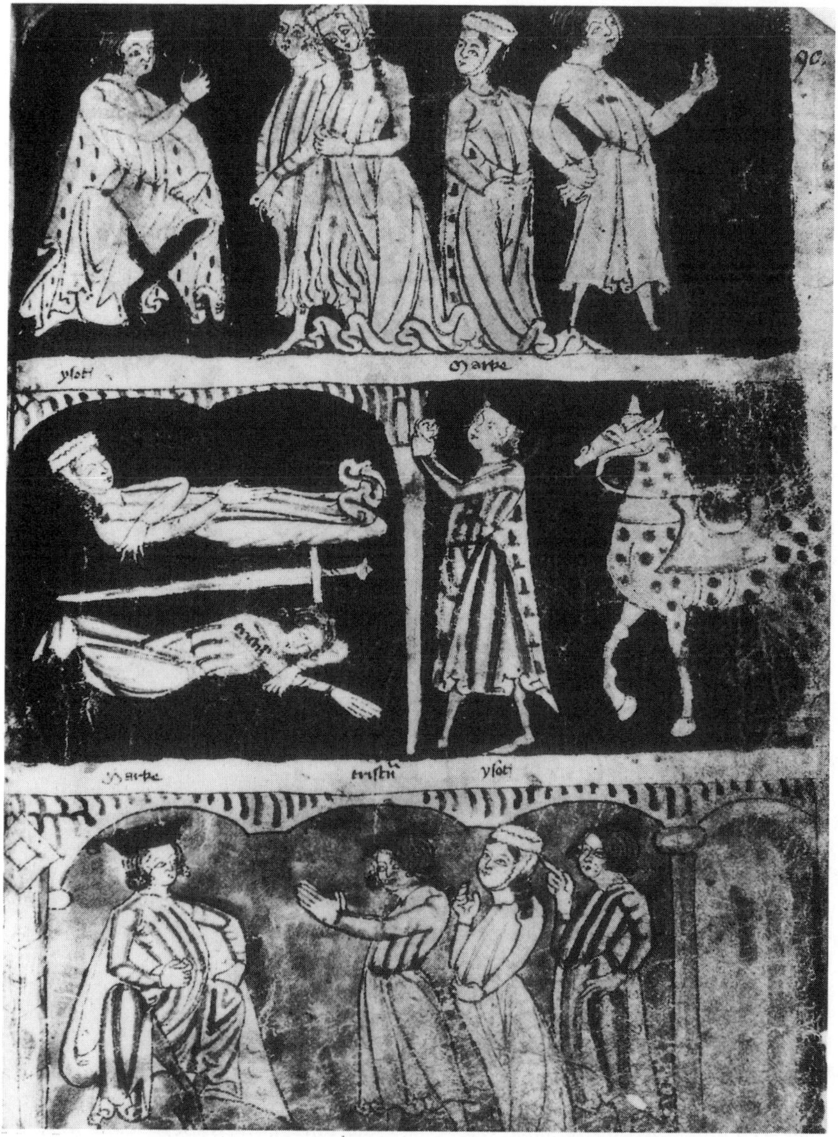

Miniaturen der Münchner Tristan-Handschrift (13. Jh.)

Wolfram von Eschenbach, Manesse-Codex

Miniaturen zu Parzival (Handschrift des 13. Jh.)

außer Kraft und steht damit im Gegensatz zu den höfischen Verpflichtungen. In der Darstellung der Minnegrotte verwebt Gottfried religiöse Vorstellungen mit Sexualsymbolik zu einer mystischen Einheit, die bisweilen noch bei heutigen Interpreten Entrüstung hervorruft, weil Gottfried sich an der Grenze zur Blasphemie bewege. Die grenzenlose Minne, die nicht nach Ehe strebt, ist das einzig geltende Gesetz der Handlungen und Empfindungen bei Gottfried; sie schließt nicht nur das Glück ein, sondern bedeutet vor allem auch Leiden und Tod.
Ungewöhnlich und einmalig ist Gottfrieds thematische Durcharbeitung des Liebesmotivs, bahnbrechend sein fein ziselierter, kunstvoller Stil. Mit raffinierten Wortspielen und Wortwiederholungen, mit Antithesen und etymologischen Gleichklängen verleiht er seinen Versen Klarheit und gleichzeitig einen dunkel überhöhten Sinn. Gottfrieds Wortkunst, die Melodie seiner Sprache und die Kultiviertheit seiner Reime, sein Sprachideal der »kristallînen wortelîn«, setzen literarisch neue Maßstäbe.

Wolfram von Eschenbach

Ebenbürtig, doch zugleich der große Antipode zu Gottfried ist WOLFRAM VON ESCHENBACH. Auch in Wolframs *Parzival* ist das Minnethema übergreifend, aber es wird der Suche nach dem Gral untergeordnet und eingebunden in die christliche Sünden- und Gnadenlehre.
Wie bei den meisten epischen Dichtern der höfischen Zeit ist Wolframs gesellschaftlicher Stand nicht nachzuweisen. Da von ihm jedoch ein umfangreiches Werk von über 40 000 Versen vorliegt, darf angenommen werden, daß er einen hochgestellten Mäzen besaß, an dessen Hof er arbeitete. Auch sein Herkunftsort ist unsicher: Man vermutet das fränkische Eschenbach südöstlich von Ansbach; gesicherte Daten gibt es allerdings nicht. Im Unterschied zu Gottfried bekennt Wolfram voller Stolz, er sei ein Ungebildeter, ein illiteratus. Im *Parzival* schreibt er:

> ine kan decheinen buochstap.
> dâ nement genuoge ir urhap:
> disiu âventiure vert âne der buoche stiure.
>
> (Ich kann keinen Buchstaben lesen. / Für viele ist das der Ausgangspunkt. / Diese Geschichte wird nicht von Büchern gesteuert.)

Mit diesen Worten beabsichtigt Wolfram auch eine literarische Polemik gegen die gelehrten Dichter. Es ist offensichtlich seinem Werk zu entnehmen, daß er keine lateinische Schulbildung besaß, sondern ein genialer Autodidakt war. Umstritten ist sein Umgang mit französischen Vokabeln; die einen sehen in den ›Verhunzungen‹ und Verdrehungen einen Beweis seiner Unwissenheit, die anderen interpretieren sie als geniale Sprachwitze.
Überliefert sind von Wolfram der *Parzival*, der ungefähr in den Jahren 1200 bis 1210 entstand, und der *Willehalm*, niedergeschrieben im Auftrag des Landgrafen Hermann von Thüringen von 1210 bis nach 1217; für dieselbe Zeit werden

auch die *Titurel*-Fragmente angesetzt, während seine acht Lieder undatierbar sind. Als Lebensdaten kann man etwa die Zeit 1170 bis nach 1220 annehmen.
Kein Epiker des Mittelalters war schon zu seinen Lebzeiten so berühmt und verehrt wie Wolfram; fast sprichwörtlich wurde das Urteil WIRNTS VON GRAVENBERG, der über Wolfram schrieb: »leien munt nie baz gesprach« (niemals hat der Mund eines Laien besser gesprochen). Wolframs Betonung, er sei ein Ungebildeter, ruft auch Spott hervor. GOTTFRIED VON STRASSBURG tituliert ihn als einen »Spielgesellen der Hasen« – »des hasen geselle« –, der »ûf der wortheide hôchsprünge und wîtweide mit bickelworten welle sîn« (der auf der Wortwiese hohe Sprünge und weite Läufe mit seinen Pickelwörtern vollführt).
Der *Parzival* ist eines der meistgelesenen Werke des Mittelalters; mit seinen 25 000 Versen überschreitet er alle bisherigen Maße. Kein anderes Werk wird so oft zitiert, kein anderes höfisches Epos ist so reichhaltig mit fast 90 Handschriften und Fragmenten überliefert – im Vergleich dazu: Gottfrieds *Tristan* zählt 27 Handschriften und Fragmente.
Wolframs Hauptquelle für den *Parzival* ist der *Conte du Graal* des französischen Epikers CHRÉTIEN DES TROYES, dessen letztes, unvollendet gebliebenes Werk, das wahrscheinlich zwischen 1180 und 1190 entstand. Nicht bekannt ist, wie Wolfram die französische Vorlage kennenlernte. Er erwähnt Chrétien jedoch nur nebenbei; als seinen literarischen Gewährsmann gibt er vielmehr das Werk eines »Kyot« an. Diese Quellenangabe gilt als literarische Fiktion, mit der Wolfram möglicherweise irreführen wollte. Gottfrieds Vorwurf, er sei ein »vindære wilder mære« – ein Erfinder wilder/ungezügelter/erfundener Geschichten –, bezieht sich höchstwahrscheinlich auch auf die angebliche Kyot-Quelle.
Wie in einem Tugend- und Lebensspiegel erzählt Wolfram die Entwicklung und den Werdegang des Ritters Parzival. Parzival wird fernab von der Welt – im Walde, unberührt von höfischen Sitten – von seiner Mutter erzogen. Als er zufällig drei Rittern begegnet, ist er so beeindruckt, daß er an den Hof des Königs Artus ziehen möchte. Parzival verläßt seine Mutter, ohne zu bemerken, daß sie bei seinem Abschied tot zusammenbricht. Am Hof des Königs erregt er durch

Fest in Munsalvaesche

sein merkwürdiges, unhöfisches Auftreten Spott und Erstaunen. Seine Mutter hatte ihn nämlich in ein Narrenkleid gesteckt, weil sie hoffte, daß sich der Sohn dadurch lächerlich machen und zu ihr zurückkehren würde. Über weitere Abenteuer – unter anderem besiegt er den Roten Ritter Ither, der sein ihm nicht bekannter Verwandter ist, und erbeutet dessen Ritterrüstung – kommt Parzival in die Lehre des alten Gurnemanz, der ihn über das höfische Leben aufklärt, ihn zum Ritter erzieht und ihm den verhängnisvollen Rat erteilt, nicht zu neugierig zu sein. Parzival sucht nun Bewährung. Er befreit und heiratet die Königin Condwiramurs, aber bevor das erste Kind geboren wird, bricht Parzival nach Munsalvaesche, zur geheimnisvollen Gralsburg auf. Er fühlt sich wie ein vollendeter Ritter, aber ahnungslos versagt er; anstatt die entscheidenden Fragen nach dem Gral und den Leiden des Gralskönigs Anfortas zu stellen, schweigt Parzival. Das märchenhafte Schloß verschwindet. Nach seiner Rückkehr an den Artushof wird er ehrenvoll als ebenbürtiger Ritter empfangen, obwohl er in der Gralsburg versagt hat. Die häßliche Gralsbotin Cundrie erscheint, stört die Freuden und verflucht ihn. Parzival ist verzweifelt; er ist sich keiner Schuld bewußt, fühlt sich von Gott verlassen und macht sich noch einmal auf die Suche nach dem Gral. Nach vier Jahren des Herumirrens trifft er auf den Einsiedler Trevrizent. Hier erkennt er seinen »Gotteshaß« (»ich bin ein man der sünde hât«) und wird zur Buße und Reue bekehrt. Trevrizent klärt den tumben jungen Ritter auch über die Geheimnisse und die Geschichte des Grals auf. Parzival erfährt, daß der Gralshüter Anfortas sein Onkel ist; außerdem muß er erfahren, daß er am Tod seiner Mutter schuldig ist. Trevrizent hilft ihm, sich mit Gott zu versöhnen. Parzival scheidet innerlich geläutert. Er hat noch zwei große Kämpfe zu bestehen, gegen den Ritter Gawan und gegen seinen ihm unbekannten Halbbruder Feirefiz aus dem Orient. Erneut taucht die Gralsbotin Cundrie auf und bringt die Botschaft, daß Parzival zum Gralskönig berufen sei. Zusammen mit seinem Halbbruder begibt sich Parzival zur Gralsburg. Nun stellt er die rechte Frage an seinen Oheim: »oeheim, waz wirret dir?« Der Fluch, der auf dem Schloß liegt, ausgesprochen von dem Zauberer Klingsor, der die Liebe von dem Schloß verbannte, ist aufgehoben. Parzival kehrt zurück zu seiner Frau Condwiramurs.

So verschlungen diese Geschichte schon ist, noch komplizierter wird sie, weil Wolfram zwei Romane in einem erzählt: die Geschichte Parzivals und die des Ritters Gawan, die kunstvoll miteinander verwoben sind. Die Gawan-Handlung entspricht den höfischen Idealen eines Artursritters: Auftreten bei Hofe, Bewährung im Kampf und Minnedienst; die Parzival-Geschichte beschreibt den Weg aus der Unwissenheit eines Einfältigen über Versagen und Bewährungsproben, Zweifel an Gott und Hinwendung zu Gott, einen Prozeß des Strebens nach dem Ideal gesellschaftlicher und religiöser Vollkommenheit.

Wolframs höchstes Ideal ist nicht der Artushof; er unterscheidet zwischen der Artusgesellschaft und der höher stehenden Gralsgesellschaft. Beide entfalten das feudale höfische Gepränge, aber die Gralsgesellschaft besitzt eine religiöse Legitimierung, die dem Artuskreis fehlt; vollkommene Weihe verleiht nur der geheimnisvoll-religiöse Gralskreis dem höfischen Ritter.

Leitthema in der Parzival- wie in der Gawan-Geschichte ist die Minne. Auch Minne und Gral sind eng miteinander verknüpft. Anfortas hat durch ein Minnevergehen Schuld auf sich geladen: »daz er gerte minne ûzerhalp der kiusche sinne« (daß er Liebe begehrte über das keusche Verlangen hinaus). Die gesamte Gralsburg verfällt deshalb dem Fluch, d. h., falsche, unhöfische Minne ist gegen die gesellschaftliche Ordnung gerichtet – in der Artusgesellschaft ebenso wie in der Gralsgesellschaft. Parzivals Irrungen, sein schuldhaftes Verhalten, in das er immer wieder aus Unwissenheit hineingerät, sind nicht Stationen einer individuellen Geschichte; vielmehr entwirft Wolfram ein Bild von der Sündhaftigkeit des Menschen, die nichts zu tun hat mit persönlicher Verantwortung. Gesellschaftliche Harmonie stellt sich erst ein, als die Gralsburg von dem Minnevergehen Anfortas' erlöst wird und Parzival zu seiner Frau Condwiramurs zurückkehren kann – eine Konfliktauflösung, die Gottfrieds *Tristan* nicht kennt.

Aufregend für die Zeitgenossen ist Wolframs Stil. Seine ungehemmte Subjektivität verblüfft. Das erzählende Ich scheut sich nicht, kommentierend einzugreifen und ständig den eigenen Standort zu wechseln, einmal als Verbündeter des Lesers oder Hörers, ein andermal, um sie durch dunkle Anspielungen in die Irre zu führen. Wolfram liebt Überraschungen; im *Parzival*-Prolog schreibt er: »disiu mære . . . vliehent unde jagent, si entwîchent unde kêrent, si lasternt unde êrent« (diese Erzählung flieht und jagt, sie entweicht und kehrt zurück, sie tadelt und lobt). Er bevorzugt nicht die »kristallînen wortelîn« wie Gottfried, sondern ist dunkel und geheimnisvoll im Wortschatz, liebt ausgefallene Wortneuschöpfungen. Auch in der Reimkunst nimmt es Wolfram nicht so genau. Gegen das soeben neu gewonnene Ideal reiner Reime setzt er ungenaue Reime, die Sätze werden bis in die nächste Verszeile hinübergezogen (Enjambement), so daß der Hörer aufgeschreckt wird, weil Vers- und Satzende bzw. Sinnzusammenhang nicht mehr übereinstimmen. Bei Wolfram bereitet sich der sogenannte »geblümte Stil« des Spätmittelalters vor.

Merkwürdig im Vergleich zwischen Gottfried und Wolfram ist, daß Gottfried eine hemmungslose Liebe mit größter Klarheit der Worte und Reime beschreibt; Wolfram hingegen typisiert einen Erkenntnis- und Läuterungsprozeß, der zum Ideal höfischen und religiösen Lebens führt, mit unergründlichen Bildern und verschlungenen Anspielungen. Gottfried wie Wolfram belegen auf eindrucksvolle Weise, daß mittelalterliche Literatur – trotz der strengen Orientierung an Vorbildern und ihrer Abhängigkeit von mäzenatischen Höfen – eine sehr persönliche und vielfältige Art des Schreibens hervorbringt, sowohl stilistisch wie auch in der thematischen Behandlung der Stoffe.

Der Artusroman

Das größte Vorbild für den staufischen Versroman ist der französische Epiker CHRÉTIEN DE TROYES, der mit seinen Epen *Erec, Yvain, Cligès* und *Lancelot* die höfische Form für den keltisch-bretonischen Sagenstoff um den legendenumwobenen König Artus vorgegeben hat. König Artus residiert an einer idealen höfischen Tafelrunde von Rittern; er ist Mittelpunkt und zugleich primus inter pares. Von seiner Tafel werden die Helden in die Welt geschickt, um ritterliche Abenteuer zu bestehen und sich im Kampf und in der Minne zu bewähren. Die Ritter haben ein höfisches Bildungsprogramm zu absolvieren. Waren sie erfolgreich, so kehren sie in die Artusrunde zurück und werden mit prunkvollen Festen empfangen, und ein neuer Ritter wird ausgeschickt. In den Artusromanen wird ein in sich geschlossener Kosmos geschildert: Die Ritter gelangen an geheimnisvolle Schauplätze, müssen sich gegen Ungeheuer zur Wehr setzen, gefangene Frauen befreien und hilflose Jungfrauen beschützen. Jederzeit müssen sie ihre Standesehre unter Beweis stellen; die Krönung ihrer ritterlichen Vollendung ist der Minnedienst für eine Frau.

Die Artusromane führen in eine märchenhafte Welt ohne jede historische Bindung, die nichts mit dem realen politischen und wirtschaftlichen Alltagsgeschehen gemein hat. Die Literatur emanzipiert sich von der religiösen Lehrhaftigkeit und wird weltlich. Die Ritter wollen Gott und der Welt gefallen; ihr gesellschaftlicher Rahmen ist eine utopische Adelswelt. Im Typus des Artusromans beschreiten die Ritter einen »Doppelweg«: Sie fahren aus zu kühnen Abenteuern, geraten dann in eine Krise über den Sinn des Lebens, um schließlich in einer zweiten Fahrt den Geboten ritterlicher Tugenden und Normen zu entsprechen und zu sich selbst zu finden. Am ausgeprägtesten findet sich diese Idealität bei Hartmann von Aue.

Verfasser dieser Romane sind nicht weltliche Ritter, wie lange Zeit wegen der höfischen Thematik angenommen wurde; die meisten von ihnen sind Kleriker. Neben WOLFRAM VON ESCHENBACH, der seinen ungebildeten Laienstand betont, ist die zweite große Ausnahme HARTMANN VON AUE. Im *Armen Heinrich* hebt er hervor:

Hartmann von Aue, Manesse-Codex

Ein ritter sô gelêret was
daz er an den buochen las
swaz er dar an gechriben vant:
der was Hartman genant,
dienstman was er zOuwe

(Ein Ritter war so gebildet, / daß er Bücher lesen konnte, / alles, was darin geschrieben war. / Der hieß Hartmann / und war Dienstmann zu Aue.)

Diese Hervorhebung Hartmanns unterstreicht noch einmal, daß ein lese- und schreibkundiger Ritter um 1200 eine Besonderheit ist. Für Gottfried wie für Wolfram ist Hartmann von Aue vielgerühmtes Vorbild; er ist der Begründer des deutschen Artusromans. Über seine Person ist außer wenigen Selbstaussagen nichts bekannt. Der Ort »Aue« ist nicht lokalisierbar; sicher ist nur, daß er aus dem alemannischen Sprachgebiet stammt. Seine Lebenszeit wird etwa zwischen 1160 und 1210 angenommen; seine fürstlichen Auftraggeber sind nicht bekannt. Die Reihenfolge seiner Werke: *Büchlein* (um 1180), *Erec* (nach 1180), *Gregorius* (vor 1190), *Armer Heinrich* (um 1195) und *Iwein* (um 1205). *Gregorius* und der *Arme Heinrich* sind religiös inspirierte Legenden; *Erec* ist der erste deutsche Artusroman, geschrieben nach Chrétien de Troyes' Vorlage *Erec*, die etwa zehn Jahre früher entstanden ist. Überliefert ist Hartmanns *Erec* in nur einer Handschrift, der »Ambraser Handschrift«, aus dem 16. Jahrhundert.

Erec ist Ritter am Hofe König Artus'. Bei der Tafelrunde wird er durch einen vorbeireitenden Zwerg beleidigt, der ihn mit einer Geißel ins Gesicht schlägt.

Erec muß diese Beleidigung rächen und reitet aus. Er trifft auf die schöne Enite und gewinnt im Kampf gegen den Zwerg für sie einen Sperber. Es kommt zur Heirat und damit zur Bedrohung. Erec verliert sich in der Liebe und versäumt seine höfischen Pflichten. Erneut muß er sich auf Fahrt begeben, wobei Enite ihm schweigend als Mahnerin an seine Schuld vorausreiten muß, ihm aber auch als Pferdeknecht dient.

Ganz unvermittelt stehen in der höfischen Epik höchste Frauenverehrung und brutale Frauenverachtung nebeneinander. Erec darf nicht nur wie selbstverständlich Enite als Knecht quälen und die eheliche Gemeinschaft willkürlich aufheben; Enite beugt sich auch widerspruchslos diesen Demütigungen:

> swaz ouch mir mîn geselle tuot,
> daz dulde ich mit rehte.
> ze wîbe und ze knehte
> und ze swiu er mich will hân,
> des bin ich im alles undertân.
>
> (Was immer mein Gefährte mir antut, / ich dulde es von Rechts wegen. / Ob er mich zur Frau, zum Knecht / oder wozu immer haben will, / ich bin ihm in allem untertan.)

Hartmann ist keine Ausnahme. Auch im *Parzival* gibt es Szenen brutaler Frauenmißhandlung, für die sich der Ritter nie rechtfertigen muß, denn er besitzt die uneingeschränkte Verfügungsgewalt über die Frau. Wenn auch das Frauenbild der höfischen Dichter idealisch überhöht ist, blitzt doch in solchen Szenen gesellschaftliche Realität durch, die deshalb von den Schriftstellern auch nicht als Widerspruch zum höfischen Minnedienst empfunden wird.

Erec lädt durch die grobe Behandlung seiner Frau Enite keine Schuld auf sich. Er muß Zweikämpfe und Abenteuer bestehen, bis er schließlich in einer großen Schlußepisode einen riesenhaften Ritter besiegt, der in übersteigerter Minne sich und andere ins Unglück gestürzt hat. Durch den Sieg befreit Erec diese höfische Gesellschaft, denn »got hât wol ze mir getân« (Gott hat wohl an mir getan).

Hauptwerk Hartmann von Aues ist der Artusroman *Iwein*, die Geschichte des Löwenritters, erhalten in 25 Handschriften; stärker noch als im *Erec* orientiert sich Hartmann darin an der französischen Vorlage von Chrétien de Troyes. Iwein macht sich auf den Weg, das gefährliche Quellenabenteuer zu bestehen, und besiegt den Hüter des Brunnens. Dennoch wird er in dessen Burg gefangengenommen, aber die schöne Burgherrin Laudine verliebt sich in den Gefangenen und heiratet Iwein. Der Artushof erscheint zur Hochzeit; der vollendete Artusritter Gawein warnt Iwein, sich nicht in der Liebe zu verlieren. Iwein beherzigt diesen Rat und nimmt auf ein Jahr Urlaub von seiner Frau, um der Artusgesellschaft zu folgen. Festlichkeiten und Turniere bestimmen diese Zeit, bis Reue und Scham ihn überkommen, zumal eine Botin Laudines erscheint und ihn verflucht. Iwein verliert den Verstand und lebt wie ein Tier im Wald. Eine vorbeiziehende Gräfin rettet ihn aus diesem Zustand durch eine Wundersalbe. Nun begibt sich Iwein auf Abenteuer, die alle den Charakter von Befreiungstaten tragen, darunter auch die Rettung eines Löwen, der ihn fortan als Helfer begleitet. Mit

sprachlicher Leichtigkeit, oft auch mit Humor erzählt Hartmann die gefährlichen Mutproben, die Iwein zu bestehen hat, um wieder ehrenvoll in die Artusrunde aufgenommen zu werden. Auf den Rat der Zofe Laudines, Lunete, kommt es zum Schluß zur Versöhnung mit seiner Frau. Laudine ist die Herrin. Im Gegensatz zu Enite im *Erec*, wo die Frau dem Mann dient, weil sie eine Mitschuld an seiner übermäßigen Liebe trägt, stellt Laudine ihre Forderungen an Iwein und verflucht ihn, weil er sie nicht erfüllt. Iwein muß sich nach seiner Heilung erst bewähren, bevor Liebe und Ehe wieder zusammenkommen.
Beide Artusromane Hartmanns kreisen wie in einem didaktischen Lehrprogramm um das Problem der »mâze«: Erec vergißt sich in der Liebe und vernachlässigt seine gesellschaftlichen Pflichten; Iwein hingegen vergißt über den ritterlichen Bewährungsproben seine Frau. Auf neuen Abenteuerfahrten müssen beide Minnedienst und Gesellschaft wieder ins rechte Lot bringen. In der Artusepik bricht eine neue Wirklichkeit durch, die jedoch ideologisch noch der christlichen Heilslehre verpflichtet ist. Der Held ist erst selbstvergessener Sünder, dann Erlöser; er durchläuft einen Weg der Läuterung. Hartmann, der ältere Zeitgenosse Wolframs und Gottfrieds, ist Wegbereiter und erster Höhepunkt dieser weltlichen Dichtung. Wie schnell und kunstvoll der Artus-Stoff erweitert wird, zeigt sich bei Wolfram und Gottfried: Das *Parzival*-Epos stellt dem Artushof und seinen Normen die exklusive religiöse Welt des Grals gegenüber; der *Tristan* schildert eine Liebesgeschichte, die jede »mâze« vermissen läßt. Die stofflichen Motive des Artusromans – Sinnenfreude, ritterliche Turniere, höfische Feste, märchenhafte Abenteuer – fordern aber auch dazu heraus, das Thema zu höfischer Unterhaltungsliteratur zu verarbeiten. Vertreter dieses ›niederen Artusromans‹ sind der *Lanzelet* von ULRICH VON ZAZIKHOVEN, entstanden etwa in den Jahren 1194 bis 1205, und der *Wigalois* von WIRNT VON GRAFENBERG, der auf die Zeit 1210 bis 1215 datiert wird.

Das Nibelungenlied

Eine Kuriosität in der Zeit der höfischen Literatur der Stauferzeit ist das *Nibelungenlied*, ein letztes Relikt der germanisch-heroischen Dichtung. Erzählt werden in 39 »aventiuren« das Leben am Hof des Burgunderkönigs Gunther in Worms und der Untergang der Burgunden im Kampf gegen die Hunnen. Quellen sind nordische und germanische Heldenlieder; historisch fixieren läßt sich der Stoff auf das 5. Jahrhundert, als der burgundische König Gundicarius oder Gundeharius im Jahre 437 in einer Schlacht gegen die Hunnen fiel.
Der strahlende Held Siegfried, ausgestattet mit übermächtigen Kräften, wirbt um Kriemhilt, die Schwester Gunthers. Zur Hochzeit kommt es jedoch erst, nachdem Siegfried Gunther bei der Brautwerbung um Brünhilt, die Königin von Island, mit Hilfe seiner Tarnkappe beim Speerwurf, Steinwurf und Weitsprung zum Sieg bringt. Eine glanzvolle Doppelhochzeit am Wormser Hof soll das Glück besiegeln. Aber schon in der Hochzeitsnacht scheitert Gunther an der unweiblichen Kraft seiner Gattin. Brünhilt ist enttäuscht und läßt ihn nicht an sich heran; sie fesselt Gunther und hängt ihn an einen Nagel an der Wand. Noch einmal muß Siegfried einspringen und, durch die Tarnkappe ihren Blicken ent-

zogen, Brünhilt im Bett besiegen. Zehn Jahre später kommt es zum Eklat. Beim Kirchgang, auf der Treppe vor dem Münster, schleudert Kriemhilt Brünhilt entgegen, sie sei eine »kebse«, eine Hure, und verrät das Geheimnis der zweiten Hochzeitsnacht. Die Königin Brünhilt, tief verletzt und beleidigt, sinnt auf Rache. Ihr Handlanger ist Hagen, der Kanzler König Gunthers, der in ihrem Auftrag Siegfried auf der Jagd ermordet. Nunmehr sinnt Kriemhilt auf Rache. Sie verheiratet sich mit dem Hunnenkönig Etzel und lockt die Burgunden durch eine Festeinladung an den Hof Etzels; dort beginnt ein unvorstellbares Blutbad und Gemetzel, das in allen schaurigen Einzelheiten beschrieben wird. Als von den Burgunden nur noch Gunther und Hagen am Leben sind, läßt Kriemhilt ihrem Bruder Gunther das Haupt abschlagen; den Erzfeind Hagen tötet sie eigenhändig. Hildebrant, der Waffenmeister Dietrichs von Bern, der in Kriemhilts Diensten steht, ist daraufhin so erzürnt, daß er das rasende Weib mit einem Schwertstreich niederstreckt.

Siegfrieds Tod

Ine kán iu niht bescheiden, waz sider dâ geschah:
wan ritter unde vrouwen weinen man dâ sach,
dar zuo di edeln knehte, ir lieben friunde tôt.
hie hât daz mære ein ende: daz ist der Nibelunge nôt.

(Ich kann euch nicht sagen, was danach geschah, / nur, daß man Herren und Damen, dazu edle Ritter / den Tod ihrer lieben Freunde beweinen sah. / Das ist das Ende des Liedes: Das ist die Not der Nibelungen.)

Mit Schrecken und Graus endet das *Nibelungenlied*, weil Kriemhilts Rache keine Grenzen kennt. Schon die erste Strophe des *Nibelungenliedes* kündet dieses Leid an, während Kriemhilt noch als zartes, liebreizendes Mädchen vorgestellt wird:

Uns ist in alten mæren wunders vil geseit
von helden lobebæren, von grôzer arebeit,
von fröuden, hôchgezîten, von weinen und von klagen
von küener recken strîten muget ir nu wunder hoeren sagen.

Ez wuohs in Búrgónden ein vil édel magedîn,
daz in allen landen niht schoeners mọhte sîn,
Kriemhilt geheizen: si wart ein scoene wîp.
dar umbe muosen degene vil verliesén den lîp.

(In alten Geschichten wird uns viel Wunderbares berichtet: von ruhmreichen Helden, von hartem Streit, / von glücklichen Tagen und Festen, von Schmerz und Klage / tapferer Recken. Davon könnt auch Ihr jetzt Wunderbares berichten hören. / Im Land der Burgunden wuchs ein edles Mädchen heran, / das war so schön, daß in keinem Land der Welt ein schöneres hätte sein können. / Ihr Name war Kriemhilt. Später wurde sie eine schöne Frau. / Um ihretwillen mußten viele Helden ihr Leben verlieren.)

Die Romantiker feierten das *Nibelungenlied* als »deutsche Ilias«, als Nationalepos der Deutschen; Goethe nannte die »Nibelungen so furchtbar, weil es eine Dichtung ohne Reflex ist und die Helden wie eherne Wesen nur durch und für sich existieren«. Die reiche handschriftliche Überlieferung belegt, daß das *Nibelungenlied* trotz seiner archaischen Thematik ein sehr beliebter Lesestoff war: Erhalten sind 35 Handschriften, die vollständig oder bruchstückhaft die Dichtung wiedergeben. Großes Rätselraten hat der Verfasser aufgegeben: War er ein

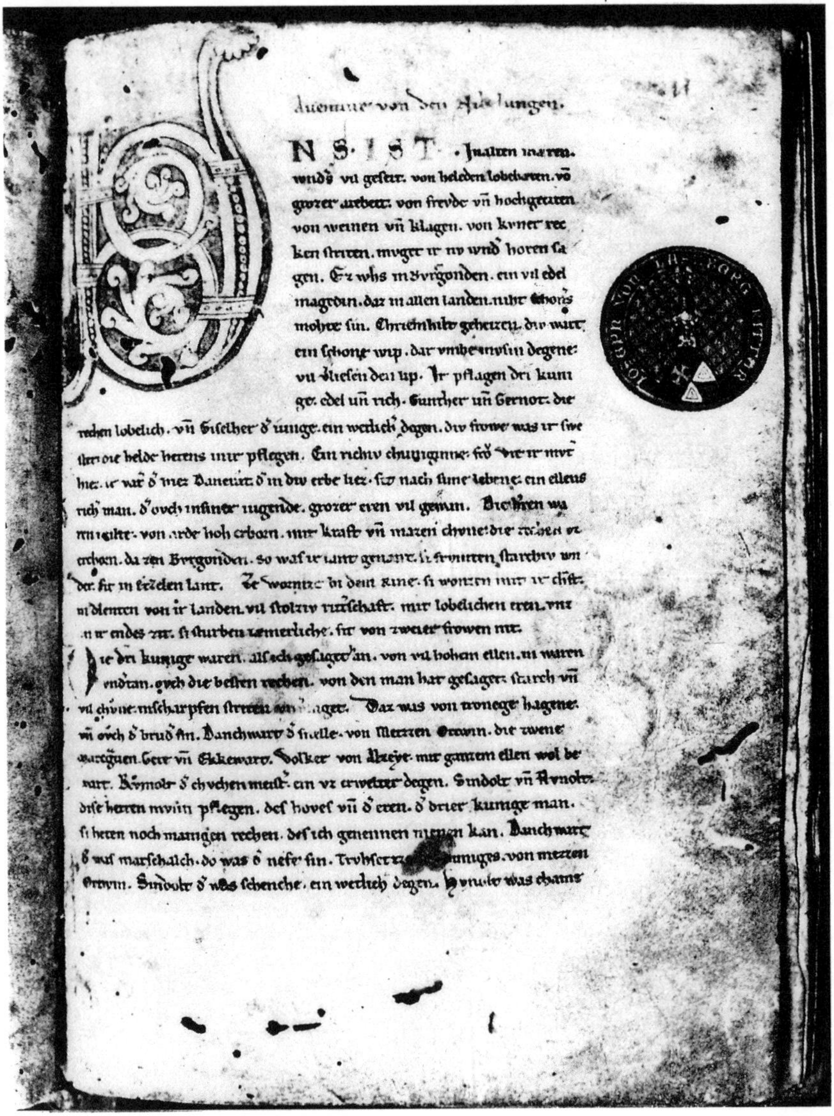

Anfang des Nibelungenliedes (Handschrift 1. Hälfte des 13. Jh.)

Spielmann, ein Kleriker oder ein Ritter? Es gibt sogar die These, daß der Verfasser eine Frau, eine Nonne aus dem Passauer Kloster Niedernburg, gewesen sein könnte. Außer Zweifel steht jedoch, daß das *Nibelungenlied* keinen Kollektiv-Autor, sondern einen einzigen Verfasser hatte und daß das Lied nicht aus der rein mündlichen Tradition niedergeschrieben wurde, denn dazu ist es stofflich und sprachlich trotz vieler Brüche zu einheitlich abgefaßt. Der Autor wird am Hof des Passauer Bischofs oder am Babenberger Hof in Wien vermutet; entstanden ist das Werk um 1200.

Was den Zeitgenossen am *Nibelungenlied* gefallen haben mag, läßt sich nicht mehr ergründen; es muß aber trotz der höfischen Überformung des germanischen Stoffes einen exotischen Reiz besessen haben, der bis in die Metrik hineinreicht. Der Verfasser hält an der Tradition der heldischen Strophenform fest. Die Nibelungenstrophe besteht aus vier Langzeilen; jede Langzeile ist durch eine Zäsur geteilt. Das Reimschema aabb hat sich später noch lange im Volkslied erhalten.

Das *Nibelungenlied* erscheint literarisch antiquiert im Vergleich zur zeitgenössischen, ›modernen‹ Dichtung. Im Artus-Roman erfüllt der Ritter über verschiedene Stufen der Bewährung und Herausforderung das höfische Ideal des Lebens. Das *Nibelungenlied* durchzieht von Beginn an eine verhängnisvolle Stimmung des Untergangs, die unausweichlich in der Katastrophe endet.

Minnesang

Spricht man vom Hochmittelalter als der Blütezeit der mittelalterlichen Literatur, so ist damit neben dem höfischen Roman vor allem die neue volkssprachliche Lyrik gemeint, die weltliche Liebesdichtung, der Minnesang. Wie in der Epik, so findet auch die Liebeslyrik ihre Vorbilder in der provenzalischen und französischen Troubadoursdichtung.

swer getragener kleider gert,
derst niht minnesanges wert

(Wer um getragene Kleider bettelt, / der ist des Minnesangs nicht würdig)

(Buwenburc)

Die Große Heidelberger Liederhandschrift, der sogenannte *Codex Manesse*, der etwa in der Zeit zwischen 1300 und 1330 von der Zürcher Patrizierfamilie Manesse in Auftrag gegeben wurde, umfaßt Lieder von 140 Dichtern. Es ist die prachtvollste gotische Handschrift; fast alle Dichter sind mit kostbaren ganzseitigen Miniaturen abgebildet, die nach dem Rang ihres Standes angeordnet sind. Der Codex beginnt mit dem Stauferkaiser Heinrich VI. und endet mit den Dichtern bürgerlichen Standes. Vertreten sind zwei große Gruppen: adlige Herren, die den Minnesang pflegten, und die ›Fahrenden‹, die Spruchdichtung schrieben. Minnesang ist Adelskunst.

Minnesang setzt höfische Geselligkeit und Festlichkeit voraus; die Gedichte werden an den Höfen in Anwesenheit der hohen Frauen zu musikalischer Begleitung vorgesungen. Zum Reiz des Minnesangs gehört das öffentliche Eingeständnis des heimlichen Liebessehnens. Im Minnesang tritt das Individuum zum ersten Mal in der Ich-Form hervor und artikuliert seine Liebeswünsche. Das Ziel des Werbens, die Gunst der angebeteten Frau, bleibt »wân«. Minnedienst ist konkret und abstrakt zugleich; angesprochen wird die Herrin eines Hofes, eine verheiratete Frau. Je intensiver die Liebe empfunden wird, desto irrealer ist sie, steigert sich ins Anonyme, so daß offenbleibt, ob die verehrte Frau wirklich existiert oder ob sie nur Sinnbild für das Weibliche ist. Der Minnesänger steht in doppeltem Dienst: gegenüber dem Lehensherrn und gegenüber der Frau. Sein Werben verlangt Gegenliebe, die sich dennoch nicht erfüllen darf. Minnedienst ist eine idealistische Aufforderung zur seelischen Verfeinerung und Vervollkommnung der Adelswelt und ihrer Sitten. Gottfried beschreibt im *Tristan* die Minnesänger als Nachtigallen:

Kürenberger, Manesse-Codex

ir stimme ist lûter unde guot,
si gebent der werlde hôhen muot
und tuont reht in dem herzen wol.
diu werlt diu wære unruoches vol
und lebete rehte als âne ir danc,
wan der vil liebe vogelsanc . . .
ez wecket friuntlîchen muot.
hie von kumt inneclîch gedanc,
sô der vil liebe vogelsanc
der werlde ir liep beginnet zalen.

(Ihre Stimmen [die der Nachtigallen, d. h. der Minnesänger] sind rein und schön, / sie geben der höfischen Gesellschaft ein Hochgefühl / und erfreuen das Herz zutiefst. / Die Gesellschaft wäre freudlos / und würde voll Mißmut leben, / wenn dieser süße Vogelsang nicht wäre. / Er erweckt angenehme Empfindungen, / die unsere Gedanken nach innen kehren, / wenn der süße Vogelsang der Gesellschaft von dem erzählt, was sie erfreut.)

Der Kürenberger

Der älteste namentlich bekannte Liederdichter ist DER VON KÜRENBERC, der um die Mitte des 12. Jahrhunderts im Donauraum lebte. Die frühe donauländische Liebeslyrik ist noch unbeeinflußt von der südfranzösischen Troubadourskunst. Überliefert sind von Kürenberg 15 Strophen. Sein berühmtestes Gedicht ist das *Falkenlied*:

Minneszene mit Falken, Spieldose

Ich zôch mir einen valken mêre danne ein jâr.
dô ich in gezamete als ich in wolte hân
und ich im sîn gevidere mit golde wol bewant,
er huop sich ûf vil hôhe in anderiu lant.

Sît sach ich den valken schône fliegen:
er fuorte an sînem fuoze sîdîne riemen,
und was im sîn gevidere alrôt guldin.
got sende si zesamene di gerne geliep wellen sîn!

(Ich zog mir einen Falken länger als ein Jahr. / Als ich ihn gezähmt hatte, wie ich ihn haben wollte, / und sein Gefieder mit Gold geschmückt hatte, / erhob er sich in die Höhe und flog in andere Lande. / Seither sah ich den Falken schön fliegen: / Er führte an seinem Fuße seidene Fesseln, / und sein Gefieder war ganz rotgolden. / Gott führe die zusammen, die gerne einander lieben wollen!)

Nicht der Dichter spricht, die Frau hält einen Monolog; im Bild des Falken beklagt sie den entflogenen Geliebten, dem sie ihre ganze Liebe geschenkt hat. Charakteristisch für die frühe Lyrik ist die Frauenstrophe, in der die liebende Frau zu Wort kommt. Dennoch handelt es sich nicht um eine persönlich empfundene Lyrik; es ist vielmehr eine objektivierende Rollenlyrik, in der das Ich hinter einer Person zurücktritt. Der Falke, Symbol der ritterlichen Hofhaltung, ist gleichzeitig Symbol der Minne und der Liebessehnsucht. Ein Motiv, das auch bei einem anderen Dichter aus der frühen Zeit des donauländischen Minnesangs aufgenommen wird, bei Dietmar von Aist.

Friedrich von Hausen

Der reinste Vertreter der »hohen minne« ist FRIEDRICH VON HAUSEN. Sein Stammsitz war vermutlich bei Mannheim; urkundlich belegt ist, daß er im Gefolge Friedrichs I. und Heinrichs VI. reiste. 1189/90 nimmt Friedrich von Hausen mit Barbarossa am 3. Kreuzzug teil und fällt am 6. Mai 1190 in der Schlacht von Philomelium in Kleinasien. Friedrich von Hausen reflektiert wie kein anderer über die Vergeblichkeit der Liebe. Die Sehnsucht stürzt ihn in Verzweiflung und Leiden. Das Kreuzzugserlebnis bringt eine neue Dimension in seine Lyrik; der Dienst an Gott und an der Frau geraten in Widerspruch zueinander. Im ersten Kreuzlied findet Friedrich von Hausen noch einen Ausgleich: erst Gott dienen, dann der Frau – ein Konflikt, der sich verschärft:

Friedrich von Hausen, Manesse-Codex

Mîn herze und mîn lîp diu wellent scheiden,
diu mit ein ander varnt nu mange zît.
der lîp wil gerne vehten an die heiden:
sô hât iedoch daz herze erwelt ein wîp
vor al der werlt. daz müet mich iemer sît,
daz si ein ander niene volgent beide.
mir habent diu ougen vil getân ze leide.
got eine müeze scheiden noch den strît.

(Mein Herz und mein Leib wollen sich trennen, / die miteinander lange Zeit gezogen sind. / Der Leib will gerne gegen die Heiden kämpfen: / Dagegen hat das Herz eine Frau vorgezogen / vor der ganzen Welt. Es plagt mich seither, / daß sie nicht einig sind. / Mir haben meine Augen viel zuleid getan. / Gott allein möge den Streit schlichten.)

Der Dualismus zwischen Leib und Herz endet mit der Absage an die Minne; der Dienst an Gott siegt über den Frauendienst.

Heinrich von Morungen

In glühenden erotischen Metaphern besingt HEINRICH VON MORUNGEN das weibliche Wesen, das ihn durch seine Sprödigkeit minnekrank macht. Er verliert sich in der überirdischen Schönheit der Frau, ästhetisiert ihren Körper und entrückt sie in unerreichbare Ferne; er vergleicht die Angebetete mit den Gestirnen und spielt mit dem Gedanken des mystischen Liebestodes. Die Liebe gewinnt bei Heinrich von Morungen eine magische, gefährliche Macht:

Owê, sol aber mir iemer mê
geliuhten dur die naht
noch wîzer danne ein snê
ir lîp vil wol geslaht?
der trouc diu ougen mîn:
ich wânde, ez solde sîn
des liehten mânen schîn,
dô taget ez.

(O weh, soll mir denn nie mehr / leuchten durch die Nacht / noch weißer als Schnee / ihr schöngestalteter Leib? Der trog meine Augen: / Ich wähnte, / es sei des lichten Mondes Schein, / da ward es Tag.)

Heinrich von Morungen, Manesse-Codex

Das hatte es vorher nicht gegeben: Zum ersten Mal wird durch Heinrich von Morungen in der Lyrik der »lîp« einer Frau direkt angesprochen – »weißer als der Schnee«. Um diese Kühnheit zu verhüllen, kleidet der Dichter das Geschaute in die Vision des Mondenscheins. Das Gedicht ist ein »Tagelied«, das erste Tagelied, das Heinrich von Morungen nach dem Muster der provenzalischen »alba« (Morgendämmerung) in die mittelalterliche Lyrik übernimmt. Beschrieben wird der Abschied der Liebenden; der Ritter muß die Dame nach gemeinsam verbrachter Nacht verlassen, denn es beginnt zu tagen und ihre Liebe darf nicht entdeckt werden.
Heinrich von Morungen war Ministeriale am Hof von Markgraf Dietrich von Meißen, einem Schwiegersohn des Landgrafen Hermann von Thüringen. Nicht gesichert ist sein Todesdatum im Jahre 1222 im Thomaskloster zu Leipzig. Erhalten sind von ihm 33 Lieder, die vermutlich in dem Jahrzehnt zwischen 1190 und 1200 entstanden sind.

Reinmar der Alte

Vermutlich aus dem Elsaß stammt der Minnesänger REINMAR DER ALTE. Gottfried von Straßburg, der ihn als »Nachtigall von Hagenau« rühmt, beklagt 1210 seinen Tod. Belegt ist Reinmars Aufenthalt am kunstliebenden Babenberger Hof in Wien in den neunziger Jahren des 12. Jahrhunderts; dort dichtete er wahrscheinlich zur gleichen Zeit wie Walther von der Vogelweide, was aus verschiedenen Anspielungen in ihren Liedern zu entnehmen ist. Reinmar werden unstrittig 30 Lieder zugeschrieben; bei weiteren rund 40 sogenannten unechten Liedern ist sich die Forschung über die Authentizität der Urheberschaft nicht einig. Reinmar beherrscht stilistisch und motivisch alle Ausdrucksmöglichkeiten des hohen Minnesangs. Im Unterschied zu Morungen, der ausgefallene Bilder liebt, bevorzugt er einen strengen, klassischen Stil, der ihm auch den Vorwurf der Monotonie eingetragen hat. Seine Klage über die Vergeblichkeit des Minnedienstes, über die paradoxe Situation, daß die Frau, je mehr er sie begehrt, sich desto weiter von ihm entfernen muß, erfüllt seine Lieder mit »trûren« (Traurigkeit) und »swære« (Schmerz). Reinmars Lieder behandeln in kunstvoller Abstraktion das höfische Spiel der Liebe, das sich in festen Konventionen bewegt. Er versagt sich jedoch jede Anklage, im Unterschied zu FRIEDRICH VON HAUSEN, von dem die erste Frauenscheltstrophe im höfischen Minnesang stammt:

Reinmar der Alte, Manesse-Codex

Niemen darf mir wenden daz zunstaete,
ob ich die hazze,
die ich dâ minnet ê . . .
ich waer ein gouch,
ob ich ir tumpheit haete vür guot.
ez engeschiht mir niemer mê

(Niemand darf mir das als Unbeständigkeit anrechnen, / wenn ich die hasse, / die ich vorher geliebt habe . . . / Ich wäre ein Dummkopf, / wenn ich ihre Torheit für gut hielte. / Das wird mir niemals mehr geschehen.)

Reinmar der Alte hingegen stellt den Minnedienst an der Frau als höchste Verpflichtung eines jeden Ritters dar; er kann und will nur Gutes über die verehrte Dame sagen:

Niemen seneder suoche an mich
  deheinen rât:
ich mac mîn selbes leit erwenden niht.
nun wæn iemen groezer
  ungelücke hât,
und man mich doch sô frô dar under siht.
dâ merkent doch ein wunder an.
ich solte iu klagen di meisten nôt,
  niwan daz ich von wîben übel niht reden kann.

(Kein Liebender soll bei mir irgendeinen Rat suchen: / Ich kann mein eigenes Leid nicht wenden. / Nun glaube ich nicht, daß jemand größeres Unglück hat als ich, / den man doch so fröhlich dabei sieht. / Da könnt ihr aber etwas Seltsames sehen. / Ich würde euch die höchste Not klagen, / nur daß ich von Frauen nicht übel reden kann.)

Wolfram von Eschenbach

Zu den schönsten Liedern der hochhöfischen Zeit gehören die fünf Tagelieder von WOLFRAM VON ESCHENBACH. Wolfram erweitert das Tagelied durch die Einführung der Wächterfigur, die auf dem Turm das Herannahen des Tages beobachtet, um rechtzeitig die Liebenden zu warnen. Er läßt keinen Zweifel, daß die Liebenden sich körperlich vereinigen. Obwohl die körperliche Liebe fester Bestandteil des Tageliedes ist, macht Wolfram das Liebesspiel noch riskanter. Gegen jede höfische Konvention ist der Wächter Komplize des nächtlichen Minnetreibens. Die Liebe vollzieht sich mit Zustimmung des Wächters, der dem liebenden Ritter und nicht seinem Herrn gehorcht:

Sîne klâwen durch die wolken sint geslagen,
er stîget ûf mit grôzer kraft,
ich sihe in grâwen tägelîch, als er wil tagen,
den tac, der im geselleschaft
erwenden wil, dem werden man,
den ich mit sorgen în verliez.
ich bringe in hinnen, ob ich kan:
sîn manegiu tugent mich daz leisten hiez.

(Seine Klauen haben durch die Wolken geschlagen, / er steigt auf mit großer Kraft, / ich seh ihn grauen, taggleich, wie er tagen will, / den Tag, der die Gemeinschaft / ihm entziehen will, dem edlen Mann, / den ich hereingelassen mit Gefahr. / Ich bring ihn weg von hier, wenn ich es kann: / Seine vorzüglichen Eigenschaften ließen mich das für ihn tun.)

Der Tag wird nicht freudig begrüßt, sondern als Ungeheuer geschildert. Die Warnungen und Mahnungen des Wächters bringen das Paar in Bedrängnis. Sie müssen Abschied nehmen und können sich doch nicht trennen. Ohne blumige Umschreibungen, sondern ganz unmittelbar singt Wolfram vom sinnlich-erotischen Beieinanderliegen der Liebenden. Aber Wolfram ist es auch, der im letzten seiner Tagelieder zum Wächter spricht:

Swer pfliget oder ie gepflac
daz er bî liebe lac
den merkern unverborgen,
der darf niht durch den morgen
dannen streben,
er mac des tages erbeiten:
man darf in niht ûz leiten
ûf sîn leben.
ein offen süeze wirtes wîp kan sölhe minne geben.

(Wer's je vermochte oder vermag, / bei der Geliebten zu liegen, / vor den Aufpassern nicht verborgen, / der muß nicht, weil es

> Morgen ist, / von dannen streben, / er kann den Tag abwarten: / Man muß ihn nicht wegführen / um seines Lebens willen. / Ein offen süßes Eheweib kann solche Minne geben.)

Das ist der Abgesang auf die Tagelied-Situation der heimlichen Liebe. Wie im höfischen Roman wird die eheliche Liebe zum Ideal der Adelsgesellschaft erklärt.

Walther von der Vogelweide

Die vielseitigste Gestalt unter den hochmittelalterlichen Lyrikern ist WALTHER VON DER VOGELWEIDE. Er vereinigt in seinem Werk Minnelieder und Spruchdichtung; er bewegt sich in der höfischen Kunst ebenso wie in der lockeren Vagantenpoesie, schreibt weltliche wie religiöse Lieder. Neu an Walther ist auch, daß er sich als Person in seiner Dichtung artikuliert. Die individuellen Erfahrungen des Dichters finden wie nie zuvor in der Literatur ihren Niederschlag. Walther äußert sich über sein Schicksal in ironischen, selbstkritischen Formulierungen, ohne andererseits davor zurückzuscheuen, zur gleichen Zeit auch klägliche Bettelsprüche an die höfische Öffentlichkeit zu richten. Walther ist der erste Dichter, der sich durch seine Werke auch als Person dem Publikum vorstellt.
Hinsichtlich seiner Lebensumstände gibt es nur ein einziges gesichertes Datum: Aus den Reiserechnungen des Passauer Bischofs Wolfger von Erla geht hervor, daß dieser dem »Waltherus cantor de Vogelweide« zum Martinstag am 11. November 1203 ein stattliches Geldgeschenk von »5 Solidi Longi« für einen Pelzrock gegeben hat. Walther, der berühmteste Lyriker seiner Zeit, teilt das Schicksal der meisten seiner Zeitgenossen; weder ist seine Heimat noch sein Stand sicher zu erschließen. Sein Name gibt Rätsel auf: Ist er eine Herkunftsbezeichnung oder der Name eines fahrenden Sängers? Aus seiner politischen Lyrik läßt sich herleiten, daß er der erste Berufsdichter war. Seine Geburt wird um das Jahr 1170 angesetzt. 1190 lebt und singt er am Wiener Hof unter Leopold V.; nach dessen Tod im Jahre 1194 steht er in Diensten des Herzogs Friedrich I. von Österreich. Das Ableben des Herzogs 1198 vertreibt ihn aus ungeklärten Gründen vom Babenberger Hof in Wien. Nun beginnt sein Wanderleben als fahrender Sänger. Walther zieht nach Westen und findet zeitweise einen Gönner in dem staufischen Thronprätendenten Philipp von Schwaben. Nach 1203 muß er sich mehrfach wieder am Wiener Hof aufgehalten haben. Im Jahre 1220 erhält er durch Kaiser Friedrich II. das langersehnte Lehen. Sein Tod wird um 1230 vermutet.

Walther von der Vogelweide, Manesse-Codex

Walther beginnt sein lyrisches Schaffen als Schüler REINMARS DES ALTEN, löst sich aber bald von den Konventionen und Formalismen der »hohen minne«-Dichtung und schlägt einen eigenen Ton an. Er parodiert Reinmars Minne-Auffassung vom leidvollen, unbelohnten Dienst an der Frau in einer literarischen Fehde, der sogenannten »Reinmar-Fehde«. Gegen das Minnelied stellt er eine neue Daseinsfreude: Höfische Minne drückt sich nicht mehr als hierarchische Beziehung aus; Mann und Frau sollen in der Liebe gleichberechtigt sein:

ich wil mîn lop kêren
an wîp die kunnen danken:
waz hân ich von den überhêren?

(Ich will mein Loblied / an Frauen wenden, / die zu danken wissen. / Was hab ich von den Übervornehmen?)

Walther preist die glückliche Mädchenliebe, anstatt sich in der Verehrung für eine unerreichbare Dame zu verzehren. Er hebt sein »herzeliebez frouwelîn«, eine kleine Herrin niederen Standes, hervor in Anbetracht der arroganten Schönheit der hohen Dame:

Bî der schône ist dicke haz:
zer schœne niemen sî ze gâch.
liebe tuot dem herzen baz:
der liebe gêt diu schœne nâch.
liebe machet schœne wîp:
desn mac diu schœne niht getuon, sin machet
niemer lieben lîp.

(Bei der Schönheit findet sich oft Haß: / Zur Schönheit sei niemand zu eilig! / Liebe tut dem Herzen besser: / Der Liebe folgt die Schönheit. / Liebe macht die Frauen schön: / Solches kann die Schönheit nicht bewirken, sie macht / nimmer liebenswert.)

Walther steigert die zauberhafte Mädchenliebe durch Bilder, die aus der späteren Schäferlyrik bekannt sind. Unbeschwert, einmal lockend, ein andermal neckisch spricht das beglückte Mädchen über die Sinnenfreuden der Liebe:

Under der linden
an der heide,
dâ unser zweier bette was,
dâ mugt ir vinden
schône beide
gebrochen bluomen unde gras.
vor dem Walde in einem tal,
tandaradei,
schône sanc diu nahtegal.

(Unter der Linde / auf der Heide, / da unser beider Lager war, / da könnt ihr finden schön gebrochen / die Blumen und das Gras. Vor dem Wald in einem Tal, / tandaradei, / sang schön die Nachtigall.)

Nachdem Walther 1198 den Wiener Hof verlassen hat, beginnt er eine umfangreiche Spruchdichtung, die zum erstenmal als Kunstform höfische Anerkennung findet. Der Spruch wird bei Walther zum politischen Kampfmittel in der Auseinandersetzung zwischen Kaisertum und Papst. In seinen frühen Sprüchen zeigt sich Walther als entschiedener Parteigänger des Staufers Philipp von Schwaben; ihn möchte er nach dem Tode Kaiser Heinrichs VI. als gekrönten Nachfolger sehen. Im sogenannten *Reichston* für Philipp beklagt Walther die Wirrnisse und politische Unordnung der Zeit:

Ich saz ûf eime steine
und dahte bein mit beine:
dar ûf satzt ich den ellenbogen:
ich hete in mîne hant gesmogen
daz kinne und ein mîn wange.
dô dâhte ich mir vil ange,
wie man zer welte solte leben.

(Ich saß auf einem Steine / und hatte ein Bein übers andere geschlagen, / darauf den Ellenbogen gesetzt, / ich hatte in meine Hand / das Kinn und eine meiner Wangen geschmiegt. / So überlegte ich angestrengt, / wie man auf der Welt leben solle.)

Von Rôme vogt, von Pülle Künec, lât iuch erbarmen
daz man mich bî sô rîcher kunst lât alsus armen.
gerne wolde ich, möhte ez sîn, bî eigenem fiure erwarmen.
zâhiu wiech dann sunge von den vogellînen,
von der heide und von den bluomen, als ich wîlent sanc!

(Vogt von Rom, König von Apulien, laßt Euch erbarmen, / daß man mich bei reicher Kunst so arm sein läßt. / Gern wollte ich, könnt' es sein, am eignen Herd mich erwärmen. / Hei, wie ich dann von kleinen Vögeln sänge, / von der Heide und den Blumen, wie ich einst gesungen!)

Diese rituelle Pose des Nachdenkens ist Vorbild für Walthers Darstellung im Manesse Codex geworden. Walther verteidigt in seinen Sprüchen das kaiserliche Imperium gegen päpstliche Ansprüche ebenso wie gegen Rivalitäten kleinerer Fürsten. Seine Verteidigung der staufischen Reichsmacht trägt konservative Züge; er will das römische Weltreich erhalten als Verwirklichung des Gottesreiches auf Erden. Merkwürdig an seinen Sprüchen ist auch, daß sie ebenso die Forderung nach persönlicher Anerkennung und sehr materielle Wünsche für seine Lebenssicherung enthalten.

Man spürt darin, daß Walther als Berufsdichter hart zu kämpfen hatte und nicht ganz frei von Opportunismus war. Dennoch überrascht sein kecker Ton. Er ist der erste deutsche Dichter, der in seinen Sprüchen des »Unmutstones« den Papst angreift: Er wettert gegen die Simonie – den Ämterkauf –, gegen die Opferstökke, in denen das deutsche Silber für die römischen Verschwender verschwindet, und gegen die Pfaffen als Irrlehrer.

Walther ist ein außergewöhnlicher Schriftsteller seiner Zeit; das zeigt auch eines seiner letzten Lieder, die »Elegie« (vermutlich 1227 entstanden), in der Walther Klage führt über die Verrohung der Zeit und auf sein Leben zurückblickt. Die Wucht dieses Liedes wird unterstrichen durch die Verwendung der Nibelungenstrophe und den schmerzvollen Refrain des »iemer mêr ouwê« (für immer, o weh):

Owê war sint verswunden alliu mîniu jâr!
ist mir mîn leben getroumet oder ist es wâr?
daz ich ie wânde daz iht wære, waz daz iht?
dar nâch hân ich geslâfen und enweiz es niht.
nû bin ich erwachet, und ist mir unbekant
daz mir hie vor was kündic als mîn ander hant.
liut unde lant da ich von kinde bin erzogen,
die sint mir frömde worden reht als ez sî gelogen.

die mîne gespilen wâren die sint træge unt alt.
veroeset ist daz velt, verhouwen stât der walt . . .
diu welt ist allenthalben ungenâden vol.
als ich gedenke an manegen wünneclichen tac,
die mir sint enphallen gar als in daz mêr ein slac,
iemer mêr ouwê.

(O weh, wohin sind alle meine Jahre verschwunden! / Habe ich mein Leben geträumt, oder ist es wahr? / Was ich immer glaubte, es sei, war das etwas? / So habe ich geschlafen und weiß nichts davon. / Nun bin ich erwacht und ist mir unbekannt, / was mir einst wie meine Hand vertraut gewesen. / Land und Leute, wo ich aufgewachsen bin, / die sind mir fremd geworden wie eine Lüge. / Die meine Gespielen waren, die sind träge und alt. / Verödet ist das Feld, zerstört ist der Wald. / Die Welt ist allenthalben voll Mißgunst. / So denke ich an manchen freudvollen Tag, / der mir entfallen ist ganz wie ein Schlag / ins Meer, für immer, o weh.)

Walther beschleicht die Ahnung einer Endzeit. Er spürt die gesellschaftliche Krise, in der sich das Reich befindet und die auch sein Leben beeinflußt. Die *Elegie* endet mit der Aufforderung zur Teilnahme am Kreuzzug Friedrichs II. (1228/29), der vom Papst Gregor IX. für sein Zögern gebannt worden war:

möht ich die lieben reise gevaren über sê,
sô wolte ich denne singen wol und niemer mêr ouwê
niemer mêr ouwê.

(Könnt' ich die liebe Fahrt tun übers Meer, / so wollte ich dann singen: Wohl und niemals mehr o weh, / niemals mehr o weh.)

In doppelter Hinsicht merkwürdig ist die Schlußwendung mit dem Aufruf zum Kreuzzug: Sie erscheint wie ein formales Anhängsel, nachdem Walther die große Klage über den Niedergang der Gesellschaft und die zerrüttete Welt geführt hat; gleichzeitig ruft Walther zu einem Kreuzzug auf, der ganz untypisch verlief. Der exkommunizierte Kaiser Friedrich II. erlangt ohne einen einzigen Schwertstreich Jerusalem für die Christenheit zurück. Friedrich II. verhandelt mit dem Oberhaupt der Mohammedaner, Sultan El-Kamil, anstatt Krieg zu führen. Die beiden Herrscher geben der Welt ein einmaliges Schauspiel; sie disputieren über schwierige Probleme der Philosophie und der Mathematik, der Staatswissenschaft und der Logik. Der erfolgreichste Kreuzzug, durchgeführt, ohne daß ein Tropfen Blut vergossen worden wäre, findet beim Papst erst 1230 Anerkennung: der Kaiser wird vom Bann erlöst. Was Walther in seiner Elegie thematisiert, dokumentiert auch der Kreuzzug Friedrichs II. – das Gefühl, in einer verkehrten Welt zu leben.

Neidhart von Reuental

Die hochmittelalterliche Dichtung als Spiegel einer idealisierten höfischen Welt verwandelt sich bei Walther in eine zeitbezogene, moderne Auseinandersetzung, indem Walther das höfische Minneideal in Frage stellt und Partei ergreift in den politischen Reichskonflikten. Gesellschaftliche Realität, wie sie in seinen Liedern durchscheint, wird auf eigene Weise von einem anderen Dichter aufgenommen, der nicht mehr der klassischen Zeit zugeordnet wird, sondern ein Lyriker des Übergangs zwischen Hoch- und Spätmittelalter ist: NEIDHART VON REUENTAL. Neidhart zerstört radikal jeden Schein der artifiziellen Hofkunst und setzt dagegen das Bäuerlich-Grobschlächtige. Er verherrlicht nicht das einfache bäuerliche Leben; vielmehr erkennt er darin eine Bedrohung für die verkommene Adelswelt. Aber es ist eine neue Wirklichkeit, vor der die höfische Gesellschaft nicht mehr die Augen verschließen kann.
Ob Neidhart ein fahrender Sänger oder adliger Herkunft war, läßt sich nicht klären. Ob »Reuental« Selbstironie (= Sorgental, auch Hölle) oder seine Herkunft belegt, muß ebenfalls ungewiß bleiben. Er lebte wohl zunächst in Bayern, nahm teil am Kreuzzug nach Ägypten (1218–1221) und trat später (um 1230) in die Dienste Friedrichs des Streitbaren von Österreich (um 1210–1246). Seine Dichtung setzt noch zu Zeiten Walthers ein, um 1210; sein Tod wird um 1240 vermutet.
Nicht der Hof, sondern das Dorf ist bei Neidhart der Hintergrund der Dichtung, die in *Sommer-* und *Winterliedern* zusammengefaßt ist. Die *Sommerlieder*, im Ton volkstümlicher Tanzstrophen gehalten, besingen die Freuden der Natur und sinnliche Vergnügungen. Oft sind es Zwiesprachen von Mutter und lebenslustiger Tochter; mit zotigen Anspielungen, Prügelszenen, aber auch mit Entlarvungen der bäuerlichen Roheit wird nicht gespart:

Neidhart, Manesse-Codex

»Muoter, mit dem stecken
sol man die runzen recken
den alten als eim sumber.
noch hiuwer sît ir tumber
dan ir von sprunge vart.
ir sît tôt
vil kleiner nôt,
ist iu der ermel abe gezart.«

ûf spranc sî vil snelle.
»der tievel ûz dir belle!
ich wil mich dîn verzîhen.
dû wilt vil übel gedîhen.«
»muoter, ich lebe iedoch,
swie iu troume.
bî dem soume
durch den ermel gât daz loch.«

(»Mutter, mit dem Stecken / soll man die Runzeln strecken / den Alten wie bei einer Trommel. / Dies Jahr seid Ihr noch dümmer, / als ihr von Anfang seid. / Ihr seid betroffen / von recht geringer Not, / wenn Euch der Ärmel abgerissen ist.« / Auf sprang sie ganz schnell. / »Der Teufel soll aus dir bellen! / Ich will nichts mehr von dir wissen. / Du wirst sehr übel gedeihen.« / »Mutter, ich komme doch davon, / was Ihr auch träumt. / Beim Saume / durch den Ärmel geht das Loch.«)

Bukolik: Hirten- od. Schäferdichtung

Hintergründiger sind Neidharts *Winterlieder.* Bäuerliche Brutalität und überkommenes höfisches Verhalten treffen noch krasser aufeinander. Neidhart verwendet in parodistischer Anspielung auf die Minnelyrik einen dreiteiligen Strophenaufbau, um die Dissonanz zwischen Höfischem und »Dörperlichem« (Bäurischem) schroffer hervortreten zu lassen. Die *Sommerlieder* entfalten sich in einer bukolischen Landschaft; in den *Winterliedern* ist der Tanz in die stickige Stube verlegt, wo sich beim polternden Gedränge eine plumpe Sinnenlust austobt. Neidharts soziale Satire macht nicht halt vor der Verhöhnung des Ritters, der keine Chance im Wettstreit mit den bäuerlichen Nebenbuhlern hat. Er beschreibt eine Welt, die aus den Fugen gerät. Die ideale höfische Welt ist plötzlich mit der Wirklichkeit konfrontiert. In welcher Absicht Neidhart dichtete, ist umstritten. Ob er die höfische Gesellschaft als überlebt kritisieren oder die Grobheiten des Bauernstandes angreifen wollte – beides ist in seinen Liedern enthalten. Diese kraftvolle »Dörperdichtung« wird für die gesamte spätmittelalterliche Literatur richtungweisend.

SPÄTMITTELALTER

Die glanzvolle höfische Welt des Hochmittelalters verblaßt in der Dichtung spätestens seit den dreißiger Jahren des 13. Jahrhunderts. Schon bei Walther künden sich krisenhafte Stimmungen an. Die kaiserliche Zentralgewalt verfällt; die staufische Herrschaft hat unter Friedrich II. ihren Mittelpunkt in Süditalien. Ein selbstbewußtes städtisches Bürgertum gewinnt durch Handel und Geldwirtschaft an Macht; eine explosionsartige Bevölkerungszunahme, die in Deutschland die Bevölkerung von 8 auf 14 Millionen Menschen anwachsen läßt, führt zu einer bisher nicht gekannten Landflucht. Die Städte entwickeln sich zu wirtschaftlichen und kulturellen Zentren, während höfisches Standesdenken mehr und mehr in eine Krise gerät. Der Verfall der alten politischen Ordnung begünstigt gegen Ende des Jahrhunderts eine neue religiöse Bewegung, die mystische Frömmigkeit. Spruchdichtung in der Tradition Walthers entsteht, in der gegenwartsbezogen die Mißstände der Zeit kritisiert werden.

Epik

Der minnesieche Wilhelm, Rudolf von Ems, Wilhelm von Orlens

Es entsteht eine Epigonenliteratur, die sich noch an den Idealen der höfischen Literatur orientiert; daneben entwickelt sich eine didaktische Prosa mit lehrhaften Inhalten für die Laien zu Fragen der Lebensführung und des Glaubens. Stadtchroniken nehmen ebenso zu wie Niederschriften landesherrlicher Rechtsprechung.
Auf dem Gebiet des großen Epos treten RUDOLF VON EMS und KONRAD VON WÜRZBURG hervor; beide verstehen sich als Nachfahren der großen klassischen Epiker HARTMANN VON AUE, GOTTFRIED und WOLFRAM. Rudolf von Ems, der vermutlich dem Grafengeschlecht von Hohenems entstammt, dichtet etwa in den Jahren 1230 bis 1250; der bürgerliche Konrad von Würzburg wurde um 1225 geboren und starb im Jahre 1287. Beide sind Vertreter eines neuen manieristischen Stils; sprachliches Virtuosentum zeichnet ihre Werke aus. Inhaltlich beschwören sie die alten höfischen Ideale. Da jedoch beide spüren, daß diese Tugenden der Zeit diametral entgegenstehen, dringen in ihre Dichtung bewußt oder unbewußt Elemente der neuen Wirklichkeit ein. Mit Bedauern stellt Rudolf von Ems fest:

> elliu unser arbeit
> ist nû an wildiu wort gedign
> diu vor uns wâren ie verswîgn
> und selten iemer sint vernomn,
> an diu wellen wir nû komn.

> (All unsre Mühe / ist nun zu merkwürdigen Worten gediehen, / die vor uns nie laut wurden / und nie mehr vernommen werden, / zu denen kommen wir nun.)

Lyrik

Tannhäuser, Manesse-Codex

Auch in der Lyrik wirken die staufischen Klassiker wie REINMAR oder WALTHER nach, sind nachzuahmende Vorbilder. Einer, der sich davon frei macht, ist der TANNHÄUSER, in dessen Lyrik Spott und Ironie sowie eine parodistische Übersteigerung der höfischen Sitten ungehemmt durchbrechen.
Tannhäuser dichtet längere Zeit am Wiener Hof Friedrichs des Streitbaren, wahrscheinlich zusammen mit Neidhart. Nach dem Tode Friedrichs 1246 zieht er als verarmter Dichter durch die Lande, ohne einen neuen Mäzen zu finden. Das Kreuzzugserlebnis hat für ihn nichts religiös Erhebendes; es ist Mühsal und Beschwernis und hält vom schönen Leben ab:

> Des darf man mich niht zîhen, ich birse niht mit winden
> ich beize ouch niht mit valken, ich mac niht fühse gejagen;
> man siht mich ouch niht volgen nâch hirzen und nâch hinden,
> mich darf ouch nieman zîhen von rôsen schapel tragen;
> man darf ouch mîn niht warten,

dâ stêt der grüene klê,
noch suochen in den garten
bi wolgetânen kinden: ich swebe ûf dem sê.

(Das darf man von mir nicht erwarten, ich pirsche nicht mit Hunden, / ich beize nicht mit Falken, ich kann nicht Füchse jagen; / man sieht mich auch nicht Hirschen und Hinden nachstellen, / es darf auch keiner erwarten, daß ich Rosenkränzlein trage, / man kann mich auch nicht erblicken, / wo der grüne Klee steht, / noch in den Gärten suchen / bei hübschen jungen Leuten: Ich schwimme auf der See.)

Oswald von Wolkenstein (Handschrift von 1432)

Ein wahrer Abenteurer unter den Lyrikern ist der aus südtirolischem Adelsgeschlecht stammende OSWALD VON WOLKENSTEIN. Abenteuerlich ist sein Lebensweg, höchst originell sein Werk. Am Dom zu Brixen ließ Oswald von Wolkenstein einen Gedenkstein für sich setzen, bevor er ins Heilige Land aufbrach. Diese Abbildung seiner Person ist das älteste lebensgetreue Zeugnis eines deutschen Dichters, während die Miniaturen des Manesse Codex alle Dichter in einer fiktiven Umgebung und Situation darstellen.
Oswald von Wolkenstein wird zwischen 1376 und 1378 im Grödnertal geboren; im Alter von zehn Jahren verläßt er als Zweitgeborener sein Elternhaus und zieht durch Süd- und Osteuropa. Um sein Leben zu fristen, verdingt er sich als Koch-Ruder- und Pferdeknecht. Wo und wie Oswald sein rechtes Auge verliert, ist nicht bekannt. Er behauptet von sich, zehn Sprachen zu beherrschen, rauhe Sitten und das Ritterhandwerk zu kennen. Ein langwieriger Erbschaftsstreit, der schließlich zu seinen Gunsten ausgeht, bringt ihn zeitweilig ins Gefängnis. In Diensten des Kaisers Sigismund (1368–1437) nimmt er am Konstanzer Konzil (1414–1418) teil; in seinem Auftrag reist er nach England, Portugal, Marokko, Italien, Ungarn, Böhmen und Frankreich. In seinen späten Jahren widmet sich Oswald der Tiroler Landespolitik. Er stirbt am 2. August 1445 und wird im Kloster Neustift bei Brixen begraben.
Oswald von Wolkenstein ist ein querköpfiger, robuster Mensch, der schon Züge des selbstherrlichen Renaissance-Menschen trägt. Unruhig wie sein Lebenslauf ist auch seine Lyrik; persönliche Erlebnisse durchsetzen sein Werk. Er gefällt sich in gelehrtem Faktenwissen, spielt gerne mit Worten und Bildern, liebt ironische und parodistische Brechungen, so daß seine Dichtung sehr schwierig zu entschlüsseln ist. Liebesgestammel bei Oswald ist kaum übersetzbar:

Lünzlot, münzlot, klünzlot und zisplot, wisplot freuntlich sprachen . . .
sol dein pöchelochter, rotter mund . . .

Oswald sprengt jede Sprachnorm. Seine Sprache ist gejagt, gehetzt, abrupt – je nachdem, welche reale Situation er beschreibt. Er benutzt Imperative, Kurzzeilen und Ausrufe, um eine wirklichkeitsnahe Stimmung wiederzugeben. Er kennt keine Verkünstelung des Ich, sondern stellt sich prall mitten hinein in das Geschehen:

Ich han gelebt wol vierzig jar leicht minner zwai
mit toben, wüeten, tichten, singen mangerlai;
es wär wol zeit, das ich meins aigen kinds geschrai
elichen hört in einer wiegen gellen.
So kan ich der vergessen nimmer ewikleich,
die mir hat geben muet auff diesem ertereich;
in all der welt kund ich nicht vinden iren gleich.
auch fürcht ich ser elicher weibe pellen.
In urtail, rat vil weiser hat geschätzet mich,
dem ich gevallen han mit schallen liederlich.
ich Wolkenstain leb sicher klain vernünfteklich,
das ich der welt also lang beginn zu hellen.
Und wol bekenn, ich waiss nicht, wenn ich sterben sol,
das mir nicht scheiner volgt wann meiner werche zol.

(Ich habe nun an die vierzig Jahre gelebt, nur zwei fehlen noch, / mit Wahnsinn und Rasen, mit mancherlei Dichten und Singen. / Es wäre wohl Zeit, daß ich das Geschrei meines eigenen ehelichen Kindes / in einer Wiege gellen hörte. / Doch nie und nimmer kann ich die vergessen, / die mir in diesem Leben das Gemüt erweckt und erhoben hat. / In aller Welt konnte ich nicht ihresgleichen finden. / Auch fürchte ich sehr das Bellen von Ehefrauen. / Mancher weise Mann hat mich zu Urteil und Rat herangezogen, / dem ich durch lockere Lieder gefallen hatte. / Ich, Wolkenstein, lebe wahrlich sehr wenig weise, / daß ich so lange mit der Welt zusammenstimme. / Und ich sehe wohl, daß ich nicht weiß, wann ich sterben muß, / und daß mir dann kein anderer Glanz folgt als die Frucht meiner Werke.)

Mystik

Im 13. und 14. Jahrhundert, in den Zeiten der Machtkämpfe zwischen Päpsten und Gegenpäpsten, angesichts des Anschwellens von Häretikerbewegungen, setzt in Deutschland eine Weltflucht in eine neue Frömmigkeit ein, die »deutsche Mystik«. Namen wie MECHTHILD VON MAGDEBURG, ECKHART, TAULER und SEUSE stehen für eine bis dahin nicht gekannte verinnerlichte Gläubigkeit. Sie beginnen in der geistlichen Literatur eine Prosa zu schreiben, die sich durch Eleganz und Geschmeidigkeit auszeichnet. Statt streng konventioneller Bibelauslegungen vermitteln sie ein persönlich erlebtes religiöses Gefühl.
Vorläuferin dieser Bewegung ist HILDEGARD VON BINGEN um die Mitte des 12. Jahrhunderts, die von Zeitgenossen als »prophetissa teutonica« gefeiert und verehrt wird. Bildliche Darstellungen zeigen sie mit Wachstafel und Griffel, ihren sozialen Rang als Schriftstellerin bestätigend.
Hildegard tritt als Seherin auf, die vor dem Beginn einer herannahenden Endzeit und dem Auftreten des Antichrist warnt. Ihre apokalyptische Heilslehre geht nicht von einer persönlichen Gotteserfahrung aus; Schöpfung, Jüngstes Gericht und Erlösung zeigen den Weg der heilsgeschichtlichen Befreiung. In einem Brief

von 1175 an einen ihrer Schüler, den Abt Wibert von Gembloux, beschreibt sie (auf lateinisch) den Charakter ihrer Visionen:

Meine Seele steigt – wie Gott will – in dieser Schau empor bis in die Höhe des Firmaments ... Ich sehe aber diese Dinge nicht mit den äußeren Augen und höre sie nicht mit den äußeren Ohren, auch nehme ich sie nicht mit den Gedanken meines Herzens wahr noch durch irgendwelche Vermittlung meiner fünf Sinne. Ich sehe sie vielmehr einzig in meiner Seele, mit offen leiblichen Augen, so daß ich dabei niemals die Bewußtlosigkeit der Ekstase erleide, sondern wachend schaue ich dies, bei Tag und Nacht.

Hildegard von Bingen

Ebenbürtig in der visionären Kraft ist MECHTHILD VON MAGDEBURG, die wie Hildegard einer adligen Familie entstammt; sie lebte in der Zeit etwa zwischen 1210 und 1282. Dreißig Jahre verbrachte sie als Mitglied eines Beginenklosters – ein Zusammenschluß frommer Frauen in Armut und Selbstkasteiung –, bis sie 1271 in das Kloster Helfta bei Eisleben, damals ein Zentrum religiösen Lebens, wechselte. In Klöstern wie Beginenhäusern finden gebildete Frauen den äußeren Rahmen, um frei von gesellschaftlichen Verpflichtungen wissenschaftlichen und schriftstellerischen Interessen nachzugehen; dort entwickeln sie eine eigene Ausdrucksform der Frömmigkeit.
Während Hildegard ihr Prophetentum auch geschichtlich-politisch versteht und vermittelt, versenkt sich Mechthild in eine leidenschaftliche Braut- und Liebesmystik. Ihr Werk *Das fließende Licht der Gottheit*, in niederdeutscher Sprache abgefaßt, ist das erste volkssprachliche Dokument einer oppositionellen Laienfrömmigkeit von ungewöhnlicher sprachlicher Gewalt. Mechthild teilt darin in Gebetform, autobiographischen Aufzeichnungen, Hymnen, Lehrdialogen oder exegetischen Partien, in Prosa oder Versen ihre Offenbarungen mit:

Swenne ich schine so muost du lühten,
swenn ich vlüsse, so must du wuethen,
swen du süfzest so zühest du min götlich herze in dich.
swenne du weinest na mir, so nim ich dich an den aren min;
swenne aber du minnest, so werden wir zwöi ein,
und wenne wir zwöi alsust eines sin, so mag da niemer
geschehen scheiden,
mere ein wonenklich beiten wonet zwüschent uns beiden.

(Wenn ich scheine, so mußt du leuchten, / wenn ich fließe, so mußt du tosen, / wenn du seufzest, so ziehst du mein göttlich Herz in dich hinein. / Wenn du weinst nach mir, so nehm' ich dich in meinen Arm; / wenn du aber liebst, so werden wir zwei eines, / und wenn wir zwei so eines sind, so kann da nie mehr Trennung geschehen, / sondern ein lustvolles Harren wohnt zwischen uns beiden.)

Die Vereinigung der Seele mit Gott/Christus in der Gottesminne, wie sie typisch für die Beginenmystik ist, bedeutet eine gefährliche Gratwanderung zwischen Orthodoxie und Häresie, zumal Mechthild nicht vor unmittelbar sinnlichen Metaphern zurückschreckt und in eine direkte erotische Beziehung zu Gott treten kann. Ihre weibliche Sichtweise ist frei von patriarchalen Verboten und ohne jede Aggressivität. Die frauenmystischen Schriften leben aus der Ekstase und dem Leiden, aus der Versenkung in das eigene Ich.

Der Mystiker ECKHART entwickelt ein umfangreiches seelsorgerisches Programm, schon in seinem frühen Werk *Reden der underscheidunge* (Reden der Unterweisung), das den Gläubigen helfen soll, sich Gott durch das ›wesen‹ zu nähern. Eckhart wurde um 1260 in Thüringen geboren; seine Herkunft ist ungewiß. Als Dominikaner-Predigermönch erwirbt er 1302 in Paris die Professorenwürde für Theologie; er lehrt in Paris, später in Straßburg und an der Kölner Ordenshochschule. 1311 wird er ein weiteres Mal an die Pariser Universität berufen, eine Auszeichnung, die vor ihm nur Thomas von Aquin zuteil wurde. Eckhart bekleidet in seinem Orden hohe Ämter als geschätzter Lehrer und beliebter Seelsorger und bewährt sich auf wichtigen Verwaltungsstellen. 1326 wird ein Inquisitionsprozeß gegen ihn angestrengt; 28 Artikel seines deutschen und lateinischen Werkes werden als häretisch verurteilt. Eckhart widerruft, falls er gefehlt haben sollte. 1327/28 stirbt er.

Eckhart, dessen Predigten in über 200 Handschriften überliefert sind, mißtraut der religiösen Verzückung; er möchte das mystische Erlebnis der Vereinigung der Seele mit Gott rational verstehbar machen. Gott, Leben und Mensch sollen durch praktische Nächstenliebe in einem Prozeß der ›Vergottung‹ eins werden. Dazu bedarf es nicht der priesterlichen Vermittlung; vielmehr tritt das Individuum in eine unmittelbare Beziehung zu Gott:

Wie sol der mensche hie zuo komen, daz er ein einiger sun sî des vaters? Daz merket! Das êwige wort ennam niht an sich dísen menschen noch dén menschen, sunder ez nam an sich eine vrîe, ungeteilte menschlîche natûre, diu dâ blôz was sunder bilde; wan diu einvaltige forme der menscheit diu ist sunder bilde. Und dar umbe, (wan) in der annemunge diu menschlîche natûre von dem êwigen worte einvalteclîche sunder bilde angenommen wart, sô wart daz bilde des vaters, daz der êwige sun ist, bilde der menschlîchen natûre. Wan als daz wâr ist, daz got mensche worden ist, als wâr ist daz, daz der mensche got worden ist.

Wie soll der Mensch hierzu kommen, daß er ein einziger Sohn des Vaters sei? Merkt euch! Das ewige Wort nahm nicht diesen noch jenen Menschen an, sondern es nahm eine freie, ungeteilte menschliche Natur an, die da rein war, ohne Individualzüge; denn die einfaltige Form der Menschheit ist ohne Individualzüge. Und darum, weil bei der Annahme die menschliche Natur von dem ewigen Wort einfaltig ohne Individualzüge angenommen wurde, darum wurde das Bild des Vaters, das der ewige Sohn ist, (zugleich) zum Bild der menschlichen Natur. Denn, so wahr es ist, daß Gott Mensch geworden ist, so wahr ist es, daß der Mensch Gott geworden ist. (Predigt 46)

Der Mensch kann und soll sich mit Gott eins fühlen, die Standesschranken sind aufgehoben – diese Lehren sind Ausdruck eines bürgerlichen Denkens. Eckharts theologische Philosophie konnte nur auf dem Hintergrund der erstarkenden städtischen Schichten entstehen; hier findet er seine Anhänger. Seine Predigten beeinflussen mit ihrem bilderreichen Sprachstil und den Wortneuschöpfungen nachhaltig die Ausdrucksmöglichkeiten der volkssprachlichen Dichtung im späten Mittelalter und in der beginnenden Neuzeit.

HUMANISMUS UND REFORMATION

Macht und Reichtum der Fugger und Welser, deren Aufstieg um die Mitte des 15. Jahrhunderts in Augsburg beginnt, läßt für die Wirtschaftsgeschichte keinen Zweifel daran bestehen, daß es auch in Deutschland einen ökonomischen Beginn der Neuzeit gibt, der mit den Verhältnissen in Italien, Frankreich und Spanien vergleichbar ist. Maler wie Konrad Witz, der ältere und der jüngere Holbein, Albrecht Dürer und Hans Baldung Grien, deren Leben und Werk wiederum eng mit den blühenden Freien Reichsstädten Basel, Augsburg, Nürnberg und Straßburg verflochten ist, sind für die Kunstgeschichte Exponenten einer deutschen Renaissancekultur, der nichts Mittelalterliches mehr anhaftet und die sich durch große Aufgeschlossenheit für Ungewohntes und Neues auszeichnet.
In der deutschen Literatur zwischen 1480 und 1600, einer Zeit, der es an herausragenden dichterischen Persönlichkeiten fehlt, tritt das moderne, von mittelalterlichen Schranken befreite Weltbild nicht so prägnant hervor wie etwa bei Holbein und Dürer. Deshalb werden für diese Epoche die unterschiedlichsten geistesgeschichtlichen Begriffe bemüht. Vor allem MARTIN LUTHER (1483–1546), der durch seine Bibelübersetzung die Volkssprache zur anerkannten Schriftsprache erhebt und zugleich eine äußerst engherzige Orthodoxie begründet, gibt den Literaturhistorikern Anlaß, in ihren Darstellungen die Fortdauer mittelalterlichen Krisenbewußtseins in den Vordergrund zu rücken. Renaissanceansätze werden nur den meist lateinisch schreibenden Humanisten zugestanden, deren Schriften als Nachahmung antiker oder ausländischer Vorbilder nicht hoch im Kurs stehen. Für die Zeit nach 1530 ersetzt die Bezeichnung »manieristisch« das Interesse an den »spätmittelalterlichen« Eigentümlichkeiten der vorhergehenden Periode, so daß die Dokumente der literarischen Renaissance zwischen ausgedehntem Mittelalter und den »Vorläufern« des Barock zu verschwinden drohen.

ANFÄNGE DER NEUHOCHDEUTSCHEN LITERATUR

Das *Gespräch des Ackermanns aus Böhmen mit dem Tod*, von JOHANNES VON TEPL (etwa 1350–1414) um 1400 in früh-neuhochdeutscher Sprache verfaßt, ist der Auftakt einer Literatur, die das Recht auf irdische Glückseligkeit durchzusetzen versucht und die alte Ordnung in Frage stellt. Es ist kein Zufall, daß dieses Werk in Böhmen entsteht. Der Hof Kaiser Karls IV., der zwischen 1346 und 1378 regiert, und die von ihm gegründete Prager Universität bilden das erste Zentrum humanistischer Bestrebungen im Deutschen Reich. Johannes von Tepl, Stadtschreiber und Schulrektor in Saaz, ist ein Schüler des böhmischen Kanzlers JOHANNES VON NEUMARKT (um 1310–1380). Neumarkt steht mit PETRARCA im Briefwechsel, verfaßt Briefentwürfe in lateinischer und deutscher Sprache als Mustervorlagen und bereitet damit eine allgemeine deutsche Schriftsprache (Prager Kanzleistil) vor, an der sich Luther bei seiner Bibelübersetzung orientiert.

Des Witwers Klage, Holzschnitt (Bamberg 1492)

Das Streitgespräch setzt ohne Vorrede ein: In aufs höchste gesteigerter Erregung fordert der Kläger den Tod auf, sich für die Ermordung seiner jungen Frau im Kindbett zu rechtfertigen. Seine soziale Stellung bescheiden herabspielend, bezeichnet er sich als einen Ackermann, der mit der Feder pflügt. Der Ackermann spricht nur für seine Person; der Verlust seines häuslichen Glücks ist ihm Grund genug, die Majestät des Todes zu verfluchen und dessen Ächtung durch jede Kreatur zu verlangen.

Der Tod, der wie ein Scholastiker sein Tun mehr mit Aristoteles und Pythagoras begründet als mit der Bibel, tritt als asketischer Ignorant in Erscheinung. Alles Leben ist ihm nur wert, daß es zugrunde geht. Daß er seine Macht bereits seit der Vertreibung der Menschen aus dem Paradies ausübt, ist sein mehrfach angeführtes Hauptargument. Er fühlt sich durch den Ackermann in einer unziemlichen Weise behandelt, die er nicht gewohnt ist, und verweist im Verlauf der Auseinandersetzung noch zweimal sehr unwirsch darauf, daß er die Argumente seines Gegners neu und deshalb besonders unverschämt findet.

Einen das neue Denken bezeichnenden Höhepunkt erreicht die Auseinandersetzung, als der Ackermann entgegen der althergebrachten christlichen Auffassung vom Menschen als »kotfraß« und »wurmspeise« auf die Vollkommenheit des menschlichen Kopfes hinweist, der ein Meisterstück Gottes ist und Fähigkeiten besitzt, den Kosmos zu erfassen und sogar über die »gotheit« hinaus vorzudringen:

Wo hat ie werkman gewurket so behendes und reiches werkstuck, einen so werkberlichen kleinen kloß als eines Menschen haubet? In dem ist kunstenreiche kunst allen gotern ebentewer verborgen: da ist in des augen apfel das gesichte, das aller gewissest gezeuge, meisterlich in spiegels weise verwurket; bis an des himels klare zirkel wurket es. Da ist in den oren das ferre gewurket gehoren, gar durchnechtiglichen mit einem dunnen felle vergitert zu prufung vnd vnderscheit mancherlei susses gedones. . . . Dabei sint in dem kopfe aus herzengrunde geende sinne, mit den ein mensche, wie ferre er wil, gar snelle reichet; in die gotheit vnd darvber gar klimmet der mensche mit den sinnen. Allein der mensche ist empfahend der vernunft, des edlen hortes.

Wo hat je ein Werkmann ein so geschicktes und reiches Werkstück gewirkt, eine so kunstvolle kleine Kugel wie das Menschenhaupt? In ihm sind kunstreiche, allen Geistern unbegreifliche Wunderkräfte. Da ist in dem Augapfel das Gesicht, der allergewisseste Zeuge, meisterlich nach Spiegels Art abgebildet; bis an des Himmels Klarheit reichet es. Da ist in den Ohren das fernhin reichende Gehör, gar vollkommen mit einer dünnen Haut versperrt, zur Wahrnehmung und Unterscheidung mancherlei holder Töne. . . . Dazu sind in dem Kopf aus Herzens Grunde kommende Gedanken, mit denen der Mensch gar eilend reicht, soweit er will; bis zur Gottheit, sogar darüber, klimmt der Mensch mit den Gedanken. Allein der Mensch hat zu eigen die Vernunft, den edlen Hort.

Der Tod als Menschenfeind, Holzschnitt (Bamberg 1462)

Die Frauenverachtung des Todes übertrifft noch seine Geringschätzung der menschlichen Kreatur insgesamt. Wiederholt verweist er auf die Ersetzbarkeit einer Ehefrau und schildert voller Mitgefühl das Leiden der Männer unter dem Ehejoch. Der Ackermann beantwortet diese an das Frauenbild der Kirchenväter erinnernden Schmähreden mit der Sentenz: »Frauenschänder müssen geschändet werden« und verteidigt die Frauen mit einer Lobrede, die in den Worten gipfelt: »aller werlte aufhaltung, festung vnd merunge sint die werden frawen« (Aller Welt Erhaltung, Mehrung und Festigung sind die edlen Frauen). Des Ackermanns Ringen um irdisches Glück gilt auch der Gerechtigkeit für die Frauen, denen die Kirche seit vielen Jahrhunderten Minderwertigkeit unterstellt hatte.

Die Entstehung des Streitgesprächs und die erste erhaltene Handschrift trennen fast fünfzig Jahre. Zwischen 1449 und 1547 gibt es jedoch nicht weniger als 16 Handschriften und 17 Drucke; der früheste, um 1460 entstandene ist zugleich das erste deutsche Buch mit Holzschnitten und erscheint in Bamberg. Der große zeitliche Abstand zwischen Produktion und Rezeption macht deutlich, wie weit der böhmische Autor der Entwicklung im übrigen Deutschland vorauseilt. Die rege Aufnahme des *Ackermann* geht einher mit dem Anwachsen der humanistischen Bestrebungen seit der Mitte des 15. Jahrhunderts und bekräftigt seine Bedeutung für eine Periode der literarischen Renaissance, die sich über beinahe hundert Jahre erstreckt.

Drei Ereignisse und ihre Folgen begünstigen diese Entwicklung, die zu einem vorher nicht dagewesenen Austausch von Ideen und Schriften führt. Auf den Reformkonzilien von Konstanz (1414–18) und Basel (1431–49) versammelt sich mit den Fürsten vieler europäischer Länder und den Prälaten der römischen Kirche auch die humanistische Intelligenz aus nahezu allen Teilen Europas und diskutiert über den unhaltbaren Zustand der Kirche; in dem Herrschaftsanspruch der Päpste über die Konzilien manifestiert sich ein Hauptübel während der Verhandlungen in Permanenz. JAN HUS (geboren um 1370), der Führer einer national-tschechischen Oppositionsbewegung, wird 1415 in Konstanz verbrannt. Unbeirrbar bei den Verhören und auch auf dem Scheiterhaufen standhaft, beweist der böhmische Reformator, daß es Wichtigeres gibt als diplomatisches Treiben.

Als herausragende Figur des diplomatischen Parketts fungiert in Basel ENEA SILVIO PICCOLOMINI (1405–1464). Zwischen 1432 und 1442 ist er das Haupt eines Kreises italienischer und deutscher Humanisten; 1442 geht er an den kaiserlichen Hof nach Wien und wird im selben Jahr auf dem Frankfurter Reichstag von Friedrich III. mit dem Dichterlorbeer gekrönt. Auch als Papst Pius II. (1458–64) setzt er seine wissenschaftlichen und literarischen Arbeiten fort. Durch Geschichtswerke über österreichische und deutsche Themen, die er unter anderen Schriften verfaßt, regt er zur Herausbildung einer Historiographie in Deutschland an.

Nach der Eroberung von Konstantinopel durch die Türken im Jahre 1453 flüchten auch griechische Gelehrte mit wertvollen Manuskripten, die in Westeuropa noch unbekannt sind; weitere Texte werden durch gezielte Ankäufe mit erheblichem Einsatz von Geldmitteln aus dem Osten herbeigeschafft. Durch die Beschäftigung mit den griechischen Texten, die sogleich im Druck verbreitet werden, wächst das Interesse an der griechisch-hellenistischen Kultur, so daß unter den Gelehrten eine Atmosphäre erregter Neugier entsteht. Einige von diesen Flüchtlingen lassen sich in Basel, damals einem wichtigen europäischen Handelszentrum, auf Dauer nieder und wirken mit ihren Kenntnissen unmittelbar auf die deutsche Intelligenz.

Schriftgießer, Holzschnitt von Jost Amman (1568)

Der Druck von Schriften und Büchern mit beweglichen Lettern, deren Wiederverwendung ökonomischen Gewinn ermöglichte, bildet die technische Grundlage für eine Verfügbarkeit von Texten, die allein schon ausreicht, das mittelalterliche Bildungsprivileg von Klerus und Adel zu brechen. JOHANN GUTENBERG (um 1400–1468), der sich selbst nicht als Erfinder des Buchdrucks bezeichnet, stellt als erster einen Druckstock aus beweglichen Lettern her, die durch ein von ihm erfundenes Instrument in gleicher Kegelhöhe gegossen werden, und eröffnet um 1448 eine Druckerei in Mainz. Als gewinnbringendes Gewerbe verbreitet sich die Druckkunst allgemein schnell, obwohl bis zum Ende des 15. Jahrhunderts noch zahlreiche Texte in handschriftlicher Form in Umlauf kommen. Nach der Gutenbergschen Werkstatt in Mainz entstehen Druckereien in Straßburg und Bamberg 1460, in Köln 1465, in Augsburg und Basel 1468, in Nürnberg 1470, in Lübeck und Ulm 1473. Am Ende des 15. Jahrhunderts gibt es in 53 deutschen Städten Druckereien.

Das Lesepublikum erweitert sich durch den Buchdruck nicht sprunghaft. In den Städten konsolidiert sich eine vermögende bürgerliche Schicht, die Anteil an literarischen Dingen zu nehmen beginnt und auch in der Lage ist, das Geld für die teuren Bücher aufzubringen. Von einer Alphabetisierung durch das Erscheinen von Druckschriften kann keine Rede sein. Auch die Verbreitung zahlreicher Flugschriften sagt wenig über ein neues Lesepublikum aus. An die Stelle der Predigt oder des Erzählens tritt das Vorlesen gedruckter Texte, die somit vor allem mündlich weitergegeben werden.

Buchdrucker, Holzschnitt von Jost Amman (1568)

Der Druck von Büchern, kleineren Schriften und Flugblättern verschiebt jedoch das Verhältnis von lateinischen und deutschen Texten allmählich zugunsten der deutschen Schriften, wenn auch das Lateinische weiter vorherrscht. Die deutschsprachige Literatur läßt jedoch zunächst noch eigenständige Inhalte vermissen; es überwiegen Adaptionen ausländischer oder antiker Autoren für ein bildungswilliges, ökonomisch gesichertes Bürgertum. Typisch dafür sind Aufbereitungen französischer Ritterromane wie *Pontus und Sidonia* (erster Druck 1483) von ELEONORE VON ÖSTERREICH (1433–1480) oder *Hug Schapler* (1500), die Geschichte von Hugo Capet, der als Sohn einer Metzgerstochter das französische Königtum begründet. Dieser Roman, den die regierende Fürstin ELISABETH VON NASSAU-SAARBRÜCKEN (1397–1456) in den dreißiger Jahren des 15. Jahrhunderts verfaßt, erfreut sich noch zu Beginn des 16. Jahrhunderts großer Beliebtheit. HEINRICH STEINHÖWELS (1412–1482) Übersetzungen *Esopus* (1476/80) oder die *Griseldis*-Novelle (1473) nach Boccaccio markieren schon einen Höhepunkt.

Narrensatire

Die neue humanistische Position, die eine Abkehr von scholastischen Spitzfindigkeiten und eine Hinwendung zur Wahrnehmung der Realität darstellt, thematisiert die Narrenherrschaft als facettenreichen Spiegel der aus den Fugen geratenen gesellschaftlichen Verhältnisse. Das Treiben der Narren bewegt sich nicht nur im engen Rahmen der literarischen Fiktionalität; den Hintergrund bildet eine Fastnachtskultur, die sich seit Mitte des 14. Jahrhunderts in den Städten entwickelt hat. Die vielfältigen Erscheinungen des närrischen Treibens stehen jedermann vor Augen. Das Narrenwesen nicht als zeitlich begrenzte, lustvolle Aufhebung der Ordnung, sondern vielmehr als den alltäglichen Ablauf des gesellschaftlichen Lebens zu erfassen, in dem eine unheilige Allianz von Borniertheit, Aggressivität und blindem Egoismus triumphiert, ist die Absicht dieser Satiren, die aber auch eine gehörige Portion humanistischer Selbstironie enthalten.

Dürer, Sebastian Brant

Sebastian Brant

Das Narrenschiff (1494) von SEBASTIAN BRANT (1457 oder 1458–1521), eine Dichtung in deutscher Sprache, die so erfolgreich war, daß sie schon drei Jahre nach ihrem Erscheinen ins Lateinische und sogar ins Französische (danach auch ins Niederländische und Englische) übersetzt wurde, bietet mit über hundert Kapiteln eine »divina satira« menschlicher Torheiten, die von den begeisterten Zeitgenossen mit Dante verglichen wurde. Der Autor, in Straßburg gebürtig, lehrt an der Universität von Basel kanonisches und römisches Recht, engagiert sich für die von Kaiser Maximilian (1459–1519) und seinem Kreis vertretene Reichsreform und hat nach seiner Rückkehr nach Straßburg ab 1503 das wichtige Amt des Stadtschreibers inne. Im Unterschied zur Mobilität der Intellektuellen dieser Zeit – selbst der seßhafte Martin Luther verbringt ein ganzes Jahr in Rom – bewegt sich Brants Lebensweg innerhalb eines sehr engen Radius: Er studiert nur an einem Ort, im nahegelegenen Basel, wo er auch Professor wird, und verbringt den Rest seines Lebens in der Vaterstadt.

Brants »Narrenschiff«, Titelblatt (1494)

Brant setzt sein Kompendium der Torheiten, durch die er die Mißstände der Zeit veranschaulicht, aus willkürlich aneinandergereihten Einzelbildern zusammen; zahlreiche vorzügliche Holzschnitte, die teilweise dem jungen Dürer zugeschrieben werden, bilden ein wichtiges Strukturelement, das dieses Buch zusammenhält. Das Bild vom Schiff und seiner Fahrt, das die Vorrede verspricht, wird jedoch nicht durchgeführt. Hinweise auf das Schiff dienen lediglich als Redewendungen, die den Einzelfall dem allgemeinen Narrenwesen zuordnen. Erst Kapitel 108, *Das schluraffen Schiff*, gegen Ende des Buches, widmet sich der Ausreise der närrischen Flottille, die in sorgloser Fahrt den vielen drohenden Gefahren erliegt und untergeht. Danach setzt Brant seine Betrachtungen mit vier weiteren Stücken fort. Von den Modetorheiten und den groben Sitten, der Bestechlichkeit des Klerus, dem Wucher der Kaufleute, dem partikularistischen Eifer der Fürsten bis hin zur Ankunft des Antichrist (Kap. 103) versammelt das *Narrenschiff* alle Gefahren, die dem Leben des Bürgers drohen. Der Autor schlägt einen bitteren, distanzierten Ton an, so daß es schwerfällt, seiner Versicherung in der Vorrede zu glauben, er selber sei »der narr Sebastianus brant«.

Thomas Murner

Bei dem Franziskanerpater THOMAS MURNER (1475–1537) fehlt diese akademische Zurückhaltung, der Gestus eines Professors beider Rechte; er begibt sich ins Handgemenge und identifiziert sich mit seiner Rolle als »Narrenbeschwörer« (1512). Während Brant seine Kapitelüberschriften wie Lehrsätze voranschickt, die er dann nicht ohne Pedanterie an den verschiedenen Typen exemplifiziert, gibt Murner seinen Kapiteln oft ein volkstümliches Sprichwort als Motto. Er läßt die Narren selbst auftreten, handeln und sprechen, wechselt zwischen Dialog und Anrede, bringt statt gelehrter Reminiszenzen aus dem Altertum aktuelle Anspielungen und fügt Orts- und Eigennamen ein, die dem Volk geläufig sind. Im Ton der volkstümlichen Predigten der Bettelmönche, die der Autor als Angehöriger des Minoritenordens auch selbst unter großem Zulauf praktiziert, sucht Murner durch Wortverdrehungen und hyperbolische Übertreibungen zu wirken und scheut auch nicht vor Kraftausdrücken derbster Art zurück (»Schimffred«). Der Unterschied zu Sebastian Brant fällt um so mehr auf, als Murner direkt an das *Narrenschiff* anknüpft und ganze Verse von Brant benutzt und dessen Holzschnitte wiederholt.

Titelblatt (Straßburg 1512)

Gleich in der Vorrede, in der sich Murner wegen seines Unterfangens als »ein narr in aller narren orden« vorstellt und mutig in den oberen Regionen der Gesellschaft (»Fürsten, herren narren sindt, In cloestren ich auch narren findt«) mit seiner Beschwörung beginnt, formuliert er sein Ziel: die Vertreibung der Übel. Wenn Murner sie nach »Welschland zu treiben« verspricht, ist dies kein patriotisches Auftrumpfen – er schreibt gegen WIMPHELINGS *Germania* eine *Germania nova* (1502), worin er darlegt, daß das Elsaß nach göttlicher Bestimmung zu Frankreich gehört. Er meint damit Italien, das Land, von dem die Mißstände der päpstlichen Kirche ausgehen.

Unerschrocken nennt Murner die Übelstände beim Namen und verschont weder Fürsten, das Recht beugende Juristen und wuchernde Kaufleute noch gewalttätige Heerführer und Landsknechte. Über die weltliche Herrschaft der Kirche sagt er unverblümt:

All geistlich herrschaft ist geflissen,
Vmb das zytlich gut zu fechten
Vnd gott ein stroen bart zu flechten.
Christus gieng am bettel stab
Hatt weder goldt noch zytlich hab,
Als geistlich herrschafft jetzundt hat,
Vnd hatt ouch weder landt noch statt.
Das blat hat sich yetz vmbgekert,
Die geistlicheit hat kriegen glert
Vmb das yppich zytlich gelt,
Darumb es vast in äschen felt.

(Jede geistliche Herrschaft strebt danach, / Zeitliche Güter zu erwerben / und Gott nur einen Bart aus Stroh zu gönnen. / Christus ging am Bettelstab / Er hatte weder Gold noch Grund und Boden, / Wie sie die geistliche Herrschaft heutzutage besitzt, / Und hatte weder Länder noch Städte in Besitz. / Dies hat sich alles geändert, / Die Geistlichkeit hat das Kriegführen gelernt / Um üppiges zeitliches Gut, / Wofür sie sich bis zum Äußersten einsetzt.)

Daß die Bauern durch Zinsen, Steuern und Abgaben die Hauptlast der wachsenden gesellschaftlichen Ausbeutung tragen, verdeutlicht Murner an dem Beispiel:

Hat syn hun ein ey geleit,
So weißt der pur ein solchen bscheid,
Das er sol mir den dutter geben,
Vom eyer klar sol myn frow leben,
Und eß der pur die schal dar neben.

(Hat sein Huhn ein Ei gelegt, / So erhält der Bauer die Aufforderung, / Daß er mir den Dotter geben soll, / Vom Eiweiß soll meine Frau leben, / Und der Bauer soll ruhig die Eierschalen essen.)

(33. Kap.: Die schaff schinden)

Bauer mit Bundschuhfahne (Straßburg 1512)

Diese Einsicht in die ökonomische Lage der Bauern hält ihn jedoch nicht davon ab, Bauern, die sich im »Bundschuh« gegen das Überhandnehmen der Ausplünderungen zusammenschließen, als Prasser anzuprangern, die vom Adel holen wollen, was sie vorher leichtsinnig durchgebracht haben:

Ich muß di puren auch beschweren,
Die sich des pundtschuchs wöllen neren,
So sie mit laster und mit schadt
Uppig das ir verzerent handt.

(Ich muß mich auch der Bauern annehmen, / Die sich durch den Bundschuh wieder holen wollen, / Was sie unter Lastern und mit Schaden / Von ihrem Eigentum durchgebracht haben.)

(79. Kap.: Den bundtschuch uff werffen)

Gegen Schluß des Werkes zitiert Murner Papst und Kaiser herbei. Durch ihr persönliches Beispiel sollen sie, angesichts des drohenden Untergangs des Schiffes Petri und des Kaisertums, zur Aufrechterhaltung der Ordnung beitragen, denn an ihrem Vorbild orientiert sich das Verhalten des Adels, der Bürger und auch der Bauern.
Thomas Murner verlebt seine Jugend als Sohn eines höheren städtischen Beamten in Straßburg. Mit fünfzehn Jahren tritt er in den Franziskanerorden

ein und studiert nach seiner Priesterweihe in Freiburg, Paris, Krakau, Köln und Rostock, Prag und Wien. Nicht nur die zahlreichen Studienorte sind beachtlich, Murners Wissensdrang erstreckt sich auch auf Gebiete außerhalb der Theologie. Als Schriftsteller beginnt er mit lateinischen Traktaten und wird von Kaiser Maximilian 1505 zum Dichter gekrönt. Er übersetzt VERGILS *Aeneis* in Knittelversen (1515 gedruckt), die er Kaiser Maximilian widmet, und schreibt ab 1509 in deutscher Sprache. In dem Streit zwischen REUCHLIN (1455–1522) und Johannes Pfefferkorn, der als getaufter Jude von seinen früheren Glaubensgenossen angefeindet wird und aus Rache bei Kaiser Maximilian ein Mandat zur Verbrennung aller jüdischen Bücher, ausgenommen die Bibel, zu erlangen sucht, steht Murner auf der Seite der Humanisten. Gemeinsam mit ihnen wendet sich Murner gegen die Machenschaften der Kölner Inquisitionsbehörden, die an Reuchlin ein Exempel gegen die humanistische Bewegung zu statuieren versuchen.

Seine 1520 veröffentlichte Übersetzung von Luthers Schrift *Über die babylonische Gefangenschaft der Kirche* zeigt dagegen bereits eine antilutherische Tendenz, die sich in den folgenden Jahren zur wütenden Polemik steigert. In seinem allegorisch-satirischen Gedicht *Von dem großen lutherischen Narren, wie ihn doktor Murner beschworen hat* aus dem Jahre 1522 nimmt er die rebellischen Züge der Anhänger Luthers aufs Korn und bringt Luthers Auffassung von der Freiheit eines Christen in Zusammenhang mit dem Aufbegehren der Bauern. Murners Satire legt seine antireformatorische Einstellung so geschickt und eindringlich dar wie keine andere unter den zahlreichen Streitschriften gegen Luther. Murner, der über 50 Schriften verfaßt, ist einer der begabtesten Schriftsteller seiner Zeit, dem von seinen Gegnern jedoch unerträgliche Zügellosigkeit und Abenteurertum vorgeworfen werden. In Lessings Nachlaß findet sich die Empfehlung: »Wer die Sitten der damaligen Zeit kennen will, dem rathe ich, die Murnerschen Gedichte fleißig zu lesen. Was die Sprache Nachdrückliches, Derbes, Anzügliches, Grobes und Plumpes hat, kann er nirgends besser zu Hause finden, als in ihm.«

Erasmus von Rotterdam, Dürer-Zeichnung (1520)

Erasmus von Rotterdam

In seiner *Laus stultitiae*, geschrieben 1509 (*Lob der Narrheit*), seinem Freund Thomas Morus (1478–1535), dem englischen Staatsmann und Humanisten, gewidmet, entfaltet ERASMUS VON ROTTERDAM (1466–1536) die dialektischen Möglichkeiten des Themas. Unter dem Deckmantel des Selbstlobs der Torheit, das anscheinend wenig besagt, stellt er seine Auffassung vom Menschen, von dem gesellschaftlichen Zustand und einem richtig verstandenen Christentum dar, als Summe seiner Erfahrungen nach einem knapp dreijährigen Aufenthalt in Italien. Gegen kirchliche Askeseforderungen, aber auch gegen eine übertriebene Tugendhaftigkeit, die SEBASTIAN BRANT und sein Kreis (WIMPHELING, GEILER VON KAISERSBERG, TRITHEMIUS und andere) vertreten, läßt Erasmus »stultitia« zunächst als Anwältin eines nur zu berechtigten Unbehagens in der Kultur auftreten. Die höchst vergnügte Rednerin verbürgt sich für die Durchsetzung des Lustprinzips gegen einen ebenso langweiligen wie geordneten

Alltag. Das unzivilisierte Glück der Narren sei die Ursache, die die Gegnerschaft der geistigen Autoritäten herausfordere.

Bei den unsterblichen Göttern, gibt es denn einen glücklicheren Menschenschlag als die im Volksmunde sogenannten Narren, Dummköpfe, Blöden und Albernen, Bezeichnungen, die ich sogar sehr hübsch finde? Auf den ersten Blick erscheint der Sachverhalt vielleicht töricht und sinnlos und ist doch auf eine einzigartige Weise wahr. Zunächst einmal kennen sie keine Todesfurcht, die doch, beim Zeus, kein unbedeutendes Übel ist. Von Gewissensqualen sind sie frei und lassen sich durch keinerlei Ammenmärchen über die Unterwelt einschüchtern. Gesichter und Totengeister können auf sie keinen Eindruck machen. Drohende Verhängnisse quälen sie nicht, und die Hoffnung auf künftiges Glück regt sie nicht auf. Alles in allem zermartern sie sich nicht mit tausend Sorgen, die dieses Leben beschweren.

Stultitia spricht, Randzeichnug von Holbein d. J. (1514)

Durch den Mund der Lobrednerin läßt Erasmus die Grenzen der Moral deutlich werden. Er ist sich bewußt, daß es ohne Triebhaftigkeit kein menschliches Leben gibt und daß sich dessen Dynamik aus dem Untergrund des Unbewußten speist.
Diese versöhnliche Betrachtung, die die konstitutionelle Unzulänglichkeit des Menschen hervorhebt, bildet jedoch nur die Einleitung. Der Mittelteil seines Werkes wendet sich den gesellschaftlichen Institutionen und ihren Machthabern zu. »Stultitia« rühmt sich, daß sie den Fürsten das Vergessen ihrer Schandtaten ermöglicht:

Sie glauben, die Rolle eines Fürsten gut zu spielen, wenn sie ständig jagen, schmucke Pferde unterhalten, Ämter und Kommandostellen mit Vorteil verkaufen und täglich auf neue Wege sinnen, um die Bürger zu schröpfen und die Staatseinnahmen in die eigene Tasche leiten, wobei sie allerdings um einen gerissenen Vorwand nicht verlegen sind, damit auch die gröbste Ungerechtigkeit noch unter dem Anschein des Rechts auftritt. Sie geben

Stultitia verläßt die Kanzel, Randzeichnung von Holbein d. J. (1514)

sich sogar noch Mühe, den Sinn des Volkes mit etwas Schmeichelei zu gewinnen. Stellt euch nun einen Menschen vor: ohne Kenntnis der Gesetze, dem öffentlichen Wohl geradezu verfeindet, nur auf den persönlichen Nutzen bedacht, Feind der Freiheit und der Wahrheit, auf nichts weniger bedacht als auf das Staatswohl.

Päpste, Kardinäle und Bischöfe bemühen sich, es den Fürsten gleichzutun. Besonders erbittert Erasmus die aggressive Habgier der Kirche, die im Gegensatz zur wahren Nachfolge Christi steht:

Das Wort des Evangeliums »Wir haben alles verlassen und sind dir gefolgt« beziehen sie nicht auf Fluren, Städte, Steuereinkünfte, Hafenzölle und Gerichtsbarkeit des Kirchenstaates. Dafür brennen sie vom Eifer Christi, dafür kämpfen sie mit Feuer und Schwert und opfern dafür das Blut der Christenheit. Ja, indem sie so nach ihrer Weise wacker auf die Feinde losschlagen, glauben sie apostolisch die Kirche als die Braut Christi zu schützen. Als ob es verderblichere Kirchenfeinde gäbe als gottlose Päpste, die mit Unbekümmertheit Christus in Verruf bringen, ihn mit Abgabenverordnungen binden, sein Wesen mit gewaltsamen Deutungen verfälschen und ihn mit ruchlosem Lebenswandel umbringen. ... Der Krieg ist eine Ungeheuerlichkeit, der zu wilden Tieren, aber nicht zu Menschen paßt, eine Wahnsinnsgeburt, die die Dichter sogar den Furien zuschreiben, eine Seuche, die allgemeine sittliche Verwilderung mit sich bringt, eine Ungerechtigkeit, die verkommene Straßenräuber zu bestgeeigneten Sachwaltern macht, eine Gottlosigkeit, die dem Christen völlig widerspricht, und doch kümmern sich die Päpste um nichts sonst und führen nur Krieg.

Der Schlußteil, der den christlichen Glauben in die Nähe der Narrheit rückt, ruft vor allem die Gegnerschaft der Theologen aus beiden Lagern hervor, die Erasmus Unernst bei den heiligsten Dingen unterstellen. Es hat den Anschein, als fühlten sie sich nicht zu Unrecht betroffen, wenn »stultitia« sagt:

Es kommt nicht von ungefähr, daß die Toren bei Gott so gut angeschrieben sind. Auch die fürstlichen Häupter begegnen kühnen Naturen nur mit Mißtrauen und Abneigung; ... an Tölpeln und Einfaltspinseln haben sie ihre Freude. So wendet sich auch Christus immer ausdrücklich gegen die eingebildeten Klugen und verurteilt sie. Paulus bezeugt das einleuchtend mit den Worten »Was vor der Welt Torheit ist, hat Gott erwählt«, oder wenn er sagt, Gott habe es gefallen, durch Torheit die Welt zu erlösen, da er sie ja durch Weisheit nicht wiederherstellen konnte. Durch den Mund des Propheten verkündet er offen: »Die Weisheit der Weisen werde ich zunichte machen und die Klugheit der Klugen verwerfen.« ... Dem entspricht auch die allgemeine Heftigkeit im Evangelium gegen Pharisäer, Schriftgelehrte und Gesetzeslehrer und die auffallende Vorliebe für das ungebildete Volk. Was bedeutet denn das »Wehe euch, Schriftgelehrte und Pharisäer!« anders als »Wehe euch Weisen!« An Kindern, Frauen und Fischern dagegen scheint der Herr seine größte Freude gehabt zu haben. Ja, sogar unter der stummen Kreatur gefällt Christus am meisten, was an der Schläue des Fuchses den geringsten Anteil hat.

Durch die Herausgabe des *Neuen Testaments* in griechischer Sprache, das 1516 in Basel erscheint und mit kritischen Anmerkungen über Abweichungen der lateinischen Vulgata gegenüber dem griechischen Original versehen ist, bereitet er Luthers Bibelübersetzung vor. Sein *Lob der Narrheit* wird 1534 von SEBASTIAN FRANCK (1499–1542), einem der wenigen freien Geister in Deutschland nach der Aufspaltung in zwei Lager, übersetzt und erhält damit eine Wirkung über den Kreis der Gebildeten hinaus.

Ulrich von Hutten und der Bauernkrieg

Seine antipäpstlichen Agitationsschriften in deutscher Sprache, die ab 1520 das politische Klima im Deutschen Reich mitbestimmen und noch für den Kulturkampf unter Bismarck Stichworte liefern, sind heute nur mehr von historischem Wert. ULRICH VON HUTTEN (1488–1523), einer der seltenen Humanisten ritterlicher Herkunft in Deutschland – er flieht als 17jähriger aus dem Kloster in Fulda und führt gegen den erklärten Willen seines Vaters ein Vagantenleben, das ihn durch Deutschland und Italien führt und mit einflußreichen Humanisten in Kontakt bringt –, ist trotz seiner Außenseiterexistenz beispielhaft für die Krise der humanistischen Bewegung, die von der Theorie zur Praxis drängt. Die jüngere Generation begnügt sich nicht mehr mit der Ruhe des Studierzimmers, einem Eremitendasein in der Nachfolge des ›Hieronymus in der Klause‹; sie will das als richtig Erkannte in Realität umsetzen, sei es durch Politik am Fürstenhof oder durch Agitationsschriften, die einem klar formulierten, politischen Ziel dienen.

Ulrich von Hutten, Holzschnitt (1521)

Huttens berühmter Satz »O Jahrhundert, o Wissenschaften! Es ist eine Lust zu leben« wird meist ohne den nachfolgenden Konditionalsatz »wenn auch noch nicht in der Stille« zitiert. Er bildet den Schlußsatz eines langen Schreibens vom Oktober 1518 an den väterlichen Freund WILLIBALD PIRCKHEIMER (1470–1530), der als Mäzen Dürers im Mittelpunkt eines Nürnberger Kreises von Humanisten steht und Hutten sehr ernsthaft ermahnt hat, sich aus der Politik herauszuhalten, den Studien treu zu bleiben und sich auf literarische Arbeit zu konzentrieren. Gegenüber dieser Ermahnung spielt Hutten auf seine wirkungsvolle Verteidigung Reuchlins an, die er auch am Hofe des geistlichen Kurfürsten von Mainz verstärkt fortzusetzen gedenkt. Er verweist darauf, daß die Übergriffe der Theologen keine Nachsicht verdienen. »Wir sehen, wie wichtig es ist, dieses Unkraut auszureißen, diesen Tintenfisch auszumerzen, damit die glückliche Pflanze der wahren Wissenschaft hervorsprießt und sich so weit wie möglich ausbreitet; damit die vernichtet werden, die sich als drohende Wolken vor das strahlende Licht der aufgehenden Sonne der freien Bildung schieben und versuchen, dieses Licht des wahren Glanzes bei seinem Anfang zu verdunkeln, ja es zum Erlöschen zu bringen.« Dem Einwand, daß ein Leben am Hofe die Selbständigkeit des Denkens untergräbt, hält er zuversichtlich entgegen: »Ich werde mich bemühen, immer Hutten zu bleiben und niemals als Flüchtling vor mir selber zu erscheinen, sondern gleichmäßig durch die ungleichmäßigen Akte des Lebens schreiten.«
Huttens Radikalisierung, die in dem Aufruf an Kleinadel und Bürger gipfelt, im gemeinsamen Kampf gegen die Papstkirche vorzugehen, läßt ihn zum wortgewaltigen Agitator in deutscher Sprache werden. Die umfangreiche Reimdichtung *Klag und Vermahnung gegen dem übermässigen unchristlichen Gewalt des*

Papstes in Rom (Herbst 1520), die erste Schrift, die Hutten von vornherein in deutscher Sprache verfaßt, erklärt neben der Randglosse *Anrufung an die Teutschen* diesen Wechsel:

Latein ich vor geschriben hab,
das war eim yeden nit bekandt.
Yetzt schrey ich an das vatterlandt
Teutsch nation in irer sprach,
zu bringen dißen dingen rach.

Im Vertrauen auf die politische Wirkung der militärischen Kraft seines Freundes Franz von Sickingen beginnt Hutten im Herbst 1521 seine wenig überzeugende »Pfaffenfehde« und verlangt von den Straßburger Kartäusern die ungeheure Summe von 10 000 Gulden wegen Beleidigung. Aus diesem Anlaß entsteht *Ain new Lied*:

Huttens »Gesprächsbüchlein«, Titelblatt (1521)

1. Ich hab's gewagt mit Sinnen
Und trag des noch kein Reu.
Mag ich nit dran gewinnen,
Noch muß man spüren Treu.
Damit ich mein
Nit eim allein
Wenn man es wollt erkennen,
Dem Land zugut,
Wiewohl man tut
Ein Pfaffenfeind mich nennen.

6. Will nun ihr selbs nit raten
Dies frumme Nation,

Ihrs Schadens sich ergatten,
Als ich vermahnet han,
So ist mir leid.
Hiemit ich scheid,
Will mengen baß die Karten.
Bin unverzagt,
Ich hab's gewagt
Und will des Ends erwarten.

7. Ob dann mir nach tut denken
Der Kurtisanen List,
Ein Herz laßt sich nit kränken,
Das rechter Meinung ist!
Ich weiß, noch viel
Wölln auch ins Spiel,
Und sollten's drüber sterben:
Auf, Landsknecht gut
Und Reuters Mut!
Laßt Hutten nit verderben!

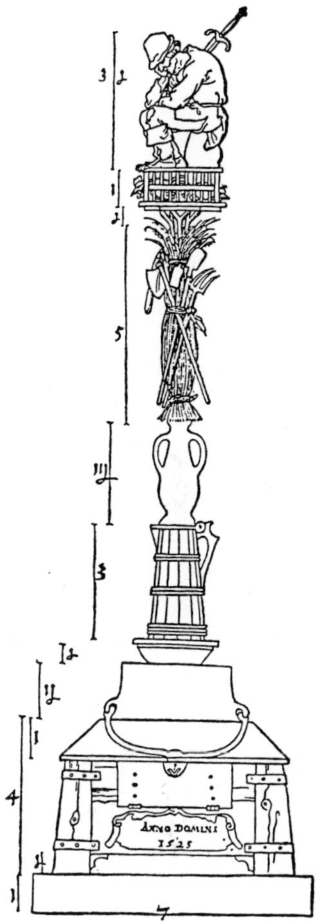

Entwurf zu einem Denkmal »Für die Besieger der Bauern« (1525)

Es ist ein Reiterlied ohne bramabarsierendes Pathos: Hutten spricht sich selbst Mut zu, vertraut der Gerechtigkeit seiner Sache und bittet, trotz seiner Zweifel an der Bereitschaft der Nation, Landsknechte und Ritter um Unterstützung. *Ich hab's gewagt mit Sinnen* gehört zu den wenigen bekannten deutschen Volksliedern, die nicht nur eindringlich eine Situation der Verfolgung durch mächtige Unterdrücker darstellen, sondern auch einen hoffnungsvoll trotzigen Willen zum Widerstand artikulieren und solidarisches Handeln anstreben.
Der Ritteraufstand des niederen Adels, den Franz von Sickingen im Jahre 1522 unternimmt, indem er mit 7000 Bewaffneten gegen den Erzbischof von Trier, Richard von Greiffenklau, zieht, ist nur ein Vorspiel für die weit größere Bewegung unter den Bauern, die sich gegen die wachsende wirtschaftliche Ausbeutung durch den Adel zur Wehr setzen. Das Fortschreiten der Reformation verleiht den Unruhen unter den Bauern eine Zielgerichtetheit, die über die früheren lokalen Erhebungen hinausgeht. Das Recht auf Widerstand leiten die Bauern aus dem Evangelium ab.
Im Sommer 1524 kommt es im südlichen Schwarzwald, in der Landgrafschaft Stühlingen, zu ersten Unruhen. Im Allgäu entsteht das Programm der Bauernbewegung: die *Zwölf Artikel*. Durch Druck vervielfältigt – schon im März 1525 in Ulm käuflich – und mündlich rasch verbreitet, finden sie überregional breite Zustimmung. Die *Zwölf Artikel* verlangen freie Wahl der Pfarrer durch die Gemeinden, lautere Predigt des Evangeliums, Abschaffung des Zehnten und der Frondienste, Aufhebung des fürstlichen Jagdrechtes und Herabsetzung des Zinssatzes. Die Bewegung verbreitet sich schnell über Österreich und Tirol, im Elsaß und am Mittelrhein.
Auch das Bürgertum nimmt an den Aufständen teil. In zahlreichen Städten verlangen die Bürger vom Klerus, auf Steuer- und Gerichtsprivilegien zu verzichten und den geistlichen Gewerbebetrieb einzustellen. Vom Rat fordert man De-

mokratisierung des patrizischen Regiments; auch die städtische Unterschicht macht Gleichheitsforderungen geltend. In einigen Städten wird der Rat gezwungen, mit den Bauern Unterstützungsverträge einzugehen. In Thüringen sind durch die führende Rolle Thomas Müntzers die sozialpolitischen Bestrebungen aufs engste mit religiösem Enthusiasmus verbunden. Vom Thüringer Wald bis zum Harz erstreckt sich eine große Aufstandsbewegung, bis am 15. Mai 1525 ein fürstliches Heer die Bauern bei Frankenhausen besiegt. In Süddeutschland werden die bäuerlichen Haufen nacheinander geschlagen, während sich die Städte Schonung durch schwere Geldbußen erkaufen müssen. Überall halten die Sieger verheerende Strafgerichte; der Druck auf die Bauern wird noch härter.
Die Niederlage der Bauern führt allgemein zu einer Stärkung der konservativen Mächte in Deutschland, die den Aufbruchsbestrebungen der zwei vorangehenden Jahrzehnte ein Ende setzen. Neben der katholischen Orthodoxie etablieren sich eine lutherische und eine reformierte Rechtgläubigkeit, die das freie Denken und Schreiben nunmehr an den Rand der Gesellschaft drängen. Nicht nur auf dem Lande, sondern auch gegenüber den Städten, die eine beachtliche wirtschaftliche und kulturelle Blüte erlebt hatten, verstärkt sich die Macht der Territorialfürsten; diese lähmen den nationalen Aufschwung und versuchen, ihre Residenzen zu kulturell tonangebenden Zentren auszubauen.

Erstdruck der Luther-Bibel von 1534

Martin Luther: Bibelübersetzung und Kirchenlied

Die Bibelübersetzung MARTIN LUTHERS (1486–1546) ist literatur- und sprachgeschichtlich das nachhaltigste Ereignis im Deutschland des 16. Jahrhunderts. Im September 1522 erscheint bei Melchior Lotther *Das Newe Testament Deutzsch Vuittenberg*; bis 1534 gibt es 17 Ausgaben in Wittenberg und 52 Nachdrucke in Basel, Augsburg, Nürnberg, Straßburg und Zürich. 1534 druckt Hans Lufft in Wittenberg die erste Gesamtausgabe der Bibel in 6 Abteilungen unter dem Titel *Biblia, das ist die gantze Heilige Schrift. Deudsch.* Zwischen 1534 und 1575 verlassen über 100 000 Exemplare der Bibelübersetzung allein die Wittenberger Druckerei von Hans Lufft, eine für die damalige Zeit nahezu unfaßbar hohe Auflage eines zweibändigen Werkes. Noch zu Luthers Lebzeiten erscheinen neben rund 90 Wittenberger Bibeldrucken etwa 260 Nachdrucke und Adaptionen, von denen die niederdeutsche Bibel aus Lübeck und die katholische Version von Emser-Dietenberger die wichtigsten sind.
Als Basis für größtmögliche Verbreitung und Verständlichkeit geht Luther bei seinem Unternehmen von der sächsischen Kanzleisprache aus. »Ich habe keine gewisse, sonderliche, eigene Sprache, das mich beide, Ober- und Niederländer verstehen mögen. Ich rede nach der sächsischen Cantzeley, welcher nachfolgen alle Fürsten und Cönige in Deutschland.« *(Tischreden)* Das Kanzleideutsch ist für ihn jedoch nur Grundlage; Wortbildung, Satzbau, Stil und vor allem der Wortschatz, den er durch Neubildungen und Übernahmen aus der Volkssprache in einer Weise erweitert, daß man fast von einer Umformung sprechen kann, gehen weit über die Möglichkeiten dieser Amtssprache hinaus.
Von seinen zahlreichen Vorgängern unterscheidet sich Luther durch den neu-

zeitlichen Ansatz: Er verzichtet auf die sprachliche Nachahmung des sakrosankten Originals und betrachtet sich lediglich als Übersetzer, der nach bestem Vermögen am Wege baut und für Verbesserungsvorschläge offen ist. Luthers Ausgangspunkt bei der Bibelübersetzung ist diesseitig und erhebt keinen Anspruch auf göttliche Inspiration. Während sich die Vorgänger mit einer möglichst wortwörtlichen Wiedergabe der »Vulgata«, der als authentisch geltenden lateinischen Übersetzung in der Redaktion des Kirchenvaters Hieronymus (geboren zwischen 340 und 350, gestorben 420 n. Chr.), abquälen und einen deutschen Text zustande bringen, der nur bei Kenntnis des lateinischen Vorbildes einigermaßen verständlich wird, betrachtet Luther die hebräischen und griechischen Texte, die der »Vulgata« zugrunde liegen, als unerschöpfliche Quellen des Wortes Gottes, zu denen es immer wieder zurückzukehren gilt. Er definiert die Arbeit des Dolmetschers lediglich als Aufgabe, unter Verzicht auf Buchstabentreue den Sinn des Textes wiederzugeben. Im *Sendbrief vom Dolmetschen* (1530) schreibt er ebenso stolz wie bescheiden: »Ich habe das Neue Testament verdeutscht, auf mein bestes Vermögen und auf mein Gewissen, habe damit niemand gezwungen, daß er's lese, sondern freigelassen und allein zu Dienst getan jenen, die es nicht besser machen können, ist niemand verboten, ein besseres zu machen. Wer's nicht lesen will, der laß es liegen.« Er bemüht sich darum, »rein und klar Deutsch« zu schreiben, und verhehlt auch nicht, wie schwer ihm das teilweise fällt: »Und ist uns wohl oft begegnet, daß wir vierzehn Tage, drei, vier Wochen haben ein einziges Wort gesücht und gefragt, haben's dennoch zuweilen nicht funden.«

Marktbauern, Dürer-Radierung (1512)

Nach der Ergründung des Wortsinnes der griechischen und hebräischen Texte, bei denen – wie auch aus den Protokollen der übersetzerischen Arbeit hervorgeht – Luther oft auf die Meinung des Humanisten PHILIPP MELANCHTHON (1497–1560) hört, beginnt die Umsetzung in die deutsche Sprache. Luther hat keine Scheu davor, sich bei seiner Arbeit am Vorstellungsvermögen und an den Lebensgewohnheiten der unteren Volksschichten zu orientieren. So läßt er sich einmal von einem Fleischer einen Hammel schlachten und zerteilen und die Innereien erklären, um die Opferung eines Lammes beim levitischen Opferdienst richtig beschreiben zu können. »Denn man muß nicht die Buchstaben in der lateinischen Sprache fragen, wie man soll deutsch reden, sondern man muß die Mutter im Hause, die Kinder auf der Gasse, den gemeinen Mann auf dem Markt darum fragen und denselbigen auf das Maul sehen, wie sie reden.«
Die Lösung von der lateinischen Syntax und der wortwörtlichen Wiedergabe von Metaphern fällt auch Luther nicht leicht. Manche Formulierung findet er erst im Laufe von Jahren: So verbessert er die alte Übersetzung des Beginns des 42. Psalms »Als der Hirsch begehret zu den Brunnen der Wasser« erst zu »Wie der Hirsch schreit nach den Wasserbächen«; nach längerer Zeit findet er dann den heute bekannten Ausdruck »nach frischem Wasser«. Eine Konkordanz zum 23. Psalm zwischen der Koburger Bibel von 1483, die noch zu Luthers Zeit Vorbild für deutsche Bibeln war, und lutherischen Textfassungen von 1524 und 1545 zeigt den Abstand zu den Vorgängern, dokumentiert aber auch die gesteigerte Prägnanz in Luthers endgültiger Übersetzung:

Koburger Bibel 1483

Der herr regieret mich vnnd mir gebrist nichts (Dominus regti me et nihil mihi deerit). vnd an der stat d' weyde de satzt er mich (in loco pascuae ibi me collocavit). Er hat mich gefueret auff dem wasser der widerbringung (super aquam refectionis educavit me). er bekeret mein seel. er füret mich auß auff die steyg der Gerechtigkeit (super semitas iustitiae), vmb seinen namen. Wann ob ich gee in mitt der schatten des todes. ich fuercht nit die vbeln ding (non timebo mala) wann du bist bey mir. Dein rut vnd dein stab. die selb haben mich getroestet.

Luther-Bibel (Manuskript) 1524

Der herr ist meyn hirtte, myr wirt nichts mangeln. Er lesst mich weyden da viel gras steht vnd furet mich zum wasser das mich erkulet. Er erquickt meyne seele er furet mich auff rechter strasse vmb seyns namens willen. Vnd ob ich schon wandert ym finstern tal, furcht ich keyn vngluck denn du bist bey myr. Deyn stecken vnd stab trosten mich.

Luther-Bibel 1545

DER HERR ist mein Hirte / mir wird nichts mangeln. Er weidet mich auf einer gruenen Awen / Vnd fueret mich zum frischen Wasser. Er erquicket meine Seele / er fueret mich auff rechter Strasse / Vmb seines Namens willen. Vnd ob ich schon wandert im finstern Tal / fuerchte ich kein Vnglueck / Denn du bist bey mir / Dein Stecken vnd Stab troesten mich.

Es heißt, wer am Wege bauet, der hat viel Meister. Also gehet mir's auch. Diejenigen, die noch nie haben recht reden können, schweige denn dolmetschen, die sind allzumal meine Meister, und ich muß ihr aller Junger sein. Und wenn ich sie hätte sollen fragen, wie man die ersten zwei Wort Matth. 1 ›Liber generationis‹ sollte verdeutschen, so hätte ihr keiner gewißt, gack dazu zu sagen. Und urteilen mir nu das ganze Werk, die feinen Gesellen. Also ging es St. Hieronimo auch, da er die Biblia dolmetscht, da war alle Welt sein Meister.

Luther, Sendbrief vom Dolmetschen

Luthers Popularisierung der Bibel erschöpft sich nicht in der Hinwendung zum Volk, die mit einer Fülle von volkstümlichen Redewendungen einhergeht. Als verantwortungsvoller Gelehrter ist er zugleich bemüht, eine reine und klare Prosa zu schreiben, die auf rhetorischen Prunk verzichtet und die einfachste Wortstellung (Subjekt, Prädikat, Objekt) bevorzugt. Er vermeidet jedoch dürre Eintönigkeit der Wortfolgen; seine Sätze sind voll Rhythmus und Klang, häufig durch Alliterationen und Assonanzen verstärkt.

Unerschöpflich ist er in den Formen der Umschreibung, überaus erfinderisch in den Übergängen. Sein Vorrat an Synonymen ist fast unüberschaubar; durch Frage und direkte Rede wird seine Übersetzung lebendig und abwechslungsreicher. Der Gebrauch von Partizipien, die im Griechischen häufig sind, wird möglichst vermieden; das aus dem Lateinischen stammende, im Deutschen schwerfällige Perfekt ersetzt Luther in späteren Ausgaben oft durch das Imperfekt und sucht den Gebrauch der Hilfszeitwörter (*sein, haben* und *werden*) einzuschränken und eine Häufung der Artikel zu vermeiden. Anschaulichkeit und Kraft des »Luther-Deutsch« begründen sich aus der Lösung vom lateinischen Vorbild und in Konkurrenz zum Gelehrtenlatein des 16. Jahrhunderts. Darin liegt auch die Wirkung Luthers auf die deutsche Dichtersprache, die noch im 20. Jahrhundert andauert.

Für die Durchsetzung der Reformation in Deutschland noch wichtiger als die Bibelübersetzung, die sich vor allem an ein lesekundiges Publikum richtet, sind Luthers deutsche Kirchgesänge, die dem Zusammenschluß der Gemeinde im

Gottesdienst eine starke emotionale Stütze geben. Der Anstoß hierzu kommt nicht zufällig von den »Schwarmgeistern« der Reformation, ANDREAS KARLSTADT (um 1480–1541) und THOMAS MÜNTZER (um 1490–1525), die nach dem Vorbild der Hussiten anfangen, die Messe in deutscher Sprache abzuhalten. Müntzer geht noch einen Schritt weiter und läßt die Gemeinde Texte singen, die er selbst schreibt. Luther, der diese liturgischen Neuerungen zunächst ablehnt, ändert 1523 seine Ansicht und sucht nach »deutschen Gesängen« für die Messe, wobei er an die Bearbeitung der Psalmen denkt.

1524 erscheint das erste evangelische Gesangbuch, *Geistliches gesangk Büchleyn*, das Luther zusammen mit dem Kapellmeister Johann Walther herausgibt. Es enthält 5 lateinische und 32 deutsche Gesänge, darunter 24 von Martin Luther, der an frühere Wallfahrts- und Passionslieder anknüpft, aber auch weltliche Liedformen übernimmt. Bekannten Volksliedmelodien werden neue Texte unterlegt. Auch Lieder wie *Vom Himmel hoch* und *Ein feste Burg*, die Luther selbst komponiert, orientieren sich an einfachen Volksweisen, die durch den gemeinsamen Gesang das neue Selbstbewußtsein der Gemeinde ausdrücken und ein Gemeinschaftserlebnis vermitteln, dem die katholische Kirche nichts entgegenzustellen hat. Luthers Lieder finden auch außerhalb des Gottesdienstes Verwendung; sie werden als Einblattdrucke verbreitet, bei Jahrmärkten und auf der Straße vorgetragen und von einem interessierten Publikum nach dem Gehör weitergesungen.

Der vierstrophige Choral *Ein feste Burg ist unser Gott*, eine Paraphrase des 46. Psalms, die um 1527 entstanden ist, trägt das evangelische Bekenntnis in Versen vor, deren Wucht aus der Verwendung einsilbiger, die Betonung tragender Wörter herrührt:

Eine feste Burg ist unser Gott,
Ein gute Wehr und Waffen.
Er hilft uns frei aus aller Not,
Die uns itzt hat betroffen.
Der alt böse Feind
Mit Ernst er's itzt meint,
Groß Macht und viel List
Sein grausam Rüstung ist.
Auf Erd ist nicht seinsgleichen.

Mit unser Macht ist nichts getan.
Wir sind gar bald verloren.
Es streit fur uns der rechte Mann,
Den Gott hat selbs erkoren.
Fragst du, wer der ist?
Er heißt Jesu Christ,
Der Herr Zebaoth,
Und ist kein ander Gott.
Das Feld muß er behalten.

Und wenn die Welt voll Teufel wär
Und wollt uns gar verschlingen,
So fürchten wir uns nicht zu sehr.
Es soll uns doch gelingen.
Der Fürst dieser Welt,
Wie saur er sich stellt,
Tut er uns doch nicht.
Das macht: er ist gericht.
Ein Wörtlein kann ihn fällen.

Das Wort sie sollen lassen stahn
Und kein Dank dazu haben.
Er ist bei uns wohl auf dem Plan
Mit seinem Geist und Gaben.
Nehmen sie den Leib,
Gut, Ehr, Kind und Weib,
Laß fahren dahin!
Sie haben's kein Gewinn.
Das Reich muß uns doch bleiben.

Luther verbindet die Abwehr des Teufels, des Herrn der Welt, mit seinem Kampf gegen die Herrschaft der römischen Kirche, der gegenüber er sich nicht auf weltliche Macht stützt. Seine Siegeszuversicht gründet sich auf Jesus Christus und das Wort Gottes; der Verlust des Lebens und aller irdischen Güter wiegt gering für die, die am Reich Gottes teilhaben. *Ein feste Burg* wird zum Trutz- und Schutzlied der Protestanten, dessen mitreißende Wirkung durch die gewaltige Melodie noch gesteigert wird.

Die anonymen Volksbücher

Von der Literatur des 16. Jahrhunderts haben vor allem die Volksbücher überlebt: das Tierepos *Reineke Fuchs*, der *Eulenspiegel* und nicht zuletzt die *Historia von Doktor Johann Fausten.* Von den literarisch Gebildeten verachtet, werden sie bis in die Mitte des 18. Jahrhunderts vom breiteren Publikum und besonders von der Jugend begierig gelesen. In *Dichtung und Wahrheit* erinnert sich Goethe an den etwas anrüchigen Umgang mit dieser Kolportageliteratur, die in ihrer Unzivilisiertheit gerade den Kindern ein ungetrübtes Vergnügen bereitete:

Nun sollte mir auch noch eine reichlichere Ernte bevorstehen, indem ich an eine Masse Schriften geriet, die zwar in ihrer gegenwärtigen Gestalt nicht vortrefflich genannt werden können, deren Inhalt jedoch uns manches Verdienst voriger Zeiten in unschuldiger Weise näher bringt.
Der Verlag oder vielmehr die Fabrik jener Bücher, welche in der folgenden Zeit unter dem Titel »Volksschriften«, »Volksbücher« bekannt und sogar berühmt wurden, war in Frankfurt selbst, und sie wurden, wegen des großen Abgangs, mit stehenden Lettern auf das schrecklichste Löschpapier fast unleserlich gedruckt. Wir Kinder hatten also das Glück,

diese schätzbaren Überreste der Mittelzeit auf einem Tischchen vor der Haustüre eines Büchertrödlers zu finden, und sie uns für ein paar Kreuzer zuzueignen. Der »Eulenspiegel«, »Die vier Haimonskinder«, »Die schöne Melusine«, »Der Kaiser Oktavian«, »Die schöne Magelone«, »Fortunatus«, mit der ganzen Sippschaft bis auf den »Ewigen Juden«, alles stand uns zu Diensten, sobald uns gelüstete, nach diesen Werken anstatt nach irgend einer Näscherei zu greifen. Der größte Vorteil aber war, daß, wenn wir ein solches Heft zerlesen oder sonst beschädigt hatten, es bald wieder angeschafft und aufs neue verschlungen werden konnte.

Die Helden dieser Literatur besitzen zumeist einen moralisch zweifelhaften Charakter, dafür aber viel Durchsetzungsvermögen und wenig Achtung vor den Vertretern geistlicher und weltlicher Macht; auch vor den Institutionen selbst, Kirche, Fürstenhof und Universität, zeigen sie wenig Respekt. In ihnen äußert sich eine Unbotmäßigkeit des Denkens und der Lebensführung, die besonders im nachreformatorischen Deutschland bei den von Verordnungen und Verboten heimgesuchten Lesern ein bleibendes Interesse hervorruft und die Behörden zu beständigem Mißtrauen veranlaßt. Die kulturelle Ächtung dieser Bücher ist ein Reflex auf die Renitenz der Inhalte, die hier trotz aller moralischen Warnungen, wohlmeinenden Vorreden und frommen Schlußsätze zum Tragen kommt. In diesen anonymen Schriften, oft in elender Gestalt tradiert, was Sprache und Druck angeht, überlebt, was an Aufbruchsstimmung im vorreformatorischen Deutschland vorhanden war und im Verlauf von Reformation und Gegenreformation unterdrückt oder verdrängt wird.

Reynike Vosz de Olde/ nyge gedrücket/ mit sydlykem vorstande/ vnd schönen Figuren/ erlüchtet vnd vorbetert.
De Warheit my gantz frembde ys/
De Truwe gar seltzen/ dat ys gewiß.
Gedruckt tho Franckfurt am Meyn.
ANNO M.D.LXXII

»Reineke Fuchs«, Titelseite (1572)

»Reynke de Vos«

Im Jahre 1498, zu einer Zeit, als die deutschen Humanisten und Angehörige des gebildeten Bürgertums viel Energie auf Projekte für eine Reichsreform verwenden, die von Kaiser Maximilian und seinem Kreis ins Auge gefaßt wird, erscheint in Lübeck ein Tierepos in niederdeutscher Sprache, *Reynke de Vos*, das die Reformierbarkeit des Feudalsystems grundlegend in Zweifel zieht. Dieses Fuchs-Epos ist ein spätes Glied einer Tradition, die im mittelalterlichen Europa mit der *Ecbasis Captivi* (um 1040), einem anonymen Tierepos in Hexametern, beginnt. Der anonyme Autor, in dem man einen Geistlichen oder einen Buchdrucker vermutet, versteht es so anschaulich, die Tierphysiognomien und charakteristische Verhaltensweisen von Standespersonen, die am Hof verkehren, wechselseitig zu erhellen, daß noch Goethe bei seiner Hexameter-Übersetzung im Jahre 1793 wenig daran zu verändern findet. Diese »unheilige Weltbibel«, in der sich »das Menschengeschlecht in seiner ungeheuchelten Tierheit ganz natürlich und mit gutem Humor« darstellt, hilft Goethe nach der Hinrichtung Ludwigs XVI., das absolute Königtum als eine seichte, unfähige und selbstsüchtige Institution innerlich zu verabschieden und den Lauf der Welt heiterer zu betrachten.
Das Epos beginnt mit einem gravitätischen Hoftag der Tiere, bei dem auch Jahreszeit und Wetter das Ihrige zur Harmonie beitragen:

Id gheschach up eynen pynxtedach,
Datmen de wolde unde velde sach
Grone staen myt loff unde gras,
Unde mannich fogel vrolich was
Myt sange in haghen unde up bomen;
De krüde sproten unde de blomen,
De wol röken hir unde dar;
De dach was schone, dat weder klar.

(Pfingsten war's, daß man die Felder / Grünen sah und auch
die Wälder, / Gras und Laub sie frisch bedecken; /
Auf den Bäumen und den Hecken / Sangen Vögel fröhlich-laut; /
Hier die Blume, dort das Kraut / Sprossen schon mit süßem
Duft – / Schön war der Tag und klar die Luft.)

Bald werden jedoch bittere Klagen gegen Reineke, den Fuchs, vorgetragen, so daß König Nobel den Übeltäter vorladen muß. Die Freßgier der königlichen Sendboten stachelt Reineke jedoch derart an, daß Braun, der Bär, und nach ihm Hinze, der Kater, von ihren Missionen als geschundene Kreaturen an den Hof zurückkehren und den Chor der Ankläger verstärken. Der dritten Ladung durch Grimbart, den Dachs, der dem Fuchs als entfernter Verwandter sehr wohlgesonnen ist, folgt Reineke schließlich und läßt sich unterwegs von diesem geistlichen Würdenträger die Beichte abnehmen und die Absolution erteilen, die wenig kostet.

Angesichts der erdrückenden Anklagen, in einer schier ausweglosen Lage, erzählt der Fuchs eine Lügengeschichte über eine frühere Verschwörung gegen Nobel, der ihm um so mehr glaubt, als es einen Schatz zu heben gilt, den Nobel und seine Gemahlin heimlich an sich bringen wollen. Der König zwingt den Hof, Reineke Reverenz zu erweisen, und der eben noch zum Galgen Verurteilte bricht als frommer Pilger zu einer Reise nach Rom auf. Reineke setzt jedoch sein Treiben fort, so daß sich das ganze Geschehen erneut wiederholt. Schließlich besiegt der Fuchs seinen unerbittlichen Gegner Isegrim in einem unfairen Zweikampf, bei dem er den Wolf kastriert, und avanciert durch diesen Sieg zum Kanzler des Reiches.

Reineke, der sich auf seiner Burg Malpertus mit Raubrittertum begnügt und dort als umsichtiger Familienvater lebt, bringt es am Hofe zu hohen Ehren, weil er die Habsucht und Korruption der Großen zu nutzen weiß. Verglichen mit diesen, bleibt er immer ein kleiner Hühnerdieb, der sich mit seinem skrupellosen, vor allem auf List setzenden Durchsetzungsvermögen die Sympathien der Leser sichert. 1544 erscheint die erste neuhochdeutsche Übersetzung, die bis 1617 einundzwanzigmal aufgelegt wird. Ins Dänische, Schwedische, Englische und sogar Lateinische übersetzt, wird dieses Tierepos auch ein internationaler Bucherfolg.

»Tyl Ulenspiegel«

Der Holzschnitt auf dem Titelblatt des ersten Drucks von 1515 aus Straßburg zeigt Ulenspiegel auf einem Pferd, in den Steigbügeln hoch aufgerichtet und zugleich in sich gekehrt: Er streckt beide Arme in die Höhe und trägt auf der rechten Hand die Eule als Sinnbild der Weisheit; in der linken hält er einen Spiegel als Zeichen der Wahrheit. Der unbeholfene Holzschnitt sagt viel über diesen Helden, der die Existenz eines Vaganten mit Selbstwertgefühl verbindet und hinter der ostentativen Geste des Aufklärers eine kontemplative Haltung verbirgt, die nur ein Weiser besitzt.

»Tyl Ulenspiegel«, Titelseite der Erstausgabe

Ulenspiegel führt das Leben eines Abenteurers und scheut geregelte Arbeit und Seßhaftigkeit. Freimütig bekennt er von sich: »Ich bin ein fauler, starker Schelm, der nit gern werkt.« Als Seiltänzer und Hofnarr betätigt er sich ebenso eifrig wie in den autoritativen Rollen des Arztes, des Bettelpredigers und des Universitätsdisputanten. Auf der Straße, in den Häusern von Handwerksmeistern und auf Bauernhöfen handelt er nicht weniger schlau als im Lateran, wo er dem Papst bei einer Privatmesse auflauert; auch mit Königen, geistlichen und weltlichen Fürsten, denen er sich als Hofnarr andient, weiß er umzugehen. Ulenspiegels Leben ist eine einzige Reise. Er schlüpft in sehr unterschiedliche Rollen, um einen Vorteil zu finden, sich für erlittenes Unrecht zu rächen oder durch Zufügen von Schaden zum Nachdenken anzuregen.

Bei aller Lust am Umgang mit Exkrementen und an der Befriedigung durch die oft erheblichen Zerstörungen, die er anrichtet, besitzt Ulenspiegel einen scharfen Verstand und eine Menschenkenntnis, die ihn zu verblüffend einfachen Lösungen führen. Um seine Zwecke zu erreichen, bedient er sich sehr bewußt der Sprache. Er benutzt dabei den Widerspruch zwischen den Worten und dem damit Gemeinten, um den anderen zur Einsicht zu bringen oder sich selbst Vorteile zu verschaffen. Befreiend an diesem Volkshelden wirkt, daß er nicht über Ungerechtigkeit und Dummheit lamentiert, sondern aus den Denkanstößen, die er seiner Umwelt erteilt, eigenen Nutzen zieht – sei es auch nur aus Freude darüber, einen habgierigen Menschen um erhofftes Gut gebracht zu haben. So triumphiert Ulenspiegel noch auf seinem Sterbebett, als er einen geldgierigen Pfarrer, der sich nicht damit begnügt, die Beichte abzunehmen, in einen von Geldscheinen leicht bedeckten Kothaufen greifen läßt.

Ulenspiegel kehrt dem Papst den Rücken

Von den 96 Historien ist die 31. besonders hintersinnig. Sie schildert, wie Ulenspiegel mit dem versilberten Kopf eines Heiligen als Wanderprediger in Pommern umherzieht und dabei viel Geld einstreicht:

So allermeist Volk in der Kirchen war, so steig er uff den Predigtstuhl und sagt etwas von der alten Ehe und zog die nüwe Ehe darin mit der Archen und dem guldnen Eimer, da das Himmelbrot in lag, und sprach dazu, daß es das größt Heiltum wär; unterweilen sagt er von dem Haupt Sant Brandonus, der ein heilig Mann gewesen wär, des Haupt er da hätt, und daß ihm befohlen wär, damit ze sammlen, um ein nüwe Kirch zu buwen, und das tun mit reinem Gute, und bei seinem Leben kein Opfer nehmen sollte von keiner Frauen, die ein Ehebrecherin wär. »Und welch solche Frauen seind, die sollen still stohn, dann so sie mir etwas opfern werden, so sie schuldig seind in dem Ehebruch, ich nimm das nit, und sie werden vor mir verschämt, darnach wissen uch zu richten.« Und gab den Lüten

Ulenspiegel als Wanderprediger

das Haupt zu küssen, das vielleicht eins Schmieds Haupt gewesen wär, das er uff eim Kirchhof genummen hätt, und gab den Buren und Bäurin den Segen und ging ab der Kanzel für den Altar stohn, und fing der Pfarrer an zu singen und sein Schellen klingen. Da gingen die bösen mit den guten Wibern zum Altar mit irem Opfer, drungen sich zu dem Altar, daß sie kichten. Und die ein bös Gschrei hätt und da auch was an war, die wollten die ersten sein mit ihrem Opfer. Da nahm er das Opfer von Bösen und von Guten und erschmaht nüt, und so fast glaubten die einfältigen Frauen an sein listige schalkhaftige Sach, daß sie meinten, welch Frau wär gestanden, si wär nit frum gesein.

»Historia von Doktor Johann Fausten«

1587 bringt der Drucker Johann Spies in Frankfurt am Main die *Historia von Doktor Johann Fausten* von einem anonymen Verfasser heraus. Die *Historia* ist eine ziemlich ungeordnete Sammlung, die aber bis auf die Gretchentragödie im Keim alle wesentlichen Stoffelemente enthält, die Goethe später in seiner zweiteiligen Tragödie zur Entfaltung bringt. Fausts Werdegang vor seinem Pakt mit dem Teufel faßt das Volksbuch im 1. Kapitel zusammen:

Als Doktor Faust, eins ganz gelernigen und geschwinden Kopfs, zum Studieren qualifiziert und geneigt war, ist er hernach in seinem Examine von den Rectoribus so weit kommen, daß man ihn in dem Magistrat examiniert und neben ihm auch 16 Magistros; denen ist er im Gehöre, Fragen und Geschicklichkeit obgelegen und gesieget, also, daß er seinen Teil genugsam studiert hat, war also Doctor Theologiae. Da neben hat er auch einen dummen, unsinnigen und hoffärtigen Kopf gehabt, wie man ihn denn allezeit den Spekulierer genennet hat, ist zu bösen Gesellschaft geraten, hat die Heilige Schrift ein Weil hinter die Tür und unter die Bank gelegt, ruch- und gottlos gelebt (wie denn diese Historia hernach genugsam gibt). Aber es ist ein wahr Sprichwort: Was zum Teufel will, das läßt sich nicht aufhalten noch ihm wehren. Zudem fand Doktor Faustus seinesgleichen; die gingen mit chaldäischen, persischen, arabischen und griechischen Worten, figuris, characteribus, coniurationibus, incantationibus und wie solche Namen der Beschwerung und Zauberei mögen genennet werden. Und diese erzählte Stück waren lauter Dardaniae artes, nigromantiae, carmina, veneficum, vaticinium, incantatio, und wie solche Bücher, Wörter und Namen genennet werden mögen. Das gefiel Doktor Fausto wohl, spekuliert und studiert Tag und Nacht darinnen, wollte sich hernach keinen Theologum mehr nennen lassen, ward ein Weltmensch, nannte sich Doctor Medicinae, ward ein Astrologus und Mathematicus, und zum Glimpf ward er Arzt, half erstlich vielen Leuten mit der Arzenei, mit Kräutern, Wurzeln, Wassern, Tränken, Rezepten und Klistiern; darneben, ohne Ruhm, ward er redsprechig, in der göttlich Schrift wohl erfahren.

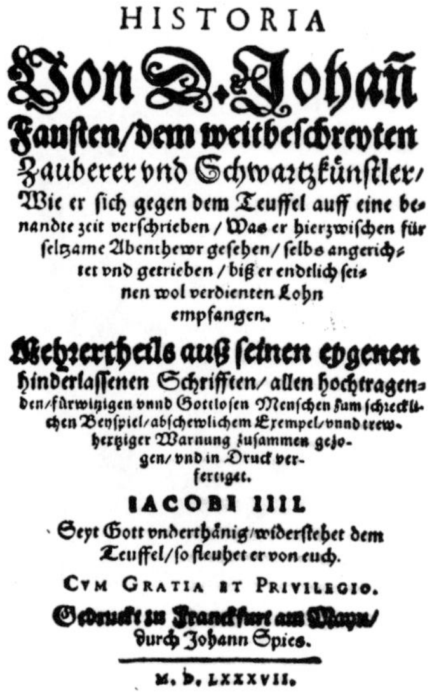

HISTORIA
Von D. Johañ
Fausten/dem weitbeschreyten
Zauberer vnd Schwartzkünstler/
Wie er sich gegen dem Teuffel auff eine benandte zeit verschrieben/Was er hierzwischen für seltzame Abentheuwr gesehen/selbs angerichtet vnd getrieben/biß er endtlich seinen wol verdienten Lohn empfangen.
Mehrertheils auß seinen eygenen hinderlassenen Schrifften/allen hochtragenden/fürwitzigen vnnd Gottlosen Menschen zum schrecklichen Beyspiel/abscheuwlichem Exempel/vnnd treuwhertziger Warnung zusammen gezogen/vnd in Druck verfertiget.
IACOBI IIII.
Seyt Gott vnderthänig/widerstehet dem Teuffel/so fleuhet er von euch.
CVM GRATIA ET PRIVILEGIO.
Gedruckt zu Franckfurt am Mayn/
durch Johann Spies.
M. D. LXXXVII.

Das Volksbuch von Dr. Faustus

Weil die Wissenschaften seinem Wunsch, »alle Gründ am Himmel und erden zu erforschen« und »die Elemente zu spekulieren«, nicht genügen, verbündet er sich mit dem Teufel. Zusammen mit Mephostophiles beginnt er eine große Reise durch Himmel und Hölle und über die ganze Erde; schließlich schaut er sogar das Paradies. Der dritte Teil des Buches handelt von Schwänken, Zauberstreichen und magischen Kunststücken: So läßt Faust auf Bitten Kaiser Karls V. Alexander den Großen und dessen Frau erscheinen.

Durch den Bekehrungsversuch eines alten, weisen Mannes erhält Faust zu Beginn des Schlußteils noch einmal die Möglichkeit zur Umkehr. Das Gespräch endet jedoch mit einer zweiten Verschreibung an den Teufel, dem Faust verspricht, weiterhin jeden ehrlichen Umgang mit Gott und den Menschen zu unterlassen. Unter dem Eindruck der immer schneller ablaufenden Zeit – eine Frist von vierundzwanzig Jahren ist vereinbart – nimmt Faust die schönsten Frauen seiner Zeit bei sich auf – zwei Niederländerinnen, eine Ungarin, eine Engländerin, zwei Schwäbinnen und eine Fränkin – und hat mit Helena einen Sohn. Als seine Stunde schlägt, nimmt Faust Abschied von seinen Studenten und stirbt unter angstvollen Hilferufen. Seinen gräßlich verstümmelten Leichnam finden die Studenten schließlich draußen auf einem Misthaufen.
Trotz aller christlichen Observanz, die der anonyme Verfasser zur Schau stellt, zeichnet das Volksbuch Faust nicht nach dem Klischee für Teufelsbündner aus der damals einschlägigen Hexenliteratur der Dominikaner. Faust schließt den Pakt nicht aus Verlangen nach Macht und Reichtum, sondern aus einem Erkenntnisdrang, der sich auf das Universum und über die ganze Erde erstreckt. Seine Heirat mit Helena steht für eine humanistische Aneignung der Antike, deren Schönheit und Sinnlichkeit als Kontrast zum demütigen, seiner Sünden bewußten lutherischen Christen aufgefaßt wird.
Wenn sich das Volksbuch bei der Darstellung Fausts in Widersprüche verwikkelt, ist dies nicht als besondere Unzulänglichkeit eines Autors zu betrachten, der durch seinen Stoff überfordert wird. Vielmehr hinterläßt der gegen Ende des Jahrhunderts sich immer mehr ausbreitende Hexenwahn auch hier seine Spuren.

Beschwörung des Erdgeist, Titelseite von Marlowes »DoctorFaust«

Soweit die *Historia von Doktor Johann Fausten* den unstillbaren Erkenntnis- und Wissensdrang des Gelehrten schildert, ist in ihr der vorreformatorische Aufbruch zu neuen Ufern präsent. Die moralisierenden Salbadereien des Autors verraten dagegen die paranoide Weltsicht der orthodoxen Hexenverfolger und Teufelsaustreiber bei allen Konfessionen, die sich im Deutschland der Gegenreformation wie eine Seuche ausbreiten, um unschuldige Menschen zu quälen und grausam zu Tode zu bringen.
Die *Historia* wird, anfangs in rascher Folge, zweiundzwanzigmal gedruckt. Schon 1588 ins Englische übersetzt, regt sie CHRISTOPHER MARLOWE (1564–1593) zu seinem Faust-Drama an, das wiederum als Vorlage für englische und deutsche Wandertruppen und zahlreiche Puppenspiele zur Belustigung auf Jahrmärkten und Messen benutzt wird.

Die Dichter des protestantischen Stadtbürgertums

Hans Sachs

Am 5. November 1494 kommt HANS SACHS als Sohn eines Schneiders in Nürnberg zur Welt und besucht ab 1501 eine Lateinschule. Er ist von seinem Vater nicht zum Studium bestimmt, aber durch diesen Schulbesuch wird in ihm ein dauerhaftes Interesse an den Schriften und Dichtungen des Altertums geweckt, das ihn auch an den Bestrebungen der Humanisten Anteil nehmen läßt. Im Frühjahr 1509 tritt er bei einem Schuhmacher in die Lehre und wird zugleich von dem Weber Nunnenbeck im Meistersang unterrichtet.
Der Meistersang, mit dem Hans Sachs seine Laufbahn beginnt, wird im späten Mittelalter von den Handwerkern vieler deutscher Städte gepflegt. Als Vorbilder berufen sie sich auf die zwölf »alten Meister«, darunter Walther von der Vogelweide und Wolfram von Eschenbach. Sie sind in Singschulen der Dichter-Handwerker zusammengeschlossen und reimen vor allem geistliche, lehrhafte Lieder; von fahrenden Berufssängern übernehmen sie komplizierte Strophenformen und Melodien. Durch die strenge Verpflichtung auf die Norm und die christliche Dogmatik ist der Meistersang in seiner literarischen Aussage eingeengt.
Nach Abschluß der zweijährigen Lehrzeit begibt sich der Schuhmachergeselle auf eine fünfjährige Wanderschaft, die ihn über Regensburg, Passau, München, Salzburg, Würzburg, Frankfurt am Main, Köln und Aachen führt. 1520 wird er Meister in der Nürnberger Schuhmacherzunft. Hans Sachs, der während seiner Wanderschaft mit den verschiedenen Singschulen Kontakt aufnimmt, befreit sich schon bald von der Enge des Meistersangs und geht daran, in seine Lieder all das einzuführen, was die deutsche Literatur tradiert hat und die Humanisten durch Übersetzungen zugänglich gemacht haben: so etwa ÄSOPS Fabeln und BOCCACCIOS *Decamerone*, Reisebeschreibungen oder BRANTS *Narrenschiff*.
Sein Engagement für die Reformation Martin Luthers drängt seine literarische Tätigkeit aus dem nicht-öffentlichen Kreis der Meistersinger heraus; Hans Sachs beginnt Spruchgedichte zu schreiben, die für den Druck bestimmt sind. 1523

veröffentlicht er die Versdichtung *Die Wittembergisch Nachtigall: Die man yetz höret überall*:

> Wach auff! es nahent gen den tag,
> Ich hör singen im grünen hag
> Ein wunnigkliche nachtigall.
> Ir stim durchklinget berg und thal.
> Die nacht neigt sich gen occident,
> Der tag geht auff von orient.
> Die rotprünstige morgenröt
> Her durch die trüben wolcken göt,
> Darauß die liechte sonn thut blicken.
> Des mones schein thut sie verdrücken.
> Der ist ietzt worden pleich und finster,
> Der vor mit seinem falschen glinster
> Die gantzen hert schaf hat geblent,
> Das sie sich haben abgewent
> Von irem hirten und der weyd
> Und haben sie verlassen beyd,
> Sind gangen nach des mones schein
> In die wildnus den holtzweg ein . . .

»Die Wittenbergisch Nachtigall«, Titelseite (1523)

Das Gedicht, das den vergeblichen Versuch des Löwen (Papst Leo) schildert, die Sängerin zu töten, und die aussichtslose Bemühung von Eseln, Schweinen, Katzen und Fröschen, den lieblichen Gesang zu übertönen, ist in Knittelversen geschrieben. Sachs bevorzugt diese Versform, die er nach Silben zählt. Acht oder neun Silben, je nach männlichem (»tag« und »hag«) oder weiblichem Ausgang (»finster«, »glinster«), bilden eine Zeile, die mit der folgenden durch Reim verbunden ist. Die Verwendung einer derart anspruchslosen Versform hat dem Dichter im 17. und 18. Jahrhundert die Verachtung der Kunstdichter eingetragen, bis GOETHE den Knittelvers in Anlehnung an den Nürnberger Meistersinger, vor allem durch *Faust*, wieder zu Ehren bringt.

Die literarische Produktion von Hans Sachs ist im wesentlichen Umgang mit bereits geformten Stoffen, die er jedoch seinem Lebensbereich anpaßt und mit seiner zunftbürgerlichen Auffassung in Einklang bringt. Erstrebenswerte Lebensmaximen sind: Sorge um das Gemeinwohl, Fleiß und Arbeitsamkeit, Anwendung des gesunden Menschenverstandes, Vermeidung von Lastern und Reinheit der Ehe. Seine meist angehängten Belehrungen sucht er durch ein unterhaltsames Moment, das hier ein intensives Eigenleben führt, annehmbar zu machen.

Der Menschen wunderliches Weben, / Ihr Wirren, Suchen, Stoßen und Treiben, / Schieben, Reißen, Drängen und Reiben, / Wie kunterbunt die Wirtschaft tollert, / Der Ameishauf durcheinander kollert!

Goethe, Hans Sachsens Poetische Sendung, 1776

Eine schier unabsehbare, sehr mannigfaltige »comédie humaine« aus Rittern und Landsknechten, Bürgern unterschiedlichster Art, Adligen und Bauern, Hausfrauen und Dienstmägden zieht vorüber, unter ihnen Pantoffelhelden, zänkische und geizige Alte, buhlerischen Frauen und schwatzhafte Mägde, mit ihrem Reichtum protzende Bürger und Bauerntölpel. Es herrscht ein buntes, bewegtes Leben.

Im Unterschied zur satirischen Darstellung bei SEBASTIAN BRANT und THOMAS

MURNER fehlt hier der Unterton von verzweifeltem Pessimismus und Skepsis. Die freie Reichsstadt Nürnberg als blühendes Handels- und Kulturzentrum spiegelt sich in diesem Werk und erfüllt den Dichter, der von dem Glauben an eine mögliche Besserung der Menschen durchdrungen ist, mit Hoffnung für die Zukunft (*Lobspruch auf die statt Nürnberg*, 1530).
Durch wirklichkeitsnahe Szenen, pointierten Wortwitz und derbe Situationskomik gewinnt Hans Sachs im Fastnachtsspiel eine Lebendigkeit auf der Bühne, die ihn von seinen Vorgängern in Nürnberg, HANS ROSENPLÜT (um 1400–um 1470) und HANS FOLZ (um 1440–1513), deutlich unterscheidet. Manche Stücke, wie *Das Narrenschneyden* (1534), *Der farend schueler im paradeis* (1550), *Das Kelberbrüten* (1551) und *Der rosdieb zw Fuenssing* (1553) werden bis zum heutigen Tag von Laienbühnen noch gern aufgeführt. Sachs hat etwa 85 Fastnachtsspiele geschrieben, bei deren Aufführung er selbst mitwirkte; es sind Szenen von etwa 400 Versen mit einem Personal von drei bis sechs Spielern. Der Nachruhm des Dichters beruht vor allem auf diesen Spielen, die auf der Bühne weiterleben, als seine anderen Werke längst vergessen sind.
Bis zu seinem Lebensende wird Hans Sachs, der am 19. Januar 1576 im Alter von 82 Jahren stirbt, hoch geachtet. Verleger und Drucker, Stadtverwaltungen und Zünfte, Fürsten und Handwerker geben bei ihm Dichtungen, Merkverse und Widmungen in Auftrag. Bereits 1560 verleiht ihm der Nürnberger Rat, obwohl er ihm 1527 wegen einer antipäpstlichen Agitationsschrift ein Schreib- und Veröffentlichungsverbot erteilt hatte, den Titel eines »poeta gloriosus Germaniae«.

Hans Sachs, Doppelbildnis von Andreas Herneisen (1571)

Jörg Wickram

Wie schwer es den Dichtern des 16. Jahrhunderts fällt, auf die rhythmische und klangliche Stütze von Vers und Reim zu verzichten, verdeutlicht die Entwicklung von JÖRG WICKRAM (um 1505–vor 1562). Er beschäftigt sich zunächst mit Passions- und Fastnachtspielen und beerbt den Meistergesang. Seine beiden ersten Romane, *Ritter Galmy* (1539) und *Die Historie von Reinhart und Gabriotto* (1551) sind noch der Tradition der ritterlichen Prosaromane des 15. Jahrhunderts verhaftet. Mit seinem kleinen Entwicklungs- und Erziehungsroman *Der Jungen Knaben Spiegel* (1554) entsteht ein Werk, das als erster deutscher Roman, eigenständig in Fabel und Darstellung, gelten kann.
An ein reales Geschehen anknüpfend, schildert Wickram die gegenläufige Entwicklung von zwei jungen Männern, von denen einer der Sohn eines Ritters, der andere das adoptierte Kind eines armen Bauern ist. Während Fridbert, der Bauernsohn, nach fleißiger Schul- und Studienzeit zum Kanzler von Preußen aufsteigt, vagabundiert der leibliche Sohn des Ritters durch die Welt, lebt in schlechter Gesellschaft und muß als »verlorener Sohn« um die Vergebung des Vaters bitten. Nicht Geburt, sondern Leistung führt zum Erfolg. Durch Tüchtigkeit können soziale Schranken überwunden und sogar Führungspositionen im Fürstentum erreicht werden.
Wickrams nächster Roman, *Der Goldfaden*, der im selben Jahr wie *Der Knabenspiegel* entsteht, aber erst 1557 gedruckt wird, schildert wiederum einen sozia-

len Aufstieg, unter Verwendung von Märchenmotiven, die Clemens Brentano dieses Werk besonders hoch schätzen lassen. Um den *Goldfaden* rankt sich die Liebesgeschichte eines armen Hirtensohns, Leufried, der oft von dem zahmen Löwen Lotzmann begleitet wird und nach vielen Fährnissen die Grafentochter Angliana zur Frau gewinnt. Den Grafen, der ihm durch einen gedungenen Mörder nach dem Leben trachtet, als er um seine Tochter wirbt, überzeugt Leufried schließlich durch zahlreiche Heldentaten, die ihm einen standesgemäßen Ritterschlag einbringen. Der Held repräsentiert einen natürlichen Adel, der Klugheit, körperliche Schönheit, die Kunst des Gesangs und tatkräftige Tapferkeit aufs angenehmste verbindet. Seine Beliebtheit gewinnt der *Goldfaden* allerdings erst in späterer Zeit. Er wird im 16. Jahrhundert nur dreimal aufgelegt; für das 17. Jahrhundert lassen sich sieben Auflagen nachweisen, und seit Clemens Brentanos Bearbeitung im Jahre 1809 erlebt er zahlreiche Neuauflagen in alter und modernisierter Fassung.

Augenfällig ist der Unterschied zwischen Wickrams Romanprosa und seiner Kurzprosa. Sein Umgang mit der Prosaform des Romans ist umständlich; seine Charakterisierung der Personen leidet unter Blässe oder harten Schwarz-Weiß-Kontrasten. Seine Schwanksammlung *Dass Rollwagenbüchlein* (1555), die gleichzeitig mit den Romanen entsteht, zeigt ihn als Meister des pointierten Erzählens, der es sich leistet, auf eine angehängte Moral zu verzichten, und auf den Verstand der Leser vertraut. Hauptthema seiner 111 Schwänke ist die gegenseitige Überlistung und Übervorteilung unter Handwerkern, Kaufleuten und Gastwirten, wobei die Frage nach dem sozialen Rang der Personen nicht von großer Bedeutung ist. Eine schlagfertige Antwort oder eine geistesgegenwärtige Aktion entscheiden eine Situation zugunsten des Rascheren und Klügeren, ohne Rücksicht darauf, ob der Geprellte im Recht ist oder nicht. Diese kurzen Erzählungen lesen sich wie ein soziales Trainingsprogramm zur Übung des Durchsetzungsvermögens; zur optimistischen Weltsicht des Autors gehört es auch, daß die Geschädigten ihre Niederlage tolerieren und darauf verzichten, dem schlauen Gegner mit brachialer Gewalt beizukommen. Ein typisches Beispiel ist das 9. Stück:

Rollwagenbüchlein von Jörg Wickram, Titelseite

Von zweyen bauren, die einem apt schuldig waren

Auff ein zeit waren zwen bauren einem apt schuldig etlich versessen zinß und wurden zu radt, den apt umb lenger zyl ze bitten. Kommen fürs closter und wurden von dem portner eyngelassen; es was aber umb essenszeit. Die zwen eylten der conventstuben zu, vermeinten, den apt alda ze finden. Der apt saß mit seinen edlen ze tisch unnd seine diener an einem besonderen tisch. Nun wie die zwen bauren die thür aufthaten und den apt also ze tisch sitzen sehen, erschrickt der ein baur, tritt hinder sich und gadt hinweg. Der ander aber gadt freflich hineyn und trang zwischen die diener hinein zum tisch und aß, als hett er zinß bracht. Der apt, sobald er das erblickt, spricht er zu einem edlen, der neben im saß: »Da sitzet ein schamper baur. Wie hat er sich hineyngeflickt zum tisch! Er ist mir nichts mer schuldig.« Welchs faßt der baur in sein or und macht sich, nachdem er gegessen hat, wider heim.

Als er aber nachmals wider von dem apt angesucht ward umb die schuld, spricht der baur zum apt: »Gnediger herr, es ist euwer gnaden wol kundt, daß ich euch nichts mer schuldig bin. Dann ir zum nehren mal im essen sprachen zum edelmann, der neben euch saß: ›der baur ist mir nichts mer schuldig.‹« Und der apt ließ es auch also beruwen.

Von zwei Bauern, die bei einem Abt Schulden hatten

Als einmal zwei Bauern einem Abt Steuern schuldeten, beschlossen sie, den Abt um eine verlängerte Zahlungsfrist zu bitten. Sie näherten sich dem Kloster und wurden vom Pförtner eingelassen; es war um die Mittagszeit. Die zwei liefen zum Konventsaal, um dort den Abt zu sprechen. Der Abt saß mit einigen Adligen an der Tafel, seine Diener an einem Extratisch. Als nun die Bauern die Tür öffnen und den Abt bei der Mahlzeit sehen, erschrickt der eine Bauer, tritt zurück und verschwindet. Der andere aber geht ohne Scheu hinein und zwängt sich zu den Dienern an den Tisch und ißt, als hätte er seine Abgaben entrichtet. Der Abt sagt, als er dies sieht, zu einem seiner Tischgenossen: »Da sitzt ein schamloser Bauer. Wie er sich zum Tisch gedrängt hat! Er ist mir nichts mehr schuldig.« Dies hört der Bauer deutlich und macht sich, nachdem er gegessen hat, auf den Heimweg.
Als er danach vom Abt erneut gemahnt wird, sagt der Bauer zum Abt: »Gnädiger Herr, es ist Euch wohl bekannt, daß ich Euch nichts mehr schulde. Denn ihr sagtet neulich beim Essen zu Eurem adligen Nachbarn: ›Dieser Bauer ist mir nichts mehr schuldig.‹« Daraufhin ließ der Abt die Sache auf sich beruhen.

Während der eine Bauer an der Tür vor der Mittagstafel zurückschreckt, beginnt der andere keck zu handeln und erhält nicht nur – wie es sein Ziel gewesen ist – Zahlungsaufschub, sondern – indem er den Abt beim Wort nimmt – sogar Erlaß seiner Schulden. Der Erfolg des Tüchtigen wird hier zum Gegenstand vergnüglicher Unterhaltung. An die Stelle moralischer Belehrungen tritt die kaufmännische, letztlich dem eigenen Vorteil dienende Toleranz des »leben und leben lassen«. Es erhellt den Zusammenhang von literarischem Werk und seinen Adressaten, daß Wickram gerade dieses Buch seinem reichen Freund Martin Neuen widmet, der neben seiner ansehnlichen Herberge in Colmar einen Personentransport mit eigenem Rollwagen von dort zu den Straßburger Messen betreibt.

Johann Fischart

Der jüngste in der erstaunlichen Reihe elsässischer Schriftsteller des 16. Jahrhunderts ist JOHANN FISCHART (1446/47–1590). Im Jahre 1570 beginnt er seine schriftstellerische Tätigkeit, die er, nach einer langen Pause zwischen 1581 und 1588, erst kurz vor seinem Tode wieder aufnimmt. Sein umfangreiches Werk, dessen Mittelpunkt die kolossale *Geschichtsklitterung* (1. Aufl. 1575) bildet, entsteht zwischen 1570 und 1581, einem Zeitraum, in dem er als Schriftsteller und Korrektor bei seinem Schwager, dem Verleger und Drucker Bernhard Jobin, in Straßburg tätig ist.
Als ältester Sohn eines begüterten Gewürzhändlers gehört Johann Fischart zur Straßburger Oberschicht. Er besucht die Lateinschule und erhält nach dem frühen Tod des Vaters (1561) bei seinem Paten Kaspar Scheidt in Worms, wo dieser Rektor der Lateinschule ist, erste literarische Anregungen. 1565 unter-

nimmt er eine fünfjährige Bildungsreise, die ihn in die Niederlande, nach England, Frankreich und Italien führt. In Paris erwirbt er am Collège de France, einer Bastion des Humanismus in Frankreich, das Bakkalaureat der Artistenfakultät und beendet seine Wanderjahre mit einem zweijährigen Studium beider Rechte in Siena, wo er sich als Ausgleich zur trockenen Jurisprudenz intensiv mit der bildenden Kunst der Renaissance beschäftigt.

Sehr beliebt und von großer literarischer Wirkung ist Fischarts humoristisch-satirische Reimdichtung *Floeh Hatz, Weiber Tratz* (1573, stark erweitert 1577). Ein Floh beklagt sich bitter über die Verfolgung durch die Frauen und schildert in epischer Breite verschiedene Schlachten, bei denen ganze Flohfamilien umkommen. Er ruft Jupiter zum Beistand an, weil er nicht versteht, daß die Menschen um jeden kleinen Blutstropfen kämpfen, obwohl sie für den »Schrepferlohn« der Ärzte viel Geld ausgeben. Der Autor weist als Flohkanzler im Auftrage Jupiters diese Klage ab. Die Flöhe werden von Rechts wegen verfolgt, weil sie aus dem Staube, aus dem sie geschaffen werden, zum Hunde, vom Hund auf die Magd und von dort zur vornehmen Dame aufstreben. In Zukunft sollen sie sich mit dem Blut von Tieren begnügen und die Frauen nur beim Tanz in die Beine und jederzeit in die geschwätzige Zunge stechen.

Bereits in diesem kleinen Werk entfaltet Fischart eine alle Konventionen sprengende sprachschöpferische Phantasie, die die Dimensionen verschiebt: Aus der Perspektive des Flohs wird die bürgerliche Alltagwelt mit Riesengestalten bevölkert, während die Antwort des Flohkanzlers ein ganzes Zeitalter unter dem skurrilen Aspekt der weiblichen Auseinandersetzung mit den Flöhen Revue passieren läßt. Ein Indiz für den kreativen Umgang des Autors mit der Sprache ist sein Erfindungsreichtum: Der klagende Floh flicht nicht weniger als 67 sprechende Flohnamen – von »Bauchtrom« bis »Zornzwang« – in seine Schilderung ein, während der Flohkanzler über 50 Synonyma – von »Belsreuter« bis »Weiberstiber« – für die anmaßende Gattung der Flöhe bereithält.

Die *Geschichtsklitterung* (1582 und 1590 jeweils stark erweitert) ist Fischarts Fassung des *Gargantua* von FRANÇOIS RABELAIS (1495–1553), die den sprachmächtigen Vorgänger zu überbieten sucht. Durch einen Wust von Einfällen, Abschweifungen, Wortkaskaden und Einschüben, die manchmal zu neuen Kapiteln ausufern, erweitert er die Vorlage schon in der Fassung von 1575 nahezu auf das Dreifache des Originals. Dabei schafft Fischart ein zusätzliches, an die Methoden Eulenspiegels erinnerndes Durcheinander, indem er zwar eine wortgetreue Übersetzung des Rabelais-Textes liefert, dessen Reihenfolge peinlich genau einhält und nur an wenigen Stellen verkürzt, aber zugleich jede Gelegenheit nutzt, um vom vorgegebenen Text abzuweichen – sei es durch Wortspiele, Erläuterungen oder Einschalten neuer Kapitel. Dieses Verfahren ergibt einen sich oft wiederholenden, verwirrenden Perspektivwechsel, weil die französischen Riesen des Originals in Fischarts Erweiterungen unversehens als biedere deutsche Bürger agieren und zwei höchst unterschiedliche Milieus vermengt werden.

Die Handlung des umfangreichen Werkes ist in wenigen Sätzen umrissen: Gargantua, der durch das linke Ohr seiner königlichen Mutter Gurgelmilda zur Welt kommt und mit Wein gesäugt wird, verbringt die ersten Lebensjahre mit Trinken, Essen und Schlafen. Durch den Lateinunterricht nach streng scholastischer Methode verblödet der Prinz derart, daß ihn sein Vater zum Studium nach Paris schickt, wo er nach erheblichen Ausschweifungen durch das Einwirken eines humanistischen Gelehrten seine verkehrte Lebensart ablegt. Ein väterlicher Brief fordert Gargantua jedoch nach kurzer Zeit zur Rückkehr und zur Unterstützung im Krieg gegen den aggressiven Nachbarkönig Bittergroll auf. Das Buch endet mit der Gründung der Abtei Willigmut, wo statt Keuschheit, Armut und Gehorsam Geschlechtergemeinschaft, Reichtum und Freiheit herrschen sollen.

Schon die Anrede der lasterhaften Zuhörer und Zechkumpane in der Einleitung zu *Gargantua* zeigt, wie bunt Fischarts ausdrucksreicher Sprachstil gemischt ist, und demonstriert zugleich den rhythmischen und klanglichen Aufbau seiner Prosa:

IR meine Schlampampische gute Schlucker, kurtzweilige Stall vnd Tafelbrüder: jhr Schlaftrunckene wolbesoffene Kautzen vnd Schnautzhän, jhr Landkündige vnd Landschlindige Wein Verderber vnnd Banckbuben: Jr Schnargarkische Angstertträher, Kutterufstorken, Birpausen, vnd meine Zeckvollzepfige ›Domini‹ Winholdi von Holwin: Ertzvilfraßlappscheisige Scheißhaußfüller vnnd Abteckerische Zäpfleinlüller: Freßschnaufige Maulprocker, Collatzbäuch, Gargurgulianer: Grosprockschlindige Zipfler vnd Schmärrotzer: O jr Latzdreckige Bäuch, die mit eim Kind essen, das eine Rotzige Nasen hat: ja den Löffel wider holt, den man euch hinder die thür würfft: Ja auch ihr Fußgrammige Krukenstupfer, Stäbelherrn, Pfatengramische Kapaunen, händgratler, Badenwalfarter: Huderer, Gutschirer, Jarmeßbesucher, jr Gargantztunige Geiermundler vnd Gurgelmänner, Butterbrater, safransucher, Meß vnd Marcktbesucher, Hochzeitschiffer, Auffhaspler, Gutverlämmerer, Vaterverderber, Schleitzer, Schultabreiser: Vnd du mein Gartengeselschafft vom Rollwagen, vom Marckschiff, von der Spigeleulen, mit eweren sauberen Erndfreien Herbstsprüchen. Jr Sontagsjüngherlin mit dem feyertäglichen angesicht, jr Bursch vnd Marckstanten, Pflastertretter, Neuzeytungspäher, Zeitungsverwetter, Naupentückische Nasen vnd Affenträher, Rauchverkeuffer, Geuchstecher, Blindmeuß vnd Hütlinspiler, Lichtscheue Augennebeler: Vnd jr feine Verzuckerte Gallen und Pillulen, vnd Honiggebeitzte Spinnen.

Nicht allein die zungenbrecherische, etwas schwerfällige Reihung von Substantiven, die hier alle Bereiche der schlechten Gesellschaft in Wirtshaus, Kloster, Badestube und auf den Märkten beim Namen nennt, ist für Fischart charakteristisch. Sein Bestreben, Bewegungsabläufe in einer Kaskade von Alliterationen, onomatopoetischen Annäherungen und Assoziationen sprachlich nachzuvollziehen und erfahrbar zu machen, ist nicht weniger ausgeprägt. Rabelais' schlichtes Prädikat »dancérent« (tanzten) wird von Fischart wortorgiastisch umgesetzt in:

da dantzten, schupfften, hupfften, lupfften, sprungen, sungen, huncken, reyeten, schreieten, schwangen, rangen: plöchelten: füßklöpffeten: gumpeten: plumpeten: rammelten: hammelten, voltierten: Branlirten, gambadirten, Cinqpassirten: Capricollirten: gaukelten, redleten, bürtzleten, balleten, jauchtzeten, gigageten, armglocketen, hendruderten, armlauffeten, warmschnaufeten (ich schnauff auch schier) nach den lustigen Schalmeyen.

In einem Text von rund dreißig Seiten gibt das achte Kapitel *Von der Truncke-nen Litanei* die Atmosphäre und allmähliche Steigerung eines Trinkgelages wieder, dessen Hergang Fischart ohne Beschreibungen und Reflexionen nur aus Gesprächen und wenig artikulierten Stimmen entwickelt. Die anfänglich lustigen Lieder und Unterhaltungen werden allmählich rüder und obszöner, unterbrochen von Stegreifreden, Flüchen, zotigen Zwischenrufen und unverständlichem Stimmengewirr. Das Ganze endet mit zungenschwerem Lallen und in einem lärmenden Chaos sinnloser Worte und einem Stakkato nicht mehr zuzuordnender Schreie. Fischart entrollt eine Szene als grotesk-tolles Hörbild, das in der deutschen Literatur ohne Beispiel ist. Anders als die übrigen Werke Fischarts findet die *Geschichtsklitterung* auch noch in der ersten Hälfte des 17. Jahrhunderts großes Interesse. Dieses umfangreiche und auch für damalige Leser schwierige Werk erscheint bis 1631 in sechs weiteren Auflagen und dient einigen bekannten Dichtern dieser Zeit, wie HARSDÖRFFER (1607–1658) und MOSCHEROSCH (1601–1669), als literarische Anregung.

Gemessen an dem Klärungsprozeß, der sich bei Wickram hin zur Prosadichtung abzeichnet, erscheint Johann Fischarts Anknüpfen an die Narrendichtung Thomas Murners als rückläufige literarische Entwicklung. Fischart schreibt wieder gereimte Versdichtungen: *Eulenspiegel Reimensweiß* (1572), *Floeh Hatz* (1573), *Das glückhafft Schiff von Zürich* (1576), *Podagrammisch Trostbüchlin* (1577) und *Jesuiter Huetlein* (1580); er verzichtet auf eigene Stoffe und orientiert sich an Vorlagen. In seiner überschäumenden, chaotischen Prosa, die mehr nach Rhythmus und Klang organisiert ist als nach den Regeln der Sprachlogik, fällt er immer wieder auf den Reim zurück. Das Experimentieren mit der Sprache, von dem auch sein für das 16. Jahrhundert unübliches beständiges Umarbeiten und Erweitern zeugt, verbindet Fischart mit der überkommenen Form des gereimten Versgedichts, ein Beharren, das im Hinblick auf die entfesselte Prosa der *Geschichtsklitterung* fast archaisch wirkt.

Hexenverbrennung in Amsterdam (1571)

Dieser zunächst formale Widerspruch zwischen Sprachexperiment und der Verwendung einer antiquierten literarischen Form verweist auf die regressiven Tendenzen, die sich im Verlauf der gegenreformatorischen Auseinandersetzungen in Deutschland immer mehr durchsetzen. Johann Fischart ist nicht nur ein weitgereister, hochgebildeter Schriftsteller, dessen lebendige Sprache und kühne Phantasie scholastische Enge sprengen und dogmatische Starre auflösen; er fungiert in seinen Schriften auch als eifernder Protestant, der die katholische Kirche mit maßloser Wut und schonungsloser Feindseligkeit bekämpft. Zu Beginn seiner Anstellung beim Reichskammergericht in Speyer übersetzt er JEAN BODINS heute noch berüchtigte Schrift über das Hexenwesen *(De Daemonomania Magorum)* und arbeitet an der Neuausgabe des *Hexenhammers* von 1487 mit, der das Vorgehen in Hexenprozessen regelt.

Eine Verschärfung durch Dogmatismus und obrigkeitliche Eingriffe kennzeichnet allgemein das geistige Klima in der zweiten Hälfte des 16. Jahrhunderts. Die Zensur der katholischen Kirche wird 1559 durch den *Index librorum prohibitorum*, in dem alle verbotenen Schriften aufgeführt sind, zentralisiert und systematisiert. Zur selben Zeit entwickelt sich auch die staatliche Zensur; 1569 wird eine kaiserliche Bücherkommission eingerichtet, die die Bücher auf der Frankfurter Messe inhaltlich überprüft.

DIE ENTWICKLUNG DER DEUTSCHEN SCHRIFTSPRACHE IM 16. JAHRHUNDERT

Ein erhebliches Anwachsen der Anzahl deutschsprachiger Bücher gegenüber den lateinischen Drucken ist im 16. Jahrhundert nicht zu übersehen. Dieser quantitativen Steigerung entspricht jedoch keine Differenzierung der Syntax oder eine allgemein zu beobachtende Geschliffenheit des Ausdrucks. Das Neulatein der Gelehrten ist trotz aller abstrusen Verrenkungen ungleich differenzierter und prägnanter als die deutsche Schriftsprache dieses Jahrhunderts. Trotz Luthers Bibelübersetzung bleibt das Schriftdeutsch in erster Linie gesprochene Sprache, regional und sogar lokal gefärbt, mit einer wenig entwickelten Grammatik. Parataktische Fügungen, Wiederholungen und Weitschweifigkeit, der Duktus des Erzählens, prägen auch die schriftliche Form. Die zahlreichen Flug- und Streitschriften der Reformationszeit tragen zur Verbreitung des Schriftdeutschen außerordentlich bei, doch es entwickelt sich hieraus keine nationale Literatursprache, die mit dem Englisch der Shakespeare-Zeit zu vergleichen wäre.

Die neulateinischen Humanisten halten zäh an ihren rhetorischen Vorbildern Quintilian und Cicero fest und orientieren sich in ihren Dichtungen an deren Werken sowie an der Poetik des Horaz. Diese Welt hat nur wenig Verbindung mit der bedrängenden Realität des Jahrhunderts. Obwohl viele Autoren lateinisch und deutsch schreiben, gibt es kaum Wechselwirkungen zwischen der Sprache der Gelehrten und der Volkssprache.

Die Errichtung von Territorialfürstentümern, die mit einer verstärkten administrativen Tätigkeit einhergeht, führt zur Ausbildung einer lateinischen Verwaltungssprache, so daß sich die schwerfälligen deutschsprachigen Verlautbarungen der Ämter an der lateinischen Syntax ausrichten.

Die Relatinisierung erstreckt sich auch auf das neuerrichtete Schulwesen, eine der wichtigen bürgerlichen Einrichtungen des 16. Jahrhunderts. So gehört VALENTIN ICKELSAMERS im Jahre 1527 gedruckte *Teutsche Grammatica*, im wesentlichen eine Anleitung zum Lesen und zur Aussprache deutscher Worte, zu den seltensten Drucken des 16. Jahrhunderts. Einige Autorität besitzt die erst 1578 erschienene *Grammatica Germanicae Linguae* von JOHANNES CLAJUS, die auch in den Schulen Eingang findet. Die Kluft zwischen der Gelehrtensprache und der deutschen Alltagssprache, die Luther mit seiner Bibelübersetzung zu überwinden trachtete, vertieft sich in der zweiten Hälfte des 16. Jahrhunderts erneut.

Gerade die ungehobelte Prosa des 16. Jahrhunderts und dessen Poesie in Knittelversen führen bei Goethe und den ›Stürmern und Drängern‹ zu einem produktiven Umgang mit der Sprache, der ihre Dichtung zu einer vorher nicht dagewesenen Unmittelbarkeit führt. Durch den *Götz* und den *Ur-Faust* sowie Bürgers *Leonore* verschafft die verachtete Volkssprache des 16. Jahrhunderts der deutschen Literatur Dynamik und emotionale Bewegtheit. Innere Vorgänge, die zuvor nur metaphorisch formulierbar waren, gelangen bei diesem Rückgriff zu einer Unmittelbarkeit des Ausdrucks, die der gelehrten Poesie des Barock und der Aufklärung nicht zugänglich war.

In der Liedersammlung *Des Knaben Wunderhorn*, die CLEMENS BRENTANO und

ACHIM VON ARNIM zwischen 1806 und 1808 in drei Bänden herausgaben, überleben die Lieder des 16. Jahrhunderts als Volkslieder; es sind Stimmen einer lakonischen Volkspoesie, die mit einfachen Bildern und kunstlosen Strophen von Abschied, Liebesschmerz und sozialem Elend erzählen.

BAROCK

Das 17. Jahrhundert ist wie kein anderes Jahrhundert durch Kriege geprägt; nur sieben Friedensjahre gibt es in diesen hundert Jahren in Europa. Religionskriege, die sich zu Kriegen um die politische Vorherrschaft ausweiten, dynastische Kriege und Kolonialkriege, die zur Eroberung der neu entdeckten Gebiete in Amerika und Asien geführt werden, bestimmen das politische, soziale und geistige Klima auf dem alten Kontinent. Frankreich kämpft gegen Spanien und die Habsburger. Spanien steht im Krieg gegen Italien, die Niederlande, Frankreich und England. Schweden drängt nach Mitteleuropa vor. Polen befindet sich im Konflikt mit Schweden, Rußland und der Türkei. Im Herzen Europas tobt der Dreißigjährige Krieg (1618–1648). Ausgangspunkt ist die Rebellion des protestantischen Adels in Böhmen gegen die katholische Regierung zur Wahrung seiner Privilegien. Was als lokaler Konflikt beginnt, entwickelt sich schnell zum europäischen Krieg um die Vormachtstellung. Gegen die traditionelle katholische Hegemonialmacht in Europa, gegen das Habsburgerreich, siegt Frankreich an der Seite des protestantischen Schweden.

Flugblatt aus dem Jahre 1636

Ausgetragen wird der Krieg hauptsächlich auf deutschem Territorium, wo er schreckliche Spuren der Verwüstung hinterläßt. Von den etwa 16 Millionen Einwohnern vor dem Krieg überleben 10 Millionen. Über ein Drittel der deutschen Gesamtbevölkerung geht zugrunde, sei es durch unmittelbare kriegerische Einwirkungen, durch die Pest und andere Seuchen oder an Hunger. Weite Landstriche veröden, Dörfer und kleine Städte werden niedergebrannt und zerstört. Durch das Land ziehen auch nach Beendigung des Krieges noch marodierende Soldatentruppen, die – da sie meist keinen Sold mehr erhalten – von Raub und Brandschatzung auf Kosten der Bevölkerung leben. Mehr als hundert Jahre braucht Deutschland, um sich wirtschaftlich von diesem verheerenden Krieg zu erholen.

Dichter wie Opitz, Gryphius und Grimmelshausen thematisieren Grauen und Zerstörungen des Dreißigjährigen Krieges. MARTIN OPITZ verfaßt das große *TrostGedichte In Widerwertigkeit Deß Krieges*, veröffentlicht 1633. ANDREAS GRYPHIUS' noch heute am besten bekanntes Sonett auf das Jahr 1636 ist *Threnen des Vaterlandes.* HANS JAKOB CHRISTOFFEL VON GRIMMELSHAUSEN verarbeitet die Erfahrungen des Krieges in seinem Roman *Der Abentheuerliche Simplicissimus Teutsch*, erschienen im Jahre 1669. Die einen klagen die moralische Zerrüttung des Landes an und interpretieren den Krieg als Strafe Gottes, der die Menschen zur Läuterung aufruft; FRIEDRICH VON LOGAU hingegen schlägt in seinen *Deutscher Sinn-Getichte Drey Tausend* aus dem Jahre 1654 einen mehr zeitkritisch-satirischen Ton an.

Abgedanckte Soldaten

Würmer im Gewissen /
Kleider wol zerrissen /
Wolbenarbte Leiber /
Wolgebrauchte Weiber /
Vngewisse Kinder /
Weder Pferd noch Rinder /
Nimmer Brot im Sacke
Nimmer Geld im Packe /
Haben mit genummen
Die vom Kriege kummen:
Wer dann hat die Beute?
Eitel fremde Leute.

Politisch entschied dieser Krieg im Deutschen Reich über die Frage, ob die Zentralmacht, der Kaiser, noch die absolute Macht ausübte oder die Territorialfürsten eine größere Unabhängigkeit erlangen konnten. Durch den Westfälischen Frieden von 1648 wurden auf deutschem Boden fast 300 landeshoheitliche Einzelstaaten legitimiert. Damit war die politische Landkarte Deutschlands neu geordnet. Die Territorialfürsten hatten sich erfolgreich gegen Kaiser Ferdinand II. durchgesetzt. Mit dem Machtzuwachs für die Fürsten verfestigt sich auch die konfessionelle Spaltung. Im Gegensatz zum zentralistischen Frankreich etabliert sich in Deutschland nun endgültig die feudalabsolutistische Kleinstaaterei. Es gibt keinen einzelnen Hof als tonangebenden Mittelpunkt; die Residenzstädte bestimmen das politische und kulturelle Klima. Waren im 16. Jahrhundert die Reichsstädte wirtschaftliche und geistige Zentren in Deutschland, so übernehmen im 17. Jahrhundert die Fürstenhöfe die führende Rolle. Wer wirtschaftlich, politisch, wissenschaftlich oder künstlerisch Einfluß nehmen will, muß sich in fürstliche Dienste begeben.
Die Meinungen darüber, ob dieser Zustand Segen, Mittelmäßigkeit oder Unheil bedeutete, gehen auseinander. Dazu zwei zeitgenössische Urteile: Der preußische Staatsrechtler SAMUEL PUFENDORF schreibt 1667 in seiner Studie über *Die Verfassung des Deutschen Reiches:*

Es bleibt uns also nichts anderes übrig, als das deutsche Reich, wenn man es nach den Regeln der Wissenschaft von der Politik klassifizieren will, einen irregulären und einem Monstrum ähnlichen Körper zu nennen, der sich im Laufe der Zeit durch die fahrlässige Gefälligkeit der Kaiser, durch den Ehrgeiz der Fürsten und durch die Machenschaften der Geistlichen aus einer regulären Monarchie zu einer disharmonischen Staatsform entwikkelt hat, daß es nicht mehr beschränkte Monarchie, wenngleich der äußere Schein dafür spricht, aber noch nicht eine Föderation mehrerer Staaten ist, vielmehr ein Mittelding zwischen beiden. Dieser Zustand ist die dauernde Quelle für die tödliche Krankheit und die inneren Umwälzungen des Reiches, da auf der einen Seite der Kaiser nach der Wiederherstellung der monarchischen Herrschaft, auf der anderen die Stände nach völliger Freiheit streben.

Etwa fünfzehn Jahre später stellt der Philosoph GOTTFRIED WILHELM LEIBNIZ in seinen *Ermahnungen an die Deutschen, ihren Verstand und ihre Sprache besser zu üben* die Frage:

Ist nicht die Menge der fürstlichen Höfe ein herrliches Mittel, wodurch sich so viele Leute hervortun können, die sonst im Staube liegen müßten? Wo ein unbeschränktes Haupt, da sind nur wenige der Regierung teilhaftig, von deren Gnade die anderen alle leben müssen; bei uns hingegen gibt es viele Höfe und allda auch hohe Bediente, so etlichermaßen den Königlichen selbst an die Seite treten dürfen und ganz eine andere Figur in der Welt machen als die, so im Namen bloßer Untertanen sprechen. Daher ist denn abzunehmen, daß diejenigen, die dafür herhalten, die deutsche Freiheit betreffe nur wenige, denen die übrigen dienen müssen, und betreffe also die Untertanen nicht, auch zu weit in ihrer Meinung gehen.

Diese widersprüchlichen Beurteilungen – ›monströs‹ oder ›hoffnungsvoll‹ –

lassen etwas von der Zerrissenheit des Deutschen Reiches nach dem Dreißigjährigen Krieg erahnen. Das Heilige Römische Reich Deutscher Nation zerfällt in Einzelherrschaften; die Gegenreformation setzt sich nur im Süden des Landes erfolgreich durch, während der Norden weitgehend protestantisch bestimmt bleibt. Eine Vielzahl von kleineren sozialen Unruhen stört den inneren Frieden; bäuerliche Schichten rebellieren gegen die wachsenden Steuerlasten, die ihnen auferlegt werden. Die Fürstenhöfe haben einen erhöhten Finanzbedarf für den Ausbau ihrer Verwaltung und die Organisierung von stehenden Heeren, und da der Adel von der Steuer befreit ist, müssen die Bürger und Bauern dafür aufkommen.

Während die Schrecken des Dreißigjährigen Krieges, der Steuerwucher und die skrupellose Anwerbung von Soldaten literarisch Ausdruck finden, bleibt ein Thema vollständig ausgespart: die Hexenverfolgungen. Seit der Veröffentlichung des *Hexenhammers* im Jahre 1487 durch HEINRICH INSTITORIS und JACOB SPRENGER greifen die Hexenprozesse wie eine neue Seuche um sich. Im 16. Jahrhundert wird Abertausenden von Frauen der Prozeß gemacht; sie werden barbarisch gefoltert und verbrannt. Ihren Höhepunkt erreichen die Hexenverfolgungen zwischen 1590 und 1630; an die hunderttausend Frauen sollen auf den Scheiterhaufen geschleppt worden sein. Die Verfolgung und Hinrichtung der verdächtigen Ketzerinnen und Ketzer betraf zu 80 bis 90 Prozent Frauen. In protestantischen Gebieten beteiligen sich die kirchlichen und weltlichen Autoritäten ebenso eifrig an der Hexenjagd wie in katholischen Territorien. Nur einer bricht die gesellschaftliche Tabuisierung dieser Form von wahnartigem Frauenhaß: der Jesuitenpater FRIEDRICH VON SPEE in seiner 1631 anonym veröffentlichten Anklageschrift *Cautio criminalis oder Rechtliches Bedenken wegen der Hexenprozesse.* Spee, der sich nicht grundsätzlich gegen die Hexenverfolgung wendet, sondern die Willkür und Fragwürdigkeit der Prozeßverfahren anprangert, bleibt erfolglos mit seinem mutigen Vorstoß. Erst zu Beginn des 18. Jahrhunderts findet der Philosoph CHRISTIAN THOMASIUS mit seinen Schriften gegen die manipulierten Gerichtsverfahren und die Theorien vom Teufelspakt Gehör, nachdem der Höhepunkt der Hexenverfolgungen zeitlich schon überschritten war.

Im 16. und 17. Jahrhundert bildet sich allmählich die neue Schicht eines bürgerlichen Beamtenadels an den Fürstenhöfen heraus, humanistische Gelehrte, die als Vertreter der Wissenschaften eine gleichrangige Stellung neben dem Adel beanspruchen. Diese Entwicklung geht auf die italienische Renaissance zurück, die dem Geburtsadel eine »nobilitas literaria« an die Seite stellt. In Frankreich erobern geadelte Bürgerliche als »noblesse de robe« politische Machtpositionen. Auch an den deutschen Fürstenhöfen setzt langsam eine Umschichtung ein. Die angestammten Geburtsprivilegien des Adels, der nach gottgewolltem Recht die höchsten Positionen im Fürstenstaat einnimmt, sind nicht außer Kraft gesetzt, aber der Adel erhält Konkurrenz durch bürgerliche Aufsteiger. Dennoch bleibt die alte Ständeordnung gesellschaftlich unangetastet; es setzt sogar eine Refeudalisierung ein, weil nun die Fürsten Träger absoluter Macht sind und ihre Höfe politisch und kulturell dominierend werden. Hier ist auch der Wirkungsbereich bürgerlicher Aufsteiger als Hofbeamte angesiedelt.

Die neukonsolidierten Staaten bedürfen einer umfangreichen Verwaltung in

Wirtschaftsangelegenheiten, der Finanzplanung oder auf dem sozialen Sektor. Der feudalabsolutistische Hof ist nach den Grundsätzen der Rationalität aufgebaut. Bürgerlichen Gelehrten mit Universitätsausbildung eröffnen sich Möglichkeiten der Betätigung als neuer Beamtenadel. Aus dieser Schicht stammt auch die Mehrzahl der Dichter des 17. Jahrhunderts. Wichtigster Wirkungsbereich für die Barockschriftsteller sind die absolutistischen Fürstenhöfe; daneben bilden sich jedoch in wirtschaftlich starken Städten mit einem selbstbewußten Patriziat oder einer tonangebenden Universität weitere Zentren der Barockdichtung heraus, so in Nürnberg, Hamburg, Breslau, Leipzig und Königsberg. Bis auf wenige Ausnahmen wie etwa HANS JAKOB CHRISTOFFEL VON GRIMMELSHAUSEN oder JAKOB BÖHME gehören die Barockschriftsteller der »nobilitas literaria« an, sind in staatlichen oder städtischen Funktionen tätig und bestreiten als Beamte ihre Existenz. Freie Schriftsteller, die von ihrer literarischen Arbeit hätten leben können, bilden sich erst ein Jahrhundert später als bewunderte oder geschmähte Ausnahmen heraus, denn nach dem herkömmlichen Verständnis war die literarische Leistung unbezahlbar; das »honorarium« konnte im wörtlich gemeinten Sinne nur die Verehrung ausdrücken.

Zum Epochenbegriff

Der Begriff »Barock« für die Literatur des 17. Jahrhunderts ist umstritten und fragwürdig; den Zeitgenossen war er unbekannt. Er kommt erst ein Jahrhundert später, in der Aufklärung, als abwertende Kennzeichnung für eine schwülstige, nur auf Effekte ausgerichtete, bombastische Schriftstellerei in Mode. Die Aufklärer bewirken durch ihre Kritik, daß die Literatur des Barock zwei Jahrhunderte lang zuerst befeindet und dann fast vergessen wird. GOTTSCHED lobt den klassischen OPITZ; sein Zorn richtet sich vor allem gegen die spätbarocken Schriftsteller HOFFMANNSWALDAU und LOHENSTEIN, die durch »ihre regellose Einbildungskraft, durch ihren geilen Witz und ungesalzenen Scherz« die Poesie zu Schanden gemacht hätten. Über Hoffmannswaldau bricht auch JOHANN JAKOB BODMER den Stab: »Ihm fehlt es an Verstand, den Geist geschickt zu lencken«. LESSING greift in seiner *Hamburgischen Dramaturgie* die barocke Märtyrertragödie als Entartung der harmonischen Renaissancekunst an; er verabscheut das sogenannte Schnörkelwesen. Auch GOETHE schließt sich diesen vernichtenden Urteilen an, so in seinen 1795 niedergeschriebenen Entwürfen zum Aufsatz über *Baukunst*:

> Verfall. Begriff von Eindruck ohne Sinn für Charakter. Sinn für Pracht und Größe. Gemeines Erstaunen zu erregen. Menge der Säulen. Gegenwart aller Mannigfaltigkeit. Daraus wird Zierat als Zierat.

Ausgenommen von dieser Kritik sind MARTIN OPITZ und seine Schüler sowie Petrarkisten wie PAUL FLEMING. Trotz dieser Differenzierung ist das Verdammungsurteil gesprochen und entfaltet seine Wirkung.

Im 17. Jahrhundert, das sich nicht als einheitliche literarische Epoche versteht, spricht man von »Petrarkismus«, um Dichter mit einem FRANCESCO PETRARCA

(1304–1374) verpflichteten, preziösen lyrischen Stil zu charakterisieren. Man spricht vom »Opitzieren« und meint damit die Anwendung der Poetikregeln, die MARTIN OPITZ (1597–1639) in seinem *Buch von der Deutschen Poeterey* aufgestellt hatte. Oder man spricht vom »Marinismus«, der auf den italienischen Lyriker GIAMBATTISTA MARINO (1569–1625) zurückgeht, in dessen Tradition spätbarocke Dichter wie Hoffmannswaldau gesehen werden.
Etymologisch läßt sich das Wort »Barock« im Portugiesischen als »barocco« nachweisen, womit eine unregelmäßige, schiefe Perle bezeichnet wird. Im Französischen ist es im 16. Jahrhundert belegt mit der Bedeutung »seltsam, verschroben, bizarr«. Barock wurde also immer im negativen Sinne mit Stil- und Regelwidrigkeiten assoziiert. Erst im 19. Jahrhundert tritt eine Objektivierung durch den Historiker JAKOB BURCKHARDT ein, der die Barockkunst von der Renaissance als etwas Eigenständiges absetzt. Als eigenständigen Begriff verwendet schließlich der Kunsthistoriker HEINRICH WÖLFFLIN das Barock-Zeitalter in seinen Werken *Renaissance und Barock* und *Kunstgeschichtliche Grundbegriffe* im Sinne eines der Renaissance ebenbürtigen Stils. Von der Kunstgeschichte wurde die Epochenbezeichnung Barock für das 17. Jahrhundert auch auf die Literatur übertragen.
Die Interpreten, die im Barock keine eigenständige Entwicklung, sondern nur die Nachahmung des Renaissance-Zeitalters sahen, konnten mit Überzeugung darauf verweisen, daß die poetischen Vorstellungen des 17. Jahrhunderts in den Traditionen des humanistischen Zeitalters begründet sind. Die Schriftsteller des 17. Jahrhunderts verstehen sich bewußt in diesen literarischen Zusammenhängen, aber ihr Lebenszusammenhang hat sich fundamental geändert. Statt eines ungebrochen strotzenden Selbstbewußtseins und einer ungehemmten Lebensfreude mischt sich bei ihnen unter dem Eindruck der konfessionellen Auseinandersetzungen und der kriegerischen Machtkämpfe Lebensbejahung mit düsteren Ahnungen von der Vergeblichkeit und Hohlheit der Welt. Die Welt ist nicht mehr der Ort der ungehemmten Entfaltungsmöglichkeiten; sie ist brüchig geworden.
Barock als authentische Epochenbezeichnung für die Literatur des 17. Jahrhunderts – das keine Einheit, sondern eine Vielfalt von Stilen hervorgebracht hat – ist kein präziser Begriff, aber zur allgemeinen Verständigung brauchbar.

Martin Opitz (um 1638)

Regelpoetiken

Das grundlegende Werk für die gesamte volkssprachliche Dichtung des 17. Jahrhunderts ist MARTIN OPITZ' *Buch von der Deutschen Poeterey* (1624). Während im Deutschen Reich noch die neulateinische Dichtung bestimmend ist, hatten sich in Italien, Spanien, Frankreich, den Niederlanden und England nationalsprachliche Literaturen gegen das Lateinische durchgesetzt. In Deutschland hinkt diese Entwicklung hinterher; deshalb wirkt Opitz' Lehrwerk für eine deutsche Dichtung so bahnbrechend und wird zum Maßstab für die deutschsprachige Literatur des 17. Jahrhunderts.
Schon der Lebenslauf von Martin Opitz spiegelt die verwirrenden und teilweise gegensätzlichen politischen, religiösen und dichterischen Einflüsse im 17.

MARTINI
OPITII
Buch von der Deutschen
Poeterey.
In welchem alle jhre eigen-
schafft vnd zuegehör gründt-
lich erzehlet / vnd mit exem-
peln außgeführet wird.
Gedruckt in der Fürstlichen
Stadt Brieg / bey Augustino
Gründern.
In Verlegung David Müllers Buch-
händlers in Breßlaw. 1624.

Jahrhundert. Geboren im Jahre 1597 im schlesischen Bunzlau, besucht Opitz die Gymnasien in Breslau und Beuthen und studiert an den Universitäten Frankfurt an der Oder und Heidelberg. Der Krieg durchkreuzt seine weiteren Studienpläne. Als Parteigänger des protestantischen Friedrich V. von der Pfalz begleitet Opitz einen jungen Dänen als Hofmeister nach Holland, wo er den Philologen und Poetiker DANIEL HEINSIUS und die niederländische Literatur kennenlernt. 1621 kehrt er nach Schlesien zurück und tritt im Jahre 1626 als Geheimschreiber in die Dienste des Burggrafen Karl Hannibal von Dohna. Ein unerklärlicher Schritt – der Protestant Opitz verdingt sich beim kaiserlichen Anführer für die Rekatholisierung Schlesiens. Die Gegenreformation scheitert: Dohna wird vertrieben, Opitz ist stellungslos. Er geht zunächst nach Paris, nimmt 1633 eine Stellung am Hof des protestantischen Herzogs von Liegnitz und Brieg an, verbringt mit diesem eine Zeit bei dem schwedischen Feldherrn Oxenstierna und flieht schließlich mit dem Herzog vor den anrückenden kaiserlichen Truppen nach Preußen. Die letzte Station seiner diplomatischen Karriere ist der polnische Hof. Im Jahre 1637 wird er von Wladislaw IV. von Polen zum königlichen Sekretär und Hofhistoriographen berufen, aber gleichzeitig erhält er seine Verbindung mit den Schweden aufrecht und liefert ihnen politische Lageberichte über die Zustände in Polen. Opitz stirbt 1639 in Danzig an der Pest; ein Bettler, dem er ein Almosen gegeben hat, soll ihn angesteckt haben. Der wendige Diplomat versäumt nicht, noch kurz vor seinem Tode die Vernichtung seiner verfänglichen politischen Korrespondenz zu veranlassen.
Ein so abenteuerlicher Berufsweg würde schon ausreichen, ein Menschenleben zu füllen; doch Opitz hat sich höhere Ziele gesteckt, er möchte eine dem Lateinischen ebenbürtige deutsche Dichtersprache begründen:

Wir Teutschen allein undanckbar gegen unserm Lande / undanckbar gegen unserer alten Sprache / haben ihr noch zur Zeit die Ehre nicht angethan / daß die angenehme Poesie auch durch sie hette reden mögen. Und weren nicht etliche wenig Bücher vor vilen hundert Jahren in Teutschen reimen geschrieben / mir zu handen kommen / dörffte ich zweifeln / ob jemahls dergleichen bey uns ublich gewesen. Denn was ins gemein von jetzigen Versen herumb getragen wirdt / weiß ich warlich nicht / ob es mehr unserer Sprache zu Ehren als schanden angezogen werden könne.

Ihn empört und verwundert,

daß / da sonst wir Teutschen keiner Nation an Kunst und Geschicklichkeit bevor geben / doch biß jetzund niemandt under uns gefunden worden / so der Poesie in unserer Muttersprach sich mit einem rechten fleiß und eifer angemasset

hat. Die Versuche des 16. Jahrhunderts, eine deutsche Literatursprache herauszubilden, waren schon ein Jahrhundert später vergessen und verschüttet.

Die Dichtung des Barock ist eine gelehrte Dichtung: Wissenschaft und Poesie gehören im 17. Jahrhundert eng zusammen; Individualität, Originalität oder persönliche Empfindungen widersprechen dem damaligen Kunstverständnis. Grundlage für jeden Dichter sind die Kenntnisse der antiken Rhetorik und der

humanistischen Traditionen. Dichtung soll lehrhaft sein und zu einem tugendhaften Leben anleiten – »delectare et prodesse«, erfreuen und nützen.
Poesie ist lehrbar und lernbar; nur wer gebildet und ausgebildet ist, findet den angemessenen Ton für die jeweilige literarische Gattung, wobei die einzelnen Gattungen streng voneinander unterschieden werden. Der Nürnberger Poet GEORG PHILIPP HARSDÖRFFER (1607–1658) hält in seinem 1647–53 in der Nachfolge von Opitz verfaßten *Poetischen Trichter* fest, Poesie »muß erlernet werden / wie alles / was wir Menschen wissen wollen«. Aber schon Opitz warnt in der Vorrede zu seiner *Deutschen Poeterey*:

WIewol ich mir von der Deutschen Poeterey / auff ersuchung vornemer Leute / vnd dann zu beßrer fortpflantzung vnserer sprachen / etwas auff zu setzen vorgenommen; bin ich doch solcher gedancken keines weges / das ich vermeine / man könne iemanden durch gewisse regeln vnd gesetze zu einem Poeten machen.

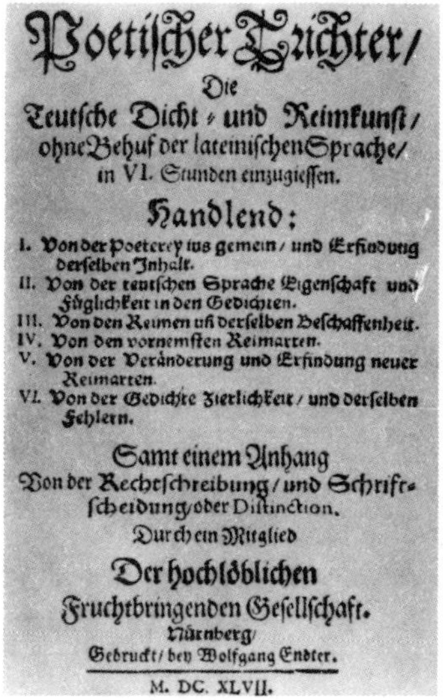
Poetischer Trichter/
Die
Teutsche Dicht- und Reimkunst/
ohne Behuf der lateinischen Sprache/
in VI. Stunden einzugiessen.
Handlend:
I. Von der Poeterey ins gemein/ und Erfindung derselben Inhalt.
II. Von der teutschen Sprache Eigenschaft und Füglichkeit in den Gedichten.
III. Von den Reimen und derselben Beschaffenheit.
IV. Von den vornemsten Reimarten.
V. Von der Veränderung und Erfindung neuer Reimarten.
VI. Von der Gedichte Zierlichkeit/ und derselben Fehlern.
Samt einem Anhang
Von der Rechtschreibung/ und Schriftscheidung/ oder Distinction.
Durch ein Mitglied
Der hochlöblichen
Fruchtbringenden Gesellschaft.
Nürnberg/
Gedruckt/ bey Wolfgang Endter.
M. DC. XLVII.

Opitz fordert zweierlei vom Poeten: Wissen und Veranlagung. Er ist kein revolutionärer Neuerer, sondern stützt sich in erster Linie auf die Regeln der Renaissance-Dichtung, wie sie von dem italienischen Dichter und Humanisten JULIUS CAESAR SCALIGER (1484–1558) und von dem französischen Lyriker PIERRE DE RONSARD (1524/25–1585) aufgestellt wurden. Opitz streitet für eine Erneuerung der Kunst im Geiste des europäischen Humanismus. Er behandelt Fragen der Sprache und des Stils, der Metrik und des Reims. Vor allem auf dem Gebiet der Metrik führt Opitz gegen die Eintönigkeit des Knittelverses, den vierhebigen Reimvers, wichtige Reformen durch. Durch ihn wird der alternierende Vers, mit Jamben und Trochäen, zur Norm. Sein Verdienst ist es, daß der Versakzent in Übereinstimmung mit dem natürlichen Sprachakzent gebracht wird:

Nachmals ist auch ein jeder verß entweder ein iambicus oder trochaicus; nicht zwar das wir auff der art der griechen und lateiner eine gewisse grösse [Länge] der sylben können inn acht nemen; sondern das wir aus den accenten unnd dem thone erkennen / welche sylbe hoch und welche niedrig gesetzt werden soll.

Im Verständnis des 16. und 17. Jahrhunderts entfaltet sich dichterischer Reichtum durch eine Fülle sinnreicher Metaphern, durch allegorische Anspielungen und Beziehungen, durch emblematische Verschlüsselungen. Nur wer die entsprechende klassische Bildung besitzt, weiß seine Dichtung auszuschmücken und anzureichern. Die Poetik-Bücher leisten die praktische Anleitung dafür. Harsdörffer führt auf etwa 400 Seiten des *Poetischen Trichters* beispielhafte Metaphern und ihre allegorischen Umgestaltungen zum allgemeinen Gebrauch für jeden Dichter auf. Anmutige und zierliche Formeln sind das Handwerkszeug für jeden Barockdichter; sie kann er ebenso in Poetik-Lexika nachschlagen wie passende Reimwörter für seine Verse.
Opitz ist der Wegbereiter der Kanonisierung und Zusammenfassung des bisherigen poetologischen Wissens. Im Verständnis seiner Zeitgenossen hat er für die deutsche Literatur den Anschluß an europäisches Niveau hergestellt. Der Hamburger Pastor und Poet JOHANN RIST (1607–1667) stellt als Verdienst von Opitz heraus, er habe das »Eiß gebrochen / und uns Teutschen die rechte Art gezei-

get / wie auch wir unsere Sprache / Petrarchas, Ariostos, und Ronsardos haben können«. Der Anregung von Opitz folgend, werden Werke verfaßt wie AUGUST BUCHNERS (1591–1661) *Anleitung zur Deutschen Poeterey*, die vier Jahre nach dem Tode Buchners veröffentlicht, aber schon zu seinen Lebzeiten in Dichterkreisen erörtert wird, oder GEORG PHILIPP HARSDÖRFFERS *Poetischer Trichter*, in dem regelgerechte Lehrstunden in Form von einzelnen Lektionen aufgezeichnet sind. Besondere Aufmerksamkeit unter den Zeitgenossen findet neben Opitz die Barockpoetik von PHILIPP VON ZESEN (1619–1689), *Deutscher Helicon*, in Fortsetzungen erschienen in den Jahren 1640 bis 1656. Zesens Werk erfreut sich vor allem deshalb so großer Beliebtheit, weil er ein umfangreiches Reimregister zusammengestellt hat, eine Fülle von Beispielen gibt, Anweisungen zu metrischen Problemen erteilt und sich um sprachliche Reinheit bemüht.

Erst gegen Ende des Jahrhunderts werden die strengen Formen gelockert; dafür steht vor allem CHRISTIAN WEISE (1642–1708) mit seinen *Curioesen Gedancken Von deutschen Versen* aus dem Jahre 1692. Er tritt für eine Natürlichkeit des Stils ein (»welche Construktion in prosa nicht gelitten wird / die sol man in Versen darvon lassen«), hält den hohen Stil für sprachlich nicht immer angemessen und fordert die Verständlichkeit der Sprache (»denn hier begehr ich nichts anderes darzuthun / als daß hohe Redens Arten mit schlechten [schlichten] Worten anzubringen sind / und daß man keines neuen Backofen von noethen hat / darinne neue und ungewöhnliche Woerter gebacken werden«). Weise bereitet den Übergang vom Barock zur Aufklärung vor.

Die Suche nach seltenen, dunklen Wörtern mit allegorischen Anklängen, wie »Verleumbdungs-Blitz«, »Wollust-Bienen«, »Zwietrachts-Gall« oder »Sünden-Ruß«, und die Vorliebe für Oxymora, sich logisch widersprechende Wortassoziationen wie »eisig-glühende Lust« oder »lebend-tote Erdengäste«, die für das Hochbarock zur Regelpoetik gehörten, werden schon zu ihrer Zeit persifliert. Petrarca, im 17. Jahrhundert hochverehrter Dichter und Vorbild für die Liebeslyrik, findet viele Bewunderer, die ihrerseits schon früh zum Gegenstand des Spottes werden. Beispielsweise bei JOHANN MICHAEL MOSCHEROSCH, der die Rheinschiffer beruhigt, daß sie nicht zu befürchten brauchen, ihr Gewässer werde von den vielen »Augensonnen hübscher Mädchen« ausgetrocknet. Alle Schönheitsmetaphern seien bloße Erfindung, aber nicht nur dies:

Amanda liebstes kind, du brustlatz kalter hertzen,
Der liebe feuerzeug, goldschachtel edler zier,
Der seuffzer blasebalg, des traurens löschpapier,
Sandbüchse meiner pein, und baum-öl meiner schmertzen.
...
Der zungen honigseim, des hertzens marcipan,
Und wie man sonsten dich mein kind beschreiben kan,
Lichtputze meiner noth, und flederwisch der sorgen.

(Sonett-Parodie auf den Metaphernwust, erschienen in einer anonym herausgegebenen Gedichtsammlung von 1703)

> die Liebste eines Poeten seye wie ein Bettlers Mantel mit allerley alten unnützen stücken zusammen gebletzet: welcher Herrligkeit allein in blosser Poetischer Einbildung bestehet / der sie dichtet und beschreibet wie er will / zuweilen als zwen Carfunckel / zuweilen zwen Rubin / zwen Morgenstern / wan sie doch etwan einem paar kläglichter Ochsenaugen ähnlich seyen. Also wann die Poeten nicht gute achtung zu jhrem Hirn haben / zu beförchten / es möchte der zeit zu Wasser oder gar zu dreck werden.

Selbstironie ist den Barockdichtern nicht fremd; mit Lust fallen sie parodierend übereinander her.

Einer der scharfzüngigsten Kritiker eines zu überladenen Stils ist GOTTFRIED WILHELM SACER (1635–1699) mit seiner 1673 erschienenen Satire *Reime dich / oder ich fresse dich ... oder Schellen- und Scheltenswürdige Thorheit Boeotischer Poeten in Deutschland.* Schon der Titel ist eine Provokation. Sacer spart auch nicht mit ironischen Anspielungen, ohne daß er die »edlen Poeten unsrer loeblichen Muttersprache« angreifen möchte. Dennoch verfährt er streng mit ihnen: »die meisten heutige Reimen Macher seynd Kunst Diebe / und doch nicht künstliche Diebe / wären sie künstlich so würde ihr Diebstahl nicht so offenbar seyn.« Solche Beispiele beleuchten die Ironie und den Witz dieses Zeitalters, das keineswegs in reinen Konventionen erstarrt, sondern eine lebendige, vielseitig gebildete Kunst hervorbringt, die auch die Souveränität und Größe zur Selbstpersiflierung besitzt.

Der europäische Horizont

Die Verspätung in der Herausbildung einer deutschen Literatursprache ist den Schriftstellern des 17. Jahrhunderts bewußt, und ebenso bewußt suchen sie Anschluß an die weiterentwickelten Kulturen in Italien, Frankreich oder auch den Niederlanden. Wenn im 18. und 19. Jahrhundert die Barockdichtung als »überfremdet« abgetan wird, so drückt sich in dieser Kritik ein engherziger Nationalismus aus, von dem die Barockliteratur frei ist. Sie lebt aus dem Geist der europäischen Renaissance und ihrer humanistischen Gelehrsamkeit. Italienische, spanische und französische Vorbilder wirken anregend und stilbildend; die Kenntnis ausländischer Werke gehört als Selbstverständlichkeit zum Gelehrtenwissen der Zeit.

Die Schriftsteller des 17. Jahrhunderts nähren sich nicht allein vom Bücherwissen, die meisten von ihnen unternehmen ausgedehnte Bildungsreisen. ANTON ULRICH, HERZOG VON BRAUNSCHWEIG-WOLFENBÜTTEL reist nach Paris und lernte dort MADELEINE DE SCUDÉRY kennen, JOHANN VALENTIN ANDREAE bereist Italien, Österreich und die Schweiz. PAUL FLEMING gelangt über Rußland bis nach Persien. ANDREAS GRYPHIUS hält sich in den Niederlanden, Frankreich und Italien auf. GEORG PHILIPP HARSDÖRFFER durchzieht vier Jahre lang die Schweiz, Frankreich, Belgien, England und Italien. CHRISTIAN HOFFMANN VON HOFFMANNSWALDAU verbringt zwei Jahre mit Reisen nach England, Frankreich und Italien. DANIEL CASPER VON LOHENSTEIN weilt in der Schweiz und den Niederlanden. MARTIN OPITZ besucht die Niederlande, und PHILIPP VON ZESEN findet in Amsterdam eine zweite Heimat.

Diese Reisen sind keine Kavalierstouren; vielmehr nimmt man die beschwerlichen Fahrten auf sich, um gelehrte Freundschaften zu pflegen, verehrte Dichter und Gelehrte kennenzulernen, Bekanntschaften anzuknüpfen und sich über neueste Entwicklungen auf dem Gebiet der Literatur und der Wissenschaften zu informieren. Der kleinstaatlichen Zersplitterung der deutschen Verhältnisse wird eine weltmännische Offenheit entgegengesetzt, die ihr Selbstverständnis aus einer gesamteuropäischen »res publica literaria« gewinnt.

Deutsche Studenten studieren zu jener Zeit an allen europäischen Hochschulen. Eine herausragende Stellung nimmt die Universität Leiden ein. Da es im 17. Jahrhundert in Breslau noch keine Universität gibt und die protestantischen Schriftsteller dem wachsenden Druck der Gegenreformation in Schlesien ausgesetzt sind, ist das reformierte Leiden eine der bevorzugten Universitätsstädte für die Schlesier. In der ersten Hälfte des 17. Jahrhunderts sind mehr als ein Viertel der

Studenten in Leiden Deutsche. Das bürgerliche Holland erlebt im 17. Jahrhundert eine Blütezeit; die koloniale Expansion in Südostasien füllt die Kammern und Säcke der Kaufleute. Wissenschaft und Künste werden gefördert und bringen Meisterleistungen hervor. Verlagshäuser und Druckereien in Amsterdam und Leiden ermöglichen durch ihre liberalen Druckgesetze die Herausgabe mancher Werke, die sonst nicht erschienen wären. Opitz, Gryphius, Lohenstein, Hoffmannswaldau und Kuhlmann besuchen in Leiden die Alma mater und setzen sich mit dem niederländischen Dramatiker JOOST VAN DEN VONDEL, mit dem Philologen und Poeten DANIEL HEINSIUS und dem humanistischen Philosophen und Staatsrechtler HUGO GROTIUS auseinander.
Die Schriftsteller des 17. Jahrhunderts fühlen sich wie zur Zeit der Renaissance in einer internationalen Gelehrtenrepublik beheimatet; durch ihre Reisen und auswärtigen Studienaufenthalte knüpfen sie ein enges Netz europäischer Beziehungen, durch ihre zahlreichen Musterübersetzungen italienischer, spanischer, französischer, niederländischer und englischer Werke verstehen sie sich als Teil der europäischen Kultur.

Die Sprachgesellschaften

Ich bin nun *deschargirt* von dem *maladen* Leben.
Mir hat der Maur *facon* genug *disgousto* geben.
Wo Einfalt *avancirt*, und Vnschuld mit *raison*,
Die *retrogarde* hat / da ist die Sache *bon*.

Sitzung der »Fruchtbringenden Gesellschaft«

Dieses Gedicht führt SIGMUND VON BIRKEN (1626–1681) als Beispiel für die Durchsetzung der deutschen Sprache mit Fremdwörtern an – vielleicht ein übertriebenes Beispiel, aber es verdeutlicht, wie wenig im 17. Jahrhundert das Deutsche als Literatursprache entwickelt ist. Neben dem bestimmenden Lateinischen als Gelehrten- und Dichtersprache bedienen sich die gebildeten Deutschen des Französischen, Spanischen und Italienischen.
Zur Förderung und Pflege der deutschen Sprache werden im 17. Jahrhundert Sprachgesellschaften gegründet, »das man die Hochdeütsche Sprache in ihrem rechten wesen und stande / ohne einmischung frembder außländischer Wort / aufs möglichste und thunlichste erhalte / und sich so wol der besten aussprache im reden / als der reinsten art im schreiben und Reime-dichten befleissige« – so die Satzung der FRUCHTBRINGENDEN GESELLSCHAFT, die im Jahre 1617 ins Leben gerufen wird. Unter Sprachpflege versteht man vor allem den »Fortwachs« der deutschen Sprache, das heißt die Anstrengung, durch Erweiterung des Wortschatzes das Deutsche literaturfähig zu machen. Die volkssprachliche Literatur des Mittelalters oder des 16. Jahrhunderts findet keine selbstverständliche Fortsetzung; die deutschen Meistersinger werden verspottet, da sie »nunmehr / wann ich also reden darf / Taglaternen sind / so nur zum lachen dienen«.
Die erste Sprachgesellschaft auf deutschem Boden ist die FRUCHTBRINGENDE GESELLSCHAFT, deren Anreger und Oberhaupt Fürst LUDWIG VON ANHALT-KÖTHEN ist. Direktes Vorbild für diese Gesellschaft war die italienische 1582 in Florenz gegründete »Accademia della Crusca«, deren Mitglied Ludwig während

einer Italienreise wurde. Die ACCADEMIA DELLA CRUSCA ist die bedeutendste italienische Sprachgesellschaft und veröffentlicht schon zu Beginn des 17. Jahrhunderts ihr berühmtes Wörterbuch *Vocabolario degli Accademici della Crusca.* In den Niederlanden gibt es ähnliche Gesellschaften, die auf die deutsche Entwicklung Einfluß nehmen. In Frankreich gründet Richelieu die »Académie française«; schon fast hundert Jahre früher war der Poetenkreis »Pléiade« zusammengetreten.

Der FRUCHTBRINGENDEN GESELLSCHAFT folgen weitere Gründungen von Sprachgesellschaften: Im Jahre 1633 wird in Straßburg die AUFRICHTIGE TANNENGESELLSCHAFT ins Leben gerufen, die sich hauptsächlich mit Problemen der Rechtschreibung beschäftigt. 1643 begründet PHILIPP VON ZESEN in Hamburg die DEUTSCHGESINNETE GENOSSENSCHAFT, die sich der Tilgung von Fremdwörtern aus dem deutschen Wortschatz widmet. In Nürnberg entsteht 1644 der PEGNESISCHE BLUMENORDEN unter der Leitung von GEORG PHILIPP HARSDÖRFFER und JOHANN KLAJ (1616–1656), ein Orden, der mehr die Pflege der Dichtung, weniger die Sprache zum Inhalt seiner Arbeit macht, unter den übrigen Gesellschaften aber dadurch hervorsticht, daß hier von Beginn an Frauen als Mitglieder zugelassen sind. 1658 wird in Hamburg eine zweite Sprachgesellschaft, der ELBSCHWANENORDEN, von JOHANN RIST zusammengerufen.

Die einflußreichste Sprachgesellschaft ist die FRUCHTBRINGENDE GESELLSCHAFT. Unter den 890 Mitgliedern befinden sich Schriftsteller wie ANTON-ULRICH VON BRAUNSCHWEIG-WOLFENBÜTTEL, SIGMUND VON BIRKEN, ANDREAS GRYPHIUS, GEORG PHILIPP HARSDÖRFFER, FRIEDRICH VON LOGAU, MARTIN OPITZ, JOHANN RIST und PHILIPP VON ZESEN. Kennzeichnend für alle Sprachgesellschaften ist, daß sie sich nicht als lokale Zusammenschlüsse verstehen, sondern im nationalen Rahmen wirken. Zesen, Harsdörffer und Rist legen Wert darauf, neben ihrer eigenen Gesellschaft auch in der FRUCHTBRINGENDEN GESELLSCHAFT Mitglied zu sein.

Für die Herausbildung einer deutschen Literatursprache haben die Sprachgesellschaften große Verdienste trotz mancher Skurrilitäten. Hier wurde auf Sitzungen oder schriftlich über literaturtheoretische Probleme diskutiert, literarische Kritik geäußert und zur weiteren Produktion angeregt; hier wurde ein geschärftes Bewußtsein für den Umgang mit der deutschen Sprache gefördert. Die Sprachgesellschaften waren im 17. Jahrhundert literarische Zentren, die über die engen Grenzen der Städte und Kleinstaaten hinausreichten. Inwieweit sie eine Rolle im Bewußtwerdungsprozeß des Bürgertums spielten, ist umstritten. Trotz aller Gleichheit der Mitglieder, beispielsweise durch eine besondere Namensgebung für jedes Mitglied, die äußerlich den Unterschied zwischen Adligen und Bürgerlichen einebnet, bleiben die Sprachgesellschaften exklusive Zirkel. Harsdörffer, führendes Mitglied des PEGNESISCHEN BLUMENORDENS in der Patrizierstadt Nürnberg, betont, daß gerade die hermetisch-verschlüsselte Sprache das Eindringen von Ungebildeten in die Gesellschaft verhindere. SIGMUND VON BIRKEN ist ebenfalls sorgsam bedacht, »Herrn Jedermann« fernzuhalten:

Palm-baum
der höchst-löblichen Frucht-bringenden Geselschaft
zuehren aufgerichtet.

übliche / liebliche
früchte mus allezeit bringen
des Palmen-baums ewige Zier /
darunter auch Fürsten selbst singen /
lehren und mehren mit heisser begier
die rechte der deutschen hoch-prächtigen zungen /
die sich mit ewigem preise geschwungen
hoch über die anderen sprachen empor:
wie fohr
dis land /
mit hand /
durch krieg /
durch sieg /
durch fleiß /
mit schweis /
den preis /
das pfand /
ent-wandt
der Welt;
wie aus der taht erhällt.

Figurengedicht von Philipp von Zesen

Titelkupfer zum »Pegnesischen Schäfergedicht« (1644)

Wer für Herrn Omnis schreibt / ist der Gelehrt zu nennen?
Ists Möglich / daß ein Geist vom Himmel soll entbrennen /
der an der Erde kreucht / der bei dem Pöbel schwebt?

Wer / die da pfeifen auf / nennt Bauren Musen-Kinder /
der ist ein Baur / wie sie.

Harsdörffer

Sigmund von Birken

Die Mitgliedslisten der Sprachgesellschaften beweisen, daß mit Ausnahme des Straßburger Tannenordens, in dem keine Adligen vertreten waren, keine der Sprachgesellschaften rein bürgerlichen Charakter trug. In der Fruchtbringenden Gesellschaft waren 75 Prozent der Mitglieder Adlige, in Zesens Deutschgesinneter Genossenschaft waren es 13,5 Prozent, im Pegnesischen Blumenorden nur 4,1 Prozent. Bemerkenswert für die Zeit ist, wie gering die Teilnahme des Adels an den Gesellschaften ist. Es fällt jedoch auch auf, daß gerade in der Fruchtbringenden Gesellschaft der Anteil des Adels am höchsten ist, obwohl gerade diese Gesellschaft für sich beansprucht, nach dem Prinzip der Gleichheit organisiert zu sein. Ein Zeitgenosse bestätigt dies in der Begründung für die Vergabe von Mitgliedsnamen. Sie waren »eines theils deswegen gebräuchlich / daß so unter ungleichen Standspersonen eine Gleichheit und Gesellschaft getroffen würde; anders theils daß sie unter solchen Titeln ihre Schriften ohne Ehrgeiz und eigenen Namensruhm an Tag geben / und vielmehr auf den gemeinen Nutzen / als der Leser stoltzes Lob sprechen sehen möchten«. Auseinandersetzungen zwischen Ludwig von Anhalt-Köthen und Philipp von Zesen, der durch seine eigenwillige Orthographie den Unwillen des Fürsten erregt, bestätigen, daß die formale Gleichheit unter den Mitgliedern wohl angestrebt, aber nicht verwirklicht wird. Literarisch tritt der Adel selten hervor, ausgenommen Anton Ulrich von Braunschweig und Catharina Regina von Greifenberg; tonangebend sind die bürgerlichen Schriftsteller.

Poetologische Gemeinschaftswerke hat keine der Sprachgesellschaften hervorgebracht. Übereinstimmend pflegen sie die Übersetzung fremdsprachiger Texte, die Martin Opitz »eine guete art der uebung« genannt hat, denn sie befähige, geschmeidiger mit der eigenen Sprache umzugehen, »dadurch denn die eigenschafft und glantz der wörter / die menge der figuren und das vermögen auch dergleichen zue erfinden zue wege gebracht wird«. Opitz geht mit gutem Beispiel voran: Er übersetzt französische Gedichte aus dem Kreis der »Pléiade« und italienische Gedichte; er überträgt die *Troerinnen* von Seneca und die *Antigone* von Sophokles sowie den neulateinischen Roman *Argenis* des Engländers John Barclay ins Deutsche. Als erster stellt er dem deutschen Publikum eine italienische Oper vor, Rinuccinis *Dafne*, für die Heinrich Schütz die Musik komponiert. Philipp von Zesen bemüht sich durch Übersetzungen um die Verbreitung höfisch-historischer Romane in Deutschland, darunter der Roman *Ibrahim und Isabella* von Madeleine de Scudéry. Honoré d'Urfés Schäferroman *Astrée* wird so begierig aufgenommen, daß noch vor Beendigung des Originals in vier Teilen die deutsche Übertragung begonnen wird. Eine gute Übersetzung wird im 17. Jahrhundert ebenso hoch eingeschätzt wie ein Originalwerk, denn sie erfordert einen schöpferischen Umgang mit der deutschen Sprache.

GEORG GOTTFRIED GERVINUS, der Literaturhistoriker des 19. Jahrhunderts, schreibt den Sprachgesellschaften eine tiefgreifende Wirkung zu: »Der dreißigjährige Krieg hätte nothwendig alles Vaterlandsgefühl zerstört, hätte nicht dieser Orden [gemeint ist die FRUCHTBRINGENDE GESELLSCHAFT] ein patriotisches Gemeingefühl unter seinen vielen und einflußreichen Gliedern geweckt.« Eine Einschätzung, die, auch wenn sie ein wenig euphorisch klingt, dem Selbstbewußtsein der meist bürgerlichen Schriftsteller gerecht wird und sich auch auf die anderen Sprachgesellschaften übertragen läßt.

Figurengedicht von Sigmund von Birken und Johann Klaj

LYRIK

Die Lyrik des 17. Jahrhunderts ist keine Erlebnislyrik; in ihr findet der Leser keinen persönlichen Ausdruck von Empfindungen, Schmerzen, Trauer oder Freude. Sie reflektiert über den allgemeinen Zustand der Welt, die Scheinhaftigkeit des irdischen Lebens, seine Vergänglichkeit und Nichtigkeit. Die Lyrik gilt im 17. Jahrhundert als höchste der poetischen Gattungen; sie versteht sich als Teil der Rhetorik. MARTIN OPITZ baut seine Poetik nach den Gliederungsprinzipien der rhetorischen Lehrbücher auf: inventio (»erfindung«), dispositio (»eintheilung«), elocutio (»zuebereitung und ziehr der Worte«). HARSDÖRFFER erläutert den Sinn der Übertragung in seinem *Poetischen Trichter*, der auch für die Lyrik richtungweisend ist:

Wann ich einen Brief schreiben will / muß ich erstlich wissen / was desselben Inhalt seyn soll / und bedencken den Anfang / das Mittel / das End / und wie ich besagten Inhalt aufeinander ordnen möge / daß jedes an seinem Ort sich wolgesetzet / füge: Also muß auch der Inhalt / oder die Erfindung des Gedichts erstlich untersucht / und in den Gedancken verfasset werden / bevor solcher in gebundener Rede zu Papier fliesse. Daher jener recht gesagt: *Mein Gedicht ist fertig / biß auf das Wort.*

Für diese Art der kunstvoll-konstruierten Lyrik sind die Poeten bestens ausgebildet. Auf dem Gymnasium gehören Grammatik, Rhetorik und Logik zum festen Fächerkanon; in der Universität betreiben die Studenten – auch unabhängig vom Studienfach – diese Disziplinen weiter, denn sie bilden das Fundament für ein universales Wissen eines jeden Gelehrten. Man schreibt für die eigene gelehrte Schicht, die die artistischen Verschlingungen und Anspielungen zu schätzen weiß, nicht für ein breites Publikum, das ohnehin des Lesens nicht mächtig ist. Der Lyriker versteht sich als Deuter des Welt- und Naturgeschehens; der Standpunkt, um der reinen Kunst willen zu dichten, wird von den Poeten zurückgewiesen. Ihr Anspruch ist es, die inneren Gesetze der Welt aufzudecken, die Geheimnisse Gottes und seiner Schöpfung zu erschließen. Programmatisch dafür ist ein Gedicht von DANIEL CASPER VON LOHENSTEIN *Über das Absterben Herrn Andreae Gryphii* mit insgesamt 39 Strophen. Die 7. und 8. Strophe lauten:

Ja, eines Menschen Geist kann tausend Wunder stiften,
Wenn Fleiß die Sinne schärft und Weisheit den Verstand.
Die Welt, das große Buch, steckt in gelehrten Schriften,
Daraus uns der Natur Geheimnüs wird bekannt;
Ja, ein scharfsichtig Geist ist fähig dies zu lernen,
Was über die Natur, was außer Welt und Sternen.

In dem Gehirne steckts Register der Geschichte,
Und sein Gedächtnis ist der Mappe ganzer Welt,
Er zeucht Wald, Stein und Wild durch Harfen und Getichte,
Schafft durch Beredsamkeit, daß Grimm und Pöfel fällt,
Zwingt durchs Gesetzes Zaun der rauhen Völker Sitten,
Daß tausend Länder kann ein einigs Haupt gebieten.

Die Barocklyriker entfalten eine reiche Fülle poetischer Formen: Sonette, Oden, Elegien, Madrigale, Epigramme, Echogedichte, Figurengedichte. Die barocke Kunstlyrik liebt das Spiel der raffinierten Sprachfiguren: Oxymora, Substantivhäufungen, Antithese, Pointierung des Schluß, Klangmalerei.
Mit besonderer Kunstfertigkeit wird das Epigramm entwickelt. Als Charakteristikum für diese Form gibt Opitz an: »die kürtze ist seine eigenschafft / und die spitzfindigkeit gleichsam seine seele und gestallt.« Das Epigramm muß scharfsinnig sein; zumeist ist es auf eine Schlußpointe hin konstruiert. Die Vorliebe der Barocklyrik für Antithesen findet im Epigramm in reichem Maße Anwendung. Vorherrschend als Versmaß ist der Alexandriner; Zwei- und Mehrzeiler sind möglich. Weltliche wie geistliche Epigrammatik stehen gleichberechtigt nebeneinander; repräsentiert wurden sie durch OPITZ, GRYPHIUS, FLEMING, CZEPKO, SILESIUS und HOFFMANNSWALDAU. Besonders hervorgetreten als Epigrammatiker ist FRIEDRICH VON LOGAU durch zwei Sammlungen, die er unter dem Pseudonym SALOMON VON GOLAU herausbrachte: *Zwey Hundert Teutscher Reimen Sprüche* (1638) und *Deutscher Sinn-Getichte Drey Tausend* (1654), die noch Lessing rühmend erwähnt. Logau hat das satirische Epigramm vor allem auch dazu benutzt, sich kritisch mit zeitgenössischen Übeln auseinanderzusetzen; so in seinem Epigramm über die Nutznießer des Friedens:

Wer wird, nun Friede wird / bey solcherley verwüsten
Zum ersten kummen auff? die Hencker und Juristen.

Der kekke Lachengekk koakset stäts und kwakkt /
des Krüppels Krükkenstokk krükkt / wanket / klappt und zakkt /
des Kukkukks Kukken trozt den Frosch und auch die Krükke.
Was knikkt und knakkt noch mehr? Kurz / hier mein Reim-Geflikke.

(Johann Klaj)

Ein wichtiger Epigrammatiker ist auch CHRISTIAN WERNICKE (1661–1725), der vor allem durch seine satirisch pointierten Epigramme gegen die Lyrik des Spätbarock, gegen die Dichter um Lohenstein und Hoffmannswaldau, von sich reden macht.
Aus scherzhaften Spielereien, wobei zum Beispiel in Gedichten möglichst häufig der Anfangsbuchstabe eines Dichternamens untergebracht wird, entstehen übermütige Gedichte, die wie frühe Boten dadaistischer Lyrik anmuten.
Auch in der geistlichen Lyrik des 17. Jahrhunderts findet sich dieser Formenreichtum, wenngleich in eingeschränkterem Maße. Das protestantische und katholische Kirchenlied bevorzugt den volksliedhaften Ton.

Kein einziger Dichter im 17. Jahrhundert kann von seinen Werken leben; sie verdienen ihr Brot als Beamte, Geistliche oder Erzieher. Das Dichten ist eine Nebenbeschäftigung und wird gerne für jede Art gesellschaftlicher Anlässe in Anspruch genommen. Kausallyrik, das Gelegenheitsgedicht, ist die am weitesten verbreitete Form lyrischer Äußerungen.

Es wird kein buch / keine hochzeit / kein begräbniß ohn uns gemacht; und gleichsam als niemand köndte alleine sterben / gehen unsere gedichte zuegleich mit ihnen unter,

so klagt Martin Opitz gegen den Zwang und die Erwartung, die Poeten hätten immer als Ausschmücker gesellschaftlicher Ereignisse Auftragswerke abzuliefern. Diese Klage hindert auch Opitz nicht daran, Gelegenheitsgedichte zu verfassen. Sie widersprechen aber seinem Selbstverständnis, das er in seiner Poetik formuliert:

Mussen wir also entweder durch abschlagen ihre feindschafft erwarten / oder durch willfahren den würden der Poesie einen mercklichen abbruch thun. Denn ein Poete kan nicht schreiben wenn er wil / sondern wenn er kan / und ihn die regung des Geistes welchen Ovidius unnd andere vom Himmel her zue kommen vermeinen / treibet. Diese unbesonnene Leute aber lassen uns weder die rechte zeit noch gelegenheit.

Die Erwartung, daß der Poet sich bereit halten solle für die lyrische Verarbeitung von unmittelbaren Lebenssituationen, ist jedoch kein Mißverständnis oder Ausdruck der Mißachtung der Dichter. Diese Ansprüche betonen die gesellschaftliche Funktion der Lyrik, die zur Gestaltung der höfischen und bürgerlichen Kultur beiträgt.

Gelegenheitsgedichte reichen oft nicht über den unmittelbaren Anlaß hinaus, sie können aber auch zur höchsten Kunstform entwickelt werden. Ein Beispiel dafür ist GEORG RUDOLF WECKHERLINS (1584–1653) Ode *auf den frühen tod ... Fräwleins Anna Augusta Marggräfin zu Baden*, eine Auftragsdichtung, die nicht befangen bleibt in der Heroisierung der Verstorbenen und alle persönlichen Anspielungen ausspart, um über die Vergänglichkeit allen Lebens nachzudenken:

Georg Rudolf Weckherlin

Also dein leben (schnell verflogen)
Hat sich nicht anders dan ein Tag,
Stern, morgenröth, seufz, nebel, klag,
Staub, daw, luft, schnee, blum, regenbogen,
Zweig, schaur, eiß, glaß, plitz, wasserfall,
strahl, gelächter, stim, widerhall,
Zeit, traum, flug, schat und rauch verzogen.

Auf einem Niveau höchster Abstraktion, gekleidet in naturhafte Bilder, wird der Anlaß zum Ausgangspunkt für universale weltanschauliche Deutungen. Trotzdem hat Opitz' Klage über die Gelegenheitsdichtung ihre Berechtigung, denn es gibt Formen der käuflichen Lyrik, die ungeniert das jeweilige Ereignis besingen, belobigen oder betrauern. FRIEDRICH RUDOLF LUDWIG VON CANITZ (1654–1699) mokiert sich in einem Vers über die hochtrabenden Gedichte an-

Paul Fleming

Titelkupfer der ersten Ausgabe

läßlich von Trauerzeremonien, die zum festen Ritual jeder Leichenfeier gehören:

Geht wo ein Schul-Regent in einem Flecken ab,
Mein Gott! wie rasen nicht die Tichter um sein Grab;
Der Tot wird ausgefiltzt, daß er dem theuren Leben
Nicht eine längre Frist, als achtzig Jahr, gegeben;
Die Erde wird bewegt, im Himmel Lerm gemacht.
Minerva, wenn sie gleich in ihrem Hertzen lacht,
Auch Phöbus und sein Chor, die müssen, wider Willen,
Sich traurig, ohne Trost, in Flor und Boy verhüllen.
Mehr Götter sieht man offt auf solchem Zettel stehn,
Als Bürger in der That mit zu der Leiche gehn.

Paul Fleming

Einer der entschiedensten und zugleich eigenständigsten Opitzianer ist PAUL FLEMING (1609–1640), der Opitz als den »Herzog meiner Lust« feiert. Als Sohn eines protestantischen Pfarrers im sächsischen Hartenstein geboren, besucht er in Leipzig die Thomasschule und studiert danach Medizin. In den Jahren 1633 bis 1639 reist er im Gefolge einer Delegation des Herzogs von Holstein über Moskau bis an den Hof des Schahs von Persien, um einen direkten Handelsweg für den orientalischen Markt zu erschließen. Eine Reise, die in der ersten wissenschaftlichen Reisebeschreibung von ADAM OLEARIUS aus dem Jahre 1647 festgehalten ist. Aber auch an Fleming gehen die Erlebnisse dieser Fahrt nicht spurlos vorüber; er beschreibt seine Abenteuer und Erlebnisse in der exotischen Ferne bis in kleinste Begebenheiten. Vor Antritt seiner Fahrt dichtet Fleming seinen noch heute im protestantischen Gesangbuch vertretenen Reisesegen *In allen meinen Thaten laß ich den Höchsten rahten.*

Auch er prangert die Verderbnisse des europäischen Krieges an. Fleming tritt aber vor allem durch seine Liebeslyrik hervor; er gilt als Petrarkist. Die Anbetung und Verherrlichung der Körperteile der Geliebten, Liebessehnsucht, Todessehnsucht und Selbstzerknirschung – oft in mystische Bilder gekleidet – durchziehen sein lyrisches Werk. Neu als Thema ist bei Fleming die Hervorhebung der Treue. Liebe interpretiert er in Anlehnung an die Lehre des Arztes und Philosophen Paracelsus (1493–1541) als kosmisches Phänomen. Sie ist eine irdisch-überirdische Kraft, ohne die Kosmos und Mensch nicht zusammengehalten werden können. Obwohl manche seiner Liebeshymnen durch expressive Überhöhungen nicht frei von Komik sind, findet Fleming auch einen einfachen und liedhaften Ton.

Nach seiner Fernostreise begibt sich Fleming nach Leiden; hier promoviert er zum Doktor der Medizin. Im Jahre 1640 stirbt er auf der Rückreise zu seiner Verlobten in Reval. Noch vor seinem Tode verfaßt er eine *Grabschrifft / so er ihm selbst gemacht,* die ein erstaunliches Selbstbewußtsein ausdrückt:

ICh war an Kunst / und Gut / und Stande groß und reich.
Deß Glückes lieber Sohn. Von Eltern guter Ehren.

Frey; Meine. Kunte mich aus meinen Mitteln nehren.
Mein Schall floh überweit. Kein Landsmann sang mir gleich.

Vom barocken Stoizismus geprägt, nimmt er das durch eine Krankheit herannahende Lebensende gelassen:

Verzeiht mir / bin ichs werth / Gott / Vater / Liebste / Freunde.
Ich sag' Euch gute Nacht / und trette willig ab.
Sonst alles ist gethan / biß an das schwartze Grab.
Was frey dem Tode steht / das thu er seinem Feinde.
Was bin ich viel besorgt / den Othem auffzugeben?
An mir ist minder nichts / das lebet als mein Leben.

Simon Dach

In Königsberg formiert sich um den Dichter SIMON DACH (1605–1659) ein Kreis von Literaten, der sich ebenfalls eng den Opitzschen Reformgedanken verschrieben hat. Als Opitz im Jahre 1638 von Danzig nach Königsberg kommt, begrüßt ihn Dach als Vater und Vorbild der deutschen Poesie.

Was von hie wird bekant,
Was wir singen und geigen,

Wie er wolle geküsset seyn
Nirgends hin / als auff den Mund /
da sinckts in deß Hertzen grund.
Nicht zu frey / nicht zu gezwungen /
nicht mit gar zu fauler Zungen.

Nicht zu wenig nicht zu viel.
Beydes wird sonst Kinder-spiel.
Nicht zu laut / und nicht zu leise /
Bey der Maß' ist rechte weise.
. . .
Halb gebissen / halb gehaucht.
Halb die Lippen eingetaucht.
Nicht ohn Unterscheid der Zeiten.
Mehr alleine / denn bey Leuten.

Küsse nun ein Jedermann
wie er weiß / will / soll und kan.
Ich nur / und die Liebste wissen /
wie wir uns recht sollen küssen.

Simon Dach

Heinrich Albert, »Musikalische Kürbishütte« (1645)

Unser Nahme, Lust und Ruh'
Stehet Euch, Herr Opitz, zu.

Simon Dach, der mit Ausnahme der Jugendjahre sein ganzes Leben in Ostpreußen zubringt und an der Königsberger Universität Lehrer für lateinische Poesie ist, gehört dem Dichterkreis der KÜRBISHÜTTE an; diese erhebt nicht den Anspruch einer Sprachgesellschaft, sondern ist ein bürgerlicher Freundeskreis, der sich im Garten des Komponisten Heinrich Albert trifft. Eines von Dachs bedeutendsten Gedichten ist die *Klage über den endlichen Untergang und ruinierung der Musicalischen Kürbis-Hütte und Gärtchens.* Neben unzähligen Gelegenheitsgedichten beklagt er die Unsicherheiten seiner Existenz, den überlangen Brautstand aus Not; er sehnt sich nach einem freudvolleren Leben. Bei kaum einem anderen Lyriker dieser Zeit werden die Beschwernisse des Lebens so unmittelbar angesprochen. Charakteristisch für seine Lyrik ist, daß er auf überpersönliche Stilisierungen und exemplarische Weltdeutung verzichtet; er besingt die Freundschaft als Rückhalt und Stütze im Leben. Das heute noch bekannte Volkslied *Anke von Tharaw (Ännchen von Tharau)* wird ihm zugeschrieben.
Daß Simon Dach nicht so recht in den zeitgenössischen Kanon paßte, belegt die Tatsache, daß er zu seinen Lebzeiten kaum gedruckt wurde.

Andreas Gryphius

Andreas Gryphius

Ins Zentrum der Vorstellungswelt des 17. Jahrhunderts treffen die Dichtungen von ANDREAS GRYPHIUS (1616–1664); er thematisiert die Leiden an der Zeit, das Bewußtsein von der Vergänglichkeit und Zerbrechlichkeit alles irdischen Seins, den Schmerz. Seine Lyrik lebt aus der christlichen Heilserwartung und konfrontiert das Ich mit der Verlorenheit der diesseitigen Welt. Die Anfangsstrophe »Du sihst / wohin du sihst nur eitelkeit auff erden« aus dem Gedicht *Es ist alles eitell* kann wie ein Motto über dem Werk von Gryphius stehen.
Der Dichter wird 1616 als Sohn eines protestantischen Geistlichen in Glogau geboren, wo er das evangelische Gymnasium besucht. Gryphius verwaist früh und beendet seine Schulzeit am Akademischen Gymnasium in Danzig; dort lernt er Opitz kennen. Wie viele Schlesier studiert er in Leiden Staatslehre und Naturwissenschaften und macht hier die Bekanntschaft des Dramatikers JOOST VAN DEN VONDEL, der später einen wichtigen Einfluß auf sein dramatisches Werk hat. Ausgedehnte Bildungsreisen führen ihn nach Frankreich und Italien. Da Gryphius durch eine vorteilhafte Heirat wirtschaftlich unabhängig ist, kann er Berufungen an Universitäten wie Heidelberg und Upsala ablehnen. Später wird er Syndikus der Ritterschaft im Fürstentum Glogau, wo er 1664 stirbt.
Schon 1637, als der Dichter erst 21 Jahre alt ist, wird seine erste Gedichtsammlung veröffentlicht, die sogenannten *Lissaer Gedichte*, unter denen sich auch die ursprüngliche Fassung der *Trawrklage des verwüsteten Deutschlandes*, später *Threnen des Vatterlandes / Anno 1636*, befindet. Gryphius verdichtet hier die Zerstörungen durch den Dreißigjährigen Krieg in Anlehnung an Opitz' *TrostGedichte in Widerwertigkeit Deß Krieges* zu einer apokalyptischen Vision des Schreckens.

In Worthäufungen, Parallelismen und Antithesen umkreist Gryphius mit leidenschaftlicher Expressivität das Seelenheil des einzelnen, das heilsgeschichtlich begründet ist. Mensch und Natur werden metaphorisch und durch emblematische Bilder geistreich aufeinander bezogen. Die Natur wird zum Subjekt verlebendigt. Durch grelle, drastische Wörter steigert Gryphius die Wirkung des Ausdrucks und verläßt damit jede klassische Gemessenheit des Tons. Ein Grund auch, warum die Barocklyrik besonders von den expressionistischen Lyrikern wiederentdeckt und geschätzt wurde.

Die Hölle
Ach! und weh!
Mord! Zeter! Jammer! Angst! Creutz! Marter! Würme! Plagen.
Pech! Folter! Hencker! Flamm! stanck! Geister! kälte. Zagen!
Ach vergeh!

Die erste Strophe dieser Ode ist charakteristisch für die neue Intensität, die Gryphius in die Lyrik einbringt. Neben vier Büchern mit Sonetten hat er auch vier Bücher Oden und Lieder zusammengestellt. In seinen Oden hält Gryphius sich an das Vorbild der Oden von PINDAR, an das aus zwei gleichgebauten und einer metrisch abweichenden dritten Strophe bestehende altgriechische Chorlied. Er behandelt in den Oden religiöse Themen, wobei sich die strenge Form der Ode auch mit einem volksliedhaften Ton mischen kann. Eine seiner bekanntesten Oden, die auch Eingang in das Kirchengesangbuch gefunden hat, ist *Vanitas! Vanitatum Vanitas!* mit den programmatischen Eingangszeilen »Die Herrlichkeit der Erden // Muß Rauch und Aschen werden«.

Threnen des Vatterlandes / Anno 1636

Wir sind doch nuhmer gantz / ja mehr den gantz verheret!
Der frechen völcker schaar / die rasende posaun
Das vom blutt fette schwerdt / die donnernde Carthaun
Hat aller schweis / und fleis / und vorraht aufgezehret.
Die türme stehn in glutt / die Kirch ist umbgekehret.
Das Rahthaus ligt im graus / die starcken sind zerhawn.
Die Jungfrawn sind geschändt / und wo wir hin nur schaun
Ist fewr / pest / und todt der hertz und geist durchfehret.
Hier durch die schantz und Stadt / rint alzeit frisches blutt.
Dreymal sindt schon sechs jahr als unser ströme flutt
Von so viel leichen schwer / sich langsam fortgedrungen.
Doch schweig ich noch von dem was ärger als der todt.
Was grimmer den die pest / undt glutt undt hungers noth
Das nun der Selen schatz / so vielen abgezwungen.
(Erstdruck dieser Fassung 1643)

Philipp von Zesen

Eine schillernde Dichterpersönlichkeit des 17. Jahrhunderts ist PHILIPP VON ZESEN. Als Sohn eines lutherischen Pfarrers kommt er 1619 in Priorau bei Dessau zur Welt. Er besucht das Gymnasium in Halle und studiert an der Universität in Wittenberg, wo der berühmte August Buchner als Professor für Poetik und Rhetorik lehrt. Im Jahre 1640 veröffentlicht Zesen seinen *Deutschen Helikon*, die erste zusammenfassende Poetik nach Opitz, die noch zu seinen Lebzeiten mehrfach aufgelegt wird. Nach dem Studium geht er nach Hamburg, gründet dort 1643 die DEUTSCHGESINNETE GENOSSENSCHAFT, deren Erzschreinhalter er ist und die sich mehrheitlich aus Bürgerlichen zusammensetzt. Seine Gesellschaft ist in verschiedene Zünfte unterteilt, und Zesen scheut sich nicht, zwei Frauen zu deren Vorsitzenden zu ernennen: CATHARINA REGINA VON GREIFFENBERG und URSULANE HEDWIG VON FELDHEIM.
Zesen ist ein Rebell; er versucht eine nach phonetischen Gesetzen bestimmte Orthographie durchzusetzen, mit der er vor allem den Vorsitzenden der FRUCHTBRINGENDEN GESELLSCHAFT, den Fürsten von Anhalt-Köthen, provoziert. Der Fürst droht ihm wegen seiner eigentümlichen Sprachauffassung mit Ausschluß aus der Gesellschaft; seine Anhänger bejubeln ihn, seine Gegner

Philipp von Zesen

Fürst Ludwig von Anhalt-Köthen

machen ihn zur Zielscheibe beißenden Spotts. Zesen findet in Amsterdam eine zweite Heimat, wo er viele Jahre lebt und das Bürgerrecht erhält. Für den berühmten Elzevier-Verlag arbeitet er als Korrektor und Übersetzer; so ist er nicht darauf angewiesen, in den Dienst eines deutschen Fürsten zu treten. Die letzten Jahre seines Lebens verbringt Zesen in Hamburg; dort stirbt er im Jahre 1689. Zesens Lyrik zeichnet sich durch eine ungewöhnliche Musikalität aus. Mit spielerischer Artistik erzielt er effektvolle Klang- und Lautwirkungen, die ganz im Gegensatz zu der etwas trockenen Sprache von Opitz stehen. Zesen entwickelt zu seiner bevorzugten Form das Lied, dessen einfaches Schema in reizvollem Kontrast zu seiner Häufung von Binnenreimen, Alliterationen und Assonanzen steht, so in seinem *Maienlied* auf Eleonore von Österreich aus dem Jahre 1653:

Glimmert ihr sterne /
schimmert von ferne /
blinket nicht trübe /
flinkert zu liebe /
dieser erfreulichen lieblichen zeit.

Lachet ihr himmel /
machet ihr getümmel /
regnet uns seegen /
segnet den regen /
der uns in freude verwandelt das leid.

Seine Gedichte wirken leicht; sie sind weder mit der schwermütigen Diesseits/Jenseits-Problematik eines Andreas Gryphius beladen, noch bildet in seinen Liebesgedichten das antithetische Verhältnis von Liebe und Leid in der Tradition Petrarcas das Hauptthema.

Die geistliche Lyrik

Der literarische Barock ist weitgehend lutherischen oder reformierten Ursprungs. Der Religionsstreit zwischen Protestanten und Katholiken tobt sich aus in polemischen Flugschriften, Traktaten und Theaterstücken, die den eigenen Glauben verteidigen und den Andersgläubigen zum Feind erklären. Auf dem Gebiet der lyrischen Dichtung sind das katholische Süddeutschland und Österreich im Vergleich zu den protestantischen Landesteilen Schlesien und Sachsen sowie den norddeutschen Reichsstädten nur wenig produktiv. Eine Ausnahme bilden die katholischen und protestantischen Kirchenlieder, die nachhaltiger gewirkt haben als die übrige Barocklyrik. Sie haben nicht nur die späteren Schmähungen des Barockzeitalters überstanden, sondern gehören auch heute noch zum festen Bestandteil der Kirchengesangbücher oder werden als Volkslieder gesungen.

Paul Gerhardt

Unter den Kirchenlied-Dichtern im 17. Jahrhundert ragt PAUL GERHARDT (1607–1676) heraus. Sein Name lebt fort in bekannten Kirchenliedern wie *Befiel du deine Wege, O Haupt voll Blut und Wunden, Nun ruhen alle Wälder, Die güldne Sonne* und *Geh aus mein Hertz und suche Freud.* Als Sohn eines Gastwirtes und einer Pfarrerstochter im sächsischen Gräfenhainichen geboren, besucht Gerhardt die berühmte Fürstenschule in Grimma und studiert später Theologie in Wittenberg, der Hochburg der lutheranischen Orthodoxie. 1651 wird er zum Propst von Mittenwalde ordiniert; 1657 übernimmt er das Diakonat von St. Nikolaus in Berlin. Hier gerät er in einen Konflikt, denn das kurfürstliche Herrscherhaus ist reformiert, die Kirche lutherisch. Kurfürst Friedrich Wilhelm verlangt von seinen Predigern die Unterzeichnung eines Revers, auf der Grundlage des Toleranzedikts von 1662 jede Polemik zwischen Lutheranern und Reformierten einzustellen. Gerhardt ist ein überzeugter Verfechter des lutherischen Glaubens: Sein »armes Gewissen« erlaubt es ihm nicht zu unterschreiben; er verweigert deshalb die Unterschrift und wird 1667 seines Amtes enthoben. Die letzten Jahre seines Lebens verbringt er vereinsamt als Archidiakonus in Lübben. In Berlin sorgte der Kantor Johann Crüger für die Verbreitung seiner Lieder in Kirchengesangbüchern. Die Berliner Zeit ist der Höhepunkt in Paul Gerhardts Leben und Schaffen. Seinem Sohn gibt er den Rat mit auf den Weg: »Die heilige Theologiam studiere in reinen Schulen und auf unverfälschten Universitäten, und hüte dich ja vor Synkretisten, denn sie suchen das Zeitliche und sind weder Gott noch Menschen treu.« Das kompromißlose Festhalten am lutherischen Glauben wird für Gerhardt zur Existenzfrage. Sein unerschütterliches Bekenntnis zum Luthertum ist dem Zeitgenossen FRIEDRICH VON LOGAU eher suspekt; er schreibt in seinem Epigramm *Glauben*:

Paul Gerhardt

Luthrisch
Päpstisch und Calvinisch
diese Glauben alle drey
Sind vorhanden; doch ist Zweiffel
wo das Christenthum dann sey.

Ähnlich wie der Königsberger Simon Dach findet Paul Gerhardt in seinen Liedern einen einfachen, volkstümlichen Ton. Barock an seinen Gedichten sind der Bilderreichtum, die Reihung von Eindrücken und die Freude an lautmalender Ausdrucksweise. Er ist kein naiver Populist, sondern überrascht durch einen eleganten Stil und die eindringliche Schlichtheit der Bilder:

Die Bäume stehen voller Laub /
das Erdreich decket seinen Staub
Mit einem grünen Kleide:
Narcissus und die Tulipan /
Die ziehen sich viel schöner an
Als Salomonis Seide.

Friedrich von Spee

Spees Entwurf zum Titelblatt

Trotz der Verwendung der Ich-Form wird die Natur nicht stimmungshaft als persönliches Erlebnis aufgefaßt; ihr Lobgesang dient dem Lobgesang eines Höheren:

> Welch hohe Lust / welch heller Schein
> Wird wol in Christi Garten seyn?
> Wie muß es da wol klingen.

Natur hat eine Zeichenfunktion, die auf die Schöpferkraft Gottes hinweist. Gryphius betont die Vergänglichkeit der Welt, Gerhardt kann mit einer verinnerlichten Frömmigkeit, ohne jede Mystik, die Wunder der Natur genießen; sie hat etwas Reales und ist nicht eitler Schein.

Friedrich Spee

Neben Angelus Silesius ist FRIEDRICH SPEE VON LANGENFELD (1591–1635) der wichtigste Vertreter des katholischen Kirchenliedes. Der in Kaiserswerth als Sohn eines Beamten geborene Spee besucht das Kölner Jesuitengymnasium und tritt 1610 in den Jesuitenorden ein. Sein Wunsch, in der Heidenmission eingesetzt zu werden, wird nicht erfüllt; er soll sich in deutschen Landen mit den Ketzern beschäftigen. Spee geht eigene, für die damalige Zeit ungewöhnliche Wege: Er ist der erste Vertreter der katholischen Kirche, der sich in seiner Schrift *Cautio criminalis oder Rechtliches Bedenken wegen der Hexenprozesse* (1631) gegen das unrechtmäßige Verfahren der Hexenprozesse wendet. Seine beiden literarischen Hauptwerke erscheinen erst nach seinem Tode: Das 1649 veröffentlichte *Güldene Tugend-Buch* ist ein seelsorgerisches Erbauungsbuch zur Einübung der christlichen Tugenden; die Liedersammlung *Trutz Nachtigal oder Geistlich-Poetisch Lust-Waldlein*, ebenfalls 1649 erschienen, gilt als sein Hauptwerk. Der Romantiker JOSEPH VON EICHENDORFF spricht von religiösen Minneliedern, denn Spee scheut sich nicht, mit Elementen der petrarkistischen Liebeslyrik und der Schäferdichtung die Jesusminne zu umschreiben. Formal steht Spee ebenso wie Paul Gerhardt der Tradition des Volksliedes nahe. Gewagt ist seine Übertragung der sinnlichen Liebe auf die vergeistigte Liebe, wie etwa in seinem Gedicht *Die gesponß Jesu klaget jhren hertzenbrand*:

> Das Flämlein daß ich meine /
> Ist Jesu süsser nam;
> Eß zehret Marck und Beine /
> Frißt ein gar wundersam.
> O süssigkeit in schmertzen!
> O schmertz in süssigkeit!
> Ach bleibe doch im Hertzen /
> Bleib doch in Ewigkeit.

Mystische Lyrik

Jakob Böhme

Jakob Böhme

Der schlesische Mystiker JAKOB BÖHME (1575–1624) verklärt den Glauben mit anspielungsreicher Natur- und Liebesmetaphorik. FRIEDRICH SPEE nimmt diese Glaubensvorstellung ebenso auf wie ANGELUS SILESIUS und spätbarock QUIRINUS KUHLMANN. Böhme gehörte nicht der gebildeten Literatenschicht an; er war Schuhmacher. Als Autodidakt macht er sich frei von den kirchlichen Dogmen und entwickelt ein eigenes geschichtstheologisches System. Prophetisch verkündet er das Herannahen einer großen eigentlichen Reformation im Zeichen der Lilie. Die babylonische Verwirrung der verschiedenen theologischen Auffassungen soll aufgehoben werden. Seine Weltdeutung ist streng dualistisch: Gut und Böse, Göttlich und Satanisch, Licht und Finsternis liegen im Widerstreit und sollen sich im »Ungrund« der Gottheit aufheben. Mit seinen Auffassungen gerät Böhme in scharfen Widerspruch zur lutherischen Geistlichkeit. Er wird öffentlich diffamiert; seine Werke werden beschlagnahmt. Er erhält Schreibverbot. Trotz dieser Versuche, ihn mundtot zu machen, weil er die Gespaltenheit der Kirche angreift und sich selbst als erleuchtet fühlt, das Heilswerk Gottes zu vollenden, gewinnen Böhmes Ideen Boden durch die Rezeption in Holland und England. Aber auch in Deutschland findet er Nachfolger. Einer von ihnen ist DANIEL VON CZEPKO (1605–1660), der durch seine unorthodoxe geistliche Epigrammatik Aufsehen erregt. In seinem Hauptwerk *Sexcenta Monodisticha Sapientium*, einer Sammlung von 600 Alexandriner-Reimpaaren, beschreibt er den Weg der Seele zu Gott.

Angelus Silesius

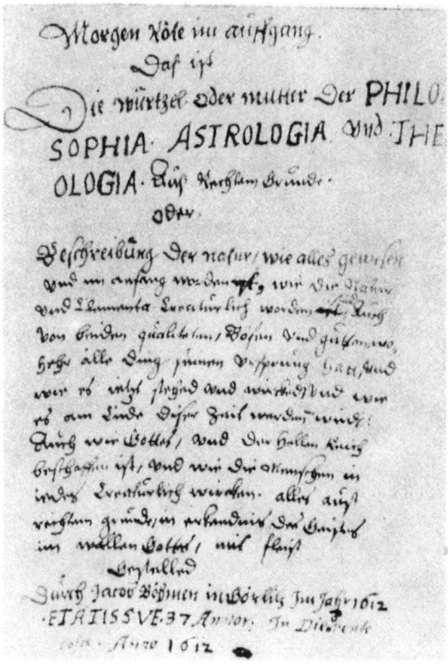

Autograph zu »Morgenröte« (1612)

Durch einen Anhänger Jakob Böhmes wird ANGELUS SILESIUS (1624–1677) mit den Auffassungen der deutschen Mystik vertraut. Sein Geburtsort ist Breslau; in Leiden und Padua studiert Silesius Philosophie und Medizin. Nach den Universitätsjahren kehrt er nach Schlesien zurück und gerät mehr und mehr in Konflikt mit der orthodox-lutherischen Geistlichkeit. Seinen eigentlichen Namen, *Johannes Scheffler*, legt er 1653 bei seiner demonstrativen Konversion zum Katholizismus ab. Angelus Silesius wird ein eifriger Streiter im Dienste der Gegenreformation zur Bekehrung des vorwiegend protestantischen Schlesien. Seine beiden Hauptwerke erscheinen 1657. In der Sammlung *Heilige Seelen-Lust Oder Geistliche Hirten-Lieder der in ihrem Jesum verliebten Psyche* huldigt der Lyriker einer Christus-Erotik, die sich bis zum religiösen Manierismus steigert.
Eine nachhaltigere Wirkung hat das im selben Jahr erschienene epigrammatische Werk *Geistreiche Sinn- und Schlußreime*, in erweiterter Auflage 1675 unter dem Titel *Cherubinischer Wandersmann oder Geistreiche Sinn- und Schlußreime* veröffentlicht. Es wird im 19. und 20. Jahrhundert immer wieder gelesen. Wie ein Signal wirkte auf die deutschen Expressionisten das Epigramm *Zufall und Wesen*:

JEsu du mächtiger Liebes-Gott
Nah dich zu mir:
Denn ich verschmachte fast biß in Tod
Für Liebs-Begiehr:
Ergreiff die Waffen / und in Eil
Durchstich mein Hertz mit deinem Pfeil
Verwunde mich.

Der Spruch

In einem alten Buche
stieß ich auf ein Wort,
Das traf mich wie ein Schlag
und brennt durch meine Tage fort:
. . .
Wenn mich willkommner Traum
mit Sammethänden streicht,
Und Tag und Wirklichkeit
von mir entweicht,
Der Welt entfremdet,
fremd dem tiefsten Ich,
Dann steht das Wort mir auf:
Mensch, werde wesentlich!

(Ernst Stadler, 1914)

Mensch / werde wesentlich! denn wann die Welt vergeht /
So fällt der Zufall weg / das Wesen / das besteht.

ERNST STADLER greift dieses Epigramm 1914 in seinem Lyrikband *Aufbruch* wie eine Losung in dem Gedicht *Der Spruch* auf.

Mit kühner Provokationslust betont Angelus Silesius die Abhängigkeit Gottes vom Menschen, so in seinem berühmten Epigramm *Gott lebt nicht ohne mich*:

Ich weiß / daß ohne mich Gott nicht ein Nu kann leben /
Werd ich zu nicht / er muß von Not den Geist aufgeben.

Catharina Regina von Greiffenberg

Angelus Silesius hat sich mit Jakob Böhme auseinandergesetzt und stark an Daniel von Czepko orientiert. Einen eigenständigen Weg geht CATHARINA REGINA VON GREIFFENBERG (1633–1694). Sie ist die einzige deutsche Dichterin der Barockzeit, deren Werk und Lebensumstände überliefert sind. Frauen dieser Epoche sind bisher für die Forschung geschichts- und gesichtslos geblieben. Daß sie aber mit einer eigenen literarischen Produktion in die Männerwelt vordringen, belegt die heftige Reaktion des Schleswiger Rektors der Domschule, JOACHIM RACHEL (1618–1669), der sich in einer seiner Satiren ereifert: »ein Weib / die Flachs und Woll // Hauß / Keller / Küchen / Magd / und Kind beschikken soll // Hat mehr denn allzuviel in allen beyden Händen«. Die Frau ist im Haushalt ausgelastet; sie besitzt keinen »Männerwitz«. Sie soll das Dichten den Männern überlassen, denn, so warnt der orthodoxe Schulmeister, »den Männern nur gehört die Feder und der Bart«.
Catharina von Greiffenberg wächst in Niederösterreich auf, wird streng lutherisch erzogen und steht damit schon früh im Konflikt mit der Gegenreformation. In Österreich umgibt sie ein Kreis von literarischen Freunden. In ihren späten Jahren wird Nürnberg zum literarischen Bezugspunkt, denn ihr Ehemann vermittelt ihre Gedichte an SIGMUND VON BIRKEN zur Veröffentlichung (*Geistlichen Sonette / Lieder und Gedichte*, 1662). Nach dem Tode ihres Mannes siedelt sie nach Nürnberg über und verbringt dort die letzten 14 Jahre ihres Lebens. Greiffenberg, die vergeblich versucht hat, den Kaiser zum Protestantismus zu bekehren, fühlt sich auf ihrem niederösterreichischen Landsitz wie in »Eine von Aller Ergetzung leer- und unlustvolle Einsamkeit verbannt«. Ihr Nürnberger Förderer, Sigmund von Birken, lobt ihre literarische Bildung: »Diese Dame ist wohl ein Wunder unserer Zeit.« Zuerst brieflich, später persönlich entwickelt sich zwischen Birken und Greiffenberg eine enge, schon pietistisch anmutende Seelenfreundschaft. Die Dichterin ist zwar Vorsitzende der Lilien-Zunft in der DEUTSCHGESINNETEN GENOSSENSCHAFT Zesens, aber in den Nürnberger PEGNESISCHEN BLUMENORDEN wird sie nicht aufgenommen, obwohl dieser der einzige Orden ist, der grundsätzlich auch Frauen aufnimmt, weil, so Birken, »die Natur dieses Geschlechte von der Tugend- und Weißheits-Fähigkeit nicht ausschließe«. Vielleicht wurde sie als ernstzunehmende Konkurrentin aufgefaßt, die

wohl befreundet sein darf mit den Pegnitzschäfern, aber in deren Reihen nichts zu suchen hat.
Catharina von Greiffenberg entwickelt ihren eigenen originellen Stil; ihre geistlichen Sonette durchziehen Gefühle der Einsamkeit und der sozialen Isolation. Ihre gesellschaftliche Unsicherheit überträgt sie auf die Einsamkeit, mit der der protestantische Gläubige vor seinen Gott tritt, aber unbeirrbar im Glauben ist:

ICh stehe Felsen-fest in meinem hohen hoffen.
Die wellen prellen ab an meinem steinern Haubt.

In ihrer mystischen Gottesverehrung durchbricht sie die Grenzen der Sprache, um durch provokante sprachliche Paradoxien und Wortkombinationen die Seele als ›Wunderspiegel‹ Gottes zum Glänzen zu bringen. Sie verbindet die barocke Metaphorik mit einer hohen Musikalität der Sprache, die ihren Sonetten einen elegant-fließenden Ton verleiht:

Über das unaussprechliche Heilige Geistes-Eingeben!

DU ungeseh'ner Blitz / du dunkel-helles Liecht /
du Herzerfüllte Krafft / doch unbegreifflichs Wesen
Es ist was Göttliches in meinem Geist gewesen /
Daß mich bewegt und regt: Ich spür ein seltnes Liecht.

Die Seel ist von sich selbst nicht also löblich liecht.
Es ist ein Wunder-Wind / ein Geist / ein webend Wesen /
die ewig' Athem-Krafft / das Erz-seyn selbst gewesen /
Das ihm in mir entzünd diß Himmel-flammend Liecht.

Du Farben-Spiegel-Blick / du wunderbundtes Glänzen!
Du schimmerst hin und her / bist unbegreiflich klar
die Geistes Taubenflüg' in Warheits-Sonne glänzen.

Der GOtt-bewegte Teich / ist auch getrübet klar!
es will erst gegen ihr die Geistes-Sonn beglänzen
den Mond / dann dreht er sich / wird Erden-ab auch klar.

Quirinus Kuhlmann

Der merkwürdigste Vertreter barocker Mystik ist der in Breslau geborene QUIRINUS KUHLMANN (1651–1689). Kuhlmann entstammt einer Kaufmannsfamilie. Er besucht das Breslauer Magdalenengymnasium und beginnt 1670 ein Jura-Studium in Jena; dann treibt es ihn in die Welt hinaus. Er geht nach Leiden, wo er sich intensiv mit den Schriften JAKOB BÖHMES befaßt und die Bekanntschaft mit dem niederländischen Schwärmer JOHANN ROTHE macht. Böhmes Weissagungen über ein neues Jesus-Reich sind Leitfaden seines Denkens und Handelns. Ein ruheloses Wanderleben führt ihn nach England, Frankreich und in die

Schweiz. Kuhlmann sucht überall Gleichgesinnte auf und bewegt sich in mystischen Zirkeln, die seine Mission von der Endzeit des Lebens und seinen göttlichen Auftrag als neuer Prophet, der den Antichrist stürzen wird, ernst nehmen und unterstützen. Sie finanzieren seine Missionsreisen, auch die große Fahrt in den Jahren 1678/79 nach Konstantinopel, wo er vergeblich den Sultan bekehren will. In Quirinus Kuhlmann bündeln sich alle chiliastischen Vorstellungen des 17. Jahrhunderts in radikaler Ausprägung. Der Zerrissenheit Europas durch die Spaltung der Religionen will er ein neues Reich Gottes entgegensetzen. Als Sohn Christi, als »Jesuel«, will er dieses Werk vollbringen. Schon durch seinen Namen fühlt sich Kuhlmann dazu aufgerufen: Er solle der erhitzten Welt, die sich in Widerspruch zu Gott gebracht hat, »Kühlung« bringen. Dieses ekstatische Bekenntnis ist zusammengefaßt in seinem Hauptwerk *Kühlpsalter* (1684–86). In zehn Büchern und 115 Psalmen ist der *Kühlpsalter* als heiliges Buch gedacht, das die Bibel neben dem Alten und Neuen Testament um ein drittes Buch ergänzt. Der 15. Kühlpsalm, überschrieben *Triumpffunzig betittelt über das herrliche Iesusreich, dessen Anfang das Kühlmannsthum*, ist einer der typischen Triumphgesänge Kuhlmanns, dessen letzte Strophe lautet:

Christian Hoffmann von Hoffmannswaldau

Triumf der Erdkristal! Triumf! traegt heilge Früchte!
Triumf! unsehbar sind! Triumf die Lichtsgesichte!
Triumf! O Freudenfreund! Triumf! so gar behend!
Triumf! Triumf! Triumf! Triumf! der sonder
END.

Kuhlmann erfindet in seinen späteren Psalmen immer neue, exzentrische Worte wie »zentnern« oder »harnischen«; er wählt sinnlich-erotische Bilder, die die unio mystica, die Vereinigung von Seele und Gott, symbolisieren. Er möchte eine Art Ursprache rekonstruieren, die zur Verständigung der wahren Gläubigen in der »Kühl-Monarchie« dienen soll. Neue Wortschöpfungen sollen das Unsagbare doch noch aussprechbar machen. Kuhlmann kämpft mit einer für den Mystiker typischen Sprachnot, die ihn bis an die Grenzen der Ausdrucksmöglichkeiten treibt. Sein Glaubenseifer macht ihn der Ketzerei verdächtig und wird ihm zum Verhängnis. Im Jahre 1689 unternimmt Kuhlmann eine Bekehrungsreise nach Moskau, wo er neue Mitglieder für seine »Kühl-Monarchie« werben will. Sein stärkster Widersacher ist die deutsche lutherische Gemeinde dort. Der frühere Protestant ist in ihren Augen ein Gotteslästerer. Sie bewirken schließlich sein Todesurteil wegen Ketzerei, Verschwörung und Häresie. Am 4. Oktober 1689 wird Kuhlmann in Moskau auf dem Scheiterhaufen verbrannt.

Daniel Casper von Lohenstein

Spätbarocke Lyrik

Die bedeutendsten Vertreter spätbarocker Lyrik sind CHRISTIAN HOFFMANN VON HOFFMANNSWALDAU (1617–1679) und DANIEL CASPER VON LOHENSTEIN (1635–1683), die beide aus Schlesien stammen, weshalb man auch von der ›zweiten schlesischen Schule‹ spricht. Beide sind als Juristen und Beamte tätig und von weitläufigen Bildungsreisen durch Europa geprägt. Der Reichtum ihrer

Allegorien und Metaphern schockierte die Aufklärer so nachhaltig, daß sie ein jahrhundertelang nachwirkendes Verdammungsurteil auslösten. Dabei läßt sich ihre Lyrik keineswegs allein als emphatisch-schwülstige Übersteigerung abtun. Auch sie stehen in der Tradition Petrarcas und Marinos; sie sind keine bloßen Nachahmer oder manieristischen Tändler. Der Reiz ihrer Gedichte beruht auf einem virtuosen Spiel, das geistreich und frivol die alten Liebesdichtungen parodiert, eine Form der Ironie, zu der die Aufklärer keinen Zugang finden. Ein Beispiel dafür ist Hoffmannswaldaus Sonett *Vergänglichkeit der schönheit*:

Herrn
von Hoffmannswaldau
und andrer Deutschen
auserlesener
und
bißher ungedruckter
Gedichte
erster theil/
nebenst
einer vorrede
von der deutschen Poesie.

Mit Churfl. Sächs. Gn. PRIVILEGIO.
LEIPZIG/
Bey Thomas Fritsch 1697.

Es wird der bleiche tod mit seiner kalten hand
Dir endlich mit der zeit um deine brüste streichen /
Der liebliche corall der lippen wird verbleichen;
Der schultern warmer schnee wird werden kalter sand /
Der augen süsser blitz / die kräffte deiner hand /
Für welchen solches fällt / die werden zeitlich weichen /
Das haar /das itzund kan des goldes glantz erreichen /
Tilgt endlich tag und jahr als ein gemeines band.
Der wolgesetzte fuß / die lieblichen gebärden /
Die werden theils zu staub / theils nichts und nichtig werden /
Denn opffert keiner mehr als diß muß endlich untergehen /
Diß und noch mehr als diß muß endlich untergehen
Dein hertze kan allein zu aller zeit bestehen /
Dieweil es die natur aus diamant gemacht.

Hoffmannswaldau nimmt sich die »guten Erfindungen«, die von den »Welschen« kommen, zum Vorbild.
Nach dem Vorbild Marinos sollen »stupor« und »meraviglia«, Staunen und Verblüffung, beim Leser hervorgerufen werden. Die Prinzipien »carpe diem« und »momento mori« werden in enge Beziehung zueinander gesetzt. Durchaus im Geiste des Zeitalters ist die Verbindung von sinnlichen Genüssen und Warnung vor der Vergänglichkeit des irdischen Seins: dialektische Wechselbeziehungen, die sich durch Hoffmannswaldaus und Lohensteins Lyrik ziehen. Der spätbarocke Poet will durch Scharfsinn und Erfindungsreichtum sein Lesepublikum entzücken. Überraschende Schlußwendungen – vor allem in den Epigrammen – sind eines ihrer Stilmittel. Die späte Lyrik des 17. Jahrhunderts markiert einen Endpunkt in der Bearbeitung und Auseinandersetzung mit der italienischen und französischen Renaissance-Poesie. Vorläufer der galanten Poesie deuten sich an; die Schriftsteller des Übergangs, wie JOHANN CHRISTIAN GÜNTHER (1695–1723), entwickeln in ihrer Lyrik einen freieren, weniger durch Traditionen diktierten Ausdruck.

»Das Ziel des Dichters ist das Wunderbare. Wer nicht zu verblüffen weiß, soll Pferde striegeln gehen.«

Giambattista Marino

DRAMA

Das 17. Jahrhundert ist im europäischen Maßstab das Jahrhundert der großen Dramatiker: in England WILLIAM SHAKESPEARE; in Frankreich PIERRE CORNEILLE, JEAN RACINE und MOLIÈRE; in Spanien LOPE DE VEGA und CALDERÓN DE LA BARCA; in den Niederlanden JOOST VAN DEN VONDEL. Deutsche Dramatiker von vergleichbarem Rang gibt es zu dieser Zeit nicht. Barocke Trauer- und Lustspiele sind heute kaum noch bekannt; sie werden auf keiner Bühne mehr aufgeführt, sind aus dem Repertoire verschwunden. Im 17. Jahrhundert dagegen hatten Drama und Theater auch in Deutschland als Ausdruck des Lebensgefühls der Epoche große Bedeutung. Im Selbstverständnis der Zeit wurde das irdische Leben als ein großangelegtes Theaterspiel verstanden, in dem sich die Scheinhaftigkeit der Wirklichkeit spiegelte. Vondel, der Vorbild für die deutschen Dramatiker war, schrieb 1638: »Die Welt ist eine Schaubühne, jeder spielt seine Rolle und bekommt seinen Anteil.« SIGMUND VON BIRKEN bestätigt diese Weltsicht 1669 in seiner Vorrede zu dem heroisch-galanten Roman von ANTON ULRICH VON BRAUNSCHWEIG, *Aramena*:

Die Welt ist eine Spiel-büne / da immer ein Traur- und Freud-gemischtes Schauspiel vorgestellet wird: nur daß / von Zeit zu Zeit / andere Personen auftretten.

Das selbstbewußte, herausfordernde Lebensgefühl der Renaissance-Zeit hat sich verflüchtigt; vor dem Hintergrund der großen kriegerischen Auseinandersetzungen prägt Unbeständigkeit das irdische Dasein. Die launische Fortuna und die Vorsehung bestimmen das Leben der Menschen, nicht der individuelle Willensakt.

O ihr albern Menschen / die ihr euer Glücke, euer Klugheit / und eure gute Wercke eurem freyen Willen zueignet. Beydes hängt an den Ketten des unveränderlichen Verhängnüsses / welches durch die Sternen die Menschen / wie ein Gauckler die Tocken [Puppen] durch verborgene Dräte beweget.

LOHENSTEIN beschreibt die Vorstellung einer überindividuellen Existenz der Menschen, die sich wie Marionetten auf der Weltbühne bewegen. Die Rollen sind festgelegt, die Schauspieler austauschbar. Sie erfahren keine psychologische Differenzierung. Der Mensch ist eingebettet in eine strenge gesellschaftliche Hierarchie von oben und unten; es bleibt kein Spielraum für individuelle Entfaltung. Für das Verständnis des 17. Jahrhunderts wird das Schauspiel zum adäquaten Mittel der Darstellung von Wirklichkeit und Schein, während für den heutigen Menschen das barocke Drama lehrhafte Erstarrung in pompöser Verpackung darstellt. Finden die deutschen Barockdramen heute auch keinen Eingang mehr in die Theaterspielpläne, so erreichten sie doch im 17. Jahrhundert – verglichen mit der Lyrik oder dem Roman damals – breite Schichten der Bevölkerung: Neben dem Hoftheater wurden an den Gymnasien regelmäßig Schauspiele aufgeführt; auf Jahrmärkten unterhielten die Wandertruppen das einfache Volk mit ihrem Spiel.

Historische Vorform für das barocke Drama ist das humanistische Schuldrama, das seit der ersten Hälfte des 16. Jahrhunderts in katholischen wie protestantischen Gymnasien gepflegt wurde. Die Lehrer der Schulen waren verpflichtet, jährlich mit ihren Schülern ein Drama zur Aufführung zu bringen, das meist auch vor dem Hof oder den Bürgern der Stadt gespielt wurde. Die Stücke orientierten sich an den weltlichen Komödien von PLAUTUS und TERENZ oder bearbeiteten biblische Themen. Es waren Dramen in lateinischer Sprache, die die Schüler in der gepflegten Benutzung der antiken Sprache und der gewandten Rhetorik unterweisen sollten; für das Publikum, das des Lateinischen nicht mächtig war, wurden gedruckte Inhaltsangaben, sogenannte Periochen oder Synopsen, ausgegeben.

Bühne englischer Komödianten (Stich von 1672)

Einfluß des ausländischen Theaters

Besondere Ausstrahlung auf das deutsche Barocktheater haben englische Komödiantentruppen. Im Elisabethanischen Zeitalter hatten sich in England zahlreiche berufsmäßige Schauspieltruppen zusammengeschlossen, die im Lande selbst nicht mehr genügend Auskommen fanden und deshalb auf den Kontinent vordrängten, wo es in der Regel noch keine Berufsschauspieler gab.
1585 spielt erstmals eine englische Komödiantengruppe am dänischen Hof in Kopenhagen. Im Oktober 1586 wird dieselbe Truppe vom Neffen des dänischen Königs, dem Kurfürsten Christian II., an seinen sächsischen Hof geholt; die englischen Komödianten bleiben neun Monate in den fürstlichen Diensten. Andere Truppen folgen, spielen auf der Frankfurter Herbstmesse und durchziehen bald das ganze Land. Da die Truppen zunächst ihre Stücke (u. a. freie Bearbeitungen von Shakespeare und Marlowe) in englischer Sprache vortragen, wählen sie zum besseren Verständnis, aber auch zur Erheiterung des deutschen Publikums vergröberte, drastische Darstellungen. Blutrünstig muß es zugehen, um die Zuschauer bei Laune zu halten. Ein anschauliches Beispiel dafür ist die Bearbeitung von SHAKESPEARES *Titus Andronicus.* Titus bestraft die beiden Söhne der Kaiserin, weil sie seine Tochter geschändet, ihr Zunge und Hände abgeschnitten haben, damit sie weder sprechend noch schreibend die Namen ihrer Henker preisgeben kann:

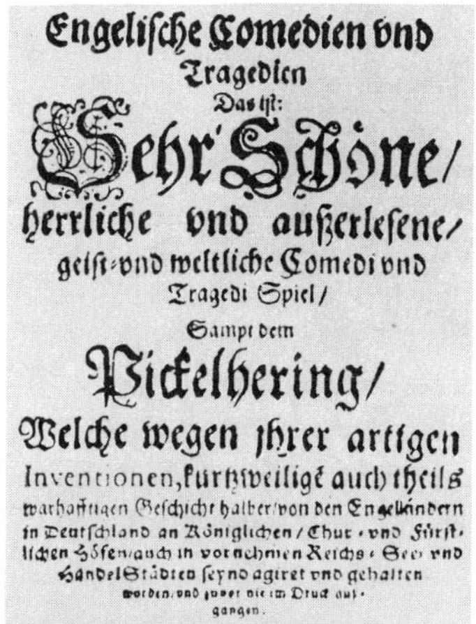

Engelische Comedien vnd
Tragedien
Das ist:
Sehr Schöne/
herrliche vnd außerlesene/
geist- vnd weltliche Comedi vnd
Tragedi Spiel/
Sampt dem
Pickelhering/
Welche wegen jhrer artigen
Inventionen, kurtzweilige auch theils
warhafftigen Geschicht halber/ von den Engelländern
in Deutschland an Königlichen/ Chur- vnd Fürstlichen Höfen/ auch in vornehmen Reichs- See- vnd
HandelStädten seynd agiret vnd gehalten
worden/ vnd zuvor nie im Druck außgangen.
An jetzo/
Allen der Comedi vnd Tragedi Liebhabern/ vnd Andern zu lieb vnd gefallen/ der Gestalt
in offenen Druck gegeben/ daß sie gar leicht darauß
Spielweiß/ widerumb angerichtet/ vnd zur Ergetzligkeit vnd
Erquickung des Gemüths gehalten werden können.
Gedruckt im Jahr M.DC.XX.

»Englische Comedien und Tragoedien« (1620)

Ja jetzt habe ich ein heimlichen Rath bei mir erdacht, worin ich alle meine Feinde fangen will, vnd meinen Muth wiederumb genugsam an sie kühlen.

(jetzt kömpt einer, bringet ihm ein scharffes Scheermesser und ein Schlacht-Tuch, er macht das Tuch vmb, gleich als wenn er schlachten wil)

Gehe auch geschwinde hin vnd hole ein Gefäß. (gehet hin) Und du kom mit denselben Mörder, den du hast hieher, vnd halte jhm seine Gurgel herüber, daß ich sie kan abschneiden. (Bringt Gefäß) Und kom du hie mit deinem Gefäß, halt es ihme unter die Gurgel vnd fange alles Blut darein.

(Der elteste Bruder wird erstlich herüber gehalten, er wil reden aber sie halten jhm das Maul zu. Titus schneidet jhm die Gurgel halbe abe. Das Blut rennet in das Gefäß, legen ihn, da das Blut ausgerennet, todt an die Erden.)

Nun kom du andrer auch heran. Halt jhn ebenso die Gurgel herüber.

(Er weigert sich heftig zum Tode, wil reden, aber sie halten jhm das Maul zu. Titus schneidet jhm die Gurgel, das Blut wird aufgefangen, darnach todt an die Erde gelegt.)
Nun habe ich jhnen die Gurgel beyde halb abgeschnitten, was ich aber nun geschlachtet, darüber wil ich selber Koch seyn, die Häupter wil ich gar klein zuhacken vnd sie in Pasteten backen, worauf ich denn den Keyser sampt jhrer Mutter zu Gaste bitten wil, vnd alsobald ein Friedensboten nach dem Keyser schicken. Jhr aber nempt alßbald die Cörper vnd bringet sie mir in die Küchen.

Pickelhering

Solche Blutorgien sind nicht nur Bestandteil der Volksstücke, auch in der hohen Tragödie darf das Blut in Strömen fließen. So wie öffentliche Hinrichtungen oder Verbrennungen von Hexen als vergnügliches Spektakel großen Zulauf aus allen Schichten hatten, so werden auch auf der Bühne Blutrausch und drastische Mordszenen als ergötzlich empfunden.
Das burleske Element wird verstärkt durch die Einführung des Clowns, der bald schon deutsch spricht und die Zuschauer als »Junker Stockfisch« oder »Pickelhering« zum Lachen reizt. Tragische und komische Elemente dürfen in den Volksstücken munter gemischt werden; die Opitzschen Festlegungen gelten nicht. Zur Freude der Zuschauer wird das Volkstheater mit effektvollen Akrobatikeinlagen angereichert. Aufführungsort ist meist der Marktplatz; nur in Ausnahmefällen wird vor dem Hof gespielt. Neu für die deutschen Verhältnisse ist auch die größere Beweglichkeit der Bühne, die durch einen Mittelvorhang in eine Vorder- und eine Hinterbühne unterteilt ist, so daß überraschende Szenenwechsel möglich werden.
Im Süden Deutschlands und in den österreichischen Gebieten gewannen vor allem die italienischen Truppen der Commedia dell'arte Einfluß. Die burlesken Figuren der italienischen Commedia, die durch Kostüm, Sprache und Gestik genau definiert sind, bevölkern das Lustspiel. Langsam verdrängt der italienische Harlekin den niederdeutschen Pickelhering.

Commedia dell'arte auf der deutschen Wanderbühne

Aus Italien kommt eine weitere epochemachende Neuerung, die das höfische Theater erobert: die Oper. Wiederum ist es Martin Opitz, der 1627 das erste Opernlibretto von Ottavio Rinuccini, *Dafne* (1594), ins Deutsche überträgt; die Musik komponiert Heinrich Schütz (die Partitur ist verschollen). In der zweiten Hälfte des 17. Jahrhunderts entfaltet sich auch in den kleineren Residenzen eine verschwenderische Festkultur; für Turniere, Feuerwerke, Pferdeballette, Maskenbälle werden Unsummen ausgegeben. Im Mittelpunkt dieser höfischen Repräsentation steht aber die Oper, fast ausschließlich getragen von italienischen Komponisten, Gesangsvirtuosen und Bühnenbildnern, die für schwindelerregende Gagen importiert werden. Die Welt des irdischen Scheins wird lustvoll gefeiert. Das Bürgertum ist lange Zeit von diesen Vergnügungen ausgeschlossen. 1678 wird in Hamburg das erste Opernhaus eingeweiht, das einem zahlenden Publikum zugänglich ist. Elemente der Oper und des Singspiels, Arien und Ballette dringen jetzt auch ins Schauspieltheater ein; schon bald sind musikalische Einlagen in den Zwischenakten, gleichgültig ob sie zu dem aufgeführten Stück passen oder nicht, beim Publikum so beliebt wie die Harlekinaden, die sonst die Pausen und Kassen füllen. Im süddeutschen Raum übernimmt das Jesuitentheater viele der aufwendigen Ausstattungseffekte, mit denen die höfische Oper prunkt.

Spätantike Vorbilder

Eine dritte bestimmende Anregung für das barocke Theater geht von den Tragödien des spätantiken Philosophen und Dramatikers SENECA (um 4 v. Chr. – 65 n. Chr.) aus. Die griechischen Klassiker – AISCHYLOS, SOPHOKLES, EURIPIDES – werden in Deutschland nicht direkt, sondern über den Umweg der Bearbeitungen durch den Römer Seneca rezipiert. Im Jahre 1593 besorgt der holländische Jesuit MARTIN DELRIO eine Ausgabe der zehn Tragödien Senecas, die im 17. Jahrhundert auf das Jesuitendrama wie auch auf das schlesische Kunstdrama nachhaltigen Einfluß ausübt. GRYPHIUS und LOHENSTEIN werden bewundernd von ihren Zeitgenossen als ›deutscher Seneca‹ gelobt. Stilformen Senecas, wie beispielsweise knappe, pointierte Antithesen im Dialog, Wortspiele, üppige Metaphorik oder die Kunst der Anspielung, entsprechen dem Stilgefühl des 17. Jahrhunderts und werden deshalb als Vorbild angenommen.
Formal orientiert sich das Barockdrama an der aristotelischen Einheit von Ort, Zeit und Handlung. Es ist in fünf Akte gegliedert mit Zwischenspielen, sogenannten »Reyen«; dominierende Versform ist der paarweise gereimte Alexandriner.

Jesuitentheater

Während im Bereich der barocken Lyrik die Protestanten dominieren, nehmen die Katholiken durch das Jesuitendrama eine wichtige Rolle im Schauspiel ein. An den Jesuitenschulen wird das Schuldrama zur höchsten Kunstfertigkeit entwickelt, weil es ein besonders wirksames Instrument der gegenreformatorischen Propaganda der katholischen Kirche ist. Der Jesuitenorden weitet seinen Einfluß von Bayern und Österreich über die Rheinlande und Westfalen bis nach Schlesien aus; vor allem Schlesien soll vom Irrglauben der lutherischen Ketzer befreit werden, denn Schlesien gehört zum österreichischen Hoheitsgebiet und muß politisch wie religiös gegen den Einfluß der protestantischen brandenburgischen Kurfürsten verteidigt werden.
Mit lehrhaften Stoffen über Tugend und Laster, mit Märtyrer- und Heiligendramen, mit rührseligen Bekehrungsgeschichten eröffnet das Jesuitendrama den Weg zur Umkehr, zur Rückkehr in den Schoß der katholischen Kirche. Dabei wird nicht mit einer gleichnishaften Verherrlichung des Habsburger Reiches als realer Utopie für die Gläubigen gespart.

Avancini, »Pietas victrix«, Bühnenkupferstich (Wien 1659)

Wegbereiter und wichtigster Repräsentant des Jesuitendramas ist JAKOB BIDERMANN (1578–1639). Als Lehrer seines Ordens wirkt er in Augsburg, Ingolstadt und München. 1622 wird Bidermann vom Papst als Bücherzensor in den Vatikan berufen. Sein bekanntestes Theaterstück ist der *Cenodoxus*, das im Jahre 1602 in lateinischer Sprache abgeschlossen und 1635 wegen des großen Erfolges von JOACHIM MEICHEL ins Deutsche übertragen wird.
Cenodoxus, ein hochgelehrter und berühmter Doktor in Paris, genießt die Hochachtung der Gesellschaft, weil er durch seine Klugheit und seinen christlichen Lebenswandel besticht. Aber Cenodoxus ist nur äußerlich ein Vorbild, obwohl ihn seine Umgebung als Wohltäter feiert. In Wirklichkeit ist er eitel, hof-

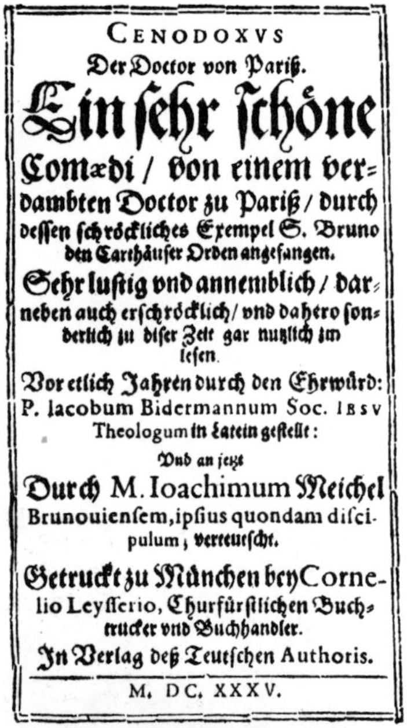

CENODOXVS
Der Doctor von Pariß.
Ein sehr schöne
Comædi / von einem ver=
dambten Doctor zu Pariß / durch
dessen schröckliches Exempel S. Bruno
den Carthäuser Orden angefangen.
Sehr lustig vnd annemblich / dar=
neben auch erschröcklich / vnd dahero son=
derlich zu diser Zeit gar nutzlich zu
lesen.
Vor etlich Jahren durch den Ehrwürd:
P. Iacobum Bidermannum Soc. IESV
Theologum in Latein gestellt:
Vnd an jetzt
Durch M. Ioachimum Meichel
Brunouiensem, ipsius quondam disci-
pulum, verteutscht.
Getruckt zu München bey Corne-
lio Leysserio, Churfürstlichen Buch=
trucker vnd Buchhandler.
In Verlag deß Teutschen Authoris.
M. DC. XXXV.

CENODOXUS UND DER HEILIGE BRUNO, Skulptur der Brüder Asam (1734)

färtig und heuchlerisch. Sein scheinbar tugendhaftes Leben führt er nur, um zu gefallen. Eigenliebe und Hochmut sind die treibenden Kräfte seines Handelns. Er mißachtet die eindringlichen Warnungen der guten Mächte, die ihn auf den rechten Weg zurückführen möchten. Im letzten Akt kommt es zu einer apokalyptischen Gerichtsszene: Bei seinem Tode wird er zur ewigen Hölle verurteilt. Seine Freunde, die den hochgeachteten Mann voller Trauer zu Grabe tragen, erschreckt Cenodoxus, indem er sich plötzlich noch einmal aufrichtet und seine Verdammnis verkündet. Sein Freund Bruno weiß keinen anderen Rat, als seine Freunde aufzufordern, die Welt zu fliehen und als Büßer in die Einsiedelei zu gehen.
Der *Cenodoxus* ist das katholische Gegenstück zum lutherischen *Doktor Faustus.* Beides sind Kampfschriften gegen den Übermut der Gelehrten, die glauben, durch ihr Wissen allmächtig zu sein. Gelehrtenwissen und Glauben stehen sich als zwei feindliche Kräfte gegenüber und lassen sich nicht in Einklang bringen. Geschickt am dramatischen Aufbau des Stückes ist die Mischung von burlesken Szenen zu Beginn und der tiefernsten Wendung am Schluß. Die Wirkung einer Aufführung dieses Stückes im Jahre 1609 in München überliefert die Vorrede zur Ausgabe der Bidermann-Werke (1666):

So ist bekannt, daß der »Cenodoxus«, der wie kaum ein anderes Theaterstück den ganzen Zuschauerraum durch so fröhliches Gelächter erschütterte, daß beinahe vor Lachen die Bänke brachen, nichtsdestoweniger im Geiste der Zuschauer eine so große Bewegung wahrer Frömmigkeit hervorrief, daß, was hundert Predigten kaum vermocht hätten, die wenigen diesem Schauspiel gewidmeten Stunden zustande brachten. Es haben sich nämlich von den Allervornehmsten der Bayrischen Residenz und der Stadt München im ganzen vierzehn Männer, von heilsamer Furcht vor dem die Taten der Menschen so streng richtenden Gott erschüttert, nicht lange nach dem Ende des Spiels zu uns zu den Ignatianischen Exerzitien (also in den Jesuitenorden) zurückgezogen, worauf bei den meisten eine wunderbare Bekehrung folgte.

Das Jesuitendrama entfaltet im Unterschied zum herben protestantischen Schuldrama eine lebendige Unmittelbarkeit durch die Übernahme von Musik- und Ballett-Einlagen aus der italienischen Oper. Die karge Bühne des alten Humanistendramas verwandelt sich durch eine aufwendige Bühnenmaschinerie und farbige Beleuchtung in ein aufregend-effektvolles Spektakel.

Trauerspiel

Das barocke Trauerspiel der schlesischen Dichterschule – vertreten durch ANDREAS GRYPHIUS, DANIEL CASPER VON LOHENSTEIN, JOHANN CHRISTIAN HALLMANN und AUGUST ADOLF VON HAUGWITZ (1645–1707) – bildet literarisch den Höhepunkt der Barockdramatik. In Märtyrer- und Tyrannen-Dramen wird die Vergänglichkeit von Macht und irdischem Glanz meist in historischem Gewande auf die Bühne gebracht. Entsprechend der Nachahmungstheorie von ARISTOTELES soll das dargestellte historische Ereignis möglichst wahrheitsgetreu wiedergegeben werden. Aber diese Forderung wird im schlesischen Kunst-

drama nur bedingt verwirklicht. Statt Naturnachahmung wird ein schwerfälliger Apparat gelehrter Quellen für die Authentizität des Geschehens den Dramen mitgeliefert. Die Personen sind keine Individuen, die eine psychologische Entwicklung durchmachen; sie sind festgelegte, typenhafte Repräsentanten ihres Standes. Im Gegensatz zu LESSING, der gut hundert Jahre später in seiner *Hamburgischen Dramaturgie* den sogenannten ›gemischten‹ Charakter entwickelt – Bühnengestalten, die mehrdeutig und widersprüchlich in sich sind –, bleiben die Figuren des Barocktheaters starre Exempel. Der Märtyrer, der das Tugendideal verkörpert, wird schroff dem Tyrannen gegenübergestellt, der durch maßlose Leidenschaften hervortritt.
Nach MARTIN OPITZ soll die Tragödie

> nur von königlichem willen / todschlägen / verzweifflungen / Kinder und vätermördern / brande / blutschanden / kriege und auffrur / klagen / heulen / seuffzen und dergleichen

handeln. Das Trauerspiel soll »Schröcken und Mitleiden« erregen, zu einem Zwecke, den Opitz folgendermaßen formuliert:

> wir lernen aber darneben auch durch stetige Besichtigung so vielen Creutzes und Ubels des andern begegnet ist / das unserige / welches uns begegnen möchte / weniger fürchten unnd besser erdulden.

Titelkupfer zur Gesamtausgabe von 1657

Das christlich-stoische Ideal der »constantia«, die Beherrschung der Affekte, die im krassen Gegensatz zu dem höfischen Intrigenspiel, den Verwirr- und Täuschungsversuchen, den Mord- und Totschlagszenen des Trauerspiels steht, ist das lehrhafte Ziel der Dramen. In ihnen wird beispielhaft der Schein der Welt vorgeführt.

Andreas Gryphius

Nach den Regeln von MARTIN OPITZ, nach dessen exemplarischen Übersetzungen von SENECAS *Troerinnen* (1625) und der *Antigone* (1636) von SOPHOKLES bringt ANDREAS GRYPHIUS als erster das Trauerspiel zu großer Blüte. Während seines sechsjährigen Aufenthalts in Holland beschäftigt er sich mit den Dramentheorien von HEINSIUS und lernt das Werk des holländischen Dramatikers VONDEL kennen. Auf seinen Reisen nach Frankreich wird er mit dem französischen Klassizismus konfrontiert. CORNEILLE ist eine Herausforderung für ihn. Gleich in seinem ersten Drama *Leo Armenius oder Fürsten-Mord* (entstanden 1646, gedruckt 1650) grenzt sich Gryphius von der französischen Klassik ab: Im Märtyrerdrama dürfen keine Liebesverwicklungen die Handlung bestimmen. Sinnlichkeit gilt als barbarische Leidenschaft, die die Vernunft trübt und vom eigentlichen Gehalt, dem Verhältnis von irdischer Macht und göttlicher Heilsordnung, ablenkt. Was SHAKESPEARE oder die französischen Dramen so wirkungsvoll macht, die tragischen Verwicklungen durch Leidenschaften, verbannt Gryphius aus dem Trauerspiel.
Während im Jesuitendrama moraltheologisch argumentiert wird, entwirft Gry-

phius ein geschichtstheologisches Weltbild. In seinem Trauerspiel *Leo Armenius oder Fürsten-Mord* handelt er den Zusammenhang von Macht und Machtmißbrauch am Beispiel der byzantinischen Kaisergeschichte ab. Kaiser Leo, selbst durch Gewalt auf den Thron gekommen, verliert ihn wieder an Michael Balbus, den gewalttätigen Verschwörer gegen die kaiserliche Macht. In seiner Sterbestunde sucht Leo Zuflucht beim Kreuz. Aus dem Tyrannen wird ein Märtyrer. Streng realpolitisch gedacht und gehandelt, kann sich Herrschaft nur durch Gewalt behaupten. »Wo Zepter / da ist Furcht!« heißt es lakonisch im *Leo Armenius*, und

> Was ist der hof nunmehr als eine Mördergruben?
> Als ein Verräther platz? ein Wohnhauß schlimmer Buben.

Eine Erkenntnis, die für das 17. Jahrhundert unabänderlich ist. Verblüffend an diesem und anderen Trauerspielen ist die schonungslose Darstellung der feudalen Machthaber als gewalttätiger, korrupter Regenten. Verblüffend deshalb, weil diese Kritik nicht den Feudalismus anprangern will, sondern die Barockschriftsteller sich im Gegenteil als Verteidiger fürstlicher Herrschaft verstehen. Das Oben und Unten der Gesellschaft ist Teil des göttlichen Plans. Ist der Fürst ein Tyrann, so kann er auch zum Märtyrer werden, doch niemals verliert er seine herrschaftliche Größe. Die Ordnung ist gesetzt und wird akzeptiert. Das Rad

Titelkupfer zu Lohensteins »Cleopatra« (1680)

der Fortuna stürzt die Fürsten in Abgründe und hebt sie auf den Thron; ihre absolute Legitimation bleibt davon jedoch unangetastet. Die Darstellung brutaler Herrschaft dient der Läuterung von Fürst und Untertan; sie zieht Macht nicht in Zweifel. Die Welt, so wie sie ist, ist in Ordnung.
In seinem zweiten, 1657 veröffentlichten Drama, *Catharina von Georgien oder Bewehrete Beständigkeit*, verwandelt Gryphius ein aktuelles Geschehen, den Martertod der Königin von Georgien als Gefangener des persischen Schahs Abas im Jahre 1624, in ein lehrhaftes »Beyspill unaussprechlicher Beständikeit«, ein allgemein gültiges Vorbild für *constantia.* Die christliche Catharina verweigert sich der Liebe ihres mohammedanischen Unterdrückers. Er bietet ihr die Krone an, aber sie bleibt standhaft und wählt den Märtyrertod. An den Zuschauer gewandt, fordert Gryphius auf:

> Verlacht mit ihr / was hir vergeht.
> Last so wie Sie das wehrte Blutt zu Pfand:
> Und lebt und sterbt getrost für Gott und Ehr und Land.

Catharina bleibt ihrem Volk und ihrer Religion treu; das Ewige bedeutet ihr mehr als die Schätze des Vergänglichen:

> Was diser baut: bricht jener Morgen ein!
> Wo itzt Paläste stehn
> Wird künfftig nichts als Graß und Wiese seyn
> Auff der ein Schäffers Kind wird nach der Herde gehn.

Catharina, die selbst eine grausame Herrscherin war und Reichtümer durchaus zu schätzen wußte, kann bruchlos zur Märtyrerin werden. Die irdische Liebe des Schahs vermag sie keinen Augenblick lang zu verführen; sie schöpft all ihre Sicherheit aus ihrem Glauben. Catharina muß keine Wandlung durchmachen; sie entspricht der barocken Vorstellung, daß Tyrann und Märtyrer in einer Person verkörpert sein können.

Daniel Casper von Lohenstein

Komplizierter und rätselhafter sind die Dramen von DANIEL CASPER VON LOHENSTEIN. Seine sogenannten »afrikanischen« Trauerspiele *Cleopatra* (1661) und *Sophonisbe* (1666, gedruckt 1680) verlassen den Bereich der barocken Tyrannen- und Märtyrergeschichte. Es geht um das innerweltliche politische Macht- und Intrigenspiel; Liebe und Staatsräson bestimmen die Handlung. Der Ablauf der Dramen ist höchst verwickelt und effektvoll angereichert durch Täuschungsmanöver, Scheintod, Blutopfer, Tränenorgien und Blutbäder. Cleopatra und die nordafrikanische Königin Sophonisbe sind ehrgeizige, machthungrige Frauen, die mit dämonischer Leidenschaft ihre Ziele verfolgen. Beide scheitern, beide sterben durch Selbstmord; sie sind nicht Opfer ihrer Tugend, sondern ihrer Lebens- und Machtgier. Obwohl Lohenstein besonders in den weiblichen Hauptgestalten jede Geradlinigkeit des Typus aufgibt und leiden-

Titelkupfer zu Lohensteins »Arminius« (1689)

schaftliche, abgründige Charaktere auf die Bühne bringt, bleibt sein Ideal doch geprägt von der barocken Vorstellungswelt. Die positive Gestalt in *Sophonisbe* ist der mit keinen Lastern und Affekten behaftete Scipio, der Repräsentant des Römischen Reiches: »Ich bin ein Mensch wie du / doch der Begierden Herr.« Und an anderer Stelle heißt es:

> Im Uhrwerck unsers Thuns muß die Vernunfft's Gewichte /
> Das Auge Weiser sein. Denn wer dem Irrwisch-Lichte /
> Der scheinbarn Wollust folgt / versincket in Morast.

Gryphius behandelt allgemein das Thema von Herrschaft, Lohenstein verfolgt konkrete Absichten. Im Schlußreyen der *Sophonisbe* wird der politische Bezug zu Kaiser Leopold I. hergestellt, der als Vertreter des Heiligen Römischen Reiches die Weltgeschichte in Zukunft bestimmen wird: Der Christ siegt über die afrikanischen Heiden.

Johann Christian Hallmann

Titelkupfer zu Hallmanns »Theodoricus«

In der Nachfolge Lohensteins ist JOHANN CHRISTIAN HALLMANN (um 1640–1704 oder 1716) eine der schillerndsten Figuren unter den barocken Dramatikern. Er stammt aus schlesischem Patriziergeschlecht, besucht das Breslauer Magdalenengymnasium, studiert Jura und läßt sich als Advokat nieder. Nach seiner Konversion zum Katholizismus siedelt er nach Wien über und wird später, wieder in Breslau, Leiter einer Theaterwandertruppe. Der späteren Forschung, darunter auch WALTER BENJAMIN, ist er suspekt; sein Stil gilt als zwanghaft überladen, seine Theaterstücke als pompöse Bühnenspektakel. Man ist sich nicht einig, ob Hallmann ein heruntergekommenes Genie oder ein gewitzter Lakai der Herrschenden war. Mißtrauen erregt, daß sein Schäferspiel *Adonis und Rosibella*, das er zur Hochzeit Kaiser Leopolds I. verfaßt, ihm 1673 die Türen öffnet zu zwei Audienzen beim Kaiserpaar.

Hallmann überrascht sein Publikum, indem er die strenge Form des barocken Trauerspiels durchbricht. In seinen Stücken *Theodoricus Veronensis* (1666), *Mariamne* (1670) oder *Catharina, Königin von England* (1671) leitet nicht mehr die Schicksalsmacht Fortuna den Fall der Tyrannen ein. Metaphysische Verstrikkungen wie bei Gryphius lösen sich auf; der Sturz der Tyrannen ist psychologisch in der jeweiligen Person begründet. Damit verliert bei Hallmann das Trauerspiel seinen lehrhaften Charakter als Welttheater der Vergänglichkeit. Persönlich motivierte Intrigen bestimmen die Handlung; das allegorisch Typenhafte der hochbarocken Tragödie ist bei Hallmann überwunden. Er zeichnet Menschen, die oft unschuldig vom Schicksal gebrochen werden und den Zuschauer rühren sollen.

Mit welcher Eigenwilligkeit und Originalität Hallmann barocke Stoffe umgestaltet und in »Hoch-Teutsche Poesie« setzt, tritt am deutlichsten in seinem ›Trauer-Freuden-Spiel‹ *Die merckwürdige Vater-Liebe Oder Der vor Liebe sterbende ANTIOCHUS Und Die vom Tode errettende STRATONICA* hervor, 1669 in Breslau erstmals aufgeführt, 1684 im Druck erschienen. Der betagte

König Seleucus Nicanor, König von Syrien, heiratet nach dem Tode seiner ersten Frau die schöne Stratonica. Sein Sohn aus erster Ehe, Antiochus, fällt in eine rätselhafte Krankheit. Er flieht in den Wald, um sich davon zu befreien. Stratonica versucht vergeblich, den schwermütigen Prinzen zu trösten, er erkrankt nun tödlich und wird ohnmächtig zurück auf die Burg getragen. Der besorgte Vater läßt einen weisen Arzt kommen. Dieser erkennt, der Sohn ist unheilbar an Liebesschmerz zu Stratonica, der Frau des Vaters, erkrankt. Behutsam klärt der Medicus Seleucus über die Ursache der Krankheit seines Sohnes Antiochus auf. Statt rasender Eifersucht und einem fürchterlichen Strafgericht zeigt der alte König eine geradezu übermenschliche Größe und Weitsicht, indem er »ohnverzug durch willigste Abtretung der Stratonicen seinem vor Liebe sterbenden Sohne die traurigen Grabes-Kertzen in angenehme Hochzeits-Fackeln verwandelt«. Seleucus tritt seine Frau an den Sohn ab. Der Chor der Reyen stimmt über diesen Ausgang des Trauer-Freuden-Spiels in einen Jubel- und Lobgesang ein, denn die Weltordnung gehorcht keinem allgemeinen Prinzip mehr, sie läßt eine persönlich beglückende Lösung zu:

Frontispiz zu »Antiochus und Stratonica« (1684)

O Wunderwerck! Die Liebe trotzt den Tod!
Des Vaters Gunst macht lebend seinen Sohn!
Glueck zu! Glueck zu! so schwindet Ach und Noth!
...
Seht / wie noch mehr sich VaterLieb' erhitzt!
Seleucus gibt dem Sohn auch Cron und Stab.
Glueck zu! Glueck zu! So wird der Thron gestuetzt /
Ob gleich Seleuc fällt ins beschwaertzte Grab!
Wol diesem Fuerst / der noch bey seinem Leben
Den rechten Erbprintz sieht um seinen Purpur schweben.
...
Nun zeiget sich das wahre Paradieß!
Wie ruht so sanfft diß schoene Goetter Paar!
Antiochus ist seiner Braut gewiß!
Schlafft / Engel / schlafft ohn' eintzige Gefahr!
Glueck zu! Glueck zu! Schlafft / Engel / in die Wette /
Daß sich in Rosen kehr' eur gueldnes PurpurBette.

Formal experimentiert Hallmann mit allen Mitteln der Theaterkunst. Er verwendet operettenhafte Einlagen, Singspiele, Ballett und sogar Feuerwerke in seinen Stücken. Er baut burleske Szenen aus der Commedia dell'arte und den Volksstücken der Wandertruppen in seine Trauerspiele ein. Die ganze Bühnenmaschinerie wird zum Einsatz gebracht, um Geistererscheinungen, Blitz und Donner möglichst effektvoll auf die Bühne zu zaubern. Hallmann entfaltet die volle Pracht des barocken Schauspiels; seine Trauerspiele sind Höhepunkt des schlesischen Kunstdramas und kündigen zugleich eine neue Auffassung an, die auf die Aufklärung vorausweist.

Christian Weise

Auch CHRISTIAN WEISE (1642–1708), der Schulmeister aus Zittau, löst mit seinem *Trauer-Spiel Von dem Neapolitanischen Haupt-Rebellen Masaniello, präsentiret in Zittau den 11. Febr. 1682* die strengen Regeln des barocken Trauerspiels auf: Statt hoher Standespersonen bringt er das gemeine Volk auf die Bühne; seine Titelfigur Masaniello ist ein armer Fischer. Weise schreibt sein Drama in Prosa und nicht mehr im alexandrinischen Versmaß. Historisches Vorbild ist der Aufstand des Tommaso Aniello im Jahre 1647 gegen die korrupte neapolitanische Herrschaft. Im 19. Jahrhundert verarbeitet DANIEL FRANÇOIS ESPRIT AUBER diesen Stoff in seiner Oper *Die Stumme von Portici* (1828). Eine Brüsseler Aufführung im Jahre 1830 wirkt so aufrüttelnd, daß das Publikum anschließend auf die Straße stürmt und eine Revolution entfacht, die die Loslösung Belgiens von Holland bewirkt.
Christian Weise liefert eine Interpretation dieses historischen Aufstandes, die ganz dem feudalabsolutistisch bestimmten Weltbild des 17. Jahrhunderts verpflichtet bleibt und die bestehende Ordnung nicht antastet. Ungewohnt für das Trauerspiel ist jedoch, daß Weise sehr realistisch das Elend und die Not der unteren Volksschichten schildert, die durch Steuerpressung ihrer letzten Habe beraubt werden. Er malt in grellen Farben die Korruption und Rechtsbrüche des neapolitanischen Vizekönigs und die Brutalitäten des machtgierigen Adels. Gegen diese Herrschaftsbrut führt der arme Fischer Masaniello das Volk in einem Aufstand an. Das Volk siegt und errichtet seine eigene Herrschaft, aber es ist der Macht nicht gewachsen. Die neuen Volksvertreter bereichern sich wie die alten; Masaniello entwickelt sich zu einem rasenden Tyrannen. Vorausahnend bemerkt ein Bürger von Neapel:

»Ach bruder / gedencke mir nicht an den Adel: er schweigt itzo stille / und läst euch außrasen: aber ich fürchte / sie werden eine Karte mit einander mischen / dabey mancher seine Ehre / sein Gut und sein Blut verlieren möchte. Ach! warum leben wir nicht friedlich? hat uns GOtt eine schwere Last aufgeleget / so ist es besser unrecht leiden / als unrecht thun. Und wenn wir uns lange widersetzen / so werden wir doch wider GOttes Willen nimmermehr zu freyen Leuten gerathen.«

Die protestantische bürgerliche Moral bricht hier durch. Jeder hat seinen festen Platz in der absolutistischen Gesellschaft, in der die Fürsten Herrscher von Gottes Gnaden sind. Dagegen aufzubegehren ist Gotteslästerung. Das Trauerspiel endet mit der Wiederherstellung der alten Ordnung. Für die Fürsten ist der Aufstand eine Mahnung, ihre Macht nicht zu mißbrauchen, sondern eine vernünftige und sozial gerechtere Regierung auszuüben; für das Volk vermittelt der Aufstand die Erfahrung, daß es nicht zur Herrschaft geboren ist und sich bescheiden soll.
Weise, der sich die Freiheit nimmt, einen Stoff zu verarbeiten, in dem nicht ein feudaler Tyrann den anderen stürzt, sondern das Volk unter der Führung eines armen Fischers zum Motor des Geschehens wird, bleibt der Vorstellung verhaftet, daß nur die Fürsten das Recht auf Herrschaft besitzen. Doch auch wenn er den feudalen Absolutismus als einzig mögliche Herrschaftsform begreift, sind

bei ihm neue Akzente gesetzt, die im Sinne eines aufgeklärten Absolutismus auf die Frühaufklärung hindeuten. Herrschaft an sich ist fragwürdig geworden; sie muß sich durch »eine gute Ordnung / dadurch ein gemeines Wesen wol regieret / in guten Wachsthum erhalten / vor aller besorglichen Gewalt verwahret ... wird« legitimieren und das Volk »glückselig« machen.

Lustspiel

Weise vermischt bereits durch seine Personen Trauer- und Lustspiel; das einfache Volk darf auftreten. Bei Bidermann gibt es im *Cenodoxus* ebenfalls ›Stilbrüche‹ im Sinne von Opitz, weil er es wagt, auch in das Trauerspiel komische Szenen einzubauen. Gryphius hält im Lustspiel die Ständeklausel streng ein: Nur die ›niederen‹ Stände dürfen auftreten; als ›niedere‹ Stände sind sie entsprechend derb und roh in ihrer Ausdrucksweise. Die Komik des barocken Lustspiels speist sich aus dem Widerspruch von Sein und Schein, aus dem vergeblichen Versuch, die Standesschranken zu überwinden. Martin Opitz hatte die Inhalte für das Lustspiel vorgegeben:

Kupferstich (um 1730)

Die Comedie bestehet in schlechten [schlichten] wesen und personen; redet von hochzeiten, gastgeboten, spielen, betrug und schalckheit der knechte, ruhmrätigen Landtsknechten, buhlersachen, leichtfertigkeit der jugend, geitze des alters, kupplerey und solchen sachen, die täglich unter gemeinen Leuten vorlauffen.

Am bekanntesten ist Gryphius' Lustspiel *Horribilicribrifax. Teutsch. Wehlende Liebhaber*, geschrieben in den Jahren nach Ende des Dreißigjährigen Krieges, im Druck erscheinen 1663. Gryphius verspottet die großmäuligen Offiziere – Vorbild dazu ist der *miles gloriosus* aus den Komödien des Plautus – ebenso wie die Möchtegern-Gelehrten. Mit übermütigen Sprachspielen persifliert er die hohe Sprache, die er selbst in seinen Trauerspielen verwendet. Als Beispiel eine Unterhaltung zwischen dem Hauptmann Dara-diri-datum-tarides Windbrecher von Tausend Mord und zwei Untergebenen:

Dara: Don Diego rücket uns den Mantel zurechte, Don Cacciadiavolo, daß das Ostliche Theil des Bartes mit der West-Seiten nicht allzuwol übereinkomme.

Don C.: Großmächtigster Hr. Capiten, es ist kein Wunder! die Haare der lincken Seiten sind etwas versenget von den Blitzen seiner Feuerschiessenden Augen.

Gryphius karikiert mit Witz die gestelzte Sprache des Trauerspiels; es durchsetzt die Reden seiner Personen mit einem bunten Sprachengemisch, Abbild der in den Kriegswirren herumziehenden fremdländischen Truppen. Nicht nur die Sprache, auch Inhalte des barocken Weltbildes werden parodiert. Den metaphysischen Zusammenhang zwischen Liebe und Tod bringt Gryphius in einer Begegnung zwischen dem Hauptmann Don Horribilicribrifax von Donnerkeil auf Wüsthausen – so sein voller Name – und der von ihm angebeteten Dame Coelestina in mutwilliger Verdrehung auf die Bühne:

Coel.: Mein Herr Capitain, er muß uns so gewogen nicht seyn, wie er vorgibt, sintemahl er uns so bald den Tod wünscht?

Horr.: Den Tod? La morte? Io rimango petrificato dalla meraviglia? Ey da behüte mich der Blitz von diesem glorwürdigsten Degen für dergleichen Gotteslästerung!

Coel.: Er verwündschte uns unsterbliche Glückseligkeit.

Horr.: Certo, si. Nichts anders.

Coel.: Selbige erlangen wir, wie ich weiß in dem ewigen Leben. Dazu können wir nicht eingehen, als durch den Tod.

Horr.: Meine Schöne ist unüberwindlich so an Scharffsinnigkeit, als an Schönheit . . .

Ein zweiter Handlungsstrang des Lustspiels sind verwickelte Liebesintrigen und Liebesspiele, die schließlich glücklich mit sieben geeinten Paaren enden. Der Diener Florian kommentiert: »Hochzeiten über Hochzeiten! was werde ich Marcepan bekommen!«

Schon Gryphius persifliert im Lustspiel das Pathos des Barock. Bei CHRISTIAN REUTER (1656 – nach 1712), einer Übergangsfigur vom Barock zur Frühaufklärung, führt das Lustspiel weg vom Hof und der höfischen Umgebung in das Milieu des Kleinbürgertums. Autobiographische Erlebnisse aus seiner Leipziger Studentenzeit geben den Stoff für eine neue gesellschaftskritische Satire.

ROMAN

Im 17. Jahrhundert ist die Gattung des Romans wenig verbreitet; eine entwickelte Romantheorie existiert noch nicht. Rein quantitativ bleibt die Romanproduktion weit zurück hinter der Lyrik und dem Drama. Wenn FRIEDRICH VON LOGAU über seine Zeit in einem Epigramm schreibt, »des Bücherschreibens ist so viel / man schreibt sie in Haufen«, so bezieht sich dies nicht auf den Roman. Noch gegen Ende des Jahrhunderts werden jährlich kaum mehr als sechs bis acht Romane, Romanübersetzungen inbegriffen, verlegt.

Wie das Drama dieser Zeit, hat auch der barocke Roman zwei unterschiedliche Typen ausgebildet, die auf verschiedenen Ebenen angelegt sind. Im höfisch-historischen Roman wird der Leser in die Welt des Hofes geführt; Personen von Stande verstricken sich in Liebes- und Staatsaffären. Im Schelmen- oder Pikaroroman begegnen dem Leser Bauern, Handwerker, einfache Soldaten und Tagelöhner. Die ersten sprechen ernst und getragen in hohem Ton, die anderen scheuen nicht vor Derbheiten, zotigen Anspielungen und der Schilderung der alltäglichen Gemeinheiten zurück. Führt der heroische Roman die idealisierte

Welt des exklusiven Feudalabsolutismus vor, so taucht der Schelmenroman ein in die Wirklichkeit mit ihren Kriegsgreueln und ihrer bitteren Armut für breite Schichten der Bevölkerung.

Schelmen- oder Picaroroman

Der Schelmen- oder Picaroroman erzählt aus der Perspektive eines Ich-Erzählers die Lebensgeschichte eines Vagabunden. In der Aneinanderreihung vieler einzelner Episoden wird Abenteuer an Abenteuer geknüpft; mit Schläue und Gewitztheit trotzt der Held den Widrigkeiten des alltäglichen Lebens und findet seinen eigenen Weg, sich in der Welt der Großen durchzusetzen. Als einer, der von unten kommt, kann er sich nur durch Listen, scheinbare oder wirkliche Naivität und mehr oder weniger große Spitzbübereien behaupten. Der Schelm ist Betrüger und Betrogener; daraus beziehen die Lebensläufe ihren Witz. Moralische und ethische Skrupel sind zweitrangig, wenn es darum geht, eine realistische Überlebenstechnik zu entwickeln. Der Schelmenroman spielt in der unmittelbaren Gegenwart, der Welt wird satirisch der Spiegel vorgehalten, die Ich-Form suggeriert Wirklichkeitsnähe und verleiht dem Erzählten größere Authentizität.
Vorbild für den deutschen Schelmenroman ist der spanische Picaroroman *La vida de Lazarillo de Tormes y de sus fortunas y adversidades*, von einem unbekannten Verfasser im Jahre 1554 veröffentlicht. Anonym blieb der Verfasser vermutlich wegen der ungenierten antiklerikalen Tendenz des *Lazarillo*. Die erste deutsche Übertragung erscheint in Augsburg 1617; es ist eine gereinigte Fassung, in der alle Angriffe gegen die katholische Lehre und kirchlichen Institutionen getilgt sind. Schon zwei Jahre vorher übersetzt ÄGIDIUS ALBERTINUS den Roman *Vida y hechos del picaro Guzmán de Alfarache* (1591) von MATEO ALEMÁN, der in Spanien in kurzer Zeit 26 Auflagen erreichte; die deutsche Fassung erlebt innerhalb von sechs Jahren nach ihrem Erscheinen fünf Auflagen. Weitere Übersetzungen von spanischen Picaroromanen folgen. Anregend wirkt auch der französische Roman *Das Leben des Francion* von CHARLES SOREL (1632), der 1668 ins Deutsche übertragen wird und aus dem GRIMMELSHAUSEN einige Episoden in seinen *Simplicissimus* übernimmt. Der volkstümliche Schelmenroman trifft in Deutschland auf ein vorbereitetes Publikum und wird deshalb begierig aufgenommen. Schwanksammlungen – wie etwa von JÖRG WICKRAM – und Volksbücher – wie der *Eulenspiegel* (1515) – sind Ende des 16. Jahrhunderts für die damalige Zeit viel gelesene Bücher. Freilich waren sie einem breiten Publikum nicht zugänglich, denn noch 1690 schreibt Adrian Beier in seinem *Kurtzen Bericht von der Nützlichen und Fürtrefflichen Buch-Handlung*, daß »der gemeine Hauffe den Buchladen nicht viel kothig machet«.
Eine Fortsetzung findet das Genre der Volksbücher und Schwänke im 17. Jahrhundert in den Zeitsatiren von JOHANN MICHAEL MOSCHEROSCH (1601–1669). Höhepunkt dieser Gattung sind die Romane von HANS JAKOB CHRISTOFFEL VON GRIMMELSHAUSEN (1621/22–1676) und JOHANN BEER (1655–1700). Den größten und nachhaltigsten Erfolg löst Grimmelshausen durch die Beschreibung der Abenteuer des Simplicius Simplicissimus aus. Innerhalb weniger Jahre

Titelkupfer zur Ausgabe 1683/84

kommen sechs Auflagen auf den Markt, und noch bis in die Mitte des folgenden Jahrhunderts nutzen geschäftstüchtige Buchhändler den Titel des Buches, um ähnliche Schriften gewinnbringend unters Publikum zu bringen. Grimmelshausens Roman erscheint 1668, vordatiert auf 1669, unter dem Pseudonym German Schleifheim von Sulsfort und trägt gemäß der barocken Tradition den aufwendigen Titel

Der Abentheuerliche Simplicissimus Teutsch / Das ist: Die Beschreibung deß Lebens eines seltzamen Vaganten / genant Melchior Sternfels von Fuchshain / wo und welcher gestalt Er nemlich in diese Welt kommen / was er darinn gesehen / gelernet / erfahren und außgestanden / auch warumb er solche wieder freywillig quittirt. Überauß lustig / und männiglich nutzlich zu lesen.

Hans Jakob Christoffel von Grimmelshausen

Die Lebensdaten des heute wohl bekanntesten Barockschriftstellers HANS JAKOB CHRISTOFFEL VON GRIMMELSHAUSEN sind nur ungenau überliefert. Er wird 1621 oder 1622 im hessischen Gelnhausen, einer lutherischen Reichsstadt, geboren und wächst bei seinem Großvater, einem Bäcker, auf. Sein Lebenslauf hebt sich stark ab von den Biographien der gelehrten Dichter seiner Zeit. Grimmelshausen ist ein Außenseiter; das lassen ihn auch seine zeitgenössischen Kritiker unmißverständlich spüren. In seinem *Satyrischen Pilgram*, zwei Jahre vor dem *Simplicissimus* geschrieben, zitiert Grimmelshausen einen seiner literarischen Widersacher:

> Man weiß ja wohl dass Er selbst nichts studirt, gelernet noch erfahren: sondern so bald er kaum das ABC begriffen hatt / in Krieg kommen / im zehenjährigen Alter ein rotziger Musquedirer worden / auch allwo in demselben liderlichen Leben ohne gute disciplin und Unterweisungen wie ein anderer grober Schlingel / unwissend Esel / Ignorant und Idioth, Bernheuterisch uffgewachsen ist.

Die Biographie Grimmelshausens, der nach kurzer Schulzeit den Soldatenrock anzog und bis zum Westfälischen Frieden an verschiedenen Feldzügen teilnahm, hat in der Tat nichts gemein mit der sorgfältigen Ausbildung zum poeta doctus seiner Schriftstellerkollegen. Er hätte doch, empfiehlt ein Kritiker, nach 1648 besser die Muskete in der Hand behalten, denn ein einfacher Roßbub werde eher General als ein guter Bücherschreiber. Wo Grimmelshausen seine literarische Ausbildung erfährt, ist nicht bekannt, wohl aber, daß er eine beachtliche Bibliothek von 150 Büchern besitzt. Für einen Mann, der nicht in höheren Diensten steht, sondern sich als Rechnungsführer, als Verwalter durchschlägt, schließlich eine Gastwirtschaft in Gaisbach im Ortenau-Kreis aufmacht und die letzten Lebensjahre in Renchen eine Schultheißenstelle bekleidet, für einen Mann, der zehn Kinder zu ernähren hat, sind die Ausgaben für eine solche Bibliothek eine teure Angelegenheit. Um eine Ausgabe seines *Simplicissimus* kaufen zu können, hätte er mehr als eine Woche arbeiten müssen. Der Mutter, die ihm vorwirft, er sei zu verschwenderisch bei seinen Buchausgaben, antwortet er: »Liebe Mutter / besser um Bücher als verspielt. Ich hab doch sonst kein Freud in der Welt als lesen.«

Früher wurde Grimmelshausens *Simplicissimus* oft als autobiographischer Entwicklungsroman gedeutet. Eine genauere Beschäftigung mit dem Werk ergibt jedoch, daß sich keines der Erlebnisse aus dem Krieg authentisch belegen läßt. Der Roman ist kein autobiographisch-historisches Dokument, sondern schildert – durchaus im Sinne der Zeit – die Wechselfälle des Lebens in einem exempla-

Zwei Radierungen aus dem Jahre 1671

rischen Sinn. Der einfältige, d. h. unschuldige Simplicissimus tritt in die Welt ein: Als Zehnjähriger wird er von vagabundierenden Soldaten vom väterlichen Hof im Spessart vertrieben und findet Aufnahme bei einem alten Eremiten, der ihn zwei Jahre lang erzieht und ihm Lesen und Schreiben beibringt. Nach dem Tod des Einsiedlers gerät Simplicissimus durch Zufall in die Hände des Hanauer Stadtkommandanten und wird später von umherstreifenden Kroaten entführt. Nach seiner Befreiung dient er als Knecht eines Dragoners in einem Kloster, danach bei den Kaiserlichen Truppen, wo er sich als ›Jäger von Soest‹ auszeichnet. Er gerät in Gefangenschaft, wird später in Köln zu einer unliebsamen Ehe gezwungen und reist nach Paris, Wien und Moskau. Simplicissimus gewinnt ein Vermögen und verliert es ebenso schnell wieder; nach all diesen Irrfahrten durch die Welt zieht er sich schließlich als Eremit zurück.

Schon als Knabe hat Simplicissimus ein einschneidendes Erlebnis: Er wird in Narrenkleider gesteckt, aber als Narren erweisen sich die, die er belustigen soll. Durch Teufelsspuk soll er in ein Kalb verwandelt werden. Der Junge macht das böse Spiel mit, obwohl er es durchschaut, »doch ließ ichs mich nicht mercken / sondern lachte in die Faust / daß diese / so mich zum Narren machen sollten / meine Narren seyn musten«. Der Narr besitzt die Freiheit, im Schutze seiner Torheit die Gesellschaft lächerlich zu machen und sich auf subtile Weise zu rächen. Groteske Abenteuer mischen sich im *Simplicissimus* mit tiefsinnigen Deutungen und Reflexionen. Das Kriegsgeschehen interpretiert Grimmelshausen als Kampf aller gegen alle, symbolisiert im Bild des mythischen Weltenbaums:

Dahero war ein unauffhörliches gegrabel und auffklettern an diesem Baum / weil jeder gerne an den obristen glückseeligen Orten sitzen wolte ... die unterste / was Ehrgeitzig war / hofften auf der obern Fall / damit sie an ihren Ort sitzen möchten ... Als ich zusah / bedauchte mich / all die jenige Bäume / die ich sahe / wären nur ein Baum / auff dessen Gipfel sasse der Kriegs-Gott Mars und bedeckte mit deß Baums Aesten ganz Europam: Wie ich davor hielte / so hätte dieser Baum die gantze Welt überschatten können / weil er aber durch Neid und Haß / durch Argwohn und Mißgunst / durch Hoffart / Hochmut und Geitz / und andere dergleichen schöne Tugenden / gleich wie von scharffen Nord-Winden angewehet würde / schiene er gar dünn und durchsichtig / dahero einer folgende Reimen an den Stamm geschrieben hat:

Die Stein-Eych durch den Wind getrieben und verletzet,
Ihr eigen Aest abbricht / sich ins Verderben setzet;
Durch innerlich Krieg / und brüderlich Streiten
Wird alles umbgekehrt / und folget lauter Leid.

Die zeitkritischen satirischen Anspielungen durchzieht bei Grimmelshausen ein schroffer Dualismus zwischen Seele und Welt. Simplicissimus kann in dieser Welt nicht der reine Tor bleiben; sein rauhes Soldatenleben verführt ihn zu Raub und Mord. Am Schluß fragt er sich:

O mein arme Seel was hastu von dieser gantzes Räiß zu wegen gebracht? diß hast du gewonnen: Ich bin arm an Gut / mein hertz ist beschwerdt mit Sorgen / zu allem guten bin ich faul / träg und verderbt / und was das allerelendeste / so ist mein Gewissen ängstig und beschwert / du selbsten aber bist mit vielen Sünden überhäufft und abscheulich besudelt / . . . nichts ist das mich erfreut / und über diß alles / bin ich mir selber feind.

Der Romanheld verläßt die Welt, die eine verkehrte Welt ist. Es gibt utopische Gegenwelten im Roman, aber diese verlegt Grimmelshausen in die Zukunft oder in geographisch entrückte Gegenden. In der wirklichen Welt bestimmt das Rad der Fortuna die Geschichte; der Mensch kann sich aus Schuld und Verstrickung nicht lösen. Während in den älteren Picaroromanen der Held seine Abenteuer aus Verwegenheit sucht, sind die Erlebnisse des Simplicissimus mitbestimmt und bewertet durch die christliche Glaubenslehre.
Der große Erfolg dieses Romans bewegt Grimmelshausen, noch im Jahr des Erscheinens eine *Continuatio*, eine Fortsetzung zu den ersten fünf Büchern, als 6. Buch zu schreiben. Durchaus ironisch stellt er hierin fest, daß die Einsiedelei vielleicht doch nicht das Rechte sei; sie verführe zum Müßiggang und mache bequem. Aber auch der neuerliche Versuch, sich der Welt zuzuwenden, endet in der Eremitage, diesmal auf einer fernen Insel – eine frühe Form der Robinsonade.
Grimmelshausen läßt weitere Simplicianische Schriften folgen: *Trutz Simplex: oder Ausführliche und wunderseltzsame Lebensbeschreibung der Ertzbetrügerin und Landstörtzerin Courasche* (1670), *Der seltzsame Springinsfeld* (1670) und *Das wunderbarliche Vogel-Nest* (1672/75), aber keine dieser Schriften erreicht eine so große Popularität wie die Abenteuer des Simplicissimus.

Titelkupfer zur Ausgabe von 1683/84

Johann Beer

In der Nachfolge von Grimmelshausen steht JOHANN BEER (1655–1700), der ihm ebenbürtig in der Fabulierlust ist und zwischen 1677 und 1685 zwanzig Romane schreibt, die er alle unter Pseudonymen veröffentlicht. Erst zu Beginn der dreißiger Jahre unseres Jahrhunderts lüftet der Literarhistoriker RICHARD ALEWYN das Geheimnis der Pseudonyme: Der als Hofmusiker in der Musikgeschichte längst bekannte Beer steckt dahinter. Beer ist gebürtiger Österreicher, aber des protestantischen Glaubens wegen verläßt die Familie die Heimat und zieht nach Regensburg. Er studiert Theologie in Leipzig, macht aber als Musiker Karriere am Hof des Herzogs von Sachsen-Weißenfels. In seinen musiktheoretischen Schriften setzt sich Beer mit dem zeitgenössischen Musikleben und der sozialen Stellung des Musikers auseinander; hier veröffentlicht er unter seinem bürgerlichen Namen. Als Romanschriftsteller greift er das Simplicissimus-Thema in seinem Werk *Der Symplicianische Welt-Kucker* (1677–79) auf; die Reihung abenteuerhafter Szenen und Episoden orientiert sich am Vorbild des Schelmenromans. Über Grimmelshausen hinausgehend, verändert sich bei Beer die pessimistische Weltsicht des Barock zu einer weltzugewandten Freude am Leben. Sein Roman *Die Kurtzweiligen Sommer-Täge* (1683) beginnt mit einer fast heiteren Schilderung:

ES war heisser Sommer / und die hefftigen Sonnenstrahlen entzogen viele Menschen von ihren Geschäften. Der Wandersmann muste sich öffters unter die schattigsten Bäume setzen / und den meisten Theil seiner Reise lächzend zubringen ... In solchem Sommer-Wetter vergesellschafften sich etliche von Adel / ihr Leben auf das frölichste zuzubringen.

Bei Beer wird der Held nicht mehr wurzellos in der Gesellschaft hin und her getrieben; er ist sozial eingebettet. Das Eremitendasein ist keine Entsagung, sondern mutet eher wie eine romantische Schäferei an. Die Personen erfahren eine individuelle Charakterisierung; die verschiedenen Lebenssituationen werden mit realistischer Detailtreue beschrieben. Elemente des Picaroromans und des höfisch-galanten Romans mischen sich bei ihm: Der adlige Freundeskreis übernimmt aus Launenhaftigkeit Züge des lockeren Vagantenlebens; die Vaganten wollen seßhaft werden. Mit ungetrübter Sinnenlust, ohne die Obsessionen des Vanitas-Gedankens oder die Last weltlicher Sünden will Beer »allen Liebhabern der Zeit-verkürtzenden Schriften ... zu sonderlicher Belustigung« verhelfen.

Christian Weise

Zu den Picaroromanen zählt auch der ›politische‹ Roman, dessen wichtigster Vertreter CHRISTIAN WEISE ist. ›*Politisch*‹ meint hier weltmännisch, klug, tüchtig – die Erfahrungen in der Welt sind Lehrbeispiel für eigenes vernünftiges Handeln. In dem Roman *Die drey ärgsten Ertz-Narren In der gantzen Welt* (1672) muß ein junger Erbe, laut Testament seines Vaters, einen Saal im ererbten Schloß mit den Porträts der drei ärgsten Narren ausmalen lassen. Um zu erfahren, welches wohl die größten Narren wären, begibt er sich mit zwei Begleitern auf eine Art Bildungsreise. Sie begegnen einem ganzen Panoptikum von verschrobenen Figuren; Abenteuer reiht sich an Abenteuer, in kleinen Skizzen werden die Torheiten der Menschen ironisiert. Neu daran ist, daß sich der Held nicht verliert; er bleibt vielmehr Beobachter, will lernen und Erfahrungen sammeln. Weises Roman findet beim Publikum großen Anklang, so daß er eine Fortsetzung verfaßt: *Die drey Klügsten Leute in der gantzen Welt* (1675). Aber die *Ertz-Narren* bleiben der bevorzugte Lesestoff; bis zum Jahre 1710 erscheinen zehn Auflagen dieses Romans.

Höfisch-historischer Roman

Der höfisch-historische Roman ist im Gegensatz zum Picaroroman fest in den Traditionen und Wertvorstellungen des 17. Jahrhunderts verwurzelt, die sich in Spanien schon ein Jahrhundert früher ausgebildet hatten. Er ist ein getreues Spiegelbild der Adelsgesellschaft und ihres dynastisch-genealogischen Denkens. In ihm entfaltet sich die Welt kontinentüberspannend wie auf einem großen Welttheater. Liebesverzückung und Abenteuerrausch treiben die Handlung voran; die Realität des Krieges ist weit entrückt.
Das Grundschema der höfisch-historischen Romane folgt einem festen Muster: In einem kompliziert verschlungenen Nebeneinander verschiedener Liebespaa-

re gibt es ein fürstliches Hauptpaar, das durch höfische Intrigen und die Launen der Fortuna auseinandergebracht wird. Jede der beiden fürstlichen Personen hat für sich eine Reihe von Gefahren, Versuchungen, Täuschungen und Enttäuschungen zu durchleben; beide müssen sich durch *constantia* bewähren, so daß sie schließlich wieder glücklich zueinanderfinden. Auch die anderen Paare sind von verhängnisvollen Schicksalsschlägen verfolgt; die Handlungsstränge ihrer Liebesgeschichten werden kunstvoll in die Haupthandlung eingeschoben und tragen zu Verzögerungen oder Spannungssteigerungen bei. Am Ende entwirren sich alle Knoten: Haupt- und Nebenpaare vereinen sich in einem harmonischen Gesamt-Tableau von Glückseligkeit.
Hauptvorbild für den deutschen höfischen Roman ist der *Amadis*-Roman des Spaniers GARCÍ ORDÓÑEZ DE MONTALVO, der um 1500 lebte. Die Liebesabenteuer des Prinzen Amadis gelangen in verschiedenen Um- und Neubearbeitungen nach Frankreich und finden meist über Frankreich den Weg nach Deutschland. Der mit märchenhaften Zügen ausgestattete große Liebesroman spielt zwar im höfischen Milieu, ist aber frei von normsetzenden Moralvorstellungen. Das ändert sich im 17. Jahrhundert. SIGMUND VON BIRKEN präzisiert in seiner ›Vor-Ansprache‹ zum Roman *Aramena* von ANTON ULRICH VON BRAUNSCHWEIG-WOLFENBÜTTEL die erzieherische Funktion des höfischen Romans:

Ja sie sind rechte Hof- und Adels-Schulen / die das Gemüte / den Verstand und die Sitten recht adelich ausformen / und schöne Hofreden in den mund legen. Sie lehren / durch vorstellung des unbestands menschlichen glückwesens / ... der gestrafften tyranney und untugend ... wie man das gemüete / von den gemeinen meinungen des adels-pöbels läutern / und hingegen mit Tugend und der wahren Weißheit adeln müsse.

Für Aufsehen sorgt in der ersten Hälfte des 17. Jahrhunderts der englische Roman *Argenis* des katholischen Humanisten JOHN BARCLAY (1582–1621). Argenis, eine sizilianische Königstochter und Erbin der Macht, ist umschwärmt von Liebhabern, eigennützigen und uneigennützigen. In einem raffinierten Balanceakt zwischen Staatsräson und Tugend und nach Überwindung vieler Widrigkeiten setzt sich der wahrhafte Liebhaber durch. 1621 erscheint der Roman in lateinischer Sprache, dem französischen König Ludwig XIII. gewidmet; 1626 überträgt MARTIN OPITZ das Werk ins Deutsche. Das rein sinnliche Vergnügen am Amadis-Roman wird im 17. Jahrhundert pädagogisch aufbereitet; der Leser erhält Anschauungsunterricht im rechten höfischen Benehmen. Klassischer Vertreter des höfischen Romans ist HERZOG ANTON ULRICH VON BRAUNSCHWEIG-WOLFENBÜTTEL.

Anton Ulrich von Braunschweig-Wolfenbüttel

Wolfenbüttel wurde unter der Regentschaft des Vaters von Anton Ulrich, August dem Jüngeren, zu einem kulturellen Mittelpunkt. Die Fürstenkinder erhielten eine sorgfältige Ausbildung. Anton Ulrich (1633–1714), der zweite Sohn und spätere Regent, schreibt neben zahlreichen Singspielen und dramatischen Dichtungen, die zum Glanz des Hoflebens beitragen sollen, zwei Romane, in denen die absolutistische Gesellschaftsordnung exemplarisch als verbindliche Lebensform vorgeführt wird: *Die Durchleuchtige Syrerinn Aramena*, in fünf Teilen erschienen 1669–73, und *Octavia, Römische Geschichte*, veröffentlicht in sechs Bänden 1685–1707. Es sind Staatsromane, die nicht wie der Schelmenroman das gemeine Publikum ansprechen, sondern für ein höfisches Publikum und für das zum Hofe strebende Bürgertum verfaßt sind:

Es sind / dieser art Historien / vor allem anderen Schriften / ein recht adelicher und darbei hochnützlicher zeitverteib / sowol für den / der sie schreibet / als für den / der sie liset: wie dann auch die jenigen / so dergleichen geschrieben / meist entweder vorneme Standes- oder sonsten adeliche Personen / oder doch leute gewesen / die mit solchen personen kundschaft gepflogen haben.

Staats- und Liebeshandlung sind in diesen Romanen eng miteinander verknüpft. Mit höchster Rationalität klären sich die Verwicklungen der Personenkonstellationen – in der *Aramena* 36 Lebensgeschichten, in der *Octavia* 24 Paare – zum höheren Lob der vernünftigen Herrschaft auf. Die zeitgenössische Dichterin CATHARINA REGINA VON GREIFFENBERG lobt die *Aramena* als vollkommenes Abbild der göttlichen Ordnung. Über dem irdischen Weltenchaos thront eine höhere Macht, die schließlich alles wieder zueinanderfügt.

Daniel Casper von Lohenstein

Während Anton Ulrich von Braunschweig-Wolfenbüttel ein ideales Bild absolutistischer Herrschaft zeichnet, verwandelt LOHENSTEIN die Geschichte des Cheruskerfürsten Arminius in einen aktuellen Schlüsselroman. *Groszmüthiger Feldherr Arminius oder Herrmann, Als Ein tapfferer Beschirmer der deutschen Freyheit* (1689/90) ist eine Huldigung an den Habsburgerkaiser Leopold I. Der Kaiser persönlich ist in Arminius dargestellt. Die Zeitgenossen Herrmanns treten unter erfundenen Namen als Ahnengalerie des kaiserlichen Herrschers auf. Lohenstein führt ein großes Welttheater vor; ein fast unüberschaubares Personal, wechselnde geographische Handlungsorte, gewagte Geschichtskonstruktionen zwischen Vergangenheit und Zukunft blähen den Roman zu ausladender epischer Breite auf. In einem lexikalischen Anhang, ›Absonderliche Anmerkungen‹, entschlüsselt Lohenstein als Orientierungshilfe für den Leser die Bedeutung der Personen, Völker, Religionen und Schauplätze. Er verwendet keine kompositorische Reihungstechnik wie im Schelmenroman, sondern durch Einschübe, gelehrte Exkurse, Parallelhandlungen und allgemeine Reflexionen über das Wechselverhältnis von Mensch und Natur, göttlicher und weltlicher Ordnung entfaltet er eine vielschichtige Struktur des Erzählens, in dessen Labyrinth der Leser sich zu verlieren droht. Seine allegorischen Verkleidungen des Geschehens und der Personen breiten das ganze Spektrum der bürgerlichen Gelehrsamkeit aus; dies geschieht aber nicht als Selbstzweck, die Verherrlichung der gemanischen Vorväter steht im Dienste einer »patriotischen Historiographie«, die in der Gegenwart ihre Vollendung finden soll.

Philipp von Zesen

Ungewöhnlich für das 17. Jahrhundert ist ZESENS Roman *Adriatische Rosemund / Last hägt Lust*, den der Autor 1645 in Amsterdam unter dem Pseudonym Ritterhold von Blauen veröffentlicht. Im Vorwort kündigt Zesen an, es handle sich um eine »keusche libesbeschreibung« – um einen Liebesroman, keinen Staatsroman, der sowohl Elemente des heroisch-galanten wie auch des Schäferromans enthält. Die adriatische Rosemund ist Tochter eines Venezianers, der mit seinen Töchtern wegen des Dreißigjährigen Krieges aus Deutschland nach Amsterdam geflohen ist. Rosemund verliebt sich in Markhold, einen adligen schlesischen Dichter. Aber sie können nicht zusammenkommen, denn Markhold ist Protestant, Rosemund Katholikin, und ihr Vater fordert, sie dürfe den Geliebten nur heiraten, wenn sie und ihre Kinder katholisch blieben. Verliebt und unglücklich reist Markhold nach Paris, wo er vielen Verführungen ausgesetzt ist, aber er bleibt Rosemund treu, die sich in eine Schäferei zurückgezogen hat. In kunstvollen Liebesbriefen halten sie miteinander Kontakt. Markhold kehrt zurück, doch immer noch steht das väterliche Gebot ihrer Liebe im Weg. Markhold muß wieder auf Reisen gehen; seine Geliebte stirbt an Liebesschmerz – ein ungewöhnlicher Schluß für einen Barockroman.
Zesen hat durch Anspielungen auf seinen Namen für die Zeitgenossen durchblicken lassen, daß sein Werk autobiographische Elemente enthält. Das betont er auch in einem Brief: »Dan ist es zu wissen, daß unter meiner ahrt zu schreiben, sonderlich unter den verblühmten Namen allezeit was anders, als es sich äußerlich ansähen lässet, verborgen sei.« Der Roman trägt Züge des bürgerlich-empfindsamen Genres; gleichzeitig wird das persönliche Empfinden durch die objektivierende Form des Briefes, durch eingeschobene Epigramme und Berichte von Augenzeugen dem unmittelbaren Erlebnis entrückt.

Heinrich Anselm von Zigler und Kliphausen

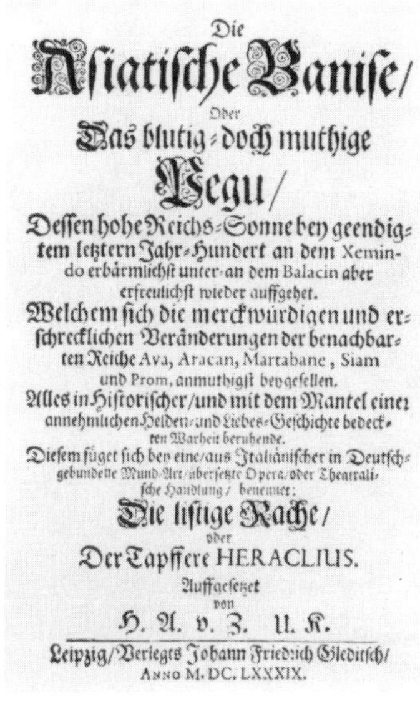
Die Asiatische Banise/ Oder Das blutig-doch muthige Pegu/ Dessen hohe Reichs-Sonne bey geendigtem letztern Jahr-Hundert an dem Xemindo erbärmlichst unter- an dem Balacin aber erfreulichst wieder auffgehet. Welchem sich die merckwürdigen und erschrecklichen Veränderungen der benachbarten Reiche Ava, Aracan, Martabane, Siam und Prom, anmuthigst beygesellen. Alles in Historischer/ und mit dem Mantel einer annehmlichen Helden- und Liebes-Geschichte bedeckten Warheit beruhende. Diesem füget sich bey eine/ aus Italiänischer in Deutsch-gebundene Mund-Art/ übersetzte Opera/ oder Theatralische Handlung/ benennet: Die listige Rache/ oder Der Tapffere HERACLIUS. Auffgesetzet von H. A. v. Z. U. K.
Leipzig/ Verlegts Johann Friedrich Gleditsch/ ANNO M. DC. LXXXIX.

Ein populärer höfischer Barockroman ist *Die Asiatische Banise Oder Das blutig – doch muthige Pegu*, erschienen 1689, geschrieben von HEINRICH ANSELM VON ZIGLER UND KLIPHAUSEN (1663–1696). Bis 1769 werden zehn neue Auflagen des Romans auf den Markt gebracht; zahlreiche Umarbeitungen und Dramatisierungen für die Wanderbühnen sorgen für die Verbreitung des Romanstoffs mit exotischem Kolorit. Schauplatz ist Indien. Die tugendhafte Banise, Tochter des Königs von Pegu, gerät in die Gefangenschaft des grausam wütenden Herrschers Chaumigren, der ihr Land überfallen hat. Sie widersteht allen Anschlägen und hinterlistigen Versuchen, ihre Liebe oder ihren Körper zu erobern, Chaumigren will sie deshalb in einer pompösen Zeremonie dem Kriegsgott opfern. Retter in höchster Not ist Prinz Balacin, der später die unschuldige Schöne heiratet. Ziglers Roman ist weniger kunstvoll und besitzt auch keine ausschweifenden Parallelhandlungen; der Romanaufbau ist überschaubar, weshalb das Werk wohl auch beim Publikum leichtere Aufnahme findet. Die für das Barock typische Haupt- und Staatsaktion des Handlungsverlaufs geizt nicht mit blutrünstigen Einlagen und üppiger Ausmalung des exotischen Milieus. Quellen sind zeitgenössische Beschreibungen von Weltreisen in ferne Länder, die die Neugier und Wißbegier der Europäer anregen. Im Unterschied zu anderen höfischen Barockromanen wird die *Asiatische Banise* im 18. Jahrhundert, trotz der allgemeinen Verurteilung des literarischen Barock, von GOTTSCHED bis LESSING wohlwollend aufgenommen, und noch der junge GOETHE läßt den Wüterich Chaumigren in seinem Puppentheater in *Wilhelm Meister* auftreten.

Schäferroman

In die Welt des niederen Landadels, eine mehr bürgerlich als höfisch geprägte Atmosphäre, führt der galante oder Schäferroman. Zwar finden sich auch in den historisch-höfischen Romanen kleine eingebaute Schäfer-Szenen, aber sie bleiben nebensächlich für den Verlauf der Haupthandlung. Der Schäferroman hat im Deutschland des 17. Jahrhunderts ein eigenes soziales Umfeld, abseits vom großen Welttheater. Tonangebend sind die Nürnberger Pegnitzschäfer wie SIGMUND VON BIRKEN oder HARSDÖRFFER, die in Schäfergedichten ihren Dichterfreundschaften huldigen, gesellschaftliche Anlässe feiern und Spaziergänge in die nähere Umgebung in genrehaften Szenen beschreiben. Harsdörffer charakterisiert in seiner Poetik die Schäferdichtung:

> Insgemein aber werden Hirtengedichte genennet alle die Geschichte, welche theils hoher Personen Liebeshändel unter verdeckten Namen beschrieben, theils zu Traur- und Freudenbegängnissen mit sondern Erfindungen gewidmet seyn. In diesen ist wie in allen die Bescheidenheit zu gebrauchen, daß niemand dadurch geärgert werde.

VERGIL und BOCCACCIO sind ebenso ihre Anreger wie der französische Roman *L'Astrée von H*ONORÉ D'URFÉ (1567–1625), der 1619 in deutscher Übersetzung erscheint. Der erste deutsche Schäferroman ist MARTIN OPITZ' *Schaefferey von der Nimpfen Hercynie* (1630), die episodenhafte Darstellung einer Wanderung mit Freunden durch das Riesengebirge. Bemerkenswert an den Schäferromanen des 17. Jahrhunderts ist die positive Bewertung des Diesseits; kein Vergänglichkeitstrauma überschattet das Erdenleben. Statt überindividueller Stilisierungen werden autobiographische Erlebnisse und reale Leidenschaften verarbeitet. Zu den eher bürgerlichen Zügen des Schäferromans gehört auch, daß sich die Liebespaare selten finden, Tugend und Vernunft siegen über die Liebe. In ARNOLD STOCKFLETHS Roman *Macarie* (1669) wird geradezu programmatisch die vernünftige Ehe mit all ihren Höhen und Tiefen geschildert; höfische Lebensideale, phantastische Liebesabenteuer und exotische Reisen werden ersetzt durch die Bescheidung auf die vorgegebene Umwelt und die dort lebenden Menschen, die alles Glück auf dieser Welt ermöglichen können. Der Schäferroman des 17. Jahrhunderts enthält bereits Elemente, die erst im 18. Jahrhundert voll zur Entfaltung kommen: die realistische Darstellung eines bürgerlichen oder bäuerlichen Milieus, die Verarbeitung persönlicher Erlebnisse, Ansätze zu einer psychologischen Charakterisierung der Personen und die Verabschiedung aus der höfisch-idealen Welt.

AUFKLÄRUNG

Christian Thomasius

In Leipzig erregt in den Jahren 1681 bis 1690 ein junger Privatdozent der Jurisprudenz solches Aufsehen, daß sich nicht nur die Universitäts- und Stadtbehörden, sondern auch der kursächsische Hof in Dresden und sogar die Diplomaten des dänischen Königs einschalten. Ein Zeitgenosse beschreibt die Aufregung: »Es entstand in re publica litteraria ein solcher Auflauf und greuliches Lärmen, als im Gemeinwesen nicht observiret worden, da der Türke die kaiserliche Residenz belagert hätte.« Der Urheber der Skandale heißt CHRISTIAN THOMASIUS (1655–1728), und es macht die Sache nicht besser, daß er aus einer angesehenen Leipziger Gelehrtenfamilie stammt. Ein Dozent, der es wagt, statt im Talar in schmucker Kavalierskleidung das Katheder zu betreten – schon dies wird als Provokation empfunden. Noch größer ist der Ärger, als Thomasius im Herbst 1687 am Schwarzen Brett der Universität ankündigt, er werde seine nächste Vorlesung nicht, wie es Gelehrtenpflicht war, in lateinischer, sondern in deutscher Sprache halten. »Ich mußte damals«, schreibt er, »in der Gefahr stehen, daß man nicht gar solenni processione das löbliche schwartze Bret mit Weywasser besprengte.« Auf die Angriffe und Verleumdungen, die ihm entgegenschlagen, antwortet Thomasius mit publizistischen Waffen. Im Januar 1688 erscheint die erste Nummer seiner Monatszeitschrift *Schertz- und ernsthaffter, vernünfftiger und einfältiger Gedancken über allerhand lustige und nützliche Bücher und Fragen*, kurz *Monatsgespräche* genannt. Es ist die erste nennenswerte literarische Zeitschrift in deutscher Sprache, der früheste Versuch, mit journalistischen und feuilletonistischen Mitteln ein breiteres Publikum anzusprechen. Was die Leipziger Universitätselite daran erbittert, ist nicht nur der offene Angriff auf die Autoritäten und Lehrsätze der protestantischen Orthodoxie, sondern auch die Art, wie diese Attacken vorgetragen werden. Thomasius bedient sich ausgiebig des Mittels der Satire, kleidet seine Polemik in witzige Dialoge und kleine Romanerzählungen und streut lateinische Zitate seiner Universitätskollegen ein, die in diesem Rahmen nur unehrerbietiges Gelächter erzeugen konnten.

In der vierten Nummer der *Monatsgespräche*, in der Aprilausgabe 1688, läßt Thomasius zwei Brüder ein Streitgespräch über die Vor- und Nachteile des galanten Romans führen. Dem Kritiker Cyllenio tritt sein Bruder Cardenio mit der Behauptung entgegen, man könne aus allem eine amüsante Geschichte machen, selbst aus dem Leben des Aristoteles. Die dann folgende frivole Aristoteles-Biographie wird gewissermaßen im Konjunktiv erzählt. Man könne sich, meint Cardenio, das Leben des berühmten Philosophen auf verschiedene Weise als Roman

Schertz- und Ernsthaffter,
Vernünfftiger und Einfältiger
Gedancken,
über allerhand
Lustige und nützliche Bücher
und Fragen
Erster Monath oder JANUARIUS,
in einem Gespräch vorgestellet
von
der Gesellschafft
derer Müßigen.
Franckfurth und Leipzig,
Verlegts Moritz Georg Weidmann,
Buchhändler, 1688.

Erste Ausgabe der »Monatsgespräche«

ausmalen, etwa so: Ein junger Mann, der dem Müßiggang zugetan ist, fragt das Orakel zu Delphi, was aus ihm werden solle:

Das Oracul befahl ihme, er solte zu Athen die Philosophie studiren, welches er auch im 17. Jahre seines Alters verrichtete und gantzer 20 Jahre des Platons Schule mit Erlernung der Welt-Weißheit zubrachte. Dieweil er aber alles verfressen, verhurt und verspielt hatte, mußte er anfänglich sich durchzubringen, auf eine artliche Manier sich ernehren, indem er Haar-Puder, Schmincken, Fleckkugeln, das Pulver Pimperlimpimp, und andere solche schöne Sachen verfertigte und verhandelte. Nichts destoweniger studirte er dabey mit einem solchen Fleiß, daß ihn Plato für allen seinen discipeln liebte.

Schürzenjägerei, Geldgier und Geltungssucht sind die Triebkräfte, die den Aufstieg des Philosophen bestimmen. Als ihm Platon im Traum erscheint und befiehlt, seine Stutzertracht und seinen Kavaliersdegen gegen einen schwarzen Talar einzutauschen, ist seine Karriere gerettet. Den Höhepunkt seines Ruhms erreicht Aristoteles am makedonischen Hof, wo es ihm gelingt, Xenokrates, seinen Rivalen im Kampf um den Erzieherposten bei Alexander dem Großen, zu verdrängen. In einer gelehrten Disputation, die wie ein Staatsereignis gefeiert wird, widerlegt Aristoteles die These des Xenokrates, daß es nur vier Haupttugenden gebe, mit folgendem brillanten Argument: »Wo vier Haupt-Tugenden sind, da sind auch dreye. Wo dreye sind, da sind auch zweye. Wo zweye sind, da ist auch eine. Wo nun viere, drey, zwey und eine Haupt-Tugend sind, da sind ihrer zehen. Ergo, wo vier Haupt-Tugenden sind, da sind ihrer zehen.«

Die Leipziger Professoren reagieren wütend auf diese rabiate Satire, denn für sie gibt es neben der Bibel und Luther keine höhere Autorität als Aristoteles, den Papst protestantischer Schulweisheit. Nach mehreren vergeblichen Versuchen, Thomasius der Ketzerei anzuklagen, gelingt es ihnen, ein Publikationsverbot gegen ihn zu erwirken, das einem Berufsverbot gleichkommt und Schlimmeres befürchten läßt. Im März 1690 flieht Thomasius bei Nacht und Nebel nach Berlin. Unter dem Schutz des Markgrafen Friedrich von Brandenburg und späteren König in Preußen wird er zum Begründer der nachmals berühmten Universität zu Halle. Hier schreibt er seine Kampfschriften gegen die Hexenprozesse, durch die er der Nachwelt vor allem im Gedächtnis geblieben ist.

Der »Ausgang des Menschen aus seiner selbstverschuldeten Unmündigkeit«, als den IMMANUEL KANT knapp hundert Jahre später die Aufklärung definiert, ist in Deutschland ein mühseliger, oft gefährlicher Weg. Beschritten wird er zuerst von Philosophen wie GOTTFRIED WILHELM LEIBNIZ und CHRISTIAN WOLFF, von Staats- und Naturrechtlern wie SAMUEL PUFENDORF, HUGO GROTIUS und CHRISTIAN THOMASIUS. Dichter und Professoren lassen sich auf diesem Terrain kaum blicken. Wo sollen sie auch herkommen, solange die Hofpoeten das Feld beherrschen? Die Jahre zwischen 1680 und 1730, die Übergangszeit zwischen Barock und Aufklärung, gehören, wenn man sie nach den literarisch-poetischen Werken beurteilt, zu den unfruchtbarsten und langweiligsten der deutschen Literaturgeschichte. Die beiden einzigen Dichter dieser Zeit, die über das graue Mittelmaß hinausragen, stammen aus dem studentischen Milieu oder verdanken ihm Stoffe und Motive: CHRISTIAN REUTER und JOHANN CHRISTIAN GÜNTHER. Gerade ihre Lebensschicksale zeigen aber auch auf deprimierende

Weise, wie aussichtslos es unter den herrschenden Verhältnissen war, sich als unabhängiger Schriftsteller durchschlagen zu wollen.

Christian Reuter

CHRISTIAN REUTER (1665 – nach 1712) tritt zuerst mit zwei Komödien hervor, in denen er, in lockerer Anlehnung an Molièresche Vorbilder, Erfahrungen seines Leipziger Studentenlebens verarbeitet. Weil er seine Miete nicht zahlen kann, wird er von der Wirtin des »Roten Löwen« in Leipzig, wo er logiert, vor die Tür gesetzt. Er rächt sich, indem er sie als Frau Schlampampe zur Hauptfigur seines ersten Theaterstücks macht. *L'Honnête Femme oder die ehrliche Frau zu Plissine* wird 1695 uraufgeführt, zum Gaudi der Studenten, die natürlich die Hintergründe kennen. Durch den Erfolg ermuntert, schreibt Reuter eine Fortsetzung, die im folgenden Jahr über die Bühne geht: *La Maladie & La Mort de l'Honnête Femme – das ist: Der ehrlichen Frau Schlampampe Krankheit und Tod.* Das Neue an diesen Komödien ist der Realismus, mit dem das Alltagsleben der Universitätsstadt Leipzig dargestellt und zu einem Sittenbild der verschiedenen Stände verflochten wird. Das liederliche Leben der Studenten, die Kleinbürgerfamilie der Schlampampe, die nach Höherem strebt, der leicht imitierbare Etikettenschwindel des Adels und das lächerliche Gehabe der gelehrten Oberschicht werden zur Zielscheibe des Spottes. Die am Grabe der Frau Schlampampe gehaltene theatralische Leichenrede, eine meisterhafte Parodie auf den Predigtstil der Leipziger Theologen, erinnert an den kleinen Aristoteles-Roman, mit dem Christian Thomasius wenige Jahre zuvor am gleichen Ort so viel Ärger verursacht hatte.

Reuter beginnt noch im Karzer, den ihm diese literarische Affäre einbringt, einen Roman zu schreiben, der zu seinem bekanntesten Werk wird. *Schelmuffskys wahrhafte, curiöse und sehr gefährliche Reisebeschreibung zu Wasser und zu Lande* erscheint 1696/97, vom Autor unter Pseudonym veröffentlicht. Darin wird das Bestreben deutlich, den Rahmen des Studentenulks und der Lokalposse zu verlassen. Zwar entstammt die Hauptperson des Romans wieder der vertrauten Umgebung – Schelmuffsky kommt schon als Sohn der Schlampampe in den Komödien vor –, aber Reuter schickt seinen Helden auf Reisen durch ganz Europa bis in den Orient und läßt ihn mit der großen Welt in Kontakt und Konflikt treten. Keinen Augenblick wird der Leser darüber im Zweifel gelassen, daß der Lebensroman, den Schelmuffsky erzählt, eine einzige große Aufschneiderei ist, eine faustdicke Lügengeschichte, in der sich der kleine Mann als Mann von Welt, der Rüpel als galanter Abenteurer aufspielt.

Das lebendig und temporeich geschriebene Buch parodiert den pikaresken Schelmen- und Abenteuerroman und verabschiedet sich damit auf respektlose Weise vom Barockzeitalter. Eine neue Perspektive weist Reuters Werk jedoch nicht. Die Satire der Aufklärung geht einen anderen Weg. Sie nimmt einzelne gesellschaftliche Mißstände aufs Korn, nennt Personen und Werke zwar nicht beim Namen, zeigt aber ihre konkreten Schwächen auf und bricht mit der Tradition, die Torheiten der Menschen allgemein zu kritisieren. Christian Reuters Roman steht trotz seiner satirischen Absicht noch dem alten Narrenspiegel nahe,

Schelmuffskys
Warhafftige
Curiöse und sehr gefährliche
Reisebeschreibung
Zu
Wasser und Lande
I. Theil/
Und zwar
die allervollkommenste und accurateste
EDITION,
in Hochteutscher Frau Mutter Sprache
eigenhändig und sehr artig an den
Tag gegeben
von
E. S.
Gedruckt zu Schelmerode/
Im Jahr 1696.

Titelblatt der Erstausgabe

der bestimmte, typische menschliche Laster verspottete – in diesem Fall das Maulheldentum des Nichtsnutzes Schelmuffsky.
Der antifeudale Affront des Romans liegt darin, daß Reuter aus der Sicht eines bramarbasierenden Kleinbürgers auch die Großen dieser Welt ins Zwielicht rückt und in den Strudel burlesker Komik hineinzieht. Er gerät damit freilich auch an die Grenze dessen, was die frühe Aufklärung für zumutbar hält: Das gesellschaftliche Selbstbewußtsein des gebildeten Bürgertums erfordert eine zweifache Abgrenzung: einerseits gegen die Normen der höfisch-aristokratischen Kultur, andererseits gegen die von unten andrängenden kleinbürgerlich-plebejischen Tendenzen. Diese doppelte Abwehrhaltung zieht sich durch das ganze ›aufgeklärte‹ Jahrhundert und begleitet speziell in Deutschland die Entwicklung der Literatur. Die mit Dialektausdrücken durchsetzte Sprache Christian Reuters und seine stereotypen Flüche – »Der Tebel (Teufel) hol mer!« und »Ei sapperment!« – tragen nicht eben zum Ansehen des Dichters bei. Sein *Schelmuffsky*-Roman gerät im 18. Jahrhundert in Vergessenheit; erst die Romantiker entdecken ihn wieder und preisen an ihm den volksnahen deutschen Originalton.
So sitzt der fabulierfreudigste Schriftsteller der Übergangsperiode vom Barock zur Aufklärung zwischen allen Stühlen, und er scheint vor diesen Widersprüchen kapituliert zu haben. Ab 1703 lebt er in Berlin. Gelegenheitsgedichte für den brandenburgisch-preußischen Hof mit bezeichnenden Titeln wie *Die frohlockende Spree* oder *Das glückselige Brandenburg* bezeugen die Unterwerfung unter den Zwang des Brotberufs. Seit 1712 gibt es kein Lebenszeichen mehr von Reuter; nicht einmal das Sterbedatum ist überliefert.

Johann Christian Günther

Man schreit mir häufig zu: Verlaß die Poesie!
Was kann ich denn davor? Sooft ich ihr entflieh,
So oft erhascht sie mich mit größrer Liebe.
Die Reime fesseln mich, es sind nicht falsche Triebe.
Es ist Natur und Hang …

JOHANN CHRISTIAN GÜNTHER (1695–1723) hat fast ausnahmslos lyrische Werke hinterlassen. Sie sind das Beste, was in der ersten Hälfte des Jahrhunderts der Aufklärung in deutscher Sprache gedichtet worden ist. In seinem kurzen Leben, das von bitterer Armut, sozialer Isolierung, Krankheit und menschlichen Enttäuschungen geprägt ist, durchleidet Günther wie kein anderer das Schicksal eines Schriftstellers, der von seiner Kunst nicht leben, aber auch nicht lassen kann.
In Wittenberg, wo er Medizin studiert, wird er zum *poeta laureatus* gekrönt, landet aber anschließend im Schuldgefängnis, weil er das obligate Zechgelage nicht bezahlen kann. Er wechselt nach Leipzig, dem »Athen an der Pleiße«, studiert weiter, ohne einen Abschluß zu machen, und hält sich, nach dem endgültigen Bruch mit seinem Vater, der ihm die literarische Tätigkeit nie verzeiht, mit Gelegenheitsgedichten über Wasser. Wie sehr er diese Tätigkeit haßt, geht aus einer Bemerkung hervor, die er unter ein Gedichtfragment kritzelt:

Wiederum ein paar Zeilen mehr; der Bogen wird wohl endlich voll werden. Befürchte ich keinen Ekel, den schon so oft aufgewärmten Kohl in einer neuen Fricassé à la Mode dem zärtlichen Geschmacke unserer galanten Welt vorzusetzen, so sollte es mir leicht sein, aus den verliebten Delikatessen des Anakreon, des Ovid, Petrarca, Johannes Secundus, des

Marino und unsers ihm nachfolgenden Landsmannes, des Herrn von Hoffmannswaldau, eine Brautsuppe zuzurichten.

Dennoch klingen auch in Günthers Auftragsgedichten, die etwa die Hälfte seines Gesamtwerks ausmachen, andere Töne an als die aus der höfischen Panegyrik gewohnten. Günther verachtet die poetisch geheuchelte Trauer oder Freude auf Bestellung; er bringt es fertig, aus einem Grabgesang ein fröhliches Quodlibet auf die Lebenden zu verfertigen oder eine Laudatio auf einen frisch promovierten Magister in ein Spottlied über die Magisterwürde zu verwandeln. Kein Auftraggeber kann sicher sein, statt der erwarteten (und bezahlten) Lobeshymne einen literarischen Tritt vors Schienbein zu bekommen. Wo er keine Rücksicht auf das Honorar zu nehmen braucht, läßt der Dichter seinem Temperament vollends die Zügel schießen. In einigen Gedichten macht er seinem Groll auf die allgegenwärtigen Theologen und deren geistige und materielle Pfründenwirtschaft Luft. Die grassierende pietistische Frömmelei fertigt er in Versen wie diesem ab: »Dort sitzt das Murmeltier, der falsche Pietist. / Der fast vor Heiligkeit die ganze Bibel frißt.« Und was er vom Adel hält, drückt er in Worten aus, die schon auf die Dichtung des Sturm und Drang vorausdeuten:

Ihr, die ihr Götter heißt und seid,
Ihr Groß- und Starken dieser Erden,
Auch ihr gehört zur Eitelkeit.
Und müßt wie wir zu Asche werden.
Wißt, Unruh, Ohn und Fluch und Schmach
Folgt endlich den Tyrannen nach
Und bleibt an Sarg und Titel kleben.

In seinen Studenten- und Trinkliedern schlägt Johann Christian Günther eine Melodie an, die noch lange in der lyrischen Dichtung des 18. Jahrhunderts, bei Hagedorn und Gleim, aber auch bei Bürger und beim jungen Goethe nachklingt. Programmatisch im Sinne der Aufklärung ist daran die lebenszugewandte, optimistische Tendenz, mit der dem geistlichen Muckertum und der Dauerpredigt vom »irdischen Jammertal« der Kampf angesagt wird:

Brüder, laßt uns lustig seyn,
Weil der Frühling währet
Und der Jugend Sonnenschein
Unser Laub verkläret.
Grab und Baare warthen nicht;
Wer die Rosen jezo bricht,
Dem ist der Kranz bescheeret.

Den nachhaltigsten Eindruck macht auf spätere Dichter- und Lesergenerationen die Freiheit, mit der Günther persönliche Erfahrung, subjektives Erleben in seine Gedichte, insbesondere in seine Liebeslyrik verwebt, ja als Triebkraft seines Dichtens erkennen läßt. Hier freilich versiegt die Quelle rasch, aus der er Optimismus hätte schöpfen können. Mehrmals dem Hungertod und dem Erfrieren nahe, immer unterwegs auf der Suche nach einer Erwerbsquelle, mit Aussicht auf einen festen Beruf nur um den Preis, die Poesie an den Nagel zu hängen, von der Schwindsucht geplagt, sogar zu arm, um heiraten zu können, gibt Johann Christian Günther auch seiner Verzweiflung manchmal dichterischen Ausdruck, etwa in den halb melancholischen, halb ironischen Versen:

Nun, lieber Gott! Du bleibst ja lange,
Ich weiß nicht, was ich denken soll.
Der Zweifel macht der Hoffnung bange,
Ich weine Bett und Bibel voll;
Ach, soll denn ich, nur ich allein
Ein Greuel meines Schöpfers sein?

Zurückblickend auf die Frühphase der Aufklärungsliteratur, die er als »wässrige, weitschweifige, nulle Epoche« charakterisiert, schreibt GOETHE im 7. Buch von *Dichtung und Wahrheit*: »Für den, der etwas Produktives in sich fühlte, war es ein verzweiflungsvoller Zustand«, und als Beispiel führt er Johann Christian Günther an, den einzigen, dem er poetisches Genie attestiert:

Er besaß alles, was dazu gehört, im Leben ein zweites Leben durch Poesie hervorzubringen, und zwar in dem gemeinen wirklichen Leben. Wir bewundern seine große Leichtigkeit, in Gelegenheitsgedichten alle Zustände durchs Gefühl zu erhöhen ... Das Rohe und Wilde daran gehört seiner Zeit, seiner Lebensweise und besonders seinem Charakter, oder, wenn man will, seiner Charakterlosigkeit. Er wußte sich nicht zu zähmen, und so zerrann ihm sein Leben wie sein Dichten.

Günther starb 1723 im Alter von 27 Jahren. Seinen Charakter bewies er dadurch, daß er als einer der ersten in Deutschland kompromißlos für eine Existenz als unabhängiger Dichter kämpfte. Seine Gedichte (die erste Anthologie wurde ein Jahr nach seinem Tode gedruckt) erscheinen heute gerade dort am großartigsten, wo er sich nicht ›zähmte‹, sondern aus den überlieferten poetischen Mustern und Schemata ausbrach.

DIE ÄRA GOTTSCHED

Mit einer Umkehrung des heute gewohnten Verhältnisses von Kunst und Kunstkritik setzt die erste Periode der deutschen Aufklärungsliteratur ein. Zuerst ist nicht eine breite künstlerische Produktion da, die interpretiert, beurteilt und rezensiert wird. Zuerst ist die Kritik vorhanden, die umständlich erörtert, wie ein Kunstwerk auszusehen oder nicht auszusehen hat. ›Kritik‹ ist für die gebildeten Zeitgenossen des 18. Jahrhunderts ein umfassender, positiver Begriff, keine Angelegenheit weniger Spezialisten. Noch IMMANUEL KANT betrachtet die Aufklärung als »Zeitalter der Kritik« und benennt auch seine philosophischen

Hauptwerke so: *Kritik der reinen Vernunft* (1781), *Kritik der praktischen Vernunft* (1788), *Kritik der Urteilskraft* (1790). Die frühen Autoritäten der aufklärerischen Literatur stellen ihren Traktaten fast immer diesen Begriff voran: JOHANN CHRISTOPH GOTTSCHED veröffentlicht sein poetologisches Hauptwerk unter dem Titel *Versuch einer Critischen Dichtkunst vor die Deutschen.* Seine späteren Widersacher, die Zürcher Professoren BODMER und BREITINGER, lassen 1740 ihrerseits eine *Critische Dichtkunst* sowie die *Critische Abhandlung von dem Wunderbaren in der Poesie* folgen.

Die hohe Wertschätzung der Kritik entspringt dem Selbstverständnis eines emanzipationshungrigen Bürgertums, das im Begriff ist, sich von der ideologischen Bevormundung durch den feudalen Ständestaat loszusagen und eine eigene gesellschaftliche und kulturelle Identität zu gewinnen. Kritikwürdig erscheinen ihm nicht nur die Privilegien des Adels, sondern auch die subalterne Stellung, die Engstirnigkeit und die intellektuelle Bedürfnislosigkeit der eigenen Klasse. Bedeutenden Anteil am Zustandekommen einer neuen, die Interessen des Bürgertums artikulierenden Literatur haben deshalb die Gelehrten. Noch bei Lessing besteht der weitaus größte Teil des Gesamtwerks aus kritischen Abhandlungen, Rezensionen, theoretischen und historischen Studien, Polemiken, Grundsatzdebatten über Philosophie, Theologie, Literatur und Kunst. Auch Übersetzungen gehören dazu, denn um über die Kirchturmspitze des jeweiligen Duodezfürstentums hinauszublicken, bedarf es der Information nicht nur aus dem übrigen Deutschland, sondern auch der Kenntnis der literarischen Bewegungen in den fortgeschritteneren europäischen Ländern, vor allem in Frankreich und England.

Versuch
einer
Critischen Dichtkunst
vor die Deutschen;
Darinnen erstlich die allgemeinen Regeln der Poesie,
hernach alle besondere Gattungen der Gedichte,
abgehandelt und mit Exempeln erläutert werden:
Uberall aber gezeiget wird
Daß das innere Wesen der Poesie
in einer Nachahmung der Natur
bestehe.
Anstatt einer Einleitung ist Horatii Dichtkunst
in deutsche Verse übersetzt, und mit
Anmerckungen erläutert
von
M. Joh. Christoph Gottsched.
Leipzig 1730
Verlegts Bernhard Christoph Breitkopf.

Die moralischen Wochenschriften

Auch wenn in den fünf mageren Jahrzehnten zwischen 1680 und 1730 wenig zustande gekommen ist, das heute noch zum Kanon literarischer Kunstwerke gezählt oder mit Lust gelesen werden kann, für den späteren Verlauf der deutschen Literaturgeschichte ist diese Periode ungemein fruchtbar gewesen. In ihr entsteht der moderne Journalismus, der den gattungstheoretisch festgelegten Begriff von Literatur wesentlich erweitert, nicht nur um eine kritische Kontrollinstanz, sondern auch um eine ganze Dimension eigenständiger literarischer Produktivität. Mit dem Aufblühen des Zeitschriftenwesens verändert sich die Situation der Verlage, bildet sich ein neuer Markt, eine literarisch interessierte Öffentlichkeit heraus. In dem Maße, in dem es gelingt, ein breiteres bürgerliches Lesepublikum zu gewinnen und zu erziehen, wandelt sich auch die soziale Stellung des Schriftstellers, der nun erstmals ernsthaft daran denken kann, sich von seiner Tätigkeit zu ernähren.

Daß CHRISTIAN THOMASIUS seine Vorlesungen in deutscher Sprache zu halten begann und als erster eine Zeitschrift zur Belehrung und Unterhaltung einer bürgerlichen Lesegemeinde herausgab, zeigte die Richtung an. Allerdings dauerte es noch lange, bis diese Idee aufgegriffen wurde. Bezeichnend für die anfangs zögernde, und unsichere Haltung der Wortführer der Aufklärungsliteratur in Deutschland ist, daß es erst ausländischer Vorbilder bedarf, um das Zeitschriftenwesen in Deutschland populär zu machen. Schrittmacher sind vor allem die in England von JOSEPH ADDISON (1672–1719) und RICHARD STEELE (1671–1729) mit großem Erfolg herausgegebenen Zeitschriften *The Tatler* (1709–1711), *The Spectator* (1711/12) und *The Guardian* (1713), die mit Auflagen von 3000 bis 4000 Exemplaren mehrmals in der Woche, teilweise sogar täglich erscheinen. Bis in den Titel hinein ahmt man sie in Deutschland nach: Aus den ›moral weeklies‹ werden die ›Moralischen Wochenschriften‹; im einzelnen heißen sie etwa *Der Vernünftler, Der Patriot* oder *Der Biedermann.* Ihr Aufschwung beginnt in den zwanziger Jahren des 18. Jahrhunderts. Nachrichten aus dem bürgerlichen Alltag, Regeln und Beispiele für ein vernünftiges und tugendhaftes Leben, Empfehlungen für eine nützliche und unterhaltsame Lektüre bilden ihren Hauptinhalt. Meist ist ihnen nur eine kurze Lebensdauer beschieden. Immerhin erscheinen in Deutschland bis 1740 etwa 30 literarische Zeitschriften; bis 1790 steigt die Gesamtzahl auf über 300 an. In weniger als acht Jahrzehnten verändert sich so fast unmerklich, aber grundlegend die Zusammensetzung des literarischen Publikums mitsamt seinen Lesebedürfnissen und Lesegewohnheiten. Am Ende des Jahrhunderts ist bereits eine gewisse Übersättigung des Literaturmarktes zu konstatieren, die der eben noch vorhandenen Armut spottet. Ironisch klagt der Theaterdichter im 1. Teil des *Faust* (Vorspiel auf dem Theater):

> Und seht nur hin, für wen Ihr schreibt!
> Wenn diesen Langeweile treibt,
> Kommt jener satt vom übertischten Mahle.
> Und, was das Allerschlimmste bleibt,
> Gar mancher kommt vom Lesen der Journale.

Johann Christoph Gottsched

Für anderthalb Jahrzehnte – zwischen 1730 und 1745 – ist JOHANN CHRISTOPH GOTTSCHED (1700–1766) die höchste Autorität der deutschen res publica litteraria. Sein Leben, seine Laufbahn und seine Arbeiten sind exemplarisch für die erste Blütezeit der Aufklärung. So wie die akademische Karriere für Thomasius fürs erste geendet hat, so beginnt sie für Gottsched: mit einer Flucht – nicht aus Leipzig, sondern nach Leipzig. Der junge Gelehrte, der eben erst in Königsberg die Magisterwürde erlangt hat, verspürt keine Lust, sich wegen seiner ansehnlichen Körpergröße in die königlich preußische Leibgarde der ›langen Kerls‹ pressen zu lassen; er hat andere, schöngeistige Interessen und setzt sich 1724 kurzerhand in die sächsische Universitätsstadt und Handelsmetropole ab. Programmatisch beginnt er dort seine akademische Tätigkeit mit einer Vorlesung über CHRISTIAN WOLFF, den Philosophen, der wie kein anderer die Leibnizsche Philosophie und das rationalistische Denken der frühen Aufklärung systematisiert und popularisiert hatte und deswegen vielen Anfeindungen ausgesetzt gewesen war. Kern dieser Philosophie ist, daß sich die Wissenschaft nur von vernunftbegründeten Voraussetzungen und Schlüssen leiten lassen dürfe, nicht von Glaubenssätzen, die vom Wortlaut der Bibel als göttlicher Offenbarung ausgehen. In der »Theodizee«, dem von Leibniz geprägten Begriff für den Gottesbeweis aus der Kausalität der Naturgesetze, gipfelt der Anspruch, auch die Metaphysik auf eine wissenschaftliche Basis zu stellen und der theologischen Vormundschaft zu entreißen.

Als Gottsched in Leipzig zu lehren beginnt, hat der Widerstand der orthodoxen Theologie gegen die ›Wolffianer‹ schon nachgelassen, so daß seine Hochschulkarriere nicht gefährdet ist. Zu seiner Stellung als Literaturpapst der Aufklärung steigt Gottsched aber durch Aktivitäten auf, die nicht innerhalb, sondern außerhalb der Universität liegen. Schon 1725 beschäftigt er sich mit der Herausgabe einer moralischen Wochenschrift; sie richtet sich besonders an den vom akademischen Leben ausgeschlossenen Teil des lesenden Publikums: an die Frauen. Die *Vernünftigen Tadlerinnen* sind der Versuch, »dem deutschen Frauenzimmer ein Blatt in die Hände zu bringen, welches ihm zu einer angenehmen Zeitverkürzung dienen, und doch von nützlicherm und lehrreicherm Inhalte seyn sollte, als die gewöhnlichen Romane«. Der guten Absicht, etwas für die weibliche Leserschaft zu tun, steht die betulich-schulmeisterliche Art entgegen, in der Gottsched die »Frauenzimmer« belehrt, was sich für sie gehört und wodurch sie Verstand und Geschmack beweisen können.

Gottsched und Gottschedin

Die geistreiche LUISE ADELGUNDE VICTORIE KULMUS (1713–1762), die er zehn Jahre später heiratet, ist die leibhaftige Widerlegung dieser didaktischen Bemühung: Sie wird in der Literaturgeschichte, wenn überhaupt, nur als »die Gottschedin« geführt, ist selbst Schriftstellerin und ihrem Gatten zumindest an Sprachwitz überlegen. Auf dem Gebiet des Lustspiels, das dem humorlosen Gottsched verschlossen bleibt, trägt sie durch ihre Übersetzungen und Bearbeitungen französischer und Holbergscher Komödien (am bekanntesten *Die Pietisterey im Fischbein-Rocke*, 1736) zur angestrebten Reform des Theaterspielplans bei. Von den Lustspielen eigener Erfindung sind *Das Testament* und der Einakter *Der Witzling* (beide 1745) die beliebtesten und am häufigsten gespielten. Zu einer Domäne der schriftstellernden Frauen im 18. Jahrhundert wird nicht zuletzt durch Adelgunde Gottsched die Briefliteratur; ihre in eleganter, schnörkelloser Prosa geschriebene Korrespondenz ist auf eigenen Wunsch erst nach ihrem Tode veröffentlicht worden (1771/73).

Neben seiner Aktivität als Zeitschriftenherausgeber (*Die Vernünftigen Tadlerinnen* 1725/26, *Der Biedermann* 1727–29) ist Gottsched emsig in der »DEUTSCHÜBENDEN POETISCHEN GESELLSCHAFT« und später in der »DEUTSCHEN GESELLSCHAFT« tätig. In der Nachfolge der barocken Sprachgesellschaften gibt es zahlreiche solcher Diskutierklubs auch im 18. Jahrhundert, in Leipzig ebenso wie in anderen Städten: als gelehrte Honoratiorenversammlungen, als Zentren aufklärerischer Reformdebatten und zunehmend auch als Lesezirkel, die dem Austausch von Büchern und Buchwissen dienen, solange noch keine öffentlichen Bibliotheken existieren. Schon bald steht Gottsched an der Spitze der Leipziger Gesellschaften, liebäugelnd mit dem Gedanken an eine deutsche Version der Académie française, obwohl es sich um nicht viel mehr als eine Bürgerinitiative zur Erneuerung der deutschen Literatur und Sprache handelt.

Seinen kühnsten und folgenreichsten Schritt unternimmt Gottsched, als er sich mit KAROLINE NEUBER zusammentut, der Prinzipalin einer Wanderschauspielertruppe, die 1727 in Leipzig Spielerlaubnis erhalten hatte. Kühn ist dieser Entschluß, weil die von Stadt zu Stadt tingelnden Komödianten zum niedersten Pöbel gerechnet wurden, keinerlei Bürgerrechte besaßen und froh sein mußten, wenn sie die Genehmigung für zeitlich begrenzte Auftritte erhielten. Folgenreich ist die nun einsetzende Zusammenarbeit zwischen Gottsched und der Neuberin, weil erstmals seit Menschengedenken die dramatische Literatur in Deutschland mit der berufsmäßigen Schauspielkunst Verbindung aufnimmt. Bis zu diesem Zeitpunkt waren beide Bereiche streng getrennt gewesen: Das protestantische und das katholische Schultheater hatten sich ausschließlich auf Laiendarsteller gestützt. An den fürstlichen Residenzen wurden Opern und Ballette gespielt, deren Personal sich meist aus italienischen Virtuosen rekrutierte. Die »umherziehenden Komödiantenbanden«, wie die Wandertruppen abfällig genannt wurden, lebten in doppeltem Sinne von der Improvisation: Ihre Spielvorlagen entnahmen sie meist der barocken Staatstragödie, die sie für ihre Zwecke zu bluttriefenden Schauerdramen umformten; den Stoff für Komödien fanden sie in den Harlekinaden der französischen Comédie Italienne oder in der deutschen Pickelhering-Tradition. Eine strenge Trennung des tragischen und des komischen Genres existierte nicht; gespielt wurde überwiegend aus dem Stegreif.

Schmähschrift auf die Neuberin

Die Neuberin und Gottsched treffen sich in einem gemeinsamen Interesse: Sie tritt für eine soziale und moralische Aufwertung ihrer Zunft und für ein höheres künstlerisches Niveau der Schauspieler ein, kann sich jedoch auf keine zeitgenössischen deutschen Dramatiker von Rang stützen; ihm ist daran gelegen, eine anspruchsvolle dramatische Literatur zu fördern, aber er hat keine Bühne zur Verfügung, für die zu schreiben sich lohnt. Das Zweckbündnis, das der Literaturprofessor und die Komödiantin eingehen, findet einen gemeinsamen Nenner in einem Kanon klassizistischer Kunstregeln, der sich – dramaturgisch wie theatralisch – vor allem auf französische Vorbilder bezieht.

Was dabei herauskommt, empfindet schon die nachfolgende Generation als altertümlich, unnatürlich und gespreizt. Ihr leuchtet nicht ein, daß Gottsched seine Bemühungen um eine Reform der deutschen Schaubühne mit einem auf RACINE und CORNEILLE aufbauenden Spielplan beginnt, daß er als Verfechter der bürgerlichen Aufklärungsideen auf die normative Poetik des Barockzeitalters, auf BOILEAU, ARISTOTELES und HORAZ zurückgreift, daß er erklärt: »Derjenige Geschmack ist gut, der mit den Regeln übereinkommt, die von der Vernunft . . . fest gesetzet worden« und hinzufügt, »der Weg, poetisch zu gefallen«, sei noch eben derselbe, »den die Alten dazu so glücklich erwählet haben«. Die von Aristoteles für das Drama geforderte Einheit der Handlung, des Ortes und der Zeit ist für ihn ein buchstäblich zu befolgendes Gebot, desgleichen der Grundsatz der Barockpoetik, daß in der Tragödie nur Götter, Fürsten und christliche Märtyrer, in der Komödie hingegen nur Personen des dritten Standes auftreten dürfen. Den pragmatisch-rationalistischen Geist seiner Dramen- und Theatertheorie drückt eine Vorschrift aus, die Gottsched, ebenfalls in seiner *Critischen Dichtkunst vor die Deutschen* (1730), als Anleitung für Tragödienschreiber formuliert:

> Der Poet wählet sich einen moralischen Lehrsatz, den er seinen Zuschauern auf sinnliche Art einprägen will. Dazu ersinnt er sich eine Fabel, daraus die Wahrheit seines Satzes erhellet. Hiernächst suchet er in der Historie solche berühmte Leute, denen etwas ähnliches begegnet.

Es verwundert nicht, daß diese schematischen Auffassungen später auf heftige Kritik stießen. Andererseits darf man nicht vergessen, in welch byzantinischer Erstarrung die dramatische Produktion und in welchem Zustand der Verwilderung die Schauspielertruppen sich befanden. Das »regelmäßige« Drama, das Gottsched propagierte, die gemessen-steife Darstellungsweise der Neuberschen Truppe, bei der die Schauspieler immerhin ihre Rollen auswendig deklamierten, erschienen den beiden Theaterreformern als einziger Ausweg aus diesem Dilemma. Den schärfsten Verriß ihres Versuchs hat GOTTHOLD EPHRAIM LESSING im 17. seiner *Briefe, die neueste Literatur betreffend* (1759) formuliert:

Es wäre zu wünschen, daß sich Herr Gottsched niemals mit dem Theater vermengt hätte. Seine vermeinten Verbesserungen betreffen entweder entbehrliche Kleinigkeiten, oder sind wahre Verschlimmerungen. Als die Neuberin blühte, und so mancher den Beruf fühlte, sich um sie und die Bühne verdient zu machen, sah es freilich mit unserer dramatischen Poesie sehr elend aus. Man kannte keine Regeln; man bekümmerte sich um keine Muster. Unsere »Staats- und Helden-Actionen« waren voller Unsinn, Bombast, Schmutz und Pöbelwitz. Unsere »Lustspiele« bestanden in Verkleidungen und Zaubereien; und Prügel waren die witzigsten Einfälle derselben. Dieses Verderbnis einzusehen, brauchte man eben nicht der feinste und größte Geist zu sein. Auch war Herr Gottsched nicht der Erste, der es einsah; er war nur der Erste, der sich Kräfte genug zutraute, ihm abzuhelfen. Und wie ging er damit zu Werke? . . . Er legte seinen Fluch auf das Extemporieren; er ließ den Harlequin feierlich vom Theater vertreiben, welches selbst die größte Harlequinade war, die jemals gespielt worden; kurz, er wollte nicht sowohl unser altes Theater verbessern, als der Schöpfer eines ganz neuen sein. Und was für eines neuen? Eines französirenden; ohne zu untersuchen, ob dieses französirende Theater der deutschen Denkungsart angemessen sei, oder nicht.

Neubersche Wanderbühne (um 1730)

Die Deutsche Schaubühne nach den Regeln der alten Griechen und Römer eingerichtet, und mit einer Vorrede herausgegeben von J. C. Gottscheden.

Zweyter Theil.

Leipzig, bey Bernhard Christoph Breitkopf, 1741.

Diese herbe Abrechnung Lessings hat das spätere Gottsched-Bild nachhaltig geprägt. Unverkennbar trägt sie aber auch Züge der antiautoritären Auflehnung und des Undanks einer jungen, selbstbewußten Generation gegen eine Vaterfigur. Der junge Lessing ist selbst ein Anhänger und Nutznießer des Gottsched-Neuberschen Theaterexperiments gewesen; seine ersten Bühnenstücke sind noch stark der Gottschedschen »Regelmäßigkeit« verpflichtet, eines wird sogar noch von der Truppe der Neuberin uraufgeführt. Ohne Gottsched, ohne seine erfolgreiche Vermittlung zwischen Literatur und Bühne wäre die ungeheure dramatische Produktivität und Theaterleidenschaft nicht möglich geworden, die bei Lessing beginnt und im Sturm und Drang und in der Dichtung der deutschen Klassik kulminiert. Ohne ihn hätte jener Prozeß nicht einsetzen können, der von den verachteten »Komödiantenbanden« zu den hochgeehrten Schauspielern des späten 18. Jahrhunderts führte.

Wichtiger als seine *Critische Dichtkunst* ist für diese Entwicklung eine Sammlung von Theaterstücken, die Gottsched zwischen 1740 und 1745 veröffentlicht. Die sechs Bände umfassende *Deutsche Schaubühne* verspricht eine Zusammenstellung von Stücken »nach den Regeln der alten Griechen und Römer«, enthält aber kein einziges Beispiel eines antiken Dramatikers. Man kann vermuten, daß Gottsched, sosehr er die Gesetze der aristotelischen Dramaturgie schätzte, vor den Werken, auf die der griechische Philosoph sich bezog, mit einem gewissen Schauder zurückschreckte. Denn die Tragödien von AISCHYLOS, SOPHOKLES und EURIPIDES entsprechen so gar nicht den »französirenden« Mustern, die Gottsched vorschweben. Das Erstaunliche ist, daß in dieser Dramensammlung die verehrten Franzosen (CORNEILLE, RACINE, MOLIÈRE, FÉNÉLON, DESTOUCHES, VOLTAIRE) zwar reichlich vertreten sind, aber immer stärker in den Hintergrund treten gegenüber Komödiendichtern wie LUDVIG HOLBERG (1684–1754) oder deutschen Autoren. Gottsched hatte nämlich die Ankündigung der *Schaubühne* verbunden mit einem Aufruf an alle in Deutschland schriftstellerisch tätigen Liebhaber des Theaters, eigene Manuskripte einzusenden. Nicht ohne Eitelkeit druckt er in dem zuerst erscheinenden Band II der Sammlung seine Mustertragödie *Der sterbende Cato* ab, die 1731 uraufgeführt und oft nachgespielt worden ist. Aber er eröffnet auch wirklich ein Forum für junge, noch wenig bekannte Dramatiker. Die letzten drei Bände der *Deutschen Schaubühne* enthalten bereits ausschließlich Beiträge deutscher »Originalschriftsteller«. Von ihnen sind allenfalls die Stücke JOHANN ELIAS SCHLEGELS und CHRISTIAN FÜRCHTEGOTT GELLERTS heute noch lesenswert. Bedeutsamer ist, daß erstmals ein öffentliches Medium für Bühnenautoren geschaffen wurde, zugleich ein zeitgemäßes Repertoire, an dem sich die Wanderschauspieler orientieren konnten und auch tatsächlich orientierten.

Johann Jakob Bodmer und Johann Jakob Breitinger

Um 1740 beginnt sich Opposition gegen das selbstherrlich ausgeübte Kunstrichteramt des Leipziger Professors zu regen. In diesem Jahr bricht zwischen Gottsched und der Neuberin ein heftiger Streit aus, der in Feindschaft und Trennung endet. Die theoretischen Hauptkritiker sind die Schweizer JOHANN JAKOB

Bodmer (1698–1783) und Johann Jakob Breitinger (1701–1776). Um diese beiden von Jugend an befreundeten, bis ins hohe Alter zusammenarbeitenden Gelehrten hatte sich 1720 in Zürich ein Kreis gleichgesinnter Kunstliebhaber gesammelt, die sich »Gesellschaft der Mahler« nannten. Der Name bedeutet nicht, daß sie sich nur mit bildender Kunst beschäftigten, aber er ist auch nicht ganz zufällig gewählt. 1721, vier Jahre vor Gottscheds *Vernünftigen Tadlerinnen*, beginnt diese Gesellschaft eine Zeitschrift, die *Discourse der Mahlern*, herauszugeben, von der insgesamt 93 Nummern erscheinen: In einer fiktiven Malergesellschaft werden Fragen des guten Geschmacks, der gesellschaftlichen Moden, der Kunst und Literatur erörtert. Bodmer und Breitinger, die führenden Köpfe des Unternehmens, tragen ihre Ansichten mehrfach unter Pseudonymen wie Dürer, Holbein, Rubens oder Carracci vor. Der Unterschied zu der »Deutschübenden poetischen Gesellschaft« in Leipzig, der Gottsched 1725 beitrat, ist hier schon erkennbar: Nicht in der Philosophie, sondern in der Malerei wird der Schutzengel der erneuerungsbedürftigen Literatur gesehen. Der Begriff der »poetischen Malerei« geistert schon früh durch die Debatten der Schweizer – eine erste, noch unbewußte Annäherung an ein neues Verständnis von Natur, Natürlichkeit und Naturstimmung in der Literatur. Lange Zeit bleibt der Konflikt latent. Zwischen Gottsched und den Zürcher Professoren Bodmer und Breitinger herrscht bis in die dreißiger Jahre bestes Einvernehmen. Deren Zeitschrift wird in der Schweiz zurückhaltend, in Deutschland lebhaft, in Leipzig sogar begeistert aufgenommen. Wie bei den *Vernünftigen Tadlerinnen*, so hat auch bei den *Diskoursen der Mahlern* Addisons und Steeles *Spectator* Pate gestanden, aber der Kreis der Schweizer Kunstfreunde um Bodmer und Breitinger geht in der Anlehnung an angelsächsische Vorbilder weiter, als es Gottsched je in den Sinn gekommen ist. Das spätere Zerwürfnis zwischen dem Leipziger und den Zürcher Gelehrten nimmt hier seinen Ausgang, nicht zufällig, sondern mit innerer Logik. Während Gottsched sich in seiner Kunsttheorie am französischen Klassizismus orientiert, sind Bodmer und Breitinger von der englischen Literatur fasziniert. Besonders verehrte Autoren sind Alexander Pope (1688–1744), Joseph Addison und James Thomson (1700–1748); das Interesse reicht jedoch weiter zurück. Während Shakespeare nur flüchtig berührt wird, arbeitet Bodmer bereits 1723/24 an einer deutschen Übertragung von Miltons 1667 erschienenem Epos *Paradise Lost*, die 1732 veröffentlicht wird. Die hymnische Lyrik des späten 18. Jahrhunderts, vor allem Klopstocks *Messias*, ist von dieser Übersetzung stark beeinflußt.

Hinter der Parteinahme für unterschiedliche ausländische Vorbilder verbirgt sich ein tieferer Gegensatz. Auf dem Spiel steht die Frage, ob sich die rationalistische Kunstdoktrin Gottschedscher Prägung durchsetzen oder ob eine subjektive, vom Gefühl und von der Phantasie inspirierte Ästhetik, wie Bodmer und Breitinger sie dem englischen Sensualismus entlehnen, die Oberhand behalten würde. Wofür die Literaturtheoretiker in Zürich eintreten, wird deutlich in ihren ersten großen Traktaten, der *Critischen Abhandlung von dem Wunderbaren in der Poesie* (Bodmer, 1740) und der *Critischen Dichtkunst* (Breitinger, ebenfalls 1740). Bodmers Schrift verrät schon im Titel, erst recht im Text, worum es geht:

Der Poet bekümmert sich nicht um das Wahre des Verstandes; da es ihm nur um die Besiegung der Phantasie zu thun ist, hat er genug an dem Wahrscheinlichen, dieses ist Wahrheit unter vorausgesetzten Bedingungen, es ist Wahres, so fern die Sinnen und die Phantasie wahrhaft sind, es ist auf das Zeugniß derselben gebaut. Wer dem Poeten vor übel nehmen wollte, daß er darauf bauet, der mag zugleich die Natur anklagen, daß sie jene und den Verstand nicht überein gemachet hat, welches so viel gesagt ist, daß sie den Menschen nicht zu etwas mehrerem als zu einem Menschen gemachet hat.

Johann Jakob Bodmer

So altertümlich diese Argumentation formuliert ist, sie wird sich doch als die ›modernere‹, für die weitere Entwicklung der deutschsprachigen Literatur ausschlaggebende erweisen. Zukunftsträchtig ist auch eine andere Komponente dieser Überlegungen: Während Gottsched von ewig gültigen, bei den antiken Autoren unübertroffen formulierten Gesetzen ausgeht, beginnen Bodmer und Breitinger über den Charakter und über die Geschichte der verschiedenen Nationalliteraturen nachzudenken. JOHANN GOTTFRIED HERDER wird diesen Gedanken aufnehmen und universell ausweiten. Lange vor den Romantikern interessieren sich die beiden Schweizer Professoren bereits für das vergessene, von der Aufklärung als graue Vorzeit abgetane Mittelalter; sie befassen sich mit der Edition mittelhochdeutscher Dichtung der Stauferzeit, mit dem *Nibelungenlied*, mit dem *Parzival*-Epos WOLFRAM VON ESCHENBACHS – mit Undingen also, wenn man sie am Denken eines Johann Christoph Gottsched mißt.
Was Breitinger und Bodmer an eigenen dichterischen Werken vorlegen – vaterländische Dramen, biblische und historische Epen –, ist zu Recht vergessen. Auch von ihrem sich über Jahrzehnte hinquälenden, oft in unerquicklichen Polemiken verlaufenden Streit mit dem Leipziger Kollegen ist nur der Ausgang erwähnenswert. Gottsched isoliert sich immer mehr, nicht zuletzt durch eigene Halsstarrigkeit und Verbitterung, und steht am Ende als traurig-lächerliche Figur da. Ein Beispiel für diesen Meinungsumschwung sind die »Bremer Beiträger«, so genannt, weil ein Leipziger Literatenzirkel ab 1744 bei einem Bremer Verleger das Journal *Neue Beiträge zum Vergnügen des Verstandes und Witzes* herausgibt, ein Blatt, das sich ganz auf die Seite Bodmers und Breitingers schlägt. Die Redaktion besteht aus ehemaligen Gottschedianern. Mitarbeiter sind bekannte Schriftsteller wie GOTTLIEB WILHELM RABENER, JOHANN ELIAS SCHLEGEL, FRIEDRICH WILHELM ZACHARIAE und CHRISTIAN FÜRCHTEGOTT GELLERT.

Johann Jakob Breitinger

LYRIK

Der Appell an Natürlichkeit und Empfindsamkeit, an die Sinne und an die Phantasie wird zuerst in der Lyrik wirksam. Der Pietismus trägt hier seine reichsten Früchte, nicht nur in Konfrontation mit der Vernunftdoktrin der frühen Aufklärung, sondern auch in gewollter oder ungewollter Übereinstimmung mit ihr. Was die Philosophie auf ihre Weise zuwege gebracht hatte, nämlich die Emanzipation von den Dogmen der Theologie, vollzog sich parallel im Binnenraum des religiösen Lebens. Der Pietismus begründete eine neue Frömmigkeit, die, geprägt von einem individuellen Gotteserlebnis, ohne kirchliche Hierarchie und ohne theologische Scholastik auskam; er pflegte einen Gemeindegedanken, der sich allein auf die Bibel und ein gottgefälliges Leben der einzelnen Bürger stützte. Deshalb war die pietistische Geistesströmung – bevor sie selber doktrinär erstarrte – den orthodoxen Theologen genauso verhaßt wie die alles relativierende wissenschaftliche Philosophie. Beide waren mächtige Antriebskräfte der Frühaufklärung, miteinander verwandt durch einen emphatischen Naturbegriff, der sich aus der Schöpfungsgeschichte herleitete und den Menschen eine aktive Rolle in der Schöpfung Gottes zuwies.

Barthold Hinrich Brockes

Barthold Hinrich Brockes

Irdisches Vergnügen in Gott lautet der bezeichnende Titel, den BARTHOLD HINRICH BROCKES (1680–1747) seinem Hauptwerk gibt, einer Gedichtsammlung, die von 1721 bis 1748 in neun stattlichen Bänden erscheint. Mit Brockes und später HAGEDORN tritt ein weiteres Zentrum der deutschen Aufklärungsliteratur ins Blickfeld: Hamburg – wie Leipzig und Zürich eine reiche Bürgerstadt, protestantisch, ohne Residenz und ohne höfischen Dienstleistungsapparat. Die auffallend schwache literarische Kritik am Feudalabsolutismus hat eine ihrer Ursachen in dieser Distanz: Bürgerliches Selbstbewußtsein muß sich in den großen Handelsstädten nicht gegen fürstliche Gewalt behaupten; seinen Widerpart findet es im eigenen Lager, in den oligarchisch herrschenden Stadtpatriziaten. Bei Brockes ist beides ausgeprägt: die Abwendung vom höfischen wie vom städtischen Getriebe. Er stammt aus einer reichen hanseatischen Kaufmannsfamilie, studiert an der pietistischen Hochburg der deutschen Universitäten, in Halle (unter anderem bei Christian Thomasius), und unternimmt eine standesgemäße Bildungsreise nach Venedig und Rom. In Hamburg gründet er eine »TEUTSCH-ÜBENDE GESELLSCHAFT« und gibt eine moralische Wochenschrift heraus (*Der Patriot*, 1724–26). Die letzten zwölf Jahre seines Lebens verbringt Brockes geruhsam als Amtmann in Ritzebüttel (Cuxhaven). *Irdisches Vergnügen in Gott* – auch biographisch charakterisiert dieser Titel das beschauliche Lebensideal des wohlhabenden bürgerlichen Privatmanns, der sich aufs Land zurückzieht. Der Wahlspruch, der die Titelseite seiner Gedichtsammlung schmückt, lautet: »Wie glücklich, wer, wie wir, von Stadt und Hof entfernet, / den Schöpfer im Geschöpf vergnügt bewundern lernet.«

In seinen Gedichten wandelt Brockes beständig, den heutigen Leser schnell ermüdend, das immer gleiche Grundmuster ab: Sie beginnen mit einer Naturschilderung, lassen eine Reflexion des Beobachteten folgen und enden mit einem Lobgesang auf Gott, der die Natur so herrlich eingerichtet hat. Die unscheinbarsten Dinge sind ihm die liebsten. Beim Anblick des »Blümleins Vergißmeinnicht« beginnt er zu meditieren, wie der Mensch das Abc des »Weltbuchs«, das die Natur vor ihm aufschlägt, erlernen könne, und kommt zu dem Schluß: »Der Schöpfer der Vergißmeinnicht selbst spricht: / Vergiß mein nicht.« Gern schildert Brockes die in der Natur waltende göttliche Vernunft unter dem Gesichtspunkt der Nützlichkeit für den Menschen – nicht nur der moralischen, sondern auch der materiellen Nützlichkeit im platten Sinne des Gebrauchswerts. Gottesgeschöpfe wie die Gemse oder der Hirsch sind Sinnbilder von Kraft und Eleganz, aber man kann aus ihnen auch wohlschmeckende Speisen, Kerzentalg, Arzneimittel oder wärmende Felle gewinnen. Daß die sichtbare Natur ein Spiegelbild der göttlichen Ordnung ist, in dem der vernunftbegabte Zeitgenosse wie in einem Buch lesen und zugleich religiöse Erbauung finden kann, ist ein Credo, in dem sich rationalistische Philosophie und pietistische Empfindsamkeit wie in einer prästabilierten Harmonie wiederfinden.

Dennoch gibt es bei Brockes Ansätze einer realistischen Naturbetrachtung, die den Rahmen des Herkömmlichen sprengen. Besonders in den beschreibenden Teilen seiner Gedichte gelingen ihm manchmal fast impressionistisch anmutende »poetische Malereien« mit Farb- und Lichtschattierungen, die auch unabhängig von der didaktischen Sentenz gefallen und über die oft steifbeinigen Verse mit ihren vielen »daselbst«, »nämlich« und »gleichsam« hinweghelfen. Etwa in dem Gedicht *Kirschblüte bei Nacht*:

Ich sahe mit betrachtendem Gemüte
Jüngst einen Kirschbaum, welcher blühte,
in kühler Nacht beim Mondenschein;
ich glaubt, es könne nichts von größrer Weiße sein.

Es schien, ob wär ein Schnee gefallen.
Ein jeder, auch der kleinste Ast
Trug gleichsam eine rechte Last
Von zierlich-weißen runden Ballen.
Es ist kein Schwan so weiß, da nämlich jedes Blatt,
Indem daselbst des Mondes sanftes Licht
Selbst durch die zarten Blätter bricht,
Sogar den Schatten weiß und sonder Schwärze hat.
Unmöglich, dacht ich, kann auf Erden
Was Weißers angetroffen werden . . .

Eine solche Ton-in-Ton-Malerei ist in dieser Zeit etwas Ungewöhnliches, ganz zu schweigen davon, daß hier das poetische Bild alle begrifflichen Zuordnungen der barocken Natur-Allegorik und in der Beschreibung von sinnlichen Eindrükken auch die Naturbilder des evangelischen Kirchenlieds hinter sich läßt.

Albrecht von Haller

Albrecht von Haller

Einen anderen Typus des Versdichters verkörpert der Schweizer ALBRECHT VON HALLER (1708–1777). Der in Bern geborene Landsmann von Bodmer und Breitinger ist als Mediziner, Botaniker und Physiologe einer der bedeutendsten Naturwissenschaftler seines Jahrhunderts. Er lehrt von 1736 bis 1753 an der Göttinger Universität und wird zum Mitglied aller wissenschaftlichen Akademien von Rang und Namen ernannt und in den Adelsstand erhoben. Er erlaubt sich die Freiheit, eine Berufung nach Berlin durch König Friedrich II. ebenso abzulehnen wie die Besuchswünsche des berühmten Voltaire. Sein Name wird jedoch nicht nur in Gelehrtenkreisen und durch seine wissenschaftlichen Arbeiten, sondern zuerst einem breiteren Publikum durch seine Dichtungen bekannt. Hallers populärstes Werk ist das epische Gedicht *Die Alpen*. Es entstand 1729 und wurde in seiner Sammlung *Versuch Schweizerischer Gedichte* 1732 erstmals veröffentlicht. Schon die Tatsache, daß es sich um die literarische Verarbeitung eines persönlichen Erlebnisses handelt, unterscheidet dieses philosophische Lehrgedicht von anderen Produkten der zeitgenössischen Lyrik. 1728 hatte der neunzehnjährige, frisch promovierte Mediziner mit einem Freund eine große Wanderung durch die Schweizer Berge gemacht, zu damaliger Zeit ein exzentrisch anmutendes Unternehmen, auch wenn es sich noch nicht um Klettertouren und Gipfelbesteigungen handelte. Die Begegnung mit der Gebirgsbevölkerung inspirierte ihn zu einem hymnischen Preislied auf das einfache, selbstgenügsame Dasein der Bauern und Hirten, deren Leben durch den Rhythmus der Natur bestimmt und von keiner Zivilisationskrankheit verdorben sei. Als Antithese dazu wird – auch darin auf ROUSSEAU vorausweisend – das denaturierte Leben in der Stadt und an den Fürstenhöfen vor Augen geführt. Der Alpenbewohner erscheint fast wie eine frühe Inkarnation der beliebt werdenden Figur des »edlen Wilden«. Doch seine Freiheit ist nicht die einer paradiesischen Überflußgesellschaft, sondern durch die Kargheit der Natur bedingt, durch den Fleiß und die Arbeit der Menschen errungen:

Kupferstich (1760)

> Hier herrscht kein Unterschied, den Hochmut hat erfunden /
> der Tugend untertan und Laster edel macht. /
> Kein müßiger Verdruß verlängert hier die Stunden, /
> die Arbeit füllt den Tag, und Ruh' besetzt die Nacht. /
> Hier läßt kein hoher Geist sich von der Ehrfurcht blenden; /
> des Morgens Sorge frißt die heut'ge Freude nie. /
> Die Freiheit teilt dem Volk aus unpartei'schen Händen /
> mit immer gleichem Maß Vergnügen, Ruh' und Müh'.

Die republikanisch-aufklärerische Programmatik, die das Gedicht durchzieht, befreit den eidgenössischen Dichter von dem Verdacht, nur eine Flucht in die Idylle im Sinn gehabt zu haben. Gegen eine solche Interpretation spricht auch die Schilderung der unbelebten, dem zivilisatorischen Zugriff trotzenden Natur, die im zweiten Teil des Gedichts enthalten ist. Was für IMMANUEL KANT, der den Schweizer als seinen Lieblingsdichter verehrte, »der bestirnte Himmel über mir« ist, das bedeutet für Haller der überwältigende, zugleich erhebende und niederschmetternde Anblick des Gebirgspanoramas:

> Wenn Titans erster Strahl der Felsen Höh' vergüldet,
> Und sein verklärter Blick die Nebel unterdrückt,
> So wird, was die Natur am prächtigsten gebildet,
> von dem erhobnen Sitz, von einem Berg erblickt.
> Durch den zerfahrnen Dunst von einer dünnen Wolke
> Eröffnet sich im Nu das Schauspiel einer Welt.
> Der weite Aufenthalt von mehr als einem Volke

Zeigt alles auf einmal, was sein Bezirk enthält.
Ein sanfter Schwindel schließt die allzu schwachen Augen,
Die den zu fernen Kreis nicht zu durchstrahlen taugen.

Den lieblichen Wiesen, Bächen, Blumen- und Obstgärten, die BROCKES vor Augen hat und in seinen poetischen Miniaturbildern beschreibt, steht in Hallers *Alpen* ein bis dahin beispielloses Kolossalgemälde der Natur gegenüber; kein mit gläubiger Rührung betrachteter Mikrokosmos tut sich hier auf, sondern der Blick in eine grenzenlose Weite, die erschauern macht und ein Gefühl der Erhabenheit auslöst. Auch Hallers Gedicht ist ein Lehrgedicht, von philosophischer mehr als von religiöser Didaktik durchdrungen. Fasziniert von der Wildheit der Natur, von Schluchten, in die nie ein Sonnenstrahl dringt, von ungezähmten Sturzbächen und unbesteigbar scheinenden Schneegipfeln, schildert der Dichter nicht etwa die subjektiven Empfindungen, die diese Bilder in ihm wachrufen; er grübelt vielmehr darüber nach, daß auch diese Wildnis ihren Sinn in Gottes Schöpfungsplan hat – nicht zuletzt als Reservoir von Naturschätzen und Energien, die den Menschen bisher verschlossen blieben.
Daß Haller der Erlebnis-Lyrik noch fernsteht, also jener Poesie, die im späteren 18. Jahrhundert die Naturbetrachtung mit der individuellen Lebenserfahrung, äußere und innere Realität verbindet, ist häufig betont worden – weitgehend zu Recht: Für den Dichter und Naturwissenschaftler Haller ist das große Thema der Aufklärung der Konflikt von Wissen und Glauben, ein fortwährender innerer Kampf, den er in seinen Gedichten wie in seinem Leben in sehr subjektiver Weise austrägt. Die ehrenvollsten beruflichen Angebote schlägt er aus, weil er lieber subalterne Posten in der heimatlichen Schweiz in Kauf nimmt, als auf Dauer in der Fremde zu bleiben. Ärgerlich reagiert er darauf, daß man ihn als Parteigänger widerstreitender Schulen innerhalb der Aufklärung reklamiert. Mit zunehmender Verbitterung widerspricht er der These, daß er ein Materialist und Freidenker sei; in drei spät verfaßten Romanen bekennt er seine Heimkehr in den Schoß der offenbarten Religion. Dennoch gibt es in der ersten Hälfte des 18. Jahrhunderts nach JOHANN CHRISTIAN GÜNTHER keinen Lyriker deutscher Sprache, der so tief das Gefühl der Fremdheit in der Welt empfunden und ausgedrückt hätte wie Haller. Zum ersten Mal ist es bei ihm die Natur, die ein Gefühl der Verlorenheit, Einsamkeit und Angst erzeugt und Zweifel wachruft an der Illusion der Geborgenheit, in die sich das Bürgertum seiner Zeit flüchtete. Der metaphysische Schrecken, den ihm die Alpenwildnis eingeflößt hatte, ist auch in anderen Gedichten Hallers spürbar, so in seinem Trauergesang *Unvollkommenes Gedicht auf die Ewigkeit* (1734):

Ihr Wälder, wo kein Licht durch finstre Tannen strahlt
Und sich in jedem Busch die Nacht des Grabes malt;
Ihr hohlen Felsen dort, wo im Gesträuch verirret
Ein trauriges Geschwärm einsamer Vögel schwirret;
Ihr Bäche, die ihr matt in dürren Angern fließt
Und den verlornen Strom in öde Sümpfe gießt;
Erstorbenes Gefild und grausenvolle Gründe,
O daß ich doch bei euch des Todes Farben fünde!

O nährt mit kaltem Schaur und schwarzem Gram mein Leid!
Seid mir ein Bild der Ewigkeit!
Mein Freund ist hin!
Sein Schatten schwebt mir noch vor dem verwirrten Sinn,
Mich dünkt, ich seh sein Bild und höre seine Worte;
Ihn aber hält am ernsten Orte,
Der nichts zu uns zurückeläßt,
Die Ewigkeit mit starken Armen fest.

Ohne eigenes Zutun wird Albrecht von Haller in die Literaturfehde zwischen GOTTSCHED und seinen Schweizer Widersachern hineingezogen. BODMER und BREITINGER beanspruchen lautstark die Dichtungen ihres Landsmannes als Beweise für ihre ästhetische Theorie. Gottsched, der anfangs der Hallerschen Dichtung wohlwollend gegenübersteht, antwortet immer giftiger, etwa mit dem polemischen Zitat aus einer von ihm edierten Gedichtsammlung (1744): »Allein wie ändert sich der Zeiten schlimmer Lauf! / Es wächst ein neu Geschlecht verführter Sänger auf. / Der Alpen stäter Schnee erkältet ihren Busen, / zum Stey ist ihr Parnaß und Feyen sind die Musen. / So starr und ungelenk St. Gotthards Eis je war, / stellt auch ihr steifer Vers die kalten Bilder dar . . .«

Ihr Dichter voller Jugend,
Wollt Ihr bei froher Muße
Anakreontisch singen,
So singt von milden Reben,
Von rosenreichen Hecken,
Vom Frühling und von Tänzen,
Von Freundschaft und von Liebe;
Doch höhnet nicht der Gottheit,
Auch nicht der Gottheit Diener,
Auch nicht der Gottheit Tempel.
Verdienet, selbst im Scherzen,
den Namen echter Weisen.

Anakreontik

Neben die religiöse und philosophische Verskunst tritt in den vierziger Jahren des 18. Jahrhunderts eine weltlich-epikureische Dichtung. Das Stichwort für diese Lyrik, deren erster Wortführer er zugleich ist, liefert FRIEDRICH VON HAGEDORN (1708–1754). Er widmet eines seiner Gedichte dem altgriechischen Dichter ANAKREON (um 580 v. Chr. – um 495 v. Chr.).
»Anakreontisch dichten« wird zum Modebegriff, obwohl die Leitbilder nicht in der griechischen Frühklassik, sondern bestenfalls bei VERGIL, in der römischen bukolischen Dichtung gesucht werden. Der Vorrat an Motiven, aus dem die Anakreontiker schöpfen, zeigt die Nähe zur Rokoko-Kultur, die zur gleichen Zeit an den europäischen Höfen aufblüht: Ein von Schäfern und Schäferinnen, Hirten und Hirtenmädchen bevölkertes Arkadien, immerwährender Frühling, Liebe und Freundschaft, Wein und Rosen bilden den Rahmen und das gleichbleibende Thema dieser Gedichte.
Eine ganze Generation von Schriftstellern übt sich in diesem Genre, neben Hagedorn vor allem JOHANN WILHELM LUDWIG GLEIM (1719–1803), JOHANN NIKOLAUS GÖTZ (1721–1781), JOHANN PETER UZ (1720–1796), CHRISTIAN FELIX WEISSE (1726–1804), EWALD CHRISTIAN VON KLEIST (1715–1759) und der Schweizer Idyllendichter SALOMON GESSNER (1730–1788). Doch auch JOHANN ELIAS SCHLEGEL, GELLERT, LESSING und der junge GOETHE verfassen anakreontische Gedichte.
Diese Autoren zählen sich durchweg zum aufgeklärten städtischen Bürgertum, ohne Neigung zur Imitation höfischer Moden. Ihre Hinwendung zum literarischen Rokoko entspringt mehr dem Protest gegen die Borniertheit ihrer zivilen Umgebung als einer Koketterie mit aristokratischen Lebensformen. Man hat

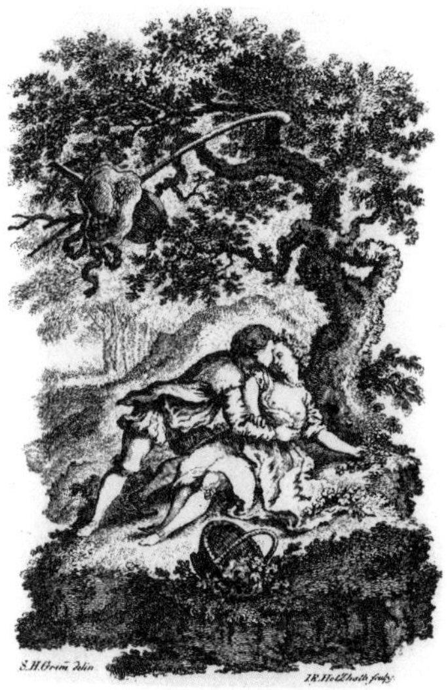

Kupferstich zu Hagedorns »Daphnis«

Anakreon trank, liebte, scherzte,
Anakreon trank, spielte, herzte,
Anakreon trank, schlief, und träumte,
Was sich zu Wein und Liebe reimte:
Und hieß mit Recht der Weise.

(G. E. Lessing, 1753)

Doris:
Lieber Damon, dein Begehren,
Dich zu lieben, geh ich ein;
Aber willst du mir auch schwören,
Ewig mir getreu zu sein?

Damon:
Liebe Doris, dein Begehren
Geh ich mit Entzücken ein;
Aber willst du mir auch schwören,
Ewig jung und schön zu sein?

(Chr. F. Weiße: Doris und Damon)

genug von der Pietisterei, von den theologischen Selbstquälereien und proklamiert, wenn auch in spielerisch-stilisierter Form, den Lebensgenuß und die Sinnenfreude. War bei JOHANN CHRISTIAN GÜNTHER das Loblied der trunkenen Fröhlichkeit und des In-den-Tag-Lebens die trotzige Antwort auf eine unbefriedigende, trostlose Wirklichkeit gewesen, so verliert sich bei den Anakreontikern der rebellische Unterton, die Haltung des »Jetzt erst recht!«. Hier trägt die Flucht in die Weltlichkeit zugleich Züge von Weltflucht: Die Realität mit ihren Konflikten und Antagonismen bleibt in ihren Gedichten ebenso ausgeschlossen wie persönliche Empfindung oder Leidenschaft in der Liebe.

Die Bedeutung dieser Poesie liegt auf anderem Gebiet: Sie ist eine Schule für die klassische deutsche Literatursprache, gewissermaßen ihr Tanzboden, so wie Satire und Epigramm ihr Fechtboden sind. Die Reinigung der Sprache von barocker Überladenheit, von den Manierismen der zweiten schlesischen Schule war eine Forderung aller »Teutschübenden Gesellschaften«, aller gelehrten Literaten der Frühaufklärung gewesen. Deren eigene Diktion hatte indessen neue Elemente der Umständlichkeit und Weitschweifigkeit erzeugt; Gottsched, Bodmer und Breitinger stehen sich hierin in nichts nach. Durch ihre elegante, pointiert-witzige Sprache tragen die Anakreontiker zu einer neuerlichen Flurbereinigung bei. Ihrem Ideal einer heiteren Geselligkeit gemäß führen sie, oft die antithetischen Ausdrucksmöglichkeiten des Dialogs nutzend, den Konversationston in die Dichtung ein. Im Gegensatz zur religiösen Hymnik und zum philosophischen Lehrgedicht bevorzugen sie kleine, in ihrer Struktur klare und übersichtliche poetische Formen wie die Ode und das Lied. So monoton die Inhalte ihrer Schäferpoesie auf die Dauer wirken, so beweglich zeigen sie sich im stilistischen Experiment. Mühelos bedienen sie sich der Versform sowie des reimlosen Gedichts; der Übergang zwischen Lyrik und Prosa wird fließend.

Man kann das esoterische Vergnügen, das viele Schriftsteller zwischen 1740 und 1760 an einem pseudo-antiken Arkadien finden, besser verstehen, wenn man ihr gleichzeitiges Interesse an der volkstümlichen Erzählform der Fabel berücksichtigt. Von Hagedorn bis Lessing haben sich fast alle, die »anakreontisch sangen«, auf diesem Gebiet versucht, und noch GOETHES Hexameter-Epos *Reineke Fuchs* steht in dieser Tradition, die einerseits über LAFONTAINE bis zu ÄSOP zurückzuverfolgen ist, andererseits aber auch Wurzeln in den frühbürgerlich-demokratischen Tier-Epen des 16. Jahrhunderts hat. In den vierziger Jahren des 18. Jahrhunderts ist es vor allem CHRISTIAN FÜRCHTEGOTT GELLERT (1715–1769), der die Fabeldichtung populär macht. Erst später wird ihr die Ballade den Rang ablaufen. Die meist aus der Tierwelt übernommenen Bilder schildern gleichnishaft, was in der menschlichen Gesellschaft wünschenswert oder verabscheuungswürdig erscheint: die Bürgertugenden des Fleißes, der Bescheidenheit, der Aufrichtigkeit und der Freundschaft auf der einen, Hochmut und parasitärer Standesdünkel auf der anderen Seite. Mit Erfolg wird hier ein breiteres, wenig gebildetes Publikum angesprochen. Die kunstvolle Schlichtheit dieser Dichtung steht in eigentümlichem Kontrast zu der artifiziellen Scheinwelt der Anakreontik. Aber es sind dieselben Autoren, die sich an eine freigeistige bürgerliche Elite wenden und gleichzeitig im Volkston zu dichten versuchen. JOHANN WILHELM LUDWIG GLEIM adaptiert Elemente des Bänkelsangs und wechselt in seinen *Preußischen Kriegsliedern* (1756/57), auch *Grenadierslieder* genannt, von der Schäferidylle aufs politische Schlachtfeld über. Einer der begabtesten Schriftsteller dieser Generation, EWALD CHRISTIAN VON KLEIST, preist das friderizianische Preußen nicht nur von der sicheren Amtsstube aus; der mit Gellert, Gleim und Lessing befreundete Offizier und Dichter stirbt auf dem wirklichen Schlachtfeld. Sein bedeutendstes Gedicht *Der Frühling* (1749) ist eine bewußte Abkehr von der Anakreontik und weist bereits auf eine neue Phase der lyrischen Dichtung voraus, die mit den Namen KLOPSTOCK, GOETHE und HÖLDERLIN verbunden ist.

Titelkupfer aus dem Jahre 1753

Empfindsamkeit

Im selbstgewählten Begriff der »Empfindsamkeit« treffen um 1750 die verschiedenen Strömungen der lyrischen Dichtung zusammen. Schon HALLER nimmt ihn für sich in Anspruch. In seinen 1772 erschienenen *Kleinen Schriften* gibt eine Stelle Aufschluß darüber, wie aufmerksam die Schriftsteller in dieser Phase des »kritischen Zeitalters« ihre gegenseitige Produktion verfolgen. Haller schreibt:

Der Herr von Hagedorn besuchte Engelland; ich auch, und noch etwas früher. Diese Reise hatte auf Beide einen wichtigen Einfluß. Wir fühlten, daß man in wenigen Wörtern weit mehr sagen konnte, als man in Deutschland bisher gesagt hatte; wir sahen, daß philosophische Begriffe und Anmerkungen sich reimen lassen und strebten Beide nach einer Stärke, dazu wir noch keine Urbilder gehabt hatten. Bei allen diesen Ähnlichkeiten blieb zwischen uns eine große Ungleichheit. Eine der Ursachen bestand in der Lebensart ... Hagedorn dichtete Lieder, darin er die Liebe und den Wein besang und die die ersten waren, die man in Deutschland den Liedern der Franzosen an die Seite setzen durfte. Die Fröhlichkeit und die Kenntniß der Welt breitet über alle Gedichte, auch über die Lehrgedichte meines Freundes, eine Heiterkeit aus, wodurch er sich dem Horaz nähert und den Boileau übertrifft. Was bleibt mir dagegen? Nichts als die Empfindlichkeit. Diese Empfindsamkeit, wie man sie zu nennen anfängt, gab freilich meinen Gedichten einen eigenen schweren Ton und einen Ernst, der sich von Hagedorn's Munterkeit unendlich unterscheidet.

Die tastenden Versuche, eine neue Gefühlssprache zu finden, beschränken sich nicht auf die Lyrik und verdanken ihr auch nicht die entscheidenden Impulse. Nach dem starken Einfluß, den der englische Sensualismus auf die deutsche Literatur ausgeübt hat, triumphiert noch einmal die französische Philosophie. Das epochemachende geistesgeschichtliche Ereignis trägt einen Namen: JEAN-JACQUES ROUSSEAU (1712–1778). Nur schwer kann man sich heute noch eine Vorstellung davon machen, wie stark seine Schriften seit den sechziger Jahren des 18. Jahrhunderts auf die schreibende und lesende Intelligenz in Deutschland gewirkt haben. Seine radikale Zivilisationskritik, die der Gesellschaft die Schuld für die Entfremdung und Verkümmerung des Individuums gibt, mündet in den Entwurf eines bürgerlich-republikanischen Gesellschaftsvertrags (*Du contrat social*, 1762), der zum philosophischen Fundament der Französischen Revolution werden wird. Doch nicht diese politische Komponente verhilft Rousseau zu seinem gewaltigen Echo in Deutschland. Begierig aufgenommen werden seine

Ideen vor allem deshalb, weil sie ein neues Menschenbild entwerfen, eine Anthropologie, die das Ich zum autonomen, der freien Entfaltung würdigen und fähigen Subjekt erklärt. Der strenge IMMANUEL KANT ist in dieser Hinsicht ebenso Schüler des »Bürgers von Genf«, wie es die Dichter des Sturm und Drang sind, die ihre persönlichen Lebenserfahrungen in dichterischen Werken zu objektivieren und einem anonymen Publikum preiszugeben beginnen. Daß Rousseau selbst die Form des Romans wählt (*Julie oder Die Neue Heloise*, 1761, deutsche Erstveröffentlichung 1766, und *Emile oder Über die Erziehung*, 1762, im gleichen Jahr übersetzt), erleichtert die Aufnahme durch deutsche Literaten und Leser. Die Erlebnis-Lyrik gewinnt eine weltanschauliche Basis, der Roman eine neue Dimension hinzu. Um es an einem Beispiel zu verdeutlichen: Die Welt des Kindes und der Kindheit wird mit Rousseau zu einem literaturfähigen Thema. Die autobiographischen Züge, die in der erzählenden Prosa des späteren 18. Jahrhunderts hervortreten, beruhen auf der Selbstbeobachtung und psychologischen Selbsterforschung, denen Rousseau zum ersten Mal eine literarische Form verliehen hat. Daß sich der deutsche Roman der frühen Aufklärung aus eigener Kraft nicht zu dieser Höhe aufschwingen konnte, belegen die wenigen Beispiele origineller Romanliteratur, die es zwischen 1730 und 1750 in Deutschland gibt.

ROMAN

Die »Robinsonaden«

Kein priesterliches und kein aufklärerisches Verdikt, keine noch so strenge kunsttheoretische Belehrung, nicht einmal Parodien und Persiflagen konnten das deutsche Lesepublikum im ersten Drittel des 18. Jahrhunderts von der Lektüre der über alles geliebten heroisch-galanten Ritter- und Abenteuerromane abbringen. Noch fünfzig Jahre später ist, wie man an einigen Verserzählungen CHRISTOPH MARTIN WIELANDS sehen kann, der Unterhaltungswert dieses Literaturgenres ungebrochen. Dennoch vermochte ein einziges Buch dieser Übermacht Paroli zu bieten. 1719 veröffentlichte der Engländer DANIEL DEFOE (1660–1731) seinen berühmten Roman *The Life and Strange Surprizing Adventures of Robinson Crusoe of York, Mariner.* Schon 1720 erscheinen zwei deutsche Übersetzungen dieses Werks (und sofort auch ein Raubdruck von einer dieser Übersetzungen). *Robinson* und »Robinsonade« werden zum Begriff; bis 1760 zählt man allein im deutschsprachigen Raum fünfzig Romane, die ihn im Titel führen. Mit dem Begriff ist freilich keine neue Gattung geboren; abgesehen von schlechten Nachahmungen werden unter dem attraktiven neuen Namen oft die alten belletristischen Muster des Reise- und Abenteuerromans weitergeführt. Naiv meint der anonyme Autor einer solchen Robinsonade 1722:

Das Wort Robinson hat seit einiger Zeit bey uns Teutschen eben die Bedeutung angenommen, die sonsten das Frantzösische Wort Aventurier hat, welches einen Menschen anzeiget, der in der Welt allerhand außerordentlichen Glücks- und Unglücks-Fällen unterworfen gewesen.

Johann Gottfried Schnabel: »Die Insel Felsenburg«

Der einzige Roman, der weit über dieses Niveau hinausragt, stammt aus der Feder JOHANN GOTTFRIED SCHNABELS (1692 – nach 1750), eines in Stolberg (Harz) tätigen Hofbarbiers und Stadtchirurgen, der – wie üblich nebenberuflich – seinen literarischen Neigungen nachging. Als Titel hat sich seit der Bearbeitung, die Ludwig Tieck 1828 herausgab, *Die Insel Felsenburg* eingebürgert. Im Original lautete der Titel des ersten, 1731 erschienenen Bandes, noch in verschnörkelt-barocker Manier den Inhalt vorweg zusammenfassend: *Wunderliche Fata einiger See-Fahrer, absonderlich Alberti Julii, eines gebohrnen Sachsens, Welcher in seinem 18den Jahre zu Schiffe gegangen, durch Schiff-Bruch selb 4te an eine grausame Klippe geworffen worden, nach deren Übersteigung das schönste Land entdeckt, sich daselbst mit seiner Gefährtin verheyrathet, aus solcher Ehe eine Familie von mehr als 300. Seelen erzeuget, das Land vortrefflich angebauet, durch besondere Zufälle erstaunens-würdige Schätze gesammlet, seine in Teutschland ausgekundschafften Freunde glücklich gemacht, am Ende des 1728sten Jahres, als in seinem Hunderten Jahre, annoch frisch und gesund gelebt, und vermuthlich noch zu dato lebt.*

Schon dieser geraffte Überblick deutet an, daß bei aller thematischen Gemeinsamkeit – Schiffbrüchige auf einer einsamen Insel – die Unterschiede zu Defoes *Robinson*-Roman überwiegen. Der völligen Einsamkeit des Defoeschen Helden, die erst spät durch die Domestizierung Freitags, des schwarzen Wilden, gemildert wird, steht hier ein blühendes, wohlorganisiertes Gemeinwesen gegenüber. Zwischen Robinson und der zivilisierten Welt gibt es bis zu seiner glücklichen Rettung keinerlei Kontakt. Auf der Insel Felsenburg dagegen landen ständig Schiffbrüchige und Flüchtlinge aus Europa, deren Funktion nicht nur darin besteht, als Ehepartner und Ehepartnerinnen in die Großfamilie des Patriarchen Albert Julius integriert zu werden, sondern auch darin, daß sie weitläufig ihre unterschiedlichen Abenteuer und Lebensschicksale erzählen und so den Roman vor der Monotonie einer immerdar glücklichen Inselidylle bewahren. Mit diesem Kunstgriff gelingt es dem Autor, den utopischen Charakter seines Phantasiegemäldes mit einer aufklärerisch-kritischen Botschaft zu verknüpfen: Während die Geschichte der egalitären Idealgesellschaft auf Felsenburg in einer weit ausholenden Rahmenerzählung zurückverfolgt wird, überbringen die Neuankömmlinge immer neue Schreckensnachrichten von Kriegen, Verbrechen und Intrigen aus dem feudalabsolutistischen Europa, deren Opfer sie geworden sind. Aus dieser Konfrontation zweier Gegenwelten bezieht Schnabels Werk seine Vielfalt und seine Spannung – die fromme, tugendhafte Inselrepublik, die keine Standesunterschiede kennt, wird als »Asyl der Redlichen« gepriesen, die Welt des alten Europa als Inkarnation des Bösen in drastischen Farben angeprangert. Ohne viel auf exotisches Kolorit zu geben, schildert Schnabel ein bescheidenes irdisches Paradies, in dem Menschen ohne Sündenfall leben können. Ein weite-

rer charakteristischer Unterschied zum Roman Daniel Defoes: Robinson vollzieht in dem Maße, in dem er sich die Natur untertan macht, eine innere Wandlung zum gottvertrauenden Christen; seine Sehnsucht indes gilt der zivilisierten Welt, die er allein in Europa, genauer gesagt in England, verkörpert sieht. Die Bewohner der Insel Felsenburg hingegen, auf denen der Segen Gottes von Anfang an ruht, haben – wenigstens innerlich – die Brücken zur Alten Welt völlig abgebrochen.
Obwohl Johann Gottfried Schnabel seinen Roman, der ein großer Publikumserfolg wurde, als unendliche Geschichte angelegt hatte, ging ihm allmählich der Atem aus. Der dritte Band (die vier Teile erschienen 1731, 1732, 1736 und 1743) relativiert bereits den radikalen Gedanken einer endgültigen Flucht aus der häßlichen Wirklichkeit des absolutistisch beherrschten Europa. Er zeigt die Felsenburgische Inselgemeinschaft in regem Handelsaustausch mit dem verhaßten Kontinent. In der vierten Folge haben sich Schnabels Phantasien einer alternativen Gesellschaft vollends erschöpft. Der Zusammenhang zu den kunstvoll verwobenen Erzählebenen der ersten Teile ist nur noch äußerlich gewahrt; allgemeine Betrachtungen und erbauliche Traktate nehmen überhand. Die Grenzen des aufklärerischen Gesellschaftsentwurfs, der zwischen groß angelegtem Staatsroman und kleinbürgerlicher Idylle schwankt, sind vorerst erreicht. Ehrlich gesteht der Dichter, daß er diesen vierten Teil nur um des Honorars willen geschrieben habe – zu einer Zeit, in der er bereits aus dem Dienst der Grafen Stolberg entlassen ist. So eng bemessen war in Wirklichkeit die Tragweite des utopischen Denkens in Deutschland um 1740.

Christian Fürchtegott Gellert (1769)

Christian Fürchtegott Gellert:
»Leben der schwedischen Gräfin von G.«

Bis 1750 ist nur noch ein weiterer wichtiger Prosaroman hervorzuheben – ein Indiz für die geringe Rolle, die diese Gattung in der deutschen Aufklärungsliteratur der ersten Jahrhunderthälfte spielte. CHRISTIAN FÜRCHTEGOTT GELLERT (1715–1769), aus einem sächsischen Pfarrerhaushalt stammend, Student und später Professor in Leipzig, machte sich mit Liedern, Fabeln und Lustspielen einen Namen, bevor er 1746–48 – zunächst anonym – seinen Roman *Leben der schwedischen Gräfin von G . . .* veröffentlichte. Die zeitliche Distanz zum letzten Band der *Insel Felsenburg* beträgt nur wenige Jahre; der innere Abstand ist jedoch so beträchtlich, daß von einem qualitativen Sprung gesprochen werden kann. Nicht ganz so groß erscheint diese Leistung, wenn man die völlig freie Behandlung des Robinson-Stoffes durch Schnabel einerseits und auf der anderen Seite die enge Anlehnung Gellerts an neue englische Literaturvorbilder berücksichtigt. Seit Beginn der vierziger Jahre wurden die Romane SAMUEL RICHARDSONS (1689–1761) überall in Europa heißhungrig verschlungen und nachgeahmt. Das *Leben der schwedischen Gräfin von G . . .* wäre nicht zu denken ohne Richardsons Briefroman *Pamela* (1740), der (zusammen mit *Clarissa*, 1747/48) den Typus des psychologischen Familienromans begründete.
Die Geschichte: Eine junge Landadlige aus Livland heiratet den schwedischen Grafen von G. und lebt in seiner Heimat glücklich mit ihm, bis eine Hofintrige,

angezettelt von einem Prinzen, der die Gräfin vergeblich zu verführen versucht, Existenz und Leben von G. vernichtet. Die junge Witwe flieht nach Holland und findet ein neues Eheglück bei R., dem besten Freund des tot geglaubten Grafen von G. Dieser taucht jedoch zehn Jahre später unvermutet wieder auf. Nach einem edlen Wettstreit des Verzichts zwischen beiden Ehegatten wird die Gräfin von G. wieder die Frau ihres ersten Mannes, während R. sich in der Rolle des treuen Hausfreundes bescheidet. Unterdessen hat sich eine andere, verhängnisvoll endende Liebes- und Ehegeschichte abgespielt: Aus einer Jugend-Liaison des Grafen von G. stammen zwei Kinder, Carlson und Marianne, die in frühester Jugend auseinandergerissen wurden und sich, ohne von ihrer Blutsverwandtschaft zu wissen, verlieben und heiraten (gleichfalls im holländischen Asyl, unter den Augen und der Anteilnahme der schwedischen Gräfin und ihres zweiten Gatten). Während die unbewußte Bigamie der beiden letzteren in tugendhaft-freundschaftlicher Versöhnung aufgehoben wird, endet der unschuldig begangene Inzest in einer tödlichen Katastrophe. Dieser erste Teil des Romans (1746 veröffentlicht) ist der bedeutendere; der zweite Teil (1748 erschienen) rekapituliert im wesentlichen die Abenteuer des Grafen von G. in Rußland und Sibirien während der Jahre, in denen er verschollen war, bringt weitere Liebesgeschichten von Nebenpersonen, läßt sogar den schurkischen Prinzen noch einmal auftreten und Verzeihung erlangen und endet mit dem natürlichen Tod der beiden Männer, die die Gatten der Gräfin von G. waren.
Die zahlreichen Stationen im Leben des schwedischen Ehepaars – Livland, Schweden, Holland, Rußland, England – erinnern noch an das rhapsodische Schema des alten Abenteuerromans; sie sind jedoch zu rein äußerlichen geographischen Schauplätzen geworden, die im einzelnen gar nicht geschildert werden. Was allein zählt, sind die inneren Konfliktkonstellationen, zusammengehalten durch den autobiographischen Blickwinkel der Ich-Erzählerin, die das Geschehen rückblickend wiedergibt und mit moralischen und psychologischen Betrachtungen kommentiert. Zwei Abweichungen von dem bewunderten Vorbild der *Pamela* von Richardson sind aufschlußreich: Während der Engländer die Konflikte und Leiden eines Mädchens aus der Unterschicht erzählt, muß es bei seinem deutschen Schriftstellerkollegen eine Dame von Stand sein, wenn auch aus dem verarmten Adel und zum bürgerlichen Leben teils gezwungen, teils sympathetisch hingezogen; der Brief als besonders intime literarische Mitteilungsform wird von Gellert nur sparsam verwendet, an Stellen, die besonders rühren und ergreifen sollen.
Warum Das *Leben der schwedischen Gräfin G . . .* den Titel des ersten bürgerlichen Familienromans in Deutschland verdient, wird augenfällig im Vergleich zur *Insel Felsenburg*. Auch bei JOHANN GOTTFRIED SCHNABEL wird eine Familiengeschichte erzählt und auf eine von Vernunft-, Tugend- und Glaubensgrundsätzen erleuchtete bürgerliche Gemeinschaft projiziert. Aber das Interesse an der Genealogie der Juliusschen Familie überwiegt – eine mehr oder weniger bewußte Umkehrung der dynastischen Beziehungen, auf die es im heroisch-galanten Barockroman ankam. In Gellerts Roman, der mit sehr wenigen Personen auskommt, sind äußere Ereignisse nur dazu da, innere Bewegungen auszulösen, Konflikte und Peripetien zu schaffen, in denen sich überhaupt erst konstituiert, was Ehe und Familie ist. Wird bei Schnabel die Ehe noch wie ein Sakrament be-

handelt, so ist sie bei Gellert bereits ein fragiles, stets gefährdetes Gebilde, keine ein für allemal gesicherte Institution.
Der Roman findet beim Publikum sehr starken Widerhall. Als aufregend, von vielen als skandalös wird empfunden, daß die Phantasie gereizt wird, sich bis hin zur Doppelehe und zur Geschwisterliebe nicht nur platonisch, sondern auch sinnlich-erotisch in Grenzsituationen hineinzuversetzen. Die Kraft der Vernunft und Tugend bewährt sich erst da, wo das konventionelle Sittlichkeitsdenken auf die Probe gestellt ist und nur die Tugend des Herzens entscheidet. Das Ungewöhnliche an Gellerts Roman ist, daß er auch das mögliche Mißlingen reflektiert: im tragischen Ausgang der Beziehung zwischen Carlson und Marianne. Daran ändert auch nichts, daß diese Katastrophe durch eine merkwürdig äußerlich bleibende, künstlich konstruierte Giftmördergeschichte zum Abschluß gebracht wird. Nicht weniger unwahrscheinlich ist die glückliche Auflösung des Dreiecksverhältnisses zwischen der Gräfin und ihren beiden Gatten, eine Konstruktion, die nur möglich ist, weil der Freundschaftskult der Aufklärung – Synonym für ihren Vernunft- und Tugendkult – über die Verstrickungen der Liebe triumphiert: ein Psychogramm des bürgerlichen Bewußtseins um 1750 mit allen seinen selbstverordneten Verboten und Tabus, die angedeutet, zugleich aber auch entschärft und ins Positive umgebogen werden. Was im optimistisch gestimmten Zeitalter der bürgerlichen Aufklärung überhaupt Tragödie heißen kann, ist fortan verknüpft mit der Ehe- und Familienproblematik. Die abgründigen, dämonischen Seiten dieses Komplexes, die Gellert berührt, werden jedoch zurückgedrängt: Das Motiv des Inzests taucht erst wieder bei den Romantikern auf, in trivialisierter Form in den Schicksalsdramen WERNERS und MÜLLNERS.

LESSING, KLOPSTOCK, WIELAND

Der erste, der als deutscher Schriftsteller europäische Berühmtheit erlangt, ist KLOPSTOCK, der Dichter des *Messias* (Veröffentlichung ab 1748). Es dauert mehr als zwei Jahrzehnte, bis ein weiterer deutscher Dichter, wiederum mit einem einzigen Werk, noch größeres Aufsehen erregt: GOETHE und sein Roman *Die Leiden des jungen Werthers* (1774). Erst in den achtziger Jahren des 18. Jahrhunderts ist es eine im übrigen Europa allgemein anerkannte Tatsache, daß in Deutschland eine Dichtung von hohem Rang existiert, ebenbürtig der französischen, englischen oder italienischen, die so lange die Vorbilder geliefert hatten. Der Prozeß, in dem sich die Befähigung zu einer eigenen literarischen Sprache und Kultur, überhaupt das Bewußtsein einer deutschen Nationalliteratur herausbildet, ist mit dem Abdanken der Gottsched-Schule noch nicht abgeschlossen; er tritt im Gegenteil um 1750 erst in seine entscheidende Phase. Die herausragenden Gestalten des literarischen Lebens in den folgenden zwei Jahrzehnten sind GOTTHOLD EPHRAIM LESSING (1729–1781), FRIEDRICH GOTTLIEB KLOPSTOCK (1724–1803) und JOHANN CHRISTOPH MARTIN WIELAND (1733–1813)

Gotthold Ephraim Lessing

Katheder und Kanzel – keines der beiden feindlichen Hauptquartiere in den geistigen Kämpfen der Frühaufklärung hat Lessing persönlich betreten. Die Bühne erscheint ihm als Austragungsort für diese Auseinandersetzung geeigneter. Dennoch ist sein Beitrag zur bürgerlichen Emanzipation in Deutschland mehr als ein Beitrag zur Literatur, und was er literarisch beigesteuert hat, erschöpft sich nicht in seinen Theaterstücken. *Emilia Galotti*, *Minna von Barnhelm* und *Nathan der Weise* sind die ersten Werke der deutschen dramatischen Literatur, die sich im Theaterrepertoire bis heute gehalten haben. Für seine Zeitgenossen und die nachfolgenden Generationen ging jedoch eine unwiderstehliche Wirkung nicht nur von einzelnen Werken, sondern auch von der Person Lessings aus, von der Weiträumigkeit und Vorurteilslosigkeit seines Denkens, die ihn auf allen Gebieten – einschließlich der Philosophie und Theologie – auszeichneten. Ein Begriff, der zu seiner Zeit geläufig und nicht zuletzt durch ihn selbst zur moralischen und ästhetischen Kategorie wurde, faßt diese Eigenschaften zusammen: Charakter. Werk und Person sind zu einer so unangreifbaren Einheit verschmolzen, daß es Streit eigentlich nur darüber gibt, wer unter seinen konservativen oder liberalen oder sozialistischen Interpreten sich mit größerem Recht auf ihn beruft. Eine solche Entrückung auf den Parnaß zeitloser Verehrung schafft eine dünne Luft, in der Lessing selbst nicht zu atmen vermocht hätte. Dazu hatte er zu sehr mit anderen Sorgen zu kämpfen.

Gotthold Ephraim Lessing (um 1766)

Wie so viele andere Literaten seiner Zeit ist Lessing ein Pfarrerssohn. 1729 im sächsischen Kamenz (Lausitz) geboren und von einem ehrgeizigen Vater erzogen, erhält er als Dreizehnjähriger ein Stipendium für die Fürstenschule St. Aphra in Meißen, wo er als Musterschüler glänzt und zugleich als Querkopf auffällt. 1746 wird er Student an der Leipziger Universität, natürlich mit Theologie als Hauptfach, aber schon hier nimmt seine Laufbahn eine Wendung, die seinen Eltern und akademischen Lehrern überhaupt nicht paßt. Der vielversprechende Zögling ergibt sich, wie es scheint, dem liederlichen Studentenleben, ist häufiger in Wirtshäusern und bei den Komödianten als bei den Professoren zu sehen und beginnt, Gedichte im anakreontischen Stil, Fabeln und vor allem Theaterstücke zu schreiben. Eines dieser Stücke, *Der junge Gelehrte*, wird 1748 mit ziemlichem Erfolg in Leipzig uraufgeführt – von ebenjener Neuberschen Schauspielertruppe, mit der Gottsched so lange zusammengearbeitet hatte. Seit diesen frühen Leipziger Jahren hat Lessing zwei ständige, durchaus miteinander verträgliche Begleiter: seine Schulden und den Traum, als unabhängiger Schriftsteller zu leben. Noch im Jahr seines ersten Theatererfolgs flieht er vor seinen Leipziger Gläubigern nach Berlin und versucht dort, sich als Journalist durchzuschlagen. Mehrfach wechselt er zwischen Berlin, Leipzig und Wittenberg hin und her; weitere Hauptstationen seines unruhigen Lebens sind Breslau, Hamburg, Wien und Wolfenbüttel.

Zu den nie abreißenden finanziellen Nöten des »am Markte stehenden« Schriftstellers, die Lessing gelassen auf sich nimmt, treten künstlerische Rückschläge und Enttäuschungen wie das frühzeitige Ende der »Hamburger Entreprise«, jenes von bürgerlichen Mäzenen gegründeten Schauspieltheaters, an dem Lessing 1767/68 als Dramaturg arbeitet und dem er seine *Hamburgische Drama-*

turgie widmet. Ernsthaft denkt der inzwischen berühmte, aber immer noch mittellose Lessing in dieser Zeit daran, Deutschland zu verlassen und nach Italien zu gehen. An seinen Freund Nicolai schreibt er im September 1768: »Was ich in Rom will, werde ich Ihnen aus Rom schreiben. Von hier aus kann ich Ihnen nur soviel sagen, daß ich in Rom wenigstens ebenso viel zu suchen und zu erwarten habe, als an einem Orte in Deutschland.« Ein Angebot des braunschweigischen Erbprinzen Karl Wilhelm Ferdinand macht diesem aus Mißmut geborenen Plan ein Ende: Lessing wird Bibliothekar in Wolfenbüttel. Daß er nicht lange dort

Alte Bibliothek Wolfenbüttel

ausharren will, äußert er Freunden gegenüber schon bald und oft. Aber das Provinznest Wolfenbüttel wird, wenn man von seiner Kindheit absieht, zum längsten Aufenthalt seines Lebens. Er bleibt hier elf Jahre, bis zu seinem Tode im Jahre 1781, ein schlecht bezahlter Hofbeamter, der seinen Traum vom selbständigen, freien Schriftsteller zu Grabe getragen hat.

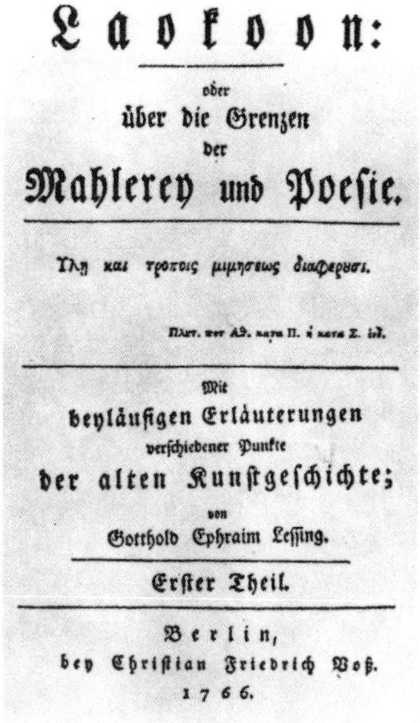
Laokoon:
oder
über die Grenzen
der
Mahlerey und Poesie.
Ὕλῃ καὶ τρόποις μιμήσεως διαφέρουσι.
Πλουτ. ποτ. Αθ. κατα Π. ἠ κατα Σ. ἐνδ.
Mit
beyläufigen Erläuterungen
verschiedener Punkte
der alten Kunstgeschichte;
von
Gotthold Ephraim Leßing.
Erster Theil.
Berlin,
bey Christian Friedrich Voß.
1766.

Lessing als Publizist

Anders als Klopstock und die jüngere Generation von Dichtern, deren Sturm und Drang er noch miterlebt, ist Lessing Publizist in umfassendem Sinne. Er nimmt Stellung zu allen ihn bewegenden Fragen der Philosophie und Theologie, der Literaturproduktion und Literaturkritik, er schreibt Abhandlungen über historische, archäologische und philologische Themen, er ist Rezensent, Essayist, Übersetzer und Herausgeber und versteht sich auf feuilletonistische Glossen ebenso wie auf gründliche wissenschaftliche Abhandlungen. Dies alles verbindet ihn noch stark mit der Wissenssystematik der gelehrten Polyhistoren vor ihm, jedoch nur äußerlich. Denn die Antworten, die von den Wortführern der Frühaufklärung auf die Frage, was Aufklärung sei, gegeben wurden, sind gerade der Ausgangspunkt seiner Kritik. Was als wahr oder unwahr, gut oder böse, schön oder häßlich zu gelten hat, ist für Lessing nicht mehr etwas Feststehendes, in Normen und Regeln Kodifizierbares, sondern ein Erkenntnisprozeß, der sich im kritischen Diskurs vollzieht und gerade deshalb die öffentliche Auseinandersetzung, den Wettstreit der Meinungen verlangt: Die individuelle Auffassung einer Sache wird so erst zu einer gesellschaftlichen Energie. Für die ästhetische Theorie bedeutet dies die Emanzipation und Legitimation des subjektiven Urteils, und von hier aus ist es nicht weit zum Gedanken des schöpferischen Genies, den Lessing in den Grundzügen auch schon entwickelt.
Zugleich scheint sich bei ihm erstmals der Blick dafür zu öffnen, daß die Gebilde der Kunst und Literatur in ihrer historischen Bedingtheit zu sehen und zu relativieren sind. In mehreren seiner Polemiken, vor allem in denen, die er mit dem Titel »Rettungen« versehen hat, versucht Lessing, geschichtliche Fehlinterpretationen aufzuklären und vergessene oder verfemte Autoren zu rehabilitieren. Eine seiner kunsttheoretischen Hauptschriften – *Laokoon oder über die Grenzen der Malerei und Poesie* (1766) – zeigt indessen, daß er den Schritt zu einer historischen Kritik, den HAMANN und HERDER wagen, noch nicht wirklich vollzieht: In der Auffassung, daß die griechische Literatur und bildende Kunst unerreichbare Vorbilder seien, bleibt Lessing dem Klassizismus eines JOHANN JOACHIM WINCKELMANN (1717–1768) verpflichtet, obwohl er dessen These von der »edlen Einfalt und stillen Größe« widerspricht. Aus einem anderen Grunde wird sein *Laokoon* trotzdem als revolutionäre Kampfschrift verstanden und von der literarischen Avantgarde enthusiastisch begrüßt. Der alten horazischen Lehre, daß die Malerei eine stumme Poesie und die Poesie eine sprechende Malerei ist (»ut pictura poesis«), tritt Lessing entschieden entgegen. Seine Gegenthese, daß nicht das Nebeneinander von Bildern, sondern das Nacheinander von Handlungen den Gegenstand der Dichtung bilde, räumt erstmals grundsätzlich mit dem »schmückenden Bild« der Barock-Poetik auf. GOETHE nennt diese Argumenta-

tion einen »Lichtstrahl«; HERDER spricht von einem »Blutbad«, und von WIELAND ist überliefert, daß er nach der Lektüre des *Laokoon* die rhetorische Bildersprache in seinen Dichtungen zu meiden gesucht habe. Dem Drängen auf Aktion, auf Handlung, in Lessings Theorie entspricht, daß er sich mit der Lyrik wenig, mit dem Roman überhaupt nicht abgegeben und seine dichterische Arbeit ganz auf das Drama konzentriert hat.

Lessing als Dramatiker und Theatertheoretiker

Aus seinen Leipziger Studentenjahren stammt eine Reihe von Lustspielen, die noch nichts von Lessings säkularer Bedeutung für die Entwicklung des deutschen Theaters erkennen lassen. *Damon oder Die wahre Freundschaft, Der junge Gelehrte* (1747), *Der Misogyn, Die alte Jungfer* (1748), *Der Freigeist* (1749) usw. sind Typenkomödien, die sich an PLAUTUS und MOLIÈRE anlehnen und die von Gottsched geforderte Regelmäßigkeit ebenso befolgen, wie sie ihren Tribut an die in Mode gekommene »comédie larmoyante« entrichten. Der knapp Zwanzigjährige äußert den Ehrgeiz, »ein deutscher Molière« zu werden, bleibt aber eher in der Nähe eines GELLERT oder JOHANN ELIAS SCHLEGEL. Auf den kämpferischen Aufklärer Lessing deutet die Handlung des Einakters *Die Juden* (1749) hin: Ein fremder Reisender wird zum Wohltäter an einem Baron, der von zwei als Juden verdächtigten Räubern bedrängt wird. Der edle Fremde stellt sich als Jude, das Diebesduo als deutsches Gesindel heraus. Die gegen rassistische Vorurteile gerichtete Komödie verbindet das Lehrhafte mit dem Rührenden, endet aber nicht besonders erheiternd: Der Baron hat, um sich dankbar zu zeigen, dem Fremden die Hand seiner Tochter und sein Vermögen angeboten; von der Heirat ist nicht mehr die Rede, nachdem der Fremde sich als Jude zu erkennen gegeben hat, und das Vermögen lehnt der Jude dankend ab.

Im Gefolge dieser frühen Stücke beginnt Lessing auch seine kritischen und theoretischen Arbeiten zum Theater. Ein erster, zusammen mit seinem Vetter CHRISTLOB MYLIUS (1722–1754) unternommener Versuch sind die *Beiträge zur Historie und Aufnahme des Theaters* (1749/50), denen 1754–58 die *Theatralische Bibliothek* folgt. Schon hier nimmt die komplexe, Theorie und Praxis verbindende Betrachtungsweise Lessings Gestalt an, die in den *Briefen, die neueste Literatur betreffend* (1759–65) und in der *Hamburgischen Dramaturgie* (1767–69) zu vollendeter Meisterschaft ausgebildet ist. Immer mit dem Blick auf die zeitgenössische dramatische Produktion setzt Lessing sich kritisch mit der aristotelischen Tragödientheorie auseinander, die zwei Jahrhunderte lang als unumstößliche Wahrheit gegolten hatte. Er interpretiert beispielsweise die Forderung der drei Einheiten (Einheit der Handlung, der Zeit und des Ortes) so, daß dramatische Zeit und dramatischer Ort den Erfordernissen der Handlung unterzuordnen und nicht schematisch zu handhaben seien. Auch die berühmte Formel des Aristoteles, daß die reinigende Wirkung der Tragödie durch die Erregung von »Mitleid und Furcht« zustande komme, deutet er eigenwillig um: Das Humane an der Tragödie ist das Mitleid, nicht die Furcht; diese ist nur eine andere, auf den Zuschauer bezogene Ausdrucksform des Mitleids, das den tragischen Helden entgegengebracht wird.

Es geht bei diesen theatertheoretischen Debatten nicht um Haarspaltereien. Was Lessing vertritt, ist eine Konzeption der »gemischten Charaktere« sowohl im Hinblick auf die dramatischen Personen als auch auf die dramatischen Situationen und Handlungen. Nicht zufällig erwacht gerade in diesem historischen Augenblick das Interesse an SHAKESPEARE. Fließende Übergänge zwischen Tragischem und Komischem, zwischen den hohen und niederen Zonen der im Theater vorgeführten sozialen Wirklichkeit eröffneten die Möglichkeit, jenes »Allgemeinmenschliche« und »Natürliche« auszudrücken, das zur ideologischen Selbstdarstellung des Bürgertums nötig war.

Miß Sara Sampson

Zur Frage der tragischen Bühnendichtung äußert sich Lessing zuerst praktisch: durch das aufsehenerregende Beispiel der *Miß Sara Sampson.* Das 1755 uraufgeführte Stück ist nach einem englischen Vorbild, GEORGE LILLOS *Kaufmann von London* (1731), gestaltet, jedoch so selbständig, daß es als erstes bürgerliches Trauerspiel in Deutschland gilt. Dieser Titel gebührt ihm schon deshalb, weil die Akteure erstmals nicht dem Kreis der aristokratischen Tragödienhelden, sondern dem bürgerlichen Milieu angehören. Modellhaft konstruiert erscheint die Handlung des Stückes: Sara Sampson, die Tochter des gesellschaftlich angesehenen und reichen Sir William Sampson, ist der Verführungskunst des jungen Mellefont erlegen und mit ihm durchgebrannt. Der Vater sucht und findet die beiden, um ihnen zu verzeihen und ihre Verbindung durch Heirat zu legitimieren. Gleichzeitig trifft Marwood, die langjährige Mätresse Mellefonts, ein, die ihren Geliebten zurückerobern will und dabei vor keinem Mittel zurückschreckt. Ihr Versuch, Mellefont mit der gemeinsamen Tochter zu erpressen, mißlingt ebenso wie ein Anschlag auf sein Leben. Nach einer großen Auseinandersetzung mit Sara bringt Marwood ihrer Rivalin auf heimtückische Weise ein tödliches Gift bei und flieht. Die sterbende Sara verzeiht allen, Mellefont ersticht sich an ihrer Leiche. Es fehlt, wie man sieht, nicht an mitleid- und furchterregenden, katastrophischen Handlungselementen, durch die sich die traditionelle Tragödie auszeichnete. Aber nicht die äußere, sondern die innere Handlung ist für Lessing entscheidend. Marwood ist die einzige Gestalt, die wie aus dem Stereotypenfundus der Barocktragödie hervorgeholt wirkt: die rasende Furie der enttäuschten Liebe und der Rache. Die positiven Figuren sind unheroische, schuldbewußte, schwache Helden, die weniger durch ihre Handlungen als durch ihre Gefühle charakterisiert werden: Miß Sara Sampson, die gestrauchelte Tugend, die ihren Fehltritt durch ein Übermaß an Edelsinn wiedergutmacht und doch sterben muß; Mellefont, der zwischen guten und schlechten Eigenschaften schwankt und von dem der alte Sampson am Ende sagt: »Er war mehr unglücklich als lasterhaft.«

Miß

Sara Sampson

Ein bürgerliches

Trauerspiel

in fünf Aufzügen.

1757.

Charakterdifferenzierung und große Seelenbewegungen sind wichtige, aber nicht die einzigen Merkmale des bürgerlichen Trauerspiels und gehören auch nicht ihm allein. Sie sind, wie an GELLERTS *Schwedischer Gräfin von G.* zu sehen war, auch im zeitgenössischen Roman und ebenso im rührenden Lustspiel zu finden. Die Ablösung der barocken Affekt-Typologie durch eine psychologische

Ausdruckskunst ist ein übergreifendes Phänomen in dieser Phase der Aufklärungsliteratur. Was das »Bürgerliche« am bürgerlichen Trauerspiel ist, wird an *Miß Sara Sampson* deshalb auch deutlicher als das tragische Element. Der soziale Hintergrund des antifeudalen Protests, aus dem die Synthese beider Komponenten erst entsteht, ist in diesem Werk noch kaum greifbar. Hier triumphiert die unheilvolle Vergangenheit (Mellefont und Marwood) über eine glückverheißende Gegenwart (Mellefont, Sara und Sir William), deren Konflikte eigentlich lösbar erscheinen; eine innere Notwendigkeit für die Vernichtung des bürgerlichen Glücks ist nicht erkennbar. Anders verhält es sich mit *Emilia Galotti*, dem ersten reifen Werk einer neuen, bürgerlichen Tragödie.

Emilia Galotti

Die ersten Überlegungen zu *Emilia Galotti* reichen bis 1757 zurück, liegen also in zeitlicher Nachbarschaft zu *Miß Sara Sampson*. Diesmal wählt Lessing seinen Stoff aus der von LIVIUS erzählten Geschichte der Römerin Virginia, die von ihrem Vater getötet wird, weil ihre Tugend anders nicht vor den Nachstellungen des Aristokraten Appius Claudius zu retten ist. Livius berichtet, daß dies das Signal zu einem Aufstand der Plebejer gegen die römische Oberschicht gewesen sei. Lessing verwirft die Möglichkeit, den Volksaufstand gegen die Willkürherrschaft von Despoten in seinen dramatischen Plan einzubeziehen. Die 1772 veröffentlichte Endfassung der *Emilia Galotti* zeigt jedoch, daß die »allgemeinmenschliche Problematik« den sozialen und politischen Konflikt keineswegs verdrängt, aus dem das bürgerliche Trauerspiel seine tragische und zugleich aufklärerische Dimension gewinnt. Lessing geht darin bis an die äußerste Grenze dessen, was unter der Zensur möglich ist. Er verlegt die Geschichte aus dem antiken Rom in eine kleine italienische Residenzstadt, in der jeder sofort das Abbild eines deutschen Duodezfürstentums wiedererkennt. Er verwandelt die römische Virginia in die Tochter eines Offiziers, Odoardo Galotti, der sich auf sein Landgut zurückgezogen hat und dort seine republikanisch-bürgerlichen Moralvorstellungen pflegt und vor den Gefährdungen der Welt behütet. In scharfem Gegensatz dazu steht die höfische Welt des Prinzen Ettore Gonzaga und seines Kammerherrn Marinelli: der Prinz, ein ebenso galanter wie skrupelloser Fürst, der Emilia um jeden Preis zu seiner Geliebten machen will; Marinelli, der vor keiner Intrige, nicht einmal vor dem Mord an Emilias Verlobtem Appiani zurückschreckt. Bis ins kleinste Detail ist der gesellschaftliche Widerspruch, der das Werk durchzieht, als Antagonismus zweier sich unversöhnlich gegenüberstehender Klassen ausgeformt. Er reproduziert sich noch im Verhältnis des Herrschers und eines seiner unteren Staatsbeamten, des Hofrats Camillo Rota.

Der Prinz: Was ist sonst? Etwas zu unterschreiben.
Camillo Rota: Ein Todesurteil wäre zu unterschreiben.
Der Prinz: Recht gern. – Nur her! geschwind.
Camillo Rota (stutzig und den Prinzen starr ansehend): Ein Todesurteil sagt' ich.
Der Prinz: Ich höre ja wohl. – Es könnte schon geschehen sein. Ich bin eilig.
Camillo Rota (seine Schriften nachsehend): Nun hab' ich es doch wohl nicht mitgenommen! – Verzeihen Sie, gnädiger Herr. – Es kann Anstand damit haben bis morgen.
Der Prinz: Auch das! – Packen Sie nur zusammen: Ich muß fort.

Nach der Ermordung Appianis, auf dem dramatischen Höhepunkt des Geschehens, befindet sich Emilia Galotti in der Gewalt des Prinzen. Ihr Vater verschafft sich Zutritt zu ihr; er will sie retten und notfalls die Waffe gegen den Fürsten richten. Hier aber schlägt in einer merkwürdigen Wendung die äußere in eine innere Krise um. In einer aussichtslosen Situation sieht sich Emilia nicht nur deshalb, weil der Prinz ihre Liebe erzwingen will, sondern auch, weil sie an sich selbst zweifelt und – schon nach der ersten Begegnung mit ihm – ihre Verführbarkeit erkannt hat:

Odoardo: ... Auch du hast nur Ein Leben zu verlieren.
Emilia: Und nur Eine Unschuld!
Odoardo: Die über alle Gewalt erhaben ist. –
Emilia: Aber nicht über alle Verführung. – Gewalt! Gewalt! Wer kann Gewalt nicht trotzen? Was Gewalt heißt, ist nichts! Verführung ist die wahre Gewalt! – Ich habe Blut, mein Vater; so jugendliches, warmes Blut, als eine. Auch meine Sinne sind Sinne. Ich stehe für nichts ...

»Emilia Galotti«

Als Emilia sich töten will, wird sie von ihrem Vater daran gehindert; dann ersticht Odoardo selbst seine Tochter. Das Unmenschlich-Gräßliche dieser Handlung wird auch dadurch nicht gemildert, daß Emilia sich zunächst mit eigener Hand umbringen will und dann erst den Dolchstoß ihres Vaters provoziert. Die Herkunft der Mordwaffe ist keineswegs nebensächlich: Die verstoßene Mätresse des Prinzen, Orsina, hat sie dem alten Galotti aufgenötigt, um ihn zur Rachetat zu zwingen. Doch dieser, zu schwach für einen Tyrannenmord, richtet sie nicht gegen Ettore Gonzaga, auch nicht gegen sich selbst, sondern gegen seine Tochter.
Es bleibt in diesem bürgerlichen Trauerspiel ein Mißklang zwischen der Bluttat Odoardo Galottis und dem »Allgemeinmenschlichen«, in dessen Namen die Emanzipation des Bürgertums gefordert wurde. Kein Zweifel aber auch, daß Lessing, der erklärte Gegner jeder abstrakten Moral, sich dieser Wirkung bewußt war und sie in seine tragische Konzeption einbezog. In *Emilia Galotti* gibt es keine Aussicht auf einen »Umsturz der Staatsverfassung«. Daß der Tod der Heldin folgenlos bleibt, ist die eigentliche, die gesellschaftliche Tragödie. Der Prinz, der alle Verantwortung auf Marinelli abwälzt und ihn verbannt, geht als einziger ungestraft aus allem hervor; er wird als Fürst sogar über den alten Galotti, der seine begehrlichen Absichten durchkreuzt hat, zu Gericht sitzen. So bleibt das Unversöhnliche unversöhnt, die Gerechtigkeit wird nicht wiederhergestellt. Das »Schreckliche« dieses Dramas, wie HERDER es hellsichtig formulierte, ist die Fortdauer eines unerträglichen Zustands.
Selten zuvor – und auch später nicht oft – ist in Deutschland mit solcher Härte über den Feudalabsolutismus, zugleich aber auch über die innere Verfassung des Bürgertums geurteilt worden. Eine revolutionäre Perspektive wird nicht sichtbar: Der Adel kann nach jedem Willkürakt, nach jeder Schandtat zur Tagesordnung übergehen – die Antwort des Bürgertums darauf ist Selbstzerstörung. In die optimistische Perspektive der Aufklärung, die in dieser Welt die beste aller Welten sah und die Emanzipation des Menschengeschlechts als unaufhaltsamen Fortschritt betrachtete, mischen sich zum ersten Mal Skepsis, Wut, Trauer und Enttäuschung. Von hier führt eine direkte Verbindungslinie zum Bewußtsein der Zerrissenheit im Sturm und Drang. SCHILLERS *Kabale und Liebe* (1784) baut unmittelbar auf *Emilia Galotti* auf; GOETHE beendet seinen *Werther* mit den Sätzen: »Von dem Wein hatte er nur ein Glas getrunken. ›Emilia Galotti‹ lag auf dem Pulte aufgeschlagen.« Lessing selbst schlug Goethe vor, andere Schlußsätze zu wählen, »je zynischer je besser«. Ein zynisches Echo kam ohnehin – von

»Minna von Barnhelm« (5. Akt, Szene 11)

»Minna von Barnhelm« (5. Akt, Szene 12)

anderer Seite. Eva König, die Verlobte Lessings, schrieb 1772 in einem Brief, mit welchen Worten der aufgeklärte Kaiser Joseph II. auf die Wiener Erstaufführung der *Emilia Galotti* reagiert hatte: »Das muß ich gestehen, daß ich meinem Leben in keiner Tragödie so viel gelacht habe.« Auch wenn eine miserable Schauspielerleistung zu dieser Reaktion beigetragen hat, Lessing wird sich über das kaiserliche Gelächter nicht sehr gewundert haben: Ebendies war die Quintessenz seiner Adelskritik in *Emilia Galotti* gewesen.

Minna von Barnhelm

Es will etwas heißen, wenn Lessing, der weder zu hohlen Versprechungen noch zu Selbstlob neigte, während der Arbeit an dem Lustspiel *Minna von Barnhelm oder das Soldatenglück* an einen seiner Freunde schrieb: »Wenn es nicht besser, als alle meine bisherigen dramatischen Stücke wird, so bin ich fest entschlossen, mich mit dem Theater gar nicht mehr abzugeben.« Im Druck erschienen und uraufgeführt worden ist das Werk 1767, im gleichen Jahr, in dem Lessing mit großem Enthusiasmus seine Dramaturgentätigkeit beim Theater am Gänsemarkt in Hamburg aufnimmt. Nicht ohne Grund legt er jedoch Wert darauf, daß die gedruckte Ausgabe im Titel den Hinweis enthält: »Verfertiget im Jahr 1763«. Denn die zeitliche und räumliche Nähe zum Siebenjährigen Krieg, der 1763 mit dem Hubertusburger Friedensschluß beendet wird, ist für die Entstehungsgeschichte und den Inhalt der *Minna von Barnhelm* ausschlaggebend. Lessing steht in den Jahren 1760 bis 1765 als Gouvernementssekretär in den Diensten des preußischen Generals von Tauentzien – paradoxerweise ist diese Kriegs- und Nachkriegszeit die einzige Periode in seinem Leben, in der er ein sicheres und gutes Auskommen hat. Im Umgang mit der Militärverwaltung, den preußischen Offizieren und Soldaten wird er vertraut mit einem Milieu, das für ihn ebenso neu ist, wie es später der braunschweigische Hof sein wird.

Ein ungleiches Paar steht im Mittelpunkt dieser Komödie: auf der einen Seite der aus preußischen Diensten entlassene Major von Tellheim; auf der anderen Seite Minna von Barnhelm, ein reiches sächsisches Edelfräulein, seine Verlobte. Tellheim ist in Not geraten, weil er einen Teil der Kontributionen, die er im Kriege von den sächsischen Landständen eintreiben mußte, großzügig aus eigenem Vermögen vorgeschossen hat, nach Kriegsende aber erleben muß, daß der Schuldschein nicht anerkannt, ja sogar als Dokument der Bestechung gegen ihn verwendet wird. In einem Berliner Gasthaus wartet Tellheim auf den Ausgang des Prozesses, den er um seines Geldes und um seiner Ehre willen angestrengt hat. Seine Mittel sind so knapp geworden, daß er seinen Verlobungsring beim Wirt als Mietpfand hinterlegt. In dieser Situation trifft ihn Minna an, die ihm nachgereist ist, zuerst überschäumend vor Freude, dann bestürzt und verletzt, weil Tellheim – unfähig, sein Unglück mit ihr zu teilen – die Verlobung lösen will. Doch Minna und ihre Kammerzofe Franziska drehen den Spieß um: Sie sei von ihrem Onkel enterbt worden, gibt Minna dem Major zu verstehen und läßt ihn mit gespielter Kälte abblitzen, als er wieder in ihre Arme eilen will. Wie Tellheim zuvor seinen starrsinnigen Stolz überreizt hat, so überdreht jetzt Minna ihrerseits die Komödie, zumal sie inzwischen weiß, daß Tellheim vom

König voll rehabilitiert worden ist. Tellheim erfährt, daß Minna seinen Verlobungsring beim Wirt des Gasthauses ausgelöst hat, und sieht darin den Beweis, daß sie sich wirklich von ihm trennen will; erneut wendet er sich gekränkt von ihr ab. Erst mit der Ankunft des Grafen von Bruchsall, Erbonkel des Fräuleins von Barnhelm, entwirrt sich der Knoten der Täuschungen und Selbsttäuschungen; dem Glück der beiden schwierigen Liebenden steht nichts mehr im Wege. net wird, liegt zum geringsten Teil an diesem versöhnlichen Ausgang. Mehrmals grenzen die Verwicklungen der Komödie hart an ein Trauerspiel. Der Tugend- und Ehrenkodex, nach dem Tellheim handelt, hat etwas Abstoßendes an sich; auch bei ihm sind Selbstgerechtigkeit und Selbstmitleid im Spiel, doch anders als bei Odoardo Galotti werden diese Eigenschaften hier kritisiert und durch eine souveräne Liebe besiegt. Zum Lustspiel wird das Stück vor allem durch die beiden Frauengestalten, Minna und Franziska: Sie widersetzen sich charmant und witzig dem Getue und Gehabe Tellheims, dessen pedantischer, unfroher Tugendstolz der natürlichen Liebenswürdigkeit der beiden Frauen nicht gewachsen ist.

Das absolut Neue an Lessings Komödie liegt darin, daß in die Handlung und Personenführung eine präzise Schilderung des aktuellen Zeitgeschehens verwoben wird, ein Stimmungsbild der Situation unmittelbar nach dem Siebenjährigen Krieg. Der Wirt des Gasthauses, in dem sich Tellheim und Minna wiederbegegnen, ist für den Fortgang des Geschehens unentbehrlich; zugleich wird er als immer lauernder Polizeispitzel porträtiert. Riccaut de la Marlinière verkörpert einen der ausländischen Söldneroffiziere, von denen es in den preußischen Freibataillonen wimmelte, auch er abgedankt wie Tellheim, aber durch Spielleidenschaft und skrupellose Geldschneiderei als Gegenbild zum ehrenwerten Tellheim skizziert. Es tritt eine »Dame in Trauer« auf, die eine Geldschuld ihres

Berlin nach dem Siebenjährigen Krieg

gefallenen Mannes an den Major begleichen will. Die Szene dient zur Charakterisierung Tellheims, der sich großmütig weigert, das Geld anzunehmen, obwohl er selbst finanziell am Ende ist; sie schildert aber auch bewegend die durch den Krieg verursachten Leiden und Verluste.
Und nicht nur das Chaos der eben beendeten mörderischen Zerstörungen lastet wie ein abziehendes Gewitter auf dieser Komödie. So wie der Krieg und die Nachkriegswirren in allen Ritzen und Fugen des Stückes präsent sind, so spielt die anonyme Macht des Geldes eine wesentliche Rolle. Der Major von Tellheim kämpft um die Wiederherstellung seiner Ehre, er fordert aber auch sein Vermögen zurück. Von Schuldverschreibungen, von der preußischen Hauptkriegskasse, von Louis d'ors, Friedrich d'ors, Talern, Groschen und Kreuzern ist in acht von zehn Auftritten, die den ersten Aufzug der *Minna von Barnhelm* bilden, ebenso oft die Rede wie von den menschlichen Schicksalen. Und hieße der Untertitel nicht »Oder das Soldatenglück«, so würde die Unterzeile »Liebe und Geld« dem Inhalt der Komödie kaum weniger gerecht.

Die Hamburger Uraufführung kam erst nach vielen Schwierigkeiten im September 1767 zustande; in Leipzig wurde das Stück in einer entschärften Fassung auf die Bühne gebracht, in Berlin war es ein Jahr lang verboten. Den Zensurbehörden machte der Gedanke Sorge, daß man in *Minna von Barnhelm* zu viele Parallelen zu einem Skandal entdecken könnte, der sich wirklich zugetragen hatte. Das Jahr 1763, das Lessing ausdrücklich im Titel seiner Komödie vermerkt wissen wollte, war auch das Jahr, in dem der Porzellanfabrikant und Bankier des preußischen Königs, J. C. Gotzkowski, Bankrott gemacht und eine ganze Lawine weiterer Konkurse von Hamburg bis Amsterdam ausgelöst hatte. Wie Major Tellheim war er in Kriegsjahren den sächsischen Landständen mit einem großen Kontributions-Kredit behilflich gewesen; anders als Major Tellheim hatte er damit nach dem Friedensschluß beträchtliche Spekulationsgewinne gemacht. Auch in dieser Hinsicht ist Lessings Komödie das erste moderne Zeitstück, nicht durch Kolportage, sondern durch Verarbeitung von Realität. Welche Bewunderung, mit leisem Befremden untermischt, *Minna von Barnhelm* ausgelöst hat, ist noch in *Dichtung und Wahrheit* zu spüren; vorsichtig nannte GOETHE das Stück »die erste, aus dem bedeutenden Leben gegriffene Theaterproduction von specifisch temporärem Gehalt, die deswegen auch eine nie zu berechnende Wirkung tat«.

Nathan der Weise

Nathan der Weise (1779), das letzte dramatische Werk Lessings, nimmt in mehrfacher Hinsicht eine Sonderstellung ein. Nicht an einer Einordnung in die ästhetischen Gattungen interessiert, die ihn sonst so stark beschäftigten, nennt Lessing dieses Werk einfach »ein dramatisches Gedicht«. Er denkt auch nicht an eine theatralische Realisierung; die Uraufführung (1783) findet erst zwei Jahre nach seinem Tode statt. In einem Brief an seinen Bruder Karl vom 11. August 1778 nennt er Quelle und Motiv dieses literarischen Projekts:

Ich habe vor vielen Jahren einmal ein Schauspiel entworfen, dessen Inhalt eine Art von Analogie mit meinen gegenwärtigen Streitigkeiten hat, die ich mir damals wohl nicht träumen ließ ... Ich möchte zwar nicht gern, daß der eigentliche Inhalt meines anzukündigenden Stücks allzufrüh bekannt würde; aber doch, wenn Ihr, Du und Moses [Mendelssohn], ihn wissen wollt, so schlagt das »Decamerone« des Boccaccio auf, Giornata I., Nov. III. Melchisedech Giudeo. Ich glaube eine sehr interessante Episode dazu erfunden zu haben, daß sich alles sehr gut soll lesen lassen, und ich gewiß den Theologen einen ärgeren Possen damit spielen will, als noch mit zehn Fragmenten.

Das Kernstück des *Nathan*, die berühmte »Ringparabel«, ist in den Grundzügen schon bei BOCCACCIO erzählt: Der große Saladin befindet sich in Geldnöten und bittet einen reichen Juden zu sich, um ihm durch List oder Gewalt eine große Geldsumme abzupressen. Er stellt ihm die Fangfrage, welches von den drei göttlichen Gesetzen das wahre sei, das jüdische, das sarazenische oder das christliche. Der Jude erkennt die Falle und antwortet mit der Geschichte einer Familie, in der ein kostbarer Ring von Generation zu Generation an den jeweils würdigsten Sohn vom Vater weitervererbt wird. Als einmal einem dieser Väter die Entscheidung schwer wird, an welchen seiner drei Söhne, die er gleichermaßen liebt, er den Ring und damit die Ehre des Familienoberhaupts weitergeben soll, läßt er zwei Duplikate anfertigen und vererbt jedem Sohn einen dieser nicht mehr unterscheidbaren Ringe. So »blieb die Frage, wer der wahre Erbe des Vaters sei, in Schwebe und schwebt noch heute«. Bei Boccaccio bereits wird diese Erzählung als Gleichnis für die drei Weltreligionen verwendet; die Geschichte endet damit, daß zwischen dem weisen Saladin und dem klugen Juden eine Freundschaft entsteht, in der auch das Geschäftliche nebenbei geregelt werden kann.
Was Lessing »hinzuerfindet« ist ein Figuren-Tableau, das sich um die Ringparabel und die beherrschende Gestalt Nathans herum gruppiert und in dem neben dem Juden und dem islamischen Herrscher vor allem christliche Kontrastgestalten hervortreten: die Christin Recha, von Nathan einst gerettet und an Kindes Statt aufgezogen, obwohl seine eigene Familie von Christen ermordet wurde; der junge Tempelherr, zuerst aufbrausend und borniert in seinem Glaubensdünkel, dann angezogen und überwältigt von Nathans Menschlichkeit; der einfältige Klosterbruder Bonafides, dessen sancta simplicitas der Herzensgüte und Lebensklugheit Nathans spiegelbildlich entspricht; der Patriarch von Jerusalem, in dem sich christliche Anmaßung, theologische Orthodoxie und Grausamkeit verbinden.
Von der Energie, mit der Lessing in *Emilia Galotti* und in *Minna von Barnhelm* auf größtmögliche Zeitnähe hingearbeitet hatte, ist im *Nathan* wenig zu spüren. Das Stück ist zeitlich und räumlich entrückt in die Epoche der Kreuzzüge und in ein märchenhaft-orientalisches Palästina. Auch die strenge Ökonomie der dramaturgischen Mittel fehlt: Die Handlungsfäden sind nur locker verknüpft; rührselig-banal und letztlich unwichtig ist die komödienhafte Auflösung, daß Recha und der Tempelherr sich als Geschwister erkennen und obendrein noch als Nichte und Neffe Saladins identifiziert werden.
Worauf es Lessing in diesem philosophischen Lehrstück ankommt, ist die in Bildern und Figuren festgehaltene Darstellung seiner Haltung zu zentralen Fragen der Aufklärung. Seine letzten Lebensjahre sind geprägt von einem Zwei-

»Nathan« (letzter Auftritt)

frontenkampf, von der Auseinandersetzung sowohl mit der etablierten Theologie, die nach wie vor als beste Stütze des Feudalabsolutismus fungierte, als auch mit den Positionen der frühbürgerlichen Aufklärung, die nur schematische Antworten darauf fand und sich akademisch in der Welt, so wie sie war, einrichtete. Mit den *Fragmenten* (1774–84), die Lessing aus dem Nachlaß des aufgeklärten Hamburger Theologen HERMANN SAMUEL REIMARUS (1694–1768) herausgab, ohne dessen Namen zu nennen, lockte er zuerst die Schlüsselverwahrer der protestantischen Orthodoxie aus der Reserve. Die scharfe Bibel- und Kirchenkritik des Reimarus, in der mehr oder weniger alles außer der Genesis als Lügenwerk und ideologische Zutat späterer Theologen attackiert wurde, rief einen Sturm der Entrüstung hervor, der sich nicht auf den anonym bleibenden Verfasser, sondern auf den Herausgeber Lessing bezog. Der freilich hatte es so gewollt und antwortete mit ätzender Schärfe in einer Reihe von Streitschriften, die noch heute zu den Glanzstücken der polemischen Literatur in Deutschland gehören; der *Anti-Goeze* (1778, gemünzt auf den Hamburger Hauptpastor Melchior Goeze) ist die bekannteste dieser Erwiderungen.

In seinen letzten philosophisch-theologischen Werken – *Ernst und Falk, Gespräche für Freimaurer* (1778) und *Die Erziehung des Menschengeschlechts* (1780) – legt Lessing sich aber auch mit seinen aufgeklärten Freunden an: Mehr oder weniger offen sympathisiert er mit den pantheistischen Gedanken des verfemten Philosophen BARUCH SPINOZA (1632–1677) und dessen materialistischer Weltsicht. Seine alten Weggefährten und besten Freunde, MOSES MENDELSSOHN (1729–1786) und FRIEDRICH NICOLAI (1733–1811), sind entsetzt über diese selbst in ihren Augen ketzerischen Ansichten. Doch bis zum letzten Atemzug verteidigt Lessing den Zweifel als elementaren Erkenntnistrieb, als Grundlage jeder Aussage über die Wahrheit. In der *Erziehung des Menschengeschlechts* geht er so weit, auch die orientalische Lehre der ewigen Wiedergeburt als Denkmöglichkeit einzubeziehen und dem christlichen Dogma des Jüngsten Gerichts entgegenzusetzen. In dieser letzten großen Schrift, die mit Recht als sein philosophisches Testament bezeichnet wird, versucht er, die Polaritäten des Jahrhunderts dialektisch zur Synthese zu bringen. Das Dilemma der aufgeklärtbürgerlichen Gesellschaft, die Trennung von Religion als Privatsache und wissenschaftlichem Fortschritt als öffentlicher Angelegenheit, wird mit einem kühnen Federstrich in den ersten beiden Paragraphen dieses Werkes vom Tisch gefegt: »Was die Erziehung bei dem einzelnen Menschen ist, ist die Offenbarung bei dem ganzen Menschengeschlechte. Erziehung ist Offenbarung, die dem einzelnen Menschen geschieht: und Offenbarung ist Erziehung, die dem Menschengeschlechte geschehen ist und noch geschieht.« In einer geschichtsphilosophischen Vision, die das Alte Testament als archaische Frühstufe mit sehr irdischen Gottesstrafen, das Neue Testament als Epoche der Spiritualisierung dieses Gedankens – mit der eschatologischen Aussicht auf Erlösung – charakterisiert, schlägt Lessing die Brücke zu einem »dritten Zeitalter«, dem Zeitalter der Aufklärung, in dem sich die Individuen, wieder zurückversetzt in die irdische Arena, als freie Menschen begegnen.

Lessings Humanitätsphilosophie findet in diesen Schriften ihren theoretischen, im *Nathan* ihren bildhaft-literarischen Ausdruck. Die Toleranz, die Nathan verkörpert, ist nicht bloß die barmherzige Duldung anderer Glaubensbekenntnisse, sondern ein aktiver Kampf gegen Intoleranz, im Namen welcher Religion oder welcher Weltanschauung sie auch auftritt. Lessings Philosophie ist eine praktische Philosophie. Daß Nathan ein reicher und geschäftstüchtiger Mann ist, gerät angesichts seiner menschlichen Güte leicht in Vergessenheit. Von den drei in ihrer Mentalität verwandten Gestalten, die in dem Stück als Nichtchristen Profil gewinnen, ist der aufgeklärte Saladin derjenige, der Macht besitzt, aber mit seinen Finanzen unsolide umgeht; der Derwisch Al-Hafi verschwindet als unruhiger Alternativgeist, sein persönliches Glück suchend, an den Ufern des Ganges. Nathan hingegen verläßt sich – auch in der Situation, die zur »Ringparabel« führt – auf seinen gesunden Menschenverstand in philosophischer wie in geschäftlicher Hinsicht. Die Hoffnung, Toleranz auch praktisch durchzusetzen, knüpft sich für Lessing allein an ein ökonomisch starkes Bürgertum.

Lessing und das deutsche »Nationaltheater«

Der Versuchung, sich mit dem Theater noch einmal unmittelbar einzulassen, hat der späte Lessing widerstanden, obwohl es Angebote aus Wien und Mannheim gab, die ihn aus seiner Wolfenbütteler Einsiedelei hätten herauslocken können. Doch selbst die kurze Zeit, in der Lessing als Dramaturg in Hamburg tätig war (1767–69), ist eine wichtige Etappe in der großen Umwälzung der deutschen Theaterverhältnisse, für die auch rechtzeitig das programmatische Stichwort auftauchte. Die Herausbildung eines »Nationaltheaters« wurde zu dem Begriff,

Das Theater am Gänsemarkt

in dem sich die vielfältigen Anstrengungen bündelten. GELLERT hatte schon 1751 gefordert: »Das Theater müßte auf öffentliche Kosten unterhalten werden.« Zur gleichen Zeit formierten sich die ersten »Schauspieler-Akademien« mit dem Ziel, das Bildungsniveau der Bühnendarsteller zu heben. Der Gedanke, von der Praxis der Wandertruppen zu stehenden Theatern mit fest engagierten und bezahlten Schauspielern überzugehen, nahm Gestalt an; die Bemühungen um ein gereinigtes, mit »deutschen Original-Stücken« ausgestattetes Repertoire waren seit Gottscheds Theaterreform im Gang.
Der erste Versuch, dies alles praktisch zu verwirklichen, war die »Hamburger Entreprise«, so genannt, weil sie von zwölf theaterbegeisterten Hamburger Unternehmern (Entrepreneurs) finanziert wurde. Offiziell legte sie sich einen anderen Namen zu: »Hamburger Nationaltheater«. Als literarischer Berater und Kritiker wurde Lessing verpflichtet, der sich mit Hingabe dieser Aufgabe widmete. Letztendlich scheiterte er persönlich so, wie das ganze Unternehmen scheiterte, nämlich an dem Widerspruch, der zwischen Idee und Wirklichkeit klaffte. Seine *Hamburgische Dramaturgie*, die am 1. Mai 1767 zum ersten Mal erschien und nach 101 Beiträgen eingestellt wurde, dokumentiert die Schwierigkeiten: Die Rezensionen der einzelnen Aufführungen, mit denen sie begann, führten unter den Schauspielern, die sich ungerecht kritisiert fühlten, zu einem solchen Gezänk, daß Lessing schon bald auf eine Besprechung der Aufführungen verzichtete und die Erörterung literarischer und grundsätzlicher dramaturgischer Fragen in den Mittelpunkt stellte. Die Mäzene des Projekts wurden unruhig, als die Einnahmen im gleichen Verhältnis sanken, wie die Ausgaben stiegen. Das zahlende Publikum forderte lautstark die alten schönen Ballette und komischen Einlagen in den Zwischenakten, gleichgültig, ob es sich um ein bürgerliches Trauerspiel oder um ein anderes modernes Bühnenwerk handelte. Zornig antwortet Lessing an die Adresse aller Beteiligten:

> Wir haben Schauspieler, aber keine Schauspielkunst. – Wenn das Publicum fragt: Was ist denn nun geschehen? und mit einem höhnischen Nichts sich selbst antwortet, so frage ich wiederum: und was hat denn das Publicum getan, damit Etwas geschehen könnte? Auch Nichts; ja noch etwas Schlimmeres als Nichts. Nicht genug, daß es das Werk nicht allein befördert, es hat ihm nicht einmal seinen natürlichen Lauf gelassen.

Die Begründung für diese erste Publikumsbeschimpfung in der deutschen Literaturgeschichte liefert Lessing in der folgender Zusammenfassung:

> Über den gutherzigen Einfall, den Deutschen ein Nationaltheater zu verschaffen, da wir Deutsche noch keine Nation sind! Ich rede nicht von der politischen Verfassung, sondern bloß von dem sittlichen Charakter. Fast sollte man sagen, dieser sei: keinen eigenen haben zu wollen.

Tatsächlich standen im Spielplan des Hamburger Nationaltheaters den insgesamt 72 Inszenierungen französischer Dramen nur 39 aufgeführte deutsche Stücke gegenüber. Die Vehemenz, mit der Lessing in seiner *Dramaturgie* gegen den »französirenden« Geschmack Gottschedscher Provenienz ankämpfte, mit der er CORNEILLE oder VOLTAIRE kritisierte und SHAKESPEARE empfahl, blieb

wirkungslos, vorerst jedenfalls. Und wo er sich – mit gleicher Leidenschaft – für die modernen Franzosen einsetzte, namentlich für die Stücke und die Theorien des radikalen Aufklärungsphilosophen DENIS DIDEROT (1713–1784), war die spontane Resonanz nicht günstiger.
Trotzdem hat das kurzlebige Hamburger Theaterexperiment Epoche gemacht. Zum einen dadurch, daß Lessing in KONRAD EKHOF (1720–1778) einem kongenialen Schauspieler begegnet, der auf der Bühne zu realisieren versteht, was Lessing vorschwebt – eine ähnliche produktive Konstellation, wie sie zwischen Gottsched und der Neuberin zustande gekommen war und wie sie sich mit FRIEDRICH LUDWIG SCHRÖDER (1744–1816) beim Sturm-und-Drang-Drama wiederholen wird. Zum anderen durch den glücklichen Umstand, daß für einen kurzen historischen Moment alles, was sich an progressiven Tendenzen im Theater angesammelt hat, auch wirklich zusammenkommt – die kapitalkräftigen Mäzene, ein (anfangs) aufnahmebereites städtisches Publikum, ein (anfangs) williges Ensemble und ein Schriftsteller, der sich als Dramatiker und Theatertheoretiker an die Spitze der Emanzipation des bürgerlichen Theaters setzt. Zusammen mit den 1768 veröffentlichten *Briefen über die Wienerische Schaubühne* des Aufklärers JOSEPH VON SONNENFELS (1733–1817) ist Lessings *Hamburgische Dramaturgie* der Beginn der Theaterkritik in Deutschland.
Daß die Idee eines deutschen Nationaltheaters eine Bastardkonstruktion bleiben müsse, solange die Einheit der Nation in weiter Ferne lag, hat Lessing unmißverständlich klargemacht. Dennoch findet die Hamburger Entreprise plötzlich überall Nachfolger: 1776 erklärt Kaiser Joseph II. das Wiener Hofburgtheater zum Nationaltheater und übergibt die Leitung einem fünfköpfigen Schauspieler-Ausschuß. 1778 wird die Münchner »Nationalschaubühne« gegründet, im selben Jahr das Mannheimer Nationaltheater, dem eine bedeutende Schauspieler-Akademie angegliedert ist. 1786 hat auch Berlin sein »Königliches Nationaltheater«. Daß eine einzelne Stadt oder ein einzelner Hof im Namen der Nation spricht, ist merkwürdig genug; zwiespältig wie der Titel der verschiedenen örtlichen Nationaltheater ist auch die innere Struktur der Institution, die sich dabei herausbildet. Der Hamburger Versuch kann sich als Modell nicht durchsetzen; ein ausschließlich vom Bürgertum getragenes und für das Bürgertum produzierendes Stadttheater scheitert. Das »stehende Theater« – die Alternative zu den Wanderbühnen – behauptet sich hingegen, wo es in die höfische Administration integriert wird. Es entsteht der Typus eines Theaters, das aus der Staatsschatulle subventioniert wird und damit unter aristokratischer Aufsicht steht, zugleich aber für ein bürgerliches Publikum bürgerliche Stücke präsentiert. Ein kaiserliches Nationaltheater in Wien, ein königliches Nationaltheater in Berlin, ein kurfürstliches in Mannheim oder München: Die Paradoxie ist offenkundig. Daß Lessing wenig Lust verspürte, unter diesen Bedingungen und nach seinen Hamburger Erfahrungen noch einmal ans Theater zurückzukehren, ist begreiflich.

Friedrich Gottlieb Klopstock

Nun sollte aber die Zeit kommen, wo das Dichtergenie sich selbst gewahr würde, sich seine eigenen Verhältnisse selbst schüfe und den Grund zu einer unabhängigen Würde zu legen verstünde. Alles traf in Klopstock zusammen, um eine solche Epoche zu begründen. (Goethe, Dichtung und Wahrheit)

Klein ist die Zahl derer, die heute noch Klopstocks Werke kennen oder gelegentlich lesen. Schon im 19. Jahrhundert verlor sich das Interesse an dem

Dichter, der zu seiner Zeit als Genius und als Prophet einer neuen deutschen Poesie gefeiert wurde. CHRISTIAN DIETRICH GRABBE empfahl Klopstocksche Gedichte als sicheres Mittel gegen Schlaflosigkeit, und HEINRICH HEINE ließ im *Wintermärchen* die Göttin Hammonia gestehen:

Der alte Klopstock

»Siehst du« – sprach sie – »in früherer Zeit
Was mir am meisten teuer
Der Sänger, der den Messias besang
Auf seiner frommen Leier.

Dort auf der Kommode steht noch jetzt
Die Büste von meinem Klopstock,
Jedoch seit Jahren dient sie mir
Nur noch als Haubenkopfstock.«

Die literarisch interessierten Zeitgenossen Klopstocks hätten diesen Spott nicht verstanden, ja sogar als Frevel zurückgewiesen. So überwältigend war der Eindruck, den der *Messias* und die frühen Oden Klopstocks hinterließen, daß man ihrem Verfasser als »seraphischem Jüngling«, als »heiligem Dichter« huldigte. Werk und Person Klopstocks wurden in ähnlicher Weise wie bei Lessing zu einer unzertrennlichen Einheit, mit dem Unterschied, daß dort, wo Lessings unbestechliches Denken Hochachtung und Bewunderung hervorrief, dem mit der Aura eines Sehers umgebenen Dichter der Messiade eine fast religiöse Verehrung entgegenschlug. Der alte Goethe bemerkt einmal sarkastisch über Klopstock, er sei wie ein »Stellvertreter höherer Wesen« aufgetreten. Aber im *Werther* genügte die bloße Nennung seines Namens, um das Unaussprechliche eines gesteigerten Natur- und Liebesgefühls auszudrücken:

Wir traten ans Fenster. Es donnerte abseitwärts, und der herrliche Regen säuselte auf das Land, und der erquickendste Wohlgeruch stieg in aller Fülle einer warmen Luft zu uns auf. Sie stand auf ihren Ellenbogen gestützt, ihr Blick durchdrang die Gegend; sie sah gen Himmel und auf mich, ich sah ihr Auge tränenvoll, sie legte ihre Hand auf die meinige und sagte: »Klopstock!«

Der Messias

Als die drei ersten Gesänge des *Messias* 1748 in den *Bremer Beiträgen* erscheinen, ist FRIEDRICH GOTTLIEB KLOPSTOCK 24 Jahre alt und mit einem Schlag ein berühmter Mann. Der in Quedlinburg geborene, in Friedberg an der Saale aufgewachsene Sohn eines Advokaten kommt aus wohlbehüteten Verhältnissen; er hat die Fürstenschule in Pforta besucht und zwischen 1745 und 1748 in Jena und Leipzig das übliche Theologiestudium absolviert. Schon als Gymnasiast trägt er sich mit großen literarischen Projekten; in seiner Abiturientenrede erklärt er pathetisch:

Durch die Sache selbst, durch ein großes unvergängliches Werk müssen wir zeigen, was wir können! O wie wünscht' ich, ... dieses in einer Versammlung der ersten Dichter Deutschlands zu sagen! Die größte Freude würde mich dann durchdringen ..., wenn ich die würdigsten zu diesem Werke dahin brächte, daß sie wegen der so lange vernachlässigten Ehre des Vaterlands von edler und heiliger Schamröte glühten.

Daß dies nicht pubertärer Überschwang, sondern ein ernstzunehmendes Lebensprogramm ist, ahnen zu diesem Zeitpunkt nicht einmal Klopstocks Freunde. An einem »großen unvergänglichen Werk« zu arbeiten – diese Idee hat den Dichter bis ins hohe Alter begeistert, und sie bezieht sich nicht nur auf eine angestrebte Monumentalität der Form, sondern zuallererst auf die »Sache selbst«, auf den »bedeutenden« religiösen oder patriotischen Inhalt, auf das, was noch Schiller den »großen Gegenstand« nennen wird, der »den tiefen Grund der Menschheit aufzuregen« vermöchte.
Bezeichnend für den jungen Klopstock ist, daß er, bevor sich seine Arbeit auf den *Messias* konzentriert, zuerst an ein Nationalepos über Kaiser Heinrich I., den »Befreier der Deutschen« denkt. Unter dem Eindruck, den die Schriften Bodmers und Breitingers auf ihn machen, insbesondere nach der Lektüre von MILTONS *Paradise Lost*, entschließt sich Klopstock, dem gigantischen Werk des Engländers über den Sündenfall ein ebenso groß angelegtes Epos über die Erlösung der Menschheit entgegenzusetzen. Der erste Gesang beginnt mit den Worten:

> Sing, unsterbliche Seele, der sündigen Menschheit Erlösung,
> Die der Messias auf Erden in seiner Menschheit vollendet,
> Und durch die er Adams Geschlechte die Liebe der Gottheit
> Mit dem Blute des heiligen Bundes von neuem geschenkt hat.
> Also geschah des Ewigen Wille. Vergebens erhub sich
> Satan wider den göttlichen Sohn; umsonst stand Juda
> wider ihn auf: er tats, und vollbrachte die große Versöhnung.
> Aber, o Tat, die allein der Allbarmherzige kennet,
> darf aus dunkler Ferne auch dir nahen die Dichtkunst?
> Weihe sie, Geist Schöpfer, vor dem ich hier still anbete,
> Führe sie mir, als deine Nachahmerin, voller Entzückung,
> Voll unsterblicher Kraft, in verklärter Schönheit, entgegen.

Der
Meßias
ein
Heldengedicht.

HALLE,
bey Carl Herrmann Hemmerde.
1749.

Einer der ganz wenigen, die zwar durch den *Messias* beeindruckt sind, sich aber nicht von dem durch ihn ausgelösten Begeisterungstaumel mitreißen lassen, ist Lessing. Mit der boshaften Paraphrase der ersten Zeile des Gedichts: »Ich unsterblicher Klopstock, singe der sündigen Menschheit Erlösung« macht er auf den Widerspruch aufmerksam, der zwischen der behaupteten »stillen Anbetung«und der weihevollen Selbstbesinnung des Dichters und seiner unsterblichen Seele bestehe. Die Faszination des Gedichts lag aber gerade in dieser Ambivalenz von pietistisch gefärbter Demutshaltung vor dem großen Rätsel der göttlichen Heilsgeschichte und der Anmaßung, die Bibel gewissermaßen ein zweites Mal zu verfassen, nun in der Sprache und aus dem Blickwinkel des inspirierten Dichters. Welch ein Abstand zwischen dem poetischen Sendungsbewußtsein Klopstocks und der nur wenige Jahre zurückliegenden Blütezeit der Ära Gottscheds sich auftut, verdeutlicht der kuriose Fall der *Wertheimer Bibel*, so genannt nach dem Druckort, an dem sie 1735 anonym erschienen war. Ihr Verfasser, JOHANN LORENZ SCHMIDT, hatte die fünf Bücher Mosis neu übersetzt und in der Sprache der Wolffschen Vernunft-Philosophie »modernisiert«. Zum Beispiel die Sodom-und-Gomorra-Episode (1. Mos. Kap. 19), die in der Übersetzung LUTHERS lautete:

Und die Sonne war aufgegangen auf Erden, da Lot gen Zoar einkam. Da ließ der Herr Schwefel und Feuer regnen von dem Herrn vom Himmel herab auf Sodom und Gomorra. Und kehrete die Städte um, die ganze Gegend und alle Einwohner der Städte und was auf dem Land gewachsen war. Und sein Weib sahe hinter sich und ward zur Salzsäule.

In der *Wertheimer Bibel* hieß es:

Als Lot nach Zoar kam, so ging eben die Sonne auf. Itzo ließ dieser göttliche Gesandte ein entsetzliches Wetter über Sodhom und Amora kommen, welches Alles anzündete; wodurch dem diese Städte und das ganze platte Land da herum mit allen Einwohnern und allen Gewächsen zu Grunde gingen. Loth's Frau blieb zurück und sah sich eine Weile um, wurde aber von dem Feuer ergriffen und lag nachgehends da, von harzichtem Dampf angelaufen, und erstarrte wie ein steinernes Bild.

Aus den Niederungen solch platter Aufklärungsdidaktik führt Klopstocks Werk hinauf in eine christliche Kosmogonie, die das Einmalige der göttlichen Epiphanie in den Zusammenhang des Schöpfungsplans stellt und mit einer als grenzenlos empfundenen Natur, mit dem Unausdenkbaren des Weltalls und der Ewigkeit verbindet. Erst im fünften der zwanzig Gesänge, die das Riesenwerk des *Messias* bilden, beginnt Klopstock, die Stationen der Leidensgeschichte und des Triumphs Christi – Kreuzigung, Grablegung, Auferstehung und Himmelfahrt – im einzelnen zu schildern. Das Heilsgeschehen im Wortsinn als Weltgeschehen darzustellen überwiegt gegenüber dem Interesse an Details der biblischen Überlieferung. Klopstock verfügt, sich selbst als »Geist Schöpfer« empfindend, völlig frei über sein Material. Mit einer von ihm eingefügten Episode löst er sogar einen heftigen Theologenstreit und eine ebenso leidenschaftliche Publikumsdiskussion aus: Abbadona, der schöne gefallene Engel, fällt er der Verdammnis anheim? Im 19. Gesang findet er schließlich als reuiger Teufel Gnade vor dem Gericht Gottes – die Klopstock-Leser atmen auf, und die orthodoxen Theologen, besonders die Vertreter der Prädestinationslehre, sind schockiert.
Bei der sich aufdrängenden Frage, was die religiöse Hymnik des *Messias* eigentlich mit der Aufklärung zu tun hat, kann noch einmal LESSING, diesmal als Kronzeuge im Sinne Klopstocks, zitiert werden. Im gleichen Jahr 1774, in dem der *Messias* abgeschlossen wird, schreibt er an seinen Bruder Karl:

Und was ist sie anders, unsere neumodische Theologie gegen die Orthodoxie, als Mistjauche gegen unreines Wasser? ... Darin sind wir einig, daß unser altes Religionssystem falsch ist ... Flickwerk von Stümpern und Halbphilosophen ist das Religionssystem, das man jetzt an die Stelle des alten setzen will.

Der »seraphische Dichter« hätte sich so nicht ausgedrückt; daß aber die Vernunftreligion, der rational erklärte Gott des Deismus, nicht das letzte Wort der Aufklärung sein könne, verbindet den Dichter der Messiade mit dem Verfasser der *Erziehung des Menschengeschlechts.* Auf der Suche nach einer Erlösung oder Befreiung jenseits der gepredigten und gelehrten Dogmen sind beide: Lessing durch seine pädagogische Konzeption, die Glauben und Wissen im Begriff einer fortschreitenden Humanität versöhnt sieht; Klopstock dadurch, daß er seinen Preisgesang auf das Leben und alles Lebendige zum Inhalt wahrer Religiosität erklärt. Die Abbadona-Episode ist deshalb so aufschlußreich, weil sie die Notwendigkeit einer ewigen Verdammnis leugnet und auch das Böse als Bestandteil des göttlichen Ratschlusses integriert. Der Goethesche *Faust,* vom »Prolog im Himmel« bis zum »Ist gerettet« am Ende des ersten Teils und den Engelchören am Schluß des zweiten, enthält noch Anklänge an dieses von Klopstock angestimmte Oratorium über die im Heilsplan vorgesehene Versöhnung von Gott, Mensch und Natur.

Die Sonne tönt nach alter Weise
In Brudersphären Wettgesang,
Und ihre vorgeschriebne Reise
Vollendet sie mit Donnergang.
Ihr Anblick gibt den Engeln Stärke,
Wenn keiner sie ergründen mag;
Die unbegreiflich hohen Werke
Sind herrlich wie am ersten Tag.

(Goethe: Faust I, Prolog im Himmel)

Die Messiade wird von den Zeitgenossen ohne jede Einschränkung als deutsche Originalschöpfung aufgenommen, obwohl sie sich thematisch am englischen Vorbild des *Verlorenen Paradieses* und sprachlich an griechischen Leitbildern, an den Dichtungen HOMERS und VERGILS, orientiert. Klopstock ist nicht der erste, der anstelle des Alexandriners den reimlosen Hexameter verwendet. Dennoch ist seine poetische Sprache etwas ganz anderes als die Nachbildung antiker Muster; ihre freien Rhythmen, die oft alogische Verbindung von Satzteilen, der jähe Wechsel zwischen schlichtester und kompliziertester, absichtlich dunkler Ausdrucksweise, die plötzliche Zusammenballung von Wortmassen und die ebenso unvermittelte Entspannung durch eine sich beruhigende Syntax sind Stilmittel, die Klopstock einsetzt, um den Leser in einem Zustand ständiger ekstatischer Erregung zu halten. Wie bewußt dies geschieht, geht aus seiner späteren Äußerung hervor:

Unvermutetes, scheinbare Unordnung, schnelles Abbrechen des Gedankens, alles dies setzt die Seele in eine Bewegung, die sie für die Eindrücke empfänglicher macht.

Titelkupfer zu »Messias« (Kopenhagen 1755)

Solange es religiöse Begeisterung und Erhebung ist, für die die Seele in Bewegung gesetzt werden soll, trübt kein Hauch die Hochstimmung der sich rasch ausbreitenden Klopstock-Gemeinde. Nur den grämlichsten Theologen, bei weitem aber nicht allen, mißfällt die poetische Konkurrenz. Klopstock selbst berichtet von einem Fall, in dem die Nonnen eines Klosters die Messe versäumten, weil sie von einer Lesung des *Messias* nicht loskamen. Doch die Einschränkung auf den »frommen Sänger«, die einen gewichtigen Teil des Klopstock-Kults ausmachte, läßt sich nicht aufrechterhalten; der Dichter trägt selbst dazu bei, diese Legende zu zerstören. 1750 wird er von BODMER, der in ihm die Erfüllung seiner Wunschträume sieht, nach Zürich eingeladen und mit einer stattlichen Summe Reisegeld beschenkt. Die Enttäuschung kommt rasch und ist gründlich. Bodmer, dem ehrwürdigen Propheten der empfindsamen Poesie, tritt kein »heiliger Jüngling«, sondern ein lebenslustiger, zielstrebiger junger Mann entgegen. In seinem Gedicht *Der Zürchersee* (1750) besingt er die Schönheit der Landschaft, die Freuden des Weins, der Freundschaft und der Liebe, zwar in der feierlichen Form einer Ode, im Lebensgefühl aber der anakreontischen Dichtung verwandt:

Reizvoll klinget des Ruhms lockender Silberton
In das schlagende Herz, und die Unsterblichkeit
Ist ein großer Gedanke,
Ist des Schweißes der Edlen wert!

Aber süßer ist noch, schöner und reizender,
In dem Arm des Freunds wissen ein Freund zu sein!
So das Leben genießen,
Nicht unwürdig der Ewigkeit!

Der Bruch mit dem Schweizer Freundeskreis um JOHANN JAKOB BODMER ist perfekt, als bekannt wird, daß Klopstock mit fünfzigprozentiger Gewinnbeteiligung als Berater in das Geschäft eines Schweizer Textilkaufmanns eingestiegen ist. »Ein Poet und ein Fabrikant in einer Person«, empört sich Bodmer und forderte die 300 Taler zurück, die er dem »seraphischen Jüngling« als Reisegeld zur Verfügung gestellt hatte. Auch später beweist Klopstock viel praktischen Geschäftssinn. Um den Raubdruckern einerseits, der schamlosen Ausbeutung durch Verleger und Buchhändler andererseits zu entgehen, arbeitet er ein kombiniertes Modell von Selbstverlag und Subskriptionssystem aus, das ihm außerordentlich hohe Gewinne einbringt – für sein theoretisches Werk *Die deutsche Gelehrtenrepublik* (1774) zum Beispiel 2000, für eine Neuausgabe des *Messias* (1779/80) 3300 Reichstaler. Anders als Lessing gelingt es Klopstock als einem der ersten, eine Existenz als unabhängiger Autor zu begründen, allerdings nicht nur durch eigenes kaufmännisches Talent. Die veränderte gesellschaftliche Stellung des Schriftstellers in der zweiten Hälfte des 18. Jahrhunderts drückt sich auch darin aus, daß seine Tätigkeit durch eine Art Leibrente subventioniert wird. 1751 folgt Klopstock einem Ruf an den Hof des dänischen Königs, um sich als Hofrat ohne amtliche Verpflichtungen ausschließlich der Vollendung des *Messias* zu widmen. Fast zwanzig Jahre lang bleibt er in Kopenhagen, ein bürgerlicher Dichterfürst, der stolz darauf ist, in dieser Zeit keine einzige Zeile des üblichen Fürstenlobs gedichtet zu haben.

Patriotische und politische Dichtung

Erst ein Vierteljahrhundert nach den ersten drei Gesängen hat Klopstock seinen *Messias* vollendet. Im gleichen Jahr 1774, in dem das Werk abgeschlossen vorliegt, erscheint auch GOETHES *Werther.* Der Anbruch einer neuen, stürmischen Phase der deutschen Literatur vollzieht sich ohne direkte Beteiligung des Dichters der Messiade; aber auch in Klopstocks Werk selbst gibt es, während die Arbeit am *Messias* langsam weitergeht, scharfe Umbrüche und Krisen. Persönliche und familiäre Schicksalsschläge führen dazu, daß zwischen 1754 und 1765 die profanen Themen, die der junge Klopstock immer parallel zu seinem heilsgeschichtlichen Epos in seinen Oden, Elegien und Liedern behandelt, in den Hintergrund treten und einer fast ausschließlich sakralen Dichtung weichen. Die bedeutendste seiner religiösen Hymnen ist *Die Frühlingsfeier* (1759), die einen tiefen Eindruck bei der Generation der Sturm-und-Drang-Dichter hinterläßt und auf die sich auch Goethe in der zitierten Stelle des *Werther* bezieht. Um 1765 beginnt eine andere Phase in Klopstocks Schaffen, in der ein neuer Stoffkreis vorherrscht: die Bardendichtung. Zu den beiden Hauptquellen, aus denen Klopstock bis dahin geschöpft hatte, der Bibel und der griechischen Dichtung, tritt jetzt das germanische Heldenlied. Wie bei einer szenischen Verwandlung löst die Vision eines vaterländisch-teutonischen Ursprungsmythos auch den frühen, nie aufgegebenen Gedanken ab, »ein großes unvergängliches Werk« aus dem Geiste des christlichen Mittelalters zu schaffen.

FINGAL,
AN
ANCIENT EPIC POEM,
In SIX BOOKS:
Together with several other POEMS, composed by
OSSIAN the Son of FINGAL.
Translated from the GALIC LANGUAGE,
By JAMES MACPHERSON.
Fortia facta patrum. VIRGIL.
LONDON:
Printed for T. BECKET and P. A. DE HONDT, in the Strand.

Erstausgabe des »Ossian«

Die Anregung kam durch eine eigentümliche Schrift, die 1762 in London veröffentlicht wurde und 1764 in deutscher Übersetzung erschien: die *Ossian*-Dichtung, die nicht nur in Deutschland eine sehr starke Wirkung erzielte. Der Titel des Buches lautete, ins Deutsche übertragen: *Fingal, ein altes episches Gedicht, nebst verschiedenen anderen Gedichten verfaßt von Ossian, dem Sohn Fingals, aus dem Gälischen übersetzt.* Es stellte sich heraus, daß der Autor ein Schotte namens JAMES MACPHERSON (1736–1796) war, der das nordische Heldengedicht mehr oder weniger frei erfunden oder vielmehr im sentimentalischen Tonfall der Zeit nachempfunden hatte. Von einer bewußten Fälschung zu sprechen, wie es oft geschieht, geht an der Mentalität einer Epoche vorbei, in der die freie Bearbeitung von Texten im Sinne einer zeitgemäßen Anpassung an die Lesebedürfnisse gang und gäbe war und ein »denkender Kopf« mehr galt als ein Philologe. Daß der *Ossian* eine solche Welle schwärmerischer Begeisterung auslöste, machte gerade den kulturhistorischen Reiz, seine symptomatische Bedeutung aus. Für kurze Zeit wurden Griechen und Römer als Prototypen der Tugend und des Edelsinns zwar nicht ausgemustert, sie erhielten aber doch Gesellschaft durch Kelten, Cherusker, Kimbern und Teutonen. Die nordisch-germanische Götterwelt faszinierte auf einmal mehr als der olympische und der christliche Himmel. Bis zur Groteske geht dieser Sinneswandel gerade bei Klopstock, etwa in seiner Ode *Wingolf* (um 1770), einer Neufassung des Jugendgedichts *Auf meine Freunde* (1747): In dieser Bearbeitung werden die Götter und Heroen einfach ausgetauscht – Jupiter gegen Wotan, Aphrodite gegen Freia, Apollo gegen Braga. Von seiner Bahn als dithyrambischer Lyriker abweichend, beginnt Klopstock auch mit einer dramatischen Trilogie über Hermann den Cherusker (*Hermanns Schlacht*, 1769; *Hermann und die Fürsten*, 1784; *Hermanns Tod*, 1787). Von einigen Neben- und Nachwirkungen abgesehen, bleibt diese germanische Variante in Klopstocks Dichtung ohne unmittelbares Echo. Beachtung verdient sie allein als poetische Verkleidung des im aufgeklärten Bürgertum verbreiteten Wunsches nach nationaler Identität, als Ausdruck eines unklaren Freiheitsgedankens, der sich seine Idole und Mythen in der Geschichte zusammensucht.

Ohne im mindesten in seiner hochfliegenden Begeisterung nachzulassen, ja beinahe ohne eine Veränderung des Tonfalls, schwenkt Klopstock in seiner hymnischen Dichtung noch einmal auf ein neues Thema um. Unter dem Eindruck des amerikanischen Unabhängigkeitskrieges und der Französischen Revolution wird er zum politischen Dichter. Schon 1788 entsteht die Ode *Die Etats Généraux*, in der das Zusammentreten der Generalstände in Frankreich gefeiert wird:

Der kühne Reichstag Galliens dämmert schon,
Die Morgenschauer dringen den Wartenden
Durch Mark und Bein: o komm, du neue,
Labende, selbst nicht geträumte Sonne!

Die Licht-Metaphorik der Aufklärung überträgt sich hier von der philosophischen Sphäre auf die politische Realität. Die Revolution selbst begrüßt Klopstock mit den Worten: »Frankreich schuf sich frei. Des Jahrhunderts edelste Tat hub / da sich zu dem Olympus empor!« Als die französische Nationalversammlung im August 1792 beschließt, Ausländer zu ehren, die sich um die Sache der bürgerlichen Freiheit verdient gemacht hatten, stehen auf der Liste derer, die zu französischen Bürgern erklärt werden sollen, 17 Namen: unter ihnen – neben George Washington und dem polnischen Freiheitskämpfer Tadeusz Kościuszko – auch drei deutsche: der Revolutionsteilnehmer Anacharsis Cloots, der Pädagoge Joachim Heinrich Campe und Friedrich Gottlieb Klopstock; auf Antrag eines elsässischen Konventsabgeordneten wird auch Friedrich Schiller in den Kreis der französischen Ehrenbürger aufgenommen. Wie fast die gesamte Intelligenz in Deutschland rückt Klopstock nach der Machtübernahme der Jakobiner von der anfangs überschwenglichen Huldigung an die Französische Revolution ab und wird, in selbstkritisch abgefaßten und heftig agitierenden Gedichten, ihr politischer Gegner.

Die Wirkung Klopstocks

Der Einfluß, den die Person und das Werk Klopstocks auf die nachfolgende Schriftstellergeneration ausübt, ist groß. An Epigonen und Aposteln gibt es keinen Mangel; auffallend oft warnen aber gerade die bedeutendsten seiner Verehrer vor Nachahmung. Der GÖTTINGER HAIN ist der bekannteste Literatenzirkel, der einen solchen Klopstock-Kult pflegt und durch ihn eine deutsche Literaturtradition zu begründen hofft. Geblieben ist von diesen Versuchen, im Stil Klopstocks zu dichten, nicht viel. LUDWIG CHRISTOPH HEINRICH HÖLTY (1748–1776), ein begabter Lyriker, stirbt in so jungen Jahren, daß sich sein Talent, außer in einigen Elegien und Balladen, nicht entfalten kann. »Der kleine Hölty mit seinen paar Versen« – mit diesen Worten Gottfried Benns ist seine marginale Rolle charakterisiert. Der führende Kopf des Göttinger Hainbunds, JOHANN HEINRICH VOSS, tritt durch klassisch gewordene Homer-Übersetzungen aus dem Schatten der Klopstock-Nachahmer heraus. GOTTFRIED AUGUST BÜRGER, der dem Hainbund nahesteht, überträgt seine Klopstock-Begeisterung in die eigene, originale Sprache seiner volkstümlichen Balladen. Auch der schwäbische Dichter CHRISTIAN FRIEDRICH DANIEL SCHUBART, der in jungen Jahren wie ein reisender Missionar für Klopstock geworben hat, geht seinen eigenen Weg. Schulbildend ist Klopstock als Dichter der Messiade nicht geworden. Daß er trotzdem wie ein Messias der Poesie in Deutschland begrüßt worden ist, dafür spricht nicht nur das Zeugnis Goethes oder auch Herders, der Klopstock als größtes Literaturereignis seit Luther feiert. Die Dichtung FRIEDRICH HÖLDERLINS ist ohne Klopstocks Oden nicht zu denken.

Das vielleicht eindrucksvollste Beispiel für die zeitgenössische Bewunderung stammt von seinem heimlichen Antipoden in der Hochblüte der Aufklärung, von LESSING. Trotz seiner sarkastischen Anmerkungen über die priesterliche Attitüde, mit der Klopstock auftrat, läßt Lessing in seinen *Literaturbriefen* keinen Zweifel daran, daß dieser Dichter für ihn zu den inkommensurablen Phänomenen der Literatur, zu den Genies der Poesie gehört. Die »Genie-Zeit«, die im Sturm und Drang und in der klassischen Periode der deutschen Literatur gipfelt, hat ihren ersten Protagonisten in Klopstock. In der Tat ist er der erste, der das alte aristotelische Credo der Ästhetik, daß Kunst Nachahmung der Natur sei, souverän negiert und an seine Stelle etwas anderes setzt: eine Haltung, die in der künstlerischen Produktivität etwas Gottähnliches, einen schöpferischen Akt sieht. Nicht anders kann man sich erklären, warum Klopstock auf so unterschiedliche Geister wie GOETHE, HERDER und HAMANN auf der einen Seite und SCHILLER, HÖLDERLIN und KLEIST auf der anderen eine so außerordentliche Faszination ausübte.

> Hier steh' ich Erde: was ist mein Leib
> Gegen diese selbst den Engeln unzählbaren Welten,
> Was sind diese selbst den Engeln unzählbaren Welten
> Gegen meine Seele!
>
> (Klopstock: *Dem Allgegenwärtigen*, 1758)

Der junge Goethe hat nicht nur von den freien Rhythmen dieser hymnischen Poesie formal viel gelernt, seine mißreißendsten lyrischen Gedichte wie *»Prometheus«*, *»An Schwager Kronos«*, *»Wanderers Sturmlied«* sind auch inhaltlich bei Klopstock in die Lehre gegangen. Zu schweigen von FRIEDRICH HÖLDERLIN, von dem erzählt wird, daß er in seinem Altersirrsinn, Klopstocksche Oden rezitierend, in seinem Tübinger Refugium auf und ab gegangen sei.

Christoph Martin Wieland (Gemälde von 1806)

Christoph Martin Wieland

Ein Epigramm, das LESSING auf Klopstock gedichtet hat, charakterisiert treffend dessen literarisches Nachleben:

Wer wird nicht einen Klopstock loben? / Doch wird ihn jeder lesen? – Nein. / Wir wollen weniger erhoben / Und fleißiger gelesen sein.

Bis auf wenige Bühnenwerke kann ähnliches auch von Lessings eigenen Arbeiten gesagt werden, und das gleiche postume Schicksal teilt der Dritte im Trio der überragenden Schriftsteller der deutschen Aufklärung: CHRISTOPH MARTIN WIELAND. Erst in jüngerer Zeit ist, unter anderem angeregt durch ARNO SCHMIDT, das Interesse an dem Dichter Wieland wieder lebendiger und durch den Nachdruck seiner zwischen 1794 und 1811 edierten Werke letzter Hand gefördert worden. Man versäumt nichts, wenn man nicht sämtliche dieser Schriften kennt; aber es ist auch nicht zuviel versprochen, wenn zumindest drei seiner Meisterwerke der vergnüglichen Lektüre empfohlen werden: *Die Geschichte des*

Agathon (1766/67), *Die Abderiten* (1774/1781) und *Oberon* (1780). Im Vokabular der kanonischen Literaturgeschichte erscheint Wieland als »Anreger« und »Wegbereiter«, wohl auch als Senior der klassischen Weimarer Periode; weggelobt wird mit diesen Formulierungen die völlig eigenständige Leistung eines Schriftstellers, der zu den Großen der deutschen Literatur ebenso zu zählen ist wie Lessing und Klopstock.

Obwohl sein Name assoziativ mit Weimar verbunden wird, ist Christoph Martin Wieland der erste jüngere Schriftsteller von Rang, der als Süddeutscher in die Phalanx der nord- und mitteldeutschen Literaturproduktion einbricht. Der 1733 in Biberach in Schwaben geborene Sohn eines protestantischen Predigers besucht zwar 1747 bis 1750 ein Gymnasium in Magdeburg, verweilt aber mehr als drei Jahrzehnte seines Lebens in der Gegend diesseits und jenseits des Bodensees.

Nach einem Jurastudium in Tübingen geht er 1752 in die Schweiz, eingeladen von JOHANN JAKOB BODMER, der den jungen begeisterungsfähigen Schriftsteller als Unterstützung in dem literarischen Zweifrontenkrieg gegen Gottsched und die Anakreontiker ansieht. Anders als Klopstock erfüllt der junge Wieland die in ihn gesetzten Erwartungen und verbringt fast acht Jahre, von Privatlehrerstellen lebend, in Zürich und Bern. Er schreibt und publiziert als »seraphischer« Dichter Lehrgedichte, Oden und biblische Dramen, die nichts anderes sind als epigonenhafte Aufgüsse Bodmers, Hallers und Klopstocks, durchtränkt von moralischem Eifer und pietistischer Frömmelei. In der Widmungsschrift seiner Psalmendichtung *Empfindungen eines Christen* (1755) denunziert er die Anakreontiker als »schwärmerische Anbeter des Bakchus und der Venus, die sich verschworen haben, alles, was heilig und feierlich ist, lächerlich zu machen, und die wenigen Empfindungen für Gott, die im Herzen der leichtsinnigen Jugend schlummern, austilgen«. Die empörte Reaktion auf diese Predigt löst bei Wieland einen heilsamen Schock aus, der ihn zur Besinnung bringt. 1760 kehrt er an seinen Geburtsort zurück, wo er neun Jahre lang in der gehobenen Position eines Kanzleiverwalters der damaligen freien Reichsstadt arbeitet.

Nicht weniger groß ist jetzt die Entrüstung über seine erotischen Versdichtungen *Komische Erzählungen* (entstanden 1761/62, gedruckt 1765), die Wieland vor aller Augen als einen vom Paulus zum Saulus Gewandelten erscheinen lassen und die kirchlichen Kreise ebenso beunruhigen wie wenige Jahre später die Mitglieder des »Göttinger Hains«.

Zur gleichen Zeit, in der Wieland während seiner Amtstätigkeit in Biberach im Kreis um den Grafen Stadion, Großhofmeister und erster Minister des Kurfürsten von Mainz, verkehrt und antike Literatur und moderne französische Philosophie und Belletristik studiert, veröffentlicht er (1762–66) die erste große Übersetzung der Dramen WILLIAM SHAKESPEARES. Man muß mehr von einer Übertragung als von einer Übersetzung sprechen, denn gemäß dem aufklärerischen Gedanken der »Bearbeitung«, d. h. der progressiven Vervollkommnung aller menschlichen Werke, geht Wieland sehr frei mit den Texten des englischen Dramatikers um. Diese 21 Stücke umfassende Sammlung bildet die Grundlage der nachfolgenden Shakespeare-Debatten, von LESSINGS *Hamburgischer Dramaturgie* bis zur »genialischen« Programmatik des Sturm und Drang.

Agathon

Das Hauptwerk Wielands aus der Zeit in Biberach ist *Die Geschichte des Agathon*. Der 1766/67 in zwei Teilen erschienene Roman wird 1773 und noch einmal 1794 erheblich erweitert und liegt erst in der Werkausgabe letzter Hand abgeschlossen vor. Ort und Zeit ist das spätklassische Griechenland des 4. vorchristlichen Jahrhunderts. Nach einem tumultuarischen Anfang, der den Romanhelden zuerst in die bedrohliche Nähe dionysisch tanzender Bachantinnen, dann in die Hand von Seeräubern geraten läßt, bei denen er sein schwärmerisch geliebtes Mädchen Psyche wiederfindet und sofort wieder verliert, gewinnt das Bild der Hauptperson allmählich Konturen. Der junge, schöne Agathon, so erfährt der Leser nach und nach aus dessen rückblickenden Erzählungen, ist in Delphi aufgewachsen und im Kult der orphischen Religion erzogen worden. Er verliebt sich in Psyche, muß sich aber gleichzeitig gegen die Nachstellungen der ältlichen Oberpriesterin Pythia zur Wehr setzen und entdeckt obendrein, daß das berühmte Delphische Orakel nichts anderes ist als eine geschäftstüchtige Manipulation der ortsansässigen Priesterkaste.

Die erste Enttäuschung, die erste Flucht ist die Folge. Der Zusammenprall von idealischem Denken und rauher Wirklichkeit prägt auch die nächste Lebenserfahrung des Helden. In Athen angekommen, von den Ideen des goldenen perikleischen Zeitalters erfüllt, mischt sich Agathon in politische Angelegenheiten der Stadt, wird anfangs als Wortführer der demokratischen und patriotischen Kräfte gefeiert, gerät aber unter die Räder der Machtintrigen und wird schließlich schmachvoll aus Griechenland verbannt. Hier setzt die Gegenwartserzählung des Romans ein. Die Seeräuber verkaufen Agathon als Sklaven an den mit Geist und Gütern reich gesegneten Philosophen Hippias in Smyrna; doch dieser kehrt nicht den Herrenstandpunkt heraus, sondern behandelt Agathon wie seinesgleichen und versucht, ihn zum Anhänger seiner philosophisch-abgeklärten Weltanschauung zu machen. Die Unterhaltungen zwischen dem Sophisten Hippias und dem gelehrigen, aber auch widerstrebenden Schüler Agathon gehören zu den geistreichsten Erfindungen der Aufklärungsliteratur. In ihnen treffen zwei polare Strömungen der Aufklärung aufeinander: der Gedanke der moralischen Integrität, den das Bürgertum als stärkste Waffe gegen die Korruptheit der feudalen Verhältnisse aufzubieten hatte; andererseits das Glücksversprechen einer individuellen Selbsterfüllung, nicht im Himmel der Ideen, sondern im persönlichen Fortkommen auf Erden. Der Moralist Agathon begegnet dem Hedonisten Hippias; dieser will seinen Schüler von der »Schwärmerei« befreien, jener lehnt den zynischen und faulen Kompromiß ab, mit dem sich der Sophist im gesellschaftlichen Leben arrangiert. Es ist keine Übertreibung, in dieser Konstellation eine Annäherung an die moderne »Faust«-Problematik und in Hippias die erste wahrhaft mephistophelische Verkörperung der Verführung zu sehen. Zwar fehlt das Gretchen, nicht aber die Helena: Als Hippias, der Lehrmeister opportunistischer Lebensklugheit, mit seinem Versuch scheitert, den jungen Mann philosophisch zu seinem Ideal des Lebensgenusses zu bekehren, ruft er die ebenso schöne wie geistreiche Danae zu Hilfe. Agathon verliebt sich unsterblich in sie, vergißt darüber seine Jugendliebe Psyche, die sich bei späterer Wiederbegegnung dankenswerterweise als seine leibliche Schwester erweist, flieht

»Es ist der erste und einzige Roman für den denkenden Kopf von klassischem Geschmack.«

(Lessing über *Agathon*)

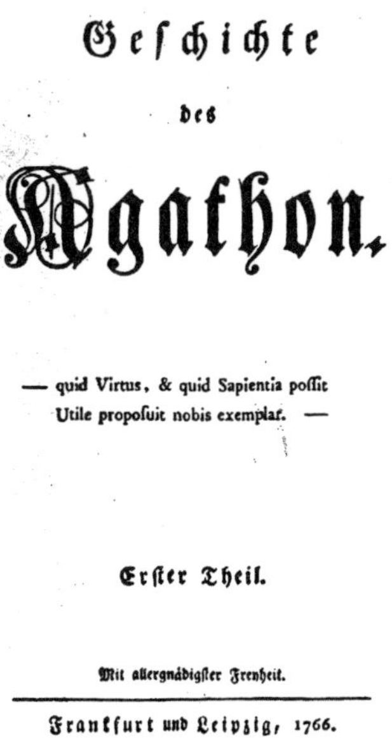
Geschichte des Agathon.

— quid Virtus, & quid Sapientia possit
Utile proposuit nobis exemplar. —

Erster Theil.

Mit allergnädigster Freyheit.

Frankfurt und Leipzig, 1766.

aber erneut, als Hippias ihn darüber aufklärt, daß Danae eine Hetäre ist. Nicht zufällig hat Wieland in seiner Umarbeitung von 1773 gerade die Geschichte der Danae stark erweitert und diese Figur zu einer großen, dem Romanhelden ebenbürtigen Frauengestalt ausgebaut. In ihr gewinnt der Verzicht auf die sinnliche Liebe die Oberhand, die Tugend triumphiert über die Leidenschaft. In der ersten Fassung des Romans überläßt Wieland am Schluß seinen Helden dem Zwiespalt disparater Gedanken und Gefühle, ratlos, worin das wahre Glück des Menschen zu suchen sei.

Titelkupfer zu »Agathon« (Fürstenausgabe 1794)

Die fast dreißigjährige Bearbeitungsgeschichte des *Agathon* hat auch sonst Spuren hinterlassen: Nach der Liebesgeschichte mit Danae flüchtet der Held abermals aus der privaten Sphäre in die öffentliche Arena der Staatspolitik. In Syrakus steigt er zum Berater des Tyrannen Dionysius auf, inzwischen erfahrener und taktisch versierter als in Athen, aber immer noch begeistert von dem Gedanken, den Idealstaat durchsetzen zu können, den vor ihm Plato am gleichen Ort vergeblich zu realisieren versucht hatte. Auch diese Anstrengung endet in einer Katastrophe; wieder einmal kann Agathon nur sein nacktes Leben und seine Überzeugung retten, für das Wohl der Menschheit zu kämpfen. Der offene, fast verzweifelt wirkende Schluß der ersten Romanfassung wird in der von Wieland autorisierten endgültigen Version abgemildert: Hier findet der Held seinen Frieden in einer utopischen Republik, in die er von seinem väterlichen Freund, dem weltweisen Archytas, eingeführt wird:

Er befestigte sich nunmehr in seinem Entschlusse, Tarent zu seinem beständigen Sitze zu erwählen. Die Tarentiner beschenkten ihn mit ihrem Bürgerrecht; er verdiente das Glück, im Schoße der Freiheit und des Friedens unter gutartigen Menschen zu leben, und sie waren eines solchen Mitbürgers würdig ...

Neu an diesem Roman ist, daß Wieland darin eigene Erfahrungen und Erlebnisse – seinen aufsehenerregenden Wechsel vom religiösen Schwärmertum zur praktischen Aufklärung, den Umgang mit dem hochgestellten, erfahrenen Grafen Stadion und seinem Kreis – verarbeitet und seinem Helden autobiographische Züge verleiht. Neu ist auch, daß er die Hauptperson nicht als statische Figur, sondern als noch unfertigen, entwicklungsfähigen Charakter darstellt, dessen Leben sich in der Dynamik von Irrtümern und Einsichten, seelischen Zusammenbrüchen und Aufschwüngen entfaltet. In einer späteren Schrift (*Unterredungen mit dem Pfarrer von* * * *, 1775) hat Wieland diese Intention auch theoretisch zusammengefaßt:

Aber damit solche moralische Individual-Gemälde wirklich nützlich werden, muß man sich nicht begnügen, uns zu erzählen, was diese merkwürdigen Menschen gethan haben, oder was sie gewesen sind; man muß uns begreiflich machen, wie sie das, was sie waren, geworden sind; bey welchen Umständen, in welcher inneren und äußeren Verfassung, durch welche verborgenen Triebfedern, bey welchen Hindernissen und Hülfsmitteln, sie gerade so und nicht anders wurden, so und nicht anders handelten.

Die erste Ästhetik des Romans in Deutschland, 1774 von FRIEDRICH VON BLANCKENBURG (1744–1796) veröffentlicht, stimmt bis in die Formulierungen mit diesen Ansichten überein; doch nicht Wieland hat bei Blanckenburg abgeschrieben, sondern dessen *Versuch über den Roman* ist das theoretische Fazit aus dem praktischen Exempel des *Agathon.* Blanckenburg schreibt:

Das Innre und Äußere des Menschen hängt so genau zusammen, daß wir schlechterdings jenes kennen müssen, wenn wir uns die Erscheinungen in diesem ... begreiflich machen wollen ... [es] ist alles mit allem, Körper und Geisterwelt mit einander verbunden; alles ist zugleich Ursach und zugleich Wirkung. Es ist nichts da, das allein nur eins von beyden wäre. Alles ist werdend in der Natur.

Die Geschichte des Agathon ist die Geburt eines literarischen Typus, der in den folgenden hundertfünfzig Jahren die deutsche Prosadichtung beherrschen wird: des Bildungs- und Entwicklungsromans. Schon unmittelbar nach der ersten Veröffentlichung des *Agathon* nimmt die nunmehr gehobene Romanproduktion (oft vermischt mit darunterliegenden Schichten des Unterhaltungsgenres) lawinenartige Ausmaße an. Wie nach einem Dammbruch erscheint mit dem Beginn der siebziger Jahre ein mehr oder weniger autobiographisch gefärbter Roman nach dem anderen. Einer der ganz wenigen Autoren, die sich davon unbeeindruckt zeigen und nicht daran denken, dem Sog dieser Entwicklung zu folgen, ist Wieland selbst.

Die Veröffentlichung des zweiten großen Romanwerks *Die Abderiten* (1774/1781) fällt bereits in die Weimarer Zeit Wielands. Wichtige Veränderungen in seinem Lebens- und Wirkungskreis sind vorangegangen. 1769 nimmt er eine Philosophieprofessur in Erfurt an, findet aber wenig Freude an dieser Tätigkeit. Seine Auffassung, daß er als Schriftsteller mehr im öffentlichen Leben bewirken könne als in Kanzlei- oder Universitätsdiensten, schlägt sich jetzt nieder in einer geradezu strategischen Planung seiner weiteren Laufbahn. *Der Goldene Spiegel oder die Könige von Scheschian*, ein historischer Staatsroman in orientalischer Verkleidung, erscheint 1772; er ist konzipiert als ein moderner Fürstenspiegel, der die Segnungen einer guten und die Schrecken einer schlechten Regierung schildert und modellhaft das Bild einer aufgeklärten Monarchie entwirft. Wieland erhofft sich von dieser an VOLTAIRE anknüpfenden Programmschrift eine Einladung an den Kaiserhof in Wien, weil er die josephinische Reformpolitik für vorbildlich hält. Doch seine Erwartung stößt im katholischen Wien auf ebenso taube Ohren wie der fast gleichzeitige Vorstoß KLOPSTOCKS, der eine deutsche Akademie der Wissenschaft und Künste mit Sitz in Wien vorschlägt. Statt dessen findet sich für Wieland eine der deutschen Kleinstaaterei entsprechende Lösung: Er wird 1772 als Erzieher des Erbprinzen Karl August an den Weimarer Hof berufen, wo er, schon bald mit einer ansehnlichen Leibrente ausgestattet, fast ohne Unterbrechung bis ans Ende seiner Tage ausharren wird. 1773 beginnt Wieland, den *Teutschen Merkur* herauszugeben, eine Zeitschrift, die zu einem der wichtigsten deutschen Literaturjournale des späten 18. Jahrhunderts wird und bis 1810 fortbesteht. Viele seiner eigenen Arbeiten hat Wieland im *Teutschen Merkur* zuerst veröffentlicht, so auch die ersten Teile der *Abderiten.*

Die Abderiten

»Die Abderiten« (Stich von 1796)

Abdera ist ein Städtchen in Thrakien, das eigentlich nur als Geburtsort des von allen Aufklärern wegen seines Witzes und scharfen Verstandes verehrten griechischen Philosophen Demokritos (470–380 v. Chr.) in Erinnerung geblieben ist. Bei Wieland wird es zum Abbild für die kleinstädtische Engstirnigkeit und philiströse Borniertheit, die der Verfasser aus eigener Anschauung – in Biberach und Erfurt – kennengelernt hatte. Nicht ein einzelner Held steht im Mittelpunkt des Romangeschehens, sondern ein kollektiver Antiheld, das Volk von Abdera, die »Abderiten«, eine in die Antike projizierte Gesellschaft von Spießern und Schildbürgern. Demokrit, der einzige originelle Kopf in der Stadt, der nicht mit den Scheuklappen konventionellen Denkens behaftet ist, gerät in Konflikt mit der Bevölkerung, und nur die Autorität des herbeigerufenen Hippokrates kann verhindern, daß er als gemeingefährlicher Irrer eingesperrt wird. Nicht viel besser geht es dem Tragödiendichter Euripides, der mit den Besserwissern aus Abdera über die Frage der Kunst aneinandergerät.

An den Rand eines Bürgerkrieges bringen sich die Abderiten durch einen Rechtsstreit, der buchstäblich um des Esels Schatten geht, nämlich um die Schadenersatzforderung eines Eseltreibers, der sein Tier, nicht aber dessen Schatten vermietet hat. Der historische Untergang des antiken Schilda wird jedoch – wie könnte es auch für das deutsche Publikum realistischer dargestellt sein! – als Folge eines Religionskonflikts geschildert: Die Bürger der Stadt werden von den unter Schutz gestellten und sich übermäßig vermehrenden Fröschen vertrieben, die als Wappentier der Stadtgöttin Latona verehrt werden. Dem Spuk ein Ende bereitet nicht die zur Vernunft gekommene Bürgerschaft, sondern ein Heerzug von Kranichen, die die Frösche vertilgen und die neue Population von Abdera bilden.

Während sich Wieland im *Agathon* noch stark von WINCKELMANNS klassizistischem Ideal einer edlen Einfachheit und stillen Größe beeindruckt zeigte, weht in den *Abderiten* ein aristophanischer Geist von übermütigem Spott und Bitterkeit. Die Erziehung zum erfüllten bürgerlichen Leben, deren Paradigma der Bildungs- und Erziehungsroman sein will, wird hier vom anderen Ende aufgezäumt: von der Unbelehrbarkeit der sich immer gleich bleibenden dummstolzen Abderiten. In gespielter Unschuld, auch ein wenig kokettierend mit der Wirkung seines Romanes, schreibt Wieland später:

In tausend Orten, wo ich weder selbst jemals gewesen bin noch die mindeste Bekanntschaft habe, wunderte man sich, woher ich die Abderiten, die Abderitinnen und Abderismen dieser Orte und Enden so genau kenne; und man glaubte, ich müßte schlechterdings einen geheimen Briefwechsel oder einen kleinen Kabinettsteufel haben, der mir Anekdoten zutrüge, die ich mit rechten Dingen nicht erfahren hätte können. Nun wußte ich nichts gewisser, als daß ich weder diesen noch jenen hatte; folglich war klar wie Tageslicht, daß das alte Völkchen der Abderiten nicht so gänzlich ausgestorben war, als ich mir eingebildet hatte.

Wieland und seine Kritiker

Noch einmal sattelt mir den Hippogryphen, ihr Musen,
Zum Ritt ins alte romantische Land!
Wie lieblich um meinen entfesselten Busen
Der holde Wahnsinn spielt! Wer schlang das magische Band
Um meine Stirne? Wer treibt von meinen Augen den Nebel,
Der auf der Vorwelt Wundern liegt?
Ich seh', in buntem Gewühl, bald siegend, bald besiegt,
Des Ritters gutes Schwert, der Heiden blinkende Säbel.

Diese Anfangszeilen des *Oberon* (1780/84) klingen mehr nach einem Gedicht von HEINRICH HEINE als nach einem Schriftsteller des 18. Jahrhunderts. Tatsächlich beginnt seit der Mitte dieses Jahrhunderts die bis dahin einspurige Bahn der Aufklärungsliteratur sich in verschiedene Geleise zu verzweigen und mehrdimensional zu werden. Man denke: Ein Autor des »philosophischen Zeitalters«, der sich in Ritter- und Geistergeschichten verliebt zeigt, nachdem doch die Vernunft über Aberglauben und Ammenmärchen triumphiert hatte! Ein Dichter, der die »Wunder der Vorwelt« besingt, nachdem der »gotische« ebenso wie der barocke Geschmack überwunden zu sein schien! Doch die Zeit, in der so »gottschedianisch« argumentiert wurde, war vorbei. Die Einwände und Vorbehalte gegen Wieland kamen von einer anderen Seite. 1772 verbrannten die »teutschen Jünglinge« des GÖTTINGER HAINS symbolisch ein Bildnis Wielands, weil sie in ihm einen »Verderber der Sitten« sahen. Damit war zweierlei gemeint: Den lässigen, mit elegant-erotischen Frivolitäten nicht sparenden Stil Wielands empfanden die Jung-Teutonen – darin mit den eingefleischten Pietisten einig – als moralisch anstößig, zugleich aber auch als unpatriotisch, als Fraternisierung mit der höfischen, insbesondere der französischen Rokoko-Manier. Wieland seinerseits hat die germanisierende Bardendichtung scharf abgelehnt, weil er sie (ebenso wie später auch Rousseaus Kulturanthropologie) als Regression in eine barbarisch-antizivilisatorische Gedankenwelt betrachtete.
Nicht Kritik an mangelndem Patriotismus, auch nicht der Vorwurf der Immoralität bewegt den jungen JOHANN WOLFGANG GOETHE zu seinem dramatischen Pamphlet *Götter, Helden und Wieland* (geschrieben 1773, veröffentlicht 1774). Darin wird Wieland in die antike Unterwelt zitiert, um dort mit Merkur, mit Euridipes, mit der echten Alceste und dem echten Admet und mit einem grobianischen Herkules konfrontiert zu werden, die ihn wegen seines Singspiels *Alceste* als einen Ignoranten von »engbrüstiger Imagination« zur Rechenschaft ziehen. Wieland beschämt Goethe durch eine Rezension im *Teutschen Merkur*, in der er das Stück als »Meisterstück von Persiflage und sophistischem Witze« den Lesern zur Lektüre empfiehlt. In einer wenig bekannten und merkwürdig betitelten Schrift (*Über die vorgebliche Abnahme des menschlichen Geschlechts*, 1777) geht er aber auch inhaltlich auf die Kritik ein, mit der Goethe ihn im Namen der Sturm-und-Drang-Generation zu blamieren versucht hatte:

Die Prätension an Genie, Größe, Stärke, Kühnheit und Freyheit läuft gegenwärtig wie eine große Epidemie durch halb Europa. Es ist ein possierliches Schauspiel, dem Gewimmel und Gelärme in den Sümpfen da unten zuzusehen, und was sich die armen Frösche aufblasen, um auch groß zu seyn; während der majestätische Stier ruhig und sorglos auf seiner Aue daher geht, und nicht weiß, ob er groß ist, und die Stärke seiner Stirne nicht eher fühlt bis er ihrer vonnöthen hat. Alle wahrhaft große und tapfere Männer, die ich noch gesehen habe, waren bescheiden und sanft, und sprachen am wenigsten von den Eigenschaften, worin man ihnen den Vorzug zugestand.

Obwohl Wieland Goethe eher zu den majestätischen Stieren, jedenfalls nicht zu den armen Fröschen zählte und zwischen beiden schon bald eine respektvolle Freundschaft entstand, hat die zitierte Schrift noch eine andere charakteristische Pointe: In seinen Bemerkungen über HOMERS *Ilias* hebt Wieland gerade das archaisch Ungefüge und Ungeschliffene dieser Dichtung als poetischen Reiz hervor, während sich Goethe wenige Jahre später auf der Bahn eines harmonisch-maßvollen Klassizismus bewegen wird. Ein weiteres Beispiel der facettenreichen, widersprüchlichen Beziehung zwischen Wieland und Goethe ist das Verhältnis, das beide zu HEINRICH VON KLEIST entwickeln: Goethe wehrt sich gegen ihn und verstümmelt seinen *Zerbrochenen Krug* auf dem Weimarer Theater bis zur Unkenntlichkeit; Wieland hingegen erkennt in Kleist auf Anhieb das große, zu Unrecht mißachtete dramatische Genie.

Oberon

»Oberon«, Zeichnung von H. Ramberg (1795)

Bei der außerordentlichen Stärke, die Wieland in der erzählenden Prosa entwickelt hat, erscheint es auf den ersten Blick verwunderlich, daß er mit so ausdauernder Begeisterung der Verserzählung treu geblieben ist. Die *Komischen Erzählungen* (1765), *Musarion oder die Philosophie der Grazien* (1768) und *Der Neue Amadis* (1771) sind die ersten großen Proben seines Könnens auf diesem Gebiet; auf der Höhe der Meisterschaft zeigt er sich in dem Versepos *Oberon*. Wie bei allen bedeutenden Schriftstellern der Literaturepoche, die jetzt beginnt, gibt es auch bei Wieland ein sehr fein gesponnenes Netz von Wechselbeziehungen der einzelnen Werke untereinander. Synchron zur Arbeit am *Agathon* schreibt Wieland die *Musarion*-Dichtung; beide erscheinen fast gleichzeitig. Dem »philosophischen« Prosaroman tritt die gereimte Scherzdichtung zur Seite, in der parodistisch aufgehoben wird, was im *Agathon* trotz aller Ironie, die darin herrscht, ernst gemeint war: Der immer strebend um Weltweisheit bemühte griechische Jüngling erhält seinen Widerpart in drei schwermütig gewordenen jungen Lebemännern, die der Welt und der Liebe entsagen, um sich höheren Dingen zu widmen. Die klarblickende und tatkräftige Musarion, ein Gegenbild zur Danae des Agathon-Romans, befördert sie auf die Erde zurück; betrunken und verliebt lassen die drei Helden die Philosophie schließlich Philosophie sein. In der Vorrede, die Wieland seinem *Oberon* voranstellt, werden die Quellen genannt, die sich zum großen Fluß dieser Versdichtung vereinigen:

Die Romanzen und Ritterbücher, womit Spanien und Frankreich im zwölften, dreizehnten und vierzehnten Jahrhundert ganz Europa so reichlich versehen haben, sind, ebenso wie die fabelhaften Götter- und Heldengeschichten der Morgenländer und der Griechen, eine Fundgrube von poetischem Stoffe, welche, selbst nach allem was Bojardo, Ariost, Tasso, Allemanni, und andere daraus gezogen haben, noch lange für unerschöpflich angesehen werden kann.

Der Okzident und Orient umspannende Rahmen der Geschichte, die wunderbaren Abenteuer des Ritters Hüon und seiner geliebten Rezia, gegeneinander und miteinander kämpfende Christen und Heiden, der Hof Karls des Großen und der Palast des Sultans von Babylon, Piraten und einsame Inseln – all dies ist aus jener »Fundgrube von poetischem Stoffe« gewonnen, die seit Jahrhunderten vor allem in den romanischen Ländern literarisch ausgebeutet worden war. Vollends ins Märchenhafte entrückt wird der »Roman« dadurch, daß Wieland eine zweite Rahmenhandlung einführt: die Geschichte der im Streit entzweiten Geisterfürsten Oberon und Titania, die ihre Wiederversöhnung von der Tugend und Standhaftigkeit des Menschenpaars Hüon und Rezia abhängig machen. Ausdrücklich weist Wieland in diesem Zusammenhang auf SHAKESPEARES *Sommernachtstraum* als Inspirationsquelle hin. Zwei Haupthandlungen also? Wieland widerspricht:

In der That ist Oberon nicht nur aus zwey, sondern, wenn man es genau nehmen will, aus drey Haupthandlungen zusammen gesetzt: nehmlich, aus dem Abenteuer, welches Hüon auf Befehl des Kaisers zu bestehen übernommen, der Geschichte seiner Liebesverbindung mit Rezia, und der Wiederaussöhnung der Titania mit Oberon: aber diese drey Handlungen oder Fabeln sind dergestalt in Einen Hauptknoten verschlungen, daß keine ohne die andere bestehen oder einen glücklichen Ausgang gewinnen konnte ... Aus dieser auf wechselseitige Unentbehrlichkeit gegründeten Verwebung ihres verschiedenen Interesses entsteht eine Art von Einheit, die, meines Erachtens, das Verdienst der Neuheit hat, und deren gute Wirkung der Leser durch seine eigene Theilnehmung an den sämmtlichen handelnden Personen zu stark fühlt, als daß sie ihm irgend ein Kunstrichter wegdisputieren könnte.

Man wohnt, bildlich gesprochen, der Entstehung der Symphonie auf dem Gebiet der Literatur bei, einer Kunstschöpfung, die der suitenförmigen Anordnung des Romans (den *Agathon* eingeschlossen) ein Ende bereitet. Die der italienischen Tradition entlehnte, in der deutschen Literatur selten benutzte Strophenform der achtzeiligen Stanze macht Wielands Anstrengung deutlich, die lyrische Sprache der gesprochenen anzunähern und die Prosasprache zu musikalisieren.

Wielands Kosmopolitanismus

Zu einer Zeit, als in Deutschland Weltläufigkeit fast als Synonym für die Zugehörigkeit zur Aristokratie galt, hatte es der Kosmopolitanismus, den Wieland an den Tag legte, schwer. Seine Autorität in literarischen Fragen war seit dem *Agathon* groß, immer aber auch begleitet von dem Verdacht der geheimen Sympathie für die höfische Welt. Ähnlich wie Joseph Haydn, dem man schon früh den Titel »Papa Haydn« anheftete, wurde Wieland mit der Aura eines Grandseigneurs der spätaufklärerischen Literatur umgeben, in dessen Lob sich die Anerkennung für harmlose Freundlichkeit und Gefälligkeit mischte. Aber sowenig, wie Haydn bloß ein liebenswürdiger Rokoko-Komponist ist, so wenig ist Wieland ein literarischer Galanteriewarenhändler. Staatstheoretische und religionskritische Gedanken sind auch in denjenigen seiner Dichtungen zu finden, die den Anschein spielerischer Tändelei erwecken; ganz zu schweigen von seinem positiven Verhältnis zur Französischen Revolution, das – trotz seines Plädoyers für eine konstitutionelle Monarchie – konsequenter ist als bei vielen seiner Zeitgenossen. Vor allem drei Dinge sind es, die ihn als Pionier der modernen deutschen Literatur erscheinen lassen: Er ist der »Erfinder« des Prototyps der Romandichtung, die über ein Jahrhundert lang die Schriftsteller nicht mehr losläßt. Er verleiht der Sprache eine Biegsamkeit, Eleganz und Ausdrucksfähigkeit, die sie zum Medium künstlerischer Darstellung qualifiziert. Und er reklamiert einen Bereich des Poetisch-Wunderbaren, der nicht antirationalistisch ist, sondern die Vernunft- und Tugendlehren der Aufklärung volkstümlich vermitteln will. Man denke zurück an die Vertreibung des Harlekin von der Bühne, an die Verbannung der Improvisation und die Ahndung von Regelwidrigkeiten wider den bürgerlichen Geschmack wenige Jahre zuvor. Ein unmittelbares Verhältnis von Ursache und Wirkung ist sicherlich nicht anzunehmen: Aber von den Kunstmärchen des MUSÄUS bis zu TIECKS *Prinz Zerbino*, von den Zauberpossen und Feerien des Wiener Volkstheaters bis zu den Romanzen HEINRICH HEINES führt die Spur auf Wieland und seine Versdichtungen zurück. Carl Maria von Webers *Oberon* (uraufgeführt 1826 in London) ist ein Nachklang dieser von Wieland bewußt gemachten Grenzüberschreitungen.

STURM UND DRANG

Im Sommer des Jahres 1769 unternimmt JOHANN GOTTFRIED HERDER (1744–1803) eine Seereise von Riga nach Nantes. Er verläßt den alten Ort seines Wirkens als Prediger der Rigaer Domschule, um zu neuen Ufern aufzubrechen. Die Erfahrungen und Erkenntnisse faßt er in seinem *Journal meiner Reise im Jahre 1769* zusammen, einem Werk, das man als den Ausgangspunkt des Sturm und Drang bezeichnen kann. Das Reisejournal dokumentiert Herders bewußte Abkehr von alten, beengenden Verhältnissen. Er will sein Leben und Denken umgestalten; er entwickelt neue Ansichten über Literatur, Kultur und Gesellschaft. Als Erzieher an der Lateinschule fühlte er sich eingeschnürt; er empfand sich als »Tintenfaß von gelehrter Schriftstellerei«. Er lebte in einem Klima, das ihn zu ersticken drohte:

Johann Gottfried Herder, Gemälde von Anton Graff (1785)

Womit habe ichs in meinem vergangnen Zustande verdient, daß ich nur bestimmt bin, Schatten zu sehen, statt würckliche Dinge mir zu erfühlen? Ich genieße wenig, d. i. zu viel, im Übermaas und also ohne Geschmack: der Sinn des Gefühls und die Welt der Wollüste – ich habe sie nicht genossen: ich sehe, empfinde in der Ferne, hindere mir selbst den Genuß durch unzeitige Präsumption, und durch Schwäche und Blödigkeit im Augenblick selbst ... Überall also eine aufgeschwellte Einbildungskraft zum Voraus, die vom Wahren abirrt, und den Genuß tödtet.

Herder drückt in dieser Schrift programmatisch das neue Lebensgefühl einer jungen Dichtergeneration aus, die um das Jahr 1750 geboren ist und eine gefühlsbetonte Aufbruchsstimmung in der Literatur auslöst.

Ein Lehrer und Anreger Herders, der philosophische Schriftsteller JOHANN GEORG HAMANN (1730–1788), gehört zu den Wegbereitern des Sturm und Drang. In seiner Schrift *Sokratische Denkwürdigkeiten* (1759) hält sich Hamann nicht mehr an den gelehrten Diskurs der Aufklärung, er entwickelt eine originäre Sprache und erklärt die Subjektivität zur Basis des Kunstschaffens:

Was ersetzt bei Homer die Unwissenheit der Kunstregeln, die ein Aristoteles nach ihm erdacht, und was bei einem Shakespeare die Unwissenheit oder Übertretung jener kritischen Gesetze? Das *Genie* ist die einmütige Antwort.

Hamann hält nichts von steriler Antikenrezeption; entscheidend ist für ihn die schöpferische Auseinandersetzung mit der eigenen Wirklichkeit. GOETHE erinnert sich an Hamann im 12. Buch von *Dichtung und Wahrheit:*

Seine »Sokratischen Denkwürdigkeiten« erregten Aufsehen, und waren solchen Personen besonders lieb, die sich mit dem blendenden Zeitgeiste nicht vertragen konnten. Man ahndete hier einen tiefdenkenden gründlichen Mann, der, mit der offenbaren Welt und Literatur genau bekannt, doch auch noch etwas Geheimes, Unerforschliches gelten ließ, und sich darüber auf eine ganz eigene Weise aussprach. Von denen, die damals die Literatur des Tags beherrschten, ward er freilich für einen abstrusen Schwärmer gehalten, eine aufstrebende Jugend aber ließ sich wohl von ihm anziehn.

Johann Georg Hamann (um 1755)

Wesentliches Ausdrucksmittel der »aufstrebenden Jugend« ist das Drama, und nach einem Drama erhält diese Periode auch ihren Namen: *Sturm und Drang*, Schauspiel von FRIEDRICH MAXIMILIAN KLINGER, geschrieben im Jahre 1776, ein Jahr später veröffentlicht und in Leipzig uraufgeführt. Klinger wählte ursprünglich einen anderen Titel: WIRRWARR sollte sein Stück heißen, aber bei einer Lesung im Freundeskreis riet ihm einer der Zuhörer, ein gewisser CHRISTOPH KAUFMANN, zu dem Titel STURM UND DRANG. Kaufmann war ein Schweizer Apotheker, der mit langen, wallenden Haaren und in bäurischer Kleidung durch Deutschland zog, eifrig für Naturreformen missionierte und einen genialischen Kreis Gleichgesinnter suchte. Die Erfindung des Namens »Sturm und Drang« ist sein einziges bleibendes Verdienst.

Literarhistorisch ist der Sturm und Drang zeitgleich mit dem Höhepunkt der Aufklärung (LESSINGS *Emilia Galotti*, 1772, und *Nathan der Weise*, 1779); er beerbt die Ideen der bürgerlichen Aufklärung, aber radikalisiert sie zugleich. Lessing mißfällt das literarische Treiben der jungen Generation, die nach seinem Kunstgeschmack keine Proportion, sondern nur ungezügelten Wildwuchs erkennen läßt. WIELAND dagegen beschreibt das Aufbäumen der Jüngeren mit einem treffenden Bild, das mehr Toleranz und Verständnis zum Ausdruck bringt:

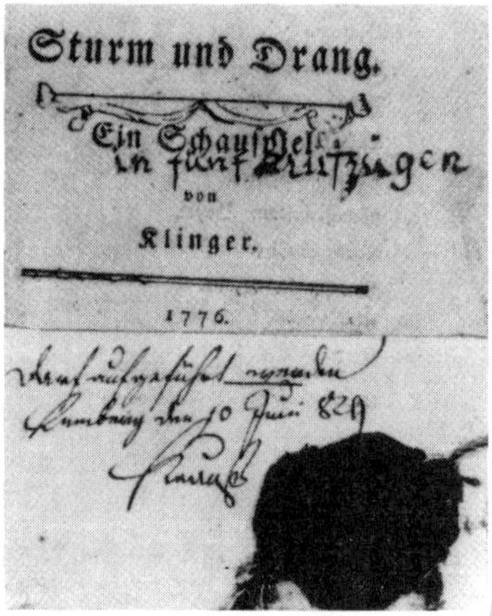

Sturm und Drang.

Ein Schauspiel in fünf Aufzügen

von

Klinger.

1776.

Titelblatt mit Zensurstempel von 1829

Junge muthige Genien sind junge muthige Füllen; das strotzt von Leben und Kraft, tummelt sich unsinnig herum, schnaubt und wiehert, wälzt sich und bäumt sich, schnappt und beißt, springt an den Leuten hinaus, schlägt vorn und hinten aus und will sich weder fangen noch reiten lassen.

Gegen den poetischen Regelkanon setzen die Schriftsteller des Sturm und Drang Phantasie und Lebendigkeit. In der Dramatik gilt für sie nicht mehr die aristotelische Einheit von Zeit und Ort der Handlung; sie wollen neue Erlebnis- und Erfahrungswelten entdecken. Der aufklärerische Vernunftbegriff wird bei ihnen erweitert durch die Mobilisierung emotionaler Kräfte. »Gefühl«, »Herz«, »Liebe« und »Empfindung« machen erst das voll entwickelte Individuum aus. Die Leidenschaft steht nicht im Widerspruch zur Vernunft, sondern ist für sie ein produktives Element der menschlichen Existenz. Dennoch ist eine Kategorisierung, die die Aufklärung als reine Verstandeskultur und den Sturm und Drang ausschließlich als Gefühlskultur interpretiert, einseitig und wird weder der Aufklärung noch dem Sturm und Drang gerecht. Die Schriftsteller des Sturm und Drang stehen in der aufklärerischen Tradition des Antiabsolutismus und des Antihöfischen; es geht auch ihnen um die Herausbildung einer selbstbewußten bürgerlichen Kultur, die sich frei macht von den Fesseln der feudalen Hierarchie. Sie erklären das schöpferische Individuum zum Subjekt der Geschichte, sie fühlen sich als Verkünder einer neuen Zeit. Im Jahre 1774 schreibt der Dichter HEINRICH CHRISTIAN BOIE (1744–1806) in einem Brief: »Es ist alles in Gärung und wir sind einer Revolution nahe.« Und ein Jahr später prophezeit der Dramatiker JAKOB MICHAEL REINHOLD LENZ in einem Brief an Boie: »Deutschland wird in wenigen Jahren erstaunliche, unglaubliche Revolutionen in Geschmack, Literatur, Religion etc. erfahren.«

Was in Frankreich politisch ausgetragen wird durch die Französische Revolution, das findet seine Entsprechung in den deutschen Kleinstaaten als literarische und kulturelle Identitätssuche des Bürgertums. Die bürgerliche Rebellion gegen den Feudalabsolutismus ereignet sich auf dem Felde der Literatur. In diesem Bewußtsein schreiben die Dichter des Sturm und Drang, in diesem Bewußtsein rütteln sie die Gesellschaft auf und prangern gesellschaftliche Mißstände an, unverhüllt wird die Willkür der feudalen Tyrannen kritisiert. Sie entwerfen Charaktere, die respektlos der herrschenden Macht trotzen, die Schranken der Konvention durchbrechen und nach eigenen Gesetzen leben.

Diese »freihandelnden selbständigen Geschöpfe«, wie LENZ sie fordert, schaffen sich eine andere Sprache, eine befreite Sprache, die die Gefühlswerte und das neue Denken auf eigene, authentische Weise auszudrücken vermag. Gefühlsausdruck und Leidenschaft treten an die Stelle logischer Gedanken- und Wortabfolge; Stammeln, emotionale Ausrufe, halbe Sätze werden als Stilmittel eingesetzt, um den Aufruhr der Leidenschaften sinnlich erfahrbar zu machen. So wie die Sturm-und-Drang-Dichter die Rechte des Individuums gegen die Gesellschaft einklagen, versuchen sie auch, durch eine individuelle, nicht genormte Sprache die Aufmerksamkeit des Publikums auf sich zu ziehen. Mit seiner Schrift *Über die neuere deutsche Literatur* von 1767 gibt HERDER den entscheidenden Anstoß für einen zeitgemäßen sprachlichen Ausdruck, der das gemeinsame Lebensgefühl artikuliert. Herder ermuntert Lenz zu dessen Abhandlung *Über die Bearbeitung der deutschen Sprache*, in der Lenz das neue Sprachgefühl begründet.

Wie ungewohnt diese Sprache ist, auch ungewohnt für die Dichter selbst, erfährt man aus einem Briefgedicht von Goethe an F. W. Gotter, der in Gotha ein Liebhabertheater gegründet hatte und den Goethe vor der Aufführung seines *Götz von Berlichingen* mit Rücksicht auf die herkömmlichen Normen zu sprachlichen Säuberungen seines Theaterstücks ermächtigt:

Und bring, da hast Du meinen Dank,
mich vor die Weiblein ohne Gestank.
Mußt alle garstgen Worte lindern,
aus Scheißkerl Schurken, aus Arsch mach Hintern,
Und gleich das alles so fortan,
Wie Du's wohl ehmals schon getan.

Erster Akt.

Erste Scene.

(Zimmer im Gasthofe.)

Wild. La Feu. Blasius.

(treten auf in Reisekleidern.)

Wild.

Heyda! nun einmal in Tumult und Lermen, daß die Sinnen herumfahren wie Dach-Fahnen beym Sturm. Das wilde Geräusch hat mir schon so viel Wohlseyn entgegen gebrüllt, daß mir's würklich ein wenig anfängt besser zu werden. So viel Hundert Meilen gereiset um dich in vergessenden Lermen zu bringen — Tolles Herz! du sollst mirs danken! Ha! tobe und spanne dich dann aus, labe dich im Wirrwar! — Wie ists Euch?

A 2 Blasius.

Klingers »Sturm und Drang« in der Erstausgabe (1776)

Die Schriftstellergeneration

Johann Wolfgang Goethe (1773)

Schiller deklamiert die »Räuber« im Bopserwald

Im Unterschied zur Aufklärung schließen sich die Dichter des Sturm und Drang in Gruppen zusammen. Drei Zentren sind auszumachen und bestimmen das literarische Leben:
Im Jahre 1770 trifft der junge GOETHE (1749–1832) HERDER in Straßburg und gerät in den Bann des Literaturkritikers und -philosophen. Ein Jahr später kommt LENZ (1751–1792) als Begleiter zweier Adliger nach Straßburg und entwickelt sich hier zum Schriftsteller. Im Jahre 1775 ist er zusammen mit CHRISTIAN GOTTHILF SALZMANN (1744–1811) maßgeblich an der Gründung der DEUTSCHEN GESELLSCHAFT beteiligt. Mitglied in dieser Gesellschaft wird auch HEINRICH LEOPOLD WAGNER (1747–1779), der als Jurastudent nach Straßburg gekommen war. Straßburg ist das erste Zentrum der geistigen Auseinandersetzung; nach der Übersiedlung Goethes nach Frankfurt entsteht hier ein weiterer Kristallisationspunkt. Unter der Leitung von JOHANN HEINRICH MERCK (1741–1791) arbeiten die Stürmer und Dränger gemeinsam an der Herausgabe der *Frankfurter Gelehrten Anzeigen* (1772/73), einer Zeitschrift, in der die Ideen des Sturm und Drang zum Gegenstand der öffentlichen Kontroverse erhoben werden. Neben Straßburg/Frankfurt gehen von Göttingen, dem Zentrum des Hainbundes, wichtige Anregungen aus. Hier sind es vor allem JOHANN HEINRICH VOSS (1751–1826) und GOTTFRIED AUGUST BÜRGER (1747–1794), die sich der neuen Bewegung anschließen. Ein dritter Kreis entsteht im Schwäbischen, repräsentiert durch CHRISTIAN FRIEDRICH DANIEL SCHUBART (1739–1791) und den jungen SCHILLER (1759–1805).
Am Rande dieser drei Zentren bewegen sich Schriftsteller wie HEINRICH WILHELM VON GERSTENBERG (1737–1823), FRIEDRICH MAXIMILIAN KLINGER (1752–1831), JOHANN ANTON LEISEWITZ (1752–1806), der MALER MÜLLER (1749–1825), JUNG-STILLING (1740–1817) und die beiden Grafen STOLBERG (CHRISTIAN 1748–1821, FRIEDRICH LEOPOLD 1750–1819).
Die Schriftsteller dieser Generation treten als freie Autoren auf. Nicht mehr an höfisches Mäzenat gebunden oder durch ein wohlhabendes Elternhaus abgesichert (der Patriziersohn Goethe bildet eine Ausnahme), versuchen sie ihre literarische Leidenschaft zur Profession zu machen. Die meisten entstammen kleinbürgerlichen Familienverhältnissen: Herders Vater ist Dorfschulmeister; Klingers Vater stirbt früh, die Mutter bringt die Kinder als Wäscherin durch; Lenz wächst ebenso wie Bürger und Schubart als Sohn einer armen Pfarrersfamilie auf; Wagners Vater ist Kaufmann, Schillers Vater Wundarzt; der Maler Müller stammt aus einer Gastwirtsfamilie; der Vater von Voß ist Pächter. Die kleinbürgerliche Herkunft der Autoren spiegelt sich in ihren literarischen Sujets wider; sie nehmen Themen der Alltagsrealität auf, die nicht mehr vom höfischen Leben, sondern von den sozialen Erfahrungen der kleinen Leute geprägt sind. Der Blick von unten gibt ihren Gedichten und Dramen die Perspektive.
In privaten Lesungen, durch regen Briefwechsel untereinander und durch öffentlich ausgetragene Literaturdebatten entwickelt sich ein Gefühl der Zusammengehörigkeit. Gemeinsames Vorbild ist WILLIAM SHAKESPEARE, der an die Stelle der französischen Leitbilder CORNEILLE, RACINE und VOLTAIRE tritt. WIELANDS Übersetzung leitet in Deutschland die Entdeckung der Dramen Sha-

kespeares ein. Herders Wertschätzung des englischen Dramatikers, der für ihn den Prototyp einer universellen Persönlichkeit repräsentiert, wird zuerst vom jungen GOETHE begeistert geteilt.

Die erste Stelle, die ich in ihm las, machte mich auf zeitlebens ihm eigen, und wie ich mit dem ersten Stücke fertig war, stund ich wie ein Blindgeborner, dem eine Wunderhand das Gesicht in einem Augenblicke schenkt. Ich erkannte, ich fühlte auf's lebhafteste meine Existenz um eine Unendlichkeit erweitert, alles war mir neu, unbekannt, und das ungewohnte Licht machte mir Augenschmerzen. Nach und nach lernt' ich sehen, und Dank sei meinem erkenntlichen Genius, ich fühle noch immer lebhaft, was ich gewonnen habe.

So spricht Goethe am 14. Oktober 1771 im privaten Kreis der Freunde in seiner *Rede zum Schäkespears Tag*. Der große englische Dichter verkörpert für die Stürmer und Dränger ein Naturgenie, dem sie nacheifern möchten.
»Genie« ist das große Stichwort, mit dem die Zeit des Sturm und Drang verbunden ist. In ihrem Verständnis ahmt das Genie nicht mehr die Natur nach, wie dies in der traditionellen Poetik gefordert wurde, das Genie ist selbst naturhaft. Das künstlerische Genie schafft Werke, die sich nicht mehr von vorgegebenen Normen und Regeln und einem gesellschaftlich diktierten Geschmack leiten lassen, sondern denen wie einem natürlichen Organismus eigene Gesetze innewohnen.

Jeder Mensch von edeln lebendigen Kräften ist Genie auf seiner Stelle, in seinem Werk, zu seiner Bestimmung, und wahrlich, die besten Genies sind außer der Bücherstube. (Herder)

Der Geniebegriff des Sturm und Drang ist nicht antidemokratisch und elitär; er entsteht aus dem emphatischen Wunsch der Emanzipation des bürgerlichen Individuums. Das Genie stößt an die Grenzen, die von den elenden gesellschaftlichen Verhältnissen in Deutschland gesetzt sind. Phantasie und Schaffensdrang können sich nicht ungehindert entfalten; sie werden immer wieder beschnitten und verkrümmt. Für diese Beschädigungen entwickeln die Sturm-und-Drang-Dichter eine besondere Sensibilität. Deshalb toben durch ihre Dichtungen nicht nur die kraftstrotzenden Genies; Melancholie und Leiden an der Zeit sind ein feiner und unüberhörbarer Unterton ihrer literarischen Arbeiten. Das Gefühl, sich nicht ausleben, die reformerischen Ideen nicht in die Tat umsetzen zu können, sondern sich in einem Niemandsland der Hoffnungen zu bewegen, läßt sie bzw. ihre Helden auf dem Theater in vitales Berserkertum ausbrechen, aber auch in Schwermut und Trauer verfallen. Aber dies ist keine persönliche Überspanntheit; es ist der ohnmächtige Versuch, gegen die gesellschaftlichen Verhältnisse zu rebellieren. Die Mehrzahl ihrer Biographien dokumentiert ihre ausweglose Situation: Lenz verfällt dem Irrsinn, man findet ihn 1792 in Moskau tot auf der Straße; Merck begeht ein Jahr vorher Selbstmord; Schubart geht an den Folgen seiner zehnjährigen Kerkerhaft auf der Festung Hohenasperg zugrunde; Wagner stirbt mit 32 Jahren verarmt in Frankfurt.
Schon in der Anfangsphase des Sturm und Drang wird Goethe zum Leitbild seiner Generation; mit den Erstlingswerken *Götz von Berlichingen* und *Die*

Die Leiden
des
jungen Werthers.
Erster Theil.
v Göthe.
Leipzig,
in der Weygandschen Buchhandlung,
1774.

Leiden des jungen Werthers hat er sensationellen Erfolg beim Publikum. CHRISTIAN HEINRICH SCHMID bestätigt dies in seinem Aufsatz *Über den gegenwärtigen Zustand des deutschen Parnasses* von 1774:

Unter allen Göttern und Götterkindern, welche in Herders Himmel über die Stämme teutscher Nation herrschen, wird keiner jetzt begieriger gelesen, und hat also keiner mehr Einfluß auf den Modegeschmack unsrer Tage, als Herr Göthe.

Johann Wolfgang Goethe: Die Leiden des jungen Werthers

Obwohl das Drama die bevorzugte literarische Form ist, bringt ein Roman, GOETHES *Die Leiden des jungen Werthers*, erschienen im Jahre 1774, der neuen Bewegung des Sturm und Drang den Durchbruch und die öffentliche Anerkennung. Mit seinem ersten, weitgehend autobiographischen Werk gelingt es Goethe, paradigmatisch die Gefühle seiner Generation zu artikulieren. In der Form des seit SAMUEL RICHARDSON beliebten Briefromans erhebt Goethe den subjektiven Standpunkt zum alleinigen Maßstab des Geschehens und der Beurteilung der Personen. Gesteigert wird diese Wirkung durch die Ichform: Werther schreibt an einen fiktiven Freund; es entwickelt sich ein indirekter Dialog, unterbrochen und durchsetzt von Werthers persönlichen Reflexionen.

Lotte und Werther, Gemälde von Angelika Kauffmann

Werther ist ein hoffnungsvoller junger Mann, dem eine glänzende Karriere im diplomatischen Dienst eines Hofes bevorsteht. Aber er verweigert sich; für ihn gelten andere Grundsätze der Selbstverwirklichung. Im Brief vom 9. Mai schreibt er über einen fürstlichen Gönner:

Auch schätzt er meinen Verstand und meine Talente mehr als dies Herz, das doch mein einziger Stolz ist, das ganz allein die Quelle von allem ist, aller Kraft, aller Seligkeit und alles Elendes. Ach, was ich weiß, kann jeder wissen – mein Herz habe ich allein.

Werther zieht sich aus der höfischen Gesellschaft zurück, zumal ihm, als er versehentlich in eine adlige Abendgesellschaft gerät, diskret bedeutet wird, er sei als Bürgerlicher dort fehl am Platz. Er führt weder im aristokratischen noch im bürgerlichen Sinn ein nützliches Leben. Er ist ergriffen von einer unglücklichen Liebe zu Lotte, die sich ihm nicht hingeben darf und will, weil sie einem biederen Bürger versprochen ist. Goethes Roman ist die erste große Geschichte einer Liebesleidenschaft, die mit atemberaubender Präzision die Verwirrung der Gefühle beschreibt. Lotte fürchtet, jede Kontrolle über sich zu verlieren; sie flüchtet in die Sicherheit einer gefahrlosen Ehe. Je mehr sie sich zurückzieht, desto entfesselter werden Werthers Sehnsüchte. Einen Ausweg aus diesen Leiden gibt es nicht; eine Erfüllung der Liebe scheitert an den bürgerlichen Konventionen. Werther begeht Selbstmord.
Der junge, noch unbekannte Goethe erringt durch diesen Roman europäische Berühmtheit. *Die Leiden des jungen Werthers* werden 1775 ins Französische, 1779 ins Englische und 1781 ins Italienische übersetzt. Der schwäbische Lyriker SCHU-

BART beschreibt die Begeisterung seiner Generation über diesen Roman noch im Jahr des Erscheinens in der *Deutschen Chronik:*

Da sitz' ich mit zerfloßnem Herzen, mit klopfender Brust und mit Augen, aus welchen wollüstiger Schmerz tröpfelt, und sag Dir, Leser, daß ich eben »Die Leiden des jungen Werthers« von meinem lieben Goethe – gelesen? – nein, verschlungen habe. Kritisieren soll ich? Könnt' ich's, so hätt' ich kein Herz ... Soll ich einige schöne Stellen herausheben? Kann nicht. Das hieße mit dem Brennglas Schwamm anzünden und sagen: Schau, Mensch, das ist Sonnenfeuer! – Kauf's Buch und lies selbst! Nimm aber dein Herz mit! – Wollte lieber ewig arm sein, auf Stroh liegen, Wasser trinken und Wurzeln essen, als einem solchen sentimentalischen Schriftsteller nicht nachempfinden können.

Goethe hat mit seinem *Werther* ein Freiheitsgefühl formuliert, das seine Zeit tief ergreift und erschüttert. Der Anspruch der individuellen Selbstverwirklichung, die Revolte gegen alle herkömmlichen gesellschaftlichen Erwartungen und das hemmungslose Ausleben der eigenen Gefühle bis in den selbstgewählten Tod, erregt die Gemüter in einer vorrevolutionären Zeit. Goethe formt mit seinem Werther einen neuen Typus des unabhängigen Individuums, das sich nicht mehr einschnüren und einengen läßt, eines Menschen, der sich auch den Verkrümmungen der entstehenden bürgerlichen Gesellschaft widersetzt. Im Brief vom 12. August attackiert er Rationalität und Ordnungsdenken der erfolgsorientierten bürgerlichen Klasse:

Kupferstich von D.A. Chodowiecki

Ach ihr vernünftigen Leute! Leidenschaft! Trunkenheit! Wahnsinn! Ihr steht so gelassen, so ohne Teilnehmung da, ihr sittlichen Menschen, scheltet den Trinker, verabscheut den Unsinnigen, geht vorbei wie der Priester und dankt Gott wie der Pharisäer, daß er euch nicht gemacht hat wie einen von diesen. Ich bin mehr als einmal trunken gewesen, meine Leidenschaften waren nie weit vom Wahnsinn, und beides reut mich nicht: denn ich habe in meinem Maße begreifen lernen, wie man alle außerordentlichen Menschen, die etwas Großes, etwas Unmöglichscheinendes wirkten, von jeher für Trunkene und Wahnsinnige ausschreien mußte.

Das »Außer-sich-Sein« ist für Goethe/Werther die einzige Form authentischen Lebens. Werther wird zum Symbol einer jungen, unangepaßten Generation. Bereits an der Kleidung erkennt man sie: blauer Rock, gelbe Weste und Beinkleider – das bedeutet Protest. Die Jugend wird vom »Wertherfieber« ergriffen. JAKOB MICHAEL REINHOLD LENZ hofft schwärmerisch, »wollte Gott daß wir eine Welt voll Werthers bekämen, wir würden uns besser dabei befinden«. Gleichzeitig wendet er sich gegen die allzu direkte Werther-Imitation, die bei einigen jungen Leuten sogar zum Selbstmord führt:

Seid nicht närrisch meine lieben Freunde! bildet euch nicht zu geschwind ein Werthers zu sein, es ist keine Kleinigkeit damit. Ein Werther muß viel getan und gelitten haben, eh er Werther zu sein anfangen kann, ihr seht nur die Ebene vor euch, aber nicht die Gebirge, die er zu übersteigen hatte, eh er sie euch vormalen konnte. Schämt euch mit Kraft und Tat um euch zu werfen und euren Feinden, die ebensoviel als ihr davon verstehen, Gelegenheit zum Spotten zu geben, eh ihr wißt, was diese Worte auf sich haben.

Niemals zuvor hat man sich mit einer literarischen Figur so unmittelbar identifiziert. Der schockierende Selbstmord Werthers – Lessings *Emilia Galotti* auf dem Pult offen aufgeschlagen – empört zwar die Aufklärer, nicht aber die heranwachsende Generation. *Die Leiden des jungen Werthers* sind bahnbrechend und garantieren für die weiteren Werke der Schriftsteller des Sturm und Drang erhöhte öffentliche Aufmerksamkeit. Goethe selbst interpretiert die große Resonanz seines Werkes aus der politischen und sozialen Aussichtslosigkeit der damals gebildeten bürgerlichen Schicht:

> ... von unbefriedigten Leidenschaften gepeinigt, von außen zu bedeutenden Handlungen keineswegs angeregt, in der einzigen Aussicht, uns in einem schleppenden, geistlosen bürgerlichen Leben hinhalten zu müssen, befreundet man sich in unmuthigem Übermuth, mit dem Gedanken, das Leben, wenn es einem nicht mehr anstehe, nach eigenem Belieben allenfalls verlassen zu können, und half sich damit über die Unbilden und Langeweile der Tage notdürftig genug hin. Diese Gesinnung war so allgemein, daß eben Werther deßwegen die große Wirkung that, weil er überall anschlug und das Innere eines kranken jugendlichen Wahns öffentlich und faßlich darstellte.

Anmerkungen
übers Theater
nebst
angehängten übersetzten Stück
Shakespears.

Leipzig,
in der Weygandschen Buchhandlung.
1774.

DRAMA

Trotz der *Leiden des jungen Werthers* gewinnt der Roman im Sturm und Drang keine Bedeutung; das Drama ist die herausragende Gattung dieser Zeit. Wie LENZ meint, läßt sich im Drama am besten »das Gemälde der menschlichen Gesellschaft« nachzeichnen. LESSING hat durch seine bürgerlichen Trauerspiele das Terrain bereitet; bürgerliche »Theatercompagnien« in Mannheim, Hamburg, Berlin und Leipzig bieten Gewähr für die Aufführung der Stücke. In FRIEDRICH LUDWIG SCHRÖDER (1744–1816), dem herausragenden deutschen Schauspieler und Theaterdirektor im späten 18. Jahrhundert, finden die jungen Dramatiker einen wichtigen Verbündeten auf der Bühne.

Neben der *Shakespeare-Rede* von Goethe sind Lenz' *Anmerkungen übers Theater* (veröffentlicht 1774) eine grundlegende theoretische Schrift für die neue Theaterarbeit. Schon zwei Jahre vor Veröffentlichung des *Götz von Berlichingen*, also im Jahre 1771, hatte Lenz seine Anmerkungen im Freundeskreis vorgetragen. An SHAKESPEARE soll sich die Dramatik orientieren:

> Seine Sprache ist die Sprache des kühnsten Genius, der Erd und Himmel aufwühlt, Ausdruck zu den ihm zuströmenden Gedanken zu finden. Mensch, in jedem Verhältnis gleich bewandert, gleich stark, schlug er ein Theater fürs ganze menschliche Geschlecht auf, wo jeder stehn, staunen, sich freuen, sich wiederfinden konnte, vom obersten bis zum untersten. Seine Könige und Königinnen schämen sich so wenig als der niedrigste Pöbel, warmes Blut im schlagenden Herzen zu fühlen, oder kützelnder Galle in schalkhaften Scherzen Luft zu machen, denn sie sind Menschen, auch unterm Reifrock, kennen keine Vapeurs,

> sterben nicht vor unsern Augen in müßiggehenden Formularen dahin, kennen den tötenden Wohlstand nicht.

Treffender läßt sich die Programmatik des Dramas im Sturm und Drang kaum zusammenfassen: Dem wirklichen Leben soll auf der Bühne zum Durchbruch verholfen werden, ungeschminkt und frei von Konventionen.

Johann Wolfgang Goethe: Götz von Berlichingen mit der eisernen Faust

Das erste Theaterstück der Sturm-und-Drang-Phase, das helle Begeisterung und schroffe Ablehnung hervorruft, ist GOETHES *Götz von Berlichingen*, dessen erste Fassung er in nur sechs Wochen im Herbst 1771 niederschreibt. Er schickt sie Anfang 1772 an seinen Freund HERDER zur Beurteilung. Herder kritisiert das Stück nicht nur nach formalen Gesichtspunkten – den szenischen Wildwuchs und den Grobianismus der Sprache –, ihm mißfällt insbesondere der anarchische Umgang mit historischen Gestalten. 1773 veröffentlicht Goethe die zweite, gereinigte Fassung im Selbstverlag; schon im April des folgenden Jahres wird der *Götz* mit großem Erfolg von der Kochschen Theatertruppe in Berlin uraufgeführt. Anfangs mißtraut man dem Stück, der Dichter wird auf dem Theaterzettel namentlich nicht genannt; erst nach den positiven Reaktionen des Publikums taucht er als »Herr D. Göde« auf. In Berlin wird der *Götz* siebzehnmal aufgeführt und noch im selben Jahr von Schröder in Hamburg auf die Bühne gebracht.
Goethes Drama führt in die Zeit der Bauernkriege (1524/25). Der reichsunabhängige, rechtschaffene Ritter Götz von Berlichingen gerät in Konflikt mit dem Kaiser, der umgeben ist von heimtückischen Höflingen, die das Intrigenspiel um die Macht bestens beherrschen. Götz ist Vertreter einer alten Welt; er will frei und unabhängig leben und nur dem Kaiser untertan sein. Sein ärgster Widersacher ist ein ehemaliger Jugendfreund, Adelbert von Weislingen, der in das Lager des Bischofs von Bamberg überwechselt und schließlich die Reichsexekution gegen Götz leitet. Götz verbündet sich zeitweise mit den Bauern, entzweit sich aber mit ihnen, weil sie ihm zu radikal sind. Der Versuch, den Kampf für Recht und Ordnung in gemäßigte Bahnen zu lenken, scheitert, denn die Obrigkeit mißachtet das alte Recht, das für Götz noch Gültigkeit besitzt. Er sieht düstere Zeiten herannahen:

Lebens-Beschreibung Götzens und erste und zweite Hand

> Schließt eure Herzen sorgfältiger als eure Tore. Es kommen die Zeiten des Betrugs, es ist ihm Freiheit gegeben. Die Nichtswürdigen werden regieren mit List, und der Edle wird in ihre Netze fallen.

Götz verkörpert treuherzig die alte Reichsidee; der modernen bürokratischen Herrschaft der Territorialfürsten steht er verständnislos gegenüber. Trotz seiner anachronistischen Vorstellungen empfinden die Zeitgenossen das Stück als Kampfansage an den Absolutismus. Götz stirbt mit den Worten: »Himmlische Luft–Freiheit! Freiheit!«
Der junge Goethe, damals noch ein Namenloser, fordert mit seiner kräftigen

Sprache und den bis dahin im Drama verpönten ständigen Ortswechseln die anerkannten Größen der Aufklärung heraus. LESSING bereitet der *Götz* »äußersten Ekel«; er merkt kritisch an:

J. H. W. Tischbein, Götz und Weislingen (Zeichnung 1782)

Daß »Götz von Berlichingen« großen Beifall in Berlin gefunden, ist, fürchte ich, weder zur Ehre des Verfassers, noch zur Ehre Berlins ... Denn eine Stadt, die kahlen Tönen nachläuft, kann auch hübschen Kleidern nachlaufen.

WIELAND ist gemäßigter und spricht von dem Stück als einem »schönen Ungeheuer«. Ein anderer Kritiker, der sonst mit der deutschen Literatur nichts anzufangen weiß, mischt sich in diesen Chor, der preußische König Friedrich II.:

Eine abscheuliche Nachahmung dieser schlechten englischen Stücke von Shakespeare ... Das Publikum klatschte und verlangte begeistert die Wiederholung dieser geschmacklosen Plattheiten.

Im Kreise des Sturm und Drang wird Goethes Drama mit großer Zustimmung aufgenommen. Es thematisiert, was ihnen allen am Herzen liegt: den antihöfischen, antiabsolutistischen Protest, die Darstellung eines Kraftmenschen, der an den beengenden gesellschaftlichen Verhältnissen zugrunde gehen muß, für den keine Luft zum Atmen bleibt. Ein Mensch, der sich aufbäumt und in seine Schranken verwiesen wird: Die eiserne Hand ist doppeldeutiges Symbol dafür, Kraftfülle und Verkrüppelung zugleich. Goethes Drama löst ein heftiges öffentliches Pro und Contra aus und etabliert mit Aplomb die neue dramatische Kunst auf dem Theater.

Jakob Michael Reinhold Lenz: Der Hofmeister oder Vorteile der Privaterziehung

Jakob Michael Reinhold Lenz (um 1775)

Der Eigenwilligste unter den Sturm-und-Drang-Schriftstellern ist JAKOB MICHAEL REINHOLD LENZ. In der Literaturkritik wird er lange Zeit als Nachahmer Goethes angesehen und als überspannter Egozentriker abgetan, ein Urteil, an dem GOETHE nicht unschuldig ist, denn im 14. Buch von *Dichtung und Wahrheit* rechnet er mit seinem Jugendfreund nicht gerade zimperlich ab. Goethe wirft Lenz einen Hang zur Intrige und Selbstquälerei vor und schilt sein fratzenhaftes Wesen, seine Fahrlässigkeit im Tun, seinen Dünkel und seine seltsamen Unarten. Lenz ist für Goethe das unglücklichste Wesen seiner Zeit:

Durch die verkehrtesten Mittel suchte er seinen Neigungen und Abneigungen Realität zu geben, und vernichtet sein Werk immer wieder selbst; und so hat er niemanden, den er liebte, jemals genützt, niemanden, den er haßte, jemals geschadet, und im ganzen schien er nur zu sündigen, um sich zu strafen, nur zu intrigieren, um eine neue Fabel auf eine alte pfropfen zu können.

Der Hofmeister oder Vorteile der Privaterziehung (1774) fordert die Zeitgenossen stärker heraus als GOETHES *Götz von Berlichingen.* Lenz wählt keinen historischen Stoff; sein Stück handelt in der Gegenwart. Allein schon die Tatsache, daß Lenz sein Stück eine Komödie nennt, irritiert. Ein Kritiker im *Almanach der deutschen Musen* merkt erbost an:

Wenn das kein Trauerspiel ist, worinne ein Vater in Raserei verfällt, eine Tochter ihre Ehre verliert, Gefängnisse und Bettlerhütten erscheinen, Verwundungen, Ersäufungen und Kastrierungen vorgehn, so möchte manche französische Tragödie dagegen Lustspiel heißen.

Lenz demonstriert in seiner Komödie wie in einem überspitzten, ironisch-überhöhten Modellfall die Aussichtslosigkeit des bürgerlichen Individuums in der Ständegesellschaft. Er selbst war in seinen Königsberger Jahren für kurze Zeit Hofmeister gewesen, d. h. bürgerlicher Erzieher für adlige Kinder, und hatte dort alle Erniedrigungen kennengelernt, die der »Sklave im betreßten Rock« von dem despotischen Landadel ertragen mußte. In der Komödie begeht Läuffer, der Hofmeister, im Hause des Majors von Berg ein Sakrileg: Er verführt dessen Tochter – nicht in einem leidenschaftlichen Liebesakt, sondern eher zufällig in einem Moment unkontrollierter Triebaufwallung. Diese Konstellation durchbricht bereits das Schema des bürgerlichen Trauerspiels; nicht der adlige Nichtsnutz verführt das ehrliche Bürgermädchen, sondern ein geknechteter bürgerlicher Domestike vergreift sich an einem höhergestellten Mädchen. Gustchen wird schwanger und flieht aus dem Elternhaus; Läuffer rettet sich zu dem kauzig-aufklärerischen Dorfschullehrer Wenzeslaus, bei dem er Unterschlupf findet. Dort wird er von dem ergrimmten Vater entdeckt, der ihn in den Arm schießt. Läuffer reinigt sich von der Schuld, indem er sich kastriert. Nun ist er in den Augen des Schulmeisters erst der wahre Erzieher der Jugend. Zum Schluß löst sich alles scheinbar harmonisch auf: Läuffer findet ein Bauernmädchen, das gerne auf Kinder verzichtet, denn ihr »Vater hat Enten und Hühner genug«, die sie »alle Tage füttern muß«. Gustchen, die ins Wasser gehen wollte, wird von ihrem Vater gerettet; ein früherer Jugendfreund zeigt sich großmütig, heiratet Gustchen trotz der Schändung und adoptiert sogar den illegitimen Sohn. Weitere Versöhnungen finden zwischen Nebenpersonen der Komödie statt. Das Drama endet mit dem Entschluß, Gustchens Sohn niemals durch einen Hofmeister erziehen zu lassen. Ironisch verkehrt Lenz die »Vorteile« der Privaterziehung, indem er ihre Gefahren aufzeigt; sein eigentliches Thema ist jedoch das Dilemma der bürgerlichen Intelligenz, die sich nach den Vorstellungen des Adels glücklich schätzen darf, als Erzieher adliger Kinder zu fungieren. Auf die Frage, welche anderen Berufsaussichten denn ein gebildeter Bürgerssohn habe, antwortet Lenz mit dem Stolz des freien Schriftstellers in den *Frankfurter Gelehrten Anzeigen:*

Weil meine Überzeugung aber, oder mein Vorurteil wider diesen Stand immer lebhafter wurde, zog ich mich wieder in meine arme Freiheit zurück und bin nachher nie wieder Hofmeister gewesen.

Die Armut in Freiheit zieht Lenz der feudalen Abhängigkeit vor. Für einen Sohn aus bürgerlichem Hause läßt sich die Frage nach der beruflichen Alternative nur ex negativo beantworten: kein Hofmeister sein.

Wie schockierend diese »Komödie« wirkte, ist noch bei dem liberalen Literarhistoriker HERMANN HETTNER fast hundert Jahre später zu spüren, der über den *Hofmeister* urteilt:

Statt Tiefe der Empfindung und Leidenschaft verwilderte Frechheit; statt lebensvoller packender Charaktere dilettantisches Zusammenwürfeln der verschiedenartigsten, oft einander grell widersprechenden Motive und geflissentliches Aufsuchen des Ungeheuerlichen und Häßlichen; statt sicheren und raschen Fortschreitens der Handlung das wildeste Durcheinander der Szenenfolge.

Im April 1778 wird das Stück von Friedrich Ludwig Schröder in Hamburg uraufgeführt, aber Schröder, obwohl ein Bewunderer der Sturm-und-Drang-Dichter, schneidert das Stück auf fatale Weise für den Publikumsgeschmack zurecht: Nicht nur die Kastration wird gestrichen, auch das außereheliche Kind fällt weg. Das Stück endet mit einem banalen Happy-End: Der Hofmeister Läuffer heiratet Gustchen, und ihm wird der Adelsbrief versprochen. Diese Version kann sich auf dem Theater nicht halten; nach zwei Vorstellungen wird das Stück abgesetzt.
Für viele Zeitgenossen ist der *Hofmeister* eine Offenbarung. Anfangs gilt Goethe, der sich für die Veröffentlichung des Dramas einsetzt, als Verfasser. JOHANN HEINRICH VOSS schreibt 1774 in einem Brief an Ernestine Boie:

Der »Hofmeister« soll nicht von Goethe, sondern von einem seiner Freunde namens Lenz sein. Die Ähnlichkeit mit »Götz von Berlichingen« ist so groß, daß selbst Klopstock getäuscht ward. Das Stück ist vortrefflich.

Auch HERDER, BOIE und SCHUBART loben das Stück begeistert; es wird mit LESSINGS *Minna von Barnhelm* verglichen und als Erneuerung des deutschen Lustspiels gefeiert. Durch den *Hofmeister* wird Lenz über Nacht bekannt.

Lenz: Die Soldaten

Zwei Jahre später, 1776, erscheint LENZ' Komödie *Die Soldaten*, wiederum anonym wie der *Hofmeister.* 1863, fast ein Jahrhundert später, wird das Stück am Wiener Burgtheater, bearbeitet von EDUARD VON BAUERNFELD, zum ersten Mal aufgeführt. In 35 knappen, spannungsgeladenen Bildern bringt Lenz die Geschichte der Marie Wesener, Tochter eines Galanteriewarenhändlers in Lille, auf die Bühne. Marie ist so gut wie verlobt mit dem Tuchhändler Stolzius, da macht ihr ein schmucker adliger Offizier den Hof. Zuerst tändelt sie nur; dann läßt sie sich doch von ihm verführen. Der Vater des Mädchens unterstützt die Liaison, weil sie den sozialen Aufstieg für seine Tochter bedeuten könnte. Der Offizier Desportes wird der Liebelei jedoch bald überdrüssig; er flieht und hinterläßt hohe Schulden. Marie läßt sich mit einem Freund von ihm ein in der Hoffnung, durch diesen wieder Kontakt zum Geliebten aufnehmen zu können. Ihr Vater übernimmt gutgläubig die Bürgschaft für den Geflohenen, denn ein Adliger ist schließlich ein Ehrenmann. In der Öffentlichkeit gilt Marie als Sol-

datenflittchen. Die wohltätige Gräfin La Roche nimmt sie in ihr Haus auf, um sie vor weiterer sozialer Diskriminierung zu schützen, verbietet ihr aber den Umgang mit Männern. Sie klärt das junge Mädchen auf, daß nur ein bürgerlicher Mann zu ihr passe. Marie flieht aus dem Haus der Gräfin; sie will zu Desportes. Der Tuchhändler Stolzius, dem sie versprochen ist, hat sich unterdessen in die Dienste eines der Garnisonsoffiziere begeben und muß dort erfahren, daß Desportes Marie nicht liebt, daß er sie verachtet und eine Hure nennt. Stolzius vergiftet Desportes und sich selbst in der Gewißheit: »Gott kann mich nicht verdammen.« Marie schleppt sich halb verhungert und verwahrlost auf den Landstraßen zu Desportes. Ihr verzweifelter Vater, finanziell durch die Bürgschaft ruiniert, sucht seine Tochter und findet sie unterwegs; glücklich und erschöpft fallen sich beide in die Arme. Die Gräfin beklagt Maries Schicksal als »Folge des ehelosen Standes der Herren Soldaten«. Der Obrist Graf von Spannheim entwickelt seine Reformidee, der König müßte eine »Pflanzschule von Soldatenweibern« anlegen. Ein Vorschlag, der kurios klingt, den Lenz aber ernst meint: Er unterbreitet ihn persönlich dem Herzog von Weimar und legt ihn in der programmatischen Schrift *Über die Soldatenehen* der Öffentlichkeit vor.
Desportes hat durch sein Verhalten eine bürgerliche Familie »verwüstet«, wie der Obrist feststellt. Nicht nur die Rücksichtslosigkeit der adligen Offiziere im Umgang mit bürgerlichen Frauen zerstört Maries Leben; es gibt auch einen grundsätzlichen Konflikt: das Gebot der Ehelosigkeit für Offiziere. Mit beißender Gesellschaftskritik und bedrückendem Realismus führt Lenz die Auflösung einer bürgerlichen Familie vor, die selbst nicht unschuldig an ihrem Verfall ist. In einer ironischen Vorwegnahme der Reaktion auf sein Theaterstück läßt Lenz zu Beginn des Stückes einen Feldprediger gegen die modernen Komödien wettern:

> Werden nicht in den neusten Komödien die gröbsten Verbrechen gegen die heiligsten Rechte der Väter und Familien unter so reizenden Farben vorgestellt, den giftigen Handlungen so der Stachel genommen, daß ein Bösewicht dasteht, als ob er ganz neulich vom Himmel gefallen wäre? Sollte das nicht aufmuntern, sollte das nicht alles ersticken, was das Gewissen aus der Eltern Hause mitgebracht haben kann? Einen wachsamen Vater zu betrügen, oder ein unschuldiges Mädchen in Lastern zu unterrichten, das sind die Preisaufgaben, die dort aufgelöst werden.

Heinrich Leopold Wagner: Die Kindermörderin

Um das Motiv der Verführung geht es auch in WAGNERS Trauerspiel *Die Kindermörderin*, das im selben Jahr wie LENZ' *Soldaten* erscheint und ein Jahr später, 1777, in Preßburg uraufgeführt wird. Wagner stellt ein anderes brennendes soziales Problem in den Mittelpunkt: den Kindsmord und das damals herrschende Strafrecht, Kindsmörderinnen zu enthaupten. Zum ersten Mal wird durch den Sturm und Drang diese Problematik öffentlich zur Diskussion gestellt. Zu Unrecht beschwert sich GOETHE, daß Wagner ihm seinen Gretchenstoff, von dem er ihm erzählt hatte, weggenommen habe: »Es war das erstemal, daß mir jemand etwas von meinen Vorsätzen wegschnappte; es verdroß mich, ohne daß

Heinrich Leopold Wagner

ich's ihm nachgetragen hätte. Ich habe dergleichen Gedankenraub und Vorwegnahmen nachher noch oft genug erlebt.« Der Protest gegen die harte Bestrafung der Kindsmörderinnen, die meist ledige Frauen der unteren Stände sind, ist in der zweiten Hälfte des 18. Jahrhunderts ein verbreitetes Thema der Sturm-und-Drang-Dichter. SCHILLER verfaßt eine Ballade *Kindsmörderin;* BÜRGER erregt Aufsehen mit seiner scharfen Attacke gegen den skrupellosen adligen Verführer in der Ballade *Des Pfarrers Tochter zu Taubenhain.* Auch GOETHE befaßt sich mit dem Thema in seinem Gedicht *Vor Gericht.*

Wagners Trauerspiel *Die Kindermörderin* setzt in der ersten Szene mit einem schockierenden Bruch aller ästhetischen Konventionen ein: Sie beginnt im Bordell, wo Evchen, die Tochter des Metzgermeisters Humbrecht, von Leutnant Gröningseck verführt wird. Der Leutnant führt Mutter und Tochter nach einem Ball in das zweifelhafte Etablissement, aber beide ahnen nicht, wo sie sich befinden. Evchens Mutter wird durch einen Schlaftrunk außer Gefecht gesetzt, so daß der Verführer freie Bahn hat. Evchen wird schwanger. Vor der Familie kann sie ihre Schande lange verbergen, nur daß sie in melancholische Zustände verfällt, beunruhigt die Familie. Gröningseck, der bei der Metzgersfamilie wohnt, hat anfangs nur ein Abenteuer vor, verliebt sich dann aber in Evchen und verspricht ihr, sie zu heiraten. Er reist zu seinen Eltern, um alles zu regeln. In der Zwischenzeit spielt ein Freund des Leutnants, der diese Mesalliance unstandesgemäß findet, Evchen einen fingierten Brief zu, dem sie entnehmen muß, daß Gröningseck sie verlassen habe. Verzweifelt flieht Evchen kurz vor der Niederkunft aus dem elterlichen Haus. Gröningseck kommt zu spät. Evchen findet keinen anderen Ausweg, als ihr neugeborenes Kind zu töten. Weder der Vater noch der Geliebte verurteilen sie; sie ist ein Opfer der entwürdigenden gesellschaftlichen Verhältnisse. Einen rächenden Vater, wie in *Emilia Galotti,* gibt es in diesem Stück nicht; der Vater steht zu seiner Tochter. Gröningseck, der Evchen vor dem Schafott retten will, beschließt, nach Versailles zu gehen, um »bei der gesetzgebenden Macht selbst Gnade für sie auszuwürken«. Keine außerirdische Gerechtigkeit wird angerufen, kein Moralkodex reklamiert; angestrebt wird eine praktische Lösung der tragischen Verstrickung.

Das Stück findet wenig Anklang. In Berlin wird es sogar verboten, so daß Wagner drei Jahre später eine Bearbeitung in der Absicht vornimmt, »den Stoff so zu modifizieren, daß er auch in unsren delikat tugendlallenden Zeiten auf unsrer sogenannten gereinigten Bühne mit Ehren erscheinen sollte«.

Typisch für Wagner wie auch für Lenz ist, daß die gesellschaftliche Misere durch Reformprogramme gelindert werden soll: Lenz propagiert die öffentliche Schule statt der privaten Erziehung und setzt sich für den Ehestand der Offiziere ein; Klinger rebelliert gegen die Todesstrafe für Kindsmörderinnen. Die Schriftsteller begnügen sich nicht damit, solche Reformvorstellungen in Zeitungsartikeln zu erörtern, sie bringen sie auf die Bühne.

Friedrich Maximilian Klinger: Die Zwillinge

Das Jahr 1776 ist der Höhepunkt der Sturm-und-Drang-Phase. Neben zwei Dramen von LENZ und WAGNERS *Kindermörderin* erscheinen auch ein Drama vom MALER MÜLLER *(Golo und Genoveva)*, und eines von LEISEWITZ *(Julius von Tarent)*. FRIEDRICH MAXIMILIAN KLINGER veröffentlicht in diesem Jahr drei Theaterstücke *(Die Zwillinge, Die neue Arria, Simsone Grisaldo)*; ein Jahr später erscheint sein Schauspiel *Sturm und Drang*, entgegen der Angabe des Drucks nicht 1776, sondern 1777.

Friedrich Maximilian Klinger, Kreidezeichnung von Goethe (1775)

Die Zwillinge verfaßt Klinger für einen Wettbewerb, den Friedrich Ludwig Schröder in Hamburg ausgeschrieben hat. Ein »Originalstück« wird erwartet, die Ausstattungskosten dürfen nicht zu hoch sein, und es soll »sittlichen Inhalts« sein. Als Preis sind für damalige Verhältnisse stattliche zwanzig Louis d'Or ausgesetzt. Von den eingereichten Arbeiten befassen sich zwei mit dem Bruderkonflikt, darunter Klingers Stück und Leisewitz' *Julius von Tarent*. Klinger gewinnt schließlich den Preis; sein Trauerspiel wird noch im Jahre 1776 in Hamburg aufgeführt.

Der Bruderkonflikt trifft die Stimmungslage des Sturm und Drang in eigentümlicher Weise; er setzt individuelle Zerrissenheit zu gesellschaftlichen Mißständen in Beziehung und läßt Familienkonflikte ausleben, um einen antifeudalen Protest zu artikulieren. Klinger dramatisiert in seinem Stück die Fehde von Zwillingsbrüdern um das Erstgeburtsrecht und damit den Anspruch auf Herrschaft und Macht. Der vorgeblich erstgeborene Ferdinando ist empfindsam und klug; er genießt die Zuneigung der Eltern und der Gesellschaft. Im Mittelpunkt des Dramas steht der angeblich zweitgeborene Guelfo, der wild und rauh ist, seine Umgebung ständig provoziert und das Paradebeispiel eines Kraftmenschen abgibt. Sein Zorn und seine Eifersucht auf den Bruder sind grenzenlos; für ihn ist Ferdinando ein Schwächling, während er sich selbst in der Fülle seiner Leidenschaften und körperlichen Stärke austobt. Guelfo will seinen Bruder, den Widersacher, vernichten:

> Herunterreißen will ich ihn, will ihn im stolzen Schwung haschen und niederschmettern! Kriechen soll er bei der Erde, und ich will schweben! ... Blaß sollt ihr alle stehen, bricht Guelfos Zorn los, der mich hinreißt wie der hohe Sturm.

»Die Zwillinge«, Titelkupfer (1777)

Ferdinando tritt nur in wenigen Szenen des Dramas auf; er dient lediglich als Folie für Guelfos Haß und Überheldentum. Sinnesverwandt mit Guelfo ist Grimaldi, sein Begleiter und Ratgeber, der die andere Seite des Kraftmenschentums verkörpert, die Melancholie. Für Grimaldi sind alle gesellschaftlichen und persönlichen Erwartungen gescheitert, weil er nicht hochgeboren ist: »Der traurige Mantel der Melancholie hat sich um mich geschlungen.« Er kann Guelfos Raserei nicht aufhalten: Guelfo tötet seinen Zwillingsbruder Ferdinando und wird schließlich von seinem eigenen Vater niedergestochen.

Rachsüchtiger Tatendrang und melancholische Verzweiflung durchziehen wie ein unsichtbarer Faden den Bruderkonflikt. Die zwiespältige Natur des ständig überschäumenden Guelfo führt in die Zerstörung; sie kann sich gesellschaftlich nicht artikulieren. Kein anderes Drama des Sturm und Drang bringt so radikal die Konfliktlage dieser Generation zum Ausdruck. HEINRICH CHRISTIAN BOIE ist wie die meisten seiner Zeitgenossen hingerissen: »Ein Stück voll Kraft und, wie mirs scheint, Überkraft.« Ein anderer Stürmer und Dränger, GOTTFRIED AUGUST BÜRGER, äußert sich hingegen schockiert:

Wie könnt Ihr, liebe Leute, Euch von der übertriebenen Sprache hintergehen lassen, das Stück schön finden! Ich weiß wohl, es geschieht mehreren gescheiten Leuten; aber beherzigt das Ding einmal recht! Es ist kein einziger natürlicher Charakter darin. Der Guelfo ist eine Bestie, die ich mit Wohlgefallen für einen tollen Hund totschießen könnte ... Es gibt freilich wohl noch boshaftere Buben; allein, wenn sie anfangen, so toll und rasend zu werden, wie Guelfo, so sorgt gewiß die Polizei, sie an Ketten zu legen.

Friedrich Schiller: Die Räuber

Auch FRIEDRICH SCHILLER beschäftigt sich in seinem ersten, großes Aufsehen erregenden Schauspiel *Die Räuber*, erschienen 1781, mit dem Thema der verfeindeten Brüder. Die Ausgangssituation ist die gleiche wie bei Klinger – der Zweitgeborene neidet dem Erstgeborenen die gesellschaftliche Stellung –, aber der Konflikt entwickelt sich bei dem Nachzügler des Sturm und Drang, Friedrich Schiller, auf eigene Weise. Am 13. Januar 1782 wird das Stück am Mannheimer Theater unter Heribert von Dalberg uraufgeführt. Der 22jährige, unbekannte Schiller ist anwesend, heimlich der herzoglichen Militärakademie, der »Karlsschule« auf der Solitude in der Nähe von Stuttgart, entflohen. Das Theater mit seinen zwölfhundert Plätzen ist ausverkauft.

Friedrich Schiller (1781)

Aus der ganzen Umgegend von Heidelberg, Darmstadt, Frankfurt, Mainz, Worms, Speyer usw. waren die Leute zu Roß und Wagen herbeigeströmt, um dieses berüchtigte Stück zu sehen.

So berichtet Schillers Freund Andreas Streicher über den Abend. Man erwartet eine Sensation. Schon um das Publikum zu beruhigen, verfaßt Schiller für den Theaterzettel eine kleine Nutzanwendung seines Dramas:

Der Jüngling sehe mit Schrecken dem Ende der zügellosen Ausschweifungen nach, und der Mann gehe nicht ohne den Unterricht von dem Schauspiel, daß die unsichtbare Hand der Vorsicht auch den Bösewicht zu Werkzeugen ihrer Absicht und Gerichte brauchen und den verworrensten Knoten des Geschicks zum Erstaunen auflösen könne.

Trotz solcher Beschwichtigungen ist das Publikum aufgewühlt. Ein Zuschauer berichtet über die Reaktionen, nachdem der Vorhang gefallen ist:

Rollende Augen, geballte Fäuste, heisere Aufschreie im Zuschauerraum. Fremde Menschen fielen einander in die Arme. Frauen wankten, einer Ohnmacht nahe, zur Tür. Es war eine allgemeine Aufregung wie im Chaos, aus dessen Nebeln eine neue Schöpfung hervorbricht.

Das Schauspiel beginnt mit einer Familienintrige und nimmt die seinerzeit beim Publikum sehr geschätzte Räuberromantik auf: Franz Moor ist eifersüchtig auf seinen älteren Bruder Karl, der vom Vater heiß geliebt wird. Um den Bruder in den Augen des Vaters zu diskreditieren, fälscht Franz Briefe und verleumdet seinen Bruder, er sei ein steckbrieflich gesuchter Verbrecher. Der Vater löst sich von seinem Sohn Karl. Als er jedoch bereut und seinen Sohn zurückholen möchte, läßt Franz den alten Mann in einen Turm sperren. Karl wird Anführer einer Räuberbande; er ist der gute Räuber, der den Armen hilft, während sein Gegenspieler Spiegelberg Überfälle und Raubzüge aus reiner Lust am Verbrechen begeht. Karl schlägt sich mit seiner Bande durch die Böhmischen Wälder; er sagt den Tyrannen den Kampf an und streitet für die Freiheit. Ein Motiv, das in der 2. Auflage des Dramas von 1782 auf dem Titelblatt erscheint: »in tirannos«.

Die
Räuber.
Ein Schauspiel
von fünf Akten,
herausgegeben
von
Friderich Schiller.
Zwote verbesserte Auflage.
Frankfurt und Leipzig,
bei Tobias Löffler.
1782.

Aber Karl wird nicht glücklich mit seiner Existenz; er fühlt sich einsam und verloren und wünscht sich die Versöhnung mit dem alten Vater. Als er schließlich ins väterliche Schloß heimkehrt, erfährt er von dem alten Diener Daniel die Intrigen und Schurkereien seines Bruders. Karl schwört Rache. Er befreit seinen alten Vater aus dem Verlies; dieser stirbt, als Karl sich zu erkennen gibt. Sein Bruder Franz erdrosselt sich. Die Räuber stecken das Schloß in Brand. Karl tötet seine Braut Amalia, die nicht aufgehört hat, ihn zu lieben, auf deren Wunsch, weil die Räuberbande sie für sich fordert. Das Ende des Dramas: Karl begibt sich in die Hände der weltlichen Gerichtsbarkeit; er möchte verurteilt werden, denn er hat die irdischen Gesetze verletzt und hofft nun auf eine göttliche Gerechtigkeit. Während bei KLINGER weltliche und göttliche Gesetze aufgehoben sind, ist Schillers Schluß – trotz der ungeheuerlichen Geschehnisse – versöhnlich. Die sittliche Weltordnung wird vorausgesetzt und akzeptiert.

Gerade das Ende der *Räuber* verdeutlicht, daß Schiller nur bedingt dem Sturm und Drang zuzurechnen ist. Die Abfolge der Szenen bietet einen analytischen Zusammenhang, der das Geschehen objektiviert. Schiller nimmt Abschied von einem maßlosen Geniekult und Freiheitsbegriff, der sich zerstörerisch auswirkt.

»Die Räuber« (5. Akt)

Bei ihm ist das Aufbrausen genau kalkuliert; in der Vorrede zur ersten Auflage des Dramas schreibt er:

Man nehme dieses Schauspiel für nichts anders, als eine dramatische Geschichte, die die Vortheile der dramatischen Methode, die Seele gleichsam bei ihren geheimsten Operationen zu ertappen, benutzt, ohne sich übrigens in die Schranken eines Theaterstücks einzuzäunen, oder nach dem so zweifelhaften Gewinn bei theatralischer Verkörperung zu geizen.

Schiller dramatisiert »das Laster in seiner nackten Abscheulichkeit«, so die Vorrede, um Religion, Moral und bürgerliche Gesetze desto klarer davon abheben zu können. Und noch etwas ist auffällig an Schillers Drama: Während der Aufbau, die kräftige, manchmal derbe Sprache und charakteristische Motive wie Bruderzwist oder Tyrannenhaß dem Denken des Sturm und Drang entspringen, sind die meisten Personen stark typisiert. Statt einer lockeren dramatischen Struktur wählt er die strenge Form. Inhaltlich setzt er ein gültiges sittliches Wertesystem voraus, so etwa, wenn Karl von der Einsicht ergriffen wird, »daß zwei Menschen wie ich den ganzen Bau der sittlichen Welt zugrunde richten würden«. Hier klingt bereits ein Thema aus Schillers späterer klassischer Zeit an: der Widerstreit zwischen real-geschichtlichem Verlauf und ethischen Idealen.
Nach der Uraufführung der *Räuber*, an der Schiller ohne Genehmigung seines Landesherrn Herzog Karl Eugen von Württemberg teilgenommen hat, reist er noch ein zweites Mal heimlich nach Mannheim. Der Herzog bestraft ihn für diese Insubordination mit Arrest und verbietet ihm jegliche literarische Tätigkeit. Schillers Freundin Karoline von Wolzogen berichtet, daß er bereits während dieser Haftzeit den Plan zu einem neuen Theaterstück *(Luise Millerin)* entwirft. Andreas Streicher, mit dem der Dichter im September 1782 bei Nacht und Nebel aus Stuttgart nach Mannheim flieht, erzählt dagegen, daß Schiller erst auf einer Wanderung von Mannheim nach Frankfurt im Herbst desselben Jahres den Entschluß gefaßt habe, ein bürgerliches Trauerspiel zu schreiben. Wahrscheinlich ist, daß Schillers leidvolle Erfahrungen als Karlsschüler und dann als Regimentsmedikus in Stuttgart den Hintergrund für dieses Stück bilden.

»Kabale und Liebe« (1. Akt), Kupferstich von Chodowiecki

Schiller: Kabale und Liebe

Das Stück spielt auf zwei Ebenen: Im Hause des Stadtmusikanten Miller und am Hofe eines zeitgenössischen deutschen Fürsten, der selbst nicht in Erscheinung tritt. Die Macht wird repräsentiert durch den Präsidenten von Walter, der durch finstere Machenschaften seine Position errungen hat. Der Präsident möchte seinen Sohn Ferdinand mit der Mätresse des Fürsten verheiraten, um der Gunst des Herrschers sicher zu sein. Aber Ferdinand liebt die Tochter des Stadtmusikanten, Luise Millerin. Durch diese Konstellation nimmt die tragische Verwicklung ihren Lauf. Der Präsident läßt das Gerücht verbreiten, die Eheschließung zwischen Ferdinand und der Mätresse Lady Milford stehe kurz bevor. Bei einer Aussprache zwischen den beiden muß Ferdinand einsehen, daß Lady Milford keine ruchlose Person ist, sondern für so manchen Verurteilten ein gutes

Wort beim Herrscher einlegt. Außerdem erfährt er, daß die Lady ihn liebt, während er ihr gestehen muß, daß er nur das Bürgermädchen Luise liebe. Der Präsident wendet rohe Gewalt an, um seine Ziele durchzusetzen. Sein Haussekretär Wurm ist raffinierter und fädelt eine abgefeimte Intrige ein: Der Präsident läßt Miller verhaften, weil dieser ihn bedroht habe. Wurm erpreßt daraufhin von Luise einen Liebesbrief, der an den Hofmarschall von Kalb gerichtet ist. Er redet Luise ein, damit könne sie ihren Vater vom Tode erretten. Der Brief wird Ferdinand in die Hände gespielt als Beweis für Luises Untreue. Ferdinand ist außer sich; er tötet Luise durch Gift und danach sich selbst. Angesichts des nahenden Todes gesteht Luise Ferdinand, daß sie den Brief nur unter dem Druck der Erpressung geschrieben habe. Ferdinand ist entsetzt und führt seinen Vater zur Leiche Luises:

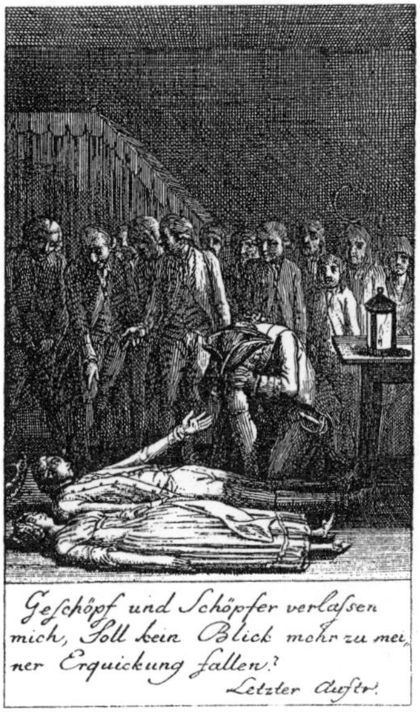

»Kabale und Liebe« (Schlußszene), Kupferstich von Chodowiecki

... ich habe einen Mord begangen, den du mir nicht zumuten wirst, allein vor den Richter der Welt hinzuschleppen ... Eine Gestalt wie diese stehe auf deinem Grabe, wenn du auferstehst – und neben Gott, wenn er dich richtet.

Der Präsident läßt Wurm verhaften. Als der sterbende Ferdinand seinem Vater vergibt, ist dieser bereit, sich selbst dem Gericht zu stellen.
Literarische Vorbilder für Schillers Theaterstück aus dem Jahre 1784 sind LESSINGS *Emilia Galotti*, die er während seiner Arbeit an dem Stück ausführlich studiert, und Dramen von LENZ, WAGNER, KLINGER und LEISEWITZ. Im Unterschied zu Lessing beginnt Schiller sein Trauerspiel nicht im fürstlichen Schloß, sondern im privaten, häuslichen Bereich. Die Katastrophe entwickelt sich durch den Einbruch der aristokratischen »Kabale« in die bürgerliche Privatsphäre – ein Thema, das auch andere Stürmer und Dränger abhandeln, zum Beispiel WAGNER in seiner *Kindermörderin* oder LENZ in den *Soldaten.* Luise wird nicht verführt, Ferdinand und sie lieben sich; nur kann diese Liebe die Standesschranken nicht aufheben. Dabei tritt nicht allein die höfische Intrige dazwischen: Ferdinands Haltung ist selbst von Standesdenken geprägt; er entscheidet über Tod und Leben von Luise, als er sich getäuscht glaubt. Luise erkennt dies, als sie Ferdinand gesteht, ihre Liebe sei wohl eine Illusion:

Ferdinand! dich zu verlieren! – Doch! Man verliert ja nur, was man besessen hat, und dein Herz gehört deinem Stande.

Die bürgerliche Familie ist nicht die heile Gegenwelt, denn sie hat keinen Raum, um sich zu entfalten. Der aus dem Kleinbürgertum aufgestiegene Höfling Wurm benutzt seine Kenntnisse der bürgerlichen Psyche für seine Intrigen im Dienste des Herrscherhauses. Im Vergleich zu Lessing hebt Schiller noch deutlicher hervor, daß die Angehörigen des bürgerlichen Standes die leidtragenden Opfer sind. Auf dem Höhepunkt der Verwicklungen bestimmen allein die Angehörigen des Hofes die Handlung. Auch in der Auseinandersetzung mit der absolutistischen Willkürherrschaft spricht Schiller eine kompromißlosere Sprache als Lessing: Er prangert die unmenschliche Praxis des Soldatenverkaufs (Kammerdienerszene), die hemmungslose Verschwendungssucht des Hofs und die beflissene, schmarotzerhafte Haltung der fürstlichen Lakaien an.

Schiller wollte sein bürgerliches Trauerspiel ursprünglich *Luise Millerin* nennen, dies hätte seinen Intentionen mehr entsprochen als der von AUGUST WILHELM IFFLAND vorgeschlagene Titel *Kabale und Liebe*. Ifflands Titel ist jedoch zugkräftiger; unter diesem Titel wird das Stück am 13. April 1784 in Frankfurt uraufgeführt und zwei Tage später in Mannheim gespielt. Schiller ist bei der Mannheimer Aufführung anwesend und nimmt die Ovationen des Publikums entgegen. Dann darf das Stück in Mannheim nicht mehr gespielt werden, weil es der Landesherr Karl Theodor von der Pfalz verbietet. Auch in Stuttgart sorgen die höfischen Kreise dafür, daß das Drama nach der ersten Aufführung vom Spielplan abgesetzt wird. Wie schon *Die Räuber* ruft auch *Kabale und Liebe* heftigste Publikumsreaktionen hervor. KARL PHILIPP MORITZ, sonst ein großer Verehrer der stürmischen Zeit und zugleich ein streitlustiger Kritiker, schreibt über *Kabale und Liebe:*

In Wahrheit wieder einmal ein Produkt, was unsern Zeiten Schande macht! Mit welcher Stirn kann ein Mensch doch solchen Unsinn schreiben und drucken lassen . . . Wer 167 Seiten voll ekelhafter Wiederholungen gotteslästerlicher Ausdrücke, wo ein Geck um ein dummes affektiertes Mädchen mit der Vorsicht rechtet, und voll krassen pöbelhaften Witzes, oder unverständlichen Galimathias, durchlesen kann und mag – der prüfe selbst. So schreiben heißt Geschmack und gesunde Kritik mit Füßen treten.

Mit *Kabale und Liebe* erreicht das bürgerliche Trauerspiel seinen Höhepunkt und zugleich seinen Abschluß. Die Dramenliteratur des Sturm und Drang ist eine aufrüttelnde Theatralisierung bürgerlichen Aufbegehrens; noch nie zuvor sind mit solcher Heftigkeit das Leiden an der Zeit und die Zerstörung des Individuums durch die gesellschaftlichen Standesschranken dargestellt worden. Während die Dramen IFFLANDS oder KOTZEBUES zu Beginn des 19. Jahrhunderts die Konflikte der entstehenden bürgerlichen Gesellschaft verharmlosen und in gefällige, publikumswirksame Familien-Rührstücke verwandeln, ist nicht zufällig GEORG BÜCHNER der erste, der – selbst ein Rebell gegen die Fürstenwillkür – sich in die Tradition der Aufbruchsliteratur des Sturm und Drang stellt. Die Titelfigur seines 1836/37 entstandenen *Woyzeck*, dieser Ausgestoßene und Verzweifelte, ist ohne die zerrissenen Helden des Sturm und Drang nicht denkbar. Büchners Novelle *Lenz* ist eine Hommage auf den Sturm-und-Drang-Schriftsteller: Lenz ist nicht das kraftvolle Genie; sein Wahnsinn ist Metapher für eine chaotische Welt, der das Individuum wehrlos ausgeliefert ist und von der es in die Krankheit getrieben wird.

Büchner ist ein einzelner, der den Sturm und Drang wieder produktiv werden läßt; mit den Dramatikern des Naturalismus gegen Ende des 19. Jahrhunderts beruft sich eine ganze literarische Strömung auf den Sturm und Drang. Während Büchner die Zerrissenheit des Individuums fasziniert, greifen die Naturalisten die schroffe Sozialkritik und den Realismus des Bühnengeschehens auf.

Wie nachhaltig diese kurze literarische Epoche wirkt, zeigen auch die Bearbeitungen und Nachdichtungen von Sturm-und-Drang-Stücken in der deutschen Literatur nach dem 2. Weltkrieg: BRECHT bearbeitet 1949/50 den *Hofmeister* von LENZ in einer modernisiert-aktualisierten Fassung, die die Entwürdigung des bürgerlichen Individuums schärfer herausstellt; statt der erzwungenen Anpassung an die feudale Standeskultur thematisiert Brecht die freiwillige Unterordnung des kraftlosen deutschen Intellektuellen. Sein Schüler PETER HACKS nimmt sich 1957 WAGNERS *Kindermörderin* zum Vorbild – in einem Brief an einen Dramaturgen begründet er, warum ihn das Stück fesselt:

Wagners »Kindermörderin« ist eins der sehr machtvollen deutschen Dramen. Ein Stück von aufrichtigem sozialen Empfinden, großer plebejischer Gewalt der Sprache und einem in seiner Unbefangenheit einzigartigen Sinn für Widersprüche.

Im Jahre 1965 wird BERND ALOIS ZIMMERMANNS Oper *Die Soldaten* uraufgeführt; der Komponist, der den Urtext von LENZ geschickt kürzt, experimentiert mit neuen Formen des Musiktheaters. Drei Jahre später, 1968, wird HEINER KIPPHARDTS Bearbeitung der *Soldaten* in Köln inszeniert. Auch für Kipphardt ist dieser Stoff verblüffend aktuell; deshalb glättet er nicht die »Rauheiten und Kraßheiten des Originals«, sie sollen »eher verstärkt werden als verlorengehen«. Durch ihre Modernität und Aggressivität verlieren die Sturm-und-Drang-Dramen gerade auch im 20. Jahrhundert keineswegs ihren provozierenden Ton; sie haben ihre frühere Leuchtkraft nicht eingebüßt, auch wenn die Stücke auf der Bühne nur selten gespielt werden.

LYRIK

Neben dem Drama ist die Lyrik die andere wichtige Ausdrucksform des Sturm und Drang. Anregend wirken vor allem englische Balladensammlungen wie EDWARD YOUNGS *Nachtgedanken* (1742), THOMAS PERCYS *Reliques of Ancient English Poetry* (1765) und JAMES MACPHERSONS *Fragments of Ancient Poetry* (1760–63), aber auch zwei Aufsätze von JOHANN GOTTFRIED HERDER, *Abhandlungen über den Ursprung der Sprache* (1772) und sein *Auszug aus einem Briefwechsel über Ossian und die Lieder alter Völker* (1773). In der zweiten Hälfte des 18. Jahrhunderts beginnt ein systematisches Sammeln der Volksballaden und Volkslieder. In der Ballade durchdringen sich – nach damaligem Verständnis – geschichtliche Überlieferungen und der Seelenzustand eines Volkes. Die Dichtung soll nicht gelehrt sein, sie soll Stimmungen wiedergeben und aus dem Volk schöpfen. Die Volksballade wird in den Kanon der »hohen« Literatur aufgenommen und zur Kunstballade umgeformt.
Herders Begeisterung für die Volksdichtung und seine Forderung nach »Lebendigkeit«, »Phantasie«, »Leidenschaftlichkeit« und »Anschaulichkeit« tragen zur Herausbildung einer neuen lyrischen Gefühlskultur bei. Auch die homerischen Epen gehören im Gegensatz zu VERGILS Staatsepos *Aeneis* zur Tradition, die die Balladendichter des Sturm und Drang neu beleben möchten. JOHANN HEINRICH VOSS begrüßt HOMER in der Vorrede zu seiner *Odyssee*-Übersetzung als Naturdichter, und GOTTFRIED AUGUST BÜRGER schreibt in seinem *Herzensausguß über Volkspoesie* in bezug auf die *Ilias* und die *Odyssee*:

Geb' uns einer ein großes Nationalgedicht von jener Art, und wir wollen's zu unserem Taschenbuch machen. Steiget herab von den Gipfeln eurer wolkigen Hochgelahrtheit, und verlanget nicht, daß wir vielen, die wir auf Erden wohnen, zu euch wenigen hinauf klimmen sollen.

Gottfried August Bürger

Im Jahre 1773 veröffentlicht BÜRGER, der nicht zum Göttinger Hain gehört, ihm aber freundschaftlich verbunden ist, im *Göttinger Musenalmanach* seine Ballade *Lenore*, die ihn schnell in den deutschen Landen bekannt macht und die Ballade zu einer anerkannten Kunstgattung erhebt. Er löst damit ein, was er von der Dichtkunst erwartet, daß sie nämlich »zwar von Gelehrten, aber nicht für Gelehrte als solche, sondern für das Volk ausgeübt werden müsse«.
In der Ballade wartet Lenore auf die Rückkehr ihres Geliebten Wilhelm aus dem Siebenjährigen Krieg. Nach dem Frieden von Hubertusburg 1763 kehren die Truppen zurück, aber Wilhelm ist nicht unter den Heimkehrern. Die Mutter will sie trösten; Lenore solle den Tod des Geliebten als gottgewollte Prüfung hinnehmen, aber Lenore sperrt sich dagegen: »bei Gott ist kein Erbarmen«. Nachts erscheint ihr Wilhelm und fordert sie auf, hinter ihm aufs Pferd zu steigen. Er entführt sie durch eine grausige Landschaft wie auf einer wilden Jagd ins Brautbett, das gemeinsame Grab.
Bürger rebelliert in dieser Ballade gegen den dynastischen Krieg ebenso wie gegen die Heilsversprechungen der Kirche, die Stütze des feudalen Staates. Über Maria Theresia und Friedrich II., die im Siebenjährigen Krieg um Schlesien kämpfen lassen, heißt es in der 2. Strophe:

Der König und die Kaiserin,
Des langen Haders müde,
Erweichten ihren harten Sinn
Und machten endlich Friede.

Die Versprechungen der Mutter, das Sakrament werde Lenores Kummer lindern, können ihren Schmerz nicht vermindern:

O Mutter, Mutter, was mich brennt,
Das lindert mir kein Sakrament!
Kein Sakrament mag Leben
Den Toten wiedergeben.

Statt demütig zu sein und sich in das Schicksal zu fügen, begehrt Lenore auf. Bürger wählt für den Schluß noch eine versöhnliche Wendung: Gott soll der armen Seele gnädig sein. Der Gesamttenor der Ballade ist jedoch ein unmißverständliches Aufbäumen gegen die gesetzten Normen, vorgetragen im volksliedhaften Balladenstil, versetzt mit alten Motiven aus der Volkssage. In einem Brief an Boie erklärt Bürger:

Der Stoff ist aus einem alten Spinnstubenlied gewonnen ... Es sollte meine größte Belohnung sein, wenn es recht balladenmäßig und simpel komponiert, und dann wieder in den Spinnstuben gesungen werden könnte.

Diese Popularität hat Bürger zwar nicht erreicht, aber als im Jahre 1778 seine erste Gedichtsammlung erscheint, subskribieren zweitausend Interessenten, eine außerordentlich hohe Zahl für damalige Verhältnisse, und unter den Subskribenten befinden sich neunzehn regierende Fürsten, darunter auch die Königin von England. Dabei hat Bürger den Fürsten gegenüber nie Rücksicht walten lassen. In seiner Lyrik kehrt das Antityrannen-Motiv immer wieder.
In dem Gedicht *Der Bauer. An seinen Durchlauchtigen Fürsten* aus dem Jahre 1776 erdreistet sich ein einfacher Mann, seinem Fürsten drei Fragen zu stellen:

Wer bist du, Fürst, daß ohne Scheu
Zerrollen mich dein Wagenrad,
Zerschlagen darf dein Roß?

Wer bist du, Fürst, daß in mein Fleisch
Dein Freund, dein Jagdhund, ungebleut
Darf Klau' und Rachen haun?

Wer bist du, daß durch Saat und Forst
Das Hurra deiner Jagd mich treibt,
Entatmet, wie das Wild?

Der Bauer gibt in der letzten Strophe selbst die Antwort:

Ha! du wärst Obrigkeit von Gott?
Gott spendet Segen aus; du raubst!
Du nicht von Gott, Tyrann!

Das Gottesgnadentum der feudalen Herrschaft wird zurückgewiesen und bestritten; der Bauer begehrt auf gegen seine Rechtlosigkeit und die Allmacht der Fürsten. Revolutionär für die Zeit ist, daß Bürger einen Bauern sprechen läßt. Dies ist programmatisch, denn der Dichter will nicht nur antifeudale Kritik äußern, er will auch am Bürgertum Kritik üben. Der Bauer muß für sich selbst sprechen, weil er auch vom Bürgertum wenig Unterstützung zu erwarten hat. Über die Wirkungsbreite der Poesie schreibt Bürger: »Und diese sollte nicht für das Volk, nur für wenige Pfefferkrämer sein? Ha! als ob nicht alle Menschen – Menschen wären.« Das Bürgertum, das keinen Platz für eine politische Betätigung in der absolutistischen Gesellschaft findet, will sich nicht mit den unteren Ständen identifizieren. Dagegen protestiert Bürger; er verteidigt einen demokratischen Volksbegriff, der die Mehrheit der Bevölkerung, den vierten Stand, nicht ausschließt oder unbeachtet läßt.

Christian Friedrich Daniel Schubart

Im Südwesten Deutschlands, im Schwabenland, ist es vor allem CHRISTIAN FRIEDRICH DANIEL SCHUBART, der die Ideen des Sturm und Drang aufgreift Der Sohn eines Dorfpfarrers schlägt sich als Hilfsprediger, Hauslehrer und Organist mühsam durchs Leben. In den siebziger Jahren übernimmt er die Redaktion der *Deutschen Chronik* und entfaltet in diesem Blatt einen so sarkastisch bissigen Journalismus, daß ihm der württembergische Herzog Karl Eugen vorwirft, es gäbe »fast kein gekröntes Haupt und kein(en) Fürsten auf dem Erdboden«, den er »nicht auf das frevlichste angetastet« habe. Der Herzog räch sich dafür: Der 1773 des Landes verwiesene Schriftsteller wird unter einem Vorwand auf württembergisches Gebiet gelockt, festgenommen und 1777 zu einer zehnjährigen Haftstrafe auf die Festung Hohenasperg, den »Hausberg de schwäbischen Intelligenz«, geschleppt. HERDER hat in seinen *Briefen zur Beförderung der Humanität* (1793), zwei Jahre nach dem Tode Schubarts, an ihn erinnert:

Christian Friedrich Daniel Schubart

> Ohne Recht und Urteil schmachtete er viele Jahre im Felsenkerker; das Auge seine Fürsten weidete sich an ihm, seine späte Entlassung ward Gnade, und nie bekam er di Ursache seines Gefängnisses zu wissen, bis an den Tag seines Todes. Wahre Begebnisse dieser Art müßten von Munde zu Munde, von Tagebuch zu Tagebuch fortgepflanz werden; denn wenn Lebendige schweigen, so mögen aus ihren Gräbern die Toten aufstehen und zeugen.

Am berühmtesten ist Schubarts Gedicht *Die Fürstengruft* geworden, das er 178[illegible] im Kerker einem Mann namens Fourier diktiert, das er auf nie geklärte Weise

Festung Hohenasberg

aus dem Gefängnis schmuggeln läßt und das ihm eine siebenjährige Haftverlängerung einbringt. Noch im selben Jahr druckt WIELAND das Gedicht in der von ihm herausgegebenen Zeitschrift *Teutsches Museum* ab und macht es damit in ganz Deutschland bekannt. Schubart leidet unter strengster Isolationshaft, Besuchs- und Schreibverbot. Als sich alle Hoffnungen auf Freilassung zerschlagen, verfaßt Schubart seine Anklage aus der Sicht eines Wanderers, der in die Fürstengruft hinabsteigt, wo »die stolzen Fürstentrümmer, ehmals die Götzen ihrer Welt« liegen. Sein Gedicht gehört zu den eindringlichsten Zeugnissen politischer Lyrik im 18. Jahrhundert. Dem Despotismus der grausamen Landesherren gilt seine Schmährede.

Wie SCHILLER in *Kabale und Liebe* greift auch Schubart das Motiv des Soldatenhandels auf. Anlaß für seine *Kaplieder* (1787) ist der Verkauf eines württembergischen Regiments an die Holländische Ostindische Kompanie zum Einsatz gegen die Engländer in Südafrika. Schubart beschreibt den Abschiedsschmerz der ausziehenden Soldaten und ironisiert die Gutgläubigkeit der Deutschen, die sich bei diesem Menschenhandel verschachern lassen. In einem Brief an seinen Verleger Himburg in Berlin äußert er sich über die Intention seiner *Kaplieder*:

Künftigen Montag geht das aufs Vorgebirg der guten Hoffnung bestimmte württembergische Regiment ab. Der Abzug wird einem Leichenconducte gleichen, denn Eltern, Ehemänner, Liebhaber, Geschwister, Freunde verlieren ihre Söhne, Weiber, Liebchen, Brüder, Freunde – wahrscheinlich auf immer. Ich hab' ein paar Klagelieder auf diese Gelegenheit verfertigt, um Trost und Muth in manches zagende Herz auszugießen. Der Zweck der Dichtkunst ist, nicht mit Geniezügen zu prahlen, sondern ihre himmlische Kraft zum Besten der Menschheit zu gebrauchen.

Schubart vertont seine Lieder selbst. Sie finden eine erstaunlich große Verbreitung beim Publikum, denn er besingt die Freiheit nicht allgemein; aus seinen Gedichten spricht die persönlich erlebte Unterdrückung.

Da liegen Schädel mit verloschnen
Blicken,
Die ehmals hoch herabgedroht,
Der Menschheit Schrecken! – Denn an
ihrem Nicken
Hing Leben oder Tod.

Nun ist die Hand herabgefault zum
Knochen,
Die oft mit kaltem Federzug
Den Weisen, der am Thron zu laut
gesprochen,
in harte Fesseln schlug . . .

Damit die Quäler nicht zu früh
erwachen;
Seid menschlicher, erweckt sie nicht.
Ha! früh genug wird über ihnen
krachen,
Der Donner am Gericht.

(Bürger: Die Fürstengruft)

Johann Wolfgang Goethe

Anders als BÜRGER oder SCHUBART nimmt GOETHE in seiner frühen Lyrik der Straßburger Zeit vom März 1770 bis zum August 1771 nicht den volksliedhaften Ton auf; er schafft eine bewegte poetische Sprache, die die bisherigen vertrauten Normen sprengt. Willkürlich geht er mit der Syntax um, benutzt eine ungewohnte Interpunktion und entwirft neuartige Bilder. Seine zwei bekanntesten Gedichte aus dieser Zeit sind *Willkommen und Abschied* und *Mailied*, beide 1775 veröffentlicht. Lange Zeit wurden diese Gedichte Goethes als reine »Erlebnislyrik« interpretiert, als Verarbeitung seiner stürmischen Liebe zu Friederike Brion, der Pfarrerstochter in Sesenheim. Mag auch das Erlebnis der Liebe den Hintergrund für die Gedichte dieser Zeit abgeben, sind sie doch präzis konstruierte Gebilde. Das Verschmelzen von Natur und Individuum, der ungehemmte subjektive Ausdruck und der Überschwang der Gefühle verleihen den Gedichten eine erregte und aufgewühlte Grundstimmung. Das Liebeserlebnis schimmert durch; die seelische Irritation des Ich steht im Mittelpunkt. Wie kaum

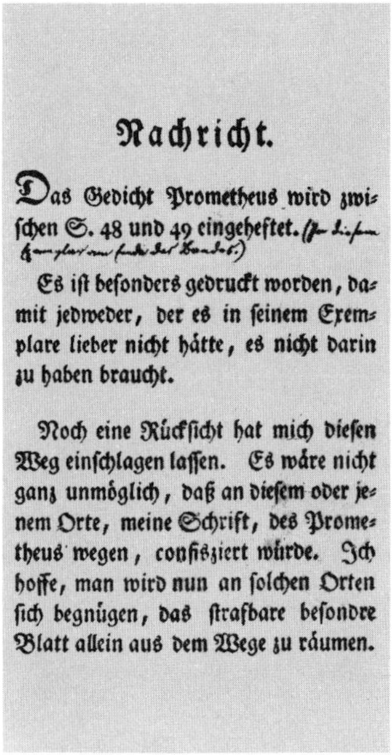

Nachricht.

Das Gedicht Prometheus wird zwischen S. 48 und 49 eingeheftet. (In diesem Exemplar am Ende des Bandes.)

Es ist besonders gedruckt worden, damit jedweder, der es in seinem Exemplare lieber nicht hätte, es nicht darin zu haben braucht.

Noch eine Rücksicht hat mich diesen Weg einschlagen lassen. Es wäre nicht ganz unmöglich, daß an diesem oder jenem Orte, meine Schrift, des Prometheus wegen, confiszirt würde. Ich hoffe, man wird nun an solchen Orten sich begnügen, das strafbare besondre Blatt allein aus dem Wege zu räumen.

ein anderes Gedicht bringt *Willkommen und Abschied* diese flirrende Gespanntheit mit ihren bis dahin nie vernommenen Satzkonstruktionen und Metaphern zum Ausdruck.

Es schlug mein Herz, geschwind zu Pferde!
Es war getan fast eh gedacht.
Der Abend wiegte schon die Erde,
Und an den Bergen hing die Nacht;
Schon stand im Nebelkleid die Eiche,
Ein aufgetürmter Riese, da,
Wo Finsternis aus dem Gesträuche
Mit hundert schwarzen Augen sah.

Der Mond von einem Wolkenhügel
Sah kläglich aus dem Duft hervor,
Die Winde schwangen leise Flügel,
Umsausten schauerlich mein Ohr;
Die Nacht schuf tausend Ungeheuer,
Doch frisch und fröhlich war mein Mut:
In meinen Adern welches Feuer!
In meinem Herzen welche Glut!

Dich sah ich, und die milde Freude
Floß von dem süßen Blick auf mich;
Ganz war mein Herz an deiner Seite
Und jeder Atemzug für dich.
Ein rosenfarbnes Frühlingswetter
Umgab das liebliche Gesicht,
Und Zärtlichkeit für mich – ihr Götter!
Ich hofft es, ich verdient es nicht!

Doch ach, schon mit der Morgensonne
Verengt der Abschied mir das Herz:
In deinen Küssen welche Wonne!
In deinem Auge welcher Schmerz!
Ich ging, du standst und sahst zur Erden
Und sahst mir nach mit nassem Blick:
Und doch, welch Glück, geliebt zu werden!
Und lieben, Götter, welch ein Glück!

Ungestüm prägt sich der Geist des Sturm und Drang in Goethes Jugendhymne *Prometheus* aus, die zwischen 1772 und 1774 entstand und 1785 ohne Wissen Goethes erstmals gedruckt wurde. Friedrich Heinrich Jacobi veröffentlicht das Gedicht in zweideutiger Absicht als Beilage zu seiner Schrift *Über die Lehre des Spinoza;* er möchte Goethe Atheismus nachweisen.
Zur selben Zeit dichtet Goethe die Hymnen *Mahomets Gesang, Ganymed* und *An Schwager Kronos.* Symbol der rebellierenden jungen Generation ist Prome-

theus, der nach der griechischen Mythologie der Schöpfer der Menschen und ihr Wohltäter ist. Er betrügt Zeus, und dieser nimmt zur Strafe der Menschheit das Feuer. Prometheus besitzt die Kühnheit, das Feuer zu rauben und es den Menschen zu bringen. Dafür wird er an einen Felsen geschmiedet; ein Adler zerfleischt ihm täglich die Leber, bis Prometheus von Herakles befreit wird. Der Heros wird im Sturm und Drang in doppeltem Sinne zum Symbol: als trotziger Widersacher der höchsten Macht und als gefesselter Rebell – in diesem Bild konzentriert sich die ambivalente Situation der Stürmer und Dränger, das unglückliche Verhältnis zwischen Anspruch und Wirklichkeit. HERDER bedauert HAMANN als »gebundenen Prometheus«, und über seine eigene Situation am Hof von Bückeburg 1772 schreibt er an JOHANN WILHELM LUDWIG GLEIM: »Ich bin hier in allem Betracht lebendig todt, Lazarus am Grabe, Prometheus am Felsen, Theseus auf dem traurigen Stein.« Goethe wählt also eine für den Sturm und Drang typische Symbolfigur, die bei ihm jedoch ohne Fesseln souverän auf einem Felsen sitzt. Schon die Anfangsverse des Gedichts schlagen einen provozierenden Ton an:

Bedecke deinen Himmel, Zeus,
Mit Wolkendunst!
Und übe, Knaben gleich,
Der Disteln köpft,
An Eichen dich und Bergeshöhn!
Mußt mir meine Erde
Doch lassen stehn,
Und meine Hütte,
Die du nicht gebaut,
Und meinen Herd,
Um dessen Glut
Du mich beneidest.

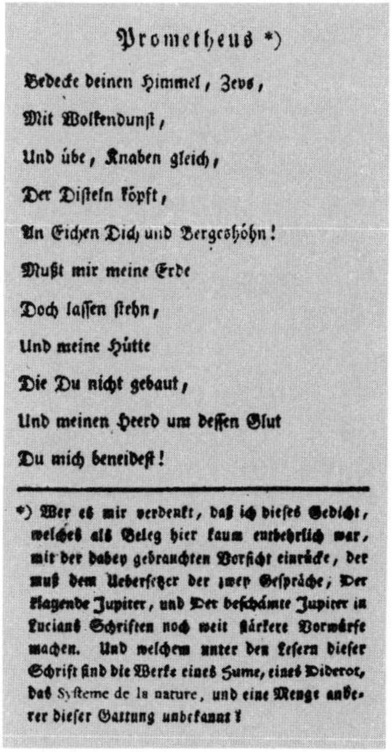

Prometheus *)

Bedecke deinen Himmel, Zeus,
Mit Wolkendunst,
Und übe, Knaben gleich,
Der Disteln köpft,
An Eichen Dich und Bergeshöhn!
Mußt mir meine Erde
Doch lassen stehn,
Und meine Hütte
Die Du nicht gebaut,
Und meinen Heerd um dessen Glut
Du mich beneidest!

*) Wer es mir verdenkt, daß ich dieses Gedicht, welches als Beleg hier kaum entbehrlich war, mit der dabey gebrauchten Vorsicht einrücke, der muß dem Uebersetzer der zwey Gespräche; Der klagende Jupiter, und Der beschämte Jupiter in Lucians Schriften noch weit stärkere Vorwürfe machen. Und welchem unter den Lesern dieser Schrift sind die Werke eines Hume, eines Diderot, das Systeme de la nature, und eine Menge anderer dieser Gattung unbekannt!

Prometheus ist bei Goethe nicht der Leidende, der bestraft wird; er ist der Herausforderer, der die gesetzte Macht nicht mehr anerkennt, ein autonomes Subjekt. Die letzten Verse der Hymne beschreiben ihn als omnipotenten Schöpfer, der nur sich selbst und keiner übergeordneten Macht mehr verantwortlich ist:

Hier sitz' ich, forme Menschen
Nach meinem Bilde,
Ein Geschlecht, das mir gleich sei,
Zu leiden, weinen,
Genießen und zu freuen sich,
Und dein nicht zu achten,
Wie ich.

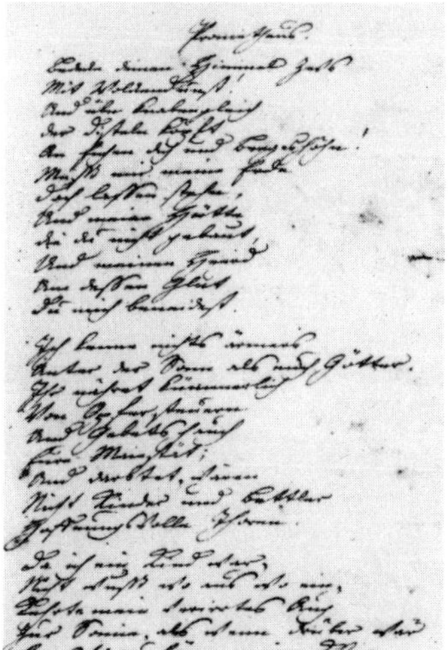

Beginn des »Prometheus« in Goethes Handschrift

Aber der Bund der genialischen Geister prägt nur ein gutes Jahrzehnt die literarische Öffentlichkeit. Menschen nach ihrem Bild zu formen bleibt eine Utopie. Das Ende dieser Periode ist fließend; vielleicht setzt es sogar schon mit dem Höhepunkt 1776 ein. Klingers Besuch bei Goethe in Weimar endete 1776 mit einer großen Enttäuschung: Der verehrte Goethe ist zum Geheimen Legationsrat am Hof aufgestiegen und hat damit in den Augen Klingers die Partei gewechselt. Im selben Jahr kommt es auch zum Bruch zwischen Lenz und Goethe. Lenz ist Goethe nach Weimar gefolgt, aber er versteht es nicht, sich in die Etikette des Hofes einzufügen; immer wieder verstimmt er die vornehme Welt und auch Goethe. Schließlich kommt es zu einer Beleidigung Goethes, einer »Eselei«, über die alle Beteiligten Stillschweigen bewahren, die aber zur Ausweisung von Lenz aus Weimar führt.

Spätestens im Jahre 1785 ist der alte Zusammenhang des Sturm und Drang endgültig aufgelöst. Für SCHILLER ist die Mannheimer Zeit beendet; er verstummt für die nächsten Jahre als Schriftsteller in der Öffentlichkeit. GOETHE verläßt nach zehnjähriger Tätigkeit in Weimar heimlich den Hof und bricht nach Italien auf; seine bürgerlichen Reformbemühungen sind gescheitert. Der sensible LENZ hatte das Herannahen des Zusammenbruchs aller Hoffnungen schon sehr frühzeitig erkannt. Im Jahre 1775 schreibt er in seinem Komödienfragment *Pandämonium Germanicum*:

Lebt wohl große Männer, Genies, Ideale, euren hohen Flug mach ich nicht mehr mit, man versengt sich Schwingen und Einbildungskraft, glaubt sich einen Gott und ist ein Tor.

ENDE DER AUFKLÄRUNG

Die Versuchung ist groß, im Sturm und Drang das reinigende Gewitter zu sehen, nach dem die klassische Literaturlandschaft in Deutschland (mit Weimar als Zentrum) sich in strahlendem Sonnenschein ausbreitet. Tatsächlich jedoch ist der »Wirrwarr«, den diese Bewegung zu Beginn der achtziger Jahre des 18. Jahrhunderts hinterläßt, größer als das, was sie zur Klärung beiträgt. Nach dem Befreiungsschlag, den die jungen, gegen ein verzopftes, pedantisches Zeitalter rebellierenden Schriftsteller des Sturm und Drang zu führen glaubten, sehen sich viele begabte Autoren dieser Generation in einer Sackgasse angelangt. Noch zahlreicher sind die Dilettanten und sentimentalen Gemüter, die sich im neuen Geniekult sonnen. »Es gibt heutzutage so viele Genies, daß man recht froh sein soll, wenn einem einmal der Himmel ein Kind beschert, das keines ist«, notiert GEORG CHRISTOPH LICHTENBERG (1742–1799) in seinen *Sudelheften*. Kritik an der Genie-Bewegung üben nicht nur die Literaten der gediegenen Aufklärung, die – wie CHRISTOPH FRIEDRICH NICOLAI (1733–1811) – den *Werther*-Roman des jungen GOETHE lächerlich zu machen versuchen. Auch Schriftsteller, denen die aufklärerische Moralphilosophie zu seicht und unerträglich geworden ist, feuern Breitseiten auf den Leidenschaftskult dieser Jugendbewegung ab. Lichtenberg schreibt in einem Aphorismus: »Die schönste Stelle in Werther ist die, wo er den Hasenfuß erschießt.«

Georg Christoph Lichtenberg (1780)

Georg Christoph Lichtenberg

Es hat den Anschein, als wehrte sich hier die ältere gegen eine aufbegehrende junge Generation. Doch der Schein trügt: GEORG CHRISTOPH LICHTENBERG ist nur zwei Jahre älter als HERDER, sieben Jahre älter als GOETHE. Gerade bei ihm, sosehr er auch gegen die Genie-Bewegung wettert, läßt sich eine geheime Korrespondenz der späten Aufklärung mit dem Sturm und Drang nachweisen. Die gemeinsame Begeisterung für SHAKESPEARE ist ein Indiz für diese uneingestandene Affinität. Lichtenberg gehört wie ALBRECHT VON HALLER und der Physiologe JOHANN FRIEDRICH BLUMENBACH (1752–1840) zu den prominenten empirischen Naturwissenschaftlern der Göttinger Universität, die in dieser Zeit enge Beziehungen zur englischen Aufklärung unterhalten. Sein Gebiet ist die Experimentalphysik, besonders die Erforschung der Elektrizität; sein schriftstellerisches Interesse jedoch richtet sich ganz auf die menschliche Psychologie. Vernichtend kritisiert Lichtenberg den Schweizer JOHANN KASPAR LAVATER (1741–1801), einen Adepten des Sturm und Drang, der in seinen aufsehenerregenden *Physiognomischen Fragmenten* (1775–78) eine Charakterkunde aus Gesichtern und Schädelformen ableitet. Lichtenberg äußert sich auch skeptisch über die absolut gesetzte Subjektivität oder das »reine Selbstbewußtsein«, das IMMANUEL KANT zur Voraussetzung freien Denkens und Handelns erhebt. Schon JEAN-JACQUES ROUSSEAU hatte das Ich als autonomes Subjekt in den Mittelpunkt seines Denkens gestellt und die bestehenden gesellschaftlichen und pädagogischen Verhältnisse dafür verantwortlich gemacht, daß sich der individuelle Mensch, die Persönlichkeit des einzelnen, nicht entfalten konnte. Der revolutionären Philosophie Kants, die auf die Selbständigkeit des Denkens und des Handelns abzielt – »denn wenn sie [die Kritik der praktischen Vernunft] als reine Vernunft wirklich praktisch ist, so beweist sie ihre und ihrer Begriffe Realität durch die Tat« –, hält Lichtenberg lakonisch entgegen, daß das Leben der Menschen allenfalls zur Hälfte aus Gedanken und Taten, zur anderen Hälfte aber aus Schlafen und Träumen bestehe: »Die Träume verlieren sich in unser Wachen hinein, man kann nicht sagen, wo das Wachen eines Menschen aufhört.« Und spöttisch, sich selbstkritisch einbeziehend, äußert er sich zu Rousseau:

Ist das nicht ein herrlicher Zug in Rousseaus Bekenntnissen, wo er sagt, er habe mit Steinen nach Bäumen geworfen, um zu sehen, ob er selig oder verdammt würde? Großer Gott, wie oft habe ich ähnliches getan, ich habe immer gegen den Aberglauben gepredigt und bin für mich immer der ärgste Zeichendeuter. Als N. auf tot lag, ließ ich es auf den Krähenflug ankommen, wegen des Ausgangs mich zu trösten. Ich hatte, wenn ich am Fenster stand, einen hohen Turm mir gegenüber, auf dem viele Krähen waren. Ob rechts oder links die erste Krähe erschien. Sie erschien von der linken, allein da tröstete ich mich wieder damit, daß ich nicht festgesetzt hatte, welches eigentlich die linke Seite des Turms genannt zu werden verdiente. Es ist vortrefflich, daß Rousseau sich mit Fleiß einen dicken Baum aussuchte, den er also nicht leicht fehlen konnte.

Eine heutzutage in Mode gekommene Kritik der Aufklärung, die deren Fortschrittsoptimismus beklagt, unterschlägt meist den Zweifel, den die Aufklärung gegen ihre eigenen, besten Ideen selbst zum Ausdruck bringt. Lichtenberg ist ein überzeugter Aufklärer, doch er mißtraut der unendlichen Perfektibilität des Menschen, von der – bei allen sonstigen Meinungsverschiedenheiten – VOLTAIRE wie LESSING oder KANT ausgingen. »Zwei Dinge«, schreibt Kant im Schlußkapitel seiner *Kritik der praktischen Vernunft* (1788), »erfüllen das Gemüt mit immer neuer und zunehmender Bewunderung und Ehrfurcht, je öfter und anhaltender sich das Nachdenken damit beschäftigt: der bestirnte Himmel über mir und das moralische Gesetz in mir. Beide darf ich nicht als in Dunkelheit verhüllt oder im Überschwenglichen, außer meinem Gesichtskreis suchen und bloß vermuten; ich sehe sie vor mir und verknüpfe sie unmittelbar mit dem Bewußtsein meiner Existenz.«

Das Verdikt »ich darf nicht« richtete wenig aus. Für Lichtenberg sind die dunklen Zonen des Ich, der Traum und das Triebleben, mit dem Bewußtsein der Existenz ebenso eng verknüpft, wie es der kategorische Imperativ des »moralischen Gesetzes in mir« nur sein konnte. Seine Aphorismen setzen der strengen philosophischen Deduktion auch formal ein assoziatives Denken entgegen, das dem

»Einfall« als Ausdruck des Unbewußten Raum gibt. KIERKEGAARD und die Psychoanalyse haben in Lichtenberg ihren frühesten Fürsprecher.

Wezel, Bräker, Hippel, Laroche und andere

Auch bei den Dichtern des Sturm und Drang ist beides eng benachbart: bewußtes und unbewußtes Handeln, Freiheitsrausch und Depression, begeisterter Höhenflug und Absturz in die Melancholie. Die Basis eines gesteigerten Ich-Bewußtseins, aus dem die Kraftakte der Originalgenies hervorgingen, erwies sich als wenig solide. Nicht nur im raschen Zusammenbruch der Genie-Bewegung, auch in dem literarischen Umfeld, das mit dem Sturm und Drang locker verbunden ist oder sich als aufklärerische Gegenposition versteht, sind die Anzeichen einer Krise unübersehbar. So wächst die Zahl der Schriftsteller, die in dem inzwischen etablierten Literaturbetrieb nicht Fuß fassen können oder wollen und zu Randfiguren, Sonderlingen und Außenseitern der literarischen Hauptströmungen werden. JOHANN CARL WEZEL (1747–1819), ULRICH BRÄKER (1735–1798), FRIEDRICH CHRISTIAN LAUKHARD (1758–1822) dokumentieren die Verlorenheit einzelner Schriftsteller, die sich in der Welt der Aufklärung nicht mehr zu Hause fühlen, den Ekstasen des Sturm und Drang aber gleichfalls fremd gegenüberstehen. Der optimistischen Vorstellung, daß diese Welt »die beste aller möglichen Welten« (LEIBNIZ) sei, wird nicht aus philosophischer Sicht, sondern aus bitterer Wirklichkeits- und Lebenserfahrung widersprochen. Bräker (*Lebensgeschichte und natürliche Abentheuer des Armen Mannes im Tokkenburg*, 1788/89) und Laukhard (*Leben und Schicksale, von ihm selbst beschrieben zur Warnung für Eltern und studierende Jünglinge*, 1792–94) müssen die von der Genie-Bewegung geforderte volkstümliche Sprache nicht erst angestrengt suchen, weil sie, mit dem plebejischen Einschlag ihrer Herkunft, diese Sprache im Originalton beherrschen.

Ulrich Bräker, Stich von J. H. Füssli

Bei Wezel (*Belphegor*, 1776, *Hermann und Ulrike*, 1780) verhält es sich anders. Die in seinen »komischen Romanen« enthaltene Gesellschaftssatire verkleidet und verschachtelt die sehr realistischen Beobachtungen in grotesk-skurrile Formen, die bereits auf JEAN PAUL und die Romantiker hindeuten. Der Einfluß des englischen humoristischen Romans – vor allem von LAURENCE STERNE (1713–1768) – ist nicht nur bei Wezel spürbar; er hilft auch einer Reihe anderer Schriftsteller über die Ratlosigkeit hinweg, die sich im Auflösungsstadium der Aufklärung ausbreitet. Zu nennen ist hier THEODOR GOTTLIEB HIPPEL (1741–1796), dessen Roman *Lebensläufe nach aufsteigender Linie* (1778) ein »Anti-Roman« genannt werden könnte, im Sinne des *Tristram Shandy* von LAURENCE STERNE. Das aufklärerisch-kritische Räsonnement verbindet sich darin mit burlesken Einfällen, die Satire mit dem empfindsamen Seufzer, die Romanerzählung mit dem Essay. Als Schriftsteller ist der Junggeselle Hippel seinerzeit bekannter durch seine Abhandlung *Über die Ehe* (1774), mehrmals bearbeitet und schließlich zusammengefaßt unter dem Titel *Über die bürgerliche Verbesserung der Weiber* (1792). Darin sind so bemerkenswerte Sätze nachzulesen wie: »Man meint aber unter Menschenrechten nichts anderes als: Männerrechte.«
In die gleiche Literaturperiode fällt das für deutsche Verhältnisse erstaunliche

Ereignis, daß eine Frau nicht nur als Schriftstellerin mit eigenem Namen hervortritt, sondern sogar zu einer Bestseller-Autorin wird. SOPHIE VON LAROCHE (1731–1807) knüpft ihn ihrem Briefroman *Geschichte des Fräuleins von Sternheim* (1771) an RICHARDSONS Familienromane an; in der Darstellung ihrer Heldin, die durch die Intrigen der höfischen Welt unterzugehen droht, verarbeitet sie zugleich Motive der Lebensphilosophie und Pädagogik JEAN-JACQUES ROUSSEAUS. Das außerordentlich beliebte und vielgelesene Werk beeinflußt unter anderem GOETHES *Werther*-Roman, der drei Jahre später erscheint.

Karl Philipp Moritz

Karl Philipp Moritz

So liefen alle seine Spiele auch mit Kirsch- und Pflaumenkernen auf Verderben und Zerstörung hinaus. Auch über diese mußte ein blindes Schicksal walten, indem er zwei verschiedene Arten von Heeren gegeneinander anrükken, und nun mit zugemachten Augen den eisernen Hammer auf sie herabfallen ließ, und wen es traf, den traf's. Wenn er Fliegen mit einer Klappe totschlug, so tat er dieses mit einer Art von Feierlichkeit, indem er einer jeden mit einem Stücke Messing, das er in der Hand hatte, vorher die Totenglocke läutete ...

(Moritz: Anton Reiser)

Es gibt kein zweites literarisches Zeugnis, das die äußeren Verhältnisse und die innere Verfassung des deutschen Kleinbürgertums in der zweiten Hälfte des 18. Jahrhunderts mit so unbehaglicher Präzision und Lebensnähe darstellt wie *Anton Reiser. Ein psychologischer Roman* von KARL PHILIPP MORITZ (1756–1793). Man hat dieses Werk, das in vier Bänden zwischen 1785 und 1790 erscheint, der späten Aufklärung, ebenso aber auch dem Sturm und Drang zugerechnet und – obwohl es zeitgleich mit den Anfängen der Weimarer Klassik entsteht – als kühnen Vorgriff auf den psychologischen Realismus des 19. Jahrhunderts gedeutet. Die Verlegenheit der Zuordnung ist deshalb so groß, weil der Verfasser nichts anderes tut, als mit äußerster Intensität seine eigene Lebensgeschichte zu erzählen, die Geschichte eines unter armseligen Verhältnissen aufwachsenden Jungen, dessen Lernwilligkeit und Begeisterungsfähigkeit sich im Widerstand gegen eine brutal-bornierte Realität ausbildet und immer wieder an dieser Realität scheitert. Der Hunger, der den Hutmacherlehrling nötigt, die Teigmasse zu essen, die den Hüten und Perücken der vornehmen Welt ihre Fasson verleiht, quält Anton Reiser nicht weniger als das Verlangen, ein gottgefälliges Leben zu führen. Dem Wunsch, fromm zu sein, steht jedoch nicht nur der sektenhaft-fanatische Pietismus seines Vaters und seines Lehrherren, sondern auch die eigene Leidenschaft zur »Sünde« im Wege. Im gleichen Maße, in dem die feindliche Umwelt alle guten Eigenschaften in dem Knaben abtötet, um ihn zu einem nützlichen Mitglied der Gesellschaft zu machen, entwickelt Anton Reiser schon als Kind destruktive Tendenzen, die sich im Köpfen von Blumen oder Totschlagen von Insekten äußern und später bis zu Selbstmordgedanken steigern. Der einzige Ausweg aus diesen Zwängen, den der Romanheld und mit ihm der Verfasser sieht, ist der Weg in die »gebildete« Welt, in die Welt der Literatur und – des Theaters.

Das Theater als die eigentliche Phantasiewelt sollte ihm also ein Zufluchtsort gegen alle diese Widerwärtigkeiten und Bedrückungen sein,

heißt es im Roman, vielsagend auf die Theaterleidenschaft der Generation des Sturm und Drang bezogen. Doch auch hier scheitert Anton Reiser: Sein Versuch, bei dem berühmten Konrad Ekhof in Gotha ein Engagement als Schauspieler zu erhalten, schlägt fehl, und als er endlich von einer weniger bekannten Schauspielergesellschaft, der Speichschen Wandertruppe in Leipzig, aufgenom

men wird, endet der Traum damit, daß der Prinzipal mit dem Kostümfundus, dem einzigen Kapital der Truppe, auf Nimmerwiedersehen verschwindet. Hier bricht der Roman ab, von Karl Philipp Moritz bewußt als Fragment belassen.
Dem anspruchsvollen Bildungsroman tritt in diesem »psychologischen Roman« schon frühzeitig ein absurdes Spiegelbild entgegen, vom Autor ohne jeden Anflug von Sarkasmus oder Zynismus geschildert. Während WIELAND in seinem *Agathon* die Entwicklung eines religiös-empfindsam schwärmenden Jünglings zum handelnden homo politicus im Sinne der Aufklärung darstellte, bleiben Anton Reisers Versuche, sich aus einer erniedrigenden und demütigenden Umgebung in die höhere Sphäre der Kunst zu retten, in immer neuen, vergeblichen Anläufen stecken. Man könnte *Anton Reiser* einen tragischen Künstlerroman nennen, wenn es nur äußere Widrigkeiten wären, die seinen Weg hemmen. Auf die Hauptfigur trifft jedoch mit verblüffender Genauigkeit zu, was Goethe später als Dilettantismus definierte: »Überhaupt will der Dilettant in seiner Selbstverkennung das Passive an die Stelle des Aktiven setzen, und weil er auf eine lebhafte Weise Wirkungen erleidet, so glaubt er mit diesen erlittenen Wirkungen wirken zu können.« Die poetische Übersetzung dieses Sachverhalts, nur eben nicht dilettantisch, sondern mit großer Meisterschaft gestaltet, ist *Anton Reiser.* Die kunstvolle Stilisierung des Romans zeigt sich nicht zuletzt in dem, was Karl Philipp Moritz an Autobiographischem weggelassen oder dem offenen Schluß des Werkes überantwortet hat. In seinem kurzbemessenen wirklichen Leben bringt es der Autor zum Konrektor am Grauen Kloster in Berlin und zum Professor für Ästhetik an der Preußischen Kunstakademie. Von solchen respektablen Aussichten ist in seinem Roman nichts zu finden. Schon 1782, drei Jahre vor dem Erscheinen der ersten Teile des *Anton Reiser,* unternimmt Moritz eine Englandreise; ab 1786 hält er sich längere Zeit in Rom auf, wo er in freundschaftlichem Kontakt zu dem nach Italien geflohenen Goethe steht. Sein Romanheld hingegen bewegt sich nur mühselig zu Fuß zwischen Hannover und Mühlhausen, Erfurt, Gotha und Leipzig. Bei einer kurzen Reise nach Bremen atmet er auf, als hätte er einen neuen Kontinent betreten.
Die Enge der Alltagswelt ist – aus der Perspektive der sozialen Schicht, die Moritz beschreibt – keine Fiktion, sondern komprimierte Realität, der existentielle Rahmen, in dem die Gefühlsausbrüche, die Exaltationen, die Haltlosigkeit Anton Reisers plausibel werden. Karl Philipp Moritz, der mit seinem *Magazin zur Erfahrungsseelenkunde* (1783–93) auch wissenschaftlich die moderne Psychologie mitbegründet hat, war im persönlichen Leben ein gefürchteter Exzentriker und Hypochonder. Nicht seiner dichterischen Phantasie, sondern einer schonungslos ehrlichen Selbstbeobachtung entspringt die Charakterisierung seiner Romanfigur Anton Reiser: »Widerspruch von außen und innen war bis dahin sein ganzes Leben.«

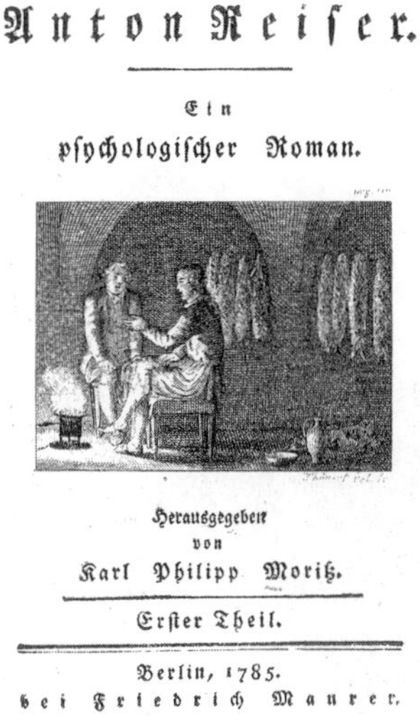
Anton Reiser.

Ein
psychologischer Roman.

Herausgegeben
von
Karl Philipp Moritz.

Erster Theil.

Berlin, 1785.
bei Friedrich Maurer.

Wilhelm Heinse

Wie ein Antipode zu Moritz erscheint der Wieland-Schüler WILHELM HEINSE (1746–1803), dessen Roman *Ardinghello und die glücklichen Inseln* (1787) zu einem umstrittenen Sensationsbuch wird und ein literarischer Sonderfall wie

Anton Reiser ist. Heinse wählt die kühne, in großen Räumen denkende Renaissance-Kultur Italiens als Schauplatz und ein erfülltes Künstlerleben zum Thema seines Romans. Der Held, Frescobaldi/Ardinghello, ist ein Maler, Dichter und Musiker der auf Michelangelo folgenden Generation, von keinerlei Zweifel an seinem künstlerischen Universalgenie geplagt, ein Mensch der Tat, zugleich ein Frauenheld und Abenteurer. In einer Unzahl von Verwicklungen, in die er als Herzensbrecher, bald Lebensretter, bald Mörder aus Liebe, hineingerät, wird er zum Außenseiter der Gesellschaft, zum edelmütigen Piraten und schließlich zum Begründer einer utopischen Inselgesellschaft, in der Lebensgenuß und freie Liebe die höchsten Güter sind. Elemente des alten Abenteuerromans spanischer Provenienz sind ebenso gegenwärtig wie Ideen des Sturm und Drang. In die erzählte Handlung, die mit Formen des Briefromans kombiniert ist, fügt Heinse kunstkritische Reflexionen über Maler wie Raffael, Michelangelo, Veronese und Tizian ein, die zusammen mit der Romanhandlung erstmals in der deutschen Literatur ein al-fresco-Gemälde der italienischen Renaissance entwerfen.
Ardinghello, der Held der Geschichte, bleibt, was seine eigene künstlerische Produktion angeht, ohne Profil. Er wird als Lebenskünstler dargestellt, als ein Genie des sinnlichen Lebens, in dem sich Tatenlust und gesellschafts- und staatskritische Gedanken zu einem merkwürdigem Amalgam verbinden, das im Bild des edlen Räubers und in der Utopie eines Insellebens am Rande der »zivilisierten Welt«, auf einer Kykladeninsel, gipfelt. Ein schärferer Kontrast zum Psychogramm der verkrampften und verklemmten Seele, die Anton Reiser verkörpert, läßt sich kaum denken. Größeres Aufsehen hat Heinses *Ardinghello* erregt. Der Roman wurde wie Pornographie gehandelt: mit Vergnügen heimlich gelesen und empört öffentlich an den Pranger gestellt. Ob Wilhelm Heinse sich in seinen ausschweifenden Phantasien mehr erlaubt hat als KARL PHILIPP MORITZ, mag man an einer Textstelle, die zu den anstößigsten gezählt wurde, selbst beurteilen; beschrieben wird ein orgiastisches Fest, das Ardinghello und andere Künstler zusammen mit »echten römischen Jungfrauen« feiern.

Wilhelm Heinse (1780)

Man entkleidete die Jungfrauen, die, Gluth in allen Adern, sich nicht mehr sträubten, zuerst bis auf die Hemder, und schlitzte diese an beyden Seiten auf bis an die Hüften; und die Haare wurden losgeflochten. Demetri schlug die Handtrommel, und ich die Zithar ... Man holte hernach ... Epheu zu Kränzen und belaubte Weinranken zu Thyrsusstäben; und jeder Jüngling warf alle Kleidung von sich. Es ging immer tiefer ins Leben, und das Fest wurde heiliger; die Augen glänzten von Freudenthränen, die Lippen bebten, die Herzen wallten vor Freude ... Die Phryne riß alsdann der anderen Schönsten das Hemde weg, und beyde den übrigen; und nun ward ich von ihr wie von einer wüthenden Penthesilea gefaßt, der höchste bacchantische Sturm rauschte durch den Saal, der alles Gefühl unaufhaltbar ergriff, wie donnerbrausende Katarakten, vom Senegal und Rhein, wo man von sich selbst nichts mehr weiß, und groß und allmächtig ist die ewige Herrlichkeit zurückgekehrt.

Es war noch nicht allzu lange her, da hatte man sich die ewige Herrlichkeit anders, bestenfalls als seraphische Gefilde vorgestellt. Nicht ohne Ironie ist, daß auch zwei Protagonisten des Sturm und Drang, GOETHE und SCHILLER, sich reserviert über den *Ardinghello* äußern – mit vorgeschoben ästhetischen, in Wirk-

lichkeit moralischen Bedenken. Die Wiedergeburt des Geniegedankens aus dem Geiste Italiens wird in Heinses Werk ebenso vorweggenommen wie die romantische Form der unendlich sich reflektierenden Poesie. Der *Ardinghello* streift alle bekannten, darüber hinaus aber auch ganz unerschlossene Gebiete der Literatur: das aufklärerisch-kritische Räsonnement über Fragen der Kunst und des Lebens ebenso wie den Trivialroman, GOETHES *Wilhelm Meister* wie den Räuberroman *Rinaldo Rinaldini*, die Opernfigur eines *Fra Diavolo* wie HÖLDERLINS *Hyperion*.
Nur wenige Jahre nach dem Zusammenbruch der Genie-Bewegung wird die deutsche literarische Avantgarde von der Wirklichkeit eingeholt. Neue historische Maßstäbe setzen nicht die Dichter und Denker, sondern die Ereignisse der Französischen Revolution. Die Philosophie wird mit der praktischen Konsequenz ihres Denkens konfrontiert. An dieser größten politischen und sozialen Umwälzung der Neuzeit muß sich nun messen lassen, was die Literaten des »aufgeklärten Jahrhunderts« an Ideen zur gesellschaftlichen und individuellen Emanzipation beigesteuert haben. In Deutschland fällt die Bilanz nicht sehr ermutigend aus. Der Enthusiasmus, mit dem die fortgeschrittensten Geister der deutschen Aufklärung die Französische Revolution begrüßen, weicht nach der Guillotinierung Ludwigs XVI. einem Katzenjammer, der in bußfertigen Selbstkritiken gipfelt. Nur wenige wie KANT, FICHTE oder HÖLDERLIN – weigern sich, diese Kehrtwendung mitzuvollziehen; noch geringer ist die Zahl derer, die sich – wie JOHANN GEORG ADAM FORSTER (1754–1794) – der Revolution anschließen. Goethe bleibt sich wenigstens selbst treu: Er haßt die Revolution von Anfang an und wird mit seiner Irritation darüber bis an sein Lebensende nicht fertig. Das Ende der Aufklärung wird in zwei Epigrammen deutlich, die dieses Fiasko widerspiegeln. Das eine stammt von JOHANN GEORG JACOBI (1740–1814), einem literarischen Mitläufer der Aufklärung und des Sturm und Drang:

Ardinghello
und die
glückseeligen Inseln.
Eine
Italiänische Geschichte
aus dem sechzehnten Jahrhundert.
Erster Band.
Lemgo,
im Verlage der Meyerschen Buchhandlung 1787.

Aufklärung

So recht! Die Läden auf, daß wir dem Tagesschein,
Dem Sonnenlicht entgegenlachen!
Nur werft, um alles hell zu machen,
Uns nicht die Fensterscheiben ein!

Dieser nicht satirisch, sondern bieder-ernst gemeinten Warnung, in der sich der Freund der Aufklärung und des Geniegedankens als guter Hausvater herausstellt, steht ein Gedicht FRIEDRICH HÖLDERLINS gegenüber, das die Misere der deutschen Intelligenz aus einem anderen Blickwinkel beleuchtet:

An die Deutschen

Spottet ja nicht des Kindes, wenn es mit Peitsch und Sporn
Auf dem Rosse von Holz mutig und groß sich dünkt,
Denn, ihr Deutschen, auch ihr seid
Tatenarm und gedankenvoll.

Oder kömmt, wie der Strahl aus dem Gewölbe kömmt,
Aus Gedanken die Tat? Leben die Bücher bald?
O ihr Lieben, so nimmt mich,
Daß ich büße die Lästerung.

WEIMARER KLASSIK

GOETHE IN WEIMAR

Am 7. November 1775 trifft der sechsundzwanzigjährige Dr. Wolfgang Goethe in Weimar ein. Was ihn veranlaßt hat, sich in den Dienst des acht Jahre jüngeren und eben erst inthronisierten Herzogs Karl August zu begeben, ist mehr die Flucht aus alten Lebens- und Liebesverhältnissen als der wohlbedachte Entschluß, eine Stellung bei Hofe einzunehmen. In seinem Singspiel *Claudine von Villa Bella* (1775), das er als Vorausgabe nach Weimar schickt, läßt er – in erprobter Sturm-und-Drang-Manier – ein ungleiches Brüderpaar auftreten und einen der Brüder, den Vagabunden Crugantino, in die leidenschaftlichen Worte ausbrechen: »Wißt Ihr die Bedürfnisse eines jungen Herzens, wie meins ist? Ein junger toller Kopf? Wo habt Ihr einen Schauplatz des Lebens für mich? Eure bürgerliche Gesellschaft ist mir unerträglich!« Die bürgerliche Gesellschaft – sie war für Goethe zur bedrückenden Erfahrung etablierter Verhältnisse geworden durch sein Frankfurter Elternhaus, durch seine Leipziger Studentenzeit, durch den halbherzigen und mißglückten Versuch, als promovierter Jurist eine Anwaltskanzlei zu betreiben. Ihn schreckte auch die Aussicht, die Verlobung mit der Frankfurter Bankierstochter Lili Schönemann könnte zu einer dauerhaften familiären Bindung werden. Daß sein Vater ihm dringend abriet, in fürstliche Dienste zu treten, bestärkte den jungen Goethe wohl noch darin, nach Weimar zu gehen.

»Mein Plan ist der Hof, und da gilt kein Feiern. Hab ich's für einen Fremden, der ohne Stand, ohne Namen, ohne Vermögen hierher kam, nicht weit genug gebracht? Hier an einem Hofe! Unter dem Gedräng von Menschen, wo es so schwer fällt, sich bemerken zu machen?« Das Bekenntnis, das der zwiespältige Held in Goethes Trauerspiel *Clavigo* (1774) abgibt, ist nicht unbedingt die Alternative, von der der Dichter überzeugt ist, jedenfalls nicht die bewußt gewählte Antwort auf die Frage: »Wo habt Ihr einen Schauplatz des Lebens für mich?« Clavigo, in dem Goethe den Weislingen seines *Götz* abwandelt und zur dramatischen Hauptfigur macht, ist ein nervös-schwankender Charakter, zu empfindsam für die große Welt, in der er glänzen möchte, und zu ehrgeizig, um in einem bürgerlichen Kreis glücklich zu werden, eine kritisch gezeichnete Figur, in der Goethe eigene Erfahrungen objektiviert und zu bewältigen versucht. »Mein Plan ist der Hof« – wäre dies die Prognose für das eigene Leben gewesen, dann hätte Goethe dem winzigen Duodezfürstentum von Sachsen-Weimar-Eisenach bald den Rücken gekehrt: Was er dort antraf, war die tiefste Provinz, der schroffste Gegensatz zu dem im *Clavigo* beschriebenen königlichen Hof in Madrid.

Goethe mit sechsundzwanzig Jahren

Weimar, eine Kleinstadt mit 6000 Einwohnern, ein abgebranntes Schloß, das ganze herzogliche Territorium nicht mehr als hunderttausend Seelen umfassend – das war die Realität, in die er beim Jahreswechsel 1775/76 eintauchte. Er kam auch nicht wie Clavigo als Fremder, »ohne Stand, ohne Namen, ohne Vermögen«. »Ohne Stand« – das zwar traf zu, aber es dauerte nur wenige Jahre, bis Goethe Geheimrat war, Minister im Weimarer Kabinett und in den Adelsstand erhoben. »Ohne Namen« – davon konnte keine Rede sein: Als Verfasser des *Werther* und des *Götz* war er berühmt geworden, von mehreren Fürstenhöfen umworben und aus diesem Grund auch in Weimar gern gesehen. »Ohne Vermögen« – daß Goethe keine Kreatur von fürstlichen Gnaden zu werden brauchte, verdankte er nicht nur dem Spitzengehalt, das er in Weimar bezog, sondern auch dem Geld, das ihm aus seinem wohlhabenden Elternhaus weiterhin zufloß.
Merkwürdig ist, wie wortkarg sich Goethe in seinen autobiographischen Schriften über die ersten elf Jahre in Weimar äußert. Der größte Meister der Selbststilisierung, den die Weltliteratur kennt, hat nicht nur in seiner Lyrik, in den Romanen und dramatischen Werken seinen persönlichsten Erfahrungen unablässig Ausdruck verliehen; er bildet sich auch, je älter er wird, zum unermüdlichen Biographen in eigener Sache aus. Jahrzehntelang wird er daran arbeiten und feilen, sein Leben so zu beschreiben, als wäre es das bedeutendste seiner hinterlassenen Kunstwerke. Bezeichnenderweise bricht aber der erste große Lebensbericht, *Dichtung und Wahrheit* (1811–33), in dem Augenblick ab, wo geschildert wird, wie er sich, gegen innere und äußere Widerstände kämpfend, nach Weimar aufmacht. In einem Selbstzitat identifiziert Goethe sich an dieser Stelle mit seinem literarischen Helden Egmont: »Wie von unsichtbaren Geistern gepeitscht, gehen die Sonnenpferde der Zeit mit unsers leichten Schicksals Wagen durch, und uns bleibt nichts als, mutig gefaßt, die Zügel festzuhalten und bald rechts, bald links, vom Steine hier, vom Sturze da, die Räder abzulenken. Wohin es geht, wer weiß es? Erinnert er sich doch kaum, woher er kam.«
Dieser Dämonisierung des eigenen Schicksals steht eine nüchterne Bemerkung gegenüber, die Goethe in seine *Tag- und Jahreshefte* (veröffentlicht 1830) einträgt. Sie bezieht sich enger auf seine literarische Produktion: »An allen vorgemeldeten, nach Weimar mitgebrachten, unvollendeten Arbeiten konnte man nicht fortfahren; denn da der Dichter durch Antizipation die Welt vorwegnimmt, so ist ihm die auf ihn losdringende, wirkliche Welt unbequem und störend.« Die Umstellung auf die neue Umgebung läßt vor allem Goethes dramatisches Schaffen stocken. *Stella. Ein Schauspiel für Liebende* (1775) ist nach *Götz von Berlichingen* und *Clavigo* das einzige große Bühnenwerk, das er vor seinem Aufbruch nach Weimar noch eben abschließen kann. Die mitgebrachten Skizzen und Entwürfe zu *Faust* und *Egmont* bleiben liegen, werden wieder und wieder hervorgeholt und sind zehn Jahre später noch immer nicht fertig. Bis zur Italienreise (1786–88) werden weitere dramatische Projekte in Angriff genommen: *Iphigenie* in drei Fassungen, die den Dichter jedoch nicht befriedigen, und *Tasso*, ebenfalls unvollendet.
Auf Unverständnis stieß diese scheinbare Untätigkeit in weiten Teilen der literarischen Öffentlichkeit, die den Verfasser des *Werther* und *Götz* als größtes Talent der neueren Dichtung gefeiert hatte. Der so strahlend über dem deutschen Parnaß aufgestiegene Stern schien wieder erloschen zu sein. Nur wenige

verstanden, daß Goethe sich in einer Periode des Umbruchs und der Neuorientierung befand, über die er selbst sich erst allmählich Klarheit verschaffte. Freunde aus der Zeit des Sturm und Drang rücken von ihm ab, weil sie in ihm einen Überläufer ins Lager der früher bekämpften Feudalaristokratie sehen. Als Verrat betrachten sie nicht nur, daß der ehemalige Mitstreiter in höfische Dienste getreten ist, sondern auch, wie er sich aus alten Beziehungen löst und neue Freundschaften schließt: mit dem jungen Herzog Karl August (1757–1828), der Sturm-und-Drang-Eskapaden liebt; mit der kunstbegeisterten Herzoginmutter Anna Amalia (1739–1807), die frühzeitig die Regierungsgeschäfte abgegeben hat, um sich ganz ihrem »Musenhof« zu widmen; mit CHRISTOPH MARTIN WIELAND, der drei Jahre zuvor als Prinzenerzieher nach Weimar berufen worden ist und der, ungeachtet der früheren Verhöhnung durch Goethe, dem Neuankömmling mit herzlicher Zuneigung begegnet. Zum engeren Kreis der Gesellschaft, in der Goethe nun verkehrt und die sein neues Publikum bildet, gehören die Schriftsteller KARL LUDWIG VON KNEBEL (1744–1834) und JOHANN KARL MUSÄUS (1735–1787), der tüchtige Finanzmann und spätere Verleger Friedrich Justin Bertuch (1747–1822) und die Hofdame Charlotte von Stein (1742–1827), die zur neuen, immer gleich nahen und fernen Geliebten des Dichters wird. Gegen den Widerstand fast des gesamten Hofes gelingt es Goethe, seinem alten Freund und Mentor JOHANN GOTTFRIED HERDER 1776 eine Anstellung als Generalsuperintendent und Hofprediger in Weimar zu beschaffen. 1789 siedelt als letzter dieser illustren Schar FRIEDRICH SCHILLER in die thüringische Universitätsstadt Jena und zehn Jahre später direkt nach Weimar über.

Der Grund, weshalb Goethe seiner ersten Weimarer Zeit so wenig autobiogra-

Abendgesellschaft bei der Herzogin Anna Amalia

phische Beachtung schenkt, liegt weniger in dem Eingeständnis einer dichterischen Krise als in seinem – ungern eingestandenen – Scheitern als Politiker. So »unbequem und störend«, wie er im Hinblick auf seine literarischen Arbeiten später diese turbulenten Jahre beschrieb, empfand er sie, wie man aus seinen Briefen weiß, keineswegs. Im Gegenteil: Ihm bereitete die neue Lebenssituation, auch die Verlagerung seines Auftretens als Sturm-und-Drang-Genie in ein höfisches Milieu, zunächst größtes Vergnügen. Die Nachricht von dem wüsten Treiben, den Saufgelagen, dörflichen Amouren, wilden Jagden, Schlittschuhfahrten und ähnlichen Amüsements, bei denen Goethe den jungen Herzog begleitete, verbreitete sich rasch. Auf einen besorgten Brief, den KLOPSTOCK ihm wegen dieser Ausschweifungen schrieb, antwortete Goethe unfreundlich: »Verschonen Sie uns ins Künftige mit solchen Briefen, lieber Klopstock!« Und in der gewohnten Kraftsprache des Originalgenies, seine eigene Rolle bei Hofe zur »Weltrolle« vergrößernd, schrieb Goethe im Januar 1776 an seinen Mephistopheles in Darmstadt, an JOHANN HEINRICH MERCK: »Ich bin nun ganz in alle Hof- und politischen Händel verwickelt und werde fast nicht wieder wegkönnen. Meine Lage ist vorteilhaft genug, und die Herzogtümer Weimar und Eisenach immer ein Schauplatz, um zu versuchen, wie einem die Weltrolle zu Gesicht stünde. Ich übereile mich darum nicht, und Freiheit und Genüge werden die Hauptkonditionen der neuen Einrichtung sein, ob ich gleich mehr als jemals am Platze bin, das durchaus Scheißige dieser zeitlichen Herrlichkeit zu erkennen.«

Von dem steif-zeremoniellen Hofrat, den die spätere Weimarische Historiographie überliefert, ist Goethe in dieser Zeit weit entfernt. Aber so bereitwillig er sich zur Verfügung stellt, um dem jungen Herzog die Zeit zu vertreiben und die Hofgesellschaft zu unterhalten – vor allem durch temperamentvolle Beiträge zum Liebhabertheater Anna Amalias –, so wenig genügt ihm die Funktion des bürgerlichen Enfant terrible und Spaßmachers in höfischen Diensten. Beeindruckt durch die *Patriotischen Phantasien* von JUSTUS MÖSER (1720–1794), dessen Schriften er schon bei der Abfassung des *Götz* zu Rate gezogen hat, sieht er seine Aufgabe auch darin, das Duodezfürstentum Sachsen-Weimar zu einem Musterstaat entwickeln zu helfen. Goethe verhält sich wie der erwachsen gewordene Agathon in Wielands Roman: Er übernimmt Regierungsämter und -pflichten, leitet Kommissionen, kümmert sich um Bergbauprojekte, um die Verbesserung der Verkehrswege, um Steuern und Finanzen und ist zeitweise sogar für die herzogliche Miniatur-Armee zuständig. Als ihm 1779 die Würde des Geheimrats und Ministers verliehen wird, konstatiert er: »Es kommt mir wunderbar vor, daß ich so wie im Traum mit dem 30ten Jahre die höchste Ehrenstufe, die ein Bürger in Teutschland erreichen kann, betrete.«

Hier will das Drama gar nicht fort, es ist verflucht, daß der König von Tauris soll reden als wenn kein Strumpfwirker in Apolde hungerte.

(Goethe an Charlotte von Stein, 6. März 1779)

Aber schon bald werden Goethe die zeitraubenden »Staatsgeschäfte«, die ständigen Dienstreisen, die Hofquerelen und die engen Weimarer Verhältnisse zur Last. Mit Enttäuschung registriert er, daß seine im Sinne von praktischer Aufklärung betriebene Reformpolitik – etwa der Versuch, die Steuerlasten für die Bevölkerung zu mildern oder die Rekrutenaushebung weniger roh zu praktizieren – beim Regenten Karl August auf taube Ohren stößt. Der Herzog entpuppt sich denn doch als einer jener mittelmäßigen deutschen Duodezfürsten, die um so großartiger auftreten möchten, je geringer das politische Gewicht ihres Kleinstaats ist. Anders als seine klügere Mutter Anna Amalia, die in der kulturellen Ausstrahlung des Weimarer Musenhofs die wirkliche Legitimation der aristokratischen Existenz gesehen zu haben scheint, glaubt Karl August in der großen Welt der Politik mitreden, in seinem Staatswesen aber alles beim alten belassen zu können. Goethes Abneigung gegen die überhandnehmende administrative Arbeit wächst in dem Maße, wie er neue Interessengebiete entdeckt – er beginnt mit systematischen Studien zur Geologie, Anatomie und Botanik –, und steigert sich bis zu grollender Ungeduld im Hinblick auf seine großen schriftstellerischen Projekte, die er nebenher weiterverfolgt und die dennoch nicht von der Stelle kommen. Wieder ergreift er die Flucht. Nur sein Diener Philipp Seidel und der Herzog sind eingeweiht, als Goethe 1786 von Karlsbad aus heimlich und inkognito nach Italien aufbricht.

Die Lyrik der ersten Weimarer Jahre

Wie wenig der Dichter von den guten Geistern seines dichterischen Talents verlassen ist, zeigt sich in der ersten Weimarer Periode besonders in den lyrischen Arbeiten, die Goethe mit großer Beständigkeit und Experimentierfreude weiterführt.

> Der du von dem Himmel bist,
> Alles Leid und alle Schmerzen stillest,
> Den, der doppelt elend ist,
> Doppelt mit Erquickung füllest,
> Ach ich bin des Treibens müde!
> Was soll all der Schmerz und Lust?
> Süßer Friede,
> Komm, ach komm in meine Brust!
>
> (*Wandrers Nachtlied*)

Einige seiner bekanntesten Gedichte stammen aus dieser Zeit: *Wandrers Nachtlied* (1776), auf das wie ein Echo das Gedicht *Ein Gleiches* (»Über allen Gipfeln ist Ruh ...«) antwortet; die Ballade *Der Erlkönig* (1782); das Sinngedicht *Das Göttliche* (»Edel sei der Mensch, hilfreich und gut ...«, um 1783). So populär diese Werke später geworden sind, den überwiegenden Teil der Gedichte dieser Jahre schreibt Goethe nicht zum Zweck der Veröffentlichung, für ein Lesepublikum, sondern als eine Art Zwiesprache mit sich selbst und den ihm nahestehenden Personen. Viele von diesen Gedichten werden, weil sie der privaten Korrespondenz anvertraut und nicht nochmals abgeschrieben worden sind, erst nach Goethes Tod wiederentdeckt und veröffentlicht, so die beziehungsreiche Widmung, die er in ein Exemplar des *Werther* für Charlotte von Stein schreibt:

> Was mir in Kopf und Herzen stritt
> Seit manchen lieben Jahren,
> Was ich da träumend jauchzt' und litt,
> Muß wachend nun erfahren.

Der Streit in Kopf und Herz, der Schwebezustand zwischen Wachen und Träumen prägt die neue Liebeslyrik Goethes, in der die Natur nicht mehr nur als die alles durchrüttelnde Energie, Bundesgenossin des genialischen Aufbruchs, sondern als besänftigende, Ruhe vermittelnde Kraft beschworen wird:

Füllest wieder Busch und Tal
Still mit Nebelglanz,
Lösest endlich auch einmal
Meine Seele ganz.

Breitest über mein Gefild
Lindernd deinen Blick,
Wie des Freundes Auge mild
Über mein Geschick.

Jeden Nachklang fühlt mein Herz
Froh- und trüber Zeit,
Wandle zwischen Freud und Schmerz
In der Einsamkeit . . .

(*An den Mond*, um 1777)

Die subjektiv gefühlte Einsamkeit, Gegenpol zu dem geschäftig-geselligen Leben, in das er verwickelt ist, bildet einen poetischen Topos in der Goetheschen Lyrik jener Jahre und zugleich eine bewußt aufgesuchte Quelle dichterischer Inspiration. Überhaupt ist es die bewußte Reflexion über sein individuelles Schicksal und seinen gesellschaftlichen Wirkungskreis, die hinter vielem steckt, was in seinen Gedichten wie spontan empfunden klingt. Das vielleicht grandioseste Beispiel dafür ist seine poetisch verarbeitete *Harzreise im Winter* (1777). Goethe schließt mit diesem Gedicht den Zyklus seiner im Geiste des Sturm und Drang verfaßten großen Hymnen ab.

Dem Geier gleich,
Der auf schweren Morgenwolken
Mit sanftem Fittich ruhend
Nach Beute schaut,
Schwebe mein Lied . . .

In diesen fünf Zeilen ist Goethes Situation als Dichter in Weimar ebenso prägnant ausgedrückt wie der konkrete Hintergrund seiner Reise. Ausspähend nach Beute, in selbstgewähltem Alleinsein und abseits vom herzoglichen Gefolge, macht sich der Dichter zu seiner Wanderung durch den winterlichen Harz auf. Geologie- und Bergwerksstudien sind einer der Reisezwecke, aber nicht der einzige. Ohne sich zu erkennen zu geben, besucht er den zum melancholischen Sonderling gewordenen Theologen Friedrich Plessing, der ein Opfer der »Werther«-Manie und ein etwas lästiger Briefkorrespondent Goethes geworden war: »Alle seine wiederholten zudringliche Äußerungen waren anziehend und abstoßend zugleich, daß endlich, bei einer immer aufgeforderten und gedämpften Teilnahme, die Neugier rege ward, welchen Körper sich ein so wunderlicher Geist gebildet habe.« Indem er sein eigenes, glücklicheres Schicksal mit dem selbstquälerischen Verhalten Plessings vergleicht, dem »das Unglück das Herz zusammenzog«, relativiert der Dichter zugleich die »Weltrolle«, die er selbst spielt:

> Leicht ist's, folgen dem Wagen,
> Den Fortuna führt,
> Wie der gemächliche Troß
> Auf gebesserten Wegen
> Hinter des Fürsten Einzug.
>
> Aber abseits, wer ist's?
> Ins Gebüsch verliert sich sein Pfad,
> Hinter ihm schlagen
> Die Sträuche zusammen,
> Das Gras steht wieder auf,
> Die Öde verschlingt ihn.

Die wachgewordene Erinnerung an die Werther-Zeit, flüchtige Assoziationen auch an *Götz von Berlichingen* und an Thüringen als Land des Bauernkriegs (Goethe spricht von dem Unbill, »dem schon Jahre vergeblich / wehrt mit Knütteln der Bauer«) münden in ein hymnisches Dankgebet, der Vergangenheit und der lärmenden Gegenwart entronnen zu sein, ausgeliefert nur dem Naturschauspiel des winterlichen Brocken – der Dichter allein mit sich und der als Liebeskosmos verehrten Natur:

> Aber den Einsamen hüll'
> In deine Goldwolken,
> Umgib mit Wintergrün,
> Bis die Rose wieder heranreift,
> Die feuchten Haare,
> O Liebe, deines Dichters!
>
> Mit der dämmernden Fackel
> Leuchtest du ihm
> Durch die Furten bei Nacht,
> Über grundlose Wege
> Auf öden Gefilden,
> Mit dem tausendfarbigen Morgen
> Lachst du ins Herz ihm;
> Mit dem beizenden Sturm
> Trägst du ihn hoch empor.
> Winterströme stürzen vom Felsen
> In seine lieblichen Psalmen,
> Und Altar des lieblichsten Danks
> Wird ihm des gefürchteten Gipfels

Schneebehangener Scheitel,
Den mit Geisterreihen
Kränzten ahnende Völker.

Du stehst mit unerforschtem Busen
Geheimnisvoll-offenbar
Über der erstaunten Welt
Und schaust aus Wolken
Auf ihre Reiche und Herrlichkeit,
Die du aus den Adern deiner Brüder
Neben dir wässerst.

Die italienische Reise

Meine titanischen Ideen waren nur Luftgestalten, die einer ernsteren Epoche vorspukten.

(Goethe an Herder, 10. Januar 1788)

Der Beginn der klassischen Periode der deutschen Literatur wird oft datiert mit der italienischen Reise, zu der Goethe im September 1786 aufbricht und von der er erst knapp zwei Jahre später nach Weimar zurückkehrt. Einen Wendepunkt stellt sie zweifellos dar, wenn nicht im Sinne eines literarischen Epocheneinschnitts, so doch als Zäsur in seinem Künstlerleben.
Erst in Italien gelingt es ihm, die Furien der Sturm-und-Drang-Vergangenheit

Goethe und seine Freunde in Italien

loszuwerden. Hier fühlt er sich auch befreit von den in Weimar erfahrenen Zwängen »politischer krüder Materie«. An den Hof Karl Augusts, der ihm während seiner gesamten Reise großzügig das Geheimrats-Salär weiter bezahlt, kehrt Goethe nur unter der Bedingung zurück, daß er keines der bisherigen Staatsämter mehr zu übernehmen braucht. Noch in der viel später publizierten *Italienischen Reise* (1816/17) ist das Glücksgefühl lebendig, das ihn bei seiner Ankunft in Italien überkommt: »Und nun, wenn es Abend wird, bei der milden Luft wenige Wolken an den Bergen ruhen, am Himmel mehr stehen als ziehen, und gleich nach dem Sonnenuntergang das Geschrille der Heuschrecken laut zu werden anfängt, da fühlt man sich doch einmal in der Welt zu Hause und nicht wie geborgt oder im Exil. Ich lasse mir's gefallen, als wenn ich hier geboren und erzogen wäre und nun von einer Grönlandsfahrt, von einem Walfischfange zurückkäme.«

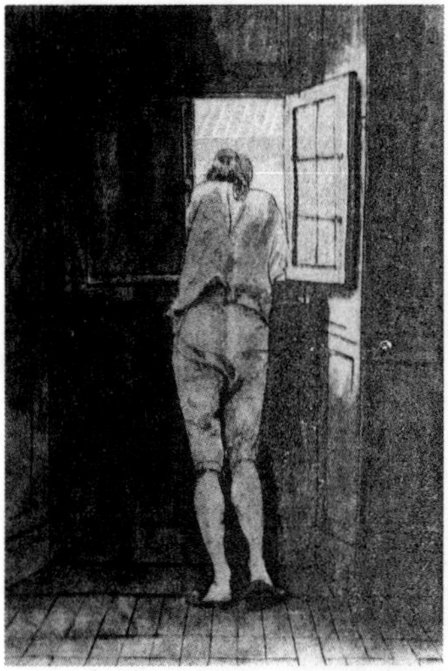

J. H. W. Tischbein, Goethe am Fenster seiner Wohnung in Rom

Daß Goethe sich anfänglich unter einem Pseudonym – als Maler Jean-Philippe Möller – in Italien bewegt, ist keine Attitüde wie die früher getragene Werther-Tracht. Er lebt in Rom, dem Hauptziel seiner Reise, bescheiden und zurückgezogen, aber mit sichtlichem Behagen in einer kleinen Kolonie deutscher Maler, von denen nur zwei der Nachwelt in Erinnerung bleiben werden: Angelika Kauffmann (1741–1807) und Johann Heinrich Wilhelm Tischbein (1751–1829). Engen Kontakt pflegt er mit dem in Rom krank daniederliegenden KARL PHILIPP MORITZ. Ob vielleicht doch seine Bestimmung mehr darin liege, Zeichner und Maler als Schriftsteller zu sein, wird ernsthaft von Goethe erwogen, aber auch dieses Kapitel ist für ihn am Ende der Reise in der Selbsterkenntnis mangelnden Talents abgetan, erledigt. Nicht so das Interesse an naturwissenschaftlichen Gegenständen, das ihn sein Leben lang nicht losläßt: In Sizilien glaubt er sogar, die Urpflanze und das Geheimnis der Morphologie aller Vegetation gefunden zu haben.

Eine Bildungsreise im herkömmlichen Sinne ist Goethes Italienreise nicht. Achtlos geht er an vielen bedeutenden Kulturdenkmälern vorbei, den selektiven Blick auf das gerichtet, was ihn von vornherein und ausschließlich interessiert. In Assisi steht er bewundernd vor den Überbleibseln eines unbedeutenden römischen Tempelchens; die Giotto-Fresken der Kathedrale S. Francesco sind ihm nicht einmal einen Spaziergang wert. Die Antike nimmt er nur aus der Perspektive des Hellenismus und der Kaiserzeit wahr; mit altgriechischen Monumenten wie den Ruinen von Pästum kann er trotz aller Anstrengung nichts anfangen. »Das Land der Griechen mit der Seele suchend« *(Iphigenie)* – dazu genügen ihm Gipsabgüsse römischer Kopien und Kupferstiche. Ein Angebot, seine Reise nach Griechenland fortzusetzen, lehnt er ohne Zögern ab. Seine Begeisterung für die Architektur der italienischen Renaissance erschöpft sich in Palladio; von Brunelleschi, Bramante und Bernini nimmt er kaum Notiz. Der oft unternommene Versuch, Goethes *Italienische Reise* als einen besonders anregenden Cicerone für eigene Erkundungen zu benutzen, ist verlorene Liebesmüh; die Kunstbetrachtungen in HEINSES *Ardinghello* werden diesem Zweck besser gerecht. Freilich wäre es ein Mißverständnis, Goethes Reise in die klassische Antike als einen bildungstouristischen Ausflug anzusehen: Was ihn an dem in vollen Zügen eingeatmeten Leben in Italien fasziniert, ist nicht die Summe kunsthistorischer Erkenntnisse, sondern die unter diesem Himmel gesuchte und gefundene Klärung seiner eigenen künstlerischen Existenz, die er emphatisch als »Verjüngung«, als »wahre Wiedergeburt« feiert. Mit dem ersten Lebenszeichen, das er aus Italien an seine Liebhabergemeinde in Weimar schickt, schreibt er: »Nun bin ich hier und ruhig und, wie es scheint, auf mein ganzes Leben beruhigt . . .«

Iphigenie auf Tauris

Obwohl der ausgedehnte Italien-Aufenthalt die letzte Vagabundenzeit in Goethes Leben ist, in der er sich ganz vom Strom seiner Eindrücke und Erlebnisse treiben läßt, ist die literarische Ausbeute stattlich – sowohl in dem, was er in Italien selbst schreibt, als auch in dem Vorrat poetischer Stoffe und Konzeptionen, die er mit nach Hause bringt. In seinem Reisegepäck befanden sich, als er aufbrach, die mehr oder weniger ausgearbeiteten Dramenentwürfe zu *Egmont, Iphigenie, Faust* und *Tasso* sowie Teile seines *Wilhelm-Meister*-Romans. Goethe hatte sie mitgenommen, weil er mit dem Leipziger Verleger Göschen eine Ausgabe seiner bisherigen Schriften verabredet hatte, die er von Italien aus zu komplettieren hoffte und von der in seiner Abwesenheit auch die ersten Bände herauskamen. In der Reihenfolge ihrer Fertigstellung erschienen darin *Iphigenie* (Bd. 4, 1787), *Egmont* (Bd. 5, 1788) und *Tasso* (Bd. 6, 1790).

Iphigenie auf Tauris ist der erste und danach nicht wieder erreichte Gipfel der Weimarer Klassik, wenn man darunter in strengem Sinn die Hinwendung zu antiken Vorlagen und Vorbildern versteht. Auf den ersten Blick scheint es sich um eine Rückwendung zu handeln, denn im ganzen zurückliegenden Jahrhundert war um die Verbindlichkeit ästhetischer Normen der Antike, vermittelt durch den französischen Klassizismus, heftig gerungen worden, und Goethe gehörte – schon in der zweiten Generation – zu denen, die mit diesem Kanon gebrochen hatten. Aber seit JOHANN JOACHIM WINCKELMANNS *Geschichte der Kunst des Altertums* (1764) war ein anderes Verständnis der Antike aufgekommen, das sich nicht mehr auf allgemeine, von den antiken Autoritäten formulierte Kunstprinzipien stützte, sondern in der sinnlichen Anschauung einzelner antiker Kunstwerke Beistand suchte für die Ausprägung einer modernen bürgerlichen Geschmackskultur. In Winckelmanns Sentenz von der »edlen Einfalt und stillen Größe« der Griechen ist dieser privat-kontemplative Zug zusammengefaßt. Die neue Antikenverehrung beförderte einen Individualitäts- und Innerlichkeitskult, der die Humanitätsideen der Aufklärung zum Gedanken der »schönen Seele« weiterbildete.

Goethes *Iphigenie* hat an dieser Entwicklung maßgeblichen Anteil. Das Stück wurde in der ersten Prosafassung als Festspiel zur Geburt einer Tochter des Weimarer Herzogspaars 1779 uraufgeführt. Der Stoff ist der Tragödie *Iphigenie bei den Taurern* von EURIPIDES entlehnt: Iphigenie, die von ihrem Vater Agamemnon um des Kriegsglücks willen geopfert werden sollte, ist von der Göttin Artemis gerettet und auf die von dem Skythenkönig Thoas beherrschte Insel Tauris gebracht worden. Dort ist sie Priesterin eines barbarischen Kults, der verlangt, daß alle auf der Insel landenden Fremden geopfert werden. Der dramatische Konflikt entsteht dadurch, daß zwei junge Griechen die Insel betreten: Orestes, der nach dem Mord an seiner Mutter Klytemnästra von den Rachefuen gejagt wird, und Pylades, der seinem Freund hilft, die endgültige Entsüh-ung von seinem Verbrechen zu erlangen. Frei vom Fluche der Götter soll Ore-es erst sein, wenn er ein heiliges Götterbild der Schwester Apollos (Artemis bei uripides bzw. Diana bei Goethe) entführen und zu den Hellenen zurückbrin-en kann. Iphigenie erkennt in Orestes ihren Bruder und versucht ihn und Pyla-es zu retten, verfällt aber, als Thoas das Komplott entdeckt, selbst dem Ritual es Menschenopfers, dessen Priesterin sie ist. Als Dea ex machina läßt Euripi-es die Göttin Athene erscheinen, die der Rache des Thoas Einhalt gebietet und ie Griechen, vom Fluch des Atridengeschlechts befreit, in ihre Heimat entläßt. in eigentümliches Thema, wenn man bedenkt, daß Goethe es ursprünglich für ine Fest- und Freudenfeier der weimarischen Hofgesellschaft wählte. Wie er doch den Stoff bearbeitet, ihn von allen Kruditäten der Mythologie, des Intri-enspiels und des Deus-ex-machina-Effekts wegführt und zu einem Schauspiel einer Menschlichkeit sublimiert, gibt Aufschluß über ein verändertes Weltbild, as zwar von der Antike ausgeht, aber die tragischen Antagonismen der alten Velt in die human gestimmte Harmonie einer neuen (bürgerlichen) Welt um-eutet. Das Menschenopfer ist – durch Iphigenies segensreiche Einwirkung auf 'hoas – schon zu Beginn des Stückes abgeschafft. Daß der Barbarenkönig die Griechin liebt und umwirbt; daß Iphigenie sein Vertrauen erwidert, indem sie ıre Herkunft, sogar den mit Orest und Pylades ausgeheckten Fluchtplan verrät nd sich damit dem Herrscher schutzlos preisgibt; daß Thoas sich an Edelsinn ebenbürtig, hellenischer als die Hellenen selbst zeigt, sind entscheidende Verän-erungen, die Goethe an der Dramaturgie des Euripides vornimmt. Der Zwang ines von den Göttern vorbestimmten Schicksals wird auf doppelte Weise durch-rochen: Orest wird von den Furien durch einen inneren Heilungsprozeß efreit, noch bevor er die Forderung Apollos – die Heimführung der Göttersta-ue – erfüllt hat; Thoas überwindet die Kränkung der verschmähten Liebe und es Betrugs, indem er Iphigenie und die beiden anderen Griechen, zuerst grol-end, dann verzeihend, in ihre Heimat zurückkehren läßt. Die Götter brauchen icht mehr einzugreifen; die Menschen entscheiden und handeln selbst.

J. H. W. Tischbein, Lady Hamilton als Iphigenie, ihren Bruder Orest erkennend (1786)

Reich an innerem Leben, aber arm an äußerem«, so charakterisiert der alte Goethe gegenüber ECKERMANN (1827) das Stück im Rückblick auf die unbe-riedigenden Aufführungen, die er gesehen hatte. Die (bis heute andauernde) chwierigkeit der Bühnendarstellung ergibt sich aus dem hohen Aufwand an hetorischer Stilisierung bei einem Minimum an szenischer Handlung. Streng im inne der antiken Vorbilder bleibt die Einheit des Ortes und der Zeit gewahrt. Nur fünf Personen treten auf: symmetrisch um Iphigenie gruppiert, auf der einen eite Orest und Pylades, auf der anderen Thoas und sein ministerialer Sendbo-e Arkas, dessen Name die einzige Reminiszenz an ein anderes berühmtes Vorbild ist, an RACINES *Iphigénie en Aulide* (1674). Daß bei Goethe (anders als päter in SCHILLERS *Braut von Messina*) kein Chor vorkommt, unterstreicht die ntimität des Geschehens; auch die Furien haben keinen Zutritt zu dem heiligen Hain, der den Schauplatz bildet.

Die endgültige Fassung der *Iphigenie*, die Goethe in Italien fertigstellt, hat nichts nehr von der »schlotternden Prosa«, die WIELAND und HERDER an den ersten ntwürfen kritisierten. Die in fünfhebigen Jamben dahinfließenden Blankverse nd die endlich gefundene Form, in der das Statuarisch-Feierliche der humanisierten Antike vermittelt werden kann, ohne daß die Handlung an innerer Spannung einbüßt. Was in einem Basrelief oder in den damals beliebten Umrißzeichnungen die Linienführung ist, besorgt hier der sprachliche Rhythmus: eine Balance aus Ruhe und Bewegung, Monumentalität und Leichtigkeit, vor allem aber Reinheit und Klarheit. Im dramaturgischen Bau der *Iphigenie* finden sich die gleichen Stilvorstellungen wie in der Sprache: Trotz ausgeprägt epischer Züge, die sie vor allem den großen Monologpartien der Iphigenie verdanken, schreitet das Geschehen zügig zu seinem dramatischen Höhepunkt voran; er liegt nicht in der versöhnlichen Schlußszene des 5. Akts, sondern im letzten Auftritt des 4. Akts. Iphigenie sieht sich in dem ausweglosen Konflikt, gleichzeitig Treue und Verrat üben zu müssen. Wenn sie ihren Bruder Orest retten und am Raub der Götterstatue mitwirken will, betrügt sie Thoas und sich selbst als Priesterin der Diana:

Corona Schröter und Goethe in der Uraufführung der »Iphigenie« (Weimar 1779)

So legt die taube Not ein doppelt Laster
Mit ehrner Hand mir auf: das heilige,
Mir anvertraute viel verehrte Bild
Zu rauben und den Mann zu hintergehn,
Dem ich mein Leben und mein Schicksal danke.

An dieser Stelle, als Iphigenie schuldlos schuldig zu werden droht und in ihrem Glauben an die olympischen Götter schwankend wird, wechselt Goethe den Sprachduktus, indem er das jambische Versmaß verläßt. Iphigenie spricht das *Parzenlied*, in dem die grauenvolle Vergangenheit des Atridengeschlechts ans Licht gebracht wird:

Es fürchte die Götter
Das Menschengeschlecht!
Sie halten die Herrschaft
In ewigen Händen
Und können sie brauchen
Wie's ihnen gefällt.

Torquato Tasso

In Italien entstand der Plan zu einem anderen »gräzisierenden Schauspiel«, das die von HOMER erzählte Episode des Odysseus bei den Phäaken behandeln sollte. Von dieser als Trauerspiel angelegten *Nausikaa* sind nur die Anfangsszenen ausgearbeitet worden. Man kann vermuten, warum nicht mehr als ein Fragment zustande gekommen ist: Unter den literarischen Gestalten, die Goethe beschäftigten, als er nach Italien aufbrach, gab es so viele Schiffbrüchige, daß es eines Odysseus nicht mehr bedurfte. Einen Schlußstrich unter seine eigene verworrene Vergangenheit zu ziehen, Selbstbeherrschung zu gewinnen und sich in antikisch vorgestelltem, harmonischem Maß zu üben, war die Hoffnung, die ihn zu seiner Reise angetrieben hatte. In den verschiedenen Fassungen der *Iphigenie* tritt deshalb auch die Darstellung des chaotischen Ich (in der Figur des von den Furien gehetzten Orest, bei der Uraufführung 1779 von Goethe selbst gespielt,

zugunsten der Lichtgestalt Iphigenies immer mehr zurück. Aber es gab noch andere, unbewältigt zurückgelassene Gestalten: Egmont und Faust, die noch aus der Ideenwelt des Sturm und Drang stammten; Tasso und Wilhelm Meister, die bereits Geschöpfe der in Weimar begonnenen, in Italien vollzogenen Hinwendung zur Klassik sind.
Unter den zwischen 1785 und 1790 abgeschlossenen Dramen ist *Torquato Tasso* das am engsten auf die Gegenwart, auf Goethes neue Lebenssituation bezogene Werk, auch wenn es in eine schönere Vorzeit, in die Epoche der italienischen Renaissance, entrückt zu sein scheint. Schloß Belriguardo, die Sommerresidenz des kunstsinnigen Herzogs von Ferrara, ist der idyllische Ort der Handlung. Wie in *Iphigenie* genügen Goethe für das Seelendrama, das sich dort abspielt, fünf Personen: Herzog Alfons von Este, seine Schwester Leonore, deren nicht ganz uneigennützige Freundin Leonore Sanvitale und die beiden Rivalen, der Dichter Tasso und der Staatsmann Antonio. Letzterer kehrt nach langwierigen, erfolgreich verlaufenen politischen Geschäften an den Hof zurück und trifft auf Tasso, der gerade mit dem Lorbeer des Dichters für sein Epos *Das befreite Jerusalem* von zarter Frauenhand gekrönt worden ist, ein von allen gefeierter, umworbener Günstling. Besonders die beiden Leonoren machen aus ihrer zwischen Sympathie und Liebe schwankenden Neigung für den Dichter keinen Hehl. Erbittert über diese Diskrepanz zwischen Verdienst und Belohnung, provoziert der erfahrene Politiker Antonio den in sich selbst und in die Frauen verliebten Dichter. Tasso greift zur Waffe und wird für diese Verletzung der Etikette vom Herzog milde mit Hausarrest bestraft. In der mehr eingebildeten als wirklichen Gefangenschaft steigert er sich in Wahnbilder der Verlassenheit und des Verfolgtseins, als er erfährt, daß er vom Hofe verbannt werden soll. Wie ein Engel, der ihm Erlösung aus seiner Vereinsamung verspricht, tritt ihm die angebetete Leonore d'Este entgegen. Doch wieder vergißt sich Tasso; in einer Mischung aus Verzweiflung und Liebe umarmt er leidenschaftlich die Schwester des Herzogs und wird in dieser verfänglichen Situation gestellt. Der Schluß bleibt offen, eine Auflösung der tragischen Spannung findet nicht statt. Dem völligen Zusammenbruch Tassos wirken nur zwei zwischen Resignation und Hoffnung widerstreitende Kräfte entgegen: die Rückbesinnung des Dichters auf sich selbst (»Und wenn der Mensch in seiner Qual verstummt, gab mir ein Gott, zu sagen, was ich leide.«) und eine sprachlose Geste der Selbstüberwindung: Stumm reicht ihm am Ende der verhaßte Gegner Antonio die Hand zur Freundschaft und Versöhnung, die der gestrandete, zum Alleinsein verurteilte Tasso wie eine Rettung ergreift.
Die »Disproportion des Talents mit dem Leben« darzustellen, hat Goethe als »eigentlichen Sinn« dieses Werks bezeichnet. Wessen Talent und welches Leben gemeint war, darüber braucht nicht spekuliert zu werden. Überall sind Hinweise greifbar, die sich auf Weimar und Goethes italienische Erfahrungen beziehen. »Ich hatte das Leben Tassos, ich hatte mein eigenes Leben, und indem ich zwei so wunderliche Figuren mit ihren Eigenheiten zusammenwarf, entstand in mir das Bild des Tasso, dem ich als prosaischen Kontrast den Antonio entgegenstellte, wozu es mir auch nicht an Vorbildern fehlte. Die weiteren Hof-, Lebens- und Liebesverhältnisse waren übrigens in Weimar wie in Ferrara, und ich kann mit Recht von meiner Darstellung sagen: sie ist Bein von meinem Bein und Fleisch

von meinem Fleisch«, äußerte Goethe im Gespräch mit ECKERMANN (1827). Die Verbannung Tassos assoziierte er mit dem Ende der Italienreise und seinen Gefühlen beim Abschied aus Rom.

Eine solche »Entschlüsselung« trägt freilich zum tieferen Verständnis des Schauspiels nicht viel bei, schon gar nicht, wenn sie auf einzelne Personen (Charlotte von Stein, Herzog Karl August etc.) oder auf ein Selbstbildnis Goethes, das sich im Dichterschicksal Torquato Tassos spiegelt, hinausläuft. Denn obwohl der Künstler zur Hauptfigur des Dramas gemacht und seine leidenschaftliche Natur im Konflikt mit der Welt der höfischen Konventionen gezeigt wird, gerät das absolut gesetzte Ich des poetischen Genies, je rücksichtsloser es sich äußert, ins Zwielicht, ja sogar in die Nähe pathologischen Realitätsverlusts. Umgekehrt wächst die Figur des Antonio, der anfangs als kalter Politiker, als Verkörperung des Realitätsprinzips erscheint, immer stärker in die Rolle des human handelnden Menschen hinein. Dem Dichter fällt kein höherer Wahrheitsanspruch zu als dem Staatsmann; beide können aber auch keine Einheit bilden:

P.A. Wolff als Tasso (Berlin 1816)

> ... Es ist nicht hier
> Ein Mißverständnis zwischen Gleichgesinnten;
> Das stellen Worte, ja im Notfall stellen
> Es Waffen leicht und glücklich wieder her.
> Zwei Männer sind's, ich hab es lang gefühlt,
> Die darum Feinde sind, weil die Natur
> Nicht einen Mann aus ihnen beiden formte.
> Und wären sie zu ihrem Vorteil klug,
> So würden sie als Freunde sich verbinden.
> Dann stünden sie für einen Mann, und gingen
> Mit Macht und Glück und Lust durchs Leben hin.
> So hofft ich selbst, nun seh ich wohl: umsonst.

Die Unmöglichkeit, zugleich Dichter und Held sein zu können, Kunst und gesellschaftliche Praxis miteinander in Übereinstimmung zu bringen, wird hier illusionslos ausgesprochen. Es ist die Gräfin Leonore Sanvitale, die diese Einsicht im Gespräch mit ihrer Freundin und Rivalin Leonore d'Este äußert. Der Inkongruenz der Männer entspricht das Bild, das von den beiden Frauen entworfen wird: Der lebenstüchtigen Leonore Sanvitale, die klarsichtig und egoistisch handelt, steht die Prinzessin Leonore gegenüber, deren körperliche Gebrechlichkeit und Melancholieanfälligkeit mit der Überspanntheit Tassos korrespondiert, die aber Distanz bewahrt, wo Tasso die Nähe sucht. »Erlaubt ist, was gefällt«, sagt der Dichter. »Erlaubt ist, was sich ziemt«, antwortet die Prinzessin.

Was Goethe in seinem *Versuch die Metamorphose der Pflanzen zu erklären* (1790) schreibt, läßt sich auch auf sein seit Italien bestimmter hervortretendes Menschenbild übertragen:

> Jedes Lebendige ist kein Einzelnes, sondern eine Mehrheit: selbst insofern es uns als Individuum erscheint, bleibt es doch eine Versammlung von lebendigen, selbständiger Wesen, die der Idee, der Anlage nach gleich sind, in der Erscheinung aber gleich oder

ähnlich, und gleich oder unähnlich werden können. Diese Wesen sind teils ursprünglich verbunden, teils finden und vereinigen sie sich. Sie entzweien sich und suchen sich wieder und bewirken so eine unendliche Produktion auf alle Weise und nach allen Seiten.

Als Theaterstück hat *Torquato Tasso* ein ähnliches Schicksal wie *Iphigenie auf Tauris*. Goethe selbst nennt es ein »bühnenscheues Werk«. Als dramatisches Gedicht ist *Tasso* kühner und moderner als die *Iphigenie*. Die harmonisierende Tendenz, die Übereinstimmung der schönen Seelen fehlt ebenso wie die griechische Kulisse. Das goldene Zeitalter der Renaissance, verbunden mit dem Namen ARIOST, ist bereits vorüber, als der Dichter des *Befreiten Jerusalem* die Bühne der Welt betritt, auf der er so gerne glänzen möchte. Die Dichterkrönung zu Beginn des Stückes erweist sich als schnell verfliegender Traum. Kein strahlender Akkord beschließt seinen Aufenthalt in Belriguardo; der dissonante Grundton hält sich bis zum Ende durch, gemildert durch die vorsichtige Andeutung von Freundschaft, wo Liebeserfüllung versagt bleibt. Auch sprachlich ist diese Doppelbödigkeit in jeder Zeile präsent: *Torquato Tasso* ist das Drama des ständigen Aneinander-Vorbeiredens, des unbewußten und gewollten Mißverstehens. Der problematische Held verfällt in den exaltierten Tonfall des Dichters, wo »vernünftiges Reden« angebracht wäre; er imitiert die künstliche Sprache der Hofkonvention, wo sein Widerpart Antonio ehrlich mit ihm reden will. Das Trügerische und Betrügerische der Sprache wird hier zum ersten Mal als Ausdruck der Uneigentlichkeit und Fremdheit im individuellen und gesellschaftlichen Umgang der Menschen untereinander dargestellt. Ambivalent bleibt deshalb auch Tassos letzter Trost: »Und wenn der Mensch in seiner Qual verstummt, gab mir ein Gott, zu sagen, was ich leide.«

Römische Elegien

1789, im 8. Band der von Göschen edierten »Schriften«, erscheint die erste autorisierte Sammlung von Goethes Gedichten. Sie stammen alle aus der Sturm-und-Drang-Periode und dem ersten Weimarer Jahrzehnt; die Italienreise ist für die lyrische Dichtung Goethes nicht unmittelbar ergiebig gewesen, sie hinterläßt keine Spuren in der Leipziger Werkausgabe. Das eigentliche poetische Produkt des Italienaufenthalts entsteht erst nach dem Wiedereintreffen in Weimar: der Gedichtzyklus *Römische Elegien*, im Herbst 1788 begonnen und im Frühjahr 1790 abgeschlossen. Die in der Form von zweistrophigen Distichen abgefaßten zwanzig Elegien gehören zu den mutwilligsten Gebilden der Goetheschen Lyrik, weil sie – bei aller antikisch-idealen Verklärung der *Iphigenie* und inneren Gespanntheit des *Tasso* – den Realisten Goethe zeigen, der sich das Leben gefallen läßt und nicht daran denkt, sich in Abstraktionen oder in sentimentalen Gefühlsausbrüchen zu verlieren. *Erotica Romana* lautete der erste Titel, den er dieser Liebeserklärung an das antike und moderne Rom und an seine darin verherrlichte Geliebte Faustina gab. Den Platz seiner römischen Venus, die keine Ausgeburt seiner Phantasie gewesen ist, nimmt bald Christiane Vulpius ein – ein Skandal selbst in der verbürgerlichten Residenzstadt Weimar, ist doch die Weimarische Faustina nur eine einfache Floristin, die weder Namen noch Rang noch

Froh empfind' ich mich nun auf klassischem Boden begeistert,
Vor- und Mitwelt spricht lauter und reizender mir.
Hier befolg' ich den Rat, durchblättre die Werke der Alten
mit geschäftiger Hand, täglich mit neuem Genuß.
Aber die Nächte hindurch hält Amor mich anders beschäftigt;
Werd ich auch halb nur gelehrt, bin ich doch doppelt beglückt.
Und belehr' ich mich nicht, indem ich des lieblichen Busens
Formen erspähe, die Hand leite die Hüften hinab?
Dann versteh' ich den Marmor erst recht: ich denk' und vergleiche,
Sehe mit fühlendem Aug', fühle mit sehender Hand ...

Bildung mitbringt. Sosehr Goethe die jahrelange Hechelei und Zischelei über diese erst 1806 ehelich legitimierte Verbindung verachtet – seine *Erotica Romana* verwahrt er zunächst doch lieber in der Schublade. Erst 1795 veröffentlicht Schiller in seiner Zeitschrift *Die Horen* den größten Teil dieser Gedichte.
In den drei großen Themenkomplexen der *Römischen Elegien* – der Liebe zu Faustina, dem Leben in Rom und der Götterwelt des kapitolinischen Jupiter – verschränkt sich die Huldigung an die heroische Vergangenheit mit dem Jubelgesang über eine erfüllte Gegenwart. Erhabene Motive wie Tempel und Paläste haben darin ebenso ihren Platz wie die trivialen Begegnungen mit Weinschenken, bellenden Hunden und südlichen Flöhen. Sowohl in der Form der antiken Langverse, als auch stofflich, in der Darstellung eines heidnisch-heiteren Liebes- und Alltagslebens, lehnt Goethe sich an Ovid, Properz und Tibull an. Zum Hauptgott der wiedererweckten Mythologie wird ihm, wie schon die erste Elegie ironisch verkündet, der Liebesgott Amor:

Saget, Steine, mir an, o sprecht ihr hohen Paläste!
Straßen, redet ein Wort! Genius, regst du dich nicht?
Ja, es ist alles beseelt in deinen heiligen Mauern,
Ewige Roma; nur mir schweiget noch alles so still.
O wer flüstert mir zu, an welchem Fenster erblick' ich
Einst das holde Geschöpf, das mich versengend erquickt?
Ahn' ich die Wege noch nicht, durch die ich immer und immer,
Zu ihr und von ihr zu gehn, opfre die köstliche Zeit?
Noch betracht' ich Kirch' und Palast, Ruinen und Säulen,
Wie ein bedächtiger Mann schicklich die Reise benutzt.
Doch bald ist es vorbei; dann wird ein einziger Tempel,
Amors Tempel nur sein, der den Geweihten empfängt.
Eine Welt zwar bist du, o Rom; doch ohne die Liebe
Wäre die Welt nicht die Welt, wäre denn Rom auch nicht Rom.

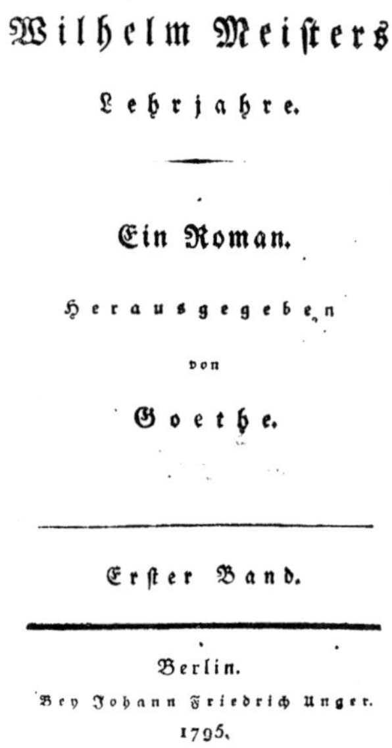
Wilhelm Meisters
Lehrjahre.
Ein Roman.
Herausgegeben
von
Goethe.
Erster Band.
Berlin.
Bey Johann Friedrich Unger.
1795.

Wilhelm Meisters Lehrjahre

Die Entfremdung, die zwischen Goethe und dem Lesepublikum der achtziger Jahre eingetreten ist, hält an und verstärkt sich noch, als er nach Weimar zurückkommt. »Ich vermißte jede Teilnahme, niemand verstand meine Sprache« – diese Beurteilung seiner Situation bezieht jetzt auch seine kleine Hofgemeinde mit ein. Die achtbändige Ausgabe der *»Schriften«* bei Göschen wird ein totaler Mißerfolg. WIELAND ist einer von zwei Interessenten in Weimar, die sich in die Subskriptionsliste eingetragen haben, in Deutschland sind es insgesamt dreihundert. Auch die Veröffentlichung der ersten Szenen von *Faust, ein Fragment* (1790) ändert daran nichts. Wie eine Erkältung nach dem glühend erlebten Italien wirkt auf den Dichter diese Gleichgültigkeit, die er doch zu einem guten Teil sich selbst zuzuschreiben hatte. Die Leserschaft, die auf irgendwelche Fortsetzungen des *Werther* oder auf neue Ritterstücke im Stil des *Götz* wartete, war schon lange verprellt. Im immer beliebter werdenden Genre des Familienrührstücks hatten *Clavigo* und *Stella* einige Hoffnungen geweckt, aber dann erschienen die befremdlich wirkende klassische *Iphigenie* und der schwierige *Tasso*. Die frivolen *Römischen Elegien* lösten sogar im engeren Freundeskreis Bedenken aus, und als Schiller sie schließlich publizierte, fühlte er sich zu der Rechtfertigung bemüßigt, »daß ich zwar eine konventionelle, aber nicht die wahre und natürliche Dezenz dadurch verletzt glaube«. Bei der geringen Rücksicht, die Goethe auf Publikumsbedürfnisse nahm, war die schwache Resonanz auf seine Schriften zu dieser Zeit kein Wunder. Nicht so sehr in breiten Leserschichten, die er erst mit seinem Hexameterepos *Hermann und Dorothea* (1797) wieder besänftigte, um so mehr in Kreisen der gebildeten und kritischen Intelligenz gewann er mit einem anderen Werk die verlorenen Sympathien zurück: mit dem 1795/96 veröffentlichten Roman *Wilhelm Meisters Lehrjahre*, der seither als zentrales Prosawerk der deutschen Klassik betrachtet wird.

Durch Zufall ist 1910 in Zürich die Urfassung des Romans – *Wilhelm Meisters theatralische Sendung* – wieder ans Licht gekommen. Sie erlaubt einen Einblick in die langwierigen und komplizierten Entstehungsprozesse der Goetheschen Hauptwerke. Die *Theatralische Sendung* beginnt mit der gemächlichen Schilderung der Kindheit und Jugend des Helden, seiner Begeisterung für das Puppenspiel, einer sich steigernden Theaterleidenschaft und der ersten Bekanntschaft mit der Welt der Komödianten, die in ihm das Gefühl eigener künstlerischer Berufung weiter fördert. Die junge Schauspielerin Mariane wird seine große Liebe: »In der gärenden Zeit dieser natürlichen Kunstbemühungen wollte das Schicksal, daß die Liebe ihn mit noch festern Banden an's Theater knüpfte.« Nach dem Bruch mit Mariane wegen vermeintlicher Untreue der Geliebten schließt

Wandertruppe in einer Scheune

Wilhelm sich einer bunt zusammengewürfelten Wandertruppe an, deren abenteuerliche Geschicke er teilt und gelegentlich lenkt, bis es zum Krach und zur Trennung kommt. Das Romanfragment endet damit, daß Wilhelm Meister als Schauspieler in das Ensemble des Theaterprinzipals Serlo eintritt, der Züge des berühmten Schauspielers Friedrich Ludwig Schröder trägt.

In *Wilhelm Meisters Lehrjahren* ist der chronologische Aufbau des Lebensberichts aufgegeben. Jetzt beginnt der Roman mit der Liebesgeschichte zwischen Wilhelm und Mariane. Schärfer akzentuiert wird der Gegensatz der Existenzmöglichkeiten, die sich dem Helden eröffnen – die Wahl zwischen einer gesicherten Kaufmannslaufbahn, wie sie Wilhelms tüchtiger und philiströser Schwager Werner einschlägt, und einem Leben als freier Künstler. Der Held entscheidet sich für den letzteren Weg; in den Hauptzügen sind seine Wandertruppenerlebnisse in der endgültigen Romanfassung erhalten geblieben, nur daß sich hier der Künstlertraum von der »theatralischen Sendung« als Irrtum, als Selbsttäuschung herausstellt, dem andere, höhere Lebensziele gegenübertreten. Der Theaterroman erweitert sich zu einem umfassenden Gesellschafts- und Bildungsroman.

»Daß ich Dir's mit einem Worte sage: mich selbst, ganz wie ich da bin, auszubilden, das war dunkel von Jugend auf mein Wunsch und meine Absicht« – dieser Gedanke durchzieht leitmotivisch das ganze Werk. Wilhelm Meister äußert ihn in der Auseinandersetzung mit Werner, dem Prototyp des bürgerlichen Erwerbssinns und der häuslichen Bescheidenheit. Er vergleicht das beschränkte Dasein des Bürgers, das durch die ökonomische Notwendigkeit der Arbeitsteilung bestimmt ist, mit den freien Entfaltungsmöglichkeiten des privilegierten Adels:

›Wenn der Edelmann durch die Darstellung seiner Person alles gibt, so gibt der Bürger durch seine Persönlichkeit nichts und soll nichts geben. Jener darf und soll nur scheinen; dieser soll nur sein, und was er scheinen will, ist lächerlich oder abgeschmackt. Jener soll tun und wirken, dieser soll leisten und schaffen; er soll einzelne Fähigkeiten ausbilden, um brauchbar zu werden, und es wird schon vorausgesetzt, daß in seinem Wesen keine Harmonie sei noch sein dürfe, weil er, um sich auf *eine* Weise brauchbar zu machen, alles übrige vernachlässigen muß.‹

Ohne Zweifel kommen in diesen Sentenzen die in der Weimarer Schule erworbenen eigenen Auffassungen Goethes zum Ausdruck. Das Aufblicken zum Adel und die Geringschätzung des bürgerlichen Unternehmerstandes treten deutlich hervor; dennoch täuscht man sich, wenn man die soziale Position des Dichters aus den Romanfiguren bestimmen will. Am Ende tun sich, von Goethe nicht ohne Sarkasmus geschildert, der adlige Grundbesitzer Lothario und der Kapitalist Werner zusammen, weil beide sich von diesem Klassenkompromiß eine Modernisierung ihrer ökonomischen Verhältnisse versprechen. Wilhelm Meister ist auf der Suche nach einer Synthese anderer Art, er will Individualität werden, einen Ausweg aus dem Dilemma der hierarchischen Gesellschaft finden, die dem Bürger den Zugang zu allseitiger Persönlichkeitsbildung verwehrt. Einzig das Theater scheint ihm diesen Ausweg zu bieten: als Tätigkeit, die das niedrige gesellschaftliche Sein mit dem schönen Schein der öffentlichen Selbstdarstellung verbindet. So sonderbar ausgeklügelt diese Argumentation klingt –

sie bezieht sich doch auf etwas sehr Reales im Bewußtsein der zeitgenössischen Literatur; man braucht sich nur in Erinnerung zu rufen, mit welcher Intensität Lessing, die Sturm-und-Drang-Generation, auch der junge Goethe selbst und Schiller bis an ihr Lebensende für das Theater gearbeitet haben. KARL PHILIPP MORITZ hat im *Anton Reiser* das Scheitern eines solchen Theaterenthusiasten als fürchterlichen Zusammenbruch einer Lebensperspektive geschildert. Eine nur lebensfroher erzählte Variante dieses Themas sind *Wilhelm Meisters Lehrjahre*. Auch hier erkennt der Held, daß er nicht für die Bühne und die Bühne nicht für ihn geschaffen ist. Ihm gelingt es, dieses Ende seiner Illusionen als »notwendige« Bildungsstufe zu begreifen und hinter sich zu lassen; es gelingt ihm aber auch nur, weil sich eine Instanz einschaltet, die für ihn Schicksal spielt: die »Gesellschaft vom Turm«.

Die *Theatralische Sendung* läßt noch nicht erkennen, daß es höhere Ideale gibt als die künstlerische Leidenschaft des jungen Wilhelm Meister. Erst in den *Lehrjahren* verändert sich die Perspektive; nicht das liebenswürdige, aber armselige Schauspielervölkchen, mit dem er durch die Lande zieht, sondern ein Kreis von Personen, denen er dabei nach und nach begegnet, eröffnet die Aussicht auf ein anderes Leben. Einige von ihnen geben sich schließlich als eine Art kosmopolitischer Orden zu erkennen, der an die Freimaurerbünde der Aufklärung erinnert. Es stellt sich heraus, daß die »Gesellschaft vom Turm« die Wege Wilhelm Meisters – Schicksal durch Pädagogik ersetzend – schon lange beobachtet und unsichtbar geleitet hat. Wilhelm wird durch die Erteilung eines Lehrbriefs in diesen Bund von Philanthropen aufgenommen, der sich einem tätigen Leben zum Wohl der Menschheit verschrieben hat. Es ist keine Staatsutopie, in die der Roman mündet, sondern die Utopie einer von einzelnen Individuen vorbildhaft vorgelebten gesellschaftlichen Praxis. So erscheint es jedenfalls auf den ersten Blick. Die Pflege der ästhetischen Kultur gehört ebenso zu den Zielen der Turmgesellschaft wie die Reform der wirtschaftlichen Verhältnisse; der antifeudalistischen Forderung, die Steuerfreiheit und die Lehnsrechte des Adels abzuschaffen, wird ebensoviel Gewicht beigemessen wie der Absicherung gegen unerwünschte soziale Revolutionen. Nicht Frankreich, sondern Amerika ist der Traum, den Goethe durch Jarno, ein Mitglied der Bruderschaft, aussprechen läßt: ». . . aus unserm alten Turm soll eine Sozietät ausgehen, die sich in alle Teile der Welt ausbreiten, in die man aus jedem Teile der Welt eintreten kann. Wir assekurieren uns untereinander unsere Existenz, auf den einzigen Fall, daß eine Staatsrevolution den einen oder den andern von seinen Besitztümern völlig vertriebe. Ich gehe nun hinüber nach Amerika . . .«

Es ist nicht zu übersehen, daß die lehrhaften Züge in den letzten drei Büchern des Romans gegenüber dem vor Fabulierlust sprühenden ersten Teil und der Urfassung dominieren. Gestalten wie die Komödiantin Philine, das androgyne Irrlicht Mignon oder der mit dem Wahnsinn lebende Harfenspieler gehören zu den reichsten poetischen Erfindungen der deutschen Literatur – sie stammen jedoch alle aus dem Erzählbereich der *Theatralischen Sendung*. Schemenhaft dagegen – und bei genauerem Hinsehen gar nicht besonders sympathisch – wirken die später in den Vordergrund tretenden Figuren: der Abbé als Vaterfigur der Turmgesellschaft, der Adlige Lothario und der Offizier Jarno, ebenso die Frauengestalten Therese und Natalie. Sie sind mehr Funktionsträger von »Begebenheiten und Gesinnungen«, wie es im Roman selbst über den Roman heißt, als lebendige Wesen von Fleisch und Blut. Was durch diese Änderung in der Personenzeichnung gewonnen wird, ist eine große Vielfalt des weltanschaulichen Spektrums, zugleich aber auch eine gewisse Kühle und Nüchternheit in den menschlichen Beziehungen. Der Selbstmord des alten Harfners und der Tod Mignons, die durch Einbalsamierung zu ewiger Jugend konserviert wird, besiegeln den Sieg der vernünftigen Ordnung über die Unordnung der Gefühle. Wie ein kritisch-ironischer Fingerzeig Goethes, diese Stufe in Wilhelm Meisters Bildungsstreben nicht als höchste Vollendung aufzufassen, mutet auch die Schlußchoreographie des Romans an, in der fast alle nur irgendwo vorkommenden Figuren sich zu Ehepaaren gruppieren.

Die beinahe gewaltsam wirkende Konstruktion, die am Ende alles Rätselhafte entweder durch Tod abtreten läßt oder rational auflöst, hat schon unter den Zeitgenossen Kritik hervorgerufen. Nicht ganz unschuldig an diesem Romanschluß war FRIEDRICH SCHILLER, ohne dessen Rat und Ermunterung die *Lehrjahre* allerdings kaum beendet worden wären. Schiller vermißte in dem Werk die Klarheit der Idee und tadelte, wie Goethe später sagte, »die Einflechtung des Tragischen, als welches nicht in den Roman gehöre«. Die Romantiker, die den *Wilhelm Meister* zunächst als Jahrhundertwerk feierten, empfanden später gerade die Zunahme der rational-reflektierenden Elemente als störend, den poetischen Grundcharakter des Werks kompromittierend. JEAN PAUL ärgerte sich darüber, daß selbst den zauberhaftesten Geschöpfen der dichterischen Phantasie, Mignon und dem Harfner, noch eine erklärende Familiengeschichte nachgeliefert wurde: »›Meisters‹ Wunderwesen liegt nicht im hölzernen Räderwerk . . ., sondern in Mignons und des Harfenspielers etc. herrlichem geistigen Abgrund, der zum Glück so tief ist, daß die nachher hineingelassenen Leitern aus Stammbäumen viel zu kurz ausfallen . . . So wünsch' ich beinahe, ich wüßte gar nicht, wer Mignon und der Harfenspieler eigentlich von Geburt an gewesen.« Und NOVALIS, der ähnlich wie FRIEDRICH SCHLEGEL den *Wilhelm Meister* enthusiastisch begrüßt und geistreich kommentiert hatte, änderte seinen Standpunkt zu einer Polemik, die bereits die kommenden Richtungskämpfe zwischen Romantik und Klassik ankündigt: »Hinten wird alles Farce. Die ökonomische Natur ist die wahre – übrig bleibende . . . Die Freude, daß es nun aus ist, empfindet man am Schluß im vollen Maße. Das Ganze ist ein nobilitierter Roman. Wilhelm Meisters Lehrjahre oder die Wallfahrt nach dem Adelsdiplom. Wilhelm Meister ist eigentlich ein ›Candide‹, gegen die Poesie gerichtet.«

Goethe widersprach dieser Auffassung genauso, wie er Schillers Drängen auf Klärung des philosophischen Gehalts nur halbherzig entgegenkam:

Es gehört dieses Werk übrigens zu den inkalkulabelsten Produktionen, wozu mir fast selbst der Schlüssel fehlt. Man sucht einen Mittelpunkt, und das ist schwer und nicht einmal gut. Ich sollte meinen, ein reiches, mannigfaltiges Leben, das unsern Augen vorübergeht, wäre auch an sich etwas ohne ausgesprochene Tendenz, die doch bloß für den Begriff ist. Will man aber dergleichen durchaus, so halte man sich an die Worte Friedrichs, die er am Ende an unsern Helden richtet, indem er sagt: ›Du kommst mir vor wie Saul, der Sohn Kis', der ausging, seines Vaters Eselinnen zu suchen, und ein Königreich fand.‹ Hieran halte man sich. Denn im Grunde scheint doch das Ganze nichts anderes sagen zu wollen, als daß der Mensch trotz aller Dummheiten und Verwirrungen, von einer höheren Hand geleitet, doch zum glücklichen Ziel gelange. (Gespräche mit Eckermann, 18. Januar 1825)

Goethe selbst stand freilich diesem »glücklichen Ziel« ebenso skeptisch gegenüber, wie er der »höheren Hand« mißtraute. Das Konstruktionsprinzip seines Romans besteht darin, daß jede vermeintlich höhere Stufe, die im Namen der Bildung erklommen wird, zugleich als eine Destruktion von Leben und Lebendigkeit vor Augen geführt wird. Was dieses letztendlich tief pessimistische Werk zusammenhält, ist die gleichbleibende Distanz, die der Dichter zu allen seinen Figuren, einschließlich der Hauptperson Wilhelm Meister, aufrechterhält. Als man sich noch über *Wilhelm Meisters Lehrjahre* begeisterte und stritt, arbeitete Goethe bereits an der Konzeption einer Fortsetzung des Romans; *Wilhelm Meisters Wanderjahre* gehören jedoch, wie der zweite Teil des *Faust*, in eine andere, dem Klassischen schon entwachsene Periode in Goethes Dichterleben.

Faust. Der Tragödie erster Teil

Selten in der »Weltliteratur« – dieser Begriff ist von Goethe in Umlauf gebracht worden – begegnet man dem Phänomen, daß ein Dichter fast ein Leben lang an einem einzelnen Werk gearbeitet hat und von der Nachwelt mit diesem einen Werk identifiziert wird. DANTES *Göttliche Komödie* und CERVANTES' *Don Quixote* sind solche Ausnahmebeispiele, Goethes *Faust*-Dichtung ist ein anderes. Schon während seiner Studentenjahre beschäftigt den jungen Sturm-und-Drang-Dichter der Gedanke, den Faust-Stoff, den er von den Puppenspielen seiner Kindheit her kennt, neu zu dramatisieren. Gestalt nehmen diese Pläne in den frühen siebziger Jahren an (eine Abschrift des *Urfaust* ist 1887 wiederentdeckt worden). 1790 veröffentlicht Goethe dann eine erste Fassung unter dem Titel *Faust. Ein Fragment.* Als 1808 endlich der erste Teil der Tragödie erscheint, ist der Verfasser ein Mann von fast sechzig Jahren. Die *»Zueignung«*, die dem Werk vorangestellt ist, erinnert an diesen zeitlichen Abstand. Den zweiten Teil stellt Goethe kurz vor seinem Tode, im Sommer 1831, fertig. Sechs Jahrzehnte umfaßt also die verschlungene, keineswegs kontinuierliche Entstehungsgeschichte des *Faust*-Dramas.

Ihr naht euch wieder, schwankende Gestalten,
Die früh sich einst dem trüben Blick gezeigt.
Versuch ich wohl, euch diesmal festzuhalten?
Fühl' ich mein Herz noch jenem Wahn geneigt?
Ihr drängt euch zu! nun gut, so mögt ihr walten ...

Die Fabel des Doktor Faustus, der seine Seele dem Teufel verschreibt, um die Geheimnisse der Welt zu ergründen, ist im Volksbuch von 1587 vorgezeichnet, das sich in zwei Traditionslinien bis ins 18. Jahrhundert weitervererbt hat. Goethe kannte sowohl die in Deutschland oft bearbeitete volkstümlich-epische Version als auch die von den englischen Komödianten eingeführte theatralische. CHRISTOPHER MARLOWES Faust-Drama (um 1588) lernte er erst lange nach Beendigung des *Faust I* kennen; um so vertrauter war er mit den im Puppenspiel überlebenden Resten der effektvoll-groben Wandertruppen-Bearbeitungen. Die Verdächtigung der Wissenschaft als Zauberei, mit unverkennbarer Demagogie gegen Paracelsus und andere Vorboten der Aufklärung gerichtet, war die Tendenz des ursprünglichen Volksbuchs von 1587 gewesen. Knapp zweihundert Jahre später liegt das Faust-Thema wieder in der Luft, aber die Situation hat sich von Grund auf verändert: Die orthodoxe Theologie befindet sich auf dem Rückzug und wird ihrerseits als Aberglauben verspottet; Schriftsteller bekennen sich offen und stolz dazu, daß sie im »philosophischen Jahrhundert«, im »Zeitalter der Kritik« leben. Säkularisiertes Denken, vormals von Schwefelgeruch umgeben und mit Höllenfahrt bestraft, hat über Weihwasser und Glaubensgewißheit triumphiert.

Auffallend oft wird in den letzten Jahrzehnten des 18. Jahrhunderts die Faust-Legende wiederaufgegriffen. LESSING bearbeitet den Stoff in zweimaligem Anlauf; die Entwürfe dazu sind bis auf eine Szene, die er in den *Literaturbriefen* mitgeteilt hat, leider verlorengegangen. Schriftsteller des Sturm und Drang befassen sich intensiv mit dem Faust-Thema. MALER MÜLLER veröffentlich 1776 und 1778 Teile eines Faust-Dramas, und FRIEDRICH MAXIMILIAN KLINGER legt 1791, ein Jahr nach der Veröffentlichung von Goethes *Faust-Fragment,* seinen bemerkenswerten Roman *Faust's Leben, Thaten und Höllenfahrt* vor.

Titelkupfer zu »Faust« (1790)

Der Teufelspakt wird in diesen Werken sehr unterschiedlich gedeutet. In dem fragmentarisch überlieferten Entwurf LESSINGS beschließen die Teufel, auf den Altären einer Kirche hockend, Faust zu verderben, werden aber bei der Ausführung ihres Plans wie Klippschüler abgekanzelt. Nur einer von ihnen kann die Frage, wie schnell sie seien, zu Fausts Zufriedenheit beantworten: Er sei, sagt dieser gewitzteste Teufel, so schnell wie der Übergang vom Guten zum Bösen. Warum und auf welche Weise der Pakt dann zustande kommt, wird aus dem Fragment nicht klar; vieles deutet darauf hin, daß Lessing – wie später auch Goethe – nicht an eine Verdammung, sondern an die Rettung von Fausts Seele dachte.

In KLINGERS Roman geht es ebenfalls um die Frage von Gut und Böse: In der wie in einer Barockoper dargestellten Hölle wird Faust als Erfinder des »Übels« der Buchdruckerkunst gefeiert, und der Obersatan schickt seinen tüchtigsten Gehilfen, Leviathan, auf die Erde, um diese begehrte Seele zu erobern. Daß die Menschen des Teufels nicht bedürften, weil sie selbst Teufel genug seien, diese Auffassung Leviathans ist der Anlaß zum Pakt, weil Faust trotz seiner Unzufriedenheit mit der Welt an das Gute im Menschen glaubt. Auf grausige Weise wird er eines Schlimmeren belehrt. Männer, die ihre Frauen und Töchter um des Geldes willen verkaufen, Wollust, die sich hinter Frömmigkeit versteckt, Haß, Mord und Folter bis hinauf in die höchsten königlichen und päpstlichen Kabinette begegnen ihm auf allen Stationen, durch die Leviathan ihn führt. Empört über so viel Schlechtigkeit, verzweifelt Faust an der Menschheit, spielt sich als Rächer der verratenen Gottähnlichkeit auf und verursacht dadurch Leiden und Verbrechen, die ihn schließlich selbst reif für die Höllenfahrt machen.

In Goethes *Faust* ist die Grundkonstellation eine andere, nicht mehr gebunden an die Thematik eines Sündenfalls aus menschlicher Hybris. Die moralische Anklage, die Klinger in seinem Roman erhebt und die eine ungewöhnlich scharfe Sozialkritik mit einer Selbstkritik des »Titanismus« der eigenen frühen Jahre verbindet, ist Goethes Sache nicht. Wesentliche Elemente der Sturm-und-Drang-Dichtung sind in *Faust I* erhalten geblieben, vor allem in der Gretchen-Tragödie. Die Geschichte des verführten unschuldigen Mädchens, das zur Kindsmörderin wird und dem Blutgericht anheimfällt, ist in der gesamten rebellischen Literatur der siebziger Jahre des Jahrhunderts aktuell; erst Goethe fügt sie in souveräner Willkür mit der Gelehrtentragödie des Doktor Faustus zusam-

men – es bedarf ja eigentlich keines Faust und erst recht keines Mephistopheles, um das Kindsmörderin-Motiv dramatisch zu gestalten. Weder im *Urfaust* noch in dem 1790 veröffentlichen *Fragment* ist denn auch erkennbar, wie der Teufel ins Spiel kommt. Diese Verknüpfung gelingt erst dem »klassischen« Goethe.
Mit wunderbarer Ironie wird der Faust-Stoff schon dadurch entmystifiziert, daß der Teufelspakt in eine zwiefache Wette umgedeutet wird: »Was wettet Ihr?« sagt Mephistopheles im *»Prolog im Himmel«* zu Gott, der nichts dagegen einzuwenden hat, daß der Teufel Fausts Seele zu entführen versucht, allerdings mit einer vertraglichen Einschränkung:

> Meph.: Was wettet Ihr? den sollt Ihr noch verlieren.
> Wenn Ihr mir die Erlaubnis gebt,
> Ihn meine Straße sacht zu führen!
>
> Der Herr: Solang' er auf der Erde lebt,
> Solange sei dir's nicht verboten.
> Es irrt der Mensch, solang' er strebt.

Die zweite Wette schließt Mephisto mit Faust, ebenfalls darauf bedacht, den Fall quasi juristisch einwandfrei auszuhandeln. Er braucht ihn gar nicht erst mit dem Angebot von Wissen, Macht und Genuß in Versuchung zu führen, weil Faust sich schon entschieden hat: Der akademischen Wissenschaft den Rücken zu kehren und sich der Sinnenlust zu ergeben, ist sein Entschluß nach der magisch

»Prolog im Himmel«, gezeichnet von Goethe (um 1800)

heraufbeschworenen Begegnung mit dem Erdgeist, der Fausts Wunsch, »daß ich erkenne, was die Welt / im Innersten zusammenhält« eine verächtliche Absage erteilt: »Du gleichst dem Geist, den du begreifst, / nicht mir!« Die Profanisierung des Teufels setzt sich darin fort, daß Mephistopheles sich in Gestalt eines Hundes an Faust heranschleicht und sich als ein zwar witziger, aber doch mediokrer Höllengeist herausstellt, der sich selbst nicht zu den »Großen« zählt – ein Agent des »Bösen«, der gern inkognito unterwegs ist, durchaus anfällig für menschliche Schwächen und Laster, von großem Format nur in seinem Zynismus, dabei nicht besonders weitsichtig, denn Faust baut in den mit Blut besiegelten Kontrakt einen sehr dehnbaren Paragraphen ein:

Erscheinung des Erdgeist, gezeichnet von Goethe

Faust: Werd' ich beruhigt je mich auf ein Faulbett legen,
So sei es gleich um mich getan!
Kannst du mich schmeichelnd je belügen,
Daß ich mir selbst gefallen mag,
Kannst du mich mit Genuß betrügen,
Das sei für mich der letzte Tag!
Die Wette biet ich!

Meph.: Topp!

Faust: Und Schlag auf Schlag!
Werd' ich zum Augenblicke sagen:
Verweile doch! du bist so schön!
Dann magst du mich in Fesseln schlagen,
Dann will ich gern zugrunde gehn!

Als erste Bewährungsprobe der Abmachung zwischen Faust und Mephisto schließt sich die Gretchen-Handlung an. Dem Teufel fällt darin die Rolle des Vollstreckungsgehilfen zu; Faust ist die treibende Kraft und lädt die Schuld an Gretchens Untergang auf sich. Das Spielerische der Wette verwandelt sich abrupt in tödlichen Ernst. Während Faust in der Wette mit Mephistopheles nur ein Blutströpfchen opfert, um das Leben kennenzulernen, endet sein erster Schritt ins Leben mit der Auslöschung einer ganzen Familie: Margaretes Mutter und Bruder müssen sterben; Gretchen bringt ihr Kind um und endet selbst unter dem Beil des Henkers. Gegen die Brutalität dieses Geschehens steht nichts als das Versprechen Fausts, nie stillstehen zu wollen im Streben nach Glücks- und Wirklichkeitserfahrung, ein Versprechen, worin der über Leichen gehende Held den Zynismus seines höllischen Gefährten gleich bei der ersten Probe überbietet. Unter dem Firnis des weihevollen Menschheitsdramas, der sich über Goethes Faust-Drama abgelagert hat, gewahrt man härtere Konturen und grellere Farben, als gewöhnlich dem klassischen Humanitätsideal zugetraut und zugebilligt werden.
In der endgültigen Fassung des *Faust I* setzt die Faust-Gretchen-Handlung erst etwa in der Mitte des Stücks ein; vorangestellt sind das *»Vorspiel auf dem Theater«* und der *»Prolog im Himmel«* – unentbehrliche Bestandteile des Ganzen, weil sie

eine verfremdende Distanz schaffen zur Gelehrtentragödie Fausts wie auch zur Liebestragödie, in deren Zentrum nicht Faust, sondern Gretchen steht. Neu hinzukomponiert sind die in den ersten Entwürfen noch gänzlich fehlenden großen Szenen *»Vor dem Tor« (Osterspaziergang)*, *»Wald und Höhle«* und *»Walpurgisnacht«*. Dramaturgisch haben sie eine retardierende Funktion, durch die der Absturz in die tragische Katastrophe in um so rascherem Tempo erscheint. Gleichzeitig transzendieren gerade diese Szenen das nur für den Handlungsablauf Notwendige: Der Hexenspuk auf dem nächtlichen Brocken *(»Walpurgisnacht«)* samt dem angefügten satirischen Intermezzo *»Walpurgisnachtstraum oder Oberons und Titanias Goldne Hochzeit«* unterbricht das Drama mit einer poetisch-theatralischen Traumvision und stellt bewußt wieder einen Abstand zum eigentlichen Geschehen her; in den Auseinandersetzungen zwischen Faust und Wagner *(»Osterspaziergang«)* und zwischen Faust und Mephistopheles *(»Wald und Höhle«)* treten philosophisch-weltanschauliche Erörterungen – wiederum Distanz schaffend – in den Vordergrund.

»Walpurgisnacht«, Kupferstich von P. Cornelius nach einer Zeichnung von Overbeck

Singulär in seiner Epoche, neu aber auch in Goethes eigenem dramatischen Schaffen ist die sprachliche Vielfalt im ersten Teil des *Faust.* Vom Knittelvers bis zum Alexandriner, vom gereimten und ungereimten Blankvers bis zu den freien Rhythmen der Klopstockschen Oden wird in überraschenden Wechseln und Kontrasten alles aufgeboten, worin sich die deutsche Literatur jahrhundertelang geübt hatte. Welches Vergnügen ihm dieser virtuose Gebrauch des poetischen Instrumentariums bereitet hat und wie planvoll er damit umgegangen ist, sprachliche Gegensätze als Kunstmittel einzusetzen, hat Goethe in ein Bild übersetzt, das er dem Theaterdirektor im Vorspiel auf dem Theater in den Mund legt:

Ihr wißt, auf unsern deutschen Bühnen
Probiert ein jeder, was er mag;
Drum schonet mir an diesem Tag
Prospekte nicht und nicht Maschinen!
Gebraucht das groß' und kleine Himmelslicht,
Die Sterne dürfet ihr verschwenden;
An Wasser, Feuer, Felsenwänden,
An Tier und Vögeln fehlt es nicht.
So schreitet in dem engen Bretterhaus
Den ganzen Kreis der Schöpfung aus
Und wandelt mit bedächt'ger Schnelle
Vom Himmel durch die Welt zur Hölle.

Der gut gemeinte Rat änderte nichts daran, daß das Theater sich mit der szenischen Realisierung schwertat. *Faust, der Tragödie erster Teil* wurde zum ersten Mal 1819 im Rahmen einer Berliner Privatveranstaltung aufgeführt, öffentlich erst 1829 in Braunschweig.

SCHILLER AUF DEM WEGE NACH WEIMAR

Freude, schöner Götterfunken,
Tochter aus Elysium!
Wir betreten feuertrunken,
Himmlische, Dein Heiligtum ...

(Schiller, *An die Freude*, 1785)

Das Leben FRIEDRICH SCHILLERS, des anderen Protagonisten der Weimarer Klassik, ist – trotz aller Dissonanzen, die es auch in Goethes Leben gab – von geringerem Glück begünstigt gewesen. Der frühe Dichterruhm, den Schiller durch seine Jugenddramen *Die Räuber* (1779/80) und *Kabale und Liebe* (1782/83) erworben hatte, verhalf ihm nicht zu dem erhofften gesellschaftlichen Aufstieg, der ihn der materiellen Sorgen und einer langjährigen Abhängigkeit von Gönnern und Freunden enthoben hätte. Seine später von Beethoven in der 9. Symphonie vertonte Hymne *An die Freude* entstand, als der ebenso rastlose wie mittellose Schriftsteller 1785 im Leipziger und Dresdener Freundeskreis um CHRISTIAN GOTTFRIED KÖRNER eine neue Heimat gefunden zu haben glaubte. Hinter ihm lagen die Flucht aus dem Herzogtum des württembergischen Despoten Karl Eugen, die Enttäuschungen in Mannheim, wo er als Theaterdichter und Dramaturg gescheitert war, verworrene und unausgestandene Liebesaffären und die Verleihung eines bedeutungslosen Ratstitels durch den Weimarer Herzog Karl August, mit dem Schiller 1784 eher zufällig in Darmstadt bekannt geworden war.

Der erste Besuch in Weimar (Juli 1787 – Mai 1788) fällt in die Zeit, in der Goethe weit weg in Italien ist. Schiller lernt den spröden HERDER und den liebenswürdigen WIELAND kennen, kommt aber auch hier seinem Ziel, eine feste Erwerbsquelle zu finden, keinen Schritt näher. Ein Jahr später, nach einer frostig verlaufenen Begegnung mit dem eben aus Italien zurückgekehrten Goethe, immerhin aber auf dessen Betreiben, wird er zum außerordentlichen Professor für Geschichte an die Universität Jena berufen – in ein Lehramt, das unbesoldet ist und ihm, weil es außer den Kolleggeldern nur Zeitverlust einbringt, schnell lästig wird. Zu mehr als der neuerlichen Verleihung eines Hofratstitels und einem Almosen von jährlich 200 Talern ist der Weimarer Herzog nicht bereit. Was den zu unfreiwilligem Privatisieren gezwungenen Schriftsteller über Wasser hält, ist die Uneigennützigkeit seiner Freunde und Freundinnen, deren Fürsorge deutlich macht, daß der Freundschaftskult der Aufklärung nicht nur geistig, sondern auch materiell viel bedeutete. Aus seiner unsicheren Lage erlöst Schiller erst ein auf drei Jahre befristetes Stipendium, das ihm 1791 der dänische Dichter JENS BAGGESEN beim Erbprinzen Christian von Schleswig-Holstein-Sonderburg-Augustenburg verschafft.

Schiller in der Jenaer Zeit

Die Enge der Verhältnisse, in denen Schiller aufgewachsen ist und aus denen ihm lange kein Ausweg gelingen will, drückt seiner literarischen Tätigkeit den Stempel auf. Der Traum von Größe, der Anspruch auf höchsten Dichterruhm und das Freiheitspathos aller seiner Werke sind nicht nur Ausdruck individuellen Ehrgeizes, in ihnen reproduziert sich auch spiegelverkehrt die deutsche Wirklichkeit im Jahrzehnt der Französischen Revolution. In prägnantem Sinne trifft die von KARL MARX auf den deutschen Idealismus gemünzte Bemerkung, daß bloß die »gemeine Misere mit der überschwenglichen« vertauscht werde, bereits auf Schiller zu: Der Kleinkariertheit der deutschen Duodezstaaten-Realität zum Trotz schlägt er, obwohl die Macht der barocken Haupt- und Staatsaktion eben erst gebrochen ist, den Ton des Erhabenen im hohen Trauerspiel wieder an. Seine Stoffe sucht er in einer heroischen Vergangenheit, da ihm das aktuelle Geschehen in Frankreich genauso abstoßend erscheint wie die trübe Gegenwart im feudalabsolutistisch zersplitterten Deutschland. Während sich eine wirkliche Revolution vor seinen Augen abspielt, bewegen sich in seinem Kopf unablässig Verschwörungen, Rebellionen und Freiheitskämpfe früherer Zeiten. Vorerst, in den langen Jahren zwischen seiner Flucht aus Stuttgart (1782) und dem Beginn seiner Zusammenarbeit mit GOETHE (1794) wird wenig davon in der dramatischen Produktion verwirklicht, die Schiller als sein ureigenstes dichterisches Betätigungsfeld ansieht. Nach der *Verschwörung des Fiesko zu Genua*, die 1782 in Mannheim durchgefallen war, ist der 1787 abgeschlossene *Don Carlos* das einzige Bühnenwerk, das Schiller in diesen zwölf Jahren zustande bringt. Statt dessen beschäftigt er sich mit historischen und ästhetischen Studien und editorischen Arbeiten. Erst danach, in der kurzen Spanne seines letzten Lebensjahrzehnts, folgt ein großes Drama auf das andere: die *Wallenstein*-Trilogie (1798/99), *Maria Stuart* (1800), *Die Jungfrau von Orleans* (1801), *Die Braut von Messina* (1803), *Wilhelm Tell* (1804) und – als Fragment hinterlassen – das *Demetrius*-Drama, an dem Schiller bis zu seinem frühen Tod im Jahr 1805 gearbeitet hat.

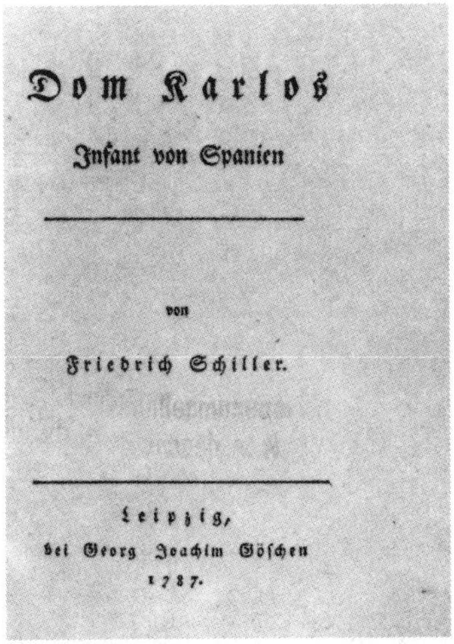
Dom Karlos

Infant von Spanien

von

Friedrich Schiller.

Leipzig,
bei Georg Joachim Göschen
1787.

Don Carlos

Der heimliche Wettstreit zwischen Schiller und Goethe, der lange vor ihrer späteren Verständigung im Gange war und zum Fundament ihres Bündnisses wurde, läßt sich in Schillers Werken, den theoretischen wie den dichterischen, überall nachverfolgen. Mit seinem *Götz von Berlichingen* hatte Goethe einen dramatischen Typus vorgezeichnet, der das historische Gemälde mit dem Charakterporträt verband. Schiller war einer der wenigen, die nicht so sehr das altdeutsche Kolorit und das Genrehafte des Ritterstücks daran interessierten; um so mehr faszinierte ihn die Entdeckung des tragischen Konfliktstoffs zwischen Individuum und Gesellschaft, Macht und Freiheit, schicksalhafter Notwendigkeit und persönlichem Glücksstreben. Sein *Fiesko*, als »republikanisches Schauspiel« betitelt, war der erste Versuch, es dem bewunderten Goethe gleichzutun, mit einer solchen Überbetonung der Zwiespältigkeit des Helden allerdings, daß nicht ersichtlich wurde, worin das »Republikanische« des Schauspiels bestehen sollte. Ein neuer Anlauf zu einer überzeugenderen historischen Tragödie ist *Don Carlos*, der zeitlich parallel zu Goethes *Egmont* entsteht. Schiller tritt in Konkurrenz zu Goethe, der mit seinem Schauspiel über den niederländischen Befreiungskampf die Experimente mit dem Historiendrama beendet. Wie ernst Schiller die Herausforderung und sich selbst als Vollender dieser dramatischen Gattung nimmt, geht aus zwei seiner Schriften besonders deutlich hervor: der in zwölf Briefen veröffentlichten Verteidigung seines *Don Carlos* und einer scharfzüngigen *Egmont*-Rezension. Trotz einiger wohlwollender Worte kritisiert er in dieser Rezension scharf die Kerkerszene am Schluß:

Fiesko, Graf von Lavagna. Haupt der Verschwörung. Junger schlanker, blühendschöner Mann von 23 Jahren – stolz mit Anstand – freundlich mit Majestät – höfisch-geschmeidig und ebenso tückisch

(aus dem Personenregister des *Fiesko*)

Je höher die Illusion in dem Stück getrieben ist, desto unbegreiflicher wird man es finden, daß der Verf. selbst sie mutwillig zerstört. Egmont hat alle seine Angelegenheiten berichtigt und schlummert endlich, von Müdigkeit überwältigt, ein. Eine Musik läßt sich hören,

> und hinter seinem Lager scheint sich die Mauer aufzutun, eine glänzende Erscheinung, die Freiheit, in Klärchens Gestalt, zeigt sich in einer Wolke. Kurz, mitten aus der wahrsten und rührendsten Situation werden wir durch einen Salto mortale in eine Opernwelt versetzt, um einen Traum – zu *sehen* ... Gefalle dieser Gedanke, wem will – Rez[ensent] gesteht, daß er gern einen *witzigen* Einfall entbehrt hätte, um eine *Empfindung* ungestört zu genießen.

Daß Schiller in seiner *Jungfrau von Orleans* eine ähnlich »opernhafte« Traumvision ans Ende stellt, zeigt nur, wie weit er sich, mit der Absicht, sie zu überbieten, auf Goethes Ideen einlassen wird. Am *Egmont* mißfällt ihm noch mehr, daß der in Lebensgefahr schwebende Oranier auf dem äußersten Punkt der dramatischen Krisis an nichts anderes denkt als an einen »Besuch beim Liebchen«:

> Nein, guter Graf Egmont! ... Wenn es Euch zu beschwerlich ist, Euch Eurer eigenen Rettung anzunehmen; so mögt Ihr's haben, wenn sich die Schlinge über Euch zusammenzieht. Wir sind nicht gewohnt, unser Mitleid zu verschenken.

Stich zur Hamburger Uraufführung 1787

In *Don Carlos* behandelt Schiller den Konflikt von Liebe und Ehre, Freiheit und Notwendigkeit denn auch in einer Weise, die alles Familiär-Private abzustreifen versucht. Zwar ging, wie eine Fußnote zur ersten Prosafassung von 1785 verrät, der ursprüngliche Plan des Dichters dahin, »ein Familiengemälde aus einem königlichen Hause« zu verfassen; die spätere Ausarbeitung läßt jedoch die Motive der Liebe des spanischen Infanten Carlos zu seiner Stiefmutter Elisabeth und die Eifersucht seines königlichen Vaters Philipp stärker zurücktreten. Dafür gewinnen die Gestalt des Marquis Posa und das Motiv der Freundschaft zwischen ihm und Carlos an Gewicht: Die Liebesleidenschaft des Infanten, seine melancholische Hamlet-Attitüde, stört empfindlich die Pläne des Marquis, der in Carlos das Werkzeug und den Vollstrecker seines Lebenstraums sieht, nämlich die in Aufruhr begriffenen Niederlande vom spanisch-habsburgischen Joch zu befreien. Wie in den *Briefen über Don Carlos* ausführlich dargelegt wird, ist aber auch dies noch nicht die letzte Stufe, auf die das Interesse des Lese- und Theaterpublikums nach Schillers stolzem Ausspruch (»Wir sind nicht gewohnt, unser Mitleid zu verschenken.«) hingelenkt werden soll: Die Liebestragödie (Carlos-Elisabeth) entwickelt sich über das Freundschaftsdrama (Carlos-Posa) zu einer Auseinandersetzung politischer Prinzipien, in der sich König Philipp und Marquis Posa als die eigentlichen Antagonisten gegenüberstehen.

Etwas gereizt reagierte Schiller auf Kritiken, die ihm Fehler in der Handlungsführung und in der Charakterisierung der Hauptpersonen vorrechneten. Daß er in König Philipp nicht nur den Tyrannen, sondern auch den einsamen, anlehnungsbedürftigen Menschen, in Marquis Posa nicht nur den freiheitsdurstigen Idealisten, sondern auch einen zu eitler Selbstüberschätzung neigenden Politiker habe darstellen wollen, leuchtet aus der psychologischen Disposition beider Figuren, wie sie im Stück entwickelt ist, ein. Am Ende kann Philipp zwar Posa und Carlos physisch vernichten, ist jedoch selbst der moralisch Vernichtete, dem alles entglitten ist: die Achtung seiner Frau, seines Sohnes, die Freundschaft des Marquis, um die er mit Carlos vergeblich konkurrierte.

Größere Mühe hatte Schiller, den Repräsentanten des Freiheitsgedankens zu rechtfertigen; gemessen an den Intrigen, die Posa anzettelt, erscheint doch etwas zweifelhaft, was Schiller über ihn sagt:

Wo ist bei ihm das Interesse für den Prinzen nicht dem höheren Interesse für die Menschheit untergeordnet? Fest und beharrlich geht der Marquis seinen großen kosmopolitischen Gang, und alles, was um ihn herum vorgeht, wird ihm nur durch die Verbindung wichtig, in der es mit diesem höhern Gegenstande steht.

Immerhin wechselt Marquis Posa – wenigstens für einen Augenblick – nicht nur scheinbar, sondern tatsächlich auf die Seite König Philipps über, um ihn im nächsten Moment eiskalt zu verraten; genauso skrupellos setzt er das Leben des Infanten aufs Spiel, ohne den Freund in sein waghalsiges Spiel einzuweihen.

Das figuren- und intrigenreiche Drama, dessen Aufwand an aristokratischem Personal jeder barocken Haupt- und Staatsaktion zur Ehre gereichen würde, bleibt in einem anderen Punkt, der freilich weniger auf das Konto der ästhetischen Gestaltung als auf das der politischen Philosophie Schillers geht, bis zur Harmlosigkeit blaß. Die berühmten Worte:

> Gehn Sie Europens Königen voran.
> Ein Federzug von dieser Hand, und neu
> Erschaffen wird die Erde. Geben Sie
> Gedankenfreiheit. –

sind das Äußerste, wozu sich Posa in seinen Forderungen an den spanischen König aufschwingt – so als ob die Freiheit des Gedankens, worunter nicht einmal ein Toleranzedikt zu verstehen ist, den gegen ihre Unterdrückung rebellierenden Niederländern gerecht würde. Das politische Programm des Marquis läuft auch sonst auf eine bescheidene Vorstellung vom flandrischen Befreiungskampf hinaus; im Gespräch mit der Königin gibt Posa zu erkennen, wie er sich die Rolle des Prinzen und des Volkes in diesem Freiheitskampf denkt:

> Er soll
> Dem König ungehorsam werden, soll
> Nach Brüssel heimlich sich begeben, wo
> Mit offnen Armen die Flamänder ihn
> Erwarten. Alle Niederlande stehen
> Auf seine Losung auf. Die gute Sache
> Wird stark durch einen Königssohn....

Schiller als Ästhetiker

Längere Zeit hat Schiller sich so sehr in wissenschaftliche und philosophische Studien vertieft, daß es unsicher schien, ob er – nach dem *Don Carlos* – überhaupt wieder in das dramatische Fach zurückkehren würde. Die poetisch inspirierte, unvollendet gebliebene *Geschichte des Abfalls der Vereinigten Niederlande von der Spanischen Regierung* (1788) steht in Zusammenhang mit der langwierigen Arbeit an *Don Carlos*, aber auch mit seinen Lehrverpflichtungen an der

Schiller am Stehpult

Jenaer Universität. Ein noch umfangreicheres, ebenfalls in glänzender Prosa geschriebenes Werk ist die *Geschichte des Dreißigjährigen Krieges* (1791–93), eine Auftragsarbeit des Leipziger Verlegers Göschen, die sich als bedeutende Vorarbeit für die spätere *Wallenstein*-Konzeption entpuppen wird. Schiller ist zeitweise überzeugt und wird von WIELAND darin bestärkt, daß seine besonderes Talent in der historischen Schriftstellerei liege. Doch dann geht, nach intensiver Beschäftigung mit KANTS *Kritik der Urteilskraft* (1790), sein Interesse auf grundsätzliche Fragen der Ästhetik über. 1793 entsteht der Essay *Über Anmut und Würde;* es folgen die *Briefe über die ästhetische Erziehung des Menschen* (1795), mit denen Schiller seinen Dank an den Mäzen, den Erbprinzen von Augustenburg, abstattet, und im gleichen Jahr der Aufsatz *Über naive und sentimentalische Dichtung.*

Mit unterschiedlicher Blickrichtung und Akzentuierung wird in diesen Schriften eine Theorie des Schönen entworfen, die den Autor im Übergang zum Klassizismus zeigen; zum Ideengebäude der Weimarer Klassik haben sie mindestens ebenso viel beigetragen wie seine dichterischen Werke. Noch ganz in dem Vokabular KANTS befangen, baut Schiller in *Anmut und Würde* eine Brücke zwischen den Antinomien von Vernunft und Natur, Freiheit und Notwendigkeit, die bei Kant nur durch den kategorischen Imperativ des Moralgesetzes zusammengehalten werden. Der Königsberger Philosoph war mit der Welt der sinnlichen Erscheinungen unsanft umgesprungen, indem er sie zu bloßen Phänomenen der Einbildungskraft erklärte – Schiller versucht sie zu rehabilitieren. Gegen Kants Auffassung von der »Unmöglichkeit eines objectiven Prinzips für den Geschmack« postuliert Schiller: »In einer schönen Seele ist es also, wo Sinnlichkeit und Vernunft . . . harmonieren, und Grazie ist ihr Ausdruck in der Erscheinung.« Schönheit, als »Freiheit in der Erscheinung« definiert, äußert sich im Spieltrieb als deren Bewegungsform. Die *Briefe über die ästhetische Erziehung des Menschen* erweitern diesen Gedanken dahin, daß erst eine harmonisch ausgebildete ästhetische Kultur den Bürger in die Lage versetze, zum Mitglied eines vernünftigen Staatswesens zu werden.

Parallel dazu entwickelt der Essay *Über naive und sentimentalische Dichtung* eine Dialektik, die für die Ästhetik der Klassik – bis hin zu HEGEL – die Diskussionen über literarische Stile und Literaturgeschichte beherrscht. Die dualistischen Begriffsschemata, deren sich Schiller als Schüler KANTS bedient, werden hier in einen geschichtsphilosophischen Prozeß aufgelöst. Auf den Verlust des wahrhaft naiven, goldenen Zeitalters der Griechen folgt die sentimentalische Literaturepoche, die sich der Natur nur noch im Widerspruch zwischen Reflexion und Spontaneität anzunähern vermag. HOMER gilt als Inbegriff des naiven Dichters, während die sentimentalische oder moderne Dichtung Mittelalter und Neuzeit umfaßt. Diese Zeit ist als Durchgangsstadium zu einem künftigen Zeitalter zu begreifen, in dem die Synthese von naiver und sentimentalischer Kunst erreicht wird – eine deutliche Huldigung an Goethe, dem das ehrende Prädikat des im modernen Sinne naiven Dichters zuerkannt wird. Schiller selbst rechnet sich, in deutlicher Unterordnung, dem Typus des rein sentimentalischen Schriftstellers zu.

Läßt man den ganzen philosophisch-spekulativen Begriffsapparat beiseite, so enthält diese Abgrenzungsstrategie zwar indirekt und diskret, doch unmißver-

ständlich das Angebot und Programm eines Zusammenwirkens zum Zweck einer höheren ästhetischen Kultur, wie sie Goethe in diesen Jahren ebenfalls vorschwebte.
Das Arsenal der Vokabeln, die vom Bildungsbürgertum des 19. Jahrhunderts dankbar aufgenommen und breitgetreten werden – Schönheit, Harmonie, edle Größe, das rein Menschliche –, ist in Schillers ästhetischen Schriften versammelt. Man muß hinzufügen, daß die theoretische Anstrengung für den in seiner dramatischen Produktion stockenden Dichter eine Klärung der eigenen Position bedeutete und eine scharfsinnig-selbstkritische Einschätzung seiner Fähigkeiten ermöglichte:

Mein Verstand wirkt eigentlich mehr symbolisierend, und so schwebe ich als ein Zwitter, zwischen dem Begriff und der Anschauung, zwischen der Regel und der Empfindung, zwischen dem technischen Kopf und dem Genie. Dies ist es, was mir, besonders in früheren Jahren, sowohl auf dem Feld der Spekulation als der Dichtkunst ein ziemlich linkisches Aussehen gegeben; denn gewöhnlich übereilte mich der Poet, wo ich philosophieren sollte, und der philosophische Geist, wo ich dichten wollte. Noch jetzt begegnet es mir häufig genug, daß die Einbildungskraft meine Abstraktionen, und der kalte Verstand meine Dichtungen stört.
(Schiller, Brief an Goethe vom 31. August 1794)

Wallenstein

In keinem Werk ist Schiller einer Synthese dieser Widersprüche näher gekommen als in seiner *Wallenstein*-Trilogie (geschrieben 1796–99 in Jena, uraufgeführt 1798/99 in Weimar), deren Entstehung bereits in die Zeit des intensiven Gedankenaustausches mit Goethe fällt und die durch den zwischen Weimar und Jena rege hin- und hergehenden Briefwechsel ausführlich dokumentiert ist. Für Schiller ist es nach langer Pause ein echter Neubeginn auf dem dramatisch-theatralischen Gebiet, zugleich eine Probe, was er nach seiner schweren Erkrankung 1791, die ihn bis zu seinem Tod nicht mehr verläßt, als Dichter noch zu leisten vermag. Seine an Besessenheit grenzende Arbeitswut, mehr noch der Zeitdruck der von Goethe festgesetzten Aufführungstermine am Weimarer Hoftheater treiben ihn zu fast panischer Eile in der Schlußphase der Arbeit am *Wallenstein* an. Nach der Weimarer Uraufführung von *Wallensteins Lager* im Oktober 1798 sollen die *Piccolomini*, der zweite Teil der Tragödie, schon am 30. Januar 1799 über die Bühne gehen. In den Weihnachtstagen des Jahres 1798 hat Goethe das Manuskript noch immer nicht in den Händen, was ihn zur Entsendung eines Eilboten und der scherzhaften Drohung veranlaßt: »Überbringer dieses stellt ein Detachement Husaren dar, das Ordre hat, sich der Piccolominis, Vater und Sohn, wie es gehen will, zu bemächtigen, und, wenn es derselben nicht ganz habhaft werden kann, sie wenigstens stückweise einzuliefern.«
Nicht nur dem großen Erfolg der Weimarer Uraufführung, auch der poetischen Substanz des monumentalen Dramenkomplexes hat diese Eile eher genutzt als geschadet: In letzter Minute hat Schiller noch so wichtige Bestandteile wie die Kapuzinerpredigt in *Wallensteins Lager* und entscheidende Veränderungen an

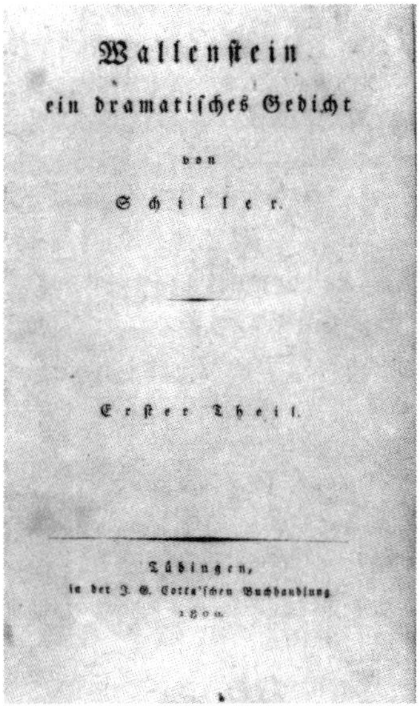
Wallenstein
ein dramatisches Gedicht
von
Schiller.
Erster Theil.
Tübingen,
in der J. G. Cotta'schen Buchhandlung.
1800.

den Sterndeuter-Szenen eingefügt. Möglich wurde dies durch die jahrelange Inkubationszeit des Werkes, in der sich der sprunghafte Geist Schillers von verschiedenen Seiten her auf das Thema eingestimmt und konzentriert hatte. Von den Materialstudien seiner *Geschichte des Dreißigjährigen Krieges*, von den angestrengten theoretischen Klärungsversuchen ist schon die Rede gewesen; aber auch ein Nebenprodukt wie *Der Geisterseher* (1786–89) ist zu den Vorläufern des *Wallenstein* zu zählen. Lange wurde dieser spannende Unterhaltungsroman wenig beachtet, zumal Schiller sich später von ihm schroff distanzierte. Das geradezu mathematische Kalkül, mit dem die verzweigten Handlungsfäden dieser frühen Kriminalgeschichte zusammengeführt und die Figuren mit- und gegeneinanderbewegt werden, läßt schon die meisterhafte Konstruktion des *Wallenstein* ahnen, und die geheimnisvolle Romangestalt des Armeniers und seine mysteriös-okkulten Machenschaften deuten bereits auf den astrologischen Komplex in der Dramentrilogie voraus.

Wallenstein, Herzog zu Friedland und kaiserlicher Generalissimus im Dreißigjährigen Krieg, ist dem Kaiserhof in Wien zu mächtig und unberechenbar geworden. Nachdem er schon einmal unter kränkenden Bedingungen als Feldherr entlassen, dann aber in zugespitzter Kriegssituation wieder mit der Führung der katholischen Armeen beauftragt worden ist, mißtraut man ihm bei Hofe – nicht ohne Grund: In seiner Hand konzentriert sich die militärische Macht; er gilt als ein unbesiegbarer, von seinen Generälen und Soldaten bewunderter Feldherr, dem überdies undurchsichtige politische Ambitionen nachgesagt werden. Wie der Souverän eines Staates im Staate verhandelt er mit den protestantischen Schweden und Sachsen, obwohl er sie auf dem Schlachtfeld schon besiegt hat; sein Blick richtet sich begehrlich auf Titel und Machtbefugnis eines Königs von Böhmen.

Soweit hat Schiller in seiner *Wallenstein*-Trilogie den ihm bekannten historischen Fakten halbwegs Rechnung getragen. Die Hauptfigur stattet er, wie schon dem Prolog zu *Wallensteins Lager* zu entnehmen ist, keineswegs nur mit den Zügen eines positiven Helden aus:

> Auf diesem finstern Zeitgrund malet sich
> Ein Unternehmen kühnen Übermuts
> Und ein verwegener Charakter ab.
> Ihr kennet ihn – den Schöpfer kühner Heere,
> Des Lagers Abgott und der Länder Geißel,
> Die Stütze und den Schrecken seines Kaisers,
> Des Glückes abenteuerlichen Sohn,
> Der, von der Zeiten Gunst emporgetragen,
> Der Ehre höchste Staffeln rasch erstieg
> Und, ungesättigt immer weiter strebend,
> Der unbezähmten Ehrsucht Opfer fiel.
> Von der Parteien Gunst und Haß verwirrt,
> Schwankt sein Charakterbild in der Geschichte;
> Doch euren Augen soll ihn jetzt die Kunst,
> Auch eurem Herzen menschlich näherbringen.

Dem nach Schillers Auffassung »ungeschmeidigen Stoff« ein Drama abzugewinnen und die mit der Ermordung Wallensteins endende Intrige als Haupt- und Staatsaktion in ein effektvolles Bühnenstück umzusetzen, wäre dem Verfasser des *Fiesko* und des *Don Carlos* nicht schwergefallen. Doch im *Wallenstein* sind die herkömmlichen Regeln der Dramaturgie außer Kraft gesetzt. Im ersten Teil der Trilogie – *Wallensteins Lager* – tritt der Titelheld gar nicht in Erscheinung; er gewinnt nur indirekt und im Widerspiel der Meinungen seiner Soldateska an Gestalt und Profil. Das Ungewöhnliche dieses Verfahrens setzt sich im *Piccolomini*-Teil fort: Auch hier bleibt der, um den es geht, im gesamten 1. Akt dem Geschehen fern, als Hauptperson dennoch gegenwärtig in den aufgeregten Diskussionen, die unter seinen Generälen durch die unheilverkündende Ankunft des kaiserlichen Diplomaten Questenberg ausgelöst werden. Daß es um einen Kampf auf Leben und Tod zwischen den beiden Machtzentren des österreichischen Kaiserreichs geht, weiß man von Anfang an. Schon im 1. Auftritt des 1. Akts wird klar: Die Zusammenziehung des Heeres und der Generalität in Pilsen wird in Wien als Provokation gewertet – und ist es auch. In der 2. Szene erfährt man, daß Octavio Piccolomini, der langjährige Gefährte und Vertraute Wallensteins, ein doppeltes Spiel treibt und heimlich auf die Absetzung des Feldherrn sinnt. Ungestüm dringen Wallensteins Militärs, unter ihnen der Sohn des alten Piccolomini, darauf, die Kraftprobe mit der politischen Kamarilla in Wien zu wagen. Die Erwartung des Zuschauers oder Lesers wie auch der dramatischen Personen ist aufs äußerste gespannt, den Feldherrn endlich selbst auftreten und handeln zu sehen. Da erst tritt er auch wirklich auf, handelt aber nicht. Obwohl er sehr genau registriert, welches Unwetter sich über ihm zusammenzieht, schwankt er zwischen Putschgelüsten und dem Gedanken, freiwillig zu demissionieren; die einzige Entscheidung, die er trifft, ist eine halbherzige Entscheidung: Er verlangt von seinen Offizieren eine schriftliche Loyalitätserklärung.

»Wallensteins Lager«, Szenenbild (Weimar 1798)

Die Liebesgeschichte zwischen Max Piccolomini und Wallensteins Tochter Thekla ist keine der theatralischen Konvention genügende Nebenhandlung, so wenig wie die Sternenguckerei des Friedländers den Grund für seinen Untergang oder ein bloßes Charakterattribut liefert. Der »symbolisierende Verstand« Schillers hat mit ihnen Bilder geschaffen, in denen neben den handelnden Personen noch ein unheimlicher anderer Akteur auf den Plan tritt: Die Zeit – im Sinne des Epochengeists, aber auch als dämonisch-unberechenbarer Lebens- und Schicksalsfaktor. Die Liebe zwischen Max Piccolomini und Thekla beschwört den Traum eines Friedens, für den kein Platz ist in dem Krieg der Väter. Die beiden Liebenden gehen freiwillig in den Tod, den die Herrschenden als notwendigen Preis der Macht verstehen und als tägliches Geschäft betreiben. Doch auch Wallenstein, »des Glückes abenteuerlicher Sohn«, steht zwischen der alten Wertordnung, die der Kaiserhof und Octavio Piccolomini verkörpern, und einer unklar erkannten neuen. Seine eigene Rolle darin vermag er so wenig zu sehen, daß er sein Handeln von der Gunst der Sterne abhängig macht. In der großen Auseinandersetzung mit dem kaiserlichen Botschafter Questenberg (*Piccolomini* II, 7) erklärt er seine politische Vision:

Dem Thron zu dienen auf des Reiches Kosten,
Hab ich vom Reich ganz anders denken lernen.
Vom Kaiser freilich hab ich diesen Stab;
Doch führ ich jetzt ihn als des Reiches Feldherr,
Zur Wohlfahrt aller, zu des *Ganzen Heil*,
Und nicht mehr zur Vergrößerung des *einen!*

»Wallensteins Tod« (3. Akt, 23. Szene)

Trotz allen Getümmels und Getöses in den zahlreichen Massenszenen, trotz aller vorwärtsdrängenden Handlungselemente der Verschwörung, der Intrige, der Täuschung, des vermeintlichen oder wirklichen Hochverrats – bedrohlicher wirken die Phasen des Stillstands, der unheilvollen Ruhe, des Schweigens, die in das Geschehen hineinragen. Das Warten auf Wallensteins Erscheinen, Wallensteins Warten auf die günstige Konjunktion der Planeten, das lähmende Entsetzen, das der Tod Max Piccolominis im letzten Teil der Tragödie verbreitet, sind ausdrucksstärker als die lautesten und wortreichsten Reden. An letzteren mangelt es nicht; sie werden bewußt eingesetzt, um das Gefühl leerer Zeit hervorzurufen. Grandios erdacht ist auch, daß auf dem Höhepunkt des 2. Teils – eben in jener dramatischen Redeschlacht zwischen Questenberg, Wallenstein und seinen Generälen – nur einer schweigt: der wirkliche Gegenspieler des Feldherrn, Octavio Piccolomini. Eine solche Dramaturgie, die auch das Nichts, die Negation von Handlung einbezieht, hat es vorher nur bei den griechischen Tragikern und bei Shakespeare gegeben; nicht zufällig beschäftigt sich Schiller in diesen Jahren mit SOPHOKLES und SHAKESPEARE (und bei Shakespeare gerade mit *Macbeth*, dem Drama der mörderisch brütenden Stille). Ein Brief an Goethe vom 2. Oktober 1797 zeigt, wie bewußt und selbstbewußt der Dichter diese abstrakten Kompositionsmittel eingesetzt hat:

Das Ganze ist poetisch organisiert und ich darf wohl sagen, der Stoff ist in eine reine tragische Fabel verwandelt. Der Moment der Handlung ist so prägnant, das alles was zur

Vollständigkeit derselben gehört, natürlich, ja in gewissem Sinn notwendig darin liegt, daraus hervorgeht... Zugleich gelang es mir, die Handlung gleich von Anfang in eine solche Präcipitation [Fallbewegung] und Neigung zu bringen, daß sie in stetiger und beschleunigter Bewegung zu ihrem Ende eilt. Da der Hauptcharakter eigentlich retardierend ist, so tun die Umstände eigentlich alles zur Krise, und diese wird, wie ich denke, den tragischen Eindruck sehr erhöhen.

Die späten Schillerdramen und ihre Wirkung

Keines der nachfolgenden Dramen erreicht noch einmal die Höhe der *Wallenstein*-Trilogie. Schiller scheint dies auch gar nicht angestrebt zu haben; ungeheuer erleichtert über den großen Wurf, geht er in seiner weiteren dramatischen Arbeit teils in Routine, teils in ein neues Stadium des Experimentierens über. *Maria Stuart* (1800) ist ein im Sinne der hohen (französischen) Tragödie strengeres, sogar bühnenwirksameres Stück, aber auch enger in der Perspektive als *Wallenstein* und ohne dessen vom Sternenhimmel herabbeschworene mythische Dimension. Schillers Äußerung: »Ich fange endlich an, mich des dramatischen Organs zu bemächtigen und mein Handwerk zu verstehen« ist kein Kokettieren mit Bescheidenheit, eher ein sachliches Programm zur Einteilung seiner Kräfte. An seinen alten Freund Körner schreibt er:

Ich habe zur Maria Stúart, nach Abrechnung der Zeit, wo ich nicht daran arbeitete, siebeneinhalb Monate gebraucht; ich kann also hoffen, bei zunehmender Übung und größerer Sicherheit in der Ausführung in einem halben Jahr ein Stück fertigzubringen. So hoffe ich das Versäumte hereinzubringen, und, wenn ich das fünfzigste Jahr erreichen kann, noch unter den fruchtbaren Theaterschriftstellern einen Platz zu verdienen.

Neue Wege zu betreten und zugleich größere Nähe zur Bühne zu gewinnen, ist ein Vorhaben, das sich unmittelbar aus seiner jetzt engen Zusammenarbeit mit Goethe ergibt. Schiller fungiert schon vor seiner Übersiedlung nach Weimar (1799) halboffiziell als dessen Stellvertreter, als Mit-Regisseur und Dramaturg am Hoftheater. Diesem praktischen Zweck dienen auch seine Übersetzungen und Bearbeitungen von SHAKESPEARES *Macbeth*, GOZZIS *Turandot* und RACINES *Phädra*. Der experimentelle Zug in der eigenen dramatischen Produktion ist allen Dramen seit *Maria Stuart* anzumerken, wobei die umgebende Theaterrealität nicht nur Herausforderung, sondern oft auch Hindernis ist. Etwa im Fall der *Jungfrau von Orleans*, die Herzog Karl August nicht auf der Bühne sehen will, weil die als Darstellerin in Frage kommende Karoline Jagemann, seine Mätresse, als eisengepanzerte Amazone hätte auftreten müssen; erst als eine andere Schauspielerin zur Verfügung steht, wird das Werk auch in Weimar aufgeführt. Schiller, der mit den Frauenrollen in seinen früheren Dramen keine besonders glückliche Hand bewiesen hatte, scheint sich um so energischer vorgenommen zu haben, den Typus der tragischen Heroine zu differenzierten weiblichen Charakteren zu gestalten – Maria Stuart, Elisabeth von England, Johanna von Orleans bezeugen diese Bemühung.

»Die Braut von Messina«, Uraufführung Weimar 1803

Am weitesten auf ein für ihn neues Gebiet wagt Schiller sich mit der Tragödie *Die Braut von Messina oder die feindlichen Brüder* (1803) vor. Er gesteht, daß er vorerst Soldaten, Helden und Herrscher herzlich satt habe, und wählt erstmals eine nicht aus der Geschichte genommene, sondern frei erfundene Fabel. Das Motiv der feindlichen Brüder, von Schiller selbst in den *Räubern,* von KLINGER in den *Zwillingen* und von LEISEWITZ in *Julius von Tarent* dramatisch bearbeitet, wird wiederaufgenommen, jetzt aber antikisierend behandelt: Isabella, der Gattin des eben verstorbenen Fürsten von Messina, gelingt es scheinbar, ihre blutig sich befehdenden Söhne Don Manuel und Don Cesar zu versöhnen. Um das Glück der Familie zu vollenden, holt sie die lange verborgen gehaltene Tochter Beatrice ins Haus zurück, die einst als Kind getötet werden sollte, weil ihre Geburt von zweideutigen, sich widersprechenden Traumgesichten begleitet war: Durch sie werde das Brüderpaar wieder vereint, aber auch der Untergang der fürstlichen Familie besiegelt. Beide Brüder haben sich, ohne zu ahnen, daß es ihre Schwester ist, in Beatrice verliebt. Don Cesar tötet Don Manuel in rasender Eifersucht und ersticht sich selbst, als er erfährt, daß es die Umarmung von Geschwistern war, in der er Manuel und Beatrice überraschte. Der Versuch, der Prophezeiung zu entgehen, schlägt in deren Erfüllung um.
Auffälliger als die sprachlich-stilistischen Anleihen bei den attischen Tragikern ist die Verwendung des Chors in diesem Stück, mit dem Schiller sich nach eigener Aussage in der »strengen griechischen Form« übt; genaugenommen sind es zwei Chöre, die je einem der feindlichen Brüder zugeordnet sind und die Handlung nicht nur kommentieren, sondern Partei nehmend in sie eingreifen. In einer Ab-

handlung, die der Buchveröffentlichung (1803) vorangestellt ist, wird eine überraschend klingende Begründung für die Funktion dieses dramaturgischen Mittels geliefert:

> Der Chor leistet daher dem neuern Tragiker noch wesentlichere Dienste, als dem alten Dichter, weil er die moderne gemeine Welt in die alte poetische verwandelt, weil er ihm alles das unbrauchbar macht, was der Poesie widerstrebt, und ihn auf die einfachsten, ursprünglichsten und naivsten Motive hinauftreibt.

Der Kunsttheoretiker Schiller, der die »gemeine« Alltagsrealität dem »idealen Schönen« opfern will, meldet sich als praktizierender Künstler wieder zu Wort. Sein Vorschlag, den antiken Chor zum modernen Kunstmittel umzuformen, ist jedoch folgenlos geblieben. Nicht so die *Braut von Messina* als Theaterspektakel. Bei der Uraufführung in Weimar (März 1803) fand das Stück eine Resonanz, die niemand erwartet hatte. Das lebhafte Interesse resultierte allerdings nicht aus der »strengen griechischen Form«, sondern aus der Grauslichkeit des Inhalts. Das am meisten um griechischen Geist bemühte Drama Schillers begründete keine neo-klassizistische Tradition, es bereitete vielmehr den Weg für das Schauerdrama und die Schicksalstragödie der Trivialromantik und deren gefeierte Autoren ZACHARIAS WERNER (1769–1823) und ADOLF MÜLLNER (1774–1829).

J. H. Füßli »Die Eidgenossen« (1779)

Die zwei Jahre früher entstandene *Jungfrau von Orleans* (Uraufführung 1801 in Leipzig, gedruckt 1802) ist der Welt der »Soldaten, Helden und Herrscher« noch nicht entronnen. Aber ebenso wie in *Wilhelm Tell*, Schillers letztem abgeschlossenen Drama (Uraufführung 1804 in Weimar, veröffentlicht 1805) wird nun der historische Stoff völlig frei behandelt, gewissermaßen poetisch neu erfunden. An der Tell-Gestalt ist, vom geschichtlichen Standpunkt aus betrachtet, buchstäblich nichts wahr. Auch Schillers Johanna von Orleans ist eine Phantasiefigur, die wenig Ähnlichkeit mit der historischen Jeanne d'Arc hat. Das Interesse konzentriert sich auf die symbolische Verkörperung eines nationalen Selbstbewußtseins, das die Idee des bürgerlichen Nationalstaats im Geiste antizipiert. Darin korrespondiert Schillers späte Dramatik mit den geheimen Wünschen und unterdrückten Tendenzen seiner Zeit. Gleichzeitig erfährt in diesen Stücken die Abkehr von der Realität zugunsten der höheren ästhetischen Wahrheit eine Art Verdoppelung: Um des »rein Poetischen«, »rein Menschlichen« willen entmaterialisiert der Dichter mehr und mehr die Geschichte, die ihm früher Zuflucht vor der unbefriedigenden Gegenwart und zugleich den Stoff zur Kritik an ihr geboten hatte.

Im Widerspruch zu dieser hermetischen Kunstwelt scheint die Schiller-Begeisterung des 19. Jahrhunderts zu stehen, die, wenn man den Maßstab der Volkstümlichkeit anlegt, den Goethe-Kult bei weitem übertraf – die Schillervereine und -denkmäler, die aus seinen Werken entnommenen und in den Alltagsgebrauch übergegangenen Kern- und Kraftsprüche (»Die Axt im Haus erspart den Zimmermann« etc.) geben darüber besser Auskunft als jede literarische Rezeptionsgeschichte. Daß Schillers Dramen in der unruhigen Zeit der ersten Napoleonischen Kriege entstanden, hat die Legendenbildung über ihre patriotisch-freiheitliche Tendenz sehr begünstigt. Man braucht indessen nur Schillers

Äußerungen in jenen Jahren und die Theaterstücke selbst genauer zu betrachten, um das zählebige Mißverständnis aufzuklären. Die Freiheit, für die sich Schiller am leidenschaftlichsten einsetzte, war die künstlerische Freiheit; sein patriotischer Ehrgeiz beschränkte sich auf den Appell an den Bürger, sich am Ideal des Schönen zum freien Bürger zu bilden.

Als Symbolfiguren politischer und sozialer Emanzipation kommen weder die Jungfrau von Orleans noch Wilhelm Tell ernstlich in Betracht. An der Figur der Jeanne d'Arc interessieren Schiller das Ekstatisch-Visionäre der Heldin und die sie umhüllende Aura des Wunderbaren stärker als das politisch-militärische Geschehen, in das sie verwickelt ist. Das Hohelied des Republikanismus, das im Tell-Drama gesungen wird, beschränkt sich auf die Darstellung dessen, was gut ist, weil es alt ist: auf die freiheitliche Gesinnung nach der Väter Sitte. Was die wackeren Eidgenossen, als sie zum Geheimtreffen auf dem Rütli zusammenkommen, wirklich denken, zeigt die folgende kurze Szene:

> Walter Fürst: Abtreiben wollen wir verhaßten Zwang;
> Die alten Rechte, wie wir sie ererbt
> Von unsern Vätern, wollen wir bewahren,
> Nicht ungezügelt nach dem Neuen greifen.
> Dem Kaiser bleibe, was des Kaisers ist;
> Wer einen Herrn hat, dien ihm pflichtgemäß.
> Meier: Ich trage Gut von Österreich zu Lehn.
> Walter Fürst: Ihr fahret fort, Östreich die Pflicht zu leisten.
> Jost von Weiler: Ich steure an die Herrn von Rappersweil.
> Walter Fürst: Ihr fahret fort, zu zinsen und zu steuern.
> Rösselmann: Der großen Frau von Zürch bin ich vereidet.
> Walter Fürst: Ihr gebt dem Kloster, was des Klosters ist.

Figurine zur Uraufführung des »Wilhelm Tell« (Weimar 1804)

Der Einzelgänger Wilhelm Tell hält sich sogar aus dieser braven Gemeinschaft lieber heraus: Am Rütli-Schwur nimmt er nicht teil. Beschämend auch, wie er als Versehen entschuldigt, daß er den Hut des Landvogts nicht gegrüßt hat, und verspricht, daß eine solche Unbotmäßigkeit nicht mehr vorkommen soll. Bis zu dem aus dem Hinterhalt auf Geßler verübten Attentat verhält sich Tell, so viel Verwegenheit ihm auch nachgesagt wird, als der unpolitischste der Schweizer Patrioten, eine Spießbürgernatur unter Spießbürgern.

Daß dieses letzte Drama Schillers zu seinem populärsten Werk geworden ist, daß es bei späteren Volkserhebungen (von der Revolution von 1848 bis zu den Ruhrkämpfen der zwanziger Jahre) oft als Freiheitsfanal verstanden, gleichzeitig aber auch von bürgerlich-konservativen Kreisen als klassisches Bildungsgut reklamiert wurde (bis es die Nationalsozialisten auf den Index der verbotenen Theaterstücke setzten), spiegelt den Widerspruch zwischen feurigem Freiheitspathos und betulicher Biederkeit wider, der den *Wilhelm Tell* – in heutiger Sicht – so nahe an die Grenze unfreiwilliger Komik bringt. Mit sicherem Theaterinstinkt erkannte bereits Gioacchino Rossini, daß das Stück sich gut für die Opernbühne eignet.

GOETHE UND SCHILLER IN WEIMAR

Von der Beschaffenheit ihrer Werke her ist am schwersten zu begreifen, warum Schiller und Goethe von den nachfolgenden Generationen bis weit ins 20. Jahrhundert hinein wie ein monolithischer Block angesehen wurden, der ehrfurchtgebietend und für sich allein in der deutschen literarischen Landschaft aufragt. Betrachtet man sie einzeln, sperren sich die meisten dieser Werke gegen das, was unter »Klassik« zusammengefaßt wird. Goethe und Schiller wenden diesen Begriff auf sich selbst nie an; gern und häufig sprechen sie jedoch vom »Klassischen« als einem verpflichtenden Ideal. Man kann sich damit abfinden, daß »Klassik« eine Bezeichnung ist, in der sich eine historische Periodisierung mit einem Werturteil über herausragende künstlerische Leistungen vermischt hat.
Die klassische Antike ist der Fluchtpunkt, von dem die Perspektive dieser »Kunstperiode« (HEINRICH HEINE) ausgeht; aber nicht sehr viele literarische Produkte orientieren sich unmittelbar an griechischen oder römischen Vorbildern. Aus dem Nachlaß Schillers ist eine Auflistung von etwa dreißig Themen überliefert, die der Dichter noch dramatisch bearbeiten wollte. Darunter befinden sich ein *Themistokles*, aber auch eine *Sizilianische Vesper*, ein *Rudolf von Habsburg*, eine Fortsetzung der *Räuber* sowie ein Kriminalstück mit dem Titel *Die Polizei;* relativ weit gediehen waren schon Ausarbeitungen zu einem Drama *Die Malteser* und die Konzeption der russischen *Demetrius*-Tragödie. Zumindest in stofflicher Hinsicht ist in diesem Sammelsurium kein Leitfaden für ein an der klassischen Antike orientiertes Programm zu erkennen. Auch die abgeschlossenen Bühnenwerke Schillers bewegen sich – von *Don Carlos* über *Wallenstein* bis zur *Jungfrau von Orleans* und *Wilhelm Tell* – in Zeit- und Phantasieräumen, für die sich, wenn man der Schulmeinung folgt, mehr die Romantiker als die Weimarer Klassiker hätten interessieren dürfen. Bei Goethe verhält es sich – exemplarisch am *Faust* zu beobachten – nicht anders: Schon in seinen frühesten Überlegungen zur Faust-Dichtung spielt die im Volksbuch vorgegebene Figur der griechischen Helena eine wichtige Rolle, findet dann aber doch keine Berücksichtigung im ersten Teil der Tragödie. Erst in dem viel später entstandenen zweiten Teil, der die klassischen Ideale bereits ironisch reflektiert, nehmen die antiken Reminiszenzen Gestalt an.
Dennoch ist es nicht nur die Ideologiebildung nachfolgender Generationen, die das Bild der Weimarer Klassik geprägt hat. Goethe und Schiller haben kräftig an der Entstehung des um sie verbreiteten Mythos mitgewirkt. Ihre Zusammenarbeit, die in der Tat ohne Parallele in der Geschichte der deutschen Literatur ist, kam schwierig genug zustande. Mehr als sechs Jahre lebten sie, sich mißtrauisch beäugend, in nächster Nachbarschaft, jeder davon überzeugt, daß er den anderen nicht ausstehen konnte – Goethe voller Abneigung gegen alles philosophische Spekulieren in der Kunst wie im Leben, Schiller verstimmt über die olympische Unnahbarkeit des zehn Jahre älteren bewunderten und beneideten Rivalen. Die Initiative, die krampfhafte Distanz zu durchbrechen, geht von Schiller aus, der auch in den folgenden Jahren den aktiveren Part in der sich entwickelnden Freundschaft übernimmt.
Zunächst ist es nur ein Zweckbündnis, das die beiden Dioskuren der Weimarer Kulturprovinz miteinander verbindet: Beide sind Anfang der neunziger Jahre

E. Rietschel, Entwurf für das Weimarer Denkmal von 1857

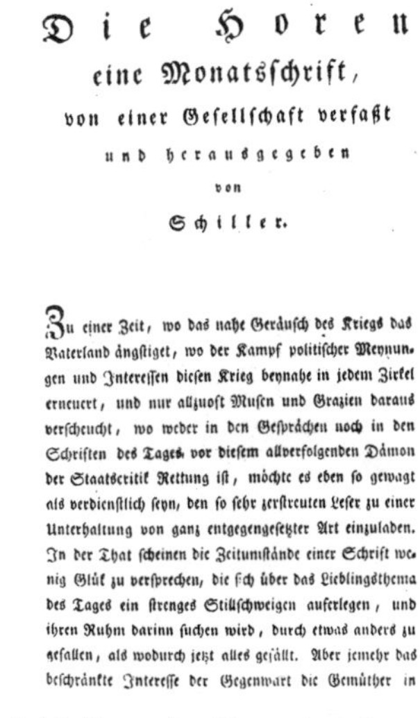

Die Horen
eine Monatsschrift,
von einer Gesellschaft verfaßt
und herausgegeben
von
Schiller.

Zu einer Zeit, wo das nahe Geräusch des Kriegs das Vaterland ängstiget, wo der Kampf politischer Meynungen und Interessen diesen Krieg beynahe in jedem Zirkel erneuert, und nur allzuoft Musen und Grazien daraus verscheucht, wo weder in den Gesprächen noch in den Schriften des Tages vor diesem allverfolgenden Dämon der Staatscritik Rettung ist, möchte es eben so gewagt als verdienstlich seyn, den so sehr zerstreuten Leser zu einer Unterhaltung von ganz entgegengesetzter Art einzuladen. In der That scheinen die Zeitumstände einer Schrift wenig Glük zu versprechen, die sich über das Lieblingsthema des Tages ein strenges Stillschweigen auferlegen, und ihren Ruhm darinn suchen wird, durch etwas anders zu gefallen, als wodurch jetzt alles gefällt. Aber jemehr das beschränkte Interesse der Gegenwart die Gemüther in

Ankündigung der »Horen« (1795)

Goethe und Schiller im Gespräch, Federzeichnung (1804)

stark isoliert vom literarisch interessierten Publikum, unsicher über die Zukunft ihrer Schriftstellerlaufbahn. Das einzige neue Bühnenwerk, das Schiller vorweisen kann, ist *Don Carlos*, der nicht besonders günstig aufgenommen worden ist. Goethe veröffentlicht die Lustspiele *Der Groß-Cophta* (1791) und *Der Bürgergeneral* (1793), in denen er seinem Zorn über die Französische Revolution Luft macht; sie gehören auch in künstlerischer Hinsicht zum Schlechtesten, was er für das Theater geschrieben hat – nach der *Iphigenie*, dem *Tasso* und dem *Faust*-Fragment ein wahrer Absturz. Wie hilfesuchend sich beide nach einer belebenden, ihre dichterische Produktion wieder anregenden Kraft umgesehen haben, geht unter anderem daraus hervor, daß sie – gleichzeitig und unabhängig voneinander – die Bekanntschaft und Korrespondenz des vielseitig gebildeten WILHELM VON HUMBOLDT suchen, der als Vermittler der klassischen Humanitätsideen, fast wie deren Geschäftsführer, aufzutreten versteht. Eine Diskussion über Goethes fixe Idee von der »Urpflanze«, die Schiller nie ganz verstanden hat, bringt 1794 endlich den freundschaftlich-respektvollen Kontakt beider Dichter zustande.

So als ob es nur dieses Signals bedurft hätte, ist dann plötzlich eine intensive und ungemein fruchtbare Auseinandersetzung und Kooperation im Gange. Goethe verpflichtet sich, an Schillers neuer Zeitschrift *Die Horen* (1795–97) mitzuarbeiten. Viele Autoren mit klangvollen Namen (KANT, FICHTE, HUMBOLDT u. a.) werden darin als Mitarbeiter angekündigt; aber das Journal findet keinen Anklang. Kant zieht sein Angebot zurück, als er den gegen das »Politisieren« und gegen die Französische Revolution gerichteten Eröffnungsartikel Schillers liest. Der Rückschlag schließt jedoch die beiden neuen Partner noch enger zusammen und gegen die Außenwelt ab: Schiller ermuntert Goethe unermüdlich zur Weiterarbeit am *Wilhelm Meister* und am *Faust*. Umgekehrt ist es Goethes Einfluß zu verdanken, daß die lange stagnierende dramatische Produktion Schillers wieder in Fluß kommt.

Wie die in Temperament, Weltanschauung und Arbeitsstil so extrem verschiedenen Naturen gerade in ihrer Gegensätzlichkeit die Chance der literarischen Selbstverwirklichung gesehen und genutzt haben, ist faszinierend auch in dem wörtlichen Sinne, daß sich anziehende und befremdende Züge dabei die Waage halten. Von spontaner Herzlichkeit ist nicht viel zu spüren in dieser seltsamen Dichterfreundschaft, die niemals die steife Anrede des »Sie« aufgibt (auch in Goethes privaten Tagebüchern wird Schiller stets als »Hofrat Schiller« tituliert). Nimmt man den Briefwechsel über *Wilhelm Meisters Lehrjahre* als Beispiel, so ist auf den ersten Blick zu erkennen, daß jede Zeile für die Nachwelt bestimmt, vorsichtig austariert und zum literarischen Dokument stilisiert ist. Andererseits setzt der intellektuelle Austausch bei beiden Energien frei, die sich nicht nur auf gegenseitige Beratung bei einzelnen schriftstellerischen Projekten erstrecken. Sie entwickeln zu zweit einen Kulturbetrieb, der sich sehen lassen kann und sehen lassen will.

In dem von Schiller 1796 herausgegebenen *Musenalmanach für 1797* treten Goethe und Schiller zum ersten Mal gemeinsam in Erscheinung, und zwar mit einem Paukenschlag, der die literarische Öffentlichkeit in helle Aufregung versetzt. Ihre *Xenien*, vierzeilige Epigramme in der Form der antiken Distichen (Verspaare aus Hexametern und Pentametern) provozieren und verspotten alles, was bei der schriftstellerischen Konkurrenz Rang und Namen hat. Nicht immer fein, nicht immer witzig, manchmal geradezu unflätig schelten sie die Journale und Kollegen aus, die ihnen besonders verhaßt oder suspekt sind – den alten Berliner Aufklärerklüngel um FRIEDRICH NICOLAI, aber auch ehemalige Freunde wie die Brüder STOLBERG, JACOBI und LAVATER; verschont werden unter den Jüngeren weder JEAN PAUL noch FRIEDRICH SCHLEGEL, von KOTZEBUE, BÖTTIGER und der »Leipziger Geschmacksherberge« ganz zu schweigen. Der Aufruhr, den dieses pamphletistische Feuilleton hervorruft, ist ein Sturm im Wasserglas – mehr als Anekdotisches ist von dem ganzen Streit nicht übriggeblieben. Man fragt sich, was Goethe und Schiller veranlaßt hat, ihre Partnerschaft mit dieser Polemik publik zu machen. Lang aufgestaute Verdrossenheit über die Mittelmäßigkeit des zeitgenössischen Literaturbetriebs und über ihre eigene Rolle darin, auch eine gehörige Portion Ärger über das Pleite-Unternehmen der *Horen*, denen vom aufgeklärten und politisch interessierten Publikum eine berechtigte Abfuhr erteilt worden war – das alles scheint sich überlagert zu haben mit der übermütigen Laune und dem neuen Gefühl der Stärke, es mit der übrigen Literaturwelt aufnehmen zu können. Daß dabei die progressiven Kritiker wie REICHARDT und GARLIEB MERKEL als Exponenten einer demokratischen Richtung besonders angegriffen werden, hinterläßt einen üblen Nachgeschmack. Mit sichtlich schlechtem Gewissen signalisiert Goethe schon vor Erscheinen des Xenien-Almanachs an Schiller:

Musen-Almanach für das Jahr 1797. herausgegeben von Schiller.

Zweyte Ausgabe.

Tübingen, in der J. G. Cottaischen Buchhandlung.

... nach dem tollen Wagestück mit den Xenien müssen wir uns bloß großer und würdiger Kunstwerke befleißigen und unsere proteische Natur, zur Beschämung aller Gegner, in die Gestalten des Guten und Edlen umwandeln.

Ein weiteres Feld gemeinsamer Arbeit, auf dem sie ihre Kräfte nicht nur mit anderen, sondern auch untereinander messen, betreten sie im darauffolgenden Jahr 1797. Schiller hat es das »Balladenjahr« genannt. Von *Wilhelm Meister* und *Wallenstein* ausgehend, führen ihre Erörterungen über die Grenzen der dramatischen und der epischen Kunst zu dem Versuch, eine lyrische Synthese in der anspruchsloseren und populären Form der Ballade zu finden, die seit dem Sturm und Drang und namentlich durch GOTTFRIED AUGUST BÜRGER zu hoher Blüte aufgestiegen war. Goethe hatte schon

Das Weimarer Hoftheater

früh auf diesem Gebiet gearbeitet (*Der König in Thule*, 1774, *Der Erlkönig*, 1782 u. a.); hinzu kommen jetzt Gedichte wie *Der Schatzgräber*, *Der Zauberlehrling* und *Der Gott und die Bajadere* (alle 1797 entstanden).
Die Balladen der Klassik sind virtuose Gedichte, die sich an ein breiteres Publikum mit der Absicht wenden, moralische Gegenstände nicht in lehrhaften Sentenzen, sondern als spannende Unterhaltung vorzutragen. Auch so anspruchsvolle Kunstballaden wie Goethes *Die Braut von Korinth* und *Der Gott und die Bajadere* sind für den Vortrag geschrieben und zeugen von einer erneuten Annäherung von Dichtung und Publikum, die Goethe und Schiller bei ihrer Zusammenarbeit anstreben. Schiller, der sich vor allem durch philosophisch-programmatische Gedichte wie *Die Götter Griechenlands* (1788) oder *Die Künstler*

Innenraum des Weimarer Hoftheaters

(1789) einen Namen gemacht hatte, leistet einen sehr eigenständigen Beitrag mit seinen populär gewordenen Balladen *Der Taucher, Der Handschuh, Der Ring des Polykrates* und *Die Kraniche des Ibykus* (alle 1797), in denen sich seine Tendenz zum Lehrgedicht auf originelle Weise mit seiner ausgesprochen melodramatischen Neigung verbindet. Sein berühmt-berüchtigtes *Lied von der Glocke* (1800), der Alptraum jedes Gymnasiasten, als »Hoheslied des deutschen Philisters« apostrophiert, knüpft an die balladeske Dichtung an, gibt aber den lehrhaften Phrasen und Stereotypen so viel Raum, daß es nicht zu Unrecht zum Sprichwörtersteinbruch und zum Mottospender für bestickte Kissen und Deckchen geworden ist.
Am intensivsten und dauerhaftesten ist die praktische Kooperation zwischen Goethe und Schiller im Bereich des Theaters. Goethe, der seit 1791 die Weimarer Hofbühne leitet, lebt förmlich auf, als Schiller ihm helfend zur Seite tritt. Das gegenseitige Vertrauen ist so groß, daß sie sich ihre Theaterstücke gegenseitig zur Bühnenbearbeitung überlassen oder dramatische Stoffe einfach austauschen – wie im Fall des Tell-Dramas, das ursprünglich Goethe plante. Die Absicht, gemeinsam einen vorbildhaften »klassischen Stil« zu entwickeln, hat sich deshalb nirgendwo so klar manifestiert wie auf dem Weimarer Theater. Es ist viel gekrittelt und gelästert worden über den feierlich-deklamatorischen Inszenierungsstil und die Tendenz zu schönen szenischen Tableaus, die der Intendant Goethe wie ein Zeremonienmeister durchsetzte. Schiller assistierte ihm dabei treulich, obwohl sein Temperament mehr auf große Effekte, auf möglichst viel wallendes und fließendes Theaterblut hinauslief. Immerhin gelang es aber, die bescheidene Weimarer Bühne neben den professionelleren und berühmten Theatern in Wien, Hamburg und Berlin zu einer Institution zu machen, die in Fragen des theatralischen Geschmacks ein gewichtiges Wort mitzureden hatte. In der Spielplangestaltung, die an Goethes Vorstellung von »Weltliteratur« ausgerichtet war und dem zur Floskel gewordenen Begriff des »Nationaltheaters« von innen her neues Leben einzuflößen versuchte; im Wagnis riskanter Uraufführungen wie Schillers *Braut von Messina;* auch in der Ausprägung eines eigenen Regiekonzepts, das eine klare Antithese zu Schröders und Ifflands psychologisch-realistischer Darstellungsweise bildete, war das Weimarer Theater die wohl folgenreichste der gemeinsamen Anstrengungen Goethes und Schillers. Es wurde zum Ausgangspunkt für fast alle nachfolgenden Muster- und Stilbühnenprojekte im 19. Jahrhundert – von KARL IMMERMANNS Düsseldorfer Theaterexperimenten bis zu RICHARD WAGNERS Bühnenweihespielen.

JEAN PAUL, HÖLDERLIN, KLEIST

In der reichsten Epoche der deutschen Literaturgeschichte, dem halben Jahrhundert zwischen 1775 und 1825, gibt es eine Reihe von Schriftstellern, die sich einer Einordnung in die literarischen Hauptströmungen entziehen. Der beliebte Kunstgriff, ihnen eine Mittlerrolle zwischen Aufklärung, Klassik und Romantik einzuräumen, führt entweder zur Unterschätzung ihrer Originalität oder verpflichtet sie – als »Übergangsgestalten« – zur Dienstleistung an geistesgeschichtlichen Ordnungsmodellen. Unter diesen Einzelgängern, die keine Schule um sich gesammelt haben, ragen JEAN PAUL als Romanschriftsteller, FRIEDRICH HÖLDERLIN als Lyriker und HEINRICH VON KLEIST als Dramatiker hervor: eigenständig in ihrem Verhältnis zur klassischen und zu romantischen Dichtung, unvergleichbar und ohne Zusammenhang untereinander.
Eine Sonderstellung nehmen auch Autoren ein, denen die Literaturgeschichtsschreibung minderen Rang bescheinigt. MATTHIAS CLAUDIUS (1740–1815), JOHANN HEINRICH VOSS (1751–1826) und JOHANN PETER HEBEL (1760–1826) erleben die Weimarer Blütezeit und die Romantik mit, ohne sich in ihrer eigenen literarischen Arbeit beirren zu lassen. Das bekannteste Gedicht von CLAUDIUS, *Der Mond ist aufgegangen*, wird häufig in der Nachbarschaft der Romantik oder sogar des Biedermeier vermutet, obwohl der Autor beiden Richtungen fernsteht. VOSS übt durch seine berühmten Homer-Übersetzungen, aber auch durch die Pfarrhaus-Idylle *Luise* (1795) beträchtlichen Einfluß auf GOETHE aus (*Hermann und Dorothea*, 1797); von einer Wirkung in umgekehrter Richtung ist wenig zu spüren. Provinz ist um 1800 in Deutschland allerorten, und nicht alle Wege führen nach Weimar. Von Wandsbek aus kommentiert Claudius seine enge wie die große Welt. Für JOHANN PETER HEBEL, den Verfasser der mundartlichen *Alemannischen Gedichte* (1803), ist die Beschränkung auf das Nahe und Nächstliegende kein Mangel, sondern Sinn und Zweck des Schreibens. Der Höhenflug Jean Pauls vollzieht sich in der tiefsten Provinz, ohne daß der Dichter die Tuchfühlung zur Realität der kleinen Leute verliert.

Der Mond ist aufgegangen,
Die goldnen Sternlein prangen
Am Himmel hell und klar;
Der Wald steht schwarz und schweiget,
Und aus den Wiesen steiget
Der weiße Nebel wunderbar ...

(MATTHIAS CLAUDIUS, 1779)

JEAN PAUL

JOHANN PAUL FRIEDRICH RICHTER (1763–1825) stammt aus einer armen Lehrersfamilie aus dem Fichtelgebirge. Er entschließt sich schon früh, den dornen-

Jean Paul (1798)

Jean Paul, Scherenschnitt um 1819

reichen Weg eines freien Schriftstellers einzuschlagen. Als 1793 sein erster Roman *Die unsichtbare Loge* (unter dem künftig beibehaltenen Künstlernamen JEAN PAUL) erscheint, hat er ein abgebrochenes Theologiestudium, Hungerleiderjahre als Hauslehrer und die Leitung einer oberfränkischen Zwergschule hinter sich. Von den literarischen Arbeiten, die er zwischen 1781 und 1793 auf den Markt zu bringen versucht, wird nur wenig veröffentlicht. Er bezeichnet sie später als seine »satirische Essigfabrik«. Gemeint ist damit die saure Zeit erfolgloser publizistischer Anstrengungen, aber auch die anfängliche Orientierung am Journalismus der Aufklärung. Zu den Ziehvätern seines poetischen Talents zählen die englischen Romanautoren des 18. Jahrhunderts: FIELDING, RICHARDSON, SMOLLETT und vor allem LAURENCE STERNE. Von den Franzosen schätzt er ROUSSEAU am höchsten. Unter den Deutschen stehen ihm HERDER und KARL PHILIPP MORITZ nahe; Moritz verdankt er die Veröffentlichung seines Romans *Die unsichtbare Loge* und damit den Beginn seiner Anerkennung als Dichter.

Die antiklassizistische, subversive Haltung des Erzählers Jean Paul wird bereits in seinen ersten Romanen an der Weigerung deutlich, ihnen den Charakter eines geschlossenen Werkes zu geben. Selbst dort, wo seine Geschichten einen ordentlichen Anfang und ein schlüssiges Ende haben, überwiegt eine bewußt inszenierte Unordnung. Vor- und Nachreden, Nachreden zu Vorreden, Fußnoten, Einschübe und Kaskaden von Metaphern prägen schon früh den Stil Jean Pauls und lassen seine Romane zu eigenen kleinen Enzyklopädien werden. An den oft uferlosen Intrigen und komplizierten Handlungen, Verwandtschafts- und Erbschaftsverwicklungen seiner Romane interessiert nicht so sehr, was geschieht, sondern wie es geschildert wird. Die Lust am Chaos ist die Gegenkraft, ohne die weder seine liebevoll ausgemalten Idyllen noch seine dithyrambischen Naturbilder zu verstehen sind. Die Irreführung des Lesers gehört mit zum Spiel. So bleibt *Die unsichtbare Loge* unvollendet, auch in dem buchstäblichen Sinn, daß die Loge wirklich unsichtbar bleibt, nämlich gar nicht vorkommt. Statt dessen ist dem Romanfragment eine selbständige Erzählung angefügt – oder wie Jean Paul sagt »beigeleimt« –, die ein kleiner komischer Roman für sich ist und ein frühes poetisches Selbstporträt Jean Pauls enthält. Das *Leben des vergnügten Schulmeisterlein Maria Wuz in Auenthal* erzählt die Biographie eines Dorfschullehrers, den nichts in der Welt von seiner Freude am Leben und von seiner Liebe zur Poesie abbringen kann:

Wie war dein Leben und Sterben so sanft und meerstille, du vergnügtes Schulmeisterlein Wuz! Der stille laue Himmel eines Nachsommers ging nicht mit Gewölk, sondern mit Duft um dein Leben herum: Deine Epochen waren die Schwankungen und dein Leben war das Umlegen einer Lilie, deren Blätter auf stehende Blumen flattern – und schon außer dem Grabe schliefest du sanft!

Der idyllenhaft-milde Ton dieser Anfangssätze kann nicht verbergen, daß das Schulmeisterlein Wuz, den Umständen seines Lebens entsprechend, ein Phantast und Exzentriker ist. Er ist zu arm, um sich Bücher kaufen zu können. Der Katalog der Buchmesse ist die einzige Anschaffung, die er sich leistet. Er entnimmt daraus die jeweils neuesten Titel und schreibt die Bücher selbst zusammen – eine ganze Bibliothek, ein aus Armut entstandener Reichtum, der ihm die Originalschriften ersetzt. Er dichtet *Die Leiden des jungen Werthers* in »Werthers Freuden« um, so wie er sein ganzes karges Kleinbürgerleben in Poesie umdichtet. Das ist Jean Paul, wie er leibt und lebt: ein Provinzgenie und anarchischer Außenseiter, der keine höheren poetischen Gesetze anerkennt als die von ihm selbst geschaffenen. Er nimmt die ganze Literatur seines Jahrhunderts in sich auf, unaufhörlich exzerpierend, ein wandelnder Zettelkasten, ohne Scheu vor Anleihen bei der französischen Aufklärung, bei den englischen Humoristen oder bei der pietistisch gefärbten deutschen Empfindsamkeit. Im Schmelztiegel seiner dichterischen Phantasie werden all diese Anregungen und Zitate in einen eigenen Stil umgegossen.

Mit dem Roman *Hesperus* (1795) erringt Jean Paul einen sensationellen Erfolg, der dem des *Werther* nahekommt. Das Publikum ist von der gesteigerten Sentimentalität der dargestellten Freundschafts- und Liebesverhältnisse ebenso hingerissen wie von der kriminalistischen Spannung und den Mystifikationen des Romans. Die Suche nach einem verschollenen Prinzen, die ungeklärte Herkunft nahezu aller jugendlichen Helden und Heldinnen, der Milieuwechsel zwischen bürgerlicher Schlichtheit und vergifteter höfischer Atmosphäre, ein alter indischer Magus im Hintergrund, eine politische Verschwörung, die schließliche Entwirrung aller Verwandtschaftsbeziehungen und das glückliche Ende der gefährdeten Liebe und Freundschaften – keiner der Effekte, die auch der Trivialroman bemüht, ist ausgelassen; aber bei Jean Paul werden sie durch die Kraft der Sprache und Komposition zu etwas Neuem, Originalem. Die humoristische Darstellung – nicht als Harmonisierungstechnik, sondern als Mittel der verfremdenden Reflexion – wird schon im Untertitel und in der Kapitelgliederung angezeigt: *Hesperus, oder 45 Hundsposttage*. Dem Erzähler werden nämlich die Nachrichten, die er als Romangeschehen schildert, durch einen als Briefträger fungierenden klugen Hund zugetragen.

Hesperus
oder
45. Hundsposttage
Eine Biographie
von
Jean Paul.
Zweite, verbesserte und vermehrte Auflage.
Erstes Heftlein.
Mit dem Bildniß des Verfassers.
Berlin 1798.
in Carl Matzdorff's Buchhandlung.

Die Wirkung des *Hesperus* ist daran zu ermessen, daß WIELAND ihn gleich dreimal hintereinander las und daß HERDER gestand, nach der Lektüre tagelang zu keiner Arbeit fähig gewesen zu sein. Das zurückhaltende Urteil SCHILLERS und GOETHES drückt weniger Bewunderung aus als Verwunderung darüber, daß wie ein Komet aus dem Nichts ein Dichter aufgestiegen war, dessen Name gleich hell neben dem Weimarer Zweigestirn zu leuchten begann. Jean Paul ist plötzlich ein gefragter, prominenter Autor, besonders begehrt in den Berliner Salons. Etwas zaghaft bewegt er sich auf diesem für ihn ungewohnten Parkett. Seine Biographie ist hinreichend dadurch charakterisiert, daß er, von gelegentlichen Reisen abgesehen, sein Einsiedlerleben in Hof und von 1804 bis zu seinem Tod 1825 in Bayreuth nicht aufgibt.

Vorschule der Ästhetik

Ermutigt durch den Erfolg und gewappnet mit Romanprojekten, die er seit Jahren im Kopf und in seiner poetischen Botanisiertrommel bereithält, läßt Jean Paul dem *Hesperus* ein Werk nach dem anderen folgen. Die wichtigsten sind: *Siebenkäs* (1796), *Titan* (1800–03) und *Flegeljahre* (1804/05). Ihre Gemeinsam-

keiten sind – in der Handlungsführung und dem immer ähnlichen Personal von idealisch überhöhten Jugendgestalten und kontrastierenden Sonderlingen – leicht zu erkennen, aber Jean Paul legt Wert auf Unterschiede.
In seiner *Vorschule der Ästhetik* (1804), die im wesentlichen eine Theorie des Romans ist, differenziert er zwischen drei Stilrichtungen. Als »italienische Schule« charakterisiert er jene Werke, in denen »der höhere Ton ein Erhöhen über die gemeinen Lebens-Tiefen« erfordert: »weniger Individualisierung – unbestimmtere oder italienische oder natur- oder historisch-ideale Gegenden – hohe Frauen – große Leidenschaften etc. etc.«. Zu diesem Typus rechnet er HEINSES *Ardinghello*, GOETHES *Werther* und seinen eigenen Roman *Titan*. Die Antithese bildet die »niederländische Schule«, eine Erzählkunst, die sich nicht scheut, in die Niederungen des trivialen Lebens und des Alltäglichen hinabzusteigen, und eine scharfe Charakteristik bevorzugt. Teile der modernen englischen Literatur und sein *Schulmeisterlein Wuz* (aber auch das *Leben des Quintus Fixlein*, 1796) dienen als Beispiele. Am schwierigsten, so Jean Paul, sei es, sich auf den Ebenen diesseits der Höhen und jenseits der Täler zu bewegen; dies leiste die »deutsche Schule«, zu der er (jedoch nur partiell) GOETHES *Wilhelm Meister* und LAURENCE STERNES *Tristram Shandy* sowie seinen eigenen *Siebenkäs* und die *Flegeljahre* zählt. Sich selbst ironisierend, fügt er hinzu: »Gewöhnlicherweise bauen die drei Schulen oder Schulstuben in einem Romane wie in einer Bildergalerie quer durcheinander, wie in den Werken des uns so bekannten Verfassers deutlich zu sehen ist.«
In der *Vorschule der Ästhetik*, die eine Annäherung an die Kunsttheorie der Frühromantik erkennen läßt, erläutert Jean Paul auch den für sein Werk zentralen Begriff des Humors:

> Wenn der Mensch, wie die alte Theologie tat, aus der überirdischen Welt auf die irdische herunterschaut: so zieht diese klein und eitel dahin; wenn er der kleinen, wie der Humor tut, die unendliche ausmisset und verknüpft: so entsteht jenes Lachen, worin noch ein Schmerz und eine Größe ist.

Siebenkäs

Humor als »das umgekehrt Erhabene« äußert sich im *Siebenkäs* schon in der Erfindung der Handlungskonstellation. Der volle Titel des Romans *Blumen-, Frucht- und Dornenstücke oder Ehestand, Tod und Hochzeit des Armenadvokaten F. St. Siebenkäs im Reichsmarktflecken Kuhschnappel* deutet jene Umkehrung in der Reihenfolge (Ehestand, Tod und Hochzeit) an: Geschildert wird die leidvolle Ehegeschichte des nach höherem Schriftstellertum strebenden Advokaten Firmian Stanislaus Siebenkäs, der mit seiner gutherzigen, aber häuslich beschränkten Frau Lenette nicht zurechtkommt. Siebenkäs ist aber gar nicht Siebenkäs; er hat in einer Studentenlaune mit seinem Jugendfreund Heinrich Leibgeber, der ihm zum Verwechseln ähnlich sieht, den Namen getauscht und sich dadurch eine Erbschaft verscherzt. Im Zurücktauschen ihrer Identität und einer sonderbaren Ehescheidung gipfelt der Roman: Die beiden Freunde arrangieren, weil eine gerichtliche Scheidung zu teuer ist, mit viel theatralischem Aufwand den Scheintod des Gatten. Die untröstliche Lenette ist von vornherein mit dem Schulmeister Stiefel entschädigt. Auf den Dahingeschiedenen und Wiederauferstandenen wartet schon eine schöne und geistesverwandte Natalie. Siebenkäs/Leibgeber tritt eine Beamtenstelle im Fürstentum Vaduz und seine alte Erbschaft an. Betrogen ist allein die »königlich preußische allgemeine Witwenverpflegungs-Anstalt«, die der vermeintlichen Witwe Sterbegeld und Rente zahlen muß.

Daß man trotz erdrückender Enge in Kuhschnappel, Bayreuth oder Vaduz glücklich werden kann, ist die eine Quintessenz des Romans, die auf das »niederländische« Genre verweist und an die Muster des alten Schelmenromans erinnert. Für das »Unendliche«, »Erhabene«, das diese kleine Welt widerspiegelt, stehen aber nicht nur die »schönen Seelen« Siebenkäs und Natalie und der ungebundene Freigeist Leibgeber, der wie ein Irrlicht in die weite Welt ausschwärmt. Grenzsituationen der Liebe und der Freundschaft, Ich-Vertauschungen, das Komödienspiel mit dem Tod erzeugen »jenes Lachen, worin noch ein Schmerz und eine Größe ist«. Obwohl Jean Paul oft und ohne Skrupel Textfragmente aus ganz anderen Zusammenhängen in seine Romane hineinmontiert, ist im *Siebenkäs* doch der Einschub am Platze, den er als »erstes Blumenstück« in den Roman einfügt, die berühmte *Rede des toten Christus vom Weltgebäude herab, daß kein Gott sei.* Die kühne Traumvision verwandelt einen Friedhof und eine Kirche in den Ort und das Ereignis der Apokalypse:

Oben am Kirchengewölbe stand das Zifferblatt der *Ewigkeit,* auf dem keine Zahl erschien und das sein eigener Zeiger war; nur ein schwarzer Finger zeigte darauf, und die Toten wollten die *Zeit* darauf sehen.

Jetzo sank eine hohe, edle Gestalt mit einem unvergänglichen Schmerz aus der Höhe auf den Altar hernieder, und alle Toten riefen: »Christus! ist kein Gott?«

Er antwortet: »Es ist keiner.«

Der ganze Schatten jedes Toten erbebte, nicht bloß die Brust allein, und einer um den andern wurde durch das Zittern zertrennt.

Christus fuhr fort: »Ich ging durch die Welten, ich stieg in die Sonnen und flog mit den Milchstraßen durch die Wüsten des Himmels; aber es ist kein Gott. Ich stieg herab, so weit das Sein seine Schatten wirft, und schauete in den Abgrund und rief: ›Vater, wo bist du?‹ aber ich hörte nur den ewigen Sturm, den niemand regiert, und der schimmernde Regenbogen aus Westen stand ohne eine Sonne, die ihn schuf, über dem Abgrunde und tropfte hinunter. Und als ich aufblickte zur unermeßlichen Welt nach dem göttlichen *Auge,* starrte sie mich mit einer leeren, bodenlosen *Augenhöhle* an; und die Ewigkeit lag auf dem Chaos und zernagte es und wiederkäuete sich. – Schreiet fort, Mißtöne, zerschreiet die Schatten; denn Er ist nicht.«

Jean Paul schlägt hier einen Ton an, der sonst in der Literatur seiner Zeit nicht zu vernehmen ist und mehr an die Bilder Goyas und Füßlis als an die klassische deutsche Dichtung erinnert. Der Einfluß auf ein anderes für sich allein dastehendes Werk, auf die *Nachtwachen des Bonaventura* (anonym erschienen 1804/05) ist unverkennbar. Bei Jean Paul gehen die ersten Skizzen bis 1789 zurück; in einem frühen Entwurf läßt er sogar den toten Shakespeare vor toten Kirchenbesuchern die Predigt halten, daß kein Gott sei. Die Großartigkeit der

Blumen-
Frucht- und Dornenstükke
oder
Ehestand, Tod und Hochzeit
des
Armenadvokaten F. St. Siebenkäs
im Reichsmarktflecken Kuhschnappel
von
Jean Paul.
Erstes Bändchen.
Berlin, 1796.
In Carl Matzdorff's Buchhandlung.

Blumen-
Frucht- und Dornenstükke
oder
Ehestand, Tod und Hochzeit
des
Armenadvokaten F. St. Siebenkäs
im Reichsmarktflecken Kuhschnappel
von
Jean Paul.
Erstes Bändchen.
Berlin, 1796.
In Carl Matzdorff's Buchhandlung.

Titelblätter des ersten Bandes von »Siebenkäs«

dichterischen Vision schmälert es nicht, wenn der geläufigen Interpretation, die in diesem Kapitel den ganzen modernen Nihilismus vorgeprägt sieht, einige Dämpfer aufgesetzt werden. Nicht zufällig lautet der Titel »Blumenstück«, und anders als in den *Nachtwachen des Bonaventura* gibt es ein Erwachen aus dem Alptraum:

Meine Seele weinte vor Freude, daß sie wieder Gott anbeten konnte – und die Freude und das Weinen und der Glaube an ihn waren das Gebet.

Allzugern wird auch übersehen, daß das Kapitel eine Fortsetzung hat (»Zweites Blumenstück. Traum im Traum«), die sich wie der zweite Brennpunkt einer Darstellung in Ellipsenform ausnimmt: Der vaterlosen Welt des ersten Traums schließt sich im zweiten Blumenstück die Vision eines Mutter-Sohn-Glücks an (Maria und Christus), die ausgesprochen erotische Züge trägt. Die Verschränkung mit dem »Eheroman«, also mit der verunglückten Beziehung zwischen Siebenkäs und Lenette, offenbart darin ihren »umgekehrt-erhabenen« Hintersinn.

Titan, Flegeljahre

Eine Grundkonfiguration, die schon im *Siebenkäs* entwickelt ist, tritt auch in den folgenden Romanen bestimmend in den Vordergrund: die Entzweiung, Verdopplung und Wiederversöhnung individueller Identität. Das Doppelgängermotiv der Romantik ist hier zuerst und eigenständig ausgebildet. Die *Flegeljahre* (1805) beziehen ihre Spannung aus der Polarität der Biographie der Zwillingsbrüder Walt und Vult, die um dieselbe Geliebte kämpfen. Das kindlich-naive Gemüt des Romanhelden Walt trägt schließlich den Sieg über den rational denkenden und handelnden Vult davon, aber nur weil dieser, in die Rolle des Bruders schlüpfend, seine eigene Niederlage entsagend in Szene setzt. Was hier zwischen den Personen geschieht, wiederholt sich in der reflektorischen Beziehung Jean Paulscher Romane untereinander spiegelverkehrt im *Titan* (1800–03), hier mit tödlichem Ernst. Der Held Albano und sein Freund und Gegenspieler Roquairol verlieben sich in dieselbe Frau, Linda. In einer nächtlich-wilden Verführungsszene macht Roquairol, die Stimme Albanos nachahmend, sie zu seiner Geliebten. Da Linda in ihm aber nur Albano liebt, setzt der Doppelgänger seinem Leben ein Ende, verzweifelt und doch konsequent in der erneuten Vertauschung von Sein und Schein: Bei einer Theateraufführung, in der er die Rolle eines tragischen Bösewichts spielt, mimt er den vorgesehenen Bühnenselbstmord nicht, sondern ersticht sich wirklich.
Der *Titan* ist Jean Pauls angestrengtester Versuch, die idealische Höhe des »italienischen« Romans zu erreichen und durchzuhalten. Nicht in Kuhschnappel oder Auenthal, sondern in der südlichen Parklandschaft der Insel Isola bella beginnt die Handlung. Die vornehme Welt dominiert. Von den kleinbürgerlich-genialischen Käuzen rettet sich nur einer in diesen Roman hinüber: Schoppe, der närrisch-weise Ratgeber und Erzieher Albanos, ein Ebenbild Leibgebers, der denn auch in Wahnsinn verfällt, als er im Tollhaus seinem Doppelgänger Siebenkäs wiederbegegnet. Der kleinstädtischen Idylle tritt die aristokratische Anti-

Idylle gegenüber, dem Komisch-Burlesken das sentimentale, nicht immer echte Pathos der großen Welt. Daß der *Titan* richtiger ein »Anti-Titan« genannt werden müsse, hat der Dichter selbst angemerkt. Dennoch hat er ihn nicht parodistisch oder satirisch angelegt, sondern die Mühe, die der Stimmungsaufschwung zum Erhabenen kostet, im Roman selbst thematisiert. Mit einem künstlichen Emotionsstau, der sich in einer kosmischen Weltschau entlädt, setzt der Roman ein: Albano läßt sich nachts zur Stätte seiner Kindheit, nach Isola bella, hinüberrudern, um dort den Tagesanbruch zu erleben. Auf sein Geheiß verbinden ihm die Gefährten die Augen, damit er dies Ereignis wie einen Schock erleben kann. Blind wird er auf die höchste Terrasse der Insel geführt, bevor ihm beim Aufgang der Sonne die Binde von den Augen genommen wird:

»Jetzt! Jetzt!« – Aber Cesara sagte: »Nein! Erst die Sonne!« Und der Morgenwind warf die Sonne leuchtend durchs dunkle Gezweig empor, und sie flammte frei auf den Gipfeln – und Dian zerriß die Binde und sagte: »Schau umher!« »O Gott!« rief er selig erschrocken, als alle Türen des neuen Himmels aufsprangen und der Olymp der Natur mit seinen tausend ruhenden Göttern um ihn stand. Welch eine Welt! Die Alpen standen wie verbrüderte Riesen der Vorzeit fern in der Vergangenheit verbunden beisammen und hielten hoch der Sonne die glänzenden Schilde der Eisberge entgegen – die Riesen trugen blaue Gürtel aus Wäldern – und zu ihren Füßen lagen Hügel und Weinberge – und zwischen den Gewölben aus Reben spielten die Morgenwinde mit Kaskaden wie mit wassertaftnen Bändern – und an den Bändern hing der überfüllte Wasserspiegel des Sees von den Bergen nieder, und sie flatterten in den Spiegel, und ein Laubwerk aus Kastanienwäldern faßte ihn ein . . . Albano drehte sich langsam im Kreise um und blickte in die Höhe, in die Tiefe, in die Sonne, in die Blüten; und auf allen Höhen brannten Lärmfeuer der gewaltigen Natur und in allen Tiefen ihr Widerschein – ein schöpferisches Erdbeben schlug wie ein Herz unter der Erde und trieb Gebirge und Meere hervor. – –

Ansicht von Isola bella

Das ist keine dämmrige Naturbeschreibung, wie sie die Romantiker lieben. Aber das »schöpferische Erdbeben«, das Albano empfindet, kommt auch nicht alle Tage und nicht ohne vorangehende Manipulation zustande. In der *Unsichtbaren Loge* wird der jugendliche Held Victor sieben Jahre lang in einer unterirdischen Katakombe pietistisch »erzogen«, bevor er zum ersten Mal das Licht des Tages erblickt und in einen ähnlichen Freudenrausch gerät wie Albano auf Isola bella. Die Tortur, die dem Erhabenheitserlebnis vorangeht, ist das kritische Gegenbild zur Idylle, in der einem stillvergnügten Schulmeisterlein Wuz der erfüllte Augenblick sich zur Ewigkeit dehnt.

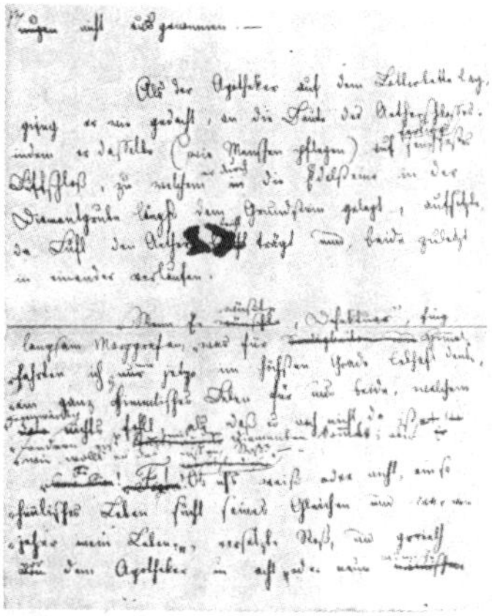

Manuskriptseite aus »Der Komet«

Der Komet

Daß Jean Paul nach den *Flegeljahren* anderthalb Jahrzehnte lang keinen großen Roman mehr veröffentlichte, hat vielerlei Ursachen. In der Zeit der Napoleonischen Kriege – zwischen 1805 und 1815 – geht das Interesse des Publikums und der Verleger an Romanen generell zurück, die Autoren experimentieren mit kleineren Erzählformen. Es ist die gleiche Zeit, in der LUDWIG TIECK gänzlich zu verstummen scheint und GOETHE nur einen einzigen Roman – die *Wahlverwandtschaften* (1809) – herausbringt. Jean Paul verlegt sich auf Erzählungen, ästhetische, pädagogische und autobiographische Schriften und auf die Produktion eines literarisch-politischen Feuilletons, das zum Zeitgeschehen Stellung nimmt. Anders als die meisten Zeitgenossen distanziert er sich nicht von seiner anfänglichen Bewunderung für die Französische Revolution, ebensowenig stimmt er in den patriotisch-nationalen Chor vieler Romantiker ein. Er bleibt, im Gegensatz zu Goethe, Kosmopolit und Republikaner. Als radikaler Pazifist richtet er seine Agitation gegen den Krieg.

»Das Unglück der Erde war bisher, daß zwei den Krieg beschlossen und Millionen ihn ausführten und ausstanden, indes es besser, wenn auch nicht gut gewesen wäre, daß Millionen beschlossen hätten, und zwei gestritten.«

(JEAN PAUL: Kriegs-Erklärung gegen den Krieg, 1809)

An der großen Form des Romans versucht sich Jean Paul ein letztes Mal in seinem Alterswerk *Der Komet, oder Nikolaus Marggraf. Eine komische Geschichte* (1820–22). Die ersten Pläne entstehen schon 1806; die Niederschrift beginnt 1813, mit dem Erscheinen des dritten Bandes (1822) bricht der Roman unvollendet ab. Der innere Grund für diesen mühevollen Entstehungsprozeß liegt in der vom Autor eingestandenen wachsenden Schwierigkeit, die humoristische Synthese aus rührend-sentimentalen und realistisch-komischen Elementen immer wieder neu herzustellen. Das Motiv der Narrheit menschlichen Tuns tritt schärfer hervor, der sentimentalische Höhenflug will nicht mehr gelingen. Die Hauptfigur im *Komet* ist der Apotheker Nikolaus Marggraf, der zwar ein morganatischer Fürstensohn ist, aber nicht durch Geburtsadel, sondern durch die chemische Erzeugung künstlicher Diamanten zu Ruhm und Herrscherwürden gelangt. Als moderner Don Quichotte verteilt er die aus der Diamantenfabrik gewonnenen Reichtümer an die Bevölkerung ebenso freigebig wie seine Hofämter an die hergelaufensten Gestalten; sogar »der Kandidat Richter aus Hof im Vogtland« erhält einen Posten – als Wetterprophet. Jean Paul ruft in diesem Alters-Selbstporträt die Erinnerung an seine Jugend wach. Er schildert sich als »einen dürren Jüngling mit offener Brust und fliegenden Haaren, und mit einer Schreibtafel in der Hand, singend im Trabe laufend«. In dem nicht mehr ausgeführten weiteren Plan des Romans sollte die Welt der Journale und Reisebeschreibungen verspottet, die »satirische Essigfabrik« wieder in Betrieb genommen werden. Es blieb bei der Darstellung des Apothekerstaates, der die Lächerlichkeit der fürstlichen wie der bürgerlichen Welt mehr bitter als fröhlich entlarvt. Mit diesem letzten, zu Unrecht unterschätzten Roman hat Jean Paul das Publikum noch einmal »ins Dampfbad der Rührung geführt und sogleich ins Kühlbad der frostigen Satire hinausgetrieben«. Unter den Essenzen, aus denen er dieses humoristische Wechselbad anrichtet, ist der Anteil der Rührung geringer, die Beimischung von Kritik, Ironie, Satire ätzender geworden.

Friedrich Hölderlin (1792)

FRIEDRICH HÖLDERLIN

Das erste Urbild des Apollo ist der Sonnenstrahl in ewigem Jugendglanze. Den hüllt die Menschenbildung in sich ein und hebt mit ihm zum Ideal der Schönheit sich empor, wo der Ausdruck der zerstörenden Mächte selbst in die Harmonie der jugendlichen Züge sich verliert ... Der Gott der Schönheit und Jugend, den Saitenspiel und Gesang erfreut, trägt auch den Köcher auf seiner Schulter, spannt den silbernen Bogen und sendet zürnend seine Pfeile, daß sie verderbliche Seuchen bringen, oder er tötet auch mit sanftem Geschoß die Menschen. Unter den Dichtungen der Alten ist diese eine der erhabensten und liebenswürdigsten, weil sie selbst den Begriff der Zerstörung, ohne davor zurückzubeben, in den Begriff der Jugend und Schönheit wieder auflöst und auf diese Weise dem ganz Entgegengesetzten dennoch einen harmonischen Einklang gibt. (KARL PHILIPP MORITZ, *Götterlehre oder mythologische Dichtungen der Alten*, 1791)

Es gibt nur wenige zeitgenössische Zeugnisse, die der dichterischen Intention und der Person FRIEDRICH HÖLDERLINS (1770–1843) so nahe kommen wie diese Bemerkungen, die KARL PHILIPP MORITZ in ganz anderem Zusammenhang geschrieben hat, ohne Hölderlin zu kennen, dessen erste Gedichte im selben Jahr wie die *Götterlehre* erschienen sind. Den Traum von ewigem Frühling und immerwährender Jugend, Freundschaft und Liebe hatten bereits die Anakreontiker in ihren Pastoralen besungen. Leitmotivisch durchzieht er die Dichtung Hölderlins, aber in einer Weise, die Tod und Zerstörung einbezieht und sich auf dem äußersten Gegenpol zu sentimentaler Tändelei bewegt.
Im Zeichen einer »apollinischen« Ästhetik ist Hölderlin, der im 19. Jahrhundert vergessen war, um die Jahrhundertwende wiederentdeckt worden: FRIEDRICH NIETZSCHE und STEFAN GEORGE sind die ersten, die ihm als genialem Dichter huldigen: Jugendbewegung und Expressionismus schließen sich an. Die Tatsache, daß Hölderlin als noch junger Mann von einer unheilbaren Geisteskrankheit ergriffen wird und fast vierzig Jahre lang in seinem Tübinger Asyl vor sich hin vegetiert, bis er im Alter von 73 Jahren als verwirrter Greis stirbt, hat an der Aura der Jünglingsgestalt, die ihn umgibt, nichts zu ändern vermocht. Als der von Apollo mit Wahnsinn Geschlagene ist er zum modernen Mythos geworden. Dagegen ist in Erinnerung zu bringen, daß der griechenlandtrunkene Hölder-

lin auch den Halbgott Herakles zu seiner Leitfigur erhob, jene Gestalt, die in der Antike als Kämpfernatur, als revolutionärer Tatmensch verehrt wurde:

In der Kindheit Schlaf begraben
Lag ich, wie das Erz im Schacht;
Dank, mein Herkules! den Knaben
Hast zum Manne du gemacht,
Reif bin ich zum Königssitze,
Und mir brechen stark und groß
Taten, wie Kronions Blitze,
Aus der Jugend Wolke los.

(*An Herkules*, 1796)

Vergleicht man den Lebens- und Bildungsweg Hölderlins mit dem des elf Jahre älteren SCHILLER, so werden charakteristische Ähnlichkeiten, aber auch Unterschiede deutlich: Während der junge Schiller in die den ärmeren Familien zugängliche Militärakademie des württembergischen Herzogs, die Karlsschule, gezwängt wurde, durfte der aus einer besser situierten Familie stammende Hölderlin die andere (geistliche) Eliteschule des Landes besuchen; nur über die säkularisierten Klosterschulen Denkendorf, Maulbronn und Tübingen gelangte man in die begehrten Pfarreien, Staats- und Lehrämter. SCHILLER rebelliert offen gegen den Drill der Kadettenschule und flieht aus diesem Ausbildungsgefängnis. Hölderlin dagegen durchläuft alle Stationen des vorgeschriebenen Bildungswegs und bleibt sogar über sein Magisterexamen hinaus im Tübinger Stift. Daß er nicht Geistlicher werden will, weiß er von Anfang an. Wütend opponiert er gegen die autoritären und ideologisch-engstirnigen Verhältnisse in diesem Kollegium, aber er harrt in Tübingen (1790–1793) aus, nicht zuletzt, weil ihm die Freundschaft und der intensive Gedankenaustausch mit seinen Mitschülern, darunter HEGEL und SCHELLING, mehr bedeuten als eine Karriere.

Das Tübinger Stift, gezeichnet von Eduard Mörike

Durch die Vermittlung Schillers, den er verehrt und anfänglich nachahmt, kann Hölderlin eine Hauslehrerstelle in der Familie Charlotte von Kalbs im Thüringischen antreten; er lernt die Bildungshonoratioren von Weimar kennen und hört in Jena Vorlesungen bei Fichte. 1794 publiziert SCHILLER sein *Fragment von Hyperion*. Hölderlin scheint im Literaturbetrieb gerade Fuß zu fassen, da ergreift er – aus ungeklärten Gründen – die Flucht und kehrt Hals über Kopf nach Schwaben zurück. Alle sich anschließenden Versuche, als Hofmeister und Hauslehrer seinen Lebensunterhalt zu verdienen – zuerst in Frankfurt, dann in der Schweiz, später in Bordeaux –, scheitern innerhalb kürzester Frist. Nur in Frankfurt ist die Ursache eindeutig: Er wird vor die

Tür gesetzt, weil er sich in die Frau seines Brotgebers verliebt hat, in Susette Gontard, die als Diotima bis ins Alter durch seine Dichtung geistern wird. Im benachbarten Homburg findet er vorübergehend Zuflucht. Von der letzten Station seiner Wanderjahre (Bordeaux 1802) kehrt er bereits in physisch und psychisch angeschlagenem Zustand zurück; die Nachricht vom Tode Susette Gontards führt im selben Jahr zum ersten schweren Zusammenbruch. An seinen Ursprung zurückgekehrt, weilt er ein Jahr im Hause seiner Mutter, lebt dann bei seinem Freund Sinclair in Homburg, wo er zum Schein als Bibliothekar angestellt wird, anschließend in einer Heilanstalt in Tübingen und verbringt den Rest seines Lebens (seit 1807) in der aufopfernden Pflege der Tübinger Schreinerfamilie Zimmer, in einem zum Neckar gelegenen Turm, der heute noch zu besichtigen ist. Der hilfreichen Menschen, die ihn umsorgten, ist in einer Literaturgeschichte um so mehr zu gedenken, als sie – ausnahmslos – nicht zur Gilde der Schriftsteller gehörten.

Der Hölderlinturm in Tübingen

Hyperion

Nach vielen Vorstufen und Umarbeitungen (darunter das 1794 von SCHILLER veröffentlichte Fragment) erscheint 1797 der erste, 1799 der zweite Band des Romans *Hyperion oder der Eremit in Griechenland.* Er ist in der Form des Briefromans geschrieben, unterscheidet sich aber von der durch Richardson geprägten Tradition schon dadurch, daß er das Zeitgefüge einer fortlaufenden Handlung sprengt. Die Briefe, die der junge Grieche Hyperion an seinen deutschen Freund Bellarmin schreibt, beginnen mit dem Ende der erzählten Lebensgeschichte des Helden und enden auch wieder an diesem Anfang. Wie in einer großen Symphonie klingen gleich zu Beginn die beiden Hauptmotive an, aus denen das Werk seine geistige Spannung bezieht. Auf dem Punkt der tiefsten Verzweiflung angelangt, schreibt Hyperion, sein Leben rekapitulierend, an Bellarmin: »Mein Geschäft auf Erden ist aus. Ich bin voll Willens an die Arbeit gegangen, habe geblutet darüber, und die Welt um keinen Pfennig reicher gemacht«, um unmittelbar darauf zu sagen, an welchem Ideal er gescheitert ist:

Eines zu sein mit Allem, was lebt, in seliger Selbstvergessenheit wiederzukehren ins All der Natur, das ist der Gipfel der Gedanken und Freuden, das ist die heilige Bergeshöhe, der Ort der ewigen Ruhe, wo der Mittag seine Schwüle und der Donner seine Stimme verliert und das kochende Meer der Woge des Kornfelds gleicht.

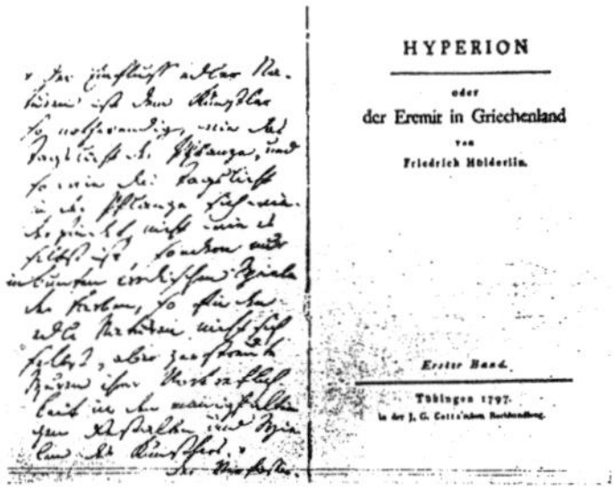

Die Dissonanz zwischen diesem höchsten Anspruch, den Hyperion an das Leben stellt, und der wirklichen Welt, die ihn umgibt, ist die bewegende Kraft des Romans. Schwärmerisch gedenken Hyperion und die von ihm geliebten Menschen des goldenen Jugendalters der Antike, auf deren Ruinen sie wandeln. In scharfem Kontrast dazu steht die Gegenwart, die Zeit der griechischen Aufstände gegen die Türkenherrschaft um 1770. In einem ersten großen Seelenaufschwung glaubt Hyperion die Wiedererweckung hellenischen Geistes durch die Freundschaft mit dem erfahreneren Alabanda zu finden; die homoerotisch gefärbte Jünglingsfreundschaft bricht jäh ab, als Hyperion erfährt, daß Alabanda

Mitglied eines Geheimbundes ist, der die Befreiung Griechenlands mit nächtlich-verschwörerischen Mitteln betreibt. Einen neuen Gipfel erreicht Hyperions Leben in seiner Liebe zu Diotima. In ihr sieht er die Verkörperung jener schönen Unmittelbarkeit der klassischen Antike, die er für immer verloren glaubte. Die Briefe, die er über die glückliche Zeit mit Diotima an Bellarmin schreibt, sind in ihrer Mischung aus Leidenschaftlichkeit und kindlicher Lauterkeit ohne Beispiel in der Liebesliteratur. Doch auch diesem Frühling ist keine Dauer beschieden. Mit Alabanda wiederversöhnt, reißt Hyperion sich von Diotima los, um am griechischen Befreiungskampf teilzunehmen. Der heroische Versuch, das antike Leitbild in die Gegenwart zu übertragen, endet mit einer zweifachen Katastrophe: Die aufständischen peloponnesischen Bauern, von Alabanda und Hyperion angeführt, erobern zwar die Stadt Misistra (das ehemalige Sparta), verwüsten sie aber und richten ein Blutbad auch unter ihren Landsleuten an, mit dem einzigen Ziel, sich durch Plünderung zu bereichern. Mit seinen hochfliegenden Ideen gescheitert, unfähig, Diotima wieder vor die Augen zu treten, begibt Hyperion sich in russische Kriegsdienste, um einen ehrenhaften Soldatentod zu finden. Doch nicht er, sondern die allein gelassene Diotima stirbt, und mit ihr auch der Traum einer Versöhnung von Ideal und Wirklichkeit.
Um eine kleine, aber bedeutungsvolle Nuance verändert sich dennoch Hyperions Verhältnis zur Realität. In ihrem Abschiedsbrief schreibt ihm Diotima:

> Trauernder Jüngling! bald, bald wirst du glücklicher sein. Dir ist dein Lorbeer nicht gereift und deine Myrten verblühten, denn Priester sollst du sein der göttlichen Natur, und die dichterischen Tage keimen dir schon.
> O könnt ich dich sehn in deiner künftigen Schöne. Lebe wohl.

Was die Griechen in den Begriff des »Einen in sich selbst Unterschiedenen« (HERAKLIT) faßten: die Einheit von Götter- und Menschenwelt, von Natur und Geschichte, die Anschauung der Totalität des Lebens, ist in der trostlosen Gegenwart nur dem zum Eremiten gewordenen Dichter zugänglich. Obwohl die Briefe dort aufhören, wo sie beginnen, ist Hyperion durch den Reflexionsprozeß seiner Lebensbeschreibung ein anderer geworden als der Mutlose, der er am Anfang war. Die Dialektik des Romans gipfelt in der Einsicht:

> Wie der Zwist der Liebenden, sind die Dissonanzen der Welt. Versöhnung ist mitten im Streit und alles Getrennte findet sich wieder.
> Es scheiden und kehren im Herzen die Adern und einiges, ewiges, glühendes Leben ist Alles.

Mit den lapidaren Worten: »So dacht ich. Nächstens mehr«, beschließt Hölderlin den Roman, nicht um eine Fortsetzung anzukündigen, sondern um die Unendlichkeit des Natur- und Lebensprozesses anzudeuten, von dessen Strom der Dichter sich tragen läßt.

Der Tod des Empedokles

Schon in Frankfurt arbeitet Hölderlin einen Plan der *Empedokles*-Tragödie aus, die ihn während seines ersten Homburger Aufenthalts (1798–1800) vordringlich beschäftigt. In drei sehr unterschiedlichen Fassungen ist dieser dramatische Torso erhalten. Ein Hinweis auf das, was den Dichter an diesem Stoff fasziniert, findet sich bereits im *Hyperion.* Bevor der Romanheld eine große Scheltrede auf die Deutschen hält, schildert er einen Besuch auf dem Ätna, der in ihm die Erinnerung an Empedokles wachruft:

> Gestern war ich auf dem Ätna droben. Da fiel der große Sizilianer mir ein, der einst des Stundenzählens satt, vertraut mit der Seele der Welt, in seiner kühnen Lebenslust sich da hinabwarf, in die herrlichen Flammen . . .

Die dramatische Gestaltung dieses Mythos als Antwort auf die deutsche Misere zu sehen ist auch aus biographischen Gründen berechtigt, obwohl Hölderlin jede unmittelbare Beziehung zur eigenen Lebensgeschichte streng von seinen Werken fernhält. Die Kälte, die ihm in der Gesellschaft des Frankfurter Bankiers Gontard entgegengeschlagen war, die wie eine Verbannung empfundene Trennung von der geliebten Susette/Diotima – der Stachel dieser Verletzungen saß tief. Die Freunde, die ihn in Homburg liebevoll aufnahmen, konnten zur Beruhigung nicht viel beitragen. Anders als die von der Französischen Revolution begeistert redenden Jünglinge des Tübinger Stifts streben sie in der politischen Praxis eine demokratische Umwälzung an – allen voran der im hessisch-homburgischen Staatsdienst tätige Jakobiner Isaac von Sinclair, der sich später – 1805 – wegen konspirativer Umtriebe einen Hochverratsprozeß einhandelte und hinter Zuchthausmauern verschwand. Hölderlin entging einem ähnlichen Schicksal nur dadurch, daß er als »wirklich wahnsinnig« eingestuft wurde.

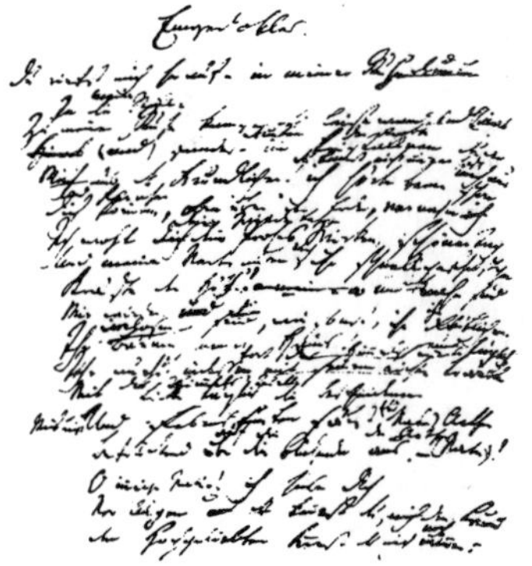

Hölderlin-Handschrift, Monolog des Empedokles

Vor diesem Hintergrund erscheint die Arbeit am *Empedokles* als fast verzweifelter Versuch des um seine Fassung ringenden Hölderlin, seinen Standort als Dichter zu bestimmen. Daß diese Bemühung mit einem Fragment endet, gibt den Begriffen von Wahrheit und Schönheit, an denen Hölderlin unbeirrbar festhält, eine eigentümliche Würde. In dem Kommentar *Grund zum Empedokles* (1799) wird der Held der Tragödie charakterisiert:

> 1) überhaupt als fühlender Mensch, 2) als Philosoph und Dichter, 3) als Einsamer, der seine Gärten pflegt. Aber so wäre er noch keine dramatische Person, also muß er das Schicksal nicht bloß in allgemeinen Verhältnissen, und durch seinen unabhängigen Charakter, er muß es in besonderen Verhältnissen und in der besonderen Veranlassung und Aufgabe lösen. Aber in so innigem Verhältnisse, wie er mit dem Lebendigen der Elemente steht, stehet er auch mit seinem Volk.

Der fundamentale Widerspruch zwischen der Allgewalt der Natur und den kümmerlichen Anstrengungen der Menschen, »immer rechtend und berechnend« eine Lebens- und Gesellschaftsordnung zu errichten, vollzieht sich nicht nur zwischen Empedokles und dem Volk von Agrigent, das ihn vertreibt und wieder zurückruft, sondern auch in Empedokles selbst, der ja Naturphilosoph und Politiker, Weltweiser und Volkstribun ist. Hölderlins Entwürfe lassen diese Verdichtung in der Hauptfigur deutlich erkennen. Die erste Fassung führt die Auseinandersetzungen innerhalb der Gesellschaft von Agrigent und in der Familie des Empedokles vor Augen; das Motiv seines Freitods im Ätna ist der Ekel vor der Welt; der er als sein Vermächtnis den Aufruf zur Rebellion hinterläßt:

> So wagt's! was ihr geerbt, was ihr erworben,
> Was euch der Väter Mund erzählt, gelehrt,
> Gesetz und Brauch, der alten Götter Name,
> Vergeßt es kühn und hebt, wie Neugeborne,
> Die Augen auf zur göttlichen Natur.

Die zweite Fassung rückt die Frage in den Mittelpunkt, ob Empedokles nicht selbst der Hybris des über die menschlichen Angelegenheiten sich erhaben Dünkenden schuldig sei und diese Schuld durch den Sprung in den Feuerschlund sühne. Die dritte Fassung ist auch von diesen Selbstvorwürfen gereinigt: Empedokles hat Agrigent unter sich zurückgelassen; er befindet sich von Anfang an in der reinen Luft des Ätna-Gipfels und bereitet sich auf den Todessprung vor, in der Gewißheit, daß seine Tat als sinnstiftendes Opfer verstanden wird, als Symbol der Vereinigung der Menschen mit der Natur, als Zeichen auch für die mögliche Synthese von Poesie und Leben.

Das lyrische Werk

Kommt den Jubelsang mit uns zu singen,
Denen Liebe gab die Schöpferin!
Millionen, kommt emporzuringen
Im Triumphe zu der Königin!
Erdengötter, werft die Kronen nieder!
Jubelt, Millionen fern und nah!
Und ihre Orione, hallt es wider:
Heilig, heilig ist Urania!

(Letzte Strophe der *Hymne an die Göttin der Harmonie*, 1790)

Zentral in Hölderlins Leben und Werk ist sein lyrisches Schaffen. Die hymnische Dichtung seiner Tübinger Zeit steht formal noch unter dem Einfluß SCHILLERS, inhaltlich im Banne der Begeisterung, die die Französische Revolution als Beginn eines neuen Zeitalters der Freiheit, Liebe und Menschheitsverbrüderung feiert. Die Gefahr der Hohlheit dieser emphatischen Gesänge spürt Hölderlin schon bald, doch erst in den Frankfurter und Homburger Jahren gelingt es ihm, einen unverwechselbar eigenen Tonfall und Rhythmus zu finden. Er gibt das Schema der Reimstrophen auf und dichtet streng gebaute Oden, die eher an die archaischen Formen PINDARS und an den schon altmodisch gewordenen KLOPSTOCK erinnern als an irgend etwas in der zeitgenössischen Poesie. Mit der Erlebnislyrik GOETHES haben diese Gedichte so wenig gemeinsam wie der *Hyperion* mit *Wilhelm Meister* oder überhaupt mit dem Bildungs- und Entwicklungsroman. Immer umkreist Hölderlin – in den Bildern der Kindheit, des Frühlings, des Festes – das Thema der ursprünglichen Einheit aller Dinge, den göttlichen Naturzusammenhang. Immer schwerer lastet auf seinen Gedichten aber auch das Bewußtsein, daß dieser Zusammenhang zerrissen ist, dechiffrierbar nur dem Dichter, der, um sich auszudrücken, selbst in Rätseln zu reden beginnt. Etwa in der Ode *Dichterberuf* (1800/01). Sie beginnt mit einem Dithyrambus auf den Ursprung der Poesie:

> Des Ganges Ufer hörten des Freudengotts
> Triumph, als allerobernd vom Indus her

Der junge Bacchus kam, mit heilgem
Weine vom Schlafe die Völker weckend.

und endet in der kaum noch zu entschlüsselnden Antithese:

Der Vater aber decket mit heilger Nacht,
Damit wir bleiben mögen, die Augen zu.
Nicht liebt er Wildes! Doch es zwinget
Nimmer die weite Gewalt den Himmel.

Noch ists auch gut, zu weise zu sein. Ihn kennt
Der Dank. Doch nicht behält er es leicht allein,
Und gern gesellt, damit verstehn sie
Helfen, zu anderen sich ein Dichter.

Furchtlos bleibt aber, so er es muß, der Mann
Einsam vor Gott, es schützet die Einfalt ihn,
Und keiner Waffen brauchts und keiner
Listen, so lange, bis Gottes Fehl hilft.

Die seltsame Fremdartigkeit und Unnahbarkeit solcher Texte ist Ausdruck einer zum Verstummen neigenden Sprache, die das Absolute fassen will und die daraus entstehende Gefährdung dennoch mitteilen muß:

Nah ist
Und schwer zu fassen der Gott.
Wo aber Gefahr ist, wächst
Das Rettende auch.
Im Finstern wohnen
Die Adler und furchtlos gehn
Die Söhne der Alpen über den Abgrund weg
Auf leichtgebaueten Brücken.
Drum, da gehäuft sind rings
Die Gipfel der Zeit, und die Liebsten
Nah wohnen, ermattend auf
Getrenntesten Bergen,
So gib unschuldig Wasser,
O Fittige gib uns, treuesten Sinns
Hinüberzugehen und wiederzukehren . . .

(*Patmos*, 1803)

Die »leichtgebaueten Brücken«, das Wagnis »hinüberzugehen« und die Hoffnung »wiederzukehren« haben kein sicheres religiöses und philosophisches Fundament mehr. Die Idee des zu sich selbst kommenden Geistes in der Natur (SCHELLING) und in der Geschichte (HEGEL) stößt beim Dritten im Bunde der idealistischen Tübinger Bruderschaft, bei Hölderlin, auf immer stärkere Skepsis – nicht weil er die Utopie der Versöhnung von Ursprung und Ziel aus den Augen verliert, sondern weil er die Gegenwart durchdringen will, die ihm, mit dem Blick auf die bürgerliche Sozietät seiner Zeit, nicht einfach mehr ein Durchgangsstadium zu höherem individuellem und gesellschaftlichem Dasein ist. Er kann und will die Zerrissenheit des Lebens nicht in gedanklichen Systemen »aufheben«, sondern in Sprachbildern zur Anschauung bringen. Sein bekanntestes, als »schönstes« verehrtes Gedicht ist auch eines seiner härtesten:

Mit gelben Birnen hänget
Und voll mit wilden Rosen
Das Land in den See,
Ihr holden Schwäne,
Und trunken von Küssen
Tunkt ihr das Haupt
Ins heilignüchterne Wasser.
Weh mir, wo nehm ich, wenn
Es Winter ist, die Blumen, und wo
Den Sonnenschein?
Und Schatten der Erde?
Die Mauern stehn
Sprachlos und kalt, im Winde
Klirren die Fahnen.

(*Hälfte des Lebens*, undatiert)

Ein dunkler Rest bleibt für Hölderlin auch in der Frage nach dem Göttlichen, das für ihn nicht auflösbar ist in der von der idealistischen Philosophie angenommenen Selbstbewegung des absoluten Geistes. Die Religiosität Hölderlins, gesättigt vom aufgeklärten schwäbischen Pietismus, ist fern von jeder Orthodoxie und stark pantheistisch gestimmt. Sie neigt in seinen späten Werken zu einem merkwürdigen Synkretismus, der die christliche Heilsgeschichte in die antikheidnische Mythologie – nicht umgekehrt – integrieren will. Die Elegie *Brot und Wein* bringt die Symbole der christlichen Eucharistie in Zusammenhang mit den Göttern des »seligen Griechenland« und des »Weingotts heiligen Priestern«; und zu diesen gesellt sich Christus als »ein stiller Genius, himmlisch / Tröstend, welcher des Tags Ende verkündet' und schwand, / Ließ zum Zeichen, daß er einst da gewesen und wieder / Käme, der himmlische Chor einige Gaben zurück« – auch er abgeschieden wie die olympischen Götter: »aber es lebt stille noch einiger Dank«.

Er ist ja wohl eines Festes wert, der selige Friede mit allem, was da ist! – Den Einen, dem wir huldigen, nennen wir nicht; ob er uns gleich nah ist, wie wir uns selbst sind, wir sprechen ihn nicht aus. Ihn feiert kein Tag; kein Tempel ist ihm angemessen; der Einklang unserer Geister, und ihr unendlich Wachstum feiert ihn allein.

(*Hyperion*)

Zu den zwischen 1800 und 1803 entstandenen späten Hymnen Hölderlins gehört *Die Friedensfeier*. Die eigenhändige Reinschrift des Gedichts, das früher nur in schwer entzifferbaren Entwürfen vorgelegen hatte, wurde erst 1954 wiederentdeckt und publiziert – eine Sensation der Hölderlin-Forschung, die sich sogleich ans Werk machte und extrem unterschiedliche Interpretationen lieferte. Der in vier Dreierblöcke gegliederte zwölfstrophige Gesang handelt von der Vorbereitung zum Fest, das der Dichter am (Lebens-)Abend noch einmal herbeiruft.

Der als »Fürst des Fests« erwartete Gott steht im Mittelpunkt der nochmaligen Versammlung der Freunde, aber das »dämmernde Auge« des Dichters erkennt ihn nur undeutlich. Moderne Deutungen sehen in ihm die Allegorie des Friedens oder die Gestalt Christi oder sogar Napoleon. Der Blick auf eine parallele Stelle im *Hyperion*, an der Diotima ihr Ideal des höchsten Festes schildert, zeigt indes, daß es weder der persönliche Gott des Christentums noch der antike Olymp ist, der Hölderlin vorschwebt, sondern eine noch unbekannte, unbenennbare Gottheit, die zu fassen die Menschen der Gegenwart noch nicht fähig sind. *Die Friedensfeier* endet mit den Worten:

Wie die Löwin, hast du geklagt,
O Mutter, da du sie,
Natur, die Kinder verloren.
Denn es stahl sie, Allzuliebende, dir
Dein Feind, da du ihn fast
Wie die eigenen Söhne genommen,
Und Satyren die Götter gesellt hast.
So hast du manches gebaut,
Und manches begraben,
Denn es haßt dich, was
Du, vor der Zeit
Allkräftige, zum Licht gezogen.
Nun kennest, nun lässest du dies;
Denn gerne fühllos ruht,
Bis daß es reift, furchtsamgeschäftiges drunten.

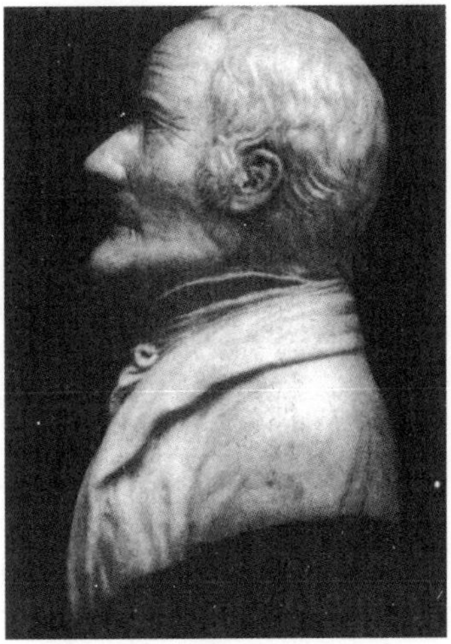
Hölderlin mit 70 Jahren

Das Pathos, mit dem Hölderlin sich auf den Geist der Antike beruft, und die Nüchternheit, mit der er seine eigene Epoche beurteilt, die ausgehaltene Spannung zwischen erfüllter und dürftiger Zeit lassen sein dichterisches Werk so einzigartig erscheinen, daß es neben der Weimarer Klassik als eine eigene Welt erscheint, die den Begriff »klassisch« in noch höherem Maße verdiente, wenn es auf solche Definitionen ankäme. Die heutigen Verehrer Hölderlins sind in zwei Lager gespalten: Während die einen seine eben noch rechtzeitige Rückkehr in den Schoß christlich-abendländischen Denkens begrüßen, feiern ihn die anderen als radikaldemokratischen Revolutionär, der sogar seine geistige Umnachtung nur vorgetäuscht habe, um seine jakobinischen Ideen vor der Welt zu verbergen. Bescheidener klingen die Zeilen, die der erst zweiundvierzigjährige Hölderlin, in einem lichten Augenblick und in der Erinnerung an seine kaum verflossene Jugend, 1812 seinem freundlichen Hauswirt Zimmer schreibt:

Das Angenehme dieser Welt hab ich genossen,
Die Jugendstunden sind, wie lang! wie lang! verflossen,
April und Mai und Julius sind ferne,
Ich bin nichts mehr; ich lebe nicht mehr gerne!

HEINRICH VON KLEIST

Heinrich von Kleist (1801)

Auch das Leben HEINRICH VON KLEISTS (1777–1811) ist eine Verkettung von Mißerfolgen, Krisen und Zusammenbrüchen, bei denen äußere und innere Ursachen oft schwer zu entwirren sind. Kleist stammt aus einer preußischen Offiziersfamilie, tritt als Fünfzehnjähriger in das Garderegiment Potsdam ein, nimmt an der Belagerung von Mainz und am Rheinfeldzug (1793–95) teil und wird, zwanzig Jahre alt, zum Leutnant befördert. 1799 quittiert er ohne erkennbaren Anlaß den Militärdienst. Seine zweite Karriere, die nie eine wirkliche werden wird, beginnt mit einem Studium der Mathematik, Physik und Kameralistik in seiner Heimatstadt Frankfurt an der Oder. Eine schwere Depression nach der Lektüre Kants; ziellose Reisen durch halb Deutschland, die Schweiz und Frankreich, Nervenzusammenbrüche, Krankheiten und Selbstmordpläne prägen die folgenden Jahre. In der Schweiz will Kleist nach Rousseauschem Vorbild leben, Land erwerben und Bauer werden. In Paris spielt er mit dem Gedanken, in die französische Armee einzutreten, um bei der erwarteten Invasion Napoleons in England den Heldentod zu sterben.
Ende des Jahres 1804 gelingt es Kleist, eine Anstellung in der preußischen Verwaltung zu finden. Seine Lebenssituation scheint sich zu beruhigen. Die 15 Monate, die er 1805/06 als Beamter in Königsberg verbringt, sind nicht nur in literarischer Hinsicht produktiv; in Königsberg lernt er auch die politischen Kreise kennen, die über den Volkskrieg gegen Napoleon nachzudenken beginnen und zugleich eine Reform des preußischen Staats- und Wirtschaftslebens anstreben. Es kennzeichnet seine Rastlosigkeit, daß er aus dem Amt wieder ausscheidet, noch ehe Napoleon 1806 den preußischen Staatsapparat zertrümmert. 1807, auf dem Wege nach Berlin, wird Kleist von den Franzosen als Spion verhaftet, nach Frankreich deportiert und erst ein halbes Jahr später freigelassen. Als er zwei Jahre später nach Wien aufbricht, um sich den österreichischen Truppen anzuschließen, kommt er zu spät: Die Schlacht bei Aspern ist schon geschlagen. Er irrt über das leichenübersäte Schlachtfeld und wird erneut – diesmal von den Österreichern – als Spion arretiert. Kleist empfindet solche Erlebnisse als symptomatisch für seine ganze Existenz: zu spät oder zu früh, nirgends am richtigen Ort, ein Fremder in seiner Zeit.
Gemessen daran ist die Kontinuität seiner um 1800 beginnenden literarischen Arbeit erstaunlich. Dieser dritte Versuch, sein Leben sinnvoll zu gestalten, ist für Kleist der endlich gefundene Weg, des äußeren und inneren Chaos Herr zu werden. Die Tätigkeit als Dichter ist das einzige, was ihn fortan am Leben hält. Daß ihm auch hier persönliche Anerkennung und materielle Sicherheit versagt bleiben, ist seine schlimmste Niederlage. Von den dramatischen Arbeiten, die sein Hauptwerk bilden, werden die meisten, aber nicht alle veröffentlicht. Erst zehn Jahre nach seinem Tod erscheinen, von TIECK herausgegeben, *Die Hermannsschlacht* und *Der Prinz von Homburg*. Die beiden einzigen Stücke, die zu Kleists Lebzeiten uraufgeführt werden, sind *Der zerbrochene Krug* (Weimar 1808) und *Das Käthchen von Heilbronn* (Wien 1810); beide fallen bei der Kritik durch. Kleist hat keines seiner Dramen auf der Bühne gesehen. Als der Stuttgarter Verleger Cotta die *Penthesilea* in seinen Verlag übernimmt, antwortet ihm

der Dichter mit einer Dankbarkeit, in der Verzweiflung durchklingt. Drei Jahre später, am 21. November 1811 scheidet Kleist aus dem Leben, indem er seine Freundin Henriette Vogel und sich selbst am Berliner Wannsee erschießt.
Der aus den Fugen geratene, verrückte und tragische Lebenslauf Heinrich von Kleists unterscheidet sich von anderen Dichterbiographien nicht zuletzt dadurch, daß er den Zugang zu seinem Werk eher verbarrikadiert als erleichtert. Warum Kleist plötzlich zu schreiben beginnt und sich so entschieden auf das Drama konzentriert, bleibt sein Geheimnis. Nur das erste Stück, *Die Familie Schroffenstein* (1803), verrät die Mühen des Anfangs. Dann entstehen in schneller Folge Dramen, die vollendete Meisterwerke sind, so als hätte es keines Anlaufs bedurft. Von einer zweiten frühen Tragödie, *Robert Guiskard,* ist nur ein Fragment aus dem Jahre 1808 bekannt; Kleist rekonstruierte es aus dem Gedächtnis, nachdem er trotz WIELANDS begeistertem Zuspruch den ausgearbeiteten Entwurf 1803 in Paris verbrannt hatte. 1807/08 erscheinen *Amphitryon, Penthesilea, Der zerbrochene Krug* und *Das Käthchen von Heilbronn.*

Ich fühle, mit völlig lebhafter Überzeugung, daß diesem Ankauf, unter den jetzigen Umständen, kein anderes Motiv zum Grunde liegen kann, als der gute Wille, einen Schriftsteller nicht untergehen zu lassen, den die Zeit nicht tragen kann; und wenn es mir nun gelingt, mich, ihr zum Trotz, aufrechtzuerhalten, so werd ich in der Tat sagen müssen, daß ich es Ihnen zu verdanken habe.

(KLEIST an den Verleger Cotta, dem er für den Ankauf der *Penthesilea* dankt, 24. 7. 1808)

Ich glaube nicht zuviel zu sagen, wenn ich Sie versichere: Wenn die Geister des Äschylus, Sophokles und Shakespeare sich vereinigten, eine Tragödie zu schaffen, so würde [es] das sein, was Kleists »Tod Guiskards des Normanns« [ist], sofern das Ganze demjenigen entspräche, was er mich damals hören ließ.

(WIELAND an Georg C. G. Wedekind, 10. 4. 1804)

Die Komödien

Wie wenig man aus der düsteren Biographie Kleists auf seine Dichtung zurückschließen kann, zeigt schon die Tatsache, daß er überhaupt Komödien geschrieben hat. In der gesamten deutschen Literatur gibt es, wenn es hoch kommt, ein Dutzend Werke, die auf dem Gebiet der Komödie zur Weltliteratur gezählt werden können. Zwei von ihnen hat der rätselhaft vergrübelte Heinrich von Kleist beigesteuert; sie sind beinahe gleichzeitig – zwischen 1802 und 1806 – entstanden: *Der zerbrochene Krug* und *Amphitryon.*
Die Idee zum *zerbrochenen Krug* ist, wie man von mehreren Zeugenberichten weiß, aus der Betrachtung eines Kupferstichs entstanden, der eine niederländische Genreszene darstellte. Keine literarische Vorlage also, sondern ein Gemälde bzw. Kupferstich (französischer Provenienz). Die Wette, die Kleist mit Freunden abschloß, wie dieses Sujet zu dramatisieren wäre, gehört zu den wunderlichsten Entstehungsgeschichten eines Bühnenwerks. Seine eigene, aus dem Bild nicht zu erschließende Idee ist die Erfindung der Handlung und der Hauptperson des Stückes: Der korrupte Dorfrichter Adam hält Gericht über eine Tat, die er selbst begangen hat. Der zerbrochene Krug, den Frau Marthe Rull vor seinem Tribunal einklagt, bringt einen anderen dörflichen Skandal ans Licht. Eve, die Tochter der Frau Marthe, ist zu nächtlicher Stunde vom Dorfrichter bedroht und bedrängt worden, sich mit ihm einzulassen, wenn sie ihren Verlobten Ruprecht vor der Einziehung als Soldat nach Ostindien retten wolle. Ruprecht jedoch ist bei dem nächtlichen Abenteuer des Richters dazwischengetreten, hat diesen, ohne ihn in der Dunkelheit zu erkennen, zur Flucht aus dem Fenster gezwungen und ihm mit der Türklinke zwei Schläge auf den Kopf verpaßt. Bei der Rauferei ist auch jener ominöse Krug zu Bruch gegangen, dessen Verlust Frau Marthe Rull mehr beklagt als die bedrohte Unschuld ihrer Tochter. Der Leser/Zuschauer errät die Zusammenhänge schon in den ersten Szenen. Auch der Amtsschreiber Licht und der als Revisor gerade am Prozeßtag eintreffende Gerichtsrat Walter ahnen, daß etwas faul ist. Die bei der Flucht verloren-

gegangene Perücke des Dorfrichters, die Blessuren auf seinem kahlen Schädel, die Fußspuren, die er im Schnee hinterließ und die, weil er einen Klumpfuß hat, allein auf ihn als Übeltäter hinweisen – all diese Indizien kommen im Verlauf des Prozesses allmählich zur Sprache. Das ästhetische Vergnügen, das diese Gerichtskomödie bereitet, besteht nicht in der Enthüllung des wahren Sachverhalts, sondern in der Verzögerung der Enthüllung. Nicht nur der Richter verschweigt etwas, auch Eve, um ihren Ruprecht zu schützen, rückt nicht mit der Wahrheit heraus. Ruprecht redet zwar zur Sache, spricht aber, gekränkt über die Haltung seiner Braut, so ungeschickt aus, daß der Dorfrichter immer wieder Möglichkeiten zum Einhaken findet. Aktiviert wird beim Leser ein fast sportliches Interesse daran, wie lange der Richter durchhält und wie er kämpft, um immer wieder seinen Kopf aus der Schlinge zu ziehen. Zum Beispiel, als die Zeugin Brigitte auftritt, die aus den Spuren im Schnee ihre eigenen Schlüsse zieht:

> Was find' ich euch für eine Spur im Schnee?
> Rechts fein und scharf und nett gekantet immer,
> Ein ordentlicher Menschenfuß,
> Und links unförmig grobhin eingetölpelt
> Ein ungeheurer klotz'ger Pferdefuß.
> (...)
> Seht, einen weiten, schneezerwühlten Kreis,
> Als ob sich eine Sau darin gewälzt;
> Und Menschenfuß und Pferdefuß von hier,
> Und Menschenfuß und Pferdefuß, und Menschenfuß und Pferdefuß,
> Quer durch den Garten, bis in alle Welt.

In wenigen Sätzen ist hier skizziert, wie sich eine Beobachtung in die obsessive Vorstellung verwandelt, daß der Teufel im Spiel gewesen sein müsse. Blitzschnell

Der zerbrochene Krug, Kupferstich von Le Veau

nutzt der Dorfrichter diese Chance, um von sich selbst abzulenken und auf Vertagung zu plädieren:

> Mein Seel, ihr Herrn, die Sache scheint mir ernsthaft.
> Man hat viel beißend abgefaßte Schriften,
> Die, daß ein Gott sei, nicht gestehen wollen;
> Jedoch den Teufel hat, soviel ich weiß,
> Kein Atheist noch bündig wegbewiesen.
> Der Fall, der vorliegt, scheint besonderer
> Erörtrung wert. Ich trage darauf an,
> Bevor wir ein Konklusum fassen,
> Im Haag bei der Synode anzufragen,
> Ob das Gericht befugt sei, anzunehmen,
> Daß Beelzebub den Krug zerbrochen hat.

Nicht in der Derbheit der Typen und des Milieus liegt die Komik, sondern in der Manipulierbarkeit der Wahrheit. Die Sprache ist doppelbödig, sie verhüllt und enthüllt, lügt und deckt auf. Zwar siegt die gerechte Sache, aber die Zweideutigkeit bleibt: Als der korrupte Richter überführt ist und entflieht, nimmt der Amtsschreiber Licht seinen Posten ein – ein Opportunist, der den Sturz seines Chefs mitbetrieben hat.

Kleists *Amphitryon* ist ursprünglich nur als Übersetzung und deutsche Bearbeitung der gleichnamigen Komödie von MOLIÈRE (1668) gedacht gewesen, dann aber zu einem unverwechselbar eigenen Werk des Dichters geworden. Den mythologischen Stoff – Jupiter verführt Alkmene, die Gattin des Feldherrn Amphitryon, indem er dessen Gestalt annimmt – hatte Molière nicht nur zu einer gewagten und gewitzten Satire auf das Hofleben Ludwigs XIV. benutzt; in das frivole Spiel, das der Göttervater mit den Menschen treibt, mischten sich, vor allem in der Gestalt des betrogenen Ehemanns Amphitryon, auch tragische Züge. Kleist steigert die Grausamkeit der Verwechslung bis zum äußersten. In der Gestalt Amphitryons schläft Jupiter mit Alkmene, deren Glück in Verzweiflung umschlägt, als sie ihrem erst ahnungslosen, dann zunehmend erbitterten wirklichen Gatten gegenübertritt. Die derb-komische Nebenhandlung, in der sich die Identitätsvertauschung auf der Ebene des niederen Personals – zwischen dem Götterboten Hermes, Amphitryons Diener Sosias und dessen Frau Charis – wiederholt, verstärkt nur die tragische Zuspitzung. Zwar gibt Jupiter sich am Ende zu erkennen, aber weder er, der als zweifelhafter deus ex machina in Erscheinung tritt, noch Amphitryon können die aussichtslose Situation meistern. Der die Komödie rettende Engel ist Alkmene. Indem sie sich weigert, zwischen Gemahl und Geliebtem, Mann und Gott zu unterscheiden, widersetzt sie sich dem eitlen Jupiter ebenso wie dem eifersüchtigen Amphitryon. Der Göttervater ist der betrogene Betrüger. Er muß sich von Alkmene sagen lassen, daß sie ihn verehrt, aber nicht liebt, ja sogar ihrer Gottesverehrung das Bild Amphitryons unterschiebt. Aber auch Amphitryon wird von ihr »enttäuscht«: Vor die Wahl zwischen den beiden Ebenbildern gestellt, zeigt sie, ihre Liebe zum Gatten absolut setzend, auf Jupiter als ihren Mann. Heiterkeit und Traurigkeit bleiben in der Schwebe. In dem Chor der Stimmen, die am Schluß lauthals den glücklichen Tag der göttlichen Emanation preisen wollen, behält Alkmene das letzte, leise Wort:

> Erster Feldherr: Fürwahr! Solch ein Triumph –
> Zweiter Feldherr: So vieler Ruhm –
> Erster Oberster: Du siehst durchdrungen aus –
> Amphitryon: Alkmene!
> Alkmene: Ach!

Achill tötet Penthesilea, Griechische Schale, München

Penthesilea, Käthchen von Heilbronn

An Alkmene schließen sich zwei andere große Frauengestalten an: Penthesilea und Käthchen. Nichts scheint weiter auseinander zu sein als dieses ungleiche Frauenpaar. Wie eine Furie rasend die eine, umgeben von einer antik-heroischen Welt; ein stilles, naives Mädchen die andere, eingerahmt von einem romantisch-mittelalterlichen Milieu. Kleist freilich sieht es anders:

> Wer das Käthchen liebt, dem kann die Penthesilea nicht ganz unbegreiflich sein, sie gehören ja wie das + und – der Algebra zusammen und sind ein und dasselbe Wesen, nur unter entgegengesetzten Bedingungen gedacht.

Penthesilea.

Ein Trauerspiel

von

Heinrich von Kleist.

Tübingen,
im Verlage der Cottaischen Buchhandlung
und gedruckt in Dresden bei Gärtner.

Erstausgabe von 1808

Penthesilea, die junge Amazonenkönigin, trifft auf den mit den Griechen vor Troja kämpfenden Achilles. Das Gesetz des Amazonenstaats schreibt vor, daß die Frauen die Männer ihrer Wahl im Kampf besiegen müssen, wenn sie sich – beim Rosenfest der Göttin Diana – mit ihnen vereinigen wollen. Die kriegerische Auseinandersetzung zwischen Achill und Penthesilea ist so heftig wie die Liebe, die zwischen ihnen entbrennt. Beim ersten Zweikampf siegt der Grieche, doch die Amazonenkönigin, bewußtlos, weiß nichts vom Ausgang des Kampfes. Von ihren eigenen Frauen und vom verliebten Achilles getäuscht, glaubt sie sich als Siegerin und gesteht ihm ihre Liebe. Als sie die Wahrheit erfährt, verwandelt sich Penthesilea in eine Rachefurie. Achill bietet ihr, in der Absicht, sie gewinnen zu lassen, einen zweiten Zweikampf an, und erscheint, weil er glaubt, daß ihre Liebe stärker ist als ihr kriegerischer Stolz, nur in leichter Rüstung zum Duell. In bewußter Umkehrung der antiken Mythologie, in der Achilles die Amazone erschlägt, läßt Kleist Penthesilea den griechischen Helden nicht nur töten, sondern geradezu massakrieren. Ihr Pfeil durchbohrt den Hals des Achill, ihre Hunde zerfleischen seine Leiche, und sie selbst gräbt ihre Zähne in die Brust des ermordeten Geliebten.
Eine andere Welt tut sich im *Käthchen von Heilbronn* auf. Der Graf Wetter vom Strahl wird vor ein Standesgericht zitiert, weil er von Käthchens Vater beschuldigt wird, die Tochter verhext und verführt zu haben. Die Indizien: Beim ersten Anblick des Ritters habe das Mädchen, wie vom Schlag getroffen, den Verstand verloren. Während Käthchen dem Grafen eher lästig ist, verfolgt sie ihn überallhin, springt aus dem Fenster, um ihn nicht zu verlieren, geht für ihn buchstäblich durchs Feuer, weil sie sein Porträtbildnis aus einer brennenden Burg retten soll, und nimmt jede Demütigung hin, um in seiner Nähe zu sein. Als weibliche

Gegenfigur tritt Kunigunde auf, eine kalt berechnende Dame, die alle Männer in ihren Bann schlägt, aber nur an Besitz und sozialem Rang interessiert ist: ein Wesen wie die Frau Fortuna aus dem Bilderbuch des Mittelalters – äußerlich bezaubernd, in Wirklichkeit ein häßliches Schreckgespenst, das nur durch künstliche Haare, Zähne und Korsett schön erscheint und vor Mord nicht zurückschreckt. Käthchen und der Graf vom Strahl haben unabhängig voneinander geträumt, daß sie, von einem himmlischen Cherub geleitet, zueinanderfinden. Der Traum geht in Erfüllung. Das Käthchen von Heilbronn erweist sich als die Tochter des Kaisers und wird die Braut des Ritters, während die böse Kunigunde sich unter Flüchen davonschleicht.

Antike Tragödie und romantisches Märchen sind für Kleist kein Gegensatz. »Ein und dasselbe Wesen, nur unter entgegengesetzten Bedingungen gedacht« sind Penthesilea und Käthchen in ihrer Selbstvergessenheit, in der Unbedingtheit ihrer Liebe, die keine Schranken und sittlichen Konventionen anerkennt. »Mein einziges, mein höchstes Ziel ist gesunken, und ich habe nun keines mehr«, schrieb Kleist 1801, niedergeschmettert von der Philosophie KANTS, die ihm das Vertrauen zu einer unverbrüchlichen Wahrheit der erkennenden Vernunft genommen hatte. Die Gegenposition, die er als Dichter aufbaut, ist die Absolutheit und Unendlichkeit des Gefühls. Wie in Trance bewegen sich Penthesilea und Käthchen, »außer sich« in den entscheidenden Szenen beider Stücke. Das Gräßliche und das Liebliche, die Wildheit der Penthesilea und die Sanftheit Käthchens, beide sind ein und desselben Ursprungs, der nicht durch Rationalität und Geschichtlichkeit verbürgt ist. Den Wortkaskaden, mit denen die Amazonenkönigin sich gegen Feinde wie Freundinnen zur Wehr setzt, entspricht die Stummheit des Mädchens aus dem Volk, dessen Text im wesentlichen aus einsilbigen Antworten besteht: »Ja, mein hoher Herr«, »Nein, mein hoher Herr«, »Weiß nit, hoher Herr.«

Moritz von Schwind, Käthchen von Heilbronn (1826)

Kleist als Journalist und Essayist

Zusammen mit ADAM MÜLLER (1779–1829), dem der Romantik nahestehenden Staatstheoretiker, gibt Kleist 1808 die Zeitschrift *Phöbus* heraus, die nach wenigen Nummern an finanziellen Schwierigkeiten scheitert. Ein 1809 für Wien geplantes Zeitschriftenprojekt *Germania* kommt nicht zustande, weil die österreichische Hauptstadt inzwischen von den Franzosen besetzt ist. Genau ein halbes Jahr (Oktober 1810–März 1811) halten sich die *Berliner Abendblätter*, in denen Kleist eine ungewöhnliche Mischung aus anspruchsvollem Feuilleton und aktuellen Reportagen anbietet und – anfangs mit Erfolg – ein breites Publikum anspricht. Neben Theater- und Ausstellungsrezensionen erscheinen darin »Tagesbegebenheiten« aus dem bürgerlichen Leben und Boulevardneuigkeiten, Polizei- und Gerichtsmitteilungen, Witze und Anekdoten, aber auch wichtige Abhandlungen wie *Über das Marionettentheater* (12.–14. Dezember 1810). Das Journal geht ein, weil ihm der preußische Staatskanzler von Hardenberg wegen zu deutlicher antinapoleonischer Akzente die weitere Genehmigung verweigert. Der Aufsatz *Über das Marionettentheater* ist ein Diskurs über die natürliche Grazie körperlicher Bewegung. Ein Tanzmeister erläutert dem Autor seine

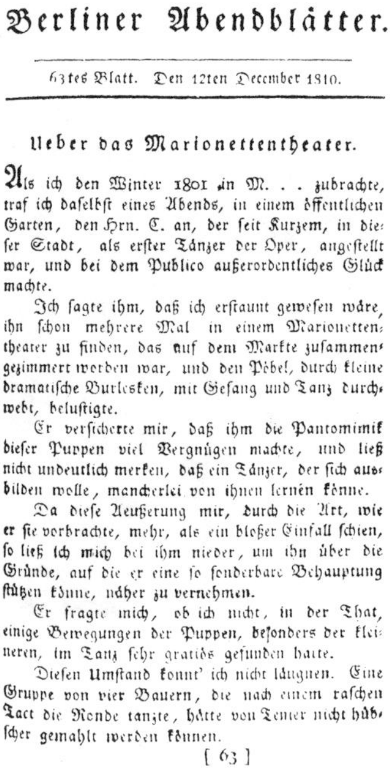

Berliner Abendblätter.

63tes Blatt. Den 12ten December 1810.

Ueber das Marionettentheater.

Als ich den Winter 1801 in M. . . zubrachte, traf ich daselbst eines Abends, in einem öffentlichen Garten, den Hrn. C. an, der seit Kurzem, in dieser Stadt, als erster Tänzer der Oper, angestellt war, und bei dem Publico außerordentliches Glück machte.

Ich sagte ihm, daß ich erstaunt gewesen wäre, ihn schon mehrere Mal in einem Marionettentheater zu finden, das auf dem Markte zusammengezimmert worden war, und den Pöbel, durch kleine dramatische Burlesken, mit Gesang und Tanz durchwebt, belustigte.

Er versicherte mir, daß ihm die Pantomimik dieser Puppen viel Vergnügen machte, und ließ nicht undeutlich merken, daß ein Tänzer, der sich ausbilden wolle, mancherlei von ihnen lernen könne.

Da diese Aeußerung mir, durch die Art, wie er sie vorbrachte, mehr, als ein bloßer Einfall schien, so ließ ich mich bei ihm nieder, um ihn über die Gründe, auf die er eine so sonderbare Behauptung stützen könne, näher zu vernehmen.

Er fragte mich, ob ich nicht, in der That, einige Bewegungen der Puppen, besonders der kleineren, im Tanz sehr graziös gefunden hätte.

Diesen Umstand konnt' ich nicht läugnen. Eine Gruppe von vier Bauern, die nach einem raschen Tact die Ronde tanzte, hätte von Tenier nicht hübscher gemahlt werden können.

[63]

These, daß die unbelebte, vom Puppenspieler an Fäden geführte Marionette grundsätzlich jeder menschlichen Pantomime und Bewegungskunst überlegen sei. Ihr fehle sowohl die Verstandesreflexion als auch das unkontrollierte Gefühl, die den Menschen daran hindern, sich in vollkommener Harmonie zu bewegen. Kein Bewußtsein zu haben (wie die Gliederpuppe) oder ein unendliches Bewußtsein zu haben (wie Gott) – von beidem ist der Mensch, da er vom Baum der Erkenntnis gegessen hat, gleich weit entfernt. Eine Annäherung an den Zustand ursprünglicher Unschuld sind in Kleists Dichtung die zahlreichen Beispiele des Außer-sich-Seins, die Ohnmachten und Träume, in die seine Personen versinken, wenn ihr Gefühl gegen das zu schwache Gefäß der Verstandesdisziplin revoltiert.

In einem anderen Essay, der 1805 geschrieben, aber erst in unserem Jahrhundert (1938) publiziert wurde, überträgt Kleist diese Überlegungen auf die Sprache. *Über die allmähliche Verfertigung der Gedanken beim Reden* ist schon im Titel eine Kampfansage an die Maxime der Aufklärung, daß man wissen müsse, wovon man rede. Kleist bestreitet, daß der Gedanke immer schon fertig gedacht ist, bevor er ausgesprochen wird, und belegt dies mit sprachpsychologisch brillanten Beispielen aus der Geschichte der Rhetorik und der Beobachtung an sich selbst:

Es liegt ein sonderbarer Quell der Begeisterung für denjenigen, der spricht, in einem menschlichen Antlitz, das ihm gegenübersteht; und ein Blick, der uns einen halbausgedrückten Gedanken schon als begriffen ankündigt, schenkt uns oft den Ausdruck für die ganze andere Hälfte desselben. Ich glaube, daß mancher große Redner, in dem Augenblick, da er den Mund aufmachte, noch nicht wußte, was er sagen würde. Aber die Überzeugung, daß er die ihm nötige Gedankenfülle schon aus den Umständen, und der daraus resultierenden Erregung seines Gemüts schöpfen würde, machte ihn dreist genug, den Anfang, auf gutes Glück hin, zu setzen.

Es gibt übereinstimmende Berichte von Zeitgenossen, die sich über Kleists Auftreten in der gebildeten Gesellschaft wunderten. Während er stets fließend französisch sprach, attestieren ihm die Beobachter eine schwerfällige, zum Stammeln neigenden Rede, wenn er sich in deutscher Sprache äußerte. Und noch etwas anderes fiel auf: Bei irgendeinem Wort, das in der Konversation fiel, bei der nebensächlichsten Bemerkung, konnte Kleist in völlige Geistesabwesenheit versinken, so als spreche er nur noch mit sich selbst. Daß dies nicht nur von anekdotischem Interesse ist, beweist die bisweilen ekstatische Sprache seiner Dramen, die hämmernde, stampfende Rhythmik seiner Prosaerzählungen. Das Verhältnis von Verstandeswissen und spontaner Sprache reflektierend, zieht Kleist in *Über die allmähliche Verfertigung der Gedanken beim Sprechen* die Situation von Prüflingen im Examen als Beispiel heran und fügt hinzu:

Hier aber, wo diese Vorbereitung des Gemüts gänzlich fehlt, sieht man sie stocken, und nur ein unverständiger Examinator wird daraus schließen, daß sie nicht *wissen.* Denn nicht *wir* wissen, es ist allererst ein gewisser *Zustand* unsrer, welcher weiß.

Die Erzählungen

Die ausgiebigen und feinsinnigen Erörterungen, die zwischen GOETHE und SCHILLER geführt wurden, um die Grenzen der epischen und der dramatischen Poesie zu ermitteln, hätten Kleist, wenn er sie gekannt hätte, kalt gelassen. In der Praxis dagegen ist dieses Grenzgebiet ihm so vertraut wie keinem anderen Schriftsteller seiner Zeit. Schon während der ersten Skizzen zu *Robert Guiskard* (1801) entsteht ein Entwurf der Novelle *Die Verlobung in St. Domingo.* Im besonders fruchtbaren Jahr 1805 arbeitet Kleist parallel an *Amphitryon, Penthesilea* und an den Erzählungen *Michael Kohlhaas* und *Die Marquise von O.* Zur Herbstmesse 1810 und zur Frühjahrsmesse 1811 erscheinen in zwei Bänden alle wichtigen Prosadichtungen, zur gleichen Zeit in den *Berliner Abendblättern* etwa 30 Anekdoten und Kurzgeschichten.
Plötzlich hereinbrechende Katastrophen, unbegreifliche Schicksalsfügungen, die Errettung aus tiefstem Leiden und erneuter Absturz in Tod, Wahnsinn und Verderben sind immer wiederkehrende Motive der handlungs- und spannungsreichen Geschichten, die Kleist erzählt und die den Dramatiker auch in der Prosaform zeigen. Stets kommt er ohne Umschweife zur Sache:

In St. Jago, der Hauptstadt des Königreiches Chili, stand gerade in dem Augenblicke der großen Erderschütterung vom Jahre 1647, bei welcher viele tausend Menschen ihren Untergang fanden, ein junger, auf ein Verbrechen angeklagter Spanier, namens Jeronimo Rugera, an einem Pfeiler des Gefängnisses, in welches man ihn eingesperrt hatte, und wollte sich erhenken.

Mit diesem für Kleists vorwärtspeitschenden Stil charakteristischen Satz beginnt die Erzählung *Das Erdbeben in Chili;* sie schildert das Wunder der Errettung zweier zum Tode verurteilter Liebender, die durch die Naturkatastrophe ins Freie gelangen und wieder zueinanderfinden, sich zum Dankgottesdienst in die einzige unzerstörte Kirche Santiagos begeben und dort von einer aufgehetzten Menge gelyncht werden. Der Umschwung von Todesgefahr zu Geborgenheit und zur abermaligen Katastrophe wird in einer fast protokollarisch knappen Sprache mitgeteilt, die auf dem Höhepunkt des Geschehens in jagende Dialoge übergeht. Die Geschichte der *Marquise von O.* setzt mit einem ähnlichen Paukenschlag ein:

In M., einer bedeutenden Stadt im oberen Italien, ließ die verwitwete Marquise von O., eine Dame von vortrefflichem Ruf und Mutter von mehreren wohlerzogenen Kindern, durch die Zeitungen bekanntmachen, daß sie, ohne ihr Wissen, in andere Umstände gekommen sei, daß der Vater zu dem Kinde, das sie gebären würde, sich melden solle und daß sie aus Familienrücksichten entschlossen wäre, ihn zu heiraten.

Kein Dichter der romantischen Schule könnte oder würde so schreiben. Das Geheimnis dieser »unbefleckten Empfängnis« löst sich auch nicht in einer metaphysischen Erklärung, sondern rational auf: Derselbe russische Offizier, der die Marquise vor der Vergewaltigung durch marodierende Soldaten rettete, hat sie, als sie in Ohnmacht fiel, geschwängert. Durch alle Höhen und Tiefen der Verzweiflung und der Familienentzweiung treibt Kleist die Handlung zu einem Finale, das nicht weniger überraschend ist als der Anfang. Der als Retter der Marquise hochgeehrte russische Graf meldet sich auf die Zeitungsannonce und bekennt seine Untat. Die getäuschte und im Innersten verletzte Marquise geht mit ihm zum Traualtar, verweigert sich ihm aber als Frau. In einem der bei Kleist seltenen Fälle eines glücklichen Ausgangs schlägt das Geschehen noch einmal um:

Er fing, da sein Gefühl ihm sagte, daß ihm von allen Seiten, um der gebrechlichen Einrichtung der Welt willen, verziehen sei, seine Bewerbung um die Gräfin, seine Gemahlin, von neuem an, erhielt, nach Verlauf eines Jahres, ein zweites Jawort von ihr, und auch eine zweite Hochzeit ward gefeiert, froher als die erste, (...) und da der Graf in einer glücklichen Stunde seine Frau einst fragte, warum sie, an jenem fürchterlichen Dritten, da sie auf jeden Lasterhaften gefaßt schien, vor ihm, gleich einem Teufel, geflohen wäre, antwortete sie, indem sie ihm um den Hals fiel: er würde ihr damals nicht wie ein Teufel erschienen sein, wenn er ihr nicht bei seiner ersten Erscheinung wie ein Engel vorgekommen wäre.

Der von Kleist geschaffene Typus der dramatischen Erzählung begründet eine neue literarische Form: die Novelle. Sie kommt der Definition nahe, die der alte GOETHE (in ungewohnt schlechtem Deutsch) formulierte.

... denn was ist eine Novelle anders als eine sich ereignete unerhörte Begebenheit. Dies ist der eigentliche Begriff, und so vieles, was in Deutschland unter dem Titel Novelle geht, ist gar keine Novelle, sondern bloß Erzählung ... (Gespräch mit Eckermann, 29. 1. 1827)

Daß GOETHE seit den *Wahlverwandtschaften* (1809) mit dieser zwischen Drama und Erzählung wechselnden Prosaform experimentierte und ihr in seinem Spätwerk hohen Rang einräumte, ändert nichts an der avantgardistischen Stellung Kleists auf diesem literarischen Neuland. So irrelevant urheberrechtliche Fragen in solchen Fällen sind und so wenig sich die beiden Dichter im Gehalt ihrer Novellen gleichen – eine Erklärung für die Ignorierung Kleists durch den Weimarer Patriarchen liefert allenfalls das persönliche Zerwürfnis, das seit der Uraufführung des *Zerbrochenen Krugs* zwischen beiden herrschte. Mit besten Vorsätzen, aber in völliger Verkennung ihrer Struktur hatte Goethe 1808 die Komödie, in drei Akte aufgeteilt, in Weimar uraufgeführt und mit diesem Mißgriff nicht nur ein Pfeifkonzert des Publikums, sondern auch den Haß des Autors auf sich gezogen, der sich sogar zu einer Duellforderung an Goethe verstieg. Der Bruch war nicht zu kitten, eine produktive Auseinandersetzung zwischen den beiden ersten Meistern der Novelle fand nicht mehr statt. Beeindruckt von Kleists Erzählkunst zeigten sich dagegen einzelne Romantiker. Seine Novellen beeinflußten E. T. A. HOFFMANN, ohne sie wären CLEMENS BRENTANOS *Geschichte vom braven Kasperl und dem schönen Annerl* (1817) und ACHIM VON ARNIMS *Der tolle Invalide auf dem Fort Ratonneau* (1818) nicht entstanden.

Michael Kohlhaas, Der Prinz von Homburg

Als politischer Schriftsteller, der er auch sein wollte, hat Heinrich von Kleist zu seinen Lebzeiten kein besonderes Aufsehen erregt. Seine von fast pathologischem Haß gegen Napoleon diktierten Kampfschriften und -gedichte nahmen in ihrem militanten Tonfall die literarischen Erzeugnisse der Befreiungskriege vorweg, ohne deren Popularität zu erreichen. *Germania, an ihre Kinder* (1808), *Der Katechismus der Deutschen* und das Drama *Die Hermannsschlacht* (beide 1809) haben diesen überschnappend patriotischen, chauvinistisch durchtränkten Charakter. Nach 1871, im wilhelminischen Reich, wurde Kleist als Dichter der *Hermannsschlacht* hoch gepriesen, als preußisches Bühnenweihespiel kam auch *Der Prinz von Homburg* zu späten Ehren, beides Stücke, die erst ein Jahrzehnt nach Kleists Tod veröffentlicht worden waren.

Wer, in unzählbaren Wunden,
Jener Fremden Hohn empfunden,
Brüder, wer ein deutscher Mann,
Schließe diesem Kampf sich an!
Alle Triften, alle Stätten
Färbt mit ihren Knochen weiß;
Welchen Rab und Fuchs verschmähten,
Gebet ihn den Fischen preis;
Dämmt den Rhein mit ihren Leichen;
Laßt, gestäuft von ihrem Bein,
Schäumend um die Pfalz ihn weichen,
Und ihn dann die Grenze sein.

(HEINRICH V. KLEIST: *Germania, an ihre Kinder*, 1808)

Den Konflikt zwischen Staatsräson und individuellem Glück, geltendem Gesetz und subjektivem Rechtsempfinden behandelt Kleist am schlüssigsten in seiner großen Erzählung *Michael Kohlhaas* (geschrieben 1805–07; Teilabdruck in »Phoebus« 1808; vollständig publiziert im ersten Band der *Erzählungen*, 1810). Geschildert wird ein Rechtsstreit zur Lutherzeit, tragische Hauptperson ist der Pferdehändler Kohlhaas, der durch adlige Willkür um alles gebracht wird, was er besitzt und liebt, und gegen die herrschenden Gewalten rebelliert. Seine Volkstümlichkeit und seine Partisanentaktik lassen ihn unbesiegbar erscheinen, aber sein Kampf scheitert, weil er zwar das Recht, nicht aber das Gesetz auf seiner Seite hat. Anders als GOETHES *Götz von Berlichingen* fällt Michael Kohlhaas, auf Treu und Glauben handelnd, nicht durch feigen Verrat; er besteht darauf, daß sich das moderne Recht durchsetzt, sollte es ihn auch den Kopf kosten. Die Angelegenheit eines kleinen Mannes, der sich so lange legal wehrt, bis er zu anarchistischer Selbstverteidigung gezwungen wird, weitet sich in Kleists Darstellung zu einer Staatsaffäre von exemplarischer Bedeutung aus. Der kursächsische Hof und der Kurfürst von Brandenburg sind verwickelt, der deutsche Kaiser und Martin Luther greifen ein. Aber das Räderwerk der Justiz dreht sich unerbittlich weiter. Die juristischen Kompetenzen sind in dieser Erzählung kein schnörkelhaftes Beiwerk, sondern auf unheimliche Weise handlungsmächtigere Faktoren als der Mensch, der von ihnen sein Recht einfordert. Wie in einer mathematischen Gleichung löst sich das Geschehen auf. Kohlhaas erhält in allen Punkten seiner Anklage recht und wird doch, weil er, um diesen Beweis zu erbringen, gegen das Gesetz verstoßen hat, enthauptet.

Kohlhaas und Luther, Stich von K. W. Kolbe

Gedämpfter tritt die gleiche Problematik noch einmal in Kleists Schauspiel *Prinz Friedrich von Homburg* in den Mittelpunkt. Um Gesetz und Gesetzesverletzung, um Leben und Tod geht es auch hier. In der entscheidenden Schlacht, die zwischen der Armee des brandenburgischen Kurfürsten Friedrich Wilhelm und den Schweden bei Fehrbellin ausgetragen wird, gibt eine vom Prinzen von Homburg befohlene Attacke den Ausschlag zum Sieg; der Held und jugendliche General hat damit aber auch gegen eine ausdrückliche Order des Kurfürsten verstoßen. Er wird vor ein Kriegsgericht gestellt und zum Tode verurteilt, nimmt jedoch in der Euphorie des militärischen Sieges und seiner Liebe zur Nichte des Kurfürsten das Urteil nicht ernst. Als er dann an dem für seine Leiche schon ausgehobenen Grab vorbeigeht, überfällt ihn Todesangst, die ihn um sein Leben betteln läßt. Kurfürst Friedrich Wilhelm, bestürmt von seiner Nichte Natalie, willigt in eine Begnadigung unter der Bedingung ein, daß der Prinz von Homburg den Urteilsspruch für ungerecht erklärt. Doch in einem plötzlichen Sinnesumschwung, der durch die offen gezeigte Liebe Natalies ausgelöst wird, unterwirft sich der Prinz jetzt dem Spruch des Militärgerichts und ist bereit zu sterben. Mit der Begnadigung durch den Kurfürsten, der Zusammenführung der Liebenden und einem Preisgesang auf das Haus Brandenburg findet das Schauspiel ein glückliches und spektakuläres Ende.

Die spätere Vereinnahmung dieses letzten Kleistschen Dramas durch die preußisch-wilhelminische Kulturpropaganda hat einen Pferdefuß, nicht weniger auffällig als der Klumpfuß des Dorfrichters Adam. Denn in dem Stück wird der Held als schlafwandelnder, träumender Antiheld gezeigt, auch im Erwachen zwischen Todesfurcht und Todessehnsucht schwankend, ein Poet, der sich in die Reihen des Militärs verirrt hat und nur deshalb davonkommt, weil eine liebende Natalie und ein gütiger Herrscher sich über die Gesetze des preußischen Absolutismus erheben. Anders als Michael Kohlhaas ist der Prinz von Homburg keine aus objektiven Widersprüchen entwickelte tragische Figur, kein Rebell, sondern Traumgestalt einer besseren Welt, zu der die martialische Welt des Militärs in ein merkwürdig harmonisiertes Verhältnis tritt.

Für Kleist gilt nicht weniger als für Hölderlin, was LUDWIG BÖRNE 1825 in seiner *Denkrede auf Jean Paul* schrieb: »Nicht Allen hat er gelebt! Aber eine Zeit wird kommen, da wird er Allen geboren, und Alle werden ihn beweinen. Er aber steht geduldig an der Pforte des zwanzigsten Jahrhunderts und wartet lächelnd, bis sein schleichend Volk ihm nachkomme.«

ROMANTIK

Auf den ersten Blick überraschen die Orte, an denen sich die Romantik als literarische Bewegung herauskristallisiert: Berlin, Jena, Heidelberg. Von der Bedeutung, die Berlin zur Zeit Lessings gehabt hatte, war seit dessen Tod (1781) nichts übriggeblieben als der von Friedrich Nicolai verwaltete »seichte Aufkläricht«, gegen den sich noch der Zorn Hegels richtete. Die thüringische Universitätsstadt Jena galt, zumal seit Schillers Anwesenheit, als Anhängsel des Weimarer Musenhofs. Von Heidelberg hatte man bisher überhaupt nichts vernommen; eine starke kulturelle Ausstrahlung war nur von der pfalzgräflichen Residenz Mannheim ausgegangen. Auch in Wien und an einigen anderen Orten der Donaumonarchie bildet sich ein eigenständiger Zweig der Romantik aus, der zu Unrecht in fast allen literaturgeschichtlichen Werken unterschlagen wird. FERDINAND RAIMUND (1790–1836) und JOHANN NEPOMUK NESTROY (1801–1862) finden gewöhnlich als Autoren des Biedermeier und des Vormärz Erwähnung; vergessen wird die vor allem im Wiener Volkstheater ansässige genuine Trivialromantik, ohne die das Werk Raimunds und Nestroys gar nicht zu denken ist.

Schon bevor Berlin (ab 1810) zum Zentrum der deutschen Romantik wird, regen sich hier Versuche, eine neue poetische Sprache zu finden, die sich nicht in Nachahmungen Goethes oder Jean Pauls erschöpft. LUDWIG TIECK (1773–1853) und WILHELM HEINRICH WACKENRODER (1773–1798) treten als erste Autoren seit

Jena um 1790

1795 mit romantischen Dichtungen hervor. Das intellektuelle Hauptquartier der Frühromantik entsteht jedoch in Jena. Zur gleichen Zeit, in der Schiller von dort aus seine Kontakte zu Goethe intensiviert, sammeln sich in Jena oder mit Jena verbunden jüngere Schriftsteller und Gelehrte, die eine erstaunlich selbstbewußte literarische Aktivität entfalten. Die Philosophen JOHANN GOTTLIEB FICHTE (1762–1814) und FRIEDRICH SCHELLING (1775–1854), die Naturwissenschaftler HENRIK STEFFENS (1773–1845) und JOHANN WILHELM RITTER (1776–1810), der Theologe FRIEDRICH SCHLEIERMACHER (1768–1834), FRIEDRICH VON HARDENBERG (1772–1801), der sich als Dichter NOVALIS nennen wird, sowie die literarisch ambitionierten Brüder AUGUST WILHELM (1767–1845) und FRIEDRICH SCHLEGEL (1772–1829) und ihre Frauen, CAROLINE (1763–1809) und DOROTHEA (1767–1839), bilden den Kern einer jungen Avantgarde, die radikal in Frage stellt, was das »philosophische Jahrhundert« an seinem Ende vorzuweisen hat. Das publizistische Hausorgan der Brüder Schlegel ist die Zeitschrift *Athenäum*. Die geographische Nähe zu Weimar ist zunächst Ansporn; auch bei Schiller und Goethe überwiegt anfangs der Wille zur Zusammenarbeit. Die Wege der klassischen und der romantischen Weltanschauung sind nicht von vornherein getrennt, sie kreuzen und überlagern sich, bevor sie in verschiedene Richtungen auseinandergehen.

An die nach 1800 zerfallende »Jenaer Romantik« schließt sich ein neuer Aufschwung der romantischen Bewegung an, in deren Mittelpunkt CLEMENS BRENTANO (1778–1842) und ACHIM VON ARNIM (1781–1831) stehen. Ihre während der Göttinger Studentenzeit geschlossene Freundschaft festigt sich in den zwischen 1805 und 1808 in Heidelberg verbrachten Jahren, nicht zuletzt durch gemeinsam unternommene literarische Projekte wie *Des Knaben Wunderhorn* (1806–08). Der junge JOSEPH VON EICHENDORFF (1788–1857), die Brüder JACOB (1785–1863) und WILHELM GRIMM (1786–1859), der später berühmte Staatsrechtler FRIEDRICH KARL VON SAVIGNY (1779–1861) und der als Privat-

Heidelberger Landschaft mit Schloßruine

dozent in Heidelberg lehrende JOSEPH GÖRRES (1776–1848) gehören zum engeren Kreis der Heidelberger Romantiker, deren Korrespondenz und Freundschaftsbeziehungen, wie bei den Jenensern, weit über die lokalen Grenzen hinausreichen. Ihre kurzlebige Zeitschrift ist die von Brentano und Arnim redigierte *Zeitung für Einsiedler.* Sehr bald treffen alle diese »Heidelberger«, zumindest als ständige Gäste, in Berlin wieder zusammen.

JENAER FRÜHROMANTIK

Die Brüder Schlegel

Von der Flucht aus der Gegenwart in eine imaginäre mittelalterliche Vergangenheit, wie sie für die Romantik charakteristisch wird, ist in dem Kreis, der sich zwischen 1796 und 1800 um die Brüder Schlegel in Jena bildet, noch nicht viel zu spüren. AUGUST WILHELM SCHLEGEL kommt aus der Schule BÜRGERS und HERDERS und betont den Einklang mit GOETHE, je mehr er zu SCHILLER, der ihn nach Jena gerufen hatte, auf Distanz geht. Seine Rolle in der deutschen Literaturgeschichte ist (ähnlich wie bei HERDER) die des Vermittlers: Nicht als Verfasser eigener Dichtungen, die er ebenfalls hervorbringt, sondern als Kritiker, Literaturhistoriker, Sprachwissenschaftler und Übersetzer tritt er auffallend in Erscheinung. Mit der von ihm 1797–1801 herausgegebenen (später von DOROTHEA TIECK und WOLF VON BAUDISSIN fortgesetzten) Neuübersetzung SHAKESPEARES entsteht ein für mehr als ein Jahrhundert gültiger »deutscher« Shakespeare; Übersetzungen aus dem Spanischen, insbesondere der Werke CALDERÓNS, tragen wesentlich zur Erschließung des von Goethe postulierten Kanons der »Weltliteratur« bei. Vergleichbar nur mit LUDWIG TIECK, dessen Tätigkeit sich mit diesen Anstrengungen auf mannigfache Weise berührt, ist August Wilhelm Schlegel der wichtigste »Propagandist« der Romantik: Seine 1801–04 in Berlin gehaltenen *Vorlesungen über schöne Kunst und Literatur* machen einer breiteren Öffentlichkeit die Vorstellungswelt der Romantiker erstmals faßbar. Noch stärker ist die Wirkung einer anderen, 1808 in Wien gehaltenen Vorlesungsreihe *(Über dramatische Kunst und Literatur),* die in zahlreiche Sprachen übersetzt wird und – neben Madame DE STAËLS Buch *De l'Allemagne* (1810) – die »romantische Schule« auch im Ausland bekannt macht.

August Wilhelm Schlegel (um 1795)

Friedrich Schlegel (um 1791)

Durch ein mehr philosophisches als philologisches Interesse unterscheidet sich FRIEDRICH SCHLEGEL von seinem älteren Bruder; er übertrifft ihn auch an Temperament und schlagfertigem Witz. Nach einem Jurastudium in Göttingen und einem Philosophiestudium in Leipzig wählt er die Laufbahn eines freien Schriftstellers. Sie beginnt verheißungsvoll: Seine ersten Publikationen, die sich mit der Literatur der griechischen Antike befassen, machen ihn in der gebildeten Welt rasch bekannt. Besonders die Abhandlung *Über das Studium der griechischen Poesie* (gedruckt 1797) erregt Aufmerksamkeit, weil sie parallel zu SCHILLERS ästhetischen Programmschriften die Diskussion über klassische und moderne (sentimentalische/romantische) Kunst vorantreibt. In Reichhardts Zeitschrift *Lyceum der schönen Künste* erscheinen 1797 die brillanten Aufsätze *Georg Forster* und *Über Lessing*, in denen die kritischen Leistungen der großen Aufklärerer gegen ihre tugendhaften und sentimentalen Nachfolger verteidigt werden. Ausgeprägt klassizistische Tendenzen und ein starkes republikanisches Engagement verdecken hier noch den romantischen Aufbruch, der sich in Friedrich Schlegels Denken vorbereitet.

Fichte und Schelling

Entscheidenden Einfluß üben in dieser Situation die Ideen Fichtes und Schellings aus. In seiner *Wissenschaftslehre* (1794) führt JOHANN GOTTLIEB FICHTE die in der Kantschen *Kritik der reinen Vernunft* (1781) entwickelte Problemstellung weiter: KANT hatte die Unmöglichkeit, die absolute Wahrheit zu erkennen, damit begründet, daß sich die subjektive Einbildungskraft in alles hineinmenge, was als objektive Welt wahrgenommen wird. Darin lag sein Einwand gegen jeden nicht vernunftbegründeten Autoritätsanspruch, zugleich eine mit Skepsis untermischte Mündigkeitserklärung des Menschen. Fichte radikalisiert diesen Freiheitsgedanken und verändert gleichzeitig seine Prämisse: Das Ich ist die einzige, absolute Realität. Es »setzt« sich selbst, ist zugleich Subjekt und Objekt des geschichtlichen Erkenntnisprozesses und usurpiert die dunkle Stelle, die Kant als das der Erkenntnis unzugängliche »Ding an sich« umschrieben hatte. Der Blässe des sich selbst denkenden Denkens stellt Fichte die Erkenntnis als Selbstverwirklichung gegenüber:

> Der Grundzug unseres Zeitalters ist meines Erachtens der, daß in ihm das Leben nur historisch und symbolisch geworden ist, zu einem *wirklichen* Leben aber es gar selten kommt. Ein nicht unwichtiger Bestandteil des Lebens ist das Denken. Wo das ganze Leben zur fremden Geschichte verblaßt ist, muß es wohl dem Denken eben also ergehen (*Wissenschaftslehre*, Fassung von 1804).

Mit dieser Erkenntnis kann sich die junge Generation identifizieren: mit der Anklage gegen ein entfremdetes Leben und mit der Schlußfolgerung, daß durch das schöpferische Subjekt die Kluft zwischen Denken und Phantasie wieder geschlossen werde.

FRIEDRICH SCHELLING, der vier Jahre später als Fichte an der Jenaer Universität Philosophie zu lehren beginnt (1798), veröffentlicht zwischen 1797 und 1800 eine Reihe von Schriften (*Ideen zu einer Philosophie der Natur, Erster Entwurf eines Systems der Naturphilosophie, System des transzendentalen Idealismus* u. a.), die das Weltbild der Romantik auf andere Weise nachhaltig beeinflussen. Auch GOETHE, dem das abstrakte Philosophieren Kants, Schillers und Fichtes immer suspekt geblieben ist, fühlt sich von Schellings spekulativem Idealismus angezogen. Der Grundgedanke, daß die ganze Natur ein geistig belebter, von einer wirkenden »Weltseele« erfüllter Organismus sei, deren Bewußtwerdung sich in der Geschichte der Menschheit vollziehe und in der Kunst ihre höchste Stufe erreiche, entspricht daher Goethes naturwissenschaftlichen Auffassungen ebensosehr, wie er der entstehenden Kunstphilosophie der Romantiker entgegenkommt.

»Die Französische Revolution, Goethes Meister und Fichtes Wissenschaftslehre sind die größten Tendenzen des Zeitalters.«

(Friedrich Schlegel, *Athenäum*, 1798)

Romantische Kunsttheorie

In der Form von »Fragmenten«, in Essays und Rezensionen entwickelt Friedrich Schlegel die Umrisse einer romantischen Poetik, die die Grenzen zwischen Kunst und Leben durchbrechen und eine neue Totalität von Poesie, Wissenschaft und Gesellschaft schaffen soll. Er stellt die Philosophie Fichtes und GOETHES *Wilhelm Meister*-Roman auf eine Stufe mit der Französischen Revolution, meint aber nicht eine Politisierung der Kunst, sondern eine Ästhetisierung von Politik und Geschichte.

In einem der *Athenäum*-Fragmente heißt es:

Man kann die Französische Revolution als das größte und merkwürdigste Phänomen der Staatengeschichte betrachten, als ein fast universelles Erdbeben, eine unermeßliche Überschwemmung in der politischen Welt; oder als ein Urbild der Revolutionen, als die Revolution schlechthin. Das sind die gewöhnlichen Gesichtspunkte. Man kann sie aber auch betrachten als den Mittelpunkt und den Gipfel des französischen Nationalcharakters, wo alle Paradoxien desselben zusammengedrängt sind; als die furchtbarste Groteske des Zeitalters, wo die tiefsinnigsten Vorurteile und die gewaltsamsten Ahndungen desselben in ein grauses Chaos gemischt, zu einer ungeheuren Tragikomödie der Menschheit so bizarr als möglich verwebt sind ...

Athenaeum.

Eine Zeitschrift

von

August Wilhelm Schlegel

und

Friedrich Schlegel.

Ersten Bandes Erstes Stück.

Berlin, 1798.
bey Friedrich Vieweg dem älteren.

Faszination durch Chaos und Paradoxie, Geschichte als abgründig-bizarres Schauspiel, das sich dem Künstlerblick anders erschließt als dem gewöhnlichen Auge – hier ist Friedrich Schlegel in seinem romantischen Element. Daß er Fichte, den Philosophen der bürgerlichen Freiheit und Verehrer der Revolution, mit dem großen Ereignis in Frankreich assoziiert, ist naheliegend. Aber Goethe? In einer einfühlsamen Rezension über *Wilhelm Meisters Lehrjahre* (*Athenäum*, 1798) preist Schlegel dieses Werk als Gipfel romantischer Poesie, worin das »große Schauspiel der Menschheit selbst und die Kunst aller Künste, die Kunst zu leben« dargestellt sei. Gerade in Goethes *Meister*-Roman sieht er der Tendenz nach verwirklicht, was seine Kunsttheorie mit dem Begriff der »progressiven Universalpoesie« zu fassen versucht:

Die romantische Poesie ist eine progressive Universalpoesie. Ihre Bestimmung ist nicht bloß, alle getrennten Gattungen der Poesie wieder zu vereinigen und die Poesie mit der Philosophie und Rhetorik in Berührung zu setzen. Sie will und soll auch Poesie und Prosa, Genialität und Kritik, Kunstpoesie und Naturpoesie bald mischen, bald verschmelzen, die Poesie lebendig und gesellig und das Leben und die Gesellschaft poetisch machen, den Witz poetisieren und die Formen der Kunst mit gediegenem Bildungsstoff jeder Art anfüllen und sättigen und durch die Schwingungen des Humors beseelen. Sie umfaßt alles, was nur poetisch ist, vom größten wieder mehrere Systeme in sich enthaltende Systeme der Kunst bis zu dem Seufzer, dem Kuß, den das dichtende Kind aushaucht in kunstlosen Gesang . . .

Mit dem Zusatz, daß »in einem gewissen Sinn alle Poesie romantisch« ist und sein soll, macht Schlegel deutlich, daß es ihm nicht um einen bestimmten Stil oder eine besondere Technik des Dichtens, sondern um einen transzendentalen Kunstbegriff geht, der gleichbedeutend ist mit Leben, Natur, Schöpfung. FRIEDRICH SCHLEIERMACHER definiert gleichzeitig die Religion als »Sinn und Geschmack für das Unendliche« (in *Über die Religion. Reden an die Gebildeten unter ihren Verächtern*, 1799). Prinzipiell unabschließbar wie die Natur- und Menschheitsgeschichte, soll das Kunstwerk die Unendlichkeit aller Lebensprozesse widerspiegeln, Historie und Theorie, Kritik und Poesie in einem sein. Der strenge Werkbegriff ist gesprengt, das Fragment gewinnt strukturelle Funktion, Ironie wird zum Zaubermittel der unaufhörlich sich selbst negierenden und wieder hervorbringenden Realität. Goethes *Wilhelm Meister* ist für Friedrich Schlegel eine Annäherung an das Ideal der Universalpoesie, weil Prosa und lyrisches Lied, Romanerzählung und kritischer Diskurs, Zweck und Mittel der Darstellung so unauflöslich ineinander verwoben sind, daß nicht die einzelnen Romanfiguren, sondern ihr Verhältnis untereinander, nicht das Gewordene, sondern nur das Werden ihrer Beziehungen interessieren: »Poesie der Poesie«, wie Schlegel über Goethe sagt.

Lucinde

Lucinde.

Ein Roman

von

Friedrich Schlegel.

Erster Theil.

Berlin.
Bei Heinrich Frölich.
1799.

Abgesehen von NOVALIS' Werk ist die einzige nennenswerte Dichtung, die im Jenaer Romantikerkreis entsteht und als Probe aufs Exempel gelten kann, FRIEDRICH SCHLEGELS 1799 veröffentlichter Roman *Lucinde*. Der Skandal, den dieses Werk ausgelöst hat, ist heute kaum noch zu verstehen. Es wurde als Exzeß der sinnlichen Liebe und der Libertinage geschmäht und verurteilt, nur wenige – wie FRIEDRICH SCHLEIERMACHER (*Vertraute Briefe über Friedrich Schlegels Lucinde*, 1800) – wagen es, das Buch öffentlich zu verteidigen. Liebe, Liebschaft, Ehe, die Beziehungen der Geschlechter untereinander sind das aus der subjektiven Sicht des Erzählers Julius und seiner Freundinnen und Freunde dargestellte Thema. Eine Handlung im Sinne der traditionellen Erzählung gibt es nicht. Nur das Kapitel »Lehrjahre der Männlichkeit«, der längste und nicht zufällig in der Mitte plazierte Text, enthält eine Schilderung der Lebensgeschichte als Summe der Liebesgeschichten, die Julius das vollkommene Glück der körperlichen und geistigen Einheit bei Lucinde finden lassen. Um diese Paraphrase eines Bildungs- und Erziehungsromans gruppieren sich obsessive Liebesbriefe, Reflexionen, allegorische Arabesken, deren Überschriften oft mehr Anrüchiges versprechen, als die Texte halten, etwa: »Dithyrambische Phantasie über die schönste Situation«, »Allegorie über die Frechheit«, »Idylle über den Müßiggang«. Der provokatorischen Lust des Verfassers an der Zerstörung gesellschaftlicher Tabus steht eine äußerst genau kalkulierte Organisation des Stoffes gegenüber. Gleich im ersten Brief von Julius an Lucinde, der eine glühende Liebeserklärung enthält und die »geistige Wollust und sinnliche Seligkeit« feiert, findet sich die trockene, illusionszerstörende Bemerkung, daß es sich bei aller anarchischen Liebesraserei doch auch (oder nur) um Literatur handelt:

So weit war an Dich geschrieben, was ich mit mir gesprochen hatte, als mich mitten in meinen zarten Gedanken und sinnreichen Gefühlen über den ebenso wunderbaren als verwickelten dramatischen Zusammenhang unsrer Umarmungen ein ungebildeter und ungefälliger Zufall unterbrach ... Doch will ich als ein gebildeter Liebhaber und Schriftsteller versuchen, den rohen Zufall zu bilden, und ihn zum Zwecke gestalten. Für mich und für diese Schrift, für meine Liebe zu ihr und für ihre Bildung in sich, ist aber kein Zweck zweckmäßiger als der, daß ich gleich anfangs das was wir Ordnung nennen vernichte, weit von ihr entferne und mir das Recht einer reizenden Verwirrung deutlich zueigne und durch die Tat behaupte.

Von den Zeitgenossen sind solche Rochaden nur als mutwillige Maskierungen für den vermeintlich frivolen Inhalt verstanden worden. Das abstrakt kompositorische Prinzip, das in der *Lucinde* überall am Werk ist, demonstriert jedoch, was romantische Ironie in der dichterischen Praxis heißen sollte.

LUDWIG TIECK

Einen anderen Anfang nimmt die romantische Literatur bei TIECK und WAKKENRODER. Wenn man (in Schillers Terminologie) die Jenaer Romantiker in ihren spekulativ-theoretischen Anstrengungen eine sentimentalische Schule nennen kann, so fehlt den beiden Berliner Literaten zunächst jeder Rückhalt in einer philosophischen Weltanschauung. Sie sind naiv nicht im emphatischen Wortverständnis Schillers, sondern in dem buchstäblichen Sinn, daß sie sich orientierungslos durch den ganzen Wust der zeitgenössischen Lektüre und Kunstauffassungen hindurcharbeiten. LUDWIG TIECK, in einer gebildeten Berliner Handwerkerfamilie aufgewachsen, entwickelt schon als Kind eine unbändige Lesewut, eine geradezu suchtartige Erscheinung, die ebenso eine Konstante in seinem unruhigen Leben bleibt wie die Familientreue zu seinen gleichfalls künstlerisch interessierten und begabten Geschwistern Friedrich und Sophie. So unbeliebt Tieck als berüchtigter Schuldenmacher ist, so bedenkenlos verkauft er als Sechsundsiebzigjähriger seine Privatbibliothek, um seinem Bruder zu helfen – eine aus 36 000 Bänden bestehende Sammlung, um die ihn mancher Fürstenhof hätte beneiden können. Etwas von der Spielernatur, die in ihm steckt, verrät Tieck auch in der Wandlungsfähigkeit, für die er als Vorleser und Vortragskünstler berühmt wird. Ein Virtuose ist er nicht zuletzt als Literat; Schuldenmacher auch in dieser Hinsicht, adaptiert er mit großer Geschicklichkeit, besonders in seinen jungen Jahren, Stil und Stoffe anderer Schriftsteller. In der späteren Literaturkritik trägt ihm dies – zu Unrecht – den Vorwurf des Epigonentums und mangelnder Originalität ein.

Ludwig Tieck (Silhouette)

Wilhelm Lovell und der Schauerroman

Ludwig Tieck (um 1800)

Die *Geschichte des Herrn William Lovell* (1795/96) ist der erste Roman, den Ludwig Tieck, 23 Jahre alt, veröffentlicht. In der bewährten Form des Briefromans wird die Lebensgeschichte des Titelhelden als Weg aus einer hellen, glückverheißenden Jugend in die schwärzeste Finsternis der Verzweiflung und des Identitätsverlustes geschildert. Der junge Engländer William Lovell, eine eher zarte, empfängliche Seele, gerät über Familien- und Liebesaffären aus der Bahn und in den Bannkreis eines geheimnisvollen Ordens, dessen Machenschaften er in doppelter Weise zum Opfer fällt. Verführt durch die große Welt, entwickelt er sich zum Glücksspieler, Wüstling und Zyniker, der andere Menschen und sein eigenes Leben zerstört, um am Ende zu erfahren, daß er nur Spielball einer aus der Familiengeschichte herrührendes, von langer Hand vorbereiteten Intrige gewesen ist. Am Ende tötet ihn der als Rächer auftretende Bruder einer früheren Geliebten im Duell.

Fast noch erstaunlicher als der Fatalismus, mit dem der junge Tieck in *William Lovell* den Ekel vor der Welt und die Ausweglosigkeit des bürgerlichen Lebens darstellt, ist der Ton, den er zur selben Zeit in anderen Schriften anschlägt. Nach den gemeinsam mit WACKENRODER verbrachten Studienjahren in Erlangen und Göttingen bricht er seine akademische Laufbahn ab, kehrt 1794 nach Berlin zurück und versucht, sich als Berufsschriftsteller zu etablieren. Er wird Lohnschreiber im Verlag des alten Friedrich Nicolai und dessen Sohnes Carl August. Ihm obliegt es, die schon länger existierende populäre Buchreihe *Straußfedern* zu redigieren, eine Sammlung von moralisch belehrenden und unterhaltenden Erzählungen, die meist aus dem Französischen ab- und umgeschrieben werden. Tieck entledigt sich dieser Brotarbeit mit Nonchalance, zieht seine Schwester Sophie und einen Freund als Mitschreiber heran, spielt auf der Leier der tugendfrommen Spätaufklärung und treibt manchmal auch seinen Spott mit der Moral, die alle diese Geschichten haben müssen, indem er sie durch Übertreibung parodiert. Daß es derselbe Autor ist, der diese gemütliche Gebrauchsprosa schreibt und zur gleichen Zeit im *William Lovell* ein grausiges Bild der Zerrissenheit des modernen Menschen gibt, ist verständnisvoll mit dem Hinweis auf die pekuniären Zwänge oder weniger nachsichtig als Beispiel für die literarische Skrupellosigkeit des Autors abgetan worden. Beide Interpretationen gehen aber an einem für die Romantik wichtigen Phänomen vorbei, nämlich an ihrem Verhältnis zur Trivialliteratur, auf die sich die Romantiker ganz anders einlassen als die Weimarer Dichterfürsten.

1795/96 werden nicht nur Ludwig Tiecks *William Lovell* und GOETHES *Wilhelm Meister* veröffentlicht, gleichzeitig erscheint auch das heute fast vergessene Buch *Biographien der Wahnsinnigen* von CHRISTIAN HEINRICH SPIESS (1755–1799). Der in Sachsen geborene, in Böhmen lebende und schreibende Schriftsteller Spieß, dem die zweifelhafte Ehre zuteil wurde, »Vater des deutschen Schauerromans« genannt zu werden, hat vermutlich nie etwas von romantischer und klassischer Kunstauffassung gehört, er sah und empfand sich als Kind der Aufklärung. In seinen *Biographien der Wahnsinnigen* schildert er an Beispielen aus dem Leben, warum Menschen den Verstand verloren haben und worin sich ihr Wahnsinn äußert; die Ursachen werden stets in einem Abweichen vom

Pfad der Tugend gesucht und gefunden. Wie dünn das Fundament der Tugend und Vernunft geworden ist, gibt der Autor in seiner Vorrede zu erkennen:

Wahnsinn ist schrecklich, aber noch schrecklicher ist's, daß man so leicht ein Opfer desselben werden kann. Überspannte, heftige Leidenschaft, betrogene Hoffnung, verlorne Aussicht, oft auch nur eingebildete Gefahr kann uns das kostbarste Geschenk des Schöpfers, unsern Verstand, rauben, und welcher unter den Sterblichen darf sich rühmen, daß er nicht einst im ähnlichen Fall, folglich in gleicher Gefahr war?

Nicht nur die äußere Kulisse der Ritter- und Schauerromane, die im späten 18. Jahrhundert die Wirkung jeder anderen Belletristik in den Schatten stellen, begründet den Erfolg dieser Unterhaltungsliteratur. Es ist auch eine Zeitstimmung, ein allgemeines Gefühl, daß etwa nicht geheuer ist an all dem Fortschritt, den das illuminierte Zeitalter der Vernunft verkündet hatte. Der Spießschen Reportage über die Lebensläufe von Wahnsinnigen treten Selbstmörder-Biographien zur Seite (u. a. verfaßt von dem Prager Buchhändler und Schriftsteller JOHANN FRIEDRICH ALBRECHT (1752–1816). Mit Entsetzen Scherz zu treiben ist nicht die Absicht dieser »aufgeklärten« Autoren; sie bedienen ein Lesebedürfnis: Das Schauerliche, Grauenerregende erhält Unterhaltungs- und Marktwert.
Daß die aus England importierte »gothic novel« in Mode kommt, ist nur ein zusätzliches Indiz. Neben Spieß (sein bekanntester Schauerroman ist *Das Petermännchen oder eine Geistergeschichte aus dem 13. Jahrhundert*, 1791/92) sind die seinerzeit prominentesten Autoren und Werke dieses Genres: CARL GOTTLOB CRAMER (1758–1817) und seine *Seltsamen Abenteuer Erasmus Schleichers, eines reisenden Mechanikus* (1789/91), FRIEDRICH CHRISTIAN SCHLENKERT (1757–1826) mit seinem »Hauptwerk« *Friedrich mit der gebissenen Wange* (1788/89), CHRISTIAN AUGUST VULPIUS (1762–1827), dessen *Rinaldo Rinaldini, der Räuberhauptmann* (1797/1800) ein größerer Publikumserfolg wird als alle Werke seines Schwagers Goethe zusammen. Die meisten dieser Trivialromane zeigen es schon in ihrem Titel und Erscheinungsjahr: Das Mysteriöse, Unheimliche, Nächtlich-Abgründige ist in der Unterhaltungsliteratur längst im Schwange, bevor es zu einem Leitmotiv der romantischen Kunstpoesie wird. Romane der genannten Autoren sind sicher zu Dutzenden in der Würzburger Bibliothek zu haben gewesen, als Heinrich von Kleist sich dort nach Werken von Wieland und Goethe umsah. Aus solchen Quellen schöpfte Schiller seinen *Geisterseher* und Tieck seinen *William Lovell.*

Nirgends kann man den Grad der Kultur einer Stadt . . . schneller und doch zugleich richtiger kennen lernen, als – in den Lesebibliotheken. Höre was ich darin fand, und ich werde Dir ferner nichts mehr über den Ton von Würzburg zu sagen brauchen. – »Wir wünschen ein paar gute Bücher zu haben.« – Hier steht die Sammlung zu Befehl. – »Etwa von Wieland.« – Ich zweifle fast. – »Oder von Schiller, Goethe.« – Die möchten hier schwerlich zu finden sein. – »Wie? Sind all diese Bücher vergriffen? Wird hier so stark gelesen?« – Das eben nicht. – »Wer liest denn hier eigentlich am meisten?« – Juristen, Kaufleute und verheiratete Damen. – »Und die unverheirateten?« – Sie dürfen keine fordern. – »Und die Studenten?« – Wir haben Befehl ihnen keine zu geben . . . – »Was stehn denn also eigentlich für Bücher hier an diesen Wänden?« – Rittergeschichten, lauter Rittergeschichten, rechts die Rittergeschichten mit Gespenstern, links ohne Gespenster, nach Belieben . . .

(Heinrich von Kleist, 1800)

Johann Heinrich Füßli, »Der Nachtmahr«

Tieck und Wackenroder

Eine freundlichere Welt tritt dem Leser entgegen in WILHELM HEINRICH WACKENRODERS *Herzensergießungen eines kunstliebenden Klosterbruders* (1796) und in LUDWIG TIECKS Roman *Franz Sternbalds Wanderungen* (1798). Biographisch wie thematisch sind beide Werke eng miteinander verbunden. Schon seit der Schulzeit miteinander befreundet, in ihren gemeinsamen Studienjahren und auch danach in Berlin unzertrennlich, entsprechen Wackenroder und Tieck ganz dem romantischen Ideal der Künstlerfreundschaft, dem in dieser Zeit überall gehuldigt wird. Die deutsche Malerkolonie in Rom, in der Goethe sich so wohl gefühlt hatte, ist ein frühes Beispiel: *Die Herzensergießungen eines kunstliebenden Klosterbruders* werden hier um 1800 wie eine Offenbarung aufgenommen und als Programmschrift der Malerschule der »Nazarener« betrachtet. Das Büchlein besteht aus einer Reihe von Künstlerporträts; von keiner kritischen Reflexion und von keinem genialischen Überschwang getrübt, stehen die literarischen Bildnisse Raphaels, Leonardo da Vincis, Michelangelos und Albrecht Dürers einträchtig wie eine Reihe von Ikonen nebeneinander. Wackenroder hat sich selbst porträtiert in der Figur eines Schülers von Raphael:

Aber bei aller Stetigkeit seines Eifers und seiner recht eisernen Begier, irgend etwas Vortreffliches hervorzubringen, besaß er zugleich eine gewisse Blödigkeit und Eingeschränktheit des Geistes, bei welcher die Pflanze der Kunst immer einen unterdrückten und gebrechlichen Wuchs behält, und nie frei und gesund zum Himmel emporschießen kann: eine unglückliche Konstellation der Gemütskräfte, welche schon manche Halbkünstler auf die Welt gesetzt hat.

J. Riepenhausen, »Raffaels Traum«

Jeder Zug dieser Charakterisierung trifft auf den jungen Wackenroder zu: eine grenzenlose Kunstbegeisterung, die sich in eigener künstlerischer Tätigkeit nicht ausleben kann, weil sein Elternhaus ihm eine Beamtenlaufbahn aufzwingt; eine kränkliche Konstitution und eine fast unüberwindliche Menschenscheu, die ihm besonders im urbanen Berlin als Beschränktheit ausgelegt wird. Diese Merkmale sublimieren sich an den *Herzensergießungen* zu einem scharfen Anti-Intellektualismus und einer Verklärung kindlich-gläubiger Einfalt.

Wackenroders Schrift, die kein eigentlich dichterisches Erzeugnis und wegen ihres süßlich-schwärmerischen Tonfalls heute ungenießbar ist, hat eine große Wirkung gehabt. Die Stichworte, die er gibt, faszinieren nicht nur die romantischen Maler, sondern auch die Schriftsteller: ästhetische Andacht, Kunstfrömmigkeit, künstlerisches Schaffen als Ausdruck religiöser Hingabe. Wackenroder entwirft mit seiner Huldigung an die Renaissancemaler eine allen Lebensängsten widerstehende heile Welt. Seine Kunstbetrachtung entzieht sich der schlechten Gegenwart durch meditative Versenkung in eine schönere Vergangenheit – auch dies hat eine stark suggestive Wirkung gehabt. Was heute noch lesenswert ist, sind die den *Herzensergießungen* angefügte Bruchstücke aus dem »merkwürdigen musikalischen Leben des Tonkünstlers Joseph Berglinger«, in denen Wackenroder eine Art Musikpoetik skizziert. Auf sie wird sich E. T. A. HOFFMANN in seinen Kreisler-Geschichten beziehen. Einfluß auf die gesamte Ästhetik des 19. Jahrhunderts von Hegel und Schopenhauer bis Richard Wagner übt der Gedanke aus, daß die Musik ihren Zauber aus einer »unerklärlichen Sympathie« entfalte, die sich »zwischen den einzelnen mathematischen Tonverhältnissen und den einzelnen Fibern des menschlichen Herzens offenbart«.

Franz Sternbalds Wanderungen

Ludwig Tieck hat zu den *Herzensergießungen eines kunstliebenden Klosterbruders* Gedichte und einzelne Kapitel beigesteuert, ohne den eigentümlichen Charakter des Werks anzutasten. Als Wackenroder 1798 stirbt, erst 25 Jahre alt, setzt Tieck ihm ein literarisches Denkmal mit einem Roman, der ursprünglich eine Gemeinschaftsarbeit werden sollte und motivisch in den *Herzensergießungen* bereits angelegt ist: *Franz Sternbalds Wanderungen*, 1798 als Fragment veröffentlicht. Wieder wird der Leser in die Welt der Maler des 16. Jahrhunderts geführt. Franz Sternbald ist wie sein Freund Sebastian Schüler des großen Albrecht Dürer in Nürnberg. Er reißt sich jedoch von dieser vertrauten Welt los und begibt sich als fahrender Geselle auf Wanderschaft, zuerst zu dem berühmten niederländischen Meister Lucas van Leyden, dann nach Italien. Trotz vieler Briefe, die Franz Sternbald an seinen in Nürnberg zurückgebliebenen Freund Sebastian schreibt, verliert der Held wie der Roman immer mehr das Ziel aus den Augen: Das Versprechen, durch die Erfahrung der italienischen Kunst ausgebildet und geläutert nach Nürnberg zurückzukehren, wird nicht eingelöst. Nach vielen Abenteuern und Liebesgeschichten findet der Held zwar nicht sein Lebensziel, ein Meister seiner Kunst zu werden, wohl aber sein privates Glück in der Ehe mit der verlorengeglaubten und in Italien wiedergefundenen Jugendliebe Marie.

Obwohl oft und viel über Kunst gesprochen wird, ist Tiecks *Sternbald*-Roman kein wirklicher Künstlerroman, weil sein Held letztlich zu diesem Beruf nicht taugt. Darin wie in der ganzen Anlage sind Ähnlichkeiten zu HEINSES *Ardinghello* und GOETHES *Wilhelm Meister* unverkennbar. Im Unterschied zu Heinses Romanheld ist Franz Sternbald kein aktiv handelnder, von Abenteuer zu Abenteuer eilender Geniemensch, sondern eine kontemplative, von Stimmungen abhängige Natur: Seine kaum zu zählenden Tränenausbrüche erinnern mehr an die Empfindsamkeit als an den Sturm und Drang. Auch von Wilhelm Meister unterscheidet sich Sternbald: Er gewinnt durch Erfahrung nichts hinzu; statt in bestimmtere Verhältnisse zu treten, verschwimmt sein Leben ins Konturlose, bis ihm das Liebes- und Eheglück einen festen Halt gibt. Er sagt über sich selbst: »Mein Geist ist zu unstet, zu wankelmütig, zu schnell von jeder Neuigkeit ergriffen. Ich wollte gern alles leisten, darüber werde ich am Ende gar nichts tun können.« Unromantisch ist das Ankommen in einem sicheren (Ehe-)Hafen, nicht die ins Unendliche zerfließende Sehnsucht des Helden. Bezeichnenderweise kann Tieck trotz mehrerer späterer Anläufe den Roman nicht zu Ende bringen. Sein literarischer Instinkt bewahrt ihn davor, den schon skizzierten Plan auszuführen, nämlich Marie von einem Bösewicht entführen zu lassen, nur um Franz Sternbald wieder auf die Wanderschaft schicken zu können. So ist der Roman aus innerer Logik Fragment geblieben. In *Franz Sternbalds Wanderungen* sind bereits alle Motive und Metaphern angelegt, die in der romantischen Dichtung stereotyp wiederkehren: die Waldeinsamkeit, die Mondscheinnächte, die nimmermüde Wanderlust, die verzaubert scheinenden Gärten und in blauer Ferne lockenden Berge, der Klang des Wald- und Posthorns, der sich in einem Szenarium des 16. Jahrhunderts besonders eigentümlich ausnimmt.

»Wanderung nach Italien«, gezeichnet von M. Retzsch

Komödien

Tieck versteht es, noch andere Register zu ziehen. Er schreibt zwischen 1796 und 1799 drei satirische Komödien, deren bekannteste *Der gestiefelte Kater*

Der gestiefelte Kater,
ein
Kindermärchen in drey Akten
mit
Zwischenspielen, einem Prologe und Epiloge
von
Peter Leberecht.

Berlin 1797
bey Carl August Nicolai,
Buchhändler in der heil. Geiststraße im goldnen Arm.

(1797) ist. Das Märchenmotiv des armen Bauernsohns, der nach seines Vaters Tod nur den Kater Hinze erbt, durch ihn aber ein Königreich und eine schöne Königstochter gewinnt, ist das einzige stabilisierende Element in diesem vor Mutwillen sprühenden, dramatische Konventionen bewußt zerstörenden Stück. Theater im Theater von Anfang an: Ein »aufgeklärtes«, an die Rührstücke IFFLANDS und KOTZEBUES gewöhntes Publikum empört sich über einen redenden Kater als Bühnenheld; Beschwichtigungsversuche des Theaterdirektors, des Dichters, des Hanswursts steigern die Verwirrung, ein zu früh aufgezogener Vorhang, eine unvorhergesehene Balletteinlage, als letzte Rettung die Präsentation einer »Zauberflöte«-Dekoration, der das Publikum frenetisch applaudiert – das Stück als fröhlich inszenierter Theaterskandal persifliert das Berliner Bildungsbürgertums diesseits und jenseits der Bühnenrampe.
In *Die verkehrte Welt* (1798) wird die Zerstörung der Illusion noch weiter vorangetrieben. Die angekündigte Aufführung eines »historischen Schauspiels in fünf Aufzügen« ist in Frage gestellt, weil mehrere Darsteller die Arbeit verweigern; ihr Part wird von Theaterenthusiasten aus dem Publikum übernommen, die immer schon gerne Theater spielen wollten. Das vorprogrammierte Chaos stellt sich sofort ein: Die Beteiligten springen ständig zwischen ihrer privaten und der angemaßten Bühnenrolle, zwischen »Pflicht und Neigung« hin und her. Ein vom Theatermaschinisten verabredungswidrig veranstaltetes Bühnengewitter bringt die »Handlung«, als sie endgültig zum Erliegen zu kommen scheint, wieder in Gang. Von besonderer Komik sind Auftritte, vor allem rührende Liebesszenen, in denen ungerührt von der Unordnung ringsherum tatsächlich gespielt wird, was vorher einstudiert war.
»Gewissermaßen eine Fortsetzung des gestiefelten Katers« hat Tieck das dritte Stück dieser Komödien-Trilogie untertitelt. *Prinz Zerbino oder die Reise nach dem guten Geschmack* (1796–1798, veröffentlicht 1799) unterscheidet sich von den beiden anderen Werken durch eine schärfere Pointierung des satirischen Inhalts und eine programmatische Kampfansage: Der Titelheld, Prinz Zerbino, wird von seinen fürstlichen Ratgebern für unheilbar krank gehalten, weil er von der Liebe zur Poesie befallen ist und jeder Therapie seiner aufgeklärten Ärzte und Ratgeber unzugänglich bleibt. Erst der Zauberer Polykomikus weiß Rat. Zerbino wird zur Kur geschickt, auf die Reise nach dem guten Geschmack. Aber auch diese Mühe ist umsonst; denn mit den Waffen der Vernunft und Tugend, die in einer allegorischen Mühle und Schmiede aufbewahrt werden, kann er nichts anfangen, und in den Garten der Poesie gelangt er, von Shakespeares Genius abgewiesen, gar nicht erst hinein. Schließlich packt den Helden der Mut der Verzweiflung: Er ergreift, aus der Rolle fallend, eine Kurbel der Theatermaschinerie und versucht, Szene für Szene des Bühnengeschehens zurückzudrehen. Darüber gerät er ins Handgemenge mit dem Dichter und dem Theaterpersonal, wird als ruhestörender Querulant eingesperrt und resigniert am Ende. Erst als er eingesteht, daß die Poesie »eine Narrheit« sei, wird er wieder für zurechnungsfähig erklärt.
In der Entstehungszeit der Komödien wird Tieck mit dem häufig in Berlin weilenden FRIEDRICH SCHLEGEL bekannt. Ein ursächlicher Zusammenhang zwischen den Tieckschen Bühnen-Capriccios und den Athenäumsfragmenten läßt sich nicht feststellen; greifbar ist aber die Nähe der von Witz, Laune und Ironie

überschäumenden Komödien zur frühromantischen Kunsttheorie, die ebenfalls die dichterische Willkür, die Durchbrechung der gattungspoetischen Grenzen, die sich selbst reflektierende Poesie gefordert hatte. Friedrich Schlegel ist von diesen Phantasieprodukten Tiecks begeistert; AUGUST WILHELM SCHLEGEL, dem ohnehin mehr das Einordnen liegt, feiert sie als Wiedergeburt aristophanischen Geistes. Verbindungslinien in die Moderne lassen sich von ALFRED JARRYS *König Ubu* (1896) bis zum Dadaismus, von LUIGI PIRANDELLOS *Sechs Personen suchen einen Autor* (1921) bis zum Theater des Absurden ziehen. Nicht zufällig ist Pirandello ein ausgezeichneter Kenner der Werke Ludwig Tiecks.

Märchen

Moritz von Schwind, »Erscheinung im Walde«

Für die romantische Literatur folgenreicher sind Tiecks Experimente – ebenfalls in den späten 90er Jahren des 18. Jahrhunderts – auf einem anderen Gebiet: Er sammelt, redigiert und schreibt Märchen. *Volksmärchen, herausgegeben von Peter Leberecht* (1797) ist der Titel der ersten dieser Ausgaben, die später zur berühmten *Phantasus*-Sammlung (1812–16) vervollständigt wird. Es ist keine Pionierleistung; HERDER, MUSÄUS und andere sind ihm vorangegangen. Aber Tieck verbindet in seinen eigenen Märchen auf neue Weise die Tradition der volkstümlichen Erzählung mit dem romantischen Kunstideal.

Schon in seinen *Straußfeder*-Erzählungen gibt es eine merkwürdige Geschichte *(Leonards Traum)*, die wie die »écriture automatique« eines unbewußten Vorgangs erscheint: Ein junger Mann erwacht wieder und wieder aus einem Traum, um festzustellen, daß er doch immer noch träumt, bis er, wirklich erwacht, an dem realen Geschehen um ihn herum zweifelt und beinahe verzweifelt. Der Übergang von Wachzuständen in Traumerlebnisse und traumatische Situationen wird zum magischen Ereignis in der Märchennovelle *Der blonde Eckbert* (1797). Sie beginnt mit einer konventionellen Rahmenerzählung in einem mittelalterlichen Milieu. Auf seiner Burg im Harzgebirge lebt der Ritter Eckbert mit seiner jungen Frau Bertha in großer Zurückgezogenheit, die nur durch Besuche eines Hausfreundes, Philipp Walther, unterbrochen wird. Eines Abends bittet Eckbert seine Frau, dem Gast ihre Kindheitsgeschichte zu erzählen. Bertha schildert, wie sie als ungeliebtes Bauernkind ihren bösen Eltern davongelaufen ist und nach langen Wanderungen bei einem alten Kräuterweiblein Zuflucht gefunden hat. Jahrelang lebt sie in der Gemeinschaft der alten Frau, eines Hundes und eines Vogels, der immer dasselbe einfältige Lied singt (zum ersten Mal mit einer der Hauptmetaphern der Romantik – »Waldeinsamkeit«).

»Waldeinsamkeit,
Die mich erfreut,
So morgen wie heut
In ew'ger Zeit,
O wie mich freut
Waldeinsamkeit.«

Als sie heranwächst, entdeckt Bertha, daß das alte Weib kostbare Edelsteine sammelt, die der Vogel anstelle von Eiern legt; dieser Fund weckt in ihr den übermächtigen Wunsch, die Waldeinsamkeit zu verlassen. Bei einer günstigen Gelegenheit – die alte Frau ist wochenlang unterwegs – bricht das Mädchen auf, nimmt den Vogel mit und läßt den Hund zurück, in der quälenden Gewißheit, daß er verhungern wird. Noch beunruhigender ist für die junge Bertha der Gedanke, daß sie sich an den Namen des Hundes nicht mehr erinnern kann. Andere Irritationen kommen hinzu: das plötzliche Schweigen des Vogels, dem sie, als er dann doch eine traurige Variante des früheren Liedes anstimmt, kurzerhand den Hals umdreht. Allmählich gewöhnt sie sich an ein »normales« Leben, lernt den blonden Eckbert kennen und lieben und zieht mit ihm auf sein einsames Schloß. Der Lebensbericht am Kaminfeuer ist beendet. Walther, der Gast, bedankt sich bei der erzählfreudigen Hausfrau mit den Worten:

»Edle Frau, ich danke Euch, ich kann mir Euch recht vorstellen, mit dem seltsamen Vogel, und wie Ihr den kleinen *Strohmian* füttert.«

Urplötzlich ist jetzt die Situation verändert. Bertha wird von einem heftigen Fieberanfall niedergeworfen, der Hausfreund Walther verabschiedet sich mit unverständlicher Gefühlskälte, Eckbert irrt verzweifelt und ziellos umher und feuert, als er Walther aus der Ferne zu erkennen glaubt, einen Schuß auf ihn ab. Die Vergangenheit, heraufbeschworen durch Berthas Lebensbericht, gewinnt eine unheimliche Macht über die in der Rahmenerzählung berichtete Gegenwart: Woher weiß der Hausfreund Walther den Namen des kleinen Hundes, an den sich die junge Frau nicht mehr erinnern konnte? Bertha stirbt im Fieberdelirium. Eckbert trifft als tödlicher Schlag die Mitteilung, daß das alte Weib und Walther ein und dieselbe Person gewesen sind, und darüber hinaus: daß Eckbert und Bertha, ohne es zu wissen, als Geschwister in Blutschande gelebt haben. Nicht erst durch dieses dem Schauerroman abgeschaute Finale gewinnt die Erzählung ihren alptraumhaft-unwirklichen Charakter. Die plötzlich hereinbrechende allgemeine Verstörung, das dem Vertrauten innewohnende Grauenerregende ist in jeder Phase der Geschichte gegenwärtig.
Die rationale Psychologie, die der Stolz der Aufklärung gewesen war, wird mit diesem Märchen verlassen. Es bietet keine differenzierten, widersprüchlichen Charaktere auf, deren Verhalten Wahrscheinlichkeit und Natürlichkeit simulieren soll. Tiecks »Helden« werden durch ihre Simplizität und Passivität zum Medium für seltsame, höchst unwahrscheinliche, die Welt des Wunderbaren und Schrecklichen widerspiegelnde Vorgänge. Ungereimtheiten eines äußeren Handlungsablaufs sind keine in Kauf genommene Nebensächlichkeiten, sondern bewußt eingesetzte Kunstmittel.

Leben und Tod der heiligen Genoveva

Auch in seinem romantischen Trauerspiel *Leben und Tod der heiligen Genoveva* (1800), das zu einem Schlüsselwerk der romantischen Dichtung wird, verzichtet Tieck auf eine individuelle Charakterisierung der Personen und auf eine stringente Logik der Handlungsführung. Den Stoff entnimmt er der in den Volksbüchern weiterlebenden christlichen Legende. Als erster entwirft er ein großes literarisches Panorama des frühen Mittelalters. Den Prolog und Epilog spricht der heilige Bonifatius, der im 7. Jahrhundert in Deutschland missionierte. Die Handlung spielt zur Zeit Karl Martells und der ersten Feldzüge gegen die Sarazenen. König Siegfried erhält, als er in diesen Krieg aufbricht, von seiner jungen Frau Genoveva die frohe Nachricht, daß sie ein Kind von ihm erwarte. Nach zehn Monaten zurückgekehrt, hat er dies vergessen: Die gegen Genoveva angezettelte und vom König geglaubte Intrige unterstellt, daß Golo der illegitime Vater des inzwischen geborenen Kindes ist. Zu Beginn des Stückes tritt Golo als verträumt-schwärmerischer Jüngling, fast wie ein romantischer Dichter, sehr liebenswürdig auf; im weiteren Verlauf, als Genoveva sein Liebeswerben ablehnt, entwickelt er sich zu einem Ungeheuer in Menschengestalt. Tieck unterläßt jeden Versuch, diese unwahrscheinliche Veränderung zu begründen. Holzschnitthaft einfach bleibt auch Genoveva, die vor den mörderischen Anschlägen des Schurken gerettet wird, aber sieben Jahre lang mit ihrem Sohn wie eine Eremitin in der Wildnis leben muß. Dennoch besteht zwischen Golo und Genoveva am Anfang eine geheimnisvolle Korrespondenz, die sie stärker miteinander verbindet als die Ehe der tugendhaften Gattin mit dem langweiligen, alten König Siegfried. Ahnungsvoll fühlen sie sich zueinander hingezogen. Eine wie ein Zitat aus *Romeo und Julia* wirkende Garten- und Balkonszene verdeutlicht diese erotische Faszination: Golo nähert sich Genoveva mit immer offenerem Liebeswerben, Genoveva wehrt ihn ab. In ihrem Dialog verrät sich jedoch, hervorgerufen durch die Stimmung der nächtlichen Natur und im lyrischen Gleichklang ihrer Worte eine geheime Übereinkunft, die im Bereich der unterdrückten Wünsche verbleibt. Geängstigt von dieser unbewußten Harmonie, bricht Genoveva das Gespräch ab:

J. B. Hübner, »Die heilige Genoveva« (um 1825)

> Hier mag das wild' Gespräche lieber enden,
> Es schafft der Mensch sich Trauer so wie Freude,
> Die Nacht betaut den Sinn mit Schwärmereien.

Die Poesie spricht eine andere Sprache als die empirische Realität. Sie enthüllt Triebansprüche, die im Alltagsbewußtsein nicht zugelassen werden. Eine gräßliche Strafe für den Bösewicht Golo und Genovevas Martyrium ahnden eine unerlaubte Liebesbeziehung, die, unbewußt fundiert, nicht verwirklicht werden darf.

Der späte Tieck

David d'Augers modelliert Ludwig Tieck, Gemälde von 1834

Wie stark Ludwig Tieck, durch seine Person und durch seine schriftstellerische Arbeit, die Tendenzen der Frühromantik verkörpert, zeigt sich noch in deren Auflösungsstadium. Mit seinem Weggang aus Berlin und Jena ist die Jugendzeit der romantischen Bewegung zu Ende. Nach einem zweijährigen Aufenthalt in Dresden (1801/02), der ihn noch einmal zum Mittelpunkt der Künstler- und Literatenszene macht, gerät Tieck in eine schwere Krise, die seine dichterische Produktion jahrelang stocken läßt. Er zieht sich zurück und widmet sich editorischen Projekten, dem Studium der mittelhochdeutschen Dichtung und des elisabethanischen Theaters. Wie die Summe der eigenen schriftstellerischen Produktion erscheint die zwischen 1812 und 1816 publizierte dreibändige Sammlung *Phantasus*, in der Tieck eine Auswahl seiner frühen Märchen, Novellen und Schauspiele zusammenstellt, verknüpft durch eine Rahmenerzählung in der Manier BOCCACCIOS – jüngere Arbeiten befinden sich nur wenige darunter. Erst als er 1819 wieder nach Dresden zurückkehrt, beginnt eine neue, fruchtbare Periode dichterischen Schaffens, aus der zahlreiche, meist historische Novellen (u. a. *Der Aufruhr in den Cevennen*, 1826) und zwei Romane (*Der junge Tischlermeister*, 1836, und der Frauenroman *Vittoria Accorombona*, 1840) hervorgehen. Obwohl in diesen Werken der Übergang zu einer psychologisch-realistischen Schreibweise und ein ironisches Verhältnis zur romantischen Exaltation (*Des Lebens Überfluß*, 1838) erkennbar sind, distanziert Tieck sich nicht von der Romantik. Als ihr Parteigänger, geradezu als ihr Treuhänder zeigt er sich schon dadurch, daß er die Werke von Wackenroder, Novalis, Maler Müller und Kleist herausgibt; auch eine Edition der Werke des früh vergessenen Jakob Michael Reinhold Lenz ist sein Verdienst. 1841 beruft ihn König Friedrich Wilhelm IV. nach Berlin, wo er sich der Reform des Theaters widmen soll: berühmt wird seine Modellinszenierung des *Sommernachtstraums* mit der Musik von Felix Mendelssohn-Bartholdy (1843). Gedichtet hat er seither nichts mehr. Hochgeehrt als Patriarch der Romantik, aber auch verspottet und angefeindet von den Schriftstellern des Jungen Deutschland und des literarischen Vormärz, stirbt er 1853 in seiner Geburtsstadt Berlin.

Die romantische Boheme

Die erstaunliche Vielfalt in Tiecks literarischer Arbeit hat eine ihrer Wurzeln in der von den Romantikern gepflegten Geselligkeit. Fast ausnahmslos stehen die zwischen 1770 und 1780 geborenen Schriftsteller untereinander in lebhaftem Briefkontakt, sie kennen sich persönlich, sind vielfach verschwippt und verschwägert und verkehren in Zirkeln, die manchmal auch cliquenhafte Züge annehmen. Trotz ihrer poetischen Natursehnsucht fühlen sie sich, wie ihre häufige Anwesenheit in Berlin oder in Wien bezeugt, von großstädtischen Milieus angezogen. Ein Phänomen, das in der Weimarer Gesellschaft undenkbar ist, nimmt bei den Romantikern Gestalt an: die Künstlerboheme. Der Ort dieser intensiven Kommunikation ist anfangs der bürgerliche Salon, später – bei E. T. A. Hoffmann oder Franz Schubert – auch die Kneipe. Die auffälligste atmosphärische Veränderung: Zum ersten Mal nehmen Frauen eine herausragende Stellung in der literarischen Öffentlichkeit ein. Die Salons von Henriette Herz und Rahel Levin Varnhagen (1771–1833) werden zu Brennpunkten des geistigen Lebens in Berlin. Caroline und Dorothea Schlegel, die Frauen der Schlegel-Brüder, sind mehr als nur die »Seele« des Jenaer Romantikerkreises, sie erweisen sich als ebenbürtige Gesprächspartnerinnen, auch wenn sich ihre publizistische Aktivität nur anonym oder unter dem Namen ihrer Männer

Erste Ausgabe mit Briefen und Tagebuchnotizen von Rahel Varnhagen

ans Licht wagt. 1801 veröffentlicht DOROTHEA SCHLEGEL, ohne ihren Namen zu nennen, den Roman *Florentin.* 1804 erscheint unter dem Pseudonym »Tian« die Anthologie *Gedichte und Phantasien* von KAROLINE VON GÜNDERODE (1780–1806), ein Wagnis angesichts des Monopols, das die Männer wenigstens in der lyrischen Dichtung noch behaupteten. Die Domäne der Frauen, das Briefeschreiben und Briefesammeln, liegt noch außerhalb dessen, was als Literatur anerkannt wird. Es ist bezeichnend, daß die Briefe RAHEL LEVINS (*Rahel. Ein Buch des Andenkens für ihre Freunde*, 1833/34) große Beachtung finden; herausgegeben hat sie KARL VARNHAGEN VON ENSE (1785–1858), der seiner Frau damit ein bleibendes Denkmal setzte. Die Zeit der Literaturpäpste, ob sie sich nun der Klassik oder der Romantik zurechnen, ist noch nicht zu Ende.

Das lebendigste Beispiel für den schwierigen Abschied von der Romantik liefert BETTINA VON ARNIM (1785–1859). Ihrem Bruder CLEMENS BRENTANO an Temperament und Launen ebenbürtig, durchstreift sie wie ein Kobold die Zirkel und Lebenskreise der literarischen Prominenz, wohlgelitten als Enfant terrible und ewiges Kind. Daß diese von ihr selbst stilisierte Backfisch-Attitüde mehr der Erwartung der literarischen Boheme als ihren eigenen Vorstellungen entspricht, zeigt sich erst spät. Als Schriftstellerin tritt sie erst hervor, als sich ihr Bruder aus der literarischen Öffentlichkeit verabschiedet hat und ihr Mann, ACHIM VON ARNIM, gestorben ist. Nachwirkungen der infantilen Rolle, die sie lange spielte, sind noch in ihrem ersten Buch, *Goethes Briefwechsel mit einem Kinde* (1835), zu spüren; die Leichtigkeit und Freiheit, die sie darin im Umgang mit Goethe zeigt, hätte sich andererseits keiner der namhaften Poeten erlaubt. In ihrem Briefroman *Die Günderode* (1840) ehrt sie das Andenken der Dichterin, die sich 1806 das Leben genommen hatte, und bewahrt es gegen eine kitschige Romantisierung, für die der aus Liebeskummer begangene Selbstmord wichtiger war als das Leben und die Dichtung der Günderode.

Bettina von Arnim, gezeichnet von W. Hensel 1819

Es gibt unter den mit der Romantik aufgewachsenen Schriftstellern nur wenige, die sich aus deren Bann haben lösen können: Karl Varnhagen von Ense ist einer dieser wenigen, Bettina von Arnim eine andere. Ihr gelingt der große Schritt aus dem engen nationalen Gesichtskreis und der Unverbindlichkeit einer nur ästhetisch existierenden Realität. Sie wird sich mit dem ungarischen Dichter PETÖFI und dem polnischen Freiheitskämpfer Mieroslawski ebenso solidarisieren wie mit den Verfolgten der 48er Revolution in Deutschland. In der Vormärz-Periode verabschiedet sie sich von Illusionen, die noch in ihren Reformvorschlägen an König Friedrich Wilhelm IV. zum Ausdruck kommen (*Dies Buch gehört dem König*, 1843). Ihr *Armenbuch* (1844) ist eine bewegende Reportage über das soziale Elend der proletarisierten Schichten in Berlin. Eine Voraussetzung für diesen Bewußtseinssprung in die Moderne war es, den suggestiven Zauber der Romantik zu durchbrechen und den Dunstkreis ihrer geselligen Boheme zu verlassen.

NOVALIS

Novalis, Stich von A. Weger

Kein Spiel mit dem Paradoxen, wie es die Frühromantik liebt, ist die Feststellung, daß eine ihrer größten poetischen Leistungen in dem Alterswerk eines jungen Dichters zu sehen ist. FRIEDRICH VON HARDENBERG bezeichnet selbst den Beginn seiner schriftstellerischen Laufbahn: 1798, als er sechsundzwanzig Jahre alt ist, legt er sich den Künstlernamen NOVALIS zu. Bereits drei Jahre später, am 25. März 1801, stirbt er. Zu seinen Lebzeiten werden, von zwei Fragmentsammlungen abgesehen, nur seine *Hymnen an die Nacht* veröffentlicht (*Athenäum*, 1800). Ein Jahr nach seinem Tod erscheint, von LUDWIG TIECK und FRIEDRICH SCHLEGEL herausgegeben, die erste Ausgabe seiner Schriften: kurze Prosatexte, Gedichte und die unvollendet gebliebenen Romane *Heinrich von Ofterdingen* und *Die Lehrlinge zu Sais* (entstanden zwischen 1798 und 1800). Nur Freunden und Eingeweihten ist zur Zeit seiner Entstehung (1799) der Aufsatz *Die Christenheit oder Europa* bekannt geworden; er war für die Athenäum-Zeitschrift bestimmt, wurde aber erst 1826 in verstümmelter Fassung publiziert und als Propaganda für die monarchistische Restauration in Europa zweckentfremdet.
Schon früh und mit unbefangener Leichtigkeit bewegt sich Novalis in den Kreisen der Jenaer Romantiker; mit Friedrich Schlegel ist er seit 1792 eng befreundet, mit Ludwig Tieck verbindet ihn einige Jahre später eine ähnlich enthusiastische Freundschaft. Dennoch haben seine literarischen Arbeiten (wenn man die obligate Schüler- und Studentenpoesie außer Betracht läßt) nichts von jugendlicher Unbeschwertheit an sich. Aus dem thüringischen Landadel stammend, streng pietistisch erzogen, fühlt Hardenberg sich nur wenig verlockt durch einen Aufstieg in höhere Kreise. Er wird ein tüchtiger Bergbauingenieur und Beamter im kursächsischen Staatsdienst. Seinen Weg zum Dichter bestimmt nicht allein die Bekanntschaft mit dem Jenaer Freundeskreis, sondern auch die Erschütterung über den Tod seiner gerade fünfzehn Jahre alt gewordenen Verlobten Sophie von Kühn. Unmittelbar darauf stirbt auch einer seiner Brüder. Todeserfahrung und Todessehnsucht stehen am Anfang seines dichterischen Schaffens.

Hymnen an die Nacht

Die persönlichen Katastrophen sind der Anlaß für die *Hymnen an die Nacht*, nicht ihr wesentlicher Inhalt. Der Mythos der Todesverfallenheit, den die Neuromantik des späten 19. Jahrhunderts um Novalis gerankt hat, kann sich immerhin auf eine dem Werk innewohnende Tendenz stützen; im ganzen geht diese Interpretation aber ebenso fehl wie der Versuch, Novalis als Erlebnislyriker zu deuten. Die planmäßig ins Werk gesetzte Absicht des Dichters ist es vielmehr, ein universelles Bild der Welt, der Natur wie der Menschheitsgeschichte, des Endlichen und Unendlichen, des physischen und metaphysischen Lebens zu entwerfen. Das in einer rhythmisierten Prosa geschriebene, nur in den letzten Hymnen gereimte Gedicht stellt dem Licht die Dunkelheit, dem Tag die Nacht, dem Leben den Tod so gegenüber, daß Rettung und Geborgenheit sich nicht, wie es die Aufklärung versprochen hatte, dem lichten Tag, sondern der dunklen Nacht verdanken:

Muß immer der Morgen wiederkommen? Endet nie des Irdischen Gewalt? Unselige Geschäftigkeit verzehrt den himmlischen Anflug der Nacht. Wird nie der Liebe geheimes Opfer ewig brennen? Zugemessen ward dem Lichte seine Zeit; aber zeitlos und raumlos ist der Nacht Herrschaft. – Ewig ist die Dauer des Schlafs. Heiliger Schlaf – beglücke zu selten nicht der Nacht Geweihte in diesem irdischen Tagewerk.

Novalis wandelt das Sinn-Bild der Nacht vielschichtig ab: Die »Wunderherrlichkeit der Reiche der Welt« wird in den unzähligen farbenprächtigen Verwandlungen der Natur vor Augen geführt, bevor sich der Blick auf die Geheimnisse der Nacht richtet. In diese makrokosmische Sicht mischen sich die Trauer über den Verlust der Geliebten, erotische Phantasien, Erinnerungen an die nächtlich genossene Liebe, die wieder übergehen in einen Hymnus »an den Himmel der Nacht und sein Licht, die Geliebte« (in einer anderen Fassung »an den Nachthimmel und seine Sonne, die Geliebte«).

Philipp Otto Runge, »Die Lichtlilie« (1809)

So stehen nicht Licht für Leben, Nacht und Dunkelheit für Tod: Beide erst bilden, sich durchdringend, ein Ganzes. Die Geschichte der Menschen und ihrer Religionen, die in einer weiteren Folge großer poetischer Bilder dargestellt wird, wiederholt diese Dialektik: Der griechische Götterhimmel war hell, doch eines konnte bei dieser Frühlingsfeier der Menschheit, beim »ewig bunten Fest der Himmelskinder und der Erdbewohner« nicht gebannt werden: »der Tod, der dieses Lustgelag mit Angst und Schmerz und Tränen unterbrach«. Das neue Zeitalter wird aus der Finsternis geboren: Christus kommt nachts in einem dürftigen Stall zur Welt, und er stirbt, um die Menschheit von ihrer Todesfurcht zu erlösen, verlassen am Kreuz. Der Gedichtzyklus, der mit der Klage um die verlorene Braut beginnt, endet mit einer mystischen Versöhnung in Gott:

Hinunter zu der süßen Braut,
Zu Jesus, dem Geliebten –
Getrost, die Abenddämmrung graut
Den Liebenden, Betrübten.
Ein Traum bricht unsre Banden los
Und senkt uns in des Vaters Schoß.

Daß es nicht »hinauf«, sondern »hinunter« heißt, daß den Liebenden und Betrübten kein Morgenrot glüht, sondern eine Abenddämmerung graut, genügt als Hinweis, der Novalis vor dem Mißverständnis eines simplen Neokatholizismus bewahrt. Die letzte Strophe des Gedichts schließt sich an eine Stelle der ersten Hymne an:

Abwärts wend ich mich zu der heiligen, unaussprechlichen, geheimnisvollen Nacht. Fernab liegt die Welt – in eine tiefe Gruft versenkt – wüst und einsam ist ihre Stelle. In den Saiten der Brust weht tiefe Wehmut. In Tautropfen will ich hinuntersinken und mit der Asche mich vermischen. – Fernen der Erinnerung, Wünsche der Jugend, der Kindheit Träume, des ganzen langen Lebens kurze Freuden kommen in grauen Kleidern, wie Abendnebel nach der Sonne Untergang.

Die Lehrlinge zu Sais

Philipp Otto Runge, »Lehrstunde der Nachtigall«

In dem schmalen Werk, das Novalis hinterlassen hat, ist das Romanbruchstück *Die Lehrlinge zu Sais* am engsten mit der Philosophie der Jenaer Schule verknüpft. »Anfänge interessanter Gedankenfolge, Texte zum Denken« hat Novalis seine Beiträge für den auf Fragmente versessenen Kreis um FRIEDRICH SCHLEGEL einmal genannt. *Die Lehrlinge zu Sais* sind der Versuch, aus dem Einzelnen seiner aphoristisch niedergelegten Gedanken ein Ganzes zu machen. Eine intensive Beschäftigung mit GOETHES *Wilhelm Meister* und die während seines Bergbaustudiums erworbenen naturwissenschaftlichen Erkenntnisse fließen in dem hochfliegenden Plan zusammen, eine romantische Enzyklopädie der Naturerkenntnis und der menschlichen Selbsterkenntnis zu schaffen. Nur zwei Kapitel sind zustande gekommen. Das erste (»Der Lehrling«) führt in den mystischen Kreis der ägyptischen Schule von Sais. Der Ich-Erzähler des Romans schildert einen weisen Lehrer, der seine Aufgabe darin sieht, »den unterschiednen Natursinn in jungen Gemütern zu erwecken, zu üben, zu schärfen, und ihn mit den andern Anlagen zu höheren Blüten und Früchten zu verknüpfen«. Diese Pädagogik fördert in den Schülern nur, was in ihnen bereits angelegt ist und sie zu einer intuitiv-sympathetischen Einsicht in die Naturphänomene befähigt. Angenommen wird eine von den Menschen nicht mehr verstehbare Ursprache, in der sich alle Naturwesen ehemals verständigten; ihre hieroglyphischen Zeichen zu lesen ist das Bildungsziel der Lehrlinge zu Sais. Einmal wird dieser Unterricht durch seltsame Ereignisse unterbrochen: Ein besonders ungelehriger Schüler bringt nach langer Suche ein unscheinbares Steinchen nach Hause, das den Lehrer zu Tränen rührt. Zur gleichen Zeit taucht auch ein geheimnisvoller schöner Knabe auf, der, ohne etwas zu sagen, wieder verschwindet und doch wie der Lehrer des Lehrers erscheint: das Jesuskind in Sais.
Der zweite Teil des Romanfragments (»Die Natur«) besteht aus einem meist dialogisch vorgetragenen naturphilosophischen Diskurs aus moderner Sicht; man meint, bald KANT, bald GOETHE, FICHTE oder SCHELLING als Gastdozenten vor den Lehrlingen zu Sais referieren zu hören. Der Erzähler ist verwirrt von diesen Welterklärungen, die ihm alle gleich einleuchtend vorkommen. Doch dann springt »ein muntrer Gespiele, dem Rosen und Winden die Schläfen zierten« dazwischen und erzählt ein Märchen, das Märchen von Hyazinth und Rosenblütchen. Es ist die Geschichte eines Jünglings, der ein Mädchen liebte, sich unter dem Einfluß eines fremden, gelehrten Mannes aber von ihm trennte, um in die Ferne zu ziehen und das Geheimnis aller Geheimnisse zu entdecken: das verschleierte Bildnis der Göttin Isis. Die Reise des jungen Mannes endet damit, daß Hyazinth unter dem Schleier der Göttin sein Rosenblütchen wiederfindet.
Die ursprüngliche Harmonie der Natur, in der Pflanzen, Tiere, Steine und Gestirne in der gleichen Sprache oder Musik miteinander kommunizierten, ist aus dem Blick der Menschen entschwunden, aber die Spuren dieses goldenen Zeit-

alters sind in der Natur nicht verlorengegangen. In deren unendlichen Metamorphosen das anfängliche Harmoniegesetz wieder zu erahnen ist dem Dichter, dem Seher, dem Kind vorbehalten. Novalis' Denken verläuft nicht perspektivisch wie das der Aufklärung, sondern kreisförmig wie bei den Mystikern, von denen er JAKOB BÖHME über alles schätzte: Das Vertraute wird fremd und das Fremde vertraut; in der größten Ferne findet sich das Nächstliegende, Heimatliche. Die Dechiffrierung des Unergründlichen führt zu neuen Chiffren. »Könnte die Natur nicht über den Anblick Gottes zu Stein geworden sein? Oder vor Schrecken über die Ankunft des Menschen?« lautet eine angstvolle Frage, aber auch das scheinbar Bewegungslose ist bewegt und beseelt: »Selbst der Schlaf ist nichts als die Flut jenes unsichtbaren Weltmeeres, und das Erwachen das Eintreten der Ebbe.« Weite Teile des Romanfragments, wegen ihres psalmodierenden Tonfalls oft ermüdend zu lesen, präsentieren sich in der Tat wie verschlüsselte »Texte zum Denken«. Doch auch dies wird relativiert: »Das Denken ist nur ein Traum des Fühlens, ein erstorbenes Fühlen, ein blaß-graues, schwaches Leben.«

Philipp Otto Runge, »Amaryllis«

Heinrich von Ofterdingen

Die *Lehrlinge zu Sais* sind schon in der Romantik ein apokrypher Text geblieben und mit Ausnahme des »Märchens von Hyazinth und Rosenblütchen« kaum wahrgenommen worden. Zum dichterischen Kanon dagegen gehört seit eh und je das andere Romanfragment: *Heinrich von Ofterdingen.* Das liegt nicht nur an der weitergediehenen Ausarbeitung, sondern auch an den der Romantik geläufigeren Bildern und dem historischen Kolorit des Werks, das aus einer scheinkonkreten Gegenwart ins imaginierte Mittelalter führt. Der abgeschlossene erste Teil des *Heinrich von Ofterdingen* (»Die Erwartung«) beginnt mit einem langen Traum des Romanhelden, der mit einem ebenso ausführlich mitgeteilten Jugendtraum seines Vaters korrespondiert: Beide haben im Schlaf die »blaue Blume« gesehen, die sie in Liebessehnsucht auf die Wanderung schickt – den alten Ofterdingen auf die Heimreise zu seiner Jugendgeliebten, der Mutter des jungen Heinrich, diesen in der erzählten Gegenwart des Romans in die große weite Welt:

Heinrich von Ofterdingen.

Ein

nachgelassener Roman

von

Novalis.

Zwei Theile.

Berlin, 1802.

In der Buchhandlung der Realschule.

Er sah sich an der Schwelle der Ferne, in die er oft vergebens von den nahen Bergen geschaut, und die er sich mit sonderbaren Farben ausgemalt hatte. Er war im Begriff, sich in ihre blaue Flut zu tauchen. Die Wunderblume stand vor ihm, und er sah nach Thüringen, welches er jetzt hinter sich ließ mit der seltsamen Ahndung hinüber, als werde er nach langen Wanderungen von der Weltgegend her, nach welcher sie jetzt reisten, in sein Vaterland zurückkommen, und als reise er daher diesem eigentlich zu.

Die Weltgegend, von der gesprochen wird, ist Süddeutschland; die lange Wanderung, die Heinrich in der Obhut seiner Mutter unternimmt und die ihn schon beim Aufbruch mit Heimweh erfüllt, durchmißt lediglich die Strecke von Eisenach nach Augsburg. Aber dies ist nicht die Realität des Romans. Der Leser erfährt erst, als der junge Ofterdingen schon unterwegs ist, daß die Reise eigentlich eine Reise zurück in die Minnesängerzeit ist. Der Aufenthalt auf einer fränkischen Ritterburg gibt Anlaß zu Erinnerungen an die Kreuzfahrerzeit und zur Bekanntschaft mit Zulima, einer jungen morgenländischen Schönen, die dort gefangengehalten wird. Ein alter böhmischer Bergmann teilt Heinrich die Geheimnisse der mittelalterlichen Naturkunde mit, und ein zum Einsiedler gewordener Graf weiht ihn anhand alter Chroniken in das Studium der Geschichte ein. Als er endlich in Augsburg ankommt, ist der ursprüngliche Zweck der Reise, ein Besuch bei der Familie seiner Mutter, fast vergessen. Ofterdingen gerät in den Kreis des geheimnisvollen Sängers Klingsohr und findet in dessen Tochter Mathilde die Verkörperung seines Traums von der blauen Blume. Er liebt und verliert sie und erfährt doch, daß er sich eines Tages erneut mit ihr vereinigen wird. Der erste Teil des Romans endet mit einem von Klingsohr erzählten allegorischen Märchen.

Wie TIECKS Roman *Franz Sternbalds Wanderungen*, den Novalis als Vorbild verehrt, ist das *Ofterdingen*-Fragment ein bewußter Gegenentwurf zum *Wilhelm Meister*. Von GOETHE übernehmen beide Romantiker die Mischung epischer und lyrischer Ausdrucksformen. Im *Heinrich von Ofterdingen* finden sich, in den Prosatext eingestreut, Romanzen und Lieder, die eine eigene Anthologie romantischer Gedichte darstellen würden, wären sie nicht in der Romanerzählung besser aufgehoben. Anti-klassisch dagegen sind Tieck und Novalis in ihrer inhaltlichen Orientierung. Während Goethe seinen (zeitgenössischen) Helden auf die Reise in eine ungewisse Zukunft schickt, in der sich erst herausstellen muß, was von dem Wunsch nach allseitiger Ausbildung der Persönlichkeit übrigbleibt, entsenden die Romantiker ihre Figuren in eine identitätsstiftende Vergangenheit, die Erlösung vom Fluch der Individuation verspricht. Tiecks *Sternbald* wie auch der *Ofterdingen*-Roman bleiben unvollendet: Von dessen zweitem Teil (»Die Erfüllung«) sind nur die Einleitung und eine grobe Skizze des weiteren Verlaufs (von Tieck rekonstruiert) fertiggestellt worden. Die Bestimmung, die Novalis seinem Helden gegeben hatte – »Heinrich war von Natur zum Dichter geboren« –, sollte nach mannigfachen weiteren Abenteuern eingelöst werden durch eine Apotheose im Sängerstreit auf der Wartburg, aus dem Heinrich von Ofterdingen als preisgekrönter Minnesänger hervorgeht. Als Schema hatte sich Novalis notiert: »Das Gesicht. Heldenzeit. Das Altertum. Das Morgenland. Der Kaiser. Der Streit der Sänger. Die Verklärung.«

Das Ende der Frühromantik

»Monotheismus der Vernunft und des Herzens, Polytheismus der Einbildungskraft und der Kunst, dies ist's, was wir bedürfen«, hatte FRIEDRICH SCHELLING 1796 geschrieben und hinzugefügt:

> Wir müssen eine neue Mythologie haben, diese Mythologie aber muß im Dienste der Ideen stehen, sie muß eine Mythologie der Vernunft werden . . . Dann erst erwartet uns gleiche Ausbildung aller Kräfte, des einzelnen sowohl als aller Individuen. Keine Kraft mehr wird unterdrückt werden, dann herrscht allgemeine Freiheit und Gleichheit der Geister.

Fünf Jahre später war von der geistigen Freiheit und Gleichheit in dem Jenaer Kreis, der dies Ideal in die Praxis des freundschaftlichen »Symphilosophierens« umsetzen wollte, nichts mehr übrig. Die Brüder Schlegel zerstritten, ihre Frauen untereinander spinnefeind – nicht zuletzt, weil Caroline ihren ungeliebten August Wilhelm verlassen und sich mit Schelling zusammengetan hatte: ein unerquicklicher Hauskrach auf allen Seiten. Dann stirbt Novalis, der in seiner Abgeschiedenheit nur an der Freundschaft, nicht an den sich anbahnenden Zerwürfnissen teilhaben wollte, und mit Tiecks Abschied aus Dresden ist das Kapitel der Frühromantik endgültig abgeschlossen.

Caspar David Friedrich, »Kreuz im Gebirge« (um 1812)

Es blieb das Problem, das Schelling mit seiner Forderung einer neuen Mythologie artikuliert. Dem Zwiespalt zwischen dem »Monotheismus der Vernunft und des Herzens« und einem »Polytheismus der Einbildungskraft und Kunst« war nicht durch die einfältige Kunstfrömmigkeit beizukommen, die WACKENRODER propagiert hatte. GOETHES Warnung vor dem »klosterbruderisierenden, sternbaldisierenden Unwesen« war nicht aus der Luft gegriffen. Nach dem aufsehenerregenden Übertritt der Brüder STOLBERG zum Katholizismus im Jahre 1800 folgte eine ganze Serie von Konversionen, unter anderem von FRIEDRICH SCHLEGEL, der seine Laufbahn als Sekretär in Metternichs Diensten beenden wird. Auch TIECK ist zeitweise dicht davor, die Konfession zu wechseln. Ob NOVALIS nur durch seinen frühen Tode dieser Sorge enthoben wurde, mag dahingestellt sein. Seine Programmschrift *Die Christenheit oder Europa* (1799), die eine willkommene Beute für die Metternichsche Reaktion wird, beginnt mit den Worten:

Es waren schöne glänzende Zeiten, wo Europa ein christliches Land war, wo *Eine* Christenheit diesen menschlich gestalteten Weltteil bewohnte; *Ein* großes gemeinschaftliches Interesse verband die entlegensten Provinzen dieses weiten geistlichen Reichs. – Ohne große weltliche Besitztümer lenkte und vereinigte *Ein* Oberhaupt die großen politischen Kräfte.

Der legitimatorische Rückgriff auf das christliche Mittelalter klingt sonderbar zu einer Zeit, in der Napoleon im Begriff ist, das alte zerstückelte Europa gewaltsam, »mit eisernem Besen«, zu modernisieren. Es ist andererseits nicht zu übersehen, daß bei den Frühromantikern jede Spur nationalen Überschwanges fehlt, der viele Schriftsteller wenige Jahre später dazu bringt, aggressive chauvinistische Lieder zu dichten. Der weltbürgerlichen Tendenz, die aus der Aufklärung nachwirkt (auch FRIEDRICH SCHLEGEL nennt seine 1803–05 in Paris herausgegebene Zeitschrift *Europa*), entspricht eine Kunstreligion, die sich nicht auf eine positive Religion festlegt. Jesus unter den Lehrlingen zu Sais: Gerade NOVALIS betont den naturphilosophischen Pantheismus seines christlichen Weltbildes, unter anderem durch den Topos des »ewigen Orients«, der die Balance zum Bild des frommen Mittelalters hält. FRIEDRICH SCHLEGEL beschäftigt sich, ungeachtet seiner Konversion zum katholischen Glauben, mit indischer Mythologie und Sprachgeschichte und wird zum Mitbegründer der modernen Sanskrit-Forschung. In den Gedichten FRIEDRICH RÜCKERTS (1788–1866) findet eine fruchtbare Nachlese dieser in der Frühromantik begründeten Öffnung zur außereuropäischen (außerchristlichen) Welt statt. Und GOETHES *West-östlicher*

Divan (1819) hat mit der Klassik nur noch wenig, mit der Romantik hingegen sehr viel zu tun.

Die Nachtwachen des Bonaventura

Die Freude der Romantik an Rätseln und Geheimnissen wird durch ein Werk überboten, das wie ein Bastard zwischen den Werken der Früh- und Hochromantik steht. Unter dem Titel *Nachtwachen. Von Bonaventura* erscheint dieses Buch 1804 in einem obskuren Verlag im Thüringischen, ohne großes Aufsehen in den literarisch interessierten Kreisen zu erregen. Der einzige, der es nachweislich gelesen (und gelobt) hat, ist Jean Paul. Bis auf den heutigen Tag streitet sich die Literaturwissenschaft darüber, wer es geschrieben haben könnte. Weil er einige Artikel unter dem Pseudonym »Bonaventura« veröffentlicht hat, gilt SCHELLING lange Zeit als Verfasser, später werden JEAN PAUL, FRIEDRICH SCHLEGEL, CLEMENS BRENTANO, E. T. A. HOFFMANN und noch ein halbes Dutzend anderer mehr oder weniger prominenter Schriftsteller – zuletzt AUGUST KLINGEMANN (1777–1831) – hinter dem Pseudonym vermutet. Die Frage ist bis heute spannend geblieben, weil es sich um ein in Form und Inhalt einzigartiges dichterisches Gebilde handelt, das die Romantik bis zur Parodie kritisiert und zugleich selbst hochromantische Züge trägt.

Journal
von
neuen deutschen Original Romanen
in 8 Lieferungen jährlich

Dritter Jahrgang. 1804

Siebente Lieferung.

Nachtwachen.

Penig 1804
bey F. Dienemann und Comp.

Nachtwachen.

Von
Bonaventura.

Penig 1805
bey F. Dienemann und Comp.

Titelblatt des Erstdrucks der „Nachtwachen“ von Bonaventura

In sechzehn »Nachtwachen« beschreibt ein zum Nachtwächter heruntergekommener ehemaliger Poet die Eindrücke und Phantasien, die ihn bei seinem nächtlichen Gang durch eine deutsche Kleinstadt überkommen. Gleich beim ersten Rundgang wird er Zeuge, wie ein als Freigeist exkommunizierter Mann stirbt, bedrängt von einem eifernden Priester, der ihn vergeblich zur Rückkehr in den Schoß der Kirche bewegen will. Der abgeschlagene blutige Kopf des Pfaffen wird später bei der Leiche des Atheisten gefunden, jedoch als Teufelskopf identifiziert, worüber Justiz und Kirche in langwierige Streitereien geraten, bis die Sache endlich vertuscht ist. Ein anderer Bekannter des Nachtwächters ist ein armer Poet, der sich in seinem Dachstübchen aufhängt, weil er sein Trauerspiel »Der Mensch« nicht loswerden kann und mit dem Strick dem Hungertod freiwillig zuvorkommt. Zu den »wirklichen« Menschen gesellen sich Spukgestalten: ein Don Juan, der wie der ewige Jude Ahasverus nicht sterben kann und im nächtlichen Dom seine grausliche Lebensgeschichte erzählt; ein Marionettenspieler, der eine als Revolutionsstück mißverstandene Komödie mit dem Leben büßte, nachdem seine Puppen verhaftet wurden. Nach und nach teilt Johannes Kreuzweg, wie der Erzähler sich nennt, weil er von einer Zigeunerin auf einem Kreuzweg geboren wurde, weitere Einzelheiten aus seiner Lebensgeschichte mit: Bei einem philosophischen Schuster vom Typus Jakob Böhmes aufgewachsen, hat er sich im schriftstellerischen Gewerbe geübt, aber Schiffbruch erlitten. Nach einem Streit mit der Justiz, die er als Institution des legalen Mordes beschimpft, wird er in ein Irrenhaus gesperrt, wo er die glücklichste Zeit seines Lebens verbringt. Dort begegnet er einer alten Bekannten, mit der er einmal auf der Bühne gestanden hat: er als Hamlet, sie als Ophelia. Als die Schauspielerin, die aus ihrer Ophelia-Rolle nicht mehr herausfindet, ein Kind von ihm bekommt und bei der Geburt stirbt, wird Kreuzgang aus dem Irrenhaus ausgewiesen und dazu verurteilt, in der »normalen Welt« weiterzuleben, wo er durch Beziehungen schließlich seine Nachtwächterstelle findet.

Das ganze Buch ist ein schneidendes Hohngelächter auf die Menschheit und ihre Hoffnungen und Illusionen, besonders aber auf ihre Theologien und Philosophien. KANTS »Ding an sich« wird ebenso hergenommen wie FICHTES »sich selbst setzendes Ich«. Und ganz besonders haben es dem Verfasser die Priester und Kirchen aller Konfessionen angetan. In der Einleitung zu seinem Bericht aus dem Irrenhaus (9. Nachtwache) entwickelt er seine eigene Theologie, die mit der romantischen Kunstreligion so wenig und so viel Ähnlichkeit hat wie eine Zwiebel mit der blauen Blume:

Francisco de Goya, »Capricho Nr. 43«

Die Menschheit organisiert sich gerade nach der Art einer Zwiebel, und schiebt immer eine Hülse in die andere bis zur kleinsten, worin der Mensch selbst denn ganz winzig steckt. So baut sie in den großen Himmelstempel, an dessen Kuppel die Welten als wunderheilige Hieroglyphen schweben, kleinere Tempel mit kleineren Kuppeln und nachgeäfften Sternen, und in diese wieder noch kleinere Kapellen und Tabernakel, bis sie zuletzt das Allerheiligste ganz en miniature in einen Ring eingefaßt hat . . . In die allgemeine Weltreligion, die die Natur mit tausend Schriftzeichen geoffenbart hat, schachtelt sie wieder kleinere Volks- und Stammreligionen für Juden, Heiden, Türken und Christen; ja die letzteren haben auch daran nicht genug, sondern schachteln sich noch von neuem ein. – Eben so ist es mit dem allgemeinen Irrenhause, aus dessen Fenstern so viele Köpfe schauen, theils mit partiellem, theils mit totalem Wahnsinne; auch in dieses sind noch kleinere Tollhäuser für besondere Narren hineingebaut. In eins von diesen kleinern brachten sie mich jetzt aus dem großen, vermuthlich weil sie dieses für zu stark besezt hielten.

Anläßlich einer Arztvisite im Irrenhaus werden dessen Insassen vorgestellt und nach geistesgeschichtlichen Kategorien (»No. 2 und 3 sind philosophische Gegenfüßler, ein Idealist und ein Realist«) klassifiziert. Unter ihnen ist einer (No. 9), der sich für Gott hält: In seinem »Monolog des wahnsinnigen Weltschöpfers« bedauert er, daß er den Menschen geschaffen hat:

»Beim Teufel! Ich hätte die Puppe ungeschnizt lassen sollen! – Was soll ich nur mit ihr anfangen? – Hier oben sie in der Ewigkeit mit ihren Possen herumhüpfen lassen? – Das geht bei mir selbst nicht an; denn da sie sich dort unten schon mehr als zuviel langweilt und sich oft vergeblich bemüht in der kurzen Sekunde ihrer Existenz die Zeit sich zu vertreiben, wie müßte sie sich bei mir in der Ewigkeit, vor der ich oft selbst erschrecke, langweilen!«

Einen anderen Höhepunkt bildet die in der 6. Nachtwache erzählte »fixe Idee«, die den schon amtierenden Nachtwächter fast seine Stelle gekostet hätte. Verlockt durch die herannahende Jahrhundertwende, »in der letzten Stunde des Säkulums«, hat er seine Amtspflicht verletzt und nicht die Stunden, sondern die Ewigkeit ausgerufen. Er nutzt die allgemeine Bestürzung zu einer satirischen Bußpredigt, die an alle Mitglieder der Gesellschaft adressiert ist: an »meine Brüder, Fürsten, Zinswucherer, Krieger, Mörder, Kapitalisten, Diebe, Staatsbeamten, Juristen, Theologen, Philosophen, Narren und welches Amtes und Gewerbes ihr sein mögt«. Doch da die Posaunen des Jüngsten Gerichts auf sich warten lassen, bleibt alles beim alten, nur daß dem Nachtwächter sein Nachtwächterhorn weggenommen und durch ein englisches Uhren-Patent ersetzt wird.

W. Hogarth, »Das Ende aller Dinge«

Im 16. und letzten Kapitel, von Kreuzweg/Bonaventura als »Ultimatum und Hogarthsches Schwanzstück meiner Nachtwachen« bezeichnet, findet mit der Wiederbegegnung zwischen Mutter und Sohn am Grabe des Vaters das furiose Finale statt. Das alte Zigeunerweib gräbt den Sarg ihres Alchimisten-Gatten aus, um ihn noch einmal zu sehen, derweil ein Verliebter auf dem Friedhof anstelle seiner verstorbenen Geliebten die Luft umarmt. Hier hält der nachtwandelnde Menschenfeind seine letzte große Ansprache, die gegen die um ihre Toten Trauernden gerichtet ist:

»Wimmert nicht länger – diese Myriaden von Welten sausen in allen ihren Himmeln nur durch die gigantische Naturkraft, und diese schreckliche Gebärerin, die alles und sich selbst mit geboren hat, hat kein Herz in der eigenen Brust, sondern formt nur kleine zum Zeitvertreib, die sie umher vertheilt – haltet euch an diese, und liebt und girrt, solange diese Herzen noch zusammen halten! – Ich will nicht lieben, und recht kalt und starr bleiben, um wo möglich dazu lachen zu können, wenn die Riesenhand auch mich zerdrückt!«

Doch auch die titanische Selbstermunterung des »Helden« wird zuschanden. Er sieht den alten Alchimisten unversehrt, mit gefalteten Händen, im ausgegrabenen Sarg liegen und versucht, in wildem Trotz die Hände gewaltsam auseinanderzureißen – da zerfällt die Leiche zu Staub. In einem Aufschrei endet die Geschichte:

»Wehe! Was ist das – bist auch du nur eine Maske und betrügst mich? – Ich sehe dich nicht mehr Vater – wo bist du? Bei der Berührung zerfällt alles in Asche, und nur auf dem Boden liegt noch eine Handvoll Staub, und ein paar genährte Würmer schleichen sich heimlich weg, wie moralische Leichenredner, die sich beim Trauermahle übernommen haben. Ich streue diese Handvoll väterlichen Staub in die Lüfte und es bleibt – Nichts! Drüben auf dem Grabe steht noch der Geisterseher und umarmt Nichts! Und der Widerhall im Gebeinhause ruft zum letztenmale – *Nichts!*«

CLEMENS BRENTANO UND ACHIM VON ARNIM

Wenn von einer zweiten Romantikergeneration gesprochen werden kann, dann nicht im Sinne gravierender Altersunterschiede; FRIEDRICH SCHLEGEL, TIECK und NOVALIS sind nur wenige Jahre älter als BRENTANO, ARNIM oder E. T. A. HOFFMANN. Aber in einer Epoche großer sozialer und politischer Erschütterungen wie in den drei Jahrzehnten nach 1789 zählen auch wenige Jahre viel. Es ist ein Unterschied, ob ein junger Schriftsteller zuerst die Französische Revolution, wenn auch aus der Ferne, bewußt miterlebt oder die Ära Napoleons aus nächster Nähe. Der Stimmungsumschwung, der zwischen der anfänglichen Bewunderung für Napoleon und der Empörung über sein Auftreten als Eroberer überall in Europa um sich greift, prägt die »jüngere« Romantikergeneration in Deutschland. ACHIM VON ARNIM nimmt als Hauptmann eines preußischen Landsturmbataillons an den Befreiungskriegen teil, JOSEPH VON EICHENDORFF reiht sich in das Lützowsche Freikorps ein. Selbst ein so unpolitischer Mensch wie CLEMENS BRENTANO übt sich in satirischen Attacken gegen Napoleon und den Krieg, etwa in seinem *Märchen vom Rhein und vom Müller Radlauf* (1810/11). Seine politischen Anspielungen sind freilich so harmlos wie die meisten militärischen Aktionen der gegen Napoleon in den Krieg ziehenden Dichter. Undenkbar wären sie jedoch in einem Märchen des frühen Tieck oder Novalis.

Clemens Brentano (1841)

CLEMENS BRENTANO (1778–1842) stammt aus einer begüterten Frankfurter Kaufmannsfamilie. Eine freudlose Kindheit bei fremden Erziehern, eine gescheiterte Kaufmannslehre, mehrere vergebliche Anläufe, ein Studium der Philosophie, der Medizin und der Bergwissenschaft zu Ende zu bringen, sind die ersten Stationen seines Lebens. Mit dem Entschluß, Dichter zu werden, geht er 1798 nach Jena und erlebt dort die genialische Aufbruchsphase der Frühromantik mit, ohne in deren Kreisen ernst genommen zu werden. Sein Debüt als Schriftsteller gibt er mit dem Roman *Godwi oder Das steinerne Bild der Mutter* (1800/02). Der Titel ist biographisch bezeichnend, kommt doch Brentano von einer vielfach bezeugten, überstarken Fixierung an seine Mutter, die er kaum kannte, sein Leben lang nicht los. Vater des Gedankens hingegen ist der Wunsch aller Romantiker dieser Zeit, es mit GOETHES *Wilhelm Meister* aufzunehmen und einen »unendlichen« Roman im Sinne von SCHLEGELS »progressiver Universalpoesie« zu verfassen. Die Verworrenheit des als Familiengemälde angelegten Werks zur Absichtlichkeit stilisierend, fügt Brentano den Untertitel »ein verwilderter Roman« hinzu; später spricht er von seinem »verrückten Godwi«.

Die Lust am Vagabundieren, die nie erlahmende Freude am Fabulieren und ein exaltiertes Auftreten, das sich in zahlreichen abgewiesenen Heiratsanträgen und zwei mißglückten Ehen dokumentiert, spiegelt sich in dem ersten und einzigen Roman Brentanos ebenso wie in seinem Künstlerleben wider. Jäh bricht diese Laufbahn knapp zwanzig Jahre später ab. Brentano kehrt in den Schoß der Kirche zurück und wird zu einem Aktivisten der katholischen Propaganda. »Eingeschlossen, ja eingemauert in seinen Katholizismus« (HEINE), entfaltet er eine weitläufige Produktion christlicher Erbauungsschriften, die größere Verbreitung finden als seine der Romantik angehörenden früheren Werke.

Von anderer Herkunft und anderem Charakter ist ACHIM VON ARNIM

Arnim gehörte zu den seltenen Dichternaturen, die, wie Goethe, ihre poetische Weltansicht jederzeit von der Wirklichkeit zu sondern wissen, und daher besonnen über dem Leben stehen und dieses frei als Kunstwerk behandeln. Den lebhafteren Brentano dagegen riß eine übermächtige Phantasie beständig hin, die Poesie ins Leben zu mischen, was denn häufig eine Konfusion und Verwickelungen gab, aus welchen Arnim den unruhigen Freund durch Rat und Tat zu lösen hatte.

(Joseph v. Eichendorff, *Erlebtes. Halle und Heidelberg,* 1857)

Achim von Arnim (um 1802)

(1781–1831), mit dem Brentano seit 1801 eine produktive Dichterfreundschaft verbindet. Was dieser an quecksilbrigem Temperament und exzentrischen Neigungen in die Freundschaft einbringt, gleicht jener, nach der übereinstimmenden Aussage nahestehender Zeitgenossen, durch souveräne Ruhe und Konzilianz aus.

Arnim stammt aus einer alten brandenburgischen Adelsfamilie. 1811 heiratet er Brentanos Schwester Bettina. Im Unterschied zu seinem Schwager, der von dem Erbe seines wohlhabenden bürgerlichen Elternhauses ohne Sorge leben kann, versucht Arnim, als in Kriegszeiten sein Landgut an den Rand des wirtschaftlichen Ruins gerät, auch von Einkünften aus seinen literarischen Arbeiten zu leben – eine bemerkenswerte Umkehrung der Verhältnisse, die im aristokratischen 18. Jahrhundert geherrscht hatten. Brentano vollzieht Arnims Wendung zum Nationalpatrioten nicht mit, und Arnim kann Brentano in seinem späteren religiösen Eifer nicht folgen. So entfernen sie sich voneinander, ohne daß es zu einem wirklichen Bruch gekommen wäre. Wie fruchtbar die »Herzensfreundschaft« dennoch gewesen ist, zeigt die gemeinsam bearbeitete und herausgegebene Volksliedsammlung *Des Knaben Wunderhorn.*

Des Knaben Wunderhorn

Gedanklich ist der Boden längst bereitet für das Unternehmen, an dem Arnim und Brentano während ihrer Heidelberger Jahre mit Hingabe arbeiten. Das in den siebziger Jahren des 18. Jahrhunderts grassierende Ossian-Fieber und die daran anschließende Bardendichtung bildeten den modisch-sentimentalen Ausgangspunkt. Mit Herder, der auch den Begriff für die Sache prägte, wurde das Volkslied zum Gegenstand poetischen und wissenschaftlich-systematischen Interesses. In seinem *Briefwechsel über Ossian und die Lieder alter Völker* (1773) hatte er geschrieben:

> ... daß auch wir Deutschen wohl mehr solche Gedichte hätten, als ich mit der schottischen Romanze angeführet; ich glaube nicht allein, sondern ich weiß es. In mehr als einer Provinz sind mir Volkslieder, Provinziallieder, Bauernlieder bekannt, die an Lebhaftigkeit und Rhythmus, und Naivität und Stärke der Sprache vielen derselben gewiß nichts nachgeben würden; nur wer ist der sie sammle? der sich um sie bekümmre? sich um Lieder des Volks bekümmre? auf Strassen, und Gassen und Fischmärkten? im ungelehrten Rundgesange des Landvolks? um Lieder, die oft nicht skandirt, und oft schlecht gereimt sind? – wer wollte sie sammeln?

Brentano und Arnim sind weder die ersten noch die einzigen, die diesem Aufruf folgen. Ihre *Wunderhorn*-Sammlung enthält ungefähr 700 Lieder aus drei Jahrhunderten, die sie zum Teil aus schon existierenden Anthologien entnehmen, zum größeren Teil aus alten Almanachen, Einblattdrucken, Chroniken und Fibeln zusammentragen. Zu einem Originalwerk und Manifest der Romantik wird diese Kollektion durch die freie Bearbeitung, die Arnim und Brentano ihr angedeihen lassen. Authentische Texte stehen neben Nachdichtungen und kompletten Neufassungen; der Unterschied zwischen »Volkspoesie« und »Kunstpoesie« wird souverän ignoriert. In merkwürdigem Kontrast zu dieser Freizügigkeit stehen die Bedenken, die Achim von Arnim in seinem Nachwort formuliert, die Sorge, daß im heraufziehenden bürgerlichen Zeitalter alte Überlieferungen unwiederbringlich verlorenzugehen drohen.

In diesem Wirbelwind des Neuen, in diesem vermeintlichen urschnellen Paradiesgebären auf Erden waren auch in Frankreich (schon vor der Revolution, die dadurch vielleicht erst möglich wurde) fast alle Volkslieder erloschen; noch jetzt sind sie arm daran – was soll sie an das binden, was ihnen als Volk festdauernd? Auch in England werden Volkslieder seltener gesungen; auch Italien sinkt in seinem nationalen Volksliede . . . – O mein Gott, wo sind die alten Bäume, unter denen wir gestern noch ruhten, die uralten Zeichen fester Grenzen, was ist damit geschehen, was geschieht? Fast vergessen sind sie schon unter dem Volke, schmerzlich stoßen wir uns an ihren Wurzeln. Ist der Scheitel hoher Berge nur einmal abgeholzt, so treibt der Regen die Erde hinunter, es wächst da kein Holz wieder; daß Deutschland nicht so weit verwirtschaftet werde, sei unser Bemühen.

Der erste der drei Bände von *Des Knaben Wunderhorn* ist mit der Jahreszahl 1806 versehen, erscheint aber schon 1805; die beiden anderen folgten 1808. Es ist die Zeit, in der durch Napoleons Diktat (1802/03) die Besitztümer des kirchlichen Adels säkularisiert und die Klöster enteignet werden. Ein großer Teil dieser Schätze wird verkauft, um Geld in die staatlichen Kriegskassen zu bringen; das deutsche Bildungsbürgertum erwirbt auf dem Markt Heiligtümer seiner nationalen Identität, die es im Kampf gegen den napoleonischen Hegemonismus und den französischen Empire-Klassizismus einsetzt. So entsteht die bedeutende Sammlung mittelalterlicher Kunst, die von den Brüdern Boisserée zusammengetragen wird. Dieser Konjunktur verdanken auch Brentano und Arnim einen großen Teil ihrer Sammlung kostbarer alter Drucke und Manuskripte, die sie als Quelle für *Des Knaben Wunderhorn* benutzen. Allerdings wäre dieses poetische Konglomerat nicht entstanden, wenn den äußeren Bedingungen nicht auch eine innere Einstellung und Leidenschaft entsprochen hätte, sogar vorangegangen wäre. Die Romantiker suchen nicht nur die Natur, die Waldeinsamkeit und die Mondscheinnächte auf, sondern mit Vorliebe auch Bibliotheken, Museen und Archive.

Bei den Zeitgenossen ist *Des Knaben Wunderhorn* auf begeisterte Zustimmung, aber ebenso auf scharfe Ablehnung gestoßen. Daß die aus drei Jahrhunderten zusammengetragenen Kirchen-, Küchen- und Liebeslieder, Kinderreime, Balladen und Moritaten zu einem guten Teil nach- und umgedichtet waren, hat GOETHE nicht gestört, der in einer ausführlichen Rezension das »mannigfaltig Charakteristische« der Auswahl und Bearbeitung lobte und die Herausgeber nur ermahnte, »ihr poetisches Archiv rein, streng und ordentlich zu halten«. Er riet ihnen auch, sich nicht zu sehr auf die deutschen Volkslieder zu versteifen – eine Warnung, die den Unterschied zwischen dem Weimarer Kosmopolitanismus und den nationalliterarischen Ambitionen der Romantiker deutlich macht. Die zum Teil heftige Kritik an der Liedersammlung Arnims und Brentanos stammt nicht nur aus dem Lager gegnerischer Literatenzirkel (u. a. des Kreises um

JOHANN HEINRICH VOSS in Heidelberg), sondern auch aus den eigenen Reihen. Auf dokumentarische Treue legt sogar der engste Verbündete der Heidelberger Freunde, JOSEPH GÖRRES, in seinen *Teutschen Volksbüchern* (1807) größeren Wert. Und trotz ihrer Unterstützung lehnen die *Brüder Grimm* die nachdichtende Methode ab, die Brentano und Arnim in *Des Knaben Wunderhorn* praktizieren. Die von ihnen herausgegebenen *Kinder- und Hausmärchen* (1812–15), die zu einer wirklichen Volksfibel geworden sind, haben freilich selbst viel von diesem synthetischen Verfahren. Romantische Dichtung und Philologie sind zu diesem Zeitpunkt noch nicht wie verschiedene Erdteile auseinandergedriftet. Der erstrebte »Volkston« der Poesie behauptet sich noch gegen den beginnenden Historismus.

Märchendichtung und Lyrik

Parallel zur Arbeit an *Des Knaben Wunderhorn* schreibt CLEMENS BRENTANO an einer groß angelegten Versdichtung: Die *Romanzen vom Rosenkranz* (zwischen 1802 und 1812) schildern eine Familiengeschichte aus dem 13. Jahrhundert in Bologna, deren Anfänge in mythische Ursprünge – bis zur Flucht Josephs und Marias nach Ägypten – zurückreichen. Erzählt wird die Geschichte eines fluchbeladenen, unbewußt in Inzestbeziehungen sich fortpflanzenden Geschlechts, das durch die aufblühenden Rosen eines verdorrten Rosenstocks, durch die »Erfindung des Rosenkranzes«, entsühnt wird. Zur kurzweiligen Lektüre wenig geeignet, ist dieses nicht zu Ende geführte Werk doch interessant als romantischer Gegenentwurf zu WIELAND und GOETHES »weltlichen« Versepen. ACHIM VOM ARNIMS Novelle *Isabella von Ägypten* (1812) behandelt einen ähnlichen Stoff wie die *Romanzen*, in geglückterer epischer Form. So wenig wie der Bildungs- und Erziehungsroman liegt Brentano auch die großformatige Verserzählung. Zu einer der herausragenden Gestalten der Romantik wird er durch seine Märchen, Lieder und Gedichte.

Titelkupfer 1838

Die Märchendichtungen Brentanos gliedern sich in zwei große Komplexe: Die Arbeit an den *Italienischen Märchen* beginnt um 1805 und zieht sich über Jahrzehnte hin; sie werden so genannt, weil ihre Hauptquelle der berühmte *Cunte de li Cunti (Heptamerone)* des neapolitanischen Märchensammlers GIAMBATTISTA BASILE (1575–1632) ist. Der zweite Zyklus, die *Rheinmärchen*, entsteht ab 1810, gleichzeitig mit den *Kinder- und Hausmärchen* der BRÜDER GRIMM (1812–15). Die Schwierigkeit der Datierung einzelner Werke ergibt sich aus dem bigott-verächtlichen Verhältnis, das Brentano seinem literarischen Werk gegenüber später an den Tag gelegt hat. Als 1826/27 in einer Zeitschrift zwei seiner Märchen unautorisiert erscheinen, äußert er sich voller Zorn, mit einem »wunderlich ergreifenden Ekel« über die eigenen Produkte. Aber noch im Alter arbeitet er an Neufassungen; die bedeutendste ist das 1837 veröffentlichte Märchen *Gockel, Hinkel und Gakeleia.*

Was den eigentümlichen Zauber der Märchen Brentanos ausmacht, ist im Vergleich mit den Grimmschen *Kinder- und Hausmärchen* zu spüren. Beide sind nicht nur Konkurrenzunternehmen, sondern auch freundschaftlicher Ansporn und Quelle wechselseitiger Inspiration. Vielfach borgt Brentano Motive bei den

Brüdern Grimm aus, und diese, so stolz sie darauf sind, ihre Stoffe unmittelbar »dem Volk« abgelauscht zu haben, nehmen auch Kunstmärchen in ihre Sammlung auf, etwa die plattdeutsche Geschichte *Von dem Fischer un syner Fru* des Malers PHILIPP OTTO RUNGE (1777–1810), die auch Brentano besonders schätzt. Der Unterschied liegt in der ganz anderen Behandlung des erzählten Stoffes, ob er nun auf genuine mündliche Überlieferung zurückgeht oder nicht. Dem sicheren Anfang und Ende aller Grimmschen Märchen, der Schlichtheit ihrer Fabeln, der Schwarzweiß-Zeichnung ihrer Figuren stehen bei Brentano komplizierte Kompositionsstrukturen und kaleidoskopartig sich spiegelnde Bilder gegenüber. In dem zum *Rheinmärchen*-Zyklus gehörenden *Märchen von dem Hause Starenberg* zum Beispiel wird mehrfach das Motiv der Naturfee Melusine abgewandelt, die sich mit einem Menschen verbindet. Ein Märchen verweist auf das andere oder geht aus ihm hervor, so wie die Rahmenerzählung der *Starenberg*-Folge auch wieder mit der Rahmenhandlung des *Müller Radlauf* verflochten ist. Der Abschluß der einzelnen Geschichten ist nur eine Unterbrechung, kein Ende im Strom poetischer Metamorphosen, für die das mythische Bild des »Vater Rhein« glücklich gewählt ist. Bemerkt man in den von Jakob und Wilhelm Grimm aufgezeichneten Märchen oft die Lebensangst und soziale Not ihrer ursprünglichen Erzählerinnen und Erzähler, so entdämonisiert Brentano – vor allem durch burleske und satirische Einlagen – den Schicksalzwang der Gestalten, die das Panoptikum der Brüder Grimm, festgelegt auf Gut oder Böse, bevölkern. Der finstere Wald, in dem Hänsel und Gretel sich verirren, ist bei Brentano ein schützender Wald, und Tiere und Menschen sprechen miteinander auf andere, vertrautere Weise.

Karl Gustav Carus, »Bacharach am Rhein«

Eine Fülle lyrischer Gedichte, darunter die besten, die er hinterlassen hat, findet sich eingestreut in den Prosaschriften Clemens Brentanos. Nicht erst mit den *Rheinmärchen*, sondern bereits im *Godwi*-Roman beginnt das, was im 19. Jahrhundert zur »Rhein-Romantik« ausufert und durch HEINRICH HEINE höchste Popularität gewinnt:

Lorelay

Zu Bacherach am Rheine
Wohnt eine Zauberin,
Die war so schön und feine
Und riß viel Herzen hin,

Und brachte viel zu schanden
Der Männer rings umher,
Aus ihren Liebesbanden
War keine Rettung mehr.

Der Bischof ließ sie laden
Vor geistliche Gewalt,
Und mußte sie begnaden
So schön war ihr' Gestalt.

Erzählt wie eine alte Legende, unterschiedet sich diese »Ur-Loreley« aus dem *Godwi* charakteristisch von dem Balladenton BÜRGERS, GOETHES und erst recht SCHILLERS. In dem Gedicht *Frühes Liedchen*, das zur Zeit der gemeinsam mit Arnim unternommenen Schiffsreise auf dem Rhein (1802) entstanden ist, wird mit gleicher Leichtigkeit und Sicherheit fast aus einem Nichts an sinnlichen Eindrücken ein poetisches Bild entworfen, das Natur- und Lebensstimmung in eins zusammenfaßt:

Lieb' und Leid im leichten Leben
Sich erheben, abwärts schweben,
Aus dem Spiegel schauen Bilder,
Blicken milder, blicken wilder.

In dem Strome Well' und Welle
Sich geselle, trüb und helle,
Schauet nieder arme Triebe
Hell und trübe ist die Liebe.

Brentano mit Seelenflügelchen. Satirischer Scherenschnitt

Besonders in den *Italienischen Märchen* treibt Brentano das Spiel mit reinen Klangfarben und erratischen Wortblöcken auf die Spitze. Darin nur die Imitation infantiler Lautbildungen um des Märcheneffekts willen zu sehen verbietet sich angesichts der zunehmenden Häufigkeit der Beispiele, die wie dadaistische Gedichte klingen oder aus den Wortlaboratorien der konkreten Poesie stammen könnten. So im *Märchen von dem Witzenspitzel:*

Dickedull und Labelang!
Honigbart und Hahnebang!
Lämmerfraß und Hasenschreck!
Witzenspitzel reitet Flügelbein weg!

Oder in der Spätfassung des satirischen Märchens *Fanferlieschen Schönefüßchen* (um 1837), in dem die gute alte Hexe Fanferlieschen anläßlich eines Trauerfestes den Inhalt ihrer Zauberschürze mustert:

Faltblatt mit phantastischen Figuren von Clemens Brentano (1811)

Schürzchen *Femoralia!*
Heut sind *Funeralia,*
Wo ich Trauer haben muß
Zu den *Funeralibus.*
Große Tier kann ich nicht schütteln,
Die versieh mit schwarzen Kitteln,
Schwarzen Trauerschaberacken,
Unten hübsch mit weißen Zacken,
Von den Pferd-Ochs-Eselsschweifen
Müssen Flöre niederschleifen,
Auf die Hörner zwei Zitronen
Und dann mit Zypressenkronen
Auf die Stirn ein Totenkopf

Und ein Kreppflor um den Kropf.
Ebenso an jedem Ohr
Glitzergold und Trauerflor.

Daß den späteren Brentano nicht nur die alte Liebe zur Arabeske antreibt, beweist das Gedicht, mit dem er sein letztes großes Märchen *Hinkel, Gockel und Gakeleia* abschließt und Abschied nimmt von der Poesie:

Was reif in diesen Zeilen steht,
Was lächelnd winkt und sinnend fleht,
Das soll kein Kind betrüben,
Die Einfalt hat es ausgesät,
Die Schwermut hat hindurchgeweht,
Die Sehnsucht hats getrieben.
Und ist das Feld einst abgemäht,
Die Armut durch die Stoppeln geht,
Sucht Ähren, die geblieben,
Sucht Lieb, die für sie untergeht,
Sucht Lieb, die mit ihr aufersteht,
Sucht Lieb, die sie kann lieben.
Und hat sie einsam und verschmäht
Die Nacht durch dankend in Gebet
Die Körner ausgerieben,
Liest sie, als früh der Hahn gekräht,
Was Lieb erhielt, was Leid verweht,
Ans Feldkreuz angeschrieben:
O Stern und Blume, Geist und Kleid,
Lieb, Leid und Zeit und Ewigkeit!

Romane

Das chaotische Jahrzehnt nach dem Zusammenbruch Preußens 1806 ist keine günstige Zeit für Romane. Sogar die sonst viel gelesenen Werke JEAN PAULS verkaufen sich schlecht, und mit Ausnahme von GOETHES *Wahlverwandtschaften* (1809) wird auch nichts aufsehenerregend Neues produziert. In der Prosadichtung steht, vor allem durch KLEIST, die Novelle höher im Kurs; die Romantiker bevorzugen, wenn sie nicht Märchen schreiben, die unaufwendige Form der Erzählung, die sich in Zeitschriften und Journalen leichter unterbringen läßt.
ACHIM VON ARNIM ist es, der die seit der Frühromantik abgerissene Romantradition wiederaufnimmt. Seine Fähigkeiten sind ohnehin im Erzählerischen stärker als im lyrischen Metier. 1810 erscheint sein zweibändiger Roman *Armut, Reichtum, Schuld und Buße der Gräfin Dolores.* Deutlich ist darin die Auseinandersetzung mit den kurz zuvor erschienenen *Wahlverwandtschaften* zu erkennen: wie bei Goethe eine Konstellation zweier Paare, die sich über Kreuz zueinander hingezogen fühlen und in unterschiedlicher Weise der Verführung erliegen; das im Ehebruch gezeugte Kind der Gräfin Dolores trägt zwar den

Namen des Geliebten, aber die Gesichtszüge ihres Gatten. Als romantischen Gegenentwurf macht Arnim das Werk durch die äußere Gestalt kenntlich: Der strengen, geschlossenen Form des Goetheschen Romans steht die »Verwilderung«, die »Willkür«, sich verselbständigender epischer, lyrischer und dramatischer Elemente gegenüber. Inhaltlich verhält es sich umgekehrt: Während in den *Wahlverwandtschaften*, da Goethe sich jeder moralischen Wertung enthält, eine ungewisse Zweideutigkeit bis zum Ende vorherrscht, wird in der *Gräfin Dolores* die Institution der Ehe rehabilitiert: Die leichtfertige Titelheldin läutert sich durch Wallfahrt und Besinnung auf ihre Mutterrolle, kurz: durch die schon im Titel versprochene Buße.

Neu an Arnims Roman ist der Versuch, aus romantischer Sicht auf aktuelle Zeitfragen zu antworten. Das betrifft moralische Fragen der Ehe, der libertinären Beziehungen besonders innerhalb des Adels, aber auch politische und soziale Probleme. Der Forderung, »daß adlig all auf Erden, muß der Adel Bürger werden«, kommt Graf Karl, der Gatte der Gräfin Dolores, am nächsten. So wie seine zum rechten Leben bekehrte Frau im privaten, wirkt der Graf als Sozialreformer im öffentlichen Leben. Seine Projekte tragen den Stempel der demokratischen Erneuerungsideen aus dem Umkreis des Freiherrn von Stein, denen Arnim sich angeschlossen hat. Im Roman wird die Realisierung dieses gesellschaftlichen Engagements allerdings ins ferne Sizilien verlegt, und erst ganz am Ende heißt es vom Grafen Karl:

> Er fühlte sich gestärkt, bei dem Rufe seines bedrängten Vaterlandes, sich vom Grabe seiner Dolores loszureißen, den Deutschen mit Rat und Tat, in Treue und Wahrheit bis an sein Lebensende zu dienen; ihm folgten seine Söhne mit jugendlicher Kraft.

Kühner ist die Konstruktion des Romans *Die Kronenwächter*, den Arnim um 1810 beginnt und dessen ersten Teil er 1817 veröffentlicht; der geplante zweite Teil kommt nicht mehr zustande. Im Vergleich zur *Gräfin Dolores* erscheint dieses Werk zunächst wie ein Rückschritt, weil es die Dimension des Gegenwartsromans verläßt und ins romantisch erträumte Mittelalter zurückkehrt. In Wirklichkeit wird dieser beliebteste Topos der Romantik zum ersten Mal grundlegend in Zweifel gezogen und geradezu karikiert. Die zur Zeit der deutschen Bauernkriege, um 1500, spielende Geschichte hat Arnim, obwohl er zahlreiche historische Quellen zu Rate zog, weitgehend selbst erfunden: Eine obskure, machthungrige Geheimgesellschaft (die »Kronenwächter«) versucht, die Herrschaft der Hohenstauferkaiser zu restaurieren, und bedient sich dazu des Romanhelden Berthold, der angeblich ein Abkömmling der Stauferdynastie ist. Der läßt sich für diese Zwecke auch willig einspannen, erweist sich aber als untaugliches Instrument. Er entdeckt die geheimnisvollen Ruinen des Palastes von Kaiser Barbarossa – und errichtet in ihnen eine Tuchfabrik. Zwar bringt er es zum Bürgermeister von Waiblingen, aber in seiner romantischen Versponnenheit und bürgerlichen Mentalität ist er nicht einmal fähig, dieses Staatsschiff en miniature zu lenken. Sein Traum von alter Ritterherrlichkeit bricht kläglich in einer Korruptionsaffäre zusammen. In der Gegenüberstellung zweier Schauplätze wird diese Groteske durch ein grandioses Bild verstärkt: Das gläserne Schloß Kronenburg, in dem die alte Kaiserkrone aufbewahrt wird, ein Gralshort der ro-

mantischen blauen Blume, bleibt in unerreichbarer Ferne. Der von diesem Traumbild trunkene Berthold tritt ein anderes Erbe an: die auf Sumpfgelände gebaute Burg Hohenstock, in der ein seniler Graf, der wirkliche letzte Hohenstaufensprößling, in unappetitlichen Verhältnissen haust. Zu den skurrilen Ereignissen des Romans gehört eine Bluttransfusion, die Doktor Faustus an dem armseligen Romanhelden Berthold vornimmt, um ihn und seine Illusion einer schöneren Vergangenheit am Leben zu erhalten.
Der Romantiker Arnim demontiert die Romantik, indem er ihre gläubige Verehrung der guten alten Zeit als Donquichotterie darstellt und ein warnendes Bild restaurativer Tendenzen zeichnet. Die Zeitgenossen haben *Die Kronenwächter* kaum zur Kenntnis genommen; erst in jüngster Zeit setzt sich die Einsicht durch, daß dieser Roman etwas anderes und mehr ist als ein historisch-patriotisches Gemälde im Stil Sir WALTER SCOTTS, dessen Werke zur gleichen Zeit in Deutschland begierig verschlungen wurden.

Das romantische Drama

Die literarische Gattung, in der die Romantiker sich am wenigsten den Zeitgenossen und der Nachwelt empfohlen haben, ist das Drama. Die Mehrzahl ihrer dramatischen Dichtungen ist so unbekannt geblieben wie die Tatsache, daß sie überhaupt auf diesem Gebiet ausgiebig tätig waren; bis heute werden außer den Stücken HEINRICH VON KLEISTS allenfalls die frühen Komödien LUDWIG TIECKS zum literarischen Kanon gerechnet. Der Hauptgrund liegt in der Entfremdung, die um 1810 zwischen dem etablierten bürgerlichen Theater und der literarischen Avantgarde eingetreten ist; die von SHAKESPEARE, CALDERÓN und GOZZI begeisterten Romantiker stehen auf verlorenem Posten gegen die Lieferanten theatralischer Massenware, gegen die Familienrührstücke aus der flinken Feder AUGUST WILHELM IFFLANDS (1759–1814) und AUGUST VON KOTZEBUES (1761–1819). In den letzten vier Jahren der Theaterdirektion Ifflands in Berlin, 1809 bis 1813, werden von GOETHE zwei Werke, von SCHILLER eines, von Kotzebue 34 Stücke gespielt. Immerhin hatte Goethe aber, anders als die Romantiker, in Weimar eine eigene Bühne zur Verfügung.
Das konventionelle bürgerliche Theater, auf das die Romantiker mit Verachtung herabblicken, hat TIECK in seinen Komödien als Institution des Philistertums persifliert. CLEMENS BRENTANO imitiert diesen Stil in seinem ersten Schauspiel (*Gustav Wasa*, 1800), das gegen Iffland und Kotzebue zu Felde zieht, aber auch satirische Seitenhiebe gegen die Frühromantiker austeilt. Zu diesem Zeitpunkt ist freilich die Abkehr vom bestehenden Theater noch nicht so besiegelt, wie es den Anschein hat. TIECK bemüht sich, sein *Genoveva*-Trauerspiel und die Komödie *Kaiser Octavianus* (1804) auf dem Berliner Theater unterzubringen, scheitert aber damit. Die neben KLEISTS *Zerbrochenem Krug* schönste und leichtfüßigste Komödie der Romantik, BRENTANOS *Ponce de Leon* (1801 geschrieben, 1813 unter dem Titel *Valeria oder Vaterlist* für die Bühne bearbeitet), fällt trotz rigoroser Änderungen bei der Wiener Uraufführung 1814 durch. Erst nach diesen Enttäuschungen nehmen die Romantiker Abschied von dem Gedanken, daß ihre Stücke Gebrauchswert für das zeitgenössische Theater haben könnten

oder müßten. LUDWIG TIECK hat den Übergang zum Lesedrama am klarsten und geradezu programmatisch formuliert:

So ist wohl ohne Zweifel eine Art der Poesie erlaubt, welche auch das beste Theater nicht brauchen kann, sondern in der Phantasie eine Bühne für die Phantasie erbaut, und Kompositionen versucht, die vielleicht zugleich episch, lyrisch und dramatisch sind, die einen Umfang gewinnen, der gewissermaßen dem Roman untersagt ist, und sich Kühnheiten aneignen, die keinem anderen dramatischen Gedichte ziemen. Diese Bühne der Phantasie eröffnet der romantischen Dichtkunst ein großes Feld und auf ihr dürfte manche alte anmutige Tradition sich wohl zu zeigen wagen.

»Die Gründung Prags«, Titelkupfer, 1515

Wie die Probe aufs Exempel erscheint ACHIM VON ARNIMS zweiteiliges Schauspiel *Halle und Jerusalem* (1811). Die Handlung des ersten Teils, der das Studentenleben in Halle darstellt, ist von GRYPHIUS (*Cardenio und Celinde,* 1657), die Sprache bei SHAKESPEARE ausgeborgt. Ein ganzes Arsenal untergegangener, im bürgerlichen Zeitalter unterdrückter Formen der Theatralik wird aufgeboten: Maskeraden, Fest- und Trauerumzüge, Fastnachtsschwänke, Ringelstechen – in TIECKS Worten: »manche alte, anmutige Tradition«. Der zweite Teil zeigt die Hauptpersonen des Stückes auf einer langen Pilgerbußfahrt ins Heilige Land, wo sie nach vielen bizarren Abenteuern und Anfechtungen Erlösung von ihren Jugendsünden finden. Ist der Anfang dieses dramatischen Gedichts noch relativ bühnennah, ordentlich in Akte und Auftritte gegliedert, so verliert sich die Handlungsführung gegen Ende in immer ausladenderen epischen Bildern und Episoden. Bezeichnend ist eine szenische Bemerkung im zweiten Teil des »Dramas«:

Der Reisende wendet sich beschämt fort und zieht in alle Welt und spricht vom Christentum in tausend Worten, aber seine Worte haben keine Kraft des ewigen Lebens, weil seine Liebe ohne That ist, von ihm kommen alle neuen poetischen Christen, ich rede von denen, die es nur in ihren Liedern sind.

Ein »historisch-romantisches Drama« nennt CLEMENS BRENTANO seinen Hauptbeitrag zur Phantasiebühne der Romantiker: *Die Gründung Prags* (geschrieben 1812–14, veröffentlicht 1815). Dargestellt wird die Geschichte der sagenumwobenen Seherin Libussa, Tochter des Fürsten Krok und der Elfe Niva, die sich mit Primislaus, einem einfachen Mann aus dem böhmischen Volk, vermählt und die Stadt Prag gründet. Die Anregung für die Bearbeitung dieses in der Tat romantischen Stoffs erhielt Brentano während seines zweijährigen Aufenthalts in Böhmen (1812–14), den der erfahrene Sammler von Volksliedern und Volksmärchen nicht ungenutzt ließ. Daß Ungewöhnliche des Werks zeigt sich schon darin, daß es – geschrieben zur Zeit der Befreiungskriege – nicht einen germanischen, sondern einen slawischen Ursprungsmythos behandelt. Nicht weniger auffallend ist die geschlossene, monumentale Form, der Verzicht auf die Montage verfremdender Stilmittel, derer die romantische Ironie sich sonst zu bedienen pflegt. Nur mit höflichem Beifall ist *Die Gründung Prags* sogar bei den Romantikerfreunden aufgenommen worden. ACHIM VON ARNIM äußerte in einem Brief an Wilhelm Grimm:

Mir ist unbegreiflich, wie bei so viel Schönheit, Ausarbeitung und Vollendung im Einzelnen ein herrlicher tragischer Stoff als Ganzes so verdorben werden kann. Welch eine Tragödie liegt in der alten Libussa, die nicht heiraten will, aber vom Geist des Volks überschauert sich selbst einen Mann an gewissen Kennzeichnen erschaut, wie ihn die Abgeordneten finden werden am Eisernen Tisch; die sich selbst nicht versteht und über ihr Leben doch entscheiden muß.

Als wäre es Arnim oder irgendeinem anderen Romantiker je um psychologische Wahrscheinlichkeit oder um die Tragödie im aristotelischen Sinne gegangen! Das Unbehagen artikuliert sich am falschen Platze. Brentano will gar nicht das persönliche Schicksal Libussas darstellen; er verzichtet aber auch darauf, Geschichte nur als farbigen Hintergrund zu bemühen oder historische Requisiten auf die »imaginäre« Bühne zu stellen. Ihn interessiert der Übergang einer mythischen, von Naturgeistern beherrschten Vorzeit in die geschichtliche Zeit, in der das Schicksal dem Handeln der Menschen überantwortet wird; zahlreich, aber nicht vorherrschend sind die Anspielungen auf die christlich-heilsgeschichtliche Lösung der irdischen Konflikte. Geärgert hat die Zeitgenossen, selbst wenn man nur die mit der Romantik sympathisierenden heranzieht: der »undeutsche« Patriotismus, der alle möglichen Wlastas, Stratkas oder Scharkas auftreten läßt, aber keinen Arminius, die Vermischung heidnischer mit christlicher Mythologie, in der sich noch einmal der alte Pantheismus der Frühromantik aufbäumt, und nicht zuletzt die Gleichsetzung des Goldenen Zeitalters mit einer matriarchalen Urgesellschaft, die in geschichtlicher Zeit ihre Freiheiten an eine bürgerlich-patriarchalische Ordnung abzutreten gezwungen wird. So emanzipiert sich die Romantiker geben und so gesellig ihr Verkehr in den von Frauen dominierten Salons ist, so unangenehm anarchisch klingt ihnen doch der weibliche Schlachtruf in Brentanos Libussa-Drama in den Ohren: »Huihussa, huihussa! Die Mägdlein der Libussa«!

Carl Lieber, Wolfsschlucht. Weimarer »Freischütz«-Aufführung von 1822

Daß Brentano *Die Gründung Prags* ursprünglich als Dichtung für eine Oper geplant hatte, ist aufschlußreich. Denn bei aller Unversöhnlichkeit zwischen dem zeitgenössischen Bühnenbetrieb und den literarischen Dramen der Romantiker entwickelt sich doch ein spezifisch romantisches Theater. Was auf dem Gebiet der Dichtung nicht gelang, realisierte sich im Musikdrama. Eines der frühen Stücke BRENTANOS, das Singspiel *Die lustigen Musikanten* (1802), wurde, von E. T. A. HOFFMANN vertont, zu einem erfolgreichen Bühnenstück (1805). Ein begeistertes Echo fand auch Hoffmanns Oper *Undine* (1816), für die der romantische Dichter FRIEDRICH DE LA MOTTE-FOUQUÉ (1777–1843) das Libretto geschrieben hatte. Einen wahren Triumph, auch international, erlebte *Der Freischütz* von CARL MARIA VON WEBER (1786–1826), dessen Berliner Uraufführung (1821) als Sieg der Romantik über den Klassizismus gefeiert wurde.

Im Sprechtheater gibt es nur zwei Parallelen zu diesem Siegeszug romantischer Bühnenkunst: Schon vor den ersten Anzeichen der Frühromantik bietet das in den Wiener Vororten beheimatete Volkstheater ein reiches Spektrum von Zauberpossen, Feerien, Klassikerparodien und exotischen Märchenphantasien, die wie die verwirklichte Phantasiebühne der Romantiker anmuten. Eine andere Linie des – erfolgreichen – Schauspieltheaters romantischer Prägung repräsentiert das sogenannte Schicksalsdrama. Seine renommiertesten Autoren sind ZACHARIAS WERNER (1768–1823), ADOLF MÜLLNER (1774–1829) und ERNST RAUPACH (1784–1852). Über sie ist genug gesagt, wenn man ihre unzählige Male gespielten Bühnenwerke als das trivialromantische Gegenstück zu KOTZEBUES Serienproduktion bezeichnet: tragische Familienstücke mit dämonisch-inzestuösem und fluchbeladenen Hintergrund anstelle der aufklärerisch räsonnierenden Familienstücke, die alle mit einem moralischen Happy-End abschlossen. Immerhin hat GOETHE eines der Kardinalstücke dieses Genres, ZACHARIAS WERNERS *Der 24. Februar*, 1810 in Weimar aufgeführt, vielleicht mit dem Hintergedanken, die lästig gewordenen Romantiker mit diesem Beweis guten Willens abzuspeisen. Anderthalb Jahre zuvor fand beim Fürstenkongreß zu Erfurt sein berühmtes Gespräch mit Napoleon statt, von dem er berichtet:

> Der Kaiser schien damit zufrieden, kehrte zum Drama zurück und machte sehr bedeutende Bemerkungen, wie einer der die tragische Bühne mit der größten Aufmerksamkeit wie ein Kriminalrichter betrachtet, und dabei das Abweichen des französischen Theaters von Natur und Wahrheit sehr tief empfunden hatte. So kam er auch auf die Schicksalstükke, die er mißbilligte. Sie hätten einer dunkleren Zeit angehört: »Was«, sagte er, »will man jetzt mit dem Schicksal, die Politik ist das Schicksal.«

DIE »POESIE« DER BEFREIUNGSKRIEGE

Ich hört viel Dichter klagen
Von alter Ehre rein,
doch wen'ge mochten's wagen
Und selber schlagen drein.

(Joseph von Eichendorff: *Appell*, 1813)

Der Strudel der politischen Ereignisse holt auch die in poetischen Vergangenheitsträumen lebenden Romantiker ein. Noch während sie sich die mittelalterliche Reichsherrlichkeit und die Einheit der Christenheit in der Phantasie ausmalen, stirbt altersschwach und sang- und klanglos das Heilige Römische Reich Deutscher Nation. Die militärische Zerschlagung Preußens durch die Armeen Napoleons (1806/07) weist Österreich die Führungsrolle im Kampf gegen den französischen Hegemonismus zu: 1809 erklärt es Frankreich den Krieg. Doch die ersten empfindlichen Schläge werden dem unbesiegbar scheinenden Bonaparte nicht durch die alten dynastischen Mächte, sondern durch den Volksaufstand in Spanien (1808) beigebracht. Auch in Deutschland regt sich der Geist der Insurrektion, und obwohl 1809 die antinapoleonischen Rebellionen in Tirol und in Norddeutschland rasch wieder zusammenbrechen, macht die Parole der Volkserhebung weiter die Runde. Nicht nur den Fürsten des Rheinbundes, die Napoleon mit Zuckerbrot und Peitsche auf seine Seite gebracht hatte, auch dem preußischen König ist der Patriotismus unheimlich, der sich im politisch bisher so apathischen Bürgertum ausbreitet. Erst das militärische Debakel Napoleons in Rußland und die Angst, die Kontrolle über die eigene Armee gänzlich zu verlieren, zwingen Friedrich Wilhelm III. dazu, in das Lager des entschiedenen antinapoleonischen Widerstands umzuschwenken und Zugeständnisse an das patriotische Bürgertum zu machen. Im Februar 1813 legalisiert er die Freikorps und beruft die preußische Landwehr und den Landsturm ein.

Für die Schriftsteller eröffnen sich in der aufgeregten Zeit vor und während der Befreiungskriege ungewohnte Perspektiven. Der sanfte JOSEPH VON EICHENDORFF fordert die Dichter auf, nicht nur zu klagen, sondern dreinzuschlagen. Den Philosophen FICHTE sieht man auf einer zeitgenössischen Karikatur bis an die Zähne bewaffnet als Landsturmmann. In einer Denkschrift, die General von Gneisenau mit Vorschlägen zur Volksbewaffnung dem preußischen König 1811 unterbreitet, steht der seltsame Satz: »Auf Poesie ist die Sicherheit der Throne gegründet.« Diese Feststellung entspricht dem Denken der Romantik. Kaum einer ihrer Anhänger wäre so weit gegangen, sich vom Freiheitskampf gegen Napoleon eine bürgerliche Republik zu erhoffen; es ging ja gegen die Franzosen, die ihrem König den Kopf abgeschlagen hatten. Eine konstitutionelle Monarchie, mit gesicherten bürgerlichen Freiheiten, und die Herstellung eines einheitlichen deutschen Nationalstaats, das allerdings erwarteten diejenigen, die voller Enthusiasmus in den Krieg gegen Napoleon zogen. Aber was war die Nation? Für die Romantiker existierte sie in der ererbten Kultur, Sprache und Volkspoesie. In einem seiner *Geharnischten Sonette* (1814) schreibt nun FRIEDRICH RÜCKERT:

J. G. Fichte als Landsturmmann

Ihr Deutschen, von dem Flutenbett des Rheines
Bis wo die Elbe sich ins Nordmeer gießet,
Die ihr vordem ein Volk, ein großes, hießet,
Was habt ihr denn, um noch zu heißen, eines?

Was habt ihr denn noch Großes, Allgemeines?
Welch Band, das euch als Volk zusammenschließet?
Seit ihr den Kaiserzepter brechen ließet
Und euer Reich zerspalten, habt ihr keines.

Nur noch ein einzig Band ist euch geblieben,
Das ist die Sprache, die ihr sonst verachtet;
Jetzt müßt ihr sie als euer Einziges lieben . . .

Noch aus einem anderen Grund fühlen sich die Romantiker, wenigstens für einen kurzen Augenblick, im Zentrum erwachenden Nationalbewußtseins, am Pulsschlag der Zeit. Daß Kunst und Religion und Leben sich fremd geworden seien, war der Ausgangspunkt aller ihrer synkretistischen Entwürfe und Gesamtkunstwerks-Utopien gewesen. Jetzt schien die Stunde gekommen, jene Entfremdung abzuschütteln und an einer großen, das ganze Volk verbindenden Aufgabe mitzuwirken. Wovon Autoren sonst träumten, nämlich gedruckt zu werden, verblaßte gegenüber der Tatsache, daß einige ihrer Kriegs- und Soldatenlieder wirklich gesungen wurden. ERNST MORITZ ARNDT (1769–1860), MAX VON SCHENKENDORF (1783–1817) und THEODOR KÖRNER (1791–1813) schrieben ihre Agitationsverse zu diesem Zweck und waren erfolgreich damit.

Was zieht dort rasch durch den finstern
Wald
Und streift von Bergen zu Bergen?
Es legt sich in nächtlichen Hinterhalt;
Das Hurra jauchzt und die Büchse
knallt,
Es fallen die fränkischen Schergen:
Und wenn ihr die schwarzen Jäger fragt:
Das ist Lützows wilde verwegene Jagd.

THEODOR KÖRNERS Gedicht *Lützows wilde Jagd* (1813) ist eines der populär gewordenen Beispiele für die Romantisierung des Kriegs. Militärisch richtete das Lützowsche Freikorps wenig aus; die kampfbegierige Truppe hatte zu ihrem Ärger meist nichts zu tun und biwakierte unter deutschen Eichen und an Lagerfeuern, an denen solche Lieder zur Ermunterung angestimmt wurden. Bei eine unsinnigen Attacke, die mehr der Bekämpfung der eigenen Langeweile als der Feind galt, wurde Körner tödlich verwundet. Sein letztes Gedicht verherrlicht das Schwert als »Eisenbraut«, den Heldentod als Liebestod.

G. F. Kersting, »Auf Vorposten 1813«

Maßstäbe der literarischen Qualität anzulegen erscheint unangemessen ange sichts dieser Bereitschaft, für eine anfangs gerechte Sache zu kämpfen. Wo si nicht ihren Einsatz mit dem Leben bezahlten, wurden die bürgerlichen Patric ten nach dem Wiener Kongreß (1814/15) in ein demütigendes Abseits gestel oder scharf gemaßregelt. Die vor Vaterlandsliebe glühenden Dichter ware nicht mehr gefragt. Dabei ist nicht zu übersehen, daß es in der »poésie engagé der Befreiungskriege auch starke nationalistische und chauvinistische Töne gib die das Bild des patriotisch-demokratischen Engagements verdunkeln. Erns Moritz Arndt etwa beginnt sein *Vaterlandslied* (1812) mit starken Worte über die Gleichheit der Menschen und für die Volksbewaffnung:

Der Gott, der Eisen wachsen ließ,
Der wollte keine Knechte,
Drum gab er Säbel, Schwert und Spieß
Dem Mann in seine Rechte.

In einer anderen Strophe heißt es aber auch:

Wir wollen heute Mann für Mann
Mit Blut das Eisen röten,
Mit Henkersblut, Franzosenblut –
O süßer Tag der Rache!
Das klinget allen Deutschen gut,
Das ist die große Sache.

Ein unangenehmer hetzerischer, angeberischer Ton geht durch die Lieder de Befreiungskriege. Die bramarbasierende Deutschtümelei, die mit zwei Dutzen stereotyper Freiheits- und Vaterlandsvokabeln auskam (»Deutschheit, Volks tum und Ureichelfraßtum«, wie Heine spottete), pflanzte sich, als die Poete der Befreiungskriege verstummt waren, in den studentischen Burschenschafte fort. Auf dem Wartburgfest 1817 wurde bei einer Bücherverbrennung auch Na poleons »Code civil« symbolisch den Flammen übergeben. Das freundliche Bil des Rheins, wie Brentano es entworfen hatte, verwandelte sich in eine Meta pher der kriegerischen Expansion gen Westen. Es war nicht das letzte Mal, da die vaterländische Euphorie den Besitzer wechselte. Wann immer gegen de französischen »Erbfeind« mobil gemacht wurde – 1870/71, 1913/14 un während des Nationalsozialismus – fand der »Liederschatz« der romantische Agitationslyriker wieder Verwendung.
Vor dem Trümmerhaufen ihrer bürgerlich-demokratischen Hoffnungen ste hend, haben nur wenige Literaten so offene und grimmige Worte gegen die re staurierte Feudalordnung nach 1815 gewagt wie zuvor gegen Napoleon. Eine freieren Blick und ein mutigeres Urteil hatten jene, die in den Chor der natio

nalen Euphorie und des Franzosenhasses nicht einstimmten. ADELBERT VON CHAMISSO (1781–1838), selbst gebürtiger Franzose und Wahldeutscher, ist in den Berliner Romantikerkreisen zu Hause, bevor ihn die Kriegssituation vor fast unlösbare Probleme der persönlichen Identität stellt. 1813 verläßt er, zwischen die Fronten der Sympathien und Antipathien geraten, die preußische Hauptstadt. Bei Freunden auf dem Lande schreibt er die Erzählung, die ihn als romantischen Dichter berühmt gemacht hat: *Peter Schlemihls wundersame Geschichte* (1814). Dann flüchtet er erneut: 1815 bis 1818 nimmt er als Mitglied einer russischen Polarexpedition an einer drei Jahre dauernden Weltreise teil, über die er als Naturwissenschaftler und Anthropologe einen ausführlichen Bericht vorlegen wird. Nach seiner Wiederankunft in Berlin, die ihn mit der reaktionär veränderten Situation in Deutschland konfrontiert, schreibt er ein Gedicht im Gedenken an die Völkerschlacht bei Leipzig; es erinnert in seiner Kühnheit und Nüchternheit mehr an HEINE als an die Romantiker:

Der Invalid im Irrenhaus

Leipzig, Leipzig! arger Boden,
Schmach für Unbill schafftest du.
Freiheit! hieß es, vorwärts, vorwärts!
Trankst mein rotes Blut, wozu?

Freiheit! rief ich, vorwärts, vorwärts!
Was ein Tor nicht alles glaubt!
Und von schwerem Säbelstreiche
Ward gespalten mir das Haupt.

Und ich lag, und abwärts wälzte
Unheilschwanger sich die Schlacht,
Über mich und über Leichen
Sank die kalte, finstre Nacht.

Aufgewacht zu grausen Schmerzen,
Brennt die Wunde mehr und mehr;
Und ich liege hier gebunden,
Grimm'ge Wächter um mich her.

Schrei ich wütend noch nach Freiheit,
Nach dem bluterkauften Glück,
Peitscht der Wächter mit der Peitsche
Mich in schnöde Ruh zurück.

JOSEPH VON EICHENDORFF

Joseph von Eichendorff (1809)

Seine Gedichte und die Erzählung *Aus dem Leben eines Taugenichts* haben JOSEPH VON EICHENDORFF so volkstümlich gemacht, daß sein Name fast zum Synonym für romantische Dichtung geworden ist. In seinem Leben, das ein Jahr vor der Französischen Revolution beginnt und fast ein Jahrzehnt nach der Märzrevolution 1848 endet, gibt es, bis auf die Teilnahme an den antinapoleonischen Kriegen, wenig Aufregendes. Der aus dem schlesischen Kleinadel stammende Eichendorff verbringt eine wohlbehütete, glückliche Kindheit auf dem Gut seiner Eltern, studiert in Halle und Heidelberg, wo er mit dem Kreis um ARNIM, BRENTANO und GÖRRES in Berührung kommt, und absolviert als Jurist eine standesgemäße Beamtenkarriere. Das Grundsolide dieser Existenz unterscheidet ihn von Brentano und Hoffmann und erinnert allenfalls an Achim von Arnim. Aus seiner Feder stammen trockene Gutachten zum Verfassungs- und Presserecht und historische Abhandlungen, die ihn in politischen und religiösen Fragen nicht als widerspruchsstarken, sondern langweiligen Konservativen kenntlich machen und den Reichtum seiner lyrischen Dichtung nicht einmal ahnen lassen. Aus der Biographie Rückschlüsse auf Eichendorffs Poesie zu ziehen ist deshalb ein verfehltes Unterfangen.

Lyrik

K. F. Hampe, »Mondscheinlandschaft« (1817)

Stärker noch als die Volkslieder aus *Des Knaben Wunderhorn* haben einige Eichendorff-Gedichte ein Echo gefunden, das sich mit dem der Grimmschen Märchen messen kann. Gedichte wie *Wem Gott will rechte Gunst erweisen, O Täler weit, o Höhen* oder *Wer hat dich, du schöner Wald, aufgebaut so hoch da droben* zirkulierten nicht nur in Kreisen gebildeter Leser, sondern wurden in allen Bevölkerungsschichten bis ins 20. Jahrhundert gesungen oder rezitiert, oft ohne Kenntnis, wer sie verfaßt hatte. Die Munterkeit und Lebensfreude, die viele dieser Gedichte ausstrahlen, zeigen indes nur die Oberfläche der Eichendorffschen Lyrik; ihr volksliedhaft einfacher Ton ist ein höchst artifizielles Produkt. Zwiespältige, zwischen Frohsinn und Wehmut wechselnde Stimmungen wiederzugeben oder zu erzeugen, darin besteht Eichendorffs eigentliche, meisterhafte beherrschte Kunst:

Schweigt der Mensch laute Lust:
Rauscht die Erde wie in Träumen
Wunderbar mit allen Bäumen,
Was dem Herzen kaum bewußt,
Alte Zeiten, linde Trauer,
Und es schweifen leise Schauer
Wetterleuchtend durch die Brust

(*Der Abend*)

Gelegentlich nur nimmt die Trauer über verschwundene Zeiten flüchtig balladenhafte Gestalt an, wie in dem Gedicht *Auf einer Burg:*

Eingeschlafen auf der Lauer
Oben ist der alte Ritter;
Drüben gehen Regenschauer,
Und der Wald rauscht durch das Gitter.

Eingewachsen Bart und Haare,
Und versteinert Brust und Krause,
Sitzt er viele hundert Jahre
Oben in der stillen Klause.

Draußen ist es still und friedlich,
Alle sind ins Tal gezogen,
Waldesvögel einsam singen
In den leeren Fensterbogen.

Eine Hochzeit fährt da unten
Auf dem Rhein im Sonnenscheine,
Musikanten singen munter,
Und die schöne Braut die weinet.

Es ist keine heile Welt, die in diesen stillen Liedern zum Vorschein kommt; in Rätsel gehüllt bleibt, um was da geweint und getrauert wird. Die Vergangenheit erscheint wie in einen Zauberschlaf versunken. Die Gegenwart, die der Dichter so oft in Bildern des jugendfrischen Frühlings besingt, ist nicht frei von Ängsten und beklemmendem Mißtrauen:

Dämmrung will die Flügel spreiten,
Schaurig rühren sich die Bäume,
Wolken ziehn wie schwere Träume –
Was will dieses Graun bedeuten?

Hast ein Reh du lieb vor andern,
Laß es nicht alleine grasen,
Jäger ziehn im Wald und blasen,
Stimmen hin und wieder wandern.

Hast du einen Freund hienieden,
Trau ihm nicht zu dieser Stunde,
Freundlich wohl mit Aug' und Munde,
Sinnt er Krieg im tück'schen Frieden.

Was heut' müde gehet unter,
Hebt sich morgen neugeboren,

Manches bleibt in Nacht verloren –
Hüte dich, bleib wach und munter!
(Zwielicht)

Der Appell an die Wachsamkeit ist für Eichendorff auch ein ästhetisches Gebot, nicht in romantischen Denk- und Sprachklischees steckenzubleiben. Vehement wehrt er sich gegen altdeutsche Kostümierungen und gegen die routinierten Rittergeschichten, wie sie FOUQUÉ am laufenden Band fabrizierte; genauso scharf verurteilt er die Neigung zur Groteske, die der Romantik von Anfang an innewohnte und in E. T. A. HOFFMANN zu ihrem Höhepunkt gelangt. Als Dichter bewegt Eichendorff sich auf einem Mittelweg zwischen diesen von ihm gehaßten Extremen. Formale Experimente liegen ihm nicht. Konventionell wie sein Erzählstil ist die äußere Konstruktion seiner Gedichte, meist vierzeilige Strophen in trochäischem Versmaß, das auch bei anderen Romantikern häufig vorkommt. Ihre poetische Originalität gewinnt Eichendorffs Lyrik durch die ungewöhnlich intensiven Klangfarben, durch eine in Sprache übersetzte Kunst, zu hören und zu sehen, mit Worten musikalische und malerische Qualitäten hervorzuzaubern. Eine mit der kahlen Überschrift *Sprüche* versehene Gedichtstrophe verrät das Geheimnis dieser Poetik:

Schläft ein Lied in allen Dingen,
Die da träumen fort und fort,
Und die Welt hebt an zu singen,
Triffst du nur das Zauberwort.

Prosawerke

Viele der schönsten Gedichte Eichendorffs sind, ohne daß sie deshalb an Eigenwert verlieren, in seine Romane und Novellen eingestreut. 1815 erscheint sein schon 1811 abgeschlossener erster Roman *Ahnung und Gegenwart*, 1834 folgt *Dichter und ihre Gesellen*. Beide Werke haben, was Personal, Handlungen und Situationen betrifft, große Ähnlichkeit und wirken hermetisch wie Variationen über das immer gleiche Thema: Wanderlustige Studenten, Musikanten, Zigeuner, wirkliche und vermeintliche Dichter, geheimnisvolle Frauen, Grafen und Gräfinnen begegnen sich in wechselnden Konstellationen, auf irgendwelchen Schlössern oder in Wäldern und verwilderten Gärten, bald in Deutschland, bald in Italien. Das einzige Bewegungsgesetz, das es auf der Welt zu geben scheint, ist ihre nie enden wollende Reise zu Fuß, zu Pferde oder zu Schiff. Ein Ankommen in der deutschen Wirklichkeit gibt es nicht: In *Ahnung und Gegenwart* geht der mit allen Sympathien ausgestattete Held, der Dichter und Graf Friedrich, am Ende ins Kloster, während sein faustischer Bruder Rudolf »nach Ägypten, dem Lande der alten Wunder«, aufbricht und die liebenswürdige Gegenfigur der beiden Brüder, der gleichfalls poetisierende Graf Leontin, nach Amerika auswandert. Bevor sie auseinandergehen, entwirft Friedrich ein düsteres Bild der Zukunft:

Ludwig Richter, »Überfahrt am Schreckenstein«

Mir scheint unsre Zeit dieser weiten, ungewissen Dämmerung zu gleichen! Licht und Schatten ringen noch ungeschieden in wunderbaren Massen gewaltig miteinander, dunkle Wolken ziehn verhängnisschwer dazwischen, ungewiß, ob sie Tod oder Segen führen, die Welt liegt unten in weiter, dumpf stiller Erwartung. Kometen und wunderbare Himmelszeichen zeigen sich wieder, Gespenster wandeln wieder durch unsre Nächte, fabelhafte Sirenen selber tauchen, wie vor nahen Gewittern, von neuem über den Meeresspiegel und singen, alles weist wie mit blutigem Finger warnend auf ein großes, unvermeidliches Unglück hin. Unsere Jugend erfreut kein sorglos leichtes Spiel, keine fröhliche Ruhe, wie unsere Väter, uns hat frühe der Ernst des Lebens gefaßt. Im Kampfe sind wir geboren, und im Kampfe werden wir, überwunden oder triumphierend, untergehn. Denn aus dem Zauberrauche unserer Bildung wird sich ein Kriegsgespenst gestalten, geharnischt, mit bleichem Totengesicht und blutigen Haaren; wessen Augen in der Einsamkeit geübt, der sieht schon jetzt in den wundersamen Verschlingungen des Dampfes die Lineamente dazu aufringen und sich leise formieren. Verloren ist, wen die Zeit unvorbereitet und unbewaffnet trifft.

Diese Schreckensvision mag im erlebten Kriegsgeschehen der Napoleonzeit ihre unmittelbare Ursache haben; Zukunftsahnung und banges Gegenwartsgefühl ist sie aber auch im Blick auf die alternde Romantik. Daß der »Zauberrauch unserer Bildung«, rascher als gedacht, verfliegen könnte, dagegen kämpft das dichterische Werk Eichendorffs unablässig an, voll Schopenhauerscher Weltskepsis und Melancholie. Die rauschenden Wälder, murmelnden Bäche, die fröhlichen Lieder der wandernden Gesellen, der lustvoll beschworene Klang der Waldhörner und des Vogelgesangs sind eine Gegenmusik, die durch heitere Unbeschwertheit die andrängenden Dissonanzen übertönen soll. Im *Taugenichts* (1826), der nicht umsonst so beliebt geworden ist, wird diese dunkle Seite ausgespart, um den Preis, daß alles, was diese Erzählung romantisch-geheimnisvoll macht, am Schluß eine enttäuschend »plausible« Auflösung findet. In der Novelle *Das Marmorbild* (1819), einer Schauervariation des alten Tannhäuser- und Venusbergmotivs, entläßt Eichendorff seinen Dichterhelden, nach der Entdämonisierung der lebendig gewordenen Venus-Statue, unversehrt in eine taghelle, christlich beruhigte Gegenwart. Wo dagegen, wie in der Novelle *Das Schloß Dürande* (1837), gesellschaftliche Konflikte dargestellt werden und sogar die Französische Revolution einbezogen wird, endet die Erzählung in tragischer Verstrickung, die dem Untertan alle Schuld auflädt und den adligen Herrn moralisch freispricht. Alle Beteiligten bezahlen mit dem Tod, die Zeitnähe fordert blutige Opfer.

E. T. A. HOFFMANN

Dem extrem jugendlichen Alter, in dem einige Schriftsteller der Romantik – WACKENRODER, NOVALIS, auch WILHELM HAUFF (1802–1827) und WILHELM WAIBLINGER (1804–1830) – gestorben sind, steht eine lange Lebens- und Schaf-

E. T. A. Hoffmann, gezeichnet von W. Hensel (um 1820)

E. T. A. Hoffmann, »Kreisler im Wahnsinn«

fenszeit anderer Dichter gegenüber, die bis in die zweite Hälfte des 19. Jahrhunderts hineinreicht. TIECK wird über achtzig Jahre alt, hört aber vorher auf zu schreiben. Zu einer Zeit, in der sogar das Junge Deutschland und die Schriftsteller des Vormärz schon antiquiert sind, dichten immer noch Autoren wie JUSTINUS KERNER (1786–1862) oder LUDWIG UHLAND (1787–1862) im Stil des Jahrhundertbeginns. HEINRICH HEINE hat die große, mit dem Sturm und Drang einsetzende und mit GOETHES Tod 1832 endende Literaturepoche in der Absicht, einen Schlußstrich darunter zu ziehen, als »die Kunstperiode« bezeichnet. Die romantische Strömung versiegt jedoch nicht so rasch; sie verläuft sich in vielen mehr oder weniger ausgewaschenen Flußbetten oder mündet, wie die schwäbische Romantikerschule, in vaterländischen stehenden Gewässern. Die bedeutendsten literarischen Leistungen, mit denen die Romantik sich verabschiedet, werden – von Eichendorff abgesehen – nicht auf dem Gebiet der Lyrik, sondern in der erzählenden Prosa vollbracht. Ihr herausragender Autor ist ERNST THEODOR AMADEUS HOFFMANN (1776–1822).
Wie aus fremden Welten kommend, unterscheiden sich die Charaktere und Lebensläufe HOFFMANNS und EICHENDORFFS; das einzige Gemeinsame besteht darin, daß beide von Beruf Juristen sind. In einem seiner späten literaturhistorischen Aufsätze (1857) hat Eichendorff seiner Abneigung gegen den Schriftsteller- und Berufskollegen freien Lauf gelassen: Eine unbehütete, verwahrloste Kindheit habe zu dessen Trunksuchtsexzessen und zu der Bizarrerie seiner Dichtungen geführt; in der großen Stunde der Befreiungskriege habe er uninteressiert am Rande gestanden; die Verschleuderung seines Talents sei Ausdruck des Niedergangs der Romantik, der aus der Trennung von Poesie und Religion resultiere. In der Tat sind Hoffmanns Leben und Werk nicht in eine ungefährdete Existenz eingebettet. Zu Schriftstellerehren kommt er erst spät; sein Lebensweg verläuft chaotisch über viele Stationen, die sich keineswegs romantischer Wanderlust und einem fröhlichen Vagabundieren verdanken. In Königsberg wächst er auf, in Posen beginnt seine Beamtenkarriere, die er 1804 als Regierungsrat in Warschau fortsetzt – mit einem Zwischenspiel in der tiefsten ostpreußischen Provinz, wohin er wegen Verunglimpfung der Posener Stadthonoratioren strafversetzt worden ist. 1806, nach dem Einmarsch der Franzosen, gibt es in Warschau keine preußische Behörde und keinen Regierungsrat Hoffmann mehr. Es dauert fast zehn Jahre, bis er in Berlin wieder in den Staatsdienst aufgenommen wird. Dazwischen liegen Anstellungen als Operndirektor in Bamberg, Dresden und Leipzig, die nicht von langer Dauer sind und von Phasen der Krankheit und äußerster materieller Not abgelöst werden. Lange sieht Hoffmann seine künstlerische Hauptbegabung in der Musik. Einen Namen macht er sich jedoch nicht mit seinen Kompositionen, sondern mit Musikrezensionen. Als er endlich 1816 mit seiner Oper *Udine* einen großen Erfolg erzielt, hat die Anerkennung seiner Romane und Erzählungen den kurzlebigen Musikerruhm schon überflügelt. Von den frühen Erzählungen *Ritter Gluck* (1809) bis zu den *Lebensansichten des Katers Murr* (1818–21) geistern Musikergestalten durch Hoffmanns Dichtung, allen voran sein poetisches zweites Ich, der Kapellmeister Johannes Kreisler.

Der »Gespenster-Hoffmann«

Das Spukhafte und Makabre in vielen seiner Erzählungen hat ihm schon früh das Attribut »Gespenster-Hoffmann« eingetragen. Zum großen Teil beruhte die wachsende Popularität seiner Werke, komplementär zum einsetzenden Biedermeier, auf der Erfindung skurriler Gestalten und nächtlich-phantastischer Begebenheiten. Daß dieser Effekt beabsichtigt war, zeigen einige Werktitel: die *Fantasiestücke in Callot's Manier* (1814/15), mit denen der Dichter Hoffmann seinen ersten Erfolg erzielte, oder der Roman *Die Elixiere des Teufels* (1815/16), in dem nichts von dem fehlt, was auch den traditionellen Schauerroman attraktiv machte. Durch eine fluchbeladene Familie pflanzt sich auf den »Helden« der Erzählung, den Mönch Medardus, die Erbsünde fort, der sexuellen Begierde nicht widerstehen zu können. Gewalt und Mord begleiten den Weg des vergeblich gegen die Anfechtungen des Fleisches kämpfenden Medardus. Er endet in bußfertiger Verzweiflung, der irdischen Liebe abschwörend, aber als verwüstetes Individuum, das auf ringsum zerstörte Menschenleben zurückblickt, nur noch fähig, sein verfehltes Leben wie eine Beichte aufzuschreiben. Denunziert werden im Roman nicht die sinnlichen Leidenschaften, sondern die Verbote und Selbstbestrafungen, die Medardus, um der Sünde zu entgehen, erst recht in Unheil und Verbrechen stürzen lassen.

»Prinzessin Brambilla«, Kupferstich nach Callot

Die aus dem Fundus der Schauerliteratur übernommenen Motive – Ehebruch, Verwandtenmord, Inzest – nutzt Hoffmann bedenkenlos für seine Effektdramaturgie. Hinzu tritt jedoch das Interesse an Grenzsituationen, die im Inneren des Individuums, nicht in der Fatalität einer fluchbeladenen Familiengeschichte begründet sind. In den *Elixieren des Teufels* beschreibt Hoffmann, fast wie in psychoanalytischen Protokollen, Phänomene der Bewußtseinsspaltung. Die in fast allen seinen Erzählungen vorkommende Figur des Doppelgängers ist hier die Hauptfigur. Der Mönch Medardus hat einen ihm gleichenden Halbbruder, Victorin, der beim Sturz in einen Abgrund ums Leben kommt; Medardus schlüpft, um seine Schandtaten zu begehen, in dessen Rolle, begegnet aber immer wieder dem scheinbar zurückgelassenen Medardus-Ich, Vexierbildern und Spiegelungen seines Selbst, die ihn bis an die Grenze des Wahnsinns treiben. Die halluzinatorischen Bilder verschwinden, die Taten, zu denen sie antreiben, sind real. Eine Umkehr aus dem Verhängnis ist nicht möglich, es sei denn durch den wiederholenden Akt der Erinnerung, die rettende, profanisierte Beichte.

In vielerlei Variationen taucht die Grundfigur des Identitätsverlusts bei E. T. A. Hoffmann auf. Ohne das schmückende Beiwerk des Schauerromans in der Novelle *Das Fräulein von Scuderi* (1819), hier als nüchtern erzählte Kriminalgeschichte von Cardillac, dem Goldschmied von Paris, der ein Doppelleben führt: tagsüber als hochgeehrter Meister seiner Kunst, nachts als unheimlicher Mörder, der seinen Opfern das kostbare Geschmeide wieder abnimmt. Oder als komische Version in *Prinzessin Brambilla* (1821), einer der Commedia dell'arte nachempfundenen Karnevalsburleske, in der ein sich im Maskenspiel verdoppelndes Paar wieder zu einem einzigen verschmilzt. Die von der Frühromantik absolut gesetzte Subjektivität des Ich ist ein fragwürdiges, fragiles Gebilde geworden. Bei Hoffmann erfährt sie eine zusätzliche Bedrohung durch Automaten und mechanische Kunstfiguren, die als eine andere Art Doppelgänger, als lebensechte

Nachahmungen menschlicher Wesen, grauenerregend in deren Leben hineinwirken.

Märchenerzählungen

Wo unter allen diesen Phantomen ein menschenwürdiges Leben sich verborgen hält, hat Hoffmann besonders in seinen Märchendichtungen aufzuspüren versucht, die allerdings keine Märchen im herkömmlichen Sinne sind. *Der goldene Topf* (1814 als dritter Band der *Fantasiestücke* veröffentlicht) und *Meister Floh* (1822) sind die Hauptwerke dieser von Hoffmann geradezu erfundenen Kunstform. Ihr ästhetisches Prinzip ist die Verschränkung von Phantasie und Alltagswelt, Magie und profaner Normalität. *Der goldene Topf*, vom Dichter als »Märchen aus der neuen Zeit« bezeichnet, beginnt mit einem Salto aus der einen in die andere Wirklichkeit:

A. Schroedter, »Peter Schlemihl« (1836)

Am Himmelfahrtstage, nachmittags um drei Uhr, rannte ein junger Mensch in Dresden durchs Schwarze Tor und geradezu in einen Korb mit Äpfeln und Kuchen hinein, die ein altes häßliches Weib feilbot, so daß alles, was der Quetschung glücklich entgangen, hinausgeschleudert wurde, und die Straßenjungen sich lustig die Beute teilten, die ihnen der hastige Herr zugeworfen. Auf das Zetergeschrei, das die Alte erhob, verließen die Gevatterinnen ihre Kuchen- und Branntweintische, umringten den jungen Menschen und schimpften mit pöbelhaftem Ungestüm auf ihn hinein, so daß er, vor Ärger und Scham verstummend, nur seinen kleinen, nicht eben besonders gefüllten Geldbeutel hinhielt, den die Alte begierig ergriff und schnell einsteckte. Nun öffnete sich der festgeschlossene Kreis, aber indem der junge Mensch hinausschoß, rief ihm die Alte nach: »Ja renne – renne nur zu, Satanskind – ins Kristall bald dein Fall – ins Kristall!« – Die gellende, krächzende Stimme des Weibes hatte etwas Entsetzliches, so daß die Spaziergänger verwundert stillstanden, und das Lachen, das sich erst verbreitet, mit einemmal verstummte.

Anselmus, den unbeholfenen Urheber des Unfalls, zieht es eigentlich nur zu einem Ausflugsort, wo er sich das Feiertagsvergnügen »einer halben Portion Kaffee mit Rum und einer Bouteille Doppelbier« leisten wollte. Warum er so rennt, bleibt sein Geheimnis. Statt in den »Linkischen Biergarten« gerät er unter einem Holunderbusch in die Gesellschaft dreier goldgrüner Schlangen, in deren eine er sich sofort verliebt, dann in die höchst seltsame Gesellschaft des Archivarius Lindhorst und seiner Familie, schließlich, wie ihm das Apfelweib prophezeite, in das Gefängnis einer Kristallflasche. Erlöst wird er daraus durch die Verlobung mit der grünen Schlange Serpentina, die sich als eine Tochter des Archivarius Lindhorst erweist. Dieser wiederum ist eigentlich ein urzeitlicher Feuersalamander, der deshalb auch den Aufenthalt in Punschtöpfen besonders liebt. Auch das alte Weib mit den Äpfeln stammt aus mythischer Vorzeit, aus der Verbindung einer Runkelrübe mit einer schwarzen Drachenfeder.
Manches an der poetischen Mythologie, die hier zusammengefabelt wird, erinnert an die Metamorphosen von Menschen, Tieren, Steinen und Blumen bei NOVALIS, den Hoffmann besonders schätzte. Unverkennbar ist auch der Einfluß, den GOTTHILF HEINRICH SCHUBERT mit seinen *Ansichten von der*

Nachtseite der Naturwissenschaft (1808) ausgeübt hat, einer Schrift, die SCHELLINGS in die Natur projizierte Weltseele gewissermaßen zurückprojiziert in die menschliche Seele, in ihre Träume und die durch Hypnose wiedererweckbaren Urzustände des Unbewußten. In der Erzählweise gibt es Verwandtschaften zwischen Hoffmanns Märchenprosa und ADELBERT VON CHAMISSOS *Peter Schlehmil*, der im gleichen Jahr wie der *Goldene Topf* veröffentlicht wird. Chamissos unglücklicher Held begegnet in einer vornehmen Allerweltsgesellschaft dem Teufel, den außer ihm niemand zur Kenntnis nimmt – erscheint er doch als unauffälliger, bis zur Unterwürfigkeit höflicher Mann in grauer Alltagskleidung: »ein stiller, dünner, länglicher, ältlicher Mann, der neben mitging«. Nur Peter Schlehmil graust es vor diesem als bescheidener Bürger auftretenden Satan, der aus seiner Rocktasche alles hervorzaubert, was die gute Gesellschaft begehrt – eine Brieftasche, ein Fernrohr, einen türkischen Teppich, ein ganzes Zelt, sogar drei gesattelte und gezäumte Pferde. Doch auch Schlehmil kann diesem sanften Mann im graue Kleide nicht widerstehen. Er verkauft ihm gegen eine nie ausgehende Geldbörse seinen Schatten:

E. T. A. Hoffmann, »Schlemihl am Nordpol«

... ich hielt ihm schnell die Hand hin. »Topp! der Handel gilt; für den Beutel haben Sie meinen Schatten.« Er schlug ein, kniete dann ungesäumt vor mir nieder, und mit einer bewundernswürdigen Geschicklichkeit sah ich ihn meinen Schatten, vom Kopf bis zu meinen Füßen, leise von dem Grase lösen, zusammenrollen und falten und zuletzt einstecken. Er stand auf, verbeugte sich noch einmal vor mir, und zog sich dann nach dem Rosengebüsche zurück. Mich dünkt', ich hörte ihn da leise für sich lachen.

Das ist die Art von Humor, die auch E. T. A. Hoffmann liebt. Mitten in einer eindeutig scheinenden Realität tut sich Zweideutiges auf; der Zufall eines Augenblicks entscheidet über ein ganzes Leben. Während Schlehmil jedoch ein Skeptiker ist, der trotzdem stolpert, sind es bei Hoffmann die poetischen, fast somnambul durchs Leben treibenden Gemüter, für die sich Reales und Irreales unentwirrbar vermischt. Peter Schlehmil wird trotz seines Goldes zum einsamen, von der Gesellschaft ausgestoßenen Menschen, der schließlich, kraft seiner Siebenmeilenstiefel, zum botanisierenden Weltenwanderer zwischen den Eis- und Sandwüsten der Erde wird. Für Hoffmann bleibt das Wunderbare immer in der Nähe. An jeder Straßenecke, an den gewöhnlichsten Orten und in den mittelmäßigsten Gestalten nistet für den, der Augen hat zu sehen, das Geheimnis einer Doppelexistenz. So scharf der antibürgerliche Affekt ausgeprägt ist, so durchlässig sind doch die Grenzen zwischen Philistertum und poetischer Imagination. Der Student Anselmus wird in die Kristallflasche eingesperrt, weil er der Anwandlung eines bescheidenen bürgerlichen Glücks nicht widerstehen kann. Aber auch das Glück, das er mit Serpentina in dem poetischen Atlantis findet, ist mit Realitätsverlust und Triebverzicht erkauft. Im *Meister Floh* verhält es sich umgekehrt: Der in sich selbst versunkene Peregrinus Tyß, ein Mann, der sich weigert, erwachsen zu werden, erwacht durch die Begegnung mit den verkappten Kobolden und Geisterwesen seiner kleinstädtischen Umgebung zum Leben. Nach einem sich überschlagenden Verwirr- und Verwandlungsspiel, in das alle Personen des Romans verwickelt werden, entscheidet sich der Held gegen die Verlockung, seiner Wunschfee im märchenhaften Famagusta angetraut zu

Meister Floh.

Ein

Mährchen in sieben Abentheuern

zweier Freunde.

Von

E. T. A. Hoffmann.

Frankfurt am Mayn

bei Friedrich Wilmans.

1822.

werden; er heiratet lieber das Nachbarskind Röschen vom Handwerker um die Ecke und kauft »in der Nähe der Stadt ein gar schönes Landhaus«. Der träumende Poet verwandelt sich zurück in den Normalmenschen, dem eine spießbürgerliche Zukunft gewiß ist.

E. T. A. Hoffmann, »Kater Murr im Kampf mit dem Amtsschimmel«

Satire

E. T. A. Hoffmann hat diese Ambivalenz bürgerlicher Existenz, der er so viele Gesichter verlieh, in eigener Person gelebt, verstärkt sogar zu der Zeit, in der er endlich der materiellen Sorgen ledig war. 1816 wurde er – zunächst ohne Bezahlung, dann ordentlich beamtet – zum Kammergerichtsrat in Berlin ernannt. In dieser Zeit ist er bereits ein gefragter Autor. Bei Tage präsentiert er sich als untadeliger, wegen seiner Gewissenhaftigkeit geachteter und gefürchteter Jurist; die Nächte durchzecht er mit dem verlotterten Schauspielergenie Ludwig Devrient und anderen Freunden in der Weinstube Lutter & Wegner. Wie in seiner Dichtung lassen sich beide Sphären jedoch nicht säuberlich auseinanderhalten. Hoffmann gerät in den Strudel der Demagogenverfolgungen und nimmt als einer der höchsten Berliner Richter Partei für die verfolgten Demokraten. An seinem juristischen Geschick scheitert die Verurteilung des »Turnvaters« Jahn, obwohl er diesen Ultra-Patrioten persönlich nicht leiden kann. Seine unerschrockene Haltung bringt Hoffmann mit der jetzt offen reaktionären Staatsgewalt in immer schärfere Konflikte, die seine letzten Lebensjahre überschatten. Vor allem auch, weil er nicht nur als Jurist, sondern auch als Schriftsteller spricht. Am *Meister Floh* werden Stellen gerügt, die der Berliner Polizeipräsident von Kamptz nicht ohne Grund auf sich bezieht, etwa die Anklage des gegen Peregrinus Tyß auftretenden Prozeßgegners Knarrpanti:

E. T. A. Hoffmann, Umschlagzeichnung zum »Kater Murr«

> Knarrpanti hörte dies alles mit einem selbstzufriedenen Lächeln an und versicherte, daß es seiner ungemeinen Sagazität bereits gelungen, den Täter zu erforschen. – Auf die Erinnerung, daß doch eine Tat begangen sein müsse, wenn es einen Täter geben solle, meinte Knarrpanti, daß, sei erst der Täter ausgemittelt, sich das begangene Verbrechen von selbst finde. Nur ein oberflächlicher leichtsinniger Richter sei, wenn auch selbst die Hauptanklage wegen Verstocktheit des Angeklagten nicht festzustellen, nicht imstande, dies und das hineinzuinquirieren, welches dem Angeklagten doch irgendeinen kleinen Makel anhänge und die Haft rechtfertige.

Diese Sprache war deutlich, und daß Knarrpanti im *Meister Floh* mit Schimpf und Schande aus der Stadt gejagt wird, wurde auch nicht gerade als Beweis des Vertrauens in die Justizbehörden interpretiert. Hoffmanns Tod im Juni 1822 kommt einer disziplinarischen Maßregelung zuvor; das Buch kann erst posthum, durch die Zensur verunstaltet, erscheinen.
Stellen sich im *Meister Floh* und anderen Erzählungen die satirischen Ausfälle des Dichters eher nebenbei ein, so sind sie im *Kater Murr* die Ausgangsidee und das Fundament der Erzählung. Der volle Titel des nicht fertig gewordenen Romans lautet: *Lebensansichten des Katers Murr nebst fragmentarischer Biographie des Kapellmeisters Johannes Kreisler in zufälligen Makulaturblättern, heraus-*

gegeben von E. T. A. Hoffmann. Der Kunstgriff des Autors ist in diesem Titel vorweggenommen: Auf die Rückseite der biographischen Aufzeichnungen Kreislers schreibt dessen bildungsbeflissener Hauskater seine eigenen Lebensansichten. Die Notizen des verzweifelten, mit dem Wahnsinn ringenden Kapellmeisters sind nur Makulatur, Schreibpapier für den elegischen Katzenjüngling, dessen Pfoten die sentimentale Geschmacks- und Gefühlskultur der Zeit breit austappen. Die Welt der Tiere, wie die der Kinder, war bis dahin für die Romantiker ein sakrosankter Bezirk der Reinheit und Ursprünglichkeit gewesen. Der Kater Murr entweiht auch dieses Refugium. Er ist eine Spießernatur, die sich für Poesie erwärmt und zugleich soviel animalische Eigenhitze zeigt, daß der Vergleich mit den Liebesleiden Kreislers immer weniger aus der Luft gegriffen erscheint. Virtuos, in der Antithese der beiden Manuskripte auch formal meisterhaft, werden die beiden Realitäten ständig gegeneinander ausgespielt. Die Trennung von Poesie und Religion, die EICHENDORFF monierte – hier ist sie wirklich vollzogen: Nichts ist mehr heilig. Weder die spontane Welt des Dichters oder Musikers noch die geordnete Philisterwelt, beide sind nur Masken und Spielarten derselben schlechten Realität. Im Kreise der Romantiker ist keine radikalere Abkehr von der Romantik formuliert worden.

DAS SPÄTWERK GOETHES

Goethe und die Romantiker

»Klassisch ist das Gesunde, romantisch das Kranke.« Hätte man nichts als diesen vernichtenden Urteilsspruch des alten GOETHE, wäre jedes weitere Wort über seine Beziehung zur Romantik überflüssig. In Wirklichkeit ist diese Beziehung sehr ambivalent, oft zwischen Sympathie und Ablehnung schwankend, von äußeren Ereignissen wie auch von Konjunkturen der guten und schlechten Laune abhängig.

Im gleichen Jahrzehnt, in dem die Romantik das literarische Leben in Deutschland zu bestimmen beginnt, verliert Goethe die wichtigsten seiner alten Weimarer Freunde: 1803 stirbt Herder, 1805 Schiller, 1813 Wieland. Goethe wird zu einer prominenten, aber einsamen Größe, ein Dichterfürst zu Lebzeiten, der aristokratische Gepflogenheiten annimmt und kultiviert. Weimar erlangt durch ihn einen internationalen Nimbus, der in keinem Verhältnis zur politischen Bedeutung des Kleinstaates steht. Staatsmänner und Wissenschaftler suchen ihn auf, junge Dichter widmen ihm scharenweise ihre poetischen Erzeugnisse. Zu dem Kult, der um ihn entsteht, haben nicht zuletzt die Romantiker beigetragen, allen voran die Brüder SCHLEGEL, die ihn als größten lebenden Dichter in Deutschland feierten.

Goethe, seinem Schreiber John diktierend, gemalt von J. J. Schmeller 1831

Goethe seinerseits reagiert auf die romantische Bewegung abwartend, von Fall zu Fall differenzierend. BRENTANOS und ARNIMS Liedersammlung *Des Knaben Wunderhorn* rezensiert er fast überschwenglich. TIECK lobt er nicht nur für seine *Genoveva.* Was ihn stört, ist die zunehmende mittelalterlich-katholisierende Tendenz, verbunden mit immer lauter werdenden nationalen Tönen. Demütigungen bleiben ihm nicht erspart. Bitter kommt es den Verehrer Napoleons an, daß er nach dem Sieg über das bonapartistische Frankreich unter dem Druck der öffentlichen Meinung Abbitte leisten muß. Sein allegorisches Festspiel *Des Epimenides Erwachen* (1815) kommt dieser Forderung halbherzig nach. Die patriotisch gesinnten Romantiker kosten es als Sieg über den gott- und vaterlandslosen Weimarer Patriarchen aus.

Erst zwei Jahre später schlägt Goethe zurück. Eben noch hatte er in seiner neu gegründeten Zeitschrift *Kunst und Altertum* einen wohlwollenden Aufsatz über die Kunstsammlung der Brüder Boisserée veröffentlicht (*Kunst und Altertum am Rhein und Main,* 1816), der die Verdienste der romantischen Mittelalterforschung würdigte, aber auch vor der Übertragung in die Gegenwartskunst warnte. Im folgenden Jahr läßt Goethe dann die bisher geübte Zurückhaltung fallen. An seinen alten Freund Knebel schreibt er:

> Mein zweites Rhein- und Maynheft wird ehestens aufwarten und wird als eine Bombe in den Kreis der Nazarenischen Künstler hineinplumpen. Es ist gerade jetzt die rechte Zeit, ein zwanzigjähriges Unwesen anzugreifen, mit Kraft anzufallen und in seinen Wurzeln zu erschüttern. Die paar Tage, die mir noch gegönnt sind, will ich benutzen, um auszusprechen, was ich für wahr und recht halte, und wär' es auch nur, um, wie ein dissentierender Minister, meine Protestation zu den Akten zu geben. Der Aufsatz jedoch selbst, mit seinen lehrreichen Noten, ist von Meyern und dient als Konfession, worauf die Weimarischen Kunstfreunde leben und sterben.

Typisch für den erfahrenen Diplomaten Goethe ist, daß er den befreundeten Kunsthistoriker JOHANN HEINRICH MEYER vorschickt, der in seinem Aufsatz *Neudeutsche religiös-patriotische Kunst* (1817) mit den Nazarenern scharf ins Gericht geht. Das Band zwischen klassischer und romantischer Schule ist endgültig zerschnitten, und jeder weiß, von wem die Kampfansage ausgeht.
Das Machtwort des Kulturpolitikers ist jedoch nicht gleichzusetzen mit den Gedanken des Dichters. Wie tief Goethe von der Herausforderung der Romantik berührt ist, zeigt sich in allen bedeutenden Werken, die er nach Schillers Tod verfaßt hat. Das allegorische Versspiel *Pandora* (1810) stellt seinem alten Sturm-und-Drang-Genie Prometheus nicht nur einen klassisch abgeklärten Prometheus gegenüber, sondern auch einen positiven neuen Helden: den in romantischer Sehnsucht zerfließenden Epimetheus. In der Verbindung des Phileros (Sohn des Prometheus) und der Epimeleia (Tochter des Epimetheus) steuert Goethe geradewegs auf eine Synthese von klassischer und romantischer Welt-Anschauung zu. Auch in den späteren, zum Alterswerk gehörenden Dichtungen ist die Distanz zur Romantik nicht größer als zum klassischen Ideal. Den über Jahrzehnte bearbeiteten Helena-Akt im *Faust II* bezeichnet er noch 1826 als »klassisch-romantische Phantasmagorie«, und ein Jahr später, ebenfalls im Zusammenhang mit der *Faust*-Dichtung, meint er: »Es ist Zeit, daß der leidenschaftliche Zwiespalt zwischen Klassikern und Romantikern sich endlich versöhne.« In Wirklichkeit haben Goethes späte Werke mit beidem, mit Klassik und Romantik, nichts mehr zu tun.

Die Wahlverwandtschaften

In einer spontanen Reaktion auf Goethes Roman *Die Wahlverwandtschaften* (1809) schreibt der sonst so sicher urteilende alte WIELAND an seine Tochter, wie sehr ihm dieses Werk zu schaffen mache:

> Verzeihe, liebes Kind, daß ich Dein Verlangen, mein Urteil von den *Wahlverwandtschaften*, an welchen dieser Titel, dünkt mich, das einzige Alberne ist, zu wissen, diesmal nicht stillen kann. Das Werk wird von den Einen zu übermäßig gelobt, von den Andern vielleicht zu scharf getadelt; auch gehört es von einer Seite unter die besten, von der andern unter die tadelnswürdigsten Produkte seines genialischen, aber das Publikum gar zu sehr verachtenden Urhebers. Das Buch muß, wie Goethe selbst sagt, dreimal gelesen werden.

Zwischen der Ablehnung und Begeisterung, die der Roman auslöst, gibt es ein

breites Mittelfeld reservierter bis ratloser Stimmen, quer durch die literarischen Lager und Fraktionen, von WIELAND und WILHELM VON HUMBOLDT bis zu den Romantikern. Auch auf diejenigen, die sich nicht hinter moralischen Bedenken verschanzen, wirkt die lakonische Direktheit, mit der Goethe Lebens- und Liebesverhältnisse der zeitgenössischen Gesellschaft darstellt, schockierend.
Das Romangeschehen gruppiert sich um vier Personen: Eduard, ein »reicher Baron im besten Mannesalter«, und Charlotte sind aus früheren Konvenienzehen durch den Tod ihrer Partner frei geworden und haben ihre Jugendliebe durch eine späte Heirat besiegelt; sie führen ein ungestörtes, sorgenfreies Leben zu zweit, in das sich indes schon die Langeweile eingenistet hat. Eduard lädt einen alten Freund, einen stellungslos gewordenen Hauptmann, zu sich ein – trotz anfänglichen Widerstands seiner Gattin, die im Gegenzug verlangt, ihre Adoptivtochter Ottilie aus einem Internat ins gemeinsame Haus zu holen. Wie in einem Planspiel entwickelt sich die Geschichte dieser Liaison à quatre. Charlotte und der Hauptmann, Eduard und Ottilie verlieben sich ineinander. Obwohl aus der Anbahnung dieser Beziehungen kein Geheimnis gemacht wird und alle Beteiligten Bescheid wissen, gibt es weder eine klärende Aussprache noch eine wirkliche Überschreitung der Grenzen konventionellen Anstands. Der »doppelte Ehebruch« findet in einer Liebesnacht zwischen den Eheleuten statt:

Die
Wahlverwandtschaften.
Ein Roman
von
Goethe.
Erster Theil.
Tübingen,
in der J. G. Cottaischen Buchhandlung.
1809.

In der Lampendämmerung sogleich behauptete die innere Neigung, behauptete die Einbildungskraft ihre Rechte über das Wirkliche. Eduard hielt nur Ottilien in seinen Armen; Charlotten schwebte der Hauptmann näher oder ferner vor der Seele, und so verwebten, wundersam genug, sich Abwesendes und Gegenwärtiges reizend und wonnevoll durcheinander.

Zwar ist der stellvertretende Liebesakt reales Geschehen, aber die Realität wird auch durch die Fiktion kompromittiert: Der Knabe, den Charlotte zur Welt bringen wird, hat die Augen Ottilies und die Gesichtszüge des Hauptmanns.

Der Romantitel *Die Wahlverwandtschaften* – »das einzige Alberne«, wie Wieland meinte – legitimiert sich aus einem Gespräch, daß Eduard, Charlotte und der Hauptmann noch vor dem Eintreffen Ottilies miteinander führen. Es geht um die Frage, ob zwischen den Menschen ähnliche objektive Gesetze der Anziehung und Abstoßung, Vereinigung und Trennung wirksam seien wie zwischen den Naturelementen. Das Thema der Plauderei ist nicht aus der Luft gegriffen. Es bezieht sich auf eine in diesen Jahren leidenschaftlich geführte, auch philosophisch aktuelle Auseinandersetzung über die Grenzen des menschlichen Bewußtseins als Grundlage der Willensfreiheit: SCHELLING hatte die Natur als eine von Geist beseelte Totalität interpretiert. In SCHUBERTS *Ansichten von der Nachtseite der Naturwissenschaft* (1808) war die Frage umgekehrt worden: Welche Macht hatte die physische Natur über die moralisch-geistige, das Unbewußte über das Bewußte? Bewiesen nicht Phänomene wie Magnetismus, Hypnose oder Somnambulismus, daß das bewußte Ich nur einen kleinen Ausschnitt der menschlichen Natur bildet? Goethe hat in einer Verlagsankündigung der *Wahlverwandtschaften* auf seine eigenen naturwissenschaftlichen Forschungen hingewiesen:

Es scheint, daß den Verfasser seine fortgesetzten physikalischen Arbeiten zu diesem seltsamen Titel veranlaßten. Er mochte bemerkt haben, daß man in der Naturlehre sich sehr oft ethischer Gleichnisse bedient, um etwas von dem Kreise menschlichen Wissens weit Entferntes näher heranzubringen, und so hat er wohl auch in einem sittlichen Falle eine chemische Gleichnisrede zu ihrem geistigen Ursprunge zurück führen mögen ...

Die Worte sind mit Bedacht vorsichtig gewählt. Einen Schlüssel zur Entzifferung des Romans bietet nämlich jene zwischen den Romanfiguren besprochene »chemische Gleichnisrede« keineswegs, jedenfalls nicht, wenn man sie vordergründig auf die Personen und Ereignisse des Romans bezieht. Die Rückübertragung des naturwissenschaftlichen Experiments auf die menschliche Sphäre geht schief. Ausnahmslos alle Beziehungen zwischen den Romanfiguren scheitern. Weder kommen die Liebenden wirklich zusammen noch voneinander los.
Mit einer vorläufigen Trennung endet der erste Teil des Romans. Der Hauptmann und Charlotte nehmen entsagungsvoll Abschied. Eduard ergreift die Flucht und droht, nie mehr zurückzukehren, wenn Ottilie das Haus verlassen sollte. Der Tod auf dem Schlachtfeld oder ein Leben mit Ottilie sind die Alternativen, mit denen er sich einem blind waltenden Fatum unterwirft. Im zweiten Teil wird das Leben der beiden zurückgebliebenen Frauen geschildert. Obwohl sich das Haus mit neuen Gästen, gelegentlich auch mit turbulenten Besuchen füllt, leben Charlotte und Ottilie in dumpfer Erwartung der Wiederkehr Eduards nebeneinander her, ohne gegenseitige Vorwürfe, in der Pflege des inzwischen geborenen Kindes fast schwesterlich vertraut. Eduards Rückkehr aus dem Krieg unterbricht diese scheinhafte Idylle. Er dringt bei Charlotte auf Scheidung und nähert sich stürmisch der geliebten Ottilie. »Die Hoffnung fuhr wie ein Stern, der vom Himmel fällt, über ihre Häupter weg«, heißt es an dieser zentralen Stelle des Romans, auf die augenblicklich der Umschlag in tiefstes Leid folgt. Als Eduard Ottilie auf deren Bitten für kurze Zeit mit dem Kind allein läßt, geschieht das Unglück. Goethe schildert die Szene der zur Besinnungslosigkeit gesteigerten Erregung Ottilies mit einer Dramatik, die fast an KLEISTS Novellen erinnert:

Die Sonne war untergegangen, und es dämmerte schon und duftete feucht um den See. Ottilie stand verwirrt und bewegt; sie sah nach dem Berghause hinüber und glaubte Charlottens weißes Kleid auf dem Altan zu sehen. Der Umweg war groß zum See hin; sie kannte Charlottens ungeduldiges Harren nach dem Kinde. Die Platanen sieht sie gegen sich über, nur ein Wasserraum trennt sie von dem Pfade, der sogleich zu dem Gebäude hinaufführt. Mit Gedanken ist sie schon drüben wie mit den Augen. Die Bedenklichkeit, mit dem Kinde sich aufs Wasser zu wagen, verschwindet in diesem Drange. Sie eilt nach dem Kahn, sie fühlt nicht, daß ihr Herz pocht, daß ihre Füße schwanken, daß ihr die Sinne zu vergehen drohn.
Sie springt in den Kahn, ergreift das Ruder und stößt ab. Sie muß Gewalt brauchen, sie wiederholt den Stoß, der Kahn schwankt und gleitet eine Strecke seewärts. Auf dem linken Arme das Kind, in der linken Hand das Buch, in der rechten das Ruder, schwankt auch sie und fällt in den Kahn. Das Ruder entfährt ihr nach der einen Seite und, wie sie sich halten will, Kind und Buch nach der andern, alles ins Wasser. Sie ergreift noch des Kindes Gewand; aber ihre unbequeme Lage hindert sie selbst am Aufstehen. Die freie Hand is

nicht hinreichend, sich umzuwenden, sich aufzurichten; endlich gelingts, sie zieht das Kind aus dem Wasser, aber seine Augen sind geschlossen, es hat aufgehört zu atmen.

Der tödliche Zwischenfall verändert mit einem Schlag die Situation. Eduards verzweifelter Versuch, die Geliebte doch noch zu gewinnen, stößt auf stumme Zurückweisung. Wie ausgestorben wirkt jetzt das Haus, in das alle Beteiligten, auch der Hauptmann, zurückkehren. Ottilie schließt sich von der Welt ab, nimmt keine Nahrung mehr zu sich und stirbt wie eine Blume, deren Zeit überschritten ist. Eduard folgt ihr auf demselben Wege innerer Erschöpfung und Auszehrung. Von Charlotte und dem Hauptmann ist zum Schluß kaum noch die Rede; man ahnt, daß ihre Neigung erloschen ist, daß sie zu einem getrennten Weiterleben verurteilt sind.

Über dem Roman liegt von Anfang an eine beklemmende Atmosphäre. Unbehagen beschleicht den Leser schon, als Eduard und Charlotte noch mit sich allein sind und ihrer kaum verhohlenen Gereiztheit mit den höflichsten Worten Ausdruck geben. Künstlich wie ihr Leben ist ihre Tätigkeit: Ihr ganzes Trachten gilt der Landschaftsgestaltung ihrer Besitzungen, der Anlage von Baumschulen, Beeten, Spazierwegen und Aussichtspunkten, mit denen sie die Natur verschönern wollen. Durch den Hauptmann gewinnt dieses interesselose Wohlgefallen am eigenen Tun nur größere Planmäßigkeit. Auch Ottilies Häuslichkeit kennt kein Ziel über den Tag hinaus. Das einzige nicht Domestizierbare sind die Gefühle und Leidenschaften, die langsam und unaufhaltsam zwischen den vier Menschen entstehen und wieder verebben. Dem Naturhaften dieses Vorgangs, in dem sich die Romanfiguren wie in Trance dem Verhängnis entgegentreiben lassen, kommt kein äußeres Naturereignis zu Hilfe. Auf das spätere Unglück deutet ein Unfall bei dem von Eduard für Ottilie inszenierten Geburtstagsfest voraus. Beinahe ertrinkt ein jugendlicher Gast der Festgemeinde, aber nicht durch eine Sturmflut oder Überschwemmung, sondern weil ein künstlich errichteter Damm bricht; kein Gewitter, sondern ein sinnlos in die Luft gepulvertes Feuerwerk beendet die mißglückte Feier.

Goethe errichtet in den *Wahlverwandtschaften* seine eigenen Dämme und Deiche gegen den Zeitgeist der Romantik. Der romantischen Flucht in die Vergangenheit setzt er die kahle Nüchternheit eines Gegenwartsromans entgegen: »Und doch läßt sich die Gegenwart ihr ungeheures Recht nicht rauben«, heißt es gerade an der Stelle, an der die unio mystica der Ehe zu viert geschildert wird. Ins Handgemenge mit der Romantik begibt Goethe sich auch an anderen Stellen: Ein alter Friedhof, eine gotische Kapelle – beliebte Topoi der Romantiker – spielen eine wichtige Rolle, jedoch nicht als Orte der Kontemplation, sondern weil auch hier gearbeitet, umgestaltet, restauriert wird. Goethe zeichnet die Gestalt der Ottilie in symbolischer Überhöhung als madonnenhafte Schönheit, die nicht von dieser Welt ist und noch nach ihrem Tode Wunder zu wirken vermag. Ihr Tod aber ist kein gegen feindliche Mächte triumphierender Märtyrertod, sondern ein Absterben von innen her, die Konsequenz aus einer Liebe, gegen die sie sich nicht wehren kann und die sie aus ihrer Bahn wirft. Die Aufbahrung ihres Leichnams in dem Kirchlein, das sie selbst mit ausgemalt hat, zieht einen Strom von wundergläubigen Pilgerinnen und Pilgern an; die einzige Folge jedoch ist, daß die Kirche geschlossen wird.

Was in den *Wahlverwandtschaften* der Titel andeutet, vollzieht sich weniger im bewußten Handeln und Sprechen der Personen als im kompositorischen Aufbau des Romans. Auch die kleinsten Ereignisse oder Äußerungen stehen in geheimnisvoller Beziehung zueinander, spielen symbolisch aufeinander an, bilden abstrakte Symmetrien. Eduard, so stellt sich im Verlauf des ersten Teils heraus, hat diesen Namen nur angenommen; er heißt in Wirklichkeit Otto. Auch der Hauptmann heißt Otto, und fragmentarisch finden sich diese Buchstaben, vorwärts und rückwärts gleich zu lesen, auch in den Namen der Frauen – Charlotte und Ottilie – wieder. Bis in die Sitzordnung, in der die vier Personen ihre Salongespräche führen, bis hin zu scheinbar sinnlosen Konstruktionen wie dem Kopfschmerz, den Ottilie oft in der linken, Eduard manchmal in der rechten Schläfe verspürt, reichen diese Korrespondenzen, die an naturwissenschaftliche Formeln erinnern. Es verwundert daher nicht, daß sich der alte Goethe einmal als »ethisch-ästhetischen Mathematiker« bezeichnet. Zu ihrer Unterhaltung veranstaltet die Gesellschaft in Eduards und Charlottes Schloß »lebende Bilder«, ein harmloses, damals beliebtes Modevergnügen, das in einem starren Arrangement von Figurengruppen nach klassischen Bildvorlagen besteht. Ohne daß die Mitwirkenden es bemerken, verraten sich durch diese stilisierten Gruppenbilder die Charaktere und mehr noch die Funktionen, die die Beteiligten im Ganzen des Romans haben: Ottilie etwa durch die Darstellung der Muttergottes mit dem Kind.

Später, im Zusammenhang mit seiner Arbeit an *Faust II*, gibt Goethe Einblicke in ein dichterisches Verfahren, das seinen Altersstil entscheidend prägt. An den Orientalisten K. J. L. Iken schreibt er (27. September 1827):

> Auch wegen anderer dunkler Stellen in frühern und spätern Gedichten möchte ich folgendes zu bedenken geben: Da sich manches unserer Erfahrungen nicht rund aussprechen und direkt mitteilen läßt, so habe ich seit langem das Mittel gewählt, durch einander gegenübergestellte und sich gleichsam ineinander abspiegelnde Gebilde den geheimeren Sinn dem Aufmerkenden zu offenbaren.

Die Technik der Spiegelung (nicht der Chemie, sondern der Optik entlehnt) ist bereits in den *Wahlverwandtschaften* ein durchgängiges Darstellungsprinzip, am reinsten ausgebildet in der dem zweiten Teil eingefügten Novelle. Sie erzählt die Geschichte eines jugendlichen Paares, das sich durch Liebe und Haß quält, bis ihm die Befreiung von blinder Leidenschaft und von der Knechtschaft gesellschaftlicher Normen gelingt. Die Braut stürzt sich, als sie die Liebe des jungen Mannes verloren glaubt, vom Schiff hinab in den Fluß; der Jüngling läßt das Schiff in den Klippen stranden, um das Mädchen zu retten. Die befreiende Tat mündet in die Erkenntnis einer Liebe, die keine Schranken der Konvention mehr kennt. Im Roman selbst gibt es eine solche gelingende Liebe nicht. Dumpf lastet die Konvention aristokratischer Lebensweise auf den Individuen; in tatenloser Verstimmung lassen sie dem Schicksal seinen Lauf. Glücklos versucht nur Eduard gegen diese Fatalität aufzubegehren. Goethe weigert sich, um einer schlechten Gegenwart willen den Rückzug in eine erträumte Vergangenheit anzutreten. Ausdrücklich wird die Novelle nicht als ein Märchen aus besseren

Zeiten vorgetragen, sondern als eine Begebenheit, die sich erst vor kurzem in der Nachbarschaft zugetragen habe. Die trostlose Realität, die der Roman schildert, läßt indirekt, als ihr Spiegelbild, die Möglichkeit gelingender Liebe aufscheinen.

West-östlicher Divan

Im Erscheinungsjahr der *Wahlverwandtschaften* wird Goethe sechzig Jahre alt. Das Gefühl, »sich selbst historisch zu werden«, findet seinen Niederschlag in dem Beginn umfangreicher autobiographischer Studien. Seine naturwissenschaftlichen Arbeiten setzt er auch nach 1810, als seine heißgeliebten *Materialien zur Geschichte der Farbenlehre* endlich erscheinen und ein eher mageres Echo hervorrufen, eigensinnig fort. Wie sein eigener Nachlaßverwalter bereitet er in den folgenden Jahren eine neue Ausgabe seiner gesammelten Werke vor. Der Dichter scheint vom Leben und von der Poesie Abschied zu nehmen. Doch dann geschieht eine jener »Verjüngungen«, die sich mehrfach in seinem Leben ereigneten. Den Wendepunkt der italienischen Reise hatten die *Römischen Elegien* gekrönt. 1819 veröffentlicht Goethe einen neuen Gedichtzyklus, den *West-östlichen Divan.*

Der biographische Hintergrund für diesen unerwartet frischen Aufschwung in Goethes Lyrik ist so vielschichtig wie die Gedichtfolge selbst. 1814, im Jahr des ersten Pariser Friedensvertrags, der den europäischen Krieg vorübergehend beendet, unternimmt Goethe eine Reise in seine alte Heimat, ins Rhein-Main-Gebiet. Als Lektüre nimmt er die gerade erschienene Übersetzung des persischen Dichters HAFIS (1326–1390) mit, die ihn schon während der Reise zu eigenen Nachdichtungen anregt. Durch die Bekanntschaft und anschließende Liebesaffäre mit Marianne von Willemer, der jungen Frau eines Frankfurter Freundes, gewinnt die Dichtung erste Konturen – nicht allein im Sinne früherer Erlebnislyrik, die oft von leidenschaftlichen Beziehungen zu Frauen ausging, sondern in ganz unmittelbarer Weise: Chiffriert im Text der Hafis-Übersetzung, tauschen Goethe und Marianne Liebesbotschaften aus; die Geliebte webt am Zauberteppich des *West-östlichen Divan* mit. Als reizvollen, belebenden Kontrast empfindet Goethe, daß ihm zur gleichen Zeit die Heidelberger Gemäldesammlung der Brüder Boisserée die Augen für die mittelalterliche Malerei öffnet, während seine Gedanken in einem ganz anderen Mittelalter, in der klaren Wüstenluft der altpersischen Poesie verweilen. Was die Romantiker wollen, kann er auch; nur will er es anders. Das erste Gedicht spielt auf die Si-

tuation an, in der der *Divan* entsteht, um sich alsbald ins Weite, in andere Räume und Zeiten zu entfernen:

Nord und West und Süd zersplittern
Throne bersten, Reiche zittern:
Flüchte du, im reinen Osten
Patriarchenluft zu kosten!
Unter Lieben, Trinken, Singen
Soll dich Chisers Quell verjüngen.

Dort, im Reinen und im Rechten,
Will ich menschlichen Geschlechten
In des Ursprungs Tiefe dringen,
Wo sie noch von Gott empfingen
Himmelslehr in Erdesprachen
Und sich nicht den Kopf zerbrachen.

Wo sie Väter hoch verehrten,
Jeden fremden Dienst verwehrten;
Will mich freun der Jugendschranke:
Glaube weit, eng der Gedanke,
Wie das Wort so wichtig dort war,
Weil es ein gesprochen Wort war.

Will mich unter Hirten mischen,
An Oasen mich erfrischen,
Wenn mit Karawanen wandle,
Schal, Kaffee und Moschus handle;
Jeden Pfad will ich betreten
Von der Wüste zu den Städten.

Bösen Felsweg auf und nieder
Trösten, Hafis, deine Lieder,
Wenn der Führer mit Entzücken
Von des Maultiers hohem Rücken
Singt, die Sterne zu erwecken
Und die Räuber zu erschrecken.

Will in Bädern und in Schenken,
Heilger Hafis, dein gedenken,
Wenn den Schleier Liebchen lüftet,
Schüttelnd Ambralocken düftet.
Ja, des Dichters Liebesflüstern
Mache selbst die Huris lüstern.

Wolltet ihr ihm dies beneiden
Oder etwa gar verleiden,

Wisset nur, daß Dichterworte
Um des Paradieses Pforte
Immer leise klopfend schweben
Sich erbittend ewges Leben.

Der Gedichtzyklus ist in zwölf »Bücher« aufgeteilt, deren letztes *(Buch des Paradieses)* 1820, also nach der ersten Veröffentlichung, entsteht und von Goethe 1827 in die Ausgabe letzter Hand aufgenommen wird. Ein geplantes *Buch der Freunde* kommt nicht zustande. Wie die sprechenden Titel der einzelnen Abschnitte zeigen, gliedert das Ganze sich nach bestimmten Motivgruppen, die manchmal unverbunden nebeneinander stehen, manchmal kontrapunktisch aufeinander bezogen sind. Das *Buch Timur* zum Beispiel umfaßt nur zwei Gedichte: eine furiose Schimpfrede der Allegorie des Winters gegen den asiatischen Despoten Timur – Anspielung auf Napoleons Rußlandabenteuer – und ein zierliches Gedicht auf das Parfumfläschchen Suleikas, der Geliebten des Dichters. Das freie Spiel mit den Gegensätzen des Erhabenen und Banalen, des Sakralen und Frivolen, des Tiefsinnigen und Scherzhaften hat Goethes Alterslyrik mit seinem Preislied auf die Poesie des Vorderen Orients gemeinsam:

Der höchste Charakter orientalischer Dichtkunst ist, was wir Deutsche *Geist* nennen, das Vorwaltende des oberen Leitenden; hier sind alle übrigen Eigenschaften vereinigt, ohne daß irgendeine, das eigentümliche Recht behauptend, hervorträte. Der Geist gehört vorzüglich dem Alter oder einer alternden Weltepoche. Übersicht des Weltwesens, Ironie, freien Gebrauch der Talente finden wir in allen Dichtern des Orients. (. . .) Jene Dichter haben alle Gegenstände gegenwärtig und beziehen die entferntesten Dinge leicht aufeinander, daher nähern sie sich auch dem, was wir Witz nennen; doch steht der Witz nicht so hoch, denn dieser ist selbstsüchtig, selbstgefällig, wovon der Geist ganz frei bleibt, deshalb er auch überall genialisch genannt werden kann und muß.

Diese programmatische Äußerung ist in den *Noten und Abhandlungen* nachzulesen, die Goethe dem *West-östlichen Divan* beigefügt hat und die ihn auf der Höhe der damaligen Orientalistik zeigen. In den Gedichten selbst wird keine Gelehrsamkeit vorgezeigt, und wenn zahlreiche arabische Namen unübersetzt darin vorkommen, geschieht es um des poetischen Klanges und des orientalischen Kolorits willen. Die wenigsten Verse übernimmt Goethe direkt aus Übersetzungen des Ferdusi, Saadi oder Hafis; Umdichtungen und eigene Erfindungen überwiegen. Nie verliert er aus den Augen, daß es sich um eine west-östliche Zwiesprache handelt, um einen Dialog gleichgesinnter Geister aus verschiedenen Kulturen. Die Souveränität, »entfernteste Dinge leicht aufeinander zu beziehen« oder, was in diesem Fall dasselbe ist, die intimsten persönlichen Dinge in orientalischen Bildern zu objektivieren, spricht auch aus einer anderen Tatsache. Das Lied an den Westwind und einige andere der schönsten Gedichte aus dem *Buch Suleika* stammen nicht von Goethe, sondern von MARIANNE VON WILLEMER.

Suleika:

Ach, um deine feuchten Schwingen,
West, wie sehr ich dich beneide:
Denn du kannst ihm Kunde bringen,
Was ich in der Trennung leide!

Die Bewegung deiner Flügel
Weckt im Busen stilles Sehnen;
Blumen, Augen, Wald und Hügel
Stehn bei deinem Hauch in Tränen.

Doch dein mildes, sanftes Wesen
Kühlt die wunden Augenlider;
Ach, für Leid müßt ich vergehen,
Hofft ich nicht zu sehn ihn wieder.

Eile denn zu meinem Lieben,
Spreche sanft zu seinem Herzen;
Doch vermeid, ihn zu betrüben,
Und verbirg ihm meine Schmerzen.

Sag ihm aber, sags bescheiden:
Seine Liebe sei mein Leben,
Freudiges Gefühl von beiden
Wird mir seine Nähe geben.

Fast unverändert sind sie in die Sammlung des *West-östlichen Divan* aufgenommen worden. Erst 1869, fast vierzig Jahre nach Goethes Tod, kommt es ans Licht – die Verlegenheit der Interpreten ist nicht gering. Daß Dichter und Musiker im

19. Jahrhundert sich gern mit den Federn ihrer Frauen, Freundinnen oder Schwestern schmücken, ist üblich. Aber daß eine der vielen Geliebten des Olympiers mit leichter Hand Gedichte schreibt, die den seinen kongenial sind, verträgt sich schlecht mit dem Kult, der um Goethes dichterische Leistung gemacht wird. Erst recht, wenn die Frau in der Harmonie den Widerspruch und im Widerspruch die Harmonie geltend macht, wie es im Wechselgesang zwischen Hatem (Goethe) und Suleika (Marianne von Willemer) geschieht:

Marianne von Willemer (um 1819)

Hatem:

Nicht Gelegenheit macht Diebe,
Sie ist selbst der größte Dieb;
Denn sie stahl den Rest der Liebe,
Die mir noch im Herzen blieb.

Dir hat sie ihn übergeben,
Meines Lebens Vollgewinn,
Daß ich nun, verarmt, mein Leben
Nur von dir gewärtig bin.
...

Suleika:

Hochbeglückt in deiner Liebe,
Schelt ich nicht Gelegenheit;
Ward sie auch an dir zum Diebe,
Wie mich solch ein Raub erfreut!
...

Scherze nicht! Nichts von Verarmen!
Macht uns nicht die Liebe reich?
Halt ich dich in meinen Armen,
Jedem Glück ist meines gleich.

Faust II

Faust und Wilhelm Meister

Das unablässige Bemühen des alten Goethe, sein Werk und die Geschichte seines Lebens abzurunden und als ein einziges, in sich geschlossenes opus maximum der Nachwelt zu überliefern, mag als Erklärung für die Fortsetzung des *Wilhelm Meister*-Romans und des *Faust*-Dramas hinreichen. Man kann den Kraftakt, den die Vollendung dieser beiden Werke forderte, jedoch nur begreifen, wenn man

den Blick nicht auf die Kontinuität, sondern auf den Bruch zwischen der klassischen und der späten Schaffensperiode Goethes richtet.
Am auffälligsten tritt dieser Gegensatz in *Wilhelm Meisters Wanderjahre* (1821) zutage. Hier ist nichts mehr zu spüren von der fröhlichen Turbulenz und dem bunten Leben, die in den *Lehrjahren* vorherrschten. In graues Herbstlicht gehüllt erscheinen die verschiedenen Bildungs- und Gesellschaftsmodelle, die in diesem Roman (Untertitel: *Die Entsagenden*) diskutiert werden, am bekanntesten die Passagen über die »Pädagogische Provinz«. Der Titelheld ist nur noch ein Schatten seiner selbst; seine Wanderungen sind nicht mehr freies Umherschweifen, sondern der Zwang eines Ordensgelöbnisses, das erst aufgehoben wird, als er sich zu einer nützlichen Tätigkeit – zum Arztberuf – entschließt. Nicht das genialische Schwärmen des jungen Wilhelm Meister triumphiert, sondern nüchterner Ordnungssinn, wie ihn einst sein tüchtiger Schwager Werner predigte. Widerrufen wird das Ideal der allseitigen Persönlichkeitsausbildung, das den Helden der *Lehrjahre* von Abenteuer zu Abenteuer trieb. Er muß von Montan/Jarno die bittere Lektion lernen: »Es ist jetzo die Zeit der Einseitigkeiten; wohl dem, der es begreift, für sich und andere in diesem Sinne wirkt.« Daß Goethe dieser moderne Zeitgeist zutiefst widerstrebt, daß er ihn als Realität dennoch ernst nimmt, mit ihm ringt, ihm neue Sinndeutungen abzugewinnen sucht, zeigt sich in der zerklüfteten Form des »Romans«, der ein einziges großes Trümmerfeld von Rahmenerzählungen, eingeschobenen Novellen und Spruchsammlungen geblieben ist – eine Fundgrube für tiefschürfende Deutungen, ein im Wortsinn »ungenießbares« Buch nicht nur für das damalige, sondern auch für das Publikum heute.

Goethe (1826)

Zugeständnisse an die Leser hat Goethe auch in *Faust, der Tragödie zweiter Teil* (1832 posthum veröffentlicht) nicht gemacht. Seine Verzagtheit, ob und wie er dieses Riesenwerk anpacken sollte, schlägt einmal sogar in eine Haßtirade gegen das deutsche Publikum um, zwar nur als Äußerung im privaten Gespräch, aber so deftig, daß sie fast nie zitiert wird:

> Ja, wenn ich es nur je dahin noch bringen könnte, daß ich ein Werk verfaßte – aber ich bin zu alt dazu –, daß die Deutschen mich so an fünfzig oder hundert Jahre hintereinander recht gründlich verwünschten und aller Orten und Enden mir nichts als Übles nachsagten, das sollte mich außerdem ergötzen. ... Sie mögen mich nicht! Das matte Wort! Ich mag sie auch nicht! Ich habe es ihnen nie recht zu Danke gemacht! Vollends, wenn mein Walpurgissack nach meinem Tode sich einmal öffnen und alle bis dahin verschlossenen stygischen Plagegeister, wie sie mich geplagt, so auch zur Plage für andere wieder loslassen sollte; oder wenn sie in der Fortsetzung von Faust an die Stelle kämen, wo der Teufel selbst Gnad' und Erbarmen vor Gott findet, das denke ich doch, vergeben sie mir so bald nicht! Dreißig Jahre haben sie sich nun fast mit den Besenstielen des Blocksberges und den Katzengesprächen in der Hexenküche, die im »Faust« vorkommen, herumgeplagt, und es hat mit dem Interpretieren und Allegorisieren dieses dramatisch-humoristischen Unsinns nie so recht fortgewollt. Wahrlich man sollte sich in seiner Jugend öfter den Spaß machen und ihnen solche Brocken wie den Brocken hinwerfen. (Gespräch mit Falk, 21. Juni 1816)

Der Brocken, den Goethe dem Publikum mit *Faust II* vorsetzte, ist ohne Zweifel größer als der des ersten Teils, und maßlos hätte der Autor sich über die vielen späteren Bewunderer geärgert, denen die Sentenz: »Wer immer strebend sich bemüht, den können wir erlösen« so glatt herunterging, als wäre damit alles gesagt. Goethe hat in *der Tragödie zweitem Teil* seinen *Faust I* nicht bloß fortgesetzt und abgeschlossen, sondern einen neuen Faust geschaffen. Die Wette zwischen ihm und dem Teufel gilt nach wie vor. Alles andere ist verwandelt, von den Schauplätzen bis zur Kompositionsstruktur, von der Welt im kleinen zur Welt im großen. Auch an den Protagonisten – Faust und Mephistopheles – geht die veränderte Weltsicht des Dichters nicht spurlos vorüber.

Schauplätze und Handlungen

Wie schwer es Goethe gefallen ist, einen Anschluß an den ersten Teil der Faustdichtung zu finden, wird deutlich an der Gewaltkur, mit der er den ersten Akt beginnen läßt: Faust, in anmutiger Gegend »auf blumigen Rasen gebettet, ermüdet, unruhig, schlafsuchend«, wird von Ariel und einem Elfenchor in den Schlaf gesungen. Als er daraus erwacht, hat er alles Frühere vergessen: die Gretchentragödie, das Blocksberg-Abenteuer, die enge Welt der deutschen Universitätskleinstadt. Umgeben von Berggipfeln und erquickt durch die ersten Sonnenstrahlen eines neuen Tags, fühlt Faust sich dem Leben zurückgegeben. Aber die Sonne blendet ihn; er wendet den Blick zurück auf die Erde und sieht plötzlich seine Gier nach unmittelbarer Lebenserfüllung in anderem Licht:

> So bleibe denn die Sonne mir im Rücken!
> Der Wassersturz, das Felsenriff durchbrausend,
> Ihn schau ich an mit wachsendem Entzücken.
> Von Sturz zu Sturzen wälzt er jetzt in tausend,
> Dann abertausend Strömen sich ergießend,
> Hoch in die Lüfte Schaum an Schäume sausend.
> Allein wie herrlich, diesem Sturm ersprießend,
> Wölbt sich des bunten Bogens Wechseldauer,
> Bald rein gezeichnet, bald in Luft zerfließend,
> Umher verbreitend duftig kühle Schauer.
> *Der* spiegelt ab das menschliche Bestreben.
> Ihm sinne nach, und du begreifst genauer:
> Am farbigen Abglanz haben wir das Leben.

Der Anblick des abwärts stürzenden und in die Höhe sprühenden Wasserfalls, in dem die Sonne sich irisierend bricht, wird zum Gleichnis für Fausts Leben, das den Zenit erreicht hat und in neue, visionär geschaute Dimensionen eintritt. Was das Naturschauspiel vorwegnimmt, ereignet sich auch im Drama: Sein und Schein vertauschen sich in einem sinnenverwirrenden Gaukelspiel, die Gesetze des Raumes und der Zeit gelten nicht mehr. Der 1. Akt spielt am Hofe Kaiser Maximilians, zur Zeit der Renaissance. Mephistopheles als eben engagierter Hofnarr und Faust als zauberkundiger Magier haben dort zwei schwer vereinbare Aufgaben zu erfüllen: das von Anarchie und Staatsbankrott bedrohte Kaiserreich zu retten und den Hof gleichzeitig durch verschwenderische Lustbarkeiten zu unterhalten. Mit der Erfindung des Papiergeldes – als Wechsel auf die in der Erde vergrabenen Schätze – wird die erste Aufgabe trügerisch bewältigt. Ein rauschendes Karnevalsfest, bei dem Faust als Gott des Reichtums (Plutus) auftritt, löst auch das zweite Versprechen ein. Mit Hilfe von Mephistopheles gelingt es ihm auf dem Höhepunkt des Festes, ein Schauspiel zu inszenieren, in dem die aus der Geisterwelt herbeigezauberte Helena erscheint. Doch als Faust sich in das schöne Gespenst verliebt und nach ihm greift, löst sich der Spuk mit explosionsartigem Knall auf.

Schon während er am *Faust I* arbeitete, hatte Goethe (um 1800) einen Helena-Teil entworfen und mit Schiller erörtert. In einem Brief an WILHELM VON HUMBOLDT (22. Oktober 1826) schreibt er rückblickend:

> Es ist eine meiner ältesten Konzeptionen, sie ruht auf der Puppenspiel-Überlieferung, daß Faust den Mephistopheles genötigt, ihm die Helena zum Beilager heranzuschaffen. Ich habe von Zeit zu Zeit daran fortgearbeitet, aber abgeschlossen konnte das Stück nicht werden als in der Fülle der Zeiten, da es denn jetzt seine vollen 3000 Jahre spielt, von Troias Untergang bis zur Einnahme von Missolunghi. Dies kann man also auch für eine Zeiteinheit nehmen, im höhern Sinne; die Einheit des Orts und der Handlung sind aber auch im gewöhnlichen Sinne aufs genaueste beobachtet. Es tritt auf unter dem Titel: *Helena. Klassisch-romantische Phantasmagorie. Zwischenspiel zu Faust.*

Der kurze Blick, den Goethe hier in seine Arbeit gestattet, ist aufschlußreich; noch geht der Dichter davon aus, daß der Helena-Komplex ein für sich gesondertes, zwischen den beiden Teilen der Tragödie angesiedeltes Intermezzo ist. An der endgültigen Fassung ist zu erkennen, wie genial diese Konzeption noch einmal umgearbeitet wurde. Jetzt bildet die Helena-Episode den in das Ganze integrierten 3. Akt des Dramas. Als 2. Akt geht die »Klassische Walpurgisnacht« voran, die in einem gewaltigen, farbenprächtigen Bogen auf diesen Mittel- und Höhepunkt hinführt. Die paradox klingende Bemerkung Goethes, er habe über einen Zeitraum von dreitausend Jahren die Einheit des Ortes und der Handlung gewahrt, ist auf den Helena-Akt gemünzt; sie hat aber, auf die innere Logik der Handlung bezogen, auch ihren Sinn für das ganze Werk.

Faust findet sich mit dem flüchtig-theatralischen Auftritt Helenas am Kaiserhof nicht ab; er verlangt vom Teufel, daß er sie ihm leibhaft zuführe. Mephistopheles ist ratlos, weil er sich in der klassisch-antiken Unterwelt nicht auskennt. Nur mit Mühe gelingt ein Arrangement, wobei Homunculus, das Retortenprodukt des alten Faust-Famulus Wagner, unentbehrliche Hilfe leistet: Das in ein Fläschchen eingeschlossene menschliche Irrlicht möchte körperliche Gestalt annehmen und weist den Weg nach Griechenland, mitten hinein in die klassische Walpurgisnacht. Der an altdeutsche Verhältnisse gewöhnte Teufel tappt darin wie ein Tourist herum, will sich durch sexuelle Abenteuer für die Plackereien entschädigen und zeigt sich enttäuscht von der antiken Geisterwelt:

> Viel klüger, scheint es, bin ich nicht geworden;
> Absurd ists hier, absurd im Norden,
> Gespenster hier wie dort vertrackt,

Volk und Poeten abgeschmackt.
Ist eben hier ein Mummenschanz
Wie überall ein Sinnentanz.
Ich griff nach holden Maskenzügen
Und faßte Wesen, daß michs schauerte – . . .

Wenn es den Teufel schaudert, scheint das Heil des Menschen nahe zu sein. Aber auch Faust gelingt es nur, den farbigen Abglanz des Lebens zu erhaschen. Auf seiner Suche nach Helena begegnet er allen möglichen (und unmöglichen) Gestalten der griechischen Mythologie, bis die Wellen der entfesselten Walpurgisnacht über ihm zusammenschlagen, so wie die Meereswogen auch den Feuergeist Homunculus verschlingen. Als Helena dann endlich in Erscheinung tritt, ist Faust verschwunden, man weiß nicht, wohin. Mit wahrhaft diabolischem Witz werden jedoch die Handlungsfäden wieder zusammengeknüpft.

Der 3. Akt beginnt mit einem großartig-feierlichen Auftritt im Stil der attischen Tragödie, der indessen bald als ironische Imitation erkennbar wird. Heimgekehrt aus Troja, trifft die schöne Helena auf Phorkyas, eine unendlich häßliche Alte, hinter deren Maske sich Mephistopheles verbirgt. Phorkyas warnt Helena vor der blutigen Rache ihres Gatten Menelaos und empfiehlt ihr, auf die Burg eines benachbarten fränkischen Ritters auszuweichen, als welcher sich dann Faust zu erkennen gibt. Mummenschanz und Gaukelspiel auch hier – zuerst im pathetischen Ton der antiken Tragödie vorgetragen, als Komödie fortgesetzt, als Pastorale und Satyrspiel endend. Helena, die anfangs als klassische Heroine samt Chor auftritt, zieht die angenehme Gegenwart im mittelalterlich-romantischen Milieu ihres deutschen Verehrers dem tragischen Untergang vor. Sie repräsentiert das Ideal der Schönheit, zugleich aber eine Charakter- und Prinzipienlosigkeit, die der Abstraktheit dieses Schönheitsideals entspringt. Von Phorkyas/Mephistopheles als »erobert-marktverkauft-vertauschte Ware« bezeichnet, sagt Helena von sich selbst, daß sie keine Identität besitzt: »Selbst jetzo, welche denn ich sei, ich weiß es nicht.«

Aus dem kurzen Glück, das Faust mit Helena in einem arkadischen Hain verlebt, »entspringt« im wörtlichen Sinn Euphorion, ein poetischer Genius, dessen »Wesen« in unaufhörlicher Bewegung besteht. Goethe hat in dieser Gestalt seine Sympathie für den englischen Dichter LORD BYRON (1788–1824) anklingen lassen, der nach rastlosen Reisen, an der griechischen Befreiungsbewegung teilnehmend, in noch jungen Jahren in Mesolongion/Missolunghi gestorben war. Im Nu vom Kleinkind zum Knaben, vom Knaben zum Jüngling werdend, rennt Euphorion den Mädchen nach, hüpft von Berg zu Berg, wirft sich in ein Kampfgetümmel, das den Freiheitskampf der Griechen andeutet, und zerschellt vor den Augen seiner Eltern wie Ikarus. So endet auch dieser Traum, die Vermählung des nach dem Lebenssinn suchenden Faust mit dem abstrakten Ideal der Schönheit. Mit Euphorion verschwindet Helena. Faust behält von ihr nur Kleid und Schleier in den Händen, die sich in Wolken verwandeln und ihn in die Lüfte entführen; Mephistopheles sammelt unterdessen die Kleider des Knaben Euphorion auf, um sie, wie er sagt, gegebenenfalls an mittelmäßige Poeten auszuleihen.

Nach einem Zwischenspiel (4. Akt), in dem Faust und Mephisto dem Kaiser noch einmal beistehen und eine aussichtslose Schlacht gewinnen helfen, stürzt Faust sich in sein letztes großes Abenteuer. Vom Kaiser mit großen Ländereien belohnt, geht er daran, die Meeresufer durch Dämme, Deiche und Kanäle zu regulieren, um sichere Häfen für den Überseehandel zu schaffen. Als Großunternehmer und Kolonisator handelt er nach der Devise: »Herrschaft gewinn ich, Eigentum! / Die Tat ist alles, nichts der Ruhm.« Rücksichtslos gibt er seinem Aufseher (Mephistopheles) die Anweisung, zwei alte Leute (Philemon und Baucis) aus ihrem Häuschen zu vertreiben, und jener nutzt die Gelegenheit, Fausts Schuldkonto zu erhöhen: Er brennt die Hütte ab, die Alten kommen um.

Fausts Ende

Wie im Finale einer großen Fuge verdichten sich die Hauptmotive des Dramas noch einmal in Fausts Kampf gegen den Tod und den Teufel. Das Eintreffen einer reichen Schiffsladung und die Nachricht von dem Verbrechen an Philemon und Baucis folgen unmittelbar aufeinander. Dann wechselt die Szene: »Mitternacht. Vier graue Weiber treten auf«. Drei dieser Allegorien – Mangel, Schuld und Not – können Faust nichts anhaben, weil er auf dem Höhepunkt seiner Macht und seines Reichtums steht. Die vierte schleicht sich durchs Schlüsselloch ein: die Sorge. Faust streitet mit ihr, will ihre Macht nicht anerkennen und verjagt sie. Doch die Sorge haucht ihn an, und er erblindet. Faust richtet sich noch einmal auf, trommelt seine Arbeiter zu einem neuen gigantischen Werk, zur Trockenlegung eines großen Sumpfs, zusammen. Er ist entzückt über das Geräusch der Spaten und Schaufeln, und bemerkt nicht, daß es dämonische Wesen (Lemuren) sind, die sein Grab ausheben. Blind und zugleich mit seherischer Ekstase entwirft er eine letzte große Vision, die – zum ersten Mal und doch zu spät – eine soziale Utopie umschließt. Er stirbt mit den Worten:

Grablegung Fausts, nach einer Zeichnung von M. Retzsch, 1836

> Das letzte wär' das Höchsterrungene.
> Eröffn' ich Räume vielen Millionen,
> Nicht sicher zwar, doch tätig-frei zu wohnen.
> . . .
>
> Solch ein Gewimmel möcht ich sehn,
> Auf freiem Grund mit freiem Volke stehn!
> Zum Augenblicke dürft ich sagen:
> Verweile doch, du bist so schön!
> Es kann die Spur von meinen Erdentagen
> Nicht in Äonen untergehn. –
> Im Vorgefühl von solchem Glück
> Genieß ich jetzt den höchsten Augenblick.

Der Teufel hat die Wette nur halb gewonnen, der Mensch hat sie nicht ganz verloren. In dieses resignierte Eingeständnis mischen sich bei Mephistopheles Erschütterung und Trauer angesichts des toten Faust:

MEPH.: Ihn sättigt keine Lust, ihm genügt kein Glück,
So buhlt er fort nach wechselnden Gestalten;
Den letzten, schlechten, leeren Augenblick,
Der Arme wünscht ihn festzuhalten.
Der mir so kräftig widerstand,
Die Zeit wird Herr, der Greis liegt hier im Sand.
Die Uhr steht still –
CHOR: Steht still! Sie schweigt wie Mitternacht.
Der Zeiger fällt.
MEPH.: Er fällt! es ist vollbracht.

Kühn läßt Goethe den Teufel das letzte Wort des Erlösers am Kreuz aussprechen. Der Chor der Lemuren korrigiert:

CHOR: Es ist vorbei.
MEPH.: Vorbei: Ein dummes Wort. Warum vorbei?
Vorbei und reines Nichts: vollkommnes Einerlei!
Was soll uns denn das ew'ge Schaffen!
Geschaffenes zu nichts hinwegzuraffen!
»Da ist's vorbei!« Was ist daran zu lesen?
Es ist so gut als wär es nicht gewesen,
Und treibt sich doch im Kreis, als wenn es wäre.
Ich liebte mir dafür das Ewig-Leere.

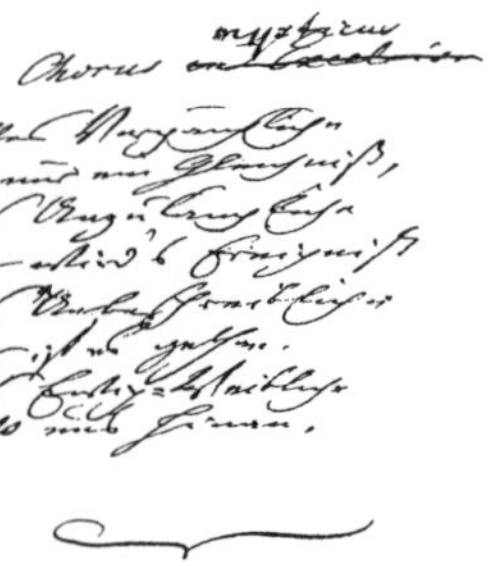

Goethe-Autograph der Schlußverse von »Faust. Zweiter Teil«

Am Ende scheint sogar der Teufel die Lust verloren zu haben, sich um den mißratensten Teil der göttlichen Schöpfung zu kümmern. Noch einmal schlägt die Tragödie in eine Farce um: Zwar läßt Mephistopheles, wie es sich auf dem Theater gehört, einen stattlichen Höllenrachen aufstellen und befiehlt seinem satanischen Gefolge, den Leichnam Fausts zu bewachen, damit ihm dessen Seele nicht entschlüpfe. Aber die gleich darauf herabschwebenden Himmlischen Heerscharen bombardieren die Höllengeister derart mit Rosen, daß diese die Flucht ergreifen. Mephisto selbst verliebt sich in die schönen Engel (»Die Racker sich doch gar zu appetitlich!«) und versäumt darüber den Augenblick, in dem »Faustens Unsterbliches« entführt wird. Auf diese dem Operettentheater würdige Burleske folgt das oratorienhafte Schlußtableau, Fausts mystische Verklärung.

Mythologie und Allegorik

»Wir müssen eine neue Mythologie haben, diese Mythologie aber muß im Dienste der Ideen stehen, sie muß eine Mythologie der Vernunft werden.«

(Friedrich Schelling, 1796)

Über weite Strecken ist *Faust II* ein Reigen mythologischer Figuren und Bilder, deren Bedeutung nicht immer leicht zu verstehen ist. Bereits die karnevalistische Mummenschanz im 1. Akt bietet ein Kaleidoskop allegorischer Gestalten. In der Klassischen Walpurgisnacht tritt eine ganze Enzyklopädie antiker Halb- und Viertelgötter in Erscheinung. Aber auch Fausts Himmelfahrt am Schluß wird eingerahmt von sonderbaren Heiligen wie »Pater Profundus«, »Pater Seraphicus« oder »Doctor Marianus«. Die ungeheure Fülle von Bildung und Gelehrsamkeit, die dahintersteckt, könnte einschüchtern oder müßte langweilen, wenn es dem Dichter darum zu tun gewesen wäre, sein Wissen auszubreiten oder klassisch-philologische Traditionen neu zu beleben. Das Gegenteil ist der Fall. Goethe plündert bedenkenlos den Fundus der antiken und christlichen Überlieferung, um sich daraus eine eigene, höchst artifizielle Mythologie zusammenzubauen. Nach Belieben verändert er oder erfindet neu, was die Mythenforschung zum unveräußerlichen Besitz zählte. Die Furien im Maskenzug des 1. Akts sind keine gräßlichen Dämonen, sondern hübsche junge Mädchen. Nereus, eine archaische Meeresgottheit, die von den Griechen als milder und gütiger Ratgeber verehrt wurde, erscheint in der Klassischen Walpurgisnacht als unleidiger Misanthrop. Ausgerechnet die chthonischen Urwesen der Phorkyaden, die für das Ewig-Unveränderliche stehen, lassen sich von Mephistopheles bei ihrer Eitelkeit packen und borgen ihm ihr abgrundhäßliches Gesicht. Von der Elite der olympischen Götter und Göttinnen läßt sich niemand blicken. Dagegen wimmelt es von mehr oder weniger schimärischen Fabelwesen: Sphinxe, Greifen, Riesenameisen, Pygmäen, Kraniche, dazwischen herumirrend auch zwei vorsokratische Philosophen, Thales und Anaxagoras, die ihre alten Theorien über den ozeanischen und vulkanischen Ursprung der Welt diskutieren. Der Urgott Seismos tritt auf und zettelt ein veritables Erdbeben an; später saust ein Mondmeteorit auf die Erde herab. Den Philosophen Thales kann es sowenig erschüttern wie die Naturgötter: »Sei ruhig! Es war nur gedacht.« Sie alle spotten tiefsinniger Interpretation, sie spielen Komödie. Es darf und soll herzlich gelacht werden. Exemplarisch die Szene, in der Thales den kleinen, in seiner Phiole leuchtenden Homunculus mit dem uralten Proteus bekannt macht:

Antike Fabelwesen in Bertuchs »Bilderbuch für Kinder«

THALES: Wo bist du, Proteus?
PROTEUS: (bauchrednerisch, bald nah, bald fern):
Hier! und hier!
THALES: Den alten Scherz verzeih' ich dir;
Doch einem Freund nicht eitle Worte!
Ich weiß, du sprichst vom falschen Orte.
PROTEUS (als aus der Ferne):
Leb wohl!
THALES (leise zu Homunculus):
Er ist ganz nah. Nun leuchte frisch!
Er ist neugierig wie ein Fisch;
Und wo er auch gestaltet stockt,
Durch Flammen wird er hergelockt.
HOMUNCULUS: Ergieß ich gleich des Lichtes Menge,
Bescheiden doch, daß ich das Glas nicht sprenge.
PROTEUS (in Gestalt einer Riesenschildkröte):
Was leuchtet so anmutig schön?

Die Respektlosigkeit vor der Antike, mit der Goethe sein Panoptikum aufmarschieren läßt, verblüfft, weil es so provozierend »unklassisch« ist. Sinn ergeben die mythischen Fabelwesen nur, wenn man ihre Künstlichkeit, ihre Unechtheit als dichterische Absicht versteht: In der Klassischen Walpurgnisnacht wird nicht die Antike, sondern das moderne Verständnis von ihr karikiert. Es sind nur erdachte oder erträumte Gestalten, die das nächtliche Bacchanal durchtanzen. Man erinnert sich, wo der Ausflug nach Hellas seinen Ausgang nahm: Während Faust in seinem alten Studierzimmer schläft und von Helena träumt, konstruiert der Wissenschaftler Wagner den synthetischen Menschen, ein Fertigprodukt, das da ist, ohne geworden zu sein. Homunculus, nicht Mephistopheles, ist der Reiseführer in die griechische Walpurgisnacht. Die klassische Vergangenheit besteht nur aus den Ideen und Bildern, die die Gegenwart in sie hineinprojiziert. Faust, der mit dem freundlichen Kentauren Chiron die Suche nach Helena beginnt, sagt zu ihm: »Du sahst sie einst; *heut* hab ich sie gesehen.«

Das farben- und bilderreiche Spiel der »3000 Jahre«, die der zweite Teil der Faust-Dichtung umfaßt, ist eine kritische Darstellung der Moderne. So muß auch Goethes rätselhafter Satz: »Die Einheit des Orts und der Handlung sind aber auch im gewöhnlichen Sinne aufs genaueste beobachtet« verstanden werden. In der Mummenschanz am Kaiserhof tritt Faust als Plutus verkleidet auf; seinen Karnevalswagen dirigiert der »Knabe Lenker«, der sich selbst als Allegorie der Poesie bezeichnet. Später, im letzten Akt, wirft Faust die Maske ab; er *ist* der neue Gott des Reichtums, der Kapitalist, und die Poesie zu seinem Abgang bleibt den Himmelschören überlassen.

Unter den zahllosen Nachahmungen und Neuschöpfungen der Faust-Dichtung ragen diejenigen hervor, die – wie das Original – Auskunft geben über die unüberschaubar und fremd gewordene Realität der Moderne. HENRIK IBSENS *Peer Gynt* (1867) ist ein solches Beispiel auf dramatischem, GUSTAVE FLAUBERTS Roman *Bouvard et Pécuchet* (1881 als Fragment publiziert) auf epischem Gebiet. Der etablierten bürgerlichen Gesellschaft wird in beiden Werken ein Spiegel vorgehalten, der in poetischen Vexierbildern die Gegenwart schonungslos analysiert: bei Ibsen in der Karikatur des vermeintlich freien und »natürlichen« Selbstbewußtseins, bei Flaubert als Parodie auf den Fortschrittsoptimismus und Wissenschaftspositivismus des 19. Jahrhunderts. Angesichts der anonymen Gesetze, welche die kapitalistische Warenproduktion und Massengesellschaft beherrschen, blamiert sich der Gedanke der individuellen Bildung und Erziehung, und Goethes Faust ist nicht die Gegenfigur zu dieser Entwicklung, sondern ihr erster Protagonist.

Ein groteskes Beispiel für das Mißverstehen dieses Zusammenhangs bietet die jüngere deutsche Geschichte. Die *Faust*-Oper, die Hanns Eisler in den fünfziger Jahren in der DDR auf die Bühne zu bringen versucht, scheitert am Widerstand der SED-Kulturbürokratie. Daß Faust in diesem Werk als Verräter an der Revolution und an den Interessen des Volkes dargestellt wird, paßt den Ideologen nicht in den Kram, die das »klassische Erbe« der deutschen Literatur für sich reklamieren. Walter Ulbricht erklärt auf der 2. Bitterfelder Konferenz (1964), daß der sozialistische Aufbau in der DDR der »Faust III«, die Vollendung des Goetheschen Werkes sei. In das Gelächter, das diese These hätte hervorrufen können, brach aber auch auf westlicher Seite niemand aus: Auch hier wurde Goethes *Faust* als allgemeines Menschheitsdrama begriffen und als Verkörperung des »Humanen« schlechthin gefeiert.

BIEDERMEIER UND VORMÄRZ

Um 1800 wird die Generation von Schriftstellerinnen und Schriftstellern geboren, die in noch jugendlichem Alter den Siegeszug Napoleons durch Europa und seine militärische und politische Niederlage mitbekommen, die erwachsen werden in der Zeit der metternichschen Restauration und die fast alle als Zeitzeugen die erste deutsche Revolution in den Jahren 1848/49 erleben. Für die einen ist Napoleon Verkünder neuer Freiheiten, für die anderen eine Geißel Gottes. CHRISTIAN DIETRICH GRABBE (1801–1836) läßt den französischen Kaiser in der Schlußszene seines Dramas *Napoleon oder Die hundert Tage*, im Druck 1831 erschienen, prophezeien:

Bürgerfamilie im Biedermeier

Statt eines großen Tyrannen, wie sie mich zu nennen belieben, werden sie bald lauter kleine besitzen, – statt ihnen ewigen Frieden zu geben, wird man sie in einen ewigen Geistesschlaf einzulullen versuchen, statt der goldenen Zeit, wird eine sehr irdene, zerbröckliche kommen, voll Halbheit, albernen Lugs und Tandes.

In den folgenden dreieinhalb Jahrzehnten sind restaurative und revolutionäre Tendenzen kompliziert ineinander verschlungen. Die Epoche von 1815 bis 1848/49 ist nicht zufällig durch zwei widersprüchliche Begriffe geprägt: »Biedermeier« und »Vormärz«. Mit Biedermeier verbindet sich die Vorstellung einer unglaubwürdigen Idylle, der Rückzug in eine freiwillig/unfreiwillige Privatheit, eine reaktionäre und epigonale Literatur; mit Vormärz assoziiert man die fortschrittlichen Elemente dieser Zeit, die untergründigen Vorbereitungen auf die Märzrevolution des Jahres 1848, eine Literatur mit freiheitlichen und sozialpolitischen Zielen. Die Vertreter des Biedermeier gelten als beschaulich und rückwärtsgewandt, die des Vormärz als vorwärtstaumelnde oder -stürmende Neuerer.

»Der Denker-Club«.
Anonyme Lithographie um 1835

Literaturfehden, beißende und bittere Kommentare gehören zur Tagesordnung des literarischen Umgangs. Die Fronten scheinen übersichtlich und sind doch höchst verworren. HEINRICH HEINE (1797–1856) läßt sich 1838 voller Sarkasmus über EDUARD MÖRIKE aus:

Man sagt mir, er besingt nicht bloß Maikäfer, sondern sogar Lerchen und Wachteln, was gewiß sehr löblich ist. Lerchen und Wachteln sind wahrhaftig wert, daß man sie besinge, nämlich wenn sie gebraten sind.

Heine wettert gegen eine harmlose »Gelbveigelein-Poesie«. Mörike empört sich fast fünfzig Jahre später über die haltlose Anbiederei eines FERDINAND FREILIG-

RATH (1810–1876), der im Vormärz so radikal getönt hatte und nach der Reich
einigung den vaterländischen Jubelgesang auf die siegreiche Germania von Bi
marcks Gnaden anstimmt. Mörikes Kommentar:

> Bei euren Taten, euren Siegen,
> Wortlos, beschämt hat mein Gesang geschwiegen,
> Und manche, die mich darum schalten,
> Hätten auch besser den Mund gehalten.

Karl Ludwig Sand ermordet Kotzebue (1819)

Tradition und Fortschritt liegen im Widerstreit; es gärt, und gleichzeitig lie
eine bleierne Ruhe über dem Land. Liberale und demokratische Zeitgenosse
empfinden vor allem die zwanziger Jahre dieses Jahrhunderts als Zeitalter läh
mender Stagnation und Langeweile. Der deutsche Michel schläft seinen geruh
samen Schlaf, ihn vermag nichts zu wecken.
Die Hoffnung auf einen Frühling der Völker wird durch den Wiener Kongre
zunichte gemacht. Sieger bleiben die Feudalmächte: Preußen, Rußland un
Österreich schmieden die »Heilige Allianz« und restaurieren die alte Ständeord
nung; Thron und Altar bilden die Grundfesten. In Deutschland schließen sic
die souveränen Fürsten und vier freie Städte zum Deutschen Bund zusamme
Zunächst 41, später 38 Partikularstaaten entstehen, die – nach innen selbständi
– alle ein einheitliches Ziel verfolgen: den Erhalt feudalaristokratischer Her
schaft und die Bekämpfung von nationalstaatlichen Bürgerbewegungen. Für di
literarische Produktion folgenreich sind die Karlsbader Beschlüsse aus dem Jahr
1819. Der Burschenschaftler Karl Ludwig Sand ermordet am 23. März desse
ben Jahres den Schriftsteller AUGUST VON KOTZEBUE, der als Agent des russ
schen Zaren gilt. Ein willkommener Anlaß für den österreichischen Staatskanz
ler Fürst Metternich, mit drakonischen Maßnahmen gegen alles Unruhestiftend
vorzugehen. Die Karlsbader Beschlüsse enthalten das Verbot der patriotisch ge
sonnenen Burschenschaften und die strenge Überwachung der Universitäte
durch Staatskommissare. Alle Zeitungen und Zeitschriften werden einer Vor
zensur unterworfen, die auch für jedes Druckerzeugnis unter 20 Bogen (das sin
320 Seiten) gilt; in Mainz wird ein »Centralinformationsbüro« eingerichtet zu
Überwachung aller »revolutionären Umtriebe und demagogischen Verbindun
gen«.
»Je unfreier ein Volk, desto romantischer ist seine Poesie«, schreibt LUDWI
BÖRNE und verleiht damit dem Mißtrauen seiner Generation gegen die Roman
tik Ausdruck. Die Romantik ist für die Jungdeutschen und Vormärzliterate
reiner Obskurantismus; sie verachten die Mittelalterbegeisterung der Romanti
ker als bewußte Ignorierung der Französischen Revolution und kritisieren di
Wiederbelebung des Katholizismus. Der Hofrat Goethe ist in ihren Augen ei
Lakai des Systems, ein »Fürstendiener« und »Stabilitätsnarr«. GOETHE selbs
spart nicht mit despektierlichen Äußerungen über seine jüngeren Zeitgenosser
aber sein Stern leuchtet so unübertroffen, daß sich diese nur durch Haß un
Polemik von ihm absetzen können. Zu den aggressivsten Kritikern gehört HEIN
RICH HEINE, der sein Leben lang ein ambivalentes Verhältnis zu Goethe ha
weil dieser ihn herausfordert und zugleich abstößt. 1827 schreibt Heine in einer
Brief:

Daß ich dem Aristokratenknecht Göthe mißfalle, ist natürlich. Sein Tadel ist ehrend, seitdem er alles Schwächliche lobt. Er fürchtet die anwachsenden Titanen. Er ist jetzt ein abgelebter Gott, den es verdrießt, daß er nichts mehr erschaffen kann.

Die Europamüden.

Modernes Lebensbild

von

E. Willkomm.

Erster Theil.

Leipzig,

Julius Wunders Verlags-Magazin.

1838.

Als großer Antipode zu Goethe gilt Jean Paul; er wird literarisch wie politisch als Vorbild gefeiert. Börne hält anläßlich seines Todes 1825 eine mitreißende Gedenkrede. Heinrich Heine feiert ihn in seiner 1835 in Paris abgeschlossenen ingeniösen Literaturgeschichte, der *Romantischen Schule*, im Gegensatz zu Goethe, dem eitle Selbstgefälligkeit vorgeworfen wird, als unangepaßten Zeitschriftsteller:

Man hat ihn den Einzigen genannt. Ein treffliches Urteil, das ich jetzt erst ganz begreife, nachdem ich vergeblich darüber nachgesonnen, an welcher Stelle man in einer Literaturgeschichte von ihm reden müßte. Er ist fast gleichzeitig mit der romantischen Schule aufgetreten, ohne im mindesten daran Teil zu nehmen, und eben so wenig hegte er später die mindeste Gemeinschaft mit der Goetheschen Kunstschule. Er steht ganz isoliert in seiner Zeit, eben weil er, im Gegensatz zu den beiden Schulen, sich ganz seiner Zeit hingegeben und sein Herz ganz davon erfüllt war. Sein Herz und seine Schriften waren eins und dasselbe. Diese Eigenschaft, diese Ganzheit finden wir auch bei den Schriftstellern des heutigen jungen Deutschlands, die ebenfalls keinen Unterschied machen wollen zwischen Leben und Schreiben, die nimmermehr die Politik trennen von Wissenschaft, Kunst und Religion, und die zu gleicher Zeit Künstler, Tribune und Apostel sind.

Heine deutet als neues Ziel ein literarisches und politisches Programm an, nach dem sich die Schriftsteller in Einklang mit der Zeit befinden sollen. Auf der Suche nach eigener Identität, umgeben von hohler Mittelmäßigkeit, ziehen sich die einen – wie Annette von Droste-Hülshoff und Eduard Mörike – in eine von Dämonie beherrschte Idylle zurück; andere, wie Ludwig Börne, Heinrich Heine, Georg Büchner und die jungdeutschen Autoren, wollen die Stickluft mit jugendlichem Überschwang vertreiben – schreiben gegen die Zeit an. Ob »biedermeierlich« oder »vormärzlich«, die Werke der Schriftsteller in den Jahren 1815 bis 1848 sind durchzogen von Ohnmacht und offener oder verdeckter Rebellion. Die Romantitel der dreißiger Jahre bringen diesen Schwebezustand melancholisch zum Ausdruck. Karl Immermann (1796–1840) schreibt seit 1830 an seinem Roman *Die Epigonen*, der 1836 publiziert wird. In einem Brief an seinen Bruder merkt er an, die Gegenwart leide an einem »ganz eigentümlichen Siechtum«; sie habe ihre Traditionen zu leicht erworben, so daß sie »an einem gewissen geistigen Überfluß kranke«. Ernst Adolf Willkomm (1810–1886) veröffentlicht 1838 seinen Roman *Die Europamüden*, in dem die junge Generation gegen die Langeweile und Dumpfheit aufbegehrt: »Da seufze, ringe und rase ich nur nach einer Tat, dem einzigen, was der Zeit not tut.« Heinrich Laube (1806–1884) zeichnet in seinem dreibändigen Prosawerk *Das junge Europa* (1833–37) die Abenteuer einer Gruppe junger Männer und Frauen nach, die im ersten Teil ihren großen Aufbruch erleben und im dritten Teil als Gescheiterte enden. Alexander von Ungern-Sternberg (1806–1868) gibt mit seiner zweihundert Seiten langen Novelle *Die Zerrissenen* (1832) das Stichwort für die Gefühle von Lebensekel und Zeitüberdruß.

Grandville, »Dampfkonzert« (1844)

Th. Hosemann, »Dampffrau mit Dampfbedientem«

Die Stagnation im politisch-gesellschaftlichen Bereich geht einher mit den Anfängen der industriellen Revolution. FRIEDRICH ENGELS analysiert die Lage in Deutschland: »Jede politische Niederlage der Bourgeoisie zog einen Sieg auf dem Gebiet der Handelsgesetzgebung nach sich.« Obwohl der preußische König nach 1815 seine versprochene Verfassung stillschweigend unter den Tisch fallen läßt, gewährt er Gewerbefreiheit, reformiert die Gemeindeverwaltung und lockert die Abhängigkeit der Bauern. Der Deutsche Zollverein 1834 erleichtert die Marktbedingungen für die industrielle Produktion. Obwohl immer noch über siebzig Prozent der Bevölkerung auf dem Land leben, wachsen die Städte an; zwischen 1816 und 1846 erhöht sich die Zahl der Arbeiter um das Dreifache auf 550 000 (gegenüber 1,4 Millionen Landarbeitern). Der Ausbau des Verkehrswesens, vor allem der Eisenbahnbau, läßt die räumlichen und zeitlichen Distanzen beängstigend schrumpfen. Die Erfindung neuer Druckerpressen verändert die Bedingungen der literarischen Produktion. Ein von Dampf getriebenes Zeitalter beginnt, die alten, vertrauten Verhältnisse umzukrempeln.
Diese Beschleunigung löst bei den Schriftstellern Angst und Unsicherheit aus; sie fordert zur Satire heraus oder wird begrüßt als Vorbote einer größeren gesellschaftlichen Umwälzung.

Th. Hosemann, »Das Ende von Dampffrau und Dampfbedientem«

DIE »ZEIT-SCHRIFTSTELLER«

Der neue Typus des freien Schriftstellers, der sich schon im 18. Jahrhundert herausgebildet hatte, etabliert sich auf der Grundlage eines modernisierten Verlagswesens. Der Literaturmarkt expandiert durch schnellere Produktionsverfahren (die Zahl der edierten Titel steigt von 4505 Titeln im Jahre 1821 auf über 11 000 Titel 1840). Die Herausgabe neuer Zeitschriften und Zeitungen eröffnet den Literaten die Möglichkeit, unabhängig von einem feudalen Mäzen oder einem sicheren Brotberuf sich als »Berufsschriftsteller« zu etablieren. Selbst wenn sie oft kümmerlich leben oder nach langen Jahren sichere Staatsstellen einnehmen, finden sie als Redakteure oder fest angestellte Journalisten zumindest zeitweise ein Auskommen – falls die Zensur ihnen nicht einen Strich durch die Rechnung macht. Die Zentren der literarischen Produktion verschieben sich von den Residenzstädten in die größeren Handelsstädte wie Köln, Berlin, Hamburg, Frankfurt, Leipzig, München und Stuttgart – dorthin, wo bekannte Verlage und Zeitschriften angesiedelt sind, wo sich eine angeregtere Atmosphäre in Lesezirkeln und Kaffeehäusern entfaltet. Neue literarische Genres entstehen: das Feuilleton, Reisereportagen und -briefe, aktuelle Zeitkommentare. Der Schriftsteller steigt aus der Dachstube hinab und tritt in die Öffentlichkeit.

Ludwig Börne

Als erster hat LUDWIG BÖRNE (1786–1837) die Aufgabe des »Zeit-Schriftstellers« in der Ankündigung der Zeit-Schrift *Waage* im Jahre 1818 definiert. In Abgrenzung zur klassisch-romantischen Auffassung vom Dichter soll der Zeit-Schriftsteller »als Triebwerk selbst (dienen), welches die Gänge der Zeit regelmäßig erhält und ihre Fortschritte abmißt«; er soll »die Aussagen der Zeit erlauben, ihr Mienenspiel deuten und beides niederschreiben«. Börne will nicht Geschichtsschreiber, er möchte »Geschichtstreiber« sein.

Am 6. Mai 1786 kommt er als Juda Löw Baruch im Frankfurter Ghetto zur Welt. Sein Vater ist ein einflußreicher Bankier; das streng orthodoxe geistige Klima der Frankfurter jüdischen Gemeinde prägt seine Jugendzeit. Frühzeitig interessieren den jungen Börne die politischen Wissenschaften; 1808 schließt er sein Studium mit der Promotion in Gießen ab. Der Versuch, ein geregeltes Berufsleben aufzunehmen, scheitert. Von 1811 bis 1815 ist Louis Baruch als Beamter in der Frankfurter Polizeiverwaltung tätig. Dann wird er entlassen, denn nach dem Sieg über die Franzosen werden die von Napoleon gewährten Bürgerrechte, die Juden kaufen konnten, aufgehoben; Baruch darf als Jude nicht mehr Staatsdiener sein. Der junge Mann beginnt zu schreiben: als freier Journalist, Korrespondent und Zeitschriftenherausgeber. 1818 nimmt er den »christlich« klingenden Namen Ludwig Börne an und läßt sich evangelisch taufen. Drei Jahre lang, bis 1821, gibt er *Die Waage* heraus, eine »Zeitschrift für Bürgerleben, Wissenschaft und Kunst«. Er arbeitet als regelmäßiger Korrespondent für das Stuttgarter »Morgenblatt für gebildete Stände« und für andere Zeitschriften. 1828 erscheinen seine *Gesammelten Schriften.* Die Zensur wird sein ständiger Begleiter; Börne erlernt die Kunstfertigkeit des indirekten Schreibens. Sein Ehrgeiz ist auf die politische Publizistik gerichtet; mit den Mitteln der Satire, der Ironie und des Witzes spitzt er seine Feder, um gegen die Mißstände der Zeit zu polemisieren.

Schon frühere Reisen nach Paris begeisterten Börne für das freiere Klima der französischen Metropole. 1830 geht er ins Pariser Exil, ermutigt durch die Julirevolution, den Sturz der Bourbonen-Herrschaft.

Im Berliner Lesecafé (1832)

Ludwig Börne (um 1830)

Briefe aus Paris

Im französischen Exil schreibt Börne sein einziges großes, zusammenhängendes Werk, die *Briefe aus Paris.* In 115 Briefen, verfaßt in der Zeit vom September 1830 bis zum März 1833 und veröffentlicht in den Jahren 1831–34, teilt Börne seiner langjährigen Freundin und Gesprächspartnerin Jeanette Wohl Tagesneuigkeiten, staatsphilosophische Überlegungen, Erlebnisse und Erfahrungen, Salongetuschel und Modetorheiten, flammende Bekenntnisse zu den Menschenrechten und bissige Kommentare über die Entwicklung in Deutschland mit. Er ereifert sich über den Betrug am Volk durch den französischen Bürgerkönig Louis Philippe und nimmt leidenschaftlich Partei für die patriotischen Polen. Börne ist ein unermüdlicher Aufklärer; befreit von den Fesseln der Zensur, streitet er für Freiheit, Wahrheit und Gerechtigkeit. Früher ein Verfechter der kon-

stitutionellen Monarchie, ein radikaler Liberaler, wandelt er sich in Paris unte
dem Einfluß der Saint-Simonisten und im Kontakt mit revolutionären deutsche
Emigrantengruppen zum entschiedenen Republikaner. In seinem 9. Brief vor
6. Oktober schreibt er:

Gott hat die Fürsten mit Blindheit geschlagen, und sie werden in ihr Verderben renner
Sie haben die ruhigsten und gutmeinendsten Schriftsteller mit Haß und Verachtung be
handelt, sie haben nicht geduldet, daß die Beschwerden und Wünsche des Volkes in fried
licher Rede verhandelt würden, und jetzt kommen die Bauern und schreiben mit ihre
Heugabeln, und wir wollen sehen, ob sich ein Zensor findet, der das wegstreicht. Die alte
Künste, in jedes aufrührerische Land fremdes Militär zu legen, Nassauer nach Darmstad
Darmstädter nach Nassau, werden nicht lange ausreichen. Wenn einmal der Soldat zu
Einsicht gekommen, daß er Bürger eher ist als Soldat, und wenn er einmal den große
Schritt getan, blinden Gehorsam zu verweigern, dann wird er auch bald zur Einsich
kommen, daß alle Deutschen seine Landsleute sind, und wird nicht länger um Tageloh
ein Vater- und Brudermörder sein. Alle alten Dummheiten kommen wieder zum Vor
schein, nicht eine ist seit fünfzehn Jahren gestorben.

Börnes *Briefe aus Paris* begründen ein geschliffenes, anspruchsvolles Feuilleton
das es bisher in Deutschland nicht gegeben hatte. Die jungdeutschen Zeitgenos
sen fühlen sich durch seine Unerschrockenheit ermutigt. Karl Kraus un
Alfred Kerr beziehen sich fast hundert Jahre später auf ihn als Vorbild.
Bestimmend für seine literarisch-politische Publizistik ist die Erfahrung, imme
wieder mit seiner jüdischen Herkunft konfrontiert zu werden. Im 74. Brief setz
sich Börne mit dieser zwiespältigen Rolle auseinander, die ihm Quelle für sei
Streben nach Unabhängigkeit ist:

Es ist wie ein Wunder! Tausend Male habe ich es erfahren, und doch bleibt es mir ewi
neu. Die einen werfen mir vor, daß ich ein Jude sei; die anderen verzeihen mir es; de
dritte lobt mich gar dafür; aber alle denken daran. Sie sind wie gebannt in diesem magi
schen Judenkreise, es kann keiner hinaus. Auch weiß ich recht gut, woher der böse Zaube
kommt. Die armen Deutschen! Im untersten Geschosse wohnend, gedrückt von den siebe
Stockwerken der höhern Stände, erleichtert es ihr ängstliches Gefühl, von Menschen z
sprechen, die noch tiefer als sie selbst, die im Keller wohnen. Keine Juden zu sein, tröste
sie dafür, daß sie nicht einmal Hofräte sind. Nein, daß ich ein Jude geboren, das hat mic
nie verbittert gegen die Deutschen, das hat mich nie verblendet. Ich wäre ja nicht wert
das Licht der Sonne zu genießen, wenn ich die große Gnade, die mir Gott erzeigt, mic
zugleich ein Deutscher und ein Jude werden zu lassen, mit schnödem Murren bezahlte -
wegen eines Spottes, den ich immer verachtet, wegen Leiden, die ich längst verschmerzt
Nein, ich weiß das unverdiente Glück zu schätzen, zugleich ein Deutscher und ein Jud
zu sein, nach allen Tugenden der Deutschen streben zu können und doch keinen ihre
Fehler zu teilen. Ja, weil ich als Knecht geboren, darum liebe ich die Freiheit mehr als ihr
Ja, weil ich die Sklaverei gelernt, darum verstehe ich die Freiheit besser als ihr.

Die Literaturfehde Börne/Heine

Zu den Merkwürdigkeiten und Absurditäten der dreißiger Jahre im Pariser Exil gehört das Zerwürfnis zwischen LUDWIG BÖRNE und HEINRICH HEINE, die beide für die jungdeutschen Schriftsteller die großen Wegweiser sind. Ihre frühere Wertschätzung füreinander verliert sich mehr und mehr; die unterschiedlichen Auffassungen über die soziale und künstlerische Funktion der Literatur werden unüberbrückbar. Börne ist es, der als erster öffentlich die Polemik gegen Heine beginnt. Er brandmarkt ihn als käuflichen Opportunisten, der jedem geschickt nach dem Mund zu reden verstehe (*Briefe aus Paris*, 109. Brief), der keine Gesinnung habe, der einen »lüderlichen« Lebenswandel führe und der literarisch einem unverbindlichen Ästhetizismus huldige. Heine schweigt zu diesen Vorwürfen. Erst nach Börnes Tod am 12. Februar 1837 beginnt er an seiner Denkschrift über Ludwig Börne zu arbeiten, die 1840 veröffentlicht wird. Heines Schrift ist eine Zeitstudie; Börne steht für einen bestimmten Typus des engagierten Schriftstellers, den Heine ablehnt. Zusammengefaßt in der knappen Formel »Kein Talent, doch ein Charakter«, trägt Heine selbst mit dazu bei, seine eigene Position als charakterlos, aber talentvoll zu bezeichnen: Das Bild vom »charakterlosen Poeten« wird von ihm geprägt. Die Unterschiede zu Börne sind politischer, literarischer und persönlicher Natur. Börne begeistert sich für den Polen-Aufstand; für Heine sind diese Ereignisse warnendes Beispiel, daß eine Revolution mit unklaren Zielen scheitern muß. Börne beteiligt sich am Hambacher Fest 1832; für ihn sind die rund 30 000 Teilnehmer Garanten eines anderen Deutschland. Heine mokiert sich über die tatenlose, aber redselige Euphorie der Republikaner. Er lehnt bei Börne und seinen Anhängern deren emphatischen

Revolutionsbegriff ab. Ästhetisch ist er ein entschiedener Gegner jeder Tendenzliteratur; Börnes Stil, den er früher schätzte, sieht er zu taktischer Agitation verkommen. Und da Heine, wenn er schon einmal zulangt, nie zimperlich ist, verhöhnt er auch Börnes unterdrücktes Sexualleben und seine liaison à trois mit dem Ehepaar Wohl-Strauß, eine Polemik, die 1841 zum Duell zwischen Salomon Strauß und Heinrich Heine führt, wobei Heine leicht verletzt wird.
In der literarischen und politisch-engagierten Öffentlichkeit ruft Heines Denkschrift über Börne heftige Empörung hervor; verlegerisch wird sie ein Desaster, nicht mehr als 30 bis 40 Exemplare werden verkauft. Die Mehrzahl der engagierten Zeitgenossen stellt sich schützend vor Börne, sicher nicht ganz uneigennützig, denn Heine hatte in seiner Schrift grundsätzlich einen wohlfeilen Ausverkauf radikaler Worte in der Literatur auf Kosten der Kunstfertigkeit angegriffen. Es gibt nur wenig Fürsprecher, die auf Seiten Heines stehen. Auch für FRIEDRICH ENGELS ist Heines Buch »das Nichtswürdigste, was jemals in deutscher Sprache geschrieben wurde«, während KARL MARX Heine in einem Brief mitteilt: »Eine tölpelhaftere Behandlung, als dies Buch von den christlich-germanischen Eseln erfahren hat, ist kaum in irgendeiner Literaturperiode aufzuweisen.«

Heinrich Heine (um 1825)

HEINRICH HEINE

Über hundert Jahre lang hat in Deutschland der »Streit um Heine« angehalten, um keinen anderen Schriftsteller gab es so erbitterte Auseinandersetzungen. Nur eine Minderheit bewahrte ihm Verehrung und Wertschätzung; in der öffentlichen Meinung wurde er als frivoler »Decadencejude« (ADOLF BARTELS) geschmäht. Der hemmungslose Spötter, den die rückständigen deutschen Verhältnisse zur Verzweiflung brachten, war in den Augen der Deutschnationalen, später der Faschisten – die unter sein berühmtes Lorelei-Gedicht »Verfasser unbekannt« setzten – ein gesinnungsloser, französierender jüdischer Vaterlandsverräter. Während im Ausland, besonders in Frankreich, Heine ein hoher literarischer Rang zuerkannt wurde, begann in der Bundesrepublik seine Wiederentdeckung erst mit dem Ende der sechziger Jahre. Heute gehört sein Werk wie selbstverständlich zum literarischen Kanon. Ein possenhaftes Nachspiel ist die heftige Kontroverse an der Düsseldorfer Universität, ob man die 1965 begründete Alma mater nach dem Sohn der Stadt Heinrich-Heine-Universität benennen solle. Erst Ende 1988, nach dreiundzwanzig Jahren, ist der farcenhafte Streit entschieden: Die Düsseldorfer Universität erklärt sich endlich für würdig, Heines Namen zu tragen.
Am 13. Dezember 1797 kommt HEINRICH HEINE als Sohn einer jüdischen Kaufmannsfamilie in Düsseldorf zu Welt. Nach dem Scheitern einer Kaufmannslehre finanziert ihm sein reicher Onkel Salomon ein Jurastudium, das Heine 1819 in Bonn aufnimmt, in Göttingen und Berlin fortsetzt und 1825 mit der Promotion beendet. Im selben Jahr tritt er zum protestantischen Glauben

über und erhält damit sein »Eintrittsbillett« in die Gesellschaft. Die Töchter Salomons, die Heine im Hamburger Haus des Onkels kennenlernt, sind seine ersten großen, unerfüllten Liebschaften. Schon in Hamburg beginnt Heine die ersten Gedichte seines späteren *Buchs der Lieder* zu dichten; die Liebeslieder beziehen sich auf die mißglückten Annäherungen an seine Cousinen.
In Berlin, wohin Heine 1821 übersiedelt, findet er Eingang in die literarischen Salons. Er wird bekannt mit KARL und RAHEL VARNHAGEN VON ENSE, ADELBERT VON CHAMISSO, CHRISTIAN DIETRICH GRABBE und ALEXANDER VON HUMBOLDT. Bei Hegel sitzt er in den Vorlesungen. 1824 geht er nach Göttingen; hier schließt er ein Jahr später sein Studium ab. Heine bewirbt sich in München erfolglos um eine Professur für Literaturgeschichte. Seinen Ruhm begründet er in den zwanziger Jahren durch seine *Reisebilder* (1826–31) und durch seine Gedichtsammlung *Buch der Lieder* (1827). Als freier Schriftsteller und auf Kosten des Onkels reist er durch Norddeutschland, nach England, Holland und Italien. Die »Banalität« der deutschen Misere fordert seinen Spott heraus und läßt ein Gefühl des Schmerzes und der Fremdheit entstehen. Er möchte geborgen sein und wird doch immer wieder abgestoßen durch die beengten Verhältnisse. Schon 1822 teilt er seiner Umwelt mit:

Ob man mich lobt oder tadelt, es rührt mich nicht, ich gehe meinen strengen Weg, den ich mal als den besten erkannt habe. Einige sagen, er führt mich in den Dreck, andre sagen, er führe direkt in die Hölle. Gleichviel der Weg ist neu, und ich suche Abenteuer.

Als seine *Reisebilder* 1831 in Preußen verboten werden, verläßt er die Heimat und geht nach Frankreich. Deutschland sieht er nur noch auf Reisen wieder. Die französische Hauptstadt wird der sichere Ort, von wo aus Heine die deutschen und französischen Ereignisse für Zeitungen, Zeitschriften und in seinen Gedichten und Prosaschriften brillant kommentiert und literarisch verarbeitet.

Buch der Lieder

von

H. Heine.

Hamburg
bei Hoffmann und Campe.
1827.

Heines Lyrik

Mit seiner ersten Gedichtsammlung *Buch der Lieder*, 1827 veröffentlicht, findet Heine breite Resonanz; noch zu seinen Lebzeiten erreicht die Sammlung von insgesamt 237 in Zyklen geordneten Gedichten dreizehn Auflagen. Doch dieser Publikumserfolg beruht auf einem typischen Mißverständnis. Heine wird als romantisierender Volkspoet gefeiert. Daß seine Lyrik zerrissen ist zwischen Sentimentalität und jähem Zynismus, wurde nicht wahrgenommen. Man verehrte den Dichter der *Lorelei* und war entzückt vom Schmelz seiner Liebeslieder, die ganz ungebrochen in der romantischen Tradition zu stehen scheinen:

Im wunderschönen Monat Mai,
Als alle Knospen sprangen,
Da ist in meinem Herzen
Die Liebe aufgegangen.

Im wunderschönen Monat Mai,
Als alle Vögel sangen,
Da hab ich ihr gestanden
Mein Sehnen und Verlangen.

Wie zahllose andere Gedichte Heines, so wurde auch dieses von einem der romantischen Komponisten vertont, von Robert Schumann in seinem Heine-Zyklus »Dichterliebe«. Der Ton seiner Lieder wechselt zwischen lustverheißendem Glück und tiefer Verzweiflung. Die Sehnsucht nach Liebe endet meist in bitterem Verzicht; der Schmerz über die unerfüllte Leidenschaft steigert noch das Verlangen. Die Lieder wurden zumeist biographisch auf seine unglückliche Liebe zu seiner Cousine Amalie und deren jüngeren Schwester Therese bezogen. Er selbst weist alle direkten Bezüge auf seine Biographie zurück: Er dichte keine Erlebnislyrik. KARL IMMERMANN teilt er in einem Brief mit:

Man entjungfert gleichsam das Gedicht, man zerreist den geheimnisvollen Schleyer desselben, wenn jener Einfluß der Geschichte (eines Dichters) den man nachweist wirklich vorhanden ist.

Heine betont für sich, »bey mir wenigstens paßt es nie«. Gegen wohlgefällige Sentimentalität baut er Mittel der Distanzierung und Kontraste ein. Das Publikum schätzte nur den volksliedhaften einfachen Ton, den Heine genial beherrscht. Seine dissonanten Brechungen des Liebes- und Lebensglücks, die ironische Zerstörung jeder Illusion sind bewußte Stilformen, um Abstand zu schaffen:

Habe auch, in jungen Jahren,
manches bittre Leid erfahren
Von der Liebe Glut.
Doch das Holz ist gar zu teuer,
Und erlöschen will das Feuer,
Ma foi! und das ist gut.

Das bedenke, junge Schöne,
Schicke fort die dumme Träne,
Und den dummen Liebesharm.
Ist das Leben dir geblieben,
So vergiß das alte Lieben,
Ma foi! in meinem Arm.

Heine rebelliert gegen das Stimmungsgedicht, seine Lyrik trägt einen Doppelcharakter, den er als »maliziös-sentimental« bezeichnet. Natur und Mensch sind keine harmonische Einheit mehr, Heine spielt mit einer vorgegaukelten romantischen Welt, die längst brüchig geworden ist. Im Zyklus »Die Heimkehr« aus dem *Buch der Lieder* bekennt er:

Nun ist es Zeit, daß ich mit Verstand
Mich aller Torheit entledge;
Ich hab so lang als ein Komödiant
Mit dir gespielt die Komödie.

Die prächtgen Kulissen, sie waren bemalt
Im hochromantischen Stile,
Mein Rittermantel hat goldig gestrahlt,
Ich fühlte die feinsten Gefühle.

Und nun ich mich gar säuberlich
Des tollen Tands entledge,
Noch immer elend fühl ich mich,
als spielt ich noch immer Komödie.

Ach Gott! Im Schmerz und unbewußt
Sprach ich was ich gefühlet;
Ich hab mit dem Tod in der eignen Brust
Den sterbenden Fechter gespielet.

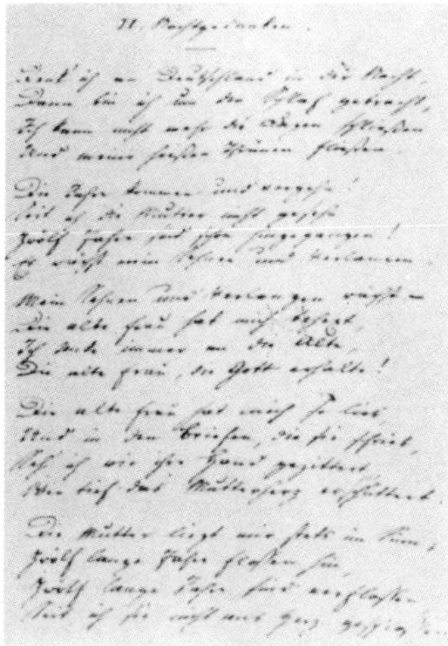

Heine-Autograph, »Nachtgedanken« (1844)

Im Jahre 1844 veröffentlicht Heine bei seinem Verleger Campe die zweite große Sammlung *Neue Gedichte*. Vor allem in dem darin enthaltenen Zyklus »Zeitgedichte« nimmt Heine die deutsche Rückständigkeit aufs Korn. Er erinnert den preußischen König an sein Verfassungsversprechen, tritt für Pressefreiheit ein, klagt die feudalen Privilegien und die Herrscherwillkür an, belustigt sich über den nationaleingefärbten Dombau zu Köln und die chauvinistische Rhein-Propaganda. Die Zensur reagiert prompt: In Preußen und allen anderen deutschen Landen werden diese unbotmäßigen Gedichte verboten und konfisziert. Epilog dieses Zyklus sind Heines *Nachtgedanken*, die wie kein anderes Gedicht seinen Schmerz über die Trennung von Deutschland zum Ausdruck bringen: »Denk ich an Deutschland in der Nacht, / Dann bin ich um den Schlaf gebracht.« Deutschland, das ist die finstere Nacht, während Frankreich das »heitre Tageslicht« verkündet: Es ist das Land der Revolutionen, die in Deutschland nie stattgefunden haben. Durch den ernsten Duktus schleicht ein ironischer Unterton, wenn Heine das Land preist, in dem seine Mutter lebt:

Deutschland hat ewigen Bestand,
Es ist ein kerngesundes Land,
Mit seinen Eichen, seinen Linden,
Werd ich es immer wiederfinden.

Im selben Jahr, in dem die *Neuen Gedichte* erscheinen, fordert der Aufstand der schlesischen Weber in Peterswaldau und Langenbielau Heines uneingeschränkte Solidarität heraus. Wie weggeblasen ist jede Ironie, das Elend der Weber steht übermächtig für das Elend der Deutschen. Die Weber erheben sich vom 4. bis zum 6. Juni 1844 gegen die gnadenlose Ausbeutung ihrer Arbeitskraft. Ihre Revolte wird militärisch niedergeschlagen; elf Weber werden getötet, Dutzende verletzt und mehr als hundert verhaftet. Der Aufstand, der wie ein Signal in Deutschland wirkt, endet mit einem Blutbad. Schon am 10. Juli veröffentlicht Heine im »Vorwärts« seine Anklage, die in der überarbeiteten Fassung von 1847 den Titel *Die schlesischen Weber* trägt:

Aus: »Fliegende Blätter« (1848, Nr. 138)

Im düstern Auge keine Träne,
Sie sitzen am Webstuhl und fletschen die Zähne:
Deutschland, wir weben dein Leichentuch,
Wir weben hinein den dreifachen Fluch –
Wir weben, wir weben!

Ein Fluch dem Gotte, zu dem wir gebeten
In Winterskälte und Hungersnöten;
Wir haben vergebens gehofft und geharrt,
Er hat uns geäfft und gefoppt und genarrt –
Wir weben, wir weben!

Ein Fluch dem König, dem König der Reichen,
Den unser Elend nicht konnte erweichen,
Der den letzten Groschen von uns erpreßt
Und uns wie Hunde erschießen läßt –
Wir weben, wir weben!

Ein Fluch dem falschen Vaterlande,
Wo nur gedeihen Schmach und Schande,
Wo jede Blume früh geknickt,
Wo Fäulnis und Moder den Wurm erquickt –
Wir weben, wir weben!

Das Schiffchen fliegt, der Webstuhl kracht,
Wir weben emsig Tag und Nacht –
Altdeutschland, wir weben dein Leichentuch,
Wir weben hinein den dreifachen Fluch,
Wir weben, wir weben!

Kein anderes Gedicht Heines ergreift so eindeutig Partei. Er sieht in dem materiellen Elend der Weber und in ihrem Aufstand die reale Kraft, die die gesellschaftlichen Verhältnisse umstülpt – und aus Altdeutschland ein anderes Deutschland entstehen läßt. Der Refrain »Wir weben, wir weben« ahmt nicht nur das eintönige Geräusch der Handwebstühle nach, sondern unterstreicht ein drängendes, immer beharrlicher werdendes Pochen auf ein menschenwürdiges Leben. Kunstvolle Alliterationen verstärken die unbeirrbare Kraft, die durch die aussichtslose Armut der Weber entstanden ist. Aus der preußischen Losung gegen Napoleon von 1813, »Mit Gott für König und Vaterland«, erwächst in der Umkehr ein dreifacher Fluch. Das Weberlied wird als Flugblatt trotz Verbot überall in Deutschland verbreitet.

Heine schreibt Zeitgedichte, keine »Tendenzgedichte«, wie er die lyrischen Pro-

duktionen der Vormärzpoeten schimpft. Ihm mißfällt die agitatorische Anklage, die sich in appellatorischer Rhetorik genügt. Der Generation dieser Mahner widmet er *Die Tendenz*, ein Gedicht, das die Kraftausdrücke der Bekenntnislyriker ironisch auf die Spitze treibt und selbst ein kleines Meisterwerk tendenziöser Reimkunst ist.
Heine belustigt sich über politisches Maulheldentum; die Überlegenheit seiner Gedichte beruht auf Verschlüsselung und ironischer Distanz. Er verzichtet auf die Zustimmung der Gesinnungsgenossen und chiffriert seine politischen Aussagen.

Deutscher Sänger! Sing und preise
Deutsche Freiheit, daß dein Lied
Unsrer Seelen sich bemeistre
Und zu Taten uns begeistre,
In Marseillerhymnenweise.

Girre nicht mehr wie ein Werther,
Welcher nur für Lotten glüht –
Was die Glocke hat geschlagen,
Sollst du deinem Volke sagen,
Rede Dolche, rede Schwerter!

Sei nicht mehr die weiche Flöte,
Das idyllische Gemüt –
Sei des Vaterlands Posaune,
Sei Kanone, sei Kartaune,
Blase, schmettre, donnre, töte?

Blase, schmettre, donnre täglich,
Bis der letzte Dränger flieht –
Singe nur in dieser Richtung,
Aber halte deine Dichtung
Nur so allgemein als möglich.

(Heinrich Heine: *Die Tendenz*, 1842)

Reisebilder

Stärkere Wirkung als Heines Gedichte üben seine Reisebilder auf die gleichgesinnten Zeitgenossen aus. Goethe, das geschmähte und doch heimlich bewunderte Gegenbild, war nach Italien aufgebrochen, weil die Antike lockte. Heine wandert durch den Harz; statt der klassischen Zeit entdeckt er die moderne Gesellschaft: Ein neues Kapitel der deutschen Literatur wird aufgeschlagen. In vier Bänden, von 1826 bis 1831, erscheinen seine Reiseeindrücke bei dem liberal aufgeschlossenen Verleger Julius Campe (1. Bd: *Die Harzreise, Die Nordsee*; 2. Bd: *Die Nordsee, Ideen. Das Buch Legrand, Briefe aus Berlin*; 3. Bd: *Reise von München nach Genua, Die Bäder von Lucca*; 4. Bd: *Die Stadt Lucca, Englische Fragmente*).
Reiseliteratur in Form von Korrespondenzberichten wird in den zwanziger und dreißiger Jahren beliebt; sie teilt keine Bildungserlebnisse mit, sondern ist ein Versuch, sich kommentierend zu den Zeitereignissen zu verhalten und durch diese Form zugleich die Zensur zu umgehen. Heines Reisebilder wirken stilbildend. So ist die *Harzreise* kein Wanderbericht; auch das Ziel, Goethe in Weimar, bleibt bewußt ausgespart. Heine erzählt über den verhaßten Wissenschaftsbetrieb in Göttingen, er glossiert das studentische Treiben in der Kleinstadt, ironisiert sentimentale Naturerlebnisse und die Betulichkeit der Philisterwelt. In kurzen Skizzen, essayistischen Abhandlungen, reflektierenden Einschüben, kleinen Charakterbildern und eingestreuten Gedichten – »ein zusammengewürfeltes Lappenwerk« (Heine) – unternimmt der Dichter mit respektlosem Witz eine Reise in die Gegenwart:

In Gottschalks »Handbuch« hatte ich von dem uralten Dom und von dem berühmten Kaiserstuhl zu Goslar viel gelesen. Als ich aber beide besehen wollte, sagte man mir: der Dom sei niedergerissen und der Kaiserstuhl nach Berlin gebracht worden. Wir leben in einer bedeutungsschweren Zeit: tausendjährige Dome werden abgebrochen, und Kaiserstühle in die Rumpelkammer geworfen.

Die zeitkritische Prosa der *Reisebilder* lebt von effektvollen Wortkollisionen und Verdrehungen, der Kunst des uneigentlichen Sprechens, verballhornten Zitaten und Wortparodien. Die argwöhnischen Zensoren finden zunächst kaum Eingriffsmöglichkeiten, denn in dieser getarnten Sprache des Feuilletons reicht oft schon die kurze Anspielung – der informierte Leser weiß sie richtig zu deuten.

228

Capitel XII.

Die deutschen Censoren — — — —
— — — — — — — — — —
— — — — — — — — — —
— — — — — — — — — —
— — — — — — — — — —
— — — — — — — — — —
— — — — — Dummköpfe — —
— — — — — — — — — —
— — — — — — — — — —
— — — — — — — — — —
— — — — —

Heines Parodie der Zensur, 1827

Ohne jede Verstellung dagegen schreibt Heine über seine Universitätsstadt Göttingen und ruiniert damit den Ruf einer der angesehensten europäischen Universitäten:

Die Göttinger Universität

Im allgemeinen werden die Bewohner Göttingens eingeteilt in Studenten, Professoren, Philister und Vieh; welche vier Stände doch nichts weniger als streng geschieden sind. Der Viehstand ist der bedeutendste. Die Namen aller Studenten und aller ordentlichen und unordentlichen Professoren hier herzuzählen, wäre zu weitläufig; auch sind mir in diesem Augenblick nicht alle Studentennamen im Gedächtnis, und unter den Professoren sind manche, die noch gar keinen Namen haben. Die Zahl der Göttinger Philister muß sehr groß sein, wie Sand, oder besser gesagt, wie Kot am Meer; wahrlich, wenn ich sie des Morgens, mit ihren schmutzigen Gesichtern und weißen Rechnungen, vor den Pforten des akademischen Gerichts aufgepflanzt sah, so mochte ich kaum begreifen, wie Gott nur so viel Lumpenpack erschaffen konnte.

Die Göttinger Professoren sind erbost, sie erwirken ein Verbot *Der Harzreise* für Göttingen und die Leihbibliotheken der Stadt. Einen noch größeren Skandal provoziert der Teil *Die Bäder von Lucca.* Mit vernichtender Schärfe, sich selbst als engbrüstiger Moralapostel aufspielend, stellt Heine die Homosexualität des Lyrikers AUGUST VON PLATEN bloß. Schon früher hatte er dessen Gedichte »nichts als Seufzen der Pedrastie« genannt. Heine verfolgt mit seiner Polemik nicht nur eine persönliche Fehde; in Platen will er als »Niedriggeborener« einen vom »hochgeborenen Stand« angreifen, der im engen Bündnis mit der katholischen Kirche steht. An VARNHAGEN VON ENSE schreibt Heine, er habe »nur den Repräsentanten seiner Partey gezüchtigt, den frechen Freudenjungen der Aristokraten und Pfaffen«, den er »nicht bloß auf ästhetischem Boden angreifen« konnte.
Im vierten Teil der Reisebilder, *Die Stadt Lucca*, richtet Heine seine Polemik gegen die Staatskirche und die religiöse Unterdrückung, gegen die machtpolitische Verquickung von Adel und Kirche:

Eben weil ich ein Freund des Staats und der Religion bin, hasse ich jene Mißgeburt, die man Staatsreligion nennt, jenes Spottgeschöpf, das aus der Buhlschaft der weltlichen und der geistlichen Macht entstanden, jenes Maultier, das der Schimmel des Antichrists mit der Eselin Christi gezeugt hat. Gäbe es keine solche Staatsreligion, keine Bevorrechtung eines Dogmas und eines Kultus, so wäre Deutschland einig und stark und seine Söhne wären herrlich und frei. So aber ist unser armes Vaterland zerrissen durch Glaubenszwiespalt, das Volk ist getrennt in feindliche Religionsparteien, protestantische Untertanen hadern mit ihren katholischen Fürsten oder umgekehrt, überall Mißtrauen ob Kryptokatholizismus oder Kryptoprotestantismus, überall Verketzerung, Gesinnungsspionage, Pietismus, Mystizismus, Kirchenzeitungsschnüffeleien, Sektenhaß, Bekehrungssucht, und während wir über den Himmel streiten, gehen wir auf Erden zugrunde. Ein Indifferentismus in religiösen Dingen wäre vielleicht allein imstande, uns zu retten, und durch Schwächerwerden im Glauben könnte Deutschland politisch erstarken.

In Preußen wird der letzte Band sofort nach Erscheinen im Frühjahr 1831 wegen Blasphemie beschlagnahmt und verboten; 1836 setzt die katholische Kirche das

;esamte Werk auf den Index. Heine wird in Deutschland durch die *Reisebilder* .u einer Skandalfigur, auch wenn ihm namhafte Verteidiger wie Varnhagen von :nse zur Seite stehen. Seine Hoffnungen auf eine Staatsstelle an der Münchner Jniversität sind zunichte. Heine kehrt Deutschland den Rücken und geht ins ›ariser Exil.

\tta Troll. Ein Sommernachtstraum und Deutschland. Ein Wintermärchen

Zeitung für die elegante Welt.

18. Januar | № 3. | 1843.

Atta Troll,

von

Heinrich Heine.

Caput V.

:inen gebündelten Angriff gegen die Tendenzpoeten führt Heine in seinem /ersepos *Atta Troll. Ein Sommernachtstraum*, 1843 in der von Laube redigierten Zeitung für die elegante Welt« und 1847 in erweiterter Form als Buch erschie-ıen. Den plumpen Tanzbären Atta Troll stilisiert Heine zur Allegorie der vor-närzlichen liberalen Opposition. In der Vorrede wendet sich Heine gegen die ınglückliche »Antithese von Talent und Charakter«, die er selbst in seiner ›olemik gegen Börne heraufbeschworen hatte; dennoch bleibt das Ziel seines ›pottes klar: »ein Protest gegen die Plebiscita der Tagestribünen« und ihren nutzlosen Enthusiasmusdunst«.

n episodischer Reihung mit reimlosen Vierzeilern beschreibt Heine die Bären-.atz; offen bleibt, welche Kräfte den Bären schließlich erlegen. Seufzend emerkt Heine zum Schluß: »Ach, es ist vielleicht das letzte / Freie Waldlied der ₹omantik!« Seinem Publikum macht es Heine schwer im Verwirrspiel zwischen legischen Romantizismen und Zeitkritik. Die unbeholfene Tanzkunst des täp-›ischen Bären – er kommt sich großartig vor und ist doch nur eine armselige Ka-ikatur – ist ein Synonym der zerrissenen Verhältnisse. Die Kritik reagiert ge-palten: Der Heine-Gegner ALEXANDER JUNG nennt das Epos eine »Ruine eines uinierten Dichters«; der Junghegelianer MOSES HESS zeigt sich »freudig (über) ine Produktion«, »die an die besten Zeiten Heines erinnert«.

m Oktober 1843 bricht Heine zu seiner ersten Deutschlandreise auf, nachdem r das Land 1831 verlassen hatte. Diese Reise verarbeitet er zu seinem berühm-esten Versepos *Deutschland. Ein Wintermärchen* (veröffentlicht 1844 im »Vor-/ärts«). In der *Harzreise*, fast zwanzig Jahre früher, war Heine aus der beeng-en Kleinstadt in eine neue Freiheit getreten; nun besucht ein heimwehkranker :xilant das Land seiner Mutter. Seinen Kritikern, die ihn als Freund der Fran-osen und Ächter der schwarz-rot-goldenen Fahne anschwärzen, ruft er in der /orrede beruhigend zu:

Atta Troll, Tendenzbär; sittlich
Religiös; als Gatte brünstig;
Durch Verführtsein von dem Zeitgeist
Waldursprünglich Sanskülotte;

Sehr schlecht tanzend, doch Gesinnung
Tragend in der zottgen Hochbrust;
Manchmal auch gestunken habend;
Kein Talent, doch ein Charakter!

:h werde Eure Farben achten und ehren, wenn sie es verdienen, wenn sie nicht mehr eine ıüßige oder knechtische Spielerei sind. Pflanzt die schwarz-rot-goldne Fahne auf die Iöhe des deutschen Gedankens, macht sie zur Standarte des freien Menschtums, und ich /ill mein bestes Herzblut für sie hingeben. Beruhigt Euch, ich liebe das Vaterland eben-osehr wie Ihr. Wegen dieser Liebe habe ich dreizehn Lebensjahre im Exile verlebt, und /egen eben dieser Liebe kehre ich wieder zurück ins Exil, vielleicht für immer, jedenfalls hne zu flennen oder eine schiefmäulige Duldergrimasse zu schneiden. Ich bin der Freund er Franzosen, wie ich der Freund aller Menschen bin, wenn sie vernünftig und gut sind, nd weil ich selber nicht so dumm oder so schlecht bin, als daß ich wünschen sollte, daß ıeine Deutschen und die Franzosen, die beiden auserwählten Völker der Humanität, sich

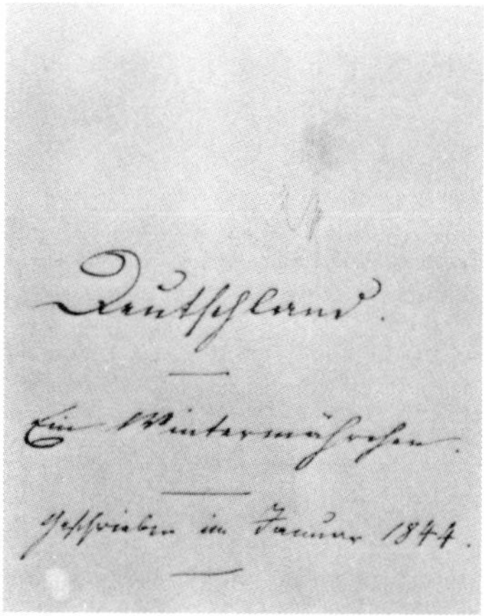

Heine-Autograph des Titelblatts

die Hälse brächen zum Besten von England und Rußland und zur Schadenfreude aller Junker und Pfaffen dieses Erdballs.

Heine will ein Deutschland im Frühling erleben, ein Deutschland im Aufbruch. Der Anfang, Caput I, gibt Zeugnis davon – und noch fünfzig Jahre später zitiert es August Bebel vor dem deutschen Reichstag:

> Ein neues Lied, ein besseres Lied,
> O Freunde, will ich euch dichten!
> Wir wollen hier auf Erden schon
> Das Himmelreich errichten.
>
> Wir wollen auf Erden glücklich sein,
> Und wollen nicht mehr darben;
> Verschlemmen soll nicht der faule Bauch
> Was fleißige Hände erwarben.

In der Realität erlebt Heine ein frostig winterliches Deutschland, eingeschnürt durch Zensur, Militär und kirchliche Bevormundung. Heine ist verstört durch die biedermännische Krämerseele des deutschen Bürgertums; überall nimmt er nur Erstarrung wahr, die Opposition empfindet er als halbherzig. Die deutschen Feudalstaaten präsentieren sich ihm im Bild von Schlamm, Dreck, Gestank und Kot. Fast verzweifelt beschwört Heine ein anderes Deutschland, ein Deutschland indes, das keine klaren politischen Konturen hat. Im letzten Gedicht des *Wintermärchens* bringt er nur eine undeutliche Hoffnung zum Ausdruck:

> Es wächst heran ein neues Geschlecht,
> Ganz ohne Schminke und Sünden,
> Mit freiem Gedanken und freier Lust –
> Dem werde ich Alles verkünden.

Noch vor der Niederschrift von *Deutschland. Ein Wintermärchen* schließen der 46jährige Heinrich Heine und der 25jährige KARL MARX (1818–1883) in Paris Freundschaft. Während Heine sich schon ausführlich mit den französischen Sozialisten und mit Hegel auseinandergesetzt hatte, steht der junge Marx erst am Beginn seiner politischen und theoretischen Entwicklung. Eine unmittelbare Beeinflussung dieses Versepos durch Marx gehört ins Reich der Legende, zumal Heines Zukunftsvorstellungen kaum weiter als die der von ihm gescholtenen Vormärzdichter reichen.

Die jungdeutschen Schriftsteller

BÖRNE und HEINE sind die Leitbilder der jungdeutschen Schriftsteller, die nach der Pariser Juli-Revolution von 1830 für ein Jahrzehnt die literarische Öffentlichkeit mit prägen. Es ist keine festgefügte Dichtergruppe, auch kein Freundeskreis von Schriftstellern. Gemeinsam ist den Jungdeutschen der Wille, die Literatur zu erneuern; gemein haben sie auch den Wunsch, die Romantik zu überwinden, überlebte Traditionen abzuwerfen und sich frei zu machen vom Druck des übermächtigen Goethe. »Jung« zu sein bedeutet für sie, sich zeitnah zu verhalten. LUDOLF WIENBARG gibt mit seiner theoretischen Schrift *Ästhetische Feldzüge* von 1834 einer Generation ihren Namen:

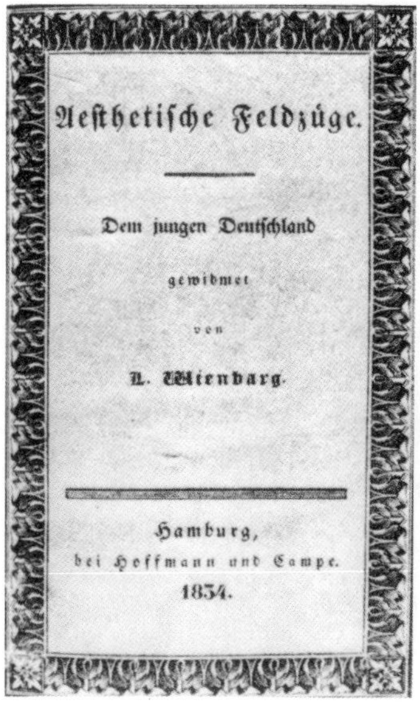
Aesthetische Feldzüge.

Dem jungen Deutschland

gewidmet

von

L. Wienbarg.

Hamburg,
bei Hoffmann und Campe.
1834.

Dir, junges Deutschland, widme ich diese Reden, nicht dem alten. Ein jeder Schriftsteller sollte nur gleich von vornherein erklären, welchem Deutschland er sein Land bestimmt und in wessen Hände er dasselbe zu sehen wünscht. Liberal und illiberal sind Bezeichnungen, die den wahren Unterschied keineswegs angeben. Mit dem Schilde der Liberalität ausgerüstet sind jetzt die meisten Schriftsteller, die für das alte Deutschland schreiben, sei es für das adlige oder für das gelehrte oder für das philiströse alte Deutschland, aus welchen drei Bestandteilen dasselbe bekanntlich zusammengesetzt ist. Wer aber dem jungen Deutschland schreibt, der erklärt, daß er jenen altdeutschen Adel nicht anerkennt, daß er jene altdeutsche, tote Gelehrsamkeit in die Grabgewölbe ägyptischer Pyramiden verwünscht und daß er allem altdeutschen Philisterium den Krieg erklärt und dasselbe bis unter den Zipfel der wohlbekannten Nachtmütze unerbittlich zu verfolgen willens ist.

Wienbarg, der den Begriff »Junges Deutschland« prägt, denkt an keine feste Literatengruppe; er wendet sich allgemein an die akademische Jugend, die gegen die verlogene Spießerwelt aufbegehren soll. Dennoch gibt es Gemeinsamkeiten, die die Schriftsteller der dreißiger Jahre verbinden. Ihr Ziel ist eine Art geistige Revolution der Ideen; die soziale Frage gerät bis auf wenige Ausnahmen kaum in ihr Blickfeld. Politisch dem Liberalismus verpflichtet, argumentieren sie gegen Zensur und für Pressefreiheit, gegen Herrscherwillkür und für die Idee der Freiheit und Gleichheit. Sie schreiben die Frauenemanzipation und die »Emanzipation des Fleisches« auf ihr Panier und huldigen der »femme libre«. Sie treten für eine Trennung von Kirche und Staat ein und polemisieren gegen den verdummenden Bombast der katholischen Kirche und die verengte protestantische Dogmatik. Als 1835 das provozierende Werk *Das Leben Jesu* von DAVID FRIEDRICH STRAUSS (1808–1874) erscheint, in dem dieser mit dem Wunderglauben aufräumt, Jesus als historische Person erfaßt und die Bibel als mythische Dichtung interpretiert, ergreifen die Jungdeutschen heftig Partei für Strauß, dessen Werk als Skandalon gilt und ihn seine akademische Karriere kostet.

Zu den wichtigsten Vertretern der jungdeutschen Literatur gehören KARL GUTZKOW (1811–1878), THEODOR MUNDT (1808–1861), HEINRICH LAUBE, ADOLF GLASSBRENNER (1810–1876), LUDOLF WIENBARG (1802–1872), ERNST ADOLF WILLKOMM, ANASTASIUS GRÜN (eigentlich Anton Alexander Graf Auersperg, 1806–1876) und HERMANN FÜRST VON PÜCKLER-MUSKAU (1785–1871). GEORG BÜCHNER lehnt es ab, mit den Jungdeutschen identifiziert zu werden; seinen Eltern schreibt er 1836:

Übrigens gehöre ich für meine Person keineswegs zu dem sogenannten Jungen Deutschland, der literarischen Partei Gutzkows und Heines. Nur ein völliges Mißkennen unserer gesellschaftlichen Verhältnisse konnte die Leute glauben machen, daß durch die Tagesliteratur eine völlige Umgestaltung unserer religiösen und gesellschaftlichen Ideen möglich sei.

Büchner kritisiert an den Jungdeutschen ihr diffuses Politikverständnis, ihren Mangel an politischer Substanz, ihren Glauben, durch tagespolitische Betriebsamkeit in Zeitschriften und Zeitungen die Verhältnisse beeinflussen zu können. Die meisten jungdeutschen Autoren versuchen, ihr Leben als Redakteure oder Journalisten zu finanzieren; ihr Ziel ist nicht die hohe Literatur, sie wollen Zeitschriftsteller sein. Durch Briefe, Reiseschilderungen, Essays, Literaturkritik und Feuilletons nehmen sie Stellung zu Fragen der Gegenwart. Gegen den schwerfälligen Gelehrtenstil, den THEODOR MUNDT mit einem »fortkeuchenden, ukkermärkischen Frachtwagen« vergleicht, wollen sie die Prosa als Waffe im politischen Kampf mit Eleganz und Finesse einsetzen.

Vergleichbar der Herausforderung, die von den Sturm-und-Drang-Dichtern ausging, werden auch die Jungdeutschen als Rebellen angesehen. LUDWIG TIECK vergleicht sie in seinen Novellen *Der Wassermensch* (1835) und *Eigensinn und Laune* (1836) mit unreifen, überhitzten Schwärmern, die in anrüchigen Kreisen verkehren. Turnvater Jahn spricht von der »faulen Jauche neuerer Kunstlüderlichkeit« und von einer Gruppe »läufiger« Köter.

Karl Gutzkow (um 1835)

Zum großen Eklat bringt es GUTZKOWS Roman *Wally, die Zweiflerin*, erschienen 1835. Wally ist eine verwöhnte junge Aristokratin, die Caesar, einen philosophisch-schwadronierenden Schöngeist, liebt. Beide beherrschen das Spiel der geistreich-gelangweilten Konversation und glauben, in ihrem Unglücklichsein über die Zeit füreinander bestimmt zu sein. Aber Wally ist einem reichen sardischen Gesandten versprochen. Sie heiratet ihn, trennt sich wieder von ihm, um Caesar zu lieben, und endet schließlich im Selbstmord. Grundthema des Romans sind erotische Bedürfnisse, durchsetzt von religiösen Zweifeln. Vorbild für die Gestalt der Wally ist Charlotte Stieglitz, die durch einen spektakulären Selbstmord vergebens hoffte, das Genie ihres höchst mittelmäßig begabten Mannes als Schriftsteller erwecken zu können. Der Freitod von Charlotte Stieglitz sorgte in der literarischen Öffentlichkeit für Aufsehen. Gutzkow versucht in seinem Roman, dieses Ereignis als Symptom für Nihilismus und Verzweiflung zu gestalten. Für das konservative Publikum gelten nicht nur die blasphemischen Äußerungen als besonders anstößig, sondern vor allem auch eine Szene, in der Caesar Wally bittet, sich ihm vor ihrer Hochzeit nackt zu zeigen:

Der Mantel ist von der Schulter des jungen Helden geglitten, seine Locken wallen frei und üppig. Zur Linken von ihm tritt aus dem Sonnennebel ein Bild von bezaubernder Schönheit: Sigune, die schamhafter ihren Leib entblößt, als ihn die mediceische Venus zu bedecken sucht. Sie steht da, hilflos, geblendet von der Torheit der Liebe, die sie um dies Geschenk bat, nicht mehr Willen, sondern zerflossen in Scham, Unschuld und Hingebung. Und zum Zeichen, daß eine fromme Weihe die Situation heilige, blühen dort (!) keine Rosen; nur eine hohe Lilie sproßt dicht am Leibe Sigunens hervor und deckt sie symbolisch als Blume der Keuschheit. Alles ist nur ein Hauch an dem Bilde, ein stummer Mensch ... Das Ganze ist ein Frevel, aber ein Frevel der Unschuld und ewiger schmerzlicher Entsagung.

Aus Stuttgart kommen gehässige Polemiken vor allem gegen diese Romanstelle von WOLFGANG MENZEL (1798–1873), dem Herausgeber des berühmten Cottaschen »Morgenblatt«, bei dem Gutzkow früher als Redakteur gearbeitet hatte

Nur im tiefsten Kote der Entsittlichung, nur im Bordell werden solche Gesinnungen geboren ... Ich will meinen Fuß hineinsetzen in euern Schlamm, wohl wissend, daß ich mich besudle. Ich will den Kopf der Schlange zertreten, die im Miste der Wollust sich erwärmt ... Solange ich lebe, werden Schändlichkeiten dieser Art nicht ungestraft die deutsche Literatur entweihen.

Der Stuttgarter Literaturpapst übersieht in seinem Eifer, daß Gutzkow bei der »anzüglichen Stelle« den mittelalterlichen jüngeren *Titurel* zitiert. Menzels wüste Polemik gegen den Roman und die gesamte jungdeutsche Richtung, mit der er sich früher in der Ablehnung Goethes einig gewesen war, ist ein willkommener Anlaß, am 10. Dezember 1835 durch den Bundestag die gesamten Schriften des Jungen Deutschland verbieten zu lassen. Vorgeworfen wird den Literaten,

die christliche Religion auf die frechste Weise anzugreifen, die bestehenden sozialen Verhältnisse herabzuwürdigen und alle Zucht und Sittlichkeit zu zerstören.

Namentlich erwähnt werden in dem Beschluß HEINE, GUTZKOW, LAUBE, WIENBARG, MUNDT und der Verlag Hoffmann und Campe. Durch dieses Verbot wird zum ersten Mal eine gesamte literarische Richtung unter Zensur gestellt. Gutzkow erhält für seine *Wally* nach einem Vierteljahr Untersuchungshaft einen Monat Gefängnis als Strafe; seine Mitstreiter, allen voran Laube, distanzieren sich öffentlich von ihm. Laube, der unmittelbar nach dem preußischen Verbot den Rückzug antritt, gelingt das seltene Kunststück, daß seine Distanzierung am selben Tag im »Mitternachtsblatt« erscheint, an dem der Bundestag seinen Verbotsbeschluß verabschiedet. LAUBE schreibt, ganz im Sinne höchster Staatsautorität:

Nicht im dreisten Auflösen geachteter Pietätsstoffe, nicht in kecken Schlägen, in spöttischen Stößen auf bestehende Gesellschaftsbande soll die Wirklichkeit gesucht werden, das Geschichtliche ist nicht von vornherein zu negieren, sondern eine Autorität ..., man wirkt immer nachtheilig auf eine Nation, wenn man Institute und Interessen, die ihr heilig sind, verspottet.

Die Göttinger Sieben

Politische Zivilcourage ist unter den Jungdeutschen gering entwickelt; sie ziehen sich vorsichtig in das ungefährdete Reich der Schöngeisterei zurück. Gegen die nationalistischen, antifranzösischen und antisemitischen Ausfälle Menzels, seine aggressive Verteidigung von Moral und Religion erheben aus dem Pariser Exil HEINRICH HEINE *(Über den Denunzianten)* und LUDWIG BÖRNE *(Menzel, der Franzosenfresser)* ihre Stimme. Der Aufbruchsgeist unter den jungdeutschen Literaten in Deutschland ist gebrochen. Die Vormärz-Dichter empören oder belustigen sich später über die Ängstlichkeit der einstigen Freiheitsagitatoren. Angemessener beurteilt FRIEDRICH ENGELS die Richtung:

Das junge Deutschland rang sich aus der Unklarheit einer bewegten Zeit empor und blieb selbst noch mit dieser Unklarheit behaftet. Gedanken, die damals noch formlos und unentwickelt in den Köpfen goren, die später erst durch Vermittlung der Philosophie zum

Bewußtsein kamen, wurden vom jungen Deutschland zum Spiel der Phantasie benutzt. Daher die Unbestimmtheit, die Verwirrung der Begriffe, die unter den Jungdeutschen selbst herrschte ... Die alte schlaffe Belletristik mußte dem jungen Andrang weichen, und die »junge Literatur« nahm das eroberte Feld in Besitz, teilte sich darein und – zerfiel in sich selbst über der Teilung.

DIE DICHTUNG DES BIEDERMEIER

L. Eichrodt, Umschlagbild (1860)

Der Begriff »Biedermeier« ist einer Gedichtsammlung *Biedermeiers Liederlust* entnommen, die LUDWIG EICHRODT 1850 veröffentlicht. Wohlwollende oder mitleidige Herablassung klingt bei diesem Begriff meist unüberhörbar mit. Er umschreibt eine bewahrende, konservative Tendenz der Jahre 1815 bis 1848, den Weg in die heimische Idylle, die Abwehr aller Zeitfragen. Verbunden sind mit dem Biedermeier Schriftsteller wie EDUARD MÖRIKE (1804–1875), ANNETTE VON DROSTE-HÜLSHOFF (1797–1848), FRANZ GRILLPARZER (1791–1872) und JEREMIAS GOTTHELF (eigentlich Albert Britzius, 1797–1854). Einheitlichkeit oder gar eine gemeinsame programmatische Zielsetzung des Biedermeiers gibt es nicht.

Die Werke des Österreichers Grillparzer thematisieren Untergangsstimmungen und Zeitumbrüche. FRANZ GRILLPARZER entwirft große Schicksals- und Historiendramen in der Tradition SCHILLERS und ZACHARIAS WERNERS. Obwohl er ein erfolgreicher Bühnenautor ist, führt er ein unglückliches Leben zwischen den Fronten: Die Aristokraten lieben ihn nicht, weil er mit Vorliebe Zeiten des Verfalls und Niedergangs auf die Bühne bringt, den Liberalen ist er immer noch zu monarchistisch.

Der Schweizer JEREMIAS GOTTHELF ist ein konservativer Volksaufklärer; seine Bauernromane enthalten pädagogische und volkswirtschaftliche Reformprogramme zur Linderung der Not der Armen. Charakteristisch für biedermeierlichen Konservativismus ist Gotthelfs Novelle *Die schwarze Spinne*, erschienen 1842. Über ein sattes, blühendes Bauernland bricht die Katastrophe herein: Um der blutsaugerischen Fronarbeit durch den örtlichen Feudaladligen zu entgehen, schließt eine mutige junge Bäuerin einen Pakt mit dem Teufel. Der Satan hilft, verlangt aber zugleich als Lohn das nächste ungetaufte neugeborene Kind. Die Bauern nehmen zwar die Hilfe an, das Opfer aber halten sie für Frevel und verweigern es. In Gestalt der schwarzen Spinne, Symbol für eine geheimnisvolle Epidemie und den Einbruch der Französischen Revolution in die Schweiz, fällt das Unheil über das Dorf her:

So war die Spinne bald nirgends, bald hier, bald dort, bald im Tale unten, bald auf den Bergen oben; sie zischte durchs Gras, sie fiel von der Decke, sie tauchte aus dem Boden auf. An hellem Mittage, wenn die Leute um ihr Habermus saßen, erschien sie glotzend unten am Tisch, und ehe die Menschen den Schrecken gesprengt, war sie allen über die Hände gelaufen, saß oben am Tisch auf des Hausvaters Haupte und glotzte über den

Tisch, die schwarz werdenden Hände weg. Sie fiel des Nachts den Leuten ins Gesicht, begegnete ihnen im Walde, suchte sie heim im Stalle ... Das Kind in der Wiege, den Greis auf dem Sterbebett schonte sie nicht; es war ein Sterben, wie man noch von keinem wußte, und das Sterben daran war schrecklicher, als man es je erfahren, und schrecklicher noch als das Sterben war die namenlose Angst vor der Spinne, die allenthalben war und nirgends, die, wenn man am sichersten sich wähnte, einem todbringend plötzlich in die Augen glotzte.

Die Spinne ist Symbol für Gottlosigkeit, für gestörte Ordnung. Gotthelf nimmt in ihr das drohende, angstbesetzte Bild gesellschaftlicher Umwälzung voraus. Was die einen mit Sehnen erwarten, erfüllt die anderen mit Furcht und Grauen.
Ein Dichter, der sich schwer einordnen läßt, ist NIKOLAUS LENAU (eigentlich Nikolaus Franz Niembsch, Edler von Strehlenau, 1802–1850). Die melancholischen *Schilflieder* sind noch geprägt von Empfindsamkeit und Romantik, während sich der Weltschmerz in seiner späteren Lyrik in kreatürliche Existenzangst verwandelt. Lenau, der die Tendenzliteratur verabscheut und direkten politischen Auseinandersetzungen aus dem Wege geht, stimmt ein in die Polenbegeisterung der Jungdeutschen; er schreibt Gedichte, in denen Adel, Klerus und Untertanengeist seinen Widerstand wecken. Lenau fühlt sich unglücklich in der Zeit: 1844 entzieht er sich der real faßbaren Wirklichkeit; er fällt in geistige Umnachtung.
Betrachtet man das Werk der DROSTE und MÖRIKES und interpretiert es als beschauliche, gemütliche Dichtung, so ist das Mißverständnis vielleicht noch tiefer, als es bei HEINE oft der Fall war. Sie leiden auf andere Weise an der Zeit: Ihre Ängste und Zweifel kehren sie nicht nach außen; sie finden in einer introvertierten Sprachgewalt ihren Ausdruck. Ihre zurückgezogene Lebensweise, fern von der Hektik jeder Redaktionsstube und den Tagesaktualitäten, ist kein Schutz, sondern wirkt bedrückend und beklemmend auf sie. Schon 1820 schreibt die DROSTE im Geleitwort zur ersten Reinschrift ihrer Gedichte an die Mutter, »es gibt viele Flecken, die eigentlich zerrissene Stellen sind«.

Annette von Droste-Hülshoff

Die westfälische katholische Aristokratin wird 1797 auf der Wasserburg Hülshoff bei Münster geboren. Fast ihr ganzes Leben lang umgeben düstere Gemäuer ihre enge Welt: erst die dicken Mauern des Wasserschlosses, dann das behäbige Gut Rüschhaus, der Witwensitz der Mutter, schließlich ab 1841 die Meersburg am Bodensee, wo ihr Schwager Freiherr von Laßberg lebt. Das äußere Leben der Droste ist ereignislos; niemals gelingt es ihr, dem Eingeschlossensein zu entkommen. Ihre Ausbruchsversuche und Freiheitsgelüste führen sie immer wieder zurück in den Käfig der Konventionen. Die frühe Liebe zu zwei jungen Männern endet mit einem Familienskandal; ihre spätere Liebe zu dem Schriftsteller Levin Schücking in Meersburg verbirgt sie hinter mütterlichen Gefühlen. Ihr innerer Aufruhr findet in der Lyrik seinen Niederschlag. Sie kennt nicht die geistig-spritzige Atmosphäre der Salons, in denen die romantischen Frauen residieren, noch fremder ist ihr der Aktivismus der literarisch-politisch engagier-

Die Wasserburg Hülshoff bei Münster

Annette von Droste-Hülshoff (um 1847)

ten Frauen im Vormärz. In dem Gedicht *Mein Beruf* teilt sie dennoch entschieden der Außenwelt mit:

»Was meinem Kreise mich enttrieb,
Der Kammer friedlichem Gelasse?«
Das fragt ihr mich, als sei, ein Dieb,
Ich eingebrochen am Parnasse.
So hört denn, hört, weil ihr gefragt:
Bei der Geburt bin ich geladen,
Mein Recht, so weit der Himmel tagt,
Und meine Macht von Gottes Gnaden,

Jetzt, wo hervor der tote Schein
Sich drängt am modervollen Stumpfe,
wo sich der schönste Blumenrain
Wiegt über dem erstorbnen Sumpfe.
Der Geist, ein blutlos Meteor,
Entflammt und lischt im Moorgeschwele,
Jetzt ruft die Stunde: »Tritt hervor,
Mann oder Weib, lebend'ge Seele!«

Ihr Hauptwerk ist der Gedichtzyklus *Das geistliche Jahr*, abgebrochen im Jahr 1820, 1839 vollendet und 1851 nach ihrem Tod veröffentlicht. In der Beschränkung auf den strengen Rahmen der vorgegebenen Evangelientexte für die verschiedenen Sonntage zieht die Droste eine schützende und hermetische Mauer um sich, die sie in dem Gedicht *Die Taxuswand* beschreibt: »ein Paradiesestor, / Dahinter alles Blume, / Und alles Dorn davor!« Daß die Droste kein verkümmertes Wesen ist, daß sie sich in rauschhafte Zustände versetzen kann, davon zeugt das Gedicht *Im Grase*, zu dem sie die erwachende Liebe zu dem siebzehn Jahre jüngeren Levin Schücking anregt:

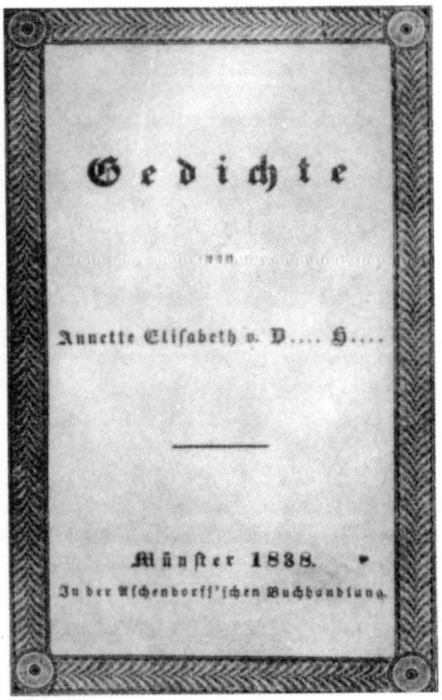

Erstausgabe der Droste-Gedichte

Süße Ruhe, süßer Taumel im Gras,
Von des Krautes Aroma umhaucht,
Tiefe Flut, tief tieftrunkne Flut,
Wenn die Wolk am Azure verraucht,
Wenn aufs müde, schwimmende Haupt
Süßes Lachen gaukelt herab,
Liebe Stimme säuselt und träuft
Wie die Lindenblüt auf ein Grab.

Wenn im Busen die Toten dann,
Jede Leiche sich streckt und regt,
Leise, leise den Odem zieht,
Die geschloßne Wimper bewegt,
Tote Lieb, tote Lust, tote Zeit,
All die Schätze, im Schutt verwühlt,

Sich berühren mit schüchternem Klang
Gleich den Glöckchen, vom Winde umspielt.

Stunden, flüchtger als der Kuß
Eines Strahls auf der trauernden See,
Als des ziehenden Vogels Lied,
Das mir niederperlt aus der Höh,
Als des schillernden Käfers Blitz,
Wenn den Sonnenpfad er durcheilt,
Als der heiße Druck einer Hand,
Die zum letzten Male verweilt.

Dennoch, Himmel, immer mir nur
Dieses Eine: nur für das Lied
Jedes freien Vogels im Blau
Eine Seele, die mit ihm zieht,
Nur für jeden kärglichen Strahl
Meinen farbig schillernden Saum,
Jeder warmen Hand meinen Druck,
Und für jedes Glück einen Traum.

Die Beunruhigungen durch die Zeit und das Leben lassen die Droste in eine dämonische Tiefe schauen, auch in ihren Momenten der Beglückung. Ihre Naturbilder sind nicht nur Abwehr der »überleimenden« Zivilisation des beginnenden Kapitalismus; sie schildert auch eine unheimliche Fremdheit, die den Menschen in der Natur umfängt. Die Religiosität ist für die Droste kein Ort der selbstverständlichen Sicherheit, ihr Glauben ist von Zweifeln und Schuldbewußtsein zerquält und erschüttert. Psychosomatische Leiden peinigen sie; Geister- und Spiegelbilder, Doppelgänger ziehen durch ihre Lyrik nicht als romantischer Spuk, sie künden von einer tiefgründigeren Schicht des Lebens. Findet sie Trost, dann ist er wehmütig und zart, wie in dem Gedicht *Mondesaufgang* (1844):

O, Mond, du bist mir wie ein später Freund,
Der seine Jugend dem Verarmten eint,
Um seine sterbenden Erinnerungen
Des Lebens zarten Widerschein geschlungen,
Bist keine Sonne, die entzückt und blendet,
In Feuerströmen lebt, in Blute endet –
Bist, was dem kranken Sänger sein Gedicht,
Ein fremdes, aber o! ein mildes Licht.

Zu ihren Lebzeiten findet die Droste literarisch wenig Beachtung. Nur ihre Novelle *Die Judenbuche*, die 1842 in Fortsetzungen im »Morgenblatt für gebildete Leser« erscheint, läßt aufhorchen. Das »Sittengemälde aus dem gebirgichten Westfalen« beschreibt die schicksalhafte Verstrickung in Elend und Erniedrigung, Mord und Selbstmord. Es ist eine düstere Kriminalgeschichte, die auf realen Begebenheiten beruht und von der Droste in eine dramatische psychologische Novelle umgegossen wird. Die Aussichtslosigkeit der Hauptfigur kann nicht von den aktuellen Zeithintergründen losgelöst gesehen werden. Aufschlußreich ist, daß im selben Jahr 1842 neben Drostes *Judenbuche* auch GOTTHELFS *Schwarze Spinne* erscheint. Wo Gotthelf die kommenden Generationen durch Aufruhr bedroht sieht, sympathisiert die Droste mit der geschundenen Kreatur – beide schreiben aus einer konservativen Haltung.

Eduard Mörike (1864)

Eduard Mörike

Die Droste spricht von der schützenden Taxushecke, EDUARD MÖRIKE vergleicht sich mit einem Menschen, der »gern den Zaun so knapp wie möglich um sein Häuschen zieht«. Die beruhigende Idylle findet er ebensowenig wie ANNETTE VON DROSTE-HÜLSHOFF; seine Absonderung von der Gesellschaft führt ihn in verborgene, abgründige Seelenbereiche mit »Lust und Klage«. 1804 kommt Mörike als Sohn eines Arztes in Ludwigsburg zur Welt. Als Brotberuf ist ihm das Theologiestudium bestimmt, das er in den Jahren 1822 bis 1826 am berühmten Tübinger Stift absolviert. In Tübingen erlebt er die geheimnisvolle Liebe zu Anna Maria Meyer, einer zigeunerhaften, betörend unkonventionellen jungen Frau, die er in seinen *Peregrina*-Gedichten verewigt. Acht Jahre lang wechselt Mörike dann von einer Vikarsstelle zur anderen; er ist immer nur der Aushelfer, bekommt nie eine feste Pfarrstelle. Zwischendurch bemüht er sich, in Stuttgart einen Redakteursposten zu erhalten, kehrt aber reumütig in den Kirchendienst zurück. An einen Freund schreibt er 1829:

Du hast keinen Begriff von meinem Zustand. Mit Knirschen und Weinen kau ich an der alten Speise, die mich aufreiben muß. Ich sage dir, der allein begeht die Sünde wider den Heiligen Geist, der mit einem Herzen wie ich der Kirche dient.

Die Vikarsstube in Owen, gezeichnet von Mörike (1830)

Der verträumte und kauzige Mörike, der noch dazu von vielen Krankheiten geplagt wird, ist den oberen Kirchenbehörden nicht geheuer; aber schließlich hat er Erfolg. 1834 erhält Mörike die Pfarrstelle in Cleversulzbach bei Heilbronn, wo er bis zum Jahre 1843 aushält. Durch das Gedicht vom *Alten Turmhahn* erscheint dieser Ort in verklärtem Licht; in Wirklichkeit muß sich Mörike, der von seiner Mutter und Schwester Clärchen versorgt und betreut wird, kärglich durchschlagen, immer verfolgt von Geldsorgen. Der ewig Unbehauste findet auch hier keine Ruhe. Er gibt die Stelle auf, zieht mit seiner Schwester nach Mergentheim, die dort seine Verbindung mit Margarethe von Speeth anbahnt. Nach langem Zögern heiraten die beiden 1851, nachdem Mörike in Stuttgart eine bescheidene Lehrerstelle gefunden hat. Der Alltag wird vergällt durch ständige Spannungen zwischen Ehefrau und Schwester; die stets bevormundende Schwester bleibt Siegerin und drängt den Bruder noch als Siebzigjährigen zur Trennung von seiner Frau. Nach kurzen Zwischenaufenthalten in Lorch und Nürtingen stirbt Mörike 1875 in Stuttgart. Seine rastlosen Ortswechsel haben ihn nie über die Grenzen der engeren Heimat hinausgetragen; Mutter und Schwester haben den lebensuntüchtigen Sohn immer fest im Griff behalten. Das Reich der Freiheit entdeckt Mörike in seiner Lyrik durch eine fast mikroskopische Betrach-

tung des Alltäglichen; hier offenbart sich ihm die Poesie des Lebens, die seine äußeren Umstände immer haben vermissen lassen.
Angeregt durch GOETHE, EICHENDORFF, E. T. A. HOFFMANN und JEAN PAUL, schreibt Mörike den *Maler Nolten*, einen Künstlerroman, den er eine »Novelle in zwei Teilen« nennt. Die erste Fassung erscheint 1832. Mörike arbeitet ein Leben lang an dem Thema der Gefährdung des Künstlers. In den Jahren 1853 bis 1875 nimmt er die Arbeit an dem Roman wieder auf; 1877 wird die zweite Fassung veröffentlicht. Maler Nolten ist verstrickt in die Schicksale dreier Frauen: Agnes, die Tochter seiner Pflegeeltern, die Gräfin Konstanze und das Zigeunermädchen Elisabeth. Durch Intrigen, Verstellungen, bewußte und unbewußte Verwirrspiele tut sich für alle ein »unermeßlicher Abgrund« auf. Statt Erfüllung in der Liebe zu finden, leiden alle an der »Krankheit zum Tode«; das Leben läßt sich nicht bewältigen. Maler Nolten muß resigniert feststellen:

O Leben! o Tod! Rätsel aus Rätsel! wo wir den Sinn am sichersten zu treffen meinten, da liegt er so selten, und wo man ihn nicht suchte, da gibt er sich auf einmal halb und von ferne zu erkennen und verschwindet, eh man ihn festhalten kann.

»Der Zungenschwung«, gezeichnet von Mörike

Noltens Freund, der Schauspieler Larkens, der sich vom Schein der Theaterwelt in das handfeste Tischlerdasein flüchten will, begeht Selbstmord. Agnes kann ihre schattenreiche Liebe zu Nolten und Elisabeths intrigante Einmischungen nicht verkraften; sie nimmt sich in geistiger Umnachtung das Leben. Maler Nolten, entkräftet von den Wirren, stirbt nach einer nächtlichen Vision »wie gezwungen und traurig«. Kurz vor seinem Tod wird die geheimnisumwobene Elisabeth tot aufgefunden, und die Gräfin Konstanze überlebt die tragischen Ereignisse nur um wenige Monate. Dominierend sind die »Nacht- und Traumseiten« der Romanfiguren. Dazu gehört auch das phantasmagorische Zwischenspiel *Der letzte König von Orplid*, die Utopie einer verklärten Südsee-Insel.
Eingeflochten in die Handlung sind etwa dreißig Gedichte, Liebeslieder, Naturbilder, Balladen, Volkslieder. Im *Peregrina*-Zyklus klingt die dämonisch-erotische Anziehungskraft der fremden Verlockung an, der Mörike sich nicht gewachsen fühlt.

Ein Irrsal kam in die Mondscheingärten
Einer einst heiligen Liebe.
Schaudernd entdeckt' ich verjährten Betrug.
Und mit weinendem Blick, doch grausam,
Hieß ich das schlanke,
Zauberhafte Mädchen
Ferne gehen von mir.
Ach, ihre hohe Stirn
War gesenkt, denn sie liebte mich;
Aber sie zog mit Schweigen
Fort in die graue
Welt hinaus.

Du bist Orplid, mein Land!
Das ferne leuchtet!
Vom Meere dampfet dein besonnter
Strand
Den Nebel, so der Götter Wange
feuchtet.

Uralte Wasser steigen,
Verjüngt um deine Hüften, Kind!
Vor deiner Gottheit beugen
Sich Könige, die deine Wärter sind.

(Gesang Weylas aus *Maler Nolten*)

Krank seitdem.
Wund ist und wehe mein Herz.
Nimmer wird es genesen!

Im Jahr 1853 veröffentlicht Mörike das Kunstmärchen vom *Stuttgarter Hutzelmännlein* mit der wunderbaren *Historie von der schönen Lau*, 1855 folgt seine Meisternovelle *Mozart auf der Reise nach Prag*, in der das Grauen unausweichlicher Todesdramatik jeden beschaulichen Frohsinn vertreibt. Noch zu seinen Lebzeiten erscheint 1838 der erste Band *Gedichte* (die vierte Ausgabe letzter Hand folgt 1867), 1840 die *Classische Blumenlese.*
Mörike zieht sich in seiner Lyrik ganz auf das eigene Ich bis hin zur Selbstvergessenheit zurück. Ironische Distanz zu sich selbst ist ihm fremd. Fast programmatisch ist das Gedicht *Verborgenheit* aus dem Jahre 1835:

Laß, o Welt, o laß mich sein!
Locket nicht mit Liebesgaben,
Laßt dies Herz alleine haben
Seine Wonne, seine Pein.

Mörike Zeichnung

Nie drängt sich in Mörikes Gedichten das lyrische Ich hervor; alltägliche Gegenstände, Landschaften, Gefühlswelten beobachtet er mit hoher Intensität, im Kleinen entdeckt er eine eigene Welt, die sicher abgeschirmt ist vor den Stürmen der Zeit. Wo die DROSTE nur in die düstere Tiefe schaut, gibt es bei Mörike einen Lichtblick, aus der Finsternis der Nacht in die Klarheit des Tages. Von seltener Schönheit sind die Gedichte, in denen er den Übergang von der Nacht zum Morgen beschreibt.

Gelassen stieg die Nacht an Land,
Lehnt träumend an der Berge Wand
Ihr Auge sieht die goldne Waage nun
Der Zeit in gleichen Schalen stille ruhn;
Und kecker rauschen die Quellen hervor,
Sie singen der Mutter, der Nacht, ins Ohr
Vom Tage,
Vom heute gewesenen Tage

(Um Mitternacht)

Im Nebel ruhet noch die Welt,
Noch träumen Wald und Wiesen:
Bald siehst du, wenn der Schleier fällt,
Den blauen Himmel unverstellt,
Herbstkräftig die gedämpfte Welt
In warmem Golde fließen.

(Septembermorgen)

Dort, sieh, am Horizont lüpft sich der Vorhang schon!
Es träumt der Tag, nun sei die Nacht entflohn;

Die Purpurlippe, die geschlossen lag,
Haucht, halbgeöffnet, süße Atemzüge:
Auf einmal blitzt das Aug', und, wie ein Gott, der Tag
Beginnt im Sprung die königlichen Flüge!
(An einem Wintermorgen vor Sonnenaufgang)

Das Heraufdämmern des Tages wird wie eine Befreiung aus den finsteren Abgründen der Nacht empfunden; das Alptraumhafte, die Schwermut kann abgeschüttelt werden. Mörike lehnt jede Weltschmerzpoesie ab; die »kranken Verzweiflungsexpektorationen« oder die »kranke Desperationskoketterie« eines HEINE sind ihm unangenehm, sein Schmerz dringt nur verhalten und unaufdringlich nach außen.

DAS DRAMA

Die zwanziger und dreißiger Jahre sind reich an unterhaltender und historischer Dramenliteratur, das Theaterleben blüht. Die meisten dieser Bühnenautoren sind heute zu Recht vergessen; in der deutschen Dramatik treten jedoch zwei Schriftsteller hervor, die zu ihrer Zeit (bis auf eine Ausnahme) nicht aufgeführt wurden, aber als einzige mit ihren Stücken auf dem heutigen Theater überlebt haben: CHRISTIAN DIETRICH GRABBE (1801–1836) und vor allem GEORG BÜCHNER (1813–1837).
Grabbe wie Büchner versuchen, durch die Wucht ihrer Dramen die deutschen Verhältnisse in Bewegung zu bringen, einen Sturm zu entfesseln, während sich in der Realität kein Lüftchen regt. Sie fühlen sich in einer Welt, deren hohle Mittelmäßigkeit unerträglich geworden ist. Bei Grabbe vermischen sich Altes und Neues oft in grotesker, tragikomischer Weise; erst bei Büchner tritt der neue Mensch radikal auf die Bühne. Auffällig ist auch, daß im Unterschied zu ihren literarischen Zeitgenossen, die fast alle ein sehr hohes Alter erreichen, beide in noch jungen Jahren sterben: Grabbe erliegt mit 35 Jahren einer Rückenmarkschwindsucht und der Trunksucht in Detmold, seiner ihm verhaßten Geburtsstadt und doch letzten Zuflucht; Büchner stirbt mit 23 Jahren im Züricher Exil an Typhus.

Christian Dietrich Grabbe

GRABBE, 1801 in Detmold geboren, entstammt dem engen, kleinbürgerlichen Milieu einer Beamtenfamilie. Sein Vater ist Zuchthausaufseher in der lippischen Residenzstadt. Das Kind gilt als Wunderknabe; die Außenseiterrolle wird Grabbe sein ganzes Leben lang nicht los und wird von ihm bewußt stilisiert. Als Jurastudent in Leipzig und Berlin schockiert er durch sein unsolides Leben. Mit Alkohol und Frauen versucht er den Ekel an der Welt loszuwerden. In Berlin genießt er die Opposition gegen die gepflegten literarischen Salons. Dort lernt er auch HEINRICH HEINE kennen, der Grabbes innere Zerrissenheit und seine kraftgenialischen Anfälle scharfzüngig kommentiert:

Wie Plato den Diogenes sehr treffend einen wahnsinnigen Sokrates nannte, so könnte man unseren Grabbe leider mit doppeltem Recht einen betrunkenen Shakespeare nennen.

Christian Dietrich Grabbe (1836)

KARL IMMERMANN, der später Grabbe unterstützt, vergleicht ihn mit einer »Natur in Trümmern«. Mit Zynismus und Sarkasmus hält er Grabbe vergeblich die Philisterwelt vom Hals. Sie holt ihn immer wieder ein. Nach seinem Examen 1824 arbeitet er als Advokat in Detmold, wird Militärgerichtsbeamter und verläßt schließlich 1834 den verhaßten Dienst, um frei als Schriftsteller zu leben. Der Versuch, eine bürgerliche Ehe zu führen, scheitert kläglich. In Frankfurt überwirft er sich mit seinem Verleger. Immermann holt ihn an sein Düsseldorfer Theater, unterstützt ihn finanziell, führt aber keines seiner Stücke auf. In seinem Todesjahr kehrt er verarmt, todkrank und vom Suff zerrüttet nach Detmold zurück. Die Worte seines *Faust* stehen wie ein Motto über seinem Leben:

Aus Nichts schafft Gott, wir schaffen aus
Ruinen! Erst zu Stücken müssen wir
Uns schlagen, eh wir wissen, was wir sind
Und was wir können. – Schrecklich Los! – Doch sei's!

1822 schließt Grabbe in Berlin seine ersten beiden Dramen ab, das pompöse Geschichtsdrama *Herzog Theodor von Gothland* und die grotesk-derbe Komödie *Scherz, Satire, Ironie und tiefere Bedeutung*. Während seine Historienstücke – später folgen noch zwei Hohenstaufen-Dramen – in ihrem heroisierenden Pathos schwer verkraftbar sind, ist sein Lustspiel eine bissige und höhnische Auseinandersetzung mit der zeitgenössischen literarischen Gesellschaft. Der Autor tritt als bösartige Karikatur seiner selbst auf: Wissenschaft und Dichtung fallen seinem ätzenden Spott zum Opfer; die wohlgefällige Damenliteratur und die Trivialliteratur geben die Folie für grausame Späße. Die ganze Welt ist fratzenhaft verzerrt, nur der Teufel triumphiert in diesem Tollhaus von Derbheiten, grotesken Situationen und verdrehten Verhältnissen: Der Dichter kann nicht dichten, der Bauerntölpel gibt sich als Genie aus, der Liebhaber ist abstoßend häßlich, der Verlobte verkauft seine Braut, der Schulmeister (eine Selbstparodie Grabbes) säuft und prügelt, der Freiherr Mordax ist ein Mörder, er begegnet dreizehn Schneidergesellen, bindet sich artig eine Serviette gegen Blutspritzer um und bringt alle um. LUDWIG TIECK, der Grabbes *Gothland*-Tragödie hoch lobt und den jungen Dramatiker nach Dresden kommen läßt, um seine Bekanntschaft zu machen, bleibt als einziger ungeschoren, denn Grabbe erhofft sich von ihm Unterstützung. Aber der Exzentriker kann den romantischen Literaturpapst nicht weiter von sich überzeugen.

Unterschrift Grabbes, ein makabres Wortspiel mit seinem Namen: Sepulcrum (= Grab) plus be = Grabbe

1827 erscheint der erste Band seiner Stücke; das Echo ist gering. Ein Jahr später vollendet Grabbe sein Drama *Don Juan und Faust* – noch bevor GOETHES *Faust II* erschienen war. Grabbes *Faust* ist das einzige Drama, das zu seinen Lebzeiten aufgeführt wird. 1829 wird es am Detmolder Hoftheater gespielt; Albert Lortzing hatte die Bühnenmusik dazu komponiert und selbst die Rolle des Don Juan übernommen. Schon die zweite Aufführung wird von der Zensur verboten. Don Juan und Faust ringen um Donna Anna. Faust entführt die Angebetete, kann aber ihre Liebe nicht gewinnen. Als Donna Anna ihm gesteht, daß sie ihn haßt, tötet er sie. Don Juan kann sich leicht über den Verlust hinwegtrösten: Es gibt genug Frauen. In der Hölle treffen sich Faust und Don Juan wieder: »Ihr strebet nach demselben Ziel und karrt doch auf zwei Wagen!« Grabbes Faust handelt nicht aus Lebensgier, er ist erfüllt von Lebensekel. Faust und Don Juan sind, jeder für sich, Protagonisten des Nihilismus. Charakteristisch für Grabbe ist ein Dialog zwischen Faust und dem als Ritter verkleideten, ihm dienstbaren Teufel:

> Der Ritter: Nur was ihr in Worte
> Könnt fassen, könnt ihr denken.
> Faust: Wie? Die Sprache
> Wär größer als der Mensch?
> Der Ritter: Sie ist's.
> Faust: Gefühl und Sehnsucht, alle die sprachlosen
> Empfindungen, die gleich Gewitterschauern uns
> Durchbeben – was sind sie?
> Der Ritter: Nur Nebel, Nebel!
> Was sprachlos ist, ist ohne Sinn und Klarheit.
> Faust: So wär die ganze Menschheit nur Geschwätz!
> – Und warum fühl ich Durst, mehr zu erforschen,
> Als mir die Sprache bieten kann?
> Der Ritter: Weil du
> Zu diesem Durst dich künstlich reizest. Mach's
> Wie Millionen deiner Brüder – schlaf,
> Iß, trink und sei vergnügt.

Grabbe ist auf der Suche nach einem neuen Menschen, der sich noch nicht artikulieren kann, der die angemessene Sprache noch finden muß. Mit seinem Drama *Napoleon oder Die hundert Tage*, gedruckt 1831, schreibt er das erste große realistische Massendrama. Napoleon stiftet nicht als Heros den Sinn der Geschichte; auch er ist Zufällen, Mißgeschicken und Verrätereien ausgesetzt. In einem Brief schreibt Grabbe 1830:

> Er ist kleiner als die Revolution, und im Grunde ist er nur das Fähnlein an deren Maste, – nicht Er, die Revolution lebt noch in Europa.

Grabbes Grundton ist zynisch und sarkastisch, denn er verzweifelt an der Sinnlosigkeit der Geschichte, die er sprachlich und inszenatorisch ungestüm auf die Bühne bringt. Die Expressionisten entdecken ihn wieder und lassen sich von seiner Sprachgewalt inspirieren. Der zwölf Jahre jüngere GEORG BÜCHNER erfaßt den »gräßlichen Fatalismus der Geschichte« mit subtilerer psychologischer Differenziertheit. Wo Grabbes Dramen aus den Fugen zu gehen drohen, arbeitet Büchner mit analytischem Scharfsinn an der äußersten Präzision seiner Gedanken- und Handlungsführung. Treffend ist der Vergleich, den FRIEDRICH HEBBEL zwischen den beiden Dramatikern zieht: »Grabbe und Büchner: der eine hat den Riß zur Schöpfung, der andere die Kraft.«

GEORG BÜCHNER

Georg Büchner (um 1830)

Georg Büchner kommt am 17. Oktober 1813 in Goddelau bei Darmstadt zur Welt; die Jugendzeit verbringt er als Sohn einer angesehenen Arztfamilie in Darmstadt. Auf Anraten seines Vaters nimmt er 1831 in Straßburg das Medizinstudium auf und findet Kontakt zu politischen Kreisen der Studentenschaft. Nach zwei Jahren muß Büchner sein Studium nach hessisch-großherzoglichem Reglement im Lande fortsetzen, er geht an die Universität Gießen. Der Abschied von Straßburg erfüllt ihn mit tiefer Resignation und Depression; eine gefährliche Gehirnhautentzündung zwingt ihn zu einem vorübergehenden Erholungsurlaub im elterlichen Hause. Nach der freiheitlichen Luft in Straßburg, wo die Ereignisse der Pariser Julirevolution die akademische Jugend in ihrem oppositionellen Geist bestärkt hatten, empfindet Büchner die deutschen Verhältnisse als bedrückend. In einem Brief an einen Freund vom Dezember 1833 teilt er mit:

Die politischen Verhältnisse könnten mich rasend machen. Das arme Volk schleppt geduldig den Karren, worauf die Fürsten und Liberalen ihre Affenkomödie spielen. Ich bete jeden Abend zum Hanf und zu den Laternen.

In Gießen erleben ihn seine Kommilitonen als zurückgezogenen, düsteren Menschen, der leicht von Schwermut befallen wird. Das Programm der jungdeutschen Schriftsteller kann Büchner nicht befriedigen. In Straßburg hat er das Elend der Textilarbeiter kennengelernt; deshalb ist ihm der Kampf um geistige Freiheiten zu wenig:

Der materielle Druck, unter welchem ein großer Teil Deutschlands liegt, ist ebenso traurig und schimpflich als der geistige; und es ist in meinen Augen bei weitem nicht so betrübend, daß dieser oder jener Liberale seine Gedanken nicht drucken lassen darf, als daß viele tausend Familien nicht imstande sind, ihre Kartoffeln zu schmälzen.

Der Hessische Landbote

In Gießen schließt sich Büchner einer Gruppe revolutionärer Studenten an; nach französischem Vorbild gründet er eine »Gesellschaft der Menschenrechte«. Im Frühjahr 1834 verfaßt er eine Flugschrift an die verarmten oberhessischen Bauern. Sein Mitstreiter, der Demokrat FRIEDRICH LUDWIG WEIDIG, besorgt ihm statistisches Material zur sozialen Lage der Landbevölkerung. Im Juli 1834 geht die Flugschrift *Der Hessische Landbote* in Druck, nachdem Weidig zuvor einige harte Äußerungen Büchners abgeschwächt hatte. Noch nie zuvor hat ein deutscher Schriftsteller so radikal die sozialen und politischen Mißstände angeprangert. Die Flugschrift setzt mit einer großen Anklage ein:

Friede den Hütten! Krieg den Palästen!
Im Jahre 1834 siehet es aus, als würde die Bibel Lügen gestraft. Es sieht aus, als hätte Gott die Bauern und Handwerker am 5ten Tage, und die Fürsten und Vornehmen am 6ten gemacht, und als hätte der Herr zu diesen gesagt: Herrschet über alles Getier, das auf Erden kriecht, und hätte die Bauern und Bürger zum Gewürm gezählt. Das Leben der Vornehmen ist ein langer Sonntag, sie wohnen in schönen Häusern, sie tragen zierliche Kleider, sie haben feiste Gesichter und reden eine eigene Sprache; das Volk aber liegt vor ihnen wie Dünger auf dem Acker. Der Bauer geht hinter dem Pflug, der Vornehme aber geht hinter ihm und dem Pflug und treibt ihn mit den Ochsen am Pflug, er nimmt das Korn und läßt ihm die Stoppeln. Das Leben des Bauern ist ein langer Werktag; Fremde verzehren seine Äcker vor seinen Augen, sein Leib ist eine Schwiele, sein Schweiß ist das Salz auf dem Tische des Vornehmen.

Büchner stützt sich bei seiner Argumentation auf die Theorien des französischen Revolutionärs LOUIS AUGUSTE BLANQUI (1805–1881), der den ökonomischen Gegensatz von Arm und Reich zur Grundlage seines Denkens machte; er folgt den Ideen der Saint-Simonisten, zwischen produktiver und unproduktiver Klasse zu unterscheiden. Seine Kampfparole »Krieg den Palästen . . .« entstammt der jakobinischen Tradition der Französischen Revolution. Mit konkretem Zahlenmaterial und eindringlichen Bildern agitiert er gegen die schreienden Ungerechtigkeiten in der Steuerpolitik, die Willkür der Gerichte und des Militärs, den Despotismus des Beamtenapparats im hessischen Großherzogtum.
Durch einen eingeschleusten Polizeispitzel wird aufgedeckt, welche Gruppe hinter dem *Hessischen Landboten* steckt. Die Polizei schwärmt aus; es kommt zu Wohnungsdurchsuchungen und Verhaftungen. Weidig nimmt sich nach zweijähriger qualvoller Untersuchungshaft das Leben; der Gesinnungsgenosse Becker wird zu neun Jahren Kerker verurteilt; Büchner zieht sich in das elterliche Darmstädter Haus zurück. Im März des Jahres 1835 wird die Lage auch für ihn immer bedrohlicher: Er flieht nach Straßburg.

Dantons Tod

Trotz der Gefahr, jeden Moment verhaftet werden zu können, schreibt der 21jährige Büchner in diesen gefährlichen Monaten sein erstes Drama, *Dantons Tod.* In einem Brief an GUTZKOW teilt Büchner mit, er habe »höchstens fünf Wochen« dazu gebraucht. Mit Unterstützung Gutzkows, der allerdings auch inhaltliche Abschwächungen, Streichungen vor allem bei sexuell »anstößigen« Passagen im Manuskript vornimmt, wird *Dantons Tod* schon im Sommer 1835 veröffentlicht. Es ist das einzige Drama, das zu Lebzeiten Büchners publiziert wird. Büchner konzentriert sich auf zwei entscheidende Wochen im Jahre 1794: die Zeit vom 24. März, dem Sturz der ultralinken Hébertisten, bis zum 5. April, der Enthauptung Dantons. Zwischen den beiden tonangebenden Revolutionären,

Robespierre und Danton, spielt sich die Tragik der Revolution ab. Als dritte Kraft artikuliert sich das Volk und fragt, was die Revolution seinem Stand eingebracht hat. Über sein Selbstverständnis als Dramatiker geschichtlicher Ereignisse schreibt Büchner 1835:

... der dramatische Dichter ist in meinen Augen nichts als ein Geschichtsschreiber, steht aber *über* Letzterem dadurch, daß er uns die Geschichte zum zweiten Mal erschafft und uns gleich unmittelbar, statt eine trockne Erzählung zu geben, in das Leben einer Zeit hinein versetzt, uns statt Charakteristiken Charaktere, und statt Beschreibungen Gestalten gibt.

Robespierre und Danton sind nicht einfach Gegenspieler – der eine Hüter der strengen revolutionären Moral, der andere angeekelt vom Terror –, als psychologisierte Charaktere und individuelle Gestalten verkörpern sie den komplizierten und widerspruchsvollen Verlauf der Revolution. Robespierre antwortet Danton, der sich gegen jedes weitere Töten ausspricht:

Die soziale Revolution ist noch nicht fertig, wer eine Revolution zur Hälfte vollendet, gräbt sich selbst sein Grab. Die gute Gesellschaft ist noch nicht tot, die gesunde Volkskraft muß sich an die Stelle dieser nach allen Richtungen abgekitzelten Klasse setzen. Das Laster muß bestraft werden, die Tugend muß durch den Schrecken herrschen.

In der anschließenden Szene sagt Danton zu seinen Anhängern:

Robespierre ist das Dogma der Revolution, es darf nicht ausgestrichen werden. Es ginge auch nicht. Wir haben nicht die Revolution, sondern die Revolution hat uns gemacht.

In ähnlichem Sinn äußert sich Danton im Gespräch mit seiner Frau Julie:

Wer will der Hand fluchen, auf die der Fluch des Muß gefallen? Wer hat das *Muß* gesprochen, wer? Was ist das, was in uns hurt, lügt, stiehlt und mordet?
Puppen sind wir von unbekannten Gewalten am Draht gezogen; nichts, nichts wir selbst!

Auch Robespierre ist von Zweifeln und von Melancholie befallen; seine rechte Hand dagegen, der jugendliche St. Just, kennt keine Skrupel, er verkörpert die reine Staatsräson, bleibt aber als individueller Charakter in diesem Stück blaß. Desto lebendiger tritt bei Büchner das Volk auf die Bühne; es hat seine eigene Anschauung vom Leben, weil sie von der Realität und nicht von abstrakten Ideen geprägt wurde. Auf der Gasse soll ein junger Mensch, der sich mit einem Schnupftuch und nicht mit der Hand schneuzt, deshalb als Aristokrat gehängt werden. Ein Bürger rechtfertigt die aufgebrachte Stimmung:

Nur ein Spielen mit einer Hanflocke um den Hals! 's ist nur ein Augenblick, wir sind barmherziger als ihr. Unser Leben ist der Mord durch Arbeit, wir hängen sechzig Jahre lang am Strick und zapplen, aber wir werden uns losschneiden.
An die Laterne!

Man läßt den jungen Mann laufen.
Die Kühnheit des Büchnerschen Dramas liegt in seiner analytischen Differenzierung. Trotz der Quellen, auf die Büchner sich teilweise wörtlich (bis zu einem Sechstel seines Dramas) stützt und die Robespierre nur als mörderischen Henker nachzeichnen, will Büchner mehr erfassen und verdeutlichen: Die Revolution gewinnt eine eigenmächtige Dynamik, unter der alle zu leiden haben, und eine Revolution wird nur erfolgreich sein, wenn, ausgehend von der Egalität der Menschen, die soziale Frage im Mittelpunkt steht.

Lenz

Im Straßburger Exil widmet sich Büchner intensiven naturwissenschaftlichen Studien; hier verfaßt er seine Dissertation »Mémoires sur le système nerveux du barbeau« (Über das Nervensystem der Barbe), für die er von der Universität Zürich im September 1836 promoviert wird. Zwei Monate später hält er in Zürich eine Probevorlesung »Über Schädelnerven« und wird zum Privatdozenten ernannt. In dieser Zeit, den Jahren 1835/36, fesselt ihn literarisch der beginnende Wahnsinn des Sturm-und-Drang-Dichters JAKOB MICHAEL REINHOLD LENZ. Quelle für die Novelle *Lenz* ist das Tagebuch des Pfarrers JOHANN FRIEDRICH OBERLIN aus Waldersbach, zu dem sich Lenz im Januar 1778 für zwei Wochen zurückgezogen hatte. Büchner, aus Hessen vertrieben, zieht sich nicht in die Wissenschaft zurück, mit poetischen Mitteln dringt er weiter in die Tiefe seelischer Leiden:

Unterdessen ging es fort mit seinen religiösen Quälereien. Je leerer, je kälter, je sterbender er sich innerlich fühlte, desto mehr drängte es ihn, eine Glut in sich zu wecken, es kamen ihm Erinnerungen an die Zeiten, wo Alles in ihm sich drängte, wo er unter all' seinen Empfindungen keuchte; und jetzt so tot. Er verzweifelte an sich selbst, dann warf er sich nieder, er rang die Hände, er rührte Alles in sich auf; aber tot! tot!

Büchner verbannt die Krankheit nicht in den Bereich des Dämonischen oder Verwerflichen; sie ist ein Merkmal der Zeit, ein Zeichen für seelische Vereinsamung. Der innere Aufruhr, der schon die Sturm-und-Drang-Dichter erfaßte, bohrt sich untergründig weiter und läßt auch die gegenwärtige Generation nicht zur Ruhe kommen. Sie ist gezwungen, damit zu leben. Mit dieser lakonischen Schärfe endet auch der Aufenthalt von Lenz, der das schützende Tal verläßt, weil es ihm keinen Schutz bieten konnte.

Er tat Alles wie es die Andern taten, es war aber eine entsetzliche Leere in ihm, er fühlte keine Angst mehr, kein Verlangen; sein Dasein war ihm eine notwendige Last. – So lebte er hin.

Leonce und Lena

Neben dem Aufruhr nistet sich die Langeweile ein, neben den vormärzlichen

Freiheitsgedanken schlummert das quälende Biedermeier. Büchner verfolgt die Langeweile als ein zähes Gefühl seiner Zeit. Er thematisiert sie in *Dantons Tod*, sie überfällt *Lenz*. Auch das Lustspiel *Leonce und Lena* setzt gleich zu Beginn mit einer melancholischen Feststellung über die unerträgliche Langeweile ein; Leonce liegt ausgestreckt auf einer Bank:

Die Bienen sitzen so träg an den Blumen, und der Sonnenschein liegt so faul auf dem Boden. Es krassiert ein entsetzlicher Müßiggang. – Müßiggang ist aller Laster Anfang. Was die Leute nicht Alles aus Langeweile treiben! Sie studieren aus Langeweile, sie beten aus Langeweile, sie verlieben, verheiraten und vermehren sich aus Langeweile und sterben endlich aus Langeweile, und – und das ist der Humor davon – Alles mit den wichtigsten Gesichtern, ohne es zu merken, warum, und meinen Gott weiß was dazu. Alle diese Helden, diese Genies, diese Dummköpfe, die Heiligen, diese Sünder, diese Familienväter sind im Grunde nichts als raffinierte Müßiggänger.

Büchner schreibt das Lustspiel im Frühjahr 1836. Er reicht es beim Cotta Verlag für ein Preisausschreiben ein; da das Werk zu spät eintrifft, wird es ungeöffnet an ihn zurückgeschickt. Auf den ersten Blick erscheint die Geschichte ganz romantisch konventionell: Der Prinz Leonce und die Prinzessin Lena fliehen vom jeweils elterlichen Hof vor einer arrangierten Hochzeit. Auf der Flucht begegnen sie sich und verlieben sich ineinander. Der Vater von Leonce, König Peter, verheiratet das Paar stellvertretend für die Geflohenen. Erst nach der Hochzeit erkennen sie, daß sie, wie vorherbestimmt, miteinander vermählt worden sind. Ihre Sehnsucht gilt einem phantastischen Traumreich:

... wir lassen alle Uhren zerschlagen, alle Kalender verbieten und zählen Stunden und Monden nur nach der Blumenuhr, nur nach Blüte und Frucht. Und dann umstellen wir das Ländchen mit Brennspiegeln, daß es keinen Winter mehr gibt und wir uns im Sommer bis Ischia und Capri hinaufdestillieren, und das ganze Jahr zwischen Rosen und Veilchen, zwischen Orangen und Lorbeern stecken.

Erst durch eine märchenhafte Utopie wird das Gefühl der Langeweile vertrieben; die Wirklichkeit ist ein »schleichendes Fieber« und von Melancholie durchtränkt. Die Lächerlichkeit der deutschen Kleinstaaterei signalisiert Büchner schon durch die Namensgebung für die beiden Duodezfürstentümer: Leonce entstammt dem Reiche Popo, Lena kommt aus Pipi. Die Größe des Reiches ist beeindruckend: Die Aussicht aus einem der Schloßfenster gestattet »strengste Aufsicht« über das ganze Land. Valerio, Leonces freigeistiger Begleiter, flucht unterwegs:

Teufel! Da sind wir schon wieder auf der Gränze; das ist ein Land wie eine Zwiebel, nichts als Schalen, oder wie ineinandergesteckte Schachteln, in der größten sind nichts als Schachteln und in der kleinsten ist gar nichts.

Der Hofstaat ist eine Popanz-Gesellschaft; Aufwallungen von Leonce geraten zur Faust-Karikatur. Mit ironischen Wortspielen und gespreizten höfischen Formulierungen zerfleddert Büchner die romantische Märchenwelt, die in all ihrer

Verkleidung eine Ansicht der »abgelebten modernen Gesellschaft« ist, die Büchner »zum Teufel« wünscht.

Woyzeck

Auf authentischen Quellen beruht das menschlich aufwühlende Drama *Woyzeck,* das Büchner in Zürich im Herbst und Winter 1836/37 niederschreibt. Drei aufsehenerregende Kriminalfälle – drei Morde, verübt von einfachen Burschen an ihren Geliebten – beschäftigen die Öffentlichkeit. Am bekanntesten wird der Fall des Johann Christian Woyzeck, der am 27. August 1824 für seine Tat enthauptet wird. Es entspinnt sich in juristischen und medizinischen Fachzeitschriften eine breite Kontroverse über die Zurechnungsfähigkeit von Tätern, die von Wahnvorstellungen verfolgt werden.
Woyzeck ist ein einfacher, mittelloser Soldat. Von einem Doktor, einem zynischen Vertreter der bürgerlichen Wissenschaft, läßt er sich für Experimente mißbrauchen, um das Geld seiner Geliebten Marie für ihr gemeinsames Kind zu geben – er selbst ernährt sich nur von Erbsen. Marie betrügt Woyzeck mit dem Tambourmajor, einem potenten Kraftprotz, über den Marie sagt: »Über die Brust wie ein Stier und ein Bart wie ein Löw.« Woyzeck ist ein Herumgestoßener; ihm fehlt jede Selbstachtung, weil die Armut ihn ins soziale und menschliche Abseits drängt. Sein Hauptmann, ein biederer christlicher Moralist, wirft ihm vor, er habe keine Moral und keine Tugend:

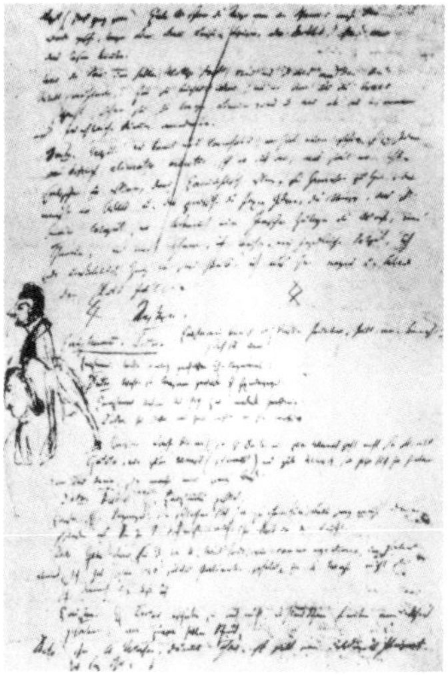

Seite aus dem »Woyzeck«-Manuskript

Woyzeck: Ja Herr Hauptmann, die Tugend! ich hab's noch nicht so aus. Sehn Sie, wir gemeinen Leut, das hat keine Tugend, es kommt einem nur so die Natur, aber wenn ich ein Herr wär und hätt ein Hut und eine Uhr und eine Anglaise, und könnt vornehm reden, ich wollt schon tugendhaft sein. Es muß was Schönes sein um die Tugend, Herr Hauptmann. Aber ich bin ein armer Kerl.
Hauptmann: Gut Woyzeck. Du bist ein guter Mensch, ein guter Mensch. Aber du denkst zu viel, das zehrt, du siehst immer so verhetzt aus.

Wie Lenz ist Woyzeck von innerer Zerrissenheit bedroht. Unheimliche Stimmen und Gesichte, dunkle Mächte bringen ihn aus dem seelischen Gleichgewicht und lassen ihn irre werden an der Welt. Büchner stellt nicht die Eifersucht auf den Tambourmajor und Marie in den Mittelpunkt seines Dramas; ihn beschäftigen die gesellschaftlichen und individuellen Verkrümmungen, die einen Menschen in so tiefe Selbstentwürdigung stürzen können. Kurz bevor Woyzeck Marie ersticht, sagt er zu ihr:

Friert's dich, Marie, und doch bist du warm. Was du heiße Lippen hast! – heiß, heißn Hurenatem und doch möcht ich den Himmel gebe sie noch einmal zu küsse – und wenn man kalt ist, so friert man nicht mehr. Du wirst vom Morgentau nicht friern.

Woyzeck tötet nicht nur Marie, mit dem Mord an ihr vergewaltigt er auch sein eigenes Leben: Marie hat ihn betrogen, sie hat ihm aber auch Wärme geschenkt, die er sonst auf dieser Welt nicht erfahren hat. Woyzeck ist verroht und verwil-

dert; seine Gefühle sind so abgestumpft worden, daß er weder Schuld noch Reue empfindet. Sein dumpfer Gemütszustand läßt keine Hoffnung auf eine andere Zukunft offen. Das Drama ist ein Fragment geblieben, erhalten in drei Fassungen. Nicht eindeutig ist vor allem der Schluß des Dramas. Es gibt drei Möglichkeiten: 1. Woyzeck begeht Selbstmord durch Ertrinken im Teich; 2. das Geschehen findet seinen Abschluß durch eine Gerichtsszene; 3. ein »offenes« Ende, Woyzeck »lebt so hin« wie Lenz. Welches Ende Büchner auch vorgesehen haben mag, das krankhafte Elend liegt tief in der Gesellschaft begründet. Woyzeck ist ein hilfloses Opfer, die Mörder leben auf der anderen Seite.
Durch Büchner ist das radikale moderne Drama, noch unbemerkt von seiner Zeit, geschaffen worden. Noch nie zuvor hatte ein Dramatiker so konsequent die Leiden der Zeit auf die Bühne gebracht. Danton und Robespierre, Lenz, Leonce, Woyzeck – alle sind Gescheiterte. Es ist das geniale Werk eines jugendlichen Dichters, niedergeschrieben in knapp drei Jahren.
Die erste Gesamtausgabe seiner Werke gibt KARL EMIL FRANZOS im Jahre 1879 heraus. Die Naturalisten, vor allem GERHART HAUPTMANN, erkennen in Büchner ihren großen Vorläufer und ihr dramatisches Vorbild. *Dantons Tod* wird 1902 durch den Verein Berliner Volksbühnen uraufgeführt, *Leonce und Lena* 1885 in München zum ersten Mal auf die Bühne gebracht; *Woyzeck* gelangt erst 1913 im Münchner Residenztheater zur Aufführung. Alban Berg komponiert nach Büchners Sozialdrama seine Oper *Wozzeck,* entstanden in den Jahren 1917 bis 1921, uraufgeführt 1925 an der Berliner Staatsoper unter Erich Kleiber.

Ferdinand Raimund und Johann Nestroy

GRABBE und BÜCHNER finden zu ihrer Zeit kein Publikum; RAIMUND (1790–1836) und NESTROY (1801–1862) verkörpern als Schauspieler und Stückeschreiber die Höhepunkte des Wiener Volkstheaters. Beide stehen in einer österreichischen Tradition, die es in Deutschland so bruchlos nie gegeben hat, in der Tradition des komischen, vergnüglichen Volkstheaters. Mit der Aufklärung und der Klassik hatten sich hier die ernsten Themen auf der Bühne breitgemacht. In Österreich etabliert sich neben der »hohen« Bühne die »niedere«. Das Publikum ist in beiden Theatern gemischt: Der Adel ist sich nicht zu schade, das Volkstheater zu besuchen; das Volk hat auch Zutritt zum Burgtheater. Die Schauspieler und Autoren des Volkstheaters, so auch Raimund und Nestroy, sind dagegen von der ernsten Bühne ausgeschlossen, sie dürfen nur in den Vorstadttheatern spielen.
Im Unterschied zu Deutschland konnte in Österreich die barocke Theatertradition nicht ausgelöscht werden, Feenmärchen und Zauberpossen, das große Welttheater in all seinen Verkleidungen und opernhaften Ausstattungen lebt fort. Ende des 18. Jahrhunderts entstehen in Wien die festen Spielstätten, wo Zauberer, Verwandlungskünstler, Geister und Feen ihr ungehemmtes Spiel treiben können, wo der Hans Wurst, ein »Salzburger Sau- und Krautschneider« bäuerlicher Herkunft, sein sicheres Zuhause vor einem begeisterungsfähigen Publikum findet. 1781 wird das Theater in der Leopoldstadt gegründet, 1787 folgt das Theater »auf der Wieden« (später »Theater an der Wien«), und 1788 eröff-

net das Theater in der Josefstadt seine Pforten. Auf diesen Bühnen der Singspielburlesken setzt sich ein freierer Geist gegen die Zensur durch; sie befriedigen das populäre Bedürfnis nach Phantastischem, das die bürgerlichen Sitten- und Historienstücke weitgehend aus ihrem Repertoire verbannt haben. KARL IMMERMANN, der sich ab 1834 erfolglos bemüht, in Düsseldorf eine »Deutsche Musterbühne« zu errichten, erkennt die Besonderheit der Österreicher neidlos an:

> Wir finden nur da, wo höchst lebendige Menschen, ein höchst erregbares Publikum, was mit allen um sich her vorgehenden Lächerlichkeiten in unmittelbaren Kontakt sich beständig setzte, an allen Erscheinungen des Tages sinnlichsten Anteil nahm, daß Travestie und Parodie sich als selbständige Dichtungsart ausbilden und halten konnten, an solchen Orten fühlen die Zuschauer jede Beziehung und identifizieren sich leicht mit dem Dichter und seinem Spotte, weil ihrer Seele die Dinge, die er bescherzt, so gegenwärtig sind, als sie der seinigen waren. ... deshalb ist es auch in Wien noch zu wagen, dem Volke dergleichen Sachen vorzuführen. In Norddeutschland ist es dagegen ganz schwer.

Ferdinand Raimund

FERDINAND RAIMUND, der 1790 in Wien zur Welt kommt, betritt schon in jungen Jahren die Bretter der Welt. Als fünfzehnjähriger Vollwaise begleitet er einen herumziehenden Theaterdirektor nach Ungarn; von 1812 bis 1817 ist er als Schauspieler im Theater in der Josefstadt engagiert, danach spielt er bis 1830 im Theater in der Leopoldstadt. Es folgen Gastreisen nach Berlin, Hamburg und München.

Ferdinand Raimund und Constanze Dahn in »Der Bauer als Millionär« (Hamburg 1831)

Raimund steht fest in der Tradition des vom Barock bis zur Romantik überlieferten Zaubermärchens. Mit den Mitteln der Parodie und des satirischen Witzes bevölkert er im Zeitalter der beginnenden Industrialisierung die Bühne mit ganzen Heerscharen von Zauberern, Zwergen, Amazonen, Nymphen und Göttern. Er entführt sein Publikum in märchenhafte und orientialisierende Landschaften, versetzt es in eine Sphäre des Wunderbaren, um plötzlich die Nüchternheit der Realität einbrechen zu lassen und die ganze Zauberwelt als Karikatur zu demaskieren. Pathos und Parodie sind so eng miteinander verflochten, daß der Zuschauer nie sicher sein kann, ob er nicht an der Nase herumgeführt wird.

Raimund verfaßt insgesamt acht Bühnenwerke, die alle in den zwanziger Jahren auch aufgeführt werden, oft mit ihm selbst in der Hauptrolle. Schon die Titel der Stücke verraten etwas von dem verwirrenden Spektakel seiner Schauspiele: *Der Barometermacher auf der Zauberinsel: Zauberposse mit Gesang und Tanz in zwei Aufzügen als Parodie des Märchens: Prinz Tutu* (1824), *Der Diamant des Geisterkönigs: Zauberspiel in zwei Aufzügen* (1824), *Das Mädchen aus der Feenwelt oder der Bauer als Millionär: Romantisches Original-Zaubermärchen mit Gesang in drei Aufzügen* (1826), *Moisasurs Zauberfluch: Original-Zauberspiel in zwei Aufzügen* (1828), *Die unheilbringende Zauberkrone oder König ohne Reich, Held ohne Mut, Schönheit ohne Jugend: Tragisch-komisches Original-Zauberspiel in zwei Aufzügen* (1829).

Den größten Erfolg hat Raimund mit dem Stück *Der Alpenkönig und der Menschenfeind: Romantisch-komisches Märchen in zwei Aufzügen*, 1828 im Theater in der Leopoldstadt uraufgeführt. Raimund übernimmt die Hauptrolle des reichen Gutsherrn Rappelkopf, der als Hypochonder in Melancholie verfällt und zum Menschenfeind wird. Der Alpenkönig Astralagus heilt ihn, indem er ihm als Doppelgängermotiv seine eigene Unausstehlichkeit vorführt. In diesem Märchen Raimunds geht es weniger turbulent zu; dennoch verzichtet Raimund nicht auf komische Effekte, die das Publikum zu Lachstürmen hinreißen. Der Unterton ist indessen aufklärend moralisch, die Heilung des Menschenfeinds. Hier berührt Raimund einen Widerspruch, der sein ganzes Leben prägt: Er ist der Vollender der komischen Volkstheatertradition, zugleich ist sein persönlicher Ehrgeiz auf etwas anderes gerichtet – »mein Sinn war vorzugsweise dem Trauerspiel zugewandt, das Lustspiel begeisterte mich weniger, die Posse war mir gleichgültig«. Der Melancholiker Raimund möchte ernst und tragisch sein, aber das Publikum liebt ihn als komischen Possenreißer. Tragisch endet auch Raimunds Leben. Im Alter von 46 Jahren beißt ihn ein tollwutverdächtiger Hund; Raimund gerät in Panik und schießt sich eine Kugel in den Kopf.

Johann Nestroy

Johann Nestroy und Wenzel Scholz als Bürgergardisten 1848

Raimund und Nestroy rivalisieren in Wien zeitweise um die Gunst des Publikums; beide sind gefeierte Schauspieler, durch sie gewinnen die erfolgreichen Stücke erst Farbe und Lebendigkeit. Aber Raimund erkennt auch, daß seine Zeit vorüber ist: Das quirlige Schauspielertalent Nestroy ist der neue Publikumsliebling auf den Bühnen der Vorstadt. Im Unterschied zu Raimund schielt Nestroy nicht nach den Höhen der Literatur: »Bis zum Lorbeer versteig ich mich nicht, g'fallen sollen meine Sachen, unterhalten, lachen sollen d' Leut und mir soll die G'schicht a Geld tragen, daß ich auch lach, das ist der ganze Zweck.«
1801 kommt JOHANN NEPOMUK NESTROY in Wien zur Welt, sein Vater ist Hofadvokat; der Sohn erhält eine vorzügliche Gymnasialausbildung und studiert Philosophie und Jura. Nestroy fühlt sich jedoch zur Bühne berufen; er gibt das Studium auf und wechselt ins Opernfach als Bassist. Nestroy singt im In- und Ausland alle bedeutenden Opernpartien, aber langsam setzt sich sein Hang zum komischen Sprechtheater durch. Er wird Volksschauspieler und Possenschreiber. Ab 1845 spielt er fest im Theater in der Leopoldstadt; 1854 übernimmt er bis zu seinem Rückzug von der Bühne im Jahre 1860 die Direktion des Carl-Theaters.
Raimund hinterläßt acht Bühnenwerke, Nestroy bringt es auf 79 Stücke. Er verläßt das Genre der Zaubermärchen, seine Possen sind »Schilderungen aus dem Leben gegriffener Volksszenen«. Wo Raimund naiv, pathetisch, verklärend und auch resignativ war, da ist Nestroy ironisch, entlarvend, frech und angriffslustig. Er ist berühmt und gefürchtet für sein ungezügeltes Extemporieren auf der Bühne und gerät mehrfach mit der Zensur in Konflikt. Bei Nestroy kommt das Wiener Vorstadtmilieu auf die Bühne in Stücken wie *Der böse Geist Lumpazivagabundus oder Das liederliche Kleeblatt* (1833), *Tritsch-Tratsch* (1833), *Eulenspiegel oder Schabernack über Schabernack* (1835), *Zu ebener Erde und erster*

Stock oder Die Launen des Glückes (1835), *Das Mädl aus der Vorstadt oder Ehrlich währt am längsten* (1841).
Nestroy karikiert die überlebte Feudalklasse ebenso wie das hochkommende rücksichtslose Bürgertum; er sympathisiert mit den einfachen Leuten und macht sich über ihre Ängstlichkeit lustig. Er fordert das Publikum heraus, über seine eigene Misere zu lachen, und zeigt keinerlei Respekt vor der hohen Theaterkunst. Eines seiner Erfolgsstücke ist eine Parodie auf HEBBELS *Judith*. Hier läßt er Holofernes toben und rasen: »Man sattle mir das buckligste meiner Kamele.«
Mit Nestroy gelangt das Polizeiwidrige der Vormärzzeit auf die Bühne. In seinem Stück *Freiheit in Krähwinkel* aus dem Jahre 1848 entwirft er ein satirisches Bild der Metternich-Ära. Der Journalist Ultra kommentiert die Ereignisse:

Unumschränkt hab'n s' regiert,
Kein Mensch hat sich g'rührt,
Denn hätt's einer g'wagt
Und a freies Wort g'sagt,
Den hätt' d' Festung belohnt,
Das wär man schon g'wohnt.
Ausspioniert hab'n s' alls glei,
Für das war die Polizei.
Der G'scheite is verstummt;
Kurz, 's war alles verdummt;
Diese Zeit war bequem
Für das Zopfensystem.

DIE VORMÄRZ-SCHRIFTSTELLER

Wie die Jungdeutschen das Jahr 1830, die französische Julirevolution, mit hohen politischen Hoffnungen verbinden, so erwarten die Vormärz-Schriftsteller vom Jahre 1840 eine Wende: In diesem Jahr besteigt Friedrich Wilhelm IV. den preußischen Thron. Der neue Monarch gilt als liberal, als gemäßigter Vertreter der Pressefreiheit, er hatte sogar eine Konstitution versprochen. Die Vormärzler verspotten die in ihren Augen seichte Liberalität der jungdeutschen Schriftsteller, sie wollen radikal Partei für den Fortschritt ergreifen. Ironie der Geschichte ist, daß sich die Jungdeutschen auf eine veritable Revolution berufen, die Vormärzler aber zunächst ihre Hoffnung auf einen Thronwechsel richten.

Das politische Spektrum im vormärzlichen Deutschland, in den Jahren 1840 bis zum Ausbruch der Revolution 1848, ist breit gefächert: utopische Sozialisten, Linkshegelianer, Republikaner und Anhänger der konstitutionellen Monarchie. Die politisch engagierten Schriftsteller sind sich einig in der Opposition gegen die feudale Willkürherrschaft. Ihre politischen Zukunftsvorstellungen reichen von sozialistisch-kommunistischen Einstellungen – wie bei ERNST DRONKE

Der Verleger Julius Campe

Wie ist doch die Zeitung interessant
Für unser liebes Vaterland!
Was haben wir heute nicht alles
vernommen!
Die Fürstin ist gestern niedergekommen,
Und morgen wird der Herzog kommen,
Hier ist der König heimgekommen,
Dort ist der Kaiser durchgekommen.
Bald werden sie alle zusammen-
kommen –
Wie interessant! wie interessant!
Gott segne das liebe Vaterland!

(August Heinrich Hoffmann von Fallersleben)

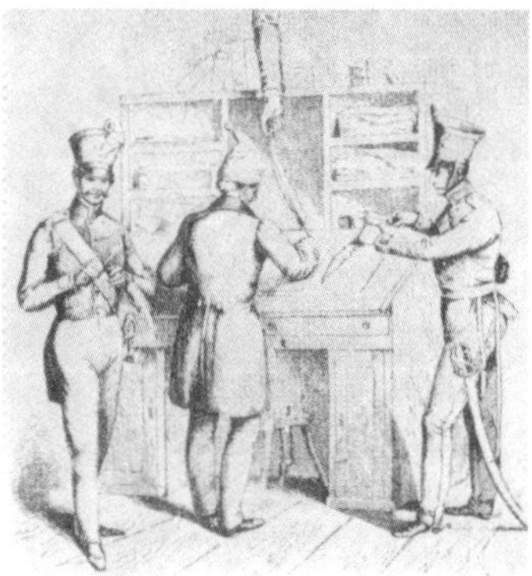

Zeitungsredakteur unter Polizeiaufsicht, Karikatur aus dem Vormärz

(1822–1891), Karl Grün (1817–1887), Arnold Ruge (1803–1880) oder Georg Weerth (1822–1856) – über demokratische Gesinnungen – wie bei Ferdinand Freiligrath (1810–1876), Adolf Glassbrenner (1810–1876), Georg Herwegh (1817–1875) und Ludwig Pfau (1821–1894) – bis hin zu liberalen Ideen bei Hoffmann von Fallersleben (1798–1874) und Robert Prutz (1816–1872). Dennoch ist eine genaue Fixierung ihres politischen Standorts problematisch, denn zu viele haben vor und nach der Revolution ihre Positionen ebenso radikal verändert, wie sie sie früher verteidigt haben.

Das politische und kulturelle Klima der vierziger Jahre in Deutschland ist aufgewühlt von aktuellen Zeitereignissen. Die Pressezensur wird auch unter Friedrich Wilhelm IV. mit unverminderter Schärfe aufrechterhalten. 1841 kommt es zum Verbot des Campe Verlags in Preußen, weil dort die *Unpolitischen Lieder* von Hoffmann von Fallersleben – Spottverse auf das deutsche Philistertum, die »Rückwärtserei«, Pfaffentum und feudale Überheblichkeit – erschienen waren. Soziale Unruhen, Hungerrevolten und die sichtbare Verelendung der Arbeiter stehen in krassem Gegensatz zur verordneten Friedhofsruhe. Aus den bürgerlichen Zeitungen ist über die wachsenden Spannungen nichts zu entnehmen. Die Verschärfung der Zensurgesetze 1843 bringt jede kritische Stimme zum Schweigen: Die »Rheinische Zeitung«, die »Deutschen Jahrbücher«, die »Leipziger Allgemeine Zeitung« werden verboten.

Ideen wie »Atheismus«, »Kommunismus«, »Pauperismus«, »soziale Reformen« werden heftig für und wider diskutiert. Exemplarisch ist der Dichterstreit zwischen Freiligrath und Herwegh im Jahre 1841. Freiligrath hatte im »Morgenblatt« ein Gedicht veröffentlicht, das mit dem Bekenntnis endet:

> Der Dichter steht auf einer höhern Warte
> Als auf den Zinnen der Partei.

Herwegh antwortete ihm mit seinem Gedicht *Die Partei:*

> Partei! Partei! Wer sollte sie nicht nehmen,
> Die noch die Mutter aller Siege war!
> Wie mag ein Dichter solch ein Wort verfemen,
> Ein Wort, das alles Herrliche gebar?
> Nur offen wie ein Mann: Für oder wider?
> Und die Parole: Sklave oder frei?
> Selbst Götter stiegen vom Olymp hernieder
> Und kämpften auf der Zinne der Partei.
>
> Ihr müßt das Herz an *eine* Karte wagen,
> Die Ruhe über Wolken ziemt euch nicht;
> Ihr müßt euch mit in diesem Kampfe schlagen,
> Ein Schwert in eurer Hand ist das Gedicht.
> O wählt ein Banner, und ich bin zufrieden,
> Ob's auch ein andres denn das meine sei;
> *Ich* hab gewählt, *ich* habe mich entschieden,
> Und *meinen* Lorbeer flechte die *Partei!*

Herwegh findet breite Zustimmung, und Freiligrath läßt sich bekehren, auch er ergreift Partei. Schon ein Jahr später allerdings bittet Herwegh um Privataudienz beim preußischen König: Er erhofft sich ein wohlwollendes Wort zur Pressefreiheit. Der König läßt Herwegh des Landes verweisen und unter Polizeibegleitung über die Grenze schaffen. Dessen naive Gutgläubigkeit lockt den bissigen Spott HEINES heraus; er nimmt die Scheinradikalität Herweghs aufs Korn in seinem Gedicht *Die Audienz.*

In Pamphleten, Aufrufen, Glaubensbekenntnissen und Agitationsgedichten artikulieren die Schriftsteller ihren Unmut und ihre Entschlossenheit, das alte Feudalsystem hinwegzufegen. Auf literarische Kunstfertigkeit wird kein Wort gelegt, eindeutig soll die Poesie sein. Der verschlafene deutsche Michel, das Sinnbild der biedermeierlichen Bürger-Gemütlichkeit, ist ebenso Zielscheibe ihres Spottes, wie es die verkauzten Hofschranzen und die aufgeblasenen Militärs sind.

Revolutionär in der Vormärzliteratur sind die Darstellungen des sozialen Elends der untersten Schichten. Verelendung, Verarmung finden Eingang in die Literatur; sie werden mit anteilnehmender Sympathie oder mit aggressiver Anklage beschrieben. BETTINA VON ARNIM verfaßt 1843 eine Studie über das Arbeiterelend vor den Toren Berlins, ein Buch, das sie treuherzig dem König widmet; WILHELM WOLFF klärt 1844 das übrige Deutschland über Elend und Aufruhr der schlesischen Weber auf. ERNST DRONKE malt 1846 ein düsteres Sittenbild Berlins:

Ferdinand Freiligrath (um 1850)

> Die Kinder werden, sobald sie im mindesten die Kraft dazu haben, in die Fabriken geschickt. Hier bleiben sie von morgens 5 bis abends 9 Uhr und verdienen die Woche 15 bis 22 1/2 Silbergroschen, also 3 Silbergroschen täglich. Nicht nur, daß sie physisch bei der anstrengenden Arbeit verkommen, wie solches der bei ihnen einheimische Lungenhusten, die gebückte Körperhaltung und die krummen Beine beweisen; auch moralisch werden sie durch dies Leben in jeder Weise abgestumpft und vernichtet. In den Bleiweißfabriken unter anderen werden sie durch das Einatmen der giftigen Dünste total ruiniert, denn selbst ein kräftiger Mann kann den Aufenthalt kaum einige Jahre ertragen. Und doch senden die Mütter ihre Kinder hierher, obwohl sie wissen, daß die Kinder einem sichern Tod entgegengehen. Vielleicht gerade weil sie es wissen. Die Kinder sind ihnen zur Last, und das Elend raubt ihnen jedes menschliche Gefühl; zudem hat ja die wohlanständige Gesellschaft diese Fabriken gegründet, und es kann in den Augen derselben wohl kein Verbrechen sein, wenn man Kinder dorthin schickt.

Georg Herwegh (um 1845)

Einer der entschiedensten Verfechter einer klassenkämpferischen Literatur ist GEORG LUDWIG WEERTH. Aus einem protestantischen Pfarrhaus stammend, erlernt er den Beruf des Kaufmanns und hält sich von 1843 bis 1845 in England auf. Hier erlebt er unmittelbar die Auswirkungen des Kapitalismus auf die neuen Heere der Arbeiter. Weerth wird Mitglied im »Bund der Gerechten«, später im »Bund der Kommunisten«; er arbeitet als Feuilletonredakteur für die von Marx und Engels herausgegebene »Neue Rheinische Zeitung«. Mit seinen Prosaschriften *Leben und Taten des berühmten Ritters Schnapphahnski* (1848/49), *Humoristische Skizzen aus dem deutschen Handelsleben* (1845–48), *Skizzen aus dem sozialen und politischen Leben der Briten* (1843–49) und seinem *Fragment eines Romans*

Hungerkrawall in Stettin (1847)

(1843–47) entwirft er, geschult an HEINES *Reisebildern*, satirische Charakterbilder über die deutschen Zustände. In einer Mischung aus Sozialreportage, Geschichtsschreibung, persönlichen Erlebnissen und romanhaften Handlungsteilen montiert Weerth einen neuen literarischen Stil und setzt damit die Anfänge für eine proletarische Literatur.

Die vorrevolutionäre Stimmung der vierziger Jahre bewirkt auch, daß nun mehr und mehr Frauen als selbstbewußte Schriftstellerinnen hervortreten. Beunruhigt stellt JOSEPH VON EICHENDORFF fest, »die Poesie ist unter die Weiber gekommen«. Der Literaturhistoriker ROBERT PRUTZ bemerkt dagegen anerkennend, »daß die Frauen eine Macht in der Literatur geworden sind«. Die herausragenden Schriftstellerinnen sind MATHILDE FRANZISKA ANNEKE (1817–1884), LOUISE ASTON (1814–1871), IDA HAHN-HAHN (1805–1880), FANNY LEWALD (1811–1889), MALVIDA VON MEYSENBURG (1816–1903), LUISE MÜHLBACH (1814–1873), LOUISE OTTO-PETERS (1819–1895).

Das gesellschaftliche Klima hat sich verändert: Die Frauen schreiben nicht auf der Grundlage einer durch den Ehemann gesicherten Existenz, sondern ihre literarische Tätigkeit muß den Lebensunterhalt finanzieren, sie ist nicht mehr Freizeitbeschäftigung. Vorüber sind die Zeiten der privilegierten romantischen Salons, in denen die Frauen im geistreichen Gespräch ihr Ich behaupten und sich öffentlich meist noch hinter Pseudonymen verstecken mußten. Die Schriftstellerinnen des Vormärz treten aus der Intimität des Salons in die Öffentlichkeit; sie protestieren gegen die unzulängliche Mädchenbildung, prangern teilweise die Institution der Ehe als Fessel für weibliche Selbstentfaltung an und fordern die Gleichberechtigung der Geschlechter in allen Berufen. Gleichberechtigung fordern die Vormärzlerinnen auch im politischen und gesellschaftlichen Leben. LOUISE OTTO-PETERS, die 1849 die erste kämpferische »Frauenzeitung« gründet, die sich öffentlich auch für die Belange der Arbeiterinnen einsetzt, fordert in ihrem Agitationsgedicht *Freiheit für alle:*

Georg Weerth (um 1850)

Wo wieder aber ward der Ruf vernommen:
»Für Alle Freiheit!«, klang es fast wie Hohn,
Denn für die *Männer* nur war er gekommen
Im Wettersturm der Revolution.
Denn schien auch Joch auf Joch hinweggenommen,
Und stürzte auch in Trümmer Thron um Thron:
Dem *Männerrecht* nur galt das neue Ringen,
Das *Frauenrecht* blieb in den alten Schlingen.
...

Doch wiederum wird einst der Ruf erklingen:
So wie vor Gott sind wir auf Erden gleich!
Die *ganze Menschheit* wird empor sich ringen,
Zu gründen ein erneutes Liebesreich,
Dem Weibe wie dem Mann sein Recht zu bringen,
Zu wahren mit des Friedens Palmenzweig.
In lautrer Wahrheit stolzem Siegerschalle
Tönt's noch einmal: »Erlösung kam für alle!«

»Der Michel und seine Kappe im Jahr 1848«

Der einzige Zeitroman über die Revolution von 1848 stammt von einer Frau, von LOUISE ASTON: *Revolution und Contrerevolution* (1849). Weibliche Hauptfigur des Romans ist eine engagierte Anhängerin der 48er Revolution, ein neuer Typus der politisch aktiven Frau.

Unabhängig davon, wie radikal oder gemäßigt die Schriftstellerinnen und Schriftsteller in den Jahren vor der Revolution auftreten, verfolgt werden sie alle. WEERTH und DRONKE müssen Gefängnisstrafen verbüßen; die Mehrzahl entzieht sich einer Haft durch Flucht ins Ausland. Zeitweise im Exil leben HERWEGH, RUGE, MARX, ENGELS, WEITLING, FREILIGRATH, DINGELSTEDT, DRONKE und HESS. Selbst der liberale HOFFMANN VON FALLERSLEBEN, eher ein Stimmungsmensch als ein politischer Denker, wird 39mal aus deutschen Landen ausgewiesen. Für LOUISE OTTO-PETERS wird 1852 eigens ein Gesetz erlassen, die »Lex Louise Otto«, nach der es Frauen in Zukunft untersagt ist, die Redaktion von Zeitschriften zu übernehmen. Was im Deutschland des Vormärz wegen der Zensur nicht erscheinen kann, wird in Paris oder in der Schweiz publiziert – zwei Zufluchtsstätten, die sicheres Asyl gewähren. Mögen manche Kampfgedichte oder Philistersatiren aus der Vormärzzeit heute auch wenig literarisches Interesse erregen – sie wurden über hundert Jahre lang in der Literaturgeschichtsschreibung ignoriert oder totgeschwiegen –, so riskierte doch jeder der Verfasser dafür seine Existenz. Das politische Scheitern der Revolution von 1848/49 treibt über eine Million Bürger aus Deutschland; im Ausland, meist in Amerika, suchen sie eine demokratische Alternative. Bleierne Zeiten legen sich über Deutschland. Ein großes Verstummen der Vormärzliteraten setzt ein. HOFFMANN VON FALLERSLEBEN antwortet auf die Frage, ob Holz hacken oder Dichten nun angemessen sei:

Barrikade an der Friedrichstraße (Berlin, März 1848)

»Rundgemälde von Europa im August 1849«. Lithographie, Düsseldorf 1849

Das Holzhacken war leider das Zeitgemäßere: denn die Rückwärtserei war wieder oben auf, nach allen Seiten hin tätig, und ließ es an Verdächtigungen, Verleumdungen, geheimen und öffentlichen Angebereien nicht fehlen; sie fand überall Freunde und Helfershelfer; alle Zeitungen, Zeitschriften, Wochen- und Flugblätter dienten bewußt und unbewußt der politischen Umkehr.

Die Literatur als Waffe hat vorerst ausgedient. In diesem Sinn schreibt GEORG WEERTH 1851 in einem Brief:

Jetzt schreiben! Wofür? Wenn die Weltgeschichte den Leuten die Hälse bricht, ist die Feder überflüssig.

POETISCHER REALISMUS

Nach 1850 beginnt im Zeichen des »poetischen Realismus« eine jahrzehntelange, sehr kontinuierlich verlaufende Periode, in der sich eine Literatur des bürgerlichen Alltags entfaltet. Drama und Lyrik haben eine höchst untergeordnete Rolle; Prosa, Roman, Erzählung, Novelle, aber auch Essay und Kritik bilden das eigentliche Medium der Autoren. Es ist eine Literatur von den Randzonen her, nicht nur, was die Orte der Entstehung angeht – Husum, Zürich, Linz, Eisenach, Leipzig, Braunschweig, Stuttgart sind die Städte, in denen die Dichter vereinzelt leben. Auch für die Werke gilt: Große Konflikte werden gemieden, Außenseiterexistenzen gelangen zu einer liebevollen und eingehenden Darstellung; Vororte, Kleinstädte und die ländliche Provinz sind Ort der Handlung.

Die Ereignisse der Jahre 1848/49 werden so gründlich verdrängt, daß Massenszenen, die sehr selten vorkommen, nur im Zusammenhang mit den Freiheitskriegen gegen Napoleon oder, noch weiter zurück, mit dem Dreißigjährigen Krieg Eingang in die Literatur finden. Die aufsässigen, polizeiwidrigen Schriften der Jungdeutschen und des Vormärz bilden die Negativfolie für die Literatur dieser Periode, in der die Skepsis an die Stelle agitatorischen Schwungs tritt. Die Betrachtung von Zuständen ersetzt eine auf Veränderung abzielende Orientierung an fortschrittlichen Ideen; Humor und Groteske breiten sich aus, wo es zuvor rücksichtslose Enthüllungen oder aggressive Anklage gegeben hätte.

Dieser literarische Rückzug hat seine Ursache nicht im verschärften Druck der Behörden, die sich auf die Verhinderung öffentlicher Versammlungen, Kontrolle und Unterdrückung von Vereinen und die Verfolgung Oppositioneller konzentrieren; er ist auch nicht in dem besonders konservativen Verhalten der Autoren begründet, die wie GOTTFRIED KELLER, RICHARD WAGNER, FRITZ REUTER, aber ebenso WILHELM RAABE, THEODOR FONTANE, JOSEPH VIKTOR VON SCHEFFEL, GUSTAV FREYTAG und FRIEDRICH HEBBEL an der Vormärz-Bewegung und an der Revolution von 1848 teilgenommen hatten. Ursache ist vielmehr eine Distanzierung des gebildeten Bürgertums von den Idealen der Vormärz-Zeit, sein Verzicht auf politische Mitsprache, der in den fünfziger Jahren durch ein beachtliches Wirtschaftswachstum belohnt wird und in den sechziger Jahren durch die siegreichen Kriege Preußens gegen Dänemark und Österreich schließlich zur Reichseinigung vom Jahre 1871 führt, die wiederum Garant einer langandauernden wirtschaftlichen Prosperität in Deutschland wird.

Mit Ausnahme WILHELM RAABES, der sich seit der Publizierung seines ersten

Romans *Die Chronik der Sperlingsgasse* (1857) als freier Schriftsteller zu behaupten sucht, und CONRAD FERDINAND MEYERS, dem seine Herkunft aus einem Patriziergeschlecht ein Auskommen ohne Berufstätigkeit ermöglicht, gehen die Autoren des »poetischen Realismus« einem bürgerlichen Beruf nach, durch den sie den Lebensunterhalt für sich und ihre Familien bestreiten. ADALBERT STIFTER ist von 1850 bis 1865 als Inspektor des Volksschulwesens in Oberösterreich tätig. THEODOR STORM arbeitet als Rechtsanwalt und ist zwischen 1856 und 1880 in verschiedenen Funktionen als Richter angestellt. GOTTFRIED KELLER bringt es 1861 zum Ersten Staatsschreiber des Kantons Zürich und übt dieses wichtige Amt bis 1876 aus. FRITZ REUTER arbeitet von 1840 bis 1855 als landwirtschaftlicher Volontär auf mecklenburgischen Gütern. THEODOR FONTANE schreibt als berühmter Romanautor noch in den neunziger Jahren Theaterrezensionen für die »Vossische Zeitung«. Kommt es in diesen Lebensläufen zu ernsten Widersprüchen zwischen Berufsaufgaben und schriftstellerischer Tätigkeit, dann ist neben alltäglichen Widrigkeiten vor allem die Arbeitsbelastung das Hauptproblem. Es gibt kein künstlerisches Doppelleben neben dem Brotberuf, das für die Existenz der deutschen Schriftsteller seit LESSING kennzeichnend ist. Die Berufstätigkeit wird vielmehr als Teil einer Lebensrealität begriffen, deren Bewältigung GUSTAV FREYTAG (*Soll und Haben*, 1855), STIFTER (*Nachsommer*, 1857), FRITZ REUTER (*Ut mine Stromtid*, 1862/64) und GOTTFRIED KELLER (*Der grüne Heinrich*, Zweite Fassung 1879/80) zum Programm ihrer großen Romane erheben. Nach jugendlichen Wanderungen seßhaft geworden, oft wieder nahe dem Geburtsort, leben die Autoren über Jahrzehnte am selben Platz. Sie verreisen selten, und ein Briefwechsel mit ihren weitverstreuten Kollegen, der sehr sporadisch ist, sich aber über viele Jahre hinzieht, ersetzt ihnen die Kommunikation in einem literarischen Zentrum.

Vor allem die Familienblätter, von denen heute nur noch »Die Gartenlaube« (1853–1894) – in den siebziger Jahren wöchentliche Auflage 385 000 Exemplare – eine gewisse Bekanntheit besitzt, nehmen seit den fünfziger Jahren einen großen Aufschwung. Es erscheinen Blätter zur Unterhaltung, Romanzeitungen, Zeitschriften über Länderkunde und Jagd, illustrierte populärwissenschaftliche Periodika. »Westermanns Illustrierte deutsche Monatshefte« werden 1856 gegründet; »Über Land und Meer« erscheint 1858 (bis 1913) in Stuttgart. Anspruchsvollstes Organ ist die von JULIUS RODENBERG 1874 gegründete »Deutsche Rundschau«. Die Zeitschriften, als lukrative Spekulationsobjekte ins Leben gerufen, werden aufgekauft und mit anderen zusammengelegt, wechseln Titel und Aufmachung, wenn es die Marktlage gebietet. Geleitet werden sie von Männern, bei denen sich Geschäftssinn und die Fähigkeit, auch selbst die Feder zu führen, vorteilhaft verbinden. In der ersten Hälfte des 19. Jahrhunderts war es für die besten deutschen Schriftsteller, unabhängig von ihrer Richtung, eine Ehre, im Cotta Verlag zu erscheinen, dem dann Ende der dreißiger Jahre JULIUS CAMPE (1792–1867) zunehmend Konkurrenz machte. Die »poetischen Realisten« hingegen arbeiten mit wechselnden Herausgebern und Verlegern zusammen, die ihnen aufgrund hoher Auflagen gute Honorare zahlen, aber ihre Werke in fatale Nähe zu einem Meer von Unterhaltungsliteratur bringen. RAABE, STORM und FONTANE veröffentlichen in »Westermanns Monatsheften«. »Über

Land und Meer« bringt neben Jagdbelletristik von LUDWIG GANGHOFER (1855–1920) auch STORM und KELLER. In der »Deutschen Rundschau« finden sich zahlreiche Novellen und Erzählungen von FONTANE, KELLER, MEYER und STORM; hier erscheinen auch *Martin Salander, Frau Jenny Treibel* und *Effi Briest* als Fortsetzungsromane. Aber RAABE und FONTANE verschmähen auch nicht die Zusammenarbeit mit der »Gartenlaube«, von deren Redaktion sie sich allerdings Eingriffe in den Text ihrer Romane gefallen lassen müssen. Die Liaison mit den neuen Publikationszeitschriften und der Verzicht, einen Verlag und eine Zeitschrift mit klaren Konturen zu suchen oder selbst zu gründen, zeigen die Orientierung dieser Autoren an einer breiten mittelständischen Leserschaft, wobei sie hoffen, von einem kleinen Kreis gebildeter Leser wirklich verstanden zu werden. Die friedliche Koexistenz mit der Trivialliteratur gehört zum Horizont des »poetischen Realismus«.
THEODOR FONTANES resümierende Betrachtung *Unsere lyrische und epische Poesie seit 1848* aus dem Jahre 1853 ist typisch für die Emphase, mit der man nach dem Scheitern der Revolution die Entdeckung der Realität als einen unbekannten Kontinent anpreist.

Was unsere Zeit nach allen Seiten hin charakterisiert, das ist ihr Realismus. Die Ärzte verwerfen alle Schlüsse und Kombinationen, sie wollen Erfahrungen; die Politiker (aller Parteien) richten ihr Auge auf das wirkliche Bedürfnis und verschließen ihre Vortrefflichkeitsschablonen ins Pult; Militärs zucken die Achseln über unsere preußische Wehrverfassung und fordern »alte Grenadiere« statt »junge Rekruten«; vor allem aber sind es die materiellen Fragen, nebst jenen tausend Versuchen zur Lösung des sozialen Rätsels, welche so entschieden in den Vordergrund treten, daß kein Zweifel bleibt: die Welt ist des Spekulierens müde und verlangt nach jener »frischen grünen Weide«, die so nah lag und doch so fern.

Männer, die mit Tatsachen umzugehen wissen, sind gefragt. »Greifbare« Veränderungen bilden das Ziel im Bereich der Medizin und der Politik, im Militärwesen nicht minder als bei der Begründung von Genossenschaften, einem Reformprojekt, für das sich in dieser Zeit besonders Hermann Schulze-Delitzsch (1808–1883) mit einigem Erfolg einsetzt.
Auf literarischem Gebiet wird der Romantik der Kampf angesagt, wie auch der Tendenzpoesie des Jungen Deutschland und des Vormärz. Unter dem Aspekt des Realismus erhält die klassische Literatur des 18. Jahrhunderts eine Vorbildfunktion. LESSINGS *Laokoon* wird hervorgehoben als eine Schrift, die dem »Beschreibungsunwesen« in der Poesie ein Ende setzt. Literaturhistorisches Standardwerk dieser Periode ist *Die Geschichte der deutschen Literatur seit Lessings Tod* (1. Auflage 1863) von JULIAN SCHMIDT (1818–1886), der in diesem Zweifrontenkrieg das Panier des »gesunden Realismus« hochhält. Obwohl durch Übersetzungen der Hauptwerke im deutschen Sprachraum bekannt, sind BALZAC und FLAUBERT keine Bundesgenossen, ebensowenig wie DICKENS, THACKERAY, TURGENJEW oder TOLSTOJ.
Für den Schrumpfungsprozeß der literarischen Wahrnehmung nach 1850 ist die Entwicklung des bedeutenden schwäbischen Ästhetikers FRIEDRICH THEODOR VISCHER (1807–1887) kennzeichnend, der GOTTFRIED KELLER bei seiner Um-

arbeitung des *Grünen Heinrich* in den späten siebziger Jahren beeinflußt. Im Jahre 1844 verweist er die deklamatorischen deutschen Freiheitspoeten energisch auf EUGÈNE SUES Großstadtroman *Die Geheimnisse von Paris*, der im Jahr zuvor in Paris erschienen war:

Hier ist Objektivität, Erfahrung, grausame Wirklichkeit, bildende Kraft, Anschauung, hier ist epische Entfaltung, zwar nicht rein durchgeführt, aber doch voll Zeichnung und Farbe.

Im Jahre 1857 doziert VISCHER jedoch resigniert auf dem Weg nach Innen in seiner *Ästhetik:*

Der Roman sucht die poetische Lebendigkeit da, wohin sie sich bei wachsender Vertrocknung des Öffentlichen geflüchtet hat: im engen Kreis der Familie, dem Privatleben, in der Individualität, im Innern. Hier, im Conflikte dieser inneren Lebendigkeit mit der Härte der äußeren Welt, liegt das eigentliche Thema des Romans.

J. G. Schadow, »Der alte Dessauer« (Modell 1798)

Die Enge dieses Realismus, bei dem die »frische, grüne Weide« nur allzu nah liegt, wird auch bei THEODOR FONTANE deutlich, wenn er in seinem Lobpreis auf die Gegenwart fortfährt:

Dieser Realismus unserer Zeit findet in der Kunst nicht nur sein entschiedenstes Echo, sondern äußert sich vielleicht auf keinem Gebiet unseres Lebens so augenscheinlich, wie gerade in ihr. Die bildende Kunst, vor allem die Skulptur, ging hier mit gutem Beispiel voran. Als Gottfried Schadow die Kühnheit hatte, den Zopf in die Kunst einzuführen, nahm er ihr zugleich den Zopf. So wurde der »Alte Dessauer«, an dessen Dreimaster und Gamaschen wir jetzt gleichgültig vorübergehen, zu einer Tat von unberechenbarer Wirkung. Jener Statue zur Seite stehen Schwerin und Winterfeldt in antikem Kostüm, und wahrlich, wenn es Absicht gewesen wäre, das Ridiküle der einen Richtung und das Frische, Lebensfähige der anderen zur Erscheinung zu bringen, die Zusammenstellung hätte nicht sprechender getroffen werden können. Seit fünfzig Jahren sind wir auf dem betretenen Wege fortgeschritten in der Malerei, Skulptur und Dichtkunst, und es war ein Triumphweg für jene neue Richtung, von der wir uns eine höhere Blüte moderner Kunst versprechen, als die Hülle vom Standbild Friedrichs des Großen fiel und der »König mit dem Krückstocke« auf ein jubelndes Volk herniederblickte. Dieser »Alte Fritz« des genialen Rauch ist übrigens nicht das Höchste der neuen Kunst; er gehört jenem Entwicklungsstadium an, durch das wir notwendig hindurch müssen; es ist der nackte, prosaische Realismus, dem noch durchaus die poetische Verklärung fehlt.

Mit den Standbildern aus der preußischen Geschichte von Gottfried Schadow und Christian Rauch, deren Werke Unter den Linden an höchst repräsentativer Stelle stehen, ist die realistische Kunst bereits anwesend. Zopf, Gamaschen und Krückstock erscheinen gegenüber der klassizistischen Gewandung der Generäle Schwerin und Winterfeldt als Triumph moderner realistischer Kunstbestrebung.

Fontanes Vorbehalt, daß dem Rauchschen Nationaldenkmal aus dem Jahre 1851 »durchaus die positive Verklärung fehlt«, verweist auf das Motiv der Ausgrenzung, das die Theoreme des poetischen Realismus durchzieht. Die Literatur soll zur Banalität des bürgerlichen Alltags Distanz halten und sich auch der bedrückenden Übermacht gesellschaftlicher und ökonomischer Prozesse entziehen. Poetische Verklärung heißt hier nicht Verharmlosung oder Idylle, sondern das Streben nach einer Sphäre, in der sich eine realistische Erzählkunst autonom entwickeln kann. Wichtig ist die Behauptung eines Standorts, der eine eigene Sicht der Dinge zuläßt, ohne die Frage zu stellen, ob die Ähnlichkeit des Porträts gelungen ist, die Darstellung mit der Wirklichkeit übereinstimmt.

DIE ERZÄHLER

Gottfried Keller

Während FONTANE seine hochgemuten Sätze über die Zukunft des Realismus in der deutschen Literatur schreibt, lebt der Schweizer Dichter GOTTFRIED KELLER (1819–1890) in Berlin und arbeitet an *Der grüne Heinrich*, seinem ersten umfangreichen Werk. Zugleich entsteht der erste Teil der *Leute von Seldwyla.* Diese Erzählungen »sollen den schlechten Eindruck verwischen, den mein formloser und ungeheuerlicher Roman auf den großen Haufen machen wird« (Brief an Hermann Hettner, 1851).

Der grüne Heinrich

Keller ist in dem selbstgewählten Exil seiner Berliner Jahre (1850–1855) als Autor in einer schwierigen Lage. Er hatte sich erboten, sein Romanmanuskript nicht als Ganzes, sondern nach und nach zu liefern. Der Verleger, der einen ansehnlichen Vorschuß gewährte, druckte, und dem Autor blieb kaum Zeit, sein Manuskript, das sich zudem immer mehr ausweitete, zu übersehen. Keller schreibt am vierten Band, hat den ungeduldigen Verleger im Rücken, sieht die Mängel der ersten Bände, die er nicht mehr korrigieren kann, und ist unglücklich. *Der grüne Heinrich* wird »buchstäblich unter Tränen (zu Ende) geschmiert«.
Im Vergleich zur ersten Fassung des *Grünen Heinrich* zeigt die »gereinigte« der Jahre 1878–80, daß die chaotische Entstehungsgeschichte der Jahre 1850–55 offensichtlich die Möglichkeit der Selbstzensur gemindert hat. Die spätere Bearbeitung schwächt den sozialen Protest und nimmt Anleihen aus LUDWIG FEUERBACHS materialistischer Philosophie zurück. Judiths nächtliches Bad im Mondlicht fällt der Schere zum Opfer. Keller »entromantisiert« und spart nicht mit moralischen Kommentaren.
Der Held des Romans, der wegen der grünen Farbe seines einzigen Rocks der »grüne Heinrich« genannt wird, wächst nach dem frühen Tod seines Vaters, der seiner Frau und seinem Sohn ein kleines Mietshaus hinterlassen hat, in bescheidenen Verhältnissen auf. Die Mutter, eine einfache, rückständige Frau, ist seine einzige Bezugsperson. Früh bildet sich bei dem Knaben ein Hang zum Phanta-

Gottfried Keller als trommelnder Freischärler (1845)

sieren aus, der ihn in riskante Abenteuer stürzt. Das folgenschwerste: Heinrich setzt sich aus Revolutionsromantik an die Spitze eines Demonstrationszuges der Schüler gegen einen Lehrer, obwohl er von dessen Berechtigung nicht überzeugt ist. Als Witwenkind trifft ihn die ganze Strenge der Institution. Heinrich wird von der Schule verwiesen und beginnt einen langwierigen, stationenreichen Weg zum Landschaftsmaler. Vier Jahre in der Kunststadt München, in der er schließlich als zuverlässiger Anstreicher von Fahnenstangen sein Leben fristet, führen zu der Erkenntnis, daß seine malerischen Fähigkeiten ihn nicht über das Zwitterwesen eines »dilettantischen Akademisten« hinaus gelangen lassen. Als der Held nach monatelanger Rückreise in Zürich ankommt, liegt die Mutter im Sterben. In der Urfassung folgt Heinrich ihr aus Verzweiflung über seine gescheiterte Existenz in den Tod, während er sich in der zweiten Fassung des Romans entschließt, ein Amt im Staatsdienst anzunehmen und sinnvolle Arbeit für die Gemeinschaft zu leisten.

Gottfried Keller setzt mit seinem Roman die Tradition von GOETHES *Wilhelm Meister* fort. Dies heißt aber nicht, daß Keller ein vergleichbares System von Stationen anlegt, deren Absolvierung den Helden immer unscheinbarer macht, bis ihn die mannigfaltigen Verhältnisse fast zur Unperson degradieren. Gottfried Keller besitzt die Kühnheit, wie GOETHE bei *Wilhelm Meisters theatralischer Sendung*, eine Romanhandlung um autobiographische Erfahrungen zu gruppieren und, hierauf gestützt, die für das Zeitalter typische Entwicklung eines jungen Mannes darzustellen.

Nach langjährigen, erfolglosen Versuchen, gute Bilder zu malen, und lediglich durch ein Bändchen patriotischer Lyrik (*Gedichte*, 1848) bekannt geworden, das ihn als Anhänger der siegreichen Partei der Freisinnigen in der Schweiz ausweist, schreibt Keller den Roman als Selbstabrechnung. Er verliert nicht aus den Augen, daß die Entwicklung seines Helden einen Verlauf nimmt, »wie er mir selbst hätte passieren können, wenn ich mich nicht zusammengenommen hätte« (Brief an Hettner, März 1851). Wie in einem Panorama entfaltet der Roman von den Schöpfungsspielen des Knaben in einer entlegenen Kammer des Elternhauses bis zu Heinrichs Teilnahme an einem Münchner Kunstsalon den langwierigen, von Rückschlägen begleiteten Umgang mit der Kunst. So interessant die Einblicke in den Verlauf kreativer Prozesse in diesem Roman sind, seine Besonderheit liegt darin, daß das Streben nach künstlerischer Produktivität als Paradigma eines Außerkünstlerischen steht: Der grüne Heinrich versucht, sich der Natur und der sozialen Realität anzunähern, und will den Widerspruch zwischen dem Leben des Volkes und dem Anspruch einer Künstlerexistenz aufheben.

Das Haupthindernis für eine solche Entwicklung sind die Größenphantasien des Helden, der die Isoliertheit und soziale Schwäche des Witwenkindes durch Selbstüberschätzung kompensiert:

Desto eifriger verkehrte ich im stillen mit mir selbst, in der Welt, die ich mir allein zu bauen gezwungen war. (. . .) In einem Schranke verwahrte die Mutter die aufgeschichtete Leinwand ihrer Mußezeit in rohen und gebleichten Stücken, und daselbst lagen auch, verborgen und vergessen, mehrere Scheiben reinlichen Wachses, die verjährten Zeugen einer einstigen fleißigen Bienenzucht. Von diesen brach ich immer ansehnlichere Stücke los und formte nun im kleinen solche großköpfige wunderliche Burschen, wie ich sie gesehen, und bestrebte mich, die Verschiedenheit ihrer phantastischen Bildung noch zu vergrößern. Ich trieb Gläser auf, soviel ich konnte, von allen Formen und Größen, und richtete die Bildwerke danach ein. In langen schmalen Kölnischwasserflaschen, denen ich die Hälse abschlug, baumelten ebenso lange schmächtige Gesellen an ihrem Faden, in kurzen dicken Salbengläsern hausten knollenartige Gewächse. Statt mit Weingeist füllte ich die Gläser mit Wasser an und gab jedem Bewohner derselben einen Namen, welcher meinem humoristischen Interesse entsprach, das über der belustigenden Arbeit aus dem bloß gelehrten entstand. Es waren schon einige dreißig Mitglieder dieses schönen Vereins beisammen und das Wachs nahezu aufgebraucht, als ich meine Geschöpfe taufte mit Namen wie: Schnurper, Fark, Vogelmann, Säbelbein, Schneider, Schmerbauch, Nabelhans, Wachsbeißer, Wächserich, Honigteufel und dergleichen, und ich empfand ein dauerndes Vergnügen, indem ich zugleich für jeden eine kurze Lebensbeschreibug verfaßte, die sich in dem Berge zugetragen hatte, aus welchem nach unserem Ammenmärchen die kleinen Kinder geholt werden. Ich verfertigte auch einige Sphärentafeln für sie, worauf jeder verzeichnet war mit seiner tugendlichen oder schlimmen Aufführung, und wenn einer mein Mißfallen erregte, so wurde er so gut an einen schlechteren Ort gebracht als die lebendigen Leute. Ich trieb diese Dinge alle in einer abgelegenen Kammer, wo ich eines Abends in der Dämmerung alle Gläser auf meinen Lieblingstisch stellte. (. . .) Von ungefähr stieß ich an den Tisch, daß alle Gläser erzitterten und die Wachsmännchen schwankten und zappelten. Dies gefiel mir, so daß ich anfing, nach dem Takte auf den Tisch zu schlagen, wozu die Gesellen tanzten; ich schlug immer stärker und wilder und sang dazu, bis die Gläser wie toll aneinanderschlugen und erklangen. Auf einmal schneuzte es in einer Ecke, ein Paar feurige Augen funkelten hervor. Eine fremde große Katze war in die Kammer gesperrt, hatte sich bisher ruhig verhalten und wurde nun scheu. Ich wollte sie verscheuchen, da stellte sie sich drohend gegen mich, sträubte die Haare und fauchte gewaltig; ich machte in der Angst ein Fenster auf und warf ein Glas nach ihr, sie sprang hinauf, konnte aber nicht weiter gelangen und kehrte sich wieder gegen mich. Nun schleuderte ich einen Wachsmann nach dem andern auf sie, sie schüttelte sich furchtbar und rüstete sich zum Sprunge, und als ich zuletzt die vier Elemente ihr an den Kopf warf, fühlte ich ihre Krallen an meinem Halse.

Im Angriff der Katze setzt die weise Natur dem närrischen Treiben des kindlichen Demiurgen ein rasches Ende. Es dauert lange, bis sich jemand findet, der dem jugendlichen Kunstbeflissenen, einem Autodidakten in Wissenschaft und Kunst, seine Neigung abgewöhnt, durch Effekthascherei im Aquarellieren unwissende Menschen zu verblüffen und ein Renomee zu erhalten, das ihm nicht zukommt.

Der grüne Heinrich findet keinen Platz in der Gesellschaft. Sein Versuch, Künstler zu werden, bringt ihm immer neue Enttäuschungen ein. Unsentimental sieht Keller in der Außenseiterposition des Helden keine Stärke, die ihn attraktiv macht. Das Künstlertum führt ihn immer mehr von sich weg. Seine Herkunft aus dem Handwerkertum und die starken Bindungen an die bäuerliche Verwandtschaft draußen auf dem Lande, wo er bis zu seiner Abreise nach München die Sommer in paradiesischer Natur verlebt, bleiben dem Helden bis in die tiefsten emotionalen Schichten dennoch erhalten. Keller betrachtet die Schweiz als naturhafte Größe, in der trotz kritikwürdiger Mängel Natur, Recht und Volk zu einer glücklichen Einheit gefunden haben. Der Gedanke, das Schicksal seines

Helden als Anklage gegen die Gesellschaft zu betrachten, erscheint ihm abwegig. Eindrucksvoll dokumentieren dies die Schlußsätze des Romans in der Fassung von 1855:

So ging denn der tote grüne Heinrich auch den Weg hinauf in den alten Kirchhof, wo sein Vater und seine Mutter lagen. Es war ein schöner freundlicher Sommerabend, als man ihn mit Verwunderung und Teilnahme begrub, und es ist auf seinem Grab ein recht frisches und grünes Gras gewachsen.

Das Begräbnis vollzieht die Rückführung zu den Eltern, bei schönem Wetter, nicht ohne Trauergemeinde. Das frische grüne Gras wird zum Symbol einer Lebensgemeinschaft, die über den Tod des einzelnen hinaus, sich immer wieder erneuernd, in die Zukunft weist.
Heinrichs Sterben nach dem Tod der Mutter in der ersten Fassung des Romans akzentuiert ein Thema, dessen Problematik den *Grünen Heinrich* untergründig beherrscht. Die symbiotische Verstrickung von Mutter und Sohn verursacht die Trauer, die über der Lebensgeschichte des Helden lagert. Die Mutter rettet sich bei ihrem Unverständnis für die Bedürfnisse ihres Sohnes in eine haltlose Nachgiebigkeit; immer unsicher und unfroh, weiß sie dem Verlangen des Kindes keine Grenze zu ziehen. Sie ist äußert sparsam, klagt beständig und opfert alle Ersparnisse für sein Wohl. Heinrich mißlingt es, sich von ihr zu lösen; keineswegs gewillt, selbst Geld zu verdienen, betrachtet er seine Mutter als einzige Subsistenzquelle. Deshalb lebt er mit einem anhaltenden Schuldgefühl, das ihn daran hindert, eine neue Liebesbeziehung zu entwickeln; im Umgang mit Mädchen und Frauen empfindet er nur schwärmerische Liebesgefühle, die keine genitalen Wünsche aufkommen lassen. Die todgeweihte Anna wird von ihm auf einem Bild zur Inkarnation der himmlischen Liebe verklärt. Gegenüber der leidenschaftlichen Judith, die als reife Frau die irdische Liebe verkörpert, entwickelt er eine zärtliche Neigung, die kein Begehren kennt.
Das Leben auf dem Lande, das Keller von epischem Feuer erfüllt darstellt, bildet die Gegenwelt zum düsteren Verhängnis.

Am frühen Morgen, als Sonnenglanz durch das Laubwerk ins Zimmer drang, wurde ich auf eigentümliche Weise geweckt. Ein junger Edelmarder mit zartem Pelze saß auf meiner Brust und beschnüffelte mit den feinen hastigen Atemstößen seiner spitzen kühlen Schnauze meine Nase und huschte, als ich die Augen aufschlug, unter die Bettdecke, blinzelte da und dort hervor und versteckte sich wieder. Als ich aus dieser Erscheinung nicht klug wurde, brachen meine jungen Vettern aus ihrer Schlafkammer, in welcher sie gelauscht hatten, lachend hervor, veranlaßten das behende Tier zu den anmutigsten und possierlichsten Sprüngen und erfüllten das Zimmer mit Fröhlichkeit. Dadurch herangelockt, drang eine Meute schöner Hunde herein, ein zahmes Reh erschien neugierig unter der Tür, eine prachtvolle graue Katze folgte und schmiegte sich durch das Getümmel, die spielenden und zu täppischen Hunde würdevoll abweisend; Tauben saßen auf dem Fenster, Menschen und Tiere, die ersteren kaum halb angezogen, jagten sich durcheinander. Alle aber hielt der kluge Marder zum besten und schien viel eher mit uns zu spielen als wir mit ihm. (. . .) Ich saß an dem offenen Fenster und atmete die balsamische Morgenluft; die glitzernden Wellen des raschen Flüßchens flimmerten wider an der weißen Zimmerdecke, und ihre Reflex überstrahlte das Angesicht jenes seltsamen Kindes Meret, dessen altertümliches Bild an der Wand hing. Es schien unter dem Wechseln des spielenden Silberscheins zu leben und vermehrte den Eindruck, den alles auf mich machte. Dicht unter dem Fenster wurde Vieh getränkt, Kühe, Ochsen, junge Rinder, Pferde und Ziegen gingen in der Mitte des klaren Wassers, tranken in bedächtigen Zügen und sprangen mutwillig davon; das ganze Tal war lebendig und glänzte vor Frische, und sein Rauschen vermischte sich mit dem Gelächter in meinem Zimmer; ich fühlte mich glücklicher als ein junger Fürst, bei welchem glänzendes Lever gehalten wird. Endlich erschien die Muhme und befahl uns ohne Widerstand zum Frühstück.

In Szenen wie dieser entwirft Keller, vom eigenen Erlebnis noch patriarchalischer Zustände ausgehend und gestützt auf einen Naturenthusiasmus Feuerbachscher Provenienz, eine verschmelzende Einheit von Menschen, Tieren und umgebender Landschaft. Der Lebendigkeit dieser morgendlichen Szene ist der verklärte Stillstand der Idylle ebenso fremd wie der Jammer über längst vergangene bessere Zeiten. Was Keller hier darstellt, drängt über sich hinaus in die Weite: Der Austausch von Menschen und Natur geht ohne Vergewaltigung vonstatten, spielerische Leichtigkeit stellt sich ein, und das Sonnenlicht verbreitet einen Glanz, als dessen Reflexe die Dinge miteinander wetteifern.

Die Novellen

Von dem weiten Atem des *Grünen Heinrich* unterscheidet sich Kellers Erzählkunst in den *Leuten von Seldwyla* (1856 und 1874), dem Zyklus *Züricher Novellen* (1876/77) und dem *Sinngedicht* (1881) durch die unverhohlene Didaktik des Volksschriftstellers. Er weiß, daß es nicht schaden kann, niedriger anzusetzen, weil es für den Aufstieg in die Höhe keine Grenze gibt. Die zehn Geschichten über und aus dem Umkreis eines gutmütigen, wenig arbeitsamen und selbstsüchtigen Phäakenvölkchens werden mit humorvoll ironischer Distanz erzählt. Keller pointiert unzulängliche Verhältnisse und Verhaltensweisen und verleiht dem Geschehen manchmal satirische, aber auch komisch-versöhnende Züge.

Schwankhafte Erzählungen wie *Die drei gerechten Kammacher* und *Kleider machen Leute* stehen neben dem »Märchen« aus dem 16. Jahrhundert *(Spiegel, das Kätzchen)*; mit *Romeo und Julia auf dem Dorfe* und dem *Verlorenen Lachen* wird im Unterschied zum *Grünen Heinrich* auch grundsätzliche Kritik am Bestehenden artikuliert.
Kellers Dorfgeschichte beginnt mit einem grandiosen, archaisch anmutenden Bild zweier ihre Äcker pflügender Männer:

Sie trugen kurze Kniehosen von starkem Zwillich, an dem jede Falte ihre unveränderliche Lage hatte und wie in Stein gemeißelt aussah. Wenn sie, auf ein Hindernis stoßend, den Pflug fester faßten, so zitterten die großen Hemdärmel von der leichten Erschütterung, indessen die wohlrasierten Gesichter ruhig und aufmerksam, aber ein wenig blinzelnd in den Sonnenschein vor sich hin schauten, die Furche bemaßen oder auch wohl zuweilen sich umsahen, wenn ein fernes Geräusch die Stille des Landes unterbrach. Langsam und mit einer gewissen natürlichen Zierlichkeit setzten sie einen Fuß um den andern vorwärts, und keiner sprach ein Wort, außer wenn er etwa dem Knechte, der die stattlichen Pferde antrieb, eine Anweisung gab. So glichen sie einander vollkommen in einiger Entfernung; denn sie stellten die ursprüngliche Art dieser Gegend dar, und man hätte sie auf den ersten Blick nur daran unterscheiden können, daß der eine den Zipfel seiner weißen Kappe nach vorn trug, der andere aber hinten im Nacken hängen hatte. Aber das wechselte zwischen ihnen ab, indem sie in der entgegengesetzten Richtung pflügten; denn wenn sie oben auf der Höhe zusammentrafen und aneinander vorüberkamen, so schlug dem, welcher gegen den frischen Ostwind ging, die Zipfelkappe nach hinten über, während sie bei dem andern, der den Wind im Rücken hatte, sich nach vorne sträubte. Es gab auch jedesmal einen mittleren Augenblick, wo die schimmernden Mützen aufrecht in der Luft schwankten und wie zwei weiße Flammen gen Himmel züngelten. So pflügten beide ruhevoll, und es war schön anzusehen in der stillen goldenen Septembergegend, wenn sie so auf der Höhe aneinander vorbeizogen, still und langsam, und sich mählich voneinander entfernten, immer weiter auseinander, bis beide wie zwei untergehende Gestirne hinter die Wölbung des Hügels hinabgingen und verschwanden, um eine gute Weile darauf wieder zu erscheinen.

Der Verlauf der Erzählung erweist jedoch, wie gefährdet diese scheinbar friedliche, gemeinsame Arbeit auf dem Felde ist. Beide Bauern sind getrieben von ihrer Gier nach dem herrenlosen Acker zwischen ihren Grundstücken. Der Acker gehört einem vagabundierenden Geiger ohne Taufschein. Trotzdem verstricken sich beide in einen Rechtsstreit und werden darüber arm. Die leidenschaftliche Liebe zwischen Sali und Vrenchen versöhnt schließlich diesen sinnlosen Konflikt, eine Versöhnung allerdings, die nur die Kinder betrifft und durch gemeinsames Sterben im Wasser besiegelt wird. Gottfried Keller verläßt sich nicht – wie bei der Darstellung des Landlebens im *Grünen Heinrich* – auf den harmonischen Eindruck patriarchalischer Verhältnisse. Er zeichnet die Gnadenlosigkeit eines bäuerlichen Konkurrenzkampfes, dem gegenüber das Leben des zum Tanz aufspielenden Vagabunden als glücklich erscheint.
In *Spiegel, das Kätzchen* erfährt LUDWIG FEUERBACHS (1804–1872) materialistischer Satz: »Der Mensch ist, was er ißt«, der in konservativen kirchlichen Kreisen des 19. Jahrhunderts fast ein Erdbeben auslöst, eine äußerst anmutige und witzige Demonstration. Spiegel macht an Körper, Geist und Seele höchst andersartige Zustände durch, in die ihn vorhandene oder mangelnde Kost und Pflege versetzen. Nach dem Tod seiner früheren Besitzerin gänzlich heruntergekommen, schließt er mit dem Hexenmeister Pineiß einen Vertrag, der diesem nach erlangter Auffütterung das Recht an seinem Fett zuerkennt. Dem Eigentum achtenden und vertragstreuen Kater gelingt es durch einen klugen Einfall, die Geldgier des Hexenmeisters derart anzustacheln, daß er Spiegel freigibt und statt dessen einen mit zehntausend Goldgulden versüßten Ehebund mit einer Betschwester eingeht. Den Kontrast zwischen bürgerlicher Geldgier, die jede Häßlichkeit in Kauf nimmt, und dem überlegenen, freimütigen Wesen des Katers, an dem sich die Richtigkeit des Feuerbachschen Satzes bewährt, spielt Keller mit mutwilliger Laune aus. Der Leser empfindet, anstatt sich mit der bürgerlichen Ehrsamkeit des Hexenmeisters zu verbünden, für das besonders bei Liebesabenteuern nicht ganz moralische Leben des Tiers Sympathie.
Martin Salander (1886), eigentlich eine umfangreiche Erzählung, ist Kellers

letzter Roman. Hier zeichnet er die Schweiz in der Zerstörung durch die um sich greifende kapitalistische Entwicklung. Salander, dessen Ideal es ist, Geldverdienen mit moralischem Anstand zu verbinden, und der als geachteter Mann am öffentlichen Leben teilnimmt, wird, nachdem er wegen seiner Hilfsbereitschaft oft betrogen wurde, schließlich von seinen Schwiegersöhnen, die als Politiker große Karriere gemacht haben und wegen Unterschlagungen ins Zuchthaus müssen, an den Rand des Ruins gebracht und resigniert. *Martin Salander* ist Kellers Abrechnung mit der Gründerzeit in der Schweiz und dokumentiert sein geschwundenes Vertrauen in die Beständigkeit der Werte des Schweizer Gemeinwesens.

Adalbert Stifter

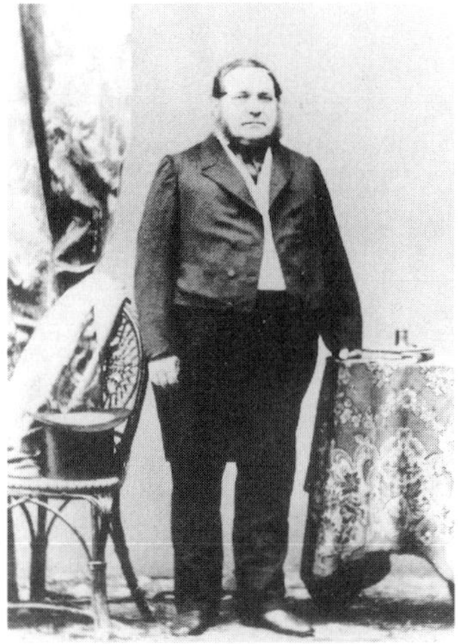
Adalbert Stifter (um 1860)

Wie GOTTFRIED KELLER versucht ADALBERT STIFTER (1805–1868), bevor er literarisch in Erscheinung tritt, als Autodidakt über ein Jahrzehnt erfolglos, sich als Landschafts- und Ansichtenmaler einen Namen zu machen. Stifter kommt aus kleinen Verhältnissen. Seine Ausbildung im Gymnasium des Benediktinerstifts Kremsmünster (Oberösterreich) muß er als eine Auszeichnung betrachten, der er Dank schuldet. Seine Wiener Jahre (ab 1826 bis zu seiner Verheiratung mit Amalie Mohaupt 1837), die er als verbummelter Student der Jurisprudenz und unbeholfener Jünger der Malerei zubringt, bedeuten eine für seine Entwicklung notwendige Phase nachgeholter Pubertät. Sie ermöglichen ihm, Atem zu schöpfen und jene Eigenwilligkeit der Anschauung und des Denkens zu entwikkeln, die ihn von Beginn an – trotz seiner Sympathien für den oppositionellen Liberalismus – ohne Rücksicht auf den Zeitgeist schreiben läßt. So wirken in der aufgeregten Atmosphäre des vormärzlichen Wien, in der nach dem grollenden Rückzug GRILLPARZERS (1838) JOHANN NESTROYS Volkstheater und ANASTASIUS GRÜN mit seinen Tendenzgeschichten den Ton angeben, Stifters sentimentale Jünglinge und Jungfrauen vor dem Hintergrund inbrünstiger Naturbetrachtungen merkwürdig fremd. Seine *Studien* (6 Bände, 1844–50), von denen *Der Hochwald, Die Mappe meines Urgroßvaters, Abdias, Brigitte* und *Der Hagestolz* die bekanntesten sind, bevorzugen die Darstellung junger, gutsituierter Leute, denen nicht allzu Ernstes begegnet. Die Natur erscheint als Refugium, von Schuld und Verwirrung ausgenommen, und strahlt gleichmäßige Ruhe und unerschütterlichen Frieden aus. Stifter sieht sie mit den Augen eines Landschaftsmalers, der sich mit Zeichenblock und Staffelei nur in geringem Maße ihren Unbilden aussetzen kann. Es gibt zahlreiche Sonnenauf- und -untergänge, aufreißende Wolken und Nebelschwaden, jedoch trübt kein prosaisches Regenwetter die stimmungsvolle Harmonie der Naturerscheinungen. Todesfälle dienen meist dazu, daß sich ansehnliche Vermögen in der Hand weniger Erbberechtigter, Alleinerben bzw. Alleinerbinnen konzentrieren. Die Helden, auch Nebenfiguren, erreichen ein fabelhaftes Alter; manchmal richtet Stifter mit ein paar Worten eine Metzelei unter Komparsen an, die jedoch für den Gang der Handlung bedeutungslos bleibt.

Im Frühjahr 1850 wird Stifter, der schon Anfang Mai 1848 von Wien nach Linz übergesiedelt war, zum Inspektor der oberösterreichischen Volksschulen ernannt. Er beginnt seine fünfzehnjährige Beamtentätigkeit mit der Gründung und Eröffnung einer Realschule in Linz. Nachlassende Resonanz auf seine Erzählungen, die ihm seit 1840 als einem gesuchten Beiträger von Taschenbüchern und Almanachen neben der Tätigkeit als Privatlehrer beträchtliche Einnahmen ermöglicht hatten, und die eigene Unzufriedenheit mit dem idyllischen Charakter seiner Produktion führen zu einem Einschnitt in Stifters Schaffen. Er verzichtet auf den subjektiven Blick aus der Sicht des Malers. In einer kargen, Formelhaftes bevorzugenden Sprache bemüht sich Stifter nun um die Evokation des »sanften Gesetzes«, das Erfassen der objektiven Gesetzmäßigkeit in Natur und Geschichte. *Der Nachsommer* (1857) ist das Ergebnis dieses kühnen, oftmals gespenstisch wirkenden Unterfangens, das Stifter, ohne auf eine zeitgenössische Rezeption zu hoffen, für eine einsichtsvollere Nachwelt unternimmt.

Der Nachsommer

Über die materiellen Voraussetzungen, auf die sich das Geschehen im *Nachsommer* gründet, läßt Stifter auch hier keinen Zweifel offen. Der junge Heinrich Drendorf, der auf einer geologischen Studienreise, vor einem vermeintlichen Gewitter flüchtend, in den rosenbewachsenen Asperhof kommt, wo er mit dem von seinen Staatsämtern zurückgetretenen Freiherrn von Risach Freundschaft schließt, verfügt über ein ansehnliches Vermögen. Heinrich steht es frei, auf dem Musterhof des alten Risach, der eine nach ökologischen Gesichtspunkten betriebene Landwirtschaft mit einer planmäßigen Bemühung um die Erhaltung mittelalterlicher Kunstwerke verbindet, so lange zu verweilen, wie es ihm richtig erscheint. Mit der Gräfin Mathilde, ihrer Tochter Natalie und deren Bruder Gustav lernt er Menschen kennen, die rücksichtsvoll mit sich selbst und ihrer Umgebung umgehen. Sie sind bestrebt, ihr an ästhetischen Interessen orientiertes Leben mit den praktischen Anforderungen einer ertragreichen Verwaltung ihrer Ländereien in Einklang zu bringen. Nach langen Jahren erklären sich Heinrich und Natalie ihre Liebe. Die Verbindung wird von den beiden Alten, Risach und der Gräfin, gefördert. In der Zusammenführung dieses Paares finden sie die Wiedergutmachung ihres Schicksals, das sie in jungen Jahren trotz großer Leidenschaft voneinander getrennt hat.

Erst die nachsommerliche Existenz, in der die Heftigkeit des Triebs erloschen ist, erlaubt ein Leben, das – von ödipaler Aggressivität erlöst – der Entfaltung der Persönlichkeit offensteht. So beeindruckend Stifter den liebevollen Umgang zwischen Risach und der Gräfin darstellt, verraten doch die schemenhaft bleibenden Existenzen Heinrichs und Natalies den illusorischen Charakter seiner Utopie. Den jungen Leuten mißrät die Bemühung um das richtige Leben zum Nachvollzug: Die Vermeidung des Irrtums führt zur Erstarrung. Ihre Erbschaften, die das soziale Band der Familie und die Übereinstimmung der aufeinanderfolgenden Generationen hervorheben, ersetzen nicht den Verlust an Lebendigkeit.

Im *Nachsommer* gibt es bisweilen auch Regenwetter und Sturm. Die Kühnheit des Werks beruht jedoch nicht auf stofflichen oder dramatischen Zuspitzungen, vielmehr auf einem genau kalkulierten Mischungsverhältnis von Festhalten an bürgerlicher Sicherheit und der Offenheit für die Größe der Natur oder die Weite der historischen Perspektive. So wird ein langwieriges Gespräch über eine antike Statue, bei dem Risach und Heinrich in Filzpantoffeln im Marmorsaal auf und ab schreiten, durch den Ausbruch eines Gewitters in den Bereich des Erhabenen gerückt:

Ich konnte eine geraume Zeit auf diese letzte Rede meines Gastfreundes nichts antworten. Wir gingen schweigend in dem Saale auf und nieder, und es war umso stiller, als unsere mit weichen Sohlen bekleideten Füße nicht das geringste Geräusch auf dem glänzenden Fußboden machten. Blitze zuckten zuweilen in den Spiegelflächen um und unter uns, der Donner rollte gleichsam bei den offenen Fenstern herein, und die Wolken bauten sich in Gebirgen oder in Trümmern oder in luftigen Länderstrecken durch den weiten Raum auf, den die Fenster des Saales beherrschten.

Trotz des fernen Donners fehlt der Hinweis nicht, daß die Filzpantoffeln, mit denen man sich auf dem glatten Boden mühelos fortbewegen kann, kein Geräusch machen. Hierdurch wird eine Stille evoziert, von der sich das Naturgeschehen wirkungsvoll abhebt. Die Spiegelflächen des Marmorsaales steigern die Wirkung der Blitze; der Saal selbst wird durch die geöffneten Fenster zum Resonanzboden des Donners. Gegen die Überwältigung durch die Weite des Raums, der sich im Freien panoramaartig ausbreitet, schützt wiederum das architektonische Raster der Fenster.
Die Bemühungen um die Restaurierung alter Kunst, die im Roman breiten Raum einnehmen, zeugen nicht, wie oft behauptet wird, von der Rückwärtsgewandtheit des Blicks. Ihr Ziel ist nicht, alte Zeiten zu beleben, sondern die Kunstwerke für die neue Zeit zu erhalten, die alles Bisherige durch die Anwendung der Naturwissenschaften weit übertreffen wird:

Wir können jetzt noch nicht ahnen, was die Pflege dieses Gewichtes für einen Einfluß haben wird auf die Umgestaltung der Welt und des Lebens. Wir haben zum Teile die Sätze dieser Wissenschaften noch als totes Eigentum in den Büchern oder Lehrzimmern, zum Teile haben wir sie erst auf die Gewerbe, auf den Handel, auf den Bau von Straßen und ähnlichen Dingen verwendet, wir stehen noch zu sehr in dem Brausen dieses Anfangs, um die Ergebnisse beurteilen zu können, ja wir stehen erst ganz am Anfange des Anfanges. Wie wird es sein, wenn wir mit der Schnelligkeit des Blitzes Nachrichten über die ganze Erde werden verbreiten können, wenn wir selber mit großer Geschwindigkeit und in kurzer Zeit an die verschiedensten Stellen der Erde werden gelangen, und wenn wir mit gleicher Schnelligkeit große Lasten werden befördern können? Werden die Güter der Erde da nicht durch die Möglichkeit des leichten Austauschens gemeinsam werden, daß allen Alles zugänglich ist?

Heinrichs Bergbesteigung im Winter, durch die er offensichtlich seiner Angst vor der baldigen Verbindung mit Natalie Herr zu werden sucht, erinnert an Petrarcas Besteigung des Mont Ventoux. Dieses Ereignis hatte nicht nur eine einschneidende biographische Bedeutung für den Dichter; es kündigte darüber hinaus die kulturgeschichtliche Wende zur Neuzeit, den Beginn der Renaissance, an. Heinrich plant das Unternehmen nicht als Alleingang, er versucht, mehrere Männer dafür zu gewinnen, die aber bis auf den alten Kaspar ablehnen. Ihr Argument ist, man käme im Winter auf dem Gebirge nicht voran und die Kälte sei dort so groß, daß sie kein Mensch ertragen könne. Im Verlauf der Expedition zeigt sich, daß Heinrich und sein Begleiter im Schnee schneller vorankommen als im Sommer und daß es, welches Wunder, in der Wintersonne auf dem Gebirge viel wärmer ist als im Tal. Durch aufsteigende Nebel entsteht eine kritische Situation:

... am Rande der mit Schnee bedeckten Felder setzte sich eine Farbe, die nur ein klein wenig von der Schneefarbe verschieden war, fast ins Unermeßliche fort, die des Nebels. Er hatte seit gestern noch mehr überhand genommen, und begrenzte unsere Höhe als Insel. Kaspar wollte erschrecken. Ich aber machte ihn aufmerksam, daß der Himmel über uns ganz heiter sei, daß dieser Nebel von jenem sehr verschieden sei, der bei dem Beginne des Regen- oder Schneewetters zuerst die Spitzen der Berge in Gestalt von Wolken einhüllt, sich dann immer tiefer, oft bis zur Hälfte der Berge hinabzieht und den Wanderern so fürchterlich ist; unser Nebel sei kein Hochnebel, sondern ein Tiefnebel, der die Bergspitzen, auf denen das Verirren so schrecklich sei, freilasse und der beim Höhersteigen der Sonne verschwinden werde. Im schlimmsten Falle, wenn er auch bliebe, sei er nur eine waagerechte Schicht, die nicht höher stehe, als wo der schwarze Stein liegt. Von dort hinab aber ist uns der Weg sehr bekannt, wir müssen unsere eigenen Fußstapfen finden und können an ihnen abwärts gehen. Kaspar, welcher mit dem Gebirgsleben sehr vertraut war, sah meine Gründe ein und war beruhigt.

Meteorologische Kenntnisse und Erfahrungen im Bergsteigen überwinden atavistische Ängste. Ein Naturschauspiel, dessen Grandiosität kosmische Dimensionen vorwegnimmt, belohnt die Mutigen.
Erstaunlich ist Adalbert Stifters Absage an die Hoffnung, durch aufgeklärte, staatliche Verwaltungstätigkeit gesellschaftliche Veränderungen zum Besseren zu bewirken. Die Karriere des Freiherrn, der es als armer Leute Kind im Staatsdienst weit gebracht hat, ohne tatsächlich etwas zu erreichen, demonstriert, wie unvereinbar nützliche Arbeit für die Gesellschaft und die Stellung im Beamtenapparat sind. Nach jahrzehntelangen Bemühungen hat Risach seine Ämter niedergelegt und begrenzt seine Tätigkeit auf einen überschaubaren lokalen Bereich. Risachs Aussteigertum ist weit entfernt von dem Überdruß eines Werther, der sich als Bürgerlicher vom Hochmut der beamteten Aristokraten abgestoßen sieht; seine Ablehnung gilt der Institution, die allenfalls reagiert, aber nicht von sich aus zur Entwicklung beizutragen hat.

Gustav Freytag

Literarisch wenig anspruchsvoll, aber von nachhaltiger Breitenwirkung ist GUSTAV FREYTAGS (1816–1895) erster Roman. Freytag versucht eine Bestandsaufnahme der preußischen Verhältnisse, die dem Bürgertum eine optimistische Sicht der zukünftigen Entwicklung in Deutschland erlaubt. Als schlesischer Liberaler, der im Vormärz von sich reden machte, besitzt der Autor Reputation bei seinen Lesern, wenn er in *Soll und Haben* (1855) die krisenfeste Expansion

der Kolonialwarenhandlung T. O. Schröter und den unaufhaltsamen Aufstieg des Handlungsgehilfen Anton Wohlfahrt zum Mitinhaber dieses Unternehmens schildert.
Obwohl sich die Handlung über die Zeit des Vormärz und der 48er Revolution erstreckt, vermeidet Freytag politische Erörterungen und läßt die Fakten für sich sprechen. Da ist vor allem der sich durch die Jahre hinschleppende wirtschaftliche Niedergang der altadligen Großgrundbesitzerfamilie von Rothsattel, die, mit Savoir-vivre ausgestattet, aber untüchtig in Geschäftsdingen, in die Abhängigkeit des jüdischen Wucherkapitalisten Ehrenthal gerät. Sein Vorschlag, eine Zuckerrübenfabrik zu errichten, dient dem Ziel, den Ruin der Rothsattel zu beschleunigen. Nur durch Antons beherztes Eingreifen kann ihr in Preußisch-Posen gelegenes Gut wirtschaftlich saniert und für die adlige Familie erhalten werden. Anton Wohlfahrt leitet auch die Verteidigung ihres Besitzes gegen den Ansturm polnischer Insurgenten. Die Sicherheit seines Auftretens löst in der Provinzhauptstadt Breslau bei den jüdischen Spekulanten Panik aus.

Gustav Freytag mit Figurinen zu »Soll und Haben« (1856)

Revolutionäre Ereignisse verlegt Freytag ausschließlich in die polnischen Provinzen oder direkt nach Polen. Daher erscheinen die bewaffneten Unruhen als Teil der höchst zweifelhaften »polnischen Wirtschaft«. Als eine Frachtwagenkolonne der Firma Schröter im Jahre 1848 in die Hände der Aufständischen fällt, organisieren der Prinzipal und sein Angestellter auf eigene Faust die Rückeroberung eines Teils der Ladung und erreichen trotz des Ausnahmezustandes in Krakau die Freigabe sämtlicher Wagen. In bestem Einvernehmen mit preußischen Truppen, Gutsverwaltern und Beamten sorgen deutsche Kaufleute für eine gewisse Restordnung auf polnischem Gebiet.
Soll und Haben endet mit zwei sinnfälligen Verbindungen, die Freytags Wünsche für die preußisch-deutsche Zukunft verraten. Der geschäftstüchtige, aristokratische Alleinerbe der Firma Fink und Becker in Hamburg, von Fink, verlobt sich mit Leonore von Rothsattel, wodurch die gesellschaftliche Position dieser Familie endgültig gesichert ist. Anton Wohlfahrt heiratet Sabine Schröter, die Schwester des kinderlosen Geschäftsinhabers. Adel und Bürgertum bleiben unter sich, gehen aber sehr freundschaftliche Beziehungen ein.
Gegenfiguren zum redlichen deutschen Kaufmann und seinem Kommis sind der Wucherer Ehrental und sein Laufbursche Veitel Itzig; auf sie und ihren Umkreis wird all das projiziert, was am Handel und am Geldwesen unsauber und zerstörerisch ist. In einer späteren Schrift *Über den Antisemitismus* (1893) hat Gustav Freytag, nachdem er durch die Gründerzeit Illusionen über die Integrität des deutschen Bürgertums aufgeben mußte, die in den neunziger Jahren anwachsende antisemitische Bewegung scharf verurteilt. Sein vielgelesener Roman gehört jedoch von Beginn an zum Bodensatz antisemitischer Vorurteile in Deutschland. Die höchsten Auflagen erreichte dieses Werk, ohne daß man von einer Förderung durch den Lektürekanon der Schulen oder besondere Beachtung in den Medien sprechen könnte, in den fünfziger und sechziger Jahren der Bundesrepublik.

Theodor Storm

Vom *Kleinen Häwelmann* (1849), der mit seinem Rollbettchen unersättlich auf den Mondstrahlen hinauf in den Himmel fährt und bei Sonnenaufgang ins Meer hinabstürzt, bis zum dramatischen Abschluß des *Schimmelreiters* (1888) ist THEODOR STORM (1817–1888) poetischer Realist. Er wählt überschaubare Situationen, um seine ungewöhnlich stimmungsvolle erzählerische Meisterschaft zu entfalten.

Theodor Storm (um 1865)

Seine Dichtung wie seine Tätigkeit als Rechtsanwalt und Richter setzen eine Husumer patrizische Tradition fort, die gegen Kirche und Adel, mit einer gewissen Aufgeschlossenheit gegenüber Bauern und Handwerkern, ein eigenes Selbstwertgefühl behauptet. Storm tritt für die Unabhängigkeit Schleswig-Holsteins von Dänemark ein und hofft auf die Unterstützung durch Preußen. Aus Protest gegen die Besetzung Husums durch dänische Truppen 1850 schließt er seine Anwaltspraxis und tritt 1853 in den preußischen Staatsdienst ein. Nach der preußischen Annektierung Schleswig-Holsteins in seine Heimatstadt zurückgekehrt und mit großen Ehren empfangen, stellt er 1867 fest:

> Wir können nicht verkennen, daß wir lediglich unter der Gewalt leben. Das ist desto einschneidender, da es von denen kommt, die wir gegen die dänische Gewalt zu Hülfe riefen und die uns jetzt, nachdem sie jene bewältigen geholfen, wie einen besiegten Stamm behandeln, indem sie die wichtigsten Einrichtungen, ohne uns zu fragen, hier über den Haufen werfen und andere dafür nach Gutdünken oktroyieren; obenan ihr schlechtes Strafgesetzbuch, worin eine Reihe von Paragraphen – längst der juristischen wie der Moralkritik verfallen – ehrlichen Leuten gefährlicher sind als den Spitzbuben, die sie angeblich treffen sollen. Und obwohl Preußen – sowohl wegen der Art, wie sie das Land gewonnen, als auch, weil wir zum geistigen Leben der Nation ein so großes Kontingent gestellt als nur irgendein Teil von Preußen – alle Ursache zu bescheidenem Auftreten hat, so kommt doch jeder Kerl von dort mit der Miene des kleinen persönlichen Eroberers und als müsse er uns erst die höhere Weisheit bringen ... Die unglaublich naive Roheit dieser Leute vertieft die Furche des Hasses, die Preußens Verfahren tief in die Stirn der Schleswig-Holsteiner eingegraben. Auf diese Weise einigt man Deutschland nicht.

Nach der Reichsgründung, der er jeden Lobgesang verweigert, zieht sich der Dichter aus dem öffentlichen Leben in die Privatsphäre zurück.

Die Novellen

Die bittersüße Liebe des Adoleszenten zu einem sozial schwächer gestellten Mädchen mit exotischem Reiz bildet ein wichtiges Motiv in Storms Novellen. Diesen Jugendtraum in das Leben der Erwachsenen zu integrieren wird zum Prüfstein der gesellschaftlichen Zustände.

Immensee (endgültige Fassung 1851) spiegelt jene restaurative Lethargie wider, die den bewegten Aufschwung der Vormärz und der 48er Revolution ablöst. Reinhard, ein poetischer Jüngling, hütet bei seinem Besuch in der Heimatstadt während der Semesterferien sein »Geheimnis«. Er möchte in zwei Jahren seine

Kinderliebe Elisabeth heiraten; Elisabeth wiederum fügt sich nach einigem Sträuben dem Wunsch ihrer Mutter und ehelicht einen reichen Grundbesitzerssohn. Ohne einen Konflikt auszutragen, brechen Elisabeth und Reinhard nach ihrer ersten Begegnung auf dem alpenländischen Gut Immensee jede Verbindung ab. Wehmut, die sich – wie die Rahmenhandlung zeigt – über ein langes Leben erstreckt, wird zum kümmerlichen Ersatz einer Liebeserfüllung.
In *Pole Poppenspäler* (1874) gelingt im Handwerkermilieu die Integrierung der koboldhaften Puppenspielertochter aus Bayern: Liesei heiratet ihren jugendlichen Beschützer Paul Paulsen und wird Frau Meisterin in Husum. Auf der Strecke bleibt bei dieser ungewöhnlichen Verbindung von Handwerkerstand und fahrenden Leuten jedoch das Puppenspiel, von dessen Zauber diese Novelle einen Abglanz überliefert. Die Volksstücke *Genoveva* und *Doktor Faustus* erlangen hier noch einmal, vor dem Einbruch des »Kosakenwinters« der Befreiungskriege gegen Napoleon, eine lebendige Gegenwart:

»Pole Poppenspäler«. Illustration von H. Speckter

Es hatte sieben Uhr geschlagen; im Schützenhofe war heute, am Sonntagabend, alles besetzt; ich stand diesmal hinten, fünf Schuh hoch über dem Fußboden, auf dem Doppeltschillingplatze. Die Talglichter brannten in den Blechlampetten, der Stadtmusikus und seine Gesellen fiedelten; der Vorhang rollte in die Höhe.
Ein hoch gewölbtes gotisches Zimmer zeigte sich. Vor einem aufgeschlagenen Folianten saß im langen schwarzen Talar der Doktor Faustus und klagte bitter, daß ihm all seine Gelehrsamkeit so wenig einbringe; keinen hellen Rock habe er mehr auf dem Leibe, und vor Schulden wisse er sich nicht zu lassen; so wolle er den jetzo mit der Hölle sich verbinden. – »Wer ruft nach mir?« ertönte zu seiner Linken eine furchtbare Stimme von der Wölbung des Gemaches herab. – »Faust, Faust, folge nicht!« kam eine andere, feine Stimme von der Rechten. – Aber Faust verschwor sich den höllischen Gewalten. – »Weh, weh deiner armen Seele!« Wie ein seufzender Windeshauch klang es von der Stimme des Engels; von der Linken schallte eine gellende Lache durchs Gemach. – Da klopfte es an der Tür. »Verzeihung, euer Magnifizenz?« Fausts Famulus Wagner war eingetreten. Er bat, ihm für die grobe Hausarbeit die Annahme eines Gehülfen zu gestatten, damit er sich besser aufs Studieren legen könnte. »Es hat sich«, sagte er, »ein junger Mann bei mir gemeldet, welcher Kasperl heißt und gar fürtreffliche Qualitäten zu besitzen scheint.« – Faust nickte gnädig mit dem Kopfe und sagte: »Sehr wohl, lieber Wagner, diese Bitte sei Euch gewährt.« Dann gingen beide miteinander fort. –
»Pardauz!« rief es; und da war er. Mit einem Satz kam er auf die Bühne gesprungen, daß ihm das Felleisen auf dem Buckel hüpfte.

Ein großer Pflasterstein wird auf die Bühne geworfen und zerstört die kostbare Kasperl-Marionette, die noch aus der Mitte des 18. Jahrhunderts stammt. Joseph Tendler, der alte Puppenspieler, stirbt, der Aggressivität einer neuen Zeit nicht gewachsen, vor Kummer. Nur der längst vergessene Spottname Pole Poppenspäler bleibt dem etablierten Mechaniker Paul Paulsen von seiner jugendlichen Begeisterung erhalten.
In *Hans und Heinz Kirch* (1882) löst die Jugendliebe des Sohnes heftige Aggressionen beim Vater aus; als unerbittlicher Aufsteiger, der es vom Fischer zum kleinen Reeder gebracht hat, kann er die Verbindung mit Wieb, die nur Tochter eines Matrosen ist, nicht dulden. Der Sohn geht auf große Fahrt, gerät aber,

anstatt mit dem Steuermannspatent heimzukehren, in soziale Deklassierung. Eines Tages betritt ein verkommenes Subjekt, das sich als Heinz Kirch ausgibt, das Haus des Reeders. Als sein eigener Doppelgänger lebt Heinz im Elternhaus, bis ihn der Alte hinauswirft. Versöhnung wird erst möglich, nachdem der alte Kirch überzeugt ist, daß sein Sohn nicht mehr lebt. Wieb begleitet den Alten bei seinen zwanghaften täglichen Gängen am Meeresufer und wandelt sich von einer Lebendigkeit und Glück verheißenden Figur in eine sanfte Todesbotin.

Wilhelm Raabe

Unter den Prosaisten des poetischen Realismus ist WILHELM RAABE (1831–1910) trotz seines fast lebenslangen, oft als Heimatverbundenheit mißverstandenen Aufenthalts im Braunschweigischen, der isolierteste. Dies gilt für Raabes schwachen familiären und gesellschaftlichen Rückhalt, für die unbedenklich subjektive Form seines Erzählens und auch für seine Lage als freier Schriftsteller, den eine ständig sinkende Nachfrage zu immer neuer Produktion nötigt. Insgesamt 68 Romane und Erzählungen hat Raabe geschrieben; mit Ausnahme seiner beiden Erfolgsbücher *Die Chronik der Sperlingsgasse* (1857) und dem *Hungerpastor* (1864) war er jedoch ein Leben lang ein Autor ohne Adressat.

Die Außenseiterexistenz beginnt mit dem frühen Tod des Vaters (1845). Dieser war ein ehemaliger engagierter Burschenschafter, der, unter den beengenden kleinstaatlichen Verhältnissen leidend, als Jurist in bescheidenen Ämtern des Herzogtums Braunschweig ein Auskommen fand und seine Frau mit drei Kindern ohne größere Einkünfte zurückließ. Nach vier Jahren ausschweifender Lektüre in Geschichte und Weltliteratur, autodidaktischen Versuchen im Zeichnen, ohne Hoffnung auf einen erfolgreichen Abiturabschluß, beginnt Wilhelm Raabe 1849 eine Buchhändlerlehre in Magdeburg. Er vervollständigt seine Bildung durch einen zweijährigen Aufenthalt in Berlin (1854–56). Als Gasthörer besucht er an der Universität Vorlesungen und arbeitet an seinem ersten Buch *Die Chronik der Sperlingsgasse.*

Die Chronik der Sperlingsgasse

Auf den ersten Blick wirkt Raabes Erstling, der zwanzig Jahre später sein Erfolgsbuch wird, unscheinbar. Der einsame, alte Publizist Johannes Wachholder unterbricht die Arbeit an seiner umfangreichen Kompilation »De vanitate hominum« und beschließt, unter dem Eindruck eines Schneefalls, der das Leben auf der Straße durcheinanderbringt, seine Erinnerungen aufzuschreiben. Er möchte das Leben in der Gasse, an dem er seit vielen Jahrzehnten Anteil nimmt, schildern, nicht große Begebenheiten und aufregende Ereignisse. Raabes *Chronik* verzichtet auf einen Helden und spiegelt facettenreich einen Alltag unter dürftigen Lebensverhältnissen, der nur kleine Freuden kennt. Sterbefälle und soziale Deklassierung überwiegen, aber auch jugendlicher Mutwille und politische Renitenz finden hier einen Platz.

Der greise Erzähler steht nicht, wie oft behauptet, für Resignation oder verklärte Vergangenheit. Er verkörpert eine Weitsicht, die ein langes, bewußtes Leben mit sich bringt. Seine Erinnerungen haften auch an Ereignissen, die auf eine Wendung zum Besseren haben hoffen lassen. Hier ist vor allem der Bericht über das sonderbare Verhalten des Tischlermeisters Carsten interessant, der 1806 die französischen Truppen unter Napoleon als Befreier begrüßt, dann aber, ohne in Chauvinismus zu verfallen, ebenso selbstverständlich seine Söhne auf den Kampf gegen die Besetzer vorbereitet. Nach dem Wiener Kongreß, der die alte, vorrevolutionäre Ordnung wiederherstellt, wandelt sich Carstens Stolz über den Heldentod seiner Söhne in tiefe Beschämung. Er ist erleichtert, als die Ehrentafel, die auch die Namen seiner Söhne trägt, beim Brand der Kirche von den Flammen verzehrt wird.

Am Schluß des Buches bringt der Erzähler, als er die kirchliche Trauung seiner Adoptivtochter Elise mit dem jungen Maler Gustav Berg schildert, die Sprache auf dessen gefeiertes Bild »Milton, den Galilei im Gefängnis zu Rom besuchend«. Mit diesem beiläufigen Hinweis versichert sich Wachholder des langen Prozesses, der letztlich der Wahrheit zum Durchbruch verhilft. Er öffnet den Blick für die Möglichkeit einer revolutionären Wende, die gerade dann eintritt, wenn die alten Mächte noch einmal zu triumphieren glauben. Galileis Demütigung durch die Inquisition wurde für Milton zum Ansporn, sich nach seiner Rückkehr in die Politik seines Heimatlandes einzumischen und an der Seite Oliver Cromwells unnachgiebig für die Durchsetzung bürgerlicher Rechte einzutreten.

Die Chronik der Sperlingsgasse gehört zu Raabes erzählerisch avanciertesten Werken. Es löst die seit dem 18. Jahrhundert gültigen Erzählformen auf, Simultaneität tritt an die Stelle des epischen Nacheinander. In Briefen, Erinnerungen, traumartigen Rückblenden, Erzählungen Dritter, alten und gegenwärtigen Aufzeichnungen versammelt die *Chronik* eine solche Fülle von Episoden und plastischen Details, daß das Verhältnis von Gegenwart und den verschiedenen Stufen der Vergangenheit fließend wird. Raabes erzählerische Virtuosität kulminiert in dem Vorsatz des Erzählers: »Ich werde von der Vergangenheit im Präsens und von der Gegenwart im Imperfektum sprechen!«

Der Hungerpastor

Raabes populärstes Buch ist *Der Hungerpastor* (1864). In Anlehnung an das ungleiche Freundespaar Anton Wohlfahrt und Veitel Itzig in *Soll und Haben* erzählt dieser Roman die gegensätzlichen Lebensläufe des Schuhmachersohnes Hans Unwirsch und seines Schulkameraden und Freundes Moses Freudenstein, Sohn eines jüdischen Trödlers. Während Moses, gestützt auf seine ansehnliche Erbschaft, um Aufstieg in die höheren Kreise der Gesellschaft ringt, katholisch wird und schließlich sogar Spitzeldienste für verschiedene Regierungen leistet, demonstriert Hans Unwirsch, der Theologie studiert und als widerborstiger Hauslehrer zu überleben versucht, ein Streben nach »Wahrheit, Freiheit und Liebe«. Raabe faßt dies in dem Satz zusammen: »Der Mensch hat doch nichts Besseres als dies schmerzhafte Streben nach oben.« In einem kleinen Dorf an der Ostsee wird Unwirsch schließlich Pfarrer unter armen Fischern und Bauern und nimmt

Wilhelm Raabe (um 1900)

sich an seinem Hochzeitstag der Schiffbrüchigen an, die am Strand von Grunzenow anlanden. Im Kontrast zum geistigen Spekulantentum des Moses Freudenstein erklärt Wilhelm Raabe die Hungerpfarre am Meeresufer zu einem Ort »rechter, tüchtiger Arbeit«, die »echten, wahren Hunger« zu stillen vermag.
Der Hungerpastor ist mit seinem Schwarzweißkontrast und dem Rückgriff auf die konventionelle Form des Entwicklungsromans literarisch ein Rückschritt hinter die *Chronik der Sperlingsgasse.* Die Verklärung eines verstiegenen Idealismus als einer angemessenen Form der Lebensbewältigung, die Raabe hier unternimmt, birgt die Gefahr der Konstitution eines »inneren Reiches«, von dem unvermittelt Impulse zu einer aggressiven Verwirklichung des Ideals in der Realität ausgehen. Der unverhüllte Antisemitismus dieses Romans war den Nationalsozialisten als Propagandamittel willkommen.

Abu Telfan

Der Roman *Abu Telfan oder die Heimkehr vom Mondgebirge* (1867) markiert Wilhelm Raabes Weg in die Isolation vom Publikum. Für Raabe, den Volksschriftsteller, war dies ein peinigender Zustand, der lediglich durch die Feiern zu seinem 60. und 70. Geburtstag und den durch PAUL HEYSE erwirkten jährlichen Ehrensold von 1000 Mark aus der deutschen Schiller-Stiftung gemildert wird. So volkstümlich dieser Autor zu schreiben versteht, so wenig ist er zu Konzessionen bereit, die ihm das Geldverdienen erleichtert hätten. Die negative Reaktion der Leserschaft entspricht zweifellos einem Prozeß der Desillusionierung bei Wilhelm Raabe
Er entzaubert in *Abu Telfan* abenteuerliche Phantasien über ein exotisches Leben in Afrika und beraubt zugleich das Motiv der Heimkehr des verlorenen Sohnes seiner Attraktivität. Leonhard Hagebucher, der Held des Romans, wurde 1845 als Theologiestudent wegen Beteiligung an einem Duell von der Universität relegiert und versucht sich ohne Erfolg in verschiedenen Berufen. Dann geht er nach Afrika und wird dort nach manchen Abenteuern Gefangener eines Negerstammes. Elf Jahre verrichtet er in Abu Telfan, am Fuß des Mondgebirges, Sklavenarbeit. Nach Hause zurückgekehrt, stellt er fest, daß die elf Jahre trotz der Revolution von 1848 spurlos am gesellschaftlichen Leben vorübergegangen sind. In Bumsdorf und der Residenzstadt Nippenburg herrscht die alte Borniertheit und Selbstzufriedenheit wie eh und je. Es gibt für den Helden keine Heimkehr, sondern nur die Rückkehr in eine andere Form der Gefangenschaft. Anstelle der rohen, physischen Gewalt in Tumurkieland verläuft hier alles in den Bahnen eines von Thron und Altar überstrahlten Einverständnisses von Regierung und »germanischem Spießbürgertum«.
In der abgeschiedenen, romantischen »Katzenmühle«, die in ihrer Stille dem Tode näher ist als dem Leben, treffen sich die wenigen Dissidenten, Hagebucher, das pensionierte Hoffräulein Nicola von Einstein, der Wegebauinspektor Wassertreter, ein alter Burschenschafter, der die politische Entwicklung mit Ingrimm kommentiert, und versichern sich ihres Einverständnisses. Von diesem Residuum der Menschlichkeit geht jedoch keinerlei Anstoß zur Veränderung aus. Hagebucher selbst entschließt sich am Ende des Romans zum Arrangement

mit den Philistern. Er möchte heiraten und nimmt sich vor, als Publizist »Wächter« zu sein »vor einem kleinen Unglück in einem großen See von Plagen«.

Stopfkuchen

Mit *Stopfkuchen, eine See- und Mordgeschichte* (1891) gelingt Wilhelm Raabe in der Gegenüberstellung eines Kolonialdeutschen aus Afrika und eines Philisters in der deutschen Provinz eine grandiose erzählerische Steigerung. Der Südafrika-Deutsche Eduard schreibt an Bord des »Hagebucher« auf seiner Rückreise von Hamburg ans Kap der Guten Hoffnung seine Erlebnisse und Erinnerungen nieder. Im Mittelpunkt des Romans stehen die Erzählungen des Jugendfreundes Heinrich Schaumann, der schon als Kind wegen seiner angeblichen Dummheit, unglaublichen Trägheit und Gefräßigkeit »Stopfkuchen« genannt wird. Schon in jungen Jahren weigert er sich, Karriere zu machen, und bleibt, mit den Eltern im Streit und von seinen Altersgenossen verspottet, »unter der Hecke« liegen. Stopfkuchens Lebenswandel ist eine Verhöhnung des Überseestrebens im Deutschland dieser Jahre, der »Zukunft auf dem Wasser« und der Hoffnung, daß am deutschen Wesen die Welt genesen werde. In einem Fall, bei dem es nicht um ausgreifende Aktivitäten geht, sondern um sozialen Beistand, ist Stopfkuchen ungemein tüchtig: Er beweist, daß der Mordverdacht gegen den Bauern Querkatz haltlos ist. Er wird zum Beschützer von dessen verwilderter Tochter, die mit ihrem Vater ein verfemtes Dasein führt, und bringt ihr verkommenes Anwesen auf der »Roten Schanze«, einem Belagerungsaufwurf, von dem aus im Siebenjährigen Krieg die Stadt durch Beschuß zur Übergabe gezwungen wurde, zu Wohlstand.

Die »Rote Schanze« ist für Raabe Sinnbild einer wehrhaften Position, die eine Distanz gegenüber dem gesellschaftlichen Druck ermöglicht. Die »Rote Schanze« verteidigt die Poesie und die Produktivität des Nichtstuns in einer von Scheinaktivität erfüllten Öffentlichkeit. Die Verunsicherung, die von Stopfkuchens durchgehaltener und souverän behaupteten »Faultier«-Existenz ausgeht, durchzieht den Bericht des Erzählers. Trotz seiner Sympathie für Stopfkuchen gelingt es dem welterfahrenen Kolonialdeutschen nicht, die am heimatlichen Stammtisch im »Brummersumm« erlernten Klischees über Bord zu werfen.

Akten des Vogelsangs

Der hochgemuten Selbstbehauptung des Außenseiters folgt mit den *Akten des Vogelsangs* (1896) ein Beklemmung auslösendes Protokoll über die schrittweise, unabänderliche Zerstörung eines gartenreichen Vorortviertels. Der »Kindermärchenwinkel« Vogelsang muß im Bauboom der Gründerjahre den Fabriken, Mietshäusern und lärmenden Vergnügungsstätten weichen. Ein Entleerungsprozeß wird geschildert, der »Wesen zu Schatten« werden läßt und zugunsten wirtschaftlichen Aufschwungs ein Geflecht aus landschaftlichen, nachbarschaftlichen und familiären Zusammenhängen zerstört.

Berichterstatter ist ein Aufsteiger, Karl Krummhardt, der es vom Sohn eines kleinen Beamten zum Doctor Iuris und Oberregierungsrat gebracht hat. Er steht dem Sog des Geschehens hilflos gegenüber und zieht sich beständig auf die Geborgenheit seines Familienlebens zurück. Raabes Hellsicht besteht darin, daß die Zerstörung des Vogelsangs nicht nur von außen über die Menschen hereinbricht, sondern sich keimzellenartig in der Idylle selbst ausbreitet. In der höchst ambivalenten Liebe zwischen Velten Andres, der um jeden Preis Reichtum und Macht anstrebt, und der amerikanischen Millionärstochter Helene Trotzendorff, die auch ihre im Vogelsang verbrachten Jugendjahre nicht davon abbringen, nach Glanz und Luxus zu verlangen, ist das Moment der Selbstzerstörung, die am »Kindermärchenviertel« nicht vorbeigeht, von Beginn an im Roman präsent. Velten stirbt einsam, nach einem jahrzehntelangen Abenteuerleben in den USA, in seinem leeren Berliner Studentenzimmer, und Helene Trotzendorff konstatiert im Angesicht des Toten:

Nun bin ich allein mit dem Freunde und freue mich über ihn und könnte ihm wieder wie unter den Holunderbüschen zwischen den Buchsbaumeinfassungen der Aurikelbeete unserer Kindheitsgärten oder auf unseren Bergen und Waldwiesen in den Haarbusch greifen und ihn Schelm nennen oder einen schlechten Menschen. Verdient hätte er das heute, wie vor Jahren.

Aber auch der alte Hausbesitzer Hartleben, der seine Mieten oft gestundet hat, verkauft sein Grundstück schließlich an einen Fabrikanten, der darauf eine Konservenfabrik errichtet. Der schwärmerische Hugenottensprößling des Beaux aus Berlin, dem durch Velten der Vogelsang zur zweiten Heimat wurde, besinnt sich eines Tages auf sein väterliches Vermögen und wird angesehener Bankier in der Hauptstadt mit dem Titel eines Kommerzienrats.

Wilhelm Raabe, der wie kein anderer Autor des poetischen Realismus darauf besteht, daß am Rande einer feindseligen Gesellschaft auch Orte wie Grunzenow, die Katzenmühle und die Rote Schanze existieren, verabschiedet mit den *Akten des Vogelsangs* diese Residuen einer besseren Welt.

Theodor Fontane

Als poetischer Realist steht THEODOR FONTANE (1819–1898) seit Mitte der sechziger Jahre unseres Jahrhunderts in Ost und West im Mittelpunkt eines kontinuierlichen Interesses, das sich in einer Fülle von Publikationen, Werk- und Briefausgaben niederschlägt. Während man sich in der Bundesrepublik von den späten Romanen Fontanes noch am ehesten einen Brückenschlag zur europäischen Weltliteratur des 19. Jahrhunderts erhofft, hebt man in der DDR die zahlreichen kritischen Äußerungen im Briefwerk hervor, insbesondere Fontanes Parteinahme für den vierten Stand, über den er zwei Jahre vor seinem Tod mit großer Bestimmtheit schreibt: »Die neue, bessere Welt fängt erst beim vierten Stand an.«

Es dauert länger als dreißig Jahre, bis Theodor Fontane mit seinem Roman *Irrungen, Wirrungen* (begonnen 1882, veröffentlicht 1887) einzulösen beginnt, was er im Jahre 1853 für die Entwicklung einer realistischen Literatur in

Deutschland vorausgesagt hatte. Dazwischen liegen die umfangreichen *Wanderungen durch die Mark Brandenburg* (1862–82, vier Bände), die wenig erfolgreichen, weil nicht-chauvinistischen Bücher über die drei Bismarckschen Kriege von 1864, 1866 und 1870/71 und eine Romanproduktion, die mit *Vor dem Sturm* (1878 veröffentlicht) nur mühsam in Gang kommt.

Irrungen, Wirrungen

Wichtigster Handlungsort von *Irrungen, Wirrungen* ist eine Gärtnerei auf freiem Feld zwischen Charlottenburg und Wilmersdorf. Hier besucht Botho von Rienäcker seine Geliebte Lene Nimbsch, die ihren Lebensunterhalt als Plätterin verdient, und entspannt sich von der Langeweile des Kasernen- und Klublebens. Der Baron träumt von einer dauernden Verbindung, die Geliebte verbürgt ihm »Einfachheit, Wahrheit, Natürlichkeit«. Die junge Frau weiß, daß diese Liebe nicht von Dauer sein kann, und bedeutet ihrem etwas träumerischen Liebhaber:

> Du liebst mich und bist schwach. Daran ist nichts zu ändern. Alle schönen Männer sind schwach und der Stärkere beherrscht sie ... Und der Stärkere ... ja, wer ist dieser Stärkere? Nun, entweder ist's deine Mutter oder das Gerede der Menschen oder die Verhältnisse. Oder vielleicht alles drei ...

Für die bessere Gesellschaft war der Roman unerhört – er erschien in Fortsetzungen in der Vossischen Zeitung und führte zu Abonnementskündigungen –, weil Fontane sich nicht damit begnügt, einen Einzelfall zu schildern. Das Thema des von adligen Offizieren ausgehaltenen Mädchens aus dem Volk durchzieht den ganzen Roman. Helenes gutmütige Vertraute, die stattliche Frau Dörr, ist die ehemalige Geliebte eines Grafen und vergleicht beständig ihren alten Roué mit dem einfühlsamen Verhalten des jungen Barons. Während ihres Ausflugs nach Hankels Ablage begegnen Rienäcker und seine Geliebte drei Offizierskameraden und ihren »Damen«, die offensichtlich ihren Lebensunterhalt durch Liebschaften bestreiten. Die gerade von konservativen Kreisen hochgehaltene Sexualmoral wird als Schimäre entlarvt. Aber nicht nur dies: Das Verhalten Helenes und ihres späteren Mannes, des Maschinenmeisters Gideon Franke, zeigt sich dem der Angehörigen der herrschenden Schicht moralisch überlegen. Anstatt bedingungslos nach dem Strohhalm des von Franke ausgesprochenen Heiratsantrags zu greifen, spricht Helene über ihr früheres Liebesverhältnis. Und der bibelfeste Franke klammert sich nicht an den ihm als Laienprediger sehr naheliegenden Sittenkodex, nach dem er die Sünderin abzuweisen hätte. Ohne Rücksicht auf seine verletzte Eitelkeit scheut er sich nicht vor einem Gespräch mit Rienäcker, den er auf eigenen Wunsch und mit Wissen Helenes aufsucht.

Im Kontrast zu diesem ehrlichen Dialog reproduziert sich in Rienäckers Umgang mit seiner hübschen, jungen Frau, die er wegen ihres Geldes geheiratet hat, die Doppeldeutigkeit seiner gesellschaftlichen Position: Als ein am Luxus orientierter Adliger erzählt er seiner Frau nicht die Wahrheit, weil diese Offenheit Trennung bedeutet, zugleich ist er außerstande, die Lebensfreude der jungen

Frau mit zu genießen, und lebt mißmutig dahin, jeden Augenblick in Gefahr, von seiner Gattin bei seinen Gedanken an Helene ertappt zu werden.

Stine

Während in *Irrungen, Wirrungen* zwei Paare auf verschiedener Grundlage zu einem ehelichen Arrangement finden, das ein Überleben ermöglicht, führt in dem drei Jahre später erscheinenden Roman *Stine* (begonnen 1881) eine ähnliche Konstellation der Figuren in die Katastrophe.
Spielten in *Irrungen, Wirrungen* gewagte Szenen auf gesellschaftlich exterritorialem Gebiet, in der Gärtnerei und in der weit von der Stadt entfernten »Ablage«, so verlegt Fontane die Handlung von *Stine* in die Berliner Innenstadt und setzt in den Anfangskapiteln dieses Romans ein für die Zeit typisches illegitimes Verhältnis der nahen Betrachtung aus. Die Witwe Pauline Pittelkow, Stines lebenserfahrene Schwester, die mit ihrer heranwachsenden Tochter und einem unehelichen Kind die erste Etage eines Hauses in der Invalidenstraße bewohnt, erregt sogar als tüchtige Hausfrau beim Fensterputzen das Mißfallen ihrer Umgebung. Neid und Mißgunst richten sich unter dem Deckmantel der Aufrechterhaltung von Sitte und Anstand gegen die Lebensführung der beiden Schwestern, von deren Einkünften man jedoch zu profitieren hofft. So spekuliert das Ehepaar Polzin, bei dem Stine zu Untermiete wohnt, schon beim ersten Besuch des jungen Grafen von Haldern über die Höhe der zukünftigen Mietsteigerung.
Aber nicht nur in der kleinbürgerlichen Nachbarschaft steht das nackte Geldinteresse im Vordergrund. Trotz seiner zur Schau getragenen Bonhomie tritt der alte Graf als ein Mann auf, der von seinem Verhältnis für sein gutes Geld anregende Unterhaltung erwartet. Die Abendgesellschaft bei Stines Schwester enthüllt ein Ausbeutungsverhältnis: Die schöne, schwarzhaarige Witwe erscheint eher als Leibeigene denn als Gefährtin des alten »Sarastro«.
Gegenüber diesen milieugesättigten Einleitungskapiteln nimmt sich die eigentliche Handlung, die Beziehung zwischen dem brustkranken jungen Grafen Waldemar und Stine, die sich ihren Lebensunterhalt als Stickerin verdient, bläßlich aus. Waldemar, der entschlossen ist, Stine zu heiraten, entzieht sich schließlich dem immer stärker werdenden Konflikt zwischen Liebe und der Pflicht gegenüber seiner altadligen Familie durch Selbstmord. Stine kehrt vom Begräbnis, dem Verlust des Geliebten seelisch nicht gewachsen, mit einer tödlichen Krankheit zurück. Die Nachbarin Polzin versichert ihrem Mann am Schluß des Romans mit Bestimmtheit: »Die wird nicht wieder.«

Frau Jenny Treibel

In *Frau Jenny Treibel* (1892) erscheinen Adlige nur als Randfiguren. Dieser *Roman aus der Berliner Gesellschaft*, wie Fontanes Untertitel lautet, konzentriert sich auf die seit den Gründerjahren verschärfte Differenz zwischen Besitz- und Bildungsbürgertum. Die Kommerzienrätin, eine auch im Alter attraktive Frau, repräsentiert eine innige Harmonie zwischen ausufernder Sentimentalität und bedenkenloser Orientierung des Lebens an materiellen Erwägungen, eine doppelte Buchführung, die Fontane bei den bürgerlichen Parvenüs des Kaiserreichs besonders abstoßend findet:

Frau Jenny präsentierte sich in vollem Glanz, und ihre Herkunft aus dem kleinen Laden in der Adlerstraße war in ihrer Erscheinung bis auf den letzten Rest getilgt. Alles wirkte reich und elegant; aber die Spitzen auf dem veilchenfarbenen Brokatkleide, soviel muß gesagt werden, taten es nicht allein, auch nicht die kleinen Brillantohrringe, die bei jeder Bewegung hin- und herblitzten; nein, was ihr mehr als alles andere eine gewisse Vornehmheit verlieh, war die sichere Ruhe, womit sie zwischen ihren Gästen thronte. Keine Spur von Aufregung gab sich zu erkennen, zu der allerdings auch keine Veranlassung vorlag. Sie wußte, was in einem reichen und auf Repräsentation gestellten Hause brauchbare Dienstleute bedeuteten, und so wurde denn auch alles, was sich nach dieser Seite hin nur irgendwie bewährte, durch hohen Lohn und gute Behandlung festgehalten. Alles ging infolge davon wie am Schnürchen, auch heute wieder, und ein Blick Jennys regierte das Ganze, wobei das untergeschobene Luftkissen, das ihr eine dominierende Stellung gab, ihr nicht wenig zustatten kam. In ihrem Sicherheitsgefühl war sie zugleich die Liebenswürdigkeit selbst. Ohne Furcht, wirtschaftlich irgend etwas ins Stocken kommen zu sehen, konnte sie sich selbstverständlich auch den Pflichten einer gefälligen Unterhaltung widmen, und weil sie's störend empfinden mochte – den ersten Begrüßungsmoment abgerechnet –, zu keinem einzigen intimeren Gesprächsworte mit den adeligen Damen gekommen zu sein, so wandte sie sich jetzt über den Tisch hin an die Bomst und fragte voll wirklicher Teilnahme: »Haben Sie, mein gnädigstes Fräulein, neuerdings etwas von Prinzeß Anisettchen gehört? Ich habe mich immer für diese junge Prinzessin lebhaft interessiert, ja, für die ganze Linie des Hauses. Sie soll glücklich verheiratet sein. Ich höre so gern von glücklichen Ehen, namentlich in der Obersphäre der Gesellschaft, und ich möchte dabei bemerken dürfen, es scheint mir eine törichte Annahme, daß auf den Höhen der Menschheit das Eheglück ausgeschlossen sein solle.«

Die ostentative Hochschätzung glücklicher Ehen ist für das Tun und Lassen der Kommerzienrätin ohne Belang; trotz ihrer Aversion verheiratet sie die Söhne mit den Töchtern der alteingesessenen Hamburger Holzfirma Munk. Ihr erster Sohn vegetiert unglücklich am Leitseil seiner aseptischen Gattin, die ihn und die Familie Treibel als neureich verachtet. In der Absicht, die Verlobung ihres zweiten Sohnes mit Corinna, der Tochter ihres Jugendfreundes Schmidt, der es nur zum Gymnasialprofessor gebracht hat, zu verhindern, setzt sie skrupellos eine weitere Verbindung mit der Hamburger Holzfirma durch.

Corinnas gescheiterter Versuch, durch eine Heirat mit Leopold Treibel aus ihrer gesellschaftlichen Enge herauszukommen, und der leichte Triumph der Kommerzienrätin über ihren Sohn signalisieren die Stagnation der gesellschaftlichen Verhältnisse. Der jungen Generation bleibt nur die Möglichkeit zur Anpassung, aber keine Chance zum Mitgestalten. Ob alteingesessen, parvenühaft oder gebildet, viel ist von den Exponenten des Bürgertums, das Fontane hier vorstellt, nicht zu erwarten.

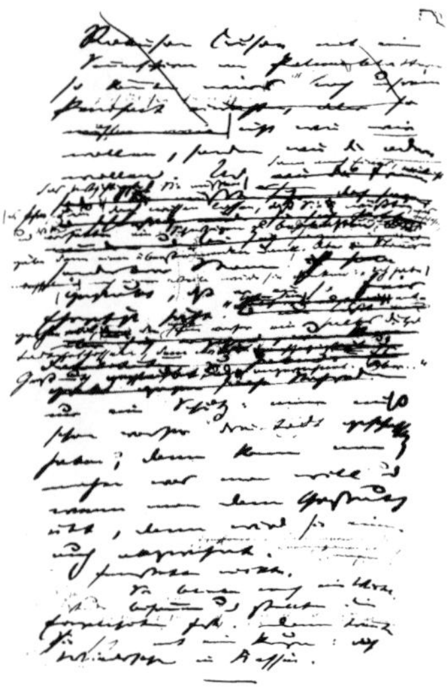

Fontane-Autograph zu »Effi Briest«

Effi Briest

Mit *Madame Bovary* und *Anna Karenina* zählt *Effi Briest* (1894/95) zum neuen Genre der Ehebruchsliteratur. Fontane erzählt die Geschichte einer siebzehnjährigen, lebenslustigen Gutsbesitzerstochter aus der Mark Brandenburg. Die Mutter legt ihr nahe, ihren alten Jugendfreund Baron von Innstetten, einen inzwischen aufgestiegenen Verwaltungsbeamten, zu heiraten. Effie fühlt sich in ihrer Rolle als Landratsgattin einsam und von ihrem Mann nicht geliebt. Die Geburt einer Tochter verändert nichts an dieser lähmenden Situation, und nach einigem Widerstand gibt sie den Werbungen eines mit ihrem Mann befreundeten Majors nach. Sieben Jahre später findet Innstetten Liebesbriefe von Crampas und ist nicht davon abzubringen, sich zu duellieren. Als geschiedene Frau unterliegt Effi einer gesellschaftlichen Isolierung, die ihrem Wesen so fremd ist, daß sie einer tödlichen Krankheit verfällt. Auf Vermittlung ihres Arztes kommt es zur Aussöhnung mit ihren Eltern; sie kehrt nach Hohen-Cremmen zurück. In ihrem »Hänger, blau und weiß gestreifter Kattun und Matrosenkragen« wieder zum jungen Mädchen regrediert, stirbt Effi, noch keine dreißig Jahre alt, auf dem Landsitz der Familie Briest.
Obwohl Fontane die gesellschaftlichen Bedingungen, denen das Schicksal seiner Heldin unterliegt, keineswegs in der Schwebe läßt, berührt dieser Roman vor allem als traurige Geschichte vom Scheitern einer weiblichen Lebensauffassung, die trotz redlicher Bemühung um Anpassung der von Normen und Freudlosigkeit bestimmten Welt nicht gewachsen ist. Effi ist eine »Tochter der Luft«, dazu begabt, geliebt zu werden, unbeschwert und glücklich zu sein; von ihr geht eine Lebendigkeit aus, die auch andere mit Glück erfüllt, aber es existiert kein Ort, wo sich dieses Vermögen entfalten kann. In ihr vollzieht sich ein Prozeß der Resignation: Der Heldin bleibt am Ende nur Sehnsucht nach »den Sternen oben oder noch darüber!«.

Der Stechlin

In seinem letzten Werk *Der Stechlin* (1897) löst Fontane die Romanhandlung fast gänzlich in Gespräche auf, in denen sich merkwürdige Allianzen und Widersprüche ergeben und das Verhältnis von Alt und Neu im Vordergrund steht. Über die artistische Kühnheit dieses Unterfangens schreibt Fontane 1897 an Adolf Hoffmann, den Redakteur der Zeitschrift »Über Land und Meer«, die den Vorabdruck übernehmen soll:

Der Stoff, soweit von einem solchen die Rede sein kann, wird wahrscheinlich Ihre Zustimmung erfahren. Aber die Geschichte, das was erzählt wird. Die Mache! Zum Schluß stirbt ein Alter und zwei Junge heiraten sich; das ist so ziemlich alles, was auf 500 Seiten geschieht. (. . .) Einerseits auf einem altmodischen märkischen Gut, andererseits in einem neumodischen gräflichen Haus (Berlin) treffen sich verschiedene Personen und sprechen da Gott und die Welt durch. Alles Plauderei, Dialog, in den sich die Charaktere geben, mit und in ihnen die Geschichte. Natürlich halte ich dies nicht nur für die richtige, sondern

Über Land und Meer.

№ 1.

79. Band. Vierzigster Jahrgang. Oktober 1897—1898.
Erscheint jeden Sonntag.

Preis vierteljährlich 3.50 M. Mit Postaufschlag 3.75 M.
Redakteur: Ernst Schubert in Stuttgart.

Inhalt: „Stechlin", Roman von Theodor Fontane. — „Jahrmarktsbummel", Skizze von Adele Hindermann. — „Ein welker Kranz", Gedicht von Paul Lang. — „Ischia", eine Erinnerung von Richard Voß. — „Im Apennin", Gedicht von C. v. Seybold. — „Die Renaissance" von Adolf Rosenberg. — „Eine Künstlerfahrt nach Halbasien", humoristische Erzählung von Kurt Eckberg. — Zu unsern Bildern. — Schach. Notizblätter. Briefmappe. — Aus Zeit und Leben: „Auf Grund".
Abbildungen: Theodor Fontane in seinem Arbeitszimmer. — W. v. Czachorski: Juwelen. — L. Willroider: Der Hohlweg. — Ettore Ximenes: Die Renaissance. — R. Dammeier: Ischia. — Hermine Laukota: Mein liebes, liebes Kind! — Ernst Zimmermann: Erster Waffengang. — Ernst Zimmermann: Der Geizhals. — Fürst Bismarck und der König von Siam in Friedrichsruh, 2. September. — „Kaiser Wilhelm der Große" auf Grund. — Karte der Kaiserfahrt.

Stechlin.

Roman von

Theodor Fontane.

I.

Im Norden der Grafschaft Ruppin, hart an der mecklenburgischen Grenze, zieht sich von dem Städtchen Gransee bis nach Rheinsberg hin (und noch darüber hinaus) eine mehrere Meilen lange Seenkette durch eine menschenarme, nur hie und da mit ein paar alten Dörfern, sonst aber ausschließlich mit Förstereien, Glas- und Teeröfen besetzte Waldgegend. Einer der Seen, die diese Seenkette bilden, heißt „der Stechlin". Zwischen flachen, nur an einer einzigen Stelle steil und quaiartig aufsteigenden Ufern liegt er da, rundum von alten Buchen eingefaßt, deren Zweige, von ihrer eignen Schwere nach unten gezogen, den See mit ihrer Spitze berühren. Hie und da wächst ein weniges von Schilf und Binsen auf, aber kein Kahn zieht seine Furchen, kein Vogel singt, und nur selten, daß ein Habicht drüber hinfliegt und seinen Schatten auf die Spiegelfläche wirft. Alles still hier. Und doch, von Zeit zu Zeit wird es an eben dieser Stelle lebendig. Das ist, wenn es weit draußen in der Welt, sei's auf Island, sei's auf Java, zu rollen und zu grollen beginnt oder gar der Aschenregen der hawaiischen Vulkane bis weit auf die Südsee hinausgetrieben wird. Dann regt

sogar die gebotene Art, einen Zeitroman zu schreiben, bin mir aber gleichzeitig zu sehr bewußt, daß das große Publikum sehr anders darüber denkt.

Hauptbeiträger zu den Gesprächen sind der märkische Adlige Dubslav von Stechlin, der, obwohl er in seinem Leben nicht weit herumgekommen ist, über vieles nachgedacht hat, und sein See, dessen plötzlicher Wasserstrahl von fernen Erdbeben kündet. Dubslav repräsentiert einen sensiblen Konservativen, der revolutionäre Veränderungen nicht als Ergebnis umtriebiger Verschwörer ansieht, sondern als Naturereignisse, gegen die wenig zu machen ist.
Sechs Wochen, bevor er am 20. September 1898 stirbt, schreibt Fontane ein Gedicht zu Bismarcks Tod, das dessen Erben im Mausoleum zu Friedrichsruh einmeißeln lassen. Es kann als Gegenentwurf zum *Stechlin* gelesen werden:

Theodor Fontane, gezeichnet von M. Liebermann 1896

WO BISMARCK LIEGEN SOLL
(geschrieben am 31. Juli 1898)

Nicht in Dom oder Fürstengruft,
Er ruh' in Gottes freier Luft,
Draußen auf Berg und Halde,
Noch besser: tief, tief im Walde,
Widukind lädt ihn zu sich ein:
»Ein Sachse war er, drum ist er mein,
Im Sachsenwald soll er begraben sein.«

Der Leib zerfällt, der Stein zerfällt,
Aber der Sachsenwald, der hält;

Und kommen nach dreitausend Jahren
Fremde hier des Weges gefahren
Und sehen, geborgen vorm Licht der Sonnen,
Den Waldgrund in Efeu tief eingesponnen
Und staunen der Schönheit und jauchzen froh,
So gebietet einer: »Lärmt nicht so! –
Hier unten liegt Bismarck irgendwo.«

»Wo Bismarck liegen soll«, Fontane-Autograph

Der alte Dubslav und sein See stehen in geheimer Korrespondenz zur »Großen Weltbewegung«, deren Verlauf wenig zu ändern, aber zumindest einem vernünftigen Gespräch zugänglich ist. Fontane verbannt Bismarck hingegen in den Sachsenwald, dessen Dunkel dem Sonnenlicht unerreichbar ist und dessen dumpfe Erhabenheit noch nach dreitausend Jahren die Fremden zu schweigen nötigt.

LYRIK

Während die poetischen Realisten in der Prosa neue Wege betreten, geht ihre Lyrik hinter die »Tendenzpoesie« des Vormärz auf die Erlebnisdichtung zurück; liedhafte Gedichte GOETHES und EICHENDORFFS sind nun wieder Vorbild. Als Reaktion auf das rapide Anwachsen des zivilisatorischen Prozesses nach 1850 gilt Lyrik als Stimme einer noch intakten Welt, in der man Geborgenheit findet. Ihre Gedichte mit einfachen Motiven und Rhythmen, anspruchslosem Bau der Strophen und Verszeilen, werden zum Rückzugsgebiet für ein lyrisches Ich, das nach Ruhe und Gelassenheit sucht und sich mit der Vergänglichkeit des Daseins versöhnt.

Conrad Ferdinand Meyer

CONRAD FERDINAND MEYER (1825–1898), der patrizische Widerpart GOTTFRIED KELLERS, ist hierbei eine sehr bemerkenswerte Ausnahme: Bei ihm gibt es Gedichte, die das Ich der Erlebnislyrik verabschieden, indem sie es durch die Verschmelzung von Bildhaftigkeit und lyrischer Form zum Verschwinden bringen. Nicht selten erstreckt sich die Entstehung eines Gedichtes über mehrere Jahrzehnte, in denen C. F. Meyer unablässig versucht, von einer eher genrehaften Fassung des Themas zu einer plastischen, symbolischen Ausprägung zu gelangen.
Sein bekanntestes Gedicht ist *Der römische Brunnen* in der Fassung von 1882:

Aufsteigt der Strahl und fallend gießt
Er voll der Marmorschale Rund,
Die, sich verschleiernd, überfließt

In einer zweiten Schale Grund;
Die zweite gibt, sie wird zu reich,
Der dritten wallend ihre Flut,
Und jede nimmt und gibt zugleich
Und strömt und ruht.

Daß der Dichter über zwanzig Jahre an diesem kleinen Gebilde gearbeitet hat, ist in der endgültigen Form nicht zu spüren. Aufsteigen und Fallen, Nehmen und Geben, Strömen und Ruhen als die großen Gesetzmäßigkeiten der Natur und im Leben kommen zur Anschauung, ohne daß sich ein lyrisches Subjekt einmischt. Der Brunnen als künstliche Einheit aus behauenem Marmor und hydraulisch gepreßtem Wasser wird identisch mit der Form des Gedichts, dessen rhythmische Linien wiederum Ruhe und Bewegung versöhnen.
Der Verzicht auf die Metapher und die Konzentration auf einen realen Vorgang führt bei Meyer nicht immer zu einer statischen, distanzierten Darstellung. So bildet *Abendrot im Walde* (Fassung von 1883) ein Gegenstück zur Harmonie des Brunnen-Gedichts.

In den Wald bin ich geflüchtet,
Ein zu Tod gehetztes Wild,
Da die letzte Glut der Sonne
Längs den glatten Stämmen quillt.

Keuchend lieg ich. Mir zur Seiten
Blutet, siehe, Moos und Stein –
Strömt das Blut aus meinen Wunden?
Oder ists der Abendschein?

Lebensbedrängnis und Ohnmacht sprechen aus diesen Versen mit einer Unmittelbarkeit, die in der Lyrik des 19. Jahrhunderts ungewöhnlich ist.
Geisterhaft wirkt das Geschehen, das in dem Gedicht *Auf dem Canale Grande* zum phantasmagorischen Ereignis gesellschaftlichen Lebens wird:

Auf dem Canale Grande betten
Tief sich ein die Abendschatten,
Hundert dunkle Gondeln gleiten
Als ein flüsterndes Geheimnis.

Aber zwischen zwei Palästen
Glüht herein die Abendsonne,
Flammend wirft sie einen grellen
Breiten Streifen auf die Gondeln.

In dem purpurroten Lichte
Laute Stimmen, hell Gelächter,
Überredende Gebärden
Und das frevle Spiel der Augen.

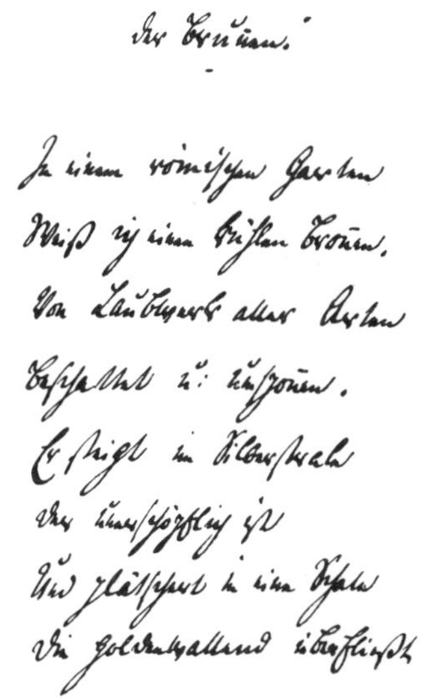

»Der römische Brunnen«, 1. Fassung. Meyer-Autograph um 1862

Conrad Ferdinand Meyer (um 1887)

Eine kleine, kurze Strecke
Treibt das Leben leidenschaftlich
Und erlischt im Schatten drüben
Als ein unverständlich Murmeln.

Kurz bevor sie im Meer versinkt, wirft die Abendsonne, durch die Spiegelung im Wasser verstärkt, ein jähes Licht auf die Menschen, die sich im Schutze der Dämmerung enthemmt dem Spiel ihrer Leidenschaft hingeben und wenig später wieder im Dunkel verschwinden. Das gesellschaftliche Treiben, in rotes Purpurlicht getaucht, erscheint blutig und roh; einen versöhnlichen Aspekt bietet seine kurze Dauer.

Die Fahrt auf dem Wasser, Überfahrten und der schwarze Rauch sind in Meyers Gedichten als Todessymbole wirksam. *Zwei Segel* spiegeln jedoch die geglückte Harmonie einer Liebesfahrt:

Zwei Segel erhellend
Die tiefblaue Bucht!
Zwei Segel sich schwellend
Zu ruhiger Flucht!

Wie eins in den Winden
Sich wölbt und bewegt,
Wird auch das Empfinden
Des andern erregt.

Begehrt eins zu hasten,
Das andre geht schnell,
Verlangt eins zu rasten,
Ruht auch sein Gesell.

In großer Distanz, die von den Booten nur noch die Segel erkennen läßt, gleiten die Liebenden, vom Rhythmus des Windes bewegt, auf dem Wasser dahin. Ein Glücksversprechen zwar nur aus der Ferne, aber frei von Sentimentalität und dem Sprachschwulst, der für die Liebeslyrik mit Goldschnitt in diesen Jahrzehnten charakteristisch ist.

Seit Mitte der siebziger Jahre ist Conrad Ferdinand Meyer, der als unglücklicher Rentier in der Umgebung von Zürich lebt, vor allem wegen seines historischen Romans *Jürg Jenatsch* (1876) geachtet; bis 1891 folgen elf historische Novellen. Mit dem Prosawerk stellt er »der brutalen Actualität zeitgenössischer Stoffe« Staatsaktionen und große Persönlichkeiten, vor allem aus dem 16. und 17. Jahrhundert, entgegen und schreibt eine Kunstprosa, die den Eindruck distanzierter Objektivität vermittelt. Wirkt diese Prosa zweifellos dem Sprachverfall entgegen, den das Anwachsen der Familienblätter mit sich bringt, so weist dieser Außenseiter aus dem Zürcher Patriziat mit Gedichten, die für STEFAN GEORGE und RILKE einen Maßstab setzen, in die Zukunft.

Detlev von Liliencron

D. v. Liliencron und die Dichter der »Dekadenz«, »Simplicissimus«-Karikatur 1901

DETLEV VON LILIENCRON (1844–1909) ist als Lyriker der Antipode zu C. F. MEYER. Sein Leben ist bestimmt durch Offiziersberuf und Beamtentätigkeit in preußischen Diensten; beide Karrieren muß er wegen hoher Schulden quittieren. Als Royalist unbeirrbar an dem festhaltend, was er als das gute Alte versteht, vertritt Liliencron in literarischen Fragen mit gleicher Rücksichtslosigkeit einen radikalen Standpunkt. So äußert er sich 1885 über Gedichte von ARNO HOLZ mit einer Begeisterung, die viel über seine eigene, zur Wirklichkeit drängende Position aussagt:

> Arno Holz ist ja wüster, rotester Sozialdemokrat, aber fort mit der Feigheit, und mir schließlich egal: Arno Holz ist ein aller-allererster Dichter (. . .) das ist ja eine ganz kolossale Revolution in der Dichterwelt zur Zeit. Ich fühl's in jeder Fiber. Und ich marschiere mit. Die politische Geschichte geht mich nichts an, ich bleibe Royalist bis zum letzten Atemzuge.

1883 gibt Liliencron sein literarisches Debüt mit einer Gedichtsammlung, die den martialischen Titel *Adjutantenritte* trägt. Von dem Buch, das in dem angesehenen Verlag Wilhelm Friedrich in Leipzig herauskommt, werden innerhalb von zwei Jahren nur 23 Exemplare verkauft, so fremd wirkt es selbst auf literarisch Interessierte. Es enthält ein Gedicht, das durch den Besuch eines Schlachtfeldes von 1870/71 ausgelöst wurde. In einer Atmosphäre bürgerlicher Saturiertheit und des Stolzes auf drei gewonnene Kriege erinnert es an qualvolles Sterben, anonymen Tod und sinnlose Zerstörung:

In memoriam

Wilde Rosen überschlugen
Tiefer Wunden rotes Blut.
Windverwehte Klänge trugen
Siegesmarsch und Siegesflut.

Nacht. Entsetzen überspülte
Dorf und Dach in Lärm und Glut.
»Wasser . . .« und die Hand zerwühlte
Gras und Staub in Dursteswut.

Morgen. Gräbergraber. Grüfte.
Manch ein letzter Atemzug.
Weither witternd durch die Lüfte
Braust und graust ein Geierflug.

Detlev von Liliencron (um 1900)

Von einem Gedicht wie diesem geht AUGUST STRAMM noch 1914 aus, als er versucht, die Fronterfahrung des Ersten Weltkriegs in Worte zu fassen. Die gleichklingende Wortzeile »Morgen. Gräbergraber. Grüfte« könnte von diesem expressionistischen Dichter stammen.

Trotz starker Impulsivität zeigen Liliencrons Gedichte keine Tendenz zur Kürze; oft werden Zustände, Landschaften und Orte detailliert vorgeführt, bevor abrupt ein großer Zusammenhang hervortritt. So in dem Gedicht *Auf einem Bahnhofe* (um 1890):

Aus einer Riesenstadt verirrt' ich mich
Auf einen weit entlegnen kleinen Bahnhof.
Ein Städtchen wird vielleicht von hier erreicht
Von Männern, die vom Morgen an viel Stunden
Am Pult, in Läden und Kanzlei gesessen,
Und nun den Abend im Familienkreise
Den Staub abschütteln wollen vom »Geschäft«.

Ein glühend heißer Sommertag schloß ab.
Es war die Zeit der Mitteldämmerung.
Der neue Mond schob wie ein Komma sich
Just zwischen zwei bepackte Güterwagen.
Im Westen lag der stumme Abendhimmel
In ganz verblaßter milchiggelber Farbe.
Und diesem Himmel stand wie ausgeschnitten
Ein Haufen Schornsteintürme vor der Helle.
Aus allen Schloten qualmte dicker Rauch,
Erst grad' zur Höh', dann wie gebrochen bald,
Beinah im rechten Winkel, einem Windzug
Nachgebend, der hier Oberhand gewonnen.
In wunderlich geformten Öfen dort,
Die offne Stellen zeigten, lohte ruhig
Ganz ruhig, ohne jeden Flackerzug,
Ein dunkelblauer starker Flammenmantel . . .
Und aus der großen Stadt klang dumpf Geräusch,
Ein brodelnd Kochen, das ich einmal schon
Gehört, als vor Paris wir Deutschen ruhten,
Indessen drinnen die Kommune sich
Im Höllenlärme blutige Wangen wusch.

Das fiel mir ein in diesem Augenblick.
Und wie auch damals, kam ein Bild von neuem:
Scharf, wie geputztes Messing blank, erglänzte
Hoch über allem Zank der Jupiter.
Und heut wie einst: Der Jupiter stand oben,

Von allen Sternen er allein zu sehn,
Und schaute auf den ewigen Erdenkampf,
Der mir so wüst in dieser Stunde schien –
Und wie bezwungen sprach ich vor mich hin
Mit leiser Lippe: Zwanzigstes Jahrhundert.

Um mich war's leer; ein letzter Zug hielt fertig,
Die letzten Arbeitsmüden zu erwarten.
Ein Bahnbeamter mit knallroter Mütze
Schoß mir vorbei mit Eilgutformularen
Sonst nichts – nur oben stand der Jupiter.
Die blauem Flammen lohten geisterhaft,
Und aus der Stadt her drang verworrner Ton.

Gemächliche Beobachtungen und Reflexionen über einen kleinlichen Alltag reihen sich aneinander, wobei eine Buchhaltersprache Verwendung findet (Sommertag schloß ab, Mond schiebt sich wie ein Komma), bis aus dem dumpfen Geräusch die Erinnerung an die Pariser Kommune von 1871, in den neunziger Jahren ein Tabu auch bei Sozialdemokraten, hervorkommt und mit einem Male der bedrohliche metallene Jupiter als Inbegriff des 20. Jahrhunderts am Abendhimmel erscheint. Pariser Kommune und das brodelnde Geräusch der kochenden Hochöfen verschmelzen zu einem Konfliktpotential, das die lokale Szenerie entscheidend verändert. Das Gedicht, das so gemütlich beginnt, endet in einem unheimlichen Bild, das die Epiphanie des Göttlichen in den blauen Flammen der Hochöfen mit den Geräuschen des großstädtischen Lebens konfrontiert.
Auch ein jahrzehntelanges Wohnen in einer Kellinghusener Kate bringt Liliencron nicht davon ab, sich für Luxus und Eleganz zu begeistern. In seinen Werken spielt dieser restlos verarmte Freiherr die Rolle eines sinnenfreudigen Landedelmanns so überzeugend, daß er Anfragen bekommt, ob er auf seinen Gütern Platz für Erholungsuchende habe. Sinnlichkeit, Freude am Leben und Rausch beflügeln diesen Dichter, dem das Moralisieren aus Neidgefühlen ebenso fremd ist wie eine asketische Weltsicht, die sich als Sozialkritik maskiert. Ein Gedicht aus dem Spätwerk gibt eine Apotheose sichtbaren Reichtums, die auch den Außenseiter mit Glück erfüllt.

Eine in der Ferne im brennenden Sommermittagsonnenlichte
flimmernde, glitzernde, funkelnde, blendend weiße
Villenkolonie

Ich habe meinen Standort an der Mühle;
Es strahlt, blau wie die Röcke der Dragoner,
Der Himmel durch die erste Morgenkühle,
Bis sich der Sonnengott, der Nachtentthroner,
Großpratschig räkelt auf dem Mittagspfühle.
Fern gleißt ein Villendorf, das die Bewohner
In ihren Schatten sog, nach dem Gewühle
Der dumpfen Stadt ein köstlicher Belohner.

Liliencrons Gedichte sind – im Gegensatz zu denen von C. F. Meyer – von Spontaneität, Farbe und Bewegung beherrscht. Trotz einer Vielfalt der Formen neigt Meyer zur Verengung der Motivik, während Liliencron den Bereich der Lyrik sprachlich und im Stoff erweitert. Ob es mehr die Entfesselung der Sprache ist, die den Erweiterungsprozeß voranbringt, oder der Drang, neues Terrain zu betreten, als auslösendes Moment wirkt, läßt sich wohl kaum unterscheiden. Durch die Fülle der Wahrnehmungen und den Haß auf literarische Routine wird Liliencron zum verehrten Vorbild zweier Dichtergenerationen: von ARNO HOLZ (geb. 1863) bis zu KARL KRAUS (geb. 1874) und GOTTFRIED BENN (geb. 1886).

DRAMA

Obwohl es in Deutschland mehr Hof- und Stadttheater gibt als irgendwo sonst, erreicht das Drama als literarische Gattung nach 1850 einen Tiefpunkt, den es erst rund vierzig Jahre später mit den Dramen der Naturalisten wieder überwindet. Die prosaischen Verhältnisse nach 1848 und das grenzenlose Repräsentations- und Unterhaltungsbedürfnis nach der Reichsgründung sind offensichtlich sehr ungünstige Voraussetzungen für die Entstehung von Werken, bei denen die Bezeichnung »Drama« mehr ist als eine Hülse. Anders als die übrigen literarischen Gattungen bedarf das Drama eines zusätzlichen Raumes, in dem zumindest virtuell eine Korrespondenz zwischen der Aktion auf der Bühne und einem zum Mitdenken bereiten Publikum möglich ist. So sind es nur zwei gegensätzlich orientierte Dramatiker, deren Werke in diesem allgemeinen Niedergang einiges Gewicht besitzen: FRIEDRICH HEBBEL (1813–1863), der die klassisch-idealistische Konzeption des Dramas weiterführt, und LUDWIG ANZENGRUBER (1839–1889), der, weit weniger anspruchsvoll, am Wiener Volkstheater anknüpfend, ein soziales Drama anstrebt.

Friedrich Hebbel (1858)

Friedrich Hebbel

Die Tendenz zur Affirmation des Bestehenden, die für den poetischen Realismus typisch ist, zeichnet sich auch in HEBBELS Entwicklung ab, der mit seiner Tragödie *Judith* (1840) und dem bürgerlichen Trauerspiel *Maria Magdalene* (1844) schon in den vierziger Jahren Aufsehen erregte. Mit Judith und der Tischlermeisterstochter Klara Anton stellt er in den Jahren des Vormärz Frauenfiguren in den Vordergrund, die sich energisch gegen das ihnen auferlegte Schicksal schweigenden Duldens zur Wehr setzen. Judith, die Holofernes den Kopf abschlägt, tritt nach dieser Tat ihrem Volk distanziert und selbstbewußt gegenüber. Obwohl Klara Anton wegen ihrer unehelichen Schwangerschaft Selbstmord begeht, läßt sie die Männer in ihrer Umgebung, die lediglich nach patriarchalischen Verhaltensmustern reagieren, weit hinter sich. Siegen auch in den beiden Dramen des Vormärz die Verhältnisse, die stärker sind als die Individualitäten, so ist doch am Schluß die Welt für die Überlebenden nicht mehr dieselbe.

Im Unterschied hierzu steht Hebbels Dramatik nach 1850 im Zeichen der Anerkennung des Faktischen; sein Nachweis tragischer Notwendigkeit reduziert

sich auf die Rechtfertigung von Staatsaktionen. Den Auftakt bildet *Agnes Bernauer* mit dem bezeichnenden Untertitel »Ein deutsches Trauerspiel«, das 1852, wenige Wochen nach seiner Fertigstellung, im Hoftheater München uraufgeführt wird.
Als Stoff liegt dem Drama die volkstümliche Geschichte von der schönen Augsburger Baderstochter zugrunde, mit der sich Herzog Albrecht III. von Bayern 1432 heimlich vermählt und auf Schloß Vohburg lebt. Der Plan des Vaters, Albrecht mit der Tochter des Herzogs Erich von Braunschweig zu verheiraten, bringt die heimliche Verbindung an den Tag. Während Albrechts Abwesenheit wird Agnes auf Befehl von Herzog Ernst verhaftet, der Zauberei angeklagt und 1435 bei Straubing in der Donau ertränkt. Albrecht versöhnt sich bald mit dem Vater und heiratet 1436 Anna von Braunschweig.
Hebbel, der mit Herzog Ernst, dessen Kanzler Preising und dem alten Bernauer gleich drei gediegene Vaterfiguren mit ausgeprägtem Realitätssinn auf die Bühne bringt, begnügt sich in seinem Stück nicht darin, die Staatsräson zu rechtfertigen, die den Status quo wiederherstellt. Darüber hinaus akzeptieren die Protagonisten, Agnes und Albrecht, die ihnen zugedachten, recht unterschiedlichen Rollen. Auf Preisings Angebot, die Ehe für sündig zu erklären und ins Kloster zu gehen, entgegnet die Heldin todesmutig:

Wie mild ist Herzog Ernst! Der will doch nur mein Leben! Ihr wollt mehr! Ja, ja, das braucht' ich blos zu thun, so wär' ich für ihn, wie nie dagewesen; ich selbst hätte mein Andenken in seiner Seele ausgelöscht und er müßte erröthen, mich je geliebt zu haben! Mein Albrecht, Deine Agnes Dich abschwören! O Gott, wie reich komm' ich mir in meiner Armuth jetzt auf einmal wieder vor, wie stark in meiner Ohnmacht! Diesen Schmerz kann ich doch noch von ihm abwenden! Das kann mir doch kein Herzog gebieten! Nun zitt're ich wirklich nicht mehr!

Den rebellierenden Albrecht hingegen zwingt der Herzogstab, »den er unwillkürlich faßt«, in die Knie. Herzog Ernst begibt sich als Mönch unter die Gewalt seines Sohnes und vertraut dem soliden Gang der Verhältnisse:

Trag' ihn ein Jahr in der Furcht des Herrn, wie ich! Kannst du mich dann noch lossprechen, so ruf' mich, und ich selbst will mich strafen, wie Du's gebeutst! Im Kloster Andechs bin ich zu finden!

Als schuldig erscheinen die Liebenden, die durch ihre schwärmerische Aufhebung der Standesgrenzen das Fortbestehen der alten Ordnung gefährden, während Herzog Ernst als melancholischer Vollstrecker der Notwendigkeit die volle Sympathie des Dichters besitzt.

Christine Hebbel als Brunhild

Als Hebbels Hauptwerk gilt seine Trilogie *Die Nibelungen* (1861 uraufgeführt) an der er zwischen 1855–1860 fünfeinhalb Jahre lang gearbeitet hat. In den drei »Abtheilungen« – *Der gehörnte Siegfried, Siegfrieds Tod* und *Kriemhilds Rache* – hält er sich eng an das mittelhochdeutsche Nibelungenlied. Er erreicht eine Balance zwischen Reckenromantik und psychologischer Motivierung der Konflikte, die dieses Werk von anderen Bearbeitungen dieses Stoffes unterscheidet.

Hebbel selbst verbietet es, sein Werk nur als Dichtung anzusehen. Er versteht es als einen Beitrag zur Geschlossenheit der Nation gegen den äußeren Feind.

Es handelt sich um den gewaltigsten aller Gesänge von deutscher Kraft und deutscher Treue (. . .) in einem Moment, wo Welschthum und Franzosenthum uns mit Hohn zum Kampfe um Leben und Tod herausfordern. (Brief vom 24. 3. 1861)

Die Dramatisierung des Epos enthält als verbindendes Element eine Kausalkette, die Hebbels Dramenkomposition mit dem naturwissenschaftlichem Kausalitätsdenken in der zweiten Hälfte des 19. Jahrhunderts verknüpft. Um Kriemhild zur Frau zu bekommen, verrät Siegfried Brunhild. Als Gefolgsmann Gunthers wird er zum übermächtigen Nebenbuhler und bedroht die Herrschaft des Burgunderkönigs; deshalb beseitigt ihn Hagen. Kriemhild wiederum akzeptiert, um sich an Hagen zu rächen, die Werbung des Hunnenkönigs Etzel. Die Konfrontation zwischen Kriemhild und Hagen auf Etzels Burg eskaliert zu einem gegenseitigen Abschlachten, bei dem von den Großen nur Etzel übrigbleibt; müde geworden, tritt er die Herrschaft an seinen christlichen Gefolgsmann Dietrich von Bern ab.
Die Tragödie findet beim Publikum eine begeisterte Aufnahme. Für *Die Nibelungen* erhält Hebbel den Schiller-Preis. Es ist der erste Preisträger dieser neu gestifteten Institution, und die Verleihungsurkunde trägt die Unterschrift des preußischen Königs, des späteren Kaisers Wilhelm I. Der todkranke Dichter wird als Erneuerer des nationalen Dramas gefeiert und mit SHAKESPEARE verglichen. Noch heute lesen sich *Die Nibelungen* wie eine literarische Vorwegnahme des Bismarckschen Weges zur deutschen Einheit, der kühl kalkuliert im Januar 1864, einen Monat nach Hebbels Tod, mit dem Krieg gegen Dänemark beginnt.

Ludwig Anzengruber (um 1875)

Ludwig Anzengruber

Wie FRIEDRICH HEBBEL verbrachte LUDWIG ANZENGRUBER seine Jugend in dürftigsten Verhältnissen, die der frühe Tod des Vaters ungünstig determinierte; von diesen Entbehrungen gezeichnet, sterben beide Autoren bereits im Alter von fünfzig Jahren. Während bei Hebbel das Bestreben, zur guten Gesellschaft zu gehören, unverkennbar ist – es führte 1846 durch die Heirat mit der gefeierten Burgschauspielerin Christine Enghaus zum Erfolg –, betrachtet sich Anzengruber zeitlebens als Dichter für kleine Leute, obwohl er beträchtliches gesellschaftliches Ansehen genießt und 1878 ebenfalls mit dem Schiller-Preis geehrt wird. Am Vorbild JOHANN NESTROYS orientiert, der zugleich Komödienschreiber und Schauspieler war, zieht er mit 19 Jahren von einer Provinzbühne zur anderen, fast neun Jahre lang ohne Erfolg. 1869 läßt er sich als »Polizeidirektionsoffizial IV. Klasse« in Wien nieder, vernichtet den größten Teil seiner literarischen Papiere und bereitet sich auf ein glanzloses Beamtendasein vor. Die Auseinandersetzungen, die 1870 die Kündigung des reaktionären Konkordats mit der katholischen Kirche erzwingen, lassen ihn jedoch alle guten Vorsätze

vergessen, so daß er ohne Rücksicht auf seine berufliche Stellung erneut zur Feder greift.
Sein Schauspiel *Der Pfarrer von Kirchfeld*, das einen aus dem Amt entfernten Priester als Vertreter echten Christentums zeigt und im November 1870 im Theater an der Wien uraufgeführt wird, macht ihn mit einem Schlage berühmt. Nun bringt Anzengruber, von Zensurschikanen begleitet und unter ständig wachsendem Mißtrauen des Wiener Bürgertums, jährlich ein neues Stück auf die Bühne. 1878 zwingt ihn die nachlassende Resonanz zu einem kärglichen Auskommen als Prosaschriftsteller.
Seine Bauernkömödien, wie *Die Kreuzelschreiber* (1872) und *Der G'wissenswurm* (1874), zeigen Anzengruber als handfesten Realisten, der das dörfliche Leben ohne Sentimentalität erfaßt; seine Stücke sind in der Nüchternheit ihrer Darstellung mit dem sozialen Drama des »Sturm und Drang« vergleichbar. Mit der Heimatliteratur, die ROSEGGER und GANGHOFER zur gleichen Zeit produzieren, haben diese Werke nur den Dialekt gemein.
In dem Trauerspiel *Das vierte Gebot* (1877), seinem Meisterwerk, gelingen ihm Szenen aus dem Wiener Großstadtmilieu, die in ihrer lapidaren Trostlosigkeit auf die Volksstücke HORVÁTHS vorausweisen. In einem Ausflugslokal vor der Stadt spielt sich dieser kleine Auftritt ab, der im krassen Gegensatz zum pathetischen Deklamationsstil auf dem Theater des 19. Jahrhunderts steht:

BERGER: Minna, dein Tuch und dein Schirm.
MINNA (sich erhebend und ihm entgegenhüpfend): Danke, Papa, ich bin recht froh, daß wir gehen.
FREY (unruhig): Es ist kaum glaublich, daß sie jetzt noch kommt. Was mag sie abgehalten haben?
BERGER (mit Minna am Arme hervortretend): Herr Stille!
STILLE: Ja?
BERGER: Sie haben bezahlt?

Szene aus Anzengrubers Tragödie »Das vierte Gebot« (Stuttgart 1900)

STILLE: Ja!
BERGER: So kommen Sie, wir gehen.
STILLE (rasch aufstehend): Ja!
BERGER: Das war ein hübscher Tag heute.
STILLE: Ja!
BERGER: Ihre Gesellschaft abgerechnet. Sagen Sie mir nur, wie ein Mensch weniger Worte haben kann als ein Papagei? (Geht mit Minna nach rückwärts).
STILLE (nachfolgend): Hm, ein Papagei sucht sich vermutlich angenehm zu machen. Ich nicht.
BERGER: Nein – das kann Ihnen niemand nachsagen. (Alle drei hinter dem Zaune nach links ab).
JOHANN (mit hochgerötetem Gesicht, in der linken Hand ein Sacktuch, lockert sich mit der Rechten die Halsbinde): Ich darf in kein Wirtshaus mehr gehen – nein – der Schmerz in einem trinkt mit, und dann wird's zuviel.
(III. Akt, 1. Szene)

1890 findet, wenige Monate nach Anzengrubers Tod, an der Berliner »Freien Bühne« eine vielbeachtete Premiere dieses Dramas statt, an einem Ort, der diesen Dichter zu Recht in die Nähe HAUPTMANNS und IBSENS rückt. THEODOR FONTANES Eindruck von dieser Aufführung regt zum Nachdenken darüber an, welche Bedeutung dieser heute fast vergessene österreichische Autor für die Entwicklung des Dramas in der zweiten Hälfte des 19. Jahrhunderts besitzt:

Das Stück ist interessant von Anfang bis Ende; selbst der zweite Akt, dem kein allzu glänzender Ruf vorausging, befriedigte mich durchaus. Der dritte und vierte sind dramatische Schöpfungen allerersten Ranges, und ich kenne überhaupt nichts, auch das Größte mit eingerechnet, was erschütternder auf mich gewirkt hätte. Die Vornehmheit hat ihre Tage gehabt; heute geht ein demokratischer Zug auch durch die Kunst.

STIMMEN AUS DEM OSTEN

Leopold von Sacher-Masoch

Vergessen in der Geschichte der deutschsprachigen Literatur ist LEOPOLD VON SACHER-MASOCH (1836–1895), in Lemberg geboren, der erste in der beachtlichen Reihe deutsch schreibender Autoren aus den slawischen Gebieten des Habsburger Reichs. Zweifelhaftes Andenken ist ihm geblieben als perversem Erotiker, der seine sexuelle Befriedigung aus dem Erdulden von Mißhandlungen durch den Geschlechtspartner gewinnt. Sacher-Masochs literarische Leistung wurde verdrängt, das Urteil des Literarhistorikers ADOLF BARTELS, der Galizier sei »das verlottertste Subjekt der deutschen Literatur« wirkte nachhaltig. Seine 1858 erschienene *Galizische Geschichte* findet anfangs große Resonanz, denn hier wird aus einer fremden, fast exotischen Welt mit faszinierender Unmittelbarkeit erzählt; aber es ist die Welt der »underdogs«, an die weder Berlin noch Wien erinnert werden möchten. Leopold von Sacher-Masoch fühlt sich zeit seines Lebens den Erlebnissen seiner galizischen Heimat verbunden. Sein Kredo: »Ich ziehe die häßlichste Wahrheit der verführerischsten Lüge vor.« Zeitgenössische Verteidiger wie HEINRICH HART, Mitbegründer der naturalistischen Literatur, bleiben ungehört; er feiert die Novellensammlung *Das Vermächtnis Kains* (1870–77) von Sacher-Masoch als »moderne Divina Comedia« und sieht in ihm einen Wegbereiter der Darstellung »modernen Lebens und moderner Anschauung«.

Mit LEOPOLD VON SACHER-MASOCH und etwas später KARL EMIL FRANZOS treten die östlichen Provinzen der Habsburger Monarchie erstmals literarisch auf den Plan. Sacher-Masoch ergreift entschieden Partei; seine Sympathie gilt den galizischen Bauern, seine Antipathie richtet sich gegen den unterdrückenden polnischen Adel. In seinen Novellen und Romanen beschreibt er das lebendige Völkergemisch aus Ruthenen, Juden und Deutschen – eine Welt der kleinen Leute, die, eingebunden in die galizische Landschaft, ihre eigene Biographie und Geschichte besitzen. Sacher-Masoch ist auch der »Turgenjew Kleinrußlands« genannt worden.

Der Sohn eines Lemberger Polizeipräsidenten, der später in Prag und Graz studiert, kurze Zeit als Dozent an der Grazer Universität arbeitet und schließlich freier Schriftsteller wird, lernt die Höhen und Tiefen dieses Berufs bitter kennen. Durch seine Novelle *Venus im Pelz* (1870), die Darstellung einer grausam-wollüstigen Frau, gerät Sacher-Masoch unter das Verdikt sittenstrenger Moralverteidiger. Der Psychiater Richard von Krafft-Ebing prägt in seiner 1886 erschienenen Schrift *Psychopathia sexualis* den Begriff des Masochismus als sexuelle Perversion. Nur zu gerne wird das Verdammungsurteil aufgenommen, denn Sacher-Masoch schockiert vor allem auch durch seine scharfen Angriffe auf das neue Deutsche Reich in seinem Roman *Die Ideale unserer Zeit* (1875). Der galizische Schriftsteller, der erst in seinen Jugendjahren Deutsch lernt und alle seine Werke in deutscher Sprache schreibt, gehört nicht zu den begeisterten Anbetern des Siegeslaufs der Technik. Er polemisiert gegen den erwachenden kleindeutschen Chauvinismus und Nationalrausch, gegen die hemmungslose Genußsucht und den protzigen Reichtum der preußischen Gründerzeit.

Karl Emil Franzos (1898)

Karl Emil Franzos

Als Retter des Nachlasses von GEORG BÜCHNER und als dessen erstem Herausgeber besitzt KARL EMIL FRANZOS (1848–1904) auch heute noch Reputation. Als literarischer Anwalt der unterdrückten Völkerschaften Galiziens, vor allem der Bauern und der jüdischen Kleinbürger und Handwerker, Menschen, die noch unter dem inneren und äußeren Zwang nahezu mittelalterlicher Zustände leben, verdient er nicht weniger Beachtung. Was für GOTTFRIED KELLER Seldwyla bedeutet, ist für diesen Erzähler das Städtchen Barnow; in nahezu allen Erzählungen wiederkehrend, repräsentiert es das osteuropäische Ghetto und das konfliktreiche Zusammenleben der Juden mit den Christen und ihrem Staat.

1848 in der Nähe von Czortków, einem kleinen Verwaltungszentrum Galiziens, geboren, wo der Vater als Arzt praktiziert, besucht er 1859–67 das Gymnasium von Czernowitz. Die Eltern sind aufgeklärte Juden, die für die bürgerliche Gleichstellung ihres Volkes eintreten. Der Vater hat im vormärzlichen Deutschland studiert und soll einer der ersten Burschenschafter jüdischer Konfession gewesen sein. Zwischen 1867 und 1872 absolviert Franzos ein Studium der Rechte, Philosophie und Geschichte in Wien und Graz. Als Sprecher der Burschenschaft zieht er sich 1871 einen Gesinnungsprozeß zu.

Aus politischen Gründen, zu denen auch seine jüdische Konfession gezählt wird, vom Staatsdienst ausgeschlossen, sieht der junge Jurist als Ausweg nur die journalistische Laufbahn und publiziert zunächst Reiseberichte. 1887 siedelt er nach Berlin über, wo er bis zu seinem Tode lebt und arbeitet. Unter dem Titel *Aus Halb-Asien* (1876), *Vom Don zur Drau* (1878) und *Aus der großen Ebene* (1888) schreibt er »Kulturbilder« über die Zustände in Galizien, der Bukowina, Südrußland und Rumänien, die sich noch heute wie Entdeckungsfahrten lesen. Seine Arbeiten finden ein interessiertes Publikum, dessen Sympathie für den anrüchigen Autor durch beständige Kontroversen mit den Zensurbehörden noch genährt wird.

Es wirft jedoch ein bezeichnendes Licht auf das Anwachsen des Antisemitismus in den neunziger Jahren, daß Franzos nicht wagt, seinen Roman *Der Pojaz. Eine Geschichte aus dem Osten* (entstanden 1893) in deutscher Sprache zu veröffentlichen, sondern 1895 lediglich eine Übersetzung in russischer Sprache unter dem Titel *Sender Glatteis* erscheinen läßt.

Der Pojaz, Kind eines verlotterten Vaters, den man den »König der Schnorrer« nennt, wächst bei einer Pflegemutter auf und gerät als mimisch hochbegabter Junge mit der chassidischen, durch feste Traditionen geprägten Umwelt des Barnower Ghettos derart in Konflikt, daß ihm nur – wie einst bei Wilhelm Meister und Anton Reiser – ein unstetes Leben bei verschiedenen Wandertruppen übrigbleibt. Seine Sehnsucht nach Seßhaftigkeit ist jedoch so groß, daß er wieder nach Barnow zurückkehrt. Die Aussöhnung mit dem Ghetto erweist sich als Schimäre wie sein Leben auf dem Theater; bis zu seinem Tod vegetiert dieser Bajazzo des Ostens als Wanderer zwischen zwei Welten, die ihm beide verschlossen sind.

GRÜNDERZEIT UND NATURALISMUS

GRÜNDERZEIT

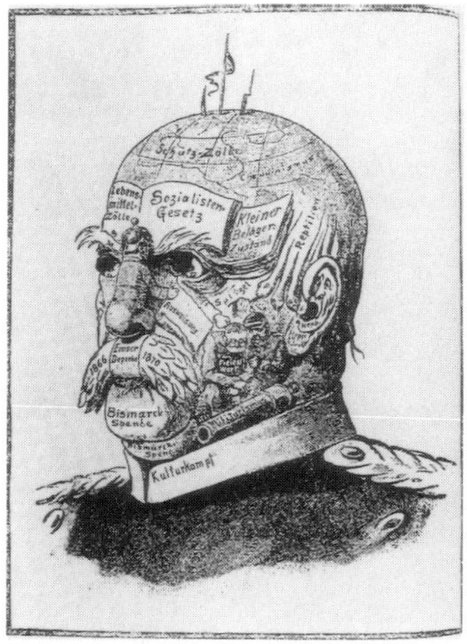

»Moderne Schädelstudie«. Bismarck-Karikatur aus »Der wahre Jacob« (nach 1885)

Das von Bismarck 1871 mit »Blut und Eisen« geschmiedete neue Reich stürzt sich in einen Rausch der Neuerungen. Fünf Milliarden Goldfranken aus Frankreichs Staatsschatulle – Tribut für den verlorenen Krieg – lösen einen atemberaubenden Gründungstaumel aus. Städte werden aus dem Boden gestampft, Fabrikanlagen nisten sich in die Landschaft ein, neue Verkehrsnetze überziehen Stadt und Land. Die »Poesie der Postkutschen« wird abgelöst durch die »Poesie der Bahnfahrt« (RICHARD DEHMEL). In rasantem Tempo verändert das neue Reich sein Gesicht; für Stilbildung bleibt nicht viel Zeit. Der Kulturhistoriker EGON FRIEDELL bezeichnet die Gründerzeit als einen »Stil der Stillosigkeit«. LEOPOLD VON SACHER-MASOCH kommentiert mit Empörung den neuen Zeitgeist:

Ein ekelerregender Byzantismus macht sich, wie in unserem politischen Leben, auch in unserer Literatur breit. Dem nebelhaften Zug deutschen Wesens entsprechend begnügt sich die neueste Dichtung nicht damit, die großen Todten und die siegreichen Lebenden, einen Friedrich den Großen oder Bismarck zu verherrlichen, nein, in die Geschichten längstvergangener Zeiten (Freytag, *Die Ahnen*) und sogar in unsere alten Heldenlieder (Jordan, *Nibelungen*) wird nachträglich die Hohenzollernsche Legende hineingedichtet, und wie der deutschen Dynastie, wird auch dem deutschen Volke ebenso blind als geschmacklos gehuldigt (. . .)
Ich zähle zu den Wenigen in Deutschland, welche auch unter veränderten Verhältnissen, welche nach Königsgrätz und Sedan ihren politischen und sittlichen Grundsätzen, ihren freiheitlichen Idealen treu geblieben sind, welche sich weder durch politische Erfolge noch durch Siege auf dem Schlachtfeld bestechen lassen. Während fast alle anderen deutschen Schriftsteller zu Götzendienern des Erfolges und der Macht geworden sind, wage ich es dem deutschen Volke unserer Tage einen Spiegel vorzuhalten, indem es sich genau erblicken kann, wie es in der That ist.

FERDINAND FREILIGRATH, der einst unerschrocken für die Ziele der Revolution von 1848 gekämpft hatte, ist einer der vielen, die sich der siegestrunkenen Stimmung nicht entziehen können. Wie berauscht besingt er das neue Reich in seinem Gedicht *Hurra, Germania!*.

Schmuckblatt zum Jubiläum einer chemischen Fabrik

Hurra, Germania!
Hurra, du stolzes schönes Weib,
Hurra, Germania!
Wie kühn mit vorgebeugtem Leib
Am Rhein stehst du da!
In vollem Brand der Juliglut,
Wie ziehst du rasch dein Schwert!
Wie trittst du zornig frohgemut
Zum Schutz vor deinen Herd!
Hurra, hurra, hurra!
Hurra, Germania!
...

Auf, Deutschland, auf, und Gott mit dir!
Ins Feld! der Würfel klirrt!
Wohl schnürt's die Brust uns, denken wir
Des Bluts, das fließen wird!
Dennoch das Auge kühn empor!
Denn siegen wirst du ja:
Groß, herrlich, frei, wie nie zuvor!
Hurra, Germania!
Hurra, Viktoria!
Hurra, Germania!

(Ferdinand Freiligrath)

Zu den wenigen, von denen Sacher-Masoch spricht, die dem chauvinistischen Siegesrausch skeptisch gegenüberstehen, gehört GEORG HERWEGH, der einst Freiligrath vorgeworfen hatte, daß er nicht Partei für die Revolution ergreifen würde. Herwegh mokiert sich über die *Siegestrunknen* schon im Frühjahr 1871.

Den Siegestrunknen
...

Ihr habt ein neues deutsches Reich,
Von Junkerhänden aufgerichtet.
Redwitz besingt den Schwabenstreich
Und hat ein dickes Buch gedichtet;
Ihr habt ein neues Oberhaupt,
Ihr Elsaß-Lothringen-Verspeiser;
Den Papst, an den ihr nicht mehr glaubt,
Ersetzt ein infallibler Kaiser.
...

Ach, Einheit ist ein leerer Schall,
Wenn sie nicht Einheit ist im Guten,
Wenn ihr korinthisches Metall
Uns mahnt an Mord und Städtegluten;

Ach, Einheit ist ein tönend Erz,
Wenn sie nur pochend auf Kanonen
Zu reden weiß an unser Herz –
Und klingt es anders von den Thronen?

Einheit des Rechtes ist kein Schild,
Der uns bewahrt vor Unterdrückung;
Nur wo als Recht das *Rechte* gilt,
Wird sie zum Segen, zur Beglückung.
Nur diese war's, die wir erstrebt,
Die Einheit, die man auf den Namen
Der *Freiheit* aus der Taufe hebt;
Doch eure stammt vom Teufel: Amen!

Der Gründerpatriotismus, die Verherrlichung der Hohenzollerndynastie als vorherrschende Zeitströmung, paart sich mit einem neuen Elitebewußtsein. Das Genie und der Übermensch werden gefeiert, die germanischen Vorväter werden als Zeugen einer heroischen deutschen Geschichte reklamiert; in den bildenden Künsten wie in der Literatur greift man mit imperialer Geste in den Fundus der Geschichte, um aus allen großen Zeiten zur eigenen Anregung Helden und Vorbilder zu entleihen. In der Malerei blüht der Akademismus, in der Literatur das Epigonentum. Das Atelier des Malers Hans Makart (1840–1884) versammelt wie in einer Raritätenschau die dekorative Prächtigkeit der Zeit. Ein Zeitgenosse, ROBERT STIASSNY, beschreibt 1886 dieses Sammelsurium:

Da begegnet man auf reichornamentierter, deutscher Renaissancetruhe einem chinesischen Idol oder einem hellenischen Anathema aus Terrakotta; unter einem Baldachin, getragen von zwei spätrömisch gewundenen Säulen, die Armatur eines Geharnischten; in einem Spinde altitalienischer Arbeit prunkt eine Kollektion gold- und perlenbesetzter, orientalischer Hauben; von einem hohen, kaminartigen Aufsatz grüßt aus phantastisch in Holz geschnittenem Encadrement ein weibliches Brustbild nieder, das zwei flott modellierte Allegorien flankieren; Smyrnaer und Gobelins verkleiden die Wände, von denen sich eine Anzahl gute Kopien nach alten Italienern und Niederländern wirksam absetzen; abenteuerlich geformte Kronen, Ampeln, Lüsterweibchen lassen den Blick zum mächtigen Deckengetäfel emporschweifen; antikes und mittelalterliches Gewaffen ziert hier einen Türsturz, füllt dort eine Ecke. Und auf Boulemöbeln und Intarsiengestühl sitzend, umgeben von Büsten, Tierskeletten, Mumien, Oleanderbäumen und Musikinstrumenten, kommt man erst allgemach dazu, in der scheinbar wüst durcheinander wogenden Herrlichkeit die künstlerischen Einklänge zu entdecken.

Im Krokodil. Die Dichter des Münchner Kreises, gezeichnet für die »Gartenlaube« (1866)

Das Leben wird mit großem Gestus inszeniert, der neue Reichtum prahlerisch zur Schau gestellt, Künstler halten hof. Geradezu sinnbildlich für die Rolle der Künstler ist die pompöse Eröffnung des Bayreuther Festspielhauses im Jahre 1876. Der bayrische König Ludwig II. hat als Mäzen seinem »angebeteten Freund« RICHARD WAGNER einen Musentempel errichten lassen, wo dieser als Verkünder des Gesamtkunstwerks eine angemessene Wirkungsstätte findet. Die Schriftsteller des »Münchner Dichterkreises«, die seit den fünfziger Jahren unter der Schirmherrschaft Maximilians II., des Großvaters von Ludwig II., mit königlichen Stipendien ausgestattet, für einen Kult des epigonalen Klassizismus eintraten, entfalten auch in den siebziger und achtziger Jahren ihre Wirkung. Zu ihnen zählen als führende Köpfe PAUL HEYSE (1830–1914) und EMANUEL GEIBEL (1815–1884), FELIX DAHN (1834–1912) und ADOLF FRIEDRICH VON SCHACK (1815–1894). Die alten Favoriten und der neue Günstling Wagner treten in Konkurrenz um das königliche Wohlwollen. Emanuel Geibel wird das Gehalt entzogen, weil er ein Gedicht an den preußischen König veröffentlicht hatte. Paul Heyse äußert über Wagners Opern, sie seien »mächtigste Surrogate für die . . . abhanden gekommene religiöse Ekstase«. Wagner kontert und greift das Epigonentum der Formkunst unter den Münchner Dichtern an. Beide Standpunkte, obwohl gegensätzlich, sind repräsentativ für die Gründerzeit.

Das Mäzenatentum, nicht der schnöde Broterwerb, verleiht den Schriftstellern die Weihe einer gehobenen Existenz; ihre künstlerische Produktion soll der Sinnstiftung des neuen Reiches dienen. Von EMANUEL GEIBEL stammt die schaurige Vision »an deutschem Wesen soll die Welt genesen«.

Weitere Gründerzeit-Schriftsteller, deren Namen heute kaum noch einer kennt, sind die Dramatiker ADOLF VON WILBRANDT (1837–1911) und ERNST VON WILDENBRUCH (1845–1909), der Epiker WILHELM JORDAN (1819–1904), der Lyriker HERMANN VON LINGG (1820–1905), der Romancier WILHELM JENSEN (1837–1911). Bekannter geblieben ist JOSEPH VIKTOR VON SCHEFFEL (1826–1886); sein Erfolgsroman *Der Trompeter von Säckingen* erschien zwar schon 1854, erreicht aber nach der Reichsgründung so viele Neuauflagen, daß im Jahre 1882 schon die hundertste Auflage veröffentlicht wird.

Trotz aller Unterschiede sind sich die Schriftsteller der Gründerzeit einig in der Ablehnung des Jungen Deutschland, des Realismus und später des Naturalismus. Statt einer Literatur des Häßlichen fühlen sie sich einer erhabenen Literatur verpflichtet, die sich von den Niederungen des Alltags fernhält. Die atemberaubende Industrialisierung, das Heranwachsen großer Arbeiterheere, das Entstehen von Großstädten erregen nicht ihr Interesse. Der Dichter soll Würde verkörpern, auch durch seine Themenwahl.

Der Philosoph FRIEDRICH NIETZSCHE (1844–1900) liefert mit seiner Ästhetisierung des Übermenschen ein willkommenes Stichwort; aber während Nietzsche die Demolierung aller »Götzen« fordert, die die Ideale und Wertvorstellungen der abendländischen Tradition begründen, und für die »Umwertung aller Werte« eintritt, engen die Gründerzeitschriftsteller seine Philosophie auf den Genie- und Übermenschenkult ein. Der Historiograph des preußischen Staates, HEINRICH VON TREITSCHKE (1834–1896), ist der Mann der Stunde. Er betont nicht nur, daß Männer die Geschichte machen, er verkündet auch, »die bürgerliche Gesellschaft eines reifen Volkes ist immer eine Aristokratie«. Solche Parolen inspirieren die Schriftsteller der Gründerjahre. PAUL HEYSE läßt in seiner Novelle *Kinder der Welt* (1873) die »heldenmütige Seele« ihr »wahres Glück« nur erleben, wenn sie es versteht, mit »Hoheit zu siegen oder zu sterben«. Bei FELIX DAHN wird ein tragisches Germanentum besungen: Die Helden müssen für den Sieg fallen. WILHELM JORDAN rühmt Siegfried als neudeutschen Helden, der das historische Recht auf seiner Seite hat, aber durch Heimtücke – gemeint ist die Sozialdemokratie – ins Verderben gestürzt wird. ERNST VON

WILDENBRUCH beklagt in seinen Dramen die deutsche Zwietracht (*Die Karolinger*, 1882) und gemahnt an die Einheit: Ein »einig Volk in Waffen« ist seine Utopie. Die Verherrlichung des Kampfes findet ihre philosophische Überhöhung in NIETZSCHES *Also sprach Zarathustra:* »Der gute Krieg ist es, der jede Sache heiligt«.
Auf dem Gebiet der Lyrik und Epik überwiegen feurige Beschwörungen der neuen Einheit, chauvinistische Kriegserklärungen an Frankreich und Beschwörungen der germanischen Vergangenheit. Daneben, vor allem im Kreise der Münchner Literaten, flüchtet sich die Lyrik in beschauliches Biedermeiertum; abseits vom harten Alltagsleben soll die reine Seele erblühen. FELIX DAHN widmet JOSEPH VIKTOR VON SCHEFFEL zu dessen 60. Geburtstag 1886 ein Gedicht, in dem er sich gegen den »modernsten Schmutz« der Naturalisten wendet und als Ideal der Dichtkunst verkündet:

Uns kümmert's nicht. – Fernab vom Lärm des Tages,
Von der Reclame Narrenschell'ngerassel
Stehn wir, getreu den Jugend-Idealen.
Das Schöne bildend um des Schönen willen.

Einst war ein Berg der deutsche Parnaß,
Doch haben auf ihm ohn' Unterlaß
Getanzt viel schlechte Poeten,
Zu einem Fladen ihn plattgetreten.

(Friedrich Wilhelm Weber, 1881)

Lyrik wird am laufenden Meter produziert, zu jedweder Gelegenheit, ob es nun die Sedanfeiern, die Geburtstage des Kaisers, Bismarckfeiern oder gemütliche Gartenfeste sind.
Die Veränderung des sozialen Lebens findet unter den Bedingungen einer beschleunigten Industrialisierung und Technisierung des Leben in der Literatur der Gründerzeit keinen Niederschlag. Besonders kraß drückt sich der Gründergeist in der Epik aus, die bewußt als germanische Form wiederbelebt wird. In den Jahren zwischen 1866 und 1880 werden etwa 250 Versepen veröffentlicht, die sich mit der deutschen Geschichte und ihren großen Gestalten beschäftigen. Einer der publikumswirksamsten Autoren ist WILHELM JORDAN, damals als »deutscher Homer« gepriesen, der das Epos als Vollendung deutscher Dichtkunst hervorhebt. In der germanischen Vorzeit ist für ihn das Heldenalter der Reichsgründung vorgeprägt. In seinem *Nibelungen*-Epos (1867–74) feiert Jordan den Heldenmut der germanischen Streiter als »deutschen Dauerkitt« für die Reichseinheit. Die teutonischen Mythisierungen Jordans, ihren aggressiv antisemitischen und antichristlichen Einschlag, versuchen fünfzig Jahre später die Nationalsozialisten zu reaktivieren, die Jordan als ihren arischen Vorkämpfer wiederentdecken.
Verserzählungen ganz anderer Art verfaßt zur selben Zeit WILHELM BUSCH (1832–1908). Als Doppelbegabung, Maler und Literat, parodiert Busch mit scharfem Sarkasmus das bürgerliche Ordnungsdenken. Berühmt wird er mit der Bildergeschichte *Max und Moritz* (1865); das unschuldige Kinderleben decouvriert er mit seinen zwei durchtriebenen Spitzbuben. Busch, von Schopenhauers Philosophie beeinflußt, setzt sich gegen das satte wilhelminische Lebensgefühl »mit List und Tücke« zur Wehr. Er demaskiert die sexuelle Verklemmtheit (*Die fromme Helene*, 1872), bringt ungehemmt die Gemeinheit und Bösartigkeit zur Sprache (*Hans Huckebein, der Unglücksrabe*, 1867), karikiert den bürgerlichen Stumpfsinn (*Herr und Frau Knopp*, 1875) und amüsiert

Wilhelm Busch,
»Selbstbildnis in holländischer Tracht«

sich über das hochtrabende Pathos seiner Kollegen (*Balduin Bählamm, der verhinderte Dichter,* 1883). Wilhelm Busch hält seiner Zeit den Spiegel vor, er will »über die Peinlichkeiten der Welt triumphieren«. Was ein großer Teil seines begeisterten Publikums als humorvolle Unterhaltung aufnimmt, ist für ihn bitteres Leiden an einer Zivilisation, die er nur mit grausamem Witz ertragen kann.
Wilhelm Busch ist ein skurriler Außenseiter, er findet keine Nachfolger. Seine bösartigen Figuren passen nicht ins Heldenzeitalter, wo auch in der Prosa der einsame, oft mythisch verklärte Held konfrontiert wird mit einer Welt, der er sich entgegenstemmen muß oder die er retten will.
Eine bevorzugte Gattung der Gründerzeit ist die Novelle, und bemerkenswert ist, daß gerade hier die sonst verkündete Siegesgewißheit einem unbestimmten Gefühl von Brüchigkeit weicht. Paul Heyse beschreibt in seiner Novelle *Der letzte Zentaur* (1870) aus der Sicht eines Malers den letzten Überlebenden eines Halbgöttergeschlechts, der – nach reichlichem Alkoholgenuß – auf seinem Gletscher entschlafen war. Als nach anderthalb Jahrtausenden das Eis schmilzt, trabt der Zentaur in die Gefilde der Menschen hinunter. Schnell wird ihm bewußt, daß er in dieser verchristlichten und häßlichen Welt nicht leben kann. Er flieht zurück in die Einsamkeit der Berge und Wälder. In THEODOR STORMS letzter Novelle *Der Schimmelreiter* (1888) kämpft der Deichgraf Hauke Haien verzweifelt gegen die Naturgewalten des Meeres, um neues Land für die Menschen zu gewinnen, die ihn gleichzeitig verachten und anfeinden. Er, der Emporkömmling, will sich beweisen, will ein Mensch der Tat sein. Leidenschaft und Verhängnis umgeben sein Tun; die Intrigen seiner Umgebung lassen ihn gerade in dem Moment resignieren, in dem er sich hätte durchsetzen müssen. Mit mythischer Kraft triumphiert die Natur, eine Sturmflut vernichtet ihn und seine Familie:

Die starren Augen des Reiters, der so einsam auf dem Deiche hielt, sahen weiter nichts. »Das Ende!« sprach er leise vor sich hin; dann ritt er an den Abgrund, wo unter ihm die Wasser, unheimlich rauschend, sein Heimatdorf zu überfluten begannen; noch immer sah er das Licht von seinem Hause schimmern; es war ihm wie entseelt. Er richtete sich hoch auf und stieß dem Schimmel die Sporen in die Weichen; das Tier bäumte sich, es hätte sich fast überschlagen; aber die Kraft des Mannes drückte es herunter. »Vorwärts!« rief er noch einmal, wie er es so oft zum festen Ritt gerufen hatte: »Herrgott, nimm mich; verschon die anderen!« Noch ein Sporenstich; ein Schrei des Schimmels, der Sturm und Wellenbrausen überschrie, dann unten aus dem hinabstürzenden Strom ein dumpfer Schall, ein kurzer Kampf.

Hauke Haien stürzt sich mit seinem Schimmel in die Fluten, sein Lebenswille ist gebrochen. Als gespenstischer Schimmelreiter lebt er im Aberglauben des Volkes weiter.
Mit einer Naturkatastrophe versinnbildlicht auch FRIEDRICH SPIELHAGEN (1829–1911) den schwindelerregenden Aufschwung und die darin verborgene Unsicherheit der Gründerzeit in seinem Roman *Sturmflut* (1876). Die Gesellschaftskatastrophe – skrupellose Börsengeschäfte, hektische Geschäftsgründungen, Korruption und rauschender Luxus – findet ihr Gegenbild in der Sturmflut der Ostsee im Jahre 1872. Die neue Herrlichkeit entpuppt sich als hohler Schein. GUSTAV FREYTAG dagegen schlägt in seinem Familienroman *Die Ahnen*

(1872–80) einen großen Bogen zurück bis zu den germanisch-römischen Kämpfen; der Romanzyklus endet in der Gegenwart einer kleinstädtischen Idylle. Allein das gutbürgerliche Leben verspricht Glück und Beständigkeit. Freytag ist kein Bismarckverehrer, er will die Leistung des gesamten Volkes hervorheben, das sich durch die Geschichte hindurch zu einer Einheit zusammengekämpft hat. THEODOR FONTANE charakterisiert diesen Roman als ein »Buch der Reminiszenzen, in gewissem Sinne ein Werk der Renaissance, in dem alles, was jemals war und wirkte, aus einem eklektischen Geiste heraus wieder geboren wird«. Geschichte dient nicht der kritischen Bestandsaufnahme, sie soll zur Selbstvergewisserung und Selbstbestätigung herhalten. Daß der Romanzyklus den Geist der Zeit trifft, belegen die stattlichen Tantiemen, die Freytag dafür erhält: 420 000 Mark bis zu seinem Tode. Mit Selbstbewußtsein schreibt FREYTAG in seinem Aufsatz »Fürst und Künstler«:

Die Kunst der Gegenwart wird von der ganzen Nation getragen, wenn dem Künstler gelingt, ihren Herzschlag in seiner Kunst wiederzugeben.

Zu den Vertretern eines germanischen Historismus gehört vor allem FELIX DAHN, der in seinen Romanen und Versepen nie müde wird, die Überlegenheit der germanischen Rasse zu beteuern. Als engagierter Bismarckanhänger widmet er seinen Roman *Die Batayer* »Otto dem Großen, dem Fürsten Bismarck«. Dahn ist ein vehementer Verfechter des Bonapartismus der Gründerjahre; seine kriegerischen Helden repräsentieren den Willen zur Macht. Sein bekanntester Roman, *Ein Kampf um Rom* (1876–78), beschreibt in vier Bänden den Untergang des Ostgotenreiches, der durch die Dekadenz und Tücke der Römer herbeigeführt wird. An der Legitimität dieses Reiches in Oberitalien gibt es keinen Zweifel, denn die rassische Überlegenheit der Germanen ist für ihn selbstverständlich. Volk und Vaterland sind die höchsten Werte. Dietrich von Bern tritt in Dahns *Markgraf Rüdiger von Bechelaren* (1875) als grandioser Reichseiniger auf, der die Zwietracht überwindet, den Hunnenkönig Etzel vertreibt und ein geeintes Weltreich begründet.

Bertha von Suttner (1886)

Auf kritische Stimmen, die seine Kriegsbegeisterung nicht teilen, reagiert Dahn sehr heftig. Im Jahre 1889 erscheint von BERTHA VON SUTTNER (1843–1914), der späteren Friedenskämpferin und ersten Frau, die 1905 den Friedensnobelpreis erhält, ihr aufsehenerregender Roman *Die Waffen nieder!* Gegen den militaristischen Zeitgeist erzählt sie in populärem Stil die Lebensgeschichte einer Frau, die in den sogenannten Reichseinigungs-Kriegen bis 1871 beide Männer verloren hat und den Wahnsinn der Kriege nicht länger ertragen kann. Suttners kompromißloses Plädoyer gegen den Krieg und für den Frieden erbost den kriegerischen Barden der neuen Reichseinheit, Felix Dahn. Er verfaßt ein Epigramm *An die weiblichen und männlichen Waffenscheuen*, das durch die deutsche Presse geht:

Die Waffen hoch! Das Schwert ist Mannes eigen,
Wo Männer fechten, hat das Weib zu schweigen,
Doch freilich, Männer gibt's in diesen Tagen,
Die sollten lieber Unterröcke tragen.

Obwohl der Roman ein Bestseller wird, noch zu Bertha von Suttners Lebzeiten in zwölf Sprachen übersetzt wird und vierzig Auflagen erzielt, hatte die Autorin größte Schwierigkeiten, ihr Manuskript bei einem Verlag ohne Kürzungen und Titeländerung durchzubringen.

Unangefochten ist der Erfolg einer anderen Frau, die noch heute ihr Lesepublikum hat: EUGENIE MARLITT (1825–1887, Pseudonym für Eugenie John). In der Literaturkritik findet man nur selten ein anerkennendes Wort. »Die Marlitt« gilt als Inbegriff des literarischen Kitsches. Desto erstaunlicher ist ein Urteil GOTTFRIED KELLERS, der ihr »tüchtiges Freiheitsgefühl« hervorhebt und in ihrem »wahren Schmerz über die Unvollkommenheit in der Stellung der Weiber« den Grund für ihr literarisches Engagement erkennt. EUGENIE MARLITT selbst schreibt über die Intention ihres Schreibens:

> Wenn ich durch meine Frauengestalten in jungen Mädchenseelen den Trieb der Nacheiferung wecke, so ist mir dies ein bei weitem höherer Lohn, als der Beifall eines blasierten Publikums.

Ihr eigenes Leben ist durch eine große Enttäuschung geprägt. Sie wollte Sängerin werden, aber ein Gehörleiden setzt ihrer Karriere ein Ende. Als Vorleserin, Gesellschafterin und Reisebegleiterin der Fürstin von Schwarzburg-Sonderhausen lernt sie die Welt des Adels kennen. Dann macht sie sich selbständig und lebt zunächst in der Familie ihres Bruders als freie Schriftstellerin. Mit ihrem Roman *Goldelse* (1866), veröffentlicht in der »Gartenlaube« als Fortsetzungsgeschichte, erzielt sie den Durchbruch. Die Auflage der »Gartenlaube« erhöht sich in dieser Zeit von 175 000 auf 378 000 Exemplare; insgesamt erscheinen bis zu Marlitts Tod acht ihrer Romane in der »Gartenlaube«, darunter *Das Geheimnis der Mamsell* (1867) und *Im Hause des Kommerzienrates* (1876). Eugenie Marlitts Romane erfüllen genau eine Anweisung der Redaktion der »Gartenlaube«, die aus den achtziger Jahren überliefert ist:

> Die in unserem Blatt zur Veröffentlichung gelangenden Beiträge dürfen weder eine politische noch eine religiöse Tendenz enthalten und müssen in erotischer Hinsicht so gehalten sein, daß sie auch von den jüngeren Mitgliedern im Familienkreise vorgelesen werden können. Auch darf weder eine Ehescheidung noch ein Selbstmord vorkommen. Die Handlung muß stetig an Spannung zunehmen und in jedem Kapitel muß irgendeine Wendung in der Fabel, ein neues Ereignis oder dergleichen eintreten. Der Ausgang muß ein glücklicher, einen angenehmen Eindruck hinterlassender, sein.

Nicht nur jung und alt, auch Herrin und Dienstmädchen verschlingen Marlitts Romane. 1871 bezieht sie zusammen mit ihrem Vater ein eigenes Haus, »Marlittsheim«, das zum Wallfahrtsort ihres vorwiegend weiblichen Lesepublikums wird. Schon in *Goldelse* beschreibt Marlitt ihr erfolgreiches Muster: Ein in einfachen Verhältnissen lebendes Mädchen betört durch ihre Schlichtheit und Aufrichtigkeit und wird schließlich durch Heirat Baronin. Grundlage für den sozialen Aufstieg einer Frau ist bei Marlitt der »Besitz eines reichen und reinen Herzens«. Ganz im Gegensatz zum Börsenschwindel und Spekulationsfieber der

Gründerzeit verkörpern die Heldinnen Ehrlichkeit und Bescheidenheit. Ihr weibliches Emanzipationsmodell ist nach einem einfachen Schema gestrickt: Die heldenhafte junge Frau gewinnt ihren Platz in der Gesellschaft – und das heißt immer an der Seite eines würdigen Mannes – durch moralische Größe. Weibliches Emanzipationsziel ist der Schutz der Familie. Gegen die Welt der Industrialisierung und die Macht des Kapitals setzt Marlitt das häusliche Glück.

Eine Gegenwelt entwirft auch ein anderer Erfolgsschriftsteller dieser Zeit, KARL MAY (1842–1912), der bis heute mit einer deutschsprachigen Gesamtauflage von über 50 Millionen Exemplaren der erfolgreichste deutsche Schriftsteller ist. Wie bei Marlitt gibt es auch bei Karl May keine gemischten Charaktere: Die einen verkörpern das Gute, die anderen das Böse. Die Marlitt sucht die Erfüllung im passiven Genießen der heilen Familie: Karl May schickt seine Helden in die weite Welt, wo sie Abenteuer zu bestehen haben und Gutes tun. Kara Ben Nemsi reist durch den Orient und den Balkan, Old Shatterhand bewährt sich unter den Indianern. Beide handeln nicht im Dienste einer definierten Macht, deren Recht sie durchsetzen wollen, sie handeln aus persönlicher Überzeugung und Tugend. Eingebettet ist die Handlung wie in ein üppiges Makart-Gemälde; Karl May entwirft großartige exotische Szenarien als Traumwelten für das Publikum seiner Zeit. Der imperialistische Machtanspruch des neuen Reiches auf Kolonien erfährt bei ihm eine Metamorphose zum ethischen Programm: »Aus der Tiefe zur Höhe, aus Ardistan nach Dschinnistan, vom niederen Sinnenmenschen zum Edelmenschen empor«, so charakterisiert Karl May rückblickend sein Werk, das den stattlichen Umfang von 73 Bänden erreicht hat:

Karl May als Kara Ben Nemsi

Im Westen soll die Handlung aus dem niedrigen Leben der Savanna und der Prärie nach und nach bis zu den reichen und lichten Höhen des Mount Winnetou emporsteigen. Im Osten hat sie sich aus dem Treiben der Wüste hin nach dem hohen Gipfel des Dschebel Mareh Durimeh zu erheben.

Auch sein eigener Lebenslauf läßt sich nach diesem Bild interpretieren. Karl May ist das fünfte von vierzehn Kindern einer armen Leineweberfamilie. Seine Laufbahn als Lehrer endet schnell, denn May begeht einen Diebstahl; er wird zu sechs Wochen Haft verurteilt und als Lehramtskandidat entlassen. Spätere Straftaten, meist Diebstähle, tragen ihm 1865 vier Jahre Arbeitshaus und 1870 vier Jahre Zuchthaus ein. Hinter Gefängnismauern beginnt er zu schreiben und sich und seine Helden in eine Wunschwelt zu versetzen. In den achtziger Jahren nimmt der schriftstellerische Erfolg seinen Anfang; er kauft sich in Radebeul ein Haus, die »Villa Shatterhand«, die er mit exotischen Requisiten prächtig ausstattet. Karl May will dem »Sumpf« seiner Herkunft entkommen; durch Aufschneidereien und Hochstapeleien spinnt er sich eine neue Lebensgeschichte zusammen – er gibt seine Romane als persönliche Erlebnisse aus, legt sich einen Doktortitel der Philosophie zu und gibt vor, 40 Sprachen zu sprechen –, aber die Vergangenheit holt ihn ein. Nach 1900 setzt im Zusammenhang mit einem Prozeß eine beispiellose Hetze gegen ihn ein. Vor allem nationale und katholische Kreise verdammen seine Bücher als »unsittlich«. Die Karl-May-Begeisterung wird als eine »Art Volksgehirnerweichung« denunziert; man kommt seiner kriminellen Vergangenheit auf die Spur und stempelt ihn öffentlich als »geborenen Verbrecher« und »Zuchthäusler« ab. In der Literaturkritik hat dieses Verdammungsurteil lange nachgewirkt; sein Lesepublikum jedoch ließ sich nicht davon beeindrukken.

Karl Mays Renommiersucht ist kein persönlicher Defekt, sie paßt in die Zeit. Auf dem Theater, das in der Gründerzeit einen großen Aufschwung als Ort der Repräsentation nimmt, werden in historischen Kostümen rauschhafte Staatsaktionen, Mord- und Greuelhandlungen auf die Bühne gebracht. Der neue Reichtum und das überspannte Selbstbewußtsein des Bürgertums lassen überall im Reich neue Theaterhäuser entstehen. Ökonomisch erleichtert wird diese Entwicklung durch die 1871 für das gesamte Reich eingeführte Gewerbefreiheit, die auch die Theater einschließt. Die Privilegien der Hoftheater sind aufgehoben, es dürfen private Theater in freier Konkurrenz gegründet werden. In den Jahren zwischen 1870 und 1885 werden 104 neue Theaterhäuser errichtet; die Zahl der Theaterkompagnien verdoppelt sich, die der Bühnenangehörigen verdreifacht sich auf 15 000 Personen. Berlin, das 1859 ebenso wie Wien sieben Theater besitzt, zählt im Jahre 1885 21 Bühnen und wird damit tonangebend.

ADOLF VON WILBRANDT ist der typische Dramatiker der Gründerzeit. Sein bevorzugtes Thema sind Geschichten aus der Spätzeit des kaiserlichen Rom, die er effektvoll in einer Mischung aus Titanismus und Dekadenz auf die Bühne bringt (*Gracchus der Volkstribun*, 1872, *Arria und Messalina*, 1874, *Nero*, 1876); aber auch der germanische Sagenstoff findet Verwendung (*Kriemhild*, 1877). Geschichtliche Stoffe bläht er zur großartigen Dekoration auf; der nüchternen Welt des Kapitals entzieht er sich durch eine Romantik von Leidenschaft, Verbrechen und Laster. Seine prunkvollen Stücke finden beim Gründerzeitpublikum großen Anklang. 1878 erhält Wilbrandt zusammen mit LUDWIG ANZENGRUBER den Schiller-Preis.

Politische Dimensionen erhält die Gründerzeit-Dramatik durch ERNST VON WILDENBRUCH. Er will »einem siegreichen Volk, das immer in Gefahr ist, im Genuß zu erschlaffen, den Heroismus, der allein es groß erhalten kann, nicht als eine Wallung des Augenblicks, sondern als ein Element des Blutes in die Seele einflößen«. Das national motivierte Drama preußischer Prägung soll wiederbelebt werden. Dem »Materialismus« der Zeit hält Wildenbruch ein heldisch-sittliches Menschenbild entgegen.

Wenn ich nicht mehr die große deutsche Geschichte für das Volk bearbeite, wer tut es dann noch? Und Deutschland versinkt und ertrinkt in der Schlammflut des Unglaubens, der Hoffnungslosigkeit, und die sozialdemokratische Masse zerdrückt den »großen Menschen«.

(ERNST VON WILDENBRUCH)

Er ist von RICHARD WAGNER begeistert, dessen *Ring des Nibelungen* ihm aus der Seele spricht. Wagner ist für ihn der nie erreichte Meister. Ein anderer Anreger, der norwegische Dramatiker HENRIK IBSEN, der für die Naturalisten eine Offenbarung ist, stößt bei Wildenbruch auf entschiedene Ablehnung, denn Ibsens Werk sei »nichts weiter als die Dramatisierung der seelentötenden, materialistischen Weltanschauung, die das Drama mit einem Schlag aus dem Gebiet des geistigen Lebens in das des leiblichen verpflanzt, die an Stelle von Seelenkämpfen und Seelenentwicklung physische Leiden und einen physiologischen Krankheitsprozeß stellt«.

Wildenbruchs Name ist heute vergessen, aber damals beeindruckten seine Dramen, so daß selbst GOTTFRIED KELLER sich nicht scheute, ihn mit HEINRICH

VON KLEIST zu vergleichen. OTTO BRAHM, der Förderer des naturalistischen Dramas, lobte ihn als preußischen Dichter »mit energischer Männlichkeit und Kraft, mit der Freude an der Fülle der Aktion, an dem Stoß und Schlag der Tat«.

NATURALISMUS

Was will der Naturalismus? ... Er fordert Abwendung von aller Konvention, Umkehr zur rücksichtslosesten Wahrheit ohne jedes Kompromiss, er will ein Stück Natur schildern, wie es sich in seinem Temperament zeigt, ohne das Bild mit dem Firnis der Schönheitsfärberei zu überpinseln. Wie die Wissenschaft zur analytischen Experimentalperiode, die Geschichtsforschung zum Quellenstudium zurückkehrt, ebenso soll die Literatur »Menschliche Dokumente« sammeln, um den Menschen als Resultat seiner Lebensbedingungen und Umgebung, nicht als Zufallsprodukt schönheitsdurstiger Phantasie erscheinen zu lassen. Menschen von festem Knochenbau, vom Dichter geschaut, in Verhältnisse, Konflikte, Leidenschaften verwickelt, wie sie das tägliche Leben jedes Einzelnen mit sich bringt, das ist der vornehmste Glaubenssatz im naturalistischen Evangelium.

So charakterisiert der Schriftsteller, Literatur- und Theaterkritiker MAXIMILIAN HARDEN 1887 die seit den achtziger Jahren neu einsetzende literarische Bewegung, die sich temperamentvoll gegen die etablierten Schriftsteller der Gründerzeit zur Wehr setzt. In ihrem Eigenverständnis sind sie die »Modernen«, ein Begriff, den der Literaturhistoriker EUGEN WOLFF im Jahre 1886 bei einem literarischen Vortrag im Hinterzimmer einer Kneipe am Berliner Spittelmarkt prägt.
Der österreichische Schriftsteller HERMANN BAHR (1863–1934), der später ein führender Vertreter des »Jungen Wien« wird, fühlt sich angezogen von diesem Aufbruch in die Moderne; er geht 1884 nach Berlin:

Kameraden! Rührt die Trommeln und stoßt in die Trompeten! Und wenn die Lunge birst – blast! Ihr kennt den Feind! Die Bourgeoisie ist die Fäulnis, die Bourgeoisie ist der Feind – sie falle!

(CONRAD ALBERTI)

Es muß ausgeholzt werden, daß der Morgenwind der Freiheit durchstreifen kann, der die Saat herweht. Die Axt muß mörderisch übers Gestrüpp. Dieses ist die große Sorge, daß wir uns den Trümmerschutt der Überlieferung aus der Seele schaffen und rastlos den Geist aufwühlen, mit grimmen Streichen, bis alle Spur der Vergangenheit getilgt ist.

Gegen das angestaubte Epigonentum der residierenden Kleindichterfürsten des neuen Reiches stürmt eine junge Generation an, die den deutsch-französischen Krieg nicht bewußt erlebt hat, das Wirtschaftswunder und den Gründerschwindel als Heranwachsende verachten lernt und Zeugin der Umwandlung Deutschlands von einem Agrarstaat in einen Industriestaat wird. HERMANN BAHR beschreibt sich und seine Freunde:

Eine wunderliche Gruppe von demokratischen Enthusiasten: ungestüme, feurige Jünglinge, Studenten, zumeist aus kleinbürgerlichem Stande, die, im Banne der jungen sozialistischen Lehre, gegen die Noth und den Hunger empört, durch das grausame und schimpfliche (Sozialisten-)Ausnahmegesetz erbittert ... eine sozialdemokratische Poesie unternahmen.

Die Repräsentationskunst der Gründerzeit, die die siebziger und achtziger Jahre bestimmt, weist die junge Generation zurück; die aufkommende Industriegesellschaft, die soziale Frage, die Verwissenschaftlichung der Kunst sind ihre Themen. Gegen die erhabene Verschleierung der Wirklichkeit wollen sie der »Wahrheit« zum Durchbruch verhelfen: Eine »Revolution der Literatur« soll stattfinden. Die Gegner treten schnell und ebenso vehement auf den Plan. Die Darstellung der Armut, der Verwahrlosung, des Kinderelends, unglücklicher Ehen und des Generationenkonflikts wird als Provokation aufgefaßt. Die zeitgenössischen Urteile sind harsch: Harmlos klingen noch Äußerungen wie »solche Bücher schreibt man nicht«; andere stellen fest, »hier ist der reinste Schmutz«. Das naturalistische Drama wird als »Affentheater« und »Tierlautkomödie« angeprangert; die Darstellungen zerstörter Familien gelten als »das psychiatrisch Kränkste« und als »absolut stinkende Schweinereien«. Der Kaiser, Wilhelm II., prägt das berühmt gewordene Wort von der »Rinnsteinkunst«, und der Berliner Polizeipräsident von Richthofen faßt im Sinne seines Herren zusammen: »Die janze Richtung paßt uns nicht.«

W. Bölsche, »Die kaiserliche Rinnsteinkunst« (um 1900)

Was in Deutschland solches Entsetzen hervorruft, ist in Ländern wie England oder Frankreich längst literaturfähig. Dickens, Balzac und Zola, die großen europäischen Realisten, haben die Gesellschaft in allen ihren Gemeinheiten und Niederungen beschrieben; die Umschichtung der Gesellschaft durch die Industrialisierung und die soziale Frage gehören wie selbstverständlich zu ihren Gesellschaftsporträts. London und Paris sind als Metropolen Orte des beispiellosen Aufstiegs und Niedergangs der in Bewegung geratenen sozialen Schichten. Im Deutschen Reich entsteht die Großstadt mit ihren sozialen Problemen erst langsam und verspätet. Die deutschen Realisten leben in der Provinz, sind »poetisch«, lieben die schützende Idylle ihrer Umgebung. Die verzögerte ökonomische Entwicklung und die lange politische Restaurationsepoche nach dem Scheitern der Revolution von 1848 halten die Literatur in einem behüteten Raum; die Gründung des kleindeutschen Staates 1871 läßt die Realisten weiter in der Provinz schmoren, während gleichzeitig die Barden des neuen Reiches ihr Loblied auf die Einheit singen. Erst mit Beginn der achtziger Jahre wird die Großstadt, die die deutschen Realisten ebenso verdrängen wie die Gründerzeitschriftsteller, als literarische Herausforderung von den Naturalisten angenommen.

Die erste Naturalisten-Gruppe in Berlin bildet sich um die Brüder Heinrich (1855–1906) und Julius Hart (1859–1930). Aufgewachsen sind sie in Münster, wo sie als schwärmerische Gymnasiasten aufrührerische literarische Schriften verfassen und eine eigene Literaturzeitung herausgeben. 1877 drängt es sie zum ersten Mal nach Berlin, das Geld reicht nicht aus, sie müssen zurück in die heimatliche Provinz. 1881 können sie ihren Traum Berlin verwirklichen. Schon ein Jahr später gründen sie die Zeitschrift *Kritische Waffengänge*, die bis 1884 in sechs Heften erscheint und zum ersten wichtigen Kristallisationspunkt der neuen literarischen Bewegung wird. Im ersten Heft verkünden die Brüder Hart ihre Kampfansage gegen das Alte:

Heinrich und Julius Hart

Hinweg also mit der schmarotzenden Mittelmäßigkeit, hinweg alle Greisenhaftigkeit und alle Blasiertheit, . . . hinweg mit der Gleichgültigkeit des Publikums und hinweg mit allem sonstigen Geröll und Gerümpel. Reißen wir die jungen Geister los aus dem Banne, der sie umfängt.

Andere junge Schriftsteller, die ähnlich denken, sammeln sich in einem Freundeskreis um die Zeitschrift herum, Wilhelm Arent (geb. 1864), Karl Henckell (1864–1929), Hermann Conradi (1862–1890), Otto Erich Hartleben (1864–1905) und andere. Wie stark ihr Denken noch vom herrschenden Gründergeist mit bestimmt wird, verdeutlicht die Position der Brüder Hart, die nicht nur das Alte einreißen möchten, sondern deren Ziel eine »echte nationale Dichtung ist«, geschaffen »aus der germanischen Volksseele heraus«. Treffpunkt der jungen Literaten ist die Wohnung der Brüder Hart, die gleichzeitig als Reaktionsstube dient – zunächst nicht viel mehr als ein bohemehafter Großstadtzirkel.

Lange Jahre, wenn man zu den Harts kam, fand man in ihrem armen Heim immer und immer die seltsamsten Gestalten. Stellenlose Schauspieler, die auf dem alten Sofa nächtigten, verkrachte Studenten, Bucklige, die sich nachts in eine alte Hose ringelten, in einem Bein geborgen und mit dem anderen zugedeckt, neuzugereiste Halbpoeten, die noch keine Wohnung hatten und auch kaum eine finden würden, litterarische Propheten, die vom Prophetentum nur die Heuschrecken und Kamelhaare besaßen. Das kam und ging, lebte hier Wochen und Monate wie zu Hause, aß, was da war, und pumpte, was bar war. Und alles aufgenommen mit der gleichen unerschöpflichen Gutmütigkeit, alles hingenommen, wie selbstverständlich, alles gefüttert und gepflegt durch Teilen des letzten eigenen Groschens. (Wilhelm Bölsche: *Hinter der Weltstadt*)

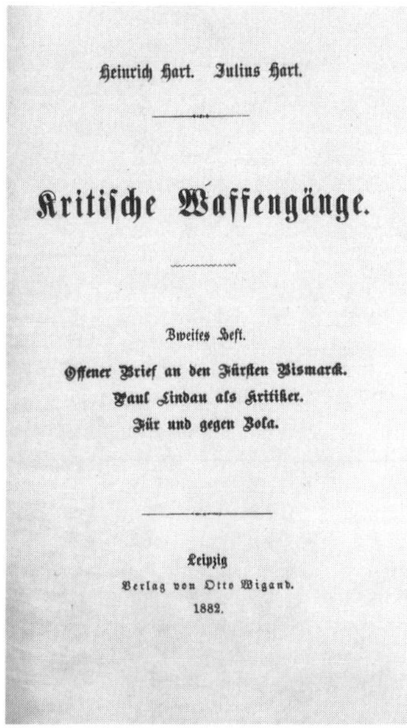

Heinrich Hart. Julius Hart.

Kritische Waffengänge.

Zweites Heft.

Offener Brief an den Fürsten Bismarck.
Paul Lindau als Kritiker.
Für und gegen Zola.

Leipzig
Verlag von Otto Wigand.
1882.

In den achtziger Jahren des 19. Jahrhunderts wirkt Berlin wie ein Magnet auf die junge Generation der Schriftsteller: Neben den Brüdern Hart aus Münster kommen Hermann Bahr aus Österreich, Karl Henckell und Erich Otto Hartleben aus Hannover, Hermann Conradi und Johannes Schlaf aus Mageburg, Gerhart Hauptmann aus Schlesien, Max Halbe aus Danzig, Wilhelm Bölsche aus Köln und Conrad Alberti aus Breslau; nur Arno Holz, Karl Bleibtreu und Wilhelm Arent sind entweder in Berlin geboren oder dort aufgewachsen. Nicht der Prunk der neuen Reichshauptstadt zieht die Literaten und Halbliteraten an; sie fühlen, daß hier eine Stadt in Gärung, im Aufbruch ist. Der schöngeistige Industrielle Walter Rathenau charakterisiert die Entwicklung: »Spreeathen ist tot und Spreechikago wächst heran.« Neue Stadträume werden geschaffen, um die expandierende Maschinen- und Textilindustrie anzusiedeln. In unmittelbarer Nachbarschaft entstehen die Wohngebiete der Arbeiter, düstere Wohnkasernen mit mehrfach gestaffelten Hinterhäusern und Hinterhöfen. Die Zusammenballung großer Arbeitermassen läßt Berlin von einer Million Einwohner im Jahre 1877 auf zwei Millionen im Jahre 1905 anwachsen. Allein in den Arbeitervierteln Moabit und Wedding nimmt die Bevölkerung von 1861 bis 1875 um 330 Prozent zu. Bisher nicht gekanntes Elend entsteht.

»Die Elektrizität« (1884)

Die naturalistischen Schriftsteller ziehen bewußt in die Arbeiterviertel; sie wollen am eigenen Leibe erfahren, wie die Mehrheit der Bevölkerung lebt. Wenn sie auch nicht ihr Schicksal teilen, so wollen sie doch die soziale Wirklichkeit durch eigene Anschauung studieren. Hier finden die Schriftsteller ihren Stoff für die literarischen Arbeiten:

Ob Berlin für die deutsche Welt heute »typisch« ist oder nicht, ist mir gleichgültig. Berlin ist das einzige Milieu, das ich allenfalls einigermaßen kenne ... Menschen ohne Milieu, konstruierte, abstrakte, kann ich für meine Zwecke nicht brauchen. (ARNO HOLZ, *Evolution des Dramas*, 1896)

Berlin ist wie eine große Baustelle: Massenverkehrsmittel werden ausgebaut; Zubringerstraßen, die Eisenbahn und die neue Stadtbahn durchfurchen die städtische Landschaft und verbinden die neu errichteten industriellen Großanlagen mit den Wohngebieten; Versorgungs- und Entsorgungssysteme müssen oberirdisch und unterirdisch angelegt werden. Die Stadt verändert ihr Gesicht. Fabriken, Bahnhöfe erheben sich wie Kathedralen der Technik, und der Kaiser läßt die neue Reichsmetropole mit Monumenten wilhelminischer Pracht und Herrlichkeit ausstaffieren.

In der Tradition der Stürmer und Dränger und der Jungdeutschen wollen die Naturalisten – die sich selbst in ihren Anfängen als »Jüngstdeutsche« bezeichnen, bis sie den Schimpfnamen »Naturalisten« mit Stolz übernehmen – die Fragen der Zeit zum Gegenstand der Literatur machen. Das Vorbild des »Jungen Deutschland« regt sie an, die soziale Frage ist auf die Tagesordnung gesetzt. Journalistische Streitschriften bieten Gelegenheit, öffentlich die kontroversen Positionen auszutragen und sich nicht von überkommenen Autoritäten einschüchtern zu lassen. HERMANN BAHR gibt 1884 in seinem Essay *Das jüngste Deutschland* ein treffendes Zeitbild von dieser unruhig gewordenen Generation:

Es gab keine deutsche Literatur mehr – das war die tägliche Klage der jungen Leute; damit sprachen sie Tausenden aus dem Herzen, dem ganzen neuen Geschlechte, das seit 1870 auf die Hochschulen gekommen war. Das klingt nun freilich ein bißchen paradox: denn es gab Paul Heyse und Martin Greif, Theodor Storm und Wilhelm Raabe, Gottfried Keller und Konrad Ferdinand Meyer, Anzengruber und Fitger, die Ebner-Eschenbach und Ferdinand von Saar, eine stattliche Reihe stolzer Namen, mit denen sie wohl zufrieden sein konnten. Sie meinten es auch nicht so, als ob sie diesen ihre Größe und Würde hätten bestreiten wollen. Sie meinten es anders, wenn sie auch freilich für ihren dunklen, aber desto heftigeren Drang nicht immer gleich die rechten Worte fanden. Es fehlte ihnen eine Lite-

Doch nicht beim Rauschen alter Föhren,
Die nachts ein schwarzer Aar
umkreischt.

Auch nicht ins Grab der Lorelei
Verirrt sich mehr mein schwankes
Steuer;
Die Zeit verliebter Abenteuer,
Für mich ist sie schon längst vorbei!

Nein, mitten nur im Volksgewühl,
Beim Ausblick auf die großen Städte,
Beim Klang der Telegraphendrähte
Ergießt ins Wort sich mein Gefühl.

Dann glaubt mein Ohr, es hört den Tritt
Von vorwärts rückenden Kolonnen,
Und eine Schlacht seh ich gewonnen,
Wie sie kein Feldherr noch erstritt.

Doch gilt sie keiner Dynastie,
Auch kämpft sie nicht mit Schwert und
Keule –
Galvanis Draht und Voltas Säule
Lenkt funkensprühend das Genie.

(ARNO HOLZ: *Zum Eingang*)

ratur, die sie selber ausgedrückt hätte, das Neue, Eigene und Besondere an Gedanken, Wünschen und Hoffnungen, die sie von ihren Vätern unterschied, die ganz veränderte Tonart des Lebens.

Anregung finden die Naturalisten nicht nur bei Vorläufern in der deutschen Literatur, sondern vor allem in der französischen, skandinavischen und russischen Literatur und in den Naturwissenschaften.

Emile Zola, Porträtfoto (um 1895)

Vorbilder des Naturalismus

Zeitschriften wie die *Kritischen Waffengänge* (1882–84) der Brüder Hart oder das Organ des Münchner Kreises *Die Gesellschaft* (1885–1902) um Conradi und Bleibtreu, später die *Freie Bühne*, dann umbenannt in *Die neue Rundschau* (ab 1890), sind die wichtigsten Organe, in denen sich die Naturalisten mit Problemen des Realismus auseinandersetzen. Ihre Kreise und Zirkel sind anregende Debattierklubs zur Klärung des eigenen Selbstverständnisses; die Schimpfkanonaden auf die anerkannten Gründerzeit-Schriftsteller sind nur der Auftakt einer Abgrenzung. Orientierung suchen die jungen Literaten bei ausländischen Vorbildern.

EMILE ZOLA (1840–1902) ist in den achtziger Jahren einer der wichtigsten zeitgenössischen Dichter; sein Einfluß wirkt auch bestimmend auf die deutschen Naturalisten. Der zwanzigteilige Romanzyklus *Die Rougon-Macquart. Natur- und Gesellschaftsgeschichte einer Familie im Zweiten Kaiserreich* (1871–93) gilt als Musterbeispiel für eine neue revolutionäre Verbindung von naturwissenschaftlichen Erkenntnissen und sozialer Frage. Zolas wissenschaftliches Quellenstudium für die Erarbeitung einer Familiengeschichte, die Verkettung von darwinistischen Vererbungsgesetzen, den Abhängigkeiten vom sozialen Milieu und dem Klassencharakter der Gesellschaft fasziniert sie. Vor allem der Roman *Germinal* (1885), die wirklichkeitsgetreue und schonungslose Beschreibung eines Bergarbeiterstreiks, beeindruckt nachhaltig die sozial engagierten naturalistischen Dichter; ein Bergarbeiterstreik als Romanhandlung ist eine revolutionäre Neuerung in der Literatur.

Zola, Ibsen, Leo Tolstoi,
eine Welt liegt in den Worten,
eine, die noch nicht verfault,
eine, die noch kerngesund ist!
Klammert euch, ihr lieben Leutchen
Klammert euch nur an die Schürze
einer längst verlotterten,
längst abgetakelten Ästhetik:
unsre Welt ist nicht mehr klassisch
unsre Welt ist nicht romantisch,
unsre Welt ist nur modern!

(ARNO HOLZ: *Buch der Zeit*)

Zolas ungeschminkte Schilderungen von Brutalität, Armut und Häßlichkeiten der Gesellschaft rufen bei den Konservativen helle Empörung hervor. Die Naturalisten fasziniert die streng wissenschaftliche Methode, mit der Zola die Wirklichkeit zu begreifen versucht. In seiner Schrift *Le roman expérimental* (1880) begründet Zola eine neue Ästhetik des Schreibens: Der Schriftsteller soll alle Erkenntnisse der modernen Soziologie, der Medizin und der Naturwissenschaften mit einbeziehen. Er ist aber kein reiner Kopierer von Wirklichkeit – ein Vorwurf, der gegen die Naturalisten immer wieder erhoben wird –, denn der Autor macht durch seine experimentelle Technik und Versuchsanordnung reale Lebensprozesse sichtbar, die nicht nur in der Imagination vorhanden sind.

Ibsen wird der große Naturalist des Dramas, wie Zola der Naturalist des Romans geworden ist.

(OTTO BRAHM, 1886 in »Deutsche Rundschau«)

Neben Zola ist HENRIK IBSEN (1828–1906) der wichtigste ausländische Anreger für die Naturalisten. Zolas programmatischer Satz »l'œuvre d'art est un coin de la nature, vu à travers un tempérament« (Das Kunstwerk ist ein Stück Natur, gesehen durch ein Temperament) gilt auch für Ibsen, der ebenso wie Zola ein

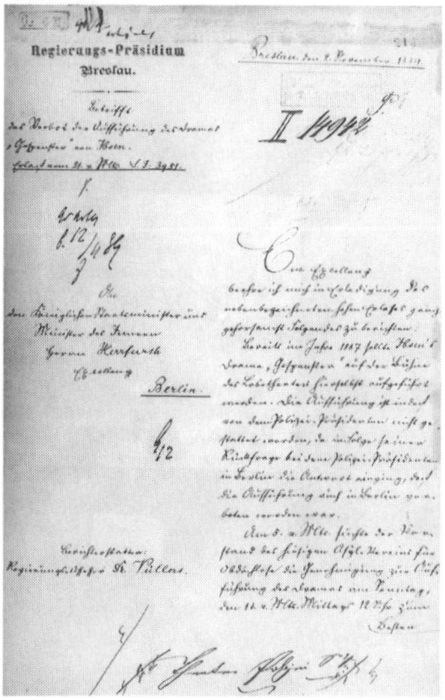
Regierungs-Präsidium
Breslau.

Akte über das Aufführungsverbot von Ibsens Drama »Gespenster«

Schüler des wissenschaftlichen Positivismus und Materialismus des 19. Jahrhunderts ist. Programmatisch beginnt die Berliner »Freie Bühne« ihren Spielplan am 29. September 1889 mit IBSENS *Gespenstern* (1881) als erster Aufführung. Vorgeführt wird eine zerstörte Familie, die von den Gespenstern der Vergangenheit eingeholt wird: Vererbte Syphilis, uneheliches Kind, zerrüttete Ehe – die heuchlerische Fassade der bürgerlichen Gesellschaft wird zum Einsturz gebracht. Schon im Jahre 1880 wird in München, wo Ibsen von 1875 bis 1891 lebt, sein Schauspiel *Nora oder Ein Puppenheim* (1879) auf die Bühne gebracht. Eine junge Frau wagt es, ihren selbstgefälligen egoistischen Mann zu verlassen, dessen Leben nur auf Lüge aufgebaut ist. Bei Ibsen ist jeder Anschein einer heilen bürgerlichen Familie zerstört, Macht- und Besitzverhältnisse bestimmen das soziale Zusammenleben. Ibsen beeinflußt mit seinen späten Dramen nicht nur die soziale Thematik der deutschen Naturalisten, er wirkt auch wegweisend für die damalige Theateravantgarde. In seinen Notaten zu den *Gespenstern* vermerkt er:

> Forderung unbedingter Naturwahrheit . . . Die Sprache muß natürlich klingen und für alle Personen im Stück charakteristisch sein . . . Die Wirkung des Stückes hängt zum großem Teil davon ab, daß der Zuschauer etwas zu sehen und zu hören meint, was sich im richtigen Leben abspielt.

Weniger eindeutig nachweisbar ist der russische Einfluß durch LEO TOLSTOJ (1828–1910) und FJODOR DOSTOJEWSKIJ (1821–1881). Sicher ist, daß GERHART HAUPTMANN sich bei seinem Drama *Vor Sonnenaufgang* anregen ließ von Tolstojs Bauerntragödie *Macht der Finsternis*, die 1887 ins Deutsche übersetzt und drei Jahre später von der »Freien Volksbühne« aufgeführt wurde – ein Drama, in dem ungehemmte Sexualität zu Mord und Inzest führt. Eher indirekt wirken die Romane der russischen Realisten, TOLSTOJS *Krieg und Frieden* (1863–69) und *Anna Karenina* (1873–77), vor allem DOSTOJEWSKIJS *Schuld und Sühne* (1866), *Der Idiot* (1868/69) und *Die Brüder Karamasow* (1879/80). Die Darstellung von gesellschaftlichem und persönlichem Leid, von Armut und Verkommenheit, die Verstrickung in Schuld und Verbrechen sind Stoffe, die auch in der deutschen naturalistischen Literatur immer wiederkehren. Im Unterschied zur russischen Literatur gibt es bei den deutschen Naturalisten keine mystischen oder religiösen Verklärungen von Schuld; sie sehen den Zusammenhang in erbbiologischen und gesellschaftlichen Determinanten.

Leo Tolstoj in Leipzig, Karikatur von Th. Th. Heine (1902)

Wissenschaftliche Grundlagen des Naturalismus

Die Naturalisten wollen die Kunst von idealistischer Pseudoromantik befreien; die Literatur soll nach natur- und sozialwissenschaftlichen Grundsätzen reformiert werden.

Bahnbrechend wirken auf sie die Werke des britischen Naturforschers CHARLES DARWIN (1809–1882), seine beiden großen Studien *Entstehung der Arten durch natürliche Zuchtwahl oder Die Erhaltung der bevorzugten Rassen im Kampf ums Dasein* (1859) und *Die Abstammung des Menschen und die geschlechtliche Auslese* (1871). Darwins Evolutionslehre vom Entstehungsprozeß des Menschen ist eine

Herausforderung für die Kirche und alle klerikalen Kreise, eine Offenbarung für die modern denkenden Geister der zweiten Hälfte des 19. Jahrhunderts. Noch provokanter wirkt Darwins Lehre von der natürlichen Zuchtwahl, der Auslese der »Besten« jeder Art. Die Naturalisten sehen in der biologischen Bestimmtheit des Menschen die Ursache für Elend und Leid. Selbst wenn sich anfangs einige von ihnen als überzeugte Sozialisten verstehen, gehen sie doch weniger von der Existenz einer Klassengesellschaft aus; sie sind emotional empört über soziale Ungerechtigkeiten und wollen sich durch ihre Literatur solidarisch mit den Unterdrückten zeigen. Für sie ist die Gesellschaft ein Dschungel, in dem sich jeder gegen jeden zu behaupten versucht. Die Armut verdammt die Menschen zu tierischer Verrohung. Die Brutalen, Rücksichtslosen sind siegreich, die Schwachen und Kranken haben keine Überlebenschance.

Das Wesen des künstlerischen Realismus ist Pantheismus auf der Grundlage induktiver Erkenntnis. Daher sind vor dem Naturgesetz und vor der Ästhetik alle Wesen und Dinge einander gleich, es gibt keine künstlerischen Stoffe zweiten und dritten Ranges, sondern als Stoff steht der Tod des größten Helden nicht höher als die Geburtswehen einer Kuh, denn dasselbe einheitliche und allgewaltige Naturgesetz verkörpert sich in diesem wie in jenem.

(CONRAD ALBERTI)

Vorkämpfer des Darwinismus in Deutschland ist der Zoologe und Philosoph ERNST HAECKEL (1834–1919). In HAUPTMANNS Drama *Einsame Menschen* (1890–91) verlangt die Regieanweisung programmatisch, daß an einer Zimmerwand neben einem Bild von Darwin eines von Haeckel hängt. Der naturalistische Theoretiker WILHELM BÖLSCHE verfaßt eine umfangreiche Monographie über Haeckel, der Darwins Evolutionstheorie weiterentwickelt. Für die Naturalisten wird der Begriff der »Evolution« gleichbedeutend mit dem der »Revolution«; er wird zum Kampfbegriff.

Auf der Fahne der progressiven Darwinisten stehen die Worte Entwicklung und Fortschritt! Aus dem Lager der konservativen Gegner Darwins tönt der Ruf: Schöpfung und Spezies! Doch dieser Fortschritt ist ein Naturgesetz, welches keine menschliche Gewalt, weder Tyrannenwaffen noch Priesterflüche, jemals dauernd zu unterdrücken vermögen.

(ERNST HAECKEL)

Der französische Philosoph HIPPOLYTE TAINE (1828–1893) überträgt Darwins System der evolutionären Gesetzmäßigkeit auf die Literatur- und Kunstwissenschaft. Sein grundlegendes Werk ist die *Geschichte der englischen Literatur* (1863), in der Taine drei bestimmende Faktoren herausarbeitet: »race« (Rasse), »milieu« (Sphäre) und »moment« (Zeitpunkt), die die menschliche Zivilisation prägen. Der Kunst wird eine autonome Bedeutung abgesprochen, sie unterliege wie die Naturphänomene »Ursachen« und »Folgen«. Taine wird zum Wegbereiter einer naturalistischen Kunstauffassung, die den Menschen in ein fest vorherbestimmtes Koordinatensystem eingliedert. Taine war es auch, der als erster den Begriff »naturaliste« auf einen Schriftsteller anwandte, auf BALZAC, den er in einem Essay 1858 als modernen Literaten des wissenschaftlichen Zeitalters feiert, weil Balzac sich als »Arzt«, »Anatom«, »Physiologe«, »Naturforscher« zur Gesellschaft und den dargestellten Personen verhalte, ja sogar »das Häßliche noch verhäßliche«. Taine ist in der Folgezeit vielfach einseitig interpretiert worden, entweder als reiner Milieu-Theoretiker – vor allem in der Zola-Rezeption – oder bei deutschen Nationalkonservativen als ausschließlicher Rasse-Theoretiker.

Aber Hippolyte Taine war ein Schüler des Philosophen AUGUSTE COMTE (1789–1857), des Begründers des Positivismus und der Soziologie. Comte, der auf die deutschen Naturalisten nachhaltig wirkt, hat in seinem sechsbändigen Werk *Cours de philosophie positive* (1830–42) wissenschaftliche Gesetze herausgearbeitet, nach denen die Gesellschaft sich entwickle. Er verlangt eine »Sozialphysik«, die ermöglichen solle, auch die Gesellschaft naturwissenschaftlich exakt zu erforschen.

Zum Dilemma des Avantgardismus der Naturalisten gehört, daß sie sich mit unterschiedlichen Vorlieben auf den einen oder anderen naturwissenschaftlich-philosophischen Denker berufen, bei der Mehrzahl des deutschen Publikums jedoch als hemmungslose Dreckschleudern und Kotfresser gelten. Ihr Anspruch, modern zu sein – und das heißt Einbeziehung und Übertragung naturwissenschaftlicher und soziologischer Erkenntnisse auf das Gebiet der Literatur –, findet kaum Beachtung.

LYRIK

Moderne Dichter-Charaktere

Sensationelles Aufsehen erregen die Naturalisten durch das Drama, mit einer neuen Theaterkunst begründen sie ihren Ruf; ihr literarisches Debüt ist jedoch im Jahre 1885 eine Lyrik-Anthologie: *Moderne Dichter-Charaktere*, herausgegeben von WILHELM ARENT, mit Einleitungen versehen von HERMANN CONRADI und KARL HENCKELL. Gegen das Epigonentum und den Klassizismus der Gründerzeit soll ein neuer Ton zu Gehör gebracht werden, doch ihr Wollen ist stärker als ihr Können. 23 Autoren sind in dem Band versammelt. HERMANN CONRADI formuliert das erste Gruppenbekenntnis der jungen Literaten in seinem Vorwort »Unser Credo«:

Wir machen nicht den Anspruch, Vollkommenes, Makelloses nach Form und Inhalt zu bieten. Wir begreifen vollkommen, daß manches Poem, das wir aufgenommen, nicht originell ist; daß es in tausendmal angestimmte Weisen einfällt; daß es, absolut genommen, vielleicht nicht einmal werthvoll ist. Und doch erheben wir den Anspruch, endlich *die* Anthologie geschaffen zu haben, mit der vielleicht wieder eine *neue* Lyrik anhebt; durch die vielleicht wieder weitere Kreise, die der Kunst untreu geworden, zurückgewonnen und zu neuer, glühaufflammender Begeisterung entzündet werden; und durch die alle *die* Sänger und Bildner zu uns geführt werden, um mit uns zu Schöpfern einer neuen Lyrik zu werden, die bisher abseits stehen mußten, weil sie kein Organ gefunden, durch das sie zu ihrem Volke in neuen, freien, ungehörten Weisen reden durften, weil nur das Alte, Conventionelle, Bedingte, Unschuldige oder das Frivole, Gemeine, Schmutzige – nie aber das Intime, das Wahre, das Natürliche, das Ursprüngliche, das Große und Begeisternde, offene Ohren und gläubige Herzen findet.

Das Pathos der Ankündigung dieser Anthologie steht im krassen Mißverhältnis zum Ergebnis. Formal unterscheidet sich die Mehrzahl der Gedichte kaum von der geschmähten Gründerzeit-Lyrik; obwohl der Reim als langweiliges Leierkastengeklingel verspottet wird, reimen auch die frühnaturalistischen Dichter munter weiter. Im Stile der Tendenzpoesie wird das Alte attackiert, das Neue propagiert, ohne selbst vorführen zu können, worin die Modernität lyrisch besteht. Kaum finden sich Ansätze zum sprachlichen Experiment; in der zahlreich vertretenen Liebeslyrik wird gern auf alte Schablonen zurückgegriffen. Durch die Naturgedichte zieht der Maienduft, die Drosseln schlagen, das

Mondlicht glänzt, und auch das zu pflückende Veilchen wird nicht vergessen. Noch in der Minderzahl sind naturalistische Themen, erst langsam dringt die soziale Realität in die frühnaturalistische Lyrik ein. Diese Gedichte sind es, die das Publikum schockierten: Gedichte, die das Leben der Großstadt, den Gegensatz von Arm und Reich thematisieren, in denen sich die Literaten mit Dirnen, Bettlern und Verbrechern verbünden, den Arbeitsmann zu Wort kommen lassen und die Solidarität mit den Unterdrückten zum Ausdruck bringen. Umstürzlerisch im Sinne einer sozialen Revolution ist keines der Gedichte. Bei FRIEDRICH ADLER heißt es in dem Gedicht *Nach dem Strike:*

> Wir achten still, was fest und eigen,
> Und uns're Fahne ist nicht roth.

OTTO JERSCHKE hofft auf eine Erlösung von oben:

> Gott-Vater im Himmel schick einen Prophet',
> Der der Welt in's Gewissen zu reden versteht.

HEINRICH HART warnt vor einem Umsturz, der die Gesellschaft nur in Barbarei stürzen würde:

> Dann gilt nichts Heiliges mehr auf der Welt,
> Es stürzen Kirch' und Kapellen.
> Die Liebe verroht und der Glaube zerschellt,
> Das Mitleid begraben die Wellen.
> Die Massen nur raufen sich um das Gold,
> Das über die dampfenden Trümmer rollt.

Die Zukunftsvision der Naturalisten ist verschwommen, was später zu scharfen Auseinandersetzungen mit der Sozialdemokratie führt; dennoch bleibt es ihr Verdienst, die soziale Frage für die Lyrik enttabuisiert zu haben. Dies betont vor allem KARL HENCKELL in seinem Vorwort zu der Anthologie:

> Dann werden wir auch des Lohnes nicht ermangeln, den wir ersehnen: eine Poesie, also auch eine Lyrik zu gebären, die, durchtränkt von dem Lebensstrome der Zeit und der Nation, ein charakteristisch verkörpertes Abbild alles Leidens, Sehnens, Strebens und Kämpfens unserer Epoche darstellt, und soll sein ein prophetischer Gesang und ein jauchzender Morgenweckruf der siegenden und befreienden Zukunft.

Henckell veröffentlicht ebenfalls 1885 das *Poetische Skizzenbuch*, in dem er seine Erfahrungen eines bedrückenden Großstadtlebens lyrisch verarbeitet. Ein Jahr später emigriert er wegen der Sozialistengesetze in die Schweiz. Seine in der Schweiz herausgegebenen Lyrikbände *Amselrufe* (1888) und *Diorama* (1890) werden in Deutschland verboten. 1893 stellt Henckell im Auftrag der SPD die Lyrikanthologie *Buch der Freiheit* zusammen, die die naturalistische Poesie in der deutschen Arbeiterbewegung bekannt macht. Formal ist diese Poesie wenig aufregend; aufregend sind jedoch die neuen Inhalte: die Großstadt, soziale Gegensätze, die Technik. GERHART HAUPTMANN erzählt in seinen Jugenderinnerungen über die Wirkung der *Modernen Dichter-Charaktere*:

Die »Dichter-Charaktere« sowohl wie alles, was irgendwie irgendwo mit ihnen zusammenhing, waren von der Presse geächtet, wurden verfolgt und nach Möglichkeit unter Gelächter begraben. Wir waren darüber nicht ungehalten, sondern sahen selbst in dieser Art von Beachtung unserer literarischen Revolution eine Förderung. Wir wußten, wir waren ins Leben getreten und trugen die Gewißheit in uns, einer Sache zu dienen, deren Sieg nicht mehr ferne war.

Arno Holz

Arno Holz in seiner Wohn- und Arbeitsstube

Zu den Autoren der Anthologie *Moderne Dichter-Charaktere* gehört auch ARNO HOLZ (1863–1929), dessen Gedichte thematisch und durch formale Neuerungen auffallen. Wonach die anderen streben, das beginnt er eigenwillig zu verwirklichen. Arno Holz setzt sich theoretisch mit dem Wesen und Gesetz der Kunst auseinander; er spürt als einziger, wie stark seine Generation in alten Konventionen noch verhaftet bleibt, auch er selbst, der lange Zeit die Lyrik GEIBELS verehrte. Seine Lyrik orientiert sich zunächst am Heineschen Ton. Er sucht nach einem neuen sprachlichen Ausdruck, ihm genügen keine pathetischen Erklärungen. Einer, der ebenso wie Holz unter der Erstarrung der Zeit leidet, ist der Philosoph FRIEDRICH NIETZSCHE, der in seinen *Unzeitgemäßen Betrachtungen* schreibt:

Überall ist hier die Sprache erkrankt, und auf der ganzen menschlichen Entwicklung lastet der Druck dieser ungeheuerlichen Krankheit. Indem die Sprache fortwährend auf die letzten Sprossen des ihr Erreichbaren steigen muß, um, möglichst ferne von der starken Gefühlsregung, der sie ursprünglich in aller Schlichtheit zu entsprechen vermochte, das dem Gefühl Entgegengesetzte, das Reich des Gedankens zu erfassen, ist ihre Kraft durch dieses übermäßige Sich-Ausrecken in dem kurzen Zeitraume der neueren Civilisation erschöpft worden: so daß sie nun gerade Das nicht mehr zu leisten vermag, wessentwegen sie allein da ist: um über die einfachsten Lebensnöthe die Leidenden miteinander zu verständigen. Der Mensch kann sich in seiner Not vermöge der Sprache nicht mehr zu erkennen geben, also sich nicht wahrhaft mittheilen.

Zwar mein Kopf hat sich schon längst
radikal emanzipiert;
doch in meinem Herzen blühn noch
alle Blumen der Romantik!

(ARNO HOLZ: Präludium zu *Unterm Heiligenschein*)

In seinen Gedichten der achtziger Jahre findet auch Holz noch keine neue lyrische Sprache; er hebt sich aber von seinen Zeitgenossen durch satirische Pointierungen und eine ungeduldige Aggressivität ab, die spüren lassen, daß er mit neuen Möglichkeiten des Ausdrucks ringt. Das zeigt vor allem sein Lyrikband *Das Buch der Zeit. Lieder eines Modernen*, veröffentlicht 1886.
Zur Poesie gehören für Holz »Dampf und Kohlenstaub«, »Maschinen«, »Eisenbahn«, »Tunnels« und »Dampfschiffe« ebenso wie »Gefängnis« und die »Armut im Spital«. Obwohl die Naturalisten mit einem Programm angetreten waren, die Wahrheit wissenschaftlich zu ergründen, gefiel doch manchen diese Art der »Wahrheit«, wie sie Arno Holz anspricht, wenig. Im Gegensatz zu den radikaleren Berlinern bildet sich in München ein gemäßigtes Nebenzentrum um die

Zeitschrift *Die Gesellschaft* heraus. Zu ihnen gehört der Literat KARL BLEIBTREU, der 1886 mit seiner Schrift *Revolution der Literatur* in kurzer Zeit drei Auflagen erzielt, weil schon der Titel seines Werkes als programatisch verstanden wird. Inhaltlich entfacht Bleibtreu eine scharfe Polemik gegen die Berliner Naturalisten, er tritt für eine Verbindung von Realismus und Romantik ein. Wenn die Naturalisten scheinbar harmonisch mit Begriffen wie »Revolution« und »Moderne« umgehen, so verbergen sich dahinter teilweise sehr kontroverse Standpunkte. Für Bleibtreu ist die Lyrik von ARNO HOLZ eine »unproduktive Schimpfkritik auf das Bestehende«, und er fährt fort:

O goldne Lenznacht der Jasminen,
oh wär ich dir niemals entrückt!
Das ewge Rädern der Maschinen
hat mir das Hirn zerpflückt, zerstückt!

(ARNO HOLZ: *Das Buch der Zeit*)

Dass aber Arno Holz unablässig über die Leiden des vierten Standes, des sogenannten »Volkes« jammert, auf die Reaction schimpft und dem freiheitsdurstigen Züricher Verlagsmagazin seine lyrischen Tagebücher grosspurig als »Buch der Zeit« im Mantel des Herwegh überreicht, – das lässt mich ganz kalt.

Kernstück des *Buches der Zeit* von ARNO HOLZ ist der Großstadtzyklus *Phantasus*, dreizehn vierstrophige Gedichte über die Wirklichkeit und Traumwelt eines armselig lebenden Dachstubenpoeten:

Ihr Dach stieß fast bis an die Sterne,
vom Hof her stampfte die Fabrik,
es war die richtige Mietskaserne
mit Flur- und Leiermannsmusik!
Im Keller nistete die Ratte,
parterre gabs Branntwein, Grog und Bier,
und bis ins fünfte Stockwerk hatte
das Vorstadtelend sein Quartier.

Dort saß er nachts vor seinem Lichte
– duck nieder, nieder, wilden Hohn! –
und fieberte und schrieb Gedichte,
ein Träumer, ein verlorner Sohn!

Karl Bleibtreu, Karikatur von O. Gulbransson

Rückblickend beurteilt ARNO HOLZ diese lyrischen Versuche in seiner Schrift *Revolution der Lyrik* (1899) eher mitleidig:

Als die jungen Dichter der achtziger Jahre mitten im tiefsten deutschen Litteraturfrieden plötzlich über die aufgeschreckte Bourgeoisie herfielen und die Gelbveiglein aus ihren Versen reuteten, um dafür Kartoffeln zu pflanzen, glaubten sie damit die Lyrik . . . »revolutioniert« zu haben. Ich schlug auch die Trommel, schwenkte abwechselnd auch die Fahne, rasselte mit meinem eingebildeten Zahnstocher ebenfalls und bin also über die Stimmung, die damals rumorte, einigermaßen informiert. Wir hatten Glück und stehen heute in den Konversationslexicis als Begründer der sogenannten »Großstadtlyrik«.

Der nachträgliche Spott fällt Arno Holz leicht, denn er ist es, der kurze Zeit später in der Prosa durch *Papa Hamlet* gemeinsam mit JOHANNES SCHLAF die Sprache revolutioniert, eine neue Zeitdimension durch den sogenannten Sekun-

Arno Holz, »Phantasus«.
Aus der Zeitschrift »Jugend« (1898)

denstil entwickelt und mit seinem *Phantasus*-Zyklus 1898/99 eine bis dahin nicht gehörte Lyrik schreibt: Jedes Reimschema ist aufgelöst; Wortneuschöpfungen legen andere Schichten der Wirklichkeit frei, Berliner Alltagsleben kontrastiert mit impressionistischen Eindrücken von Farben und Tönen; innere und äußere Vorgänge werden zeitgleich durch einen »lyrischen Telegrammstil« in Beziehung gesetzt. Nach eigenen Worten schafft Holz eine Lyrik,

die auf jede Musik durch Worte als Selbstzweck verzichtet und die, rein formal, lediglich durch einen Rhythmus getragen wird, der nur noch durch das lebt, was durch ihn zum Ausdruck ringt. Eine solche Lyrik, die von jedem überlieferten Kunstmittel absieht, nicht weil es überliefert ist, sondern weil sämtliche Werte dieser Gruppe längst aufgehört haben, Entwicklungswerte zu sein. (ARNO HOLZ: *Revolution der Lyrik*)

Wortreihungen, Klangmalerei und die Rhythmisierung von überkurzen und langen Versen betont Arno Holz durch eine eigenwillige Kommasetzung und vor allem durch die graphische Gestaltung seiner Gedichte, die symmetrisch um eine gedachte Mittelachse ausgerichtet sind. Während die Naturalisten viel von einer Revolution der Lyrik reden, wird sie bei Arno Holz sichtbar: Er ist ein Vorbote der expressionistischen Lyrik; HELMUT HEISSENBÜTTEL erkennt in ihm 1963 den »Vater der Moderne« für die deutsche Lyrik der fünfziger und sechziger Jahre.

Der »Friedrichshagener Kreis«

Bis auf ARNO HOLZ ist die naturalistische Lyrik keine wirkliche Herausforderung; dennoch stärkt sie das Gruppengefühl nach innen: Man hat etwas vorgelegt und der vom Publikum geschätzten Gründerzeitliteratur den Fehdehandschuh hingeworfen. Um das errungene Selbstbewußtsein zu festigen, tun sich in Berlin die naturalistischen Schriftsteller 1886 in einer freien literarischen Vereinigung namens »Durch« zusammen. In diesem Kreis lernen sich ARNO HOLZ und GERHART HAUPTMANN kennen; eine literarische Freundschaft entsteht, die sich zwei Jahre später im sogenannten »Friedrichshagener Kreis« vor den Toren Berlins weiter festigt. 1888, die Naturalisten waren kaum an die Öffentlichkeit getreten und hatten sich als Asphaltdichter einen ersten Namen gemacht, stellt HEINRICH HART fest: »Stadtmüde waren wir alle, unser Sehnen ging aufs Land.« ARNO HOLZ und JOHANNES SCHLAF hatten sich für ihre gemeinsame literarische Arbeit nach Niederschönhausen zurückgezogen; GERHART HAUPTMANN lebte in Erkner bei Berlin. Die Berliner Naturalisten, die bisher ihr Quartier in den Arbeitervierteln der Reichshauptstadt gesucht hatten, zogen aufs Land. In Friedrichshagen, einem Dorf vor den Toren Berlins, siedelten sich die BRÜDER HART, WILHELM BÖLSCHE und BRUNO WILLE an. Der Kreis weitete sich aus, Friedrichshagen wurde, so JULIUS HART, zum »Hauptmittelpunkt des literarischen Treibens«. Die Berliner Freunde treffen sich dort, um über literarische und politische Themen zu diskutieren. Zum Friedrichshagener Kreis gesellen sich OTTO ERICH HARTLEBEN, die Brüder CARL und GERHART HAUPTMANN, MAX HALBE, FRANK WEDEKIND, JOHN HENRY MACKAY und RICHARD DEHMEL;

auch ARNO HOLZ und JOHANNES SCHLAF nehmen an den Diskussionen der Künstlerkolonie teil.
Der Friedrichshagener Kreis ist eine Männergesellschaft, Schriftstellerinnen spielen darin keine Rolle. Die Beziehung der Naturalisten zu Frauen ist zwiespältig. Sie propagieren die »freie Liebe«, aber da diese zu jener Zeit nur mit kleinen Verkäuferinnen, Wäscherinnen oder Näherinnen möglich war, beruhen ihre Liebesbeziehungen meist auf ungleichen Verhältnissen. Mädchen aus gutbürgerlichen Kreisen ist ihr Lebenswandel zu unsicher und exzentrisch. Der Aristokrat ERNST VON WOLZOGEN bemerkt in seinen Erinnerungen an den Friedrichshagener Kreis:

Ich für meine Person empfand den schlagendsten Unterschied zwischen dem Friedrichshagener Kreis und dem älteren Poetengeschlecht, dem ich mich wesenverwandt fühlte, den, daß bei den Friedrichshagenern der Einfluß der *Damen, des Salons der guten Gesellschaft* gänzlich ausgeschaltet war. Alle diese jungen Leute, die nicht ausgeschlossen, die sich einer besseren Herkunft erfreuten, waren beweibte Junggesellen. Einige wenige von ihnen waren sogar richtig verheiratet, sofern man darunter »standesamtlich anerkannt« verstehen will. Aber ihre Lebenskameradinnen waren durch die Bank Mädchen aus dem Volke, nur Bett- und allenfalls Tischgenossinnen, aber blöde Fremdlinge in ihrer geistigen Welt.

Eine der wenigen Ausnahmen ist GERHART HAUPTMANN; er hat gutbürgerlich geheiratet. Das intellektuelle Klima der Künstlergemeinschaft charakterisiert BRUNO WILLE in seiner Autobiographie *Aus Traum und Kampf:*

Eigentümlich war dem Friedrichshagener Kreise die Verbindung folgender Motive: Natureinsamkeit bei brausender Weltstadt, literarisches Zigeunertum und sozialistische wie anarchistische Ideen, keckes Streben nach vorurteilsloser, eigenfreier Lebensweise, Kameradschaft zwischen Kopfarbeitern und begabten Handarbeitern, aber auch geistvollen Vertretern des Reichtums; schöpferische Liebe zur Kunst verband sich mit Soziologie, Naturwissenschaft, Philosophie und Religion.

ARNO HOLZ verfaßt mit seinem Drama *Socialaristokraten* 1896 aus sicherer zeitlicher und inhaltlicher Distanz eine scharfzüngige Satire auf die Zirkel zeitgenössischer Intellektueller, die sich im philosophischen, kunsttheoretischen und politischen Bramarbasieren gefallen und mehr Suchende als Überzeugende bleiben.

PROSA

Einer der Theoretiker des Naturalismus, WILHELM BÖLSCHE (1861–1939), fordert seine Mitstreiter auf, im Stile Zolas den neuen deutschen Gegenwartsroman zu schreiben, ein Meisterstück der Verbindung von realistischer Literatur und naturwissenschaftlichen Erkenntnissen vorzulegen. Die ausgeprägtesten Beispiele eines konsequenten Naturalismus werden nicht als Romane geschrieben, es sind die Prosaskizze *Papa Hamlet* von ARNO HOLZ und JOHANNES SCHLAF, 1889 veröffentlicht, und GERHART HAUPTMANNS »novellistische Studie« *Bahnwärter Thiel*, 1888 in der »Gesellschaft« erschienen.

Arno Holz/Johannes Schlaf: Papa Hamlet

Im Frühjahr 1888 ziehen sich ARNO HOLZ und JOHANNES SCHLAF nach Niederschönhausen bei Berlin zurück; beide sind an Romanprojekten gescheitert. Gemeinsam beginnen sie bis zu ihrem persönlichen Zerwürfnis im Jahre 1892 eine außerordentlich produktive Phase der literarischen Zusammenarbeit. Höhepunkte der Gemeinschaftsarbeit sind die Prosaskizze *Papa Hamlet* und das Drama *Die Familie Selicke* (1890). Beide Dichter sind aufeinander angewiesen: Schlaf liefert den Stoff, Holz ist stärker für die sprachlich formale Durcharbeitung verantwortlich. Als die Prosasammlung *Papa Hamlet, Der erste Schultag* und *Ein Tod* 1889 unter dem Pseudonym BJARNE P. HOLMSEN erscheint, kommentiert SAMUEL LUBLINSKI: Diese neue Prosa schlug »wie eine Bombe ein, erweckte viel Begeisterung und richtete nicht geringe Verwirrung an«. Das Pseudonym – ein kaum verschlüsseltes Kryptogramm von »Arno Holz« – wie auch der Schauplatz der Handlung, Norwegen, spielen bewußt auf die Ibsen-Begeisterung in Deutschland an.

Arno Holz und Johannes Schlaf (1890)

Die Prosaskizze *Papa Hamlet* bricht radikal mit der bisherigen Erzählkunst. Ohne jede Einleitung wird der Leser in das Boheme-Milieu des gescheiterten trunksüchtigen Schauspielers Niels Thienwiebel gestoßen, der von der großen Hamlet-Rolle nur noch pathetisch träumt:

> Was? Das war Niels Thienwiebel? Niels Thienwiebel, der große unübertroffene Hamlet aus Trondhjem? Ich esse Luft und werde mit Versprechungen gestopft? Man kann Karpaunen nicht besser mästen? . . .
> »He! Horatio!«
> »Gleich! Gleich, Nielchen! Wo brennt's denn? Soll ich auch die Skatkarten mitbringen?«

Thienwiebel lebt mit seiner Frau Amalie und seinem Sohn, der beziehungsvoll Fortinbras genannt wird, in einem elenden Zimmer. Seine kümmerliche Existenz wird von Verzweiflung, Wahnsinn und Größenwahn regiert. Das Verhältnis zu seiner Frau tobt sich in zänkischen und brutal-sexuellen Exzessen aus; die Beziehung zu seinem Sohn schwankt zwischen zärtlichem Vaterstolz und aggressiver Gereiztheit. Für kurze Zeit tritt Entspannung ein: Der befreundete Maler Ole Nissen hat ein Bild verkaufen können; es wird gefeiert und gut gegessen, bis das Geld verpraßt ist. Die Freunde zerstreiten sich. Dem Schauspieler wird die Wohnung gekündigt; der Säugling erkrankt ernsthaft. In der Nacht, bevor die Wohnung geräumt werden muß, erwürgt Thienwiebel seinen kleinen Sohn, weil er nicht aufhört zu husten. Seine Frau ist beunruhigt über die plötzliche Stille im Zimmer des Kindes:

»Ach Gott! Ach Gott, Niels, was was – machst du denn bloß? Er, er – schreit ja gar nicht mehr! Er . . . Niels! !«
Sie war unwillkürlich zurückgeprallt. Seine ganze Gestalt war vornüber geduckt, seine knackenden Finger hatten sich krumm in den Korbrand gekrallt. Er stierte sie an. Sein Gesicht war aschfahl.
»Die . . . L-ampe! Die . . . L-ampe! Die . . . L-ampe!«
»Niels! ! !«
Sie war rücklings vor ihm gegen die Wand getaumelt.
»Still! Still! ! K-lopft da nicht wer?«
Ihre beiden Hände hinten hatten sich platt über die Tapete gespreizt, ihre Knie schlotterten.
»K-lopft da nicht wer?«
Er hatte sich jetzt noch tiefer geduckt. Sein Schatten über ihm pendelte, seine Augen sahen jetzt plötzlich weiß aus. Eine Diele knackte, das Öl knisterte, draußen, auf der Dachrinne tropfte das Tauwetter.
Tipp . . . –
Tipp . . . –
Tipp . . . –
Tipp . . . –

Johannes Schlaf und Arno Holz. Farbige Zeichnung von J. Schlaf, als Postkarte verwendet (1889/90)

Acht Tage später wird der gescheiterte Mime erfroren im Schnee gefunden. Die Flasche lugt noch aus seinen zerlumpten Frackschößen hervor.
Schockierend wirkt nicht nur der Inhalt: der unerfüllte Traum vom großen Hamlet, der sich in Zynismus, Brutalität und Weltschmerz verliert; schockierend wirkt vor allem der neue Sprachgestus. Holz und Schlaf arbeiten mit lautmalenden Wortschöpfungen, Ausrufezeichen, Gedankenstrichen und Punkten. Die strenge Gattung Prosa wird aufgelöst durch szenische Darstellungen und direkte Rede. Die Sprache erfährt eine unmittelbare Verlebendigung. Schweigen, Stottern und Nachdenken finden einen mimetischen Ausdruck. Jeder noch so scheinbar unwichtige Augenblick der erzählten Zeit wird festgehalten; der zeitgenössische Literaturhistoriker ADALBERT VON HANSTEIN prägt dafür den Begriff des »Sekundenstils«.
Holz vor allem ist es, der die Sprache durch artistische Präzision bis zum Äußersten treiben will. Das bestätigt Johannes Schlaf, obwohl sie sich nach dem Bruch der Freundschaft gegenseitig den Anteil an ihren Gemeinschaftswerken streitig machen:

Holz konnte oft einen ganzen Tag nicht über einen Satz hinauskommen, weil er keine Ruhe hatte, es ihm unmöglich war, weiterzugehen, bevor er nicht farbenfunkelnd, klingend, tönend und womöglich duftend vor ihm stand.

»Proletarier: ›Siehst Du, das sind auch zwei von den neuen Dichtern, die sich so eine Menge Geld mit unser'm Elend verdienen!‹« Aus »Fliegende Blätter« (1895)

Gerhart Hauptmann ist so begeistert von dieser kühnen Erneuerung der Sprache, daß er seinem im selben Jahr erscheinenden Drama *Vor Sonnenaufgang* (1889) eine Widmung voranstellt, die lautet: »Bjarne P. Holmsen, dem konsequentesten Realisten, Verfasser von ›Papa Hamlet‹, zugeeignet, in freudiger Anerkennung der durch sein Buch empfangenen, entscheidenden Anregung.«

Gerhart Hauptmann: Bahnwärter Thiel

Fast zeitgleich zu den Prosa-Skizzen von Holz und Schlaf schreibt Gerhart Hauptmann seine Novelle *Bahnwärter Thiel*, die 1888 veröffentlicht wird. Der im Jahre 1862 im schlesischen Ober-Salzbrunn geborene Hauptmann stößt erst Mitte der achtziger Jahre zu den Berliner Literaten und dem Verein »Durch«. Aus bescheidenen Verhältnissen stammend, verläßt er frühzeitig die Schule, verdingt sich in verschiedenen Berufen, versucht sich mit dem Eintritt in eine Kunstakademie als Bildhauer, besucht als Gasthörer Geschichtsvorlesungen der Universitäten Jena und Berlin. 1885 heiratet Gerhart Hauptmann in Dresden die wohlhabende Marie Thienemann. Das Paar zieht nach Berlin-Moabit und aus gesundheitlichen Gründen noch im selben Jahr in die Umgebung der Reichshauptstadt, nach Erkner. Das Vermögen seiner Frau gestattet ein sorgenfreies Leben, Hauptmann entschließt sich zu einer freien Schriftstellerexistenz. Damit ist Hauptmann, der in den neunziger Jahren durch seine literarischen Arbeiten sehr üppig zu verdienen beginnt, in einer für seine Generation selten privilegierten Situation. Arno Holz hatte Jahrzehnte unter bitterer Armut zu leiden, die Brüder Hart waren ohne jede finanzielle Mittel. Neu an dieser Generation war, daß sie glaubte, unabhängig und frei von jedem Brotberuf nur von literarischen Arbeiten leben zu können, ermutigt durch die hohen Einnahmen mancher Gründerzeitschriftsteller. Das war ein Irrtum. Die Gründerzeitliteraten fanden Zustimmung, denn sie repräsentierten das nationale Hochgefühl dieser Jahre, während die Naturalisten Außenseiter waren. Ihr Geld mußten sie kümmerlich durch Zeitschriftenbeiträge und schlecht bezahlte Redakteursarbeiten verdienen. Im Normalfall waren die literarischen Honorare elend: Arno Holz verdient an seinen beiden Auflagen des *Buchs der Zeit* bei einer Auflage von 12 000 Exemplaren innerhalb von dreißig Jahren 775 Mark; Hermann Conradi beklagt sich 1886 bei seinem Verleger Schabelitz, daß er für drei verlegte Bücher nur 50 Mark Honorar erhalten habe.

Hauptmann taucht relativ spät in der Berliner Literatenszene auf, aber der *Bahnwärter Thiel* – entstanden 1887 – weist ihn als einen der begabtesten jungen Schriftsteller aus. Hauptmann entwickelt nicht die Kühnheit des formalen Ausdrucks von Holz/Schlaf; er nennt sein Werk eine »novellistische Studie« und erzählt im epischen Stil den Verfall eines einfachen Mannes, der sich dem Milieu nicht entgegenstemmen kann. Der Bahnwärter verliert seine erste Frau, ein zartes Geschöpf, nach der Geburt ihres ersten Jungen. Er heiratet wieder, diesmal eine derbe, hartherzige Kuhmagd. Wehrlos muß der eigenbrötlerische und religiös bestimmte Arbeiter mit ansehen, wie seine zweite Frau sein erstes Kind quält und all ihre Liebe nur dem gemeinsamen Kind zukommen läßt. Charakteristisch für die naturalistische Literatur zerstören bei Hauptmann sexuelle

Begierde und Hörigkeit. Als die Frau des Bahnwärters wieder einmal den ersten Sohn Tobias schlecht behandelt, findet Thiel nur eine Reaktionsweise:

Sekundenlang spielte sein Blick über den starken Gliedmaßen seines Weibes, das, mit abgewandtem Gesicht herumhantierend, noch immer nach Fassung suchte. Ihre vollen, halbnackten Brüste blähten sich vor Erregung und drohten das Mieder zu sprengen, und ihre aufgerafften Röcke ließen die breiten Hüften noch breiter erscheinen. Eine Kraft schien von dem Weibe auszugehen, unbezwingbar, unentrinnbar, der Thiel sich nicht gewachsen fühlte.

Die Katastrophe bahnt sich unausweichlich an. In der Metapher der Eisenbahn, die die Ruhe der Wälder zerstört, nimmt Hauptmann das Unheil vorweg:

Die Sonne, welche soeben unter dem Rande mächtiger Wolken herabhing, um in das schwarzgrüne Wipfelmeer zu versinken, goß Ströme von Purpur über den Forst. Die Säulenarkaden der Kiefernstämme jenseits des Dammes entzündeten sich gleichsam von innen heraus und glühten wie Weisen.
Auch die Geleise begannen zu glühen, feurigen Schlangen gleich, aber sie erloschen zuerst; und nun stieg die Glut langsam vom Erdboden in die Höhe, erst die Schäfte der Kiefern, weiter den größten Teil ihrer Kronen in kaltem Verwesungslicht zurücklassend, zuletzt nur noch den äußersten Rand der Wipfel mit einem rötlichen Schimmer streifend. Lautlos feierlich vollzog sich das erhabene Schauspiel. Der Wärter stand noch immer regungslos an der Barriere. Endlich trat er einen Schritt vor. Ein dunkler Punkt am Horizont, da wo die Geleise sich trafen, vergrößerte sich. Von Sekunde zu Sekunde wachsend, schien er doch auf einer Stelle zu stehen. Plötzlich bekam er Bewegung und näherte sich. Durch die Geleise ging ein Vibrieren und Summen, ein rhythmisches Geklirr, ein dumpfes Getöse, das, lauter und lauter werdend, zuletzt den Hufschlägen eines heranbrausenden Reitergeschwaders nicht unähnlich war.
Ein Keuchen und Brausen schwoll stoßweise ferner durch die Luft. Dann plötzlich zerriß die Stille. Ein rasendes Tosen und Toben erfüllte den Raum, die Geleise bogen sich, die Erde zitterte – ein starker Luftdruck – eine Wolke von Staub, Dampf und Qualm, und das schwarze, schnaubende Ungetüm war vorüber.

Auch Thiel entwickelt sich zu einem Ungeheuer. Seine Frau läßt aus Unachtsamkeit sein erstes Kind auf die Bahngeleise laufen; es wird vom Schnellzug überfahren. In einem Anfall von Wahnsinn erschlägt der Bahnwärter seine Frau und schneidet ihrem gemeinsamen Kind die Kehle durch. Ein Blutbad ist seine ohnmächtige Rache, Thiel wird ins Irrenhaus eingeliefert. Dumpfe Einfalt, Brutalität und Sprachlosigkeit halten Hauptmanns Personen zusammen, die in ihrem Milieu und ihrer Einsamkeit ausweglos gefangen bleiben.

Gerhart Hauptmann (um 1895)

Romane der Naturalisten

Hervorragende Leistungen auf dem Gebiet des Romans gibt es bei den Naturalisten nicht. Formal bewegen sie sich eher im konventionellen Rahmen; inhaltlich werden die Themen der Zeit vorgetragen – Armut, Suff, das Elend lediger

»Die Lösung der sozialen Frage«, Zeichnung von Th. Th. Heine (1898)

Mütter, Kindermord, Prostituiertenschicksale, unglückliche Ehen –, aber ohne die bedrückende Aggressivität, die im Drama auf die Bühne gebracht wird.
MAX KRETZER (1854–1941) prägt den neuen Typus des Berlin-Romans, des sozialen Großstadt-Romans.

Der Berliner hat mit der Zeit seine Engherzigkeit verloren und den Beweis gegeben, daß er würdig sei, als Weltstädter betrachtet und behandelt zu werden. Ist Berlin auch noch kein Paris, kein London, so wächst es doch mächtig heran, reckt es sich nach allen Seiten, um den steinernen Gürtel immer aufs Neue zu dehnen. Ganze Stadtteile sind seit einem Jahrzehnt entstanden, Straßenzüge schafft der Lauf eines Jahres. Zu gleicher Zeit häufen sich auch Not und Elend, entbrennt der Kampf ums Dasein aufs Äußerste in demselben Maße, in dem Luxus und Reichtum überhand nehmen. Für den Romanschriftsteller liegt der Stoff sozusagen auf der Straße, erlernt er nur die Sprache, welche die Häuserkolosse reden, beherzigt er nur den Spruch des Dichters: »Greift nur hinein ins volle Menschenleben.«
(MAX KRETZER: *Zur Entwicklung und Charakteristik des »Berliner Romans«*, 1885)

Er ist der einzige naturalistische Schriftsteller aus der Arbeiterschicht. Aus Posen stammend, verläßt er früh die Schule und wird Fabrikarbeiter in Berlin. Kretzer verfaßt insgesamt 35 Romane; sein bekanntester ist *Meister Timpe*, veröffentlicht 1888. Thema des Romans ist der Generationenkonflikt:

Der Greis stellt die Vergangenheit vor, der Mann die Gegenwart und der Jüngling die Zukunft. Der Erste verkörpert die Naivität, der Zweite die biderbe Geradheit des Handwerkmannes, der sich seiner Unwissenheit nicht schämt, sich seines Werthes bewußt ist; und der Dritte die große Lüge unserer Zeit, welche die Geistesbildung über die Herzensbildung und den Schein über das Sein stellt.

Kretzer klagt die skrupellose Gründerzeitgeneration an, die bereit ist, um ihrer Karriere willen und für ihren ökonomischen Aufstieg über Leichen zu gehen. Von seinen Zeitgenossen wird Kretzer der Berliner Zola genannt; er selbst lehnt jedoch »das kalte Seziermesser« Zolas ab, als Autor will er nicht kühler Beobachter des menschlichen Elends sein.
Ganz ZOLA verpflichtet fühlt sich das Haupt der Münchner Naturalisten, MICHAEL GEORG CONRAD (1846–1927). Er plant nach dem Vorbild des französischen Meisters einen zehnbändigen Romanzyklus über München; insgesamt drei Bände erscheinen, davon ist der bekannteste der im Jahre 1888 veröffentlichte Roman *Was die Isar rauscht.* Auch dieser Roman ist eine Abrechnung mit dem Gründergeist. Die Gesellschaft wird als verfault und korrupt dargestellt; ihr Handeln ist diktiert von »Erwerbsgier, Raubgier, Spekulationsgier, Besitzgier, Freßgier«. Das Großkapital ist in den Augen Conrads eine »moderne Raubritterschaft mit und ohne Vorhaut«, die Geschäftsleute sind »Raubtiere« und »Schlammbeißer«.
Für Aufsehen sorgt auch der Roman von HERMANN CONRADI, *Adam Mensch*, der 1889 erscheint und noch im selben Jahr wegen Gotteslästerung und Unzüchtigkeit gerichtlich beschlagnahmt wird. Kurz vor Eröffnung des Prozesses im Jahre 1890 stirbt Conradi im Alter von 27 Jahren. Seine Titelfigur, der Schrift-

steller Dr. Adam Mensch, soll autobiographische Züge tragen. Adam Mensch ist ein zynischer Bohemien, der die Welt in all ihrer Verlogenheit durchschaut, am liebsten Selbstmord begehen würde und dennoch zum Leben »verurteilt« ist. Er gefällt sich in der Rolle des lasterhaften Egoisten, des sexuellen Triebmenschen. In Anlehnung an NIETZSCHE entwirft CONRADI das Bild vom neuen »Übergangsmenschen«.

Unberechenbar in seinen Stimmungen, in seinen Neigungen und Launen; zersplittert in seinen Kräften; unbeständig, flackernd in »erotischen Fragen«, in der »Leidenschaft« satt und unbefriedigt zugleich; müde, todmüde – und begeisterungsfähig wie ein Jüngling, der soeben mannbar geworden ist; angefressen von dem Skeptizismus seiner Zeit; unklar und wechselnd in seinen Bestrebungen; radikal in seinen Anschauungen; und wieder über alles borniert, einseitig, engherzig, intolerant, besonders hinsichtlich mancher gesellschaftlicher Formen und Gewohnheiten; – der Volkseele mitunter in allem so fern, so fremd; auf sich neugierig, über sich erstaunt und seiner selbst überdrüssig; nicht wissend: Warum das alles? Wozu? Wohin mit dem allen? Wo hinaus? Oder wo hinein?

Conradi stellt den modernen Menschen, einen Intellektuellen, vor; er zeichnet kein sympathisches Bild, bestürzend sind Selbstquälerei und Selbsthaß. Modern ist auch die epische Form des inneren Monologs, der zum ersten Mal 1877 in W. M. GARSCHINS Roman *Vier Tage* verwendet wird: die Welt als Reflex im Subjekt, die Problematisierung von persönlicher Identität und gesellschaftlicher Realität. Trotz einiger Trivialitäten und Entgleisungen ist CONRADIS *Adam Mensch* ein avantgardistischer, antibürgerlicher Protest gegen die satte, selbstgefällige bürgerliche Gesellschaft.
Dieser Roman CONRADIS sowie zwei weitere Romane von WILHELM WALLOTH und CONRAD ALBERTI sind der Anlaß für den zweiten großen Literaturprozeß im 19. Jahrhundert, nachdem 1835 schon das »Junge Deutschland« als gesamte Richtung verboten worden war. Die Anklage lautet auf Gotteslästerung; die Schilderungen der inkriminierten Werke würden »das Scham- und Sittlichkeitsgefühl gröblich verletzen«. Ort des Geschehens ist Leipzig, denn unter den Angeklagten befindet sich auch der Leipziger Verleger Wilhelm Friedrich, in dessen Verlagshaus die Romane veröffentlicht worden waren. So wie Campe der exponierte Verleger der Vormärzdichter war, ist Friedrich ein avantgardistischer Förderer der naturalistischen Literatur, die zum großen Teil in seinem Verlag erscheint. 1890 wird das Urteil verkündet. Friedrich wird als einziger freigesprochen, aber sein Unternehmen ist wirtschaftlich ruiniert. Die jungen oppositionellen Autoren müssen sich nach anderen mutigen Verlegern umsehen. Viele finden Zuflucht bei dem Schweizer Verleger Schabelitz in Zürich, zumal sie dadurch auch die Einschränkungen durch die deutsche Zensur umgehen können.

Illustrationen zu Werken von Max Kretzer

DRAMA

Naturalistische Autoren werden polizeilich vorgeführt. Aus »Kladderadatsch« (1894)

Literarisch prägend für die Zeit des Naturalismus ist das Drama; das Theater wird um 1890 zur wichtigsten Vermittlungsinstitution der naturalistischen Literatur. Da selbst nach der Aufhebung der Sozialistengesetze 1890 kulturelle Veranstaltungen einer scharfen Zensur unterliegen, gründen Förderer der neuen jungen Literatur im April 1889 in Berlin einen privaten Theaterverein, die *Freie Bühne.* Die Anregung zu diesem Schritt kommt aus Paris, dort hatte André Antoine eine Laienspielbühne, das »Théâtre libre«, als Forum zur Aufführung von Gegenwartsstücken ins Leben gerufen. Zu den Initiatoren in Berlin gehören die Brüder Hart, die beiden Publizisten Theodor Wolff und Maximilian Harden, Otto Brahm und Paul Schlenther, die später berühmte Theaterprinzipale werden. Leiter der *Freien Bühne* wird Otto Brahm, der 1891 über Ziel und Inhalt der privaten Experimentierbühne schreibt:

> Ihrem äußeren Wesen nach stellt sich die Freie Bühne als ein Verein dar; eine Form, die zumeist deshalb gewählt wurde, um Censurfreiheit zu erlangen. Da unsere Vorstellungen keine öffentlichen sind, sondern nur für die Vereinsmitglieder gegeben werden, so durften wir zum Beispiel Henrik Ibsens »Gespenster« zur Darstellung bringen – ein Werk, dessen Aufführung den Berliner Theatern im übrigen bis auf den heutigen Tag verboten ist; und so brauchen wir auch sonst uns die mancherlei Sorgen nicht aufzuerlegen, welche den öffentlichen Bühnen durch die Censur erwachsen.... Nicht ein Publikum also, sondern Vereinsmitglieder sind es, die sich in den Matineen der Freien Bühne, an Sonntag-Vormittagen im Residenztheater, einfinden. Ein kleiner Kreis von noch nicht tausend Menschen, immer die Nämlichen, Freunde und Gegner des Unternehmens. Denn keineswegs ist es eine Gemeinde von Gleichgesinnten, die sich hier zusammengethan hat.... Wie auch die Bewegung verlaufen mag, an das eine glauben wir fest: nur durch die Schule der Natur hindurchschreitend, kann das Theater wieder die große geistige Macht werden über dem Leben der Deutschen: nur diesen Weg sehe ich, keinen anderen.... das moderne Theater wird naturalistisch sein oder es wird gar nicht sein.

Noch im Gründungsjahr versammeln sich in der *Freien Bühne* 900 Mitglieder. Frauen sind als einfache Mitglieder gerne gesehen; in die aktiv planende Gruppe werden sie nicht hineingewählt, obwohl schreibende Frauen im Naturalismus besonders auf dem Gebiet der Dramatik hervortreten. Clara Viebig (1860–1952) verfaßt einen Zyklus von Einaktern: In *Fräulein Freschbolzen* (1905) bringt sie das Schicksal der Näherinnen der Großstadt auf die Bühne, in *Eine Zuflucht* (1905) beschreibt sie die Zustände in einem Frauengefängnis und die hilflose Rolle der Damen der feineren Gesellschaft, die den »Gefallenen« Mut zusprechen wollen. Elsa Bernstein (1866–1949), die unter dem Pseudonym Ernst Rosmer schreibt, macht sich mit ihrem Drama *Dämmerung* (1893) einen Namen unter den Zeitgenossen. Ein verwitweter Künstler muß sich zwischen der Liebe für seine erblindete Tochter oder seine Geliebte entscheiden; er übernimmt Verantwortung für seine Tochter. Paul Schlenther spendet Elsa Bernstein höchstes Lob, wenn er urteilt, daß die milieuhaften Genrebilder des Stückes »von Gerhart Hauptmann sein könnten«. Zu den bekannteren natura-

listischen Schriftstellerinnen gehört auch die aus Ungarn stammende MARIE EUGENIE DELLE GRAZIE (1864–1931), die vor allem durch ihre entschiedene Parteinahme für die Arbeiter auffällt. In ihrem Drama *Schlagende Wetter* (1899) zeigt die Autorin nicht nur das Unglück der Bergarbeiter, sie thematisiert auch den grundlegenden Widerspruch zwischen Lohnarbeit und Kapital. In *Moralische Walpurgisnacht* (1896) zieht zum Schluß ein Arbeiterheer mit roten Fahnen über die Bühne. Die naturalistischen Schriftstellerinnen vertreten keinen besonderen Emanzipationskampf der Frauen: Alle Unterdrückten und Abhängigen sollen sich zur Wehr setzen. Aufnahme finden ihre Werke in den Zeitschriften der Naturalisten; die Vereine und Zirkel bleiben jedoch männlich dominiert, sie sind der Ort für literarisches Mäzenatentum unter Männern.
Durch die Arbeit in der *Freien Bühne* entwickelt sich eine Freundschaft zwischen OTTO BRAHM und GERHART HAUPTMANN, Brahm wird zum rückhaltlosen Förderer des jungen Hauptmann. Auftakt dieser Verbindung ist die Uraufführung von Hauptmanns sozialem Drama *Vor Sonnenaufgang* am 20. Oktober 1889 in der *Freien Bühne*.

Die Dramen Gerhart Hauptmanns

Das Erstlingsdrama *Vor Sonnenaufgang* von GERHART HAUPTMANN löst einen Theaterskandal aus. Als auf offener Bühne der betrunkene Bauer Krause gegenüber seiner Tochter sexuell zudringlich wird, empört sich ein Besucher der Uraufführung: »Sind wir denn hier in einem Bordell oder im Theater?« Der konservative Theaterkritiker WILHELM THAL gibt 1890 die Stimmung des vorherrschenden Zeitgeschmacks wieder:

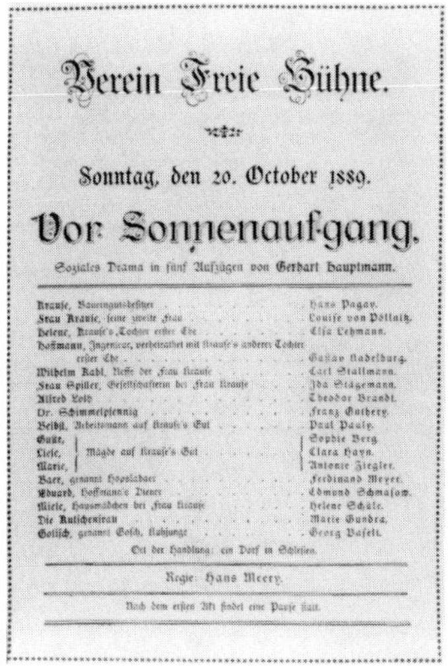

Verein Freie Bühne.

Sonntag, den 20. October 1889.

Vor Sonnenaufgang.

Soziales Drama in fünf Aufzügen von Gerhart Hauptmann.

Krause, Bauerngutsbesitzer	Hans Pagay.
Frau Krause, seine zweite Frau	Louise von Pöllnitz.
Helene, Krause's Tochter erster Ehe	Else Lehmann.
Hoffmann, Ingenieur, verheirathet mit Krause's anderer Tochter erster Ehe	Gustav Kadelburg.
Wilhelm Kahl, Neffe der Frau Krause	Carl Stallmann.
Frau Spiller, Gesellschafterin bei Frau Krause	Ida Stägemann.
Alfred Loth	Theodor Brandt.
Dr. Schimmelpfennig	Franz Guthery.
Beibst, Arbeitsmann auf Krause's Gut	Paul Pauly.
Guste, Mägde auf Krause's Gut	Sophie Berg.
Liese, Mägde auf Krause's Gut	Clara Hayn.
Marie, Mägde auf Krause's Gut	Antonie Ziegler.
Baer, genannt Hopslabaer	Ferdinand Meyer.
Eduard, Hoffmann's Diener	Edmund Schmasow.
Miele, Hausmädchen bei Frau Krause	Helene Schüle.
Die Kutschenfrau	Marie Gundra.
Golisch, genannt Gosch, Kuhjunge	Georg Vaselt.

Ort der Handlung: ein Dorf in Schlesien.

Regie: Hans Meery.

Nach dem ersten Akt findet eine Pause statt.

Hauptmanns Drama enthält das denkbar entsetzlichste, das in der deutschen Literatur bisher geschaffen wurde, denn eine Familie, in der alle Laster, wie Trunksucht, Blutschande, Ehebruch in so lieblicher Gemeinschaft vorhanden sind, und in der selbst die Dienstboten von der allgemeinen viehischen Sinnlichkeit ergriffen werden, dürfte sich denn doch nicht so leicht finden und wenn wirklich in irgend einem verlassenen Winkel eine solche Gruppe von Scheusalen lebt, so ist es die Sache des öffentlichen Schamgefühls, diesen Schandfleck nach Möglichkeit zu verhüllen, nicht aber ihn an die Öffentlichkeit auf die Bühne zu zerren.

Wie bahnbrechend Hauptmanns Darstellung der Laster einer plötzlich reich gewordenen Bauernfamilie wirkt, zeigt auch die Reaktion naturalistischer Zeitgenossen. Am schärften reagiert CONRAD ALBERTI, der zum Münchner Kreis gehört und sich 1890 in der Zeitschrift *Gesellschaft* erregt:

Der Kot wurde in Kübeln auf die Bühne getragen, das Theater zur Mistgrube gemacht. Das ganze Stück stinkt, aber nicht weil es von Kot handelt, sondern weil es selbst erstunken ist. . . . Das Stück machte Sensation – aber diese Sensation galt lediglich dem Mut der Unverfrorenheit, so viel Dreck auf einmal vor die Öffentlichkeit zu schleppen.

Hauptfigur des Stückes ist der Sozialist Alfred Loth, der einen alten Gesinnungsgenossen, den Ingenieur Hoffmann, auf dem Lande besucht. Hoffmann hat in die Familie eingeheiratet, die durch Kohlefunde am Ort reich geworden ist. Loth kommt nicht aus Sentimentalität in das Dorf, er will dort eine nationalökonomische Studie über die Veränderungen des Dorfes und das Leben der Bergarbeiter durchführen. In Atem gehalten wird Loth aber nicht von der Armut und der Ausbeutung der Bergarbeiter, gefangen nimmt ihn der zerrüttete Zustand der durch die Industrie wohlhabend gewordenen Bauernfamilie Krause: Der alte Bauer ist im Suff verkommen, seine Frau putzt sich unangemessen auf und vergnügt sich nächtens mit dem Dorfdeppen, die Tochter Martha – verheiratet mit dem Ingenieur – bringt als Säuferin ein totes Kind zur Welt. Strahlende Ausnahme in dieser düsteren Familienszenerie ist die Tochter Helene, in die sich Loth verliebt. Helene bewahrt die Erziehung in einer Herrenhuter Gemeinde davor, der animalischen Genußsucht ihrer übrigen Familie zu verfallen. Der Sozialist Loth beeindruckt die junge Frau durch seine weltverbessernden Ansichten. Als Helene Loth von dem beängstigenden und mürrischen Eindruck erzählt, den die Arbeiter auf sie machen, antwortet ihr Loth:

Loth: Man könnte vielleicht Mittel finden, den Grund, warum diese Leute immer so freudlos und gehässig sein müssen, wegzuräumen; – man könnte sie vielleicht glücklicher machen.
Helen, ein wenig verwirrt: Ich muß ehrlich sagen, daß ... aber gerade jetzt verstehe ich Sie doch vielleicht ein ganz klein wenig. – Es ist mir nur ... nur so ganz neu, so ganz – neu!

Der Sozialist Loth erhebt sich über die Dekadenz und Verkommenheit der Bauernfamilie und den Opportunismus seines früheren Freundes Hoffmann mit der stolzen Gewißheit, einer erblich unbelasteten Familie zu entstammen. Ihn entsetzen die Auswirkungen des Alkohols in der Familie Krause; er weist den Genuß geistiger Getränke strikt zurück und doziert:

Loth: Die Wirkung des Alkohols, das ist das Schlimmste, äußert sich sozusagen bis ins dritte und vierte Glied. – Hätte ich nun das ehrenwörtliche Versprechen abgelegt, nicht zu heiraten, dann könnte ich schon eher trinken, so aber ... meine Vorfahren sind alle gesunde, kernige und, wie ich weiß, äußerst mäßige Menschen gewesen. Jede Bewegung, die ich mache, jede Strapaze, die ich überstehe, jeder Atemzug gleichsam führt mir zu Gemüt, was ich ihnen verdanke. Und dies, siehst du, ist der Punkt: ich bin absolut fest entschlossen, die Erbschaft, die ich gemacht habe, ganz ungeschmälert auf meine Nachkommen zu bringen.
Frau Krause: Du! – Schwiegersuhn! – inse Bargleute saufen woarhaftig zu viel: doas muuß woar sein.
Kahl: Die saufen wie d'Schweine.
Helene: Ach, so was vererbt sich?
Loth: Es gibt Familien, die daran zugrunde gehen, Trinkerfamilien.

Die Vererbung des Alkoholismus ist das Hauptthema des Dramas: nicht der Alkoholismus unter den Arbeitern, sondern in der Familie der Emporkömmlinge. Als Loth diese volle Wahrheit der Familie Krause erfährt, verläßt er Helene,

obwohl sie einen gemeinsamen Aufbruch in eine bessere Welt geplant hatten. Loth muß und will sein »gesundes Erbgut« bewahren; der positive Held verwandelt sich in einen skurrilen Sozialapostel.
Hauptmann übernimmt von HOLZ/SCHLAF, denen er sein erstes soziales Drama widmet, die gestische Sprache; Gedankenstriche, Punkte, Ausrufezeichen verlebendigen die innere Bewegtheit der Sprechenden. Alltagssprache und Dialekteinschübe erhöhen die Authentizität des sozialen Milieus der Aufsteigerfamilie. Mit ausführlichen Regieanweisungen legt Hauptmann den Charakter der Inszenierung fest; er will ein möglichst natur- und milieugetreues Auftreten der Personen sichern.

Bis zur Perfektion entwickelt Hauptmann die Kunst der Regieanweisung in seinem Drama *Die Weber*, erschienen 1892. Im Februar 1893 wird es von der *Freien Bühne* in Berlin uraufgeführt; ein Jahr später findet die erste öffentliche Aufführung statt. Das Elend der schlesischen Weber, ihr Gefangensein im Milieu der Armut, führt Hauptmann in seinen szenischen Bemerkungen vor Auge, die fast wie kleine Prosastücke wirken:

Plakat von Emil Orlik zur Prager Aufführung 1897

In einem engen, von der sehr schadhaften Diele bis zur schwarz verräucherten Balkendecke nicht sechs Fuß hohen Raum sitzen zwei junge Mädchen, Emma und Berta Baumert, an Webstühlen – Mutter Baumert, eine kontrakte Alte, auf einem Schemel am Bett, vor sich ein Spulrad – ihr Sohn August, zwanzigjährig, idiotisch, mit kleinem Rumpf und Kopf und langen, spinnenartigen Extremitäten, auf einem Fußschemel, ebenfalls spulend. Durch zwei kleine, zum Teil mit Papier verklebte und mit Stroh verstopfte Fensterlöcher der linken Wand dringt schwaches, rosafarbenes Licht des Abends ... Das Getöse der Webstühle, das rhythmische Gewuchte der Lade, davon Erdboden und Wände erschüttert werden, das Schlurren und Schnappen des hin und her geschnellten Schiffchens erfüllen den Raum. Da hinein mischt sich das tiefe, gleichmäßig fortgesetzte Getön der Spulräder, das dem Summen großer Hummeln gleicht.

Zug der Weber. Radierung von Käthe Kollwitz (um 1897)

Die Weber gelten als der Höhepunkt des konsequenten Naturalismus. Hauptmann studiert für sein Drama ausführlich die Quellen des historischen Weberaufstands im schlesischen Eulengebirge 1844. Er hat in seiner Kindheit in Ober-Salzbrunn das Leben der Weber aus eigener Anschauung kennengelernt und kann sich auf die Erzählungen seines Vaters stützen, dem er das Drama widmet, weil dieser ihm vom Großvater erzählte, »der in jungen Jahren, ein armer Weber, wie die Geschilderten hinterm Webstuhl gesessen«. Hauptmann gibt seinem Drama den Untertitel »Schauspiel aus den vierziger Jahren«, um der Zensur das Urteil zu erschweren, er habe ein aktuelles politisches Stück geschrieben. Diese Vorsichtsmaßnahme ist umsonst. Die reine Dialektfassung des Stückes wie auch die dem Hochdeutschen angenäherte Fassung werden verboten. Als es im Jahre 1894 nach der Aufhebung des Verbots zur ersten öffentlichen Aufführung kommt, kündigt Kaiser Wilhelm II. die Hofloge im Deutschen Theater wegen der »demoralisierenden Tendenz« des Stückes. Das Berliner Publikum ist anderer Meinung oder zumindest neugierig auf das Skandalstück; in den Jahren 1894 bis 1896 erleben *Die Weber* mehr als zweihundert Aufführungen am Deutschen Theater.

Im Gegensatz zu *Vor Sonnenaufgang* oder *Das Friedensfest* (1889) beschränkt sich Hauptmann nicht mehr auf Seelenzustände: Die Weber setzen sich im Kampf gegen die Macht der Kapitalisten zur Wehr; statt eines individuellen Helden werden die Weber als Masse zum Subjekt des Geschehens. Das Stück beginnt im Hause des Tuchfabrikanten Dreißiger, wo die Weber ihre Ware zur Musterung vorlegen müssen. Mitleidlos angesichts des Elends der Weber wird ihr Lohn brutal weiter gedrückt; Einsprüche und Bitten sind vergeblich. Ein kleines Mädchen bricht vor Hunger im Büro des Fabrikanten zusammen. Die zynische Antwort: Die Armen sollten weniger Kinder in die Welt setzen. Nur einer trotzt und stimmt das Protestlied der Weber an, »Das Lied vom Blutgericht«; er wird davongejagt. In den folgenden Akten schildert Hauptmann das entwürdigende Leben der Tag und Nacht an den Webstuhl gefesselten Arbeiter. Verzweiflung treibt sie zum Aufstand, die Tuchfabrikanten lassen Militär aufmarschieren; es kommt zum Kampf. Einer beteiligt sich nicht am Aufstand, der alte gottesfürchtige Weber Hilse. Er bleibt zu Hause an seinem Webstuhl:

Ich nich! Und wenn ihr alle vollens drehnig werd! Hie hat mich mei himmlischer Vater hergesetzt. Gell, Mutter? Hie bleiben mer sitzen und tun, was mer schuldig sein, und wenn d'r ganze Schnee verbrennt.

Während die Weber weiterkämpfen und die Soldaten zum Dorf hinaustreiben, wird der alte Hilse von einer verirrten Kugel des Militärs getroffen und stirbt. Das Ende des Dramas hat heftige Kontroversen ausgelöst. Ist der Tod des alten Hilse ein tragisches Zeichen, das das historische Recht des Aufstands in Frage stellt, oder stirbt hier ein Vertreter der älteren Generation, der aus unterwürfiger Religiosität heraus unbewußt auf der Seite der Blutsauger steht? THEODOR FONTANE löst den Widerspruch in eine »doppelte Mahnung« auf, die denen da oben und denen unten »ins Gewissen spricht«. Der Berliner Polizeipräsident hat eine eindeutige Interpretation:

Diese Züge zeigen klar, daß das Drama nicht etwa nur die Hartherzigkeit einzelner Besitzender und ihrer Werkzeuge schildert, vielmehr sind alle im Rahmen des Stückes auftretenden Besitzenden als die brutalen Ausbeuter der Arbeiterschaft hingestellt, und es ist, da doch nach der Darstellung des Stücks die Organe von Staat und Kirche die vollberechtigten Klagen der Ausgebeuteten abgewiesen haben, die ganze Staats- und Gesellschaftsordnung der Zeit, in welcher sich die Handlung abspielt, als des Bestehens unwerth geschildert. Darum erscheint die bewaffnete Erhebung der unterdrückten Arbeiterschaft hier als die unabweisbare Folge der socialen Mißstände, die Betheiligung am Aufstande ist als die Pflicht des tüchtigen Mannes hingestellt. Bezeichnend ist es für die Auffassung des Autors, daß er den einzigen Arbeiter, der, sich des besseren Lebens im Jenseits getröstend, von Gewaltthätigkeit abräth und bei der Arbeit bleibt, von der Kugel der Soldaten fallen läßt, welche dann vor den siegreichen Aufständischen die Flucht ergreifen müssen. Daß ein Stück diesen Inhalts in der Gegenwart auf einen großen Theil des hauptstädtischen Publikums eine in hohem Grade aufreizende Wirkung hervorbringen müsse, ist der Censurbehörde zweifellos erschienen und deshalb hat sie der öffentlichen Aufführung die Genehmigung versagt.

Kurios klingt die Begründung, mit der eine öffentliche Berliner Aufführung schließlich doch genehmigt wird:

Die Plätze im Deutschen Theater sind überwiegend so teuer, daß dies Theater vorwiegend von Mitgliedern derjenigen Gesellschaftskreise besucht wird, die nicht zu Gewalttätigkeiten geneigt sind.

Die Liste der zensierten Literatur in den achtziger und neunziger Jahren ist lang; verboten werden Lyrik, Prosa und Dramen wegen Staatsverunglimpfung, Gotteslästerung, Aufruf zum Aufruhr und sexueller Anzüglichkeiten. Betroffen sind nicht nur HENCKELL, ALBERTI, OSKAR PANIZZA und HAUPTMANN, auch Schriftsteller wie HERMANN BAHR, RICHARD DEHMEL, PAUL ERNST, OTTO ERICH HARTLEBEN und HERMANN SUDERMANN.
Hauptmann, der betont, er wolle nicht politisch sein, verfaßt in dieser Zeit weitere Dramen, die streng der naturalistischen Auffassung verpflichtet sind: *Das Friedensfest* (1889) schildert eine psychopathologische Familienkatastrophe; *Einsame Menschen* (1890) stellt das Schicksal entfremdeter Eheleute dar; in *Kollege Crampton* (1892) sind wiederum Trunksucht und Dekadenz der Familie sein Stoff; in *Der Biberpelz* (1893) führt die listige Mutter Wolfen die Autoritäten an der Nase herum, denn »Eigentum ist Diebstahl«. Mit der Traumdichtung *Hanneles Himmelfahrt* (1894) sprengt Hauptmann bereits das naturalistische Milieu.

Vor Sonnenaufgang und *Die Weber* sind die beiden Dramen, die ihn als berühmtesten Dichter des Naturalismus hervortreten lassen. Sein Ruhm, kräftig gefördert von Otto Brahm, verbittert ARNO HOLZ, von dem Hauptmann so entscheidende Anregungen empfangen hat. Hauptmann wird zum gutverdienenden Dramatiker, während Arno Holz weiterhin am Hungertuch nagt.

Holz/Schlaf: Die Familie Selicke

Die letzte gemeinsame Arbeit von HOLZ und SCHLAF ist das Drama *Die Familie Selicke*, im April 1890 in der *Freien Bühne* uraufgeführt. Nur ein Teil der modern denkenden Zeitgenossen begeistert sich für dieses Drama; im Spielplan setzt es sich nicht durch, heute ist es vergessen. Die bürgerlich-konservative Kritik schimpft auf diese »Thierlautcomödie« und »Trunksuchtcomödie, in die keine anständige Frau einen Fuß setzen darf«. THEODOR FONTANE dagegen lobt:

Das Stück beobachtet das Berliner Leben und trifft den Berliner Ton in einer Weise, daß auch das Beste, was wir auf diesem Gebiet haben, daneben verschwindet.

Karikatur auf die Doppelautoren Holz und Schlaf

Holz und Schlaf beschreiben das seelische Elend der Familie eines trunksüchtigen Buchhalters, für die es keinen Ausweg aus dem sozialen Elend gibt. Die Wohnung ist Gefängnis und Grab zugleich, alle sind zu einem hoffnungslosen Leben verurteilt. Ein junger Theologiestudent, der bei der Familie wohnt und die älteste Tochter der Not entreißen möchte, beschreibt die Situation:

Nein! Es ist ja hier ... Das kann kein Mensch ertragen! Dein Vater: brutal, rücksichtslos, deine Mutter krank, launisch; beide eigensinnig; keiner kann sich überwinden, dem andern nachzugeben, ihn zu verstehen, um ... um der Kinder willen! Selbst jetzt, wo sie nun alt geworden sind, wo sie mit den Jahren vernünftig geworden sein müßten! Die Kinder müssen ja dabei zugrunde gehen! Und das ist ihre Schuld, die sie gar nicht wieder gut machen können! Einer schiebt sie auf den anderen! Keiner bedenkt, was daraus werden soll! ... Und das nun schon so lange, schrecklich lange Jahre hindurch! Dabei Krankheit und Sorge ... Furchtbar! Furchtbar! ! Wenn man sich in den Gedanken versenkt ... tt! ... Nein, das ist alles zu, *zu* schrecklich! Das sind keine vernünftigen Menschen mehr, das sind ... Ae! Sie sind einfach jämmerlich in ihrem nichtswürdigen, kindischen Haß! ...

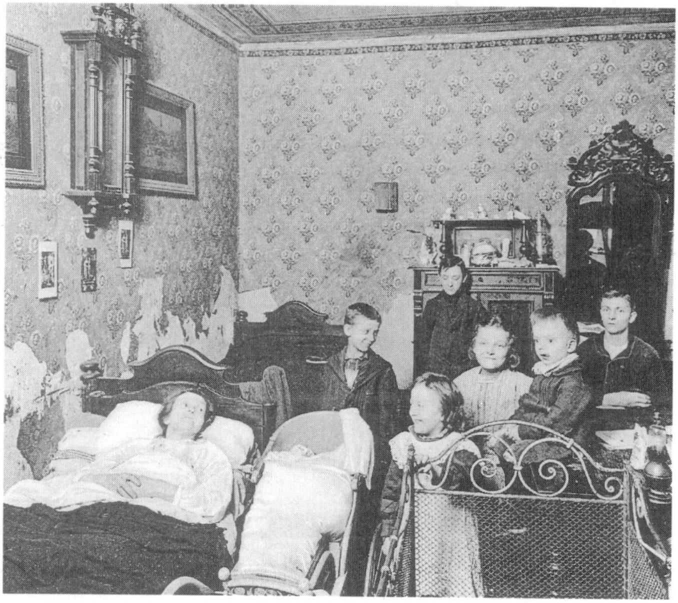

Berliner Mietwohnung (1913). Stube einer zehnköpfigen Familie

Keiner der Familie kann sich aus der Determinierung seines Schicksals lösen. Die älteste Tochter Toni weigert sich, dem Studenten zu folgen, denn die jüngste Schwester stirbt. Der betrunkene Vater kommt gerade noch rechtzeitig, um sein Kind sterben zu sehen, und bricht zusammen. Toni erlaubt sich kein eigenes Glück, ihr soziales Gewissen ist dem Elend der Familie verpflichtet.

Hermann Sudermann: Die Ehre

Das Drama von HOLZ/SCHLAF wird vom Publikum verspottet als »Familie Rührselicke« und »Familie Heulicke«. Großen Erfolg hat dagegen das Drama *Die Ehre* von HERMANN SUDERMANN (1857–1928), das einige Wochen nach HAUPTMANNS *Vor Sonnenaufgang* im November 1889 im Berliner Lessing-Theater uraufgeführt wird. Sudermanns Drama erlebt mehr als hundert Aufführungen und macht den Autor für eine Zeitlang zum berühmten Schriftsteller. Sudermann bemüht alle gängigen Themen des Naturalismus; er läßt ein wenig die Ironie spielen, und schließlich endet sein Stück mit einem Happy-End. Der Grundkonflikt entwickelt sich aus dem sozialen Widerspruch zwischen einer Kommerzienratsfamilie im Vorderhaus und einer Arbeiterfamilie im Hinterhaus. Der dandyhafte Sohn des Kommerzienrats macht die hübsche Arbeitertochter zu seiner Mätresse; der tugendhafte Arbeitersohn dagegen, der mit Hilfe des Vorderhauses sozial aufsteigt, verliebt sich ernsthaft in die aufrichtige Tochter der wohlangesehenen Familie. Der Arbeitersohn empört sich, als die geschändete Ehre seiner Schwester mit Geld abgegolten werden soll – aber ein solcher Schritt entspricht durchaus der Moral seiner Familie, Ehre ist in seinen Schichten käuflich. Bei den Reichen geht es nicht viel besser zu. Damit der Arbeitersohn die unbescholtene Kommerzienratstochter heiraten kann, muß erst noch ein großzügiger Freund wie ein Deus ex machina auftreten und ihn zu seinem Geschäftsteilhaber machen. Ausgestattet mit Wohlstand, kann er die Geld-Ehre der zukünftigen Schwiegereltern befriedigen. Der Bühnenerfolg dieses Stückes ist begreiflich: Sozialsentimentalität und Liebesromantik geben eine zugkräftige Mischung für den Publikumsgeschmack ab.

Die »Freie Bühne«

Öffentlichkeit finden die naturalistischen Dramen durch die Einrichtung der »Freien Bühnen«, die nicht nur in Berlin, sondern auch im übrigen Reich gegründet werden. Sie sind Träger eines modernen Theaters im Sinne der naturalistischen Theorien. 1890 kommt es in Berlin zu einer weiteren Gründung, der *Freien Volksbühne*, die sich inhaltlich am Vorbild der Freien Bühne orientiert. Aber im Unterschied zur *Freien Bühne*, die ein vorwiegend bürgerliches Publikum um sich versammelt, sollen in der *Freien Volksbühne* die Arbeiter an das moderne Theater herangeführt werden, für die die Mitgliedsbeiträge des bürgerlichen Theatervereins zu teuer sind. Anreger für dieses Projekt ist der Sozialdemokrat BRUNO WILLE, er wird unterstützt von JULIUS HART und OTTO BRAHM. Schon an der ersten Versammlung nehmen zweitausend Mitglieder teil, innerhalb des ersten Jahres gewinnt die *Freie Volksbühne* viertausend Mitglieder. Zwei Jahre später kommt es zu Auseinandersetzungen zwischen der offiziellen Sozialdemokratie und den sozialdemokratisch orientierten Schriftstellern. Die Literaten fühlen sich von der Partei gegängelt und diffamiert. Inhaltlich wird ihnen vorgeworfen, statt Klassenkampf Sozialromantik zu predigen, sich am Lumpenproletariat und den Anarchisten zu orientieren und die organisierten Arbeiter zu ignorieren.
Die *Freie Bühne* erlebt ihr letztes großes Ereignis mit der Uraufführung von HAUPTMANNS *Die Weber* im Jahre 1893. Danach verliert sie an Bedeutung. Erhalten bleibt ihr Einfluß über die Zeitschrift gleichen Namens, die der junge Samuel Fischer, damals noch Buchhändler, herausgibt, und die später in *Neue Rundschau* umbenannt wird. Samuel Fischer wird zum wichtigsten Verleger dieser Schriftstellergeneration. Die *Freie Volksbühne*, die sich hauptsächlich der Vermittlung der naturalistischen Dramatik in der Arbeiterbewegung widmet, löst sich 1896 auf, nachdem das Berliner Oberverwaltungsgericht ein Jahr zuvor die »Freien Bühnen« zu politischen Vereinen erklärte und sie damit der Zensur unterstellte.

Naturalisten und Sozialdemokratie

Die naturalistischen Schriftsteller, die sich mehr oder weniger dem Programm der Sozialdemokratie verpflichtet fühlen, geraten im Laufe der Jahre in immer schärferen Gegensatz zur organisierten Arbeiterklasse. Die Sozialdemokratie findet ihrerseits keine überzeugende Linie, die rebellierenden Literaten an sich zu binden. Zum endgültigen Bruch kommt es in der Literaturdebatte auf dem Gothaer Parteitag der SPD 1896. In vielem gleicht die Kritik der SPD-Delegierten den Vorwürfen, die auch die Konservativen gegen die Naturalisten vorbringen. Der Delegierte Molkenbuhr erklärt im Einverständnis mit seinen Parteigenossen:

Der Arbeiter, der mit der Noth zu kämpfen hat, der in den Zeiten der Arbeitslosigkeit schon zu einer gewissen Mißstimmung geneigt ist, kommt nicht zum Genuß der Kunst, wenn immer und immer nur die Noth in den allerkrassesten Farben geschildert wird, im Gegentheil, es wird dadurch eine Art Selbstmordstimmung bei ihm hervorgerufen.

August Bebel versucht ausgleichend zu wirken; er mahnt seine SPD-Mitglieder:

Seien Sie sich doch darüber klar, daß wir uns auch auf dem Gebiete der Kunst und Literatur heute in einer großen umstürzlerischen Bewegung befinden, in einer Bewegung, wo das Neue mit dem Alten kämpft. Eine Partei, wie die unsrige, die reformierend in alle Gebiete eingreift, kann doch nicht auf dem Gebiete der Kunst und Literatur einen Standpunkt vertreten, der nach und nach als ein veralteter angesehen wird.

Radikalisiert wird die Debatte vor allem durch den sozialdemokratischen Literaturhistoriker FRANZ MEHRING, der einwendet, »daß die moderne Kunst einen tief pessimistischen, das moderne Proletariat aber einen tief optimistischen Grundzug hat«. Als einzigen erkennt Mehring GERHART HAUPTMANN an. Der wiederum wird von Wilhelm Liebknecht scharf verurteilt:

Es ist sehr viel Plattes, Geschmackloses und Häßliches in seinen Schriften, und vor Allem ist nichts Revolutionäres darin, nein Spießbürgerlich-reaktionäres zum größten Teil.

Volksführer? Nein! Die Toga paßt mir nicht.
Ich bin zu schüchtern, Politik zu treiben.
Ich bilde mich und bilde mein Gedicht,
was meinem Innern fern liegt, laß ich bleiben.
Aus Mitgefühl sang ich mein Lied der Not,
mein Menschheitslied aus Höhentrieb der Seele,
doch dem Parteigetriebe bin ich tot –
nun hängt mich auf – empfehle mich, empfehle!

Die heißen Geister der Gerechtigkeit
verlockten mich mit Knütteln dreinzuschlagen,
doch tut es mir fast um das Pathos leid,
wehmütig lernt' ich solchem Strauß entsagen.
Ich *mag* nicht mehr, aus innerster Natur,
und ein's mit mir darf ich's getrost gestehen:
auf eigner Spur des reinern Daseins gehen.

(KARL HENCKELL, einst einer der überzeugtesten Parteigänger der SPD, in seinem Gedicht, *Mein ça ira*, 1894)

Für Liebknecht wollen die Naturalisten die Proletarier mit der »Fäulnis der kapitalistischen Gesellschaft« und der »prickelnden Lust« am bürgerlichen Verfall infizieren. Franz Mehring billigt der neuen Literatur nur einen Fortschritt innerhalb des bürgerlichen Lagers zu:

Sagt man: der moderne Naturalismus war ein neuer Aufschwung der bürgerlichen Literatur, ein kräftiger Aufstieg aus dem Sumpfe, worin diese Literatur während der siebziger Jahre versunken war, so sagt man die schlichte Wahrheit. ... Ganz anders aber steht die Sache, wenn der moderne Naturalismus sich als ein neues Weltprinzip der Kunst auftun, wenn er unsere klassische Literatur zum alten Eisen werfen, wenn er über Schiller und Lessing mit verächtlichem Mitleid daherfahren will.

Mehring verteidigt das klassische Erbe gegen die Naturalisten. Dies gehörte auch zu seinem Programm in der *Freien Volksbühne;* neben zeitgenössischen Stücken sorgt er für Aufführungen der Klassiker als Geschmacksbildung für die Arbeiter.

Die Debatte wird zu einem Zeitpunkt geführt, als sich selbst die entschlossensten Verteidiger der Sozialdemokratie unter den naturalistischen Schriftstellern bereits öffentlich von den Zielen und der Politik der SPD gelöst hatten. Inhaltlich gab es von Beginn an Differenzen, die aber nicht antagonistisch hätten werden müssen, wäre die Führung der Sozialdemokratie einfühlsamer vorgegangen.

Vielleicht war der Bruch mit der Sozialdemokratie gesetzmäßig vorgezeichnet. Der protzige Gründerzeitgeist und die sichtbare Verelendung der Arbeiter brachten die jungen Literaten in Opposition und forderten ihr soziales Engagement. Mit dem Beginn der neunziger Jahre geht jeder von ihnen eigene Wege, wie es KARL HENCKELL formulierte: »auf eigner Spur des reinern Daseins«. Neoromantische, mystische, naturreligiöse und impressionistische Züge treten immer stärker in ihrer Literatur hervor. Scharfsinnig schreibt HERMANN BAHR schon im Jahre 1891, daß die große Einheit der Naturalisten vorüber sei:

Ich glaube also, daß der Naturalismus überwunden werden wird durch eine nervöse Romantik; noch lieber möchte ich sagen: durch eine Mystik der Nerven. Dann freilich wäre der Naturalismus nicht bloß ein Korrektiv der philosophischen Verbildung. Er wäre dann geradezu die Entbindung der Moderne.

LITERATUR DER JAHRHUNDERTWENDE

Verglichen mit der Hektik in Berlin steht Wien in der zweiten Hälfte des 19. Jahrhunderts trotz Gründerkrach und Eisenbahnbau eher im Zeichen kontinuierlichen Wachstums, das sich in der fünf Kilometer langen Ringstraße rund um die Altstadt glanzvoll manifestiert. Die Dichter des »Jungen Wien«, mit denen um 1892 die Literatur der Jahrhundertwende einsetzt, HOFMANNSTHAL, SCHNITZLER, ALTENBERG, leben von Kind an in Wien, stammen aus Familien, die es zu etwas gebracht hatten, sind Verschwender der zweiten und dritten Generation, die einen lockeren Umgang mit dem haben, was Großväter und Väter als hart arbeitende Newcomer in den Jahrzehnten zuvor erworben hatten. Bei aller wirtschaftlicher Expansion, den großen demographischen Veränderungen und der starken politischen Stellung des liberalen Bürgertums nach der Niederlage im Krieg gegen Preußen 1866 war Wien die Hauptstadt einer real existierenden Monarchie, gab es einen jahrhundertealten Vielvölkerstaat als historische Voraussetzung für die Destruktionstätigkeit der jungen Dichter und ihr Gefühl von Dekadenz.

Sitzend: Hofmannsthal und Schnitzler
Stehend: Beer-Hofmann und Bahr

Die Literaturgeschichte versucht durch Begriffe wie »Impressionismus«, »Neoromantik«, »Symbolismus« und »Jugendstil« Akzente zu setzen. Sicher lassen sich bei HOFMANNSTHAL, SCHNITZLER und PETER ALTENBERG, den wichtigsten Dichtern des »Jungen Wien« impressionistische Züge, Atmosphäre anstatt Gegenständlichkeit ausmachen. Bei GERHART HAUPTMANNS *Hannele* (1894) und *Die versunkene Glocke* (1897) gibt es neoromantische Tendenzen. Die Lyrik um 1900 zeigt Jugendstilmotive: Weiher und Schwan, die Insel, Tanz in der Waldlichtung. Aber diese charakteristischen Erscheinungen sind nicht mehr als literarische Einzelbestandteile und reichen keineswegs zur Kennzeichnung der Epoche aus, vergleichbar mit Barock, Sturm und Drang oder Romantik. Die neutral erscheinende Bezeichnung »Literatur der Jahrhundertwende« ist deshalb am ehesten geeignet, der literarischen Vielfalt der zwei Jahrzehnte zwischen 1890 und 1910 gerecht zu werden.

DAS »JUNGE WIEN«

Hugo von Hofmannsthal

Als Vertreter des »Jungen Wien« steht HUGO VON HOFMANNSTHAL (1874–1929) nicht nur als Dichter, sondern auch gesellschaftlich obenan. Sein Urgroßvater Isaak war 1835 für seine wirtschaftlichen Verdienste um die Monarchie geadelt worden: In 36 Fabriken beschäftigte er mehr als tausend Arbeiter; von seinen Manufakturen waren fast 50 000 Familien abhängig. Erst sein Sohn trat zum Christentum über, heiratete eine adlige Italienerin und integrierte sich in die Kultur der Oberschicht. Hofmannsthals Vater war Bankier, der jedoch 1873 beim großen Börsenkrach soviel von seinem Vermögen verloren hatte, daß er sich dem Dichterberuf seines Sohnes nicht widersetzte, sondern ihn als Möglichkeit sah, dem Namen der Familie wieder Geltung zu verschaffen. Der Konservatismus Hofmannsthals steht in einer Familientradition; aber diese Familie hatte eher Anteil an der kapitalistischen Zersetzung des alten Österreich als an aristokratischen Institutionen, die sich der modernen Entwicklung entgegenstemmten.

In den Gedichten des 17jährigen Gymnasiasten erklingt eine lyrische Stimme, die in der deutschen Literatur seit den Tagen Eichendorffs nicht mehr zu hören gewesen ist. Seine Verse haben Melodie, sind klar gegliedert, einfach in der Sprache und voller Lebendigkeit. Es ist eine begrenzte Welt, die er umfaßt: aber immerhin die Großstadt Wien, ihre Paläste und Gärten, die ländliche Umgebung mit ihren Sommerfrischen. Es ist die Lyrik eines Großstädters, der »Stimmung« hervorzurufen vermag, dessen Produzieren aber alles andere als Umsetzung einer Stimmung ist.

Den Leuten, die von Stimmungskunst, Kunst der Nerven, literarischem Impressionismus redeten – Modebegriffen der Zeit, die auch heute noch nicht aus dem literarischen Urteil verschwunden sind –, hält der 16jährige in einem seiner ersten Gedichte *Verse auf eine Banknote geschrieben* (1890) entgegen: »Was ihr so Stimmung nennt, das kenn ich nicht /Und schweige still, wenn einer davon spricht.«
Vorfrühling (1892) kommt im schlichten Gewand eines Volksliedes daher und läßt in acht Kurzstrophen, von denen der Dichter eine kunstvoll wiederholt, eine Synthese aus Bewegung, Farbe, Klang und Duft entstehen, die als Ausgangspunkt nicht mehr als eine kahle Vorstadtallee mit Frühlingswind benötigt:

Es läuft der Frühlingswind
Durch kahle Alleen,
Seltsame Dinge sind
In seinem Wehn.

Er hat sich gewiegt,
Wo Weinen war,
Und hat sich geschmiegt
In zerrüttetes Haar.

Es schüttelte nieder
Akazienblüten
Und kühlte die Glieder,
Die atmend glühten.

Lippen im Lachen
Hat er berührt,
Die weichen und wachen
Fluren durchspürt.

Er glitt durch die Flöte
Als schluchzender Schrei,
An dämmernder Röte
Flog er vorbei.

Er flog mit Schweigen
Durch flüsternde Zimmer
Und löschte im Neigen
Der Ampel Schimmer.

Es läuft der Frühlingswind
Durch kahle Alleen,
Seltsame Dinge sind
In seinem Wehn.

Durch die glatten
Kahlen Alleen
Treibt sein Wehn
Blasse Schatten

Und den Duft,
Den er gebracht,
Von wo er gekommen
Seit gestern nacht.

Hugo von Hofmannsthal 1914

Sehnsucht, Erfüllung und Versprechen werden in den Bewegungsablauf des Gedichts verführerisch miteinander verschmolzen, ohne daß an einer Stelle Unklarheit oder Verschwommenheit entstünde. Die Dinge werden benannt und zugleich in eine Schwingung versetzt, die einen panerotischen Klang hervorbringt.

Ein preziöses Gegenstück zum *Vorfrühling*, im selben Jahr 1892 geschrieben, bildet der *Prolog zu dem Buch »Anatol«*. Aus diesem Text wird stets, sicher nicht zu Unrecht, die eine Zeile »Frühgereift und zart und traurig« als Epitheton für die Dichter des »Jungen Wien« zitiert.

Hohe Gitter, Taxushecken
Wappen nimmermehr vergoldet,

Sphinxe, durch das Dickicht schimmernd ...
... Knarrend öffnen sich die Tore. –
Mit verschlafenen Kaskaden
Und verschlafenen Tritonen,
Rokoko, verstaubt und lieblich,
Seht ... das Wien des Canaletto,
Wien von siebzehnhundertsechzig ...

Der *Prolog* führt in einen abgeschlossenen Raum, den verfallenen Garten eines Palais aus der Zeit der Kaiserin Maria Theresia. In dieser künstlichen kleinen, von der Realität abgesonderten Welt scheint die Zeit zum Stillstand gekommen zu sein. Der Barockgarten wird nur von Damen und Kavalieren des 18. Jahrhunderts belebt, die hier eine Scheinexistenz führen, und eignet sich deshalb zum Aufführungsort für die Komödien des »Jungen Wien«. Gespielt wird vor einem erlesenen Publikum, das mehr mit sich selbst beschäftigt ist als mit der Darbietung der Komödianten.

Eine Laube statt der Bühne,
Sommersonne statt der Lampen.
Also spielen wir Theater,
Spielen unsre eignen Stücke,
Frühgereift und zart und traurig,
Die Komödie unsrer Seele,
Unsres Fühlens Heut und Gestern,
Böser Dinge hübsche Formel,
Glatte Worte, bunte Bilder,
Halbes, heimliches Empfinden,
Agonien, Episoden ...
Manche hören zu, nicht alle ...
Manche träumen, manche lachen,
Manche essen Eis ... und manche
Sprechen sehr galante Dinge ...
... Nelken wiegen sich im Winde,
Hochgestielte weiße Nelken,
Wie ein Schwarm von weißen Faltern,
Und ein Bologneserhündchen
Bellt verwundert einen Pfau an.

Die Schlußzeilen »Und ein Bologneserhündchen / Bellt verwundert einen Pfau an« charakterisieren das Verhältnis von Bühne und Zuschauer. Es ist austauschbar: ein höchst domestiziertes Geschöpf, ein Schoßhund, erstaunt über die schwerfällige Eitelkeit eines Pfaus. Volksliedton und aristokratische Grazie des Rokoko stehen dem jungen Hofmannsthal gleichermaßen zur Verfügung; beides sind für ihn Formen, die er mit Leichtigkeit handhabt.

Die lyrischen Dramen

Hofmannsthals *Lyrische Dramen* verdanken ihre Entstehung jedoch nicht einer Lust am Verkleidungsspiel; sie sollen seine subjektive lyrische Darstellungsweise erweitern, ohne auf die überlieferte, große Form des Dramas zurückgreifen zu müssen, die ihm in seiner Jugend für ein Drama der Gegenwart zutiefst fragwürdig erschien. Die *Lyrischen Dramen* sind trotz ihres Renaissancekostüms, das sie als Fortsetzung der Gründerzeit-Malerei Makarts auf der Bühne erscheinen läßt, als Annäherung an eine schmerzhafte Realität zu verstehen, eine Leistung, die weit entfernt ist von jenem Dandytum, das man dem jungen Dichter nachsagt.

In *Gestern* (1891) muß der selbstsichere Adlige Andrea, der sein Leben an der Maxime der stetigen Veränderung, dem Reagieren auf die Unmittelbarkeit des Augenblicks, zu orientieren versucht, erfahren, daß diese Ich-Stärke nur eine Illusion ist. Andrea, der aus Neugier einem alten Freund, der Bußprediger geworden ist, Schutz vor der Inquisition verspricht, ohne zu bedenken, daß ein religiös motivierter Volksaufstand sich zuallererst gegen ihn selbst als einen Repräsentanten gottloser Genußsucht richten würde, zerbricht wenige Augenblicke später an der Kränkung, die ihm die Geliebte durch ihre Untreue in der Nacht zuvor bereitet. Obgleich das fabula docet des Stücks so deutlich ist, daß es der 18jährige KARL KRAUS dem Naturalismus zurechnet, weil es schonungslos das Übermenschentum wie eine Seifenblase zerplatzen läßt, wird das Werk in der Literatur über Hofmannsthal noch immer als Manifest eines »übersteigerten dionysischen Lebensgefühls« interpretiert. Das Bedürfnis nach »Stimmung« triumphiert über den Dichter, der gerade ihre Haltlosigkeit zum Thema macht.

Der Tod des Tizian (1892) besiegelt die schmerzliche Erkenntnis, daß die große Kunst der Vergangenheit angehört, und zeigt die Stunde, in der Pan stirbt. Übrig bleiben die Epigonen, bei denen der Schönheitskult an die Stelle der künstlerischen Produktion getreten ist. Sie liegen auf weichen Polstern im Garten der Villa oberhalb der Stadt und genießen das Gefühl des Untergangs, während Tizian bis zu seinem letzten Atemzug an einem Bild arbeitet, das seine früheren Werke noch übertreffen soll. Ein Ästhetizismus, dessen Wesen nur Empfinden ist, wurde kaum je nüchterner analysiert als in diesem »lyrischen Drama«. Hofmannsthal formuliert seine Erkenntnis freilich nicht als scharfen Angriff gegen andere, sondern trauert über einen unwiederbringlichen Verlust, den er selbst erfahren und zu verwinden hat.

Artistischer Höhepunkt der »lyrischen Dramen« ist *Die Frau im Fenster* (1898). Madonna Dianora erwartet, als der Abend beginnt, die Ankunft ihres Geliebten und erinnert sich, wie der Tag vergangen ist, an dem sie nichts anderes getan hat, als an den Geliebten zu denken, sich für ihn zu schmücken und zu versuchen, ihrer Sehnsucht Herr zu werden. Hofmannsthal enthüllt das Porträt einer liebenden Frau, deren leidenschaftliche Hingabe grenzenlos ist. Aber nicht der geliebte Palla degli Albizzi betritt das Zimmer, sondern der Ehemann. Die Heldin, die eben noch hingebungsvoll zerfließende Geliebte, tritt ihrem angetrauten Besitzer als stolze Frau gegenüber, Tochter des Condottiere Colleone. Dianora bekennt sich kompromißlos zu ihrer Leidenschaft und gibt unmißverständlich zu verstehen, wie sehr sie ihren Gatten, der glaubt, ihr Furcht einflö-

ßen zu können, verachtet. Das Drama komprimiert auf wenigen Seiten die Skala weiblichen Empfindens und Handelns.
Der berühmte *Chandos-Brief* (1902) – »die abstrakten Worte zerfielen mir im Munde wie modrige Pilze« – markiert einen Wendepunkt. Hofmannsthal verläßt die Welt der kleinen Form und sucht eine neue Verbindlichkeit der Aussage, die sich an der Gültigkeit der griechischen Tragödie, dem Barockdrama und in der Komödie am französischen Konversationsstück des 19. Jahrhunderts orientiert. Daraus entsteht eine Literatur konservativer Repräsentanz, des Ausgleichs und der Versöhnung.

Arthur Schnitzler

Einakter, kurze Erzählungen und Skizzen sind auch die Stärke von ARTHUR SCHNITZLER (1862–1931), der seine tiefsitzende Abneigung gegen Pathos und gegen die Darstellung leidenschaftlicher Auseinandersetzungen und großer Kämpfe nicht zu überspielen versucht. Präzise Auskunft über die Genese dieser literarischen Disposition gibt seine Autobiographie *Jugend in Wien* (entstanden um 1915, veröffentlicht 1968), eines der lesenswertesten Bücher über das Leben in dieser Stadt zwischen 1870 und 1890. Für Schnitzler ist es ein Leben voller Widersprüche: Eine brillante Karriere als Psychiater, den Angehörige der besten Kreise aufsuchen, befriedigt ihn ebensowenig wie die Teilnahme an den Vergnügungen der Jeunesse dorée mit ihren Amouren, Pferderennen, Theaterbesuchen und Ballveranstaltungen. Syphilis, gegen deren Verlauf es damals kein Heilmittel gab, ist die einzige Schicksalsgöttin dieser saturierten Epoche, und die Gefahr der Ansteckung brachte in den Kontakt mit Prostituierten und den Umgang mit den »süßen Mädeln« so etwas wie Tiefe.
Schnitzlers Erstling *Anatol* (1892), eine Folge von sieben Einaktern, entstanden zwischen 1888 und 1891, zieht die Bilanz dieser Jahre. Der Held ist ein wohlsituierter Lebemann, der eine Existenz führt, in der keinerlei Entscheidung getroffen wird. Die Nacht vor der Hochzeit verbringt er mit einer alten Bekannten, die er auf einem Kostümfest nach dem Polterabend wiedergesehen hat. Bei aller Belanglosigkeit ist sein Leben voller Aufregung; Anatol verführt die Frauen und wird von ihnen verführt. Eine nicht enden wollende, pubertäre Erregtheit wirkt als Motor seiner Handlungen, die zufällig bleiben. Schnitzler gibt ein Charakterbild des männlichen Narzißmus, der nicht zu befriedigen ist und Schuld auf sich lädt, weil er Enttäuschung um sich herum verbreitet und trotz seiner Liebenswürdigkeit und aller Komik eine Atmosphäre der Lähmung erzeugt, die sich letztlich von den Kahlschlägen männlicher Gewalttätigkeit nicht unterscheidet.
In *Reigen* (1897 vollendet), zehn zyklischen Szenen, die zugleich Einakter sind, kulminiert die Problematik des *Anatol*, indem Schnitzler das Verhältnis von Narzißmus und Geschlechtsakt als gesellschaftliche Erscheinung thematisiert. In diesem Tanz, bei dem stets eine Figur zurückbleibt, während in der nächsten Szene eine schon bekannte in einer neuen Konstellation gezeigt wird, agieren zehn Personen, die von dem jeweiligen Partner das zu erhalten hoffen, was sie selbst nicht besitzen.
Die Dirne verklärt einen vorübergehenden Soldaten zum »Engel« und will ihn

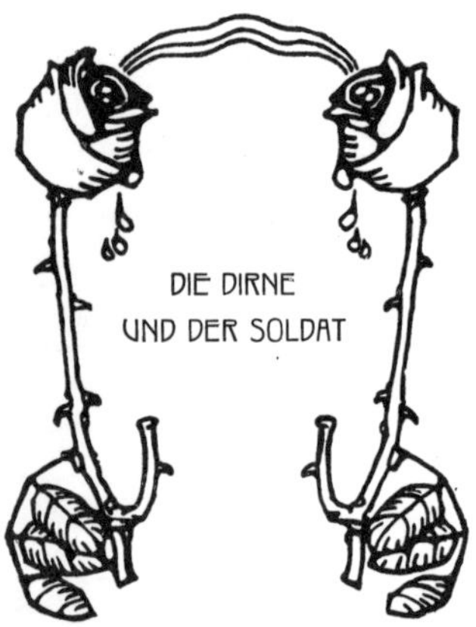

Vignette zu »Der Reigen« von A. Schnitzler

zu ihrem Geliebten. Der Soldat braucht die Dirne und das verschüchterte Stubenmädchen, um einmal aufzutreten wie ein Herr aus der guten Gesellschaft. Der junge Herr, der eben noch das Stubenmädchen benutzt, um einen langweiligen Nachmittag zu unterbrechen, wird in der nächsten Szene zum Abenteuer einer anständigen Frau, die einen kleinen Ausflug aus dem Ehealltag unternimmt. Das Mittelstück, Szene 5, bietet einen momentanen Ruhepunkt, getragen von der Vorstellung, die erste Liebesnacht auf der Hochzeitsreise vor fünf Jahren in Venedig lasse sich wiederholen. Danach hofft der Gatte, beim süßen Mädel im Chambre séparée der erste zu sein, wie er es bei seiner Frau gewesen ist. Das süße Mädel wiederum soll dem Dichter eine Begegnung mit dem einfachen Leben bringen. Und am Ende erinnert die schlafende Dirne, die in dem Soldaten einen »Engel« zu finden glaubte, den Grafen an eine madonnenhafte Geliebte, der er nur die Augen geküßt hatte. Begierde, Überwindung von Ängsten, sprachlose Kopulation und Ernüchterung sind die Schritte, mit denen der Liebesreigen getanzt wird. Die feineren Leute unterscheiden sich von den niedriggestellten durch ihre Umständlichkeit und ihren teilweise beachtlichen Aufwand an Worten, Gesten und Gefühlen. *Reigen* galt als so anstößig, daß man die Uraufführung des 1900 erstmals in einem Privatdruck erschienenen Stückes 1920 in Berlin, zu Beginn der Weimarer Republik, zunächst mit einem Aufführungsverbot belegte. Erst nach der 100. Auflage in einem Wiener Verlag wagte es Samuel Fischer, der alle anderen Werke Schnitzlers verlegt hatte, dieses Werk 1931 ins Verlagsprogramm aufzunehmen.

Vignette zu »Der Reigen« von A. Schnitzler

Eine gravierende Sanktion direkt gegen den Autor hatte die Erzählung *Leutnant Gustl* (1900) zur Folge. Wenige Monate nach der Veröffentlichung wurde Schnitzler nach dem Urteil eines militärischen Ehrengerichts aus der Armee, der er als »Oberarzt in Evidenz« diente, ausgestoßen und »seines Offizierscharakters für verlustig« erklärt. Mit dem Helden dieser Erzählung führt Schnitzler als einer der ersten den »inneren Monolog« in die deutsche Literatur ein, nicht als »Strom des Unbewußten«, sondern als Seismographen von Gedanken, Gefühlen und Assoziationen.

Wie lange wird denn das noch dauern? Ich muß auf die Uhr schauen ... schickt sich wahrscheinlich nicht in einem so ernsten Konzert. Aber wer sieht's denn? Wenn's einer sieht, so paßt er gerade so wenig auf, wie ich, und vor dem brauch' ich mich nicht zu genieren ... Erst Viertel auf zehn? ... Mir kommt vor, ich sitz' schon drei Stunden in dem Konzert. Ich bin's halt nicht gewohnt ... Was ist es denn eigentlich? Ich muß das Programm anschauen ... Ja, richtig: Oratorium? Ich hab' gemeint: Messe.
Solche Sachen gehören doch nur in die Kirche. Die Kirche hat auch das Gute, daß man jeden Augenblick fortgehen kann. – Wenn ich wenigstens einen Ecksitz hätt'! – Also Geduld, Geduld! Auch Oratorien nehmen ein End'! Vielleicht ist es sehr schön, und ich bin nur nicht in der Laune. Woher sollt' mir auch die Laune kommen? Wenn ich denke, daß ich hergekommen bin, um mich zu zerstreuen ...
Lang' war ich schon nicht mehr in der Oper. In der Oper unterhalt' ich mich immer, auch wenn's langweilig ist. Übermorgen könnt' ich eigentlich wieder hineingeh'n, zur »Traviata«. Ja, übermorgen bin ich vielleicht schon eine tote Leiche! Ah, Unsinn, das glaub' ich selber nicht! Warten S' nur, Herr Doktor, Ihnen wird's vergeh'n, solche Bemerkungen zu machen! Das Nasenspitzel hau' ich Ihnen herunter ...

Schnitzlers Verfahren gewährt Einblick in ein Innenleben, das zutiefst vom »Unbehagen in der Kultur« geprägt ist und nur durch äußerliche Formen des Comment zusammengehalten wird. Dabei ist Leutnant Gustl kein Held; er duckt sich vor der körperlichen Überlegenheit des Bäckermeisters, der den Griff seines Säbels anpackt, und verübt den wegen dieser Beleidigung üblichen standesgemäßen Selbstmord nur in der Phantasie. Lediglich dem Duell mit dem liberalen Rechtsanwalt, bei dem er siegessicher sein kann, blickt er mit Zuversicht entgegen: »Dich hau' ich zu Krenfleisch!«

Peter Altenberg

Als Gestalt der Wiener Boheme, als Verehrer schöner Frauen und Sammler von Fotografien, auf denen kleine Mädchen posieren, besitzt PETER ALTENBERG (1859–1919) bis heute einen Namen. In Lexika und ernsthaften Literaturgeschichten kommt dieser Schriftsteller jedoch erstaunlich selten vor. Vielleicht liegt es daran, daß sich bei ihm oft der »Seher« der kleinen Prosastücke in den Propheten der Lebensreform verwandelt, der für Kochrezepte, Abführmittel, Pulswärmer und Kneippsandalen Reklame macht. Bei Altenberg hat man es nicht mit einer kohärenten, abgeschlossenen Welt zu tun, sondern stößt auf Fragmente, aus denen er eine Einheit von Leben und Werk zu schaffen versucht. Mit kariertem Anzug, sportlichem Ledergürtel und klappernden Sandalen ist er ein stadtbekanntes Original, bevor ihn ARTHUR SCHNITZLER im Café Central beim Schreiben trifft. Er und KARL KRAUS vermitteln ihn an den S. Fischer Verlag, der 1896 Peter Altenbergs erstes Buch *Wie ich es sehe* herausgibt.
Trotz seines Outlooks als Lebensreformer und sportlicher Naturapostel ist Altenberg nicht weniger als Hofmannsthal und Schnitzler über den gesellschaftlichen Niedergang mit Trauer erfüllt. Was ihn unterscheidet, ist die Unnachgiebigkeit, mit der er das flüchtigste Glücksversprechen wahrnimmt – sei es ein dahinfliegender Luftballon, ein Sonnenuntergang über schwarzen Fabrikschloten oder der Geruch eines Landungsstegs im Salzkammergut.
Der eigensinnige Tatendrang kleiner Mädchen, die ohne Rücksicht auf ihre Erziehungsberechtigten durchsetzen, was ihnen gefällt, ist für Altenberg verheißungsvoller Beginn eines Lebens, das auch möglich wäre. Anpassung an den Alltag und Resignation werden hier zu Tragödien einer Weiblichkeit, die dem gesellschaftlichen Druck nicht gewachsen ist. *Im Volksgarten* ist das Protokoll eines solchen Befreiungsversuchs:

»Ich möchte einen blauen Ballon haben! Einen blauen Ballon möchte ich haben!«
»Da hast du einen blauen Ballon, Rosamunde!«
Man erklärte ihr nun, daß darinnen ein Gas sich befände, leichter als die atmosphärische Luft, infolgedessen etc. etc.
»Ich möchte ihn auslassen . . .«, sagte sie einfach.
»Willst du ihn nicht lieber diesem armen Mäderl dort schenken? ! ?«
»Nein, ich will ihn auslassen . . .!«
Sie läßt den Ballon aus, sieht ihm nach, bis er verschwindet in den blauen Himmel.
»Tut es dir nicht leid, daß du ihn nicht dem armen Mäderl geschenkt hast? ! ?«

»Ja, ich hätte ihn lieber dem armen Mäderl geschenkt!«
»Da hast du einen andern blauen Ballon, schenke ihr diesen!«
»Nein, ich möchte den auch auslassen in den blauen Himmel!« –
Sie tut es.
Man schenkt ihr einen dritten blauen Ballon.
Sie geht von selbst hin zu dem armen Mäderl, schenkt ihr diesen, sagt: »Du lasse ihn aus!«
»Nein«, sagt das arme Mäderl, blickt den Ballon begeistert an.
Im Zimmer flog er an den Plafond, blieb drei Tage lang picken, wurde dunkler, schrumpfte ein, fiel tot herab als ein schwarzes Säckchen.
Da dachte das arme Mäderl: »Ich hätte ihn im Garten auslassen sollen, in den blauen Himmel, ich hätte ihm nachgeschaut, nachgeschaut . . . !«
Währenddessen erhielt das reiche Mäderl noch zehn Ballons, und einmal kaufte ihr der Onkel Karl sogar alle dreißig Ballons auf einmal. Zwanzig ließ sie in den Himmel fliegen, und zehn verschenkte sie an arme Kinder. Von da an hatten Ballons für sie überhaupt kein Interesse mehr.
»Die dummen Ballons . . .«, sagte sie.
Und Tante Ida fand infolgedessen, daß sie für ihr Alter ziemlich vorgeschritten sei!
Das arme Mäderl träumte: »Ich hätte ihn auslassen sollen, in den blauen Himmel, ich hätte ihm nachgeschaut und nachgeschaut . . . !«

In den besten Stücken des alternden Dichters, dessen Existenz von Alkoholismus, Einweisung in Nervenheilanstalten und Schlafmittelmißbrauch zerrüttet ist, treten Dinge – Ansichtskarten, Steine, Spazierstöcke, Schmetterlinge, Palmwedel und Zigarettenschachteln – an die Stelle der Beobachtung von Menschen und ihrer Umwelt. Noch im Rückzug auf das Kleinste bewahrt Altenberg die Verbindung mit der Natur und erträumt eine Welt, in der nützliche Technik und überflüssige Schönheit nicht miteinander streiten, in der Raum ist für Liebe und Zärtlichkeit.

LYRIK DER FORMKUNST

Stefan George

Stefan George

Eine umstrittene Erscheinung in der Literatur der Jahrhundertwende ist STEFAN GEORGE (1868–1933). Sein herrschsüchtiger Charakter und der schulmeisterliche Duktus seiner Kunsttheorie, der auch seine Dichtungen beeinflußt, das Sendungsbewußtsein des »Kreises«, den er um sich bildet, sein Prophetentum und die Anmaßung eines Führungsanspruches für Volk und Staat haben ihn nach 1945 zu einer Persona ingrata werden lassen. Eine Tatsache, die man nicht als Unrecht empfindet, über die man eher erleichtert ist.
Ähnlich wie bei Richard Wagner in der Musik verbinden sich bei George Leistung und Attitüde zu einem Amalgam eigener Prägung, bei dem Schwächen zugleich Momente von Stärke sind. Er war es, der durch seinen Formwillen und

seine Hochgestimmtheit Lyrik in deutscher Sprache zu seiner Zeit erst wieder möglich gemacht hat. Angesichts des Niedergangs der Lyrik im Laufe des 19. Jahrhunderts ist Georges Dichten ein Neubeginn, der wieder Maßstäbe setzt. Er, der in STÉPHANE MALLARMÉ (1842–1898) seinen Lehrer sieht und zum Dichter wird, indem er CHARLES BAUDELAIRE (1821–1867) übersetzt, konnte in Deutschland, wo es einen Augiasstall von Sentimentalitäten und Metaphernschwulst zu reinigen galt, als Lyriker nichts fortsetzen. Durch die Gewaltsamkeit seines Unterfangens, »eine kunst für die kunst« zu schaffen, und seinen Willen zur Form hat George den Raum für Lyrik erst wieder erschlossen, ohne den TRAKL, BENN und CELAN nicht denkbar wären.
Georges Dichtung steht der Poetisierung des Alltags fern. Der Auffassung vom Gedicht als Gebrauchsgegenstand oder Ausdruck subjektiven Befindens setzt er in einem seiner ersten Gedichte, *Im Park* (1890), die Erkenntnis entgegen: Der Dichter »hat den griffel der sich sträubt zu führen«. Stefan George unternimmt das Wagnis des »hohen Tons«; charakteristisch für seine Lyrik ist die »harte Fügung« (Verkürzen und Pressen der grammatikalischen Relationen). Seine Gedichte sind gefährdet durch Überanstrengung; sei es, daß die strenge Form in Gespreiztheit übergeht oder die Wortwahl ins Prunkhafte abgleitet und das Pathos der Distanz sich in Deklamation verwandelt. Gedichte wie *Komm in den totgesagten Park, Wir schreiten auf und ab im reichen Flitter, Entführung, Rückkehr* sind vollkommene Gebilde, in denen die dichterische Intention eins geworden ist mit Rhythmus und Klang.

Entführung

Zieh mit mir geliebtes kind
In die wälder ferner kunde
Und behalt als angebind
Nur mein lied in deinem munde.

Baden wir im sanften blau
Der mit duft umhüllten grenzen:
Werden unsre leiber glänzen
Klarer scheinen als der tau.

In der luft sich silberfein
Fäden uns zu schleiern spinnen.
Auf dem rasen bleichen linnen
Zart wie schnee und sternenschein.

Unter bäumen um den see
Schweben wir vereint uns freuend.
Sachte singend, blumen streuend,
Weisse nelken weissen klee.

Aus: *Das Jahr der Seele* (1897)

Rainer Maria Rilke

In adligen und großbürgerlichen Häusern war RAINER MARIA RILKE (1875–1926) geachteter, gern gesehener Gast und hatte viele Verse geschrieben, bevor er zum Dichter wurde. Der Aufenthalt in Paris zwischen 1902 und 1910 markiert den Einschnitt in Rilkes Leben und Werk, der das »Traumkönigreich« seiner frühen Lyrik in Frage stellt. Insbesondere die Nähe zu Auguste Rodin, bei dem er 1905/06 als Sekretär arbeitet, verweist ihn auf Sachlichkeit in Dingen der Kunst. Ein Prosawerk, *Die Aufzeichnungen des Malte Laurids Brigge*, ein schmaler Band, der zwischen 1904 und 1910 entsteht, spiegelt diesen schwierigen Prozeß: Rilke setzt sich zum ersten Mal der Erfahrung der Großstadt aus und formuliert in einer metapherlosen Sprache, was er sieht und als identisch mit dem Zustand seines Innern erkennt. So heißt es über einen Häuserabriß:

R. M. Rilke im Hotel Biron, Paris 1908

Wird man es glauben, daß es solche Häuser gibt? Man sah in den verschiedenen Stockwerken Zimmerwände, an denen noch die Tapeten klebten, da und dort den Ansatz des Fußbodens oder der Decke. Neben den Zimmerwänden blieb die ganze Mauer entlang noch ein schmutzigweißer Raum, und durch diesen kroch in unsäglich widerlichen, wurmweichen, gleichsam verdauenden Bewegungen die offene, rostfleckige Rinne der Abortröhre. Von den Wegen, die das Leuchtgas gegangen war, waren graue, staubige Spuren am Rande der Decken geblieben, und sie bogen da und dort, ganz unerwartet, rund um und kamen in die farbige Wand hineingelaufen und in ein Loch hinein, das schwarz und rücksichtslos ausgerissen war. Am unvergeßlichsten aber waren die Wände selbst. Das zähe Leben dieser Zimmer hatte sich nicht zertreten lassen. Es war noch da, es hielt sich an den Nägeln, die geblieben waren, es stand auf dem handbreiten Rest der Fußböden, es war unter den Ansätzen der Ecken, wo es noch ein klein wenig Innenraum gab, zusammengekrochen. Man konnte sehen, daß es in der Farbe war, die es langsam, Jahr um Jahr, verwandelt hatte: Blau in schimmliches Grün, Grün in Grau und Gelb in ein altes abgestandenes Weiß, das fault. (. . .)

Und aus diesen blau, grün und gelb gewesenen Wänden, die eingerahmt waren von den Bruchbahnen der zerstörten Zwischenmauern, stand die Luft dieser Leben heraus, die zähe, träge, stockige Luft, die kein Wind noch zerstreut hatte. Da standen die Mittage und die Krankheiten und das Ausgeatmete und der jahrealte Rauch und der Schweiß, der unter den Schultern ausbricht und die Kleider schwer macht, und das Fade aus den Munden und der Fuselgeruch gärender Füße. Da stand das Scharfe vom Urin und das Brennen vom Ruß und grauer Kartoffeldunst und der schwere, glatte Gestank von alterndem Schmalze. Der süße, lange Geruch von vernachlässigten Säuglingen war da und der Angstgeruch der Kinder, die in die Schule gehen, und das Schwüle aus den Betten mannbarer Knaben. Und vieles hatte sich dazugesellt, was von unten gekommen war, aus dem Abgrund der Gasse, die verdunstete, und anderes war von oben herabgesickert mit dem Regen, der über den Städten nicht rein ist. Und manches hatten die schwachen, zahm gewordenen Hauswinde, die immer in derselben Straße bleiben, zugetragen, und es war noch vieles da, wovon man den Ursprung nicht wußte. Ich habe doch gesagt, daß man alle Mauern abgebrochen hatte bis auf die letzte –? Nun von dieser Mauer spreche ich fortwährend. Man wird sagen, ich hätte lange davorgestanden; aber ich will einen Eid geben dafür, daß ich zu laufen begann, sobald ich die Mauer erkannt hatte. Denn das ist das

Schreckliche, daß ich sie erkannt habe. Ich erkenne das alles hier, und darum geht es so ohne weiteres in mich ein: es ist zu Hause in mir.

Was Rilke hier seinen Helden nachvollziehen läßt, ist keine projektive Abwehr, die sich durch eine Beschreibung von Schmutz und Verfall die »schöne Seele« rein zu halten versucht. Dieser Blick auf das Äußere gilt zugleich der Wahrnehmung des eigenen Zustands, dessen Trostlosigkeit nicht länger mit Fassadengefühlen übertüncht wird. Rilkes Position im ersten Teil des *Malte* ist derart vorgeschoben, daß er nach einer konventionellen Stütze sucht: Die Pariser Gegenwart des Helden tritt zurück zugunsten einer Reise in die Kindheit auf dänischen Landsitzen und mündet ein in die Klage über den Verfall einer althergebrachten Adelskultur, die dem modernen Fortschritt hilflos preisgegeben ist.

Der Panther

Sein Blick ist vom Vorübergehn der Stäbe
so müd geworden, daß er nichts mehr hält.
Ihm ist, als ob es tausend Stäbe gäbe
und hinter tausend Stäben keine Welt.

Der weiche Gang geschmeidigstarker Schritte,
der sich im allerkleinsten Kreise dreht,
ist wie ein Tanz von Kraft um eine Mitte,
in der betäubt ein großer Wille steht.

Nur manchmal schiebt der Vorhang der Pupille
sich lautlos –. Dann geht ein Bild hinein,
geht durch der Gitter angespannte Stille –
und hört im Herzen auf zu sein.

Der Panther (1903), das früheste der *Neuen Gedichte* (1907), bringt die Annäherung von innerer und äußerer Realität in die knappe Form eines dreistrophigen Gedichts. Käfig, kreisende Bewegung, Wahrnehmung und Verlöschen des Eindrucks bilden einen fatalen Kreislauf, dessen Wahrheit darin besteht, daß die grausame Domestizierung eines Raubtiers zugleich etwas über den Dichter mitteilt, der sich dem Riesengefängnis der Großstadt ausgeliefert sieht und den Kontakt zur Welt verloren hat.

Herben Trost spenden die *Römischen Sarkophage* (1906):

Was aber hindert uns zu glauben, daß
(so wie wir hingestellt sind und verteilt)
nicht eine kleine Zeit nur Drang und Haß
und dies Verwirrende in uns verweilt,

wie einst in dem verzierten Sarkophag
bei Ringen, Götterbildern, Gläsern, Bändern,
in langsam sich verzehrenden Gewändern
ein langsam Aufgelöstes lag –

bis es die unbekannten Munde schluckten,
die niemals reden. (Wo besteht und denkt
ein Hirn, um ihrer einst sich zu bedienen?)

Da wurde von den alten Aquädukten
ewiges Wasser in sie eingelenkt –:
das spiegelt jetzt und geht und glänzt in ihnen.

Der Dichter sieht in ihnen nicht nur antike Kunstwerke. Er betrachtet die Sarkophage, dem Wortsinn und ihrer Funktion entsprechend, als »Fleischverzehrer«, die nur langsam vorankommen. Erst mit gänzlicher Leere dürfen sie als Brunnen dienen, in denen durch die Jahrhunderte frisches Wasser fließt.

Archaischer Torso Apollos (1908), das den zweiten Teil der *Neuen Gedichte* (1908) eröffnet, ist ein Prunkstück Rilkescher Lyrik. Durch Zeilensprung und demonstrativen Verzicht auf den Reim, der traditionell für das Sonett sinnstiftend ist, wird hier durch Sprachgewalt und Feuer die schmale Sonettform zum Schmelzen gebracht:

Wir kannten nicht sein unerhörtes Haupt,
darin die Augenäpfel reiften. Aber
sein Torso glüht noch wie eine Kandelaber,
in dem sein Schauen, nur zurückgeschraubt,

sich hält und glänzt. Sonst könnte nicht der Bug
der Brust dich blenden, und im leisen Drehen
der Lenden könnte nicht ein Lächeln gehen
zu jener Mitte, die die Zeugung trug.

Sonst stünde dieser Stein entstellt und kurz
unter der Schultern durchsichtigem Sturz
und flimmerte nicht so wie Raubtierfelle;

und bräche nicht aus allen seinen Rändern
aus wie ein Stern: denn da ist keine Stelle,
die dich nicht sieht. Du mußt dein Leben ändern.

Seit der Romantik verbindet sich der Begriff des Fragments, des Torsos, mit der Vorstellung eines imaginären Raumes, durch den das Endliche die Reflexion des Unendlichen evoziert. Wie zum Hohn auf die vergeistigte Ästhetik des Fragments läßt Rilke hier die Lebendigkeit und Kraft einer antiken Statue erstehen und erhebt den Torso zur unmittelbaren Gegenwart, die sich bis zum Imperativ »Du mußt dein Leben ändern« steigert.

ROMANE DES VERFALLS

Gabriele Reuter: Aus guter Familie

Gabriele Reuter (um 1900)

Mit ihrem Buch *Aus guter Familie* (1895) eröffnet eine Schriftstellerin die Romanliteratur der Jahrhundertwende. GABRIELE REUTER (1859 in Alexandria geboren, 1941 in Weimar gestorben) ist heute zu Unrecht wenig bekannt. Ihr Werk erregte nicht nur beim Publikum Aufsehen, was sich an den rasch aufeinanderfolgenden Auflagen ablesen läßt; hoch geschätzt wird sie auch von ihren Schriftstellerkollegen, die das Neue für die deutsche Literatur hervorheben. So äußert sich THOMAS MANN, der von dem Roman beeindruckt war, bevor er *Buddenbrooks* schrieb, in einem Essay aus dem Jahr 1904 enthusiastisch:

Gabriele Reuter ist vielleicht die souveränste Frau, die heute in Deutschland lebt: nicht weil sie die »emanzipierteste« wäre, sondern weil sie auch über die »Emanzipation« schon hinaus ist – von jeher darüber hinaus war, und zwar vermöge ihrer künstlerischen Weiblichkeit.

Gabriele Reuter schildert keine aufregende Verführungs- oder Ehebruchsgeschichte, auch nicht das Leben einer Aussteigerin, wie es der Titel des Romans vermuten ließe; im Gegenteil, sie wendet sich einem undramatischen Geschehen aus dem Alltag der höheren Stände zu, das beim Leser jedoch Beklemmung hervorruft. *Aus guter Familie* zeigt die Stationen, in denen sich das Lebensschicksal eines reizvollen, intelligenten jungen Mädchens, Tochter eines Regierungsrats in der preußischen Provinz, vollzieht – bis es schließlich als alte Jungfer reizlos einsam dahindämmert.
Fesselnd verknüpft die Autorin Familien- und Gesellschaftsroman und läßt so die inneren und äußeren Faktoren als wechselseitige Bedingungen für den Lebensweg der Heldin durchsichtig werden. Agathe Heidling scheitert nicht nur, weil sie zu sensibel ist, um ihre Ellbogen zu gebrauchen; ihre Eltern, die der Offizierskarriere des Sohnes und seinem standesgemäßen Auftreten ihr Vermögen geopfert haben, verlangen von der Tochter rücksichtslos, daß sie die alte familiäre Intimität im Hause aufrechterhält. Sie bieten als Trost, der zunächst auch einer Neigung der Heldin entgegenkommt, ein Zusammenleben mit dem geliebten Vater. Als bourgeoises Gegenbild zur Beamtentochter, deren Handlungsraum von vornherein die familiäre Verpflichtung auf Thron und Altar eng begrenzt, agiert die Schwägerin Eugenie Wutrow, die wohlhabende Tochter eines Zigarrenfabrikanten, mit Genußfreudigkeit und Durchsetzungsvermögen.
Orientierungspunkte im Leben des Mädchens, das sich im Elternhaus unterdrückt und in der Außenwelt fremd und einsam fühlt, bedeuten die Bekanntschaft mit einem Künstlerehepaar und ihre Liebe zu einem Vetter, der als sozialdemokratischer Agitator in die Schweiz flieht und dort ein geachteter Schriftsteller wird. Es bleibt jedoch bei der Sehnsucht nach einem anderen Leben.

Was den Roman damals sensationell erscheinen ließ und auch heute überzeugend macht, resultiert aus seiner Erzählperspektive: Die Stationen von der Konfirmationsfeier auf dem Lande bis zum Tobsuchtsanfall in der Nervenheilanstalt werden aus dem jeweiligen Erleben der Heldin entwickelt. Nicht daß Gabriele Reuter den Standpunkt der Autorin gänzlich preisgäbe; was sie jedoch anstrebt, ist eine Darstellung aus der Sicht ihrer Heldin, die trotzdem distanziert bleibt. Der Roman bekommt so eine erzählerische Stringenz, die weibliche Wahrnehmung und Gefühle mit der Analyse gesellschaftlicher Bedingungen verbindet.

Otto Julius Bierbaum: Stilpe

Zu den vergessenen Autoren gehört auch OTTO JULIUS BIERBAUM (1865–1910); die Gewandtheit, mit der er anspruchslose Kling-Klang-Lyrik anfertigte, ist ihm zum Verhängnis geworden. Sein umfangreicher Gedichtband *Irrgarten der Liebe* (erste Auflage 1901) ist zwar das meistverkaufte Lyrikbuch jener Zeit, aber als es mit der Jugendstilmode vorbei war, verschwand auch Bierbaum aus dem Gedächtnis. Als Herausgeber von Almanachen und Mitarbeiter literarischer Zeit-

schriften wie »Die Gesellschaft, Zeitschrift für modernes Leben« und der skandalumwitterten »Insel«, die beide in München erschienen, war er jedoch gerade für die weniger angepaßten Autoren seiner Generation, deren bekanntester FRANK WEDEKIND ist, ein wichtiger Vermittler.
Bierbaums *Stilpe. Ein Roman aus der Froschperspektive* (1897) führt in das Treiben der Boheme der neunziger Jahre, in die Zeit, als Nietzsches Übermenschentum der heranwachsenden und studierenden Jugend den Kopf zu verdrehen beginnt. Wie HEINRICH MANNS »Untertan« Diederich Heßling (»ein weiches Kind, das am liebsten träumte, sich vor allem fürchtete und viel an den Ohren litt«) ist Stilpe ein zartes Muttersöhnchen. Erst der unbarmherzige Drill in der Schule formt ihn zum Mann, der dann als ewiger Student auf den Paukböden gefürchtet ist, ein unermüdlicher Organisator von Trinkgelagen, im Alkoholkonsum nicht zu übertreffen. Bierbaum betont nicht nur die gutbürgerliche Herkunft seines verkrachten Helden, beeindruckend ist auch Stilpes Einklang von privatem Anarchismus, der das Bestehende gar nicht schnell genug in die Luft sprengen kann, und seinem Konservatismus als Leithammel einer schlagenden Verbindung. In seinem Werdegang zum gefürchtete Literaturkritiker in Berlin, der sich als »ein Landsknecht der Feder« einem konservativen Blatt mit seinem antisemitischen »Knüppelstil« andient und kurz darauf zum literarischen Volkstribun der Sozialdemokratie anvanciert, deren Kunstfeindlichkeit dann wieder Ziel seiner Angriffe wird, gewinnt seine Rolle politische Brisanz. Stilpe agiert als Spiegelbild einer literarischen Intelligenz, bei der letztlich der Zufall entscheidet, auf welcher Seite der Barrikade sie während des Weltkriegs und der November-Revolution stehen wird.
Mit dem Roman »aus der Froschperspektive« zieht Bierbaum sehr frühzeitig eine Bilanz aus den antibürgerlichen Umtrieben einer jungen Generation, die mit dem Beginn der neunziger Jahre in Opposition zur energischen Tüchtigkeit und zielgerichteten Ausdauer der Väter ein lockeres, ungezwungenes Leben als Bohemiens zu führen versucht. Seine kritische Bestandsaufnahme zeugt von Sympathie für den Helden und dessen tragikomische Verstrickungen; diese enden damit, daß sich Stilpe auf der offenen Bühne eines Tingeltangels an einem Laternenpfahl erhängt.

Thomas Mann: Buddenbrooks

Nicht zuletzt durch Verfilmungen ist THOMAS MANNS (1875–1955) erster Roman *Buddenbrooks*, den der 26jährige 1901 bei S. Fischer in zwei Bänden veröffentlichte, das bis heute bekannteste Buch der Literatur der Jahrhundertwende. Der Roman stellt den langsamen Niedergang einer Lübecker Kaufmannsfamilie zwischen 1835 und 1875 dar und illustriert an diesem Beispiel den Verlauf der deutschen Geschichte von der Napoleon-Ära, der Gründung des Zollvereins, dem Vormärz und der Revolution von 1848, der wirtschaftlichen Scheinblüte der fünfziger Jahre bis zum explosionsartigen Aufschwung in den Jahren nach der Reichsgründung. Das überaus großzügige Anwesen der Buddenbrooks in der Mengstraße, das am Beginn des Romans festlich eingeweiht wird, geht dabei in den Besitz der aus Frankfurt zugereisten Familie Hagenström über, die

Thomas Mann

im Vorderhaus repräsentativ wohnt, aber die Lagerräume dahinter abreißt und ein Ladengebäude errichtet, das sie an verschiedene Geschäftsleute zu einem hohen Preis vermietet.

Die vier Generationen der Buddenbrooks stehen für verschiedene kulturgeschichtliche Strömungen: Im alten Johann Buddenbrook verglimmen die letzten Strahlen einer skeptischen Aufklärung; sein Sohn verbindet biedermeierliche Bigotterie mit peinlich genauem Einhalten der Geschäftsinteressen; Thomas Buddenbrooks Leben wiederum ist von der Einsicht in die Vergeblichkeit einer bürgerlichen Existenz geprägt, die sich bis zum Verständnis für Schopenhauers Pessimismus steigert. Die Figur des kleinen Hanno verkörpert die Aufgabe des Willens zum Leben. In der Hingabe an die Musik Richard Wagners kündigt sich das Ende des bürgerlichen Zeitalters an.

Im Unterschied zu RILKE, der in den Paris-Passagen der *Aufzeichnungen des Malte Laurids Brigge* den Verlust seiner sozialen Identität konstatiert und dem Tod ins Auge blickt, schildert Thomas Mann den Verfall der Buddenbrooks aus der Distanz; deren sichtbarster literarischer Ausdruck ist die Ironie, die dieses Werk fast ausschließlich prägt. Es entsteht ein Roman über den Verfall. Die brillante Beherrschung epischer Techniken – indirekte Charakterisierung durch Dialog, kalkulierte Folge von Szene und Bericht, Briefe und Monologe als Zäsuren – bildet einen merkwürdigen Kontrast zum makabren Thema. Zugunsten literarischer Ökonomie werden destruktive Tendenzen, die der Untergangsstimmung innewohnen, gebändigt. So verdrängt Thomas Mann selbst das Schockerlebnis der Schopenhauer-Lektüre nicht weniger rasch als sein Held Thomas Buddenbrook, der im aufreibenden Alltag wieder vergißt, was ihm beim Lesen Schopenhauers aufging. Hannos Tod, der als Vorahnung den zweiten Teil des Romans durchzieht, wird lediglich abstrakt als medizinischer Fall einer Typhuserkrankung abgehandelt, während das Sterben der anderen Familienmitglieder und ihre Aufbahrung eingehend geschildert werden. Dort, wo dem Autor die Identifikation mit dem Dargestellten droht, wahrt er Zurückhaltung und hält sich an das »Zuendemachen«, die Geschlossenheit des Kunstwerkes.

Diese Distanz zum Problem wurde Thomas Mann auch durch seine Lebenssituation ermöglicht: Im Unterschied zur Romanhandlung hatte die Lübecker Getreidehandlung der Familie Mann bis zum Tode des Geschäftsinhabers und Senators Heinrich Mann im Jahre 1891 floriert und gewährte der Mutter und ihren fünf Kindern nach der Liquidation ein sorgenfreies Auskommen in München. Man könnte Thomas Manns Position hier – in Abwandlung seiner Auffassung von der »machtgeschützten Innerlichkeit«, die er in den *Betrachtungen eines Unpolitischen* (1918) während des Ersten Weltkriegs gegenüber dem demokratischen Engagement seines Bruders Heinrich vertritt – als eine Position der geldgeschützten Innerlichkeit bezeichnen; sie erlaubt es ihm, Studien über die Geschichte und den Verfall einer bürgerlichen Familie zu betreiben und die Unvereinbarkeit von kapitalistischem Fortschritt und Kultur darzustellen, ohne dabei literarisch und ökonomisch die Grenzen einer bürgerlichen Existenz zu überschreiten.

Die Erzählung *Der Tod in Venedig* (1913), in der Thomas Mann den letzten Sommer des geadelten Schriftstellers Gustav von Aschenbach am Lido von Venedig schildert, stellt die Fin-de-siècle-Konzeption einer Einheit von Zivilistation, Kunst und großbürgerlicher Existenz in Frage. Aschenbach unterliegt, innerlich durch seine schriftstellerische Arbeit ausgehöhlt, einer Cholera-Epidemie; Todesbote ist ein polnischer Knabe, den der Dichter leidenschaftlich liebt. Konfrontiert mit dem grauenerregenden Einbruch der Epidemie, die auch das Luxushotel nicht verschont, und der gleichzeitigen Wahrnehmung seiner Unfähigkeit, dem »Abgrund« einer päderastischen Leidenschaft zu widerstehen, erweist sich Aschenbachs Existenz als haltlose Illusion; nur der Tod bewahrt den hochangesehenen Autor vor einem Leben in »Schande«.

Robert Walser: Der Gehülfe

Nicht aus der Sicht des Patriziers, sondern aus der des kleinen Angestellten behandelt ROBERT WALSER (1878–1956) das Verfallsthema der Jahrhundertwende. Der Schweizer Dichter, der nur drei Jahre jünger ist als Thomas Mann und sich als Schreiber, Diener und Archivar durchs Leben schlägt, hat mit seinem *Gehülfen* (1908) einen Roman geschrieben, der im literarischen Kontext der Zeit wie eine spielerische Parodie auf die Untergangsstimmung der *Buddenbrooks* anmutet. Walser schreibt ihn während seiner Berliner Jahre (1905–13) innerhalb von sechs Wochen direkt ins reine.

Die Fallhöhe des Untergangs in diesem Roman ist nicht sonderlich hoch anzusetzen: Der Gehülfe Joseph Marti erlebt die ein halbes Jahr dauernde Endphase des Bankrotts eines Aufsteigers, der sein ererbtes Vermögen durch den Kauf einer Villa über dem Zürichsee, die Anfertigung und den aufwendigen Vertrieb banaler Erfindungen wie in einem Feuerwerk verpulvert. Ingenieur Tobler, ein gutmütiger, etwas cholerischer Mann, hat gar keine Anlage zum Geschäftsmann und verwechselt beständig seine Anpassungsversuche an einen vermeintlich großbürgerlichen Lebensstil mit der Realität eines gutbürgerlichen Unternehmens. Sein Angestellter, dessen Umgang mit der ihm neuen, beeindruckenden Welt der Villa Abendstern von angestrengter Zustimmung geprägt ist, bestärkt seinen Arbeitgeber durch beflissenes Offertenschreiben und eifriges Prospektefalten; er genießt es, mit Frau Tobler nachmittags Kaffee zu trinken, abends den Garten zu gießen und die Schweizer Fahne einzuholen. Bei seinen Besuchen in der Stadt fühlt sich Joseph von dem Rückfall in die Enge und das elende Leben der Arbeitslosen und kleinen Leute bedroht. Dies mindert jedoch nicht die Solidarität mit seinem unglücklichen Vorgänger, dem Alkoholiker Wirsich, für den er sich mehrfach einsetzt. Am Schluß des Romans verlassen beide gemeinsam die Villa Abendstern und gehen auf der winterlichen Landstraße davon.

Je deutlicher die Ausweglosigkeit des Geschäfts wird, desto mehr Raum gewinnen im Roman Frau Tobler und die Beschäftigung mit ihr. Der Angestellte begegnet ihr mit stiller Verehrung, und sie besitzt sein Einverständnis, wenn sie, die Katastrophe ahnend, vom angenehmen Leben soviel zu »profitieren« versucht wie möglich.

Der Gehülfe ist jedoch ebensowenig ein Angestelltenroman wie *Der Prozeß* (1914/15) von FRANZ KAFKA, der Walsers Arbeiten verehrte. Josephs Angestelltentum, sein Angezogensein vom Höheren, bei gleichzeitigem Gefühl der Ungeborgenheit, ist Gleichnis einer dichterischen Erfahrung der Umwelt, die mit

Neugier und kindlichem Ernst wahrgenommen wird. Charakteristisch für diese Sicht ist Walsers Beschreibung der Schweizer Fahne, die am 1. August, dem Verfassungstag, über Josephs Turmzimmer weht:

Von Josephs Turm herab flatterte eine schöne, große Fahne. Je nachdem der Wind wehte, machte sie mit ihrem leichten Leib einen kühnen, stolzen Schwung, oder sie bog sich beschämt und müde zusammen, oder sie kräuselte und schwang sich kokett um die Stange, wobei sie sich in ihren eigenen, graziösen Bewegungen zu sonnen und zu spiegeln schien. Und dann auf einmal wieder wehte sie hoch und breit und weit empor, einer Siegerin und starken Beschützerin ähnlich, um allmählich von neuem rührend und liebkosend in sich selbst zusammenzusinken. Dieses prachtvolle Blau am Himmel.

Ihrer patriotischen Bedeutung entkleidet, bewegt sich die Fahne als weibliche Gestalt voller Erotik vor einem blauen Himmel und weht auf einem Turm, der zum Eigentum des für Kost und Logis arbeitenden Angestellten erklärt wird. Bei ihrem Anblick gibt es keine Gedanken mehr an Elastique-Fabrik oder Militärdienst, und Marti ist ganz Hingabe an den glücklichen Augenblick, den es auszukosten gilt.
Nach der Rückkehr zu seiner Schwester nach Biel schreibt Robert Walser ab 1913 vor allem kurze Prosastücke, in denen Naivität und kunstvolle Stilisierung so verschmelzen, daß das erzählerische Naturtalent vom hermetischen Dichter nicht mehr zu unterscheiden ist. Walsers Warnung »Niemand ist berechtigt, sich mir gegenüber so zu benehmen, als kennte er mich« ist auch ein Hinweis für das Verständnis seiner Texte, deren anspruchsloser, liebenswürdiger Ton nicht mehr ist als spielerische Maskerade. Robert Walsers Werk insgesamt hat zunehmend an Interesse gewonnen; war er früher ein Außenseiter, der vor allem von Literaten geschätzt wurde, betrachtet man ihn heute als Autor, der die Unbehaustheit der Jahrzehnte nach dem Zweiten Weltkrieg ankündigt und diese Krise in einer »Obdachlosigkeit« der Form zum Ausdruck bringt.

Robert Musil: Die Verwirrungen des Zöglings Törleß

1906 erscheint der Roman *Die Verwirrungen des Zöglings Törleß* von ROBERT MUSIL (1880–1942), der dem Autor zu flüchtigem Ruhm verhilft, dem einzigen zu Lebzeiten. Die Handlung spielt an der Grenze der K.-u.-K.-Monarchie zu Rußland in einem Internat, das die »Söhne der besten Familien des Landes« ausbildet und auf hohe Positionen im Militär- oder Staatsdienst vorbereitet. Das Werk wird als ungewöhnlich subtile Pubertätsstudie in der Nachfolge von FRANK WEDEKINDS *Frühlings Erwachen* angesehen. Das Milieu der Kadettenanstalt und die pubertäre Entwicklung des Helden sind jedoch nur Aspekte einer übergreifenden Problematik, die Musil später in seinem Lebenswerk *Der Mann ohne Eigenschaften* (1923–42) zur Entfaltung bringt. Musil zeichnet den Einbruch der irritierenden Erfahrung nach, daß außer der eintönigen Alltagsrealität eine »andere Welt« existiert.

Eine große Erkenntnis vollzieht sich nur zur Hälfte im Lichtkreise des Gehirns, zur anderen Hälfte in dem dunklen Boden des Innersten, und sie ist vor allem ein Seelenzustand, auf dessen äußerster Spitze der Gedanke nur wie eine Blüte sitzt.

Mit diesen Worten versucht Törleß der Untersuchungskommission sein passives Verhalten bei der Mißhandlung eines Mitschülers zu erklären. Es ist ein Roman über Sprachskepsis. Mit Präzision und zugleich eindringlicher Vorstellungskraft geschrieben, vollzieht er den langsamen Prozeß von verschwommenen Wahrnehmungen zum Erfassen der Wirklichkeit:

Beineberg stand still. Das jenseitige Ufer war mit dichten Bäumen bestanden, welche, da die Straße rechtwinklig abbog und längs des Wassers weiterführte, wie eine schwarze, undurchdringliche Mauer drohten. Erst nach vorsichtigem Suchen fand sich ein schmaler, versteckter Weg, der geradeaus hineinführte. Von dem dichten, üppig wuchernden Unterholze, an das die Kleider streiften, ging jedesmal ein Schauer von Tropfen nieder. Nach einer Weile mußten sie wieder stehenbleiben und ein Streichholz anreiben. Es war ganz still, sogar das Gurgeln des Flusses war nicht mehr zu hören. Plötzlich kam von ferne ein unbestimmter, gebrochener Ton zu ihnen. Er hörte sich wie ein Schrei oder eine Warnung an. Oder auch wie der bloße Zuruf eines unverständlichen Geschöpfes, das irgendwo gleich ihnen durch die Büsche brach. Sie schritten auf den Ton zu, blieben stehen, schritten wieder weiter. Im ganzen mochte es wohl eine Viertelstunde gedauert haben, als sie aufatmend laute Stimmen und die Klänge einer Ziehharmonika unterschieden.

Frank Wedekinds Dramen

Kennzeichend für die Literatur der Jahrhundertwende ist eine schwebende Stimmung, die sich durch alle literarischen Gattungen zieht. Die lyrischen Dramen HOFMANNSTHALS stehen dem Gedicht sehr nahe, und das Drama ARTHUR

»Frühlings Erwachen«, Uraufführung Berlin 1906

Tierbändiger und Schlange im »Erdgeist«-Prolog

»Die Scharfrichter« im Hof der Gaststätte »Zum Hirschen«. Ganz links: Wedekind

Schnitzlers hat die Tendenz zur Auflösung in eine Intimität, der die Form des Dramas als einer öffentlich dargestellten Handlung eigentlich widerspricht. In der Lyrik und in der kleinen Prosa sind die überragenden Werke dieser Literaturepoche zu finden, deren Autoren sich mit ihrem Schreiben auf einen kleinen Kreis beziehen. Zu einer Veränderung von Staat und Gesellschaft beizutragen, halten sie in Anbetracht der stabilen Machtverhältnisse und der kompakten Mehrheiten für aussichtslos. Dieser Verzicht auf eine öffentliche Wirkung, der sich an der Neigung zur bibliophilen Kleinauflage und der Publikation in nur bestimmten Kreisen zugänglichen Zeitschriften ablesen läßt, gibt dieser Literatur etwas Esoterisches, Inselhaftes. Autonomie der Dichtung heißt hier auch Verzicht auf Auseinandersetzung mit einem breiteren Publikum, Beschränkung auf den Umgang mit Kennern und Liebhabern, die nicht kritisieren, auf die Äußerung eigener Vorstellungen verzichten und statt dessen verstehen und zu schätzen wissen. Eine bemerkenswerte Ausnahme bilden Leben und Werk Frank Wedekinds (1864–1918), der sich nicht davon abbringen läßt, anstatt Novellen und Gedichte Dramen zu schreiben und diese dann auch – trotz Jahrzehnte dauernden Widerstands der Zensurbehörden, der Theaterleiter, Schauspieler und nicht zuletzt des Publikums – zur Aufführung zu bringen.

So bleibt *Frühlings Erwachen*, mit dem Max Reinhart 1906, fünfzehn Jahre nach der ersten Publikation, durch die Uraufführung in den Berliner Kammerspielen Wedekinds Durchbruch auf der Bühne bewirkt, trotz dieses aufsehenerregenden Erfolges in einigen Städten des Reichs weiterhin für sechs Jahre verboten. Wedekinds Kampf um das Theater, mit dem er fast drei Jahrzehnte seines Lebens zu tun hat, ist von weittragender Bedeutung. Als einziger Dichter seiner Zeit insistiert er auf der Auseinandersetzung mit der bürgerlichen Öffentlichkeit. Bei diesem Engagement scheut Wedekind nicht davor zurück, auch als Darsteller seiner Figuren auf der Bühne die eigene Haut zu Markte zu tragen und seinen Schädel in den Rachen des Raubtiers Publikum zu legen, wie es im Prolog des Tierbändigers zu *Erdgeist* heißt.

Sein erstes Publikum findet Wedekind 1901 in dem von ihm mitbegründeten Kabarett *»Die elf Scharfrichter«*, wo er zwei Jahre lang als prominentestes Mitglied der Gruppe eigene Lieder zur Laute vorträgt. Diese Auftritte im hinteren Saal einer Gaststätte vor einer sehr gemischten Zuhörerschaft aus Boheme und zahlendem Bürgertum haben das Mißverständnis hervorgerufen, er sei ein nicht sehr anspruchsvoller Verseschmied, der mit todernstem Gesicht und schneidender Stimme seine polizeiwidrigen Sachen zur Unterhaltung eines amüsierwilligen, biertrinkenden Publikums vorträgt. Gegenüber diesem Bild von Wedekind als zweifelhafter Randexistenz, das zahllose Memoiren über die Schwabinger Boheme bis zum heutigen Tag verbreiten, ist an das Bürgerliche zu erinnern, das sein Leben und Werk geprägt hat.

Der Dichter stammt aus einer Familie von eher großbürgerlichem Niveau, in der zwei fortschrittliche Tendenzen des 19. Jahrhunderts einen problematischen Zusammenschluß finden. Der Vater (1816 geboren), ein linksliberaler Achtundvierziger, Emigrant und nach seiner Rückkehr aus San Francisco politischer Gegner Bismarcks, emigriert nach der Reichsgründung 1871 zum zweiten Mal und kauft Schloß Lenzburg in der Schweiz; sein anhaltendes Engagement für Demokratie in Deutschland kennzeichnet seinen Lebenslauf. Die Mutter (1840 geboren), die als 16jährige, weil sie es im Elternhaus nicht aushält, allein zu ihrer Schwester nach Valparaiso aufbricht und mit Konzerten, Theater- und Varieté-Auftritten an der süd- und mittelamerikanischen Westküste schließlich die Familie ihrer bald verstorbenen Schwester ernährt, dokumentiert schon sehr frühzeitig, was weibliche Selbständigkeit in der Praxis vermag. Schloß Lenzburg, das zu den fünf größten Burganlagen in der Schweiz gehört, bildete den imposanten Lebensraum für Wedekind und seine fünf Geschwister, die hier, von materiellen Sorgen unbehelligt, freizügig und geborgen aufwachsen. Der Dichter, zeit seines Lebens ein Bürgerschreck, besitzt einen unkompliziert positiven Familiensinn; wenn er als liebender Sohn, Gatte, Vater seiner Töchter auftritt, ist dies keine Maskerade, hinter der sich Unbehagen und Zwang verstecken.

Frühlings Erwachen

Frühlings Erwachen. Eine Kindertragödie (1891) spielt in einer Kleinstadt, die von Wiesen, Wäldern und Weinbergen umgeben ist. In dieser idyllisch anmutenden Atmosphäre entfaltet sich in 19 Szenen, in denen ziemlich alltägliche Schüler und Schülerinnen, Eltern und Lehrer auftreten, ein Panorama des Umgangs mit Sexualität, das es bis dahin in der deutschen Literatur nicht gegeben hat. Die Chronique scandaleuse dieses Werkes sollte jedoch nicht darüber hinwegtäuschen, daß es sich hier um eine nüchterne Darstellung jugendlicher Unberatenheit und – seitens der Erwachsenen – der Abwehr und Verleugnung handelt, die alles andere als schlüpfrig oder die erotische Phantasie anregend ist. Im Mittelpunkt der Handlung stehen die beiden Freunde Melchior Gabor und Moritz Stiefel, der beste und der schlechteste Schüler in der Klasse. Melchior Gabor, ein vergrübelter, von der Mutter verwöhnter Junge, vergewaltigt Wendla Bergmann, eine unaufgeklärte 14jährige, die beim Abtreibungsversuch einer Engelmacherin stirbt; Moritz Stiefel verübt nach verzweifeltem Kampf um die Versetzung in die höhere Klasse Selbstmord mit einer Pistole. Während es sich Moritz in seinem Grab gemütlich zu machen versucht, vertraut sich Melchior am Schluß des Stückes unter dem Schutz eines vermummten Herrn einer ungewissen Zukunft an.

Im Unterschied zu den Kindertragödien, die auf *Frühlings Erwachen* folgen – *Jugend* (1893) von MAX HALBE, *Hanneles Himmelfahrt* (1894) von GERHART HAUPTMANN, *Klein Eyolf* (1894) von HENRIK IBSEN und *Wie ein Strahl verglimmt* von KURT MARTENS (1895) – und mit Ausnahme des Stückes von Martens großen Erfolg beim Publikum finden, stellt Wedekind der harten und ungerechten Welt der Erwachsenen keinen Bereich kindlicher Unversehrtheit und Reinheit gegenüber. Seine Heranwachsenden reproduzieren vielmehr Verhaltensweisen und Formen, nach denen die Gesellschaft insgesamt funktioniert. Die Freundinnen Martha, Wendla und Thea können sich ihre Zukunft nur als Mütter von vielen Kindern vorstellen, wobei die Anzahl der Söhne den Wert der Frau bestimmt. Wendla ist von der Minderwertigkeit der Frau überzeugt und meint, daß die Frau durch die Liebe eines Mannes »zehntausendmal mehr bekommt, als sie ist«. Einen Höhepunkt erreicht die kritische Darstellung, als Wendla trotz Melchiors Drohung, sie vom Heuboden hinunterzuwerfen, sich ihm nähert und ihre Vergewaltigung provoziert. Sie reagiert nach dem patriarchalischen Schema, das der Frau Lust nur von außen aufgezwungen erlaubt; anstatt ihrem Verlangen offen nachzugeben, stellt sie Situationen her, in denen sie als Opfer männlicher Triebansprüche Lust erleidet. Die Schüler identifizieren sich mit der Schulordnung, in deren Rahmen sie Konkurrenzkämpfe austragen. Als Moritz glückstrahlend von seiner Versetzung berichtet, zeigen sie Haß und Neid. Wie ein beim Konkurs zu kurz gekommener Gläubiger trauert Otto bei der Beerdigung von Moritz dem Fünfmarkstück nach, das ihm Stiefel nun schuldig bleibt. Die Zukunft der beiden Genießer Hänschen Rilow und Ernst Röbel trägt melancholische und regressive Züge. Der eine sieht sich als Pfarrer mit Hausmütterchen; Hänschen, der Sohn reicher Eltern, verlängert lediglich seine bisherige Existenz und träumt vom Harem in eigener Villa. Seine wiederholte Aufforderung »Laß uns nicht traurig sein!« versucht, die Trauer über eine Zukunft abzuwehren, die nur schlechter sein kann als die Gegenwart.

Gipfelpunkt des Dramas ist die Friedhofszene, mit der *Frühlings Erwachen* endet. »In heller Novembernacht, an Busch und Bäumen raschelt das dürre Laub, zerrissene Wolken jagen unter dem Mond hin«, klettert der entflohene Melchior, auf der Suche nach Wendlas Grab, über die Kirchhofmauer und begegnet Moritz Stiefel, der, seinen Kopf unter dem Arm, über die Gräber stapft. Seine verführerische Aufforderung »Gib mir die Hand!« soll Melchior ins Jenseits locken, in dem es nur noch lächelnde Erhabenheit über die Lebenden und Einsicht in die Vergeblichkeit des Daseins gibt. Ein vermummter Herr tritt auf, den Wedekind mit Gehrock und Zylinder selbst gern auf dem Theater spielte, und weist Moritz zurecht. Stiefel ist den energischen Argumenten des fremden Herrn nicht gewachsen. So schließt *Frühlings Erwachen* mit einem etwas zwielichtigen »Ausblick auf das Leben«, eine Welt, die mehr aufweist als das enge Leben in der Kleinstadt.

Im Dezember 1891 reist Wedekind nach Paris; bei häufigen Zirkus-, Varieté- und Ballettbesuchen eröffnet sich ihm hier die Welt, die der vermummte Herr seinem Adepten zur Erweiterung des Horizonts versprochen hat. Dieser erste Pariser Aufenthalt, der mit kurzen Unterbrechungen drei Jahre dauert, verschlingt nicht nur Wedekinds beträchtliche Erbschaft; Paris vermittelt ihm auch ein beglückendes Gefühl von Weltläufigkeit und einer Freizügigkeit im Privaten, an das er sich in den schlimmsten Krisenzeiten späterer Jahre noch gern erinnert. Was für George die Bekanntschaft mit Stéphane Mallarmé, für Rilke die Zusammenarbeit mit Rodin war, bedeuten die Eleganz und Grazie der Tänzerinnen der Folies-Bergère für Wedekind.

Frank und Tilly Wedekind im »Erdgeist«

Die Lulu-Dramen

Das *Lulu*-Drama (*Der Erdgeist* 1895 und *Die Büchse der Pandora* 1902) verdankt seine Entstehung dem Leben in Paris während dieser Zeit. Mit der Heldin gelingt Wedekind eine Frauenfigur, deren Existenz sich im Laufe der Jahrzehnte vom literarischen Werk weitgehend abgelöst hat und zum Mythos geworden ist, kaum weniger populär als Marlene Dietrich in ihrer Rolle als »Blauer Engel« in der Verfilmung (1930) von HEINRICH MANNS Roman *Professor Unrat.*

Die kolportagehafte Handlung des Dramas, in dem es von Leichen nur so wimmelt, läßt sich knapp zusammenfassen: Lulu ist die Geliebte des mächtigen Chefredakteurs Dr. Schön, der sie vor seiner geplanten Heirat mit einer adligen Tochter aus bestem Hause mit Dr. Goll, einem alten, aber reichen Medizinalrat, verheiratet hat. Den eifersüchtigen Goll trifft der Schlag, als er Lulu beim Tête-à-tête mit dem Maler Schwarz überrascht, der Lulu als Pierrot in weißem Atlaskostüm malen soll. Schwarz, der ihr nächster Ehemann geworden ist, schneidet sich die Kehle durch, als Schön ihm einschärft, besser auf seine Frau aufzupassen. Lulu zwingt Schön, sie zu heiraten, betrügt ihn mit vielen Männern und erschießt ihn, nachdem er versucht hat, sie zum Selbstmord zu nötigen. Von der lesbischen Gräfin Geschwitz aus dem Gefängnis befreit, flieht sie mit Schöns Sohn Alwa und seinem reichen Erbe nach Paris, wo sie verschiedene Liebhaber, die auf ihre Kosten leben, mit ihren Forderungen ruinieren. Vor der erpresserischen Drohung des Mädchenhändlers Casti-Piani, der ihr die Wahl läßt zwischen dem Eintritt in ein feudales Kairoer Bordell und der Auslieferung an deutsche Justizbehörden, flüchtet sie nach London, wo sie als Straßenprostituierte unter dem Messer des Lustmörders Jack the Ripper endet.
So eindeutig der Handlungsverlauf ist, so zahlreich sind die Schwierigkeiten bei der Interpretation dieses Dramas, an dem Wedekind – mit Unterbrechungen – fast 20 Jahre gearbeitet hat. KARL KRAUS, der *Die Büchse der Pandora* als die »Tragödie von der gehetzten, ewig mißverstandenen Frauenanmut, der eine armselige Welt bloß in das Prokrustesbett ihrer Moralbegriffe zu steigen erlaubt«, sieht und als erster 1905 in Wien in einer Privatvorstellung zur Aufführung bringt, benennt die Hauptschwierigkeit:

> Die Frage, ob es dem Dichter mehr um die Freude an ihrem Blühen oder mehr um die Betrachtung ihres ruinösen Wirkens zu tun ist, kann jeder wie er will beantworten. So kommt bei diesem Werke schließlich auch der Sittenrichter auf seine Rechnung, der die Schrecknisse der Zuchtlosigkeit mit exemplarischer Deutlichkeit geschildert sieht und der in dem blutdampfenden Messer Jacks mehr die befreiende Tat erkennt als in Lulu das Opfer.

Als Erdgeist triumphiert Lulu mühelos über die Männer, die sie ihren jeweiligen Projektionen unterworfen zu haben glauben: Für Goll ist sie ein kindliches Geschöpf, das sich mit Tanzen begnügt; Schwarz sieht in ihr das reizvolle Modell, bei dem er auch sexuell auf seine Kosten kommt; für Dr. Schön bedeutet sie die leicht erreichbare Geliebte, die er mit anderen, ihm unterlegenen Männern verheiratet, weil er sich mit Lulu nicht in der Öffentlichkeit sehen lassen will. Lulu erfüllt die von ihr erwarteten Rollen so lange, wie es ihr gefällt. Ein neuer Mann bedeutet ihr kaum mehr als ein neues Kleid, von denen sie auch eine ganze Menge besitzt. Sie genießt ihre Anziehungskraft auf Männer und langweilt sich bei deren alltäglichen Geschäften, sei es der Gang zur Börse oder die Arbeit im Atelier. Lulu verkörpert genußspendende, kultivierte Weiblichkeit; sie ist eine Nachtwandlerin der Liebe, die erst durch die Domestizierungsversuche der Liebhaber zur tödlichen Gefahr für die Männer wird.
In *Die Büchse der Pandora*, dem zweiten Teil der Tragödie, erliegt Lulu dem Druck der gesellschaftlichen Verhältnisse; ihre Ungebundenheit wird zur Illegalität. Von ihrer unwiderstehlichen Schönheit, die sich im *Erdgeist* voll entfal-

tete, bleibt nur der kindliche Ausdruck ihrer Augen erhalten. Im puritanischen London finden Goll, Schwarz und Schön schließlich ihren Rächer in Jack the Ripper: Er nimmt sie als letzter in Besitz.

Der Marquis von Keith, Hidalla

Sehr früh zieht Wedekind mit *Marquis von Keith* (1901) und *Hidalla* (1904) eine hellsichtige Bilanz all der Bestrebungen und Hoffnungen, die sich in den Jahren vor dem Ersten Weltkrieg auf die Veränderung der Gesellschaft durch antibürgerliches, anarchistisches Treiben und ein naturnahes Leben richten. Vorstellungen vom anderen Leben, der »Lebensreform«, geisterten in den Jahren nach 1900 nicht mehr nur in den Köpfen weniger Intellektueller an den Rändern der Großstädte Berlin, München und Dresden, wo sie in kleinen Gemeinschaften leben und sich im wesentlichen selbst genug sind. Durch die neuerrichteten Landschulen und die verschiedenen Gruppierungen der Jugendbewegung, von denen der Wandervogel am bekanntesten geworden ist, erfährt der antibürgerliche Affekt in der Intelligenz und der heranwachsenden Generation um 1900 eine beträchtliche, großes Aufsehen erregende praktische Wendung. Tausende von Jugendlichen sagen ihren Elternhäusern den Kampf an, organisieren eigene Versammlungen und Diskussionen, suchen herauszufinden, was der Jugend gemäß sei. Gesunde Ernährung und Kleidung, Freikörperkultur, Bekenntnis zur Männerliebe, Wandern, Spiele und Tanz, aber auch Philosophie und Kunst werden wichtige Gegenstände des Interesses. All dies wird nicht nur diskutiert, die Ausübung ist das Wichtigste und Aufregendste.

Die Romantik wird wiederentdeckt und als eine Periode betrachtet, die in einem fruchtbaren Gegensatz zur Realpolitik nach 1871 steht und sich auch gegen den gutbürgerlichen Positivismus richtet, der die Kultur der Gründerzeit auf nahezu allen Gebieten beherrscht. Ein eindrucksvolles Dokument für den positiven Aspekt dieses Neuanfangs – in diesen Jahren des Aufbruchs nicht gerade häufig zu finden – bildet das große Werk *Die Romantik* (Erster Teil 1899, Zweiter Teil 1902). Dieses Buch von RICARDA HUCH (1864–1947), der mit Wedekind gleichaltrigen Schriftstellerin, war nicht ohne Einfluß auf die Bewegung der Jugend und kann heute noch, trotz vieler Erkenntnisse im einzelnen, Gültigkeit beanspruchen.

Mit dem hochstaplerischen *Marquis von Keith*, dem Sohn eines oberschlesischen Dorfschullehrers, präsentiert Wedekind einen Abenteurer von internationalem Gepräge. Während einer kubanischen Revolution soll Keith mit zwölf Verschwörern hingerichtet werden, überlebt und betrachtet seitdem den allerergiebigsten Lebensgenuß als sein rechtmäßiges Erbe. Durch die Gründung des »Feenpalastes«, einem großangelegten Konzerthaus, versucht er bei den Münchner Bürgern Geld lockerzumachen, wird aber nach erfolgreicher Etablierung des Projekts ohne Federlesens davongejagt und steht zum Schluß ärmer da, als er es vor Beginn des Unternehmens gewesen ist. So scheitert selbst der auf Anpassung bedachte Abenteurer an der unerschütterlichen Stabilität einer Wirtschaftsordnung, die zwar Innovation zuläßt, aber den, der die Dinge ins Rollen gebracht hat, wieder in den Status des Dahergelaufenen zurückversetzt. Keith, der sich nicht genug tun kann, Hochachtung vor dem großen Geld zu predigen, bekommt am eigenen Leibe zu spüren, daß es in der bürgerlichen Gesellschaft tatsächlich keine andere Macht gibt als das Kapital.

Mit dem Scheitern dieses Hochstaplers verabschiedet sich die Figur eines Einzelgängers, der in der Literatur der neunziger Jahre in der Abkehr von der naturalistischen Alltagsschilderung als extravagante Erscheinung bedeutungsvoll war. Vertrauen auf das Leben, das der Abenteurer als Hoffnung verkörpert, sollte in seiner Existenz Spontaneität und Notwendigkeit vereinen und den Blick für ein Dasein ohne bürgerlichen Zwang öffnen.

Der Prozeß der Desillusionierung wird bei Wedekind mit dem Drama *Hidalla* weitergeführt. Hier tritt Karl Hetmann, ein verwachsener Mensch von abstoßender Häßlichkeit, als Propagandist der Lebensreform auf, deren Ideen durch Maßnahmen der Nationalsozialisten im »Dritten Reich« schauerliche Realität werden. Der »Verein zur Züchtung von Rassemenschen«, durch den eine neue Zukunft der Menschheit anbrechen soll, wird von ihm gegründet; den von ihm ausgewählten Mitgliedern des Vereins, dem er selbst nicht angehört, verordnet er Promiskuität. Hetmann scheitert nicht nur an der Geltungssucht und Geschäftemacherei seiner Bundesgenossen: in die Knie zwingt ihn die Leidenschaft der schönen Fanny Kettler, die, um ihm nahe zu sein, alles verflucht, was er Schönheit nennt. Nachdem er einen Kontrakt für Zirkusauftritte als dummer August unterzeichnet hat, verübt er Selbstmord.

NEUE MONUMENTALITÄT

Wedekinds Abwendung von der Hoffnung auf Lebensreform ist keine isolierte Erscheinung; zwischen 1903 und 1907 kommt es auf literarischem und künstlerischem Gebiet insgesamt zu Veränderungen, die auf eine strenge Abgrenzung von Kunst und Gesellschaft hinzielen. Grenzüberschreitende künstlerische Bestrebungen, die auf eine vom Alltag losgelöste Einheit von Leben und Kunst gerichtet sind, werden als Faschingsdekorationen oder Ornamentenschwulst abgetan. 1905 löst sich die Wiener Sezession auf, die seit 1897 als eine Gemeinschaft von Malern, Bildhauern, Bühnenbildnern und Architekten mit den Jahresausstellungen der Vereinigung glanzvolle Gesamtkunstwerke geschaffen hatte, die zu den Hauptattraktionen im Wien der Jahrhundertwende gehören. 1907 wird in Berlin von Architekten und Kunstgewerblern wie Peter Behrens, Henry van de Velde und Hermann Muthesius, die zuvor zu den Pro-

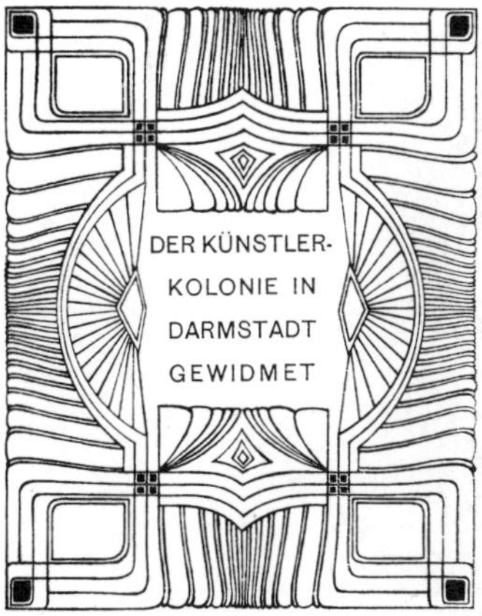

Peter Behrens, Feste des Lebens und der Kunst (1900)

Bühnenbildentwurf zu »Faust II«
+(Burgtheater Wien 1907)

tagonisten des Jugendstils zählen, der Deutsche Werkbund gegründet. Unter dem Eindruck eines Großauftrags an Peter Behrens, der von der Drucktype bis zur Fabrik und der Arbeitersiedlung alles gestalten soll, was der AEG gehört, entwickelt sich eine Zusammenarbeit mit der Industrie, die ihre Produkte ohne luxuriöses Ornament nüchtern und sachlich herausbringen will.
In einem Aufsatz unter dem bezeichnenden Titel *Der Wille zum Stil* schreibt der österreichische Kritiker FRANZ SERVAES 1905:

> An Mischformen haben wir jetzt genug gehabt: Romane, die zur Lyrik wurden; Dramen, die zu Romanen wurden; Plastiken, die zu Gemälden wurden. Es ist Zeit, daß unsere Kunst sich wieder auf die Reinheit ihrer Gattungsformen besinne. Der Mischmasch mag vielleicht noch so lieblich, geistreich und kapriziös gewesen sein – er behielt etwas Frauenzimmerliches.

Als Gegenteil zum »Mischmasch« ist der Wunsch des Kritikers nach männlicher Reinheit und Klarheit unschwer zu erschließen.
Allenthalben wird nun herbe Männlichkeit als Geist und Form verlangt und der Vermischung die Forderung nach Form, Stil und Monumentalität gegenübergestellt. OTTO WEININGERS (1880–1903) idealtypische Wesensschau *Geschlecht und Charakter* (1903), die der Frau Charakter und Logik abspricht, während der Mann, der Zugang zu Genialität, Ethik und Vernunft hat, als Ebenbild Gottes gilt, findet in diesen Jahren große Resonanz. Seine Forderung nach »Überwindung der Weiblichkeit« geht mit einer gesellschaftlichen Entwicklung konform, die schließlich in die Militarisierung des Ersten Weltkrieges einmündet.
Bei STEFAN GEORGE manifestiert sich ein Wille zu monumentaler Vereinfachung; er beginnt sich an Dante zu orientieren und errichtet in seinem Gedichtwerk *Der siebente Ring* (1907), das »Stroh der Welt verachtend«, mit apodiktischer Bestimmtheit neue Gesetzestafeln. Er tritt als prophetischer Priester auf und zelebriert den Kult des Maximin, den er zum Inbegriff hehrer, idealer

Jugend erklärt. RUDOLF ALEXANDER SCHRÖDER und RUDOLF BORCHARDT publizieren Sonette, Oden, Elegien und Hymnen, in denen vom lyrischen Ich nichts mehr übrigbleibt und alles in eine überindividuelles Ethos gesteigert wird. Die Antike wird mit »abgöttischer Verehrung« nachempfunden, und es entstehen Gedichte, deren Formgewandtheit die rhetorische Leere nur mühsam überdeckt.

Das Drama gilt neben Architektur und Plastik als sinnfälligstes literarisches Medium der neuen Monumentalität. So schreibt SAMUEL LUBLINSKI, aggressive Impulse mit den Idealen der Kultur verbindend, 1909 über die Aufgaben, die sich dem Dramatiker stellen:

Das Drama ist im Ästhetischen der vollkommenste Ausdruck für die Kraft, den Willen, die Leidenschaft und die Idealität der Kultur. Darum steht nichts mehr und nichts weniger in Frage als die Ethik und das schöpferische Vermögen eines Zeitalters, wenn sein Drama vom Ruin bedroht oder durch unqualifizierte Surrogate entwürdigt wird. (*Ausgang der Moderne*, 1909)

Um die Würde wiederherzustellen und sich von den zivilisatorischen Surrogaten möglichst weit zu entfernen, werden Stoffe aus nordischer Vorzeit und dem Mittelalter, in Jamben abgehandelt, bevorzugt. PAUL ERNST (1866–1933), der mit seinem Manifest *Der Weg zur Form* (1906) für die Helden-Tragödie eingetreten war, zeigt in seinem Drama *Canossa* (1908), wie Heinrich IV. dem hergelaufenen Papst Gregor gegenübertritt, und stellt in *Brunhild* (1909) die dunkelhaarigen Egoisten Gunther und Kriemhild den germanischen Lichtgestalten Siegfried und Brunhilde gegenüber. WILHELM VON SCHOLZ (1874–1969), EMANUEL VON BODMAN (1874–1946) und SAMUEL LUBLINSKI (1868–1910) sind seine Kampfgefährten. Das Freilufttheater, das wegen seiner Fernwirkung besondere Stilisierung erfordert und die Zuschauer als Gemeinde einbezieht, war

Reinhardt-Inszenierung im Zirkus Schumann Berlin 1910 (Fotopostkarte)

für eine Rückführung des Dramas in den Gottesdienst besonders geeignet. Bis heute hat sich HOFMANNSTHALS *Jedermann* (1911) auf der Domtreppe bei den Salzburger Festspielen erhalten; *Wieland der Schmied* (1905) von FRIEDRICH LIENHARD (1865–1929) und *Die Maibraut* (1909) von ERNST LUDWIG VON WOLZOGEN (1855–1934), bei denen das Urgermanische in Reinkultur vorgeführt wird, finden bei Aufführungen im Harzer Burgtheater oder im Nerotal bei Wiesbaden ein zahlreiches, ergriffenes Publikum.
Die weihevolle, repräsentative Kunstrichtung dieser Jahre wird aufs knappste zusammengefaßt in dem Gespräch Diederich Heßlings mit seiner Verlobten Guste Daimchen im Anschluß an eine Lohengrin-Aufführung im Stadttheater:

Lithographie von Max Liebermann

»Unter den Künsten gibt es eine Rangordnung. Die höchste ist die Musik, daher ist es eine deutsche Kunst. Dann kommt das Drama!« »Warum?« fragte Guste. »Weil man es manchmal in Musik setzen kann, und weil man es nicht zu lesen braucht, und überhaupt.« »Und was kommt dann?« »Die Portraitmalerei natürlich, wegen der Kaiserbilder. Das übrige ist nicht so wichtig.« »Und der Roman?« »Der ist keine Kunst. Wenigstens Gott sei Dank keine deutsche: das sagt schon der Name!« (HEINRICH MANN, *Der Untertan*)

Der Roman wird als zerfließende Halbkunst geringgeschätzt, weil hier der »Zwang zur Form« (PAUL ERNST) fehlt und deshalb wenig Staat mit ihm zu machen ist. Es ist die Stunde des Schweizer Dichters CARL SPITTELER (1845–1924), der sich seit Jahrzehnten in Kritiken mit der »sogenannten Wirklichkeitskunst« herumgeschlagen hatte. Aus seiner Auffassung »Die Prosa herrscht nur unter der Bedingung, daß zugunsten der Geschäfte das Beste im Menschen unterdrückt und verschwiegen wird« zieht er die Konsequenz und tritt mit einem vierbändigen Versepos *Olympischer Frühling* (1900–1905, Neufassung 1910) hervor, das in einer harten und zugleich metaphorisch angestrengten Sprache den Aufstieg der Götter zum Olymp gestaltet. Es ist eine Antike aus dem Geiste des Germanentums, die einen jugendbewegten Spitteler-Kult auslöst. Deren Stimmführer EUGEN DIEDRICHS, GUSTAV WYNEKEN und HANS BLÜHER stellen begeistert die »Epiphanie des Heldischen« bei Spitteler heraus.
Diese Autoren und ihre Werke sind heute vergessen, man muß sich ihrer aber erinnern, um den aggressiven Geist der Zeit zu verstehen, der in diesen Jahren verstärkt die Bereitschaft zur militärischen Auseinandersetzung mobilisiert. In der einmütigen, begeisterten Zustimmung zum Kriegseintritt, an der fast die gesamte deutsche Schriftstellerzunft beteiligt ist, macht weder die Zugehörigkeit zu einer literarischen Strömung noch das Lebensalter der Autoren einen Unterschied.

Ein Resümee der Epoche: Der Untertan von Heinrich Mann

Der Untertan von HEINRICH MANN (1871–1950), dem älteren Bruder Thomas Manns, faßt die Epoche Kaiser Wilhelms II., die mit der Entscheidung zur Aufhebung des Sozialistengesetzes und der darauf folgenden Entlassung Bismarcks im Jahre 1890 beginnt, wie in einem Brennspiegel zusammen. Dieses Werk, das Heinrich Mann nach mehrjährigen Vorstudien zwischen 1911 und 1914 schreibt und in der Münchner Zeitschrift »Zeit im Bild« zu publizieren beginnt, ist der eigentliche Zeitroman der Jahrhundertwende: Er beginnt mit einer illegalen, anarchistischen Arbeitslosendemonstration Unter den Linden 1892 und endet mit einer Unwetterkatastrophe, die über eine Einweihungsveranstaltung für ein pompöses, vielfiguriges Riesendenkmal Kaiser Wilhelms I. hereinbricht und damit den gewaltsamen Untergang des Kaiserreichs vorwegnimmt. Heinrich Mann bietet keine Darstellung und Analyse post festum, wie *Der Zauberberg* von THOMAS MANN, *Der Mann ohne Eigenschaften* von MUSIL, *Die Schlafwandler* von HERMANN BROCH oder die Weltkriegsromane von ARNOLD ZWEIG. Spannend an dem Roman ist die Nähe zum Gegenstand, das Eindringen in die inneren Bereiche seines Helden, ohne daß der geringste Zweifel an der Erbärmlichkeit des Mannes und der Niedertracht des Systems, das er vertritt, aufkommt.

Bis diese außerordentliche Leistung gelingt, hat der Autor eine lange, fast zwanzigjährige literarische Entwicklung hinter sich, die ihn, insgesamt gesehen, eher als Teil seiner Epoche erscheinen läßt denn als unerbittlichen Opponenten. *Im Schlaraffenland* (1900) ist eine Satire auf das gesellschaftliche Leben der feinen Leute im Berliner Tiergartenviertel, deren antimammonistische Kritik nicht frei von antisemitischen Tönen ist. Frau Generalkonsul Adelheid Türkheimer führt im allereigensten Interesse einen ebenso liebenswürdigen wie unbedeutenden Dichterling aus der Provinz zu literarischen Ehren. Die Romantrilogie *Die Göttinnen* (1903) schildert in einer Mischung aus Abenteuerroman und Dekadenzkult die drei verschiedenen Seelen einer dalmatinischen Herzogin, Villante von Assy, die um 1880 mit ihrem Treiben die europäische Presse beschäftigt haben soll. Der Roman ist voll von Ausnahmemenschen, Balltoiletten und Leidenschaften; wäre nicht alles todernst gemeint, könnte man dieses Werk als Balkanoperette in drei Bänden auffassen.

Zeichnung von Julius Diez (um 1896)

Die kleine Stadt (1909) hingegen zeigt Heinrich Mann als präzisen Romancier, der insbesondere die Dialogkunst mit Verve und Tempo beherrscht. Der Aufenthalt einer reisenden Operntruppe, die zum ersten Mal nach fünfzig Jahren wieder im alten Theater spielen soll, bringt ein kleines italienisches Bergstädtchen durcheinander. Trotz anhaltender Auseinandersetzungen zwischen alten Garibaldi-Anhängern und kirchentreuen Konservativen, die sich vor allem auf die verheirateten Frauen stützen, entwirft Heinrich Mann, der sich um 1905 dem französischen demokratischen Schriftsteller JULES MICHELET zuwendet und ROUSSEAU und VOLTAIRE mit Interesse liest, die Umrisse eines Gemeinwesens, in dem man leben kann, weil ein Ausgleich zwischen den Parteien möglich ist und die Armen zumindest Brot und Olivenöl zu essen haben.

Der Untertan schildert den Aufstieg Diederich Heßlings, der es innerhalb weniger Jahre vom Sohn eines Handwerkers zum einflußreichen Papierfabrikanten bringt, der darüber bestimmt, was in der Stadt geschieht. Auf die äußere Geschichte seines Helden legt Heinrich Mann ebenso großes Gewicht wie auf die psychischen Abläufe. Diederich ist ein Muttersöhnchen und besitzt einen ausgesprochenen Hang zur Unterwerfung bei Frauen. In seine spätere Ehefrau Guste Daimchen verliebt er sich auf der Stelle, als sie ihm eine kräftige Ohrfeige versetzt. Die Mitgliedschaft bei den Neuteutonen, einer schlagenden Verbindung, der er sich während seines Chemiestudiums in Berlin langsam nähert, hat deshalb vor allem eine Bedeutung als kompensatorische, charakterstärkende Funktion; erst hier lernt er sich durchzusetzen und über Leichen zu gehen. Gleichwohl bleibt Heßling eine von Ängsten heimgesuchte, labile Persönlichkeit, die sich immer wieder durch extreme Identifikation mit Thron und Altar aufbaut und aufrechterhält. Mit seiner Neigung zur Korpulenz ist er größeren körperlichen Anstrengungen nicht gewachsen und quittiert den nicht sonderlich geliebten Militärdienst schon nach drei Monaten. Seine sich leicht überschlagende Stimme zeugt von der Schwierigkeit, die Emotionalität zu steuern; die abendlichen Bauchwickel sollen dagegen Leibschmerzen lindern, die offensichtlich durch angestaute Aggressionen ausgelöst werden. Heßling ist ebenso gefährdet wie gefährlich. Es liegt an den gesellschaftlichen Strukturen, daß er, ohne heucheln zu müssen, seine Gefährlichkeit ausleben kann, daß er erfolgreich ist, weil aus Sentimentalität und Geschäftsinteresse ein unbewußtes Amalgam entsteht: Der Papierlieferant staatserhaltender Zeitungen ist nicht mehr vom tobenden Redner zu unterscheiden, der die Phrasen selbst produziert, bevor sie auf Zeitungspapier gedruckt werden, das wiederum aus Heßlings Papiermühlen kommt.

Die Romanhandlung ähnelt in der Klarheit des Aufbaus der Akteinteilung eines Dramas. Es beginnt mit dem Erlebnis des kaiserlichen Ritts durch die Hungerdemonstration im Februar 1892 und dem ersten Blickkontakt zwischen Herrscher und Untertan im Tiergarten. Zweite Station sind die provozierte Majestätsbeleidigung und die Gerichtsverhandlung, bei der sich der frischgebackene Doktor den Mitbürgern seiner Heimatstadt als rücksichtsloser Agent des kaiserlichen Gottesgnadentums vorstellt. Es folgt die Gründung und Wahlagitation der »Partei des Kaisers«. Die vierte Station zeigt die Durchsetzung des Kaiser-Wilhelm-Denkmals und als Höhepunkt Heßlings Einweihungsrede in Anwesenheit hoher Vertreter von Militär und Verwaltung. Während Diederich spricht, braut sich ein Unwetter zusammen. Doch ungerührt von den Naturgewalten, wettert Diederich gegen den französischen Erbfeind:

> An dieser Stelle blitzt es; zwischen dem Militärkordon und der Brandmauer, in der Gegend, wo das Volk zu vermuten war, durchzuckte es grell die schwarze Wolke, und ein Donnerschlag folgte, der entschieden zu weit ging ... Der Donner grollte, wenn auch eingeschüchtert, wie es schien, durch Diederichs immer gewaltigere Stimme ... Drüben die große Brandmauer klaffte und ging daran, umzufallen, samt dem Haus dahinter. Über einen Knäuel von Geschöpfen in jagendem Geisterlicht, schwefelgelb und blau, bäumten sich die Pferde der Paradekutschen und nahmen Reißaus. Glücklich das nicht privilegierte Volk, das draußen über alle Berge war. Die Besitzenden und Gebildeten dagegen waren in der Lage, daß sie auf ihren Köpfen schon die fliegenden Trümmer des Umsturzes fühlten, samt dem Feuer von oben.

Thema des Romans ist nicht, wie man meinen könnte, eine Satire auf die Beschränktheit eines tyrannischen Untertans; die Kühnheit des Werks liegt vielmehr in der Thematisierung der inneren Korrespondenz von Kaiser und Untertan. Heßling bezieht seine Macht aus der Identifikation mit dem Kaiser, den er in Haltung, Haartracht und Rede imitiert; Wilhelm II. wiederum wird als Schauspieler dargestellt, der seine »Macht der Persönlichkeit«, gestützt auf Polizei und

Militär, nicht weniger theatralisch in Szene setzt wie der Kommunalpolitiker seine Ansprachen für Kaiser und Reich.
Heßlings weitsichtigste politische Tat ist die aus vagen Vorstellungen vom Volkskaisertum genährte Allianz mit Napoleon Fischer, seinem sozialdemokratischen Maschinenmeister, der anstelle eines Vertreters der liberalen Fortschrittspartei Reichstagsabgeordneter in Berlin wird. Vor dem Hintergrund dieses geheimen Bündnisses erscheint die sozialdemokratische Zustimmung zu den Kriegskrediten als Schlußpunkt jener jahrzehntelangen Entwicklung, über deren verheerende Tendenz sich Heinrich Mann bei der Abfassung seines Romans bereits im klaren war. Der mit dem Unternehmer vertraulich verhandelnde, nach außen hin revolutionäre Arbeiterführer ist eine Größe, die man im Wilhelminischen System nicht negieren konnte, letztlich aber für chauvinistische Ziele einsetzbar war.
Oft und nicht zu Unrecht wird von Heinrich Manns Anhänglichkeit gegenüber der Tradition der Revolution von 1848 gesprochen. Der alte Buck, ein ehemals zum Tode verurteilte Achtundvierziger, tritt als einzige sympathische Figur im Romangeschehen hervor; der ökonomische und moralische Niedergang seiner Familie ist jedoch unaufhaltsam. Wolfgang, der begabte jüngste Sohn, schwankt in der Phantasie vor der Alternative, ob er General oder Volksführer werden soll, und agiert in der Realität abwechselnd als Rechtsanwalt und Bühnenschauspieler. Durch seine Bundesgenossen ist der alte Buck zudem in Grundstücksspekulationen mit dem Geld einer wohltätigen Stiftung verstrickt. Die Familie Buck scheitert nicht nur an ihren unzeitgemäßen Idealen, sondern auch an mangelnder Ernsthaftigkeit, schwachem Durchsetzungswillen und Verstrickung in Korruption. Trotz unverkennbarer Sympathien für die Vorurteilslosigkeit und Weitläufigkeit der Familie Buck ist Heinrich Mann weit davon entfernt, die liberale Partei als politische Kraft anzusehen, die einen spürbaren Beitrag zum öffentlichen Leben im Deutschen Reich leisten könnte. *Der Untertan* entwirft ein Bild der Zustände in der Provinz, die weit weg ist von dem, was sich in Berlin, Wien oder München als nachgründerzeitliche Kultur der Jahrhundertwende entfaltet hat. Hier verband sich althergebrachte Rückständigkeit innig mit der modernen imperialistischen Mobilisierung der Bevölkerung in den Jahren vor dem Ersten Weltkrieg.
Heinrich Mann gehört zu den wenigen deutschen Schriftstellern, die frühzeitig gegen die Kriegsführung des Deutschen Reichs opponierten. Auch in der Weimarer Republik und danach im Exil vertritt er weltbürgerlich-demokratische Positionen. Durch kein anderes Werk hat er sich eine so nachhaltige Ablehnung, die bis heute an seinem Namen haftet, eingehandelt wie mit diesem Roman, der die bürgerliche Gesellschaft des Kaiserreichs um die Jahrhundertwende behandelt und die Epoche, indem er sie reflektierend zur Darstellung bringt, zugleich auch beschließt.

Heinrich Mann (um 1915)

EXPRESSIONISMUS UND DADAISMUS

Während sich die Malerei der Expressionisten einer Beliebtheit erfreut, die fast volkstümlich geworden ist, beschäftigen sich mit der expressionistischen Literatur vor allem Spezialisten. Trotz der eher bescheiden gebliebenen Rezeption ist das expressionistische Jahrzehnt zwischen 1910 und 1920 für die deutsche Literatur bis spät ins 20. Jahrhundert als ebenso konstitutiv anzusehen wie die kurze Phase des Sturm und Drang für die Entwicklung der deutschen Literatur bis weit ins 19. Die expressionistischen Dichter erfinden kühne sprachliche Neuerungen, gelangen im Kampf gegen eine verlogene Welt der Metapher zu radikalen Reduktionen und verletzen Tabus. Daran gemessen erscheint die Literatur der darauffolgenden Jahrzehnte als Zurücknahme, verfeinernde, aber abschwächende Modifikation oder als schlichte Wiederholung auf einem niedrigeren Niveau. Die expressionistische Revolte brachte gleichsam über Nacht zahlreiche Talente hervor – so verzeichnet ein neueres Lexikon nicht weniger als 350 Autoren –, ohne daß man jedoch von einer unmittelbaren Wirkung über den engeren Kreis hinaus sprechen könnte. Wie beim Sturm und Drang handelt es sich nicht um eine Bewegung, die durch die normative Kraft ihrer literarischen Meisterwerke den Einfluß erlangte, der bis heute andauert. Es ist vielmehr ihre widerspruchsvolle antibürgerliche Radikalität, die von einer stark emotional geprägten Basis her kompromißlos zur Aussage drängt, ohne sich viel um Stil, Form, Geschlossenheit und ästhetischen Geschmack zu kümmern. Trotz der Einlösung eines hohen literarischen Anspruchs bei bestimmten Gedichten von GEORG HEYM, TRAKL, BENN, VAN HODDIS und LICHTENSTEIN ist die expressionistische Bewegung mehr als das einzelne Werk. Noch bei dem unbekanntesten dieser Dichter sind grandiose Formulierungen zu finden, die auch in einem Werk der fünf berühmten Vertreter hätten stehen können. Der Expressionismus ist das Kollektivprodukt einer Generation zwischen 1885 und 1890 geborener Autoren. Sie reagieren auf den von ihnen als unerträglich empfundenen Druck der Wilhelminischen Ära mit einer Sprache, in der sie sich selbst als Krisenbarometer der Zeit verstehen.

Phasen des Expressionismus

Einige Fragen nach dem Wesen des Expressionistischen, ob etwa GOTTFRIED BENNS destruktive *Morgue*-Gedichte expressionistischer seien als JOHANNES R. BECHERS *Hymne auf Rosa Luxemburg*, lassen sich leichter beantworten, wenn man berücksichtigt, daß das expressionistische Jahrzehnt zwischen 1910 und

1920 durch Zäsuren gekennzeichnet ist: Vorkriegszeit, Kriegsausbruch und die Jahre des Ersten Weltkriegs, Vorbereitung der Novemberrevolution, Gründung der Weimarer Republik. Diese unterschiedlichen Krisenkonstellationen, die von den sich absolut setzenden Werken nicht ausgesprochen werden, erklären einige Akzentverschiebungen oder mögliche Widersprüche.
Die erste Phase beginnt um 1909 und dauert bis zum Anfang des Ersten Weltkrieges (1914). Die expressionistischen Dichter begrüßen ihn genauso enthusiastisch wie die anderen deutschen Schriftsteller; er ist für sie der erregende Weltuntergang, den sie als Überwindung der lähmenden Paralyse des bürgerlichen Alltags herbeisehnen. Als Kriegsfreiwillige sterben nicht wenige von ihnen in dem Bewegungskrieg der Jahre 1914 und 1915 im Fronteinsatz. Die fünf Jahre zwischen 1909 und 1914 sind die stilprägende Aufbruchszeit des Expressionismus; in diesen »Friedensjahren« werden Katastrophen, Weltuntergang und der Schock des Persönlichkeitsverlustes mit solcher Intensität formuliert, daß die Literatur dieser Jahre als eine unbewußte Vorwegnahme der späteren Kriegsereignisse erscheint.

Bildnis Franz Pfempfert 1923, Lithographie von C. Felixmüller

Unter dem Eindruck des Krieges an der Front und angesichts des wachsenden sozialen Elends im Hinterland, das ein besonders Merkmal des Ersten Weltkrieges ist, politisiert sich das Bewußtsein der Expressionisten zum pazifistischen Engagement. Es wird vor allem durch zwei Zeitschriften getragen: »Die Aktion« (gegründet 1911), den Kreis um FRANZ PFEMPFERT, und »Die weißen Blätter«, ab 1914 von RENÉ SCHICKELE herausgegeben. In dieser zweiten Phase (1914–18) treten Dramatiker wie HASENCLEVER, ERNST TOLLER und GEORG KAISER in den Vordergrund; für ihre Dramatik sind scharfe Kontraste als Ausdruck der zugespitzten Situation dieser Jahre charakteristisch. Ihr Pathos ist heute kaum mehr nachvollziehbar.
Den Schluß bilden die Nachkriegsjahre, in denen die Expressionisten mit sozialrevolutionären Veränderungsideen auftreten oder Neuschöpfungsphantasien propagieren. Mit der militärischen und dann auch ökonomischen Stabilisierung der Weimarer Republik löst sich dieser expressionistische Impetus in nichts auf. Die vier Wochen der Münchner Räterepublik im April 1919, in der durch den »Rat geistiger Arbeiter« ERNST TOLLER, RET MARUT (der spätere B. TRAVEN), ERICH MÜHSAM und OSKAR MARIA GRAF nicht ohne Einfluß sind, bedeuten in gewisser Weise den Gipfelpunkt der expressionistischen Bewegung: Hier steigert sich ihr Engagement zur Tat und erweist zugleich die Untauglichkeit ihrer Vorstellungen für eine Veränderung der realen Verhältnisse.

Die expressionistische Generation

Wenn die expressionistischen Dichter der bürgerlichen Ordnung den Kampf ansagen und wie die Propheten des Alten Testaments den Weltuntergang in Feuerregen und Wasserfluten verkündigen, tun sie dies nicht als von der Gesellschaft Ausgestoßene oder sozial benachteiligte Intellektuelle, die Boheme-Existenzen führen. Sie kommen aus gutbürgerlichen Häusern, machen auch einen Schulabschluß, studieren, erlangen den Doktortitel und willigen gar nicht selten in eine Karriere als Angestellte oder Beamte ein. Besonders auffällig sind Juristenväter,

Richter oder Staatsanwälte, wie bei ERNST STADLER, GEORG HEYM und JOHANNES ROBERT BECHER. FRANZ WERFEL, ALFRED LICHTENSTEIN und KARL KRAUS sind Söhne von Fabrikanten; GEORG TRAKL, ERNST TOLLER, MAX HERMANN-NEISSE und FRANZ KAFKA stammen aus Kaufmannsfamilien. GOTTFRIED BENN kommt aus einem sehr konservativen Pfarrhaus; sein Studium an der Militärärztlichen Akademie in Berlin kann als Triumph seines Selbstbehauptungswillens betrachtet werden. CARL STERNHEIM führt als Sohn eines Bankiers ein sorgenfreies Leben, aber selbst er unternimmt recht frühzeitig (1902) den erfolglosen Versuch, in einem brandenburgischen Kürassierregiment »im Rahmen strengster Manneszucht sein Gleichgewicht« wiederherzustellen.
Die expressionistischen Dichter gehören einer Generation an, die von der verschärften Repression des »Wilhelminismus« in Elternhaus und Schule getroffen wurde; ihre Rebellion ist daher begleitet von Unterwerfungswünschen und Schuldkomplexen. Dem Todeswunsch gegen den Vater folgt fast immer Sehnsucht nach Selbstauflösung und Ich-Verlust. Ihre sexuellen Phantasien sind mit Gefühlen des Ekels vermischt und richten sich häufig auf monströse Häßlichkeiten. Der Rekurs auf Geschlechtskrankheiten und den Gang durch die Krebsbaracke findet bei dem Mediziner GOTTFRIED BENN zwar eine extreme Ausprägung, insgesamt ist das Verhältnis zur Körperlichkeit für die Expressionisten aber mit Angst besetzt. Körper, Erde, Kot und Tod treten in eine sehr enge Beziehung, die ebenso anziehend wie furchterregend dargestellt wird. Von den Lichtgestalten der antibürgerlich gestimmten, gleichzeitigen Jugendbewegung unterscheiden sich die expressionistischen Dichter dadurch, daß sie alles, was diese naiven Lebensreformer verdrängen, zum Thema ihrer Werke machen. Wenn sie von der großen Hure Babylon sprechen, vergißt man darüber nicht die Attraktivität der Großstadt; sie entdecken bergende Mütterlichkeit auch im verkommenen Milieu der Prostitution und ersehnen den Tag des Jüngsten Gerichts, die Katastrophe, als den Moment der Befreiung von einer erstarrten Ordnung.

Jakob van Hoddis, Tuschpinselzeichnung von Ludwig Meidner (1913)

LYRIK

Jakob van Hoddis

Das Gedicht *Weltende,* 1910 im »Neopathetischen Cabaret« vorgetragen, leitet die kanonische Lyriksammlung des Expressionismus, *Menschheitsdämmerung* von KURT PINTHUS (erste Auflage 1920), ein. Autor ist JAKOB VAN HODDIS (Pseudonym für Hans Davidsohn, 1887–1942). Auf knappstem Raum assoziiert das Gedicht zentrale Motive des Expressionismus; die Kraft seiner Bildsprache rechtfertigt JOHANNES R. BECHERS Bezeichnung als »Marseillaise der expressionistischen Rebellion«.
Hoddis' Gedicht konfrontiert Inbegriffe bürgerlicher Konvention und Sicherheit – den Hut, ohne den man nicht ausgeht, den Dachdecker, der das Haus in Ordnung hält, den Deich, der vor Überflutung schützt, und die Brücke mit Ei-

Weltende

Dem Bürger fliegt vom spitzen Kopf der Hut,
In allen Lüften hallt es wie Geschrei,
Dachdecker stürzen ab und gehn entzwei
Und an den Küsten steigt die Flut.

Der Sturm iiist da, die wilden Meere hupfen
An Land, um dicke Dämme zu zerdrücken.
Die meisten Menschen haben einnnen Schnupfen.
Die Eisenbahnen fallen von den Brücken.

senbahn, die eine geruhsame Reise über Abgründe hinweg garantiert – mit Naturereignissen, die den Spielzeugcharakter der menschlichen Zivilisation demonstrieren. Die Katastrophe vollzieht sich langsam; sie ist aus dem Wetterbericht der Zeitungen zu entnehmen, läßt den Menschen sogar Zeit für einen Schnupfen und die Klage darüber, sie bricht aber unaufhaltsam herein. Das Unheil nimmt von oben her, dem Geschrei aus den Lüften, seinen Ausgang und greift zuerst den Kopf, das schützende Dach, an und setzt das spitze, angeblich mit Vernunft begabte Oberstübchen unbarmherzig dem Treiben gewalttätiger Elemente aus. Die vermeintliche Beherrschung der Natur, auf die sich die bürgerliche Gesellschaft dieser Jahre viel zugute hält, nicht zuletzt, um die Kolonisierung der außereuropäischen Völker zu rechtfertigen, erweist sich als Schutzbehauptung. Handlungsträger und Subjekt des Gedichts ist der Sturm; seine Verheerungen begeistern den Dichter, der darin eine Manifestation elementarer Lebendigkeit erblickt, die neue Verhältnisse ankündigt.

Die hereinbrechende Katastrophe betrifft jedoch nicht nur den äußeren Zustand einer Welt, deren Untergang den Visionär befriedigt. Die atemberaubende Wirkung des Gedichts beruht darauf, daß dieses Weltende zugleich den gestörten Wahrnehmungsprozeß eines Leidenden widerspiegelt, dem sich die Alltagsrealität ins Groteske, Irrsinnige verzerrt. Das Gedicht als Ausdruck des dichterischen Subjekts bleibt nicht säuberlich abgegrenzt vom Geschehen; die Katastrophe geht ebenso durch das Subjekt selbst hindurch, ist Teil eines Bewußtseinsverfalls, der nach außen als Triumph der Lebenskraft dargestellt wird. Daß die Expressionisten bei aller Antibürgerlichkeit und Lust an der Katastrophe sich in ihren Werken immer auch selbst als Erschrockene, als Spiritualisten schildern, denen plötzlich der Hut vom Kopf gerissen wird, und daß ihre Weltuntergangsphantasien als Protokolle des eigenen Zustands Präsenz besitzen, ist eine entscheidende Qualität ihrer Werke. Auch die »Marseillaise der expressionistischen Rebellion« bezieht ihre Intensität aus diesem inneren Widerspruch.

Georg Heym

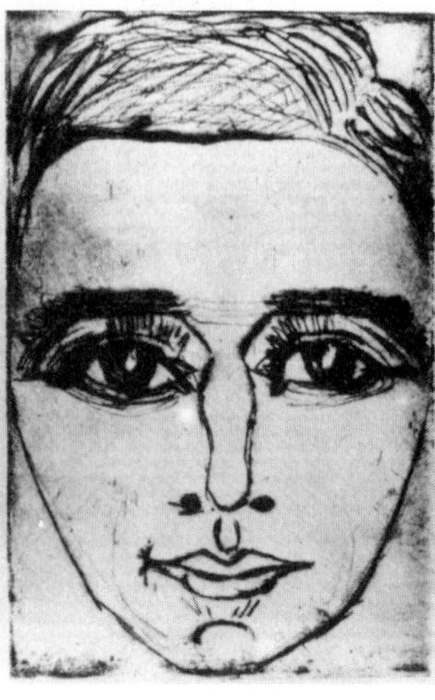

Georg Heym, radiert von E. L. Kirchner (1923)

Der frühe Tod GEORG HEYMS (1887–1912) und seine Begleitumstände heben ihn als Leitstern hervor, an dem sich die literarischen Mitstreiter orientieren. Beim Schlittschuhlaufen auf der Havel ertrinkt er zusammen mit seinem Dichterfreund Ernst Balcke, als er den bereits Eingebrochenen aus dem Wasser herauszuziehen versucht; die beiden Leichen sind derart ineinander verkrallt, daß sie nur gemeinsam im Leichenschauhaus ausgestellt werden können. Heym ist ein früh Vollendeter, dessen gehämmerte Visionen des Todes, des Grauens und der Verwesung GOTTFRIED BENN (*Ophelia* und *Morgue*) und BRECHT in seiner Augsburger und Münchner Zeit beeinflussen. Aufgewachsen als Sohn eines preußischen Militärstaatsanwalts, der ihn um jeden Preis zu einem ordentlichen Menschen machen will, verläuft Heyms kurzes Leben in einem zermürbenden Widerstreit von Rebellion und Anpassung:

Bis zu meinem Abiturientenexamen hat mich das consilium abeundi wegen nächtlicher Kneipgelage und Teilnahme an verbotenen Verbindungen nicht mehr verlassen. Ich hielt mich dann einige Jahre auf verschiedenen Universitäten auf, war Corpsstudent. Zuletzt war ich in Berlin. (. . .) Ich habe vor kurzer Zeit das Referendarexamen gemacht. (Brief an Ernst Rowohlt vom Februar 1911)

Es fällt nicht schwer, den Dichter als einen der Gefangenen zu sehen, die beim Auslauf im Gefängnishof ihren Käfig von »außen« betrachten dürfen, bevor sie in die Zelle zurückgeführt werden.

Die Gefangenen I (1910)

Sie trampeln um den Hof im engen Kreis.
Ihr Blick schweift hin und her im kahlen Raum.
Er sucht nach einem Feind, nach einem Baum,
Und prallt zurück von kahler Mauern weiß.

Wie in den Mühlen dreht der Rädergang,
So dreht sich ihrer Schritte schwarze Spur.
Und wie ein Schädel mit der Mönchstonsur,
So liegt des Hofes Mitte kahl und blank.

Es regnet dünn auf ihren kurzen Rock.
Sie schaun betrübt die graue Wand empor,
Wo kleine Fenster sind, mit Kasten vor,
Wie schwarze Waben in dem Bienenstock.

Man treibt sie ein, wie Schafe zu der Schur.
Die grauen Rücken drängen in den Stall.
Und klappernd schallt heraus der Widerhall
Der Holzpantoffeln auf dem Treppenflur.

Holzschnitt von E. L. Kirchner (1921)

Der Gott der Stadt (1910) ist Georg Heyms bekanntestes Gedicht; es hat zugleich das Bild von der industriellen Großstadt des 20. Jahrhunderts entscheidend geprägt.

Auf einem Häuserblocke sitzt er breit.
Die Winde lagern schwarz um seine Stirn.
Er schaut voll Wut, wo fern in Einsamkeit
Die letzten Häuser in das Land verirrn.

Vom Abend glänzt der rote Bauch dem Baal,
Die großen Städte knien um ihn her.
Der Kirchenglocken ungeheure Zahl
Wogt auf zu ihm aus schwarzer Türme Meer.

Wie Korybanten-Tanz dröhnt die Musik
Der Millionen durch die Straßen laut.

Der Schlote Rauch, die Wolken der Fabrik
Ziehn auf zu ihm, wie Duft von Weihrauch blaut.

Das Wetter schwelt in seinen Augenbrauen.
Der dunkle Abend wird in Nacht betäubt.
Die Stürme flattern, die wie Geier schauen
Von seinem Haupthaar, das im Zorne sträubt.

Er streckt ins Dunkel seine Fleischerfaust.
Er schüttelt sie. Ein Meer von Feuer jagt
Durch eine Straße. Und der Glutqualm braust
Und frißt sie auf, bis spät der Morgen tagt.

Wie bei einem Naturgott ist die Herrschaft des Götzen auf ein abgegrenztes Gebiet beschränkt, wo er sein Unwesen treibt; seine Macht erstreckt sich nur auf einen lokalen Bereich, die Stadt, und die Zeit zwischen Abend und Morgen. Das Abendrot, die großen Städte und unzählige Kirchenglocken – offensichtlich ein literarischer Reflex des immensen wilhelminischen Kirchenbauprogramms in Berlin – versammeln sich einträchtig zur Vespermesse vor dem Götzen; der Lärm des Verkehrs spielt die Musik, und der Qualm und Gestank aus den Fabriken spenden den Weihrauch zu seinem Gottesdienst. Mit dem Anbruch der Nacht gibt er das Signal für den Abstich der Hochöfen, die, bis es endlich tagt, die Stadt in einen Ort der Vorhölle verwandeln. Zweifellos ist Georg Heym von der vitalen Kraft dieses Gottes fasziniert, zugleich auch abgestoßen von dem barbarischen Akkord aus Natur, Religion und Technik, der in der nächtlichen Industrieproduktion der großen Städte gewaltig wirkt. Trotz der entfesselten Elemente in der ungeheuren Musik des Verkehrs und des Feuermeers der Fabriken bleibt es bei der Einhaltung eines Ritus, dem die Menschen sich unterwerfen.

Georg Trakl (um 1910)

Georg Trakl

Der Österreicher GEORG TRAKL (1887–1914) ist der in sich gekehrteste expressionistische Dichter. Seine Gedichte sind dem Reich des Sprachlosen nahe und entziehen sich in ihrer rätselhaften, eindringlichen Diktion weitgehend der Interpretation. Aus wenigen, miteinander verflochtenen Bildgefügen, in immer neuen Variationen und Figuren, die fremdartig dunkel wirken, und überraschenden, gegensinnigen Farbmotiven entsteht das Bild der verlorenen Welt und des leidenden Menschen in ihr. In den Leitfiguren des Knaben, des Kindes, der Schwester, Helians, Christi, der Engel und Gottes selbst beschwört seine Lyrik Gegenmächte. Doch ihr Erscheinen läßt die Erfahrung von Grauen und Verfall nicht schweigen.

Georg Trakl, dessen Vater mit seinem Eisenhandel zu den wohlhabendsten Männern Salzburgs zählte, wächst zusammen mit sechs Geschwistern in großbürgerlichen Verhältnissen auf. Privatunterricht im Französischen erlaubt ihm die Lektüre von BAUDELAIRE, RIMBAUD und MALLARMÉ. Die Liebe zur jüngsten Schwester Margarethe verursacht schwere Schuldgefühle, die seine Einsam-

keit vertiefen. Abhängig von Alkohol und Drogen, wird er immer unfähiger, mit dem Alltag fertig zu werden. Durch schnell abgebrochene, aber ebenso oft erneuerte Versuche, als Apotheker zu arbeiten, ringt er um Stabilisierung seiner sozialen Situation. Im August 1914 wird Trakl, der drei Jahre zuvor als Einjährig-Freiwilliger bei einer Sanitätsabteilung seinen Militärdienst geleistet hat, als Medikamentenakzessist eingezogen und rückt Ende August mit einer Sanitätskolonne an die Front nach Galizien. Nach der Schlacht bei Grodek muß er in einer Scheune, ohne helfen zu können, neunzig Schwerverletzte betreuen. Trakl bricht zusammen, wird zur Beobachtung seines Geisteszustandes in ein Spital gebracht und stirbt am 3. November im Krakauer Garnisonsspital an einer Überdosis Kokain.
In *Verfall* (1909), einem Sonett aus der ersten Gedichtsammlung (in *Der Jüngste Tag* 7/8, Leipzig 1913), zeigt sich exemplarisch, wie Georg Trakl den Traum in die Ferne und die Wahrnehmung des Sterbens zueinanderfügt:

Am Abend, wenn die Glocken Frieden läuten.
Folg ich der Vögel wundervollen Flügen,
Die lang geschart, gleich frommen Pilgerzügen,
Entschwinden in den herbstlich klaren Weiten.

Hinwandelnd durch den dämmervollen Garten
Träum ich nach ihren helleren Geschicken
Und fühl der Stunden Weiser kaum mehr rücken.
So folg ich über Wolken ihren Fahrten.

Da macht ein Hauch mich von Verfall erzittern.
Die Amsel klagt in den entlaubten Zweigen.
Es schwankt der rote Wein an rostigen Gittern,

Indes wie blasser Kinder Todesreigen
Um dunkle Brunnenränder, die verwittern,
Im Wind sich fröstelnd blaue Astern neigen.

Die verheißungsvollen Doppelreime »läuten, Weiten« und »Gärten, Fahrten« der beiden ersten Strophen werden durch den dreifachen Doppelreim der Schlußstrophen »erzittern, Gittern, verwittern« dementiert. Eine friedliche Situation, zu deren Charakterisierung der Dichter den Klang der Vesperglocken und den Rückgriff auf die bewegte Harmonie frommer Pilgerzüge nicht verschmäht, verwandelt sich ohne Übergang, die antithetische Struktur der Sonettform voll akzentuierend, in einen Keimplatz von Todesangst.

In *Menschheit* (1912), einem Gedicht, das zwei fünfzeilige Strophen zu einem Block verschmilzt, wird die Epiphanie eng an die Hölle herangerückt, die seit Anbeginn des Lebens den Menschen beherrscht.

Menschheit vor Feuerschlünden aufgestellt,
Ein Trommelwirbel, dunkler Krieger Stirnen,

Schritte durch Blutnebel; schwarzes Eisen schellt,
Verzweiflung. Nacht in traurigen Gehirnen:
Hier Evas Schatten, Jagd und rotes Geld.
Gewölk, das Licht durchbricht, das Abendmahl.
Es wohnt in Brot und Wein ein sanftes Schweigen,
Und jene sind versammelt zwölf an Zahl.
Nachts schrein im Schlaf sie unter Ölbaumzweigen;
Sankt Thomas taucht die Hand ins Wundenmal.

Wie auf einem barocken Freskogemälde des 17. Jahrhunderts, das Ausdruck einer Zeit ist, die anhaltend von Kriegen, Hungersnöten und Epidemien heimgesucht war, bricht hier nach dunklen Assoziationen von Krieg und Feuersbrunst Hoffnung auf Versöhnung herein. Am Schnittpunkt des Gedichts konfrontiert Trakl Sexualität, Aggression und Besitzgier mit dem Wunder des Abendmahls, das Klarheit und Stille verheißt. Aber auch den zwölf Aposteln, die Christus am nächsten stehen, bleibt beides versagt. Die Ölbaumzweige als Symbol des Friedens gewähren lediglich ein schützendes Dach für nächtliche Alpträume, und der ungläubige Thomas berührt nicht nur wie im Johannesevangelium mit dem Finger die Wunde Christi, sondern »taucht«, die blutige Aggression fortsetzend, seine Hand in den Leib der Gnade.
Die Verknüpfung von Erfüllung, kosmischer Harmonie, erlösendem Untergang und anspringender Todesangst in Georg Trakls Gedichten findet in *Der Herbst des Einsamen* (1913) eine prägnante Form. In der Reihung suggestiver Bilder verbindet sich die Weite eines Gesangs mit der Intensität des gefühlten Schmerzes, für den es weder Heilung noch Linderung gibt, zu einem Ton, der in der deutschen Lyrik des 20. Jahrhunderts seinesgleichen sucht:

Der dunkle Herbst kehrt ein voll Frucht und Fülle,
Vergilbter Glanz von schönen Sommertagen.
Ein reines Blau tritt aus verfallener Hülle;
Der Flug der Vögel tönt von alten Sagen.
Gekeltert ist der Wein, die milde Stille
Erfüllt von leiser Antwort dunkler Fragen.

Und hier und dort ein Kreuz auf ödem Hügel;
Im roten Wald verliert sich eine Herde.
Die Wolke wandert übern Weiherspiegel;
Es ruht des Landmanns ruhige Gebärde.
Sehr leise rührt des Abends blauer Flügel
Ein Dach von dürrem Stroh, die schwarze Erde.

Bald nisten Sterne in des Müden Brauen;
In kühle Stuben kehrt ein still Bescheiden,
Und Engel treten leise aus den blauen
Augen der Liebenden, die sanfter leiden.
Es rauscht das Rohr; anfällt ein knöchern Grauen,
Wenn schwarz der Tau tropft von den kahlen Weiden.

Gottfried Benn

GOTTFRIED BENN (1886–1956) ist der Mediziner unter den Expressionisten. Sein Beruf, den er zeit seines Lebens ausübt, ist für seine Dichtung nichts Äußerliches. Einem lutherischen Pfarrhaus entstammend und in einer autoritär-konservativen Atmosphäre erzogen, die lediglich durch die Mutter, eine Erzieherin aus der französischen Schweiz, gemildert wurde, und in Dörfern der Provinz Brandenburg aufgewachsen, betrat Benn durch das Medizinstudium einen neuen Kontinent. Seine Dichtung erhält ihr Pathos aus dem Verweis auf unwiderlegliche medizinische Tatbestände und den biologischen Ablauf des Lebens. Hinzutreten vermeintliche Erkenntnisse der Naturwissenschaft über die Erdgeschichte und das Universum, die die menschliche Existenz bis zur Nichtigkeit relativieren. Der alttestamentlichen Forderung »Macht Euch die Erde untertan« schleudert Benn die desillusionierende Feststellung entgegen: »Die Krone der Schöpfung, das Schwein, der Mensch«. Die auftrumpfende Menschenverachtung seiner Lyrik, ein Gestus, mit dem Benn sich als redlicher Intellektueller von der Masse der Schönredner zu unterscheiden glaubt, wird durch den Umstand abgeschwächt, daß er sich selbst schonungslos beschreibt und nur selten wie in dem Gedicht *Dennoch die Schwerter halten* zum Helden stilisiert: Sei es, daß er sich als »armen Hirnhund, schwer mit Gott behangen« charakterisiert oder ins Stammeln gerät über der bescheidenen Forderung:

Gottfried Benn (um 1916)

Ich muß, ich muß im Überschwange
Noch einmal vorm Vergängnis blühen.
O, Nacht! Ich will ja nicht soviel.
Ein kleines Stück Zusammenballung,
Ein Abendnebel, eine Wallung
Von Raumverdrang, von Ichgefühl.

(*O, Nacht*, 1916)

Benns erstes Gedicht, mit vier weiteren unter dem Titel *Morgue* als »lyrisches Flugblatt« verbreitet, löst öffentlichen Wirbel aus:

Kleine Aster (um 1912)

Ein ersoffener Bierfahrer wurde auf den Tisch gestemmt.
Irgendeiner hatte ihm eine dunkelhellila Aster
zwischen die Zähne geklemmt.
Als ich von der Brust aus
unter der Haut
mit einem langen Messer
Zunge und Gaumen herausschnitt,
muß ich sie angestoßen haben, denn sie glitt
in das nebenliegende Gehirn.
Ich packte sie ihm in die Brusthöhle
zwischen die Holzwolle,
als man zunähte.

Trinke dich satt in deiner Vase!
Ruhe sanft,
kleine Aster!

Nicht die Wasserleiche, die seziert wird und als schwerer Gegenstand mühsam zu behandeln ist, soll Anteilnahme erwecken; das Interesse des Chirurgen konzentriert sich auf die Aster, deren »Dunkelhellila« den einzigen Farbtupfer im Gedicht bildet. Wie ein im Metzgerladen mit Blumen dekorierter Schweinskopf trägt der Bierfahrer die Aster zwischen seinen Zähnen. Beim Seziervorgang, der genau geschildert wird, verschwendet der Dichter nur Gedanken auf die Frage nach der Ursache ihres Hinabgleitens, benutzt die Leiche als großes Trinkgefäß für die Blume, der er einen Grabspruch auf die letzte Reise mitgibt. Nur als Grablege für eine Blume findet die Leiche auf dem Seziertisch Beachtung, ein toter menschlicher Körper, der offensichtlich wegen der niedrigen Profession des Bierfahrers gleichgültig behandelt wird.

In *Mann und Frau gehn durch die Krebsbaracke* (1912), zusammen mit den *Morgue*-Gedichten publiziert, steigert sich Benns makabre Sicht der Körperlichkeit zu einer Absage an die Möglichkeit eines Dialogs zwischen Mann und Frau. Beim Gang durch die Station macht der Mann, dessen Machtvollkommenheit mindestens auf einen ärztlichen Abteilungsleiter schließen läßt, ein vertrautes, weibliches Du mit dem grauenerregenden Verfall weiblicher Geschlechtsorgane bekannt. In sechs knappen Strophen erreicht Gottfried Benn eine solche Anschaulichkeit, daß auch die Vielzahl der Fälle nicht zu einer Nivellierung des Eindrucks führt, sondern die Wirkung des Grauens erhöht. Erst in der Abschlußstrophe eröffnet sich die Aussicht auf ein versöhnliches Sterben und Einswerden mit dem schwellenden Acker der Erde, Symbol der Weiblichkeit. Der Frau bleibt angesichts des Infernos und der Überlegenheit der ärztlichen Demonstration nur das Schweigen.

Ein hymnisches Gegenstück zu dieser rabiaten Zurückweisung der Frau, eher eine moderne Fortschreibung des spätmittelalterlichen Frauenbildes, ein Rückgriff auf »Frau Welt«, die vorne schön, aber im Rücken von Würmern zerfressen, ist das Frühlingsgedicht *Untergrundbahn* (1913).

Die weichen Schauer. Blütenfrühe. Wie
aus warmen Fellen kommt es aus den Wäldern.
Ein Rot schwärmt auf. Das große Blut steigt an.

Durch all den Frühling kommt die fremde Frau.
Der Strumpf am Spann ist da. Doch, wo er endet,
ist weit von mir. Ich schluchze auf der Schwelle:
laues Geblühe, fremde Feuchtigkeiten.

Oh, wie ihr Mund die laue Luft verpraßt!
Du Rosenhirn, Meer-Blut, du Götter-Zwielicht,
du Erdenbeet, wie strömen deine Hüften
so kühl den Gang hervor, in dem du gehst!

Dunkel: nun lebt es unter ihren Kleidern:
nur weißes Tier, gelöst und stummer Duft.

Ein armer Hirnhund, schwer mit Gott behangen.
Ich bin der Stirn so satt. Oh, ein Gerüste
von Blütenkolben löste sanft sie ab
und schwölle mit und schauerte und triefte.

So losgelöst. So müde. Ich will wandern.
Blutlos die Wege. Lieder aus den Gärten.
Schatten und Sintflut. Fernes Glück: ein Sterben
hin in des Meeres erlösend tiefes Blau.

Der göttinnenhaften Tierfrau, die verlockend und stumm ihrem Körper und ihrem Geschlecht lebt, unterwirft sich der sprachgewaltige Dichter, der als »armer Hirnhund«, vom Meer des Lebens abgelöst, sein Dasein in Melancholie dahinschleppt.
Die Alternative zum *Hirnhund* formuliert *Alaska* aus dem Jahre 1913, ein kleines Gedicht, das zugleich für die Wunscherfüllung steht, die sich sehr oft hinter der expressionistischen Zivilisationsverachtung verbirgt.

Europa, dieser Nasenpopel
aus einer Konfirmandennase,
wir wollen nach Alaska gehn.
    Der Meermensch, der Urwaldmensch,
der alles aus dem Bauch gebiert,
der Robben frißt, der Bären totschlägt,
der den Weibern manchmal was reinstößt:
    der Mann.

Alfred Lichtenstein

Alfred Lichtenstein, gezeichnet von M. Oppenheimer (1913)

Zu den weniger bekannten Dichtern des Expressionismus zählt ALFRED LICHTENSTEIN (1889–1914). Seine intellektuell recht anspruchslosen Verse, die ihre Herkunft aus dem Milieu der Kabarettpoesie nicht verleugnen, mischen Stimmungslyrik, Groteske und Selbstironie und besitzen einen unverwechselbaren Klang, der sich wohltuend von dem oft übertriebenen Pathos expressionistischer Gedichte unterscheidet. Seine Knittelverse über die Richtungslosigkeit seines Protestes sind ein ironisches Eingeständnis und zugleich eine Zustandsbeschreibung, die dem tiefsitzenden Unbehagen nicht die Grundlage entzieht:

Die Wehmut (1909)

Ich hab' einen Haß, einen grimmigen Haß
Und weiß doch selbst nicht recht auf was.

Ich bin so elend, so träge und faul
Wie'n abgeschundner Ackergaul.

Ich hab' einen bösen Zug im Gesicht.
Mir ist niemand Freund, ich will es auch nicht.

Ich hab' eine Wut auf die ganze Welt.
In der mir nicht mal mehr das Laster gefällt.

Und schimpfe und fluche, ich oller Tor
und komme mir sehr dämonisch vor.

Lichtensteins bekanntestes Gedicht ist *Die Dämmerung* (1911). Es ist bezeichnend für die ununterscheidbare Verquickung von entleerter Realität und dem Protokoll einer Wahrnehmungsstörung in der expressionistischen Lyrik:

Ein dicker Junge spielt mit einem Teich.
Der Wind hat sich in einem Baum gefangen.
Der Himmel sieht verbummelt aus und bleich,
Als wäre ihm die Schminke ausgegangen.

Auf langen Krücken schief herabgebückt
Und schwatzend kriechen auf dem Feld zwei Lahme.
Ein blonder Dichter wird vielleicht verrückt.
Ein Pferdchen stolpert über eine Dame.

An einem Fenster klebt ein fetter Mann.
Ein Jüngling will ein weiches Weib besuchen.
Ein grauer Clown zieht sich die Stiefel an.
Ein Kinderwagen schreit und Hunde fluchen.

Das Gedicht reiht optische und akustische Wahrnehmungen aneinander, die außer einer Aufzählung von Alltagsfatalitäten keinen übergeordneten Kontext beanspruchen. Durch die Vertauschung der Größenverhältnisse – der Teich ist kleiner als der dicke Junge, der ihn als Spielzeug benutzt; der Baum hält den Wind gefangen –, durch die Simultaneität zusammenhangloser Ereignisse und schließlich das gespenstische Schreien eines Kinderwagens, auf das die fluchenden Hunde zu antworten scheinen, entsteht die Realität eines Traumes: Groß und Klein verschieben sich, belanglose Details treten in den Vordergrund, und sich ausschließende Vorgänge geschehen gleichzeitig. Nicht das Verschwimmen der Konturen, sondern ihre Deutlichkeit erzeugt die unheimliche Stimmung dieser Strophen. Hier dämmert nicht der Anbruch der Nacht, es sind verwirrende, angstauslösende Übergänge zwischen äußerer und innerer Realität.

Alfred Lichtenstein, der bereits am 25. September 1914 an der Westfront fällt, gehört mit seinen Gedichten *Ein Generalleutnant singt* (Mai 1914), *Montag auf dem Kasernenhof* (Juni 1914) und *Die Schlacht bei Saarburg* (September 1914) zu den wenigen frühzeitig entschieden pazifistischen Dichtern des Expressionismus. Wenn er von »Sturm«, »Zerreißen« und »Zerfetzen« spricht, wünscht er sich dabei nicht den Ausbruch offener Aggression wie so mancher Mitstreiter. Bei ihm äußert sich darin der Zorn des Aufklärers gegen die falsche Harmonie einer vermeintlich friedlichen Welt, gegen einen Lügenschleier, den es zu erkennen und fortzureißen gilt. Eine Ermutigung zur furchtlosen Analyse formuliert das Gedicht *Nebel* (1913):

Ein Nebel hat die Welt so weich zerstört.
Blutlose Bäume lösen sich in Rauch.
Und Schatten schweben, wo man Schreie hört.
Brennende Biester schwinden hin wie Hauch.

Gefangne Fliegen sind die Gaslaternen.
Und jede flackert, daß sie noch entrinne.
Doch seitlich lauert glimmend hoch in Fernen
der giftige Mond, die fette Nebelspinne.

Wir aber, die, verrucht, zum Tode taugen,
Zerschreiten knirschend diese wüste Pracht.
Und stechen stumm die weißen Elendsaugen
Wie Spieße in die aufgeschwollne Nacht.

Nebel erscheint hier als weiche Macht der Verführung, die Lebendiges in Rauch, Schatten, Hauch auflöst und Sterben zum sanften Übergang umlügt. Die lichtspendenden Gaslaternen werden zu Gefangenen im Netz der fetten Spinne und des Mondes, der sich zu seinem unheilbringenden Werk mit dem Nebel verbündet. Nur lärmendes, ungerührtes Einstechen hilft gegen dieses Monstrum, die Ausgeburt einer verlogenen Romantik und eines die Tatsachen verkleisternden Harmoniebedürfnisses. Das Elend, die reale Lage der Menschen, öffnet den Blick auf den Kern der Dinge, den eine gleißnerische Hülle verbirgt.

August Stramm (1914)

August Stramm

Das Werk von AUGUST STRAMM (1874–1915), des ältesten der Expressionisten, der es in seiner Karriere vom Postbeamten bis zur Berufung ins Reichspostministerium bringt, entspricht am ehesten den landläufigen Vorstellungen von expressionistischer Lyrik. Im Unterschied zu seinen Mitstreitern, die in ihren Gedichten auffallend oft tradierte Strophenformen, Versmaße und Reime verwenden, entwickelt Stramm im Bruch mit der Tradition einen »Kompressionsstil«, der das grammatische Gefüge zerstört, um das Einzelwort wirken zu lassen. Seine Konzentration auf den Ausdruck erfindet Wortformationen, die zweifellos die Explosivität seiner Verse erhöhen und zugleich als akustische Sinnträger fungieren. August Stramm wird wegen dieser Sprachverdichtung zum Vorläufer des Dadaismus und der konkreten Poesie der sechziger Jahre. Das berühmte *Freudenhaus* (1914) endet mit den Kurzzeilen »Schamzerpört / Verkriecht sich / Das Geschlecht«, eine Formulierung, welche die Reue fast ins Flagellantenhafte steigert. Stramm findet auch Worte für kaum noch Wahrnehmbares, Leises, wenn er über das dem Vergessen anheimfallende Grab eines unbekannten Soldaten sagt: »Schrift zagt blasses Unbekannt«.

In HERWARTH WALDEN (1878–1941), dem einflußreichen Herausgeber der expressionistischen Zeitschrift »Der Sturm« (1910–32), findet Stramm einen begeisterten Förderer und Freund. In der kurzen Zeit, die ihm nach seiner ermutigenden Aufnahme in den »Sturm«-Kreis 1913 bleibt, verarbeitet er nahezu ausschließlich das Thema der Liebesvereinigung und der Trennung oder punktuelle Kriegserlebnisse. Trotz aller Spracherweiterung, die seine Bemühung um einen »Expressionismus des Schreis« erzwingt, bleibt doch in seinen Gedichten die Integrität des Subjekts gewahrt. Man glaubt Herwarth Walden, wenn er in der Kurzbiographie Stramms für die *Menschheitsdämmerung* schreibt: »Er fiel am 1. September 1915 als letzter seiner Kompanie bei einem Sturmangriff in Rußland, nachdem er über siebzig Schlachten und Gefechte mitgemacht hatte.«

Zwei Gedichte aus der Kriegszeit sind durch ihre Kürze und Anspruchslosigkeit besonders eindrucksvoll:

Vater und Sohn reichen sich die Hände (Hasenclever gewidmet) 1916, Holzschnitt von C. Felixmüller

Patrouille (1914/15)

Die Steine feinden
Fenster grinst Verrat
Äste würgen
Berge Sträucher blättern raschlig
Gellen
Tod.

Kriegsgrab (1914/15)

Stäbe flehen kreuze Arme
Schrift zagt blasses Unbekannt
Blumen frechen
Staube schüchtern.
Flimmer
Tränet
Glast
Vergessen.

Stramms Lyrik ist nicht nur auf das Erfassen von Eindrücken und die Wiedergabe von Zuständen beschränkt. In Übereinstimmung mit der futuristischen Dichtungstheorie MARINETTIS, die er durch Herwarth Walden kennenlernt, versucht er, Bewegung und Konflikte sprachlich umzusetzen, so vor allem in den Liebesgedichten. *Untreu* (entstanden vor August 1914) beschreibt in lakonischen Zeilen eine Szene, in der sich eine Geliebte verabschiedet.

Dein Lächeln weint in meiner Brust
Die glutverbissnen Lippen eisen

Im Atem wittert Laubwerk!
Dein Blick versargt
Und
Hastet polternd Worte drauf.
Vergessen
Bröckeln nach die Hände!
Frei
Buhlt dein Kleidsaum
Schlenkrig
Drüber rüber!

Stramm versammelt biedere Vorstellungen aus dem Arsenal romantischer Goldschnittlyrik (das kalte Lächeln der Geliebten löst in der Brust des Dichters Schmerz aus, seine Lippen erstarren zu Eis, liebestoll setzt sich die Frau über das Grab der Liebe hinweg) und begnügt sich damit, diese Klischees in eine pathetische Sprache zu übertragen. Unfreiwillig rückt ein alltäglicher, bedauerlicher Vorgang in ein komisches Licht.

Ernst Stern, Studie zum »Bettler« von Reinhard Sorge (Deutsches Theater, 1917)

DRAMA

Suche nach dem »Neuen Menschen«

Eine unbefangene Würdigung des expressionistischen Dramas ist von einem Dilemma begleitet, das sich schwer auflösen läßt. Für die Zeitgenossen sind Walter Hasenclevers *Der Sohn* (1914) und Ernst Tollers *Die Wandlung* (1917/19) aufsehenerregende und nachhaltig wirkende Ereignisse, die dem expressionistischen Wollen Publizität über den engen Kreis hinaus verschaffen und das Bild der Bewegung in der Öffentlichkeit bestimmen. Heute sind diese Werke aber weder eine Bereicherung des Bühnenrepertoires noch des Lektüre-Kanons. Die Handlung von Walter Hasenclevers (1890–1940) Tragödie ist kein exzentrischer Einzelfall: Der Sohn, beim Abitur durchgefallen, will zunächst Selbstmord begehen, beschließt dann aber, sich mit dem Vater-Tyrannen auseinanderzusetzen. Als sich der Dissens zum Höhepunkt steigert, erleidet der Vater einen tödlichen Schlaganfall, der der Tötungsabsicht des Sohnes gerade noch zuvorkommt.
Der Opfertod, sei es als Selbstaufgabe im Suizid, sei es als Selbsterlösung durch den Vater- oder Elternmord, ist auch ein Grundthema bei Arnolt Bronnen (*Vatermord*, geschrieben 1914/20), Reinhard Johannes Sorge (*Der Bettler*, 1912), Hanns Johst (*Der junge Mensch*, 1916) und Fritz von Unruh (*Ein Geschlecht*, 1917). Auf Stereotype reduzierte Figuren (Vater–Sohn, Mann–Frau, General–Soldat), geschildert in Schwarzweißkontrasten, betreten die Bühne und sprechen ekstatisch. Monolog und Appell herrschen vor. Mit den Protagonisten dieser Dramen kommt es zu einer erstaunlichen Renaissance des Heldischen.

Sonderblatt.

№ 53. München, 15. Mai 1919.

Bayerisches Polizeiblatt.

Herausgegeben von der Polizeidirektion München.

10000 Mark Belohnung.

Wegen Hochverrats

nach § 81 Ziff. 2 des RStGB. ist Haftbefehl erlassen gegen den hier abgebildeten Studenten der Rechte und der Philosophie

Ernst Toller.

Er ist geboren am 1. Dezember 1893 in Samotschin in Posen, Reg.-Bez. Bromberg, Kreis Kolmar, Amtsger. Margonin, als Sohn der Kaufmannseheleute Max u. Ida Toller, geb. Kohn.

Toller ist von schmächtiger Statur und lungenkrank, er ist etwa 1,65–1,68 m groß, hat mageres, blasses Gesicht, trägt keinen Bart, hat große braune Augen, scharfen Blick, schließt beim Nachdenken die Augen, hat dunkle, beinahe schwarze wellige Haare, spricht schriftdeutsch.

Für seine Ergreifung und für Mitteilungen, die zu seiner Ergreifung führen, ist eine Belohnung von

zehntausend Mark

ausgesetzt.

Solche Mitteilungen können an die Staatsanwaltschaft, die Polizeidirektion München oder an die Stadtkommandantur München – Fahndungsabteilung gerichtet werden.

Um eifrigste Fahndung, Drahtnachricht bei Festnahme und weitmöglichste Verbreitung dieses Ausschreibens wird ersucht.

Bei Aufgreifung im Auslande wird Auslieferungsantrag gestellt.

München, den 13. Mai 1919.

Der Staatsanwalt bei dem Standrechtlichen Gerichte für München.

Die Figuren handeln als Vorbilder für Aufbruch und innere Befreiung: An ihnen soll die Geburt des neuen, gewandelten Menschen nachvollziehbar werden, und die Theateraufführung soll durch dieses Erlebnis Gemeinschaft stiften. Chöre oder gemeinsames Sprechen mehrerer Figuren bringen den überindividuellen, archaisierenden Zug des expressionistischen Dramas zur Geltung und verwandeln das Theater in eine Kultstätte. ERNST TOLLERS (1893–1939) Stationendrama *Die Wandlung. Das Ringen eines Menschen* (entstanden 1917/18) beschreibt den Weg des kriegsfreiwilligen jüdischen Bildhauers Friedrich zum Kriegsgegner und Revolutionsanführer. Am Schluß gerät das Volk unter dem Eindruck der Revolutionsansprache in eine »immer stärker werdende Bewegung«, »einige sind hingekniet, andere vergraben weinend ihren Kopf in Händen«. Das Stück endet mit einem umfassenden Gemeinschaftserlebnis im »Zarathustra«-Ton:

(Stille)
FRIEDRICH: Nun, ihr Brüder, rufe ich euch zu: Marschiert! Marschiert am lichten Tag! Nun geht hin zu den Machthabern und kündet ihnen mit brausenden Orgelstimmen, daß ihre Macht ein Truggebilde sei. Geht hin zu den Soldaten, sie sollen ihre Schwerter zu Pflugscharen schmieden. Geht hin zu den Reichen und zeigt ihnen ihr Herz, das ein Schutthaufen ward. Doch seid gütig zu ihnen, denn auch sie sind Arme, Verirrte. Aber zertrümmert die Burgen, zertrümmert lachend die falschen Burgen, gebaut aus Schlacke, aus ausgedörrter Schlacke. Marschiert – marschiert am lichten Tag. Brüder; recket zermarterte Hand,
Flammender freudiger Ton!
Schreite durch unser freies Land
Revolution! Revolution!
(Alle stehen nun aufrecht, die Hände gereckt. Dann fassen sie sich an den Händen und schreiten davon.)
ALLE: Brüder recket die zermarterte Hand,
Flammender freudiger Ton!
Schreite durch unser freies Land
Revolution! Revolution!
(Die Bühne schließt sich.)

Ernst Toller, »Die Wandlung«
(Uraufführung Berlin, September 1919)

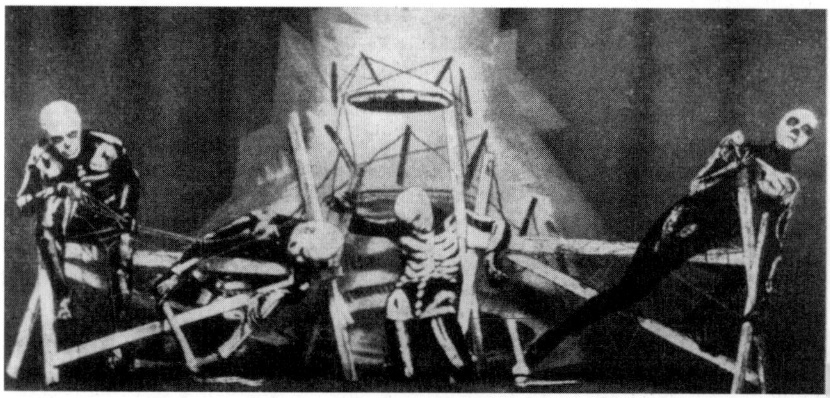

Mit diesem Pathos verbindet sich bei Ernst Toller seine Erfahrung als Agitationsredner der USPD, der seine Zuhörer mitzureißen versteht. Beim Januarstreik der Munitionsarbeiter 1918 nimmt er in München eine führende Rolle ein. Im April 1919 fungiert er als Staatsoberhaupt der Münchner Räterepublik und auch als Oberkommandierender der Roten Armee an der Dachauer Front. 1919 wird er zu fünf Jahren Festung verurteilt und im Juli 1924 aus der Haft entlassen.

O. Kokoschka, »Pietá«. Plakat für die Uraufführung von »Mörder, Hoffnung der Frauen« (1909)

Else Lasker-Schüler: Die Wupper

Charakteristische Beispiele des expressionistischen Dramas sind auch OSKAR KOKOSCHKAS (1886–1980) *Mörder, Hoffnung der Frauen* (mehrere Fassungen 1907–17) und GEORG KAISERS *Die Bürger von Calais* (1914). Die Bedeutung des expressionistischen Dramas erschöpft sich jedoch nicht in diesen Werken. Im Gegenteil, in dem Jahrzehnt zwischen 1909 und 1919 entstehen Stücke, in denen das stilisierte Pathos nicht so extrem ausgeprägt ist, die aber eine Radikalität haben, deren provokative Kraft bis heute wirkt. Zu diesen Werken zählt zweifellos das Schauspiel *Die Wupper* (1909), das ELSE LASKER-SCHÜLER (1869–1945) im »Neopathetischen Cabaret« in Berlin vortrug. Ein Teilnehmer dieser Vorlesung, die im Januar 1911 stattfindet, beschreibt seinen Eindruck:

> Man atmet in einer anderen Atmosphäre. Vorgänge, die wie lichte Schleier auf einer dunklen Fläche phosphoreszieren, verhaken sich in abgründigste Tiefen, holen das Blutigste, Geheimste, Grauenhafteste herauf, was europäische Kultur mühsam verbirgt. Eine Jahrmarktsszene mit der grellen Pappdekoration einer ländlichen Kirchweih: und plötzlich öffnet sich ein Hexenkessel voll strahlendster Flammen, daß nichts bleibt als das schaudernde Hautgefühl dieser wütenden titanischen Wärme. (RUDOLF KURTZ, Appell an ehrliebende Theaterdirektoren, 1911)

Else Lasker-Schüler (1918)

Das Schauspiel der Lyrikerin, das die Fabrikantenvilla eng mit dem Arbeitermilieu zusammenfügt, stellt in der Tat alle geläufigen Vorstellungen über das soziale Drama auf den Kopf. Hinter der Oberfläche einer genau wiedergegebenen sozialen Realität eröffnet sich eine Dimension surreal gestalteter Innenvorgänge. Damit knüpft Else Lasker-Schüler an die Dramen des von ihr hochgeschätzten AUGUST STRINDBERG (1849–1912) an. Dieser Aufbruch ins Surrealistische führt nicht dazu, daß sich im Stück, dessen Personenregister fast 20 tragende Rollen ausweist, die Grenze zwischen Bürgern und Arbeitern verwischt. Die tragische Konstellation besteht in der wechselseitigen Spiegelung unerfüllbarer Wunschvorstellungen, die auf ein anderes, besseres Leben gerichtet sind. Die Fabrikantenvilla mit blühendem Garten, Springbrunnen und Pavillon reicht gerade aus, um den Neid der Arbeiter zu mobilisieren und bei einigen Aufstiegshoffnungen zu erwecken. Das Leben der Fabrikantenfamilie spielt sich unter den Augen der Arbeiter ab, die trotz aller Unterordnung jeden Schritt der Herrschaft beobachten.

Die drei »Kinder« der verwitweten Fabrikbesitzerin kompensieren den wachsenden ökonomischen und sozialen Druck, der auf ihnen lastet, durch illusionäre Beziehungen zum Arbeitermilieu: Der schwärmerische Eduard sucht in Carl

Pius, der mit dumpfem Ehrgeiz an einer Pfarrerkarriere arbeitet, einen gleichgesinnten Freund; seine Schwester Marta spielt mit der inbrünstigen Leidenschaft des angehenden Theologen, und der schneidige Leutnant Heinrich verliert sich in eine Liaison mit einem frühreifen Arbeitermädchen, die ihn in den Selbstmord treibt. Die wirklichkeitsgesättigten Dialoge, soweit es das Volk betrifft in Wuppertaler Dialekt, verbergen, wie einsam die Figuren existieren; durch das Stück geistern »drei Herumtreiber«, die längst über das Leben hinaus sind, als Unglücksboten.

Höhepunkt des Dramas ist der dritte Akt, der ein groteskes Jahrmarktstreiben entfaltet. Mit der rasenden Karussellfahrt auf hölzernen Tieren, deren einträchtiges Beieinander das wiedergewonnene Paradies symbolisiert – »Leopard neben Lamm, Reh neben Tiger, Löwe neben Pferd« –, und mit dem Zusammenstoß zwischen betrunkenen Arbeitern und wachsamen »Herren mit den grauen Zylindern« prallen, sich gegenseitig steigernd, Liebesentrückung und soziale Spannung aufeinander. Glücksekstase und soziale Armut bilden einen raschen, übergangslosen Wechsel und hinterlassen trostlose Leere.

Die Wupper gleicht einer Ballade vom düsteren Leben, einem Totentanz, der durchzogen ist von verzweifelter Sehnsucht nach Unschuld und Glück jenseits der Gefangenschaft in einem Milieu, das Arbeitermietshäuschen und Herrschaftsvilla als die Extreme eines Lebens im Alptraum zusammenzwingt.

Else Lasker-Schüler wurde 1869 als Tochter eines Privatbankiers und Architekten als jüngstes von fünf Kindern geboren. Trotz innerer Verbundenheit mit ihrer Familie lebt sie, ohne Konzessionen einzugehen, ein Hungerdasein als freie Schriftstellerin und verzichtet auf eine bürgerliche Existenz. Ohne feste Wohnung führt sie, von Freunden unterstützt, eine bohemehafte Existenz, die ihr Gefühl tiefer Heimatlosigkeit ausdrückt. Bis 1933 hält sie sich in Berlin auf und fährt 1934 über Ägypten nach Palästina, wo sie 1945 einsam und im Elend stirbt.

Carl Sternheims Dramen

Bildnis Carl Sternheim 1921, Radierung von C. Felixmüller

CARL STERNHEIM (1878–1942) bedient sich der traditionell aufklärerischen dramatischen Form der Komödie, um seinen Protest gegen das bürgerliche Pathos in der Wilhelminischen Ära zu formulieren, das überall die kaiserlichen Allüren nachzuahmen versucht. Nicht in der Absicht, die Welt zu verändern, Leid und Unrecht anzuklagen, hält die Sternheimsche Komödie der Welt den Spiegel vor. Sein Ehrgeiz ist es, zum »Abbruch bürgerlicher Ideologie« beizutragen und vorurteilslos und nüchtern wie ein Chirurg, bürgerliche Karrieren in ihrer Folgerichtigkeit bloßzulegen, ohne die Protagonisten bloßzustellen. Der Komödienzyklus *Aus dem bürgerlichen Heldenleben*, den Sternheim zwischen 1911 und 1915 publiziert, richtet sich deshalb nicht gegen verwerfliche Taten, sondern setzt die Phrasen, die diese Taten leiten, unbarmherzig der Lächerlichkeit aus.

Trotz seiner Theatererfolge in Berlin zieht Sternheim 1912 mit seiner Familie nach Brüssel und zählt 1914 zu den wenigen deutschen Schriftstellern, die selbst in den Augusttagen nicht in patriotische Begeisterung ausbrechen und den Krieg von Anfang an ablehnen. Als Dramatiker gilt erstaunlicherweise seine Bewunderung den Menschen, die sich rücksichtslos durchzusetzen vermögen. Daher ist in seinen Komödien der heimliche Bewunderer oft schwer von dem eiskalten Satiriker zu unterscheiden, der die Geltungssucht und verlogene Moral des Bürgers in der Wilhelminischen Epoche schonungslos aufdeckt.

Der Aufstieg der Familie Maske steht im Mittelpunkt einer locker gefügten Trilogie, die ihren Ausgang in einer kleinbürgerlichen Wohnstube um 1900 nimmt (*Die Hose*, 1911). Auf offener Straße verliert Frau Luise Maske ihre Unterhose, für die wilhelminische Zeit ein nahezu unaussprechbarer Vorgang. Zwischen den Eheleuten entwickelt sich ein Streit, der durch den Einzug eines neuen, zahlungskräftigen Untermieters ein überraschendes Ende nimmt. Theobald Maske, ein kleiner Beamter, beschließt, die unverhoffte Einnahmequelle zu nutzen und auf dieser Geldgrundlage mit seiner jungverheirateten Frau ein Kind zu zeugen: Ökonomie und Biologie ergänzen sich zu einem harmonischen Schluß. Christian Maske, der Sprößling dieser Ehe, erfüllt die Hoffnungen seiner Eltern exorbitant und kann in »Der Snob« (1914) als überangepaßter Aufsteiger zu seinem Eintritt in die Welt der Hochfinanz und der Aristokratie »sine nobilitate« bereits ein Kapital einsetzen, dessen Umfang ihn den höchsten Kreisen angleicht. In *1913* (1915) erscheint bereits die dritte Generation als geadelte Industriellenfamilie auf der Bühne. Christian beherrscht als Freiherr Maske von Buckow Wirtschaft und Politik des Landes. Er vermischt Volksbeglückungsideen mit nationalen Phrasen und versteckt seine Geldinteressen hinter Schumann und Eichendorff. Die beständig verkündete Hoffnung einer radikalen Umwälzung der bürgerlichen Verhältnisse durchzieht das Stück und endet nach dem Tode Maskes mit der Verheiratung seiner Tochter Ottilie an den machthungrigen Sekretär Wilhelm Krey, eine nur äußerliche Mesalliance. Sternheim nimmt hier frühzeitig die veränderten Herrschaftsstrukturen der Weimarer Zeit vorweg.

Sternheims aufklärerischer Impetus, seine Aversion gegen beschönigende Phrasen und das ambivalente Verhältnis zu seinen dramatischen Helden führen zu einer Sprache, die sich gegenüber der kargen Handlung seiner Komödien weitgehend verselbständigt und den Charakter seiner Figuren gleichsam konstruiert. Er verwendet eine frostig gestelzte Diktion, die pathetische Aufgeblasenheit entlarvt. Kaum davon zu unterscheiden sind lakonische Verkürzungen, die den Sprecher als Herren der Situation ausweisen und ihn sans phrase die »eigene Nuance« hervorstoßen lassen. So beschließt ein Sternheimscher Held, der wortradikale Wilhelm Ständer, das Schauspiel *Tabula rasa* (1916), ins Freie tretend: »Für mich, Ständer, stehe ich. Welch Glück, daß man keine Kinder hat!« Das gleiche gilt für Sternheims bis ins Groteske verzerrte Syntax, die die Sprechenden als Gegenstände der Satire zur Kenntlichkeit entstellt. Denn Sternheim versucht darüber hinaus, einen Zerfall der Werte zu stimulieren, der viele Menschen veranlassen soll, auf Konventionen zu verzichten und den Mut zur »eigenen Nuance« zu finden.

Georg Kaiser: Von morgens bis mitternachts

Das rasanteste Stück, das im Bereich des expressionistischen Dramas entstand, ist GEORG KAISERS (1878–1945) Stationendrama *Von morgens bis mitternachts*

aus dem Jahre 1916. Berliner Großstadtszenen – im Sportpalast, im Chambre séparée eines Ballhauses und in einem Lokal der Heilsarmee – beherrschen das Geschehen. Mit dem Ablauf eines Tages, der die Existenz eines kleinen Bankangestellten und dessen verzweifelte Ausbruchsversuche komprimiert, führt Kaiser das Drama weg von deklamatorischer Stilisierung in einen brodelnden großstädtischen Hexenkessel, der zum thematischen Repertoire der Bilder von Kirchner, Beckmann und Grosz gehört.
Verführt durch die erotische Ausstrahlung einer fremdländischen Dame, die den Kassenraum einer Kleinbank in Weimar betritt, greift der Kassierer kurz entschlossen in den Tresor und will mit 60 000 Mark ein neues Leben beginnen. Nach eiligem Aufenthalt bei der Dame, die ihn zurückweist, und einem desillusionierenden Besuch im Heim seiner Familie, stürzt er sich in den Rausch der Großstadt und hofft, in Berlin durch großzügiges Ausgeben des gestohlenen Geldes zu Erlebnissen zu kommen, mit denen er wie Faust die triste Alltagswelt seines bisherigen Lebens wenigstens einmal vergessen kann.
Es beginnt mit dem Sechstagerennen im Sportpalast. Die Szenenanweisung kondensiert die Atmosphäre:

Sportpalast. Sechstagerennen. Bogenlampenlicht. Im Dunstraum rohgezimmerte freischwebende Holzbrücke. Die jüdischen Herren als Kampfrichter kommen und gehen. Alle sind ununterscheidbar: kleine bewegliche Gestalten, im Smoking, stumpfen Seidenhut im Nacken, am Riemen das Binokel.
Rollendes Getöse von Rädern über Bohlen.
Pfeifen, Heulen, Meckern geballter Zuschauermenge aus Höhe und Tiefe. Musikkapellen.

Der Kassierer stiftet einen Preis von 1000 Mark, löst eine Orgie der Erregung aus, die ihn begeistert:

Das ist letzte Ballung des Tatsächlichen. Hier schwingt es sich zu einer schwindelhaften Leistung auf. Vom ersten Rang bis in die Galerie Verschmelzung. Aus siedender Auflösung des einzelnen geballt der Kern: Leidenschaft! Beherrschungen – Unterschiede rinnen ab. Verkleidungen von Nacktheit gestreift: Leidenschaft!

Die direkt anschließende Auslobung von 50 000 Mark soll die Erregung ins »Nieerlebte« steigern; um so niederschmetternder ist die Enttäuschung, als lautlose Stille entsteht, die Nationalhymne erklingt, weil »Seine Hoheit« die Ehrenloge betritt. Der Kassierer ist entrüstet:

Dieser eben noch lodernde Brand ausgetreten von einem Lackstiefel am Bein Seiner Hoheit. Sind Sie toll, mich für so verrückt zu halten, daß ich zehn Pfennig vor Hundeschnauzen werfe? Auch das wäre noch zu viel. Ein Fußtritt gegen den eingeklemmten Schweif, das ist die gebotene Stiftung!

Im Chambre séparée kommt der Kassierer um sein Vergnügen, weil er mit seiner provinziellen Zurückgebliebenheit alles verwechselt: die Getränke, Speiseangebote für Spitzendessous hält und »kontrakte Vetteln« als reizvolle Mädchen umwirbt. Bei der Versammlung im Lokal der Heilsarmee, mit Bußbank und Musik der Posaunen und Kesselpauken, überwältigt ihn das Erlebnis von »Bekenntnis und Buße« derart, daß er die Geldscheine aus der Tasche zieht und mit den Worten umherschleudert:

Dieser Saal ist der brennende Ofen, den eure Verachtung für alles Armselige heizt. Euch werfe ich es hin, ihr zerstampft es im Augenblick unter euren Sohlen. Da ist etwas von dem Schwindel aus der Welt geschafft.

Alle Leute im Saal fallen über das Geld her. Schließlich zeigt das kleine Heilsarmeemädchen, das als einzige nicht an der Rauferei teilgenommen hat, den Kassierer bei der Polizei an. Dieser Verrat läßt ihn resignieren; in einem Gefühl grenzenloser Einsamkeit erschießt er sich.
Obgleich *Von morgens bis mitternachts* unerbittlich die Ausweglosigkeit des irdischen Jammertals nachweist und damit unbedingt dem expressionistischen Drama zuzurechnen ist, bilden Großstadtmotive, das Tempo der Sprache und der Handlung, die Verwendung von Musik und der Einsatz von Geräusch- und Lichteffekten wesentliche Elemente, die auf die dramatischen Revuen der zwanziger Jahre und die wachsende Bedeutung vor allem des Films für die Literatur hinweisen.

Karl Kraus: Die letzten Tage der Menschheit

O. Kokoschka, Karl Kraus

Die letzten Tage der Menschheit, eine Tragödie in fünf Akten von KARL KRAUS (1874–1936), ist ein Stück expressionistischer Antikriegsliteratur, das auch heute nichts an Aussagekraft verloren hat. Karl Kraus, der die Herausgabe seiner Zeitschrift »Die Fackel« (1899–1936) unter erschwerten Zensurbedingungen während des Krieges fortsetzt, schreibt die Tragödie in drei Sommeraufenthalten zwischen 1915 und 1917, druckt Szenen daraus in der »Fackel« und erreicht durch zahlreiche Vorlesungen beim Publikum nicht weniger als bei der Zensur eine beträchtliche Wirkung. Die Aufführung des Stücks, das mit Vorspiel und Epilog in der Ausgabe der »Fackel« aus dem Jahre 1919 fast 700 Seiten umfaßt, ist einem »Marstheater« zugedacht, dessen Dimensionen vielleicht der Ungeheuerlichkeit der Vorgänge gewachsen sind. Für seine literarische Arbeit verlangt der Autor keine besondere Anerkennung, er betrachtet sich lediglich als Chronist des Geschehens: »Die unwahrscheinlichsten Gespräche, die hier geführt werden, sind gesprochen worden; die grellsten Erfindungen sind Zitate.« Dabei bedient sich Karl Kraus keiner Geheimberichte oder sonst schwer zugänglicher Nachrichten; seine unerschöpfliche Quelle ist die jedermann zugängliche Tagespresse.
Die Handlung der Tragödie konzentriert sich auf das Leben in Wien, nicht auf Ereignisse an der Front, weil Kraus den Krieg als die gesteigerte Fortsetzung eines Alltags sieht, der durch die Unfähigkeit zum Denken ebenso determiniert ist wie durch den Mangel an Wahrnehmung. Charakteristisch für dieses marionettenhafte Leben, in dem die Menschen gefangen sind, ist das Auftreten der vier Offiziere am Beginn der einzelnen Akte:

ZWEITER ZEITUNGSAUSRUFER: Extraausgabee –! Neue Freie Presse! Die Pluttat von Sarajevo! Da Täta ein Serbee!
EIN OFFIZIER: Grüß dich Powolny! Also was sagst? Gehst in die Gartenbau?
ZWEITER OFFIZIER (mit Spazierstock): Woher denn? G'schlossen!
DER ERSTE (betroffen): G'schlossen?
EIN DRITTER: Ausg'schlossen!
DER ZWEITE: Wenn ichs dir sag!
DER ERSTE: Also was sagst?
DER ZWEITE: Na gehn mr halt zum Hopfner.
DER ERSTE: Selbstverständlich – aber ich mein, was sagst politisch, du bist doch gscheit –
DER ZWEITE: Weißt, no wer'mr halt (fuchtelt mit dem Spazierstock) – a bisserl a Aufmischung – gar nicht schlecht – kann gar nicht schaden – höxte Zeit –
DER ZWEITE: Bist halt a Feschak. Weißt, einer wird ganz aus'n Häusl sein, der Fallota, der was –
EIN VIERTER (tritt lachend hinzu): Grüß dich Nowotny, grüß dich Pokorny, grüß dich Powolny, also du bist ja politisch gebildet, also was sagst?
DER ZWEITE: Weißt, diese Bagasch hat Umtriebe gemacht ganz einfach.
DER DRITTE: Weißt – also natürlich.
DER VIERTE: Ganz meiner Ansicht – gestern hab ich mullattiert! – habts das Bild von Schönflug gsehn, Klassikaner!
DER ZWEITE: Weißt, der Fallota das is dir ein Patriot, der sagt immer, es genügt nicht, daß man seine Pflicht erfüllt, man muß ein Patriot sein unter Umständen. Wenn der sich was in den Kopf setzt, da gibts keine Würschtel. Weißt was ich glaub? Wern mer halt schwitzen müssen die Täg. No von mir aus!
DER DRITTE: Was is mit'n Hopfner?
DER ZWEITE: Weißt, der Schlepitschka von Schlachtentreu, der is furchtbar gebildet, der liest dir die Presse also auswendig von A bis Z, er sagt, wir sollen auch lesen, dort steht sagt er, wir sind für den Frieden, wenn auch nicht für den Frieden um jeden Preis, du is das wahr? (Eine Büffettdame geht vorüber) Du schau, das ist das Mensch wo ich dir erzählt hab was ich umsonst gehabt hab neulich.

Ihre jeweiligen Unterhaltungen weisen nur minimale Abweichungen auf, die eine Veränderung der Lage widerspiegeln. Sie schlittern mit derselben Indolenz in den Krieg hinein, wie sie sich »dem Frieden mit Riesenschritten« nähern.

In über hundert Szenen sind *Die letzten Tage der Menschheit* einer Mentalität auf der Spur, die sich, um das gewohnte Leben weiter zu führen oder um Krisen zu verkraften, reflexhaft an bestimmten Phrasen klammert und durch deren Wiederholung Gewißheit herzustellen versucht. Auf dem Weg durch die Katastrophe herrscht ein eigentümlicher Stillstand, der sich im Stück als Wiederholung szenischer Konstellationen ausdrückt. Das auftretende Personal nimmt jedoch bis zum 5. Akt, dessen Personenverzeichnis allein drei eng bedruckte Seiten umfaßt, ständig zu, bis endlich im Epilog »Die Stimme Gottes« mit dem Satz »Ich habe es nicht gewollt«, einen Ausspruch Kaiser Wilhelms II. zitierend, das Drama als kosmische Katastrophe im Weltraum beschließt.
Die Gewißheit, daß die Phrase eines Politikers, eines Mannes der Wirtschaft und

dann auch die eines Journalisten nichts Zufälliges ist und auch Vorgänge am Wiener Ringstraßenkorso »von einem kosmischen Punkt regiert« sind, die sich bei genauer Betrachtung als Signaturen eines falschen Weltzustandes entschlüsseln lassen, führt Karl Kraus bei dieser Tragödie die Feder. Die Wiedergabe unmittelbaren Grauens überläßt er der Sensationsberichterstattung und dem Kino. Er hält den scheinbaren Umweg, über die Entlarvung der Zeitungsphrasen zum Denken und zu phantasievoller Einfühlung in die Opfer anzuregen, für die einzige Möglichkeit, etwas zu verändern. Kraus selbst tritt in seinem Drama nicht als Richter in Erscheinung, sondern begleitet das Geschehen als ohnmächtiger »Nörgler«, der das Schreiben der Tragödie als Teilhabe »am blutigen Wahnsinn« begreift:

Ich habe die Tragödie, die in die Szenen der zerfallenden Menschheit zerfällt, auf mich genommen, damit sie der Geist höre, der sich der Opfer erbarmt, und hätte er selbst für alle Zukunft der Verbindung mit einem Menschenohr entsagt. Er empfange den Grundton dieser Zeit, das Echo meines blutigen Wahnsinns, durch den ich mitschuldig bin an diesen Geräuschen. Er lasse es als Erlösung gelten!

In den zwanziger Jahren unterstützt Karl Kraus die Politik der österreichischen Sozialdemokratie bis zum Brand des Justizpalastes 1927 mit kritischer Solidarität. Nach 1933 sieht er die Diktatur des Engelbert Dollfuß als Möglichkeit, den Anschluß Österreichs an Hitler-Deutschland aufzuhalten.

Alfred Döblin, gezeichnet von E. L. Kirchner

PROSADICHTUNG

Alfred Döblin

Die expressionistische Prosa findet in ALFRED DÖBLIN (1878–1957) einen scharfsinnigen Theoretiker, der klar und unnachgiebig Forderungen zu formulieren versteht. Er ist zugleich ein Autor, der diesen Ansprüchen mit seinem ersten Roman *Die drei Sprünge des Wang-lun* (geschrieben im Sommer 1912 bis Frühjahr 1913) auch gerecht wird. Es beginnt mit einer Kritik an MARINETTIS futuristischem Manifest, das für den »Sturm-Kreis« um HERWARTH WALDEN eine fast unbegrenzte Gültigkeit besitzt. Döblin wendet sich gegen die futuristische Verengung der Wirklichkeit auf die Welt der Maschinen. Er weist das gewaltsame Zertrümmern der Syntax ebenso wie die damit einhergehende Bilderflut, die die grammatikalische Ordnung ersetzen soll, als manieristischen Dogmatismus zurück. Mit sicherem Blick für Marinettis auch später nicht enden wollende Kriegsbegeisterung, die ihn bald zu einem enragierten Anhänger Mussolinis werden läßt, konstatiert Döblin: »Ihre Liebe zur vollen Realität nimmt etwas Berserkerhaftes an.« (Offener Brief an Marinetti, März 1913)
Döblin, der von 1911 bis 1933 in Berlin als neurologischer Kassenarzt arbeitet, setzt dem belletristischen Psychologisieren die nüchterne Forderung entgegen:

Man lerne von der Psychiatrie, der einzigen Wissenschaft, die sich mit dem seelischen ganzen Menschen befaßt: sie beschränkt sich auf die Notierung der Abläufe, Bewegungen. Die sprachlichen Formen dienen nur dem praktischen Verkehr. Sie geben ursprünglich sichtbare, hörbare, zum Teil berechenbare Abläufe an, Veränderungen der Aktionsweise und Effekte.

Verlangt werden keine Erklärungsversuche und kunstvolle Beschreibungen der Realität, sondern Konzentration auf sinnlich Wahrnehmbares, das sich in Bewegung und Veränderung befindet.

Die Darstellung erfordert bei der ungeheuren Menge des Geformten einen Kinostil. In höchster Gedrängtheit und Präzision hat die »Fülle der Gesichte« vorbeizuziehen. Man erzählt nicht, sondern baut. (An Romanautoren und ihre Kritiker, Mai 1913)

Als der Roman *Die drei Sprünge des Wang-lun* 1915 erscheint, ist die Literaturkritik begeistert; sie würdigt dieses Werk als Überwindung der Erzähltradition des deutschen Romans. Der Autor ist mit einem Schlag berühmt. Döblin stützt sich auf historische Ereignisse im China des 18. Jahrhunderts, wenn er Wang-lun und den Widerstand seiner Sekte aus bettelnden Vagabunden, Ausgestoßenen und Unterdrückten gegen die kaiserlichen Ausrottungsfeldzüge darstellt. Der Roman ist jedoch vor allem die Leistung einer beispiellosen Phantasie. Wie KARL KRAUS in seinem Essay *Die chinesische Mauer* aus dem Jahre 1910 provoziert Alfred Döblin die vermeintlich höhere europäische Zivilisation mit seiner Vorstellung einer antiindividuellen chinesischen Massenkultur.
Zentrales Problem des Geschehens ist der Konflikt zwischen der Lehre von der »Macht des Schwachseins« und der Notwendigkeit der Selbstbehauptung. Beides erweist sich als unvereinbar. Wang-lun interessiert Döblin nicht als Person, sondern in seiner Wirkung auf die Masse. Sein Roman zeigt einen kollektiven Helden in Aktion und entwirft Massenszenen, die es vorher in der deutschen Literatur nicht gab:

Von den Hügeln her kam das Trappen, das ungleichmäßige Knistern und Knarren, weitausgreifendes Bewegen, das nicht einmal zu atmen schien. Gebleichte Gesichter mit reglosen Zügen, Hände, die im Schwung wie Keulen hin und her schaukelten. Körper, die empfindungslos liefen. Rümpfe, die steif auf Schenkeln saßen, welche wie Pferde ritten. Hinter der langen Linie der Einzelläufer schwammen schwarze Gruppen, Hand an Hand gefaßt. Aufgelöste Nachzügler schleuderten die Arme wie Hämmer, um vor sich Löcher in die Luftmauern zu schlagen.
Die wenigen auf dem Dorfe, die vor ihrer Türe standen und den langgestreckten Keil heransausen sahen, sahen auch die schwarzen krächzenden Vogelschwärme, die mit den Vagabunden die Berge verlassen hatten.
Die ersten Räuber warfen sich mit Steingewicht gegen die Tore. Sie prallten hintereinander auf, drangen ein. Die nächsten an die folgenden Tore. Sie überrannten einander. Das Kreischen ließ nach; die Bergläufer in den Häusern strömten Eiseskälte aus und das Grausen von Sterbenden; sie konnten ihre Kiefer nicht öffnen; ihre Augen zwinkerten nicht. Die letzten Häuser waren verrammelt. Ein Heulen entstand draußen, ein Gebrüll verwundeter Tiere, daß sich die Frauen verkrochen. Die Lebenden draußen hoben die

Körper der Hinstürzenden auf, rannten mit den kopfschüttelnden Rümpfen gegen die Holzpfosten an. Dann öffneten plötzlich die Bauern die Tore, fällten die Wimmernden mit Beilen, liefen in die Nachbarhöfe, hackten in die keuchenden Münder. Nachzügler, die Stärksten, mit den Lahmen auf den Rücken, hetzten ins Dorf, warfen ihre Last in den ersten Hof, folgten dem Schreien, zerquetschten die Bauern wie Geschosse, würgten sie, zerschmetterten ihre Kinder auf der Dorfstraße, wortlos, ohne die Mienen zu verziehen. Die Toten froren dünn und steif auf dem Wege.

Der dynamische Bewegungsablauf, der kristallklar ist, zieht selbst die Toten als frierende Leichen in die Handlung mit ein. Alfred Döblin macht mit seinem Roman wahr, was er gegenüber Autoren vertritt, die Romanschreiben mit »Nägelkauen und Zahnstochern« verwechseln.

Der Gegenstand des Romans ist die entfesselte Realität. Der Leser in voller Unabhängigkeit einem gestalteten, gewordenen Ablauf gegenübergestellt; er mag urteilen, nicht der Autor!

Carl Sternheim

STERNHEIMS Erzählungen, die gedrängt und luzide zu den bleibenden Werken expressionistischer Prosa zählen, unterscheiden sich nicht vom Programm seiner Dramen. Wie in den Komödien sind auch hier die Figuren nicht auf dem Weg in die Revolte, suchen keine Veränderung der Gesellschaft; es drängt sie nach der Erfahrung der eigenen Möglichkeiten, der Nuance. Die Erzählungen werden alle von einer Figur beherrscht, deren außergewöhnliche Situationen Sternheim in stenographisch-mimischen Protokollen aufzeichnet. Eine der ersten, *Busekow* (veröffentlicht 1914 in *Der Jüngste Tag*), beschäftigt sich mit dem kurzen Frühling eines alterndern Verkehrsschutzmannes, der wegen angeborener Kurzsichtigkeit seiner Aufgabe nicht gewachsen ist. Kurz vor Dienstschluß, auf die Ablösung wartend, widerstreiten in Busekow zwei Empfindungen:

Es schien alsbald regnen zu wollen, und er fühlte vor, wie mit eingezogenen Schultern, auf dem Heimweg sacht auftretend, er die Pfützen auf den Steinen vermeiden würde; mehr als diese Vorstellung beglückte ihn der Duft des Kaffees, der beim Eintritt in die Wohnung auf dem Tisch hergerichtet sein müßte. Nur noch von Zeit zu Zeit flog seine gesamte Energie in die Brille zurück und riß in flüchtiger Empörung Löcher in Gegenüberstehendes.
Dieser bewaffnete Blick packte nicht allein Passanten in Zivil; wie er aufflammend vorwärtsschoß, zwang er auch Kameraden Busekows zur Bewunderung, und sie empfanden: dieser schaut durch Tuch und Haube, er ist der geborene Polizist.

Sternheim baut die Körperlichkeit der Figur, wie durch einen Zerrspiegel akzentuiert, in die Handlung ein. Busekows Liebe zu einer Prostituierten, die ihn wiederliebt und ihn sachkundig für seinen Dienst auf der Straße berät, läßt ihn über sich hinauswachsen. Als Folge dieser Bewährung zu besonders verantwortungsvollen Aufgaben abkommandiert, wird er, nach einer Nacht höchsten Einverständnisses mit seiner schwangeren Geliebten, beim Dienst an der Auffahrt des königlichen Theaters von einem Auto erfaßt und getötet.

Ulrike (1918), die Lebensgeschichte einer Gräfin aus der Uckermark, ist das weibliche Gegenstück zu der von der Verkümmerung bedrohten Existenz Busekows. Die Ausgangsbedingungen der Heldin komprimiert Sternheim in Sätzen, in denen sich eine Atmosphäre von Kargheit und Gewalt zusammenballt:

Ulrikes beflaggtes Elternhaus, Schloß Miltitz, stand unter Föhren in einem Blachfeld der Uckermark. Trat von der Anfahrt und geharkten Wegen man zur Seite, sank der Fuß durch Sand auf Grund. Manchmal stak eine Stange, saß wo ein Rabe im Park; sonst war Acker. Latten fehlten Bänken, Rabatten das Mittelstück. Am Haus des ersten Stockes viertem Fenster eine Scheibe.
Von Blei schien meist der Himmel. Blaue Fahnen klafften kaum hinein, häufig aber strich Regen schräg und mengte aus Erde klebriges Gelb, durch das ein Wagen sich vors Haustor wälzte.
In das trat Paschke, der Diener, stracks und gab allem, was ankam, den Arm. Die Kinder warf er wie Bälle zum Flur, wo Graf Bolz, der Vater, mit dröhnendem Willkomm empfing. Aller Mahlzeit Beginn und Schluß hieß Gebet. Brot, Schwein und Kartoffeln lagen inmitten. Das und die Familie war protestantisch. Preuße der liebe Gott.

Unverheiratet gerät Ulrike in religiöse Schwärmerei und wird als Krankenschwester im Krieg zu einem Engel des Lazaretts. Durch die Bekanntschaft mit einem jüdischen Maler, der ihr von seinem Aufenthalt in Afrika erzählt, durchbricht sie die Lethargie ihres Daseins, wird Modell und Geliebte des Malers und stirbt bei der Geburt eines Knaben »mit verzückten Grimassen«.
Die Provokation dieser Erzählung liegt in ihrer ostentativen Säkularisierung des menschlichen Daseins. Deren Realität hat nichts mit den bläßlichen »höheren« Werten des Bürgertums zu tun, die lediglich einen Platz bei den Ansprachen der Festredner und in der Sonntagspredigt finden. In einem Nachwort zu *Ulrike* schreibt Sternheim unter dem Titel *Kampf der Metapher!*:

Ich entfachte zu keiner Erziehung; im Gegenteil warnte ich vor einer Verbesserung göttlicher Welt durch den Bürger und machte ihm Mut zu seinen sogenannten Lastern, mit denen er Erfolge errang, und riet ihm meiner Verantwortung bewußt, Begriffe, die einseitig nach sittlichem Verdienst messen, als unerheblich und lebensschwächend endlich auch aus seiner Terminologie zu entfernen.

Bis 1918 sind die Aufführungen einiger seiner Stücke und die Verbreitung seiner Erzählungen wegen angeblicher »Gefährdung der öffentlichen Sittlichkeit« verboten. Auch in der Weimarer Republik sieht sich Sternheim verleumderischer Kritik und Polizeischikanen ausgesetzt. Für die Nationalsozialisten ist er der Inbegriff des »Asphaltliteraten jüdischer Abstammung«.

DADAISMUS

Das Programm

Gegen die »Sinnstiftung« durch Literatur und Kunst, an der auch die Expressionisten festhalten, kommt es im Februar 1916 in Zürich zur Gründung eines dadaistischen Kabaretts, des Cabaret Voltaire. Dessen deutsche Mitglieder RICHARD HUELSENBECK (1892–1974), HUGO BALL (1886–1927) und HANS ARP (1887–1966) sind pazifistische Emigranten. 1918 verlagert sich das dadaistische Zentrum nach Berlin, als Huelsenbeck zusammen mit GEORG GROSZ (1893–1959), RAOUL HAUSMANN (1886–1971) und WALTER MEHRING (1986–1981) eine Berliner Dada-Gruppe gründet. Der Varieté-Auftritt ist für die Dadaisten, die die Kunst zum Protest gegen alle vorherige Kunst einsetzen, Entkrampfung im Gelächter suchen und gegen Sinnstiftung gerade den Zufall in die Produktion einbeziehen wollen, nichts Äußerliches. Die dadaistische Kunstübung realisiert sich für die Dauer des Auftritts, von dessen unterschiedlichen Bedingungen sie kaum abzulösen ist. Das poème gymnastique verbindet Gedichtvortrag mit Körpersprache, vermischt mit simultan erfaßten Umweltgeräuschen. Auch die Klanggedichte von HUGO BALL und RAOUL HAUSMANN entziehen sich einer schriftlichen Fixierung und sind nur in der Lesung durch die Autoren existent. Der Dadaismus ist eine ebenso aufsehenerregende wie kurzlebige Bewegung, die sich gleichzeitig mit dem Expressionismus zu Beginn der zwanziger Jahre auflöst. Was den Dadaismus für die heutige Zeit interessant macht, ist seine Vorwegnahme von Literatur und Kunst in den sechziger und siebziger Jahren: Konkrete Poesie, Collagetechnik, Happening und Performance haben hier ihren Ursprung.

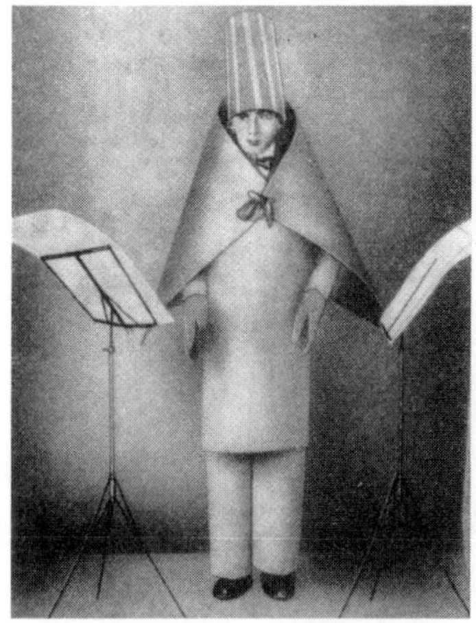

Hugo Ball im Cabaret Voltaire, seine Lautgedichte rezitierend, Zürich 1916

Das »Dadaistische Manifest« der Berliner Gruppen aus dem Jahre 1918 ist keine Schrift über den Dadaismus, sondern selbst ein dadaistisches Dokument. Es endet mit dem Ausruf: »Gegen dieses Manifest sein, heißt Dadaist sein«. Es formuliert die veränderte Atmosphäre, die Unzufriedenheit mit den expressionistischen Schablonen und die neuen Intentionen:

Was ist nun der Dadaismus?

Das Wort Dada symbolisiert das primitivste Verhältnis zur umgebenden Wirklichkeit, mit dem Dadaismus tritt eine neue Realität in ihre Rechte. Das Leben erscheint als ein simultanes Gewirr von Geräuschen, Farben und geistigen Rhythmen, das in die dadaistische Kunst unbeirrt mit allen sensationellen Schreiben und Fiebern seiner verwegenen Alltagspsyche und in seiner gesamten brutalen Realität übernommen wird. Hier ist der scharf markierte Scheideweg, der den Dadaismus von allen bisherigen Kunstrichtungen und vor allem von dem FUTURISMUS trennt, den kürzlich Schwachköpfe als eine neue Auflage impressionistischer Realisierung aufgefaßt haben. Der Dadaismus steht zum erstenmal dem Leben nicht mehr ästhetisch gegenüber, indem er alle Schlagworte von Ethik, Kultur und Innerlichkeit, die nur Mäntel für schwache Muskeln sind, in seine Bestandteile zerfetzt.

Das bruitistische Gedicht
schildert eine Trambahn, wie sie ist, die Essenz der Trambahn mit dem Gähnen des Rentiers Schulze und dem Schrei der Bremsen.

Das simultanistische Gedicht
lehrt den Sinn des Durcheinanderjagens aller Dinge, während Herr Schulze liest, fährt der Balkanzug über die Brücke bei Nisch, ein Schwein jammert im Keller des Schlächters Nuttke.

Das statische Gedicht
macht die Worte zu Individuen, aus den drei Buchstaben Wald, tritt der Wald mit seinen Baumkronen, Försterlivreen und Wildsauen, vielleicht tritt auch eine Pension heraus, vielleicht Bellevue oder Bella vista. Der Dadaismus führt zu unerhörten neuen Möglichkeiten und Ausdrucksformen aller Künste. Er hat den Kubismus zum Tanz auf der Bühne gemacht, er hat die BRUITISTISCHE Musik der Futuristen in allen Ländern Europas propagiert. Das Wort Dada weist zugleich auf die Internationalität der Bewegung, die an keine Grenzen, Religionen oder Berufe gebunden ist. Dada ist der internationale Ausdruck dieser Zeit, die große Fronde der Kunstbewegungen, der künstlerische Reflex aller dieser Offensiven, Friedenskongresse, Balgereien am Gemüsemarkt, Soupers im Esplanade etc.

Besonders gelungene Werke des Dadaismus vorzustellen, würde den Tatbestand negieren, daß dieser Bewegung der traditionelle Werkbegriff fragwürdig geworden ist. Die Dadaisten setzen die Vorstellung des in sich geschlossenen, sinntragenden Kunstwerks mit ihrer Produktion zum ersten Mal außer Kraft. Die folgenden Beispiele sind nur als Hinweise anzusehen, welcher Möglichkeiten sich der Dadaismus literarisch bedient.

Karawane, An Anna Blume

In dem Klanggedicht *Karawane* (vorgetragen im Juni 1916) verwirklichte HUGO BALL, der Theoretiker der Züricher Gruppe, der schon 1920 zum Katholizismus übertrat, sein Ideal einer neuen literarischen Gattung, der »Verse ohne Worte«. Er wurde offensichtlich von den *Liedern ohne Worte* Felix Mendelssohns inspiriert:

Karawane
jolifanto bambla o falli bambla
großiga m'pfa habla horem
egiga goramen
higo bloiko russula huju
hollaka hollala
anlogo bung
blago bung blago bung
bosso fataka
ü üü ü

schampa wulla wussa olobo
hej tatta gorem
eschige zunbada
wulubu ssubudu uluwu ssubudu
tumba ba-umf
kusa gauma
ba – umf

KURT SCHWITTERS (1887–1948), neben HANS ARP, dem Dichter, Maler und Plastiker, die zweite Doppelbegabung der Dadaisten – beide mehr durch ihre bildnerische Arbeit bekannt als durch ihre Gedichte –, führt das Collageprinzip in die Lyrik ein. Wie Schwitters seine Bilder aus Fundstücken verfertigt, »Brocken des alltäglichen Abfalls«, hier und da Farbe verwendet, klebt, nagelt, setzt er auch seine Gedichte aus lauter vorgefundenen sprachlichen Versatzstücken zusammen, die entweder banal oder sinnlos sind. Wichtig ist für ihn die Manifestation künstlerischer Schöpfung »aus unkünstlerischen Komplexen in der unkünstlerischen Welt« – sei es auch nur als Parodie. Mit dem Gedicht *An Anna Blume*, 1919 im *Sturm* publiziert, beginnt er eine jahrelange, erfolgreiche Tätigkeit als umherreisender Rezitator seiner Gedichte und Vertreter der MERZ-Kunst.

Umschlagzeichnung (1919)

An Anna Blume
Merzgedicht 1
O du, Geliebte meiner siebenundzwanzig Sinne, ich liebe
dir! – Du deiner dich dir, ich dir, du mir. – Wir?
Das gehört (beiläufig) nicht hierher.
Wer bist du, ungezähltes Frauenzimmer? Du bist – – bist
du? – Die Leute sagen, du wärest, – laß sie sagen,
sie wissen nicht, wie der Kirchturm steht.
Du trägst den Hut auf deinen Füßen und wanderst auf die
Hände, auf den Händen wanderst du.
Hallo, deine roten Kleider, in weiße Falten zersägt.
Rot liebe ich Anna Blume, rot liebe ich dir! – Du deiner
dich dir, ich dir, du mir. – Wir?
Das gehört (beiläufig) in die kalte Glut.
Rote Blume, rote Anna Blume, wie sagen die Leute?
Preisfrage: 1. Anna Blume hat einen Vogel.
2. Anna Blume ist rot.
3. Welche Farbe hat der Vogel?
Blau ist die Farbe deines gelben Haares.
Rot ist das Girren deines grünen Vogels.
Du schlichtes Mädchen im Alltagskleid, du liebes grünes
Tier, ich liebe dir! – Du deiner dich dir, ich dir,
du mir. – Wir?
Das gehört (beiläufig) in die Glutenkisten.
Anna Blume! Anna, a-n-n-a, ich träufle deinen Namen.
Dein Name tropft wie weiches Rindertalg.

Weißt du es Anna, weißt du es schon?
Man kann dich auch von hinten lesen, und du, du Herrlichste von allen, du bist von hinten wie von vorne:
›a-n-n-a‹.
Rindertalg träufelt streicheln über meinen Rücken.
Anna Blume, du tropfes Tier, ich liebe dir!

DIE ZWANZIGER JAHRE: BERLIN, PRAG, WIEN

Die Literatur der zwanziger Jahre ist keineswegs identisch mit einer Literatur der Weimarer Republik. Brennpunkte des literarischen Lebens im Nachkriegsjahrzehnt mit sehr charakteristischen Ausprägungen sind Berlin, Prag und Wien. In diesen Städten entsteht die große Literatur der zwanziger Jahre. Unwiderstehlicher Anziehungspunkt für viele Schriftsteller ist jedoch Berlin, weil es mehr ist als das politische Zentrum des Deutschen Reiches. Hier fühlen sich die russischen Schriftsteller unterschiedlichster Couleur ebenso zu Hause wie die Autoren aus Wien, Budapest und Prag, die nach der Auflösung der k. u. k. Monarchie eine neue internationale Orientierung suchen. KARL KRAUS zum Beispiel, der in den zwanziger Jahren seine Zeit zwischen Berlin und Wien aufteilt und im Unterschied zu Wien an der literarischen Diskussion in Berliner Lokalen teilnimmt, trägt durch seine Invektiven gegen ALFRED KERR zur Durchsetzung BERTOLT BRECHTS bei. In Berlin finden auswärtige Autoren ein Forum, das sich ihnen nirgendwo sonst bietet: Die Erfolge von MARIELUISE FLEISSER, ÖDÖN VON HORVATH, aber auch von JOSEPH ROTH wären nicht denkbar ohne das aufgeschlossene Publikum, das es in dieser Stadt in den zwanziger Jahren gab. Schriftsteller, die in Prag und Wien erste Erfolge hatten, werden magnetisch vom Berlin dieser Jahre angezogen. Dennoch ist ihre Literatur ein authentisches Produkt der ehemaligen habsburgischen Metropolen; erst nach 1933 gewinnen Prag und Wien als Zufluchtsstätten für Autoren, Verlage und Theaterproduktionen eine neue, andere Bedeutung. Wenn von den »Goldenen zwanziger Jahren« die Rede ist, bezieht sich dies nicht auf wirtschaftliche Prosperität, sondern auf einen tatsächlich stattfindenden Austausch zwischen Angehörigen verschiedenster Nationalität und sozialer Herkunft und ein sehr vielfältiges kulturelles Wahrnehmungsvermögen: Eine amerikanische Revue löst kaum weniger Debatten aus als eine Schönberg-Uraufführung in der Kroll-Oper oder der Auftritt eines Moskauer Arbeitertheaters.

»Sachlichkeit«, Orientierung an den Tatsachen, ist ein Grundzug von Literatur und Kunst in den zwanziger Jahren; diese Tendenz ist nicht allein als Abwendung vom Expressionismus zu verstehen, der ohnehin zu Ende gegangen war. Sie ist vor allem eine nüchterne Reaktion darauf, daß die chauvinistische Ideologie, die auch sehr viele Intellektuelle ergriffen hatte, an dem monotonen, langjährigen Stellungskrieg an der Westfront gescheitert war, eine Reaktion auch auf die bescheidenen Ergebnisse, die die November-Revolution von 1918 trotz aller umstürzlerischen Parolen erbracht hatte. Es geht um eine Bestandsaufnahme der gesellschaftlichen Realität, die Darstellung des Kriegsgeschehens und Er-

klärungsversuche für seine Ursachen; reflektiert wird die gesellschaftliche Bedeutung der Technik nach dem »Zerfall der Werte«.
Der Boxkämpfer und der Ingenieur sind Leitfiguren auch für die Schriftsteller; oft gilt die Entfesselung kapitalistischer Konkurrenz und der Maschinentechnik als Hoffnung, die dazu beiträgt, die anachronistischen Verhältnisse in Europa zu beseitigen und Anschluß an die großen Entwicklungen in den USA und in der Sowjetunion zu gewinnen.
»Neue Sachlichkeit« ist der Titel einer Ausstellung im Jahre 1925, die in der Städtischen Kunsthalle Mannheim Bilder realistischer Maler »seit dem Expressionismus« versammelt. Von diesem Zeitpunkt wird gewöhnlich die neue Kunstrichtung datiert, obwohl der Kunsthallendirektor Gustav F. Hartlaub nicht nur »Klassizisten« wie die Münchner Maler Kanoldt, Mense und Schrimpf ausstellt, mit deren Namen man die »Neue Sachlichkeit« gemeinhin verbindet. Hartlaub präsentiert ganz bewußt auch Werke »des linken Flügels« der Sachlichkeit; die Veristen Dix, Grosz, Hubbuch und Schlichter sind mit Arbeiten aus den Jahren 1917 bis 1925 vertreten und wahren die Verbindung zur Erfahrung des Weltkriegs und zu den turbulenten Anfängen der Weimarer Republik.
Anders als die Mode der »Neuen Sachlichkeit«, die mit der Stabilisierungsperiode 1924 einsetzt und die Alltagskultur bis weit in die dreißiger Jahre beherrscht, zeichnet sich die Tendenz zur Sachlichkeit in der Literatur schon in den ersten von Krisen erschütterten Jahren der Weimarer Republik ab. Seit 1919 zieht KURT TUCHOLSKY in Vers und Prosa alle Register seines publizistischen Könnens, wenn er die verhängnisvolle politische Entwicklung in Deutschland kommentiert. BERTOLT BRECHT bildet mit *Baal* schon um 1920 seine neue Dramenkonzeption aus und schreibt zur gleichen Zeit einen großen Teil der *Hauspostille*-Gedichte. ERNST JÜNGER veröffentlicht 1920 *In Stahlgewittern. Aus dem Tagebuch eines Stoßtruppführers*, dessen Vorwort geradezu als Ethik die Forderung erhebt: »Der Grad der Sachlichkeit eines solchen Buches ist der Maßstab seines inneren Wertes.«

Frontispiz zu »In Stahlgewittern«

Ernst Jünger: In Stahlgewittern

Im Rückblick, besonders auf das Ende der Weimarer Republik, erscheint ERNST JÜNGERS (geb. 1895) Kriegstagebuch als makabrer literarischer Auftakt. Dieses Buch mischt emotional-triebhafte Militanz mit nüchterner Beobachtung und atmet trotz bemerkenswertem Verzicht auf chauvinistisches Dekor einen unerbittlichen Geist der Revanche: Er richtet sich gegen den äußeren Feind ebenso wie gegen die »Barbarei von innen«, unter der Jünger vor allem Demokratie und Arbeiterbewegung versteht.
Ende 1913, mit achtzehn Jahren, tritt der Gymnasiast aus Hannover in die französische Fremdenlegion ein; Afrika erscheint ihm »der einzig mögliche Schauplatz für ein Leben in dem Format, in dem ich das meine zu führen gedachte«. (*Das abenteuerliche Herz*, 1929). Wenig später erlebt er den Weltkrieg, zuerst als Freiwilliger, dann als Frontoffizier, der rasch Karriere macht; vierzehnfach verwundet, kehrt er, vom Kriegsgeschehen besessen, nach kurzem Aufenthalt im Lazarett auf schnellstem Weg an die Front zurück. *In Stahlgewittern* ist sein

Versuch, gestützt auf stichwortartige Tagebücher aus dem Schützengraben, das Kriegsgeschehen unverstellt wiederzugeben und zugleich Gesetzmäßigkeiten des Krieges zu erfassen:

Noch wuchtet der Schatten des Ungeheuren über uns. Der gewaltigste der Kriege ist uns noch zu nahe, als daß wir ihn ganz überblicken, geschweige denn seinen Geist sichtbar auskristallisieren können. Eins hebt sich indes immer klarer aus der Flut der Erscheinungen: Die überragende Bedeutung der Materie. Der Krieg gipfelte in der Materialschlacht; Maschinen, Eisen und Sprengstoff waren seine Faktoren. Selbst der Mensch wurde als Material gewertet. Die Verbände wurden wieder und wieder an den Brennpunkten der Front zur Schlacke zerglüht, zurückgezogen und einem schematischen Gesundungsprozeß unterworfen. »Die Division ist reif für den Großkampf.«
Das Bild des Krieges war nüchtern, grau und rot seine Farben; das Schlachtfeld eine Wüste des Irrsinns, in der sich das Leben kümmerlich unter Tage fristete. Nachts wälzten sich müde Kolonnen auf zermahlenen Straßen dem brandigen Horizont entgegen. »Licht aus!« Ruinen und Kreuze säumten den Weg. Kein Lied erscholl, nur leise Kommandoworte und Flüche unterbrachen das Knirschen der Riemen, das Klappern von Gewehr und Schanzzeug. Verschwommene Schatten tauchten aus den Rändern zerstampfter Dörfer in endlose Laufgräben.
Nicht wie früher umrauschte Regimentsmusik ins Gefecht ziehende Kompagnien. Das wäre Hohn gewesen. Keine Fahnen schwammen wie einst im Pulverdampf über zerhackten Karrees, das Morgenrot leuchtete keinem fröhlichen Reitertage, nicht ritterlichem Fechten und Sterben. Selten umwand der Lorbeer die Stirn des Würdigen.

Im Zentrum des Buches steht nicht die heldische Bewährung einzelner, sondern die »Materialschlacht«: eine Entfesselung der Elemente, in der das Industriepotential der um die Weltherrschaft ringenden Nationen aufeinanderprallt. Die Front besitzt den »langsamen Takt eines Walzwerkes«; die Soldaten arbeiten als »Tagelöhner des Todes« an der gewaltigen Kriegsmaschine und leben unter Bedingungen, die gerade den Alltag in den Gräben zur Qual werden lassen:

Wenn die Feuchtigkeit erst die über den Kopf gezogene Zeltbahn, den Mantel und Uniform durchdrang und stundenlang am Körper herunterrieselte, geriet man in eine Stimmung, die selbst durch das Rauschen der heranwatenden Ablösung nicht erhellt werden konnte. Die Morgendämmerung beleuchtete erschöpfte, kreidebeschmierte Gestalten, die sich zähneklappernd mit bleichen Gesichtern auf das faule Stroh der tropfenden Unterstände warfen.

Der Stoßtrupp ist die einzige Möglichkeit, den öden Alltag des Stellungskrieges zu unterbrechen und sich individuell auszuzeichnen. Freiwillige Stoßtruppkämpfer, die ihren Führern bedingungslos bei gefährlichen Unternehmen durch das Niemandsland zwischen den mit Draht gesicherten Grabensystemen folgen, bilden die Elite des Krieges. Ihr fühlt Jünger sich zugehörig, wenn er seine Version neuen Menschentums beschreibt:

Draufgänger, unbekannte eherne Gesellen; ihr Horizont war der Trichter, ihre Stütze das Gefühl der Pflicht, der Ehre und des inneren Wertes. Selten ward ihnen die Erlösung, dem

Feinde in die Augen blicken zu können. Dann ragten sie empor zu brutaler Größe, geschmeidige Tiger der Gräben, Meister des Sprengstoffs. Dann wüteten ihre Urtriebe mit kompliziertesten Mitteln der Vernichtung.

Von der üblichen massenhaft verbreiteten Belletristik über den Ersten Weltkrieg, etwa den Werken EDWIN ERICH DWINGERS oder FRANZ SCHAUWECKERS, unterscheidet sich Jünger durch sein literarisches Ideal des »Kamerablicks«. Diese sachlich-nüchterne Sicht löst zwar die Wirklichkeit in Punkte auf, verzichtet aber auf Schönfärberei und entwickelt eine Leidenschaft für die Wiedergabe von Details, die die Realität des Krieges präziser trifft als viele pazifistische Darstellungen. JOHANNES R. BECHER, der wegen seiner antimilitaristischen Gedichtesammlung *Der Leichnam auf dem Thron* (1925) und seines Prosawerks *Levisite* (1926) in den Jahren 1925/26 vom Oberreichsanwalt der »Vorbereitung zum Hochverrat« beschuldigt wurde, kommentiert Jüngers schriftstellerische Leistung 1929 anerkennend:

»In Stahlgewittern« ist das unbarmherzigste, das brutalste und nackteste Kriegsbuch. Umso wertvoller für uns, als es von einem Offizier, einem Kriegsbejaher, geschrieben ist. Daran ändert nichts der »Nationalismus«, für den es zeugen soll, denn diese Gesinnung wirkt schemenhaft und aufgeklebt.

In seinen weiteren Kriegstagebüchern *Der Kampf als inneres Erlebnis* (1922), *Das Wäldchen 125* (1925) und *Feuer und Blut* (1925) verläßt Jünger die Konzentration auf den Ausschnitt zugunsten von Gedankengängen und Schlagworten, die nur scheinbar an die Kampfsituation anknüpfen, tatsächlich aber das Kriegserlebnis aus der Sicht der Nachkriegszeit im Sinne der »Konservativen Revolution« ausdeuten.
In Stahlgewittern erscheint, viermal verändert, in fast jährlichen Auflagen, 1983 unter dem Titel *Ein Kriegstagebuch* im 262. Tausend. 1933 lehnt Jünger den Beitritt zur »völkisch erneuerten« Preußischen Akademie der Künste ab und protestiert gegen den nichtautorisierten Nachdruck eines Kapitels aus *In Stahlgewittern* im »Völkischen Beobachter«. Er verläßt Berlin, siedelt aufs Land über und nimmt wenig begeistert am Zweiten Weltkrieg teil, zunächst als Kompaniechef, ab 1941 im Stab des deutschen Militärbefehlshabers in Paris.

Bertolt Brecht: Baal und Hauspostille

In eine brutal männliche Welt führt auch das Werk BERTOLT BRECHTS (1898–1956), der die Gesetze des Dschungels im Leben der Großstadt entdeckt und dem Kampf ums Dasein, der hier stattfindet, ein sportliches Interesse entgegenbringt. Erster Leitsatz seines Theaters, mit dem er *Trommeln in der Nacht* (Uraufführung 1922) dem Publikum vorstellt, ist die Aufforderung: »Glotzt nicht so romantisch.« Brecht will genau wissen, wer der Sieger ist, und wendet sich voller Empörung gegen die »Todfeinde des Sports«, die das Punktezählen beim Boxen einführen wollen. Sport sei keine Gesundheitskur.

Ein Boxer, der seinen Gegner nicht niederschlagen kann, hat ihn natürlich nicht besiegt. Sehen Sie sich zwei Männer an einer Straßenecke oder in einem Lokal einen Kampf liefern. Wie stellen Sie sich hierbei einen Punktsieg vor?

Soldaten und Holzfäller, Ladenbesitzer und agile Kleinunternehmer, Geldleute mit steifem Hut und Zuhälter bevölkern die Bühne und bekämpfen sich bis aufs Messer. Über die Motive des Kampfes soll sich der Zuschauer nicht den Kopf zerbrechen, sondern nur unparteiisch die Kampfformen der Gegner beurteilen, sich in den menschlichen Einsätzen beteiligen und vor allem sein Interesse auf das »Finish« lenken. Brecht haßt Sozialromantik ebenso wie den Kulturbetrieb, den er als mächtigen Apparat zur Verbreitung verlogener Gefühle und verblasener Gedanken ansieht. In Berlin arbeitet er mit EMIL HESSE-BURRI zusammen, einem jungen Stückeschreiber, der Trainingspartner der Boxidole der zwanziger Jahre, Hans Breitensträter und Franz Diener, ist; er sucht die Freundschaft des Boxmeisters Paul Samson-Körner und ist mit dem Radrennfahrer Hannes Küpper bekannt, für dessen Gedichte er sich einsetzt. Wenn Brecht im Oktober 1922 in einem Brief an den Theaterkritiker HERBERT IHERING, der ihn wenig später für den Kleist-Preis vorschlägt, bei den kurzen Angaben zu seinem Leben von sich sagt: »Während der Revolution war ich Mediziner im Lazarett«, reklamiert er auch für seine dramatische Arbeit medizinische Nüchternheit, die mit der Realität operativ umgeht. Brechts Gegenpol ist der »Typus des seiner Sendung bewußten, als Seher und Prophet umherschweifenden Dichters«, der während der Nachwehen des Expressionismus sehr verbreitet ist.

Bertolt Brecht (1928)

Baal, eine Szenenfolge aus dem Leben eines Lyrikers, ist Brechts erstes Drama; es liegt im Dezember 1920 im Umbruch vor und eröffnet die Reihe dramatischer Figuren, die Bertolt Brecht auch nach seinem Übergang zu marxistischen Positionen als Kontinuum betrachtet. Am 22. 5. 1944 trägt er in das *Arbeitsjournal* (1938–1955, veröffentlicht 1973) ein:

die prozession der figuren wird länger. BAAL, GARGA, SHLINK, MAE GARGA, EDUARD, GAVESTON, KÖNIGIN ANNA, GALY GAY, BEGBICK, JOAN DARK, MAULER, WLASSOWA, CALLAS, IBERIN, JUDITH CALLAS, GALILEI, SHEN TE, SUN, DER WASSERVERKÄUFER, MUTTER COURAGE, DIE STUMME KATRIN, PUNTILA, MATTI, UI, MALFI, DER HERZOG, SIMONE, GRUSCHE, DER AZDAK.

Baal ist in der Tat der Felder »abgrasende, schmatzende« Halbgott, den »Der Choral vom großen Baal« ankündigt. Kaum vom Teller aufblickend und nach Wein verlangend, stößt er den reichen Verleger und dessen wohlwollenden Kritiker vor den Kopf, begeistert sich für die Oberarme der Gattin dieses Mäzens und liefert sie in der Kneipe bereitwillig dem Hohngelächter der Fuhrleute aus, denen Baal bereitwillig seine Lieder singt. »*Orges Gesang*«, das einzige Gedicht, das Baal im Stück auf der Bühne vorträgt, erklärt den Abort zum Lieblingsplatz, weil man dort allein und frei von Verpflichtungen gegenüber der Familie und der Kirche sei und auch vor den Frauen Ruhe habe. Die »Sterne« am Himmel und der »Mist« unten schließen sich nicht aus. Der Genießende fühlt sich einbezogen und kommt zugleich zu einer realistischen Selbsterkenntnis:

Und doch erkennst du dorten, was du bist:
Ein Bursche, der auf dem Aborte – frißt!

In erbarmungslosen Lektionen demonstriert Baal sexuelle Aufklärung und dichtet, nachdem er die jungfräuliche Geliebte eines Verehrers durch seine Roheit post coitum in den Tod getrieben hat, *»Die Ballade vom ertrunkenen Mädchen«*.
Mit seinem Jugendfreund Ekart, einem Komponisten, der ebenso trunksüchtig ist wie Baal, zieht er über Land. Das ist der einzige Mensch, den Baal liebt; er quält ihn durch rasende Eifersucht und ersticht ihn mit einem Messer, als Ekart in einem Wirtshaus mit der Kellnerin anbandelt. Baal flieht und stellt bei der Nachricht vom Tod seines Freundes befreit fest: »Jetzt wird es interessant.« Nach achtjährigem Vagabundieren ist Baal mit seinen Kräften am Ende und legt sich in einer zugigen Bretterhütte, die Holzfällern als Schutz gegen Regen dient, in Erwartung des Todes nieder; aber noch im Sterben »kriecht er auf allen Vieren« hinaus.
Der elefantenstarke Baal ist ein von Brecht positiv gesehener Held, der dort, wo er Mangel spürt, ohne Rücksicht auf unliebsame Folgen Abhilfe schafft. Er bricht seinen umjubelten Auftritt im Nachtcafé ab und verschwindet durch das Toilettenfenster, weil er vom Besitzer nicht genug Schnaps erhält. Seine Geliebte Sophie, die einzige Frau, für die er arbeitet, schickt er fort, weil er ihre Schwangerschaft nicht erträgt. So undenkbar es für Baal ist, sein Talent vom Bürgertum »aussaugen« zu lassen, so wenig paktiert er mit dem Elend. Um unter die Leute zu gehen, betritt er mit zwei Flaschen Champagner nachts eine Spitalschenke, verläßt das Nachtasyl aber bald, weil die Hoffnungslosigkeit und die Verwesung, die der Champagnergenuß nur zum Blühen bringt, ihn anwidern und das Bedürfnis erwecken, sich im Fluß zu waschen.
Baal ist als Gegenentwurf zu HANNS JOHSTS (1890–1978) Grabbe-Drama *Der Einsame. Ein Menschenuntergang* konzipiert, dessen Uraufführung Brecht 1918 in den Münchner Kammerspielen miterlebte. Während Johst die Einsamkeit und Verkanntheit als Verhängnis auffaßt, das den Dichter zur Flucht in den Alkohol treibt, geht Brecht von der asozialen Sinnlichkeit des Helden aus; sie ist seine Produktivkraft, die ihn nirgendwo haltmachen läßt und seine Existenz steigert. »Baal frißt! Ball tanzt!! Baal verklärt sich!!!«, will Brecht sein Stück im Mai 1918 nennen.
Eine Besonderheit des Stücks, worin es sich von Brechts späteren Werken deutlich unterscheidet, ist die tragende Rolle der Landschaft, die als Pendant zur Hauptfigur eingesetzt wird. Durch kurze Szenenüberschriften und Regieanweisungen wie »Grünes Laubdickicht. Fluß dahinter«, »Junge Haselsträucher. Lange rote Ruten, die niederhängen. Darinnen sitzt Baal. Mittag« oder »Ahorn im Wind. Bewölkter Himmel«, »Baal und Ekart, in Wurzeln sitzend« setzt Brecht die Landschaft als Rahmenbedingung, die der Szene ihr Kolorit verleiht.
Die Umkehrung im Verspaar der zweiten Strophe des »Chorals vom Großen Baal«: »Nachts er violett und trunken Baal / Baal früh fromm, er aprikosenfahl« bezeichnet das Wechselverhältnis, das Brecht zwischen dem Himmel und den Veränderungen in Baals Situation und Verhalten herstellt.
Die Schlußszene »Frühe im Wald«, die auf Baals Tod folgt, ist charakteristisch

für Brechts Kunst der indirekten Darstellung: In der rohen Unterhaltung der Holzfäller lebt Baal fort und kündigt im Horchen auf den Regen das Herannahen der Katastrophe an, der gegenüber selbst diese gewalttätigen Männer hilflos sein werden:

Holzfäller

EINER Gib mir den Schnaps! Horch du auf die Vöglein!
ANDERER Es gibt einen heißen Tag.
EIN DRITTER Es steht noch ein ganzer Haufen Stämme, die abends liegen müssen.
EIN VIERTER Jetzt wird der Mann wohl schon kalt sein?
DRITTER Ja. Ja. Jetzt ist er schon kalt.
ZWEITER Ja. Ja.
DRITTER Wir könnten jetzt die Eier haben, wenn er sie uns nicht gefressen hätte. Es heißt was: auf dem Totenbett Eier stehlen! Zuerst hat er mich gejammert, aber das ist mir in die Nase gestiegen. Den Schnaps hat er Gott sei Dank die drei Tage lang nicht gerochen. Rücksichtslosigkeit: Eier in einem Leichnam!
ERSTER Er hatte eine Art, sich hinzulegen in den Dreck; dann stand er ja nimmer auf, und das wußte er. Er legte sich wie in ein gemachtes Bett. Sorgfältig! Kannte ihn einer? Wie heißt er? Was hat er getrieben?
VIERTER Wir müssen ihn so begraben. Jetzt gib mir den Schnaps!
DRITTER Ich frage ihn, wie er schon röchelt in der Gurgel hinten: An was denkst du? Ich will immer wissen, was man da denkt. Da sagt er: Ich horche noch auf den Regen. Mir lief eine Gänsehaut über den Buckel. Ich horche noch auf den Regen, sagte er.

Sein Kampf gegen das »kulinarische Theater« und die konsequente Suche nach zeitgemäßen Formen läßt Brecht in den zwanziger Jahren zu einem beachteten Anreger für viele Theaterleute werden; doch die Aufführungen seiner Stücke bleiben trotz der Besetzung mit hervorragenden Schauspielern nur interessante Randerscheinungen. Erst *Die Dreigroschenoper* (1928), die eher zufällig in Zusammenarbeit mit dem Komponisten Kurt Weill zustande kommt, erreicht ein breites Publikum, und Brechts krächzender Vortrag des Mackie-Messer-Songs wird zum Schlager im Berliner Rundfunk.

»Die Dreigroschenoper« (Uraufführung Berlin 1928)

Die *Hauspostille*, ein kleines Buch, in dem Brecht Gedichte aus den Jahren 1918 bis 1927 in fünf »Lektionen«, geordnet nach »Bittgesängen«, »Exerzitien«, »Chroniken«, »Psalmen und Mahagonnygesängen« sowie »Kleinen Tagzeiten der Abgestorbenen« sammelt, bildet einen eigenen Komplex. Für diese Gedichte, die miteinander korrespondieren, sind Anklänge an die LUTHER-Bibel, RIMBAUD, KIPLING und die VILLON-Übersetzung von KARL LUDWIG AMMER charakteristisch. Sie parodieren christliche Lehrsätze und Auffassungen, erschöpfen sich aber nicht in der Parodie, sondern leiten zum Praktizieren einer Religion des Diesseits an. Man könnte sie Baals lyrisches Vermächtnis nennen. Das wichtigste Gedicht ist das »Schlußkapitel«; es empfiehlt sich, sagt Brecht in seiner »Anleitung zum Gebrauch der einzelnen Lektionen«, jede Lektüre in der *Hauspostille* mit ihm zu beschließen:

Gegen Verführung

1
Laßt euch nicht verführen!
Es gibt keine Wiederkehr.
Der Tag steht in den Türen;
Ihr könnt schon Nachtwind spüren:
Es kommt kein Morgen mehr.

2
Laßt euch nicht betrügen!
Das Leben wenig ist.
Schlürft es in schnellen Zügen!
Es wird euch nicht genügen
Wenn ihr es lassen müßt!

3
Laßt euch nicht vertrösten!
Ihr habt nicht zu viel Zeit!
Laßt Moder den Erlösten!
Das Leben ist am größten:
Es steht nicht mehr bereit.

4
Laßt euch nicht verführen
Zu Fron und Ausgezehr!
Was kann euch Angst noch rühren?
Ihr sterbt mit allen Tieren
Und es kommt nichts nachher.

Ernst Toller und das Theater der zwanziger Jahre

Auf dem Theater kommt es Anfang der zwanziger Jahre zu einer späten Blütezeit des expressionistischen Dramas. Die Zensur ist aufgehoben, die ehemaligen Hofbühnen, jetzt Stadt- oder Staatstheater, spielen nicht nur die bisher unterdrückten Stücke FRANK WEDEKINDS, GEORG KAISERS und CARL STERNHEIMS, sondern reißen sich auch um neue, noch unbekannte Dramatiker. »Austausch der Rollen: nicht mehr rennt der fertige Autor die Theaterkanzleien ein, sondern dem Embryo werden die schönsten Stätten für seine Rampenniederkunft zur gefällen Auswahl angeboten«, spottet SIEGFRIED JACOBSOHN in der *Weltbühne.* So unterschiedliche Temperamente und Talente wie WALTER HASENCLEVER (1890–1940) und ARNOLT BRONNEN (1895–1959), ERNST BARLACH (1870–1938) und HANS-HENNY JAHNN (1894–1959) haben in diesen Jahren ihr Bühnendebüt. Gemeinsam ist ihnen der expressionistische Gestus in Sprache und Szenarien; verbindende Themen sind Krieg, Revolution, die Einsamkeit des Menschen, die Auflehnung der Söhne gegen die Generation der Väter. Eine

Wachablösung findet auch in den Theatern selbst statt. Max Reinhardt ist nicht mehr der unangefochtene Theaterpapst, dessen kulinarisches Theater Maßstäbe gesetzt hatte. Mit Leopold Jeßner, Karl Heinz Martin und Erwin Piscator als Regisseuren, Fritz Kortner, Gerda Müller, Agnes Straub und Ernst Deutsch als Schauspielern tritt eine junge Theateravantgarde auf, die mit »fegender Exaltation« (Kortner) den Weg frei macht für einen zeitnahen, rabiat modernen, schon bald auf das expressionistische Drama nicht mehr angewiesenen Bühnenstil.
In dieser tumulutarischen Umbruchssituation ist BERTOLT BRECHT mit seinen frühen Dramen nur eine Stimme unter vielen. Der wichtigste Dramatiker im ersten Jahrzehnt der Republik ist ERNST TOLLER (1893–1939) – darin sind sich sogar die in ewiger Fehde liegenden Kritiker ALFRED KERR und HERBERT IHERING einig. Und Toller ist nicht nur Bühnenautor, sondern auch Identifikationsfigur; in seinen Stücken spiegelt sich ein exemplarischer Lebenslauf. Wie die meisten aus der Generation der expressionistischen Künstler und Schriftsteller ist er 1914 patriotisch begeistert in den Krieg gezogen und mit einem schweren Schock, zutiefst desillusioniert aus ihm zurückgekehrt. Toller beteiligt sich aktiv an der Münchner Räterepublik und wird nach deren Niederschlagung wegen Hochverrats fünf Jahre lang eingekerkert. Seine dramatischen Hauptwerke entstehen in der Militärhaft und im Festungsgefängnis Niederschönenfeld: *Die Wandlung* (1918), *Masse Mensch* (1920), *Die Maschinenstürmer* (1922) und *Der deutsche Hinkemann* (1923). In diesen Dramen löst Toller sich allmählich von den Schemata und dem Pathos einer allgemeinen Menschheitsbefreiung und wird Realist; er vollzieht, konsequent wie kein anderer zeitgenössischer Dramatiker, den Übergang vom expressionistischen Traumspiel zum politischen Zeitstück, eine Entwicklung, die in der *Hinkemann*-Tragödie gipfelt.
Das Drama führt das Leiden eines verkrüppelten Kriegsheimkehrers, ein Schicksal im Nachkriegsdeutschland vor, das durch keine Veränderung der Gesellschaftsordnung beseitigt werden kann. Der Held, ein Riese von Gestalt, hat im Krieg ein Bein und mit ihm seine Manneskraft verloren. Als durch und durch friedlicher Mensch erniedrigt er sich dazu, um für sich und seine Frau Geld zu verdienen, auf dem Jahrmarkt aufzutreten, wo ihn der Schaubudenbesitzer als Attraktion anpreist:

Homunkulus, deutscher Bärenmensch! Frißt Ratten und Mäuse bei lebendigem Leibe vor Augen des verehrten Publikums! *Der* deutsche Held! *Die* deutsche Kultur! *Die* deutsche Männerfaust! *Die* deutsche Kraft! *Der* Liebling der eleganten Damenwelt! Zermalmt Steine zu Brei! Schlägt mit bloßer Hand Nägel durch stärkste Schädelwände! Erwürgt mit zwei Fingern zweiunddreißig Menschen! Wer ihn sieht, muß fliehen! Und wer flieht, muß sterben von seiner Hand! Den müssen Sie gesehen haben, wenn Sie Europa gesehen haben wollen!

Durch sein Leiden sehend geworden, überprüft Hinkemann seine Vergangenheit und agiert stellvertretend für ein Proletariat, das, ohne sich zu wehren, in den Krieg zog und sich in den neuen Verhältnissen, wo überall Heilslehren und Sensationen angeboten werden, nicht zurechtfindet:

Ich bin lächerlich geworden durch eigene Schuld. Als ich mich hätte wehren sollen, damals,

als die Mine entzündet wurde von den großen Verbrechern an der Welt, die Staatsmänner und Generale genannt werden, habe ich es nicht getan. Ich bin lächerlich wie diese Zeit, so traurig lächerlich wie diese Zeit. Diese Zeit hat keine Seele. Ich hab kein Geschlecht. Ist da ein Unterschied?

Bei der Uraufführung des Stücks (Leipzig 1923) kommt es zu schweren, von Rechtsradikalen provozierten Krawallen. Anläßlich der Berliner Erstaufführung, für die ähnliche Störungen angekündigt sind, muß das preußische Innenministerium anordnen: »Die Aufführung des ›*Hinkemann*‹ ist eine Sache der Republik. Das Stück ist ohne Striche genehmigt.« Zu den Höhepunkten des Berliner Theaters in den zwanziger Jahren gehört die Aufführung von TOLLERS *Hoppla, wir leben!* in der aufsehenerregenden Inszenierung Erwin Piscators (Theater am Nollendorfplatz, 1927). Den Titel der Tragödie entlehnt Toller einem Chanson WALTER MEHRINGS. Den Inhalt faßt Piscator so zusammen:

Karl Thomas, ein Nachkriegs-Revolutionär, wird nach dem Niederschlagen der Revolution zum Tode verurteilt. Kurz vor der Hinrichtung wird er 1919 – zusammen mit seinem ebenfalls zum Tode verurteilten Freund Kilmann – begnadigt. Karl Thomas verliert den Verstand, verschwindet auf acht Jahre im Irrenhaus und kehrt, anno 1927, in eine völlig veränderte Welt zurück. Sein Freund Kilmann hat sich mit dem neuen Staat arrangiert und ist Minister geworden; seine ehemalige Freundin hat sich zur politischen Agitatorin gemausert. Sie nimmt den Heimgekehrten für eine Weile auf, hält ihn aus, wirft ihn dann aber doch auf die Straße. Karl Thomas wird Kellner. In seiner Verzweiflung faßt er den Plan, den zum Reaktionär gewordenen Kilmann zu erschießen. Ein rechtsradikaler Student kommt ihm zuvor, doch wird Karl Thomas verdächtigt und verhaftet und in das Irrenhaus zurückgebracht; er erhängt sich in dem Augenblick, da sich seine Unschuld herausstellt. (ERWIN PISCATOR: *Das politische Theater*, 1929).

Die Inszenierung, realisiert auf einem mehrgeschossigen beweglichen Bühnengerüst mit eingeblendeten Filmaufnahmen und raffinierten Lichteffekten, war für Toller noch einmal ein großer Bühnenerfolg, zeigte aber auch die Grenze zwischen seiner Dramatik und der »revolutionären Sachlichkeit« Piscators. Der Regisseur veränderte gegen den Willen des Autors die Selbstmordszene am Schluß, weil sie zwar zu der Figur des Anti-Helden Karl Thomas, nicht aber in das politisch aufrüttelnde Konzept Piscators paßte.

Der Weg, den Toller eingeschlagen hatte, indem er mit *Hinkemann* und *Hoppla, wir leben!* die expressionistische Rhetorik seiner früheren Werke hinter sich ließ und das Zeittypische aus dem Individuellen entwickelte, wurde vorerst nicht weiter beschritten. Die Struktur der Klassengesellschaft bloßzulegen, die Bühne zum Ort nicht nur der Agitation, sondern auch der materialistischen Dialektik zu machen und den als bürgerlich verdächtigen Subjektivismus in die Schranken zu weisen kennzeichnet das politische Theater der späten zwanziger Jahre. Zu nennen sind Autoren wie FRIEDRICH WOLF (1888–1953) mit seinen Stücken *Zyankali – § 218* (1929), *Die Matrosen von Cattaro* (1930) und *Tai Yang erwacht* (1931), aber auch BRECHT, der sich in diesen Jahren experimentierend auf das Verfassen von Lehrstücken konzentriert. Der Individualist und »unklare« Sozialist Ernst Toller schließt sich dieser Richtung nicht an. Rechenschaft über sein

Leben und seine politischen Auffassungen gibt er in der bis zum Ende seiner Festungszeit reichenden Autobiographie *Eine Jugend in Deutschland* (1933 in Amsterdam veröffentlicht). Als Jude und politischer Linker zur Emigration gezwungen, nimmt er sich, ein Dramatiker ohne Bühne, 1939 in einem New Yorker Hotelzimmer das Leben.

REPUBLIKANISCHE URBANITÄT

Über mangelnde Publikationsmöglichkeiten können sich die Schriftsteller der zwanziger Jahre nicht beklagen: Es gibt eine Fülle neuer Verlage, Zeitschriften schießen wie Pilze aus dem Boden. Für die kritische bürgerliche Intelligenz, der sich TUCHOLSKY, MEHRING, FEUCHTWANGER und KÄSTNER ohne schlechtes Gewissen zurechnen, bietet *Die Weltbühne, Wochenschrift für Politik, Kunst und Wirtschaft*, 1905 als Theaterzeitschrift unter dem Titel *»Die Schaubühne«* von SIEGFRIED JACOBSOHN (1881–1926) gegründet, ein publizistisches Forum, das sich durch literarisches Niveau ebenso auszeichnet wie durch Kontinuität des Erscheinens. Für kritische Autoren, die ihre Stimme über Parteigrenzen hinweg erheben wollen und auch keine Neigung haben, sich in der Massenproduktion der gut zahlenden Häuser Ullstein, Mosse und Scherl zu verlieren, ist *»Die Weltbühne«* ein angemessener Ort; literarische Veröffentlichungen finden hier zwischen politischen Kommentaren, Enthüllungen über wirtschaftliche Verflechtungen der Parteien und die heimliche Aufrüstung der Reichswehr, Buchbesprechungen und Theaterkritiken ihren Platz.
In der *»Weltbühne«* wird nicht zur Revolution aufgerufen; sie sieht ihre Aufgabe in der Auseinandersetzung mit dem politischen Alltag, sie tritt, besonders in den Anfangsjahren der Weimarer Republik, für die Realisierung republikanischer Verhältnisse ein. Bis 1933 verfolgt sie klarsichtig den Aushöhlungsprozeß der parlamentarischen Demokratie, die als unpopuläre Institution dem Bündnis der Industriellen und Großagrarier, gestützt auf die Reichswehr und große Teile des Justiz- und Polizeiapparats, nichts entgegenzusetzen hat. Neben CARL VON OSSIETZKY (1889–1938) sind der aus dem konservativen Lager stammende HELMUT VON GERLACH (1866–1935), BERTHOLD JACOB (1898–1944) und der Strafverteidiger RUDOLF OLDEN (1885–1940) die herausragenden politischen Publizisten. Die Schriftsteller, die an der *»Weltbühne«* mitarbeiten, verbindet eine handwerkliche Auffassung von Literatur: Sie wollen durch Satire entlarven und aufklären; ihre Arbeit sehen sie als Teil eines notwendigen Desillusionierungsprozesses, der das öffentliche Leben von Hurra-Patriotismus reinigt und den privaten Haushalt der Gefühle entschlackt. Typisch für ihre Gedichte ist ein salopper Kabarett-Ton, wie ihn KURT TUCHOLSKYS (1890–1935) *Ideal und Wirklichkeit* anschlägt, das er 1929 in der *»Weltbühne«* veröffentlicht:

> In stiller Nacht und monogamen Betten
> denkst du dir aus, was dir am Leben fehlt.

Die Nerven knistern. Wenn wir das doch hätten,
was uns, weil es nicht da ist, leise quält.
Du präparierst dir im Gedankengange
das, was du willst – und nachher kriegst dus nie ...
Man möchte immer eine große Lange,
Und dann bekommt man eine kleine Dicke –
C'est la vie –!

Sie muß sich wie in einem Kugellager
in ihren Hüften biegen, groß und blond.
Ein Pfund zu wenig – und sie wäre mager,
wer je in diesen Haaren sich gesonnt ...
Nachher erliegst du dem verfluchten Hange,
der Eile und der Phantasie.
Man möchte immer eine große Lange,
und dann bekommt man eine kleine Dicke –
Ssälawih –!

Man möchte eine helle Pfeife kaufen
und kauft die dunkle – andere sind nicht da.
Man möchte jeden Morgen dauerlaufen
und tut es nicht. Beinah ... beinah ...
Wer dachte unter kaiserlichem Zwange
an eine Republik ... und nun ists die!
Man möchte immer eine große Lange,
und dann bekommt man eine kleine Dicke –
Ssälawih –!

Das französische Chanson und der amerikanische Schlager sind wichtige Vorbilder für eine literarische Artistik der »Zerstreuung«. Besonders diese Übernahmen aus der Kultur der Sieger des Ersten Weltkriegs löste in »nationalen Kreisen« den Vorwurf der »Asphaltliteratur« und »Niggerkunst« aus.
Dem barzahlenden Kunden, den man nicht als Individuum, sondern als Teil einer Menge ansieht, messen diese Autoren große Bedeutung bei; er soll keine nutzlose oder schlechte Ware erhalten, sondern eine Gebrauchsliteratur, die einem gesunden Menschenverstand Unterhaltungswert bietet. Das prodesse und delectare des HORAZ und der Aufklärung des 18. Jahrhunderts erneuert sich vor dem Hintergrund einer Freizeitkultur, die durch eine oft witzige, werbewirksame Gestaltung der Buchumschläge eine bedenkenlose Hinwendung zum Konsumgütermarkt signalisiert. In dem Bekenntnis zur »Gebrauchslyrik«, mit dem ERICH KÄSTNER der lyrischen Tradition nach HEINRICH HEINE eine provozierende Absage erteilt, kulminiert der pragmatische Anspruch der *»Weltbühne«*-Autoren und ihres literarischen Umkreises. Ihre Werke wollen nicht mehr sein als erfaßte Realität, allenfalls unterhaltsames Protokoll der Dinge aus der Sicht eines Autors, der sich um Erklärung bemüht und den Leser als beurteilende Instanz einbezieht.

Kurt Tucholsky

Vor allem durch seine Sommergeschichte *Schloß Gripsholm* (1931) ist KURT TUCHOLSKY heute noch bekannt; auch sie wird in der »*Weltbühne*« abgedruckt und eröffnet 1946 in einer Auflage von 100 000 Exemplaren die rororo-Zeitungsdrucke. Sie schildert Ferien von der Großstadt Berlin, eine transitorische Zweisamkeit ohne Sentimentalitäten; die Bereitschaft zu spielerischem Unsinn und Jux überwiegt und läßt den Alltag zurücktreten. Das Paar hat die »Proppleme« für fünf Wochen »in der Gepäckaufbewahrungsstelle abgegeben« und genießt ein »kurzes Glück«: »es ist wohl kein anderes denkbar, hiernieden.« Der Reiz dieser Geschichte beruht auf der beiderseitigen Liebe aus der Distanz, die ohne Dämonisierung des Geschlechterverhältnisses von der Fremdheit zwischen Mann und Frau ausgeht und in fröhlicher Infantilität eine Brücke findet.
Tucholsky ist jedoch kein Romancier, er schreibt vor allem für die Presse, in steter Auseinandersetzung mit den Zeitereignissen. Zwischen 1907 und 1932 erscheinen fast 2500 Kritiken, Feuilletons, satirische Skizzen, Polemiken und Pamphlete, Porträts, Gedichte und Chansons. Er benutzt außer seinem Namen vier Pseudonyme, die die verschiedenen Rollen seines Metiers charakterisieren: IGNAZ WROBEL ist der stachelige Satiriker, PETER PANTER der Theaterkritiker, literarische Rezensent und Reiseschriftsteller, THEOBALD TIGER der Versemacher, KASPAR HAUSER sieht eine Welt, die er nicht versteht. Schon 1924 verläßt Tucholsky aus Widerwillen Deutschland. Er lebt mit elfmonatiger Unterbrechung, in der er nach Jacobsohns Tod die »*Weltbühne*« als Herausgeber leitet, in Paris und siedelt 1929 nach Schweden über. Im Januar 1919 veröffentlicht er in der »*Weltbühne*« *Berliner Kämpfe*, ein Gedicht, das im Ton eines Bänkelsangs die November-Revolution als lärmende Fassadenerneuerung schildert:

> Revolution? Aber kein Gedanke!
> Es brodelt im Hexenkessel der Panke,
> es hupen die Autos, es knattern die Flinten,
> Demonstrationen vorne und hinten –
> Tun sie auch so wie die Menschenfresser:
> die Panke war stets ein stilles Gewässer.
>
> Jahrelang – bängliches Zögern und Drehen.
> Jahrelang – wir werden ja sehen!
> Jahrelang – Krupp und Tirpitz sollen leben!
> Jahrelang – rin in die Schützengräben!
> Jahrelang – Reklamiertenschiß.
> Kompromiß . . . und Kompromiß . . .
> Jahrelang – Ausverkäufe an Sieg . . .
> Sozialisierung? Krieg ist Krieg.
>
> Und nun ist auf einmal Friede auf Erden.
> Und nun soll das alles anders werden.
> Wir hassen den bauchigen Kassenschrein.
> Wir wollen alle glücklich sein!

Man kann sich über das Tempo zanken.
Nicht so bei uns an der blauen Panken. (. . .)

Schon im März 1919 schließt Tucholsky die Akten der deutschen Revolution mit dem *Lied vom Kompromiß*:

Manche tanzen manchmal wohl ein Tänzchen
immer um den heißen Brei herum,
kleine Schweine mit dem Ringelschwänzchen,
Bullen mit erschrecklichem Gebrumm.
Freundlich schaun die Schwarzen und die Roten,
die sich früher feindlich oft bedrohten.
Jeder wartet, wer zuerst es wagt,
bis der eine zu dem andern sagt:

(volles Orchester)
Schließen wir nen kleinen Kompromiß!
Davon hat man keine Kümmernis.
Einerseits – und andererseits –
so ein Ding hat manchen Reiz . . .
Sein Erfolg in Deutschland ist gewiß:
Schließen wir nen kleinen Kompromiß!

Seit November klingt nun das Gavottchen.
Früher tanzte man die Carmagnole.
Doch Germania, das Erzkokottchen,
wünscht, daß diesen Tanz der Teufel hol.
Rechts wird ganz wie früher lang gefackelt,
links kommt Papa Ebert angewackelt.
Wasch den Pelz, doch mache mich nicht naß!
Und man sagt: »Du, Ebert, weißt du was:
Schließen wir nen kleinen Kompromiß!
Davon hat man keine Kümmernis.
Einerseits – und andererseits –
so ein Ding hat manchen Reiz . . .
Sein Erfolg in Deutschland ist gewiß:
Schließen wir nen kleinen Kompromiß!«

Hoffnungen und Ängste einer Schicht von rührigen Geschäftsleuten, die mit der Weimarer Republik zu einer kurzen Blüte gelangt, läßt Tucholsky in der Figur des jüdischen Geschäftsmannes Wendriner in Erscheinung treten. In unruhigen inneren Monologen, die ihn anpassungsbereit und liberal zeigen, wird deutlich, wie schwer es ihm fällt, den gesellschaftlichen Aufstieg zu genießen. Herr Wendriner versucht, sich die neue Körperkultur anzueignen und über dem Gang der Geschäfte Literatur und Kunst nicht zu kurz kommen zu lassen; politisch gelten seine Hoffnungen dem Wirken Gustav Stresemanns, aber trotz seiner quirligen Lebendigkeit wird er den Gedanken an den Tod nicht los.

Ein Pyrenäenbuch (1927) stattet Frankreich für die glückliche Zeit des Aufenthalts in Paris einen Dank ab, wie es ihn seit BÖRNES *Briefen aus Paris* (1832–34) und den *Französischen Zuständen* (1833) von HEINE nicht mehr gegeben hat. Aber auch im Ausland, seit 1929 in Schweden in der Nähe von Göteborg, kann sich Tucholsky nicht von den deutschen Verhältnissen lösen. Nach dem Machtantritt der Nationalsozialisten verfällt er in Schweigen und nimmt sich, auch von schwerer Krankheit gezeichnet, im Dezember 1935 das Leben.

Walter Mehring

Wie Tucholsky ist auch WALTER MEHRING (1896–1981) in Berlin geboren und gehört damit zu den wenigen Autoren, die sich als Berliner in der Literaturgeschichte einen Namen machen. Er wächst als Sohn eines sozialdemokratischen Publizisten und einer Sängerin in der Boheme auf und verkehrt schon als Fünfzehnjähriger im Kreis um HERWARTH WALDEN. Seine literarische Tätigkeit ist durch das Kabarett bestimmt. Anders als bei aus der Provinz kommenden jungen Leuten, die die Großstadt zumindest für eine Weile überwältigt, bleibt Mehring von der Motorik und dem Glanz der Hauptstraßen unbeeindruckt, er interessiert sich für abgelegenere, zwielichtige Viertel.

Er beherrscht alle Berliner Dialekte: den des Luden, der Hure, des Schiebers, des zivilisierten Konfektionärs, des Droschkenkutschers und am meisten den Dialekt der Zeitungsleser, den die gar nicht als Dialekt spüren und von dem sie glauben, das eben sei ihr geliebtes Deutsch

schreibt TUCHOLSKY 1920 anerkennend, nicht ganz neidlos, in der »*Weltbühne*«.

Zusammen mit RICHARD HUELSENBECK und GEORGE GROSZ ist er Gründer der Berliner Dada-Sektion, die sich durch politische Aktionen von der Züricher Gruppe unterscheidet. Vergleichbar mit den Zeichnungen von Grosz geht bei Mehring der Dadaismus, der spielerische, verworren wirkende Umgang mit dem Umsturz, in die Sachlichkeit über. Visionen von surrealer Klarheit verbinden sich mit Echtheit des Milieus und der Atmosphäre. Ein Beispiel ist die »Arie« des Ägisth aus der Parodie *Einfach klassisch! Eine Orestie mit glücklichem Ausgang*, die 1919 in Max Reinhardts Kabarett »Schall und Rauch« aufgeführt wird und zugleich als Buch erscheint. Es ist eine Kabarettnummer, deren Ulk auf eine bestimmte Situation gemünzt ist und sich als Vexierbild der Epoche erweist.

Ägisth erscheint als bemühter Friedrich Ebert, der neue Reichspräsident. Sein Arrangement mit dem Klytämnestra, der rechtmäßigen Gattin Agamemnons, überfordert ihn ebenso wie den biederen Sozialdemokraten die Übernahme der Staatsmacht. Durch sportliches Training und gesunde Ernährung versucht er, der Probleme Herr zu werden und der Kritik standzuhalten, die ihn von allen Seiten umbrandet. Die bequeme Heldenpose gehört der Vergangenheit an, eine nüchterne Gegenwart verlangt mühevollen Kampf um Kondition und Fitness.

Schon im März 1921 veröffentlicht Mehring in der »*Weltbühne*« das Gedicht *Tempo Synkopen*, das in seiner hektischen Atmosphäre die wirtschaftliche Blüte der Weimarer Republik unter der Dollarsonne zwischen 1924 und August 1929 vorwegnimmt:

1.
Sie kommen
    von weit her übers Meer
    The Jazzband – the Jazzband
und blasen wie das Wilde Heer
und rasen wie ein Wildenheer
    von New Orleans bis Westend.
    Es hüpfen wie das kangoroo
der Frackmensch und der Nackte –
– Der Buffalo – das Steppengnu
stampeden nach dem Takte:
    I want to be
    I want to be
    I want to be home in Dixie
    and cowboys rings
    bei scharfen drinks!
Gieß ein, sweetheart, und mix sie!
Und bist du, wo die Dollars spring'n
Und finstre Nigger keifen,
dann hörst du die Skylight-Angels singen
– was die Spatzen vom Dache pfeifen –.

2.
Sie spielen im Hottentottenkral
– Sahara – oh Sahara! –
Sie spielen in einem Nachtlokal
am brausenden Niagara –
Es tanzt ein steifer Pelikan
am Turm zur blauen Pagode –
Es klingeln die Glocken aus Porzellan
– und Lamas singen zu Tode:
    I want to be ...

Mehring hat das Gedicht für den Schauspieler Paul Graetz geschrieben; der rezitierte es beim Stepdance, dessen Stakkato den Jazzrhythmus dieser Verse begleitet. Die farbige Jazzband aus New Orleans grast den Erdball bis nach China und Nepal ab. Ihre Musik ist der Vorbote einer vom Dollar bestimmten internationalen Weltkultur, deren Tempo und Rhythmus sich alle Kulturen anzugleichen versuchen. Es sind gehetzte Eroberer, die sich nach ihrer Heimat in Dixieland sehnen. Das Gedicht entfesselt einen Tanz im Riesenpanoptikum; seine zupackende Wildheit verwandelt Menschen in Tiere, läßt Tiere als Menschen erscheinen und ordnet sich auch das jenseitige Läuten der Porzellanglocken tibetanischer Tempel unter. Die Endlosigkeit dieser hektischen Bewegungen und die Monotonie der Synkopen verbreiten zugleich Erschrecken.

Für die damalige Zeit sehr kühn ist *Matrosen-Strich*, den der Argotausdruck »Talonmarine« als Refrain unterschiedlich akzentuiert. Durch den als Volksbewegung organisierten »Deutschen Flottenverein« war die Marine seit Ende der neunziger Jahre Inbegriff der deutschen Zukunft »auf dem Wasser«, der patriotischen Konkurrenz mit England als dem Haupt eines weltumspannenden Empire. In den zwanziger Jahren geht das Interesse am Fortbestand einer Flotte zwar merklich zurück, aber eine männlich-herbe Seefahrerromantik hat weiterhin Bestand, die Mehring hier der Lächerlichkeit preisgibt.

Die »Blauen Jungs« vom Häusermeer
Ziehn in Geschwadern gleich zu vieren
Wenn sie am »Strich« die kreuz und quer
Mit Schwesternschiffen manövrieren!
Mit Old-Genever und mit Bols
Befrachten sie die Lustmaschine!
Dann torkeln sie und nenn'n sich stolz:
Talonmarine!

Sie blähn sich wie 'ne Lustjacht, die
Zum »Raubzug« ihre Anker lichtet,
Und peilen südsüdwest, bis sie
Ein alter Schoner achtern sichtet!
Wenn er in ihren Hafen rollt,
Dann hissen sie Verführermine,
Daß er die richtge Prise zollt!
Talonmarine!
(...)

Erwachen sie am nächsten Tag
Im Riff von Polizeirevieren
Kann keine Schmierkur mehr ihr Wrack
Von Sündflutschäden reparieren.
Und läßt die einer »hochgeh'n« mal
Auf ihrer Paragraphenmine,
Dien'n sie im Zet ihr Jahr bei der
Talonmarine!

In einem Jahrzehnt der Verherrlichung des Boxkampfes, des Tempos und der Technik, als deren weiblicher Gegenpol in der Literatur und Kunst der Zeit häufig die Prostituierte erscheint und verächtlich gemacht wird, erinnert Mehring an die Existenz männlicher Prostitution. Sie kommt zwar im Matrosenanzug daher, bevorzugt jedoch Likör, wahrt eine friedliche Koexistenz zu den Kolleginnen auf der Straße und ist trotz der zur Schau gestellten Männlichkeit unter Umständen bereit, sich auch in die Fangarme weiblicher Kunden zu begeben. In der Schlußstrophe, die auf die schweren Strafen nach Paragraph 175 anspielt, gibt das Zuchthaus (»Zet«) der Fortsetzung des Gewerbes durch die dort vorhandene staatliche Aufsicht eine höhere Weihe. Zur penetranten Virilität der zwanziger Jahre setzt dieses Gedicht, das den homosexuellen Bodensatz der Matrosenromantik behandelt, einen deutlichen Kontrapunkt.

Lion Feuchtwanger

Durch den historischen Roman *Jud Süß* (1925), für den er drei Jahre lang keinen Verleger gefunden hatte, bringt es LION FEUCHTWANGER (1884–1958) mit einem Schlage zum internationalen Bestsellerautor. Dieses Ereignis ist für einen deutschen Schriftsteller heute noch genauso wie damals. Feuchtwanger, der aus einem großbürgerlichen Hause stammt, braucht eine lange Anlaufzeit. Seit 1905 schreibt er nahezu ausschließlich Dramen, gibt eine eigene literarische Zeitschrift heraus und betätigt sich als Theaterkritiker in der *»Schaubühne«* noch vor dem Ersten Weltkrieg. Auch die Geschichte des Joseph Süß Oppenheimer, der in der ersten Hälfte des 18. Jahrhunderts zum Berater des Herzogs Karl Alexander von Württemberg aufsteigt und sich freiwillig aus Stolz auf sein Judentum einer antisemitischen Massenpsychose zum Opfer bringt, hat ein Vorspiel auf dem Theater; es wird schon 1918 ziemlich erfolglos als Drama uraufgeführt.

Lion Feuchtwanger (New York 1932)

Das Haus des Ehepaars Feuchtwanger bildete ein literarisches Zentrum in München und war gesellschaftlicher Mittelpunkt der kritischen Intelligenz, bis sich Feuchtwanger 1925 unter dem Eindruck hoffnungslos rückständiger Verhältnisse in Bayern entschließt, nach Berlin überzuwechseln, wo er zivilisiertere Zustände erwartet.

Der umfangreiche Gesellschaftsroman *Erfolg* (1930), der den Untertitel »Drei Jahre Geschichte einer Provinz« trägt, spiegelt diesen Übergangsprozeß und dokumentiert Feuchtwangers Hoffnung auf ein aufgeklärtes Großstadtpublikum als Garant der Republik.

Erfolg schildert den wechselhaften Kampf eines Schweizer Schriftstellers, der in München lebt, gegen einen Justizirrtum. Opfer dieser Affäre ist Subdirektor Dr. Martin Krüger, der sich durch Kunstausstellungen in kirchlichen Kreisen mißliebig gemacht hat. Jacques Tüverlin, der als Schweizer Staatsbürger den staatlichen Institutionen aufgeschlossen gegenübersteht, erhält eindrucksvolle Lektionen in bürokratischer Niedertracht, als er für Krüger nach dessen Verurteilung kämpft. Kurz bevor er auf amerikanischen Einspruch hin freigelassen werden soll, stirbt Krüger an einem Herzleiden. Der Roman endet mit einer Filmvorführung in einem Berliner Kinopalast vor zahlreichem Publikum: Gezeigt wird ein von Johanna Krain, der Freundin Krügers, in den USA gedrehter Film über den bayerischen Justizmord und dessen politische Hintergründe. Tüverlin atmet auf und ist ergriffen von der Resonanz, die sein Kampf gegen die stumpfe Tücke des Justizapparats findet, und wertet den Ausgang, zu dem auch das wohlwollende Lob der liberalen Berliner Tagespresse gehört, als »Erfolg« von Humanität und Vernunft.

Hoffnung auf Amerika artikuliert auch *Pep. J. L. Wetcheeks amerikanisches Liederbuch* (1928); es enthält 29 Gedichte, die Feuchtwanger zwischen 1924 und 1928 geschrieben hat und als Übersetzung aus dem Amerikanischen in der *»Weltbühne«* veröffentlicht. Im Zentrum dieses Zyklus stehen die Erfahrungen und Meinungen des Dachziegelfabrikanten B. W. Smith, der als Zwillingsbruder Mr. Babbitts angelegt ist. Er ist wenig aufgeschlossen für irrationale Anschauungen auf welchem Gebiet auch immer, vertritt den gesunden Menschenverstand und hat, im Rahmen des geschäftlich Möglichen, das Herz auf dem rechten Fleck. Mr. Smith berichtet von seiner *Rheinfahrt*:

> Als ich den Rhein hinabfuhr, inmitten von Hochzeitspärchen,
> sangen die zumeist aus Deutschland stammenden Leute,
> sie seien traurig infolge alter Märchen,
> und sie wüßten nicht, was das bedeute.
>
> Wenn mein Sohn dergleichen Unsinn äußerte, noch dazu singend,
> würde ich sofort einen Arzt konsultieren.
> Denn Trauer ohne Grund ist bestimmt schadenbringend,
> und eine Argumentation wie die mit den alten Märchen
> würde selbst einen Nigger kompromittieren.
>
> Ist man traurig, so suche man zunächst methodisch die Gründe herauszukriegen.
> Hat man sie, so sage man »Pep« und suche sie zu killen.
> Findet man keine, so wird es an gestörter Verdauung liegen.
> Dagegen nützen Wood & Sons erstklassige Abführpillen.
>
> Aber wenn man traurig ist, *andere* damit zu behelligen, und überdies nach Noten,
> das kann ein Mann von Vernunft und Grundsätzen niemals billigen.
> Es sind daher die vorsichtigsten und schärfsten Bedingungen geboten,
> denkt man daran, einem *Derartiges* singenden Volk eine *Anleihe* zu bewilligen.

Den deutschen Intellektuellen, die auf den Schock der Niederlage im Weltkrieg und das Ende des Kaiserreichs mit kulturpessimistischen Untergangsvorstellungen reagieren und den Verlust von Seele, Geist, Form und Kultur beklagen, empfiehlt Feuchtwanger eine Prise »Pep«: gut gegen Larmoyanz, übertriebenen Wortreichtum und Neigung zu spekulativem Unsinn.
Seit seiner Emigration, die ihn über Frankreich 1941 nach Kalifornien führt, liegt der Hauptakzent in Feuchtwangers literarischem Werk auf dem historischen Roman. Bei diesem Genre, das besonders durch Stoffülle und übertriebenes Eingehen aufs Detail gefährdet ist, kommt ihm seine langjährige Arbeit als Dramatiker zugute, die nun zu einer auch von BERTOLT BRECHT bewunderten, fast mathematischen Ökonomie bei der Komposition des Stoffes führt. Durch die weitverbreiteten Werke von SCHEFFEL, FREYTAG und DAHN hatte der historische Roman in Deutschland vor allem die Funktion, einem konservativen Publikum deutsche Vergangenheit zu verklären. Feuchtwanger hat mit seiner *Josephus*-Trilogie, den Romanen über den Unabhängigkeitskrieg in Amerika und die Französische Revolution (*Waffen für Amerika, Narrenweisheit oder Tod und Ver-*

klärung des Jean Jacques Rousseau) und seinem zeitgeschichtlich orientierten Buch über *Goya* historische Romane geschaffen, die den Horizont kosmopolitisch weiten und, für die Vernunft Partei ergreifend, auch der Zufälligkeit und Widersprüchlichkeit historischen Geschehens gerecht zu werden versuchen.

Erich Kästner

Von den belletristischen Autoren der »*Weltbühne*« geht es ERICH KÄSTNER (1899–1974) am meisten um die Adressaten der »Gebrauchslyrik«. In kleinen Verhältnissen in Dresden aufgewachsen, sieht er sich als Autor der kleinen Leute, vor allem der zu kurz kommenden und von der Wirtschaftskrise besonders betroffenen Büroangestellten, Handlungsreisenden, der Verkäuferinnen und Animiermädchen. Sein Publikum sind die »heutigen Großstadtmenschen«, die gezwungen sind, ohne Individualität zu existieren, wirtschaftlich und emotional gleichermaßen verarmt. Die depravierten einzelnen in der Masse sollen sich von ihm angesprochen und verstanden fühlen, ihre Empfindungen, Ansichten und Wünsche wiedererkennen und dabei ein wenig von ihrer Einsamkeit verlieren.

Kästner tritt erst Ende der zwanziger Jahre mit dem Gedichtband *Herz auf Taille* (1928) hervor. Er verfolgt ein literarisches Minimalprogramm der Desillusionierung und der Bewältigung eines unbefriedigenden Alltags, der bestenfalls kleine Freuden bereithält. Kurze Augenblicke des Naturgenusses, schönes Wetter und angenehme Jahreszeiten müssen für eine monotone Existenz entschädigen, die angefüllt ist mit Versatzstücken aus Reklame, Presse, Schlager und Politik, leeren Gesten und abgelegten Gegenständen des persönlichen Gebrauchs wie Hüten, Schirmen und Spazierstöcken.
Chor der Fräuleins (1928) nimmt sich sachlich des kollektiven Schicksals bürgerlicher Mädchen an, die der Vermögensverlust der Mittelschicht während der Inflation dazu zwingt, im Büro zu arbeiten. Eines der bekanntesten Gedichte Kästners ist *Sachliche Romanze* (1929); es konstatiert die Leere einer Beziehung, die als sicherer Besitz gilt:

Als sie einander acht Jahre kannten
(und man darf sagen: sie kannten sich gut),
kam ihre Liebe plötzlich abhanden.
Wie andern Leuten ein Stock oder Hut.

Sie waren traurig, betrugen sich heiter,
versuchten Küsse, als ob nichts sei,
und sahen sich an und wußten nicht weiter.
Da weinte sie schließlich. Und er stand dabei.

Vom Fenster aus konnte man Schiffen winken.
Er sagte, es wäre schon Viertel nach vier
und Zeit, irgendwo Kaffee zu trinken.
Nebenan übte ein Mensch Klavier.

Sie gingen ins kleinste Café am Ort
und rührten in ihren Tassen.
Am Abend saßen sie immer noch dort.
Sie saßen allein, und sie sprachen kein Wort
und konnten es einfach nicht fassen.

Unbarmherzig schiebt sich die Dingwelt in den Vordergrund, während der Umgang miteinander zu Gesten gerinnt. Die vorbeifahrenden Schiffe, das malträtierte Klavier und die Kaffeetassen erlangen eine bedrückende Gegenwart. Das Paar sitzt sprach- und hilflos da, bewegungsunfähig, zu Gegenständen erstarrt, sich selbst fremd wie auch der Umwelt.

Der Roman *Fabian. Die Geschichte eines Moralisten* (1931) zeigt die Berliner Zustände um 1930 wie in einem Zerrspiegel, ebenso präzise wie deformierend. Kästners ausgiebige Schilderungen des großstädtischen Nachtlebens machen ihn beim »Frauenkampfbund« und anderen vaterländischen Verbänden mißliebig, so daß auch seine Bücher am 10. Mai 1933 auf die Scheiterhaufen geworfen werden. Mit dem Titelhelden Dr. Jakob Fabian, einem zweiunddreißigjährigen Germanisten, hat Kästner nicht nur das Alter gemeinsam, sondern auch die akademische Ausbildung. Als Stipendiat der Stadt Dresden promovierte Kästner 1925 mit einer Arbeit »Erwiderungen auf Friedrich des Großen Schrift ›De la littérature allemande‹« zum Doktor. Fabian ist ein vergnügungssüchtiger, etwas unpraktischer Intellektueller, der es vom Adressenschreiber glücklich zum Reklametexter einer Zigarettenfirma gebracht hat. Er legt auf saubere Gesinnung Wert, die er sich von niemandem abkaufen lassen will. Zwischen Besuchen in zweifelhaften Etablissements liest er in den Diskursen von Descartes; Fabians Leben, wirtschaftlich bedrückt und von gesellschaftlichem Chaos bedroht, ist das Gegenteil einer sorgenfreien, zurückgezogenen Existenz, die Descartes in Holland, »Tulpenbeete vorm Haus«, als geistiger Revolutionär geführt hat. Fabians Widerpart Labude, ein Jugendfreund, wehrt sich gegen intellektuelle Deklassierung und verfaßt eine Habilitationsschrift über Lessing, die »den Typus des zwischen zwei Zeitaltern schwankenden genialen Menschen« demonstriert. Labude verübt jedoch Selbstmord, nachdem er von einem Konkurrenten über die Ablehnung seiner Arbeit falsch informiert worden ist. Für Fabian ist dies Anlaß, Berlin zu verlassen und in der Provinz sein Glück zu versuchen. Dort, in seiner Heimatstadt, gibt es im Ausgleich zu Berlin nur bleierne Langeweile: »Hier hatte Deutschland kein Fieber. Hier hatte es Untertemperatur.« Als Fabian beim Gang durch die Stadt sieht, wie ein kleiner Junge ins Wasser fällt, will er ihn durch einen Sprung ins Wasser retten und ertrinkt als Nichtschwimmer, während der Junge weinend das Ufer erreicht.

Im Unterschied zu FEUCHTWANGERS *Erfolg*, MARIELUISE FLEISSERS *Mehlreisende Frieda Geier* (1931) oder anderen Romanen über die Zeit der Weltwirtschaftskrise wie ERIK REGERS *Union der festen Hand* (1931), gibt Kästner nicht Milieu und Atmosphäre nach dem Vorbild der realistischen Literatur des 19. Jahrhunderts wieder. Sein Prosastil geht weiter zurück: auf die aufklärerische Tradition der »moralischen Erzählungen« des 18. Jahrhunderts; inbesondere VOLTAIRES kleiner Roman *Candide oder die beste aller möglichen Welten* steht ihm Pate. Satirische Zuspitzung, rascher, nicht eingehend motivierter Szenenwechsel und der

Rückgriff auf einen diskursiven Dialog haben dort ihren Ursprung. Ein typisches Beispiel für die aufklärerische Weltsicht ist Fabians Berlin-Topographie, die moralisierende Charakterisierung und soziologischen Befund eigentümlich vermischt:

Soweit diese riesige Stadt aus Stein besteht, ist sie fast noch wie einst. Hinsichtlich der Bewohner gleicht sie längst einem Irrenhaus. Im Osten residiert das Verbrechen, im Zentrum die Gaunerei, im Norden das Elend, im Westen die Unzucht, und in allen Himmelsrichtungen wohnt der Untergang.

Mit Kinderbüchern, die in alle Weltsprachen übersetzt werden, und mit Unterhaltungsliteratur übersteht Kästner die Zeit des Nationalsozialismus in Deutschland; nach 1945 halten seine Chansons für »Die Schaubühne« und die »Kleine Freiheit« in München die Erinnerung an die zwanziger Jahre als eine Blütezeit des Kabaretts aufrecht.

DIE PROVINZSCHRIFTSTELLER

Der Hinweis auf die Provinz leugnet nicht die Tatsache, daß diese wichtigen Autoren der zwanziger Jahre für die Großstadt schreiben wie die anderen Autoren auch. Da ihre Werke jedoch das gesellschaftliche Verhältnis von Großstadt und Provinz thematisieren, unterscheiden sie sich von der urbanen Perspektive der »*Weltbühne*« ebenso deutlich wie von den die Epoche reflektierenden Werken der Österreicher Broch und Musil.

Die Bezeichnung »Provinzschriftsteller« hat keinen guten Beigeschmack; sie läßt an Folklore denken, an Reduzierung der literarischen Aussage und Verklärung der Enge zur Heimat, die gegenüber dem großen Weltgetriebe das einfache Leben als Sphäre der Eigentlichkeit repräsentiert. Von den *Dorfgeschichten* BERTHOLD AUERBACHS (1812–1882) über PETER ROSEGGER (1843–1918) bis zu LUDWIG GANGHOFER (1855–1920), HERMANN LÖNS (1866–1914) und ALEXANDER RODA RODA (1872–1945) existiert eine breite, volkstümliche Literatur, die zumeist schon als Kinder- und Jugendbuch das Bild vom Leben auf dem Lande in weiten Kreisen bestimmt.

Mit dieser konservativen Richtung haben Schriftsteller wie MARIELUISE FLEISSER, ÖDÖN VON HORVÁTH und OSKAR MARIA GRAF nur die Nähe zum Dialekt gemein. Ihre Kennzeichnung als »Provinzschriftsteller« hebt jedoch das Besondere ihrer literarischen Leistung hervor. Sie widersetzen sich mit ihren Werken der kulturellen Vorherrschaft der Metropole und bewahren zugleich Distanz zu den Ordnungsklischees der Heimatliteratur, die das menschliche Leben dem Kreislauf der Natur und der Auseinandersetzung mit ihren Gewalten unterordnet. Ihre Dramen, Romane und Erzählungen können es an innovativem Gehalt mit den Werken der auf die Großstadt bezogenen Autoren aufnehmen, und sie betreiben ihr Metier ebenso professionell. Marieluise Fleißer und Oskar Maria

Graf fehlt – etwa im Unterschied zu LUDWIG THOMA (1867–1921) – bis heute die Zustimmung gerade in der Provinz: Von ihrer näheren Umgebung werden sie allenfalls mit Mißtrauen betrachtet, aber nicht gelesen; ihre Arbeiten finden nur in den größeren Städten Resonanz.

Fegefeuer in Ingolstadt, Bolwieser oder *Die italienische Nacht* beschränken sich auf familiäre Konflikte und das Milieu der kleinen Leute in der Provinz. Aber dieser Blickwinkel bestimmt nicht den Horizont ihrer Werke: Die versteinerten Verhältnisse erweisen sich als dauerhafte Realität, nicht als vernachlässigenswerter Anachronismus. Die literarische Auseinandersetzung mit dieser Rückständigkeit ist nicht weniger auf der Höhe der Zeit als eine großstädtische Perspektive, die auf Tempogewinn und Massenaufklärung durch Entfesselung von Kapital und Technik ausgerichtet ist.

Marieluise Fleißer

In dem »männlichen« Klima der zwanziger Jahre artikuliert MARIELUISE FLEISSER (1901–1974) nicht spektakulär, aber unmißverständlich den Anspruch der Frauen auf Liebe und eigenes Leben. Ohne ihr vertrautes Milieu zu verlassen, schreibt sie aus der eigenen Erfahrung und verzichtet weitgehend auf Fiktionalität. Ihr erstes Buch, *Ein Pfund Orangen* (1929), eine Sammlung von Erzählungen, trägt hinter dem Autorennamen den Hinweis »aus Ingolstadt«. Trotz dieses in Berlin exotisch wirkenden Hintergrundes fasziniert bei ihrem Debüt auf dem Theater vor allem die literarische Form. Denn ihr erstes Stück *Fegefeuer* (1924, 1. Fassung), entwirft ein karges Szenarium, das in der damaligen Theaterlandschaft zwischen expressionistischem Pathos und tempogeladener Revue avantgardistisch wirkt. Es ist ein Stück nahezu ohne Handlung und mit Figuren, bei denen sich die Enge der Verhältnisse in einer seismographisch erfaßten Sprachnot niederschlägt. Es geht um die Eifersucht zwischen zwei Schwestern, die allmähliche Enthüllung einer Schwangerschaft und das Weiterleben in einem Gemeinwesen, das ein Mädchen mit unehelichem Kind an den Pranger stellt.

Marieluise Fleißer (1930)

Das Stück ist aus dem Zusammenprall meiner katholischen Klostererziehung (sechs Jahre Internat im Institut der Englischen Fräulein in Regensburg) und meiner Begegnung mit Feuchtwanger und den Werken Brechts entstanden. (M. Fleißer)

Durch BRECHTS Vermittlung wird es 1926 in Berlin aufgeführt und findet begeisterte Zustimmung bei den beiden sonst in Fehde liegenden Kritikern ALFRED KERR und HERBERT IHERING.

Durch diesen Erfolg ermuntert, beginnt die Autorin noch 1926 mit ihrem zweiten Stück, *Die Pioniere von Ingolstadt*, einer Komödie, die im Frühjahr 1928 in Dresden uraufgeführt wird. Es behandelt Geschehnisse, die einen propagandistischen Brückenbau der Reichswehr im entmilitarisierten Ingolstadt begleiten. Dienstmädchen werden in Erwartung neuer Kavaliere aufsässig gegen ihre Herrschaft, Mitglieder des örtlichen Schwimmvereins stehlen den Pionieren Holz, um ihren schadhaften Laufsteg zu reparieren, Soldaten verüben Sabotage gegenüber den sie schikanierenden Vorgesetzten.

Durch Brechts Einflußnahme auf die Inszenierung im Theater am Schiffbauerdamm kommt es 1929 zu einem Theaterskandal, weil die Reichswehr und die ihr nahestehenden Kreise auf die Provokation nachhaltig reagieren. Der Vater erteilt Marieluise Fleißer Hausverbot und verwehrt ihr damit die Rückkehr nach Ingolstadt.
Die Anwesenheit der Soldaten versetzt die entmilitarisierte Kleinstadt in Erregung und stimuliert unbeholfene Versuche junger Menschen, einander näherzukommen. Für die verzweifelte Öde ihrer Kontakte ist die Szene »Luitpoldpark« charakteristisch. Ein Bürgerssohn, heillos in ein Dienstmädchen verliebt, das ihn zurückweist, versucht sich mit dessen Freundin zu entschädigen:

FABIAN Ich renne nicht mehr um mein Leben, wenn ich mir aus einer etwas mache. Das geht auch so.
ALMA Es geht sogar besser.
FABIAN Warum sich erst lange in ein Unrecht setzen, nur damit der andere recht hat? Warum freiwillig eine Vorgabe machen? Ich bin schon auch noch was wert. Wie du mir, so ich dir.
ALMA Ich halte das nur für gesund.
FABIAN So ist es doch. Einer will dem anderen Herr werden. Wer wird den anderen fressen?
ALMA Das ist oft gar nicht so schön. – War es das erste Mädel, an das Sie sich hingehängt haben?
FABIAN Eine muß die erste sein. – Aber da war nichts. Ich kam an die nicht heran.
ALMA Dann war es nicht viel.
FABIAN Und das wird ihr noch leid tun. Ich könnte mir vorstellen – (schweigt)
ALMA Was?
FABIAN An Ihnen hätte ich mehr.
ALMA Ich habe mir immer einen gewünscht, bei dem ich die erste war. Ich komme immer nur an die anderen hin, ich weiß nicht warum.
FABIAN Jetzt werden Sie nicht komisch.
ALMA Eine muß die erste sein.
FABIAN Klar.
(Sie gehen ins Gebüsch)

Alma ist dem jungen Mann aus gutem Haus so lange gleichgestellt, wenn nicht sogar überlegen, wie es um die nüchternen Grundlagen einer Beziehung geht. Sobald sie den Wunsch eingesteht, einmal die erste für einen Mann zu sein, wirft sich Fabian zum Herrn auf und zerstört noch den kleinen Rest an Erfüllung.

Der Roman *Mehlreisende Frieda Geier* (1931) zeigt einen Sportsmann aus der Nähe, in einem festgefügten sozialen Umfeld: einer süddeutschen Kleinstadt, deren Kirche »als riesige Henne über den Schützlingen am Boden kauert«. Gustl Amricht, der »beliebte Krauler«, arbeitet als gehorsamer und tüchtiger Sohn in den Geschäftsfilialen seiner Eltern. Er gerät in eine Krise, als er sich in eine selbständige Frau mit Lederjacke und Bubikopf verliebt, die mit einem eigenen Auto zur Kundschaft über Land fährt. Frieda Geier findet ihrerseits Gefallen an der unkomplizierten Männlichkeit ihres Liebhabers und läßt sich auf eine Heirat ein;

sie weigert sich jedoch, ihre wirtschaftliche Selbständigkeit aufzugeben, und verläßt schließlich ihren Mann.
Gustls Vereinskameraden, erschüttert über seinen Leistungsabfall nach der Trennung von seiner Frau, versuchen die »Hexe« am Judenfriedhof der Stadt zu lynchen; als dies mißlingt, setzen sie einen Boykott durch. Frieda Geier verschwindet, abgewehrt wie ein Raubvogel, der sich vergebens auf sein unschuldiges Opfer gestürzt hat, während Gustl, sportlich und geschäftlich wieder in Einklang mit sich und der Umwelt, seine Krise überwindet:

Kraulgustl hat sich nach allem ganz auf den künftigen Sportlehrer geworfen. Er tritt nur mehr in Rudeln auf, wird auf Schritt und Tritt von solchen, die von sportlicher Erfahrung profitieren möchten, begleitet. Eine entschlossene Düsternis sitzt auf seiner Stirn, der männliche Ernst. Wer hätte noch vor Wochen gedacht, daß er sich auf so simple Weise sein Rückgrat stärken würde? Es war das Ei des Columbus.

1933 werden *Ein Pfund Orangen* und *Mehlreisende Frieda Geier* verbrannt. 1935 erhält Marieluise Fleißer Schreibverbot; sie heiratet den Jugendfreund Sepp Haindl, einen Tabakwarengroßhändler, das Modell zu Gustl Amricht, und verkauft in dessen Geschäft Tabakwaren und Schnaps. 1945 schreibt sie die Komödie *Der starke Stamm*; sie zeigt Kleinbürgerfiguren wieder auf dem Weg nach oben und bleibt die einzige dramatische Auseinandersetzung mit dem bundesrepublikanischen Wirtschaftswunder und seinen Voraussetzungen. 1950 setzt BRECHT die Aufführung in den Münchner Kammerspielen durch. Obwohl Therese Giehse die Hauptrolle spielt, findet die Uraufführung nur ein lokales Interesse.

B. Traven

In der auf die Metropole konzentrierten Literatur der zwanziger Jahre machen nur B. TRAVENS (1882?–1969) Bücher, in denen er von seinem Leben als Seemann, Baumwollpflücker, Medizinmann unter mexikanischen Indianern, Farmer, Bäcker, Hauslehrer, Viehtreiber, Goldgräber und Forschungsreisender erzählt, auf die Lebensbedingungen in der kolonialen Welt aufmerksam. Mit Ausnahme des *Totenschiffs* (1926), von dem die gewerkschaftliche Büchergilde Gutenberg 100 000 Exemplare innerhalb von vier Wochen verkauft und damit den Weltruhm dieses Autors einleitet, spielen seine Bücher in Mexiko. Travens Perspektive ist nicht die eines mitleidigen Europäers, der nur Elend und Rückständigkeit sieht. Er schildert im Kontrast zu den USA und den Staaten Europas ein Land, wo die sozialen und politischen Verhältnisse noch nicht in Stagnation verfallen sind, sondern sich seit der Revolution von 1910 in einem Prozeß der Umwälzung und der Veränderung, der Hoffnungen auf neue Formen menschlichen Lebens erweckt.
Der Autor B. Traven schickt seine Manuskripte aus dem mexikanischen Busch nach Berlin und verkehrt mit der Außenwelt über eine Postfachnummer. Ihn brachte nicht die Sehnsucht nach fremden Ländern dorthin, vielmehr hat ihn politische Verfolgung nach Mexiko vertrieben. Unter dem Namen RET MARUT

gab er in München die radikal-anarchistische Zeitschrift *Der Ziegelbrenner* (1917–21) heraus; während der Räterepublik unterbreitete er als Vorsitzender des Revolutionstribunals einen Plan zur Sozialisierung der Presse. Am 1. Mai 1919 verhaftet, gelingt ihm als »Rädelsführer«, der steckbrieflich gesucht wird, die Flucht. Danach lebt er in der Illegalität, in der auch der *Ziegelbrenner* weiter erscheint, und taucht 1924 in Mexiko auf, an der karibischen Küste in der Nähe des Erdölhafens Tampico.

Das Totenschiff, der Goldgräber-Roman *Der Schatz der Sierra Madre* (1927) und *Die Rebellion der Gehenkten* (1936), die Schilderung eines Aufstands der Indios in einem Holzfällerlager, verdanken ihre Beliebtheit vor allem der Exotik des Milieus, abenteuerlichen Heldenfiguren und der Lust an der Revolte. Es sind jedoch die Arbeitsbedingungen, deren Härte das Leben in diesen Romanen bestimmt, nicht eskapistische Phantasien über ein ungebundenes Leben in der Nähe einer unbesiegten tropischen Natur. Gleich zu Beginn des *Totenschiffs* klärt der Erzähler den Leser auf:

So ein modernes Schiff ist gar kein eigentliches Schiff mehr. Es ist eine schwimmende Maschine. Und daß eine Maschine Matrosen zur Bedienung braucht, glauben Sie ja gewiß selbst nicht, auch wenn Sie sonst nichts von Schiffen verstehen sollten. Arbeiter braucht diese Maschine und Ingenieure. Sogar der Skipper, der Kapitän, ist heute nur noch ein Ingenieur. Und selbst der A. B., der am Ruder steht und noch am längsten als Matrose angesehen werden konnte, ist heute nur noch ein Maschinist, nichts weiter. Er hat nur die Hebel auszulösen, die der Rudermaschine die Drehungsrichtung angeben. Die Romantik der Seegeschichten ist längst vorbei. Möglich, daß für Kapitäne und Steuerleute einmal eine Romantik bestanden hat, für die Mannschaft nie. Die Romantik der Mannschaft ist immer nur gewesen: Unmenschlich harte Arbeit und eine tierische Behandlung.

Auch die Goldsuche in der Sierra Madre erfordert verzweifelt harte Anstrengungen:

Das Leben, das die drei Leute hier führten, war erbarmungswürdiger als das eines litauischen Fabrikarbeiters in Detroit. Es war das jammervollste Leben, das sich nur vorstellen läßt. Dobbs meinte eines Abends, daß er sich in dem verschlammtesten Schützengraben Frankreichs menschlicher gefühlt habe als hier während der letzten Wochen.

Das mühsam errungene und umkämpfte Gold wird am Schluß des Romans unwiederbringlich verweht; einem der beiden Überlebenden winkt ein bescheidenes Auskommen als Medizinmann in einem Indianerdistrikt.

Im Umgang mit den Menschen einer fremden Kultur üben Traven und seine Helden eine unsentimentale Brüderlichkeit und verzichten auf paternalistisches Wohlwollen und stellvertretende Aktion. Als die Familienzeitschrift »Buch für Alle« in eine Erzählung den Satz einschmuggelt: »Der Indianer Ascension liebt die Deutschen, zu denen ich zähle«, reagiert Traven empört:

Ich lehne es entschieden ab, daß [man] mir eine Landsmannschaft verleiht, auf die ich weder durch Geburt noch durch Abstammung ein Recht habe. Meine wahren Landsleute (...) wohnen nicht innerhalb der Grenzen einer einzelnen Nation.

Travens Begegnung mit den mexikanischen Indios führt zu einem Lernprozeß, der ihn die Rolle der Industrialisierung für den Fortschritt der Menschheit anders sehen läßt, als es in den technikbegeisterten zwanziger Jahren, unabhängig vom politischen Standort, üblich ist. In dem hartnäckigen Widerstand des indianischen Haziendabesitzers, auf dessen Territorium Öl gefunden wird, zeigt *Die weiße Rose* (1928) eine überlegene kulturelle Position, die sich nicht an vorübergehenden wirtschaftlichen Fortschritten und technologischen Veränderungen orientiert, sondern an der Lebensqualität, die nicht manipulierbar ist. Auf den Hinweis, daß man sich von dem Geld aus dem Landverkauf ein Automobil kaufen kann, entwickelt sich dieser Dialog:

»Ich brauche kein Automobil«, sagte Hacinto gleichgültig.
»Aber, Mann, Hombre, dann können Sie doch in einer halben Stunde in Tuxpam sein.«
»Ich will ja aber gar nicht in einer halben Stunde in Tuxpam sein. Ich will ja mit den Leuten am Wege sprechen und sehen, wie ihr Mais steht und was die Kleinen machen, die ich alle kenne, und ich will sehen, ob die blauen Buschblumen schon heraus sind und ob die großen Schildkröten an der Laguna Eier in den Sand gelegt haben und ob der schwere Mahagonibaum, der vor vier Jahren abbrach und sich quer über den Weg legte, noch immer nicht verfaulen will. Ich habe schon zweimal Feuer untergelegt, damit er durchbrennen soll. Aber er brennt nicht durch, und wir müssen nun immer herumreiten.«

Traven, der für Arbeiterleser schreibt, zeigt wenig Interesse an Diskussionen über literarische Formen. Man soll den Autor als »Menschen« in seinen Werken erkennen und in der Direktheit des Ausdrucks die Wahrheit eines Werkes sehen. Trotz dieses bescheidenen literarischen Ausgangspunktes gehört Traven zu den großen Epikern der deutschen Literatur. Seine Romane beziehen ihre Intensität nicht aus dem Stofflichen, sondern aus der Fähigkeit, eine Handlung in Sprüngen fortzusetzen, Raum für Ruhepunkte und für verwirrende Abschweifungen zu lassen. Sinnliche Eindrücke fungieren als Kristallisationspunkte des Erzählens, das ohne eine durchgehende Handlung und eine strenge Komposition von Motiven und Bildern auskommt.
Mit der Wahrung seiner Anonymität und durch die Resonanz beim Arbeiterpublikum ist es Traven wie kaum einem anderen Autor gelungen, seine literarischen Intentionen zu realisieren. Die nicht abgeschlossene Diskussion über seine Identität bekräftigt seine Überzeugung: »Der schöpferische Mensch sollte keine andere Biographie haben als seine Werke.« Seine Bücher sind für die Massen geschrieben, sie werden in viele Sprachen übersetzt und von Menschen, die gewöhnlich wenig Zeit auf Bücher verwenden, auf der ganzen Welt begierig gelesen.

Ödön von Horváth

Dieser in Wien und anderswo chancenlose Autor verleiht mit seinen »Volksstücken« dem Theater am Ende der zwanziger Jahre einen spärlichen Glanz melancholischer Poesie. NESTROYS hintergründiger Sprachwitz und die Echtheit des Milieus bei ANZENGRUBER finden bei ÖDÖN VON HORVÁTH (1901–1938)

Ödön von Horváth (um 1930)

eine zeitgemäße Fortsetzung. Der aus den Fugen geratene Mittelstand wird bei ihm amorpher Träger der Handlung und ersetzt die typischen Figuren des früheren Volksstücks, in denen sich die ständische Ordnung widerspiegelte.

Nun besteht aber Deutschland, wie alle übrigen europäischen Staaten, zu neunzig Prozent aus vollendeten und verhinderten Kleinbürgern. Will ich also das Volk schildern, darf ich natürlich nicht nur die zehn Prozent schildern, sondern als treuer Chronist meiner Zeit die große Masse.

Zum Mittelstand zählen für Horváth die sozialdemokratischen Arbeiter und Angestellten ebenso wie Sekretärinnen und Hausangestellten, die sich eines gehobenen Umgangstons zu befleißigen suchen. Nicht die soziale Rolle definiert die Kleinbürgerlichkeit der Figuren, sondern ihr eigentümlicher »Bildungsjargon«. Er soll über Deklassierung oder mißlungenen Aufstieg hinwegtäuschen und ist zugleich Indikator der Selbstentfremdung der Figuren, ihrer hoffnungslosen Isoliertheit, auch Liebesbeziehungen. Ein Bruchstück der Unterhaltung der Protagonisten von *Kasimir und Karoline* erhellt diesen Zusammenhang:

KAROLINE Der Zeppelin, der fliegt jetzt nach Oberammergau, aber dann kommt er wieder zurück und wird einige Schleifen über uns beschreiben.

KASIMIR Das ist mir wurscht! Da fliegen droben zwanzig Wirtschaftskapitäne und herunten verhungern derweil einige Millionen! Ich scheiß dir was auf den Zeppelin, ich kenne diesen Schwindel und hab mich damit auseinandergesetzt – – Der Zeppelin, verstehst du mich, das ist ein Luftschiff, und wenn einer von uns dieses Luftschiff sieht, dann hat er so ein Gefühl, als tät er auch mitfliegen – – derweil haben wir bloß die schiefen Absätze, und das Maul können wir uns an das Tischeck hinhaun!

Das Luftschiff, dessen Bau durch eine Volksspende zustande kam, symbolisiert durch seine Flüge nach Amerika und über Deutschland das Wiedererstarken der Nation; zugleich löst die Schwerelosigkeit des riesigen Flugobjekts ein erregendes Gefühl bei den Menschen aus. Wenn Karoline die Formulierung »wird [er] einige Schleifen über uns beschreiben« benutzt, drückt sich darin ein hilfloses, unbewußtes Begehren aus. Dies wiederum schlägt bei dem tags zuvor arbeitslos gewordenen Kasimir in Eifersucht und Aggression um, die ihn gegenüber der Geliebten in klassenkämpferische Agitation verfallen lassen.

Trotz ihres mundartlich gefärbten Sprachduktus besitzen Horváths drei bekannteste Stücke: *Italienische Nacht, Geschichten aus dem Wienerwald* und *Kasimir und Karoline*, die nahezu gleichzeitig entstehen, einen unterschiedlichen Charakter.

In *Italienische Nacht*, das im März 1931 im Theater am Schiffbauerdamm aufgeführt wird und aus dem umstrittenen Autor einen gefeierten Dramatiker macht, läßt Horváth im Milieu einer süddeutschen Kleinstadt drei politische Phraseologien gegeneinander antreten. Da ist der sozialdemokratische Stadtrat mit seinem Anhang, die jährlich eine italienische Nacht vorbereiten und feiern. Mit den Spielkarten in der Hand versichert der würdige Mann angesichts des Aufmarschs der Faschisten:

Von einer akuten Bedrohung der demokratischen Republik kann natürlich keineswegs gesprochen werden. Schon weil es der Reaktion an einem ideologischen Unterbau mangelt.

Ihm steht der Jungsozialist Martin mit seinen Kameraden gegenüber. Er ermahnt seine Braut, bevor sie sich mit den Faschisten einlassen soll, um deren Kampfstärke und Bewaffnung auszuspionieren:

Anna, die Zeit braust dahin, und es gibt brennendere Probleme auf der Welt als wie Formfragen. Vergiß deine Pflichten nicht!

Bei den Rechtsradikalen herrschen Gesang und rauher Kommandoton vor. Ihr Anführer, ein Leutnant der Reichswehr, erläutert die Nachtübung:

Wir sind hier im Wald. Im *deutschen* Wald. Eigentlich ist das sogar symbolisch. Wir werden überfallen, selbstverständlich. Es läßt sich doch durch die ganze Weltgeschichte verfolgen, daß wir Deutschen noch niemals einem anderen Volk irgend etwas Böses getan haben.

Trotz der Satire auf die Vertreter der Weimarer Republik verharmlost das Stück das terroristische Auftreten der Faschisten nicht. 1930 veröffentlicht, gehört es zu den frühesten Warnungen vor einem Machtantritt der Nationalsozialisten.
Für sein nächstes Stück, *Geschichten aus dem Wienerwald* (1931 uraufgeführt), erhält Horváth auf Vorschlag von CARL ZUCKMAYER und ERIK REGER den Kleist-Preis. In drei Akten erzählt es die Geschichte eines lebenslustigen Mädchens aus der Wiener Vorstadt. Es ist ein Melodram mit Happy-End, bei dem die Beteiligten zur Einsicht kommen, nachdem es zu spät ist. Horváth rückt hier den Wiener Charme behutsam ins Licht, der die Wahrheit über sich zu den Klängen einer Zither preiszugeben beginnt: Gemütlichkeit, familiäre und nachbarschaftliche Vertrautheit werden als Totentanz lebendig geschminkter Lemuren ansichtig.
Kasimir und Karoline, ein Volksstück, das noch im November 1932 uraufgeführt wird, läßt in 117 Szenen einen Besuch auf dem Münchner Oktoberfest Revue passieren, bei dem wie in einem Bäumchen-Bäumchen-wechsel-dich-Spiel die beiden Hauptfiguren neue Partner fürs Leben finden. Musik nimmt in diesem Drama einen großen Raum ein: Es gibt tuschartig erschallende Blasmusik, im Chor gesungene Trinklieder, Orchesterstücke mit und ohne Gesang, Schlager und Volkslieder. Musik treibt die Handlung voran, und die gesungenen Texte fungieren als Kommentar: Das Volksfest als melancholischer Hexensabbat gibt eine eindringliche Darstellung des Verhaltens großstädtischer Massenmenschen, die durch den Taumel der Sensationen ihre Heimatlosigkeit zu überspielen versuchen.
1934 geht Horváth nach Österreich und 1938 in die Schweiz. Anfang Juni 1938 wird er bei einem Aufenthalt in Paris auf den Champs-Élysées von einem niederstürzenden Ast erschlagen.

Oskar Maria Graf

Der Weltkrieg, die November-Revolution und die bewaffneten Kämpfe zu Beginn der zwanziger Jahre finden ihr Echo in der vielfältigen Antikriegs- und Revolutionsliteratur. Sie wird von zahlreichen Schriftstellern und Journalisten getragen, die mit den Linksparteien sympathisieren und politische Schwerpunkte literarisch aufgreifen. Am häufigsten ist das agitatorische Gedicht, das nicht zum Lesen, sondern zum öffentlichen Vortrag bestimmt ist; zahlreich sind kurze dramatische Szenen oder kabarettistische Sketche, die von einem mobilen Arbeitertheater bewältigt werden können. Erst gegen Ende der zwanziger Jahre gibt es revolutionäre Romane, die sich aus der Reportage entwickelt haben. Es handelt sich bei diesen Arbeiten um Zweckliteratur, die in weiten Teilen der Selbstbestätigung dient und Erfahrungen nur zuläßt, soweit sie dem politischen Konzept nicht widersprechen.

Mit HANS MARCHWITZA (1890–1965), ADAM SCHARRER (1889–1948) und LUDWIG TUREK (1898–1975) melden sich Autoren, die in ihren stark autobiographisch gefärbten Werken ungeschminkt und direkt die Stimme des Proletariats zur Geltung bringen. MARCHWITZA berichtet in *Schlacht vor Kohle* (1931) über einen Bergarbeiterstreik; SCHARRERS Roman *Vaterlandslose Gesellen* (1930) beschreibt den Weltkrieg aus der Sicht eines Arbeiters, dessen Status zwischen Arbeitshetze in der Rüstungsindustrie und der Funktion als Artillerist an der Front schwankt; TUREKS *Ein Prolet erzählt* (1930), eine Autobiographie, gibt die politischen Ereignisse in Deutschland seit 1910 aus der Perspektive der eigenen Situation wieder. Trotz sprachlicher oder gestalterischer Schwächen sind ihre Bücher durch keine anderen, besser geschriebenen überflüssig geworden.

Ein gewichtiger Auftakt zu dieser Literatur einer proletarisierten Schicht ist OSKAR MARIA GRAFS (1894–1967) autobiographischer Roman *Wir sind Gefangene* (1927), dessen erster Teil, schon 1920 beendet, 1922 in der Roten Romanserie des Malik Verlages erscheint. Nicht nur HOFMANNSTHAL, THOMAS MANN und ROMAIN ROLLAND sind begeistert, auch MAXIM GORKI äußert sich anerkennend. *Wir sind Gefangene* ist in seiner literarischen Bedeutung nur mit *Anton Reiser* von KARL PHILIPP MORITZ zu vergleichen, dessen Held allerdings vom Pietismus derart geprägt ist, daß ihm die Rebellion nicht in den Sinn kommt. Gemeinsames Thema beider Entwicklungsromane ist die wechselseitige Verursachung von sozialer Behinderung und seelischer Zerrüttung, die einhergeht mit extremer Isolation.

Nach dem frühen Tod des Vaters, den seine Teilnahme am Krieg 1870/71 zum Haß auf alle Behörden und Uniformen brachte, wird der prügelnde, beim Militärdienst verrohte älteste Bruder Max Erzieher des Heranwachsenden, der Tag und Nacht, dieser Gewalt ausgeliefert, in der Backstube arbeiten muß. Als Kontrast zu Max, der auf dem Kasernenhof militaristisches Sendungsbewußtsein erlangt hat, bekommt das Aufbegehren des Vaters gegen Behörden und ihre Vertreter, obwohl es in seiner Unbeherrschtheit oft selbstschädigend ist, besonderes Gewicht. Als Oskar siebzehnjährig nach München flieht, um dort der Schriftstellerei nachgehen zu können, verfällt er durch die ungewohnte Umgebung und das Fehlen eines festen Arbeitsrhythmus in einen Zustand der Isolation, der sich bis zur Geistesverwirrung steigert:

Ich ging allein. Keinen Menschen kannte ich, keine Wirtschaft besuchte ich. Scheu durchstreifte ich die Warenhäuser, die Museen, Ausstellungen, saß auf Anlagebänken und wartete auf einen Menschen. Aber niemand sprach mit mir.
Also arbeiten.
Und wieder ging ich auf mein Zimmer und schrieb. Unmögliche Aufsätze häuften sich, Skizzen, Betrachtungen, ein großes Buch über Erziehung wollte ich schreiben. Dann wieder schrieb ich Briefe an namhafte Schriftsteller, jammerte. (. . .)
Unter mir war eine Großbuchbinderei. Arbeiten! Ja, was denn? Was denn? Etwa Bäcker? Das ging auf keinen Fall. Schon wegen Frau Ulitsch nicht, und außerdem hatte ich nicht einmal die Gesellenprüfung gemacht, mußte also als Lehrling wo eintreten. Nein, das ging nicht für einen angehenden Schriftsteller.
Jeden Tag gingen die Buchbinder und Hefterinnen aus dem surrenden Haus, lachten und waren guter Dinge. Sie waren geborgen. Sie hatten was gelernt, verdienten Geld. Was tun? Was tun?

Der Held überschreitet die Grenze zur Depersonalisierung, als er Ende 1914, zum Militär eingezogen, auf dem Exerzierplatz unbändig zu lachen anfängt. Er tritt in Hunger- und Sprechstreik, durchläuft Gefängnisse und Irrenhäuser; als er selbst nicht mehr unterscheiden kann, ob er simuliert oder tatsächlich krank ist, fühlt er sich zum ersten Mal in seinem Leben »frei«. Dieses kostbare Gefühl verliert sich nach der Entlassung vom Militärdienst und der Rückkehr in die alten Verhältnisse; selbst seine Teilnahme an den Ereignissen der Münchner Räterepublik führt nur zu einer großen inneren Erregung. Es gelingt dem Helden auch jetzt nicht, sich aus der Gefangenschaft kaum steuerbarer rebellischer Impulse zu befreien. Erst nach der Niederlage, als er einem verzweifelten Kameraden aus der Gefängniszeit Trost zuspricht, erwacht Graf zu kämpferischer Solidarität: »Mein winziger Kreis zerbarst. Ich war mehr als bloß Ich. Ein großes Glück durchströmte mich.« Grafs Buch hört dort auf, wo die revolutionäre Literatur gewöhnlich beginnt: mit einem Helden, der entschlossen zum Kampf antritt. Die Auseinandersetzungen und inneren Konflikte, die dem vorausgehen, werden in keinem anderen Werk der deutschen proletarischen Literatur derart eindringlich dargestellt. Vergleichbares findet sich nur bei GORKI, dem Schilderer des vorrevolutionären Rußlands.
Die *Kalender-Geschichten* (1929), deren Popularität Graf durch öffentliche Lesungen, mit Lederhose und Wadenstrümpfen ein bajuwarisches Erscheinungsbild zur Schau tragend, zu heben versucht, orientieren sich an TOLSTOJS »Volkserzählungen« und der grobkörnigen Prosa von JEREMIAS GOTTHELF, der im Bewußtsein eigenen Wertes auf geschliffenen Stil und sprachliche Musikalität verzichtete. Die »Idiotie des Landlebens« oder die provinzielle Enge sind bei Graf nicht Inhalt der Darstellung, sondern lediglich Voraussetzung seines Erzählens. Er legt Wert auf die Individualität der Figuren und bevorzugt abenteuerliche Menschen, Originale, Fanatiker und Desperados; anders als etwa LUDWIG THOMA präsentiert er keine konventionelle Sammlung ländlicher Typen. Er schildert ungewöhnliche Ereignisse und ist an abweichendem Verhalten interessiert. Wenn dieser Autor sein folkloristisch geprägtes Milieu nicht verläßt und selbst während seines New Yorker Exils zwischen 1938 und 1967 fast ausschließlich Geschichten aus Bayern schreibt, zeigt er die Provinz aus

einem Blickwinkel, der besonders das sich überlegen dünkende Vorurteil der Städter über die ländliche Rückständigkeit im Visier hat.
So gibt es in Grafs Ehebruchsroman *Bolwieser* (1932), der den Vorwurf des Ehebruchs in der Kleinstadt thematisiert und sogar zum Gegenstand einer öffentlichen Gerichtsverhandlung werden läßt, keinerlei Hinweise auf kirchliche Schritte zum Schutz der Moral, kein sonntägliches Messegehen oder Glockenläuten. Die katholische Atmosphäre ist lediglich in den christlichen Vornamen der Figuren präsent. Im Kampf um den Körper und das Geld der Brauereibesitzerstochter setzt sich der Charme eines Friseurs nicht nur gegen den wenig energischen Eisenbahnstationsvorsteher Bolwieser, den Ehemann, durch, sondern schlägt auch den übermächtigen Vater, den Brauereibesitzer in Passau, aus dem Felde und verdrängt mühelos den früheren Liebhaber, einen gestandenen Metzgermeister und Gaststätteninhaber, aus der Stadt. Der Friseur besiegt auch die Verstimmung der Damenwelt, die trotz seiner Verheiratung mit der schamlosen Ehebrecherin weiterhin seinen Salon besucht und viel Geld dort läßt. Er ist »in einem fort in Weibergeschichten verwickelt« und verwandelt die Heldin des Romans, eine erlebnishungrige, draufgängerische Provinzschönheit, in eine vergrämte Ehefrau. Der Zug ins Mondäne, Weltstädtische, das Kinolächeln des Friseurs, zieht die Frauen an und obsiegt über die uneinnehmbar erscheinenden Positionen wie Brauereibesitz, die Verbindung von Metzgerei und Gaststätte und eine gehobene Beamtenstellung bei der Eisenbahn. Der Friseur als siegreicher Don Juan: Diese Konstellation decouvriert die Moral in der Kleinstadt ebenso, wie sie eine erotische Wüste sichtbar macht, die nur einen Erretter kennt:

> Wieder wie ehedem florierte das Geschäft des kulanten Friseurs, wieder ging es aus und ein dort wie in einem Taubenschlag, und das Geschehene wurde hingenommen wie etwas, von dem man nicht gerne sprach.

Hans Fallada

HANS FALLADAS (1893–1947) Roman mit dem reißerischen, alliterierenden Titel beschreibt einen Circulus vitiosus in der norddeutschen Provinz. Der Autor hatte als Berichterstatter für eine Lokalzeitung den »Landvolkprozeß« 1929 in Neumünster miterlebt und knüpft mit der Romanhandlung an diese Erfahrungen an. Im Mittelpunkt steht der hünenhafte sozialdemokratische Polizeipräsident und Zweite Bürgermeister Gareis, der trotz aller politischen Gewieftheit daran scheitert, ein friedliches Nebeneinander zwischen der Stadt und den in der Umgebung lebenden Bauern zu erreichen. Rechtsradikale, republikfeindliche Kräfte suchen sich die Unzufriedenheit der Bauern mit ihrer wirtschaftlichen Lage zunutze zu machen. Auf der anderen Seite führt das verständnisvolle Vorgehen von Gareis zu Mißverständnissen bei seinen Genossen, die ihn am Schluß wegen Anbiederung bei Bürgertum und Bauern mit Schande davonjagen.
Auslöser der Romanhandlung ist eine Demonstration von 3000 Bauern gegen hohe Steuern und die Festnahme eines Bauernführers, der sich durch die Verhinderung einer Zwangsversteigerung des Widerstands gegen die Staatsgewalt schuldig gemacht hat. Einem Agent provocateur des ebenfalls sozialdemokrati-

schen Regierungspräsidenten, der unter dem Einfluß scharfmacherischer Polizeioffiziere steht, gelingt es, die friedliche Demonstration in eine blutige Auseinandersetzung umzuwandeln, bei der die Bauern der einsatzbegierigen Schutzpolizei in die Arme laufen. Um die Stadt für den Polizeiüberfall auf ihren Demonstrationszug zu bestrafen, organisieren die Bauern einen wirkungsvollen Handelsboykott. Eine Gerichtsverhandlung erweist sich, indem sie die geringe Schuld der Führer des Bauernverbandes feststellt, als Weg zur Wiederherstellung des Friedens. Der Regierungspräsident ist nicht daran interessiert und möchte die Niederlage der Polizeiautorität wettmachen. So endet der Roman mit einer erneuten, gesteigerten Konfrontation demonstrierender Bauern mit der Polizei. Die Bürger, die materiell geschädigt werden, sehen machtlos zu.
Bauern, Bonzen und Bomben ist kein Enthüllungsroman, der die Zustände der Weimarer Republik auf Verschwörungen bestimmter politischer und wirtschaftlicher Gruppen zurückführt und die Politiker als Agenten der Industrie oder der Großagrarier auftreten läßt. Fallada nutzt vielmehr die Übersichtlichkeit der kleinstädtischen Verhältnisse, um das selbstzerstörerische Interessenkonglomerat der Republik in Aktion zu zeigen. Trotz dumpfer Ahnung, daß die Mehrheitsverhältnisse nur eine kompromißhafte Durchsetzung der eigenen Position erlauben, sucht jede Partei aus einer Schwäche der anderen Vorteil zu ziehen. Die Ereignisse machen sich selbständig, und es gibt niemanden, der dem wachsenden Unheil Einhalt gebietet.

Die Herren Führer stehen nachher als Opfer dar – wie ist das gewesen? Ein Telefonanruf, die Ungeschicklichkeit eines Polizeiinspektors ... du lieber Gott, es sind lauter Kleinigkeiten, und zum Schluß ist es ernste Politik. Fallada hat das gut aufgebröselt; er begnügt sich an keiner Stelle mit diesen schrecklichen Rednerphrasen, wie wir sie sonst in jedem politischen Roman finden: Er trennt das Gewebe auf und zeigt uns das Futter. Riecht nicht gut, diese Einlage,

schreibt TUCHOLSKY 1931, der den Roman als »politisches Lehrbuch der Fauna Germanica« begrüßt. Der Roman endet mit einem Griff zur Notverordnung. Nach dem Rücktritt des sozialdemokratischen Bürgermeisters, der von seiner eigenen Partei als selbstherrlicher »Mussolini« in die Wüste geschickt wird, führt der Regierungspräsident den Ausnahmezustand herbei, der die Interessen des Bürgertums schädigt und die Arbeiterschaft und die Bauern zum Objekt staatlichen Zwangs degradiert.

EPIK DER ZWANZIGER JAHRE

Franz Kafka und die deutschsprachige Literatur in Prag

Durch FRANZ KAFKA (1883–1924) wird Prag zu einem wichtigen Ort der deutschen Literaturgeschichte. Es gibt hier eine kulturelle Ausnahmesituation: Die

Franz Kafka vor dem Haus der Familie (1922)

tolerante Haltung der nicht sehr zahl-, aber einflußreichen Deutschen in Prag gegenüber den deutsch sprechenden jüdischen Mitbürgern, auch noch zu einer Zeit, als in Österreich-Ungarn und im Deutschen Reich eine antisemitische Bewegung grassierte, veranlaßte viele Prager Juden, am Kulturleben der deutschen Minorität Anteil zu nehmen und die kulturelle Assimilation als Weg zur gesellschaftlichen Gleichstellung zu betrachten. RAINER MARIA RILKE, GUSTAV MEYRINK (1868–1932), FRANZ WERFEL (1890–1945) und ERNST WEISS (1882–1940) hatten in Prag vor dem Ersten Weltkrieg eine Fin-de-siècle-Literatur hervorgebracht, die das Gespür für die gespenstische Unwirklichkeit der greifbaren Realität und die innere Haltlosigkeit des Noch-Bestehenden besonders ausprägte. So führt *Der Golem* (1915) von GUSTAV MEYRINK in die geheimnisvolle, von versteckten Gängen durchzogene und mit rätselhaften, tückischen, aber auch engelhaft reinen Gestalten belebte Welt des Prager Judenviertels; doch büßt die Klarheit der Darstellung nichts durch die Phantastik des Geschehens ein. Während diese Dichter und andere Talente wie VICTOR HADWIGER (1878–1911) und EGON ERWIN KISCH (1885–1948) den für Nichttschechen alptraumartig wirkenden Ort nur als Durchgangsstation betrachteten, dem man zeit seines Lebens eine gewisse Anhänglichkeit erwies, gelingt es Franz Kafka nicht, sich aus dem Bannkreis dieser Stadt zu lösen, obwohl er in Prag »stärksten seelischen Schaden« erleidet. Er unternimmt zahlreiche Reisen, die sich wie Fluchtversuche ausnehmen, siedelt 1923 für wenige Monate sogar nach Berlin über und wird – sterbenskrank – von MAX BROD 1924 nach Prag zurückgeholt. Seine innere Heimatlosigkeit und der ebenso ausdauernde wie vergebliche Versuch, durch das Schreiben die Fremdheit im Vertrauten zu überwinden, finden in der Fixierung an diese Stadt, an das Elternhaus, an das Leben im großen hellen Quadrat des Altstädter Rings ihre Erklärung.
Bis zu seinem Tode Anfang Juni 1924 ist Kafka ein von nur sehr wenigen Kennern geschätzter Autor, der einige Erzählungen veröffentlicht hat. Die bekanntesten sind: *Das Urteil* (1912), *Die Verwandlung* (1912), *In der Strafkolonie* (1914). Erst mit den posthum erschienenen, Fragment gebliebenen Romanen *Der Verschollene (Amerika)* (1927), *Der Prozeß* (1925) und *Das Schloß* (1926), die sein Freund, der Prager Schriftsteller MAX BROD (1884–1968), gegen den testamentarischen Willen des Verstorbenen veröffentlicht, beginnt sich die Einsicht durchzusetzen, daß Kafka einer der bedeutendsten Autoren deutscher Sprache im 20. Jahrhundert ist. Diese Erkenntnis freilich dämmert den Deutschen spät. Als Dichter von internationalem Rang wird Kafka in Frankreich und England »entdeckt«. In Deutschland setzt eine breitere Rezeption erst in den fünfziger Jahren ein. Daß Franz Kafka neun Jahre vor der Machtübernahme der Nationalsozialisten starb, bewahrte ihn wahrscheinlich vor einem Schicksal, wie er es in seiner Erzählung *In der Strafkolonie* beschrieben hatte. Seine drei Schwestern wurden in den Konzentrationslagern der Nazis umgebracht.

Kafka verbindet eine surreale, traumartige Vorstellungswelt – ein Mensch wacht eines Morgens als riesenhafter Käfer auf (*Die Verwandlung*), ein Arzt legt sich zum Patienten ins Bett (*Der Landarzt*), ein Gerichtsprozeß, bei dem der Angeklagte weder die Anklage noch die Gerichtsinstanz kennt, endet tödlich (*Der Prozeß*) – mit einer glasklaren Sprache von großer syntaktischer Präzision.

Manchmal genügt ihm ein einziger Satz, um die empirischen Zeit- und Raumrelationen aufzuheben und Geschichten zu erzählen, denen es versagt ist, eine Geschichte zu werden:

Wenn man doch ein Indianer wäre, gleich bereit, und auf dem rennenden Pferde, schief in der Luft, immer wieder kurz erzitterte über dem zitternden Boden, bis man die Sporen ließ, denn es gab keine Sporen, bis man die Zügel wegwarf, denn es gab keine Zügel, und kaum das Land vor sich als glatt gemähte Heide sah, schon ohne Pferdehals und Pferdekopf (*Wunsch, Indianer zu werden*, in der Prosa-Anthologie *Betrachtung*, 1912).

Die Unmöglichkeit, Freiheit zu gewinnen, es sei denn im Tode, ist eine Grundfigur im Denken und Schreiben Kafkas. In seinem *Bericht für eine Akademie* (1917) verhöhnt der zivilisierte Affe, der die Akademierede hält, das Freiheitsideal der Menschen:

Nebenbei: mit Freiheit betrügt man sich unter Menschen allzuoft. Und so wie die Freiheit zu den erhabensten Gefühlen zählt, so auch die entsprechende Täuschung zu den erhabensten. Oft habe ich in den Varietés vor meinem Auftreten irgendein Künstlerpaar oben an der Decke an Trapezen hantieren sehen. Sie schwangen sich, sie schaukelten, sie sprangen, sie schwebten einander in die Arme, einer trug den anderen an den Haaren mit dem Gebiß. ›Auch das ist Menschenfreiheit‹, dachte ich, ›selbstherrliche Bewegung.‹ Du Verspottung der heiligen Natur! Kein Bau würde standhalten vor dem Gelächter des Affentums bei diesem Anblick.
Nein, Freiheit wollte ich nicht. Nur einen Ausweg: rechts, links, wohin immer; ich stellte keine anderen Forderungen; sollte der Ausweg auch nur eine Täuschung sein; die Forderung war klein, die Täuschung würde nicht größer sein.

Federzeichnungen von F. Kafka im »Prozeß«-Manuskript

Doch auch der bescheidenere Versuch, wenigstens Auswege zu finden, wo der Gedanke an Freiheit absurd geworden ist, stößt auf unüberwindbare Hindernisse. Gregor Samsa, der Ich-Erzähler der *Verwandlung*, wird von seinem Berufsleben als Angestellter und Familienernährer ausgesperrt, weil er sich über Nacht in ein »ungeheures Ungeziefer« verwandelt hat, eingepanzert in einen Tierkörper, der von seiner Familie mit Ekel notdürftig am Leben erhalten wird. Der Verlust menschlicher Beziehungen, die Unfähigkeit zur Kommunikation lastet auf allen Figuren Kafkas, ohne daß ein Schuldiger dingfest gemacht werden könnte. In der Erzählung *Ein Hungerkünstler* (1921/22) ist es ein freiwillig sich zu Tode hungernder Artist, der sich zum Schauobjekt für ein zahlendes Publikum macht, durch Gitterstäbe von der Außenwelt getrennt, bald schon vergessen und am Ende fast unauffindbar im faulenden Stroh seines Käfigs. In *Der Kübelreiter* (1917) kämpft ein einsamer Mensch gegen seine Armut und gegen den Kältetod:

Verbraucht alle Kohle; leer der Kübel; sinnlos die Schaufel; Kälte atmend der Ofen; das Zimmer vollgeblasen von Frost; vor dem Fenster Bäume starr im Reif; der Himmel, ein silberner Schild gegen den, der von ihm Hilfe will.

Das letzte, äußerste Mittel, Hilfe zu finden, ist ein Ritt durch die Luft auf dem leeren Kübel zum Kohlenhändler, der mit seiner Frau in seinem überhitzten Keller sitzt und durch die geöffnete Tür den Hilferuf auch zu hören meint. Doch an seiner Stelle tritt die Frau aus der Tür und verscheucht den lästigen Bittsteller:

Sie sieht nichts und hört nichts; aber dennoch löst sie das Schürzenband und versucht mich mit der Schürze fortzuwehen. Leider gelingt es. Alle Vorzüge eines guten Reittieres hat mein Kübel; Widerstandskraft hat er nicht; zu leicht ist er; eine Frauenschürze jagt ihm die Beine vom Boden.
»Du Böse«, rufe ich noch zurück, während sie, zum Geschäft sich wendend, halb verächtlich, halb befriedigt mit der Hand in die Luft schlägt, »du Böse! Um eine Schaufel von der schlechtesten habe ich gebeten und du hast sie mir nicht gegeben.« Und damit steige ich in die Regionen der Eisgebirge und verliere mich auf Nimmerwiedersehen.

Es gibt kein größeres Mißverständnis über den Dichter Kafka als die verbreitete Meinung, er habe nur monomanisch-destruktive Bilder der Aussichtslosigkeit niedergeschrieben. Dem Todestrieb, der seine Prosa beherrscht, stehen geradezu wilde Attacken, ihn zu bekämpfen, gegenüber. In Szenen, die das Sterben, das Verlöschen der Personen beschreiben, lebt oft ein Dialog erst auf. Es ist eine bewegte, sinnlich vibrierende Welt, in der diese Menschen ihre Verlassenheit und Selbstverlorenheit zu spüren bekommen; das Labyrinth, in dem sie sich verirren, bietet nicht nur düster-abstoßende, sondern auch anziehende und fesselnde Ansichten. Man kann es auch biographisch ausdrücken: Der promovierte Jurist Franz Kafka, der vierzehn Jahre lang in Prag jeden Tag überaus korrekt seinen Beruf als Beamter der »Arbeiter-Unfall-Versicherungs-Anstalt« ausübte und nachts fieberhaft an seinen Romanen und Erzählungen schrieb, führte zwar dieses kräftezehrende Doppelleben, aber er spielte auch gern Tennis, war ein passionierter Motorradfahrer, interessierte sich für Flugzeuge, trieb sich bei Pferderennen, in Kneipen, bei jiddischen Theaterleuten und auf sozialistischen

Scherzaufnahme aus dem Wiener Prater (1913), links außen Kafka

Veranstaltungen herum; Varieté und Zirkus zogen ihn magisch an wie viele andere Künstler seiner Generation. Viel von diesen farbigen, sinnverwirrenden Schauplätzen fließt in seine Erzählungen ein, nur vom Genießen dieses Lebens erscheinen die »Helden« Kafkas durch Lichtjahre getrennt. Nicht ohne erotischen Hintersinn löst die Kohlenhändlerin ihre Schürzenbänder, um den Kübelreiter zu verscheuchen. Fast zärtlich sind die Worte, die zwischen dem »Aufseher« und dem Hungerkünstler an dessen Lebensende gewechselt werden:

»Verzeiht mir alle«, flüsterte der Hungerkünstler; nur der Aufseher, der das Ohr ans Gitter hielt, verstand ihn. »Gewiß«, sagte der Aufseher und legte den Finger an die Stirn, um damit den Zustand des Hungerkünstlers dem Personal anzudeuten, »wir verzeihen dir.« »Immerfort wollte ich, daß ihr mein Hungern bewundert«, sagte der Hungerkünstler. »Wir bewundern es auch«, sagte der Aufseher entgegenkommend. »Ihr solltet es aber nicht bewundern«, sagte der Hungerkünstler. »Nun, dann bewundern wir es also nicht«, sagte der Aufseher, »warum sollen wir es denn nicht bewundern?« »Weil ich hungern muß, ich kann nicht anders«, sagte der Hungerkünstler. »Da sieh mal einer«, sagte der Aufseher, »warum kannst du denn nicht anders?« »Weil ich«, sagte der Hungerkünstler, hob das Köpfchen ein wenig und sprach mit wie zum Kuß gespitzten Lippen gerade in das Ohr des Aufsehers hinein, damit nichts verloren ginge, »weil ich nicht die Speise finden konnte, die mir schmeckt. Hätte ich sie gefunden, glaube mir, ich hätte kein Aufsehen gemacht und mich vollgegessen wie du und alle.« Das waren die letzten Worte, aber noch in seinen gebrochenen Augen war die feste, wenn auch nicht mehr stolze Überzeugung, daß er weiterhungre.

Mit keinem anderen Autor der Weltliteratur vergleichbar, unterwirft Kafka den Leser einem Zwang zu Deutungen und Analysen, die aber, je genauer sie vorgehen, um so eher, wie in einem geometrisch angeordneten Irrgarten, in Widersprüche und Sackgassen geraten. Es geht den Interpreten mit diesen luziden Texten nicht anders als dem »Mann vom Lande« in der Erzählung *Vor dem Gesetz* (1914), der einen Türhüter »um Eintritt in das Gesetz« bittet. Er verbringt sein Leben vor der Tür, muß sich damit begnügen, daß er, halbblind geworden, »im Dunkel einen Glanz« wahrnimmt, und erhält am Ende auf seine Frage, warum »in den vielen Jahren niemand außer mir Einlaß verlangt hat«, vom Wächter den Bescheid: »Hier konnte niemand sonst Einlaß erhalten, denn dieser Eingang war nur für dich bestimmt. Ich gehe jetzt und schließe ihn.« Im langen Gespräch zwischen Josef K. und dem Geistlichen sucht Kafka in dem Roman *Der Prozeß* selbst nach einer Antwort auf die Frage nach dem Sinn dieser Geschichte, in dem er einige von offenbar unzähligen Verständnisvarianten vorführt. Das Beharren auf Erkenntnis ist diesen Texten ebenso eingeschrieben wie das Eingeständnis der Vergeblichkeit dieses Bemühens. Aber bei einer solchen Feststellung sich zu beruhigen, erlaubt Kafkas Parabel nicht. Schon die Frage, ob der Mann vom Lande, offensichtlich ein einfacher Mensch, mit einem professionellen Interpreten, der über einen durchdringenden Blick verfügt, gleichgesetzt werden kann, eröffnet neue Möglichkeiten des Textverständnisses, das der Absicht des Autors entsprechend niemals ans Ziel gelangt.
Ein wenig bekanntes Meisterwerk aus dem Prager Kreis deutschsprachiger Schriftsteller ist HERMANN UNGARS (1893–1929) Roman *Die Verstümmelten,*

den der Rowohlt Verlag im Frühjahr 1923 herausbringt. 1921 ist Ungar nach Berlin übergesiedelt und arbeitet dort als Handelsattaché an der tschechoslowakischen Gesandtschaft. Der Roman schildert das von Sexualangst geprägte Leben eines Bankangestellten aus ärmlichen Verhältnissen, den die Umstände zwingen, intime Beziehungen zu seiner langjährigen Wirtin, einer verkümmernden jungen Witwe, aufzunehmen; er gerät in schwerste psychische Konflikte, die seinen bis ins kleinste geregelten Alltag in einen Alptraum verwandeln. Ungar schreibt eine skelettartig abgemagerte Prosa, die jeden Ausflug ins Atmosphärische, Sinnliche oder auch Metaphorische rigoros verweigert:

Von seinem zwanzigsten Lebensjahr an war Fritz Polzer Beamter einer Bank. Täglich um dreiviertel acht Uhr morgens ging er in sein Bureau, niemals um eine Minute früher oder später. Wenn er aus der Seitengasse, in der er wohnte, hinaustrat, schlug die Uhr vom Turm dreimal.

Franz Polzer hatte in der ganzen Zeit, in der er Beamter war, weder jemals seine Stellung noch die Wohnung gewechselt. Er bezog sie, als er sein Studium aufgab und in seinen Beruf eintrat. Seine Wohnungsgeberin war Witwe, etwa so alt wie er. Als er zu ihr einzog, war sie im Trauerjahr nach ihrem Gatten.

In all den vielen Jahren seiner Beamtenzeit war Franz Polzer niemals am Vormittag auf der Straße, außer am Sonntag. Er kannte den Vormittag der Werktage nicht mehr, wo die Geschäfte geöffnet sind und eilige Menschen auf den Straßen einander drängen. Er hatte nie einen Tag in der Bank gefehlt.

Die Straßen, durch die er morgens ging, boten täglich das gleiche Bild. An den Geschäften wurden die Rolläden hochgezogen. Vor den Türen standen die Kommis und warteten auf ihre Chefs. Täglich traf er die gleichen Menschen, Schulmädchen und Schuljungen, verblühte Kontoristinnen, schlechtgelaunte Männer, die in ihre Bureaus eilten. Er schritt unter ihnen, den Menschen seiner Tageszeit, eilig, achtlos und ungeachtet als einer der ihren.

Wie der Bankbeamte Josef K. ordnet sich Polzer einer mächtigen, unübersichtlichen Hierarchie unter. Während Kafka jedoch eine Parabel erzählt, determiniert bei Ungar ein psychisches Trauma die Handlung, die sich zur psychopathologischen Groteske entwickelt und an keiner Stelle Trost bietet. Der Roman präsentiert verstümmeltes Leben und ein katastrophales Ende; hartnäckig versperrt der Autor das paranoide Verhalten des Helden gegenüber der Dimension des Interpretierbaren.

Ungar, ein Fabrikantensohn ohne Geldsorgen, bringt es im diplomatischen Dienst bis zum Legationssekretär und ist schließlich im Außenministerium in Prag tätig; bereits 1929 stirbt er im Alter von sechsunddreißig Jahren an einer Blinddarmentzündung.

Hermann Hesse: Der Steppenwolf

Als HERMANN HESSE (1877–1962) im Jahre 1927 den Roman *Der Steppenwolf* veröffentlicht, wird dieses Buch von seiner großen Lesergemeinde ebenso unwillig aufgenommen wie von den Kritikern mißverstanden. Obwohl der in der

Schweiz lebende Autor zu den wenigen deutschen Schriftstellern zählt, die sich der chauvinistischen Welle zu Beginn des Ersten Weltkrieges entgegenstemmten – Hesse prangert am 3. November 1914 in der »Neuen Zürcher Zeitung« unter der Überschrift »O Freunde, nicht diese Töne« die deutsche Mitschuld am Kriege an –, ist der *Steppenwolf* ein Dokument schonungsloser Selbstkritik seines fünfzigjährigen Lebens. Sie führt Hesse nicht nur zu einer neuen weltanschaulichen Position, sondern äußert sich auch im Literarischen als verwirrendes Formexperiment: Hesse verzichtet auf äußere Geschlossenheit, läßt Wiederholungen und Variationen dicht aufeinanderfolgen; grüblerische Betrachtungen werden von einer Fülle phantasmagorischer Ereignisse abgelöst. Es gibt vielfältige Spiegelungen der Geschichte innerhalb der Geschichte, die als parodistischer Entwicklungsroman eines 50jährigen Mannes bezeichnet werden kann. Der Held, Harry Haller, lernt die asketische Enge seines Studierzimmers verlassen und unternimmt, geführt von seinem neuen Ich-Ideal Hermine, holprige Gehversuche in Richtung Lebensgenuß – ein Prozeß, der sehr gemischt Gefühle auslöst:

Hermann Hesse (1929)

Wie das Grammophon die Luft von asketischer Geistigkeit in meinem Studierzimmer verdarb, wie die amerikanischen Tänze fremd und störend, ja vernichtend in meine gepflegte Musikwelt drangen, so drang von allen Seiten Neues, Gefürchtetes, Auflösendes in mein bisher so scharf umrissenes und so streng abgeschlossenes Leben. Der Steppenwolftraktat und Hermine hatten recht mit ihrer Lehre von den tausend Seelen, täglich zeigten sich neben all den alten auch noch einige neue Seelen in mir, machten Ansprüche, machten Lärm, und ich sah nun deutlich wie ein Bild vor mir den Wahn meiner bisherigen Persönlichkeit. Die paar Fähigkeiten und Übungen, in denen ich zufällig stark war, hatte ich allein gelten lassen und hatte das Bild eines Harry gemalt und das Leben eines Harry gelebt, der eigentlich nichts war als ein sehr zart ausgebildeter Spezialist für Dichtung, Musik und Philosophie – den ganzen Rest meiner Person, das ganze übrige Chaos von Fähigkeiten, Trieben, Strebungen hatte ich als lästig empfunden und mit dem Namen Steppenwolf belegt.

Indessen war diese Bekehrung von meinem Wahn, diese Auflösung meiner Persönlichkeit keineswegs nur ein angenehmes und amüsantes Abenteuer, sie war im Gegenteil oft bitter schmerzhaft, oft nahezu unerträglich. Das Grammophon klang oft wahrhaft teuflisch inmitten dieser Umgebung, wo alles auf so andre Töne gestimmt war. Und manchmal, wenn ich in irgendeinem Moderestaurant zwischen allen den eleganten Lebemann- und Hochstaplerfiguren meine Onesteps tanzte, kam ich mir wie ein Verräter an allem vor, was mir je im Leben ehrwürdig und heilig gewesen war. Hätte Hermine mich nur acht Tage allein gelassen, so wäre ich diesen mühsamen und lächerlichen Lebemannsversuchen alsbald wieder entflohen. Aber Hermine war immer da; obwohl ich sie nicht jeden Tag sah, war ich doch stets von ihr gesehen, geleitet, bewacht, begutachtet, – auch alle meine wütenden Auflehnungs- und Fluchtgedanken las sie mir lächelnd vom Gesicht.

Das Bekenntnis zum bisher abgewehrten Teil seiner Person, den vorher die pejorative Bezeichnung »Steppenwolf« ausgrenzte, manifestiert keine kulturpessimistische Sicht, die diesem Buch immer wieder nachgesagt wird. Haller erkennt, daß die Aggressivität der technisch bestimmten Zivilisation nichts Äußerliches ist, die man von einer hohen Warte der Kultur ablehnen kann, sondern lustvoll besetzter Teil des Ich. Wenn der Held die Räume eines »magischen Theaters« mit einer »Hochjagd auf Automobile« oder der Inschrift »Alle Mädchen sind dein« betritt, macht er die Bekanntschaft mit dem eigenen, bisher selbstzerstörerisch verdrängten Innenleben. Gelingt es dem Helden nicht bereits beim ersten Versuch, den die Erzählung schildert, seine Vergangenheit zu überwinden, so enden seine Aufzeichnungen doch mit der Hoffnung:

Einmal würde ich das Figurenspiel besser spielen. Einmal würde ich das Lachen lernen. Pablo wartet auf mich. Mozart wartet auf mich.

Der Jazzsaxophonist Pablo, mit dem ihn Hermine bekannt macht, ist nicht Mozarts Gegenspieler, sondern die zeitgenössische Verkörperung des musikalischen Glücks der »Zauberflöte«.
Hesse gibt die verknöcherte Position eines abendländischen Konservativismus, der Abziehbilder von Goethe und Mozart als Inbegriff kulturellen Wertes verehrt, der Lächerlichkeit preis. Dies erklärt auch die ungeheure Resonanz, die dieses Buch in der amerikanischen Studentenbewegung Ende der sechziger Jahre gefunden hat; in den USA ist gerade dieses Werk Auslöser einer Hesse-Renaissance und in Millionenauflage verbreitet. Daß die späteren Werke, *Narziß und Goldmund* (1930) und *Das Glasperlenspiel* (1943), auf diesem Weg nicht fortschreiten und wiederum eine sakralisierte Bildungsideologie verbreiten, unterstreicht die Bedeutung des *Steppenwolfs* als befreiender Pioniertat.

Alfred Döblins Berlin-Roman

Berlin Alexanderplatz (1929) ist in der Literatur der zwanziger Jahre eine Ausnahmeerscheinung; hier ereignet sich eine Wiedergeburt des Epischen, das seit der klassischen Ästhetik von GOETHE, SCHILLER und HEGEL zur unwiderruflichen Vergangenheit erklärt wurde. Bei seinem Unternehmen rekurriert DÖBLIN allerdings nicht, wie so mancher konservative Epiker seit der Gründerzeit, auf die alte Form des Versepos, vielmehr ist der Geist der Montage leitendes Kompositionsprinzip. Das erlaubt es dem Autor, aus dem grammatisch und lexikalisch fixierten Bereich der geschriebenen Sprache herauszutreten und sich dem Fluß der lebenden Sprache anzuvertrauen, die ein inniges Verhältnis zur Dingwelt besitzt:

Sie ist ein blühendes, konkretes Phänomen, kennt keine »Worte«, wie die Welt keine einzelnen Gegenstände kennt, fließt in Worten und Sätzen anschaulich und gedankenerfüllt, erlebt und durchfühlt hin. (...) Das Buch ist der Tod der wirklichen Sprache.
(*Der Bau des epischen Werkes*, 1929)

ALFRED DÖBLIN mischt innere Monologe in Berliner Dialekt mit Zeitungsmeldungen, statistischen Berichten, Werbeslogans und Bibelzitaten. Den großen Atem der Erzählung bringt auch eine Aufzählung Berliner Straßennamen, länger als eine Druckseite, nicht ins Stocken. Dieser Roman führt weg von einer diskursiven Beschreibung der Realität, nimmt Rücksicht auf das Eigenleben der scheinbar nebensächlichsten Dinge und erfaßt sie in ihrer Bewegung. Selbst der Tabakqualm, der beim Massenamüsement in der »Neuen Welt« an der Hasenheide über den Köpfen schwebt, erlangt bei Döblin ein Schicksal:

Es wird gequalmt, Wolken aus Pfeifen, Zigarren, Zigaretten in der Luft, daß die ganze Riesenhalle vernebelt. Der Rauch sucht, wenn es ihm zu rauchig wird, vermöge seiner Leichtigkeit oben zu entweichen, findet auch richtig Ritzen, Löcher und Ventilatoren, die bereit sind, ihn zu befördern. Draußen jedoch, draußen ist schwarze Nacht, Kälte. Da bereut der Rauch seine Leichtigkeit, sträubt sich gegen seine Konstitution, aber es ist nichts rückgängig zu machen infolge einseitiger Drehung der Ventilatoren. Zu spät. Von physikalischen Gesetzen sieht er sich umgeben. Der Rauch weiß nicht, wie ihm ist, er faßt sich an die Stirn und sie ist nicht da, er will denken und kann nicht. Der Wind, die Kälte, die Nacht hat ihn, und ward nicht mehr gesehn.

So neuartig und revolutionär *Berlin Alexanderplatz* wirkt, es ist der Roman eines 50jährigen Autors, der seit den *Drei Sprüngen des Wang-lun* einen zweibändigen Roman über den Dreißigjährigen Krieg (*Wallenstein*, 1920) und die technokratische Utopie *Berge, Meere und Giganten* (1924) geschrieben hatte, beides gewaltige Experimente in Richtung auf eine epische Form, die die »Zwangsjacke des Berichts fallen« läßt und alle Darstellungsmöglichkeiten nutzt, nach denen der zu gestaltende Stoff verlangt.
Die Geschichte des ehemaligen Zement- und Transportarbeiters Franz Biberkopf, dessen gedrungenes Äußeres dieser Name charakterisiert, ist Gerüst der Handlung. In einem Anfall von Eifersucht hat er seine Geliebte getötet und vier Jahre Gefängnis in Tegel abgesessen. Biberkopf kehrt in die Gegend um den Alexanderplatz zurück und ist zunächst »ambulanter Gewerbetreibender«, danach mit Hakenkreuzbinde Verkäufer völkischer Zeitungen. Nach und nach faßt er, trotz seines oft wiederholten Vorsatzes, »anständig zu bleiben«, wieder Fuß in der Unterwelt. Eine Bande von Einbrechern nötigt ihn zum Mitmachen und stößt ihn als unsicheren Kantonisten aus dem Auto; Biberkopf verliert dabei einen Arm. Ein von ihm hochgeschätzter Freund ermordet Mieze, seine Freundin, die ihn beschützt und durch Prostitution über Wasser hält. Diese erneute Enttäuschung bringt Biberkopf ins Irrenhaus, wo er, nach einem Kampf auf Leben und Tod, dem Untergang mit knapper Not entgeht. Erst diese Niederlage macht Biberkopf »helle«; er wird bescheiden und arbeitet als Hilfsportier in einer mittleren Fabrik, nimmt ohne besonderen Ehrgeiz »Nummern ab, kontrolliert Wagen, sieht, wer rein- und rauskommt«.
Aber nicht diese Geschichte bildet die Handlung des Romans. Den Untertitel *»Die Geschichte von Franz Biberkopf«* hat Döblin erst auf Wunsch des Verlages hinzugefügt. Der eigentliche Held ist das pulsierende Leben der Großstadt, deren Dynamik sich in den Hämmern der Dampframmen beim U-Bahnbau am Alexanderplatz dem Romangeschehen mitteilt.

Rumm rumm wuchtet vor Aschinger auf dem Alex die Dampframme. Sie ist ein Stock hoch, und die Schienen haut sie wie nichts in den Boden.
Eisige Luft. Februar. Die Menschen gehen in Mänteln. Wer einen Pelz hat, trägt ihn, wer keinen hat, trägt keinen. Die Weiber haben dünne Strümpfe und müssen frieren, aber es

sieht hübsch aus. Die Penner haben sich vor der Kälte verkrochen. Wenn es warm ist, stecken sie wieder ihre Nasen raus. Inzwischen süffeln sie doppelte Ration Schnaps, was aber für welchen, man möchte nicht als Leiche drin schwimmen.
Rumm rumm haut die Dampframme auf dem Alexanderplatz. Viele Menschen haben Zeit und gucken sich an, wie die Ramme haut. Ein Mann oben zieht immer eine Kette, dann pafft es oben, und ratz hat die Stange eins auf den Kopf. Da stehen die Männer und Frauen und besonders die Jungens und freuen sich, wie das geschmiert geht: ratz kriegt die Stange eins auf den Kopf. Nachher ist sie klein wie eine Fingerspitze, dann kriegt sie aber noch immer eins, da kann sie machen, was sie will. Zuletzt ist sie weg, Donnerwetter, die haben sie fein eingepökelt, man zieht befriedigt ab.

Im Geschehen der Großstadt, dem »Korallenstock für das Kollektivwesen Mensch«, hat Franz Biberkopf nur eine kleine Rolle. Er ist nur ein Mitläufer, der 1918 die November-Revolution mitmacht und sich danach sang- und klanglos mit seiner Losung vom »Anständig bleiben und für sich bleiben« um Anpassung bemüht. *Berlin Alexanderplatz* endet mit dem Kommando, eine Marschkolonne zu formieren, die unter klingendem Spiel in den Krieg zieht:

Und Schritt gefaßt und rechts und links und rechts und links, marschieren, marschieren, wir ziehen in den Krieg, es ziehen mit uns hundert Spielleute mit, sie trommeln und pfeifen, widebum widebum, dem einen gehts grade, dem andern gehts krumm, der eine bleibt stehen, der andere fällt um, der eine rennt weiter, der andere liegt stumm, widebum widebum.

Diese Sätze verschränken den inneren Monolog des Helden mit einer von außen an ihn herangetragenen Aufforderung des Zeitgeists, sich einzuordnen, mit- und weiter zu marschieren, ohne Rücksicht auf die Folgen. Der forcierte Aufbauoptimismus, der rund um die neue U-Bahnlinie am Alexanderplatz herrscht, verwandelt sich in kriegerische Aggressivität. Das letzte Wort hat ein Trommelschlag.

»Kakanische Welt«: Musil, Broch und Roth

Um 1930 tritt das Dreigestirn österreichischer Romanciers souverän in Erscheinung und verleiht der literarischen Entwicklung jenseits von politischer Tendenz und »Gebrauchsliteratur« einen erstaunlichen Aufschwung. *Der Mann ohne Eigenschaften* (1930–43), *Die Schlafwandler* (1931/32) und *Radetzkymarsch* (1932) konkurrieren miteinander an literarischer Kühnheit und analytischer Strenge und rechnen ab mit der gesamten Epoche zwischen Gründerzeit und der Vorgeschichte des Zweiten Weltkriegs. Im Vergleich hierzu erscheint THOMAS MANNS ambitionierter Roman *Der Zauberberg* (1924) als selbstgenügsamer Rückzug aus der gesellschaftlichen Realität. Bei dem jahrelangen Aufenthalt in einem Lungensanatorium oberhalb von Davos, der die »Handlung« dieses Romans bildet, erlebt der Held als einzig tragende Erfahrung, wie sich sein Zeitgefühl aufhebt. Im Gegensatz zum gesellschaftlichen Leben im Flachland, das in seiner Normalität uninteressant ist, fungiert der *Zauberberg* als faszinierender

Ort bewegender Gespräche über den Sinn des Lebens und die letzten Dinge; an deren verwirrender Dialektik berauscht sich der Autor kaum weniger als sein anspruchslos freundlicher Held.
Der Zusammenbruch der k. u. k. Monarchie verweist die Österreicher ungleich härter auf unabänderliche Tatsachen als die deutschen Verbündeten, die in ihrer Mehrzahl die Niederlage leugnen, sich in Illusionen über einen republikanischen Neuanfang wiegen oder kaltschnäuzig auf eine Revanche hinarbeiten und den Versailler Vertrag zu unterlaufen oder rückgängig zu machen versuchen. Das blühende und bis zum Beginn des Weltkriegs aufstrebende Wien verwandelt sich nach der Auflösung des Habsburger Reiches zwangsläufig in einen Wasserkopf; politische und geistige Auseinandersetzungen werden nur noch als Reflex auswärtiger Ereignisse und der Diskussionen in anderen europäischen Zentren geführt. Gleichsam über Nacht ist Wien als Mittelpunkt einer wichtigen europäischen Landmacht aus dem weltpolitischen Kräftespiel ausgeschieden. Die Erfahrung des tiefgreifenden Wandels und das beklemmende Gefühl eines gewaltigen Vakuums bildet die Grundlage der großen Romanwerke von ROBERT MUSIL (1880–1942), HERMANN BROCH (1886–1951) und JOSEPH ROTH (1894–1939).

Der Mann ohne Eigenschaften

Als Musils Roman auf Drängen des Verlegers Ernst Rowohlt zu erscheinen beginnt, wird er von der Kritik häufig mit MARCEL PROUSTS (1871–1922) Romanzyklus *Auf der Suche nach der verlorenen Zeit* (1913–27) verglichen: Beide unternehmen die enzyklopädische Anstrengung, eine versunkene Scheinwelt in komplizierten Verästelungen wiederzugeben. In dem Roman, an dem Musil, von mannigfachen Arbeitsstörungen begleitet, bis zu seinem Tod zwanzig Jahre lang schreibt, herrscht eine irreale Atmosphäre des »Als ob«, und in seinem Mittelpunkt agiert ein Held, der aus lauter Potentialität besteht und sich trotz seiner Leistungen als Offizier, Ingenieur und Mathematiker auf keine »Eigenschaft« festlegen will.
Zeit der Handlung sind die Monate der Wende von 1913 auf 1914; den Handlungskern der vom Autor selbst publizierten ersten zwei Bücher bildet die »Parallelaktion«, der Versuch eines Festkomitees, für die 1918 bevorstehenden Regierungsjubiläen Kaiser Franz Josephs und Kaiser Wilhelms II. eine zündende Idee zu finden. Der Held des Romans, der lediglich den Namen Ulrich trägt, fungiert als Sekretär der Aktion hochgestellter Persönlichkeiten, deren auffallendste Figuren die Salondame Diotima, der Unternehmer und Großschriftsteller Arnheim und der unkomplizierte General Stumm von Bordwehr sind. Ein erstaunlicher Aufwand an Theorien, Einfällen und Vorschlägen verpufft als mehr oder weniger anregende Unterhaltung. Am Schluß resümiert der General resigniert, nur noch auf eine Wende aus dem Irrationalen hoffend:

Robert Musil (1932)

Diese Geschichten sind verdammt kompliziert. Ich habe mir geradezu manchmal gedacht, das Beste wäre schon, wenn über alle diese Unlösbarkeiten einmal ein rechter Trottel käme, ich meine so eine Art Jeanne d'Arc, der könnte uns vielleicht helfen!

Die satirische Darstellung der k. u. k. Monarchie, »Kakaniens«, ist jedoch nur ein Teilaspekt, da es dem Helden vor allem darum geht, die als zufällig entlarvte Wirklichkeit zugunsten des Möglichen, des Utopischen zu überwinden.
In der Fortführung von *Törleß* (1906), der schon den Einbruch der irrationalen Erfahrung einer »anderen Welt« in die Alltagsrealität formuliert, kreist Ulrichs Existenz um das Erleben des »anderen Zustands«, der die Enge der bürgerlichen Ordnung transzendiert und den »Einzug ins Paradies« ermöglicht. Ein Weg hierzu ist die konsequente Übertragung essayistischen Denkens auf die Lebensführung, der Verzicht auf verfestigende Eigenschaften:

Es gab etwas in Ulrichs Wesen, das in einer zerstreuten, lähmenden, entwaffnenden Weise gegen das logische Ordnen, gegen den eindeutigen Willen, gegen die bestimmt gerichteten Antriebe des Ehrgeizes wirkte, und auch das hing mit dem seinerzeit von ihm gewählten Namen Essayismus zusammen, wenn es auch gerade die Bestandteile enthielt, die er mit der Zeit und mit unbewußter Sorgfalt aus diesem Begriff ausgeschaltet hatte. Die Übersetzung des Wortes Essay als Versuch, wie sie gegeben worden ist, enthält nur ungenau die wesentlichste Anspielung auf das literarische Vorbild; denn ein Essay ist nicht der vor- oder nebenläufige Ausdruck einer Überzeugung, die bei besserer Gelegenheit zur Wahrheit erhoben, ebensogut aber auch als Irrtum erkannt werden könnte (von solcher Art sind bloß die Aufsätze und Abhandlungen, die gelehrte Personen als »Abfälle ihrer Werkstätte« zum besten geben); sondern ein Essay ist die einmalige und unabänderliche Gestalt, die das innere Leben eines Menschen in einem entscheidenden Gedanken annimmt. Nichts ist dem fremder als die Unverantwortlichkeit und Halbfertigkeit der Einfälle, die man Subjektivität nennt, aber auch wahr und falsch, klug und unklug sind keine Begriffe, die sich auf solche Gedanken anwenden lassen, die dennoch Gesetzen unterstehen, die nicht weniger streng sind, als sie zart und unaussprechlich erscheinen. Es hat nicht wenige solcher Essayisten und Meister des innerlich schwebenden Lebens gegeben, aber es würde keinen Zweck haben, sie zu nennen; ihr Reich liegt zwischen Religion und Wissen, zwischen Beispiel und Lehre, zwischen amor intellectualis und Gedicht, sie sind Heilige mit und ohne Religion, und manchmal sind sie auch einfach Männer, die sich in einem Abenteuer verirrt haben.

Das erste essayistische Unternehmen, mit dem der Roman beginnt, ist eine Schlägerei mit drei überlegenen Gegnern, die den Helden auf offener Straße überfallen. Trotz seiner Niederlage entwickelt Ulrich eine anspruchsvolle Theorie des Boxkampfes, die für die unaufhörliche Reflexion in diesem Roman charakteristisch ist. Man dürfe solche Kampferlebnisse nicht nach dem Erfolg beurteilen:

Ihr Reiz liegt auch wirklich darin, daß man in einem kleinsten Zeitraum, mit einer im bürgerlichen Leben sonst nirgendwo vorkommenden Schnelligkeit und von kaum wahrnehmbaren Zeichen geleitet, so viele, verschiedene, kraftvolle und dennoch aufs genaueste einander zugeordnete Bewegungen ausführen muß, daß es ganz unmöglich wird, sie mit dem Bewußtsein zu beaufsichtigen. Im Gegenteil, jeder Sportsmann weiß, daß man schon einige Tage vor dem Wettkampf das Training einstellen muß, und das geschieht aus keinem anderen Grund, als damit Muskeln und Nerven untereinander die letzte Verabredung treffen können, ohne daß Wille, Absicht und Bewußtsein dabei sein oder gar dareinreden dürfen. Im Augenblick der Tat sei es dann auch immer so, beschrieb Ulrich: die

Muskeln und Nerven springen und fechten mit dem Ich; dieses aber, das Körperganze, die Seele, der Wille, diese ganze, zivilrechtlich gegen die Umwelt abgegrenzte Haupt- und Gesamtperson wird von ihnen nur so obenauf mitgenommen, wie Europa, die auf dem Stier sitzt, und wenn dem einmal nicht so sei, wenn unglücklicherweise auch nur der kleinste Lichtstrahl von Überlegung in dieses Dunkel falle, dann mißlinge regelmäßig das Unternehmen. – Ulrich hatte sich in Eifer geredet. Das sei im Grunde, – behauptete er nun – er meine, dieses Erlebnis der fast völligen Entrückung oder Durchbrechung der bewußten Person sei im Grunde verwandt mit verlorengegangenen Erlebnissen, die den Mystikern aller Religionen bekannt gewesen seien, und es sei sonach gewissermaßen ein Ersatz ewiger Bedürfnisse, und wenn auch ein schlechter, so immerhin einer; und das Boxen oder ähnliche Sportarten, die das in ein vernünftiges System bringen, seien also eine Art von Theologie, wenn man auch nicht verlangen könne, daß das schon allgemein eingesehen werde.

In diesem Fall bleibt Ulrichs Reflektieren nicht folgenlos; er gewinnt die Liebe der gesellschaftlich hochstehenden Frau, die den bewußtlos Geschlagenen auf der Straße gefunden hat und ihn in ihre mütterlichen Reize verstrickt.
Ulrichs Hoffnung auf den »anderen Zustand« findet in dem geisteskranken Frauenmörder Moosbrugger ihren stärksten Antipoden. Er überzeugt sich in der Gerichtsverhandlung davon, daß der riesenhafte Gewalttäter wahnsinnig ist, aber erkennt auch, daß dessen Wahnvorstellungen mit eigenen Erfahrungen korrespondieren. Moosbrugger läßt ihn nicht los:

Moosbrugger ging ihn durch etwas Unbekanntes näher an als sein eigenes Leben, das er führte; er ergriff ihn wie ein dunkles Gedicht, worin alles ein wenig verzerrt und verschoben ist und einen zerstückt in der Tiefe des Gemüts treibenden Sinn offenbart.

Der Mann ohne Eigenschaften bleibt Torso; zwanzig Kapitel, die bereits in den Druckfahnen vorhanden waren, zieht der Autor zurück, um sie erneut zu bearbeiten. Über den Verlauf der Romanhandlung besteht Unklarheit. Sicher ist, daß die »Parallelaktion« in den Krieg einmündet. »Nun stellt sich heraus, daß dies die große Idee war, die von der Parallelaktion gesucht wurde«, notiert Robert Musil 1936. Und an anderer Stelle heißt es über das utopische Streben des Helden unmißverständlich: »Ulrichs System ist am Ende desavouiert.« Der Ausbruch des Ersten Weltkriegs bildet eine geistige Demarkationslinie, die Musil im *Mann ohne Eigenschaften* an keiner Stelle überschreitet. Diese Weigerung, über den Ersten Weltkrieg hinauszugehen, findet ihre Bestätigung in der Realität. Der Zweite Weltkrieg ist bereits im Gange, als gerade zwei Drittel des Komplexes literarisch bewältigt sind, und wiederholt ein Geschehen, das nicht weniger sinnlos und katastrophal verläuft als beim ersten Mal.

Die Schlafwandler

MUSIL und BROCH besitzen beide ein Interesse an Maschinentechnik; die naturwissenschaftlich begründete Erkenntnistheorie des logischen Positivismus ist Orientierungspunkt ihres Denkens. Nicht Universitäten, sondern Technische

Hermann Broch (um 1950)

Hochschulen prägen ihre Ausbildung. Während Musils Leben nach frühen, aufsehenerregenden Erfolgen auf wissenschaftlichem und literarischem Gebiet seit 1908 als ungesicherte Privatexistenz verläuft, nimmt HERMANN BROCH am gesellschaftlichen Leben in führenden Positionen teil. Nach einem Studium der Textiltechnologie und der Versicherungsmathematik tritt er im gleichen Jahr, in dem Musil sich zurückzuziehen beginnt, in die väterliche Textilfabrik ein, die er von 1916 bis zu ihrem Verkauf im Jahre 1927 leitet. Als Vorstandsmitglied des Österreichischen Industriellenverbandes setzt er sich mit den sozialen Problemen der ökonomisch-technischen Entwicklung auseinander. Lediglich zwischen 1928 und 1938 lebt Broch ausschließlich die Existenz eines »geistigen Menschen«, studiert Mathematik, Philosophie und Psychologie, schreibt Essays und Romane. Nach seiner Ankunft in den USA 1938 engagiert er sich in mehreren Flüchtlingskomitees und arbeitet, unterstützt durch verschiedene akademische Stiftungen, an einem Forschungsprojekt über Massenpsychologie. 1950, ein Jahr vor seinem Tod, wird er Professor für deutsche Literatur an der Yale-Universität.
Die Schlafwandler spiegeln einen geistesgeschichtlichen Prozeß, dessen zeitliche Zäsuren Broch in den Untertiteln der drei Romane jeweils an den Anfang stellt. *1888 . Pasenow oder die Romantik, 1903 . Esch oder die Anarchie, 1918 . Huguenau oder die Sachlichkeit* lauten die Überschriften, die die Bedeutung der Romanhelden als Handlungsträger von vornherein dadurch relativieren, daß sie die Namen zwischen einer Jahreszahl und einer geistesgeschichtlichen Strömung einklemmen. Romantik, Anarchie und Sachlichkeit sind für Broch die Hauptakzente der zu Ende gegangenen Epoche, und man könnte auch sagen, daß seine Trilogie die Elemente, die bei Musil in der Wende zwischen 1913 und 1914 unversöhnlich gegeneinanderstehen, in einen Handlungsverlauf bringt, der sich bis zur November-Revolution von 1918 über dreißig Jahre hinzieht.
Es ist der »Übergang von der ausklingenden Romantik des späten 19. Jahrhunderts zur sogenannten Sachlichkeit der Nachkriegsepoche«, schreibt Broch in einer Information an den Verleger und verdeutlicht seine These,

> ... daß diese Durchsetzung mit dem Traumhaften durchaus nicht dort zu suchen ist, wo das Leben im vornhinein irreal gedacht ist, sondern daß im Gegenteil mit dem Abbau alter Kulturfiktionen auch das Traumhafte immer freier wird und daß mit je krasserem realen Geschehen es um so deutlicher und ungebundener mit dem Irrationalen verquickt ist.

Brochs Romantrilogie bricht mit der Vorstellung, daß mit zunehmender Versachlichung der gesellschaftlichen Verhältnisse ein Anwachsen von Bewußtheit und vernünftigem Handeln einhergeht; Versachlichung läßt vielmehr eine zerstörerische Sehnsucht nach einem »Führer« entstehen, der als »Heilbringer« die Menschen an der Hand nimmt und das Leben wieder mit Sinn erfüllt, »auf daß die Zeit neu gezählt werde«.
Pasenow oder die Romantik ist eine Stilkopie von FONTANES und THOMAS MANNS Werken um die Jahrhundertwende und führt einen Protagonisten vor, der als adliger preußischer Offizier nach einer aufwühlenden Affäre mit einem Animiermädchen zu seiner keuschen Verlobten zurückkehrt, sie heiratet und nach achtzehn Monaten sein erstes Kind in den Armen hält. Beherrschendes Requisit in der Romanhandlung ist die Uniform: Ihre Aufgabe ist es,

die Ordnung in der Welt zu zeigen und zu statuieren und das Verschwimmende und Verfließende des Lebens aufzuheben, so wie sie das Weichliche und Verschwimmende des Menschenkörpers verbirgt ...

Joachim Pasenow sieht in seiner Braut die rettende Verbindung von Schneewittchen und Madonna und gelangt durch seine Ehe zu einem scheinbar harmonischen Einklang, der seine Lebensangst mit der »romantischen Fiktion« von der Frau verschmilzt.

Esch oder die Anarchie öffnet den Handlungsraum und spielt in dem sich rasant entwickelnden rheinischen Industriegebiet zwischen Mannheim und Köln. Esch, ein Buchhalter, bei dem sich Schübe von Libido mit ängstlicher Sorge um Buchungsfehler verbinden, tritt als anarchischer Rächer der Unterdrückten auf und treibt einen melancholischen Industriellen in den Selbstmord. Er wird herrischer Gatte einer gestandenen Kneipenbesitzerin und Oberbuchhalter eines großen Industrieunternehmens in Luxemburg.

In *Huguenau oder die Sachlichkeit* gipfelt die Trilogie; dieser dritte Teil ist fast so umfangreich wie die beiden ersten zusammen. *Huguenau* schildert in einer von den beiden ersten Teilen sehr abweichenden kaleidoskopartigen Darstellungsweise die zerrütteten Verhältnisse des Ersten Weltkriegs. Broch führt ausgedehnte historisch-logische Exkurse unter dem Titel *Zerfall der Werte* ein, kontrastiert verschiedene Stilebenen und Darstellungsformen: Aphorismen, Dialoge, Sonette und Prosaparabeln unterbrechen den Handlungsverlauf. Der Autor deutet das Geschehen und behandelt »Romantik«, »Anarchie« und »Sachlichkeit« wie musikalische Themen in Variation und Engführung.

Huguenau ist ein Mörder, Opportunist und Geschäftsmann, der sich aus dem Zerfall der Werte in ein »geldlich-kommerzielles Partialsystem« flüchtet. Als Elsässer repräsentiert er eine europäische Landschaft, die sich im deutsch-französischen Machtkampf mit wechselndem Ausgang durch große Vorurteilslosigkeit und Anpassung an das Unvermeidliche auszeichnet. Huguenau ist der Mann der Stunde, der mit Franzosen und Deutschen emotionslos über einträgliche Geschäfte verhandelt und am Ende des Romans als »Exponent des europäischen Geistes schlechthin« fungiert. Angesichts des sich verbreitenden Chaos bittet der Autor am Schluß des Werkes, nicht in Sehnsucht nach einem Führer zu verfallen, die Situation metaphysischer Verlassenheit auszuhalten und die leise Stimme der Vernunft zu vernehmen.

... es ist die Stimme des Menschen und der Völker, die Stimme des Trostes und der Hoffnung und der unmittelbaren Güte: »Tu dir kein Leid! denn wir sind alle noch hier!«

Joseph Roth (1934)

Radetzkymarsch

Joseph Roth, der wie Musil und Broch lange auf literarische Anerkennung warten muß und zusammen mit ihnen erst seit den fünfziger Jahren eine breitere Resonanz findet, vertritt mit seinem umfangreichen Prosawerk nicht im engen Sinne Österreich-Ungarn. Wie Sacher-Masoch und Karl Emil Franzos ist

er ein Autor der slawischen Kronländer. Böhmen, Mähren, Galizien, die Bukowina bis Slowenien sind die Teile der k. u. k. Monarchie, denen er sich zuwendet. Das Milieu seiner Romane ist slawisch; die Nähe Rußlands und das ostjüdische Leben sind bestimmende Elemente ihrer Atmosphäre.
Mit Ausnahme der Jahre nach 1933, in denen er in Paris als habsburgischer Legitimist auftritt, ist für Joseph Roth eine komplizierte und eigenwillige Auffassung der gesellschaftlichen Realität charakteristisch. 1914, als zwanzigjähriger Germanistikstudent durchaus unter dem Einfluß deutschnationaler Professoren stehend, hält er sich von der allgemeinen Kriegsbegeisterung fern und kultiviert ein distanziertes Dandytum.
Zwei Jahre später jedoch meldet er sich freiwillig und besteht zu einer Zeit, als Ernüchterung und Kriegsmüdigkeit auch beim Militär weit fortgeschritten ist, auf Eintritt in die Armee. Roth kommt gerade rechtzeitig, um bei der Beerdigung Kaiser Franz Josephs in feldgrauer Uniform Spalier zu stehen. 1930, als er am *Radetzkymarsch* arbeitet, beschreibt er die gemischten Gefühle, die ihm diese Situation bereitet hat:

Der Erschütterung, die aus der Erkenntnis kam, daß ein historischer Tag eben verging, begegnete die zwiespältige Trauer über den Untergang eines Vaterlandes, das selbst zur Opposition seiner Söhne erzogen hatte. Und während ich es noch verurteilte, begann ich schon, es zu beklagen. Und während ich die Nähe des Todes, dem mich noch der tote Kaiser entgegenschickte, erbittert maß, ergriff mich die Zeremonie, mit der die Majestät (und das war Österreich-Ungarn) zu Grabe getragen wurde. Die Sinnlosigkeit seiner letzten Jahre erkannte ich klar, aber nicht zu leugnen war, daß eben diese Sinnlosigkeit ein Stück meiner Kindheit bedeutete. Die kalte Sonne der Habsburger erlosch, aber es war eine Sonne gewesen.

Radetzkymarsch (1932), sein Hauptwerk, das den Abschied von einer Welt nachvollzieht, die unwiderruflich vergangen ist, erzählt eine Familiengeschichte. In der Schlacht von Solferino (1859) rettet Leutnant Trotta dem Kaiser das Leben und wird geadelt. Nach einigen Jahren liest er im Lesebuch seines fünfjährigen Sohnes die patriotische Version des Vorfalls, ist darüber empört und nimmt nach einer erfolglosen Audienz beim Kaiser seinen Abschied. Die Treue des Kaiserhauses ist jedoch unverbrüchlich, und der Sohn des Leutnants bringt es ohne Schwierigkeiten zum Bezirkshauptmann in Mähren, wo vor seinem Haus jeden Sonntag der Radetzkymarsch erklingt. Der Enkel jedoch ist ein Versager; trotz einer sicheren Militärkarriere verfällt er der Trunksucht und Spielleidenschaft und scheidet aus der Armee aus. Nach Kriegsbeginn wieder eingerückt, fällt er beim Wasserholen für seine durstenden Soldaten. Der Bezirkshauptmann stirbt 1916 kurz nach seinem Kaiser, nachdem er ein Leben lang versucht hatte, ihm ähnlich zu werden.
Der kurze Aufstieg der Trottas beginnt in dem Augenblick der schweren Niederlage von Solferino, die das Ende der österreichischen Herrschaft in Italien ankündigt. Ironischerweise verschweigt der Autor diese Niederlage und läßt das Überleben des Kaisers bereits als Sieg erscheinen. Er konzipiert ein gegenläufiges Geschehen, das den Zusammenbruch der k. u. k. Monarchie nicht als »Betriebsunfall«, sondern als endgültigen Abschluß deutlich macht. Der Kaiser,

wohl auch etwas vertrottelt, ist immer im rechten Moment zur Stelle, wenn es um das Schicksal der Trottas geht: Nach Jahrzehnten verschwindet die verlogene patriotische Geschichte aus dem Lesebuch; die Beförderungen von Sohn und Enkel des »Helden von Solferino« verlaufen glatt, schließlich begleicht der Kaiser sogar die Spielschulden des mißratenen Enkels durch ein Darlehen aus der Privatschatulle.

Bei den Trottas vollzieht sich jedoch ein Abstieg der Generationen. Während der Ahnherr selbstbewußt auf der Wahrheit beharrt und, nachdem er seinen Dienst in der Armee aufgekündigt hat, als prosperierender Gutsherr lebt, führt sein Sohn, obwohl Bezirkshauptmann, bereits ein Leben aus zweiter Hand, das seinen Sinn lediglich aus der Nachahmung der kaiserlichen Autorität bezieht. Der Enkel fühlt sich dem Bilde des Großvaters nicht gewachsen, vermag sich aber auch nicht unterzuordnen wie der Bezirkshauptmann. Als lebensmüder Melancholiker zieht er den Tod auf sich. Eine politische Demonstration streikender Borstenarbeiter, die er mit seinen Soldaten aufzulösen hat, wird sein Schicksal:

Sie kamen. Sie kamen aus der Richtung der Schenke. Ihnen voran wehte ihr Gesang, ein Lied, das der Leutnant noch niemals gehört hatte. In dieser Gegend hat man es noch kaum gehört. Es war die Internationale, in drei Sprachen gesungen. Der Bezirkskommissär Horak kannte es, berufsmäßig. Der Leutnant Trotta verstand kein Wort. Aber ihm schien die Melodie jene in Musik verwandelte Stille zu sein, die er vorher im Rücken gespürt hatte. Feierliche Aufregung bemächtigte sich des flotten Bezirkskommissärs. Er lief von einem Gendarmen zum anderen. Notizbuch und Bleistift in der Hand. Noch einmal kommandierte Trotta: »Vergatterung!« Und wie eine auf Erden gefallene Wolke zog die dichte Gruppe der Demonstranten an dem starrenden, doppelten Zaun der zwei Reihen Jäger vorbei. Den Leutnant ergriff eine dunkle Ahnung vom Untergang der Welt. Er erinnerte sich an den bunten Glanz der Fronleichnamsprozession, und einen kurzen Augenblick schien es ihm, als wallte die finstere Wolke der Rebellen jenem kaiserlichen Zug entgegen. Für die Dauer eines einzigen hurtigen Augenblicks kam über den Leutnant die erhabene Kraft, in Bildern zu schauen; und er sah die Zeiten wie zwei Felsen gegeneinanderrollen, und er selbst, der Leutnant, ward zwischen beiden zertümmert.

Es sind die inneren, nicht zu lösenden Konflikte, an denen die Monarchie zugrunde geht. Sie unterstützt bedingungslos die Besitzenden gegen das arbeitende Volk und wehrt sich mit Gewalt gegen das Aufbegehren der unterdrückten Völkerschaften. Die Nachricht von der Ermordung des Thronfolgers Franz Ferdinand löst beim Sommerfest der Offiziere eine Danse macabre aus, bei der die Trauer in die Freude überspringt, einen lästigen Unruhestifter losgeworden zu sein:

In den zwei großen Sälen, in denen man bis jetzt getanzt hatte, spielten beide Militärkapellen, dirigiert von den lächelnden, knallroten Kapellmeistern, den Trauermarsch von Chopin. Ringsum wandelten ein paar Gäste im Kreis, im Kreis, zum Takt des Trauermarsches. Bunte Papierschlangen und Koriandolisterne lagen auf ihren Schultern und Haaren. Männer in Uniform und in Zivil führten Frauen am Arm. Ihre Füße gehorchten schwankend dem makabren und stolpernden Rhythmus. Die Kapellen spielten nämlich ohne

Noten, nicht dirigiert, sondern begleitet von den langsamen Schleifen, die der Kapellmeister schwarze Taktstöcke durch die Luft zeichneten. Manchmal blieb eine Kapelle hinter der anderen zurück, suchte die vorauseilende zu erhaschen und mußte ein paar Takte auslassen. Die Gäste marschierten im Kreis rings um das leere, spiegelnde Rund des Parketts. Sie kreisten so umeinander, jeder ein Leidtragender hinter der Leiche des Vordermanns und in der Mitte die unsichtbaren Leichen des Thronfolgers und der Monarchie. Alle waren betrunken. Und wer noch nicht genügend getrunken hatte, dem drehte sich der Kopf vom unermüdlichen Kreisen. Allmählich beschleunigten die Kapellen den Takt, und die Beine der Wandelnden fingen an zu marschieren. Die Trommler trommelten ohne Unterlaß, und die schweren Klöppel der großen Pauke begannen zu wirbeln wie junge, muntere Schlegel. Der betrunkene Pauker schlug plötzlich an den silbernen Triangel, und im selben Augenblick machte Graf Benkyö einen Freudensprung. »Das Schwein ist hin!« schrie der Graf auf ungarisch. Aber alle verstanden es, als ob er deutsch gesprochen hätte. Plötzlich begannen einige zu hüpfen. Immer schneller schmetterten die Kapellen den Trauermarsch. Dazwischen lächelte der Triangel silbern, hell und betrunken.

Radetzkymarsch ist kein Sprachexperiment; Perspektivenreichtum entsteht durch eine behutsam modulierte Erzählung aus der jeweiligen Bewußtseinslage der Figuren. Joseph Roth geht von der Anschauung aus und schreibt eine transparente Prosa, die Kraft und Anmut paart, musikalisch in Satzbau und Fügung. Denkmodelle wie »Essayismus« oder »Verfall der Werte« gehören nicht zum Repertoire dieser Epochendarstellung. Die Kühnheit des Romans beruht auf dem langen Atem bei der Inszenierung eines Abschieds, der mit einem scheinbaren Aufstieg beginnt. »Die Trotta waren ein junges Geschlecht« lautet der erste Satz, der eine Balance hält zwischen distanzierter Satire und Elegie.
Die Kapuzinergruft (1938) gilt als Fortsetzung von *Radetzkymarsch.* Es ist der Rechenschaftsbericht eines Ich-Erzählers und behandelt vor allem das Nachkriegsschicksal der Abkömmlinge des Bruders jenes Trotta, »der dem Kaiser Franz Joseph in der Schlacht bei Solferino das Leben gerettet hat«. Die Handlung setzt kurz vor dem Ersten Weltkrieg ein und endet mit dem »Anschluß« Österreichs im Jahre 1938. Hier wird die Begräbnisstätte der Habsburger zum Zufluchtsort, der dem Helden im Einverständnis mit dem Wärter, einem Kapuzinermönch, vor dem nationalsozialistischen Unwesen Schutz gewährt. Dieser Roman, der auf den Vormarsch des »Dritten Reichs« in Europa reagiert, zeigt Joseph Roth als unumwundenen Apologeten fiktiver altösterreichischer Verhältnisse, deren tatsächliche Unhaltbarkeit *Radetzkymarsch* thematisiert.

DIE WEIMARER REPUBLIK AM ENDE

Gerhart Hauptmann: Vor Sonnenuntergang

Als ahnungsvolles Requiem wirkt GERHART HAUPTMANNS Schauspiel *Vor Sonnenuntergang* (1932). Der siebzigjährige Dichter, der dank seiner Opposition im

Kaiserreich Anfang der zwanziger Jahre als Kandidat für das Amt des Reichspräsidenten ins Gespräch gebracht wurde und sich in einer repräsentativen Rolle als Premierenbesucher und Festredner gefallen hatte, knüpft mit diesem Werk an die längst vergangene schöpferische Phase an, die er 1889 mit *Vor Sonnenaufgang* eröffnete. Während Hauptmanns erstes naturalistisches Drama in der zwielichtigen Figur des Ingenieurs Hoffmann den Aufstieg des liberalen Bürgertums ankündigt, führt das späte Gegenstück mit dem gebildeten Kommerzienrat Clausen einen vergreisten Unternehmer vor, den die eigene Familie entmündigt und als modernen King Lear in den Wahnsinn treibt. Hauptgegner dieser Symbolfigur des bürgerlichen Liberalismus, die zu Beginn des Stücks im Zenit des Lebens steht, ist der unkultivierte Schwiegersohn Klamroth; als designierter Nachfolger des Kommerzienrats leitet er die Clausenschen Betriebe. Das Personenverzeichnis charakterisiert ihn als »vierschrötig, tüchtig, provinziell«. Clausen, dessen bildungsbürgerliches Harmoniestreben sich in den Namen seiner Kinder Wolfgang, Egmont, Bettina und Ottilie manifestiert, versucht am Ende seines Lebens aus einer erstarrten Vergangenheit auszubrechen und will mit Inken, der Nichte seines Gärtners, ein neues Leben beginnen. Die Familie toleriert jedoch die unstatthafte Liebe des alten Mannes zu dem Mädchen aus sehr kleinen Verhältnissen nicht und sieht darin lediglich einen Angriff auf ihren Besitzstand, den es mit allen Mitteln abzuwehren gilt. Da die Söhne und Töchter des Kommerzienrats selbst nicht in der Lage sind, die Geschäfte zu führen, delegieren sie ihre wirtschaftlichen Interessen an den machthungrigen Schwager, der durch Versprechungen auch die Stadtverordneten und die Stadträte auf seine Seite bringt und damit die Usurpation gesellschaftlich absichert.

Friedrich Ebert und Gerhart Hauptmann (1922)

Das Schauspiel, mit dem Hauptmann auf seinen siebzigsten Geburtstag aufmerksam macht, stellt durch Goethe-Anspielungen und -Zitate einen unheimlichen Zusammenhang zwischen GOETHES hundertstem Todestag im Jahre 1932 und dem Ende der Weimarer Republik her, deren Gründungsversammlung in Weimar den Geist der deutschen Klassik beschworen hatte. Hauptmann unterstreicht den beklemmenden Charakter jener Abdankung, indem er seinen siebzigsten Geburtstag mit dem Geburtstagsfest seines siebzigjährigen Helden verknüpft.

Die traditionelle Form des Familiendramas liefert hier ein erstaunlich aussagekräftiges Erklärungsmodell, das den nationalsozialistischen Machtantritt nicht als unvorhersehbare Katastrophe, sondern als organische Entwicklung faßbar werden läßt. Ein konservatives, handlungsunfähiges Bürgertum unterwirft sich zur Wahrung seines Besitzes einem plebejischen Aufsteiger. Klamroth setzt rücksichtslos durch, was seine Auftraggeber möchten, aber kaum zu denken wagen. *Vor Sonnenuntergang* beginnt mit einer mittäglichen Geburtstagsfeier in einer von Musik und Licht erfüllten Atmosphäre eines großbürgerlichen Anwesens; das Stück endet nur wenige Monate später mit dem Selbstmord des Firmengründers, der sich in eine ärmliche Behausung flüchtet, bei stürmischem Unwetter in stockfinsterer Nacht.

1933–1945

Der Machtantritt der Nationalsozialisten im Januar 1933 markiert einen scharfen Einschnitt auch in der Geschichte der deutschen Literatur. Die Bücherverbrennungen vom 10. Mai 1933, die in allen deutschen Universitätsstädten stattfinden, signalisieren bereits den Vollzug der »Gleichschaltung«. Um dem organisierten Terror der SA zu entkommen und einem Schicksal zu entgehen, das CARL VON OSSIETZKY (1889–1938) und ERICH MÜHSAM (1878–1934) nach ihrer Verhaftung am 28. Februar 1933 erlitten, haben die prominenten Schriftsteller – oft über Nacht – ihr Land verlassen und im Ausland Schutz gesucht. Paris, Amsterdam und Prag werden Zufluchtsorte deutscher Literatur; nach Ausbruch des 2. Weltkrieges gewähren die USA, England und Mexiko deutschen Autoren Aufenthalt.
Durch die Einrichtung der »Reichsschrifttumskammer« (November 1933), die von den Mitgliedern den Nachweis »arischer« Abstammung und eine Treueerklärung zum nationalsozialistischen Staat verlangt, besitzen die Machthaber ein Instrument, mit dem sie willkürlich über die Arbeits- und Publikationserlaubnis der in Deutschland verbliebenen Schriftsteller entscheiden können: Die Mitgliedschaft in dieser Zwangsorganisation wird Voraussetzung für die Ausübung des Berufs. Die Drohung des Entzuges der Mitgliedschaft oder die Verlockung, eine Zulassung zu erteilen, sind in diesen Jahren ein wichtiges Druckmittel, das

10. Mai 1933

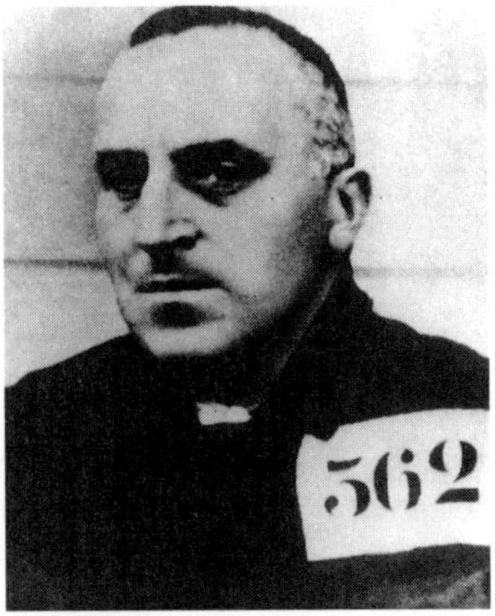

Carl von Ossietzky

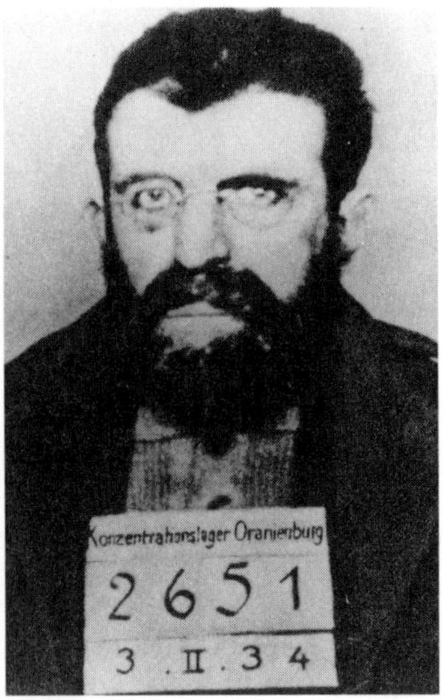

Erich Mühsam

besonders bei weniger prominenten Autoren greift und literarische Konformität erzeugt. Darüber hinaus üben nationalsozialistische Ideologen als Rezensenten der »völkischen« Presse eine Nachzensur an der Produktion der belletristischen Verlage und der noch zugelassenen Zeitschriften, wie der »Neuen Rundschau« im S. Fischer Verlag; sie warten mit Enthüllungen aus der politischen Vergangenheit eines Autors auf oder prangern »undeutsche« Tendenzen eines Werkes an und operieren im Vorfeld von Verhaftung und Berufsverbot.

GOTTFRIED BENN ausgenommen, der in Rundfunkreden im April (»Der neue Staat und die Intellektuellen«) und im Mai 1933 (»Antwort an die literarischen Emigranten«) die »völkische Erneuerung« und den Beginn der Überwindung der Dekadenz preist, tritt kein prominenter Autor aktiv auf die Seite des neuen Regimes. Für ALFRED DÖBLIN, RICARDA HUCH, HEINRICH und THOMAS MANN sowie FRANZ WERFEL nehmen in der Preußischen Akademie, Sektion für Dichtkunst, Vertreter der »Blut und Boden«-Ideologie und Nazi-Barden Platz: BLUNCK, HANS GRIMM, JOHST, KOLBENHEYER und VESPER. Der Titel ihrer Hauptwerke *Volk ohne Raum, Das harte Geschlecht, Die Urvätersaga* sprechen für sich. Kernsatz in JOHSTS *Schlageter*-Drama aus dem Jahre 1933, das auf allen Theatern des Reichs gespielt werden muß, ist das Bekenntnis: »Wenn ich das Wort ›Kultur‹ höre, entsichere ich meinen Revolver« – eine literarische Begleitung des SA-Terrors gegen Intellektuelle.

ILLEGALITÄT UND EXIL

Berichte über Konzentrationslager und die illegalen, wenig wirksamen Aktivitäten des Widerstands in Deutschland, Schilderungen, die das elende Leben der Emigranten auf der Flucht dokumentieren, besitzen damals wie heute wenig literarische Attraktivität. Bis zu Beginn des 2. Weltkriegs findet der oppositionelle Appell an die »Weltöffentlichkeit« aufgrund der »Appeasementpolitik« der auswärtigen Staaten gegenüber Hitler auch außerhalb Deutschlands kaum Resonanz. In den Jahren nach 1945 entwickelt sich eine problematische Arbeitsteilung bei der Bewältigung der deutschen Vergangenheit: Während die DDR den antifaschistischen Widerstand und die Exilliteratur außer Konkurrenz für sich reklamiert, leistet die Bundesrepublik materielle Wiedergutmachung und unterhält besondere Beziehungen zum Staate Israel.

Wolfgang Langhoff

Als einer der ersten dokumentiert WOLFGANG LANGHOFF (1901–1966) die gewalttätige Unterdrückung der Opposition im »Dritten Reich«. Sein Bericht *Die Moorsoldaten. 13 Monate Konzentrationslager* erscheint 1935 in Zürich. Langhoff arbeitete seit 1928 als Regisseur und Schauspieler am Düsseldorfer Schauspielhaus und leitete neben seinem Hauptberuf als engagiertes Mitglied der KPD Gesangschöre und Laienaufführungen regionaler Arbeitertheater. Am Abend des 28. Februar 1933, dem Tag nach dem Reichstagsbrand, wird er verhaftet und kommt, von SA, SS und Polizei bewacht, in eine 13 Monate dauernde »Schutzhaft« ohne Gerichtsverfahren. Das Düsseldorfer Gefängnis Ulmer Höhe und die Konzentrationslager Börgermoor und Lichtenberg sind die Stationen dieses Leidensweges. Langhoff berichtet mit lakonischer Nüchternheit und geht nicht über die Wiedergabe von Beobachtungen, Gesprächen und Handlungsabläufen hinaus.

Für mich war es ein wenig schwer, den richtigen Kontakt mit meinen Mitgefangenen zu bekommen, ich war der einzig Gutgekleidete unter ihnen. Ein solcher Unterschied von Kleidung, Sprache und Erziehung ist schwer zu überbrücken. Ich fühlte, wie ich nicht von vornherein und bedingungslos in ihre Gemeinschaft und ihre Gespräche aufgenommen wurde. Trotzdem waren sie bemüht, auch von sich aus diese Kluft zu überwinden.
Es waren in der Hauptsache kommunistische Arbeiter, kleine Funktionäre der Kommunistischen Partei, und außer mir war noch ein Mann unter den Verhafteten, der durch Kleidung und Wesen von den anderen abstach. Er sprach mit keinem Menschen, stand immer in einer Ecke und blickte bei jedem Türaufschließen ängstlich hin.
Er tat mir leid – alle anderen waren befreundet und unterhielten sich – und ich ging zu ihm und fragte ihn, weshalb er verhaftet sei. Sofort stand ein Kreis von Zuhörern um uns:
»Aus welchem Stadtteil ist denn der?«
»Den kennen wir ja gar nicht!«
Der Angesprochene, ein junger Mann mit wachsbleichem Gesicht, schwarzen, zurückgekämmten Haaren und dunkel beschatteten Augen, blickte mißtrauisch und wortlos von einem zum anderen.
Und mit einemmal begann er zu weinen, – schüchtern und verbissen –, und erzählte, daß er gar nicht hierher gehöre. – Daß er irrtümlicherweise verhaftet sei. – Daß er sich nie, *nie* um Politik gekümmert hätte! – Er sei noch nie im Gefängnis gewesen; und die Schande!
»Ich mach' Schluß! Wenn meine Leut' daheim das erfahren! Ich hab' mit keinem hier etwas zu tun! Ich bin doch Friseur, ich war immer anständig und hab' mich um nichts gekümmert, und jetzt passiert mir so etwas! Ich mach' Schluß!«
Dicke Tränen liefen über seine Backen.
Die Arbeiter, die uns umstanden, mußten lachen. Sie lachten nicht laut oder verächtlich, sie schmunzelten nur so ein wenig.
Dazu kam noch, daß der verzweifelte Friseur in schwäbischer Mundart sprach und die anderen alle Rheinländer waren, die sich über den fremden Dialekt königlich amüsierten.

Während des Verhörs durch sechs oder sieben SS-Leute wird Langhoff mit Gummiknüppeln geschlagen und mit dem Gesicht zur Wand gestellt:

Ich spüre den Revolverlauf im Rücken. Gott sei Dank, gleich ist es vorüber.
Der Hahn knackt – während ich mich fallen lasse, trifft mich ein Tritt ins Gefäß und die SS-Männer brechen in Gelächter aus. Sie lassen mich am Boden liegen.
»So, jetzt hast du eine halbe Stunde Zeit. Dann kommen wir wieder und du sagst uns, wo du Waffen versteckt hast und was die Namen auf der Karte bedeuten.«
Sie gehen.

In dieser halben Stunde habe ich nur immer gedacht: »So ist das also. – So ist das also.« Ich empfand keinerlei Furcht mehr. Es war mir so, als wenn ich ein anderer wäre, der sich selbst am Boden liegen sieht.
Hundertmal sagte ich mir vor: »So ist das also. – So ist das also.« Ich konnte keinen anderen Gedanken fassen. Mein Atem flog, mir war furchtbar heiß. Ich lag platt auf dem Bauch und preßte meinen Kopf und die nackte Brust auf die kalten Steinfliesen. Das kühlte. Aus Nase und Mund lief Blut. Ich lag mit dem Kopf in der Lache und wollte mich wegwälzen. Unerträgliche Schmerzen. Ich konnte mich nicht rühren. Die Haut war an vielen Stellen geplatzt. Hals und Arme dick aufgeschwollen. Mit der Zunge tastete ich meinen Mund und die Zähne ab. Vorn fehlte mir alles.
»Verflucht, sie haben dir deine Zähne rausgeschlagen! – Reg dich nicht auf, die haben doch keinen Zweck mehr – in einer halben Stunde kommen sie wieder und machen dich kaputt. Bestimmt.«
In einer halben Stunde. Eine halbe Stunde noch. Kein Gedanke an den Tod, keine Furcht davor. Beinahe ein sachliches Interesse. Nebensächlichkeiten, Kleinigkeiten: »Wie hast du dich gehalten? – Bei dem oder dem Schlag hättest du dich besser abdecken können. Du darfst nicht in der Mitte stehen bleiben. Du mußt versuchen, in die Ecke zu kommen. Wenn du in der Ecke stehst, können höchstens nur drei Mann auf dich einschlagen. Arme und Kopf haben am meisten abbekommen.« – Mit Anstrengung gelang es mir, mich ein wenig auf die Seite zu wälzen. Ich blickte die kahlen Wände hinauf. »So sieht also ein Bunker aus. Wer da vierzehn Tage drin liegt, der hat auch genug.« Draußen vor dem kleinen eingemauerten Fenster wurden Kohlen abgeladen. Ich hörte, wie der Anthrazit auf den Boden prasselte und die Schaufel hineinfuhr. – »Vielleicht können die mich hören!« – »Hilfe« ... Ich konnte nicht mehr laut rufen.

Nach monatelanger Haft im überfüllten Gefängnis bietet die Fahrt zum neuerrichteten Konzentrationslager Börgermoor in der Nähe von Papenburg eine Abwechslung, zumal der Zug von Polizisten begleitet wird. Diese angenehme Unterbrechung endet jäh, als der Zug an der Endstation von einer starken SS-Truppe in Empfang genommen wird.
In Börgermoor bewohnen jeweils hundert Häftlinge eine Baracke, und es wird ihnen erlaubt, einen Ältesten zu bestimmen, der als ihr Sprecher auftritt. Durch die räumliche Trennung von der SS-Wachmannschaft, die außerhalb des stacheldrahtumzäunten Lagers lebt und sich im Normalfall auf Patrouillengänge beschränkt, kann unter den Insassen eine Gemeinschaftlichkeit entstehen, die ihnen das Gefühl vermittelt, noch Mensch zu sein. Die Organisation des »Zirkus Konzentrazani« läßt ihren Willen, sich nicht aufzugeben und der Erniedrigung durch die SS-Mannschaften etwas Eigenes entgegenzusetzen, besonders hervortreten:

Die SS hatten wir absichtlich so plaziert, daß sie gegen die Sonne schauen mußte, im Fall es einem einfallen sollte, einen Apparat mitzubringen und zu knipsen. Außerdem hatten wir auch beschlossen, die Vorstellung sofort abzubrechen, wenn ein Photoapparat auftauchen sollte.
Neugierig, lachend und gespannt wie Kinder saßen die Kameraden da.
Würde unser Zirkus nicht noch im letzten Moment verboten werden? – Es läßt sich schwer beschreiben, welche Stimmung uns alle ergriffen hatte. Man muß die ganze Situation be-

rücksichtigen, in der wir lebten. Die SS kam sozusagen zu uns als Gast! Wir, die wir nicht mehr das Leben von Menschen führten, hatten es gewagt, für einige Stunden über uns selbst zu bestimmen, ohne Befehle, ohne Anweisungen, ganz so, als ob wir unsere eigenen Herren wären und als ob so eine Einrichtung wie Konzentrationslager nicht existierte! Dieses Gefühl war in der Masse der Zuschauer deutlich spürbar.
Einer unserer »Clowns« hatte sich ein Brett vor den Bauch gebunden und lief als Bonbon- und Eisverkäufer durch die Reihen. Er bot riesige Torfstücke an.
»Das gute Mooreis! Wer will noch mal! Zehn Pfennig die Portion! Frisch gestochen!«
2.30 Uhr.
Alle Köpfe wandten sich dem Eingang zu: Mit dem Kommandanten an der Spitze zog die SS ein. Es wurde still unter den neunhundert Häftlingen. Ein wenig verlegen nahm die SS Platz. Neugierige Augen blickten zu ihnen hin, so wie: Na, paßt mal auf, Jungens, jetzt werden *wir* euch etwas zeigen! Ich hatte meine Artisten hinter einer Baracke versammelt und gab ihnen die letzten Anweisungen.
Die Vorstellung begann.
Unsere Schrammelkapelle, die am Eingang der Manege saß, ließ einen quietschenden Tusch ertönen. Die zwanzig Stalldiener sprangen herein und bildeten Spalier, und dann betrat »Direktor Konzentrazani« mit einem riesigen Pappzylinder, einer Peitsche und dem ganzen Rock bis auf die Knie voller Orden, in Holzklotschen mit Gummischäften, die Manege.

Am Schluß der Vorstellung trägt der Chor zum ersten Mal das »Börgermoorlied« vor, dessen erste Strophe lautet:

Wohin auch das Auge blicket,
Moor und Heide nur ringsum,
Vogelsang uns nicht erquicket,
Eichen stehen kahl und krumm.
Wir sind die Moorsoldaten
Und ziehen mit dem Spaten
Ins Moor . . .

Jan Petersen

Ein Dokument über den Machtantritt der Nationalsozialisten und die verzweifelte Lage des illegalen Widerstands ist die Chronik *Unsere Straße.* HANS SCHWALM (1906–1969) veröffentlicht sie unter dem Pseudonym JAN PETERSEN 1936 in Bern. Der Autor war 1931/33 Sekretär von JOHANNES R. BECHER im »Bund proletarisch-revolutionärer Schriftsteller« (BPRS) und als unbekannter Autor in der Lage, die Arbeit des BPRS in der Illegalität zu reorganisieren. Nach zwei gescheiterten Versuchen, das Manuskript ins Ausland zu schaffen, bringt der Autor es schließlich selbst in den Weihnachtstagen 1934 in einem Rucksack, eingebacken in zwei Kuchen, auf Skiern über die Grenze nach Prag. 1935 tritt er als »Mann mit der schwarzen Maske« beim Pariser »Schriftstellerkongress zur Verteidigung der Kultur« auf und spricht über die Zustände in Deutschland.
Die sensationellen Umstände, die den Autor und sein Manuskript begleiten, ver-

stellen in der zeitgenössischen Rezeption die Wahrnehmung, daß *Unsere Straße* vor allem eine vernichtende Niederlage der KPD und der von ihr geführten Anhänger protokolliert. In einer gehetzten Sprache setzt Petersen einen Grauton neben den anderen. Es ist zugig und kalt bei den Arbeitern in Berlin-Charlottenburg; die Konsumwelt des nahen Tauentzien und des Kurfürstendamm wirkt in kurzen Einblendungen wie die Phantasmagorie einer fernen Welt.
Die Chronik beginnt am 21. Januar 1933 mit einem Aufmarsch der Nationalsozialisten vor dem Karl-Liebknecht-Haus am Bülowplatz, einer Demonstration, die von der Polizei mit Nachdruck geschützt wird. Mit Lastwagen werden SA-Leute aus der Provinz nach Berlin transportiert; der Versuch der Kommunisten, zu verhindern, daß ihre Parteizentrale Zielpunkt nationalsozialistischer Machtentfaltung wird, bleibt wirkungslos.
Drei Tage später, als die kommunistische Solidaritätsdemonstration an den Parteiführern vorbeizieht, herrscht unheimliche Stille:

Der Bülowplatz – das Parteihaus! Rote Transparente ziehen sich über die ganze Häuserfront. Die Fäuste fliegen hoch, der Gesang verstummt. Auf dem Podest Ernst Thälmann! Einige Männer stehen bei ihm.
Hinter mir sagt einer leise: »Das Zentralkomitee.«
Thälmanns Faust, sein Gesicht unter der Schirmmütze, zieht vorbei. »Der steht stundenlang in der eisigen Kälte«, sagte Rothacker.
Seine Augen sind wie glänzende Kugeln unter der Nickelbrille. Vorbei! Klapp-klapp, machen die Stiefel. Wir marschieren schweigend.

Am Morgen des 31. Januar, nach der Ernennung Hitlers zum Reichskanzler, treffen die Flugblattverteiler, die die Frühschicht der Siemenswerke gegen den nächtlichen SA-Terror zum Streik auffordern, nur auf Unverständnis und Gleichgültigkeit. Die Partei ist in den Großbetrieben isoliert, und ihre Parolen bleiben ohne Resonanz.

Auf den Bürgersteigen liegen Flugblätter verstreut. Werfen sie einfach weg, sind die ganz Ängstlichen. Rechts bleiben die Fabriken zurück, die Fürstenbrunner Brücke taucht vor uns auf. Hier am Kanal ist der Wasseranschluß der Werke. Hinter der Brücke wölbt sich der dunkle Buckel des Bahnhofs Fürstenbrunner Weg. Er ist die zweite Bahnverbindung der Werke. Am Tage liegt er tot und still. Jetzt aber kommen Tausende hier an. In Viererreihen schieben sich die Arbeiter über die enge Brücke. Wir verteilen Flugblätter, sagen ein paar hastige Worte. Für Diskussionen ist hier nicht die Zeit, alle haben es eilig. Mein Flugblattvorrat ist bald erschöpft. Auch Rothacker kommt mit leeren Händen.
»Und nicht mal Polizei!«
Fritz sieht starr auf die vorbeihastende Menge.
»Hier hätten mehr sein müssen, viel mehr! Der erste Morgen nach der Hitlerkanzlerschaft, im größten Industriebezirk Berlins! Zweihundert Mann Schutz, ein Führer der Partei in der Mitte. Zwei, drei Minuten sprechen. Das wäre ein Signal für ganz Deutschland.«
Wir stehen, bis der Zug der Arbeiter abbröckelt. Nachzügler rennen vorbei. Eine Sirene zerreißt die Stille, schwillt singend zu einem hellen Ton an und verröchelt winselnd. Franz ruckt mit dem Kopf. »Gehn wir!«
Unsere Stiefel klappen. Niemand spricht. Ein Gefühl der Ohnmacht füllt mich bis an die

Haarwurzeln. Links ragt über das Häusermeer das breite, kantige Viereck des Siemensturmes. Dünne Rauchfahnen kriechen aus seiner Spitze. Er ist Schornstein und Uhr, das Wahrzeichen von Siemensstadt. Jede Turmseite trägt meterhohe Leuchtzeiger, um sie herum helle Vierecke, die Stundenmarkierungen. Kilometerweit kann man die Zeit ablesen. Die Zeiger scheinen mir höhnisch zu winken. »Ihr wollt Unruhe in den befohlenen Trab bringen? – Hier! – Auf die Minute genau sind alle gekommen. Hört ihr es brausen in den Hallen? Ha, ha, ha, es läuft alles weiter.«
Franz sagt plötzlich rauh: »Wir sind alle zur Stelle. Wir berennen die Industriefestungen. Von außen! Und das Echo drinnen?«

Petersen verfolgt die Ereignisse bis zur Mitte des Jahres 1934: Reichstagsbrand, März-Wahlen, die Volksabstimmung vom 12. November, Reichstagsbrandprozeß. Es gelingt, Klebezettel mit Kurzparolen, die das Geschehen charakterisieren, herzustellen und zu verteilen, Flugblätter und Zeitungen zu vervielfältigen. Verhaftungen, Verurteilungen und Hinrichtungen sind die grausame, unvermeidliche Folge. Die Arbeit des illegalen Apparats der Kommunisten erweist sich als ebenso wirkungslos für die Herstellung eines Widerstands unter der Arbeiterbevölkerung wie gefährlich für die Aktivisten. *Unsere Straße* dokumentiert ein hartes Kampfgeschehen, das viele Opfer fordert: Widerstand und Martyrium sind die einzigen würdigen Formen menschlicher Existenz.

Klaus Mann

In einem New Yorker Hotelzimmer beginnt KLAUS MANN (1906–1949) im Herbst 1937 – mit Abstand von den Ereignissen in Europa – die Arbeit an *Der Vulkan. Roman unter Emigranten.*
»Das wirre, reiche, trübe Exil-Erlebnis« und die Landschaften seines Lebens – Paris, Prag, Zürich, Amsterdam, das Engadin, New York, die Insel Mallorca, Wien und die Côte d'Azur – nehmen hier epische Formen an. Klaus Mann, der aus dem Schatten seines Vaters Thomas Mann herausgetreten ist und sich durch die Herausgabe der ersten literarischen Emigrantenzeitschrift »Die Sammlung« (Amsterdam 1933/35) einen guten Namen erworben hatte, gruppiert um die Frau Geheimrat Marie-Louise von Kammer und ihre Töchter Marion, Tilly und Susanne die Emigrantenkreise, mit denen er in Berührung gekommen war oder zusammengearbeitet hatte: Schriftsteller und Künstler, gutsituierte Konservative mit rassischem Makel und Angehörige der politischen Linken. Die Jahre zwischen dem »völkischen Aufbruch im Reich« und dem Ausbruch des 2. Weltkriegs sind Thema des Romans, der die Emigrationsphasen nachzeichnet:

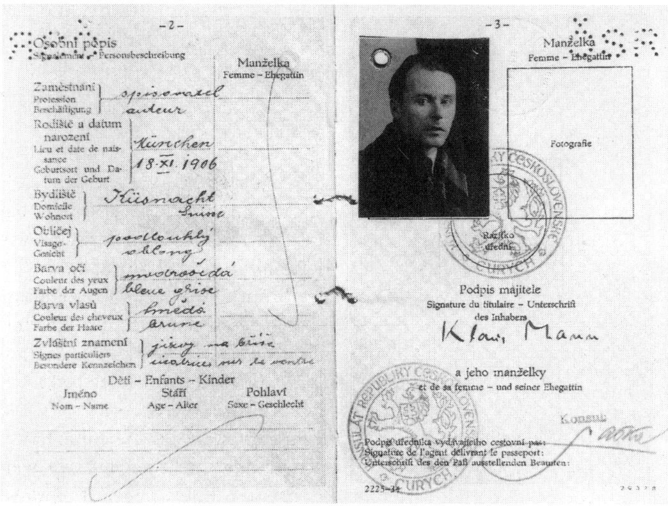

Tschechoslowakischer Paß von Klaus Mann

von den intellektuellen Auseinandersetzungen zwischen 1933 und 1936, ihrer praktischen Wendung im Spanischen Bürgerkrieg bis zur Ankunft in Amerika, die eine neue hoffnungsvolle, weltpolitisch begründete Dimension erschließt.

Drei Berliner Bohemiens aus dem Charlottenburger Künstlerlokal »Zur Schwalbe«, deren Wirtin, »Mutter Schwalbe« genannt, ebenfalls nach Paris emigriert ist, fungieren als Kristallisationspunkte des Handlungsverlaufs: Marion von Kammer, eine Schauspielerin, die zu einer international beachteten Agitatorin gegen das Nazi-Regime heranwächst, der jüdische Dichter Martin Korella, der sich dem Bann Bennscher Gedichte nicht zu entziehen vermag, und der junge Doktor der Philosophie und Soziologie David Deutsch. Alle drei haben Deutschland im April 1933 verlassen, weil ihnen dort die Luft zum Atmen ausging; die Emigration begreifen sie als Chance zum Neuanfang, der die Enge des Nationalen hinter sich läßt und kosmopolitische Ziele anstrebt. Ihr Leben in der Fremde steht nicht im Zeichen der Trauer um eine verlorene Vergangenheit, sondern gleicht einer Fahrt zu neuen Ufern, die gefährlich ist, aber nicht ohne Hoffnung.

Wie für Klaus Mann selbst, der in der Emigration eine eigene Statur als Schriftsteller gewinnt, bedeutet das Exil auch für seine Figuren eine Herausforderung, die sie über sich hinauswachsen läßt oder zum Untergang verurteilt. Der von allen geliebte und auch materiell unterstützte Dichter Martin Korella richtet sich durch seine Morphiumsucht zugrunde, in die er vor der Unerträglichkeit der Verhältnisse flieht. Helmut Kündiger, ein schüchterner Germanistikstudent aus Göttingen, der für George und Hölderlin schwärmt, entwickelt sich dagegen zu einem gefragten Journalisten, der schließlich für ein großes Pariser Blatt Berichte aus Schanghai über die politische Entwicklung in China verfaßt. Ein Bonner Germanistikprofessor überwindet Weltfremdheit und eremitisches Gelehrtendasein als Mentor des German Department einer kleinen Universität in North Carolina. Durch sein Wirken entsteht in ländlicher Umgebung eine kulturelle Insel, auf der Marion von Kammer nach Jahren aufreibender Agitation, ohne sich verleugnen zu müssen, einen Ruhepunkt findet.

Die Teilnahme am Spanischen Bürgerkrieg zur Verteidigung der Republik markiert im Roman eine deutliche Zäsur, die eine jahrzehntelange Periode des Wortradikalismus und ästhetischer Abenteuer beendet. Deutsche Emigranten kämpfen oft zusammen mit französischen und anglo-amerikanischen Gleichgesinnten, die eine ähnliche Entwicklung durchgemacht haben, gegen die anrollende Gewalt der Franco-Rebellen, die von Hitler und Mussolini militärisch unterstützt werden.

Der dritte Teil des Romans schildert vor allem die Auseinandersetzung mit den Verhältnissen in den USA. Die Neue Welt, die sich durch Pragmatismus und besondere Geschäftstüchtigkeit, aber auch durch Offenheit für Fremdes deutlich von der Kultur Europas unterscheidet, schafft Distanz zu den bedrückenden Verhältnissen auf dem Alten Kontinent, der nun nicht mehr als Nabel der Welt gilt. Klaus Mann zeichnet das Bild einer kosmopolitischen Gesellschaft, in der die gegensätzlichsten sozialen und politischen Auffassungen nebeneinander existieren, Wohlsituiertheit neben bitterer Armut, aber auch Hilfsbereitschaft. Der Roman charakterisiert nicht nur schnellebige Verhältnisse einer Übergangszeit, seine Darstellung der amerikanischen Massenkultur, die goodwill und entertain-

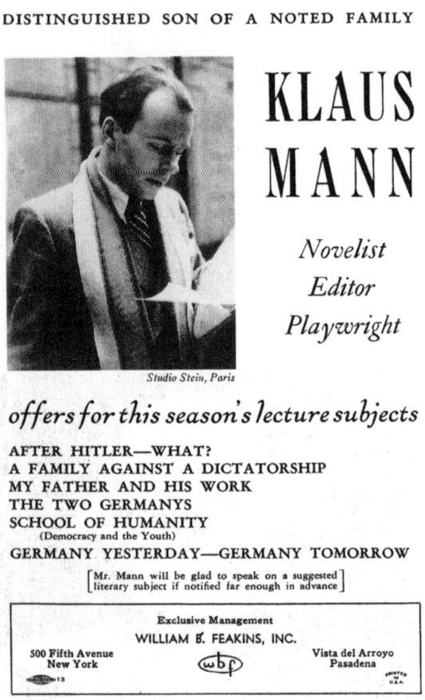

Werbezettel des Lecture-Agenten

ment, Politik und showbusiness miteinander verbindet, macht auf Erscheinungen aufmerksam, die die westeuropäische Kultur der Nachkriegszeit imprägnieren sollten.

Anna Seghers

Marseille im Herbst und Winter 1940 ist Schauplatz von ANNA SEGHERS' Roman *Transit* (1944 auf spanisch in Mexiko erschienen). Für Tausende von Flüchtlingen, die dem Nazi-Terror zu entkommen suchen, hat sich diese Stadt in eine riesige Falle verwandelt. Die Hoffnungen der Menschen richten sich fieberhaft auf den leeren Hafen mit zahllosen Hangars und Molen, wo es aber »kaum ein einziges richtiges Schiff« gibt:

Das Stück blauen Wassers da unten am Ende der Cannebière, das also war der Rand unseres Erdteils, der Rand der Welt, die, wenn man will, vom Stillen Ozean, von Wladiwostok und China, bis hierher reicht. Sie heißt nicht umsonst die Alte Welt. Hier aber war sie zu Ende. Ich sah einen kleinen buckligen Kommis aus dem gegenüberliegenden Büro der Schiffahrtsgesellschaft heraustreten, um auf das dürre Täfelchen vor der Tür einen Schiffsnamen einzutragen, eine Abfahrtszeit. Sofort gab es hinter dem kleinen Buckel eine Schlange von Menschen, die alle hofften, gerade mit diesem Schiff unseren Erdteil hinter sich zu lassen, ihr bisher gelebtes Leben, womöglich für immer den Tod.

Anna Seghers im französischen Exil

Das angsterfüllte Treiben der Flüchtlinge, deren Agieren um die Beschaffung von Aufenthaltsgenehmigungen, Bürgschaften, Aus- und Einreisevisa, Transitbescheinigungen kreist und vom Kampf um ein Schiffsbillett bestimmt ist, beobachtet der namenlose Ich-Erzähler, ein Monteur, der aus einem deutschen KZ entflohen ist, mit Distanz. Sein Aufenthalt in Marseille hat zunächst nur den Zweck, sich einwandfreie Papiere zu besorgen, mit denen er eine Arbeit in einem nahegelegenen Dorf antreten und sich der Résistance anschließen kann. Als er sich in die junge Frau des toten Schriftstellers Weidel verliebt, dessen Hinterlassenschaft er mit nach Marseille gebracht hat, vergißt er diesen Vorsatz, der seinem Verhalten eine gewisse Stabilität verlieh, und reiht sich in den Strom der Gejagten ein:

Mit mistralverzerrten Gesichtern drängten sich die Menschen in den Vorraum des amerikanischen Konsulats. Hier war es wenigstens warm. Seit ein paar Tagen gesellte sich noch die bitterste Kälte zu allen Leiden der Abfahrsüchtigen.
Der Türhüter der Kanzlei des Konsulats der Vereinigten Staaten stand, stark wie ein Boxer, hinter dem aktenbeladenen Tisch, der den Aufgang der Treppe versperrte. Er hätte mit einer kleinen Bewegung seines mächtigen Brustkorbs den ganzen dürren Schwarm Abfahrtsbesessener hinausschieben können, die an diesem Morgen ein eisiger Windstoß auf den Place Saint Ferréol trieb. Wie Kalk lag der Puder auf den vor Kälte gesteiften Gesichtern der Frauen, die nicht bloß sich und die Kinder, sondern auch ihre Männer geputzt hatten, um Gnade bereits vor den Augen des Türhüters zu erlangen. Er drehte zuweilen mit seiner gewaltigen Hüfte den aktenbeladenen Tisch, so daß ein Spalt frei wurde, ein Nadelöhr, durch das ein bevorzugter Transitär nach oben steigen konnte.

Ich erkannte kaum den Kapellmeister wieder ohne Sonnenbrille. Der eisige Mistral der letzten Tage hatte ihn völlig verheert, soweit ein Mistral noch ein Gerippe verheeren kann. Er war aber fein gescheitelt, er zitterte freudig: »Sie hätten früher beginnen sollen. Ich werde heute das Konsulat mit meinem Transit verlassen.« Er drückte die Ellenbogen an sich, damit sein schwarzes Fräckchen in dem Gedränge nicht Not leide.
Die Wartenden gerieten plötzlich in Wut. Meine eigene Zimmernachbarin, bunt gekleidet, zog gleichgültig ein mit ihren zwei Doggen an straffen Leinen. Der Türhüter aber, der bereits wußte, daß sie dem Konsul genehm war, gab augenblicklich den Weg zwischen Tisch und Treppe frei mit einer stumpfen Ehrerbietung, als seien die beiden Doggen die durch einen Bann verzauberten Bürgen. Ich hatte die kleine Bresche genutzt, ich sprang der Hundefrau nach. Ich warf dem Türhüter meinen Anmeldeschein zu, Seidler, genannt Weidel. Der Türhüter schrie; da sah er, wie mich die Hunde vertraut begrüßten, worauf er mich aufwärts ziehen ließ in die Region der Konsulatssekretariate.

In einer Welt bürokratischer Absurditäten werden zwei Hunde zum Garanten eines Einreisevisums in die USA; schon die Vertrautheit mit diesen Ungetümen reicht für die Gewährung eines außerordentlichen Zugangs zum Treppenhaus des Konsulats.
Der Erzähler gewinnt sich selbst wieder zurück, als er feststellt, daß Marie Weidel immer noch auf ein Wiedersehen mit ihrem totgesagten Mann in Übersee hofft. Er gibt sein kostbares Schiffsbillett am Tag vor der Abfahrt am Schalter der Schiffahrtsgesellschaft ab, geht aufs Land, wo die Frühjahrsarbeit bereits beginnt, und hört nach einigen Wochen bei einem Besuch in Marseille, daß die »Montreal«, das Schiff, mit dem er reisen wollte, auf eine Mine gelaufen und untergegangen sei.
Der Roman endet in derselben Pizzeria und mit derselben Erzählung über den Untergang der »Montreal«, mit der er beginnt: *Transit* schildert ein absurdes Geschehen, einen Kreislauf, der beliebig oft wiederholbar ist. In zehn Kapiteln, gegliedert in kurze Abschnitte, die die Präzision von Filmsequenzen besitzen, zeigt der Roman Ausschnitte einer Welt, in der sich Wirklichkeit und Alptraum unmerklich angleichen, Realität und Angstvision kaum unterscheidbar sind. Anna Seghers ist hier ein Werk gelungen, dessen Wert über seine Bedeutung als Zeitdokument hinausgeht und aktuell bleibt, solange es Flucht vor Terrorregierungen gibt und Staatsinteressen den Umgang mit Asylsuchenden dominieren.

DER KOLONNE-KREIS

Im Dezember 1929 erscheint in Dresden *Die Kolonne*, eine literarische Monatszeitschrift, zu deren Mitarbeitern GÜNTER EICH, PETER HUCHEL, HERMANN KASACK, WOLFGANG KOEPPEN und ELISABETH LANGGÄSSER gehören. Der kriegerische Name der Zeitschrift weist darauf hin, daß die jungen Autoren, die hier an die Öffentlichkeit treten, sich als Verbündete begreifen. Sie lehnen die vorherrschende operative Literatur der Weimarer Republik ab und wollen eine

meditative Auffassung von Dichtung zur Geltung bringen. Die Wahrnehmung einer umfassenden Wirklichkeit der Natur soll das einseitige Interesse an gesellschaftlichen Fragen zurückdrängen, wobei sich sprachliche Expressivität mit traditionellen lyrischen Formen aussöhnt. Beispiele aus der deutschen Lyrik des 17. und 18. Jahrhunderts werden in zahlreichen Heften vorgestellt. Durch die Arbeit an der Zeitschrift entsteht ein Freundeskreis, der ihr Ende im Dezember 1932 überdauert und die Basis für eine vertrauensvolle Kommunikation auch nach dem Machtantritt der Nationalsozialisten herstellt.
Die spröden Dichtungen OSKAR LOERKES (1884–1941) sind gemeinsam verehrtes poetisches Vorbild. Loerke, der von seinem Geburtsjahr her eigentlich zur Generation der Expressionisten gehört, hatte 1907 sein erstes Buch veröffentlicht und wurde schon 1913 mit dem Kleist-Preis ausgezeichnet. In seinen Gedichten strebt er – im Gegensatz zu den Expressionisten – eine Synthese von Stimmung und Gedanklichkeit an; auf der Suche nach dem »Gesetz« bettet er lyrische Subjektivität in einen kosmischen Zusammenhang ein, der Individuelles zugleich bewahrt und aufhebt. Die Schlußstrophe seines Gedichts *Die Laubwolke* (1934) ist charakteristisch für das Zartschwebende seiner dichterischen Weltauffassung, die trotz der Hinwendung zur Natur und ihrem Kreislauf weit entfernt ist von Biologismus und Blut-und-Boden-Kult:

Oskar Loerke (um 1910)

Zwischen Grund und Höhe,
Von der Säge des Gärtners unzerrissen,
Von der Axt des Fällers nicht getroffen,
Bleibt das Gesetz:
Beständig ist das leicht Verletzliche.

Seit 1917 arbeitet Loerke im S. Fischer Verlag als Lektor, dem er bis zu seinem Tode die Treue hält, ohne sich um die nationalsozialistischen Anwürfe gegen seine Zusammenarbeit mit einem jüdischen Verlag zu kümmern. Obwohl er sich im Hauptberuf als Schriftsteller betrachtet, zieht er es vor, unbekannte Dichter zu entdecken und zu fördern, statt selbst in den Vordergrund zu treten.

Peter Huchel und Günter Eich

PETER HUCHEL (1903–1981), der 1932 den Preis der *Kolonne* erhält, vermeidet, obwohl seine Gedichte ihn deutlich als einen Lyriker der märkischen Heimat bekunden, jeden Rückgriff auf Naturmystik und ländliche Idylle. In einer durchsichtigen, präzisen Sprache erfaßt Huchel die Landschaft, das Naturgeschehen, die er entsinnlicht und als Chiffren einer erstarrten Welt ansichtig macht. Was ein Naturgedicht über die Zeit, in der es entstanden ist, aussagen kann, bezeugen die unscheinbaren gereimten Verse, die Huchel im Jahre 1933 schreibt und 1941 in der Illustrierten »Die Dame« veröffentlicht:

Späte Zeit
Still das Laub am Baum verklagt.
Einsam frieren Moos und Grund.

Über allen Jägern jagt
Hoch im Wind ein fremder Hund.

Überall im nassen Sand
Liegt des Waldes Pulverbrand,
Eicheln wie Patronen.

Herbst schoß seine Schüsse ab
Leise Schüsse übers Grab.

Horch, es rascheln Totenkronen,
Nebel ziehen und Dämonen.

Im Unterschied zu Peter Huchel formuliert GÜNTER EICH (1907–1972) eine Position der Abkehr von der spannungsgeladenen und aggressiven Gesellschaft der dreißiger Jahre:

Die Häherfeder

Ich bin wo der Eichelhäher
zwischen den Zweigen streicht,
einem Geheimnis näher,
das nicht ins Bewußtsein reicht.

Es preßt mir Herz und Lunge,
nimmt jäh mir den Atem fort,
es liegt mir auf der Zunge,
doch gibt es dafür kein Wort.

Ich weiß nicht, welches der Dinge
oder ob es die Nacht enthält.
Das Rauschen der Vogelschwinge,
begreift es den Sinn der Welt?

Der Häher warf seine blaue
Feder in den Sand.
Sie liegt wie eine schlaue
Antwort in meiner Hand.

Das Gedicht berichtet von einem bestürzenden Moment der unio mystica mit einem Teil der Natur; diese Erfahrung bedeutet mehr als Bewußtsein und Sprache. Die blaue Feder verbürgt die Realität des Erlebnisses und verspricht einen Einklang mit der Natur, den herzustellen in die Hand des empfangenden Dichters gelegt ist.
Diesen Weg des Einklanges mit der Natur verfolgt Günter Eich jedoch nicht weiter; in den Jahren zwischen 1932 und 1940 entstehen über zwanzig Hörspiele, aber nicht mehr als zehn Gedichte. Die Hörspiele dieser Jahre sind nicht nach

innen gerichtet, vielmehr verraten sie ein starkes Interesse an Bankiers, Managern von Wirtschaftskonzernen, Technikern und Wissenschaftlern und lassen keinen Zweifel daran, wie diese Herren der Welt den technischen Fortschritt im Dienste von Kapitalinteressen handhaben. Eich dementiert *Die Häherfeder* bereits durch seine Arbeiten als Funkautor und nicht erst 1955 durch das Gedicht *Tage mit Hähern*, dessen Schlußverse lauten: »Ungesehen liegt in der Finsternis / die Feder vor meinem Schuh.«

Elisabeth Langgässer

ELISABETH LANGGÄSSER (1899–1950) ist, obwohl sie auch Gedichte schreibt, als die Prosaistin im Kreise der *Kolonne*-Dichter anzusehen. Ihre Romane *Der Gang durch das Ried* (1936) und *Das unauslöschliche Siegel* (während der NS-Zeit entstanden, veröffentlicht 1946) besitzen eine dichterische Intensität, der in den Jahren zwischen 1933 und 1945 kaum eine Prosa in deutscher Sprache gleichkommt. Als Halbjüdin erhält die Dichterin 1936 Schreibverbot; gegen Ende des Krieges wird sie, trotz ihrer Erkrankung an multipler Sklerose, zur Zwangsarbeit verpflichtet. Ihre älteste Tochter wird KZ-Häftling in Theresienstadt und Auschwitz.

Die Autorin, deren erzählerisches Werk während ihrer Berliner Jahre zwischen 1929 und 1948 entsteht, beschwört vor allem die Erinnerung an die rheinische Heimat. Landschaft, römisch-antikes Heidentum, mittelalterlich anmutende Teufels- und Gottesvorstellungen werden mit einer Handlung verbunden, die in der Zeit zwischen 1914 und 1930 angesiedelt ist. Die psychische Entwicklung der Figuren interessiert Elisabeth Langgässer nur am Rande; ihre Lebensläufe bewegen sich im Spannungsfeld dämonischer und göttlicher Kräfte, wobei die Darstellung dämonischer Natur besonders eindringlich wirkt. In ihrer stillen, unheimlichen Welt kann eine Gartenidylle unversehens den Charakter eines gnadenlosen Kampfes ums Dasein annehmen, so daß die verheißungsvollen Farben des Regenbogens einen Todeskampf begleiten:

Das Wasser aus der großen, stehenden Gartenspritze ging wie ein mächtiger Schleier über den jungen Rasen und glänzte, von den Strahlen der Morgensonne durchfunkelt, in den sieben Farben des Regenbogens. Wo es hintraf, leuchteten Gras und Erde in übersinnlichen Farben und waren wie neugeboren; jeder Tropfen traf einen jungen Halm, den er beugte, wenn er den Stengel hinablief, und wiederum aufhob, erquickte und stärkte, indem er das Wurzelchen speiste, mit welchem die Pflanze dem Boden und ihrem eigenen Dasein in dem Garten verhaftet war. Schon hatte der Rasen genug und ermüdete unter der Fülle. Er legte sich um; in den kleinen Pfützen, die sich, wo zwischen Gräschen und Gräschen nur die geringste Gelegenheit blieb, eilig gebildet hatten, schwamm winziges Getier: Ameisen, welche noch ruderten oder bereits ertrunken waren; ein Käfer, den die Nähe des Regens in eine Art Wirbel gezogen hatte, aus dem er nicht mehr herauskam, so sehr er sich auch von dem Mittelpunkt jener Kraft zu entfernen suchte; eine Mücke, die schon vergangen war und ihre ätherischen Flügel, dem Stoff zurückzugeben, in Gallerte verwandelt sah. (...)

Mit einem kurzen, zischenden Seufzer zog sich das ausgebreitete Wasser wieder zurück in den einfachen Strahl, erlosch und war so plötzlich verschwunden, als wäre es nie gewesen. Eine Weile lag noch die Schlange des Gartenschlauchs zwischen den Gräsern und wurde dann von dem Gehilfen des Herrn Belfontaine eingezogen und für heute zusammengerollt. *(Das unauslöschliche Siegel)*

Für zahllose Insekten bringt das Wasser, das in den Farben des Regenbogens – wie nach der Sintflut – Gottes Wiederversöhnung mit seiner Schöpfung verheißt, Tod und Verwesung; der Gartenschlauch fungiert als zwiespältige Schlange, die Fruchtbarkeit verbreitet, aber auch eine bedrohliche Willkür signalisiert, die über dem kleinen Kosmos des Gartens waltet.

BRECHT IM EXIL

Für die Dramatiker ist die Entwicklung nach 1933 besonders einschneidend. Die Bühnen im Reich unterliegen einer Kontrolle, die über den Druck auf Verleger und Buchhändler weit hinausgeht. Auf den Schweizer Bühnen, die manchem exilierten Dramatiker Gastrecht gewähren, setzen die Einsprüche der Deutschen Botschaft der Gestaltung des Spielplans enge Grenzen. Im übrigen Ausland verhindern Sprachbarrieren eine Resonanz beim Publikum. Wird nach Überwindung großer Schwierigkeiten ein Stück endlich aufgeführt, so findet es nur den Beifall eines kleinen deutschsprachigen Publikums und muß nach wenigen Vorstellungen abgesetzt werden. Nach 1939 ist Hollywood der einzige Anziehungspunkt für einen deutschen dramatischen Autor. Dort besteht Aussicht, ein Filmskript zu verkaufen, obwohl auch hier die Chancen zur Realisierung eines Projekts gering sind. Joseph Goebbels' Drohung gegen die emigrierten Schriftsteller: »Ich werde sie bis in den letzten Winkel der Erde treiben, daß sie dort verrecken!« erfüllt sich am ehesten für die dramatischen Autoren; sie sind ohne Zugang zur Bühne verloren.
BERTOLT BRECHT lebt bis 1939 in Dänemark auf der Insel Fünen und führt dort eine isolierte Existenz, die er nur durch Reisen nach London, Moskau, Paris und New York für einige Wochen unterbricht. Die zunehmende Schwierigkeit, Theater für seine Stücke zu finden, motiviert Brecht zum Schreiben von Lyrik und Prosa.

Svendborger Gedichte

Die Gedichte, die im Frühjahr 1939 unter dem Titel *Svendborger Gedichte* in Kopenhagen erscheinen, setzen sich vor allem mit den Zuständen in Deutschland auseinander. Ihren agitatorischen Tonfall leitet Brecht von den Bedürfnissen des Kampfes gegen Hitler her. Sein Hauptargument bildet die Auffassung, die er auf dem Pariser Schriftstellerkongreß 1935 formuliert, daß nur die Aufrechterhaltung kapitalistischer Eigentumsverhältnisse die gnadenlose Herrschaft der Nationalsozialisten verursacht habe. *An die Nachgeborenen*, eine Elegie am Schluß der *Svendborger Gedichte*, wirbt um Verständnis für den aggressiven Ton und reflektiert die privilegierte Situation des Exils, die den Dichter von seinen Mitkämpfern in Deutschland unterscheidet:

> Wirklich, ich lebe in finsteren Zeiten!
> Das arglose Wort ist töricht. Eine glatte Stirn
> Deutet auf Unempfindlichkeit hin. Der Lachende
> Hat die furchtbare Nachricht
> Nur noch nicht empfangen.
>
> Was sind das für Zeiten, wo
> Ein Gespräch über Bäume fast ein Verbrechen ist,
> Weil es Schweigen über so viele Untaten einschließt!
> Der dort ruhig über die Straße geht,
> Ist wohl nicht mehr erreichbar für seine Freunde,
> die in Not sind?
>
> Es ist wahr: ich verdiene noch meinen Unterhalt.
> Aber glaubt mir: das ist nur ein Zufall. Nichts
> Von dem, was ich tue, berechtigt mich dazu, mich sattzuessen.
> Zufällig bin ich verschont. (Wenn mein Glück aussetzt,
> bin ich verloren.)
> Man sagt mir: Iß und trink du! Sei froh, daß du hast!
> Aber wie kann ich essen und trinken, wenn
> ich dem Hungernden entreiße, was ich esse, und
> Mein Glas Wasser einem Verdurstenden fehlt?
> Und doch esse und trinke ich.
>
> Ich wäre gerne auch weise.
> In den alten Büchern steht, was weise ist:
> Sich aus dem Streit der Welt halten und die kurze Zeit
> Ohne Furcht verbringen.
> Aber ohne Gewalt auskommen,
> Böses mit Gutem vergelten,
> Seine Wünsche nicht erfüllen, sondern vergessen
> Gilt für weise.
> Alles das kann ich nicht:
> Wirklich, ich lebe in finsteren Zeiten!

Als größere Prosaarbeiten entstehen in Dänemark der *Dreigroschenroman* (1934) und das Romanfragment *Die Geschäfte des Herrn Julius Caesar* (1938/39). Caesars politische Karriere, »das unerreichbare Vorbild aller Diktatoren«, nimmt Brecht zum Anlaß, einen Blick hinter die Kulissen zu werfen und mit der Korruption des republikanischen Rom im Übergang zum Kaiserreich auch die

Korruptheit des nationalsozialistischen Regimes bloßzulegen. Sein Interesse an der Antike wächst, weil sie eine distanzierte Betrachtung der Zeitläufte gestattet und hilft, »Gleichgewicht« zu halten. HORAZ und das Lehrgedicht *Über die Natur der Dinge* von LUKREZ werden zur Lieblingslektüre, an denen sich der Lyriker Brecht im Exil und in den Jahren danach zunehmend orientiert.

Zwei große Dramen beschäftigen Brecht Ende der dreißiger Jahre in Dänemark und Schweden. 1938/39 entstehen die ersten Fassungen von *Leben des Galilei* und *Mutter Courage und ihre Kinder*; beide Stücke werfen Fragen auf, die den marxistischen Aufklärer beunruhigen. Die *Chronik aus dem Dreißigjährigen Krieg* verarbeitet ein Problem, das im Hinblick auf die Stabilität des NS-Regimes nicht zu übersehen ist: Auch viele kleine Leute, nicht alles schlechte Menschen, folgen den Nationalsozialisten auf ihrem Weg in die Katastrophe.

Mutter Courage und ihre Kinder

Angeregt durch die Geschichte der Marketenderin Lotta Svärd, die der finnische Nationaldichter JOHAN LUDVIG RUNEBERG (1804–1877) in seinem lyrischen Epos *Fähnrich Stahls Erzählungen* behandelt, schreibt Brecht im Oktober 1939 *Mutter Courage und ihre Kinder.* Schlagfertig und voller Energie begleitet Anna Fierling, wegen ihres beherzten Auftretens von den Soldaten »Mutter Courage« genannt, als Marketenderin die Feldzüge der Schweden durch Europa. Sie glaubt durchzukommen und sich und ihre drei Kinder vor Schaden

»Mutter Courage«, Aufführung des »Berliner Ensembles« (Januar 1949)

zu bewahren, obwohl sie darauf angewiesen ist, als Anhängsel des Krieges »ihren Schnitt zu machen«. Ihre größte Furcht ist, der Krieg könne aufhören, bevor sie ihre Waren losgeschlagen hat; dabei zerstört sie das Leben ihrer Kinder, die ihren Wagen durch die Lande ziehen. Im Frühjahr 1624 überredet ein Werber, während sie dessen Begleiter eine Schnalle verkaufen will, ihren unerfahrenen Sohn Eilif zum Kriegsdienst. Um die Auslösung ihres zweiten Sohnes Schweizerkas beim Standgericht feilscht sie ein wenig zu lange, so daß er erschossen wird. Ihre stumme Tochter Kattrin stirbt unter den Kugeln der Kaiserlichen, als sie nachts durch Trommelschläge die Stadt Halle vor einem Überfall warnt. Am Schluß spannt sich die Courage allein vor ihren zerlumpten Planwagen, der leicht geworden ist. Ihr Denken kreist weiter ums Geschäft: »Ich muß wieder in'n Handel kommen.«

Die Technik des epischen Theaters stärkt die Dramaturgie dieses Stücks, verbreitet Nüchternheit und Witz, dämpft die Emotionen, die das Mutterthema hervorruft. Überschriften kündigen die einzelnen Szenen kommentierend an und schaffen Distanz zum Geschehen auf der Bühne. Die zwölf Aufzüge sind in sich geschlossen und wie Abschnitte einer Chronik aneinandergereiht. Zahlreiche Songs, die meist als Kontrapunkt zur dargestellten Szene fungieren, unterbrechen die Handlung und kommentieren sie aus einem anderen Gesichtswinkel. Wichtigstes Requisit ist der Planwagen, der, reich beladen oder heruntergekommen, die wirtschaftliche Situation der Heldin präsentiert. Um ihn dreht sich die Handlung. Er verwandelt Menschen in Zugtiere; sie schleppen einen Besitz mit sich, der unsicher ist und seine Besitzer versklavt.

Leben des Galilei

Das Schauspiel *Leben des Galilei* beginnt heiter und unbeschwert wie eine Komödie. In seinem ärmlichen Studierzimmer in Padua, wo er als schlecht bezahlter Mathematikprofessor an der berühmten Universität lehrt, demonstriert Galilei höchst einfallsreich und mit einfachen Mitteln das kopernikanische Weltbild, so daß selbst ein elfjähriger, allerdings intelligenter Junge ihn versteht. Er setzt einen Waschschüsselständer in die Mitte des Zimmers, der die Sonne darstellt, und trägt den Jungen auf einem Stuhl um die Sonne, um ihm die Rotation der Erde und ihre Bahn um die Sonne begreiflich zu machen.

Die Republik Venedig ist stolz auf die Freiheit, die ein Wissenschaftler auf ihrem Territorium genießt, zahlt aber ein geringes Gehalt; ihre Kaufleute sind lediglich an praktischen Anwendungen interessiert: Fernrohre, astronomisch fundierte Navigationskarten und technische Anlagen für Manufakturen. Um Zeit für Grundlagenforschung zu bekommen, verläßt Galilei die Republik und geht nach Florenz, ein Herzogtum, das unter der Kontrolle des Kirchenstaates steht.

Obwohl der berühmte päpstliche Astronom Christopher Clavus im Gegensatz zu den Florentiner Gelehrten, die sich weigern, durch ein Fernglas zu sehen, Galileis Beweise akzeptiert, setzt die Inquisition die kopernikanische Lehre auf den Index und erlegt Galilei ein Publikationsverbot auf. Seine Lehre verbreitet sich jedoch im Volk und findet großen Anklang bei Karnevalszügen, die den Beginn einer neuen Ordnung lustvoll feiern. Als Urban VIII., ein naturwissenschaftlich gebildeter Kardinal, zum Papst gewählt wird, bricht Galilei sein Schweigen und veröffentlicht eine Abhandlung, die die Entstehung der Sonnenflecken aus der Bewegung der Gestirne erklärt. 1633 wird er wiederum nach Rom geladen, widerruft zum Entsetzen der Schüler seine Ansichten und vegetiert als gebrochener Mann, dem von seiner Vitalität nur noch die Freßlust geblieben ist, unter der Aufsicht der Inquisition. Letztes Zeichen eines Widerstandes ist die heimliche Abschrift seiner *Discorsi*, die sein Schüler Andrea ins Ausland schmuggelt.

Bertolt Brecht entfaltet in seinem Schauspiel eine Dialektik der Sinnlichkeit, die den Heros der Naturwissenschaft zu neuen Erkenntnissen antreibt, aber auch seine Niederlage verursacht. »Er kannte mehr Genüsse als irgendein Mann, den ich getroffen habe. Er denkt aus Sinnlichkeit. Zu einem alten Wein oder einem neuen Gedanken könnte er nicht nein sagen«, urteilt Urban VIII. Diese Sinnlichkeit läßt ihn aber auch beim Anblick der Folterwerkzeuge zurückschaudern und seine Lehre in einem Augenblick widerrufen, in dem er das Volk auf seiner Seite hat.

Durch seinen Widerruf vollzieht Galilei für das 17. Jahrhundert eine folgenschwere Trennung zwischen den Naturwissenschaften und den ihnen inhärenten emanzipatorischen und sozialen Veränderungen. Naturwissenschaft wird eine Angelegenheit für Leute, die sie bezahlen können und ihre Anwendung nur im eigenen Interesse zulassen. Nach dem Abwurf der Atombomben auf Hiroshima und Nagasaki verändert Brecht seine Haltung zu Galilei: Er ist nun nicht mehr Opfer der Inquisition, sondern mitschuldig an der Aufrechterhaltung einer Ordnung, die für ihr Überleben auch Atombomben einsetzt.

Hätte ich widerstanden, hätten die Naturwissenschaftler etwas wie den hippokratischen Eid der Ärzte entwickeln können, das Gelöbnis, ihr Wissen einzig zum Wohle der Menschheit anzuwenden. Wie es nun steht, ist das Höchste, was man erhoffen kann, ein Geschlecht erfinderischer Zwerge, die für alles gemietet werden können ... Und ich überlieferte mein Wissen den Machthabern, es zu gebrauchen, es nicht zu gebrauchen, es zu mißbrauchen, ganz wie es ihren Zwecken dient,

gesteht Galilei seinem Schüler am Schluß. Die Wissenschaft im technischen Zeitalter – womit Brecht auch für sein Theater Hoffnungen verbindet – wird von Menschen erdacht und angewandt, deren moralische Standfestigkeit nicht mit ihrem wissenschaftlichen Vermögen Schritt hält. Der Freude am Durchbruch des neuen Weltbildes in *Leben des Galilei* entspricht eine Skepsis, die Brechts Erwartungen für einen Neuanfang in Deutschland dämpft.

JOSEPH UND SEINE BRÜDER, DOKTOR FAUSTUS, FLUSS OHNE UFER, DER TOD DES VERGIL

Zwischen 1933 und 1945 schreiben Thomas Mann, Hans Henny Jahnn und Hermann Broch im Exil Romane von außerordentlicher Dimension; das

Stoffliche erweiternd und die sprachlichen Möglichkeiten bis ins Äußerste erprobend, definieren diese opera magna die Spannweite des Epischen für die deutsche Literatur neu.

Thomas Mann

Im Frühjahr 1933 verläßt THOMAS MANN Deutschland, bezieht aber nach jahrelangem Taktieren erst im Februar 1936 Stellung zur nationalsozialistischen Diktatur und avanciert bald darauf zum weltweit anerkannten Sprecher der emigrierten deutschen Schriftsteller, denen er 1938, nach seiner Ankunft in den USA, zusammen mit LION FEUCHTWANGER auch vielfältige materielle Unterstützung zuteil werden läßt. Die Vorarbeiten zum *Joseph*-Roman, dessen beide ersten Bände, *Die Geschichten Jaakobs* und *Der junge Joseph*, noch in Deutschland entstanden, gehen bis 1926 zurück. Erst die Jahre der Emigration schaffen jedoch die notwendige Distanz zum beklemmenden Geschehen in Deutschland und eröffnen in dem »New Deal« des amerikanischen Präsidenten Roosevelt die weltbürgerliche Perspektive, die diesem Werk menschheitsgeschichtlichen Optimismus verleiht. Der heitere, unendlich blaue Himmel Kaliforniens strahlt hinüber ins alte Ägypten, wo Joseph, der »Ernährer«, mit sicherer Hand die Geschicke des Landes, das ihm anvertraut ist, durch Krisen hindurch lenkt.
Thomas Manns Beschäftigung mit der Tiefenpsychologie C. G. JUNGS und dessen Lehre von den Archetypen, deren verschiedene Ausprägungen die menschlichen Charaktere seit Urzeiten wiederholen, hat auf die Entstehung des *Joseph*-Romans großen Einfluß. Sie ermutigt ihn, als Erzähler den Schritt vom »Bürgerlich-Individuellen zum Mythisch-Typischen« zu tun und sein Interesse auf »jene Brunnentiefe der Zeiten« zu richten, »wo der Mythos zu Hause ist und die Urnormen, Urformen des Lebens gründet«. Der eigentlichen Geschichte Josephs geht eine breit angelegte Darstellung der Zeit der Erzväter und ihres Gottes voraus. Sie bildet eine archaische Periode, die den Stammvater Jaakob ebenso prägt wie das Denken und Handeln seiner zwölf Söhne, mit Ausnahme Josephs.
Im Unterschied zu den Auffassungen C. G. Jungs entwickelt Thomas Mann jedoch in dieser Figur einen Helden, dem es unter Krisen und Demütigungen gelingt, sich aus dem mythischen Kollektiv zu lösen. Joseph erfährt die Hochzivilisation Ägyptens nicht als bedrohlich, er weiß sich zurechtzufinden und schwimmt wie ein Fisch im Wasser. Er verachtet die Ägypter nicht als sodomitische Halbtiere, vor denen ihm Jaakob schon als Kind Schauder einzuflößen versuchte, sondern tritt als Vermittler zwischen den Kulturen auf, der es durch seine eigentümliche Fähigkeit, Träume zu deuten, beim Pharao zu einer hohen Stellung bringt.
Thomas Mann wählt – entgegen dem Geschichtsverlauf – den jungen Echnaton, als Dichter des »Sonnengesangs« Philosoph auf dem Pharaothron, zum Gesprächspartner Josephs. Der junge, unerfahrene, schon vom Tode gezeichnete Herrscher vertraut Joseph, weil dieser seine monotheistisch gefärbten Gottesvorstellungen teilt. Religiöse Spekulationen sind für Joseph nur Gesprächsthema, Anlaß zur Entfaltung seiner Rednergabe. Als »Herr über Ägyptenland«, der

für Vorratslager und die Verteilung von Landbesitz zuständig ist, beschäftigt er sich mit irdischen Dingen und hat an seiner Rolle als »Volkswirt« genug. Auch die Seinen, von der Hungersnot nach Ägypten getrieben, überläßt er neidlos ihrer Vorstellung von göttlicher Auserwähltheit und zukünftigem Heil. So ist es nur folgerichtig, daß Jaakob nicht Joseph, seinem Lieblingssohn, der es in der Welt weit gebracht hat, den Segen erteilt, wohl aber dem dumpf sinnlichen Juda, den die Scham über diese Auszeichnung fast überwältigt.

Mit *Doktor Faustus. Das Leben des deutschen Tonsetzers Adrian Leverkühn, erzählt von einem Freunde* (entstanden zwischen 1943 und 1947) blickt THOMAS MANN nach Deutschland zurück und zeigt ein düsteres Gegenstück zum *Joseph*-Roman, der in der Versöhnung von Geist und Macht, dem Miteinander von sozialer Veränderung und althergebrachter Institution kosmopolitische Hoffnungen weckt. Wie Faust ist Adrian Bauernsohn; 1885 geboren, wächst er bei den Eltern auf dem Hof heran. Wegen seiner auffallenden Intelligenz wird er zu seinem Onkel in die Stadt nach Kaisersaschern geschickt, wo er am Gymnasium glänzt und eine Leidenschaft für die Musik entwickelt; als Vermittlung von elementarer Wärme und kalter Abstraktion ist sie für ihn der Inbegriff des Erstrebenswerten. Leverkühns Neigung zur Spekulation führt ihn zunächst zum Studium der Theologie, die ihm jedoch bald zur Teufelswissenschaft gerät und keinen Halt bietet.
Obgleich Leverkühn überzeugt ist, daß die Kunst sich erschöpft hat und alle ihre Mittel nur noch zur Parodie taugen, hört er nicht auf zu experimentieren und schreckt vor einem Bündnis mit dem Teufel nicht zurück. Er läßt sich von Esmeralda, einem verführerischen Mädchen in einem Bordell, wissentlich mit Syphilis infizieren, um durch die Krankheit seine Kreativität zu steigern. Vier Jahre später, im italienischen Dorf Palestrina, erscheint ihm der Teufel leibhaftig und verspricht eine »wahrhaft beglückende, entrückende, zweifellose und gläubige Inspiration«. Einzige Bedingung ist, wie im Volksbuch von 1587, das Gebot: »Du darfst nicht lieben.« Nach der Rückkehr aus Italien läßt sich Leverkühn in Pfeiffering bei Waldshut nieder und komponiert in einem eremitenhaften Dasein neunzehn Jahre lang eine Musik, in der sich expressive Klänge und mathematische Konstruktion seltsam durchdringen. Höhepunkt ist ein »Monstre-Werk der Klage«, das Beethovens 9. Sinfonie zurücknimmt: »Dr. Fausti Wehklag«. Beim Vorspiel bricht der Komponist, der seine Freunde um sich versammelt hat, zusammen, fällt in geistige Umnachtung und stirbt im Jahre 1940.
Erzähler ist Serenus Zeitbloom, ein Jugendfreund des Komponisten; er lebt in München und schreibt Adrian Leverkühns Geschichte zwischen 1943 und 1945 nieder, wobei er die Luftangriffe der Alliierten und die sich abzeichnende Niederlage des »Dritten Reichs« mit der Lebensgeschichte verknüpft, die ebenso unaufhaltsam in den Untergang treibt. In dieser Figur gesellt Thomas Mann dem exzessiven Drang Leverkühns einen hilflosen Bildungsbürger bei, der zwar nicht mit dem Bösen paktiert, aber trotz seiner Distanzierungsversuche im Bannkreis des Teufelsbündners verharrt.
Gedanklich ist *Doktor Faustus* eine Umkehrung der *Betrachtungen eines Unpolitischen*, die Thomas Mann während des 1. Weltkriegs zur Verteidigung von deutscher Art und Kunst gegenüber dem Vordringen westlicher Zivilisation ge-

schrieben hatte. Von Luther über Nietzsche und irrationale Weltanschauungen um 1900, den Kreis um LUDWIG KLAGES (*Der Geist als Widersacher der Seele*, 1929 f.) und OSWALD SPENGLER (*Der Untergang des Abendlandes*, 1922), beschreibt der Roman einen Weg in die Katastrophe, die schließlich in einem dem nationalsozialistischen Rausch verfallenden Deutschland ausbricht.
Anders als der *Joseph*-Roman, bei dem der Fahrt ins Offene eine lockere Komposition entspricht – textkritische und essayistische, mythenvergleichende, soziologische und kommentierende Einschübe unterbrechen immer wieder den Handlungsverlauf –, ist *Doktor Faustus* von einer »Montage-Technik« beherrscht. Ihr wird der gesamte Stoff unterworfen; Thomas Mann schreibt nach dem »strengen Satz« des Adrian Leverkühn. Keine Partie steht für sich, alles ist aufeinander bezogen: Es gibt keinen Ton, »nicht einen, der nicht in der Gesamtkonstruktion seine motivische Funktion erfüllte«.

Hans Henny Jahnn

Um der Einberufung zum Militärdienst zu entgehen, verläßt HANS HENNY JAHNN (1894–1959) 1915 das Deutsche Reich zum ersten Mal bis zum Ende des Krieges. Zusammen mit seinem Freund Gottlieb Friedrich Harms lebt er in Norwegen und begründet dort eine archaische dichterische Gegenwelt, die sein Werk ein Leben lang prägt. Der Triebverfallenheit und Vergänglichkeit des Körpers werden strenge geometrische Formen gegenübergestellt: ägyptische Pyramiden und romanische Basiliken. Die lineare Kompositionstechnik italienischer und deutscher Tonsetzer des 16. und 17. Jahrhunderts verbürgt Jahnns Kosmos eine Gesetzmäßigkeit wie »ein eisernes Gitterwerk«, an das man sich klammert, »um nicht den Halt zu verlieren«. Die karge norwegische Landschaft mit abrupten Übergängen zu Frühling und Sommer manifestiert einen unaufhörlichen Kreislauf der Natur, den Jahnn mit einer oft düsteren, feierlichen Sprache ins Zentrum der Handlung rückt.

Der Frühling lag schwer auf dem Land, gewalttätig, stieß, wie ein ungeheures männliches Tier, in den weichen Morast der aufgeweichten Erde hinein, und Milliarden und aber Milliarden werden zum Leben erwählt, Menschen, Tiere, Pflanzen. Das Wachstum dieses Jahres floß nach allen Seiten über. Aber ich täuschte mich nicht, die Verwesung ernährte es. *(Fluß ohne Ufer)*

1934 emigriert Jahnn erneut und kauft auf der Insel Bornholm einen Bauernhof, den er sechs Jahre lang selbst bewirtschaftet, bevor er ihn verpachtet. Trotz seines Aufenthalts im Ausland bleibt er Mitglied der Reichsschrifttumskammer und darf auch im Reich publizieren.
Auf Bornholm arbeitet Jahnn, der seit 1919 vor allem als Dramatiker hervorgetreten war (für *Pastor Ephraim Magnus* erhielt er auf Vorschlag von OSKAR LOERKE 1920 den Kleist-Preis), bis 1946 an der Romantrilogie *Fluß ohne Ufer*, einem Riesenwerk, dessen beiden ersten Teile 1949 und 1951 in der Bundesrepublik gedruckt wurden. Der dritte Teil (Epilog) wird 1961 als Fragment aus dem Nachlaß herausgegeben.

Fluß ohne Ufer unternimmt die »Rehabilitierung des Fleisches« auf der Suche nach der ursprünglichen Einheit von Mensch und Natur, die während der zweitausendjährigen Christianisierung der Welt, gipfelnd in den imperialistischen Beutezügen christlicher Kaufleute, verlorenging. Die Vermischung von Mensch und Tier und andere Tabuverletzungen im Roman sind ein Versuch der Umkehrung, welche die Kreatürlichkeit des Menschen wiederherstellt.
Die Handlung des Romans – soweit man hier von einer Handlung sprechen kann, weil Abschweifungen, innere Monologe verschiedener Personen und Variationen von Vorgängen und Konstellationen die epische Textur des Werkes ausmachen – wird von der Lebensgeschichte des Komponisten Gustav Anias Horn konturiert, der mit Alfred Tutein, dem Mörder seiner Verlobten Ellena, Blutsfreundschaft schließt. Diese Figuren werden vom Autor nicht als Individuen erfaßt, sondern als »Schauplatz von Ereignissen« (Brief von H. H. Jahnn aus dem Jahre 1946). Nach langer Reise durch die Kontinente, bei der sie die Vergangenheit abschütteln und ihren Hunger nach Erlebnissen befriedigen, kommen die Freunde an einem norwegischen Fjord und danach auf einer schwedischen Insel zur Ruhe: Horn komponiert, Tutein handelt mit Pferden. Tutein ist kein langes Leben beschieden; Horn mumifiziert seinen Leichnam und bewahrt ihn in einem Metallsarg in seiner Wohnung. Auf der Suche nach Menschen aus seiner Vergangenheit begegnet der Komponist einem jungen Mann, der sich Ajax von Uchri nennt und behauptet, Horn von früher zu kennen. Er will Tutein ersetzen und ermordet schließlich seinen Gastgeber. In der Liebe zwischen Ajax von Uchri und Nikolaj, Horns unehelichem Sohn, erneuert sich der »Blutsbund«, der das Leben von Horn und Tutein zusammenführte.
Der gnadenlose Kampf ums Dasein vollzieht sich nicht nur als allgemeines Gesetz in der Natur, die Liebesbeziehungen selbst sind, auch wenn sie ihn transzendieren, Teil des Kampfes. Ellenas und Horns Ermordung initiieren eine bedingungslose, sühnende Hingabe und die Verzeihung für den Mörder; die gemeinsame Sache mit ihm geht über in Liebestaumel und lebenslange Freundschaft. *Fluß ohne Ufer* spiegelt einen Strom des Lebens, der Mensch und Tier, Körper und Geist, Schuld und Unschuld vermischt und gegen Reinheitsvorstellungen der abendländischen Kultur anstürmt.

Hermann Broch

Wie die mittelalterliche Legende berichtet, soll VERGIL, kurz bevor er starb, verlangt haben, daß seine Freunde die *Äneis* verbrennen. *Der Tod des Vergil*, den HERMANN BROCH zwischen 1938 und 1945 in den USA schreibt, vergegenwärtigt die letzten Stunden des römischen Dichters und enthüllt mit visionärer Kraft die Motive, die Vergil dazu bringen, sein Hauptwerk zu vernichten, das, indem es dichterische Intention bruchlos mit dem Herrscher- und Staatslob vereinigt, als Inbegriff repräsentativer Literatur gilt.
Der Roman gipfelt in einer langen Auseinandersetzung zwischen Cäsar Augustus und dem Dichter: Der Kaiser macht seinen Anspruch auf die *Äneis* geltend und erpreßt Vergil zur Übergabe des Manuskriptkoffers; Vergils einzige Bedingung, die im Angesicht des Todes den Charakter eines Vermächtnisses annimmt,

ist die kaiserliche Erlaubnis, die Sklaven auf seinem Landgut freizulassen. Der mächtige Augustus wirkt sehr klein, wenn er mit sich überschlagender Stimme zetert:

»... aber daß ich in diesen fünfundzwanzig Jahren mein Werk vollbracht habe und daß mir dieses Werk ein Anrecht auf die Äneis verleiht, wohlbegründet in meiner Leistung, in der Wirklichkeit Roms und seines Geistes, ohne die niemals die Äneis hätte entstehen können, das ist zu viel für dich, das verträgst du nicht, und lieber vernichtest du sie, als daß du sie mir widmetest.«

Mit den gründerzeitlichen Darstellungen römischer Dekadenz, deren Pathetik die epigonale Schwäche der Autoren prunkvoll zu kaschieren versucht, hat Brochs Werk nur das historisierende Sujet gemein. Im Gegenteil, es thematisiert die Fragwürdigkeit einer repräsentativen Kunst, die zur großen Form nur durch Ausblenden der sozialen Realität gelangt, aber auch der Gestalt des Siegers nicht gerecht wird:

... denn göttlich noch war selbst dies müdeste Lächeln, das hier im Antlitz des Cäsars schimmerte –, aber kein Antlitz und kein Lächeln besitzt der actische Sieger im Gedicht, er besitzt nichts als eine Rüstung und einen Helm; ohne Wahrheit war das Gedicht, wirklichkeitsfern sein Held Äneas, wirklichkeitsfern der Äneas-Enkel darin, ein Gedicht ohne Erkenntnistiefe, das nichts wirklich festgehalten hat, unfähig hiezu, weil nur in der Erkenntnis sich Licht und Schatten formbauend sondern: das Gedicht war schattenlos fahl geblieben.

Für Broch selbst ist *Der Tod des Vergil* die literarische Konsequenz einer tiefgreifenden Erfahrung, die sein vorheriges Leben als Mann der Wirtschaft und danach als Schriftsteller, der nach der großen »Synthese zwischen Wissenschaft und Kunst« suchte, erschüttert. 1938, bei der Besetzung Österreichs, wird er verhaftet und muß während seines Gefängnisaufenthalts in Alt-Aussee befürchten, daß er von den neuen Machthabern umgebracht wird. Brochs wochenlange Todeserwartung ist Ausgangspunkt für diesen Roman. Ihm ergeht es wie dem todkranken Vergil, der bei der Ankunft der kaiserlichen Flotte in Brindisi die Dinge mit anderen Augen sieht und mit einem Schlage erkennt, was aus dem römischen Volk, dessen Weg zur Weltherrschaft er mit der »Äneis« verherrlicht, geworden ist:

Hitlers Ansprache auf dem Heldenplatz, Wien 1938

... es war ein funkelnder Riesenraum, vollgestopft mit Menschenleibern, ein funkelnder Riesenbehälter für ein ebenso gewaltiges wie gewalttätiges Warten, erfüllt von einem Rauschen, das Hunderttausende von Füßen schleifend, schlurfend, tretend, scharrend auf dem Steinpflaster erzeugten, eine brodelnde Riesenarena, erfüllt von einem auf- und abschwellenden schwarzen Summen, von einem Tosen der Ungeduld, das aber plötzlich verstummte und in Spannung erstarrte, als das Kaiserschiff, nur noch von einem Dutzend Rudern getrieben, mit sanfter Wendung den Kai erreichte und an der vorbestimmten Stelle – dort erwartet von den Stadtwürdenträgern in der Mitte des militärischen Fackelkarrees – beinahe lautlos anlegte; da freilich war der Augenblick gekommen, den das dumpf brütende Massentier erwartet hatte, um sein Jubelgeschrei ausstoßen zu können, und da brach es los, ohne Pause und ohne Ende, sieghaft, erschütternd, ungezügelt, furchteinflößend, großartig, geduckt, sich selbst anbetend in der Person des Einen.

Dies also war die Masse, für die der Cäsar lebte, für die das Imperium geschaffen worden war, für die Gallien hatte erobert werden müssen, für die das Partherreich besiegt, Germanien bekämpft wurde, dies war die Masse, für die des Augustus großer Frieden geschaffen wurde und die für solches Friedenswerk wieder zu staatlicher Zucht und Ordnung gebracht werden sollte, zum Glauben an die Götter und zur göttlich-menschlichen Sittlichkeit. Und dies war die Masse, ohne die keine Politik betrieben werden konnte und auf die auch der Augustus sich stützen mußte, sofern er sich zu behaupten wünschte; und natürlich hatte der Augustus keinen anderen Wunsch. Ja, und dies war das Volk, das römische Volk, dessen Geist und dessen Ehre er, Publius Vergilius Maro, er, ein echter Bauernsohn aus Andes bei Mantua, zwar nicht geschildert, aber zu verherrlichen versucht hatte! Verherrlicht und nicht geschildert, das war der Fehler gewesen, oh, und dies hier waren die Italer der Äneis! Unheil, ein Schwall von Unheil, ein ungeheurer Schwall unsäglichen, unaussprechbaren, unerfaßlichen Unheils brodelte in dem Behälter des Platzes, fünfzigtausend, hunderttausend Münder brüllten das Unheil aus sich heraus, brüllten es einander zu, ohne es zu hören, ohne um das Unheil zu wissen, dennoch gewillt, es in höllischem Gebrüll, in Lärm und Geschrei zu ersticken und zu übertäuben; welch ein Geburtstagsgruß! wußte bloß er allein darum? Steinschwer die Erde, bleischwer die Flut, und hier war der Dämonenkrater des Unheils, aufgerissen von Vulcanus selber, ein Lärmkrater am Rande des poseidonischen Bereiches.

»INNERE EMIGRATION« ZWISCHEN 1939 UND 1945

»Innere Emigration« – das ist die Zustandsbeschreibung, die der nicht gerade dazu berufene FRANK THIESS (1890–1977) für die in Deutschland gebliebenen Schriftsteller reklamierte, um ihre Situation der tagtäglichen Gefährdung und des Ausgesetztseins im »Dritten Reich« zu charakterisieren. Am Verhalten ERNST WIECHERTS (1887–1950), dessen Romane heute ihre einstige Strahlkraft auf eine breite Leserschicht eingebüßt haben, gewinnt dieser Terminus Prägnanz, ungeachtet der Tatsache, daß Wiechert selbst nach seinen Erfahrungen gerade mit seinen »Dichterfreunden« vom Anstand der Zunft während der Herrschaft der Nationalsozalisten nichts hält.

Ernst Wiechert

Aus einem konservativen ostpreußischen Elternhaus stammend, steht WIECHERT der Weimarer Republik fremd gegenüber; er lehnt sie, wie andere Erscheinungen der modernen Zivilisation, als ein Stück unmenschlicher Massenkultur ab. Zwischen 1911 und 1933 führt er die unscheinbare Existenz eines

Studienrats. Der fast Fünfzigjährige erreicht nach der Publikation seines ersten Romans *Die Majorin* (1934) durch Ansprachen an die Jugend, die innerhalb und außerhalb Deutschlands großen Widerhall finden, eine breite Öffentlichkeit. Er warnt vor einer bedenkenlosen Hingabe an den Zeitgeist und erinnert an die Lehren des Christentums, die trotz allen »völkischen« Aufbruchs weiterhin gelten. Als Offizier im Weltkrieg und als Vertreter einer breiten Schicht konservativer Christen wird Wiechert nicht belangt und führt ein zurückgezogenes Leben auf einem einsamen Bauernhof nahe bei München. Als Martin Niemöller nach langer Haft und einem Gerichtsurteil, das ihn als freien Mann entläßt, ins KZ verschleppt wird, schreibt Wiechert 1938 einen Protestbrief an den bayerischen Gauleiter und weigert sich, an staatlichen Wohlfahrtseinrichtungen weiter mitzuarbeiten, bis Niemöller freigelassen ist. Im Mai 1939 verhaftet, verbringt er drei Monate im Münchener Gestapogefängnis, bevor ein Aufenthalt im KZ Buchenwald ihn an den Rand des Todes führt. Nach der Entlassung zitiert ihn Propagandaminister Goebbels nach Berlin, um ihm zu erklären, daß er bei dem geringsten Anlaß ins Lager zurückkäme, aber dann »auf Lebenszeit und mit dem Ziel seiner physischen Vernichtung«.

Ohne auf diese Ermahnung zu achten, schreibt Wiechert, nach Hause zurückgekehrt, den autobiographischen Bericht *Der Totenwald* (veröffentlicht 1946). Er beginnt mit der Schilderung einer immer unhaltbarer werdenden Situation; die Seele verdüstert sich über die Zustände in Deutschland, und er spürt erst nach dem Brief an den Gauleiter eine gewisse Erleichterung. Es war ihm nun

Ernst Wiechert (um 1945)

bisweilen, als weiche für Stunden wenigstens die Röte der Scham aus seiner Stirn und als habe er nun wieder das Recht, in das stille Gesicht der Bäume oder seines Hundes zu blicken, ohne daß ihm aus ihnen die stumme Frage aller Kreatur mahnend und fordernd entgegensehe.

Wiecherts Bericht über die verschiedenen Stationen seiner Haft ist nüchtern und grenzt oft an medizinische Sachlichkeit:

Johannes lud einen der Kalksteine auf seine Schulter und begann seinen Weg. Die Sonne brannte erbarmungslos auf die nackte Erde, die Luft flimmerte, und schon nach der ersten Stunde stieg die Vision dessen vor den schmerzenden Augen auf, das hier am unerreichbarsten war: des Wassers. Es war bei Prügelstrafe verboten, vor oder während oder nach der Arbeit einen Tropfen Wasser zu trinken, unter dem Vorwand, das Wasser sei choleraverdächtig. Während einer fast dreizehnstündigen erbarmungslosen Arbeitszeit, in der es verboten war, sich aufzurichten und nur eine Minute zu eratmen, bei einer gnadenlosen Sonne und Temperaturen bis zu 35 Grad im Schatten, empfingen sie nichts als um die Mittagszeit einen halben Becher einer lauwarmen Brühe, indes der Körper in jeder Minute Ströme von Schweiß verlor.

Die Gemeinsamkeit im Lager, insbesondere die Fürsorge des Kommunisten Josef Biesel und die Gespräche mit Walter Husemann, vermitteln Wiechert die Erfahrung, daß er nur »ein Teil aller Leidenden auf dieser dunklen Erde, vom Schicksal hinausgeführt bis an den tödlichen Quell ihrer Qualen« ist. Ohne viel Aufhebens fragt der Autor am Schluß:

Vielleicht war schon zu viel Sicherheit in seinem Leben gewesen, zu viel Ruhm, zu viel Leben im Schmerzlosen außer in dem der Phantasie.

Das Manuskript vergräbt Wiechert in seinem Garten und veröffentlicht zur gleichen Zeit den Zeitroman *Das einfache Leben* (1939), in dem der Korvettenkapitän Orla, dem Psalmvers »Wir bringen die Jahre zu wie ein Geschwätz« folgend, Beruf und Familie aufgibt und durch ein Leben im Wald Ruhe und Trost sucht. Aus Enttäuschung über die Entwicklung im Nachkriegsdeutschland emigriert Ernst Wiechert 1948 in die Schweiz.

Horst Lange

Aufschlußreich und beklemmend sind HORST LANGES (1904–1971) Aufzeichnungen aus den Kriegsjahren 1939–1941, der erste Teil der *Tagebücher aus dem Zweiten Weltkrieg* (1979). Der schlesische Autor, der zum *Kolonne*-Kreis gehört, erregt 1937 bei literarisch Interessierten durch seinen ersten Roman Aufmerksamkeit. Das düstere Werk *Schwarze Weide* bespricht WERNER BERGENGRUEN begeistert in der »Deutschen Rundschau« als ein Buch »ohne Vorbilder und Anlehnungen und keinem Vergleich zugänglich«. 1940 erscheint *Ulanenpatrouille*, ein Roman, der am Vorabend des 1. Weltkrieges spielt. Der Vorabdruck in der »Frankfurter Zeitung« macht den Autor in weiten Kreisen bekannt, obwohl das Propagandaministerium nach dem Verkauf von 29 000 Exemplaren der ersten Auflage für eine zweite kein Papierkontingent mehr zur Verfügung stellt. Lange ist der »Verächtlichmachung der Wehrmacht« verdächtig und wird im Frühjahr 1940 zum Militärdienst eingezogen.
Die beiden Romane zeigen – trotz syntaktischer Präzision – eine Tendenz zum Dunklen, Verschwommenen, eine Gefahr, die der Autor später auch selbst diagnostiziert: »Kaum gibt es außen nichts mehr, was mich fesselt und meine Aufmerksamkeit anzieht, beginnen die Träume wieder ihr Wesen zu treiben.« (Brief vom 4. Oktober 1941.) Langes Hang zur visionären Sicht weicht in seinen tagebuchartigen Aufzeichnungen einer beobachtenden Schreibweise, die Momentaufnahmen einer erstarrten Realität wiedergibt.
Am 1. November 1939, als die Reichshauptstadt auf den Siegeswogen des »Blitzkrieges« gegen Polen schwimmt, beschreibt Horst Lange, die Enge seines Arbeitszimmers verlassend, einen Gang durch die Großstadtnacht:

Die Dunkelheit dieser Straßen, in denen keine Lichter mehr brennen, und wo jedes Haus mit Aufsässigkeit und trostloser Ermüdung bis zum Bersten gefüllt ist, wirkt nicht einmal unheimlich, wie man annehmen könnte, sondern so natürlich wie die Vorschatten des Todes, der diese Stadt schon längst erfaßt hat, ohne daß sie es selbst weiß. Ich hatte soviel geschrieben, daß ich wie ausgeglüht und verschlackt war, ich mußte für eine Nacht nach draußen flüchten, nicht um mir selbst aus dem Wege zu gehen, sondern um mich am anderen Leben zu messen und eine neue Beziehung zur Realität zu bekommen. (. . .)
Nachts wird das Strandgut durch die Straßen gespült, jene verzweifelten und geschwächten Männer und Frauen, welche nicht mehr zu schlafen vermögen und von einer hysterischen, gereizten Wachheit sind. Sie sammeln sich in den Vorhallen der Bahnhöfe, durstig

nach dem kleinsten Schluck Alkohol, hemmungslos in ihrer Vertrauensseligkeit, unter geflüsterten, halblauten Gesprächen, voller Furcht, daß ihnen jemand zuhören könnte, der von staatswegen Macht über sie besitzt, und doch wieder andererseits exhibitionistisch bis zur völligen Selbstaufgabe. (...)
Der Wartesaal des Bahnhofs Friedrichstraße, voll mit schlafenden Soldaten, die mit Polizei unter Gewehren bewacht wurden. – Die grauen, toten Straßenzüge, die ich zum Alexanderplatz hinüberlief, an der riesigen, verrammelten Synagoge vorüber, und dann, auf einmal, ein wenig später, wie Heere von Ratten, die vielen müden, schlürfend und schlaftrunken sich bewegenden Gruppen der Leute, welche zur Arbeit gingen, – bei Dunkelheit ihre Stuben verlassen und bei Dunkelheit wiederkehren, – ein Eindruck voller Trostlosigkeit und das Wesen dieser Stadt am besten kennzeichnend. –

Den Militärdienst an der Ost-Front begreift Lange als Chance zur Bewährung und empfindet, in kritischer Distanz zum nationalsozialistischen »Herrenmenschentum«, aus Sehnsucht nach Ordnung die Männerwelt des Militärs als positiv. Dennoch läßt er keinen Gedanken an den »Endsieg« aufkommen. Von der Fahrt durch Polen bis zur Ankunft an der Front vor Moskau und während seiner einjährigen Dienstzeit in Rußland hält der Autor an seiner Sicht von unten fest und verliert sich an keiner Stelle in generalstabsmäßige Spekulationen. Er sieht, daß der deutsche Vormarsch bereits in einen Stellungskrieg übergegangen ist, mit endlosen Wiederholungen, Zerstörungen von kaum überschaubarem Ausmaß und einer ruinösen Angleichung der Kombattanten, die kaum noch voneinander zu unterscheiden sind.
Bis zu seiner Verwundung im Dezember 1941 nimmt Lange am Krieg in Rußland teil. Der Aufenthalt im Larazett beendet die Aufzeichnungen von der Ost-Front; sie umfassen kaum hundert Seiten, für diesen Autor Raum genug, um die Unausweichlichkeit der Wende im 2. Weltkrieg heute noch nachvollziehbar werden zu lassen.

Felix Hartlaub

FELIX HARTLAUB (1913–1945) beobachtet als einsame, von ihrer Umgebung kaum wahrgenommene Randfigur das Zeitgeschehen. Obwohl bereits im September 1939 zur Wehrmacht eingezogen, erlebt er den Krieg aus der Distanz, als Angehöriger einer Sperrballon-Einheit, deren Aufgabe es ist, im Hinterland Objekte gegen Fliegerangriffe zu schützen, als Archivar des Auswärtigen Amtes in Paris oder als Sachbearbeiter am Kriegstagebuch, der im Führerhauptquartier der Ukraine, in Ostpreußen und im Salzkammergut lebt.
Hartlaubs Thema sind das dolce vita der Etappe und die ruchlose Scheinwelt der Befehlszentrale. Das eroberte Paris als Kapitale des Vergnügens, wo sich das deutsche Militär nicht ohne Ängstlichkeit, aber nach Kräften amüsiert, und das Leben auf dem Land in der Ukraine, wo das »Herrenmenschentum« rückhaltlos ausgelebt werden kann, sind Gegenstand kurzer, aneinandergereihter Prosastücke. Sie zeigen einen einzigartigen Blick für die menschliche Körpersprache, die mit dem vom Autor erfaßten Eigenleben der Bäume und Häuser, der Flüsse und der Wolkenformationen am Himmel einen oft surreal anmutenden

Kontext eingeht. So verdeutlicht Hartlaub an einem alltäglichen Ereignis, der Fahrt eines Kübelwagens über eine hölzerne Notbrücke der Ukraine, in aller Knappheit, wie die Demonstration militärischer Überlegenheit mit logistischen Sachzwängen konkurriert:

Kleine Viehherden werden durch den langen, dröhnenden, hölzernen Engpaß – nur eine Wagenbreite – getrieben. Magere Rinder, sie verfallen in Galopp, dann wieder in steifen, zögernden Schritt, verstopfen die Brücke. Ein Kübelwagen mit Flakoffizieren kommt hinterher, aufgebracht hupend, muß vor der sich langsam vorschiebenden Mauer von mageren Hinterteilen und pendelnden Schwänzen halten. Ein Inspektor springt mit rotem Kopf heraus, tritt die nächstliegende Kuh in die Weichen, ruft mit den Armen und unartikuliertem Gebrüll die gerade auf der Brücke befindlichen bäuerlichen Passanten herbei, die sich auch gehorsam gegen die Hinterfront der Herde werfen. Flüche, bittendes Zureden, klatschende Hiebe – Hunde fahren bald den Tieren, bald den Treibern an die Beine. Kleine Hütejungen recken sich aus der Mitte der Herde hoch, schwingen Arme, Knüppel, um dem bösen Auto zu zeigen, daß sie tun, was sie können. Ganz langsam kommt Bewegung in den nickenden Wald der Gehörne, die Schwänze schlagen durcheinander, maßloses Gepolter, die Hufe der Tiere, die nackten Sohlen der Treiber – die Brücke ist ein Dröhnen. Dazu fängt auch das Auto wieder an zu hupen, der Motor stakkert und röchelt, jetzt geht auch noch ein Schuß los. Einzelne Tiere werden ans Geländer gedrängt, heben sich brüllend gegen das Fahrzeug. Endlich zeigt eine Staubwolke, daß das Auto die Brücke verlassen hat. Einer der Insassen hat sich auf die Füße gestellt und schimpft nach rückwärts gewandt in die Herde hinein, die sich, sehr viele in Schritt verfallend, über die Breite der Straße und die Böschungen hin auflöst.

Gegenüber der elementaren Daseinsbehauptung der Viehherden und ihrer Treiber wirkt die Schimpfkanonade des Offiziers als sinnlose Donquichotterie, deren Hilflosigkeit bereits die Niederlage ankündigt.

Die Aufzeichnungen aus dem Jahr 1944, zum größten Teil nach dem 20. Juli, setzen sich mit der Scheinexistenz im Führerhauptquartier, der »toten, windstillen Mitte des Taifun«, auseinander. Es ist ein Leben im »Sperrkreis«, der die Realität entwirklicht und militärische Begriffe mit phantomhaftem Leben erfüllt. Zu einem Zeitpunkt, an dem die Veränderungen der »Lage« kaum noch zu registrieren sind, wird hier an der Fiktion festgehalten, es gäbe noch einen Oberbefehl, der die militärischen Maßnahmen koordiniert.

Der Sonderzug, der auch tagsüber mit heruntergelassenen Rouleaus durch Deutschland fährt, veranschaulicht, wie der Führer und sein Stab gegenüber dem Andrängen der Realität ihre Wahnideen aufrechterhalten. Seine Fahrt mündet in einem endlosen Tunnel; die Insassen gestehen endlich ein:

Die auf dem Bahnsteig wissen womöglich schon mehr über die Lage, über die letzten Luftangriffe und wie weit der Russe noch von der Reichsgrenze weg ist; jedenfalls von uns hier können sie nicht mehr viel erfahren. Unsere Meldungen sind zum größten Teil überholt, wir haben den Anschluß verpaßt und eine zunehmende Verspätung, auch wenn wir heute nacht noch planmäßig in Görlitz ankommen, das ist nur äußerlich. Wir geraten immer mehr in Rückstand, holen es nicht mehr ein, wenn wir auch einen Regierungsbezirk nach dem anderen zum Operationsgebiet erklären und vorsorglich rückwärtige Stellungen bauen lassen, mit den Mitteln eines Volksaufgebotes. Die Sprünge sind immer zu kurz, wir holen es nicht mehr ein. Wie eine zu spät alarmierte Feuerwehrkolonne rasen wir zu den einzelnen Brandherden, besprechen uns mit den örtlichen Branddirektoren, hetzen sie gegeneinander auf; wirklich helfen können wir ihnen nicht. Und dann weiter zum nächsten Brand, und bitte, die Oberbefehlshaber und die Chefs her und vielleicht ein Tausch, ein kleiner Wechsel im Oberbefehl, und wieder weiter, immer schneller. Der Kühlwagen fällt aus, der Nachrichtenwagen, wir arbeiten nur noch mit einem Tornisterfunkgerät, wachsende Friktion in der Befehlsübermittlung, Bulli hat Atemnot, Putzis Knochen ist weg, der Oberst arbeitet mit einer Sauerstoffmaske und Mimis Schürze zerreißt der Fahrwind, die Wambke hat eine Vortragsnotiz auf den Fahrplan getippt, der Reichsbahner weiß auch nicht mehr, wo wir sind. Und was ist denn das für ein endloser Tunnel und was schwingen sie für grüne Lampen, wieviel Loks haben wir denn eigentlich davor, eine würde bestimmt genügt haben. Und eine komische Akustik hat dieser Tunnel, da spielt doch einer das Deutschlandlied auf einer Wurlitzer Orgel, wenigstens so ähnlich . . .

Keine Wagnerklänge, eher eine Wurlitzer Orgel begleiten die Höllenfahrt, deren Banalität von den Slapsticks einer Filmkomödie aus Hollywood nicht zu unterscheiden ist. Anfang April 1945 wird Felix Hartlaub zur Infanterie abkommandiert; er stellt sich gegen das Anraten seiner Freunde und verschwindet spurlos während der Kämpfe um Berlin.

DEUTSCHSPRACHIGE LITERATUR NACH 1945

Wie bitter ist es, wenn der Jubel der Welt der Niederlage, der tiefsten Demütigung des eigenen Landes gilt! Wie zeigt sich darin noch einmal schrecklich der Abgrund, der sich zwischen Deutschland, dem Land unserer Väter und Meister, und der gesitteten Welt aufgetan hatte ... Ich sage: Es ist trotz allem eine große Stunde, die Rückkehr Deutschlands zur Menschlichkeit. Sie ist hart und traurig, weil Deutschland sie nicht aus eigener Kraft herbeiführen konnte. Furchtbarer, schwer zu tilgender Schaden ist dem deutschen Namen zugefügt worden, und die Macht ist verspielt. Aber Macht ist nicht alles, sie ist nicht einmal die Hauptsache, und nie war deutsche Würde eine bloße Sache der Macht. Deutsch war es einmal und mag es wieder werden, der Macht Achtung, Bewunderung abzugewinnen durch den menschlichen Beitrag, den freien Geist.

Ruine in Berlin 1945

Mit diesen Worten wendet sich THOMAS MANN zwei Tage nach der Kapitulation der deutschen Wehrmacht, am 10. Mai 1945, ein letztes Mal über den britischen Sender BBC aus dem US-amerikanischen Exil an seine Landsleute in Deutschland. Erst 1952 kehrt Thomas Mann endgültig aus dem Exil nach Europa zurück; der »freie Geist« des Nachkriegsdeutschland ist ihm dennoch unheimlich, er siedelt sich in der Schweiz an. Zwei Jahre nach Kriegsende findet ANNA SEGHERS aus dem mexikanischen Exil den Weg nach Deutschland zurück; über Paris reist sie durch die deutsche Ruinenlandschaft nach Berlin. Ihr Eindruck:

Als ich aus der Emigration zurückkam, fuhr ich vom Westen her quer durch Deutschland. Die Städte waren zertrümmert und die Menschen waren im Inneren genauso zertrümmert. Damals bot Deutschland eine »Einheit« von Ruinen, Verzweiflung und Hunger. Aber es gab auch Menschen, die nicht vom Elend betäubt waren und zum erstenmal die Fragen aussprachen, die auch alle drückten: Was ist geschehen? Wodurch geschah es? – Daraus ergab sich die nächste Frage. Was muß geschehen, damit das Grauen nie mehr wiederkommt?

Ihre Antwort auf diese Frage, die sie mit vielen Emigranten in der Hoffnung auf ein anderes, ein demokratisches und sozialistisches Deutschland teilt, lautet:

Das war der Augenblick, in dem die deutschen Schriftsteller auf den Plan treten mußten, um so klar und vernehmlich wie möglich Rede und Antwort zu stehen. Durch die Mittel ihres Berufes mußten sie helfen, ihr Volk zum Begreifen seiner selbstverschuldeten Lage zu bringen und in ihm die Kraft zu einem anderen, einem neuen friedvollen Leben zu erwecken.

Anna Seghers mit Johannes R. Becher (links) und Alexander Abusch

Das besiegte Deutschland ist in vier Besatzungszonen aufgeteilt. Die Schrecken der faschistischen Diktatur und Hitlers Vernichtungskrieg in ganz Europa werden verdrängt oder überlagert durch die Sorgen der Überlebenden, aus den Trümmern und Verwüstungen wieder Leben wachsen zu lassen, notdürftig ihre Existenz zu sichern. Die Jahre 1933 bis 1945 sind jedoch nicht Vergangenheit, sie sind kein gespenstischer Alptraum, den man abschütteln könnte, sie sind Realität und unmittelbare Gegenwart. Die Deutschen befinden sich nicht in einer Nullpunkt-Situation, sie haben mitzuentscheiden, wie ein anderes Deutschland auf dem Hintergrund der Erfahrungen der nationalsozialistischen Gewaltherrschaft aussehen soll. Schon 1946 veröffentlicht EUGEN KOGON sein aufrüttelndes Buch *Der SS-Staat, das System der deutschen Konzentrationslager*, das sich dem Drang zu vergessen entgegenstemmt. Sein Buch endet mit der fernen Hoffnung:

Rückblickend möge Deutschland sich selbst erkennen: seine edlen und seine entsetzlichen Züge, damit das entstellte, das verzerrte Antlitz wieder Gleichmaß gewinne. Es wird den Richter dann nicht mehr zu fürchten brauchen, weil es sich selber ehrlich beurteilt hat. Und wenn er die Frage erneut an Deutschland stellt: »Kennt ihr mich jetzt?«, dann wird es in ihm den Erlöser sehen aus Irrtum, Verbrechen, Blutschuld, Schande und Not, den *Erlöser zur Freiheit und Menschenwürde*. Weit werden die Konzentrationslager dann hinter dem erneuerten Deutschland liegen – nur noch eine Mahnung aus den Zeiten der Finsternis dieses Dritten Reiches.

Die Verwandlung der Täter, Mitläufer, stillen Dulder und der Opfer, Widerstandleistenden oder unauffällig Protestierenden in eine angeblich gleiche Nachkriegsgesellschaft, in der alle vorrangig von Hunger, Elend und Obdachlosigkeit betroffen sind, ist nur ein makabrer Schein. Auch die deutschen Schriftsteller können nicht mit einer Stimme sprechen. Die ältere Generation, die bereits in den zwanziger Jahren literarisch hervorgetreten war, spaltet sich in zwei Gruppen: Die einen mußten unter Bedrohung ihres Lebens das Land verlassen – wie HEINRICH und THOMAS MANN, ARNOLD und STEFAN ZWEIG, BERTOLT BRECHT, LION FEUCHTWANGER, ALFRED DÖBLIN, CARL ZUCKMAYER –, eine Minderheit versucht, in Deutschland zu überleben – HERMANN KASACK, MARIE LUISE KASCHNITZ, ERICH KÄSTNER, WILHELM LEHMANN. Die Nachkriegsschriftsteller, die nicht die Entbehrungen und die Einsamkeit des Exils erleiden mußten, sind wiederum durch ihre Erfahrungen voneinander getrennt: Schriftsteller wie ALFRED ANDERSCH (Jahrgang 1914), HEINRICH BÖLL (Jahrgang 1917), GÜNTER EICH (Jahrgang 1907) und HANS WERNER RICHTER (Jahrgang 1908) werden im erwachsenen Alter als Soldaten in den mörderischen Krieg hineingezogen; die jüngeren Autoren wie WOLFGANG BORCHERT (Jahrgang 1921),

SIEGFRIED LENZ (Jahrgang 1926) und GÜNTER GRASS (Jahrgang 1927) werden noch als Jugendliche in die Vernichtungsmaschinerie an der Front geschickt. Einige, wie WALTER VON MOLO, ziehen sich still in die Provinz zurück, weigern sich zu veröffentlichen; andere, wie ERNST WIECHERT, geraten in KZ-Haft oder werden wegen Wehrkraftzersetzung vor Gericht gestellt, wie LUISE RINSER. Während in der sowjetisch besetzten Zone die Exil-Schriftsteller offen aufgenommen werden, als Antifaschisten und besserer Teil Deutschlands hohes Ansehen und Publikationsmöglichkeiten genießen, begegnet man ihnen in den westlichen Zonen mit Mißtrauen, sie bleiben weiterhin Ausgegrenzte. Die Exilschriftsteller, die sich bei ihrer Rückkehr für die Ostzone und nicht für die Westzonen entscheiden, sind nicht nur von Optimismus erfüllt. WILLI BREDEL beschreibt rückblickend in seinem Roman *Ein neues Kapitel* (1959) die Lage:

Ich habe ... etwas Angst angesichts der Aufgabe, die vor uns steht und die wir lösen müssen. Die sozialistische Revolution in Deutschland ist ausgeblieben; die Befreiung vom Faschismus ist den deutschen Arbeitern, dem ganzen deutschen Volk, durch den Kampfsieg der Roten Armee ... geschenkt worden ... Was das Klassenbewußtsein und die Moral der Arbeiter in Deutschland betrifft, so ist schließlich bekannt, daß ein Jahrzehnt faschistischer Demagogie, nicht ohne Spuren zu hinterlassen, vorüber ist. In den Köpfen vieler, auch vieler deutscher Arbeiter, sieht es nicht anders aus als in unseren Städten und Dörfern.

In wenigen Jahren geraten die Fronten der Schuldzuweisung und der Schuldverantwortung in heillose Verwirrung: Der östliche Teil Deutschlands, die

Rückkehr der Evakuierten 1945

spätere DDR, reklamiert für sich eine antifaschistische Tradition, als ob es auf ihrem Territorium nie eine faschistische Diktatur gegeben hätte. Der westliche Teil Deutschlands, die Bundesrepublik, stellt sich formal in die Verantwortung der ganzen deutschen Geschichte, auch der zwölfjährigen Hitlerdiktatur, aber die Verfolgten und aus dem Land Getriebenen werden insgeheim als Nestbeschmutzer und Verräter angesehen. ALFRED DÖBLIN kehrt schon im November 1945 nach Deutschland zurück. Als Mitarbeiter der französischen Militäradministration in Baden-Baden will er durch seine literarische Zeitschrift *Das Goldene Tor* (1946–51) am demokratischen Wiederaufbau Deutschlands mitwirken. Sein erster Eindruck ist deprimierend.

Eine schwere Lähmung als Nachwirkung der aushöhlenden und verstumpfenden Diktaturherrschaft liegt über allem: Der wüste Katzenjammer nach dem Delirium.

Ein Eindruck, der sich nicht verliert. 1951 geht Döblin ein zweites Mal ins Exil, nach Paris, denn »man hat nichts gelernt, und es ist alles bis auf die Vertreibung von Hitler, gleich geblieben«.
Noch im Sommer 1949, bevor es im Herbst zur Gründung zweier deutscher Staaten kommt, tritt THOMAS MANN als Festredner anläßlich von Goethes 200. Geburtstag in der Frankfurter Paulskirche und im Weimarer Nationaltheater bewußt mit derselben Rede vor das deutsche Publikum in Ost und West:

Ich kenne keine Zonen. Mein Besuch gilt Deutschland selbst, Deutschland als Ganzem, und keinem Besatzungsgebiet. Wer sollte die Einheit gewährleisten und darstellen, wenn nicht ein unabhängiger Schriftsteller, dessen wahre Heimat die freie, von Besatzungen unberührte deutsche Sprache ist.

Anna Seghers und Thomas Mann in Weimar (1955)

»Unberührt« war die deutsche Sprache nicht geblieben, unbefangen wird vor allem in den Westzonen das Auftreten Thomas Manns in Weimar nicht aufgenommen. Er, der als Meister der deutschen Sprache anerkannt war, löste Irritationen aus, weil von ihm ein klares Bekenntnis für den Westen erwartet wurde und er enttäuscht hatte. An seiner Person hatte sich schon vier Jahre zuvor eine beklemmende Kontroverse entzündet. Am 13. August 1945 fordert WALTER VON MOLO in einem offenen Brief in der »Münchner Zeitung« Thomas Mann auf, nach Deutschland zurückzukehren:

Bitte, kommen Sie bald, sehen Sie die vom Gram durchfurchten Gesichter, sehen Sie das unsagbare Leid in den Augen der vielen, die nicht die Glorifizierung unserer Schattenseiten mitgemacht haben, die nicht die Heimat verlassen konnten, weil es sich hier um viele Millionen Menschen handelte, für die kein Platz auf der Erde gewesen wäre als daheim, in dem allmählich gewordenen großen Konzentrationslager, in dem es bald nur mehr Bewachende und Bewachte verschiedener Grade gab.

Einige Tage nach diesem Brief, am 18. August 1945, meldet sich in derselben Zeitung FRANK THIESS mit einem offenen Brief an Thomas Mann zu Wort; die Überschrift lautet: »Die innere Emigration«. Frank Thieß beansprucht für sich eine Integrität, die ihm nicht zusteht: 1941 veröffentlichte er ein historiographisches Werk (*Das Reich der Dämonen*), das er mit einem den neuen Machthabern ergebenen Vorwort versehen hatte. Thieß stimmt im Unterschied zu Molo ein Hoheslied auf die in Deutschland Gebliebenen an, das die Leiden der Exilierten roh mißachtet:

Auch ich bin oft gefragt worden, warum ich nicht emigriert sei, und konnte immer nur dasselbe antworten: falls es mir gelänge, diese schauerliche Epoche lebendig zu überstehen, würde ich dadurch derart viel für meine geistige und menschliche Entwicklung gewonnen haben, daß ich reicher an Wissen und Leben daraus hervorginge, als wenn ich aus den Logen und Parterreplätzen des Auslands der deutschen Tragödie zuschaute.

Solche Worte sind beredter als jede politische oder ökonomische Analyse für das Klima im Nachkriegsdeutschland. THOMAS MANN, der sich 1949 in seiner Goethe-Rede um Optimismus bemüht, antwortet Walter von Molo 1945 mit verständlicher Erbitterung:

Ich gestehe, daß ich mich vor den deutschen Trümmern fürchte – den steinernen und den menschlichen. Und ich fürchte, daß die Verständigung zwischen einem, der den Hexensabbat von außen erlebte, und Euch, die ihr mitgetanzt und Herrn Urian aufgewartet habt, immerhin schwierig wäre. Wie sollte ich unempfindlich sein gegen die Briefergüsse voll lang verschwiegener Anhänglichkeit, die jetzt aus Deutschland zu mir kommen! Es sind wahre Abenteuer des Herzens für mich, rührende. Aber nicht nur wird meine Freude daran etwas eingeengt durch den Gedanken, daß keiner davon je wäre geschrieben worden, wenn Hitler gesiegt hätte, sondern auch durch eine gewisse Ahnungslosigkeit, Gefühllosigkeit, die daraus spricht, sogar schon durch die naive Unmittelbarkeit des Wiederanknüpfens, so, als seien diese zwölf Jahre nicht gewesen. Auch Bücher sind es wohl einmal, die kommen. Soll ich bekennen, daß ich sie nicht gern gesehen und bald weggestellt habe? Es mag Aberglaube sein, aber in meinen Augen sind Bücher, die von 1933 bis 1945 in Deutschland überhaupt gedruckt werden konnten, weniger als wertlos und nicht gut in die Hand zu nehmen. Ein Geruch von Blut und Schande haftet ihnen an; sie sollten alle eingestampft werden.

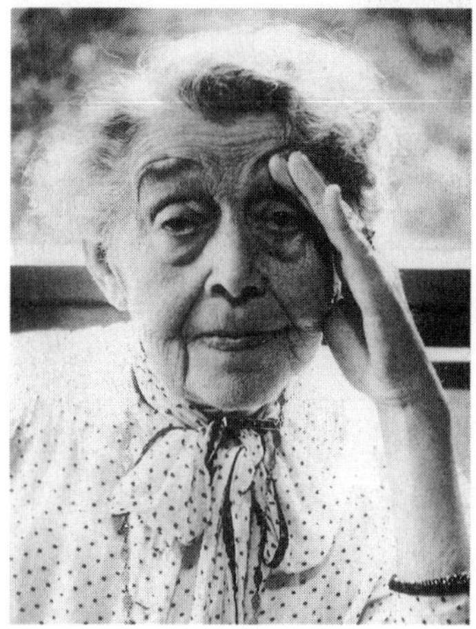

Ricarda Huch (1944)

Vom 5. bis 8. Oktober 1947 findet in Berlin – organisiert vom »Schutzverband Deutscher Autoren« im »Freien Deutschen Gewerkschaftsbund« (FDGB) – das erste gesamtdeutsche Schriftstellertreffen der Nachkriegszeit statt. Rund zweihundert Schriftsteller, Kritiker und Berichterstatter nehmen teil; sie reisen nicht nur aus den vier Besatzungszonen an, sie kommen auch aus New York, Paris, London, Prag und Moskau. Ziel der Tagung ist es, die tiefe Kluft zwischen den Schriftstellern des Exils und denen der sogenannten Inneren Emigration zu überwinden. Vorsitzende des Kongresses ist RICARDA HUCH (1864–1947). Sie hatte schon zu Beginn des Jahres 1933 die Preußische Akadamie der Künste aus Protest gegen die Verstoßung von HEINRICH MANN verlassen; sie war im Land geblieben und hatte sich dem Widerstand der »Bekennenden Kirche« angeschlossen. ALFRED KANTOROWICZ (1899–1979) hebt in seinem Vortrag »Schriftsteller in der Emigration« die Notwendigkeit einer »intellektuellen Solidarität« zwischen den Vertriebenen und den Daheimgebliebenen hervor. ELISABETH LANGGÄSSER hält das Gegenreferat »Schriftsteller in der Hitlerdiktatur«;

sie setzt sich kritisch mit dem Verstummen vieler Autoren auseinander, verteidigt aber eine Literatur, in der die Flucht in die Natur als Gegenwelt zum furchtbaren politischen Alltag ihre Berechtigung gehabt habe. STEPHAN HERMLIN (geb. 1915), zurückgekehrt aus dem Exil, spricht über das Thema »Wo bleibt die junge Dichtung«; er fordert ungeduldig das Ende einer Lyrik der »Lurche und Molche«. Nur schwer finden die äußeren und »inneren« Emigranten eine gemeinsame Sprache, können sie ihr gegenseitiges Mißtrauen abbauen. Einen offenen Eklat bewirkt die Rede des amerikanischen Journalisten MELVIN J. LASKY. Er beschäftigt sich mit der Zensur und den Repressionen, denen sowjetische Künstler und Schriftsteller ausgesetzt sind, und bekundet seine Solidarität mit ihnen. Ein Hauch von Kaltem Krieg durchweht den Kongreß, die sowjetischen Delegierten verlassen demonstrativ den Saal; die Rede Laskys wirkt wie ein erster Vorbote der späteren Spaltung. Als sieben Monate später in der Frankfurter Paulskirche ein zweiter Schriftsteller-Kongreß organisiert wird, sagen bereits die Schriftsteller aus der sowjetisch besetzten Zone ihr Kommen ab. Trotz aller Beschwörungen, es gebe eine gemeinsame deutsche Literatur, unabhängig von Ost- und Westorientierung, ist politisch die Demarkationslinie schon scharf gezogen. Der Ost-West-Konflikt beginnt die Widersprüche zwischen äußerer und »innerer« Emigration zu überlagern.

Plakat zum 40. Jahrestag der Novemberrevolution

In der Ostzone, der späteren DDR, verpflichtet die offizielle Kulturpolitik die Schriftsteller zur Teilnahme an einer antifaschistisch-demokratischen Erneuerung Deutschlands mit dem Ziel eines sozialistischen Staates. Die überwiegende Zahl der demokratischen und sozialistischen Schriftsteller der Weimarer Republik findet nach den Jahren des Exils zunächst in der DDR ihre politische und literarische Heimat; durch sie wird das kulturelle Leben mitbestimmt. In den Westzonen, der späteren Bundesrepublik, bleiben die Emigranten Außenseiter; die Vertreter einer jungen Schriftstellergeneration beginnen sich erst langsam und verstört zu artikulieren. Es dominieren traditionelle, christlich geprägte Erzähler wie WERNER BERGENGRUEN (1892–1964), HANS CAROSSA (1878–1956), GERTRUD VON LE FORT (1876–1971), ALBRECHT GOES (geb. 1908) und EDZARD SCHAPER (1908–1984). Im Gefolge der politischen und ökonomischen Anbindung der Westzonen an die USA setzt eine schleichende Restauration ein. Schon im Januar 1947 sieht HANS WERNER RICHTER alle Hoffnungen auf eine demokratische Wende in ganz Deutschland vernichtet:

> Wir waren keine Phantasten, als dieser Krieg zu Ende ging. Wir haben keine Revolutionen erwartet ... Wir glaubten nur, daß es in Deutschland, infolge der fast schon überdimensionalen Erschütterungen durch den Krieg, gelingen müßte, auf legalem und vielleicht konstruktivem Wege sich der großen Evolution unserer Zeit anzupassen. Erschüttert stehen wir nun vor dem Ergebnis. Auch diese Evolution scheint versäumt zu sein.

PROSA NACH 1945

Große Aufmerksamkeit erregen zunächst Romane, die während der Kriegsjahre geschrieben wurden und erst verspätet in Deutschland erscheinen können: THOMAS MANNS *Doktor Faustus* (1947), HERMANN HESSES *Glasperlenspiel* (1943 in Zürich erschienen, 1946 auf dem deutschen Buchmarkt) und ELISABETH LANGGÄSSERS *Unauslöschliches Siegel* (1946). Kaum ließen sich die tiefen Kluften im Nachkriegsdeutschland besser charakterisieren als durch diese drei Werke: Thomas Mann beschreibt den dämonischen Prozeß eines langsam dem nationalsozialistischen Rausch verfallenden Deutschland; Hermann Hesse sieht die Rettung vor der Barbarei in einer schwülen pädagogischen Provinz, er projiziert den deutschen Bildungsroman in die Zukunft; Elisabeth Langgässer relativiert den Faschismus durch den Hinweis auf die Sündhaftigkeit des Menschen.

Hermann Kasack und Ernst Kreuder

Hermann Kasack

Wie mythisch verbrämt der Faschismus im Nachkriegsdeutschland nachwirkt, zeigt der große Erfolg von HERMANN KASACKS (1896–1966) Roman *Die Stadt hinter dem Strom*, den er 1942 begonnen hat und 1946 abschließt. Er erscheint als Fortsetzungsroman im Berliner »Tagesspiegel« und kommt 1947 als Buch auf den Markt.

Der Orientalist Dr. Robert Lindloff erhält einen Ruf in die Stadt hinter dem Strom, um dort die Stelle des Archivars einzunehmen. Schon die Reise dorthin ist ein gespenstisches Unternehmen, die Stadt selbst ist ein Labyrinth von Ruinen, Katakomben und Höhlen. Ihm begegnen Menschen, die er längst tot glaubte; die Behörde, in deren Diensten er steht, ist eine allmächtige, undurchsichtige Bürokratie – vergleichbar KAFKAS *Schloß* und der Geheimen Staatspolizei. Lindloff irrt umher und erblickt überall Sinnlosigkeit: In einer Fabrik, in der die Toten wie Sklaven arbeiten müssen, werden Kunststeine hergestellt, die in einem weiteren Werk zerstört werden, damit sie wiederum an die erste Fabrik zur Herstellung neuer Steine zurückgeleitet werden können. Ein sinnloser Kreislauf von Zerstörung offenbart sich:

> Als Robert dies begriff, sah er den millionenfachen Tod, den sich die weiße Rasse auf dem Schlachtfeld Europa mit ihren beiden furchtbaren Weltkriegen schuf, eingeordnet in den Vorgang dieser ungeheuren Geisterwanderung. Dieser millionenfache Tod geschah, mußte in dieser Maßlosigkeit geschehen, wie der Chronist mit langsamem Schauder einsah, damit für die andrängenden Wiedergeburten Platz geschaffen wurde. Eine Unzahl Menschen wurde vorzeitig abgerufen, damit sie rechtzeitig als Saat, als apokryphe Neugeburt in einem bisher verschlossenen Lebensraum auferstehen konnte.

Lindloff kehrt zurück ins Reich der Lebenden, aber dort hat der Krieg inzwischen die Vision des Totenreiches eingeholt: überall rauchende Trümmer und Ruinen. Lindloff reist durchs Land, er studiert seine Chronik über das Totenreich, bis er stirbt und abermals den Fluß überquert.

Liest man das Werk, das als zeitgemäße Warnung vor dem Faschismus verstanden wurde, mit dem Abstand der Jahrzehnte, so läßt seine Wirkung den heutigen Leser erschrecken. Krieg und staatlichen Terror verwebt Kasack zu apokalyptischen und metaphysischen Visionen anonymer Mächte. Wörter aus dem faschistischen Vokabular wie »Lebensraum« lassen weder den Autor noch die Leser stolpern. 1949 erhält Kasack für diesen Roman den Fontane-Preis.
Ein anderer Erfolgsroman, *Die Gesellschaft vom Dachboden* von ERNST KREUDER (1903–1972), erscheint 1946. Auch hier konstituiert sich eine Gegenwelt: Die Leute vom Dachboden ziehen sich aus der Wirklichkeit zurück – »wir sind aus solchem Stoff, aus dem die Träume sind« –, sie schaffen ihr eigenes kleines Paradies. Der Rückzug in eine romantische Idylle bewahrt vor den Verletzungen der brutalen Realität. Jeder ist sein »eigener Phantast«; Innenwelt und Außenwelt befinden sich in schlechter deutscher Tradition in einem unauflösbaren Widerspruch.

Die Prosaschriftsteller der »jungen Generation«

Heinrich Böll (1956)

»Es war so unglaublich schwer, kurz nach 1945 auch nur eine halbe Seite Prosa zu schreiben«, bekennt HEINRICH BÖLL (1917–1985) und artikuliert damit die Schwierigkeiten der jungen Generation, das Schweigen zu brechen und literarisch hervorzutreten. Zu tief sitzt die Schockwirkung des Krieges. Die Sprache ist korrumpiert und unglaubwürdig, man muß ihr mißtrauen. Die Mitarbeiter der »Frankfurter Zeitung«, DOLF STERNBERGER, GERHARD STORZ und W. E. SÜSKIND stellen 1945 ihre Studie *Aus dem Wörterbuch des Unmenschen* zusammen. An scheinbar harmlosen Begriffen wie »charakterlich«, »intellektuell«, »Anliegen« oder »Betreuung« weisen sie nach, wie diese Begriffe zu diffamierenden Codewörtern im nationalsozialistischen Sprachgebrauch wurden. Im Vorwort vom November 1945 heißt es:

> Der Verderb der Sprache ist der Verderb des Menschen. Seien wir auf der Hut! Worte und Sätze können ebensowohl Gärten wie Kerker sein, in die wir, redend, uns selbst einsperren, und die Bestimmung, Sprache sei allein die Gabe des Menschen oder eine menschliche Gabe, bietet keine Sicherheit . . . So hat der Mensch auch als Unmensch seinen Wortschatz, seine eigentümliche Grammatik und seinen eigentümlichen Satzbau. Wir wollen hier seinem Wortschatz nachspüren und in der Sprache jeweils der Sache auf die Sprünge kommen, die sie bedeutet. Sie ist – leider – keine fremde Sprache, aber dieses Wörterbuch hat eine Aufgabe, die derjenigen der übrigen und gewöhnlichen Wörterbücher genau entgegengesetzt ist: es soll uns die Sprache fremd machen . . .

Die Sprache muß wieder fremd werden, weil sie zum gefügigen Instrument der Unterdrückung geworden war; erst dann wird ein unbefangener Umgang mit ihr wieder möglich. Die Schriftsteller der äußeren und »inneren« Emigration sind von dieser Verstörung nicht ergriffen, wohl aber die der jungen Generation. WOLFGANG BORCHERT (1921–1947) bringt diese Sprachskepsis in seiner programmatischen Schrift *Das ist unser Manifest* zu Gehör:

Wer schreibt für uns eine neue Harmonielehre? Wir brauchen keine wohltemperierten Klaviere mehr. Wir sind selbst zu viel Dissonanz. Wer macht für uns ein lilanes Geschrei? Eine lilane Lösung? Wir brauchen keine Dichter mit guter Grammatik. Zu guter Grammatik fehlt uns Geduld. Wir brauchen die mit dem heißen heiser geschluchzten Gefühl. Die zu Baum Baum und zu Weib Weib sagen und ja sagen und nein sagen: laut und deutlich und dreifach und ohne Konjunktiv. Für Semikolons haben wir keine Zeit und Harmonien machen uns weich und die Stilleben überwältigen uns: Denn lila sind nachts unsere Himmel. Und das Lila gibt keine Zeit für Grammatik, das Lila ist schrill und ununterbrochen und toll.

Wolfgang Borchert (1946)

Borchert steht prototypisch für den Schmerz dieser Generation. Sein Vater ist Volksschullehrer, die Mutter Heimatschriftstellerin. Als Jugendlicher begeistert er sich für Rilke und Trakl; noch vor dem Abitur verläßt er die Schule und beginnt eine Buchhandelslehre. Heimlich besucht er die Schauspielschule, wird Schauspieler bei einer Wanderbühne, bis er 1941 als Soldat eingezogen und an die Ostfront geschickt wird. Jahre schrecklicher Leiden folgen. Borchert wird schwer verwundet, wegen »Wehrkraftzersetzung« mehrfach vor Gericht gestellt, zum Tode verurteilt und schließlich zur »Frontbewährung« begnadigt. 1945 kehrt er schwerkrank aus dem Krieg zurück, erfüllt von einem »schönen, klaren Nihilismus«. Zwei Jahre später stirbt er im Alter von 26 Jahren bei einem Kuraufenthalt in der Schweiz.

Borcherts Manifest, seine Kurzgeschichten sind ein existentialistischer Aufschrei, ein verzweifelter Versuch, die Absurdität der Realität zu begreifen und sprachlich zu fassen. Kriegserlebnisse, ein Land in Trümmern und die Heimkehrerproblematik bestimmen seine Prosa, wie die der Generation von Schriftstellern, die gegen ihren Willen in den Krieg gerissen wurden und nun mit dem Grauen ihrer Erfahrungen fertig werden müssen. HANS WERNER RICHTER beschreibt sie im Septemberheft 1946 der Zeitschrift *Der Ruf:*

Selten in der Geschichte eines Landes, das einen Krieg und mehr als einen Krieg verlor, hat sich eine derartige geistige Kluft zwischen zwei Generationen aufgetan wie heute in Deutschland. In Deutschland redet eine Generation, und in Deutschland schweigt eine Generation. Und während die eine sich immer mehr in das öffentliche Gespräch hineinflüchtet, während sie gleichsam in eine Wolke von bußfertigem Weihrauch gehüllt, in die beruhigenden Schatten der Vergangenheit flieht, versinkt die andere immer mehr für das öffentliche Leben in ein düsteres, nebelhaftes Schweigen.

Unglaubwürdig wirkt auf diese Generation die Flucht in Metaphysik, in die »heile« Welt pädagogischer Provinzen; zu wenig erscheint ihr ein zerknirschtes Schuldbekenntnis, nachdem man Faschismus und Krieg mitgemacht hat. Sie will und muß eine neue Sprache und eine neue Literatur finden. »Trümmerliteratur« ist der eine Begriff, mit dem diese Versuche umschrieben werden. WOLFGANG WEYRAUCH (1907–1980), der 1949 eine Anthologie von Prosatexten – *Tausend Gramm* – herausgibt, spricht im Nachwort von einem »Kahlschlag«, den es ins Dickicht zu schlagen gelte; eine Metapher, die unbefangen der faschistischen Gewaltsprache entliehen ist:

Die Männer des Kahlschlags schreiben die Fibel der neuen deutschen Prosa. Sie setzen sich dem Spott der Snobs und dem Verdacht der Nihilisten und Optimisten aus: ach, diese Leute schreiben so, weil sie es nicht besser verstehen. Aber die vom Kahlschlag wissen, oder sie ahnen es doch mindestens, daß dem neuen Anfang der Prosa in unserem Land allein die Methode und die Intention des Pioniers angemessen sind. Die Methode der Bestandsaufnahme. Die Intention der Wahrheit. Beides um den Preis der Poesie.

WOLFDIETRICH SCHNURRE (1920–1989) proklamiert den »Auszug aus dem Elfenbeinturm«. Schnurre, der den Krieg vom bitteren Anfang bis zum bitteren Ende als Soldat miterlebt hat, bemüht sich wie Borchert, durch eine ungereinigte Alltagssprache, durch Wortfetzen, durch abbrechende Satzkonstruktionen die Erschütterungen zu erfassen, die in einem geschliffenen, parlierenden Ton für seine Generation zur Lüge würde:

Die Totengräber fangen an zu schippen:
»Rumms« macht es; »rumms, rumms.«
»–fluchter Dreck«, sagt der eine und tritt mit m Absatz den Lehm vom Spaten.
»Geben se n heut im Odeon?« fragt der andre.
Der Pfarrer starrt die Rückwand von Waldemars Ballsälen an.
»Noch nicht nachgesehn«, sagt der erste Totengräber;
»gleich mal vorbeigehn.«
»Hü!« schreit der Kutscher draußen.
»n Abend«, sag ich.
Der Pfarrer rührt sich nicht.
»n Abend« sagt der Totengräber.
s Friedhofstor quietscht, wie ich's zumach. Am Zaun ist n Zettel aufgespießt. Reiß ihn ab; Stück Zeitungspapier. Inseratenteil, weich vom Regen. Links sucht die Patria-Bar n eleganten Kellner mit eigener Wäsche; rechts tauscht einer n Bettlaken gegen ne Bratpfanne ein. Dazwischen, schwarzer Rand, Traueranzeige:
VON KEINEM GELIEBT, VON KEINEM GEHASST, STARB HEUTE NACH LANGEM, MIT HIMMLISCHER GEDULD ERTRAGENEM LEIDEN: GOTT.
Dreh mich um.
Der eine Totengräber ist ins Loch reingesprungen und trampelt die Erde fest. Der andere schneuzt sich und schlenkert n Rotz von den Fingern.
In der Stickstoff-Fabrik rattern die Maschinen. Ihre Schornsteine sind von unten erleuchtet.
Oben verlieren sie sich im Nebel. Hinterm Stacheldraht auf m Kohlenplatz stehn die Heimkehrer und warten. s regnet. Taghell haben's die Azetylenlampen gemacht; wo sie nicht hinreichen, ist Nacht.
Jetzt ist auch die Harmonika wieder da. Einer singt zu ihr: »La paloma ohé!«
s Friedhofstor quietscht. Ist der Pfarrer.
Er hinkt.
(WOLFDIETRICH SCHNURRE, *Das Begräbnis*, 1947)

Von der Schwierigkeit, eine glaubwürdige Prosa zu schreiben, zeugen auch zwei Romane dieser Zeit. WALTER KOLBENHOFF (geb. 1908), der als Emigrant nach Deutschland zurückkehrt, in die Wehrmacht eingezogen wird und in amerika-

nische Kriegsgefangenschaft gerät, veröffentlicht 1947 *Von unserm Fleisch und Blut.* Im Mittelpunkt steht ein Jungfaschist, ein »Werwolf«, mit seinen Illusionen und Desillusionierungen, ein Abgrund seelischer Orientierungslosigkeit der jungen Generation. HANS WERNER RICHTER – von 1940 bis 1943 Soldat, dann zwei Jahre in amerikanischer Kriegsgefangenschaft – schildert in seinem Roman *Die Geschlagenen* (1949) die sinnlose Schlacht um den Monte Cassino und die anschließende Kriegsgefangenschaft. Präziser noch als Kolbenhoff notiert Richter die Konflikte der Soldaten zwischen nationalsozialistischem Denken und dem dumpfen Wunsch nach Frieden. Richter zeichnet nicht nur nach, er objektiviert das Geschehen politisch. Beide sind von dem realistisch-sachlichen Erzählstil der zwanziger Jahre, von den amerikanischen Schriftstellern, vor allem HEMINGWAY, inspiriert: Detailtreue, Auflösung des Berichts in Dialoge, Charakterisierung der Personen von außen.
»Trümmer«- oder »Kahlschlagliteratur« sind emphatische Begriffen, sie sind Zeichen eines Aufbäumens und einer tiefen Verunsicherung; sie bleiben jedoch programmatische Deklamationen. Unüberhörbar ist, daß hier ehemalige »Täter wider Willen« sprechen.

Eine andere Stimme in diesen Jahren verhallt ungehört: ILSE AICHINGER (geb. 1921) mit ihrem ersten und einzigen Roman *Die größere Hoffnung* (1948). Die Autorin wächst im besetzten Wien auf, ihre Mutter ist Jüdin. Während es der Zwillingsschwester gelingt, nach England zu fliehen, erlebt die junge Ilse Aichinger den Abtransport ihrer Großmutter, die sie aufgezogen hatte, ins Konzentrationslager. Ihre eigene Kindheit ist der Hintergrund des Romans: jüdische Kinder in ständiger Bedrohung vor der Deportation in die Vernichtungslager. Die 27jährige Autorin kann auf jede »Zertrümmerung« der Sprache verzichten; verletzlich geworden durch die ausgestandene Todesangst, erzählt sie in einer leisen, lyrischen Sprache von den Schwierigkeiten des Über*setzens* und des *Über*setzens:

Heinrich Böll, Ilse Aichinger, Günter Eich (1952)

In der Mitte der Gasse lag auf dem grauen Pflaster ein offenes Schulheft, ein Vokabelheft für Englisch. Ein Kind mußte es verloren haben, Sturm blätterte es auf. Als der erste Tropfen fiel, fiel er auf den roten Strich. Und der rote Strich in der Mitte des Blattes trat über die Ufer. Entsetzt floh der Sinn aus den Worten zu seinen beiden Seiten und rief nach einem Fährmann: Übersetz mich, übersetz mich! Doch der Strich schwoll und schwoll und es wurde klar, daß er die Farbe des Blutes hatte. Der Sinn war immer schon in Gefahr gewesen, nun aber drohte er zu ertrinken, und die Worte blieben wie kleine verlassene Häuser steil und steif und sinnlos zu beiden Seiten des roten Flusses. Es regnete in Strömen, und noch immer irrte der Sinn rufend an den Ufern. Schon stieg die Flut bis zu seiner Mitte. Übersetzt mich, übersetzt mich!

Buchumschlag 1949

Hamsterfahrt 1947

Die jüdischen Kinder träumen vergeblich von der Hoffnung, nach Amerika ausreisen zu können; die einen müssen mit dem gelben Stern am Revers den Weg in die Todeslager gehen: »Laßt euch nicht irreführen, das ist alles was ich euch raten kann: Geht dem Stern nach!« Von den Hoffnungen des Mädchens Ellen, die für einen kurzen Moment das Wunderbare, die größere Hoffnung erblickt, eine Brücke des Friedens und der Versöhnung, bleiben nur Tod und Zerstörung. Die Brücke und das Mädchen, das »zwei falsche Großeltern zu wenig« hat, werden von einer explodierenden Granate zerrissen.
Daß gerade dieser Roman zu seiner Zeit keine Beachtung findet, wie in einen schalltoten Raum fällt, ist ein beredtes Beispiel für die zwiespältige Auseinandersetzung mit dem Faschismus in der Nachkriegszeit.

Ein weiterer Schriftsteller, der kompromißlos andere Wege geht, sich auch fernhält von allen intellektuellen Debatten, ist ARNO SCHMIDT (1914–1979). Aufgewachsen in einer dumpfen kleinbürgerlichen Atmosphäre düsterer Hamburger Mietskasernen, steht Schmidt nach dem Abitur 1933 vor dem Nichts. Der sensible und hochbegabte junge Mann sucht nach Arbeit und landet schließlich in der Lagerbuchhaltung einer Textilfabrik. 1937 wird er bereits kaserniert, 1939 muß er in den Krieg. Zurück aus der britischen Gefangenschaft, schlägt er sich in Notunterkünften kümmerlich durchs Leben. Mit seiner Erzählung *Leviathan oder Die beste der Welten* (entstanden 1946) tritt Arno Schmidt 1949 literarisch an die Öffentlichkeit; zusammen mit zwei weiteren Erzählungen erscheint sie bei Rowohlt. Die Bedingungen für schriftstellerische Arbeit sind beklemmend: »Wie unnatürlich das alles ist, macht der Leser sich gemeinhin nicht klar ... Wir hatten ja nicht einmal SchreiPapier in jenen Jahren nach '45; mein ›Leviathan‹ ist auf Telegramm-Formulare notiert, von denen mir ein englischer Captain einen halben Block geschenkt hatte.«
In *Leviathan* schreibt ein heimkehrender Soldat seine Erlebnisse und Eindrücke während der Eisenbahnfahrt nieder. Zusammen mit verschreckten Flüchtlingen reist er durch ein fremd gewordenes Land. Die Fahrt endet an keinem Heimatbahnhof, sie endet in schwindelnder Höhe auf einem zerborstenen Viadukt; die Lok hängt über dem Abgrund, Feuer bricht aus dem geborstenen Kessel:

War draußen, stolpernd. Gestützt auf die Steinblöcke im Eisrauch. Acht Kleinschritte hinter dem Reißer gähnte still der Nebelpfuhl. Ich hob zwei Kiesel von der Beschotterung und warf den einen über'n Rand: es schluckte nicht einmal, blieb alles still und blicklos. Ich schwang den andern in steinerner Faust; mattsausend entfernte er sich nach dem anderen Ufer. Horchen. Nichts. Ich nickte sinnlos und geheimnisvoll. Gut, gut. Ich wandelte zurück; ich klomm ins Wagenwrack; ich sagte zu Anne: »Auch hinten eingestürzt. Wir sind allein; mitten und hoch über'm Fluß.«

Nicht nur die Vergangenheit ist eine verbrecherische Hölle, auch die Zukunft ist ein Dämon, ein Leviathan; Wirklichkeit wird zum feuerspeienden Chaos. Dieser Weltsicht entspricht schon in Schmidts erster Erzählung eine Sprache, die er später fast bis zur Unkenntlichkeit verschlüsselt: hastige, übergangslose Wechsel von Monolog in Dialog und Erzählung, Unterbrechungen durch philosophische Betrachtungen, eingesprengte Klammersätze und naturwissenschaftliche Erläuterungen, Zeitverschiebungen, überraschende Einschübe von Zeit- und Ortsangaben. Der einzelne kann sich in dieser Nachkriegsgesellschaft nicht einfinden, er bleibt einsam. So hat Arno Schmidt gelebt, so hat ihn auch das lesende Publikum allein gelassen. Drei Jahre nach Erscheinen der Erzählung sind erst sechshundert Exemplare des *Leviathan* verkauft.

THEATER NACH 1945

Nach Kriegsende sind von den ehemals 200 Schauspielhäusern 98 zerstört. Die Mehrzahl der berühmten Schauspieler und Regisseure der zwanziger Jahre befindet sich im Exil. Die deutsche Dramatik war abgeschnitten von der europäischen und amerikanischen Entwicklung, vom modernen Theater eines SARTRE, GARCÍA LORCA, PIRANDELLO und TENNESSEE WILLIAMS. BERTOLT BRECHT, der einen Tag nach seinem Verhör vor dem »Ausschuß für unamerikanisches Verhalten« in Washington die USA am 31. Oktober 1947 verläßt, zögert mit der Rückkehr nach Deutschland. Obwohl die Spaltung noch nicht vollzogen, der »Eiserne Vorhang« noch nicht niedergegangen ist, will er »eine residence außerhalb Deutschlands« suchen, um mit dem Theater in allen vier Zonen in Kontakt zu kommen. Er geht nach Zürich, wo seine Stücke auch während der Kriegszeit uraufgeführt wurden, arbeitet in Salzburg und erhält die österreichische Staatsbürgerschaft; erst 1949 siedelt er in den Ostsektor von Berlin über. Seine ersten Eindrücke vom deutschen Theater sind niederschmetternd. 1948 empört er sich gegenüber MAX FRISCH nach einer Theateraufführung in Konstanz:

Bertolt Brecht und Max Frisch (1948 in Zürich)

Das Vokabular dieser Überlebenden, wie unbelastet sie auch sein mochten, ihr Gehabe auf der Bühne, ihre wohlgemute Ahnungslosigkeit, die Unverschämtheit, daß sie einfach weitermachten, als wären bloß ihre Häuser zerstört, ihre Kunstseligkeit, ihr voreiliger Friede mit dem eigenen Land, all dies war schlimmer als befürchtet.

Der Dramatiker FRIEDRICH WOLF (1888–1953), der 1945 aus dem sowjetischen Exil nach Ostberlin zurückgekehrt war, erlebt die Situation in der sowjetisch besetzten Zone ähnlich. Seine berühmten Stücke wie *Cyankali* und *Die Matrosen von Cattaro* aus den zwanziger Jahren finden kaum Interesse; die proletarisch-revolutionäre Theatertradition ist weder in den Westzonen noch in der Phase der antifaschistisch-demokratischen Neuordnung der Ostzone gefragt. 1948 notiert WOLF in seinem Tagebuch:

Unsere Theater – man könnte weinen (wenn einem das läge), da man nicht mit den Fäusten dazwischenschlagen kann! Dilettantismus, verlogene Gespreiztheit und Wiederherausposaunen der ›tief menschlichen‹, unverbindlichen, ›indirekten Methode‹, die niemandem wehe tut und von der sich niemand getroffen zu fühlen braucht.

Erfolgreich ist nur Wolfs Schauspiel *Professor Mamlock*, 1934 in Warschau ur-

Nachtclubreklame in Berlin 1947

aufgeführt, 1946 in Ostberlin die deutsche Erstaufführung. Die Geschichte vom Zerbrechen einer jüdischen Arztfamilie im Jahre 1933 erreicht dreißig Inszenierungen mit fast fünfhundert Aufführungen, einige davon auch in den Westzonen.

Weniger das Theater, vielmehr das Kabarett ist in den ersten Jahren nach der Befreiung vom Faschismus der Ort, wo man sich in Kellern, Schuppen und halben Ruinen Luft macht und sich kritisch mit der Nachkriegssituation auseinandersetzt. Als erstes Kabarett wird in München im August 1945 die »Schaubude« mit Ursula Herking und Erich Kästner eröffnet. Günter Neumann gründet in Berlin das Kabarett »Ulenspiegel«; in Leipzig entsteht »Die Rampe«, in Düsseldorf »Das Kom(m)ödchen«. Tourneetheater wie »Die Hinterbliebenen« und »Die Amnestierten« beginnen ihr Programm. Werner Finck, der nach der Schließung seines Kabaretts »Katakombe« in den dreißiger Jahren ins Konzentrationslager verschleppt wurde, aus der Reichsschrifttumskammer ausgeschlossen worden war und Berufsverbot erhalten hatte, kehrt auf die Kleinkunstbühne zurück. Keine größere Stadt, die nicht ein eigenes Kabarett gehabt hätte. Beliebte Themen sind Schwarzmarkt, Korruption bei der Wohnraumvergabe, Schwindel mit Lebensmittelkarten oder Papierknappheit, die Weißwäschereien bei der Entnazifizierung, die hilflosen Anstrengungen des amerikanischen »reeducation«-Systems oder verdeckte militaristische Tendenzen. Im Mittelpunkt stehen Texte, Sketche und Songs, die melancholisch oder aufmüpfig die Trümmerwirklichkeit dem bitteren Gelächter preisgeben. Mit der Währungsreform im Sommer 1948 ist die Blütezeit der Nachkriegskabaretts vorüber. Das Geld ist knapp geworden, die politische Situation verhärtet sich. Ein Vorläufer des angepaßten Kalten-Kriegs-Kabaretts sind Günter Neumanns antikommunistische »Insulaner« (1948–63) in Berlin.

»Wenn sich alle Pläne dieser Wochen verwirklichten, gäbe es bald mehr Kabaretts als unzerstörte Häuser.«

(Erich Kästner, August 1945)

Auf dem Theater erregen nur drei neue deutsche Dramen Aufsehen: Wolfgang Borcherts *Draußen vor der Tür*, Carl Zuckmayers *Des Teufels General* und Günther Weisenborns *Die Illegalen*, die alle das Kriegsgeschehen und den Faschismus zum Inhalt haben und sich abheben von den seichten Konversationsstücken, die Bertolt Brecht so entsetzen.

Borcherts Stück wird zunächst auf Anregung von Ernst Schnabel im Februar 1947 im Nordwestdeutschen Rundfunk gesendet; am 21. November, einen Tag nach Borcherts Tod, wird es von Wolfgang Liebeneiner an den Hamburger Kammerspielen uraufgeführt – ein Umstand, der dem Stück einen erschütternden Widerhall verleiht. *Draußen vor der Tür* ist der verzweifelte Aufschrei einer betrogenen Generation. Der Soldat Beckmann kehrt aus russischer Gefangenschaft zurück; der Platz neben seiner Frau ist schon wieder besetzt. Er möchte Selbstmord begehen, aber das Wasser spült ihn wieder an Land. Beckmann muß in einer Gesellschaft leben, die keine Verwendung mehr für ihn hat: Er steht draußen vor der Tür. Die Unschuldigen werden von der Last des Gewissens gequält, während die Schuldigen gewissenlos weiterleben können und wieder ins Geschäft kommen. Beeindruckt hat das Stück durch seine expressive Anklage und den radikalen Pazifismus; es spiegelt das Schicksal einer ganzen Generation, die vom Krieg desillusioniert zurückkommt und in der Nachkriegsgesellschaft keinen Halt findet.

11. 11. 48: es steigt eine merkwürdige aura von harmlosigkeit von der bühne auf allen proben, als hätte hitler auch die bösartigkeit der deutschen verbraucht.

(B. Brecht, *Arbeitsjournal*)

Borcherts Drama der Hoffnungslosigkeit und der verlorenen Identität wird zu einem der meistgespielten Nachkriegsstücke. Aufgewühlt hat nicht nur die Verzweiflung, beruhigt haben mag auch das Gefühl, daß die Vätergeneration die Jungen in einen aussichtslosen Krieg geschickt hat, daß die Väter die Verantwortlichen für das seelische Elend sind.

Gibt denn keiner Antwort? Gibt keiner Antwort??? Gibt denn keiner, keine Antwort???

(WOLFGANG BORCHERT, *Draußen vor der Tür*)

Ist Borcherts Stück noch vom Pathos des Leidens getragen, so bietet CARL ZUCKMAYER offen Entlastung für die Kriegsgeneration. *Des Teufels General* entsteht schon 1942 im amerikanischen Exil; im Dezember 1946 gelangt es unter der Regie von Heinz Hilpert im Zürcher Schauspielhaus auf die Bühne, im Oktober 1947 folgt die deutsche Erstaufführung im Deutschen Schauspielhaus Hamburg. Im Mittelpunkt steht der Fliegergeneral Harras, der Zuckmayers Freund Ernst Udet, dem Generalluftzeugmeister in der deutschen Wehrmacht, nachgebildet ist. Harras verkörpert den schnoddrigen Haudegen und Landsertyp, der aus Zynismus und beruflicher Ehre bei einem aussichtslosen Krieg mitmacht:

Da wußt ich genau, daß'n kleiner Weltkrieg angerichtet wird. Na, und ich hab nun mal einen Narren dran gefressen – an der Fliegerei, mein ich. Luftkrieg ohne mich – nee, das könnt ich nicht aushalten.

In Harras' Abteilung wird Sabotage betrieben, ein Freund stürzt mit seiner Maschine ab. Harras kommt in Gestapohaft; er muß binnen zehn Tagen klären, von wem die Sabotage ausgeht. Es stellt sich heraus, daß sein engster Freund und Mitarbeiter der Saboteur und ein Widerstandskämpfer ist. Harras, der nie über sein Verhältnis zum nationalsozialistischen Regime nachdenkt, kennt nur einen Ausweg: Er besteigt eine ähnlich präparierte Maschine und stürzt ebenfalls ab. Der aufrechte Held geht aufrecht in den Tod. *Des Teufels General*, die kaum verhüllte Bewunderung für den schneidigen Flieger, ist ein makaber unpolitisches Stück, bestens geeignet, die Verdrängung der politischen und menschlichen Verantwortung für den Faschismus zu unterstützen. Makaber ist auch, daß dieses Theaterstück den größten Publikumszulauf in den Nachkriegsjahren hat: Bis 1950 erlebt es dreitausend Aufführungen. Die Stimmen der Kritik finden nur geringes Gehör, so PAUL RILLAS Rezension in seinen »Dramaturgischen Blättern« aus dem Jahre 1948:

»Draußen vor der Tür« (Uraufführung Hamburg 1947)

Tragisch ist die Konsequenz, womit er [Zuckmayer], alle geistigen und moralischen Widerstände überrennend, dort anlangt, wo die deutsche Krafthuberei ihre ideale Fratze zeigt: beim Behagen an der gemütlichen Bestialität der Kerls in Uniform. Zuckmayer segnet, wo er fluchen müßte. Er kriegt es mit der deutschen Seele, wo die Scheinheiligkeit der seelenlosen Teufel blutig zu stigmatisieren wäre.

GÜNTHER WEISENBORNS Stück *Die Illegalen*, das im März 1946 im Berliner Hebbel-Theater uraufgeführt wird, ist heute kaum noch bekannt. Weisenborn schreibt das Drama auf dem Hintergrund seiner persönlichen Erlebnisse: 1937 kehrt er aus New York illegal nach Deutschland zurück; er schließt sich der Widerstandsgruppe »Rote Kapelle« an, wird 1942 verhaftet und zu Zuchthaus verurteilt. 1945 befreit ihn die sowjetische Armee. Weisenborn versteht es, theaterwirksam den Widerstand auf die Bühne zu bringen: Der Gastwirtssohn Walter schließt sich einer Widerstandsgruppe an, die illegal Flugblätter verteilt und Plakate klebt, einen geheimen Sender und eine geheime Druckerei betreibt. Auf der Flucht wird Walter erschossen. Die Widerstandskämpfer umgibt eine düstere Tragik, die die Vergangenheit, Gegenwart und Zukunft mit einschließt.

Wir Illegalen sind eine leise Gemeinde im Land. Wir sind gekleidet wie alle, wir haben die Gebräuche aller, aber wir leben zwischen Verrat und Grab. Die Welt liebt Opfer, aber die Welt vergißt sie. Die Zukunft ist vergeßlich.

Die verbotenen Stücke von TOLLER, WEDEKIND, BRECHT und STERNHEIM werden nach 1945 nur zögernd wiederaufgenommen. Ende der vierziger Jahre erobern die zumeist in aristokratischem Milieu angesiedelten Komödien JEAN ANOUILHS, die spritzig-leichten und glatten antikisierenden Schauspiele von JEAN GIRAUDOUX, THORNTON WILDERS Drama *Unsere kleine Stadt* – das Loblied auf die Würde der alltäglichen Trivialitäten – und vor allem sein apokalyptisches Schauspiel *Wir sind noch einmal davongekommen* die deutschen Bühnen. 1957 wehrt sich WILDER gegen Vorhaltungen, seinem Stück werde »oft vorgeworfen, eine bücherwurmige Phantasie über die Weltgeschichte zu sein, voller recht blutleerer schulmeisterhafter Späße. Aber es in Deutschland bald nach dem Krieg gesehen zu haben, . . . und vor Zuschauern, für die der Eintrittspreis der Verzicht auf eine Mahlzeit bedeutete, . . . das war ein gar nicht so kühles Erlebnis.«
Auf den Spielplänen stehen auch JEAN-PAUL SARTRES *Die Fliegen* (deutsche Erstaufführung 1947), *Hinter geschlossenen Türen* (deutsche Erstaufführung 1949) und *Tote ohne Begräbnis* (deutsche Erstaufführung 1949).

LYRIK NACH 1945

Nach Auschwitz ein Gedicht zu schreiben, ist barbarisch, und das frißt auch die Erkenntnis an, die ausspricht, warum es unmöglich war, heute Gedichte zu schreiben,

schreibt THEODOR W. ADORNO in seinem Aufsatz »Kulturkritik und Gesellschaft« 1949. Adorno wendet sich nicht grundsätzlich gegen Lyrik, ihn packt aber die Wut angesichts der Fülle metaphernreicher Naturlyrik, ahnungsloser Landschaftsgedichte, klassizistischer Formspielereien und genügsamer Selbstisolation – so, als ob es die mörderische Grausamkeit der Konzentrationslager, des faschistischen Terrors und die Vernichtungsmaschinerie des Krieges nie gegeben hätte, so, als ob man sich nur wieder auf das Gute im Menschen besinnen müßte. In diesem Stil dichtet nicht nur eine Unzahl mittelmäßiger Autoren, auch WERNER BERGENGRUEN, HANS EGON HOLTHUSEN (geb. 1913) und RUDOLF HAGELSTANGE (1912–1984) schreiben in diesem Ton. KARL KROLOW (geb. 1915) ist der erfolgreichste unter den anspruchsvollen Lyrikern traditio-

neller Provenienz; seit seinem ersten Gedichtband *Hochgelobtes, gutes Leben* (1943) veröffentlicht er zahlreiche Gedichtsammlungen in relativ hohen Auflagen. Er beginnt mit liedhaften Naturgedichten mit festem Metrum und Reim. »Die Stimme der Landschaft« diktiert ihm Verse, die ihn in den fünfziger Jahren zum Inbegriff des repräsentativen, nur am Rande mit gesellschaftlichen Problemen befaßten Lyrikers werden lassen.
In der Lyrik gibt es jedoch eine andere Stimme, die wie die Prosa die heile Welt in Trümmern sieht, eine »Kahlschlaglyrik«. Ein Musterbeispiel ist GÜNTER EICHS Gedicht *Inventur*, 1948 veröffentlicht in dem Band *Abgelegene Gehöfte*. Die Sprache ist auf ein Minimum reduziert, der Mensch besitzt nur noch elementare Gegenstände des Lebens:

Dies ist meine Mütze
Dies ist mein Mantel
Hier mein Rasierzeug
Im Beutel aus Leinen

Konservenbüchse;
Mein Teller, mein Becher,
Ich hab in das Weißblech
Den Namen geritzt.

Geritzt hier mit diesem
Kostbaren Nagel,
Den vor begehrlichen
Augen ich berge.

Im Brotbeutel sind
Ein Paar wollene Socken
Und einiges, was ich
Niemand verrate.

So dient es als Kissen
Nachts meinem Kopf.
Die Pappe hier liegt
Zwischen mir und der Erde.

Die Bleistiftmine
Lieb ich am meisten:
Tags schreibt sie mir Verse,
Die nachts ich erdacht.

Dies ist mein Notizbuch,
Dies ist meine Zeltbahn,
Dies ist mein Handtuch,
Dies ist mein Zwirn.

Vegetariers Nachtlied
Nach Karl Krolow

Sommer webt den Lendenschurz
mir aus Phlox und Flieder,
Berberitz und Bürzelwurz –
die Natur: mein Mieder.

Lattich, Minze, Malvenmond –
der Poet inmitten.
Wald- und Wiesenhorizont
wird nicht überschritten.

(Parodie von KARL BARTSCH)

zerschlagt eure Lieder
verbrennt eure Verse
sagt nackt
was ihr müßt.

(WOLFDIETRICH SCHNURRE)

Günter Eich (1952)

Dieser »Kahlschlag« ist nur ein Versuch, das »Unbehagen an der Wirklichkeit« (EICH) zu artikulieren, auch bei Günter Eich. Die Mehrzahl seiner Gedichte in dem Band *Abgelegene Gehöfte* sind Naturgedichte. Aber das traditionelle Naturgedicht wird bei den Lyrikern des früheren Dresdner *Kolonne*-Kreises – GÜNTER EICH, MARIE LUISE KASCHNITZ, ELISABETH LANGGÄSSER, PETER HUCHEL – aus den Konventionen befreit, die Natur als Gegenwelt zur Gesellschaft zu verstehen. Naturlyrik soll nicht länger ein selbstvergessenes »Spiel mit sechserlei Bällen« (E. LANGGÄSSER), »anakreontisches Tändeln mit Blumen und Blümchen über dem scheußlichen, weit geöffneten, aber eben mit diesen Blümchen überdeckten Abgrund der Massengräber« sein.

Elisabeth Langgässer

Die Erschütterung offenbart sich bei LANGGÄSSER in einer eigenartigen Symbiose von Sprachmächtigkeit und geborstener Sicherheit. Charakteristisch für diese alptraumhafte Natursicht ist *Der Laubmann und die Rose* (1947):

Wer bin ich? Hat meinen Leib das Gewitter
aus Espenblättern zusammengerauscht?
Der Elfe harkt meines Mantels Geflitter
mir unter die Füße. Ich schwanke schütter,
indessen mein Herze, noch grasgrün und bitter,
einem hohlen Sausewind lauscht.

Meine lappigen Hände greifen ins Leere,
ihrer Teller Gefühl ist ertaubt wie ein Zwilch.
Das Rundblatt des Hasenohrs hilft mir: »Ich schwöre
mit krauser Lippe bei Hela und Here
und der knickenden Vogelmilch.«

Meinen Bauch füllen Hühnerdarm, Klebkraut und Grütze,
dem Innern der Erdnuß entlieh mein Gesicht
seinen hängenden Schnauzbart, die spitzige Mütze.
Der Ackerhohlzahn, zu anderm nichts nütze
pfeift scheu meinen Namen durch rostige Ritze –
bin ichs, oder bin ich es nicht?

Ich bin der Laubmann. Ich same und schnelle
auf panischer Schleuder mein lautloses Wort.
Es zeugt meine Hüfte: Sich selbst wie der Welle
Dahinfluß zeugt Bingelkraut, Gras, Bibernelle.
Es zeugt meine Sohle: von Schwelle zu Schwelle
zeugt sich Geißfuß und Huflattich fort.

Ähnlich wie ILSE AICHINGER mit ihrem ersten Roman findet auch NELLY SACHS (1891–1970) mit ihren Gedichten zunächst geringe Beachtung. Ihr erster Lyrikband, *In den Wohnungen des Todes*, erscheint 1947 im Ostberliner Aufbau-Verlag; die zweite Anthologie, *Sternverdunkelung*, wird 1949 im Amsterdamer Bermann-Fischer-Verlag veröffentlicht. Leiden und Tod des jüdischen Volkes, verhüllt in Bilder der jüdischen Mystik, sind unbehaglich für die Deutschen, sie gehen lieber schweigend darüber hinweg. Nelly Sachs, die 1940 mit ihrer Familie durch Hilfe von Selma Lagerlöf aus Berlin nach Schweden fliehen kann und diesem Land bis zu ihrem Tod treu bleibt, erhebt die Stimme für die Ermordeten. In beschwörenden Bildern kämpft sie gegen die dumpfe Stummheit an:

Ihr Zuschauenden

Unter deren Blicken getötet wurde.
Wie man auch einen Blick im Rücken fühlt,
So fühlt ihr an eurem Leibe
Die Blicke der Toten.

Wieviel brechende Augen werden euch ansehen
Wenn ihr aus den Verstecken ein Veilchen pflückt?
Wieviel flehend erhobene Hände
In dem märtyrerhaft geschlungenen Gezweige
Der alten Eichen?
Wieviel Erinnerung wächst im Blute
Der Abendsonne?

O die ungesungenen Wiegenlieder
In der Turteltaube Nachtruf –
Manch einer hätte Sterne herunterholen können,
Nun muß es der alte Brunnen für ihn tun!

Ihr Zuschauenden,
Die ihr keine Mörderhand erhobt,
Aber die ihr den Staub nicht von eurer Sehnsucht
Schütteltet,
Die ihr stehenbliebt, dort, wo er zu Licht
Verwandelt wird.

Gottfried Benn

Ein Zustimmender und dann Zuschauender ist Gottfried Benn. Trotzig hält er nach 1945 am formschönen Gedicht fest und empfindet sich als Lyriker wie der Bronzefelsen in der wildtosenden Brandung:

Der Lyriker steht allein, der Stummheit und Lächerlichkeit preisgegeben. Er verantwortet sich selbst. Er beginnt seine Dinge, und er macht sie fertig. Er folgt einer inneren Stimme, die niemand hört. Er weiß nicht, woher diese Stimme kommt, nicht, was sie schließlich sagen will. Er arbeitet allein, der Lyriker arbeitet besonders allein.

Benn, der fast vergessen war, meldet sich zurück mit seinem Gedichtband *Statische Gedichte*, 1948 in der Schweiz veröffentlicht, ein Jahr später in Deutschland. Er verweigert sich jeder zeitbezogenen Auseinandersetzung, er verteidigt das absolute Gedicht in seiner artistischen Radikalität. Zeitweilig ein offensiver Verteidiger der nazistischen Männerunkultur, zieht er sich in die Gefilde der »reinen Lyrik« zurück. *Statische Gedichte* ist ein programmatischer Titel:

Entwicklungsfremdheit
ist die Tiefe des Weisen,
Kinder und Kindeskinder
beunruhigen ihn nicht,
dringen nicht in ihn ein.

Richtungen vertreten,
Handeln,
Zu- und Abreisen
ist das Zeichen einer Welt,
die nicht klar sieht.
Vor meinem Fenster
– sagt der Weise –
liegt ein Tal,
darin sammeln sich die Schatten,
zwei Pappeln säumen einen Weg,
du weißt – wohin.

Perspektivismus
ist ein anderes Wort für seine Statik:
Linien anlegen,
sie weiterführen
nach Rankengesetz –
Ranken sprühen –,
auch Schwärme, Krähen,
auswerfen in Winterbrot von Frühhimmeln,

dann sinken lassen –

du weißt – für wen.

Wenn erst die Rosen verrinnen
aus Vasen oder vom Strauch
und ihr Entblättern beginnen,
fallen die Tränen auch.

Traum von der Stunde Dauer,
Wechsel und Wiederbeginn,
Traum – vor der Tiefe der Trauer:
blättern die Rosen hin.

Wahn von der Stunden Steigen
aller ins Auferstehn,
Wahn – vor dem Fallen, dem Schweigen:
wenn die Rosen vergehn.

(GOTTFRIED BENN:
Rosen aus Statische Gedichte)

Gottfried Benn steht neben der Zeit, eine Haltung, die er beharrlich und verbissen für sich beansprucht und die er wie ein Goldschmied in Verse stanzt. An ihm scheint alles Äußerliche, jede Wirklichkeit abzuprallen. Das lyrische Ich verselbständigt sich in die Faszination der Worte. Ob Benn es beabsichtigt oder nicht: Seine Lyrik paßt in die Phase der Restauration Ende der vierziger, Anfang der fünfziger Jahre in den Westzonen und der Bundesrepublik – der früher Anfällige präsentiert sich nun im Gewande des Unbestechlichen. PETER RÜHMKORF (geb. 1929), ein Lyriker der jungen Generation, begründet in *Die Jahre, die Ihr kennt* (1972) die unheimliche Faszination dieser Gedichte:

Dies war die dunkle Stunde, wo uns Gottfried Benn als eine leuchtende Beispielfigur erschien. Er kam von der nächtlichen Seite Nietzsches her, seiner erdabgewandten, und er verband einen ungeheuren Riecher für Finalstimmungen mit einem stupenden Zug zum Antibourgeoisen, ästhetisch Imperialen ... und unter der Wucht seines Doktorhammers zerbeulten sich uns die tief erlittenen Klassengegensätze zum Gegensatz von handelnder Welt und »ihrer Gegenwelt, dem Geist«.

Literarische Kristallisationspunkte:

Gruppe 47 und Sinn und Form

Zwei literarische Institutionen von sehr unterschiedlichem Charakter, die *Gruppe 47* im Westen und die Literaturzeitschrift *Sinn und Form* im Osten, versuchen eine neue Orientierung im Nachkriegsdeutschland zu geben. HANS WERNER RICHTER, einer der Initiatoren und Mentor der *Gruppe 47*, äußert sich kurz nach der Gründung 1947 in einem Interview:

Hans Werner Richter

Die heutige schreibende Jugend hat sich zum großen Teil von dem ungeheuren Schock der letzten Jahre noch nicht erholt und zieht sich in eine imaginäre, romantische Welt zurück. Ein Beispiel dafür ist das kolossale Anwachsen der Lyriker, die zum Teil gute Sachen schreiben. Aber diese Romantiker leben noch immer in einer anderen Welt, ihre Vorbilder sind meist Rilke, George, Heyse, Alverdes und andere. Eine zeitgemäße Sprache sprechen sie nicht . . . Unsere Sprache wird modern sein, es wird jedoch genügend Spielraum vorhanden sein, allen wirklichen Talenten das Wort zu erteilen.

PETER HUCHEL, der Chefredakteur der 1949 gegründeten Zeitschrift *Sinn und Form*, erklärt 1955 in einem Rundfunkvortrag rückblickend zur Programmatik:

Peter Huchel (1963)

Wir haben ein Forum geschaffen, auf dem Intellektuelle verschiedenster Herkunft, ja oft konträrer Weltanschauung einander begegnen können. Jeder Beitrag zur Literatur war uns willkommen, wenn er den Menschen meinte und nicht die Zerstörung des Menschen. In einem Punkt waren wir unerbittlich: Keine Literatur, welche die Gefahren vermehrt, denen der Mensch heute ausgesetzt ist. Auch interessierten uns nicht die Schriftsteller, die sich mit Ortega y Gasset »in den Hintergrund der sozialen Landschaft und in die Katakomben zurückziehen«. Daß wir auch jegliche Simplifikation ablehnen, die alles auf den gleichen Nenner gebracht sehen will, braucht nicht erst gesagt zu werden . . . In einer Zeit babylonischer Verwirrung der Begriffe muß ein Literaturblatt, will es über den Tag hinaus wirken und Klarheit schaffen, den philosophischen Essay und die literarische Analyse pflegen, die vom Leser Konzentration und Mitarbeit verlangen.

Noch in der amerikanischen Kriegsgefangenschaft arbeiten die späteren Gründer der *Gruppe 47*, ANDERSCH, KOLBENHOFF und RICHTER, gemeinsam an einer Zeitschrift »Ruf« von Kriegsgefangenen für Kriegsgefangene. Nach der Entlassung setzen Richter und Andersch die Arbeit in München fort; unter der Schirmherrschaft der amerikanischen Besatzungsregierung geben sie im August 1946 die Zeitschrift *Der Ruf – Unabhängige Blätter der Jungen Generation* heraus. Ihr Programm ist antifaschistisch: Sie wollen ein politisch-intellektuelles Sprachrohr für einen demokratischen und sozialistischen Neuanfang schaffen. Es dauert kein Jahr, da entzieht die Besatzungsbehörde der Zeitschrift die Lizenz – sie paßt nicht mehr ins Konzept der Rekonstruktion des westdeutschen Kapitalismus unter Hilfestellung der US-amerikanischen Regierung. Diese erste Desillusionierung führt zur Bildung der *Gruppe 47*. Im September 1947 lädt Hans Werner Richter zur ersten Sitzung ein. Die Definition für diesen Kreise von Schriftstellern prägt ein Jahr später der Journalist GUNTER GROLL:

> Die Gruppe, die eigentlich gar keine Gruppe ist und 1947 bemerkte, daß sie existierte, ist ein freier Zusammenschluß von jungen Schriftstellern, von Publizisten und Journalisten, verstärkt durch einige Maler und Zeichner. Sie hat keine Statuten und keine Mitgliederlisten. Sie hat keineswegs (wie die meisten Gruppen nach dem ersten Weltkrieg) ihr Manifest. Sie hat keineswegs (wie die meisten Gruppen nach dem zweiten Weltkrieg) ihre ideologische Konzeption. Sie ist ein Arbeitskreis; man kommt zuweilen zusammen, tauscht Erfahrungen aus, liest und kritisiert neue Arbeiten und hält menschlichen Kontakt.

Es versammeln sich die Schriftsteller der jungen Generation, die »Verratenen«, die durch die Väter in den Krieg getrieben worden waren. Direkt grenzt sich die Gruppe gegen jene Literaten ab, die sich mit dem Faschismus arrangiert hatten; indirekt grenzt sie sich aber auch gegen die Schriftsteller des Exils ab. Sie werden zwar respektiert, man bemüht sich aber nicht um ihre Teilnahme, denn die literarischen Traditionen der zwanziger Jahre sind in ihren Augen überholt. So trägt die *Gruppe 47* mit dazu bei, am Mythos vom Neubeginn oder Nullpunkt 1945 zu weben.

Andersch, Kolbenhoff und Richter, die sich einer realistischen und sozial engagierten Literatur verpflichtet fühlen, sind literarisch nicht bestimmend. Plädiert wird für eine Offenheit in literarischen und ästhetischen Formen. Einig ist man sich in einem Punkt: Durch Reinigung der Sprache und durch Sprachkritik soll eine neue Literatur entstehen. Die Position von ALFRED ANDERSCH, der die Existenz des Dichters »mit Gegnerschaft gegen den Nationalsozialismus« gleichsetzt, findet keine Mehrheit. Politische und literarische Grundsatzdebatten sind in der *Gruppe 47* von Anfang an tabuisiert; als sie Ende der sechziger Jahre mit Macht in die Gruppe einbrechen, scheitert sie an diesem Konflikt. HANS WERNER RICHTER nennt 1962 zwei Tendenzen, die von Anfang an das Klima bestimmten: die eine, unfreiwillig »in das Gebiet der Literatur verwiesen oder abgedrängt zu werden«, die andere, »sich selbst aus Ohnmacht und frühzeitiger Resignation freiwillig in dieses Gebiet zu begeben«.

Die Gruppe entwickelt ein festes Ritual. Erscheinen kann nur, wer von Hans Werner Richter persönlich eingeladen wird. Vorgelesen werden unveröffentlichte Arbeiten. Der Lesende muß auf einem Stuhl Platz nehmen, der später der »elektrische Stuhl« genannt wird, denn bei der anschließenden Kritik hat er nicht das Recht, zu seinem Text Stellung zu nehmen. Das Wort haben nur die Kritiker, die freundschaftlich oder schonungslos das Gehörte analysieren und bewerten. Ab dem Jahre 1950 vergibt die *Gruppe 47* einen Literaturpreis, der von 1950 bis 1967 zehnmal verliehen wird. Die Preisvergabe symbolisiert, daß sich ein Kreis von Schriftstellerinnen und Schriftstellern versammelt hat, der literarisch Maßstäbe zu setzen weiß, ohne sich dabei auf eine bestimmte Richtung festzulegen. Die Liste der Preisträger belegt dies: GÜNTER EICH (1950), HEINRICH BÖLL (1951), ILSE AICHINGER (1952), INGEBORG BACHMANN (1953), ADRIAAN MORRIËN (1954), MARTIN WALSER (1955), GÜNTER GRASS (1958), JOHANNES BOBROWSKI (1962), PETER BICHSEL (1965), JÜRGEN BECKER (1967).

Obwohl die *Gruppe 47* jede politische Programmatik für sich zurückweist, ist sie in den Augen der Konservativen eine permanente Provokation. In den restaurativen fünfziger Jahren der Bundesrepublik wird die *Gruppe 47* zum Sammelpunkt der kritischen Intelligenz. Aus den intimen, auf Freundschaften beruhenden

Dichtertreffen werden im Lauf der Jahre Medienereignisse: Der Anteil der professionellen Kritiker an den Sitzungen nimmt zu; Hörfunkanstalten, später das Fernsehen tragen zur schnellen Vermarktung der Lesungen bei; Verlage schikken ihre Lektoren, um literarische Entdeckungen einzukaufen.

Die *Gruppe 47* ist Spiegelbild und Gegenbild der Adenauer-Ära. Als diese politische Phase sich ihrem Ende zuneigt, setzt auch der Niedergang der Gruppe ein. 1966 kommt es in Princeton zum ersten offenen Eklat. Dramatisch, aber wenig erschütternd ist die Beschimpfung PETER HANDKES, der den Literaten »Beschreibungsimpotenz« vorwirft; elementar ans Selbstverständnis der Gruppe rührt das Auftreten von HANS M. ENZENSBERGER, REINHARD LETTAU und PETER WEISS, die offen gegen den brutalen Vietnamkrieg des US-Imperialismus Stellung nehmen und damit die politische Abstinenz aufkündigen. Ein Jahr später findet die letzte Tagung der *Gruppe 47* in der Pulvermühle bei Erlangen statt. Der Erlanger Sozialistische Deutsche Studentenbund (SDS) taucht auf und fordert eine politische Stellungnahme der Dichter. HANS WERNER RICHTER und GÜNTER GRASS verurteilen schärfstens das Eindringen der Studenten und verwahren sich gegen jede Politisierung. Das ist das Ende der Gruppe. Sie zerbricht nicht, weil die Studentenbewegung über sie hereingefallen ist, sie zerbricht an ihren eigenen Widersprüchen.

Deutsche Literaturgeschichte mit einer sehr eigenen Handschrift schreibt PETER HUCHEL, der von 1949 bis 1962 als Chefredakteur die Zeitschrift *Sinn und Form* leitet und gegen alle Einflußnahmen der DDR-Kultur- und Staatsbehörden verteidigt. Herausgeber sind JOHANNES R. BECHER und PAUL WIEGLER. Huchel erhält den Auftrag nicht als Politiker, sondern als ein unabhängiger Lyriker. In

Die Gruppe 47 am Starnberger See (1957)

Anlehnung an THOMAS MANNS Exilzeitschrift »Maß und Wert« erhält die zweimonatlich erscheinende Zeitschrift ihren Namen. Während die *Gruppe 47* bewußt nur die junge Generation der Schriftsteller sammelt, vertritt Huchel gegen den »Kahlschlag« ein umfassendes literarisches Konzept. In der Ankündigung für das erste Heft im Januar 1949 heißt es:

> Es soll bahnbrechende Arbeit geleistet werden in der Übermittlung auch all jener ausländischen – gleichgültig in welcher Sprache geschriebenen – Dichtung, die lebendige Wirkung ausübt und uns vorenthalten wurde oder, durch die Nachkriegsverhältnisse bedingt, noch nicht in anderer Form bei uns publiziert werden konnte. In gleicher Weise soll die Weltliteratur vergangener Zeiten, soweit sie in unverdiente Vergessenheit geriet, kritisch ins Blickfeld der Gegenwart gerückt werden.

Huchel gelingt es mit unbestechlichem literarischen Urteil, die bedeutendste deutsche Literaturzeitschrift der Nachkriegszeit herauszugeben. Schon das erste Heft läßt aufhorchen und ruft Thomas Manns ungeteilte Begeisterung hervor. Programmatisch steckt Huchel den Horizont ab; vertreten sind ROMAIN ROLLAND, OSKAR LOERKE, WLADIMIR MAJAKOWSKI, ELIO VITTORINI, GERHART HAUPTMANN, ERNST NIEKISCH und HERMANN KASACK. Huchel versteht die Zeitschrift als Mittler zwischen äußerer und »innerer« Emigration, als Brückenschlag zwischen deutscher und internationaler Literatur, um die deutsche Literatur aus ihrer Isolierung herauszuführen. Er akzeptiert weder politische noch ästhetische Ausgrenzungen und veröffentlicht Texte von BENJAMIN, ADORNO, HORKHEIMER, BLOCH, LUKÁCS und H. MARCUSE. Systematisch nimmt Huchel Beiträge der Exilschriftsteller auf, unabhängig davon, wo sie ihr Nachkriegsdomizil aufgeschlagen haben. Er publiziert Arbeiten von westdeutschen Schriftstellern wie HANS HENNY JAHNN, HELMUT HEISSENBÜTTEL, HANS M. ENZENSBERGER, HANS ERICH NOSSACK oder MAX BENSE. Er entfacht die Debatte um Schriftsteller, die in der DDR als »dekadent« gelten, um KAFKA, MUSIL und KRAUS.

Späteste Söhne, rühmet euch nicht.
Einsame Söhne, hütet das Licht.
Daß es von euch in Zeiten noch heißt,
daß nicht klirret die Kette, die gleißt,
leise umschmiedet, Söhne, den Geist.

(PETER HUCHEL: *Deutschland*)

Schon nach der zweiten Nummer von *Sinn und Form* setzt die offizielle Kritik ein. Huchel wird vorgeworfen, er habe zu viel Literatur aus dem Westen aufgenommen. Aber Huchel macht unbeirrt weiter, unterstützt von BERTOLT BRECHT, der ihn bis zu seinem Tode immer wieder ermutigt, sich durch Schikanen nicht kleinkriegen zu lassen (»Sie müssen Ihren Laden verteidigen, genauso wie ich meinen Laden verteidige«). Huchel provoziert nie einen offenen Eklat: Für ihn bleibt Richtschnur die literarische Qualität; er verschreibt sich keiner einseitigen Parteinahme. Aus beiden Teilen Deutschlands ebenso wie aus der Weltliteratur möchte er einen repräsentativen Einblick bieten. Literarische Ausrichtungen in der DDR, die Huchel für einen Irrweg hält, übergeht er mit Schweigen, so den »Bitterfelder Weg« Ende der fünfziger Jahre mit seiner Parole »Greif zur Feder, Kumpel«.

Nach dem Bau der Mauer verschärft sich das politische und kulturelle Klima in der DDR, die Angriffe gegen Huchel als Chefredakteur werden heftiger; da er sich auf keine faulen Kompromisse einläßt, wird er Ende 1962 abgesetzt. Die große Ära der Zeitschrift *Sinn und Form* ist damit vorüber. Peter Huchel verläßt 1971 die DDR; er geht zunächst nach Italien und 1972 in die Bundesrepublik.

DIE FÜNFZIGER JAHRE

Mit der Gründung der beiden deutschen Staaten 1949 verschärfen sich auch in der Literatur die unterschiedlichen Bedingungen. In der DDR soll die Literatur als Planfaktor beim Aufbau des Sozialismus nützliche Zubringerdienste leisten. Zahlreiche »Aufbau«-Romane werden geschrieben; die wichtigsten davon sind EDUARD CLAUDIUS' *Menschen an unserer Seite* (1951) und HANS MARCHWITZAS *Roheisen* (1955). Fortgeführt aus den vierziger Jahren werden Romanthemen, die sich mit Faschismus und Widerstand beschäftigen; der Buchenwald-Roman von BRUNO APITZ *Nackt unter Wölfen* (1958) ist das von der SED nicht nur begrüßte herausragende Beispiel. Die staatlich gelenkte Literaturproduktion verläuft nicht widerspruchsfrei in der DDR; davon zeugt das Beispiel *Sinn und Form*, davon zeugen BRECHTS Anstrengungen auf dem Theater oder die ersten Theaterstücke von HEINER MÜLLER, die sich der affirmativen Verarbeitung von jüngster Geschichte entziehen. In der Lyrik ist der künstlerische Spielraum breiter, neben BRECHT und HUCHEL treten GÜNTER KUNERT (geb. 1929) und JOHANNES BOBROWSKI mit eigenwilligen Gedichten hervor.
Die Lyrik nimmt auch in der »westlichen« deutschsprachigen Literatur der fünfziger Jahre eine herausragende Stellung ein. Es erscheinen die Gedichte von INGEBORG BACHMANN, PAUL CELAN, HANS MAGNUS ENZENSBERGER, KARL KROLOW und die Experimente der »konkreten Poesie« (EUGEN GOMRINGER) und der »Wiener Gruppe« (FRIEDRICH ACHLEITNER, HANS CARL ARTMANN, KONRAD BAYER, GERHARD RÜHM, OSWALD WIENER).
Im Roman steht die erzählte Zeitgeschichte im Mittelpunkt. Faschismus, Krieg und die Restauration der fünfziger Jahre, Hoffnung und Resignation durchziehen spannungsvoll die Auseinandersetzung mit Gegenwart und jüngster Vergangenheit. Die Mehrzahl der anerkannten Schriftstellerinnen und Schriftsteller steht in Opposition zu den Wiederaufrüstungsplänen der Adenauer-Regierung und beteiligt sich an der Kampagne »Kampf dem Atomtod« in der zweiten Hälfte dieses Jahrzehnts. Im Jahre 1959 erscheinen zwei Romane, die eine radikale und neue Dimension in die (von ARNO SCHMIDT abgesehen) eher konventionelle Prosaliteratur der Nachkriegszeit bringen: UWE JOHNSONS *Mutmaßungen über Jakob* und GÜNTER GRASS' *Die Blechtrommel*, der eine Roman im Osten Deutschlands, der andere im Westen geschrieben.
Eine ganz junge literarische Gattung, die es zwar schon in Ansätzen in den zwanziger Jahren gab, aber in den fünfziger Jahren ihre erste Blüte erreicht, ist das Hörspiel.

Günter Kunert (1986)

Die Wolken sind weiß. Weiß ist
die Milch im Krug, weiß wie die
windprallen Hemden auf der Leine, weiß
wie Verbandstoff während der Schlacht.

(G. KUNERT: *Die Wolken sind weiß*, 1955)

Wohin wir uns wenden im Gewitter der Rosen,
ist die Nacht von Dornen erhellt, und der Donner
des Laubs, das so leise war in den Büschen,
folgt uns jetzt auf dem Fuß.

(I. BACHMANN: *Im Gewitter der Rosen*, 1953)

Das Hörspiel

Nach 1945 werden die Medien zunächst unter der Aufsicht der Besatzungsmächte neu organisiert. Besonders im Hörfunkbereich entwickelt sich schon bald ein innovativer Zweig, das Feature und das Hörspiel. Avantgardisten auf diesem Gebiet seit dem Ende der vierziger Jahre sind ERNST SCHNABEL, AXEL EGGEBRECHT, ALFRED ANDERSCH und HELMUT HEISSENBÜTTEL, die als Redakteure die neue Hörkunst fördern und gleichzeitig vielen Schriftstellern ein materielles Auskommen sichern. Als Ernst Schnabel 1947 und 1950 die Hörer des Nordwestdeutschen Rundfunks auffordert, an seinen Features mitzuarbeiten, erhält er zuerst 35 000, dann 80 000 Hörerzuschriften. Das Radio wird zum kulturellen Mittelpunkt der Familie. Die Hörspiel-Fassung von BORCHERTS *Draußen vor der Tür* 1947 ist ein durchschlagender Erfolg und weckt Aufmerksamkeit für diese neue Form.

Konstitutiv für das Hörspiel ist die »innere Bühne«. Angewiesen auf das abstrakte, gehörte Wort, muß der Zuhörer mit seiner eigenen Phantasie das Geschehen als innere Wirklichkeit für sich entstehen lassen. Eine eigene Ästhetik des Hörens entsteht; nicht mehr nur literarische Dialoge sind Ausdrucksform, sondern auch Klänge und Geräusche. Fast alle wichtigen Schriftsteller der fünfziger Jahre schreiben Hörspiele: ILSE AICHINGER, INGEBORG BACHMANN, HEINRICH BÖLL, FRIEDRICH DÜRRENMATT, MAX FRISCH, WOLFGANG HILDESHEIMER, MARIE LUISE KASCHNITZ, MARTIN WALSER, DIETER WELLERSHOFF. Der Repräsentant dieser neuen Form ist GÜNTER EICH; er begründet seinen literarischen Ruhm durch das Hörspiel.

EICHS Hörspiel *Träume*, 1951 im NWDR uraufgeführt, gilt als die Geburtsstunde des modernen Hörspiels. Eich wendet sich gegen die Lethargie der eigenen Generation, die schon kurz nach der Währungsreform die Vergangenheit verdrängt hat und das beginnende Wirtschaftswunder zu ihrem Götzen erhebt. Ein Schlossermeister aus Rügenwalde, die Tochter eines Reishändlers in Tientsin, ein Automechaniker in Australien, ein Kartenzeichner in Moskau und eine Hausfrau in New York erleben Alpträume der Bedrohung und Vernichtung. Vi-

Hörspieltagung der Gruppe 47 (Ulm 1958)

sionen der Angst und Bilder des Schreckens beunruhigen die Träumenden: ein vernagelter Zug, der die Passagiere schon seit vierzig Jahren von der Außenwelt abschirmt und immer schneller durch die Landschaft rast; eine Familie, die aus ihrem Haus und ihrem Ort vertrieben wird; Termiten, die die Menschen und die Gebäude von innen aushöhlen. Das Hörspiel löst eine Flut von empörten und verstörten Hörerbriefen aus, was Eich dazu veranlaßt, in seiner Buchfassung von 1953 in neuen Schlußversen seine Intention zu verdeutlichen:

> Nein, schlaft nicht, während die Ordner der Welt geschäftig sind!
> Seid mißtrauisch gegen ihre Macht, die sie vorgeben für euch
> erwerben zu müssen!
> Wacht darüber, daß eure Herzen nicht leer sind, wenn mit der
> Leere eurer Herzen gerechnet wird!
> Tut das Unnütze, singt die Lieder, die man aus eurem Mund nicht
> erwartet!
> Seid unbequem, seid Sand, nicht das Öl im Getriebe der Welt!

Leitmotiv der Eichschen Hörspiele ist die Verunsicherung, der leidende Mensch, der sich nicht aus seiner Isolation befreien kann. Im Hörspiel der fünfziger Jahre geht es um Aufarbeiten der Vergangenheit: die Sinnlosigkeit des Krieges, Formen des inneren Widerstands, Auseinandersetzung mit dem Antisemitismus und dem millionenfachen Mord an Juden; zunehmend gerät auch die bundesdeutsche Wirklichkeit ins Blickfeld: die hohle Wohlstandsgesellschaft, zerstörte Ehe- und Familienleben. Dargeboten werden diese ersten Hörspiele durchaus noch in konventionellen Hörmustern; erst ab den sechziger Jahren wird das Hörspiel zum Experimentierfeld von Tönen, Geräuschen und Original-Ton-Montagen.
Mit der Einrichtung eines bis heute hochangesehenen Hörspielpreises, dem Hörspielpreis der Kriegsblinden seit 1951, wird eine Institution geschaffen, um die neue Medienkunst öffentlich zu würdigen. Die intensive Anteilnahme und Faszination, die das Hörspiel in den fünfziger Jahren auf sich gezogen hat, ist in späteren Jahrzehnten nie wieder erreicht worden. Die zerstreuten und zerstreuenden Bilder des Fernsehens haben die Kunst und Bereitschaft des Zuhörens zerstört.

LYRIK

Bertolt Brecht: Buckower Elegien

1952 richtet sich BERTOLT BRECHT zusammen mit seiner Frau Helene Weigel eine kleine Villa mit Gärtchen in Buckow am Scharmützelsee ein, östlich von Berlin. Hier sind nach dem Aufstand vom 17. Juni 1953 seine 23 Elegien entstanden. In seinem Arbeitsjournal notiert Brecht: »der 17. juni hat die ganze existenz verfremdet.« Um dieses Ereignis kreisen seine Elegien, eine freie rhythmische, epigrammatische Lyrik. Aus der räumlichen Distanz stellt Brecht seine Beobachtungen über die Erschütterungen dieser Aufstände an, die eine kaum entwirrbare Mischung aus berechtigter Arbeiterrevolte, Wiederaufleben faschistischer Kräfte in der DDR und Einmischung von westlicher Seite sind. Brechts Elegien sind nicht im traditionellen Sinne verhaltene Klage und wehmütige Resignation, es sind miniaturhafte Gedankensplitter über ein Ereignis, das an sein eigenes Grundverständnis von Sozialismus rührt. Schon die erste Elegie bringt eine tiefe Beunruhigung zum Ausdruck:

Brecht und Helene Weigel am 1. Mai 1953

Radwechsel
Ich sitze am Straßenhang
Der Fahrer wechselt das Rad.
Ich bin nicht gern, wo ich herkomme.
Ich bin nicht gern, wo ich hinfahre.
Warum sehe ich den Radwechsel
Mit Ungeduld?

Kunstvoll verknüpft Brecht in seinen *Buckower Elegien* Details aus der unmittelbaren subjektiven Naturbetrachtung mit gesellschaftlichen Erfahrungen. Er, der überzeugte Sozialist, der dennoch niemals Mitglied der SED wurde, fühlt sich konfrontiert mit einer Situation, die auch seine eigene Rolle fragwürdig erscheinen läßt:

Böser Morgen
Die Silberpappel, eine ortsbekannte Schönheit
Heut eine alte Vettel. Der See
Eine Lache Abwaschwasser, nicht rühren!
Die Fuchsien unter dem Löwenmaul billig und eitel.
Warum?
Heut nacht im Traum sah ich Finger, auf mich deutend
Wie auf einen Aussätzigen. Sie waren zerarbeitet und
Sie waren gebrochen.

Unwissende! schrie ich
Schuldbewußt.

Die »zerarbeiteten« und »gebrochenen« Hände der Arbeiter verfolgen den privilegierten Intellektuellen wie ein Alptraum. Er möchte auf ihrer Seite stehen und ist doch von ihnen getrennt. Die lakonische Kürze, in der Brecht bildhaft seine Irritation ausdrückt, erinnert an ein Gespräch, das der Brechtschüler Hans Bunge einige Tage nach dem Mauerbau im August 1961 mit dem Komponisten Hanns Eisler führt. Nicht zufällig kommt Eisler plötzlich – aber ohne jeden Kommentar – auf die Möglichkeiten der Allmacht der Musik zu sprechen:

Stellen Sie sich vor, ich könnte als Musiker plötzlich die Stalinallee neu aufbauen! Oder stellen Sie sich mal vor: die Mauern von Jericho. Da hat doch die Musik noch eine Funktion gehabt! Da kamen die Musiker an, spielten ein kleines Stück – leider nicht von mir –, und die Mauern von Jericho fielen. Das ist doch eine Funktion der Musik! Hier finge ich an, fröhlich zu werden. Das ist großartig!

Sarkastischer kommentiert Brecht die Arbeiteraufstände vom 17. Juni 1953. Dabei läßt er sich nicht auf die komplizierte Analyse der politischen Triebkräfte ein, die hinter dem Aufstand stehen, mit bitterer Ironie schlägt er eine *Lösung* vor:

> Nach dem Aufstand des 17. Juni
> Ließ der Sekretär der Schriftstellerverbands
> In der Stalinallee Flugblätter verteilen
> Auf denen zu lesen war, daß das Volk
> Das Vertrauen der Regierung verscherzt habe
> Und es nur durch doppelte Arbeit
> Zurückerobern könne. Wäre es da
> Nicht doch einfacher, die Regierung
> Löste das Volk auf und
> Wählte ein anderes?

Bertolt Brecht (1951)

Brechts *Buckower Elegien* sind keine Abrechnung mit dem Sozialismus, wie er ihn erlebt. Sie sind ein nachdenkliches Innehalten, verdichtet in ruhigen Naturbildern, Erinnerungen an die Vergangenheit, Visionen, die die Zukunft verdüstern oder auch aufhellen. Sie sind Momentaufnahmen von großer lyrischer Eindringlichkeit.

Ingeborg Bachmann

INGEBORG BACHMANN, 1926 in Klagenfurt geboren und in Kärnten aufgewachsen, im Fach Philosophie über die Rezeption Martin Heideggers promoviert, ist zu Beginn der fünfziger Jahre eine aufregende neue lyrische Stimme. Mit ihrer ersten Anthologie *Gestundete Zeit* (1953) und ihrem zweiten Gedichtband *Anrufung des Großen Bären* (1956) zieht sie schnell große Aufmerksamkeit auf sich; schon 1953 wird sie mit dem Preis der *Gruppe 47* ausgezeichnet. Faszinierend an ihrer Lyrik ist das »Widerspiel des Unmöglichen mit dem Möglichen«, wie Ingeborg Bachman es formuliert, die Mischung aus traditionellen Formen und neuen Ausdrucksexperimenten. Ihre Gedichte bauen eine Spannung zwischen Engagement und Distanz, zwischen Abstraktion und Sinnlichkeit auf. In einem Gedicht von 1968, *Keine Delikatessen*, faßt sie programmatisch ihre Auffassung von Lyrik und Leben zusammen:

> Nichts mehr gefällt mir.
>
> Soll ich
> eine Metapher ausstaffieren
> mit einer Mandelblüte?

die Syntax kreuzigen
auf einen Lichteffekt?
Wer wird sich den Schädel zerbrechen
über so überflüssige Dinge –

Ich habe ein Einsehn gelernt
mit den Worten,
die da sind
(für die unterste Klasse)

Hunger
          Schande
                    Tränen
und
                              Finsternis.

Mit dem ungereinigten Schluchzen,
mit der Verzweiflung
(und ich verzweifle noch vor Verzweiflung)
über das viele Elend,
den Krankenstand, die Lebenskosten,
werde ich auskommen.

Ich vernachlässige nicht die Schrift,
sondern mich.
Die andern wissen sich
weißgott
mit den Worten zu helfen.
Ich bin nicht mein Assistent.

Ingeborg Bachmann wehrt sich gegen die Mythisierung ihrer Lyrik als »reine« Lyrik, die endlich die graue Trümmerwelt hinter sich lasse. Doch in den fünfziger Jahren ist die Literaturkritik kaum bereit, die tiefe Verstörung in ihren Gedichten wahrzunehmen; sie wird gefeiert als die sensible Intellektuelle mit dem »hohen« Ton, ihre dunklen, angstvollen Töne werden überhört. Dabei kündet schon eines ihrer frühesten Gedichte, *Entfremdung* (1948), von den Beschädigungen der Zeit und der Person:

In den Bäumen kann ich keine Bäume mehr sehen.
Die Äste haben nicht die Blätter, die sie in den Wind halten.
Die Früchte sind süß, aber ohne Liebe.
Was soll nur werden?

Im Kreise des von Männern beherrschten Literaturbetriebs wird Ingeborg Bachmann als ein flirrender, exotischer Falter bewundert. Das ist die Rolle, die sie nicht will und die auch zu ihrem Werk nicht paßt. Überall spürt sie in ihren Gedichten trotz der Schönheit der Worte eine Morbidität auf, die nichts von geschmäcklerischer Pseudo-Modernität enthält, sondern mit analytischer Präzision Bitterkeit und Leiden weiblicher Existenz artikuliert, programmatisch schon in ihrem Gedicht *Die gestundete Zeit* (1952):

Es kommen härtere Tage.
Die auf Widerruf gestundete Zeit
wird sichtbar am Horizont.
Bald mußt du den Schuh schnüren
und die Hunde zurückjagen in die Marschhöfe.
Denn die Eingeweide der Fische
sind kalt geworden im Wind.

Ärmlich brennt das Licht der Lupinen.
Dein Blick spurt im Nebel:
die auf Widerruf gestundete Zeit
wird sichtbar am Horizont.

Drüben versinkt dir die Geliebte im Sand.
er steigt um ihr wehendes Haar,
er fällt ihr ins Wort,
er befiehlt ihr zu schweigen,
er findet sie sterblich
und willig dem Abschied
nach jeder Umarmung.

Sieh dich nicht um.
Schnür deinen Schuh.
Jag die Hunde zurück.
Wirf die Fische ins Meer.
Lösch die Lupinen!

Es kommen härtere Tage.

Peter Weiss und Johannes Bobrowski (1962)

Johannes Bobrowski und Paul Celan

Auch JOHANNES BOBROWSKI (1917–1965) und PAUL CELAN (1920–1970) beeindrucken durch die Eigenständigkeit ihrer Gedichte. Eklektizismus ist ihnen ebenso fremd wie der literaturrevolutionäre Gestus der »lost generation«. Obwohl beide Dichter Antipoden in ihrem Zugang zur Sprache sind – Bobrowski tendiert zum beschwörenden »Zauberspruch«, Celan kennt nur das Spiel mit Chiffren –, zeigen ihr Leben und Werk wichtige Gemeinsamkeiten, die sie von anderen Schriftstellern der Nachkriegszeit unterscheiden. Beide kommen aus den östlichen Grenzgebieten des deutschen Sprachraums und halten in ihrem Werk die Erinnerung an die Landschaft ihrer Kindheit und Jugend fest. Für Bobrowski ist »Sarmatien«, das Land zwischen Weichsel und Wolga, das aus-

Paul Celan (1959)

schließliche Thema. Aber auch Paul Celan, geboren in Czernowitz/Bukowina, stellt sich 1958 in seiner Dankesrede für die Verleihung des Literaturpreises der Freien Hansestadt Bremen mit den Worten vor:

Die Landschaft, aus der ich zu Ihnen komme, dürfte den meisten von Ihnen unbekannt sein. Es ist die Landschaft, in der ein nicht unbeträchtlicher Teil jener chassidischen Geschichten zu Hause war, die Martin Buber uns allen auf deutsch wiedererzählt hat. ... es war eine Gegend, in der Menschen und Bücher lebten.

Bobrowski und Celan schreiben eine hermetische Lyrik, die gegen das Vergessen gerichtet ist. Für den in Tilsit geborenen und in Königsberg aufgewachsenen Bobrowski steht die Teilnahme am Krieg gegen die Sowjetunion am Beginn seiner Arbeit: »Zu schreiben habe ich begonnen am Ilmensee 1941, über russische Landschaft, aber als Fremder, als Deutscher.« Der »Jänner 1942«, das Datum, an dem auf der Wannsee-Konferenz die Ausrottung der Juden beschlossen wurde, ist konstitutiv für die Lyrik Celans. Wesentliches Element seiner Gedichte ist der »Schatten«. Die Verse *An Klopstock*, den Bobrowski als »Zuchtmeister« seines Schreibens bezeichnet, nennen das Dichten eine »Schattenfabel von der Verschuldung und der Sühne«. Bei Celan heißt es: »Wahr spricht, wer Schatten spricht.« Bis zur Publikation seines ersten Gedichtbandes *Sarmatische Zeit*, der 1961 in Stuttgart erscheint, führt Johannes Bobrowski das glanzlose Leben eines Verlagslektors in Ostberlin; Celan lebt seit 1948, nach Beendigung seiner »postkakanischen Existenz«, in Paris; seine Kontakte zur literarischen Szene in Westdeutschland sind spärlich. Das Werk beider Dichter, das gegen Ende der fünfziger Jahre Maßstäbe setzt, entsteht in Auseinandersetzung nicht mit der deutschen Gegenwartsliteratur, sondern mit der literarischen Tradition und bei Celan vor allem in der Orientierung am französischen Surrealismus.
Sich auf die Zeitspanne von 3000 Jahren, die GOETHES *Faust II* umfaßt, berufend, begreift BOBROWSKI sein Dichten als Eindringen ins längst Vergangene, als einen Dialog zwischen einer fast prähistorischen Vorzeit und der rasch wieder vergehenden Gegenwart. Der *Anruf*, der den Gedichtband *Sarmatische Zeit* eröffnet, unternimmt solch eine Beschwörung. Die Eichen- und Birkenwälder der Vergangenheit sind Zeugen einer Zeit, in der Frühling und Sommer vorherrschten, die aber seit langem vergangen ist. Der anrufende Dichter erkennt sich in dem allein gelassenen Erzähler wieder, der keine Märchen mehr erzählt, sondern von einer Zeit singt, in der Krieg herrscht und der Kampf um den Bernstein begonnen hat. Der Abschied ist unwiederbringlich: Eine neue Zeit läßt den fremd werden, der weder »Wolf« noch »Jäger« sein will.
Gegenlicht, das den ersten Teil der *Sarmatischen Zeit* beschließt, thematisiert den Widerspruch zwischen der Potentialität einer anderen Zeit und der zwielichtigen, kalten Realität, die dem Tode nahe ist:

Dämmerung.
Wie das Grasland
hertreibt, die breite Strömung,
Ebenen. Kalt, unzeitig
der Mond. Ein Flügelschlag nun.

Auf den Ufern der Ströme,
weit,
als die der weite
Himmel umarmt hielt,
hörten wir Singen
im Wälderschatten. Der Ahn
ging verwachsenen Gräben nach.

Vogelherz, leicht befiederter
Stein auf dem Wind.
In die Nebel
fallend. Gras und die Erde
nehmen dich an, eine Spur
Tod, einen Schneckenpfad lang.

Aber
wer erträgt mich,
den Mann mit geschlossenen Augen,
bösen Mundes, mit Händen,
die halten nichts, der dem Strom
folgt, verdurstend,
der in den Regen
atmet die andere Zeit,
die nicht mehr kommt, die andre,
ungesagte, wie Wolken,
ein Vogel mit offenen Schwingen,
zornig gegen den Himmel,
ein Gegenlicht, wild.

Wilna, Eiche
du –
meine Birke,
Nowgorod –
einst in Wäldern aufflog
meiner Frühlinge Schrei, meiner Tage
Schritt erscholl überm Fluß.

Ach, es ist der helle
Glanz, das Sommergestirn,
fortgeschenkt, am Feuer
hockt der Märchenerzähler,
die nachtlang ihm lauschten, die Jungen
zogen davon.

Einsam wird er singen:
Über die Steppe
fahren Wölfe, der Jäger
fand ein gelben Gestein,
aufbrannt' es im Mondlicht.–

Heiliges schwimmt,
ein Fisch,
durch die alten Täler, die waldigen
Täler noch, der Väter
Rede tönt noch herauf:
Heiß willkommen die Fremden.
Du wirst ein Fremder sein. Bald.

(JOHANNES BOBROWSKI: *Anruf*)

Seiner Zeit die Zustimmung versagend, leidet der Dichter, der »Mann mit geschlossenen Augen«; er bewirkt nichts und vermag nur, der irdischen Praxis enthoben, ein weithin sichtbares Zeichen des Protestes zu setzen. Die sprachliche Verkürzung gibt Bobrowskis Gedichten etwas Schweres und Lastendes, das der elegischen Klage über den Anbruch der Wolfszeit Nachdruck verleiht.

Die erstaunliche Resonanz der beiden Gedichtbände von PAUL CELAN *Mohn und Gedächtnis* (1952) und *Von Schwelle zu Schwelle* (1955) steht unter einem Unstern: Statt Bemühung um Aufarbeitung der Vergangenheit wird mit ihnen eine geglückte literarische »Vergangenheitsbewältigung« assoziiert. Hier sprechen die Klappentexte, die der Verlag auf den Umschlägen zu Celans Gedichtbänden abdruckt, eine deutliche Sprache. Die Rezensenten gehen so weit zu sagen, daß seine Gedichte »nichts sein wollen als reine Poesie«.

Todesfuge
Schwarze Milch der Frühe wir trinken sie abends
wir trinken sie mittags und morgens wir trinken sie nachts
wir trinken und trinken

wir schaufeln ein Grab in den Lüften da liegt man nicht eng
Ein Mann wohnt im Haus der spielt mit den Schlangen der schreibt
der schreibt wenn es dunkelt nach Deutschland dein goldenes Haar
Margarete
er schreibt es und tritt vor das Haus und es blitzen die Sterne er
pfeift seine Rüden herbei
er pfeift seine Juden hervor läßt schaufeln ein Grab in der Erde
er befiehlt uns spielt auf nun zum Tanz

Schwarze Milch der Frühe wir trinken dich nachts
wir trinken dich morgens und mittags wir trinken dich abends
wir trinken und trinken
Ein Mann wohnt im Haus der spielt mit den Schlangen der schreibt
der schreibt wenn es dunkelt nach Deutschland dein goldenes Haar
Margarete
Dein aschenes Haar Sulamith wir schaufeln ein Grab in den Lüften
da liegt man nicht eng
(. . .)

Insbesondere *Todesfuge* (1945), die in rumänischer Fassung »Todestango« hieß, wurde als Pflichtlektüre in den Schulen zum Alibi einer Nichtbefassung mit der Judenvernichtung in Auschwitz. Celans Todeslitanei wird nicht als Werk eines Dichters verstanden, dessen Eltern von der SS ermordet wurden. Sein Versuch, die Todesmaschine und den ihr zugrundeliegenden Rassenhaß in eine lyrische Sprache zu bringen und durch dieses Gedicht zu einer gemeinsamen Trauerarbeit beizutragen, wird als durch einen jüdischen Dichter beglaubigter Schlußpunkt unter ein dunkles Kapitel deutscher Vergangenheit aufgefaßt.
Celan reagiert auf diese Resonanz mit einem immer stärker werdenden Rückzug auf das hermetische Gedicht, das zum Verstummen tendiert, auf Wortfelder setzt, in denen sich »verdinglichte« Sprache und sprachlich evozierte Dinge verschränken. Das kaum mehr Verständliche zieht Celan dem breiten Mißverständnis vor. Ein Gedicht aus *Atemwende* (1967), das in den Anfangszeilen auf die Verbrennungsöfen von *Todesfuge* anspielt, bringt seinen Standpunkt zum Ausdruck.

STEHEN, im Schatten
des Wundenmals in der Luft.

Für-niemand-und-nichts-Stehn.
Unerkannt,
für dich
allein.

Mit allem, was darin Raum hat,
auch ohne
Sprache.

Dieser Gedichtband liegt – nach wenigen Jahren – nun schon in 4. Auflage vor: ein ungewöhnlicher Erfolg für einen Lyriker unserer Zeit.

„An die Spitze aller jungen deutschen Lyriker hat sich Celan mit diesem Bändchen gestellt."

Walter Lennig, Der Tagesspiegel

„Celan schafft neue Symbole, in denen der uralte Bestand als Grundschicht weiterlebt, überlagert von vielem Heutigen, von Jüngstem. Seine Einsichten sind nicht gewußt, sie sind geträumt wie in den Bildern Chagalls. Seine Sprache, genährt aus dem quellenden Reichtum biblischer Bilder, weiß mit intuitiver Sicherheit Wort und Bild zur vollkommenen Deckung zu bringen... Mit Celan ist eine poetische Kraft aufgestanden, die das Unsagbare an seinen Rändern packt und das Wort als eine äußerste Wirklichkeit ernst nimmt. Wir haben nicht viele von gleichem Ernst."

Karl Schwedthelm, Deutsche Zeitung und Wirtschafts-Zeitung

Paul Celan erhielt für seine Gedichte den Bremer Literaturpreis.

DEUTSCHE VERLAGS-ANSTALT
STUTTGART

Experimentelle Lyrik

Mit einer radikalen Reduzierung der Sprache auf ihr Buchstabenskelett versuchen seit Mitte der fünfziger Jahre Lyriker wie der Schweizer EUGEN GOMRINGER (geb. 1925 in Bolivien), HELMUT HEISSENBÜTTEL (geb. 1921) und die »Wiener Gruppe« die festgelegte Bedeutung der Worte und Metaphern zu vertreiben, um einen neuen Sinn in jedem Wort bloßzulegen. Gegen alte Formkonventionen und Interpretationsschemata soll das Gedicht für sich stehen und eine eigenständige abstrakte Textur erhalten, die nicht mehr zitierbar ist. Gomringer beruft sich auf ARNO HOLZ, MALLARMÉ und APOLLINAIRE; Heißenbüttel sieht in Gomringer seinen unmittelbaren Anreger und fühlt sich in der Tradition von ARP, GERTRUDE STEIN, MARINETTI und POUND; die Wiener Lyriker beziehen sich auf die Dada-Kunst. 1953 veröffentlicht GOMRINGER seine ersten Texte, *konstellationen constellations constelaciones*. Den Titel wählt der polyglotte Gomringer bewußt mehrsprachig, denn die Texte sollen eine übergreifende, internationale poetische Wirkung haben. Eine seiner bekanntesten *Konstellationen*:

Das schwarze geheimnis
ist   hier
hier   ist
das schwarze geheimnis

kein system im fehler
kein system mir fehle
keiner fehl im system
keim in systemfehler
sein kystem im fehler
ein fehkler im system
sein kehl im fyrsten
ein symfehler im sekt
kein symmet is fehler
sey festh kleinr mime

(EUGEN GOMRINGER, 3. variation zu *kein fehler im System*)

Der Text lebt aus dem Widerspruch zwischen konstruktivistischer Raumaufteilung und »Geheimnis«, zwischen schwarzem Geheimnis und weißem Loch. Eine elegante Spielerei oder eine Provokation? fragt man sich jedoch. Gomringer versteht seine Texte als gesellschaftskritisch. Er nennt sie »Konkrete Poesie«, in der sich eine neue »ordnungseinheit« vollzieht, »deren aufbau sich durch die zahl der worte und buchstaben und durch eine neue strukturelle methode bestimmt«. Auf HEISSENBÜTTEL wirken Gomringers *Konstellationen* wie ein »Akt der Befreiung«; ihn fasziniert, wie Sprache sich aus Sprache neu entwickelt: »statt der Metapher wurde etwas sichtbar, was man den Bedeutungshof, den jede Vokabel besitzt, nennen könnte«. Er veröffentlicht 1956 seine *Topographien*, von 1960 bis 1967 sechs *Textbücher*. Seine Texte leben aus der graphischen Anordnung, dem assoziativen Klang von Wortstrukturen, der bewußten Destruktion von Sinn und Syntax, um eine andere Wirklichkeit durchscheinen zu lassen. Im Unterschied zu Gomringer liebt Heißenbüttel das Spiel mit poetischem Zitatmaterial, das die Traditionen der Lyrik durcheinanderrüttelt und die alten Beziehungslinien (zer)stört. In seinem *Lehrgedicht über Geschichte 1954* heißt es: »Rekapitulierbares dies ist mein Thema« – und es bleibt sein Thema in den verschiedensten Varianten. Als Heißenbüttel 1969 den Georg-Büchner-Preis erhält, sagt er in seiner Rede:

Eugen Gomringer

Wenn Literatur definierbar ist als eine Sonderform der Sprache kann man auch von Sprache allgemein das sagen was Literatur tut: sie bewahrt den Riß auf. Indem ich mich auf das Anonyme und Kollektive verlasse das in der Sprachkompetenz zur Sprache kommt versuche ich zu sprechen als ob ich bereits den Riß (zwischen dem gebildeten und dem ungebildeten Teil der Gesellschaft) überredet hätte. Ich versuche von vorn anzufangen.

Helmut Heißenbüttel

Im Wien der fünfziger Jahre bildet sich eine parallele Lyrikauffassung heraus; die »Wiener Gruppe« mit GERHARD RÜHM (geb. 1930), FRIEDRICH ACHLEITNER (geb. 1930), HANS CARL ARTMANN (geb. 1921), KONRAD BAYER (1932–1964) und OSWALD WIENER (geb. 1935) schließt sich zusammen. In Anlehnung an die Konkrete Poesie entwickelt sie einen neuen »textbegriff«, den GERHARD RÜHM, der ausgebildete Musiker und Komponist serieller Musik, so definiert:

zeichen haben unabhängig von ihrer mitteilungsfunktion eine eigene realität: man sieht sie oder hört sie. löst man sie vom begriffsinhalten los (ausschließlich ihren eigenen materialen gegebenheiten folgend), entstehen »schriftbilder« oder »lautkompositionen«.

In Österreich stoßen die Wortzertrümmerer auf Ignoranz und Ablehnung: »rundfunk, fernsehen, verlagswesen beherrscht ein arroganter provinzialismus, ›avantgardisten‹ sind von vorneherein suspekt« (RÜHM). Als ihre Texte zu Beginn der sechziger Jahre langsam Aufmerksamkeit finden, zerfällt die Gruppe, Konrad Bayer begeht 1964 Selbstmord.

o lepn
o nepl
naaaaaaaaaaaa
pooleon
poleooon

(ERNST JANDL)

Angeregt durch die Konkrete Poesie und die experimentelle Lyrik der »Wiener Gruppe«, trägt ERNST JANDL (geb. 1925) Ende der fünfziger Jahre seine ersten Sprechgedichte vor. Zehn Jahre braucht es, bis er mit seinem Gedichtband *Laut und Luise* (1966) endlich Erfolg hat. Er zerlegt Worte in Silben, dehnt die Vokale oder streicht sie zu grotesken Konsonanten-Verzerrungen, er spielt mit Dialektformen und den Verballhornungen der Alltagssprache. Im persönlichen Vortrag geraten seine Gedichte oft zu kunstvollen Schnauf-, Murmel- und Räusperarien. JANDL unterscheidet sich von anderen experimentellen Lyrikern, weil er nicht beim reinen Artefakt stehenbleibt.

Ziel meiner Arbeit, heute wie früher, sind funktionierende, wirksame Gedichte, gesteuert, von welchem Material immer sie ausgehen und in welcher Form immer sie hervortreten, – gesteuert von dem, was in mir ist an Richtung und Neigung, an Freude und Zorn. Was ich will, sind Gedicht, die nicht kalt lassen.

Ernst Jandl

Er verzichtet nicht auf den »Sinn«; mit schwarzem Humor rückt er sprachlich den Absurditäten des Lebens und den angeblich ehernen Weisheiten zu Leibe:

lichtung

manche meinen
lechts und rinks
kann man nicht
velwechsern.
werch ein illtum!

schim schanflang war das wort
schund das wort war bei flott
schund flott war das wort

schund das wort schist fleisch
gewlorden schund schat schunter
schons gewlohnt.

Ende der sechziger, Anfang der siebziger Jahre wird Jandl zum erfolgreichen Lyriker. Das gewitzt Spielerische weicht in seinen späteren Gedichten einer härteren, manchmal auch verbitterten Tonart. Das Lachen gerinnt zur Grimasse des Erschreckens.

Letzter Auftritt der Wiener Gruppe (April 1964)

ROMANE DER FÜNFZIGER JAHRE

Mit wenigen Ausnahmen sind die Romanschriftsteller der fünfziger Jahre zunächst einem traditionellen realistischen Erzählstil verpflichtet; experimentierende Aufbrüche wie in der Lyrik gibt es nicht. Die vehementen Forderungen nach einer neuen Sprache, die angesichts der zurückliegenden Katastrophe gefunden werden müßte, werden nicht eingelöst. In der westdeutschen Literatur rückt die Auseinandersetzung mit der bundesrepublikanischen Gegenwart in den Mittelpunkt. Die Mehrzahl der Schriftsteller steht im Widerspruch zur Adenauerregierung und dem Klima des Ärmel-Aufkrempelns der fünfziger Jahre. Wie tief die Kluft zwischen Geist und Macht reicht, beleuchtet das beschämende Faktum, daß nach dem Tod von THOMAS MANN am 12. August 1955 in Zürich zum Begräbnis kein Vertreter der bundesdeutschen Regierung entsandt wird.

Wolfgang Koeppen

Ein Einzelgänger, der kein Interesse an der Vermarktung seines Wortes entwickelt, ist WOLFGANG KOEPPEN (geb. 1906). Seine Romane aus den dreißiger Jahren finden geringe Beachtung. Er geht ins niederländische Exil und kehrt 1938 schwarz über die Grenze nach Deutschland zurück, wo er literarisch verstummt, »voll damit beschäftigt zu überleben«. Als er sein Schweigen mit der herausfordernden Trilogie über das Nachkriegsdeutschland – *Tauben im Gras* (1951), *Das Treibhaus* (1953), *Der Tod in Rom* (1954) – bricht, stößt er auf Empörung und Ablehnung. Koeppen beschreibt eine Gesellschaft, die tief verstrickt ist in die faschistische Vergangenheit, in der jedes aufrechte Leben gefährdet ist, wenn es sich dem rabiaten Aufbau nicht anpassen kann und will. Beklemmend folgerichtig enden alle drei Romane mit Gewalt: mit Tod, Freitod und Mord.
Mit *Tauben im Gras* geht Koeppen auch literarisch einen eigenwilligen Weg. Nicht die Kurzprosa HEMINGWAYS ist sein Vorbild, sondern er bezieht sich auf

die moderne Prosa der zwanziger Jahre, auf JAMES JOYCE, DOS PASSOS und DÖBLIN. Der Roman schildert einen einzigen Tag im Jahre 1949 in München. Im Vorwort zur 2. Auflage schreibt Koeppen:

»Tauben im Gras« wurde kurz nach der Währungsreform geschrieben, als das deutsche Wirtschaftswunder im Westen aufging, als die ersten neuen Kinos, die ersten neuen Versicherungspaläste die Trümmer und die Behelfsläden überragten, zur hohen Zeit der Besatzungsmächte, als Korea und Persien die Welt ängstigten und die Wirtschaftswundersonne vielleicht gleich wieder im Osten untergehen würde. Es war die Zeit, in der die neuen Reichen sich noch unsicher fühlten, in der die Schwarzmarktgewinner nach Anlagen suchten und die Sparer den Krieg bezahlten. Die neuen deutschen Geldscheine sahen wie gute Dollars aus, aber man traute doch mehr den Sachwerten, und viel Bedarf war nachzuholen, der Bauch war endlich zu füllen, der Kopf war von Hunger und Bombenknall noch etwas wirr, und alle Sinne suchten Lust, bevor vielleicht der dritte Weltkrieg kam. Diese Zeit, den Urgrund unseres Heute, habe ich geschildert.

Wolfgang Koeppen

Koeppen führt ein Szenario verzweifelter Menschen vor, die sich in dieser beklemmenden Nachkriegswelt amüsieren wollen. Düsternis und Gefahren bedrohen die angestrengten Versuche, wieder leben zu wollen. Anfang und Ende des Romans verklammern die Atmosphäre in ihrer bizarren Scheinhaftigkeit, so als ob der Krieg noch mitten im Lande stünde, während ein neuer Krieg sich schon ahnen läßt.

Flieger waren über der Stadt, unheilkündende Vögel. Der Lärm der Motoren war Donner, war Hagel, war Sturm. Sturm, Hagel und Donner, täglich und nächtlich, Anflug und Abflug, Übungen des Todes, ein hohles Getöse, ein Beben, ein Erinnern in den Ruinen. Noch waren die Bombenschächte der Flugzeuge leer. Die Auguren lächelten. Niemand blickte zum Himmel auf.

Der Roman endet:

Spannung, Konflikt, Verschärfung, Bedrohung. Am Himmel summen die Flieger. Noch schweigen die Sirenen. Noch rostet ihr Blechmund. Die Luftschutzbunker wurden gesprengt; die Luftschutzbunker werden wieder hergerichtet. Der Tod treibt Manöverspiele. *Bedrohung, Verschärfung, Konflikt, Spannung.* Komm-du-nun-sanfter Schlummer. Doch niemand entflieht seiner Welt. Der Traum ist schwer und unruhig. Deutschland lebt im Spannungsfeld, östliche Welt, westliche Welt, zerbrochene Welt, zwei Welthälften, einander feind und fremd, Deutschland lebt an der Nahtstelle, an der Bruchstelle, die Zeit ist kostbar, sie ist eine Spanne nur, eine karge Spanne, vertan, eine Sekunde zum Atemholen, Atempause auf einem verdammten Schlachtfeld.

Um die deutsche Realität nach 1945 zu fassen, widersetzt sich Koeppen in diesem Roman dem einfachen Erzählen; mit inneren Monologen, Montageverfahren, Perspektivenwechseln, Unterbrechungen durch Dialoge und epische Berichte komponiert er ein dichtes Geflecht der Stimmungen.
Konventioneller im Stil ist sein zweiter Roman *Das Treibhaus;* vom Inhalt her wirkt er provozierender auf die neue westdeutsche Demokratie. Bis auf wenige

Ausnahmen, etwa KARL KORN, reagiert die Kritik ablehnend auf dieses Werk; von »Abtritt-Pornographie«, »Ruinen-Existentialismus« und »pseudorevolutionärer Pubertät« ist die Rede. Koeppen selbst spricht von einem »Roman eines Scheiterns«. Keetenheuve, eine ehemaliger Emigrant, will mithelfen beim demokratischen Wiederaufbau Deutschlands, er wird Abgeordneter der Opposition in der neuen Bundeshauptstadt Bonn. Ernüchterung und Enttäuschung prägen seine Erfahrungen; er wird konfrontiert mit Heuchelei, Verlogenheit, Intrigen alter Nazis und einem fein gesponnenen Netz von parteipolitischen Beziehungen. Hier herrscht nicht der Geist der Demokratie, sondern die Dumpfheit von Raffgier und Machtkämpfen:

> Ein Treibhausklima gedieh im Kessel zwischen den Bergen; die Luft staute sich über dem Strom und seinen Ufern. Villen standen im Wasser, Rosen wurden gezüchtet, die Wohlhabenheit schritt mit der Heckenschere durch den Park, knirschenden Kies unter dem leichten Altersschuh, Keetenheuve würde nie dazu gehören, nie hier ein Haus haben, nie Rosen schneiden, nie die Edelrosen, die Nobiles, die Rosa indica, er dachte an die Wundrose, Erysipelas traumaticum, Gesundbeter waren am Werk, Deutschland war ein großes öffentliches Treibhaus, Keetenheuve sah seltsame Floren, gierige, fleischfressende Pflanzen, Riesenphallen, Schornsteinen gleich voll schwelenden Rauches, blaugrün, rotgelb, giftig, aber es war eine Üppigkeit ohne Mark und Jugend, es war alles morsch, es war alles alt, die Glieder strotzten, aber es war eine Elephantiasis arabum.

Koeppen evoziert mit assoziativer Bildtechnik die bedrückenden Erfahrungen im restaurativen westdeutschen Nachkriegsdeutschland. Er fordert nicht zum Mitleiden heraus, sondern analysiert das folgerichtige Zerbrechen eines Helden, dem dieses Klima nicht paßt. Der letzte Satz des Romans lautet:

> Der Abgeordnete war gänzlich unnütz, er war sich selbst eine Last, und ein Sprung von dieser Brücke machte ihn frei.

Im letzten Roman der Trilogie, *Tod im Rom*, trifft sich der ehemalige SS-Offizier Judejahn, in Abwesenheit zum Tode verurteilt, aber schon wieder rege im Waffenhandel für einen arabischen Staat tätig, mit seiner Familie in Rom. Unter den Verwandten entwickelt sich ein gefährliches Klima von nazistischem Auftrumpfen, Rassenhaß, wohlfeilem Mitläufertum und Schuldgefühlen. Koeppen artikuliert eine tiefe Verstörung über die Weichenstellung im westdeutschen Staat unter Adenauer. Die Opfer bleiben Opfer, die Täter behaupten sich weiter. Die Kritik an Koeppen bestätigt sein Urteil.

Arno Schmidt (um 1955)

Arno Schmidt

Für die nicht sehr zahlreichen über die Bundesrepublik verstreuten Nonkonformisten in den fünfziger Jahren, die auch bei der oppositionellen SPD keine Orientierungshilfe finden, haben die Erzählungen und Romane ARNO SCHMIDTS den Wert eines Erkennungszeichens. *Brand's Haide* (1951), *Aus dem Leben eines Fauns* (1953) und *Das steinerne Herz* (1956) gelten wegen ihrer Kon-

zessionslosigkeit gegenüber den politischen und literarischen, aber auch den sexuellen Tabus dieser Jahre als einzig angemessene Reaktion auf die »Mittelstandsgesellschaft« mit Wirtschaftswunder und Wiederaufrüstung, Einfamilienhäusern und einem Kirchenbauprogramm, das die »Volkskirche« zumindest architektonisch und akustisch Realität werden läßt.
Arno Schmidt übernimmt die Rolle eines einsamen Aufklärers, der jede Gelegenheit benutzt, gegen Staat, Kirche, literarische Kumpanei und die tagtägliche Dummheit der Menschen aufzubegehren, und sich nicht scheut, hierfür die Rolle des skurrilen Außenseiters hinzunehmen. Seine Helden sind kaum verborgene Selbstporträts; sie leben im menschenleeren Flachland am Rande der Lüneburger Heide, Wind und Wetter ausgesetzt unter offenem Himmel und rekurrieren, von erotischen Träumen bedrängt, auf ein immenses Bücherwissen, in dem sich die Aufklärung des 18. Jahrhunderts, vergessene Autoren der romantischen Periode, angelsächsische Autoren und statistische alte Wälzer vereinigen.
Einheitstiftendes Subjekt ist der Autor, der seine »Wortkonzentrate« aus Beobachtungen und Assoziationen aneinanderreiht, wobei die eigentliche Handlung nebensächlich wird und zurücktritt. Eine eigenartige Orthographie (»fonetische Schreibunk«), Wortverkürzungen, die an AUGUST STRAMMS lyrischen Kompressionsstil erinnern, und eine Zeichensetzung, die die Mehrdeutigkeit einer Formulierung akzentuiert, sind typische Merkmale seiner Texte, die durch unterschiedliche Schrifttypen zusätzlich gegliedert werden. Der fünfzigjährige Verwaltungsbeamte Düring, der Held von *Aus dem Leben eines Fauns*, charakterisiert seine Doppelexistenz in einem Wortstakkato, an dessen Stelle andere Schriftsteller mehrere Druckseiten benötigten:

Mein Leben?!: ist kein Kontinuum! (nicht bloß durch Tag und Nacht in weiß und schwarze Stücke zerbrochen! Denn auch am Tage ist bei mir der ein Anderer, der zur Bahn geht; im Amt sitzt; büchert; durch Haine stelzt; begattet; schwatzt; schreibt; Tausendsdenker; auseinanderfallender Fächer; der rennt; raucht; kotet; radiohört; »Herr Landrat« sagt: that's me!): ein Tablett voll glitzernder snapshots.
Kein Kontinuum, kein Kontinuum!: so rennt mein Leben, so die Erinnerungen (wie ein Zuckender ein Nachtgewitter sieht):
Flamme: da fletscht ein nacktes Siedlungshaus in giftgrünem Gesträuch: Nacht.
Flamme: gaffen weiße Gesichter, Zungen klöppeln, Finger zahnen: Nacht.
Flamme: stehen Baumglieder, treiben Knabenreifen; Frauen kocken; Mädchen schelmen blusenauf: Nacht!
Flamme: Ich: weh: Nacht!!

1955 kommt es aufgrund der Veröffentlichung von *Seelandschaft mit Pocahontas* in der Zeitschrift »Text und Zeichen« zu staatsanwaltlichen Ermittlungen gegen Arno Schmidt als Autor, Alfred Andersch als Herausgeber und Hermann Luchterhand als Verleger wegen »Gotteslästerung« und »Pornographie«. Es handelt sich um eine der nicht seltenen Anzeigen in den fünfziger Jahren, die ein Klima der Verunsicherung und Einschüchterung schaffen und die Bestimmung des Grundgesetzes – »Eine Zensur findet nicht statt« – unterlaufen. Erst nach über einem Jahr stellt der Generalstaatsanwalt beim Oberlandesgericht Stuttgart, gestützt auf ein Gutachten von HERMANN KASACK, das Verfahren ein.

Arno Schmidt, der ohnehin Mühe hat, einen Verleger für seine provozierenden, aber nicht gerade populären Bücher zu finden, ist in seiner Existenz als Schriftsteller bedroht. Vor der Veröffentlichung seines nächsten Werkes *Das steinerne Herz* muß er sich auf langwierige Verhandlungen mit dem Verlagslektor einlassen, der wiederum mit einem Rechtsanwalt zur juristischen Rückendeckung in Verbindung steht.
Im *Steinernen Herz* kommt es zu einer der seltenen Reisen in Schmidts Romanen: Der Ich-Erzähler fährt nach Ostberlin, wo er in der Staatsbibliothek die Dublette eines Buches gegen einen anderen Band austauscht und bei seinem Aufenthalt nicht mit Anmerkungen über den Ostsektor kargt:

In künstlerischer Hinsicht ist im Osten tatsächlich noch weniger »los«, als im doch schon lächerlich vernünftigen Westen ... Aber wenn Ihr verlangt, daß auch jeder Künstler periodisch und gallionsfigurig sein Soll an linientreuem Kitt daher schwätzt: solange geltet Ihr bei allen guten Köpfen nur als brutalkomisch!

Schmidt, dem es bei seinem »Zeitroman« um eine gleichgewichtige Auseinandersetzung mit Ost und West geht, muß erleben, daß sein Originalmanuskript eine politische Entschärfung erfährt, von der einseitig die Bundesrepublik profitiert. Einige markante von zahlreichen Veränderungen (links die Originalfassung, rechts die Erstveröffentlichung von 1956) lauten:

Wenn ich nicht schon von Geburt Atheist wäre, würde mich der Anblick Adenauer-Deutschlands dazu machen!	Wenn ich nicht schon von Geburt Atheist, würde mich der Anblick Deutschlands dazu machen!
15 Uhr 20: Adenauer: Der Vater Europas, der Stiefvater Deutschlands.	15 Uhr 20: es nachrichtet sehr; die Väter Europas, die Stiefväter Deutschlands.
Guter Rat an die DDR: ich möchte ihr gern helfen, weil die Leute drüben so rührend ehrlich arbeiten; weil sie tapfer gottlos sind; und gegen den Rüstungsalp Adenauer.	Guter Rat an die DDR: ich möchte ihr gern helfen, weil die Leute drüben so rührend ehrlich arbeiten; weil sie tapfer gottlos sind.
Dann, nach dem Westen gewandt,: »In einem neuen Staat ...« (usw. genau wie oben: bloß statt DDR eben Bundesdiktatur: wer eine Volksabstimmung über die Wiederaufrüstung derartig brutal verhindert, verdient keinen anderen Namen! Also Ihr: raus mit dem Kruzifix aus der Linken, der Maschinenpistole aus der Rechten!	Dann, nach dem Westen gewandt;: »In einem neuen Staat ...« (usw. genau wie oben: bloß statt DDR eben Bundesrepublik).

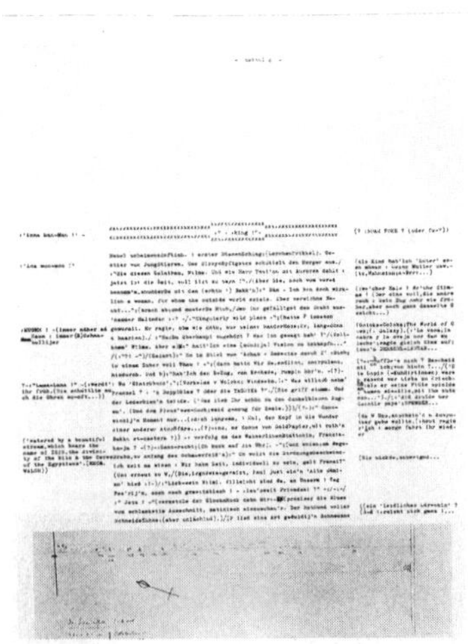

»Zettels Traum«, Erste Seite

Es dauert fast zwanzig Jahre, bis Arno Schmidt nach seiner ersten Veröffentlichung *Leviathan* (1949) im Jahre 1970 mit *Zettels Traum*, seinem monumentalen Alterswerk von 1330 Seiten im DIN-A3-Format, zur Sensation auf dem Buchmarkt wird und 1973 den Goethe-Preis der Stadt Frankfurt erhält. Der Roman spielt an einem einzigen Sommertag des Jahres 1968 und läßt vier Personen über die richtige Interpretation und Übersetzung Edgar Allan Poes diskutieren. Der Autor will den Roman aus hundertzwanzigtausend Notiz-Zetteln zusammengesetzt haben. Angesichts dieses voluminösen Werks stellt sich die Frage, ob es sich tatsächlich um eine literarische Steigerung handelt, der gegenüber das frühere Werk als Fingerübung wirkt, oder ob hier das Psychogramm eines Monomanen vorliegt, der sich hinsichtlich der Quantität seines Schreibens keinerlei Zwang mehr auferlegt.

Alfred Andersch: Sansibar oder der letzte Grund

ALRED ANDERSCH, der zu Beginn der dreißiger Jahre aktiver Funktionär des Kommunistischen Jugendverbandes war, im Frühjahr 1933 ins Konzentrationslager Dachau gesperrt und nach seiner Freilassung unter Gestapoaufsicht gestellt wurde, der am Krieg teilnehmen muß und schließlich auf die Seite der US-amerikanischen Armee desertiert, versteht sich als demokratischer Sozialist. In diesem Selbstverständnis arbeitet er an der Zeitschrift *Ruf* und bei der *Gruppe 47* mit, in diesem Selbstverständnis löst er sich von der organisierten kommunistischen Bewegung, die einen wirkungsvollen antifaschistischen Widerstand nicht aufbauen konnte. 1952 erscheint sein autobiographischer Bericht *Die Kirschen der Freiheit*. 1957 veröffentlicht Andersch im Alter von 43 Jahren seinen ersten Roman, *Sansibar oder der letzte Grund*.

Alfred Andersch

Freiheit und Widerstand stellen sich für die verschiedenen Personen im Herbst 1937 aus unterschiedlichen Perspektiven dar. Die Jüdin Judith Levin muß das Land verlassen, um der Ermordung durch die Nazis zu entgehen. Sie trifft in dem Ostseestädtchen Rerik auf den kommunistischen Funktionär Gregor, der eine Barlach-Plastik (»Lesender Klosterschüler«) aus der Kirche des Pfarrers Helander illegal nach Schweden verschiffen soll, weil sie als Werk »entarteter« Kunst vernichtet werden soll. Gregor ist skeptisch gegenüber der Partei geworden, aber er nimmt den Auftrag an. Pfarrer Helander verzweifelt an Gott, der die nationalsozialistische Terrorherrschaft zuläßt. Gregor findet einen ehemaligen Genossen, den Fischer Knudsen, der die Plastik retten will, zusammen mit dessen Schiffsjungen, der von »Sansibar in der Ferne« als Ziel träumt. Judith Levin darf das rettende Schiff mitbesteigen und gelangt ins sichere Schweden. Der Schiffsjunge kehrt zufrieden nach seinem Abenteuer zur nörgelnden Mutter zurück: »er schlenderte auf das Boot zu, als sei nichts geschehen«. Als der Pfarrer von der Rettung des »Lesenden Klosterschülers« erfährt, schießt er auf einen NS-Funktionär, der ihn verhaften will, und wird von den Schergen umgebracht. Andersch schreibt die Geschichte einer Flucht nicht als fortlaufenden epischen Bericht, sondern aus der jeweiligen individuellen Sicht der Personen, die er hart nebeneinandersetzt. Die Verantwortung des einzelnen, seinen Anspruch auf Freiheit begründet er individuell. Der Autor selbst verläßt 1958 die Bundesrepublik und siedelt in die Schweiz über. Er veröffentlicht drei weitere Romane – *Die Rote* (1960), *Efraim* (1967) und *Winterspelt* (1974) –, in denen persönliche Geschichte und Heimatlosigkeit immer drängender in den Vordergrund treten; die individuelle Integrität zerbricht an der Barbarei der Geschichte. »Ich mag das Wort Engagement nicht mehr, während das Wort Humanität für mich nichts von seinem Wert eingebüßt hat« – dieses Selbstbekenntnis ist prägend für sein Werk. 1980 stirbt Andersch in seiner Schweizer Wahlheimat.

Hans Erich Nossack

In den fünfziger Jahren tritt auch ein anderer Schriftsteller der älteren Generation, der weder zur Emigration noch zum »inneren« Exil gehört, literarisch an die Öffentlichkeit: HANS ERICH NOSSACK (1901–1977). Kurze Zeit hatte er sich den Kommunisten angeschlossen, 1933 erhielt er Publikationsverbot; er überlebt den Krieg in der väterlichen Importfirma in Hamburg. 1943 verbrennen alle seine für die Schublade geschriebenen Manuskripte bei einem Bombenangriff. Als Nossack 54 Jahre alt ist, erscheint sein erster Roman *Spätestens im November* (1955). 1961 erhält er den Georg-Büchner-Preis; in seiner Rede erläutert er sein literarisches Programm:

Hans Erich Nossack

> Die eigene Wahrheit ist im heutigen Weltzustand die einzige Wirklichkeit. Sich zu ihr zu bekennen ist eine revolutionäre Tat. Was von der Literatur übrigbleiben wird, kann nur Monolog sein.

Nach dem Muster von JEAN PAUL SARTRES *Das Spiel ist aus* (1947) – zwei Tote erhalten 24 Stunden lang die Chance, ihre Liebe auf Erden zu verwirklichen, sie scheitern und müssen zurück ins Reich der Toten – erzählt in *Spätestens im November* eine Industriellengattin aus der Perspektive einer gerade Gestorbenen ihre gescheiterten Versuche, ihr Lebens- und Liebesglück zu finden. Sie verläßt die geborgene Sicherheit und wendet sich einem jungen Schriftsteller zu. Sie bricht mit ihm »ohne Gewissensbisse« auf und kehrt enttäuscht zurück. Ein zweiter Ausbruchsversuch endet mit einem tödlichen Autounfall. Nossacks Roman wird als »Sittenbild des Nihilismus« verstanden. Schärfer noch konturiert sich in den folgenden Romanen der Weg in die Selbstisolierung und Loslösung von der Gesellschaft: *Spirale* (1956), *Der jüngere Bruder* (1958). Seine Personen machen sich auf in eine Welt des »Nicht-Versicherbaren«. So wie Nossack ein Außenseiter im kulturellen Betrieb bleibt, wenden sich auch seine Romanfiguren gegen das »unwürdige Ameisendasein«. CHRISTA WOLF urteilt 1957 über ihn:

> Er kann sich nicht mehr nach gewöhnlichen Lebensformen sehnen, weil das die Lebensformen des Spießers wären, dessen Gefährlichkeit er kennt. Trotzdem leben seine Gestalten in den bürgerlichsten Verhältnissen. Was sie von den Mit-ihnen-Lebenden unterscheidet, ist ein quälendes trauriges Gefühl des Andersseins, eine Art weher Erinnerung an Zeiten, da die Menschheit sich zu Höherem geboren glaubte ... Nossacks Gestalten ist

das gewöhnliche Leben ganz fremd geworden, wenn sie ihnen gegenüber auch nicht die eiskalte Verachtung Kafkascher Figuren empfinden.

Max Frisch: Stiller

Einen der größten literarischen Nachkriegserfolge im deutschsprachigen Raum erzielt der Schweizer Schriftsteller MAX FRISCH (geb. 1911) mit seinem Roman *Stiller* (1954). Den Grund für diesen Erfolg analysiert HELMUT HEISSENBÜTTEL 1958:

Frischs Werk ist doppelgesichtig. Er kann traditionell begriffen werden. Er kann gelesen werden als ein Autor, der außerhalb und jenseits dieser ganzen finsteren, destruktiven und unerfreulichen Moderne steht. Es ist nicht sein Humor, es ist auch nicht der Erzählstil allein, es ist die Tatsache, daß Frisch erzählt, beschreibt, redet, als handle es sich, von außen gesehen, um eine Welt, um unsere Welt, in der im Grunde alles in Ordnung ist, eine Welt, ein wenig modifiziert, aber sonst wie eh und je. Denn schließlich, Probleme und Leid und Unglück und schwere Zeiten gab's auch schon bei Wilhelm Raabe. Und auf der anderen Seite, gräbt man nur ein wenig tiefer, versucht man wirklich zu verstehen, was da verhandelt wird, eine Welt, in der nichts mehr stimmt, in der den Figuren wie dem Autor langsam, aber unausweichlich der Boden unter den Füßen weggezogen wird.

Max Frisch

Stiller scheint ein Eheroman, ein Erziehungsroman, ein psychologischer und philosophischer Roman zu sein – aber dieser Schein trügt; die Ehegeschichte Stillers wird als literarisches Zitat ironisiert:

Mein Freund und Staatsanwalt fragt, ob ich Anna Karenina kenne. Dann: ob ich Effi Briest kenne. Endlich: ob ich mir nicht auch ein anderes Verhalten, als es in diesen Meisterwerken geschildert wird, seitens des verlassenen Ehemannes vorstellen könnte. Ein großzügigeres, meint er – und kommt ins Erzählen.

Als Entwicklungsroman taugt der Roman auch nicht; weder entfaltet sich der Künstler Stiller, noch findet er Läuterung durch das einfache Leben auf dem Land. Nach dem Tod seiner Frau bleibt er als Töpfer auf dem Land und »lebte allein«. Sein Spiel mit dem von Kierkegaard entliehenen Begriff der Lebenswiederholung ist nicht unmittelbarer Anlaß für psychologische und philosophische Exkurse. Er führt den modernen Begriff der »Reproduktion« ein, in dem jede Originalität aufgehoben ist und der die Identitätsfindung, um die Stiller ringt, aussichtslos macht. Symptomatisch und berühmt dafür ist der erste Satz des Romans: »Ich bin nicht Stiller.«
Im Rückblick versucht der verhaftete Stiller, der seine frühere Identität leugnet, auf Anraten des Anwalts sein Leben durch Tagebuchaufzeichnungen zu rekonstruieren – die Chronologie der Ereignisse: 1936 Teilnahme am Spanischen Bürgerkrieg; Rückkehr in die Schweiz und Verhaftung; Verheiratung mit der Tänzerin Julika; während der eher unglücklichen Ehe ein Verhältnis mit der Frau eines Staatsanwalts, die ein Kind von ihm erwartet; sechsjährige Flucht und Herumirren in Amerika, wohin er sich als blinder Passagier einschifft; Rückkehr

1952 in die Schweiz unter dem falschen Namen White nach einem mißglückten Selbstmordversuch; Verhaftung; Tagebuchaufzeichnungen im Gefängnis; Rückzug mit seiner früheren Frau in eine Töpferei im Waadtland. Frisch löst das einsträngige Erzählen auf, die Aufzeichnungen Stillers werden durch »Berichte« der anderen Personen unterbrochen; im zweiten Teil erzählt der Rechtsanwalt über Stillers Leben auf dem Land. Das Leben läßt sich nicht mehr einfach reproduzieren, obwohl es unter dem Zwang der Wiederholung steht und nur noch als Fiktion erlebt wird. Risse ziehen sich durch die selbstentfremdete Existenz, die Wirklichkeit läßt sich nur in Bruchstücken aufhellen.

Heinrich Böll: Billard um halb zehn

Während HEINRICH BÖLLS frühe Kurzgeschichten noch ganz im Bann der amerikanischen short story geschrieben sind, orientiert er sich in *Billard um halb zehn* (1959) am Stil des französischen Nouveau roman. Mit diesem Roman zieht Böll über drei Generationen, von der Kaiserzeit bis zum Adenauerstaat, historisch Bilanz. Ausgangspunkt ist der 6. September 1958; verknüpfendes Element ist die Abtei Sankt Anton, die der rheinische Architekt Heinrich Fähmel 1907 erbaute, die sein Sohn Robert gegen Ende des Zweiten Weltkriegs sprengt und die der Enkel Joseph wieder aufbauen soll. Die alte Großmutter, die Frau Heinrich Fähmels, verläßt an diesem Tag die Heilanstalt, um einen Altfaschisten zu erschießen – sie trifft nicht ihn, aber einen Opportunisten, der die alten Faschisten für seine Karriere benutzt.

Heinrich Böll (um 1955)

Das Geschehen, das in Rückblenden, inneren Monologen und scheinbar willkürlichen Assoziationen kompliziert ineinander verschachtelt ist, durchzieht als Leitmotiv die biblische Symbolik vom »Sakrament des Büffels« (die unverbesserlichen Militaristen und Nazis) und dem »Sakrament der Lämmer« (die Verfolgten und Emigranten). Mit der religiös inspirierten Bildmotivik von den Tätern und Opfern und mit seiner modernen Erzählstruktur ruft der Roman geteilte Reaktionen hervor, denn weder trägt seine christliche Symbolik das politisch engagiert dargestellte Geschehen, noch kann Böll mit seinen erzähltechnischen Verfahren die Handlungsstränge ohne Überladung zusammenhalten. Eindeutig entschieden ist seine Opposition gegen Adenauer und die von ihm geführte Regierung, gegen Adenauer, der die Teilung Deutschlands aktiv unterstützt und den Weststaat remilitarisiert hat, in dem alte Faschisten nicht nur unbehelligt von der Justiz weiterleben, sondern sogar höchste Ämter im Staat einnehmen.
Überzeugender wird Böll, wenn er, wie in *Ansichten eines Clowns* (1963), sein gespaltenes Verhältnis zur katholischen Kirche als Institution einerseits und zum Christentum andererseits einer grundsätzlichen Kritik unterzieht. Die Erzählstruktur der späteren Romane nimmt wieder an Einfachheit zu.

Uwe Johnson: Mutmaßungen über Jakob

Ein literarischer Grenzgänger zwischen Ost und West ist der in Mecklenburg aufgewachsene UWE JOHNSON (1934–1984). Im selben Jahr, in dem sein Roman

Uwe Johnson (1961)

Mutmaßungen über Jakob (1959) im Suhrkamp-Verlag erscheint, verläßt er die DDR. Zuvor war dort schon sein erstes Manuskript, *Ingrid Babendererde*, abgelehnt worden. Seinen Ortswechsel begründet Johnson lakonisch: »Ich bin dorthin gezogen, wo mein Buch gedruckt wurde.« Alle Versuche, ihn als Schriftsteller der deutschen Teilung zu etikettieren, hat Johnson stets zurückgewiesen; er will sich keine Eindeutigkeiten aufdrängen lassen, die sich gerade durch die Verstrickungen der deutschen Vergangenheit verbieten. In seinen *Vorschlägen zur Prüfung eines Romans* von 1973 erklärt er:

Ein Roman ist keine revolutionäre Waffe. Er bringt nicht unmittelbare politische Wirkung hervor. Die taktischen Aussichten sind ärmlich, strategisch kaum nachweisbar ... Wozu also taugt der Roman? Er ist ein Angebot. Sie bekommen eine Version der Wirklichkeit. Es ist nicht eine Gesellschaft in der Miniatur, und es ist kein maßstäbliches Modell. Es ist auch nicht ein Spiegel der Welt und weiterhin nicht ihre Widerspiegelung; es ist eine Welt, gegen die Welt zu halten.

Johnson bringt eine neue Dimension in die deutsche Nachkriegsliteratur, die unverträglich ist mit den in der DDR gepflegten Kulturtraditionen und für die es auch im Westen keine Anknüpfungspunkte gibt. Raum und Zeit, historische und aktuelle Ereignisse lösen sich in Ungewißheit auf, obwohl Johnson ganz konkrete Ereignisse schildert: Jakob Abs, der Eisenbahner aus dem fiktiven Ort Jerichow, wächst zusammen mit Gesine Cresspahl auf. Sie geht in den Westen. Jakob besucht sie dort. Er soll sie für den Geheimdienst anwerben, verliebt sich in sie, bleibt aber nicht bei ihr, sondern kehrt in die DDR zurück. Der Staatssicherheitsdienst mischt sich überall ein, will seine Fäden spinnen, scheint aber keine existentielle Bedrohung zu sein. Das Gegenpaar zu den Jungen sind der Vater von Jakob und die Mutter von Gesine, die mit Wissen der Geheimpolizei »Republikflucht« begeht. Politischer Hintergrund sind der Ungarnaufstand 1956, die Suezkrise, und erste Anzeichen für ein Tauwetter; es wird offen über die Verfehlungen und Versäumnisse der Partei gesprochen.
Der Roman beginnt mit einem verwirrenden Satz: »Aber Jakob ist immer quer über die Gleise gegangen.« Der Leser weiß noch nicht, daß Jakob von einem Zug überrollt worden ist. Johnson fährt fort mit Mußmaßungen, wie dies passieren konnte:

– Aber er ist doch immer quer über die Rangiergleise und die Ausfahrt gegangen, warum, aussen auf der anderen Seite um den ganzen Bahnhof bis zum Strassenübergang hätt er eine halbe Stunde länger gebraucht bis zur Strassenbahn. Und er war sieben Jahre bei der Eisenbahn.
– Nun sieh dir mal das Wetter an, so ein November, kannst keine zehn Schritt weit sehen vor Nebel, besonders am Morgen, und das war doch Morgen, und alles so glatt. Da kann einer leicht ausrutschen. So ein Krümel Rangierlok ist dann beinah gar nicht zu hören, sehen kannst sie noch weniger.
– Jakob war sieben Jahre bei der Eisenbahn will ich dir sagen, und wenn irgend wo sich was gerührt hat was auf Schienen fahren konnte, dann hat er das wohl genau gehört

unterhalb des hohen grossglasäugigen Stellwerkturms kam eine Gestalt quer über das trübe dunstige Gleisfeld gegangen, stieg sicher und achtlos über die Schienen eine Schiene nach der anderen, stand still unter einem grün leuchtenden Signalmast, wurde verdeckt von der Donnerwand eines ausfahrenden Schnellzuges, bewegte sich wieder. An der langsamen stetigen Aufrechtheit des Ganges war vielleicht Jakob zu erkennen, er hatte die Hände in den Manteltaschen und schien geraden Nackens die Fahrten auf den Gleisen zu beachten. Je mehr er unter seinen Turm kam verdunsteten seine Umrisse zwischen den finster massigen Ungeheuern von Güterzugwagen und kurzatmigen Lokomotiven, die träge ruckweise kriechend den dünnen schrillen Pfiffen der Rangierer gehorchten im Nebel des frühen Morgens auf den nass verschmierten Gleisen

– wenn einer dann er.

War es Selbstmord, Mord oder ein Unglücksfall – trotz des »aber«, Johnson verweigert eine klare Aussage.

Er rekonstruiert das Leben von Jakob und der kleinen Lebensgemeinschaft in Jerichow als einen Versuch, »eine Grenze zu beschreiben«, eine Grenze zwischen Vertrautheit und Fremde, zwischen politischer Wirklichkeit und politischen Hoffnungen, zwischen der Suche nach Glück und dem Scheitern daran. Überall bestimmen Uneindeutigkeiten und Sperrigkeiten in der Sprache und der Handlung den Erzählduktus. »Ich habe das Buch so geschrieben, als würden die Leute es so langsam lesen, wie ich es geschrieben habe«, sagt Uwe Johnson. Die Erzählebenen verschieben sich fast übergangslos, Sätze ziehen sich über mehr als eine Seite, Erzählbruchstücke geben erst die Faktizität der undurchschaubaren Ereignisse wieder, um später an anderer Stelle erklärt zu werden. Die Zeit in ihrer historischen Kontinuität ist fixiert und zugleich aufgehoben:

Eine Uhr hatte er, die Aufsicht über die Zeit war ihm möglich. Wie aber verträgt sich ein Ding wie Unbescholtenheit mit der bewundernswerten Vielzahl von Ereignissen in dem Raum der Zeit? denn eines begibt sich nach dem anderen und bedeutet dies in Gegensatz zu jenem und ist unwiederbringlich dahin in die Zeit: ob einer das beachtet oder nicht, ob er es wünscht oder gutheisst oder es am Ende doch lieber zurücknehmen möchte.

Und im selben Zusammenhang fährt Johnson fort:

So hat einer wenig teil an der Art seiner angeblich ganz unverwechselbaren Bewegung durch die Zeit, welche Heute ist und Hier und Das Wichtigste Was Zuerst Muß Getan Werden, sie will für sich die Zukunft haben und nimmt die Würde der Vergangenheit in ihren Anspruch obendrein.
Zuvörderst.

Den Widersinn zwischen den beiden deutschen Systemen, die Unfaßbarkeit der jüngsten Vergangenheit erfaßt Johnson mit seismographischen Beobachtungen und irritierenden Reflexionen. Seine Romanfiguren kämpfen gegen die Gefahr, ihre Identität zu verlieren.

Mit UWE JOHNSONS Roman *Mutmaßungen über Jakob* und dem im selben Jahr erschienenen Erstlingsroman von GÜNTER GRASS, *Die Blechtrommel*, werden zum erstenmal seit 1945 in Deutschland zwei Werke der Weltliteratur geschrieben. »Lust am Weltniveau, das Bedürfnis, wenigstens ästhetisch auf der Höhe der Zeit zu sein, der Wunsch, das Klassenziel der Weltkultur zu erreichen – spätestens mit der *Blechtrommel* war es geschafft« – so notiert HANS MAGNUS ENZENSBERGER im Jahre 1968 in charakteristischer Beschränkung der Sicht auf die »Westliteratur«.

Günter Grass: Die Blechtrommel

JOHNSONS *Mutmaßungen* beginnen mit einem »aber«, aus dem sich die Mutmaßungen entfalten. *Die Blechtrommel* setzt ein: »Zugegeben: ich bin Insasse einer Heil- und Pflegeanstalt...« – und auch dieser Anfang ist konstitutiv für den gesamten Roman. GRASS schreibt dazu im scheinbaren Widerspruch zu seiner Einschränkung:

Mit dem ersten Satz ... fiel die Sperre, drängte Sprache, liefen Erinnerungsvermögen und Fantasie, spielerische Lust und Detailobsession an langer Leine, ergab sich Kapitel aus Kapitel, hüpfte ich, wo Löcher den Fluß der Erzählung hemmten, kam mir Geschichte mit lokalen Angeboten entgegen, sprangen Döschen und gaben Gerüche frei, legte ich mir eine wildwuchernde Familie zu, stritt ich mit Oskar Matzerath und seinem Anhang um Straßenbahnen und deren Linienführung, um gleichzeitig Vorgänge und den absurden Zwang der Chronologie, um Oskars Berechtigung in erster und dritter Person zu berichten, um seinen Anspruch, einen Sohn zeugen zu wollen, um seine wirklichen Verschuldungen und um seine fingierte Schuld.

Ein Jahr vor Erscheinen der *Blechtrommel* hatte Grass, der bisher vorwiegend Lyrik vorgelegt hatte, in der *Gruppe 47* aus seinem Romanmanuskript gelesen, die ihm sofort ihren Preis zuerkannte.
Im Mittelpunkt stehen der Antiheld Oskar Matzerath, ein verkrüppeltes Monster, und Danzig, die Geburtsstadt von Günter Grass, »ein Stück endgültig verlorener Heimat«. Im Irrenhaus schreibt Oskar seine Erfahrungen der Jahre 1930 bis zum Beginn der fünfziger Jahre nieder, die die mitteleuropäische Geschichte in Danzig wie in einem Brennglas bündeln. Oskar weigert sich ab seinem dritten Lebensjahr, weiter zu wachsen, er will seinen Schatten nicht mit dem der Erwachsenen messen:

Ich gehörte zu den hellhörigen Säuglingen, deren geistige Entwicklung schon bei der Geburt abgeschlossen ist und sich fortan nur noch bestätigen muß.

Er legt sich eine weißrote Trommel zu. Wenn er sie schlägt, dann vergegenwärtigt er Vergangenes, dann protestiert er gegen die Vernunft der Erwachsenenwelt. Oskar ist eine satanische Figur: Er wird mitschuldig am Tod seiner Mutter, er treibt seine beiden mutmaßlichen Väter ins Grab. Aus der Position von unten, unter dem Tisch hervor, treibt er seine bitterbösen Spiele. Mit beängstigendem Scharfsinn durchschaut er aus seiner Froschperspektive die Welt der Erwachsenen und hält sie zum Narren. Grass' Roman steht nach eigener Aussage »in einem ironisch-distanzierten Verhältnis zum deutschen Bildungsroman«; er knüpft an

den Schelmenroman an, vor allem an den *Simplicissimus* von GRIMMELSHAUSEN. Die Welt ist ein Tollhaus, aus dem es nur die Flucht gibt oder die Möglichkeit, diese Welt noch einmal ohne jede Moral und Rücksicht, frei von allen pädagogischen Belehrungen, auf den Kopf zu stellen. Die Zeit des nationalsozialistischen Terrors und der Gewaltherrschaft wird nicht »aufgearbeitet«; die kleinbürgerlich verengte Welt dieser Schreckensjahre begegnet dem Leser durch die Brille Oskars in grotesker Verzerrung. Der Erzähler ist nicht heroisch, und zum Widerstandskämpfer eignet er sich auch nicht.
Als seinen unmittelbaren Lehrer nennt Grass ALFRED DÖBLIN, von dem er gelernt hat, daß »das Ganze nicht erscheinen [darf] wie gesprochen, sondern wie vorhanden«. Deshalb »verkürzt« er bewußt die Sprache; er will sie auf ihre »Dinglichkeit« zurückführen: so in der Erfindung eigenwilliger Verben wie »Er klappmesserte eine Verbeugung« oder in der Verdichtung zweier Bewegungen zu einer einzigen: ». . . trommelte ich mich hoch und wieder treppab«.
Die Möglichkeit oder Unmöglichkeit, im modernen Roman einen Helden ins Zentrum zu stellen, fängt Grass mit ironischem Doppelsinn auf:

Günter Grass spricht mit Bürgern, die gegen die Verleihung des Büchner-Preises an ihn demonstrieren (Darmstadt 1965)

Man kann eine Geschichte in der Mitte beginnen und vorwärts wie rückwarts kühn ausschreitend Verwirrung anstiften. Man kann sich modern geben, alle Zeiten, Entfernungen wegstreichen und hinterher verkünden oder verkünden lassen, man habe endlich und in letzter Stunde das Raum-Zeit-Problem gelöst. Man kann auch ganz zu Anfang behaupten, es sei heutzutage unmöglich einen Roman zu schreiben, dann aber, sozusagen hinter dem eigenen Rücken, einen kräftigen Knüller hinlegen, um schließlich als letztmöglicher Romanschreiber dazustehn. Auch hab ich mir sagen lassen, daß es sich gut und bescheiden ausnimmt, wenn man anfangs beteuert: Es gibt keinen Romanhelden mehr, weil es keine Individualisten mehr gibt, weil die Individualität verloren gegangen, weil der Mensch einsam, jeder Mensch gleich einsam, ohne Recht auf individuelle Einsamkeit ist und eine namen- und heldenlose einsame Masse bildet. Das mag alles so sein und seine Richtigkeit haben. Für mich, Oskar, und meinen Pfleger Bruno möchte ich jedoch feststellen: Wir beide sind Helden, ganz verschiedene Helden, er hinter dem Guckloch, ich vor dem Guckloch; und wenn er die Tür aufmacht, sind wir beide, bei aller Freundschaft und Einsamkeit, noch immer keine namen- und heldenlose Masse.

Die Blechtrommel, die auf manche Leser des Adenauerstaates wie eine ungeheure pornographische Provokation wirkt und als aggressive Blasphemie verurteilt wird, entwickelt sich zum Welterfolg und ist heute in über zwanzig Sprachen übersetzt. Aber noch als Grass 1965 der Georg-Büchner-Preis verliehen wird, kommt es zu Protestaktionen empörter Bürger.

DRAMA DER FÜNFZIGER UND SECHZIGER JAHRE

Verglichen mit der Lyrik und der Epik gibt es in der dramatischen Literatur der fünfziger Jahre nur wenige herausragende Stücke. Die schockierenden Neue-

Friedrich Dürrenmatt, gemalt von Varlin 1963

rungen auf dem Theater, wie sie von dem irisch-französischen Schriftsteller SAMUEL BECKETT und dem absurden Theater des rumänisch-französischen Dramatikers EUGÈNE IONESCO ausgehen, finden hier keine Entsprechung. BERTOLT BRECHT konzentriert sich auf die praktische Theaterarbeit und arbeitet an einem Repertoire, das einen neuen Zugang zur Tradition eröffnen soll: 1950 *Der Hofmeister* von LENZ, 1951 SHAKESPEARES *Coriolan*, 1952 GOETHES *Urfaust* und 1954 MOLIÈRES *Don Juan*.

Friedrich Dürrenmatt, Max Frisch, Heiner Müller

In Brechts Nachfolge entstehen in der Schweiz zwei Stücke, die mit großem Erfolg aufgeführt werden: Am 29. Januar 1956 wird im Züricher Schauspielhaus FRIEDRICH DÜRRENMATTS (geb. 1921) *Der Besuch der alten Dame* uraufgeführt, am 20. März 1958 am selben Ort *Biedermann und die Brandstifter* von MAX FRISCH (1953 bereits als Hörspielfassung im Bayerischen Rundfunk gesendet). Im *Besuch der alten Dame* nimmt die Millionärin Claire Zachanassian Rache an ihrem Heimatdorf Güllen, aus dem sie vor langer Zeit samt ihrem unehelichen Kind mit Schimpf und Schande vertrieben wurde. Nun ist sie als Millionärin zurückgekehrt, das Dorf ist verarmt. Claire will finanziell helfen, aber nur unter einer Bedingung: Der Vater ihres Kindes, der Kaufmann Ill, der früher mit bestochenen Zeugen erfolgreich seine Vaterschaft bestreiten konnte, soll dafür getötet werden. Die Einwohner des Ortes Güllen sind zunächst entrüstet, und doch hofft jeder gierig auf den Geldsegen der Millionärin und verschuldet sich hemmungslos. Das Konsumwunder zieht in Güllen ein. Der geachtete Kaufmann Ill ahnt, daß er ein böses Ende nehmen wird. Der Bürgermeister des Ortes hat einen teuflischen Plan: Ill soll die Stiftung der »wohltätigen« Spenderin entgegennehmen. In einer von den Bürgern gebildeten Gasse schreitet er auf die alte Dame zu; die Gasse schließt sich. Als sie sich wieder öffnet, ist Ill tot – »Herzschlag« lautet die Diagnose des Arztes.

Max Frisch, gemalt von Varlin 1958

Biedermann und die Brandstifter von MAX FRISCH ist ein »Lehrstück ohne Lehre«. Herr Biedermann, im Geschäftsleben nicht zimperlich, empört sich über das Unwesen der Brandstifter in der Stadt, die Obrigkeit tue zu wenig gegen sie. Er erhält in seinem eigenen Haus Besuch. Der obdachlose Ringer Schmitz bittet um Asyl und versteht es, durch Schmeicheleien und Unterwürfigkeit wie auch durch entwaffnende Frechheit bei Biedermann auf dem Speicher Unterschlupf zu finden. Zusammen mit seinem Freund, dem Kellner Eisenring, verwandelt er den Dachboden in ein hochexplosives Arsenal. Biedermann verschließt aus Feigheit die Augen; er hofft auf Schonung und gibt den Brandstiftern eigenhändig die Streichhölzer zum Zundeln. Die Flammen verschlingen Biedermann und die ganze Stadt. Ein Chor aus Feuerwehrleuten als ironische Verkehrung des antiken Chores der griechischen Tragödie kommentiert sarkastisch und hilflos das Geschehen:

Was nämlich jeder voraussieht, lange genug, dennoch geschieht es am End: Blödsinn, der nimmerzulöschende, jetzt Schicksal genannt.

Max Frisch, »Andorra« (München 1962)

Aufregend an Dürrenmatt und Frisch ist, daß sie als Schweizer das untergründige Fortwirken faschistischer Ideologie und die Korrumpierbarkeit der Menschen thematisieren; sie benötigen dafür kein historisches Kostüm, sondern das aktuelle Klima der fünfziger Jahre bietet den Stoff.

In der Nachfolge des »dialektischen Theaters« von BERTOLT BRECHT steht in der DDR HEINER MÜLLER (geb. 1929), obwohl er zu Beginn der fünfziger Jahre bei der Aufnahmeprüfung für Brechts Berliner Ensemble durchfällt. 1956 schreibt er gemeinsam mit seiner Frau Inge den *Lohndrücker*, der 1958 im Leipziger Städtischen Theater uraufgeführt wird. Im Westen findet dieses Stück keine Resonanz. Im Mittelpunkt steht ein »Held der Arbeit«, der Fertigungmaurer Hans Garbe, der durch ein neues Verfahren Brennöfen bei laufender Produktion repariert. Die Geschichte beruht auf einem realen Geschehen in einem Ostberliner Betrieb. Garbes Technik hat zur Folge, daß die Planerfüllung gewährleistet ist und sich für die Arbeiter die Norm erhöht. Aufschlußreich ist das Stück nicht wegen des vorbildlichen Aktivisten, sondern wegen der Nebenpersonen, wie dem Maurer Lerka, der für Geld zu allem bereit ist, oder Stettiner, einem ehemaligen SA-Mitglied. Die aufopferungsvolle Hingabe des Neuerers findet bei den Kollegen keine Anerkennung, er gilt als »Lohndrücker« und wird in der Arbeit sabotiert. Die Tendenz des Stückes ist eindeutig. Es gibt einen positiven Helden; gleichzeitig wagen es Heiner und Inge Müller, die Widersprüche und Widerstände im DDR-Alltag auf die Bühne zu bringen. Der Aufbau des Sozialismus ist kein ungebrochener Siegeslauf.

In den sechziger Jahren tut sich nicht viel auf den Bühnen der DDR: Der ehemalige Brechtschüler PETER HACKS (geb. 1928) und der junge VOLKER BRAUN (geb. 1939) geraten mit ihren Versuchen, DDR-Wirklichkeit auf die Bühne zu bringen, in Konflikt mit der offiziellen Kulturpolitik – dramatisches Neuland betritt keiner von ihnen.

MAX FRISCHS *Andorra* (uraufgeführt 1961 in Zürich) – die Dramatisierung des verhängnisvollen rassistischen Vorurteils – und DÜRRENMATTS *Die Physiker* (uraufgeführt 1962 in Zürich) – die Dramatisierung des drohenden Weltuntergangs durch die Atombombe, eine Fortsetzung des Brechtschen *Galilei* – sind erfolgreiche, publikumswirksame Theaterstücke zu Beginn der sechziger Jahre, sie bleiben aber dem Parabel-Schema verhaftet. Die Figuren sind blasse Verkörperungen von Prinzipien; der Horizont der fünfziger Jahre wird mit diesen Stücken nicht überschritten.

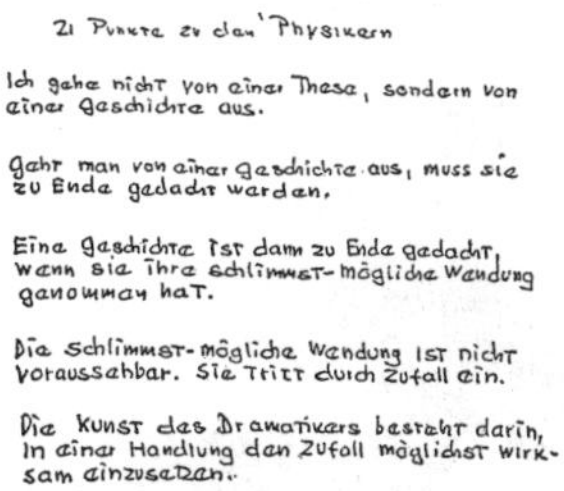

21 Punkte zu den Physikern

1 Ich gehe nicht von einer These, sondern von einer Geschichte aus.

2 Geht man von einer Geschichte aus, muss sie zu Ende gedacht werden.

3. Eine Geschichte ist dann zu Ende gedacht, wenn sie ihre schlimmst-mögliche Wendung genommen hat.

4. Die schlimmst-mögliche Wendung ist nicht voraussehbar. Sie tritt durch Zufall ein.

5. Die Kunst des Dramatikers besteht darin, in einer Handlung den Zufall möglichst wirksam einzusetzen.

Die ersten fünf von 21 Punkten zu der Komödie »Die Physiker«, formuliert von Friedrich Dürrenmatt (1962)

Dokumentartheater

In der Bundesrepublik beginnen Anfang der sechziger Jahre nach langer Verschleppung die öffentlichen Prozesse gegen die nationalsozialistischen Gewaltverbrecher in den Konzentrationslagern, der Auschwitz-Prozeß und später der Maidanek-Prozeß. Der Schock, den diese verspätete Öffentlichmachung einer unvorstellbar grausamen Todesbürokratie auslöst, sitzt tief. In diesem Zusammenhang entwickelt sich eine neue Form der theatralischen Darstellung, das Dokumentartheater. In kurzer Folge erscheinen von ROLF HOCHHUTH *Der Stellvertreter* (1963 an der Freien Volksbühne in Berlin uraufgeführt), von HEINER KIPPHARDT *In der Sache J. Robert Oppenheimer* (1964 an der Berliner Freien Volksbühne uraufgeführt) und von PETER WEISS *Die Ermittlung* (1965 an 17 Bühnen gleichzeitig uraufgeführt). PETER WEISS (1916–1982) faßt in seinen *Notizen zum dokumentarischen Theater*, veröffentlicht 1968, die Intentionen der neuen Darstellungsform zusammen:

Das dokumentarische Theater enthält sich jeder Erfindung, es übernimmt authentisches Material und gibt dies, im Inhalt unverändert, in der Form bearbeitet, von der Bühne aus wieder. (. . .)
Das dokumentarische Theater ist Bestandteil des öffentlichen Lebens, wie es uns durch die Massenmedien nahegebracht wird. (. . .)
Das dokumentarische Theater ist parteilich. Viele seiner Themen können zu nichts anderem als zu einer Verurteilung geführt werden. (. . .)
Das dokumentarische Theater kann die Form eines Tribunals annehmen.

Einen Skandal und heftige Reaktionen ruft das Erstlingswerk von ROLF HOCHHUTH (geb. 1931) hervor: *Der Stellvertreter.* Es geht um die Mitverantwortung der katholischen Kirche, besonders von Papst Pius XII., bei der Vernichtung der Juden. Der Jesuitenpater Riccardo Fontana und der SS-Obersturmführer Kurt Gerstein bemühen sich vergeblich, mit Hilfe des Vatikan die Deportation und Ermordung von Juden zu verhindern. Der Papst will keine Verwicklungen, aus Feigheit und diplomatischen Rücksichten schweigt er; Gerstein und Fontana werden im Konzentrationslager ermordet. ERWIN PISCATOR, seit den zwanziger Jahren ein engagierter Regisseur des politischen Theaters, bringt das Stück 1963 in Berlin zur Uraufführung. Die angegriffene katholische Kirche reagiert gereizt. Das Zentralkomitee der Deutschen Katholiken erklärt:

Die deutschen Katholiken können nur traurig und beschämt davon Kenntnis nehmen, daß im freien West-Berlin ein Theaterstück »Der Stellvertreter« aufgeführt wird, in dem das Andenken Papst Pius' XII., dessen wir in größter Liebe und Verehrung gedenken, auf das häßlichste verunglimpft wird. Unter dem Vorwand historischer Untersuchung darüber, ob der päpstliche Stuhl während des Krieges noch mehr gegen die deutschen Greueltaten am europäischen Judentum hätte unternehmen können, ohne erst recht die radikalen Maßnahmen auszulösen, wird mit allen Mitteln der Bühnentechnik die Person und der Charakter dieses Papstes verzerrt und verleumdet, bis aus schwarz weiß wird!

Das Stück selbst hat durchaus inhaltliche und dramaturgische Schwächen; die

Personenführung folgt einem naiven Gut-Böse-Schema. Nach einem vereinfachten Schillerschen Schema geht es um die Frage der Schuld im Widerstreit von Notwendigkeit und Freiheit. Aber angesichts der öffentlichen Protestreaktionen ist die Wirkung dieses Theaterstückes wichtiger als seine literarische Komposition. Hochhuth hat ein Tabu gebrochen: Im CDU-Staat unter Adenauer sollte die Kirche als integre Institution des Widerstands dastehen – diese Legende zerstört Hochhuth.

Hochhuths Schauspiel basiert auf dokumentarischen Quellen. Noch konsequenter gehen HEINAR KIPPHARDT(1922–1982) und PETER WEISS diesen Weg weiter. KIPPHARDT, der von 1950 bis 1959 als Dramaturg am Deutschen Theater in Ost-Berlin arbeitet und wegen wachsender Widersprüche die DDR verläßt, setzt sich in Anlehnung an BRECHTS *Galilei* mit der Verantwortung des Wissenschaftlers für seine Forschung auseinander. Oppenheimer, der in den vierziger Jahren im US-amerikanischen Kernforschungszentrum Los Alamos maßgeblich an der Entwicklung der Atombombe beteiligt war, wird Anfang der fünfziger Jahre zu Zeiten der antikommunistischen McCarthy-Ära vor den Sicherheitsausschuß geladen und beschuldigt, zugunsten der Sowjets die Entwicklung der tödlichen Waffe verzögert zu haben. Kipphardt studiert die 3000 Seiten umfassenden Protokolle des Untersuchungsverfahrens gegen Oppenheimer und arbeitet mit originalen Aussagen des Physikers vor dem Ausschuß, der seine Zweifel an der Nützlichkeit der Atombombe artikuliert, während sein Nachfolger die Zweckfreiheit der Wissenschaft betont. Oppenheimer wird für schuldig erklärt und von weiteren Forschungen ausgeschlossen. Das Stück endet mit einer fingierten Erklärung Oppenheimers, der seine Arbeit als »Werk des Teufels« verurteilt. Dagegen protestiert der reale Oppenheimer, er habe es niemals bereut, an der Entwicklung der Atombombe mitgearbeitet zu haben, die gegen Hitler gerichtet war. Der lebende Oppenheimer kritisiert die Dramatisierung seines Falles, weil hier etwas zur Tragödie stilisiert werde, was in Wirklichkeit eine Farce gewesen sei. Kipphardt betont, sein Stück sei keine bloße Montage von dokumentarischem Material:

Protest gegen Hochhuths »Stellvertreter«, Basel

> Die Freiheiten des Verfassers liegen in der Auswahl, in der Anordnung, in der Formulierung und in der Konzentration des Stoffes ... Wenn die Wahrheit von einer Wirkung bedroht schien, opferte er die Wirkung.

Heinar Kipphardt

Kipphardt gerät mit seinem dokumentarischen Verfahren an die Grenze von Wahrheit und Wirklichkeit. In der Auseinandersetzung mit der Kalten-Kriegs-Stimmung, der atomaren Aufrüstung der Bundesrepublik ist ihm die mörderische Quintessenz wichtiger als die Biographie des J. Robert Oppenheimer.

PETER WEISS bekennt sich offen zum Charakter eines Kunstprodukts, den das Dokumentartheater nicht leugnen kann, wenn es Berechtigung und Bestand haben will. Sein »Oratorium in elf Gesängen«, *Die Ermittlung*, ist die Verarbeitung des Auschwitz-Prozesses vom Dezember 1963 bis zum August 1965 in Frankfurt. Peter Weiss ist persönlich Prozeßbeobachter und stützt sich außerdem auf die Berichterstattung von Bernd Naumann in der »Frankfurter Allgemeinen Zeitung«. Die Erschütterung, die dieser Prozeß hervorruft, löst sich bei ihm nicht in reine Betroffenheit über individuelle Schicksale auf. Er weist auf Zusammenhänge zwischen der KZ-Maschinerie und der Großindustrie hin; er ist beunruhigt durch die fatale Verbindung zwischen Opfern und Tätern als »Rollenverteilung«.

> Viele von denen, die dazu bestimmt wurden
> Häftlinge darzustellen
> waren aufgewachsen unter den selben Begriffen
> wie diejenigen,
> die in die Rolle der Bewacher gerieten ...
> und wären sie nicht zum Häftling ernannt worden
> hätten auch sie einen Bewacher abgeben können.

Peter Weiss, 1916 in Berlin geboren, mußte 1934 als Jude mit seinen Eltern emigrieren und lebte seit 1939 in Schweden. Er bringt als erster die Bestialität der KZ-Folter und -Morde in ihrer unverhüllten Grausamkeit – wie sie sich im Prozeß offenbart hatten – auf die Bühne. Drei Richter, neun Zeugen und achtzehn Angeklagte stehen sich gegenüber; die Angeklagten tragen ihre bürgerlichen Namen; die Zeugen bleiben namenlos, sie stehen stellvertretend für alle Gequälten. Vom »Gesang an der Rampe« bis zum »Gesang von den Feueröfen« zeichnet Weiss in freien Versrhythmen nach den Aussagen im Auschwitz-Prozeß den Leidensweg der Häftlinge nach. Weiss verzichtet im Unterschied zu Hochhuth auf das Schema von Recht und Unrecht, Schuld und Sühne.
Eindrucksvoll ist auch die Form der Uraufführung der *Ermittlung:* Am 10. Oktober 1965 wird das Stück gleichzeitig in Ost- und Westberlin, an vierzehn weiteren deutschen Bühnen (Altenburg, Cottbus, Dresden, Erfurt, Essen, Gera, Halle, Köln, Leipzig, München, Neustrelitz, Potsdam, Rostock und Stuttgart) sowie in London auf die Bühne gebracht. Die faschistische Gewaltherrschaft gehört zur Geschichte beider deutscher Staaten. Weiss, der sich als Sozialist versteht und zunächst mit der DDR sympathisiert, fühlt sich bald in beiden Teilen Deutschlands als Außenseiter: »die Emigration war für mich nur eine Bestätigung einer Unzugehörigkeit«. In seinen *Notizbüchern* bemerkt er 1970: »Ich komme davon nicht mehr los – ich wäre in beiden deutschen Staaten ein Verfassungsfeind.«

In den folgenden Stücken radikalisiert PETER WEISS die politische Agitation auf dem Theater mit dem *Gesang vom Lusitanischen Popanz* (1967), dem *Viet-Nam-Diskurs* (1968) und *Trotzki im Exil* (1969). Sein bedeutendstes und originellstes Theaterstück ist jedoch zugleich sein erstes in deutscher Sprache verfaßtes Drama: *Die Verfolgung und Ermordung Jean Paul Marats, dargestellt durch die*

Schauspielgruppe des Hospizes zu Charenton unter Anleitung des Herrn de Sade, uraufgeführt 1964 am Berliner Schiller-Theater.
Schauplatz des *Marat/Sade*-Dramas ist die Irrenanstalt Charenton im Jahre 1808. Der dort eingelieferte Marquis de Sade führt zusammen mit den Anstaltsinsassen im Badesaal des Hospizes die Ermordung des Revolutionärs Marat im Jahre 1793 auf. Marat und Sade sind die beiden großen Gegenspieler, sie verkörpern zwei antithetische Lebensauffassungen: Sade verkörpert den Zweifel, die Skepsis am gesellschaftlichen Fortschritt. Er wirft Marat vor:

»Gesang vom Lusitanischen Popanz«, Bühnenbild Berlin 1967

> Du wolltest dich einmengen in die Wirklichkeit
> und siehst dich in die Enge gedrängt.
> Ich
> habe es aufgegeben mich mit mir zu befassen
> mein Leben ist die Imagination
> die Wirklichkeit interessiert mich nicht mehr.

Marat verteidigt die Ideale der Revolution, er verachtet den extremen Individualismus seines Gegenübers. Diese einfache Grundkonstellation verschränkt Weiss in ein höchst artifizielles Gewebe von verschobenen Zeitebenen und wechselnden Spielorten. Virtuos spielt Weiss mit den Widersprüchen in immer neuen Brechungen und Spiegelungen. Die Irren sind Schauspieler und fallen wieder zurück in die eigentliche Rolle der Irren; gleichzeitig liefert ein Ausrufer für das Publikum von heute einen Kommentar. Politisch-philosophische Debatten werden unterbrochen durch Exzesse ungebrochener Sinnlichkeit. Dem strengen Disput zwischen Marat und Sade ist die Turbulenz der Irrenhaus-Atmosphäre mit Tanzeinlagen, Bänkelsang und Pantomimen entgegengesetzt.
Weiss' Stück wird ein Welterfolg – das erste deutsche Theaterstück nach 1945, das international Beachtung findet. Am überzeugendsten ist die erste Fassung des Stückes, weil Weiss hier im Unterschied zu den folgenden vier Fassungen die schillernde, zwiespältige Haltung im »Konflikt zwischen dem bis zum äußersten geführten Individuum und dem Gedanken an eine politische soziale Umwälzung« ausspielt, während die späteren Fassungen immer stärker zugunsten einer eindeutigen Parteinahme für die Position Marats verändert werden. Diese Umarbeitungen entsprechen der politischen Radikalisierung des Autors in der zweiten Hälfte der sechziger Jahre, wie sie sich auch an seinen anderen Stücken ablesen läßt.

Die Neuauflage des Volksstücks

In der Tradition von ÖDÖN VON HORVÁTH und MARIELUISE FLEISSER versucht eine junge Generation von Schriftstellern die Provinz auf der Bühne in Dialektstücken wiederzubeleben. FRANZ XAVER KROETZ (geb. 1946) formuliert in seiner Analyse der Dramatik von Marieluise Fleißer gleichzeitig das neue Programm der Volksstückeschreiber:

Die Figuren ihrer Stücke sprechen eine Sprache, die sie nicht sprechen können, und – was noch wichtiger ist – sie sind so weit beschädigt, daß sie die Sprache, die sie sprechen könnten, nicht mehr sprechen wollen, weil sie eben teilhaben wollen am »Fortschritt« – und sei es nur, indem sie blöde Floskeln unverstanden nachplappern ... Dies führt zum Kern der Fleißerschen Dramatik: der Aufzeichnung der Strukturen der sogenannten Dummheit. Die Fleißer hat uns gezeigt, daß es Dummheit als allgemeine menschliche Schwäche gar nicht gibt, daß vielmehr ein von Macht- und Profitstreben gelenkter gesellschaftlicher Prozeß die einen »dumm« und die anderen »gescheit« braucht, und sie also werden läßt, rücksichtslos und verbrecherisch.

Das erste Stück dieses Genres sind die *Jagdszenen aus Niederbayern* von MARTIN SPERR (geb. 1944), bezeichnenderweise im Jahre 1966 im norddeutschen Bremen uraufgeführt. Ein homosexueller Außenseiter, als »schwule Drecksau« verunglimpft, wird so lange von der Dorfbevölkerung verfolgt und drangsaliert, bis er im Haß zurückschlägt, aber nicht gegen die eigentlich Schuldigen – er ersticht eine von ihm geschwängerte Magd. Sperrs zweites Stück heißt *Landshuter Erzählungen* und ruft bei der Münchner Uraufführung 1967 tumultartige Proteste bei den bayerischen Landsleuten hervor; es folgt 1971 die Uraufführung der *Münchner Freiheit* in Düsseldorf als dritter Teil der Trilogie, die vom Dorf über die Kleinstadt bis in die Provinzhauptstadt München führt.

Martin Sperr, »Jagdszenen aus Niederbayern« (München 1969)

RAINER WERNER FASSBINDERS (1946–1982) *Katzelmacher* wird 1968 in München uraufgeführt – ein Stück, in dem der Ausländer im Dorf zur Projektion von Niedertracht und Greuelmärchen wird. Faßbinder widmet das Drama MARIELUISE FLEISSER. Ein Jahr später folgt *Anarchie in Bayern.* Sein erfolgreichstes Stück ist *Bremer Freiheit*; 1971 in Bremen uraufgeführt, erzählt es die Geschichte der neunfachen Giftmörderin Geesche Gottfried.

FRANZ XAVER KROETZ führt mit seinen Stücken *Wildwechsel* (1971), *Hartnäkkig* (1971) und *Stallerhof* (1972) die gewaltgeladene Enge der Provinz vor, die die Menschen in mörderische Aggressionen treibt. Jeder, der hier lebt, ist beschädigt, ist der Sprache nicht mehr mächtig; er versinkt in dumpfe Apathie oder rohe Gewalt.

Sperr, Faßbinder und Kroetz zeichnen in derben, ungeschminkten Bildern die von rassistischen Vorurteilen und brutalem Machtdenken durchsetzte dörfliche Gemeinschaft; Andersdenkende haben in ihr keinen Platz. Alle drei Autoren stammen aus Bayern und sind dort aufgewachsen, ihre Dramen sind anklagende Milieustücke. Gegenüber dem Dokumentartheater, das die großen Themen behandelt, zeigen ihre Volksstücke, daß faschistisches Denken und Gewaltphantasien ihre Wurzeln im Kleinen haben, eingenistet sind im alltäglichen Umgang, und daß man nicht nur auf die großen Ereignisse, auf den Nationalsozialismus oder auf den Vernichtungskrieg der USA in Vietnam blicken muß.

Peter Handkes Sprechtheater

Peter Handke (1965)

Engagierte Literatur lehnt der Österreicher PETER HANDKE, 1942 in Kärnten geboren, entschieden ab. Als Dramatiker steht er in der Kontinuität der »Wiener Gruppe«, seine Theaterstücke sind Sprechstücke. Die Sprache wird zum wichtigsten Strukturelement; sie trägt sich selbst, demaskiert die Banalitäten, zitiert und plagiiert und zeigt die Grenzen der Ausdrucksmöglichkeiten auf. Handlung wird durch Sprache ersetzt. Auf der leeren Bühne stehen Sprecher, die im Chor, im Kanon und einzeln zum Publikum sprechen. Die Sensation liegt in der Sensationslosigkeit.
Handke tritt wie ein ungeduldiger Rebell auf die literarische Bühne. Sein Debüt gibt er 1966 bei einer Tagung der *Gruppe 47* in Princeton, die er mit einer Beschimpfungsrede überschüttet. Die Rede gilt als unerhörte Provokation, aber letztlich hat Handke den etwas grau gewordenen Schriftstellerkollegen nur die Melodie vorgesungen, die sie selbst in ihren Anfangszeiten noch mutiger untereinander angestimmt hatten. Im selben Jahr 1966 werden seine ersten drei Sprechstücke uraufgeführt: *Weissagung, Selbstbezichtigung* und *Publikumsbeschimpfung*:

Die Sprechstücke bedienen sich der natürlichen Äußerungsform der Beschimpfung, der Selbstbezichtigung, der Beichte, der Aussage, der Frage, der Rechtfertigung, der Ausrede, der Weissagung, der Hilferufe. Sie bedürfen also eines Gegenübers, zumindest einer Person, die zuhört, sonst wären sie keine natürlichen Äußerungen, sondern vom Autor erzwungen. Insofern sind die Sprechstücke Theaterstücke.
(HANDKE 1966 anläßlich der Uraufführung von *Publikumsbeschimpfung)*

BRD – DDR: Zweierlei Ankunftsliteratur

Noch vor der großen Welle der Politisierung in den sechziger Jahren rumort es unter jungen, meist noch unbekannten Schriftstellern im Ruhrgebiet, die die Auseinandersetzung mit der Arbeitswelt in der Nachkriegsliteratur der Bundesrepublik vermissen. Wie in ironischer Verkehrung setzt in der DDR als Gegenbewegung zum »Bitterfelder Weg« - angetreten unter der Parole »Kumpel, greif zur Feder« und der Aufforderung, Schriftsteller sollen sich mit der Produktion vertraut machen – die sogenannte Ankunftsliteratur ein, die Ankunft im Alltag der DDR (benannt nach einem Roman von CHRISTA REINIG, *Ankunft im Alltag*, 1961). Die sozialistische »Umerziehung« gilt als abgeschlossen; man richtet sich im neuen Staat ein.
Im Frühjahr 1961 treffen sich zehn Autoren und gründen die *Dortmunder Gruppe 61* als bewußte Gegengründung zur bürgerlichen *Gruppe 47.* Während die Mehrzahl der in der *Gruppe 47* versammelten Literaten ein akademisches Studium hinter sich hat, einige sogar promoviert sind, stammen die Mitglieder der *Gruppe 61* in ihrem Gründungskern aus einfachen Arbeiterverhältnissen. Ihr Ziel ist die »literarisch-künstlerische Auseinandersetzung mit der industriellen Arbeitswelt der Gegenwart und ihrer sozialen Probleme«. Der bekannteste unter ihnen ist MAX VON DER GRÜN (geb. 1926), der von 1951 bis 1963 als Bergmann

unter Tage arbeitet, schon in den fünfziger Jahren erste literarische Veröffentlichungen auf den Markt bringt und seit 1963 als freier Schriftsteller lebt. Seine wichtigsten Industrieromane sind *Irrlicht und Feuer* (1963) und *Stellenweise Glatteis* (1973). Unentschieden bleibt in der Gruppe, ob hier programmatisch Arbeiter für Arbeiter schreiben – wie es der »Bitterfelder Weg« in der DDR intendierte – oder ob sozial engagierte Schriftsteller Themen des proletarischen Milieus und der Fabrikwirklichkeit zum Gegenstand der Literatur erheben. MAX VON DER GRÜN, der den Arbeiteralltag kennt, nimmt eine entschiedene Position ein:

Max von der Grün (1968)

Ich kann als Schriftsteller selbstverständlich in einen Betrieb gehen. Ich werde sehr viel erfahren in diesem Betrieb – aber eines werde ich höchstwahrscheinlich niemals erfahren, nämlich das, was ich mit existentieller Grundsituation verstanden wissen will. Es ist eben ein Unterschied, in einem Betrieb zu arbeiten in der Gewißheit: wenn es mir nicht mehr paßt, dann gehe ich; oder aber in der Gewißheit, daß ich mein Leben hier zubringen muß, weil mir keine anderen Möglichkeiten geboten werden.

An diesen Widersprüchen zerbricht die Dortmunder *Gruppe 61:* 1969 kommt es zu einer Abspaltung und Neugründung des »Werkkreises Literatur der Arbeitswelt«; die *Gruppe 61* löst sich 1972 auf. Der »Werkkreis« fühlt sich enger einem sozialistischen Realismus nach dem Vorbild der DDR verpflichtet; man richtet Schreibschulungen für Arbeiter ein und veranstaltet Reportagewettbewerbe aus der Arbeitswelt. Im Programm des »Werkkreises« heißt es:

Der Werkkreis hält eine entsprechende Zusammenarbeit mit den Gewerkschaften, als den größten Organisationen der Arbeitenden, für notwendig. Die im Werkkreis Literatur der Arbeitswelt hergestellten Arbeiten wenden sich vor allem an die Werktätigen, aus deren Bewußtwerden über ihre Klassenlage sie entstehen.

Größere öffentliche Wirksamkeit erreicht keine von beiden Gruppen; sie können sich aus dem Dunstkreis eines engen gewerkschaftlichen Programms selten befreien. Eine der Ausnahmen ist GÜNTER WALLRAFF, der sowohl der Gruppe 61 wie später dem »Werkkreis« angehört, seine Reportagen und die Recherchen dafür aber unabhängig von diesem organisierten Hintergrund unternimmt. GÜNTER WALLRAFF (geb. 1942) arbeitete einige Jahre als Buchhändler und ist von 1963 bis 1966 Fabrikarbeiter; nach einer kurzen Übergangszeit als Redakteur lebt er seit 1967 als freier Schriftsteller. Wallraff arbeitet und schreibt im Stil des Enthüllungsjournalisten (*Wir brauchen dich*, 1966; *13 unerwünschte Reportagen*, 1969; *Ihr da oben – wir da unten*, zusammen mit BERNT ENGELMANN, 1973; *Der Aufmacher*, 1977); er schleicht sich unter falschem Namen in Fabriken, in eine Privatbank und in eine Redaktion des Springer-Konzerns ein. Mit Hilfe von zusätzlichen Rechercheuren entlarvt er gesellschaftliche Mißstände. Kein Schriftsteller ist so mit Verleumdungs- und Entschädigungsklagen durch die bloßgestellten Unternehmen bedroht worden wie Wallraff. Einen Höhepunkt der öffentlichen Auseinandersetzung, die er provoziert, erreicht er mit seinem Buch *Ganz unten*, veröffentlicht 1985. Wallraff schlüpft in die Anonymität des Türken Ali und muß statt seiner die Verachtung, Demütigungen und

Günter Wallraff als Türke Ali (1985)

schlimmste physische Ausbeutung eines ausländischen Arbeiters in der Bundesrepublik erleben. Der unerschrockene Moralist Wallraff nimmt die Wirklichkeit so hart beim Wort, daß er Erschrecken und Entsetzen auslöst. Seine Aufzeichnungen über diese Rolle werden zu einem Bestseller, innerhalb weniger Monate sind mehr als eine Million Exemplare verkauft.

In der DDR ist in den sechziger Jahren nach dem Bau der Mauer quer durch Berlin 1961 eine gegenläufige Tendenz zu beobachten. Die Produktions- und Aufbauliteratur der fünfziger Jahre hat sich erschöpft, der aufgesetzte Optimismus ist verdächtig und unproduktiv geworden. Ankommen im Alltag der DDR bedeutet eine subtilere Auseinandersetzung mit der eigenen Gesellschaft, das Wahrnehmen von Widersprüchen zwischen dem einzelnen und der Allgemeinheit, die Artikulation des Anspruchs auf individuelles Glück und Selbstverwirklichung. ERWIN STRITTMATTER (geb. 1912), ERIK NEUTSCH (geb. 1931), HERMANN KANT (geb. 1926) und CHRISTA WOLF (geb. 1929) repräsentieren auf sehr verschiedene Weise die Literatur der sechziger Jahre in der DDR.

Erwin Strittmatter

ERWIN STRITTMATTER stiftet Verwirrung mit seinem ersten Roman über die Umgestaltung des Dorfes in der DDR, *Ole Bienkopp*, erschienen 1963. Der Bauer Ole Hansen – genannt Bienkopp, weil er früher Imker war – setzt gegen vielfältigen Widerstand, vor allen den der Partei, eine LPG (Landwirtschaftliche Produktionsgenossenschaft) »Blühendes Feld« durch. Bienkopp, der »Wegsucher« und »Spurmacher«, der sich ohne jeden Eigennutz Tag und Nacht einsetzt, kämpft gegen eine Welt des Unverstandes, der Borniertheit und der bösartigen Intrige, die bis zum Mord reicht. Der Roman endet tragisch: Der Bauer bricht beim Freischaufeln des fruchtbaren Mergels am See tot zusammen; der angeforderte Bagger trifft einen Tag nach seinem Tod ein. Strittmatters Roman ruft heftige Diskussionen hervor; im überflüssigen Tod des Bienkopp wird ein Angriff auf die führende Rolle der Partei vermutet.

Ein Jahr später erscheint *Spur der Steine* (1964) von ERIK NEUTSCH, ein Roman über eine Baubrigade in Leuna im Kampf für Planerfüllung und gegen Planfehler. Neutsch gelingt es kaum, die verschiedenen Handlungsstränge seines Gesellschafts-Panoramas kompositorisch und sprachlich zusammenzuhalten. Einsatz für die Produktion und eine »illegitime« Liebesgeschichte verwickeln sich; die Moral der Arbeit siegt über die »Unmoral« der Liebe. Aufschlußreich ist der Roman, weil auch in diesem Werk die Unfähigkeit der Vermittlung zwischen sozialistischem Anspruch – immer Vorbild zu sein – und individuellem Glück, wenn auch nur in vorsichtigen Andeutungen, thematisiert wird.
Elegant und eingängig bemächtigt sich HERMANN KANT der Überzeugung, im besseren Teil Deutschlands zu leben. Seine Rückblicke auf die Errungenschaften der DDR in *Die Aula* (1965) und *Das Impressum* (1972) sind geschickte Erzählungen, nicht ohne ironische und satirische Einsprengsel, die ein Loblied auf die neue sozialistische Gesellschaft anstimmen, auch wenn heikle Themen wie Republikflucht, Aufsteigerverhalten und moralische Korruptheit anklingen.

Christa Wolf

Nachdenklich und sperrig sind die Romane von CHRISTA WOLF in diesen Jahren, *Der geteilte Himmel* (1963) und *Nachdenken über Christa T.* (1968). Im Jahre ihres Abiturs, 1949, tritt Christa Wolf der SED bei; sie studiert Germanistik in Leipzig bei Hans Mayer. Sie ist mit Anna Seghers befreundet und bewundert ihren Realismus. In deren Stil ist ihr erstes Buch, die *Moskauer Novelle* (1961), verfaßt, eine entsagungsvolle Liebesgeschichte, von der sie sich später distanziert, weil sie ein »Traktat im Sinne der Verbreitung frommer Ansichten« sei. Berühmt, auch über die Grenzen der DDR hinaus, wird Christa Wolf mit ihrem Roman *Der geteilte Himmel.*
Aus der Rückschau beschreibt die Lehrerin Rita Seidel ihre Liebe zu dem Chemiker Manfred Herrfurth, die durch Manfreds Republikflucht nach Westberlin ein Ende findet. Der Roman ist eine indirekte Antwort auf JOHNSONS *Mutmaßungen über Jakob.* Rita kann nach der Trennung weiterleben, weil sie sich bewußt für die DDR entscheidet, nachdem sie ihren Freund im Westen besucht hat. Aber so einfach, wie dies klingt, ist der Roman nicht angelegt. Zwar ist das Verständnis für die Schwierigkeiten in der DDR bei Rita nicht gebrochen, sie kann aber auch die Enttäuschungen ihres Geliebten verstehen, der einen Freund im Brief fragt:

Die sechziger Jahre ... Glaubst Du immer noch, sie werden als das große Aufatmen der Menschheit in die Geschichte eingehen? Ich weiß natürlich, daß man sich lange Zeit über vieles selbst betrügen kann (und muß, wenn man leben will). Aber das ist doch nicht denkbar, daß Ihr alle nicht wenigstens jetzt, angesichts der neuesten Moskauer Parteitagsenthüllungen [gemeint sind die Enthüllungen über Stalin auf dem XX. Parteitag der KPdSU 1956, d. A.], einen Schauder vor der menschlichen Natur bekommt? Was heißt hier Gesellschaftsordnung, wenn der Bodensatz der Geschichte überall das Unglück und die Angst des einzelnen ist?

Radikaler und freier ist Christa Wolfs Roman *Nachdenken über Christa T.* (1968). Sie erinnert sich an eine Freundin, die mit 36 Jahren an Leukämie gestorben ist und ihr Leben zurückgezogen und dennoch herausfordernd gelebt hat. Der Roman setzt ein:

Nachdenken, ihr nach-denken. *Dem Versuch, man selbst zu sein.* So steht es in ihren Tagebüchern, die uns geblieben sind, auf den losen Blättern der Manuskripte, die man aufgefunden hat, zwischen den Zeilen der Briefe, die ich kenne. Die mich gelehrt haben, daß ich meine Erinnerung an sie, Christa T., vergessen muß. Die Farbe der Erinnerung trügt. So müssen wir sie verloren geben?

Der Roman endet:

Christa T. wird zurückbleiben.
Einmal wird man wissen wollen, wer sie war, wen man da vergißt. Wird sie sehen wollen, das verstände sie wohl. Wird sich fragen, ob denn da wirklich jene andere Gestalt noch gewesen ist, auf der die Trauer hartnäckig besteht. Wird sie, also, hervorzubringen haben, einmal. Daß die Zweifel verstummen und man sie sieht.
Wann, wenn nicht jetzt?

Die DDR-Gesellschaft will »Tatsachenmenschen«, »Hopp-Hopp-Menschen«. Christa T. hat nichts von diesem Vorbildcharakter an sich. Die Kindheitserfahrungen des Faschismus haben sie davor bewahrt, sich anzupassen und in vorschnelle Begeisterung zu verfallen. Christa T. ist eine lautlose, aber hartnäckige Person, die in Übereinstimmung mit sich selbst und ihrer Umgebung leben möchte. Christa T. lebt gegen den Strich, sie ist eine Querdenkerin, die sich nicht in das eiskalte Kalkül von Produktionssteigerungen einplanen läßt. Für sie bedeutet Sozialismus die Entfaltung der Persönlichkeit auch in einem ganz privaten Sinne; deshalb ist das Nach-Denken über sie für Christa Wolf so existentiell, es darf nicht verschüttet und verloren gehen.
Christa Wolf beschreibt ihre Figur aus erzählerischer Distanz: mit Rückblenden, Träumen, Meditationen über historische Vorbilder und Entwürfen für die Zukunft. Sie will »neue Sinne für den Sinn einer neuen Sache« wecken. In der DDR löst ihr Roman bei den Kulturverwaltern Befremden aus, denn dieses eigenwillige Bekenntnis für eine würdige Form des Lebens verunsichert die Parteidenker. Der Roman wird in der ersten Auflage in besonders niedriger Auflage verlegt; das DDR-Publikum läßt sich dadurch nicht vom Lesen des Buchs abhalten.
Hintergrund dieser Literatur ist ein verschärfter kulturpolitischer Kurs von seiten der SED. Auf dem 11. Plenum des Zentralkomitees der SED 1965 wird die neueste DDR-Literatur einer scharfen Kritik unterzogen. Honecker erklärt: »Unsere DDR ist ein sauberer Staat. In ihr gibt es unverrückbare Maßstäbe der Ethik und Moral, für Anstand und gute Sitte.« Die Rede ist von »pornographischen«, »nihilistischen«, »anarchistischen« und »skeptizistischen« Tendenzen. STRITTMATTERS und CHRISTA WOLFS Romane fallen noch unter die Kategorie zwiespältig; eindeutig verurteilt werden WOLF BIERMANN, GÜNTER KUNERT, HEINER MÜLLER, STEFAN HEYM sowie

Wolf Biermann (Chausseestr. 131)

Günter Grass

der Naturwissenschaftler und Philosoph Robert Havemann. Das kulturpolitische Klima, in dem die Literatur der sechziger Jahre geschrieben wird, ist rauh, aber hier scheint sich in der DDR zaghaft nachzuholen, was Schriftsteller im westlichen Teil Deutschlands in den fünfziger Jahren unter Adenauer an Kritik gegen den gesellschaftlich diktierten Konsens vorgetragen haben, auch wenn die Vorzeichen der Politik konträr sind.

Der kritische Roman etabliert sich

Heinrich Böll, Günter Grass, Uwe Johnson, Siegfried Lenz und Martin Walser haben in den sechziger Jahren ein breites Publikum um sich versammelt, sie werden zu Personen des öffentlichen Lebens. Mit unmittelbarem politischen Engagement treten Böll und Grass hervor: Böll ist nicht nur ein unbequemer Kritiker des CDU-Staates; er setzt sich schon in den sechziger Jahren offensiv für verfolgte Schriftsteller in aller Welt ein, besonders auch für diejenigen, die unter dem Vorzeichen des Sozialismus Schreibverbot erhalten und persönlich schikaniert werden. Grass setzt Hoffnungen auf eine politische Ablösung in Bonn. Er leistet praktische Wahlhilfe für die SPD, überzeugt davon, daß mit einer sozialdemokratisch geführten Regierung republikanischer Geist in der Bundesrepublik einkehre.

Von Heinrich Böll erscheint 1963 *Ansichten eines Clowns*; in der Form der Ich-Erzählung ist dieser Roman Bölls schmerzlicher Abschied von der geheuchelten Moral kirchlicher Institutionen und Werte. Günter Grass faßt nach der »Danziger Trilogie« (*Blechtrommel*, *Katz und Maus*, *Hundejahre*) die politischen Erfahrungen der ersten Revolten der Schüler und Studenten in *Örtlich betäubt* (1969) zusammen; 1972 folgt *Aus dem Tagebuch einer Schnecke*, die autobiographische Aufarbeitung seiner Reisen durch die Bundesrepublik, bei denen er im Wahlkampf für die SPD die Trommel rührt.

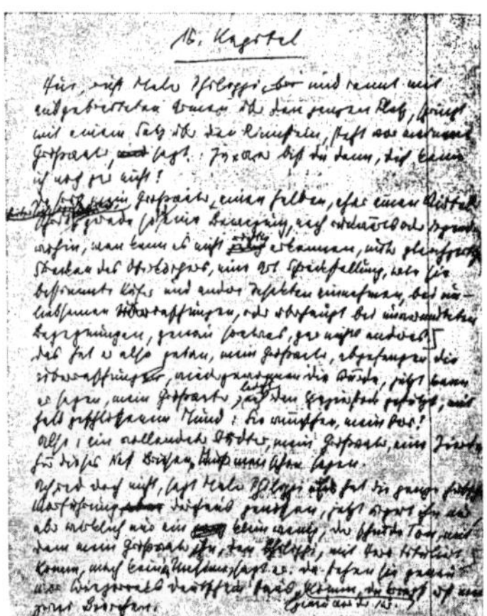

Johannes Bobrowski, »Levins Mühle«

Uwe Johnson setzt die deutsch-deutsche Thematik mit seinem Roman *Das dritte Buch über Achim* (1961) fort: Der gescheiterte Versuch eines westdeutschen Journalisten, über ein Radfahreridol in der DDR zu recherchieren und zu schreiben, verdeutlicht, daß die Spaltung Deutschlands bereits zu tief ins Bewußtsein eingedrungen ist. Von Johannes Bobrowski erscheint 1964 *Levins Mühle. 34 Sätze über meinen Großvater*, ein Roman, der in Ost und West Anerkennung findet. Ein kleiner jüdischer Mühlenbesitzer wird aus einem von Deutschen und Polen bewohnten Dorf vertrieben. Das deutsche Herrenmenschentum setzt sich gegen den Zugewanderten durch. In der engen dörflichen Welt enthüllt Bobrowski die geschichtliche Kontinuität der deutschen Politik im Osten, die im Zweiten Weltkrieg in eine barbarische »Kolonisierung des Ostraums« mündete. Jurek Becker (geb. 1937) gelingt in der DDR mit *Jakob der Lügner* (1968) der erste antifaschistische Roman, der frei von Pathos und Heroisierung ist. Der Kartoffelpufferbäcker Jakob verbreitet im Ghetto positive Nachrichten über das Näherrücken der Roten Armee, die er einem Radio entnommen haben will. Er lügt aus Menschlichkeit, um seinen Mitbürgern die Angst zu nehmen. Der Roman endet mit der Fahrt ins Konzentrationslager, einer Reise, die der überlebende Erzähler nicht ohne Ironie und mit distanziertem psy-

chologischem Witz beschreibt. Jurek Becker hat seine gesamte Kindheit in den Todeslagern der Nazis (v)erleben müssen.
SIEGFRIED LENZ (geb. 1926) wird berühmt durch seinen Roman *Deutschstunde* (1968). Noch ganz im Stil der fünfziger Jahre erinnert sich der Hauptheld Siggi Jespen 1954 in einer Jugendstrafanstalt an seinen Vater, der 1943 als Polizist in einem schleswig-holsteinischen Dorf einen »entarteten« Maler (Anklänge an Emil Nolde) überwachen muß. Literarisch eher konventionell, aber mit dem Impetus, »mit den Machtlosen solidarisch zu sein«, erteilt Lenz seine Lektion über Schuld und Verantwortung.
MARTIN WALSER (geb. 1927) macht den Durchschnittsmenschen Anselm Kristlein zur Leitfigur einer Roman-Trilogie (*Halbzeit*, 1960, *Das Einhorn*, 1966, *Der Sturz*, 1973). Er ist kein Held, sondern ein anpassungswilliger, stets irritierter Zeitbürger, der nie die Ansprüche seiner Umgebung zu erfüllen vermag, der in der Zeit nur leiden kann, weil er selbst keine Orientierung für sich findet und machtlos der übermächtigen Realität gegenübersteht.
Einer, der kritisch schreibt, aber sich in der DDR nicht etablieren kann und will, ist STEFAN HEYM (geb. 1913). Der »Rebell aus Gewissenszwang« – 1931 Relegation vom Chemnitzer Gymnasium wegen eines antimilitaristischen Gedichtes, 1933 Emigration nach Prag, 1935 Flucht in die USA, dann Flucht aus den USA wegen Koreakrieg und McCarthy-Antikommunismus, 1952 Übersiedlung in die DDR, 1956 erste Schwierigkeiten mit dem SED-Staatsapparat, 1969 erste Verurteilung wegen einer Veröffentlichung im Westen (*Lassalle*), 1976 Mitunterzeichner des Protestbriefs gegen die Ausbürgerung von Wolf Biermann, Publikationsverbot in der DDR und Ausschluß aus dem Schriftstellerverband – wagt es als erster, einen Roman über den 17. Juni zu schreiben: *5 Tage im Juni.* Ende der fünfziger Jahre muß Heym »freiwillig-gezwungen« auf eine Veröffentlichung in der DDR verzichten. In den sechziger Jahren arbeitet er weiter an dem Thema, 1974 erscheint das Buch im Westen. Er eckt damit auf beiden Seiten an: In der DDR gelten Heyms Vorstellungen von einem persönlich zu verantwortenden Kommunismus als Angriff gegen das politische Primat der SED. »Ein jeder wird für sich selbst zu denken haben, und wer es nicht tut, kann nicht mehr als Kommunist gelten«, heißt es ketzerisch in seinem Roman. Im Westen stört man sich daran, daß Heym letztlich das Eingreifen der sowjetischen Truppen verteidigt, wenn es um die Frage der Macht geht.
Heym hat sich seit den sechziger Jahren von keiner Seite mehr politisch vereinnahmen lassen; seit den siebziger Jahren ist er einer der meistgelesenen DDR-Autoren im Westen. In einem flüssigen Kolportagestil, in einer Mischung aus Fiktion, historischer Recherche und Wirklichkeit baut er seine Themen auf: im *König David Bericht* (1972) das Verhältnis des Intellektuellen zu Macht und Wahrheit, in *Collin* (1979) die Aufdeckung von historischen Verdrängungen, in *Schwarzenberg* (1984) den Versuch einer »Revolution aus eigener Kraft«.

Jurek Becker

Karikatur und Gedicht von Paul Wiens, erschienen vor dem 4. Schriftstellerkongreß im »Neuen Deutschland« (1956)

1968: Unter dem Pflaster blüht der Strand

Ein Gespenst geht um in Europa: das Gespenst der Revolution. Der Revenant wird begrüßt wie ein großer Vorläufer: mit Hohn und Panik, Skepsis und Hysterie, und wie jenem, nur

in feinerer Dosierung, wird ihm begegnet: mit Beschwichtigung und Unterdrückung. Die Totbeter sind am Werk, die Totschläger warten auf ihre Stunde.
(. . .)
Nach zwanzig Jahren Opposition und der »Opposition«, der Gesellschaftskritik und der »Gesellschaftskritik«, ist es an der Zeit, Inventur zu machen. Die Hoffnungen, mit denen ein großer Teil der westdeutschen Intelligenz den Versuch der Alliierten begrüßt hat, in diesem Teil Deutschlands eine funktionsfähige parlamentarische Demokratie zu errichten, haben getrogen. Gutmütig, friedfertig und geduldig haben diese von rechts so genannten Linksintellektuellen versucht, die Verfassung beim Wort zu nehmen und die Gesellschaft der Bundesrepublik von ihren eigenen Prämissen her durch rationale Vorschläge und moralischen Zuspruch zu reformieren. Sie wollten die herrschende Klasse zur Vernunft bringen; sie hofften, der Leviathan des Spätkapitalismus werde mit den Deutschen ein Einsehen haben, wenn man ihn nur gehörig aufkläre.
(HANS MAGNUS ENZENSBERGER: *Berliner Gemeinplätze, Kursbuch 11,* 1968)

Nur auf dem Hintergrund der fünfziger Jahre ist der Aufbruch in der zweiten Hälfte der sechziger Jahre zu verstehen, von dem vor allem Studenten und Schüler, aber auch junge Arbeiter ergriffen werden. Schriftsteller wie GÜNTHER ANDERS (geb. 1902) mit seinem Werk *Die Antiquiertheit des Menschen* (Bd. I 1956, Bd. II 1980) und CARL AMERY (geb. 1922) gehören zu den frühen radikalen, moralischen Kritikern der Zerstörung des Humanen, die für eine andere Republik geschrieben haben. Mit der politischen Polarisierung ab 1965 treten auch unter den Schriftstellern klarere Fronten hervor, die in der *Gruppe 47* überdeckt waren. Herausragende Beispiele sind HANS M. ENZENSBERGER und ERICH FRIED.

Hans Magnus Enzensberger

Hans Magnus Enzensberger

Wie kaum ein anderer bundesdeutscher Schriftsteller gehört HANS MAGNUS ENZENSBERGER (geb. 1929) zu den politischen Aufklärern. Als 1957 sein erster Gedichtband *verteidigung der wölfe* erscheint, begeistert sich ALFRED ANDERSCH: »Endlich, endlich ist unter uns der zornige junge Mann erschienen.« Seine politischen Gedichte, fortgesetzt 1960 in dem Band *landessprache*, fahren wie ein Wirbelwind in das saturierte, muffige Klima der fünfziger Jahre:

Was hab ich hier verloren,
in diesem Land,
dahin mich gebracht haben meine Älteren
durch Arglosigkeit?
Eingeboren, doch ungetrost,
abwesend bin ich hier,
ansässig im gemütlichen Elend,
in der netten zufriedenen Grube.
(. . .)
in dieser Mördergrube.
wo der Kalender sich selber abreißt vor Ohnmacht und Hast,

wo die Vergangenheit in den Müllschluckern schwelt
und die Zukunft mit falschen Zähnen knirscht,
das kommt davon, daß es aufwärts geht,
da tun wir Fleckenwasser drauf,
das ist hier so üblich, das wundert mich nicht,
(...)
Mördergrube, in die ich herzlich geworfen bin
bei halbwegs lebendigem Leib,
da bleib ich jetzt,
da hadere aber ich weiche nicht,
da bleibe ich eine Zeitlang,
bis ich von hinnen fahre zu den anderen Leuten,
und ruhe aus in einem ganz gewöhnlichen Land,
hier nicht,
nicht hier. (*landessprache*, 1960)

Wahlkampfrede von Günter Grass (1965)

Enzensberger hat, wie versprochen, nie Ruhe gegeben. Schon 1957 untersucht er respektlos *die Sprache des Spiegel*, der sich als kritischer Beobachter der Adenauer-Regierung einen Namen gemacht hat. Enzensberger analysiert, wie die kollektive Sprache des »Spiegel« gerade »unkenntlich macht, was sie erfaßt«; »sie maskiert den, der sie schreibt, ebenso wie das, was beschrieben wird«. Enzensberger wird zum Meister des literarisch-politischen Essays, der in Deutschland als Tradition nie gepflegt wurde. 1962 erscheinen seine gesammelten Essays, *Einzelheiten I, Bewußtseins-Industrie* und *Einzelheiten II, Poesie und*

Berlin 21. 6. 1967: Peter Schneider, Marianne Herzog und Reinhard Lettau (v.l.n.r.) beim Hungerstreik im Evangelischen Studentenheim in Berlin-Dahlem

Politik. Gegen den Begriff der Kultur-Industrie lenkt er seine Aufmerksamkeit auf die Bewußtseins-Industrie, die für ihn zur »Schlüsselinstanz der modernen Gesellschaft« geworden ist und die soziale Rolle des Intellektuellen verändert. Enzensberger hat immer gegen das vornehme Beiseitestehen polemisiert. Während sich GÜNTER GRASS für die sozialdemokratische Partei mit eigenen Wählerinitiativen engagiert, beeinflußt Enzensberger aus radikalerer Position die Umbrüche und Aufbrüche in der zweiten Hälfte der sechziger Jahre entscheidend mit; den politischen Rückzug von Schriftstellern wie ALFRED ANDERSCH, WOLFGANG KOEPPEN, UWE JOHNSON und ARNO SCHMIDT kann er nicht nachvollziehen, denn für ihn ist die Trennung von Poesie und Politik ein abendländischer Alptraum, der wie ein Dampfhammer durch die Geschichte schallt: »stumpf, monoton, gewalttätig«. Folgerichtig unternimmt Enzensberger 1965 die Gründung des *Kursbuch*, einer Zeitschrift der kritischen Intelligenz und der neuen Linken in der Bundesrepublik.
Das *Kursbuch* wird zum Organ der Debatte und der Selbstverständigung über Themen wie Vergangenheitsbewältigung, Kolonialismus, Vietnamkrieg, neue Lebensformen und politische Strategien der revoltierenden Jugend. Als literarische Provokation gilt das *Kursbuch 15* aus dem Jahre 1968 über den »Tod der Literatur«. So wie Adorno nachgesagt wird, er habe das Ende der Lyrik nach Auschwitz proklamiert, so wird Enzensberger zugeschrieben, er habe in diesem *Kursbuch* das Ende der Literatur erklärt. Enzensberger hat etwas anderes gewollt; das erklärt er noch einmal 1979 in einem Gespräch mit ALFRED ANDERSCH:

> In Wirklichkeit handelt der Aufsatz von einer ganz anderen Frage, nämlich davon, daß die meisten Schriftsteller, wie andere Leute auch, das Bedürfnis haben, gesellschaftlich sinnvolle Sachen zu produzieren, daß aber für rein literarische Produktionen ein solcher gesellschaftlicher Sinn sich nicht mehr nachweisen läßt.

Der utopische Schwung des Jahres 1968, die mitreißende Begeisterung, die alten Verhältnisse umstülpen zu können und eine andere, demokratisch-sozialistische Gesellschaft durch den freien Akt des Willens zu inaugurieren, übt eine Faszination aus, die auch Literaten wie Enzensberger erfaßt und über die Funktion von Literatur neu nachdenken läßt. In *Kursbuch 16* schreibt PETER SCHNEIDER (geb. 1940):

> Das Gerede vom Ende der Kunst wird immer von denen besorgt, die nur eine Ausrede dafür suchen, um die alte, die tote, die repressive bürgerliche Kunst in einer neuen, bisher unerhörten Todesart vorzuführen.

»Unter dem Pflaster blüht der Strand« – diese Parole des Mai '68 in Paris bringt die Hoffnung zum Ausdruck, unter den Verkrustungen wachse eine schönere Blüte heran. Produktiv in diesen Jahren ist – und dafür steht besonders auch Hans Magnus Enzensberger –, daß die Literatur nach ihrem Standort hinterfragt, daß sie als Herausforderung verstanden und an diesem Anspruch gemessen wird, daß sie einlöst, was ENZENSBERGER schon 1962 als Voraussetzung für eine neue Bewußtseins-Industrie formuliert:

1. Aufklärung im weitesten Sinn, ist die philosophische Voraussetzung aller Bewußtseins-Industrie . . .
2. Die politische Voraussetzung der Bewußtseins-Industrie ist die Proklamation (nicht die Verwirklichung) der Menschenrechte, insbesondere der Gleichheit und der Freiheit.

Erich Fried

Neben Herbert Marcuse und Ernst Bloch ist Erich Fried (1921–1988) der einzige Linksintellektuelle der älteren Generation, der nicht nur mit der Außerparlamentarischen Opposition (APO) diskutiert, sondern diese Bewegung als Hoffnungszeichen begreift. Erich Fried stammt aus einem jüdischen Elternhaus in Wien und flüchtet als 17jähriger Gymnasiast kurz nach dem »Anschluß« Österreichs nach England; London bleibt bis zuletzt sein Hauptwohnsitz. Seit seinem 1966 erschienenen Gedichtband *und VIETNAM und* gilt er als »Agitproplyriker« und wird von der Gruppe 47 als Linksaußen abgestempelt. Wegen seiner mutigen literarischen Stellungnahme zur Baader-Meinhof-Hysterie in den siebziger Jahren kommt es zu einer Diffamierungskampagne gegen ihn mit gefälschten Zitaten, einer Klage des Berliner Polizeipräsidenten, der Eliminierung seiner Gedichte aus den bayerischen Lesebüchern.

Erich Fried

(. . .)
Wieder Menschenjagd
Wieder Todesschüsse in Notwehr
die bekannten Justizmethoden
die bekannten Zeitungsartikel
und die Urteile gegen Horst Mahler
und gegen Ulrike Meinhof

Aber Anfrage an die Justiz
betreffend die Länge der Strafen:
Wieviel Tausend Juden
muß ein Nazi ermordet haben
um heute so verurteilt zu werden
zu so langer Haft?

(Errich Fried: *Die Anfrage*)

» . . . so etwas würde ich lieber verbrannt sehen, das will ich Ihnen einmal ganz deutlich sagen!«

(öffentliche Äußerung des Fraktionsvorsitzenden der Bremer CDU, Bernd Neumann, 1977 über Frieds *Anfrage*)

Eines seiner umstrittensten Gedichte ist *Höre Israel* (1967). Es geht von einem Foto aus, das aneinandergereihte Schuhe ägyptischer Soldaten in der Wüste Sinai während des Siebentagekriegs von 1967 zeigt:

Als wir verfolgt wurden
war ich einer von euch
Wie kann ich das bleiben
wenn ihr Verfolger werdet?

Eure Sehnsucht war
wie die anderen Völker zu werden

die euch mordeten
Nun seid ihr geworden wie sie

Ihr habt überlebt
die zu euch grausam waren
Lebt ihre Grausamkeit
in euch jetzt weiter?

Den Geschlagenen habt ihr befohlen
»Zieht eure Schuhe aus«
Wie den Sündenbock habt ihr sie
in die Wüste getrieben

in die große Moschee des Todes
deren Sandalen Sand sind
doch sie nahmen die Sünde nicht an
die ihr ihnen auferlegen wolltet

Der Eindruck der nackten Füße
im Wüstensand
überdauert die Spur
eurer Bomben und Panzer

Die warnende Anrede des Volkes Gottes setzt die prophetische Tradition des Alten Testaments fort. Fried kündigt die Gemeinschaft mit dem militärisch erstarkten Israel auf und sieht im »Eindruck der nackten Füße im Wüstensand« Zeichen der Schwäche, auf die aber die Verheißung des Alten Bundes übergegangen ist: Die Menschlichkeit dieser Spuren wird die militärische Übermacht überdauern, so wie das jüdische Volk in der Vergangenheit trotz seiner Schwächen, Niederlagen und Verfolgungen immer an den Gräbern der Peiniger stand. Nach dem Niedergang der Studentenbewegung weigert sich Erich Fried in den siebziger Jahren, den Weg in die »Innerlichkeit« anzutreten. *Neue Subjektivität* beschreibt den Verengungsprozeß, den die Sensibilisierung fürs Detail begleitet:

Den Gesichtskreis
verringern
um genauer zu sehen
was gefallen ist
zwischen die Wesentlichkeiten
und liegengeblieben ist
unter Flocken aus Staub

Immer schärfer
einstellen
bis auch die Schneide des Wortes
für das Blickfeld zu lang ist
und nur zwei oder drei

ihrer Scharten
ein Gebirge geworden sind
im Gegenlicht des Verzichtens
auf das letzte
noch Ding umfassende Bild

So mit der Zeit
auf immer kleinerem Feld
immer mehr erkennen
von immer wenigerem
und am Ende
alles sehen
von nichts

Und die Achseln zucken
über die Altmodischen
die immer noch hoffen
ihr Blickfeld zu erweitern
und wenn Einzelheiten verschwimmen
doch noch in großen
Umrissen zu erkennen
und mehr und mehr
bis sie nichts mehr sehen
von allem

Die Schlußstrophe wendet sich selbstkritisch gegen das Verfahren, mit Hilfe traditioneller marxistischer Auffassungen doch noch zu einem Verständnis des universellen Prozesses zu gelangen. Indem Fried die sinnlose Alternative »alles sehen von nichts« und »nichts mehr sehen von allem« benennt, bereitet er den Boden für neue Anstrengungen um Erkenntnis der Realität.

LITERATUR ALS THERAPIE? – DIE LITERATUR DER SIEBZIGER UND ACHTZIGER JAHRE

1. Ein junger Dichter, dem alles nach Wunsch ging, lobten ihn doch die Kritiker seines Landes, kauften doch die Leser seine Bücher und hörten ihn doch die Damen, die er begehrte, und besaß er außerdem Weib und Kinder, die ihm seine Seitensprünge verziehen.
2. Obwohl ihm alles in den Schoß fiel, sogar eine politische Karriere, wurde der junge Dichter, je älter er wurde, immer unglücklicher.
(...)
8. Der alternde Dichter spürte den noch ungewohnten Wunsch in sich aufsteigen, allen, denen er sich verbunden fühlte, aber darüber hinaus auch sich selber, therapeutisch unter

die Arme zu greifen, dem Leser und Zuhörer zu sagen, daß er nicht nur Mitarbeit, sondern auch Mitgefühl brauchte.

9. So ging der Dichter mit flatternd ergrauender Mähne unters Volk und beschimpfte sich und sie, und er hatte wiederum großen Erfolg, die Leute hingen, wie die Medien berichteten, gebannt an seinen Lippen.

10. Er gehörte, so lautete eines seiner therapeutischen Bekenntnisse, einer zugleich privilegierten und mit dem Bade ausgeschütteten Generation an, die Buße tun muß dafür, daß sie sich weigerte, sich der Erfahrung des Konkreten auszusetzen, für die, so formulierte er einmal, Knie ekelerregend sind.

11. Als der noch älter werdende Dichter entdeckte, daß seine Geschlechtswerkzeuge, gewaschen oder nicht, nach Garneelen zu riechen anfingen, verwandelte er die Novelle, die er rasch verfaßte, ehe er wieder vors Volk trat, in den Lobgesang dieses konkreten Geruchs, zum Entzücken seiner Anhänger.

12. Als er beim nächsten öffentlichen Auftritt die nach Garneelen duftenden und mit Garneelen dekorierten Geschlechtsorgane entblößte, schritt die Polizei ein.

13. Sein schlechtes Gewissen blieb ihm stets treu, über jede Sekunde richtigen Bewußtseins, und was hieß das schon, hinaus, und wenn er je einem anderen Vertreter des richtigen Bewußtseins begegnete, blickte er jenen, und jener ihn, heimlich gerührt an, als wüßten sie noch, worüber sie stritten: wir wenigstens wissen es noch.

Dieses gallige Selbstporträt eines alternden Dichters, das HELMUT HEISSENBÜTTEL 1986 in seinem *Textbuch 9* veröffentlicht, ist eine Parodie im doppelten Sinne: auf die in die Jahre gekommenen Schriftsteller, die seit drei Jahrzehnten den Buchmarkt bestimmen und ihre fruchtbarste Zeit hinter sich haben; es ist aber auch eine Parodie auf die Schwemme der Selbsterfahrungsliteratur und den Hymnus auf die neue Subjektivität, deren Vertreter sich nach dem Ende der Studentenbewegung in den siebziger Jahren in Prosa und Versen bald leise und larmoyant, bald laut und zornig zu Wort melden. Vielfältig werden verarbeitet: die Zeiten der politischen Radikalisierung, Generationenkonflikte, Beziehungsprobleme, Männer- und Frauen-Thematik, Drogenerfahrungen. Die Hauptsache: Man »verständigt« sich und ist »betroffen«.

Heinrich Böll in Mutlangen (1983)

Die Literaturszene wird unübersichtlich. Die neue Frauenbewegung bringt eine eigene Kultur bewußt weiblichen Schreibens hervor. Das verschärfte innenpolitische Klima in der Bundesrepublik durch die Verfolgungen der »Rote-Armee-Fraktion« – »bleierne Zeiten« – löst literarischen Protest aus; ein eindrucksvolles Zeugnis dafür ist BÖLLS Erzählung *Die verlorene Ehre der Katharina Blum* (1974).

Einen tiefen Einschnitt in die Kultur der DDR bedeutet die Ausbürgerung des politischen Liedermachers WOLF BIERMANN im Herbst 1976. Auf die zahlreichen öffentlichen Solidarisierungen mit Biermann reagiert die SED mit Verfol-

gungen und Inhaftierungen; rund fünfzig DDR-Schriftstellerinnen und -Schriftsteller verlassen gezwungen oder freiwillig die DDR.
Aus Österreich kommt vor allem durch ELFRIEDE JELINEK und THOMAS BERNHARD ein unerhört bissig-aggressiver Ton in die Literatur. Einige bundesdeutsche Wortkünstler (BOTHO STRAUSS u. a.) bescheiden sich mit dem physiognomischen Blick auf die Trivialitäten des bürgerlichen Alltags. Anerkannte Romanciers wie GRASS, BÖLL und WALSER veröffentlichen regelmäßig weitere Romane, während CANETTI, WEISS und JOHNSON große Alterswerke vollenden.
Für die unmittelbare Gegenwart verlieren sich die klaren Koordinaten. REINHARD LETTAU (geb. 1929), ein Meister der subversiven kleinen Prosaform, weist in seinem Essay *Zur Frage der Himmelsrichtungen* (1988) listig darauf hin, daß die allgemeine Orientierungslosigkeit sozusagen Weltniveau besitze. Lettau unterhält sich mit einem amerikanischen Freund auf dem Flachdach eines Hauses in San Francisco:

Wenn Du in den Westen zeigst, zeigst Du dann nicht in den Osten? Den Osten, rief er, haben wir schon im Osten! Ist es dann nicht ungünstig für Euch, entgegnete ich, an beiden Küsten von Osten umgeben zu sein? Der wirkliche Osten, wenn ihr ihn sucht, ist im Westen, während der Westen, von dem ihr sprecht, weit im Osten entfernt ist.

Das nicht nur geographische Verwirrspiel löst sich auf, indem der Autor die Provinzstadt Erfurt, seinen Geburtsort, zum Nabel der Welt erklärt: Von dort aus läßt sich die Welt noch klar überschauen.

Peter Weiss

Die große Weltsicht in Alterswerken

Gegen die Tendenz des Sich-Zurückziehens in die Verästelungen der privaten Gefühle entstehen Alterswerke, die mehr sind als der bloße Rückblick auf das gelebte Leben. Ein Jahrhundert mit den furchtbarsten Barbareien neigt sich dem Ende zu; es zu begreifen ist der Versuch, Geschichte zu verstehen. Ohne Scheu vor der großen epischen Form, die für die jüngeren Schriftsteller an Glaubwürdigkeit eingebüßt hat oder eher Schrecken einflößt, ziehen PETER WEISS, UWE JOHNSON und ELIAS CANETTI persönliche und gesellschaftliche Bilanz.

Peter Weiss: Die Ästhetik des Widerstands

In den Jahren 1975 bis 1981 erscheinen die drei Bände der fiktiven »Wunsch-Biographie« von PETER WEISS, der Versuch, eine Kultur des Widerstands zu entwerfen:

Du mußt lesen, Du mußt dich bilden, Du mußt dich auseinandersetzen mit den Dingen, die auf dich zukommen, Du mußt Stellung ergreifen, Du darfst nicht sitzen und alles nur auf dich zukommen lassen, Du darfst dich vor allen Dingen nicht dem Gedanken hingeben, daß Mächtige über dir sind, die doch alles bestimmen. Das sind die Grundgedanken, und deshalb immer wieder das Thema: Wo, zu welchen Zeiten haben sich Menschen gegen anscheinend unübersteigbare Widerstände hinweggesetzt?

Über verschiedene Stationen der Jahre 1937 bis 1945 legt der Ich-Erzähler Zeugnis ab von seinem Bemühen, sich intellektuell und politisch für die Seite der Gerechtigkeit zu entscheiden: Untergrund in Berlin, Prager Exil, der Spanische Bürgerkrieg und die Niederlage der Republikaner, Zwischenaufenthalt in Paris, schwedisches Exil und Rückkehr in den kommunistischen Untergrund in Berlin. Kraß stehen einander am Ende zwei Lebenshaltungen gegenüber: die gefahrvolle Widerstandsarbeit im Untergrund und das verleumderische Intrigengespinst der politischen Gruppen im Exil. Mit vibrierender Irritation schreibt Weiss über die Fehlentscheidungen der kommunistischen Bewegung, die Zweifel und Hoffnungen des Individuums. Kunsttheoretische Betrachtungen, philosophische Essays und historisch-politische Exkurse verweben sich zu einem großartigen Gemälde von Zeitgeschichte. Permanente Selbstreflexion durchzieht das Werk, das weder ein Roman noch eine Biographie ist; vielleicht könnte man es einen genialen Lebensentwurf nennen. Der Versuch, in der Wahrheit zu leben, endet mit der Sehnsucht zu erfahren, was am Kriegsende aus den proletarischen Jugendfreunden geworden ist, mit denen der wohlsituierte Bürgersohn so staunend vor dem Pergamonfries gestanden hat:

Ich würde mich vor den Fries begeben, auf dem die Söhne und Töchter der Erde sich gegen die Gewalten erhoben, die ihnen immer wieder nehmen wollten, was sie sich erkämpft hatten, Coppis Eltern und meine Eltern würde ich sehn im Geröll, es würde pfeifen und dröhnen von den Fabriken, Werften und Bergwerken, Tresortüren würden schlagen, Gefängnistüren poltern, ein immerwährendes Lärmen von eisenbeschlagnen Stiefeln würde um sie sein, ein Knattern von Salven aus Maschinenpistolen, Steine würden durch die Luft fliegen, Feuer und Blut würde aufschießen, bärtige Gesichter, zerfurchte Gesichter, mit glitzernden Zähnen, gelbliche Gesichter unterm Helm aus geflochtnem Bast, junge Gesichter, fast kindlich noch, würden anstürmen und wieder untertauchen im Dampf, und blind geworden vom langen Kampf würden sie, die sich auflehnten nach oben, auch herfallen übereinander, einander würgen und zerstampfen, wie sie oben, die schweren Waffen schleppend, einander überrollten und zerfleischten, und Heilmann würde Rimbaud zitieren, und Coppi das Manifest sprechen, und ein Platz im Gemenge würde frei sein, die Löwenpranke würde dort hängen, greifbar für jeden, und solange sie unten nicht abließen voneinander, würden sie die Pranke des Löwen nicht sehn, und es würde kein Kenntlicher kommen, den leeren Platz zu füllen, sie müßten selber mächtig werden dieses einzigen Griffs, dieser weit ausholenden und schwingenden Bewegung, mit der sie den furchtbaren Druck, der auf ihnen lastete, endlich hinwegfegen könnten.

Uwe Johnson: Jahrestage

Der zweite große Entwurf dieser Jahre sind JOHNSONS *Jahrestage* in vier Bänden, aufgeschrieben vom 29. Januar 1968 bis zum 17. April 1983. Johnson erfaßt in täglichen Eintragungen ein Jahr, vom 21. August 1967 bis zum 20. August 1968.

Im Mittelpunkt steht Gesine Cresspahl, die ihrer elfjährigen Tochter Marie, dem gemeinsamen Kind mit Jakob Abs (aus *Mutmaßungen über Jakob*), an ihrem Wohnsitz New York Geschichte verstehbar machen möchte. Gesine lebt in ständiger Vermischung von Gegenwart und Vergangenheit. Die Vergangenheit, das ist das vertraute Jerichow in Mecklenburg, aber nicht als provinzielle Idylle, sondern als erlebte Zeit des Faschismus. Die Gegenwart, das ist die Metropole New York, der Vietnamkrieg, die Rassendiskriminierung. Wie Weiss eine »Wunsch-Biographie« verfaßt hat, so schreibt auch Johnson einen exemplarischen Lebenslauf. Erfahrungen und Erinnerungen sind der Grund, sich auf die »Suche nach der verlorenen Zeit« zu begeben.
Die laufenden Ereignisse dokumentiert Johnson wörtlich aus der »New York Times«; Zeitungsausschnitte geben die zerrissene Wirklichkeit wieder, in der sich Gesine fremd fühlt. Die »wirklichen Sachen« findet sie in der Erinnerung, im Nachdenken über ihre Mutter, den alten Abs und ihre Kindheit mit Jakob. Im Verhältnis zu seiner Hauptperson Gesine reflektiert der Autor sein eigenes Schreiben:

Uwe Johnson

> Hier bei den *Jahrestagen* habe ich von einer zugegebenermaßen erfundenen Person quasi den Auftrag, oder ich habe mit ihr den Vertrag, ihr Leben wiederzufinden und aufzuschreiben in einer Form, die sie billigen würde.

Johnson entfaltet eine widerspruchsvolle Realität, »den Zustand und die Vorgeschichte einer bestimmten europäischen Person in New York«, wo er selbst zwei Jahre gelebt hat. Am 1. Juli 1968 notiert er:

> Manchmal denke ich: das ist nicht sie. Was heißt hier sie, was ich; gedacht kann es werden. Es ist nicht zu denken. Sähe Einer allein sie, ich müßte meinen: das ist Gesine Cresspahl (Mrs.), eine Frau um die Fünfunddreißig, (keine Dame), in der allerbesten Haltung für vornehme Gelegenheiten, das Kinn hoch, den Rücken gerade, weit ab von der Lehne, den Blick so beweglich gehalten, daß er von einem Moment zum anderen überwechseln kann von schwenkender Aufmerksamkeit zu unauflöslicher Verbindung mit nur einem Gegenstand, bloß einer Person; von fern müßt ich sie erkennen an den kurz geschnittenen Haaren, aus denen der Friseur das dicht überlappende Federkleid eines Vogels hat machen wollen, was aber nur lässig aussieht, zu struppig in der Stirn. Von nahem wäre sie unzweifelhaft, an den vorsichtigen Bewegungen der Lippen, zu schmal, ob nun kauend oder sprechend, an der flachen Grube unterhalb der Jochbeine, über denen die Haut manchmal hart gespannt wird von Mimik, an den härter gewordenen Falten in den Augenwinkeln, an den unwillkürlich verengerten Pupillen; das ginge mir auf als erstes: die versteckt Angst, nicht ungeschickt. Die ist auf der Hut, die wird sich wehren; erscheinen aber möchte sie höflich, liebenswürdig, damenhaft.

Mit den Augen und den Gedanken der Gesine Cresspahl zieht Johnson die Bilanz einer Epoche. Nicht zufällig enden die Aufzeichnungen am 20. August 1968. Gesine will im Auftrag ihrer Bank nach Prag reisen, persönlich will sie die gesellschaftlichen Veränderungen des Prager Frühlings erfahren. Am Tag der geplanten Einreise besetzen die Truppen des Warschauer Pakts die Stadt und das Land. Die Tetralogie endet an einem Strand in Dänemark, Gesine trifft dort ihren alten Lehrer »für Englisch und Anstand«. Eine seltene Vertrautheit und Nähe entwickelt sich zwischen den Personen:

Beim Gehen an der See gerieten wir ins Wasser. Rasselnde Kiesel um die Knöchel. Wir hielten einander an den Händen: ein Kind; ein Mann unterwegs an den Ort wo die Toten sind; und sie, das Kind das ich war.

Der alte Lehrer erinnert Gesine daran, daß ihr Vater einmal gesagt hat, »Geschichte ist ein Entwurf«.

Elias Canetti

»Drang zur Universalität, der sich durch keine Aufgabe abschrecken läßt«, fordert ELIAS CANETTI (geb. 1905) vom Dichter, und mit dieser Weitsicht hat er sein Werk verfaßt. Stoisch hat er es hingenommen, daß sein erster Roman *Die Blendung* (geschrieben 1930/31, veröffentlicht 1935) dreißig Jahre brauchte, bis er von der deutschen Kritik nach einer Neuauflage 1963 wahrgenommen wurde. Die darin beschriebene Selbstisolierung des Intellektuellen Kien, der nur in seiner Bücherwelt lebt und schließlich mit ihr in den Flammen untergeht, umreißt auch Canettis eigene Haltung. Er identifiziert sich nicht mit dem wahnhaft besessenen Büchermenschen Kien, sondern mit dessen Bruder Georges, der anreist, um seinem Bruder (vergeblich) zu helfen, sich »gegen seine Zeit« und die Herrschaft des Todes zu stemmen, individuellen Widerstand zu leisten.

Elias Canetti

Seinem »unerschütterlichen Haß gegen den Tod«, weil er sich keiner Macht beugen will, begegnet Canetti mit der Aufzeichnung seiner Lebenserinnerungen in drei Bänden: *Die gerettete Zunge* (1977), *Die Fackel im Ohr* (1980) und *Das Augenspiel* (1985). Im ersten Band beschreibt er seine wechselvolle Kindheit und Jugendzeit. Geboren im bulgarischen Rustschuk, wächst er als Kind sephardischer Juden in der archaischen Sprachwelt des Spanischen in bulgarischer Umgebung auf. 1911 siedelt die Familie nach Manchester über; 1913, nach dem Tod des Vaters, geht die Mutter mit ihm nach Wien. Im Alter von acht Jahren muß Canetti Deutsch lernen, »eine spät und unter wahrhaftigen Schmerzen eingepflanzte Muttersprache«. Der Sprachschock als Kindheitserlebnis ist konstituierend für sein Werk. Schon der Titel seines ersten Bandes der Autobiographie, *Die gerettete Zunge*, weist auf diese elementare Bedeutung hin:

Meine früheste Erfahrung ist in Rot getaucht. Auf dem Arm eines Mädchens komme ich zu einer Tür heraus, der Boden vor mir ist rot, und zur Linken geht eine Treppe hinunter, die ebenso rot ist. Gegenüber von uns, in selber Höhe, öffnet sich eine Tür und ein lächelnder Mann tritt heran, bleibt stehen und sagt zu mir: »Zeig die Zunge!« Ich strecke die Zunge heraus, er greift in seine Tasche, zieht ein Taschenmesser hervor, öffnet es und führt die Klinge ganz nahe an meine Zunge heran.
Er sagt: »Jetzt schneiden wir ihm die Zunge ab.« Ich wage es nicht, die Zunge zurückzuziehen, er kommt immer näher, gleich wird er sie mit der Klinge berühren. Im letzten Augenblick zieht er das Messer zurück, sagt: »Heute noch nicht, morgen.« Er klappt das Messer wieder zu und steckt es in die Tasche.

Jeden Morgen treten wir aus der Tür heraus auf den roten Flur, die Tür öffnet sich, und der lächelnde Mann erscheint. Ich weiß, was er sagen wird und warte auf seinen Befehl, die Zunge zu zeigen. Ich weiß, daß er sie mir abschneiden wird und fürchte mich jedesmal mehr. Der Tag beginnt damit, und es geschieht viele Male.

Canetti wächst in enger Bindung an seine Mutter auf, die ihm die Welt der Literatur und des Intellekts erschließt, bis die eifersüchtige Abhängigkeit zwischen Mutter und Sohn zur Entzweiung führt. *Die Fackel im Ohr* schildert seine letzten Schuljahre in Frankfurt, 1921–1924, sein naturwissenschaftliches Studium in Wien und das Erlebnis einer mächtigen proletarischen Widerstandsaktion in Wien 1927, das ihn später zu seiner Studie *Masse und Macht* (1960) anregt. In Wien lernt Canetti auch KARL KRAUS kennen und ist gebannt von dessen virtuosem Umgang mit der Sprache. Längere Aufenthalte in Berlin, die Einführung in literarische Salons, lassen bei ihm den Wunsch entstehen, »die Menschen zu erlernen«. In diesem Sinn ist sein dritter Band, *Das Augenspiel*, abgefaßt, der die Jahre 1931 bis 1937 umschließt. Canetti erinnert sich an die Begegnungen mit Schriftstellern im Wien der dreißiger Jahre. Aufschlußreich ist seine Bewunderung für ROBERT MUSIL, der ihn beeindruckt, weil er sein ganzes Leben einem einzigen Werk widmet und dafür auf jede ökonomische Sicherheit verzichtet. Ebenso aufschlußreich ist eine kurze Episode, die ihn bei einem Atelierbesuch mit dem damals noch unbekannten HEIMITO VON DODERER (1896–1966) zusammenführt; süffisant und sarkastisch beschreibt Canetti die Selbstgefälligkeit, mit der Doderer seine eitle Überlegenheit demonstriert. Canetti leistet nicht nur Erinnerungsarbeit, die Schilderungen von Personen sind der Versuch, im »unendlichen Gespräch« Leben und Zeit zu erfassen. Das Wort und die Sprache erhalten bei Canetti eine universale Bedeutung, mythenzerstörend angewandt ermöglichen sie es, »aus der Blutrache der Geschichte« herauszutreten.
Die Jugenderfahrungen im Völker- und Sprachgemisch des Balkan, die Barbarei des Faschismus und die Isolation im Exil haben ihn zu einem besessenen Erforscher der Wurzeln der Gewalt, der Aggression und Triebverdrängung werden lassen. Unbeirrt vom ausbleibenden Publikumserfolg, überzeugt vom intellektuellen Anspruch, die Zeit zu erkennen, hat Canetti, der fast auf ein Jahrhundert zurückblickt, an seinem großen Lebenswerk festgehalten: »Mein ganzes Leben ist nichts als der verzweifelte Versuch, die Arbeitsteilung aufzuheben und alles selbst zu bedenken, damit es sich in einem Kopf zusammenfindet und darüber Eines wird.«

Die »andere« Frauenliteratur

Die Aufbrüche der Frauenbewegung in den siebziger Jahren bewirken auch eine bewußte literarische Auseinandersetzung mit der verdrängten Weiblichkeit. Neue, andere Erfahrungswelten sollen erschlossen werden und enden doch oft in der biologischen Selbstbespiegelung von Mutter-Tochter- und Mutter-Kind-Verhalten oder zerquälter weiblicher Selbstverständigung. Frauenliteratur wird als Kampfansage gegen die Männer-Literatur definiert und begibt sich ungewollt in die dumpfe Atmosphäre mythischer Geschlechterbeziehungen, die mit

Aufklärung und Befreiung nur noch wenig gemeinsam haben. Herausragende Schriftstellerinnen, die sich nicht einseitig im Dienste einer feministischen Bewegung vereinnahmen lassen, sind INGEBORG BACHMANN und CHRISTA WOLF, SARAH KIRSCH und ELFRIEDE JELINEK.

Ingeborg Bachmann: Malina

Ingeborg Bachmann

Lange Zeit hat INGEBORG BACHMANN, obwohl sie zur literarischen Prominenz gehörte, als Schriftstellerin geschwiegen; der »Sturz ins Schweigen« hat nach ihren eigenen Aussagen den »Konflikt mit der Sprache« zur Ursache. 1971 veröffentlicht sie den Roman *Malina*, die Utopie einer Liebe. In drei Phasen vollzieht sich der Tod eines weiblichen Ich. Die Ich-Erzählerin lebt in einer kleinen Wiener Gasse zusammen mit Malina, einem stillen, nachdenklichen Mann, der in der Vergangenheit lebt und im Museum arbeitet. Das erste Kapitel, überschrieben »Glücklich mit Ivan«, berichtet von der Leidenschaft der Frau zu ihrem Nachbarn Ivan, der im Gegensatz zu Malina ein Gegenwartsmensch ist. Im zweiten Teil des Romans, »Der dritte Mann«, vermischt sich Ivans Herrschaft über die liebende Frau mit der des eigenen allmächtigen Vaters, der sein abhängiges Kind noch immer in der Gewalt hat. Die Autorität des Vaters sucht die Frau in zerstörerischen Alpträumen heim und beraubt sie ihrer Fähigkeiten. Das Ausgeliefert-Sein, die patriarchale Vatergewalt evoziert Bilder der Folter und Erniedrigung, die sich bis zum Bild der Hilflosigkeit der Juden gegenüber den faschistischen Mördern steigert. Das abschließende Kapitel, »Von letzten Dingen«, ist ein Selbstgespräch über das Schreiben, verkleidet als Dialog zwischen der Ich-Erzählerin und Malina bis hin zum Verschwinden des weiblichen Ich:

Ich sehe Malina unverwandt an, aber er sieht nicht auf. Ich stehe auf und denke, wenn er nicht sofort etwas sagt, wenn er mich nicht aufhält, ist es Mord, und ich entferne mich, weil ich es nicht mehr sagen kann. Es ist nicht mehr ganz furchtbar, nur unser Auseinandergeraten ist furchtbarer als jedes Aneinandergeraten. Ich habe in Ivan gelebt und ich sterbe in Malina.
Malina trinkt noch immer seinen Kaffee. Es ist ein »Holla« zu hören vom anderen Hoffenster herüber. Ich bin an die Wand gegangen, ich gehe an die Wand, ich halte den Atem an. Ich hätte noch auf einen Zettel schreiben müssen: Es war nicht Malina. Aber die Wand tut sich auf, ich bin in der Wand, und für Malina kann nur der Riß zu sehen sein, den wir schon lange gesehen haben. Er wird denken, daß ich aus dem Zimmer gegangen bin.

Die Wand, »aus der niemand fallen kann«, nimmt das Ich für immer auf. »Es war Mord« lautet der letzte Satz des Romans, der einen Zyklus von Romanen eröffnen sollte, den Bachmann »Todesarten« überschrieben hat. Die Erzählerin scheitert an ihren Wunschvorstellungen, sie kann der männlichen Realität nicht standhalten. »Die Bachmann *ist* jene namenlose Frau aus *Malina*«, hat CHRISTA WOLF in ihren Frankfurter Poetik-Vorlesungen erklärt. Die Namenlose unternimmt den verzweifelten Versuch, durch das »Schreiben« ein tröstliches Mittel gegen die bedrängende Wirklichkeit zu finden, um die Gesellschaft als »aller-

größten Mordplatz der Welt« auszuhalten. Die Sehnsucht nach Liebe ist in der Männerwelt nicht zugelassen. Die Frau erfährt die Welt wie »ein katastrophales Fallen ins Nichts«. Wie eine ideale Gesellschaft aussehen könnte, dazu heißt es im Roman märchenhaft: »Ein Tag wird kommen, an dem die Frauen rotgoldene Augen haben, rotgoldenes Haar, und die Poesie ihres Geschlechts wird erschaffen werden.« Schreiben ist für Ingeborg Bachmann »Heilung« für alle zugefügten Wunden.
Seit 1965 lebt Ingeborg Bachmann in Rom; am 17. Oktober 1973 stirbt sie an den Folgen eines Brandunfalls; beim nächtlichen Rauchen hat sich ihr Bettzeug entzündet.

Christa Wolf: Kindheitsmuster, Kassandra

»Schreiben« ist auch für CHRISTA WOLF ein ständiger Gegenstand der Reflexion. »Das Bedürfnis, auf eine neue Art zu schreiben, folgt, wenn auch mit Abstand, einer neuen Art, in der Welt zu sein«, es »unterstützt das Subjektwerden des Menschen«. Mit den »Schwierigkeiten beim Schreiben der Wahrheit« und dem moralischen Erwachsenwerden setzt sich Christa Wolf in ihrem Roman *Kindheitsmuster* (1976) auseinander. Die Autorin gehört zu den Mitunterzeichnern des Protestbriefes gegen die Zwangsausbürgerung von WOLF BIERMANN; ihr Buch über eine Kindheit im Faschismus wird in der DDR kontrovers aufgenommen. Die zentrale Frage des Romans lautet: »Wie sind wir so geworden, wie wir sind?«
Zum ersten Mal erscheint in der DDR eine Auseinandersetzung mit dem Faschismus, in der die Zeit des Terrors nicht als »bewältigt« dargestellt wird. Die Schriftstellerin geht den frühen Prägungen und Beschädigungen durch den Faschismus nach, die die Mehrzahl der DDR-Bürger als Mitläufer betrifft:

> Ein wenig stört mich, daß viele unserer Bücher über diese Zeit enden mit Helden, die sich schnell wandeln, mit Helden, die eigentlich schon während des Faschismus zu ziemlich bedeutenden und wichtigen Einsichten kommen, politisch und menschlich. Ich will keinem Autor sein Erlebnis bestreiten. Aber mein Erlebnis war anders. Ich habe erlebt, daß es sehr lange gedauert hat, bis winzige Einsichten zuerst, später tiefergehende Veränderungen möglich wurden. Mir scheint, man sollte das sagen.
> (C. WOLF, *Sinn und Form*, 4/1976)

Es geht um den gewöhnlichen, alltäglichen Faschismus in der kleinbürgerlichen Familie eines Lebensmittelhändlers in L. (Landsberg an der Warthe, dem Geburtsort von Christa Wolf). Eine Reise dorthin setzt für die Autorin die verdrängten Bilder der Vergangenheit wieder in Bewegung und löst das Nachdenken über die Kindheit im Faschismus (in der Person der autobiographisch angelegten Nelly Jordan) und die heutige Existenz im Sozialismus aus: »Ich glaube, daß so manches, was unsere Generation heute tut oder nicht tut, noch mit der Kindheit zusammenhängt.« Christa Wolf bricht ein langes, für sie beunruhigendes Schweigen. Die Arbeit des schmerzvollen Erinnerns, aufgeschrieben aus der epischen Distanz der Erzählerin und den Kindheitserfahrungen der Nelly Jordan, entwirren in einem komplizierten Geflecht die Wurzeln für gegenwärtige Verhaltensmuster: Feigheit, Verstellung, Angst.

Einen »Schlüsseltext« nennt Christa Wolf ihre Erzählung *Kassandra* (1983). In ihren Poetik-Vorlesungen in Frankfurt im Mai 1982 berichtet sie über die Voraussetzungen dieser Erzählung:

In Kassandra ist eine der ersten Frauengestalten überliefert, deren Schicksal vorformt, was dann, dreitausend Jahre lang, den Frauen geschehen soll: daß sie zum Objekt gemacht werden.

Kassandra, die Tochter des Königs Priamos und seiner Frau Hekabe, weissagt in Troja gegen eine Mauer der Ignoranz, ungehört und unverstanden, den Untergang der Stadt. Sie wird von Agamemnon als Sklavin nach Griechenland verschleppt und dort von dessen Frau Klytämnestra ermordet. Aus der Sicht der Seherin, angesichts des Todes, hält Wolfs Kassandra einen langen Monolog. Gegen die heroische, patriarchale Geschichte von Krieg und Niederlage, Sieg oder Tod, in der das Weibliche zur politischen Ohnmacht verdammt ist, befreit sich Kassandra von ihren Ängsten und zieht mit den Frauen des besetzten Troja an einen Ort vor den Toren der Stadt – außerhalb der Gesellschaft –, wo sie in Verweigerung der männlichen Gewaltherrschaft ein freies, selbstbestimmtes Leben führen können. Die Frauen werden für einen Moment autonomes Subjekt. Mit Kassandra will Christa Wolf den Frauen ihre Sprache wiedergeben. Kassandra bricht das Schweigen über die verdrängte Geschichte der Frauen, sie will ihr Wissen weitergeben, »so daß neben dem Strom der Heldenlieder dies winzige Rinnsal, mühsam, jene fernen, vielleicht glücklicheren Menschen, die einst leben werden, auch erreichte«.
Vehement hat sich Christa Wolf gegen alle Versuche zur Wehr gesetzt, ihre Erzählung als feministische Aufbruchsliteratur zu feiern. In den *Voraussetzungen einer Erzählung: Kassandra* heißt es:

Daß Frauen zu der Kultur, in der wir leben, über die Jahrtausende hin offiziell und direkt so gut wie nichts beitragen durften, ist nicht nur eine entsetzliche, beschämende und skandalöse Tatsache für Frauen – es ist, genau genommen, diejenige Schwachstelle der Kultur, aus der heraus sie selbstzerstörerisch wird, nämlich ihre Unfähigkeit zur Reife. Jedoch bringt es der Fähigkeit zur Reife nicht näher, wenn an die Stelle des Männlichkeitswahns der Weiblichkeitswahn gesetzt wird und wenn die Errungenschaften vernünftigen Denkens, nur weil Männer sie hervorgebracht haben, von Frauen zugunsten einer Idealisierung vorrationaler Menschheitsetappen über Bord geworfen werden. Die Sippe, der Clan, Blut und Boden: Dies sind nicht die Werte, an die Mann und Frau von heute anknüpfen können; daß diese Schlagworte Vorwände für schreckliche Regressionen bieten können, sollten wir gerade wissen. Es gibt keinen Weg vorbei an der Persönlichkeitsbildung, an rationalen Modellen der Konfliktlösung, das heißt auch an der Auseinandersetzung und Zusammenarbeit mit Andersdenkenden und, selbstverständlich, Andersgeschlechtlichen. Autonomie ist eine Aufgabe für jedermann, und Frauen, die sich auf ihre Weiblichkeit als einen Wert zurückziehen, handeln im Grund, wie es ihnen andressiert wurde: Sie reagieren mit einem großangelegten Ausweichmanöver auf die Herausforderung der Realität an ihre ganze Person.

Sarah Kirsch

Seit Anfang der sechziger Jahre in der DDR durch Zeitschriftenveröffentlichungen als Lyrikerin bekannt und seit 1977 aufgrund eines Ausreiseantrags in der Bundesrepublik lebend, vertritt SARAH KIRSCH (geb. 1935) eine gezielte Loslösung von politischem Engagement in der Poesie. Der Titel ihres ersten Gedichtbandes *Landaufenthalt* (1967) bezeichnet die Bevorzugung der Idylle als Ort lyrischen Sprechens, eine Position, die in der DDR von offizieller Seite deutliche Kritik erfährt, besonders auf dem VI. Schriftstellerkongreß 1969. Anstoß erregt Sarah Kirsch durch ein Gedicht, das 1968 die Beunruhigung über den Bombenkrieg der USA in Vietnam artikuliert:

Sarah Kirsch und Christa Wolf (um 1965)

Schwarze Bohnen
Nachmittags nehme ich ein Buch in die Hand
nachmittags lege ich ein Buch aus der Hand
nachmittags fällt mir ein es gibt Krieg
nachmittags vergesse ich jedweden Krieg
nachmittags mahle ich Kaffee
nachmittags setze ich den zermahlnen Kaffee
rückwärts zusammen schöne
schwarze Bohnen
nachmittags zieh ich mich aus mich an
erst schminke dann wasche ich mich
singe bin stumm

Anstatt der erwarteten agitatorischen Verse, die zur Solidarität mit Vietnam aufrufen, beschreibt das Gedicht nur eine verstörte Alltagssituation. Das ferne Kriegsgeschehen entleert die privaten Tätigkeiten zur Sinnlosigkeit, sie werden repetitiv und umkehrbar. Die Privatsphäre nimmt die widersinnige Logik eines surrealen Textes an. Die Autorin suggeriert kein Pathos der Betroffenheit, sondern beschreibt die ephemeren Nachwirkungen, die die Katastrophen in der Dritten Welt in Europa auslösen.
Lyrischen Schwung und Lebendigkeit zeigt *Der Meropsvogel*, ein Gedicht aus der Anthologie *Rückenwind* (1976), das wie eine moderne Variation des mittelalterlichen Falkenliedes anmutet. Auch bei Sarah Kirsch überträgt das lyrische Ich die erotische Spannung auf den Flug des prachtvoll gefärbten seltenen Vogels:

Der große
Sehr schöne Meropsvogel
Fliegt schon im Frühjahr kaum zeigt sich ein Blatt
Davon in den Süden wo Schatten

Höchst senkrecht fallen der Stein
Warm wie meine Augen-Blicke auf ihn

So hab ich gelernt: groß ist er stark schön wie
Ein Mensch und weiß man von ihm
Hört die Sehnsucht nicht auf. Er fliegt doch er sieht
Fliegend zurück, er entfernt sich, nähert sich trotzdem.
Über die Augen. Das Blut. Zum Herzen. O schöne Sage!
Ein
Springen von Stein zu Stein; Hoffnung
Wo Raum und Zeit sich
Zwischen uns legen. Und kommt er wieder? Er kommt.
Herangesehnt zurückgewünscht erwartet erwartet
So blickt er fliegend zurück, mich nicht an.
Er naht er entfernt sich.

In komplizierten Langzeilen vereint das Gedicht eine gegensätzliche Bewegung: Es verbindet den Flug in exotische Weite mit Hoffnung auf Wiederbegegnung, erhält den Kontakt auch während des Entfernens. Eine Poesie wie diese steht dichterisch souverän jenseits einer oft verquälten Diskussion über Weiblichkeit, atmet einen Geist der Freiheit und Unabhängigkeit, manifestiert eine kraftvolle Dynamik, die in der lyrischen Produktion nach 1945 selten ist.

Elfriede Jelinek: Die Klavierspielerin, Lust

Elfriede Jelinek

Radikal bis zum weiblichen Selbsthaß erfaßt die Österreicherin ELFRIEDE JELINEK (geb. 1946) die Rolle der Frau. Spurensuche nach verlorener weiblicher Identität interessiert sie wenig. Sie ist böse und will böse sein; obwohl sie sich als marxistische Feministin im »Bebelschen Sinn« versteht, sind es dennoch private masochistische Machtverhältnisse, die bei ihr die Frau zum Objekt der Unterwerfung machen. 1983 erscheint ihr Roman *Die Klavierspielerin*, dargestellt ist ein haßverzerrtes Liebes- und Abhängigkeitsverhältnis zwischen Mutter und Tochter, die sich ohne jede Rücksicht peinigen. Die Klavierlehrerin Erika Kohut lebt mit ihrer Mutter gemeinsam in einem Haus; die Mutter überwacht die Tochter in jeder ihrer Regungen und übt eine vernichtende Herrschaft über sie aus. Die Tochter wird von Kindheit an zum Genie gedrillt:

Erika, die Heideblume. Von dieser Blume hat diese Frau den Namen. Ihrer Mutter schwebte vorgeburtlich etwas Scheues und Zartes dabei vor Augen. Als sie dann den aus ihrem Leib hervorschießenden Lehmklumpen betrachtete, ging sie sofort daran, ohne Rücksicht ihn zurechtzuhauen, um Reinheit und Feinheit zu erhalten. Dort ein Stück weg und dort auch noch. Instinktiv strebt jedes Kind zu Schmutz und Kot, wenn man es nicht davor zurückreißt. Für Erika wählt die Mutter früh einen in irgendeiner Form künstlerischen Beruf, damit sich aus der mühevoll errungenen Feinheit Geld herauspressen läßt, während die Durchschnittsmenschen bewundernd um die Künstlerin herumstehen, applaudieren. Jetzt ist Erika endlich fertig zurechtgezartet, nun soll sie den Wagen der Musik in die Spur heben und auf der Stelle zu künsteln anfangen.

Erika scheitert, sie wird keine Pianistin, sondern einfache Klavierlehrerin. Für die Mutter bleibt sie immer das zu bevormundende Kind, das im Leben nicht ohne die Mutter existieren kann. Als sich der zehn Jahre jüngere Klavierschüler Walter Klemmer in die Lehrerin verliebt, ist diese unfähig, Liebe und Sexualität anzunehmen:

Erika Kohut fühlt einen menschlichen Körper in ihrem Rücken, und es schaudert sie. Er soll nur nicht so nahe kommen, daß er sie streift. Er macht einen Weg hinter ihr und dann einen Rückweg. Er beweist, wie ziellos er ist. Als er endlich auf seinem Rückweg seitlich in ihren Augenwinkeln auftaucht, böse und taubenartig mit dem Kopf ruckend, tückisch sein ganz junges Gesicht in den Lichtkegel der Lampe haltend, wo diese am hellsten brennt, wird Erika innen ganz trocken und klein. Die Außenschale wabert schwerelos um ihren kompromittierten Erdkern. Ihr Körper hört auf, Fleisch zu sein, und etwas dringt auf sie ein, das sich gleichfalls verdinglicht. Eine zylindrische Metallröhre. Ein sehr einfach gebauter Apparat, der angesetzt wird, um hineinzustoßen. Und das Bild dieses Gegenstands Klemmer wird in Erikas Leibeshöhlung glühend projiziert, umgekehrt an ihre Innenwand geworfen. Klar steht das Bild drinnen auf dem Kopf; und in diesem Augenblick, in dem er für sie zu einem Körper geworden ist, den man mit Händen greifen kann, ist er auch gleichzeitig vollkommen abstrakt, hat sein Fleisch eingebüßt. Schon im Augenblick, da die beiden körperlich für einander geworden sind, haben sie gegenseitig alle menschlichen Beziehungen zueinander abgebrochen.

Erika Kohut verlangt Lust als Leiden, um so den Schüler zu beherrschen. Der Schüler bleibt dennoch Sieger, er malträtiert die Frau auf seine Weise und degradiert sie wieder zum Opfer. Die aggressionsgeladene Abwehr, mit der Jelinek das Verhältnis zwischen Mann und Frau jeder Privatheit entkleidet und zur Horrorvision der Geschlechterbeziehung erstarren läßt, ist ohne Beispiel in der Literatur.
In ihrem Prosatext *Lust* (1989) steigert sich der Haß auf das eigene und das andere Geschlecht in permanente Akte der Vergewaltigung. Die weibliche Hauptperson Gerti hat, im Unterschied zu Erika Kohut, jede Kontur, jeden Charakter verloren; sie besitzt keine eigene Geschichte mehr, sondern ist nur noch dem Mann sexuell ausgeliefert. Einen »Anti-Porno« oder einen »feministischen Porno« wollte Jelinek schreiben – beides ist mißglückt. Für einen »Anti-Porno« ist die Autorin zu virtuos im sprachlichen Erfinden obszöner Situationen; der feministische Ansatz ist nicht glaubwürdig, es sei denn als Zerstörung jeder weiblichen Identität. Aber hier wird keine Existenz zerstört, denn Gerti ist zur Un-Person geworden. Elfriede Jelinek ist konsequent; weibliche Auf- und Ausbrüche interessieren sie nicht, weil sie für sie nicht existieren. Der gesellschaftliche Käfig, in dem die Frauen leben, ist so eng, daß sie nur noch als zerstörte Wesen darin vegetieren können.

Thomas Bernhard und Heiner Müller

Für Aufsehen auf dem Theater sorgen vor allem der international anerkannte DDR-Dramatiker HEINER MÜLLER und der skandalträchtige Österreicher THOMAS BERNHARD (1931–1989). Die Uraufführungen ihrer Stücke in den achtziger Jahren sind breit und kontrovers diskutierte Bühnenereignisse. Beide haben symbiotische Regisseure gefunden: Thomas Bernhard den Deutschen Claus Peymann, Heiner Müller den Amerikaner Robert (Bob) Wilson.

Bevor THOMAS BERNHARD sich seit Mitte der siebziger Jahre überwiegend dem Theater zuwendet, schreibt er Prosawerke. 1963 gelingt ihm mit seinem Roman *Frost* der Durchbruch. Mit dem Werk *Korrektur* (1975) erreicht er den Höhepunkt seiner selbstquälerischen Auseinandersetzung um die Isolation und Bedrohtheit des Künstlers und Intellektuellen, der sich in sinnlose Lebensprojekte stürzt, um die Welt auszuhalten, und einem gewaltsamen Tod doch nicht entgehen kann. Der Fluch des »Geborenwerdenverbrechens« ist sein Thema; mit Haß schleudert er in großen Monologen dem Publikum die Widerwärtigkeit der Wirklichkeit und vor allem seiner österreichischen Heimat vor die Füße. In den autobiographischen Werken, die seit 1975 erscheinen, zeichnet er einen emotional katastrophenreichen Lebensweg. *Die Ursache* (1975) beschreibt seine Grunderfahrung:

Thomas Bernhard (1977)

Wir werden erzeugt, aber nicht erzogen, mit der ganzen Stumpfsinnigkeit gehen unsere Erzeuger, nachdem sie uns erzeugt haben, gegen uns vor, mit der ganzen menschenzerstörenden Hilflosigkeit, und ruinieren schon in den ersten drei Lebensjahren alles in einem neuen Menschen, von welchem sie nichts wissen, nur, wenn überhaupt, daß sie ihn kopflos und verantwortungslos gemacht, und sie wissen nicht, daß sie damit das größte Verbrechen begangen haben. In vollkommener Unwissenheit und Gemeinheit haben uns unsere Erzeuger und also unsere Eltern in die Welt gesetzt und werden, sind wir einmal da, mit uns nicht fertig, alle ihre Versuche, mit uns fertig zu werden, scheitern, sie geben früh auf, aber immer zu spät, immer erst in dem Augenblick, in welchem sie uns längst zerstört haben, denn in den ersten drei Lebensjahren, den entscheidenden Lebensjahren, von welchen unsere Erzeuger als Eltern aber nichts wissen, nichts wissen wollen, nichts wissen können, weil Jahrhunderte lang immer alles getan worden ist für diese ihre entsetzliche Unwissenheit, haben uns unsere Erzeuger mit dieser Unwissenheit zerstört und vernichtet und für immer unser ganzes Leben zerstört und vernichtet, und die Wahrheit ist, daß wir es auf der Welt immer nur mit in den ersten Jahren von ihren unwissenden und gemeinen und unaufgeklärten Erzeugern als Eltern zerstörten und vernichteten und für ihr ganzes Leben vernichteten Menschen zu tun haben.

»Zerstört« und »vernichtet«, so sieht Bernhard seine menschliche Umgebung, die er mit der »schlimmsten Genauigkeit« (INGEBORG BACHMANN) noch zusätzlich verzerrt und überzeichnet.
Sein erstes Theaterstück, *Ein Fest für Boris*, das 1970 in Hamburg von Claus Peymann uraufgeführt wird, löst einen Schock aus: Dreizehn beinlose Krüppel fahren in ihren Rollstühlen über die Bühne, tyrannisiert von der »Guten«, die wie ihr Mann Boris ihre Beine verloren hat. Sie feiern Boris' Geburtstag und

überlegen dabei, wie ein Selbstmord für sie am erträglichsten wäre. Boris schlägt dabei auf die Pauke, und unbemerkt stirbt er – sein schönstes Geburtstagsgeschenk, während die »Gute« enttäuscht ist, daß sie nun kein Objekt zum Quälen mehr hat. Die Bühnenfiguren sind nicht nur Krüppel, es sind menschliche Monstren, vom Tod gezeichnet.
In späteren Stücken gewinnt Bernhards Wut auf die Erbärmlichkeit des Daseins auch selbstparodistische Züge, Tod und Gelächter liegen nahe beieinander. Die Banalität des Alltags überspitzt er durch endlose Wiederholungen und Worthülsen, um die Wiederkehr des Immer-Gleichen bis zur Unerträglichkeit zu steigern. In dem Schauspieler Bernhard Minetti findet er einen kongenialen Mitspieler (*Minetti*, uraufgeführt 1976; *Der Theatermacher*, uraufgeführt 1985; *Einfach kompliziert*, uraufgeführt 1986), der in seinen Stücken misanthropischen Stolz, Einsamkeit und Leiden an der Zeit durch ungezügelte Schimpftiraden zu bewältigen versucht. Seinem Heimatland Österreich wird Bernhard zum unerträglichen Kritiker; dennoch hat er Österreich nie verlassen, seit 1965 lebte er bis zu seinem Tod auf einem Bauernhof in Ohlsdorf. Sein letztes Stück *Heldenplatz* (uraufgeführt 1988) führt, noch bevor das Stück inhaltlich bekannt ist, zu skandalösen Reaktionen der Konservativen in Österreich; sie glauben ihr Land »beschmutzt« und »verhöhnt«. Schon der Titel gilt als Provokation: Auf dem Heldenplatz feierten die Wiener am 15. März 1938 den »Anschluß« Österreichs ans Deutsche Reich. Der Ausgangspunkt des Dramas: Josef Schuster, Professor an der Wiener Universität und Jude, stürzt sich am 50. Jahrestag des Einmarsches der Hitler-Armee in Wien aus dem Fenster seiner Wohnung am Heldenplatz. Bernhard spart nicht mit harten Attacken: »In jedem Österreicher steckt ein Massenmörder«, heißt es in seinem Stück, und er fährt dann fast noch bissiger fort, »aber man darf sich die Laune nicht verderben lassen«. Die Raffinesse dieses Stücks ist, daß offenbleibt, warum der jüdische Professor Selbstmord begangen hat – ist es wegen des aufkeimenden Antisemitismus in Wien, aus Angst vor einem neuerlichen Exil in England oder aus familiären Gründen? Bernhard gibt keine eindeutige Antwort.

HEINER MÜLLER braucht in der DDR lange, bis er Anerkennung findet; sie wird ihm erst gezollt, als er im Westen mit seiner *Hamletmaschine* (1977) überschwenglich gefeiert wird. 1961 wird Müller nach der einmaligen Aufführung seines Stückes *Die Umsiedlerin oder das Leben auf dem Lande*, ein Drama über die Enteignung des Großgrundbesitzes und die Kollektivierung der Landwirtschaft, aus dem Schriftstellerverband ausgeschlossen. Nachdem seine Stücke über die DDR-Wirklichkeit immer wieder auf Mißtrauen und Ablehnung stoßen, nimmt sich Müller antiker Stoffe an. Sein erstes Drama in diese Richtung ist *Philoktet* (1968 in München uraufgeführt). Müllers Begründung für dieses Stück:

> In den frühen sechziger Jahren konnte man kein Stück über den Stalinismus schreiben. Man brauchte diese Art von Modell, wenn man die wirklichen Fragen stellen wollte.

Es ist das erste Stück der »Versuche um das Lehrstück«, angelehnt an SOPHOKLES. Odysseus ist ein skrupelloser Machtmensch; Philoktet wird dazu miß-

braucht, die Kriegspläne der verhaßten Griechen zu unterstützen. Er, der Odysseus ermorden will, wird selbst Opfer und dann verlogenerweise als Märtyrer hingestellt, der für die Griechen gefallen sei. Die Parabel ist einfach: Die Herrschenden sind korrumpiert durch die Macht, und dieser Logik unterwerfen sich auch die jugendlichen Rebellen.
In der *Hamletmaschine* thematisiert Müller das Verhältnis des Intellektuellen zu Macht und Gewalt. In fragmentarischen Folgen von fünf Bildern wechselt das Stück zwischen dialogischen Szenen und monologischer Prosa, die alte Dramenform ist aufgelöst. Aufgelöst ist auch die tragische Gestalt des Hamlet. Das Stück setzt ein mit den Worten:

Ich war Hamlet. Ich stand an der Küste und redete mit der Brandung BLABLA, im Rücken die Ruinen von Europa.

Hamlet ist angewidert von der Nichtigkeit seiner Rolle, er will aussteigen:

Ich bin nicht Hamlet. Ich spiele keine Rolle mehr. Meine Worte haben mir nichts mehr zu sagen. Meine Gedanken saugen den Bildern das Blut aus. Mein Drama findet nicht mehr statt. Hinter mir wird Dekoration aufgebaut. Von Leuten, die mein Drama nicht interessiert, für Leute, die es nichts angeht. Mich interessiert es auch nicht mehr. Ich spiele nicht mehr mit.

Heiner Müller

Doch Hamlet findet aus seiner Rolle nicht heraus; er kriecht zurück in sein Kostüm, »ein beleibter Bluthund«. Er will nicht mehr wissen, daß seine Privilegien auf dem Berg von zerbrochenen Leibern beruhen. Ophelia kennt noch den Haß, schreit ihn aus sich heraus. Sie will sich nicht zum Schweigen bringen lassen und wird zum Verstummen gebracht. In zahlreichen Zitatmontagen SHAKESPEARE miteinander und gegeneinander verwebend, verarbeitet Müller auch untergründig die Ereignisse der militärischen Niederschlagung der Aufstände in Berlin, Budapest und Prag.
Müller verabschiedet sich vom »Lehrstück« mit den Worten: »was bleibt: einsame Texte, die auf Geschichte warten«. Immer faszinierender wirken auf ihn die Bruchstücke der griechischen Tragödie, Fetzen von Mythologie, die Motive wie Gewalt, Verrat, Verstoßung aufnehmen, aber nicht mehr durcharbeiten. In einem Interview 1986 erklärt er:

Zunächst gibt es einen Grundirrtum: Literaturgeschichte oder Kunstgeschichte wird in den Medien immer erst einmal als eine Geschichte von Inhalten oder Bearbeitung von Inhalten verstanden und interpretiert. Das utopische Moment kann ja auch in der Form liegen oder in der Formulierung. Das wird, glaube ich übersehen ... Das utopische Moment liegt in der Form, auch in der Eleganz der Form, der Schönheit der Form und nicht im Inhalt.

Die Inszenierungen, die Heiner Müller gemeinsam mit Robert Wilson entwirft, tragen denn auch diesen Charakter des ästhetisch Assoziativen; der Mythos wird zum Spielmaterial, Lichteffekte ersetzen Handlung und sollen für sich sinnstiftend sein. Statt Handlung sollen Bilder in Szene gesetzt werden, wie zum Bei-

spiel in dem Großprojekt *CIVIL warS*, »Bürgerkriege«, das Müller gemeinsam mit Wilson als Alternative zu den Olympischen Spielen in Los Angeles 1984 entwirft. Der Krieg als »Schlachtfeld in der eigenen Brust« ist das eigentliche Anliegen, geronnen zu lebenden Bildern.
Bühnengeschehen und Text treten bei Müller immer weiter auseinander und werden zu autonomen Bestandteilen. In *Alkestis* (1986), der »Verarbeitung« des Dramas von EURIPIDES, gewinnt der »Bildbeschreiber« – räumlich abgehoben vom Bühnengeschehen – eine zentrale Bedeutung. Noch bevor Alkestis auftritt, die durch ihr freiwilliges Sterben ihren Gemahl Admetos vor dem Tod bewahrt, übernimmt der »Bildbeschreiber« beherrschend das Wort:

> Ein Kind,
> eine andere Frau,
> ein Geliebter,
> oder ist die Asche ihr eigner wirklicher Rest,
> der Leib geborgt aus dem Fundus der Friedhöfe,
> der Mann in der Türöffnung,
> den rechten Fuß halb noch auf der Schwelle,
> den linken schon fast auf dem grasfleckigen Boden,
> der von einer unbekannten Sonne ausgedörrt wird,
> hält in der rechten Hand am ausgestreckten Arm
> mit einem Jägergriff,
> da wo man den Flügel ausreißt,
> einen Vogel,
> die linke Hand,
> die mit überlangen krumm flatternden Fingern ausgestattet ist,
> streichelt das Gefieder,
> das die Todesangst gesträubt hat,
> der Schnabel des Vogels ist aufgerissen zu einem für den
> Betrachter lautlosen Schrei,
> stumm auch für den Vogel im Baum,
> er interessiert sich nicht für Vögel,
> das Skelett seines Artgenossen an der
> schwarzgeäderten Innenwand.

Die suggestiven Bilder, die Müller kunstvoll komponiert, begnügen sich mit eklektischen Zitatreihungen – geschlossene Handlungszusammenhänge sind ihm zuwider geworden. Obwohl er sich mit Stoffen der antiken Tragödie und modernen apokalyptischen Visionen auseinandersetzt, weist Heiner Müller jede melancholische Weltuntergangsstimmung zurück: »Das Tragische ist etwas sehr Vitales. Ich sehe einen Menschen untergehen, und das gibt mir Kraft« (1986).

AUSBLICK ALS RÜCKBLICK

Für die Literatur nach 1945 ist bis heute keine überzeugende Epochenbezeichnung gefunden worden. Die Literatur der Jahrhundertwende wurde unter verschiedenen prägnanten Begriffen wie »Symbolismus« und »Jugendstil« zusammengefaßt. Für die zwanziger Jahre war die »Sachlichkeit« konstitutiv. Die Jahre 1933 bis 1945 teilten sich in die Literatur des Exils und der »inneren« Emigration. Für die Zeit nach 1945 gibt es keine solche Vereinheitlichung. Wohl lassen sich einzelne Strömungen und Tendenzen unterscheiden, aber während andere Epochen von ihren Zeitgenossen charakterisierend definiert wurden, sind die letzten mehr als vier Jahrzehnte der deutschen Literatur von offenkundiger Skepsis gegenüber definitorischen Eindeutigkeiten geprägt.
Die unmittelbare Gegenwartsliteratur läßt nur undeutliche Konturen einer neuen Orientierung erkennen. Zukunftsentwürfe als literarische Phantasien sind verdüstert von apokalyptischen Visionen. Rückbesinnungen finden statt. CHRISTA WOLF schreibt ihr *Sommerstück* (1989), eine private Erinnerung an einen lang zurückliegenden glücklichen Sommer auf dem Lande unter Freunden:

Damals, so reden wir heute, haben wir gelebt. Wenn wir uns fragen, warum der Sommer in der Erinnerung einmalig erscheint und endlos, fällt es uns schwer, den nüchternen Ton zu treffen, der allein den seltenen Erscheinungen angemessen ist, denen das Leben uns aussetzt. Meist, wenn der Sommer zwischen uns zur Sprache kommt, tun wir so, als hätten wir ihn in der Hand gehabt. Die Wahrheit ist, er hatte uns in der Hand und verfuhr mit uns nach Belieben. Heute, da die Endlichkeit der Wunder feststeht, der Zauber sich verflüchtigt hat, der uns beieinander und am Leben hielt – ein Satz, eine Formel, ein Glauben, die uns banden, deren Schwinden uns in vereinzelte Wesen verwandelte, denen es freisteht, zu bleiben oder zu gehen: Heute scheinen wir keine stärkere, schmerzlichere Sehnsucht zu kennen als die, die Tage und Nächte jenes Sommers in uns lebendig zu erhalten.

Aus der Rückschau beschreibt Christa Wolf ein poetisches Moment von Gewißheit und menschlicher Gemeinsamkeit, die in der Gegenwart abhanden gekommen sind. Es war nicht alles harmonisch, aber dieser Sommer ist unvergeßlich. Leise bohrende Zweifel, ob der Rückzug aufs Land nicht Kapitulation sei vor einer Gesellschaft, die früher begeistert hat und heute nur noch Enttäuschungen bringt, werden zurückgedrängt. Die Autorin hat über zehn Jahre gebraucht, um die Erinnerungen an diese Zeit aufschreiben zu können, ein abgerungenes Eingeständnis, daß es »doch bewohnbare Flecken gab«. Das Ungenügen an der Gegenwart wird poetisch verhüllt durch die Träume von einer schönen Vergangenheit. Diese Erzählung ist eines der intimsten Bekenntnisse Christa Wolfs zu einer besseren Welt.

Christa Wolf versetzt sich zurück in eine kleine, private Idylle, in der lyrische Stimmungen noch zugelassen sind. Der österreichische Schriftsteller CHRISTOPH RANSMAYR (geb. 1954) unternimmt den sprachgewaltigen Versuch, *Die letzte Welt* (1988) als Mischung aus Mythos, Gegenwart und ungewisser

Zukunft zu beschreiben. Tomi an der Küste des Schwarzen Meeres ist der Ort des Geschehens, an den OVID (43 v. Chr.–17 oder 18 n. Chr.) von Augustus aus nicht bekannten Gründen verbannt wurde; hier sucht der fiktive Erzähler Cotta nach dem Dichter, von dem in Rom kolportiert wird, er sei gestorben.
Tomi ist eine »eiserne Stadt«; hier leben vor allem Erzkocher und Menschen, die es auf abenteuerliche Weise an die Küste verschlagen hat. Jeder Fremde ist ein Eindringling, dem mit großem Mißtrauen und Zurückweisung begegnet wird. In Tomi haben die Logik und Vernunft Roms ihre Gültigkeit eingebüßt: »Hier, an dieser Küste, verloren sich die Gesetze, die Macht und der Wille Roms in der Wildnis.« Alle Personen des Romans sind der griechischen Mythologie entlehnt und bevölkern in verwandelter Gestalt das Städtchen. Diese archaische Welt ist nicht nur in der Vergangenheit angesiedelt, sie lebt auch in der Gegenwart: Es gibt Busse in Rom, ein Episkop verzaubert die Bewohner von Tomi, ein zwergwüchsiger Kaukasier führt Filme vor.
Der Römer Cotta gerät in eine mythische Welt der Fiktionen, die auch von seiner eigenen Person Besitz ergreift. Auf der Suche nach Ovid, Publius Ovidius Naso, möchte Cotta vor allem das Hauptwerk des Dichters retten, die *Metamorphosen*, die Aufzeichnungen von der Entstehung der Welt in mythischer Vorzeit bis zur Herausbildung einer geordneten Welt im imperialen augusteischen Zeitalter. Cotta geht davon aus, Ovid – im Roman Naso genannt – habe sie verbrannt, schreibe aber nun heimlich an diesem Werk in der Verbannung weiter. In Anlehnung an die fünfzehn Bücher der *Metamorphosen* beschreibt Ransmayr in fünfzehn Kapiteln in einer kunstvoll-geschmeidigen, metaphernreichen Prosa die Nachforschungen über den Dichter und sein Werk. Cotta entdeckt sein Haus in einer verwilderten Gegend außerhalb von Tomi in Trachila. Hier hat der Knecht Ovids, Pythagoras, im Garten der Hausruine ein »Buch der Steine« angelegt: in steinerne Monumente geritzte Schlüsselworte. Nur mühevoll enträtselt Cotta im Fortschreiten der Erkenntnis über diese verwitterte Welt, daß die Inschriften der Steindenkmäler »das Gedächtnis der eisernen Stadt« bewahren und die zukünftigen Schicksale voraussagen. Vergangenheit, Gegenwart und Zukunft der dort lebenden Menschen sind geheimnisumwoben, voller Poesie und voller Grausamkeit. Niemand kann sich seiner mythischen Bestimmung entziehen. Ein schweres Unwetter, Stein- und Geröllawinen verwüsten die Landschaft, türmen einen neuen Berg auf und machen Tomi zu einer unbehausten Höhle, in der sich die Menschen wie Schemen bewegen. Cotta ist von der Urgewalt dieser Verwandlung erschüttert und erregt, er wird »verrückt«:

Erfüllt von einer Heiterkeit, die mit jedem Schritt wuchs und manchmal kichernd aus ihm hervorbrach, stieg Cotta durch wüstes Geröll den Halden von Trachila entgegen, dem neuen Berg. Hier war Naso gegangen; dies war Nasos Weg. Aus Rom verbannt, aus dem Reich der Notwendigkeit und der Vernunft, hatte der Dichter die *Metamorphosen* am Schwarzen Meer zu Ende erzählt, hatte eine kahle Steilküste, an der er Heimweh litt und fror, zu seiner Küste gemacht und zu seinen Gestalten jene Barbaren, die ihn bedrängten und in die Verlassenheit von Trachila vertrieben. Und Naso hatte schließlich seine Welt von den Menschen und ihren Ordnungen befreit, indem er jede Geschichte bis an ihr Ende erzählte. Dann war er wohl auch selbst eingetreten in das menschenleere Bild, kollerte als unverwundbarer Kiesel die Halden hinab, strich als Kormoran über die Schaumkronen

der Brandung oder hockte als triumphierendes Purpurmoos auf dem letzten, verschwindenden Mauerrest einer Stadt.
Daß ein griechischer Knecht seine Erzählungen aufgezeichnet und um jedes seiner Worte ein Denkmal errichtet hatte, war nun ohne Bedeutung und bestenfalls ein Spiel für Verrückte: Bücher verschimmelten, verbrannten, zerfielen zu Asche und Staub; Steinmale kippten als formloser Schutt in die Halden zurück, und selbst in Basalt gemeißelte Zeichen verschwanden unter der Geduld von Schnecken. Die Erfindung der Wirklichkeit bedurfte keiner Aufzeichnungen mehr.

Anhang

NAMENSVERZEICHNIS

BILDQUELLENVERZEICHNIS

Nicht genannte Abbildungsquellen stammen aus dem Archiv des Verlags.

AKG (Foto: S. Liebsohn): 608
AKG/Kunstmuseum Düsseldorf: 329
Archiv für Kunst und Geschichte: 208 oben; 217; 271; 272; 383; 511; 536; 538; 597; 598; 601; 609; 625; 639; 689; 692
Bildarchiv Preussischer Kulturbesitz: 65 unten; 111; 149; 159; 168; 174; 205; 331; 332; 346; 359; 368; 395; 398 oben; 413; 417 unten; 418 unten; 422; 431; 435; 459; 473 unten; 475; 478; 485; 496, 503; 516, 519, 520 oben; 527; 549 unten; 616; 637; 647; 649; 651; 653; 676; 720; 726
bpk (Foto: W. Saeger): 569; 630
bpk (Foto: A. Pisarek): 615
bpk (Foto: F. Seidenstücker): 656 unten
bpk (Foto: T. Binz): 662
bpk (Foto: Timpe): 690 oben; 701; 702
bpk/Goethe-Nationalmuseum, Weimar: 189
bpk/Musikabteilung Mendelssohn-Archiv: 322
bpk/Stadtbibliothek Danzig: 95
bpk/Berlin-Museum (Foto: J. Bartsch): 381 oben
bpk/Historisches Museum,Frankfurt/M.: 419 Mitte
bpk/Wilhelm-Busch-Gesellschaft, Hannover (Foto: M. Zimmermann): 465
bpk/Berlinische Galerie (Foto: F. Eschen): 663 oben
Cosmopress, Genf: 549 oben; 553; 561
dpa: 648; 661; 669 (Foto: Kersten); 693; 695 oben; 697 oben; 703 oben
dpa/UPI: 714
Dürrenmatt, Friedrich: 694 oben
Freiherr von Berlichingen'sches Rentamt,Jagsthausen: 207
Friedrich, Brigitte, Köln: 679
Friedrich-Ebert-Stiftung: 613
Frisch, Max: 694 unten
Germanisches Nationalmuseum, Nürnberg: 447 oben
Goverts Krüger Stahlberg Verlag, Stuttgart. Mit Genehmigung der S. Fischer Verlags GmbH, Frankfurt/M.: 686 oben
Grass, Günter: 709 oben
Hamburg, Staats- und Universitätsbibliothek: 65 oben
Handschriftenabteilung, München: 621, 622
Henze, Wolfgang und Ingeborg, Campione d'Italia: 537; 555
Herzog August Bibliothek, Wolfenbüttel: 231
Hölderlin-Gesellschaft/Städt. Sammlungen, Tübingen (Foto: P. Neumann): 289 oben
Hubmann, Franz, Wien: 681
Innsbruck, Universitätsbibliothek: 52
Interfoto-Pressebild-Agentur: 16 oben; 397
Karl-May-Verlag: 469

J.B. Metzlersche Verlagsbuchhandlung, Stuttgart: 723
Münchner Stadtmuseum (Zwischen Kaltem Krieg und Wirtschaftswunder, 1982, Nr. 60): 659 oben
Nachlaß Conrad Felixmüller: 534; 547 oben; 550
Niedersächsische Landesbibliothek, Hannover: 127; 152
Ohlbaum, Isolde: 665 oben; 680, 682; 697 unten; 706 oben; 707 oben; 708; 711; 715; 717; 718; 724; 728
Reclam Verlag, Stuttgart: 125; 353; 396; 416 unten; 419 oben links
Regnier-Wedekind, Pamela: 520 unten
Richter, A., München: 667; 670
Rowohlt Verlag/Karl Staudinger: 656 oben
Ruetz, Michael, Hamburg: 709 unten
Sächsische Landesbibliothek, Deutsche Fotothek, Dresden: 301
Schiller-Nationalmuseum, Marbach: 214; 288; 493 oben; 663 unten; 686 unten; 687
Spiegel-Verlag, Hamburg: 674
Staatliche Museen zu Berlin: 348 unten
Städtische Galerie im Lenbachhaus, München: 567
Süddeutscher Verlag, S.M.: 659 unten
Suhrkamp Verlag: 690 unten
Theatermuseum, Köln: 522
Theatermuseum, München: 151; 700
Thomas-Mann-Archiv, Zürich: 515
Ullstein: 580; 585; 605; 645; 652; 655; 658; 665 unten; 673
Verlag der Nation, Berlin/Sächsische Landesbibliothek, Deutsche Fotothek, Dresden: 298
Volk und Wissen: 457; 472; 476 oben; 484; 487; 489 oben; 590; 623; 650; 706 unten
Völker, Klaus, Berlin: 672
Wagenbach, Klaus, Berlin: 596
Werner, Roland: 25 unten
Württembergische Landesbibliothek, Stuttgart: 222 unten